COLLECTION DE DOCUMENTS INÉDITS
SUR
L'HISTOIRE ÉCONOMIQUE DE LA RÉVOLUTION FRANÇAISE
PUBLIÉS PAR LE MINISTÈRE DE L'INSTRUCTION PUBLIQUE

DÉPARTEMENT DE LA MANCHE

# CAHIERS DE DOLÉANCES
## DU BAILLIAGE DE COTENTIN
### (COUTANCES ET SECONDAIRES)

POUR

## LES ÉTATS GÉNÉRAUX DE 1789

PUBLIÉS

### PAR ÉMILE BRIDREY
PROFESSEUR À LA FACULTÉ DE DROIT DE L'UNIVERSITÉ DE MONTPELLIER

TOME TROISIÈME

PARIS
IMPRIMERIE NATIONALE

MDCCCCXIV

# COLLECTION

### DE

# DOCUMENTS INÉDITS

## SUR L'HISTOIRE ÉCONOMIQUE

### DE LA RÉVOLUTION FRANÇAISE

PUBLIÉS PAR LES SOINS

DU MINISTRE DE L'INSTRUCTION PUBLIQUE

SE TROUVE À PARIS

## À LA LIBRAIRIE ERNEST LEROUX,

RUE BONAPARTE, 28.

COLLECTION DE DOCUMENTS INÉDITS

SUR

L'HISTOIRE ÉCONOMIQUE DE LA RÉVOLUTION FRANÇAISE

PUBLIÉS PAR LE MINISTÈRE DE L'INSTRUCTION PUBLIQUE

————— ›◆‹ —————

DÉPARTEMENT DE LA MANCHE

# CAHIERS DE DOLÉANCES

## DU BAILLIAGE DE COTENTIN

### (COUTANCES ET SECONDAIRES)

POUR

## LES ÉTATS GÉNÉRAUX DE 1789

PUBLIÉS

### PAR ÉMILE BRIDREY

AGRÉGÉ À LA FACULTÉ DE DROIT DE L'UNIVERSITÉ DE MONTPELLIER

## TOME TROISIÈME

PARIS

IMPRIMERIE NATIONALE

————

MDCCCCXII

# CAHIERS DE DOLÉANCES
## DU BAILLIAGE DE COTENTIN
### (COUTANCES ET SECONDAIRES)
#### POUR
## LES ÉTATS GÉNÉRAUX DE 1789

>◄◊►◄

## V

## BAILLIAGE SECONDAIRE DE SAINT-LÔ.

Le bailliage secondaire de Saint-Lô, l'un des plus petits des ressorts du Cotentin, n'a compris pour la convocation que 36 communautés de villes et paroisses, dont aucune, aux termes du *Règlement*, n'était appelée à tenir des assembles préparatoires de corporations [1]. L'addition des chiffres donnés par les Rôles du grenier à sel accuse, en l'absence d'*État des feux* détaillé, un chiffre total pour le ressort de 4,021 feux [2], et les *États de population* en date de l'année 1787 lui donnent une population de 20,904 habitants [3], avec un mouvement annuel de 804 naissances (441 garçons, 363 filles), de 211 mariages et de 623 décès (311 hommes, 323 femmes) [4]. Les *Rôles d'assignation des ordres privilégiés* font ressortir, pour la même circonscription, en dehors des réguliers, un chiffre de 44 ecclésiastiques possédant bénéfices, dont 34 curés [5], 5 prieurs-curés [6] et 5 chapelains [7]. Il n'est point signalé

---

[1] *Procès-verbal de l'assemblée préliminaire du bailliage de Saint-Lô*, séance du 10 mars (texte *infrà*, p. 73 sq.).

[2] Non compris la ville de Saint-Lô, à laquelle De Masseville donne en 1722 une population, certainement trop forte, de 10,000 âmes. (*État de la Normandie*, t. Iᵉʳ, p. 290.) Nous n'avons point pour Saint-Lô de renseignement bien précis pour 1789. Dumoulin donne bien à cette ville un chiffre de «1,295 feux pour la ville et faubourgs» (*Géographie descriptive*, t. III, généralité de Caen, tableau annexé à la page 12); mais, outre que cet auteur écrivait en 1765, ses chiffres sont souvent très fantaisistes. Le *Dictionnaire* d'Expilly, incomparablement plus sûr, s'arrête malheureusement à la lettre S.

L'élection de Saint-Lô, beaucoup

plus étendue que le bailliage, comptait en 1765, d'après Dumoulin, 100 paroisses et 14,250 feux (*loc. cit.*).

[3] Arch. nat., D IV bis 44, pièce 7. Même chiffre à l'*État de population des 12 anciens gouvernements*. (Arch. nat., Ba 58, l. 144.)

[4] Arch. nat., D IV bis 44. — Les chiffres pour l'*élection* à la même date sont : naissances 1,884 (992 garçons, 892 filles); mariages, 505; décès, 1,517 (745 hommes, 772 femmes). Arch. Calvados, C 172.

[5-6-7] Il n'y avait dans le ressort que 35 paroisses; mais la paroisse de Quibou était partagée en trois portions curiales, dites respectivement Quibou *le Val*, Quibou *Boishéron* et Quibou *Vaultier*, toutes trois à la collation de chanoines prébendés de la cathédrale de

d'ecclésiastiques sans bénéfice dans les paroisses rurales; il n'y a que deux groupements de prêtres habitués, à Notre-Dame et à Sainte-Croix de Saint-Lô. La noblesse compte de son côté 46 gentilshommes, dont 31 possédant fiefs et 15 non possédant fiefs[1].

Administrativement, les paroisses étaient comprises dans la généralité de Caen et pour la très grande partie appartenaient à l'élection de Saint-Lô; trois seulement sur le nombre étaient de l'élection de Carentan[2]. Pour les droits du roi elles relevaient divisément des domaines de Saint-Lô et Carentan; pour les eaux et forêts de la maîtrise de Bayeux. Il y avait bureau du domaine et contrôle à Saint-Lô, Canisy et Marigny[3], bureau et juridiction des traites et quart-bouillon à Saint-Lô pour la plupart des communautés, à Carentan pour quelques-unes[4]. L'addition des chiffres d'impositions des rôles paroissiaux fournit un total de 299,188 l. 10 s. 10 d. d'impôts directs (taille : 88,241 l. 4 s. 6 d.; accessoires : 49,700 l. 16 s.; capitation : 54,380 l. 7 s. 6 d.; corvée : 26,678 l. 6 s. 5 d.; vingtièmes : 72,222 l. 18 s. 4 d.; territorial : 5,975 livres; bâtiments de justice : 1,990 livres[5]).

Au point de vue ecclésiastique, les paroisses appartenaient au diocèse de Coutances, les quelques paroisses de la baronnie de Saint-Lô qui appartenaient autrefois au diocèse de Bayeux ayant été échangées depuis contre d'autres communautés voisines de Sainte-Mère-Église[6]. Les réguliers pos-

---

Coutances. Les trois curés avaient chacun un tiers des menues dîmes, et se partageaient le quart des grosses; les trois autres quarts appartenaient aux chanoines prébendés. (*Pouillé*, f° 23 r°.)

En 1789, les titulaires de la cure étaient : M° Grosset *pro 1ª* (portion du Val), M° Corbin, *pro 2ª* (portion de Boishérou), et M° Leplanquais *pro 3ª* (portion Vaultier). Voir l'Appel du clergé au *Procès-verbal de l'assemblée générale du bailliage de Cotentin*, séance du 16 mars (Arch. nat., B III 53, p. 94).

Prieurés-cures : de Notre-Dame de Saint-Lô, de Sainte-Croix de Saint-Lô, de Saint-Thomas de Saint-Lô, d'Agneaux, et de Saint-Martin-des-Champs. (*Appel du clergé* précité, Arch. nat., B III 53, p. 94 sq.)

Chapelles : du Bois-André à Saint-Georges-de-Montcoq, des Pézerils à Bahais, de Saint-Ortaire au Dézert, de Pont-Hébert à Mesnil-Durand et de l'Ascension à Saint-Ebremond-de-Bonfossé. (*Ibid.*, p. 131.)

[1] *Rôle de comparution des bénéficiers du bailliage de Saint-Lô, assignés à comparaître*, etc. (Greffe de Coutances, pièce n° 22.) — *Rôle de MM. les Nobles du bailliage de Saint-Lô*. (*Ibid.*, pièce n° 35.)

[2] Les communautés de Graignes, de Mesnil-Angot et de Tribehou sont portées sur les rôles de l'élection de Carentan. (*Prospectus général de la taille*, année 1789. Arch. Calvados, C 4468.)

[3] *États des biens de main morte, etc.*, suivant les bureaux où ont été faites les déclarations de contrôle. (Arch. Calvados, C 4380.)

[4] *Arrêt du Conseil d'État du roi portant règlement pour le ressort des différentes juridictions des traites et quart-bouillon*, 5 juillet 1746, avec tableaux annexes des paroisses ressortissant à chacune d'entre elles. (Dans *Recueil des Gabelles*, t. II, p. 393 et suiv.)

[5] Arch. Calvados, C 4468, 8162, 8130, 8188, 8197. Le chiffre de vingtièmes porté au texte se décompose en : vingtièmes des biens-fonds, 66,274 l. 8 s. 4 d.; offices et droits, 2,796 l. 9 s.; industrie, 1,151 l. 14 s. (*Ibid.*, C 5964.) *Le Rôle de supplément des privilégiés pour les six derniers mois de 1789* donne, pour le département de Saint-Lô, un total de 30,637 l. 16 s. 8 d. (Arch. Manche, C 511.)

[6] Voir notre note sous la notice préliminaire du bailliage de Carentan (t. Iᵉʳ, p. 702, note 6).

sédaient dans le ressort une abbaye de chanoines réguliers (Génovéfains) à Saint-Lô (revenu : 6,637 livres, décimes : 960 livres)[1], un prieuré conventuel de l'ordre de la Trinité (Mathurins) dit le prieuré de la Perrine, en la paroisse du Dézert (revenu : 3,738 l. 5 s. 3 d., décimes : 545 livres[2]) et un prieuré sans charge d'âmes, dit de Saint-Fromond, dans la paroisse de ce nom (revenu : 4,000 livres, décimes : 1,580 livres)[3]. On comptait en outre

[1] *État sommaire du revenu de l'abbaye de Saint-Lô au diocèse de Coutances, 27 août 1769.* (Arch. nat., S 7483.) L'abbaye payait alors 600 livres aux décimes de Coutances, et 45 livres aux décimes d'Avranches pour *Saint-Besnon;* en 1789, les décimes étaient montés à 960 livres. (Arch. Manche, C 508.)

Nous n'avons pas retrouvé la déclaration de 1790; mais le chiffre de 1769 ne devait guère avoir subi de changement. L'*Almanach royal* de 1789 donne 6,000 livres, avec une taxe en cour de Rome de 300 florins. L'abbé commendataire était alors M. de Brandis.

On rapprochera utilement un registre du revenu de la mense conventuelle de l'abbaye de Saint-Lô (1730 à 1771) et un état de recettes et dépenses, arrêté en 1788, conservés aux Archives de la Manche, série H, versements non classés des bureaux d'enregistrement.

[2] *État et déclaration circonstanciée des biens-fonds, dîmes et rentes foncières et seigneuriales que possède la communauté de la Perrine, 24 septembre 1766.* (Arch. nat., S 7483.) Déclaration de 1790 non retrouvée; nous n'avons qu'un *État des rentes actives qui appartenaient aux ci-devant religieux de la maison de la Perrine, 1790.* (Arch. Manche, H n. cl.)

L'*Inventaire des biens nationaux* dressé en 1790 par la municipalité du Dézert fait apparaître comme appartenant au prieuré de la Perrine : I. *Biens-fonds* : 1° la maison conventuelle, avec église, chapelle, cimetière, jardin, herbage, en tout 11 vergées et 37 vergées de bois taillis (fait valoir, non est.); 2° une ferme avec bâtiments et environ 247 vergées de terre en labour, plant et pré, aff. 2,000 l.; 3° un herbage nommé *La Garenne,* de 40 vergées, aff. 300 l.; différentes pièces en labour et herbages, aff. à divers, en-

semble 88 vergées, aff. pour un prix total de 740 livres; 4° un moulin (non est.). II. *Rentes* : une longue énumération, dont le total n'est point fait, remplit environ 8 pages f°. — Il faut ajouter, dans la paroisse de Saint-Fromond, 2 prairies, contenant 20 vergées, aff. 300 l., et des rentes non totalisées. Plus les dîmes non portées à l'inventaire (Arch. Manche, Q4—1 14).

[3] Ce chiffre, qui est celui d'une déclaration de 1724 (Arch. Calvados, C 1496), est probablement un peu faible pour 1789. Le titulaire en 1790 était l'abbé Ét.-Fr. DE CAMBACÉRÈS, prêtre du diocèse de Montpellier. Nous avons retrouvé aux Archives nationales une déclaration de lui, en date du 24 février 1790, pour le prieuré de Saint-Fromond; mais elle renvoie à une déclaration antérieure «faite sur place» que nous n'avons pas retrouvée aux Archives de l'Hérault. (Arch. nat., S 7483.)

Le chiffre porté au texte pour les décimes est celui de 1789, que nous avons retrouvé dans une liasse d'*Ordonnances de compensation* des décimes avec le *Supplément* demandé aux privilégiés pour les 6 derniers mois de 1789, dressées en mars 1790. D'après la même source, l'abbé de Saint-Lô avait payé, en 1789, 3,020 livres de décimes, les religieux 960 et le prieuré de la Perrine 544. (Arch. Manche C 484.)

L'*Inventaire* dressé en 1790 par les officiers municipaux de Saint-Fromond fait apparaître comme appartenant au prieuré de Saint-Fromond : I. *Biens-fonds* : 1° les bâtiments du prieuré, maison manable et bâtiments d'exploitation (non est.); 2° une ferme, contenant 387 vergées en labour, pré et bois, aff. à Thomas Ernoul pour 3,250 l. et 240 l. de vin. II. *Dîmes,* toutes les dîmes de Saint-Fromond et les deux tiers de celles de Cavigny (non est.); III. *Rentes* : 1° à Saint-Fromond, 209

à Saint-Lô un hôpital et Hôtel-Dieu réunis (revenu : 11,280 livres, décimes : 50 livres)[1]; une communauté de religieux mendiants de Saint-François, dits les Pères Pénitents (revenu : 800 livres)[2] et deux communautés de femmes, dites les Nouvelles-Catholiques (revenu : 8,857 l. 10 s., décimes : inconnus).[3] et le Bon-Sauveur (revenu et décimes : inconnus)[4]. La population de ces établissements était, à la veille de la Révolution, des plus restreintes; on comptait seulement 5 religieux à l'abbaye de Saint-Lô, 5 à la Perrine, 7 choristes et 3 *donnés* chez les Franciscains, et 18 religieuses dans les différents couvents de femmes non réguliers[5]. En tout, les *États de population* de 1787 ne relèvent dans le ressort qu'une seule profession de femmes, contre 3 décès en religion[6].

Le personnel judiciaire du bailliage comprenait, dans les premiers jours de

boisseaux de froment, 217 d'avoine, 4 d'orge, des menues rentes et journées de charrue (le tout non est.); en outre une quarantaine de boisseaux de froment et une douzaine d'avoine dans les paroisses de Cavigny, Baudré, Mesnil-Durand, Saint-Aubin de Losque, le Dézert, Graignes et Airel (Arch. Manche Q 4-1 14).

[1] *État de la recette et dépense de l'hôpital de Saint-Lô, année 1723.* (Arch. Calvados, C 770.) En 1787, l'hôpital comptait «48 lits de malades et 88 basses couches garnies seulement de paillasses et couvertures», au total 146 lits, qui avaient reçu 224 malades, dont 43 nouveaux. Il y avait eu 24 naissances et 15 décès. (*État de situation des hôpitaux*, 1787, Arch. Calvados. C 1044.)

[2] *États présentés par les abbayes, monastères, etc., de leurs revenus annuels, 1723-1724.* (Arch. Calvados, C 1506.)

Dumoulin, en 1765, donne un chiffre sensiblement supérieur : «Il y a, écrit-il, un couvent de Pénitents du tiers-ordre de Saint-François, qui ont bien 2,000 livres de revenu. L'église en est très propre, et le couvent bien bâti, accompagné de beaux jardins, avec des terrains et un bois.» (*Géographie descriptive*, t. III, p. 181.)

Le chiffre donné par Dumoulin doit être proche de la vérité, car en 1790 les Inventaires des biens nationaux font apparaître comme appartenant aux Pères Pénitents : 1° à Sainte-Croix, la terre dite *de Martainville*, contenant 130 vergées en labour et pré, avec maison manable et bâtiments, aff. à

Pierre Groult pour 950 livres, 6 chapons et 6 poulets; en plus une rente foncière de 17 livres et 4 poulets; 2° à Hébécrévon, la ferme dite *de la Lande*, 60 vergées. aff. à P. du Bosq pour 400 livres; 3° à Saint-Georges-de-Montcoq, une terre de 11 vergées, aff. 180 l.; et une rente foncière de 11 livres. Soit près de 1,600 livres pour le seul revenu foncier. (Arch. Manche Q 4-1 14.)

[3] Même pièce. La communauté des Nouvelles Catholiques ou de la Propagation de la Foi avait été établie par lettres royales de février 1681, pour l'instruction des filles des protestants de la région.

[4] Nous ne connaissons sur cet établissement qu'un travail sans valeur historique, *le Bon-Sauveur de Saint-Lô*, article signé Hoüel, Saint-Lô 1876 (Bibl. nat., Lk 7, 19.031).

[5] *État général alphabétique des religieux en 1790* : Génovéfains (Arch. nat., D xix 11, l. 163); Mathurins, (*ibid.*, l. 164); Pénitents de Saint-François, dits de Picpus (*ibid.*, l. 168). — Le chiffre total pour les religieuses se décompose ainsi : à la communauté du Bon-Sauveur, 31 religieuses, dont 21 choristes, 8 converses et 2 sœurs dites associées; à l'Union chrétienne, autrement dite les Nouvelles catholiques, 14 religieuses, dont 9 choristes et 5 converses. (*État des religieuses, année 1790*, diocèse de Coutances. *Ibid.*, D xix 4, l. 50.)

[6] Arch. nat., D iv bis 44. Il n'y a point eu d'acte d'aucune sorte cette année-là, chez les chanoines réguliers, ni chez les Franciscains, ni à la Perrine.

1789, le lieutenant général François de Robillard[1], écuyer, conseiller du roi; un lieutenant particulier civil, M. Osmond, et un lieutenant particulier criminel, M. Defresnes; puis le procureur du roi, M° Morel; deux substituts, deux avocats du roi, M°⁵ Bernard et Letellier; et 5 conseillers ordinaires en exercice[2]. Le greffier du siège, M° Jean-Baptiste Raoult, a rempli, conformément à l'usage, les fonctions de secrétaire de l'assemblée préliminaire[3].

## I. Assemblées primaires.

## VILLE DE SAINT-LÔ [4].

### 1. Procès-verbal d'assemblée.

(Impr., dans *Procès-verbal de l'assemblée du tiers état du bailliage de Saint Lô*, s. l., 1789, in-16, p. 3 à 17. Exemplaire, Arch. nat., Ba 35 1 70[5], reproduit par transcription dans B III/54 p. 264 à 299. — Le discours prononcé par M. Le Menuet a été réimprimé par Hippeau, *Cahiers* II, 75.)

Du vendredi 27 février 1789, à Saint-Lô, dans l'église de Notre-Dame, en l'assemblée de tous les habitants du tiers état de cette ville, convoquée au son de la cloche et à son de trompe et cri public,

[1] *Rôle de capitation des officiers de justice, police et finance, élection de Saint-Lô, année 1789.* (Arch. Calvados, C 8130.)

[2] *Mémoire pour le bailliage de Saint-Lô, décembre 1788* (Arch. Calvados, C 6079).

[3] Le sieur Raoult n'avait pas la finance du greffe. Nous lisons en effet au *Mémoire* cité à la note précédente : «Le greffe appartient à plusieurs propriétaires, qui commettent en vertu d'un bail; ceux qui desservent le bail en qualité de commis sont reçus en justice.»

[4] Arrondissement de Saint-Lô, canton de Saint-Lô. Le procès-verbal d'assemblée ne donne pas le nombre de feux. L'*État de population des villes du royaume de France* accuse pour 1789 un chiffre de 3,774 habitants (Arch. nat., D iv *bis* 47, pièce 7), alors qu'un dénombrement de 1764 porte le chiffre de la ville et bourgeoisie à 6,878 habitants (2,855 hommes, 4,023 femmes), probablement parce qu'il comprend les paroisses de Sainte-Croix et Saint-Thomas. (Arch. Calvados, C 183.) Mouvement en 1787 : naissances, 149 (90 garçons, 59 filles); mariages, 38; décès, 90 (38 garçons, 52 filles). — Population actuelle : 11,604 habitants.

[5] Cette édition a été faite presque aussitôt après la tenue de l'assemblée préliminaire, et dans les premiers jours d'avril au plus tard. Le 8 avril, en effet, l'intendant de Caen de Launay écrivait, au garde des sceaux, qui lui avait demandé d'envoyer les procès-verbaux et cahiers de sa généralité dans le cas où ils auraient été imprimés : «J'ai reçu la lettre que vous m'avez fait l'honneur de m'écrire le 20 de ce mois (*sic*), pour me prévenir que vous désirez que je vous fasse l'envoi des cahiers ou procès-verbaux des assem-

Sont comparus devant nous, François Robillard, écuyer, conseiller du roi, lieutenant général civil et criminel du bailliage de Saint-Lô, assisté de Mᵉ Jean-Baptiste Raoult, greffier ordinaire de notre siège, les sieurs Thomas-Barthélemi Rouxelin, Jacques-Michel Vieillard, Pierre Le Menuet, Philippe-Nicolas Lemonnier, Bon-François Bertrand de Bacilly, Nicolas Foucher, etc. [1], tous nés Français, âgés de 25 ans, compris dans les rôles des impositions, habitants de cette ville. M. le Président a dit :

(Discours du président, p. 4 à 9. Généralités, sentiments de reconnaissance envers le roi, vœux pour l'heureux succès de l'assemblée des États, nécessité de choisir pour cette assemblée des hommes d'un esprit sage, qui soient en même temps « d'honnêtes gens dans les affaires publiques », etc. A cette occasion, le lieutenant général définit ainsi qu'il suit comment il entend son rôle propre dans la convocation.)

Je ne me dissimule pas, Messieurs, toute l'importance des fonctions que j'ai à remplir ici. Diriger la marche et les détails d'une opération à laquelle le Roi attache l'intérêt le plus essentiel, faire régner dans cette assemblée le bon ordre et l'harmonie, si nécessaires à l'accomplissement des vues de Sa Majesté, chercher à aplanir les difficultés qui pourraient s'élever, prononcer sur ces mêmes difficultés si ceux entre qui elles se seraient élevées ne pouvaient se concilier, m'occuper sans cesse des moyens de prévenir tout ce qui pourrait introduire la division parmi les membres qui composent cette assemblée, leur remettre devant les yeux que, dans cette grande circonstance, il est de leur devoir à tous de sou-

blées de ma généralité, dans le cas où ils seraient imprimés. J'ai l'honneur de vous envoyer le cahier qui a été rédigé par l'assemblée de Saint-Lô. C'est le seul qui soit en ma possession jusqu'à ce moment. A Caen, les différents ordres sont convenus de ne rien mettre à l'impression, et il paraît que dans plusieurs assemblées cet exemple sera suivi. Au reste, je viens de faire les dispositions nécessaires pour remplir complètement vos vues à ce sujet, dans le cas où ces assemblées particulières se seraient déterminées à faire connaître par la voie de l'impression les cahiers dont ils (sic) auraient arrêté la rédaction. Je suis, etc... » (Lettre de Launay, intendant de Caen à M. le G. d. S., du 8 avril, Arch. nat. Ba 35 l. 70, pièce cotée 15ᵉ.)

Une autre édition du procès-verbal de l'assemblée de la ville de Saint-Lô a été faite en mars 1789, par les soins des commissaires-rédacteurs, et elle comprend le *Projet de cahier*. Nous l'avons utilisée pour en tirer le texte du cahier (*infra* p. 81); mais ici nous avons dû préférer l'édition faite par les soins de l'assemblée du bailliage, parce qu'elle donne le procès-verbal de la seconde assemblée, celle du 6 mars, qui manque dans la première édition.

[1] Le procès-verbal imprimé ne donne pas la liste entière des comparants.

L'assemblée était, comme on le verra par la suite du procès-verbal, fort nombreuse; la ville de Saint-Lô n'avait pas en effet été portée, sur les tableaux annexés au Règlement du 24 janvier, parmi celles qui tiendraient des assemblées *préparatoires* de corporations.

mettre les intérêts personnels ainsi que les affections à l'intérêt de
la chose publique, et de répondre par un concert généreux au vœu
du Roi et à l'attente de la nation; voilà, Messieurs, les devoirs
qu'on m'a imposés.

Cette commission serait pénible pour moi, si je n'avais pas
l'honorable avantage de présider des citoyens animés du bonheur
et de la gloire de l'État, et parfaitement éclairés sur les moyens de
procurer cette félicité générale tant désirée. Je connais déjà leur
zèle, je connais celui de leurs sages et discrets administrateurs,
et l'ordre du tiers état de cette ville, dirigé dans sa délibération
par leurs lumières assurées, donnera à la province, peut-être à
la nation entière, la preuve complète du patriotisme le plus édi-
fiant.

Et comme Sa Majesté m'a fait connaître par Mgr le Garde des
Sceaux qu'elle veut être instruite successivement à chaque séance
des progrès des assemblées et de tous les détails qui y sont relatifs, je m'empresserai dès ce soir de rendre à ce chef de la magistrature le témoignage du zèle, de l'amour et du dévouement des
fidèles communes de Saint-Lô pour la personne sacrée du Roi et la
prospérité de l'État.

Lecture de la lettre du roi, du règlement annexé, des ordonnances du bailli
de Cotentin et du lieutenant général de Saint-Lô [1]. Nouveau discours (p. 9)
du lieutenant général président, dans lequel présentant aux députés le tableau
du «vaste champ» des abus qu'on leur offre à défricher, et les mettant en garde
en même temps contre la prétention de fixer l'attention de la Nation sur des
objets «qui ne se rapporteraient qu'à l'utilité de cet arrondissement», il ajoute,
visant la rédaction des cahiers:

Je me donnerai bien garde de vous proposer, même de vous donner une esquisse des demandes et doléances que la ville de Saint-Lô
doit exposer dans ses cahiers pour le bonheur de l'État. Je n'en ai
pas la mission [2] et d'autres s'en acquitteront mieux que moi. Je crois

[1] *Ordonnance de M. le Grand Bailli*
[de Cotentin] *du 13 février 1789.* A
Coutances, de l'impr. G. Joubert,
1789, 8 pages in-4° (exemplaire au
Greffe de Coutances, liasse *Cahiers de*
*doléances*, pièce n° 3). — L'ordonnance du lieutenant général de Saint-
Lô était en date du 19 février (voir
Procès-verbal de l'assemblée du baillage, *infra*, p. 71); mais nous n'en
avons retrouvé aucun exemplaire.

[2] Le gouvernement royal avait en effet

formellement recommandé à ses fonc-
tionnaires de s'abstenir de toute ingérence dans la rédaction des cahiers.
Dans la *Lettre circulaire aux lieutenants*
*généraux des bailliages et sénéchaussées*,
qui accompagne les *Instructions pour la*
*convocation des États généraux*, et qui
est datée de Versailles, 7 février 1789,
le Garde des Sceaux s'était ainsi exprimé : «En prenant ces différentes précautions, S. M. n'a point perdu de vue
la liberté qu'elle a l'intention d'assurer

seulement pouvoir annoncer à cette assemblée que je pense que la
seule opération dont elle doit s'occuper aujourd'hui est la nomination de commissaires pour la rédaction du cahier de doléances et
demandes du tiers état de cette ville. En effet, ce cahier ne peut être
bien rédigé par un aussi grand concours de délibérants. Le silence
du cabinet y devient nécessaire. Je vous procurerai, Messieurs, une
seconde assemblée comme suite de celle-ci pour la lecture, l'examen et la discussion du cahier qui aura été projeté, et ce sera alors
que vous procéderez à l'élection de quatre députés pour sister à
l'assemblée générale de ce baillage qui, comme vous l'avez entendu, se tiendra le 10 de mars. Au surplus, quel sera le nombre
des commissaires chargés de la rédaction du cahier? C'est à vous,
Messieurs, de le fixer et tâcher de concilier l'heureux effet de la
réunion de lumières avec la crainte d'occasionner une trop
grande division d'opinions, par un trop grand nombre de commissaires, etc.

Adoption de la proposition ci-dessus. Les habitants, déclarant avoir parfaite connaissance du règlement et ordonnances précités, «tant par la lecture
qui vient de leur en être faite que par la lecture et publication ci-devant
faites aux prônes des paroisses de cette ville, par MM. les curés et vicaires,
le 22 du présent mois, et par la lecture, publication et affiches pareillement
faites le même jour à l'issue des hautes messes des paroisses de cette ville, au
devant de la porte principale des églises», déclarent qu'ils se sont réunis en
ce lieu, «mais qu'ils ne peuvent s'occuper de la rédaction de leurs projets de
cahiers de plaintes, doléances et remontrances, vu le grand nombre de comparants, le bruit considérable qui se fait[1] et le défaut de temps suffisant», et

aux différentes assemblées, et elle a
spécialement recommandé qu'on évitât
soigneusement tout ce qui pourrait présenter l'apparence de la contrainte, de
la gêne et même de l'influence.» (Texte
reproduit dans DE COURTILLOLES, Recueil
de documents relatifs à la tenue des États
généraux du grand bailliage d'Alençon
en 1789, p. 42.)

On rapprochera aussi utilement l'Instruction aux intendants, accompagnée
pour la généralité de Caen, d'une lettre
de M. de Villedeuil à M. de Launay,
intendant, du 10 février 1789 (Arch.
Calvados, C 6345).

[1] Nous avons déjà rencontré les
mêmes raisons invoquées pour justifier
la rédaction du Cahier par commissaires dans l'assemblée préliminaire du
bailliage secondaire d'Avranches (au
tome I, p. 688). A Saint-Lô, la ville
n'ayant point eu de réunions prépara-

toires de corporations, l'assemblée devait d'ailleurs être fort nombreuse, et
il n'est pas surprenant qu'elle ait été
quelque peu bruyante, puisque, suivant la règle générale posée par le Règlement du 24 janvier, elle devait comprendre «tous les habitants composant
le tiers état, nés Français ou naturalisés, âgés de 25 ans, domiciliés et
compris au rôle des impositions».

Il est assez piquant de rapprocher
de l'aveu du procès-verbal ci-dessus
un passage de la lettre écrite le soir
même du 27 février par le lieutenant
général de Saint-Lô, lettre dans laquelle il cherche à donner de son
assemblée une idée plus édifiante :
«L'assemblée, écrit-il, s'est tenue dans
le meilleur ordre et dans la plus parfaite harmonie... Le profond silence
qui régnait dans l'assemblée n'a été
troublé que par une acclamation uni-

demandent en conséquence qu'il soit procédé à la nomination de six commissaires pour la rédaction des cahiers qui seront rapportés dans une assemblée générale qui sera tenue comme suite à la présente. Ils demandent encore au lieutenant général président «qu'il vous plaise leur remettre les réflexions que nous venons de leur faire, pour être jointes au procès-verbal de l'assemblée» [1].

Scrutin pour la nomination de six commissaires-rédacteurs; les suffrages recueillis, la pluralité se réunit en faveur des sieurs Lemenuet de la Jugannière, Vieillard fils, Bernard, avocat du roi, Vieillard de Boismartin, Le Monnier, président d'élection, et Vieillard père. Acceptation par les commissaires de leur mission, «avec invitation à tous les habitants de cette ville, qui voudraient bien aider de leurs lumières les commissaires, d'apporter à l'hôtel de ville ou à un d'iceux commissaires leurs observations par écrit, pour en être fait le rapport entre les six commissaires, et y avoir tel égard qu'ils croiront convenable; et même rendre compte à l'assemblée générale du 6 de mars prochain desdites observations et des motifs, s'il y en avait, qui auraient empêché de les comprendre dans le cahier».

De tout ce que dessus ainsi que de leur comparution nous avons donné acte aux comparants, prononcé défaut contre les absents et renvoyé la suite de la présente assemblée au 6 mars prochain, en cette église, 8 heures du matin; auquel jour, lieu et heure, nous sera représenté le projet de cahiers de plaintes, doléances et remontrances, pour en être donné lecture à l'assemblée générale qui délibérera sur icelui et ensuite procédera à l'élection de quatre députés de la ville [2], laquelle élection ne se fera point à haute voix,

versuelle, et des assurances énergiques d'amour, de zèle et de dévouement pour le roi. Je me tiens bien sûr que les deux prochaines assemblées ne seront pas moins paisibles et édifiantes, etc...» (*Lettre du lieutenant général de Robillard à M. le G. d. S., du 27 février*, Arch. nat., Ba 35 l. 70 = B III/54, p. 259).

[1] L'assemblée, comme on voit, s'est montrée fort docile aux propositions du lieutenant général, et au fond on sent, à la lecture du procès-verbal, qu'il l'a dirigée à son gré. On ne doit donc pas s'étonner de le voir, dans sa correspondance, manifester son contentement. Le 27 février, par exemple, il écrivait : «M<sup>gr</sup>..., le tiers état de cette ville s'est assemblé *aujourd'hui* devant moi, et m'a demandé d'être autorisé de nommer 6 commissaires pour la rédaction du projet des cahiers de doléances, demandes et remontrances. J'ai accordé ce préalable, et j'ai renvoyé au 6 mars

prochain comme de suite, pour la lecture, l'examen et l'adoption du projet de cahier, ainsi que pour la nomination des 4 députés, etc... L'assemblée s'est tenue dans le meilleur ordre et la plus parfaite harmonie; les délibérants ont annoncé la plus grande sensibilité et la plus vive reconnaissance pour les bontés du roi et les sentiments paternels que Sa Majesté nous a transmis par sa Lettre et son Règlement du 24 janvier dernier.» (*Lettre du lieutenant général de Robillard à M. le G. d. S., du 27 février*, Arch. nat., Ba 35 l. 70 = B III/54, p. 259).

[2] Ce chiffre de 4 députés pour Saint-Lô n'est manifestement pas en proportion avec la population de la ville. Les villes, en effet, lorsqu'elles n'avaient pas été portées à l'*État annexe* pour un nombre déterminé de députés, étaient traitées moins favorablement que les campagnes. Celles-ci envoyaient deux députés au-dessus de 200 feux, et par

mais par bulletins ouverts, qui nous seront remis par les délibérants, et ce pour la plus grande célérité et liberté des suffrages; et
pour nous conformer au vœu de l'assemblée, nonobstant l'article 46 du Règlement[1], auquel nous avons, sous le bon plaisir du
roi, et en vertu de la permission qu'il nous en a donnée[2], ordonné
qu'il sera dérogé. Et nous avons signé avec ceux des habitants qui
savent et ont voulu signer.

Signés : ROUXELIN DE FORMIGNY, BACILLY, *maire;* LE MENUET,
VIEILLARD père, LE MONNIER, *président;* FOUCHER, VIEIL-
LARD fils, VIEILLARD DE BOISMARTIN, BERNARD[3], etc.

Signé : ROBILLARD.

Collationné. Signé : RAOULT.

(P. 15.)[4] Du vendredi 6 mars 1789, à Saint-Lô, dans l'église
de Notre-Dame, 8 heures du matin, devant nous François Robillard, écuyer, conseiller du roi, etc., assisté de Me Jean-Baptiste
Raoult, notre greffier ordinaire,

En conséquence de notre ordonnance du 27 février dernier,
portant renvoi à ce jour, lieu et heure, pour la continuation de
l'assemblée du tiers état de cette ville, aux fins de la lecture, examen et discussion du projet de cahiers des remontrances, plaintes
et doléances, que les six commissaires nommés par la délibération

chaque centaine de feux au-dessous de
ce nombre, un député. Dans les villes,
au contraire, le nombre des députés
était invariablement fixé à *quatre.*
(Voir *Règlement fait par le roi pour l'exécution des Lettres de convocation,* Versailles, 24 janvier 1789, art. 25, dans
DUVERGIER, t. I, p. 16.)

[1] *Règlement fait par le roi, etc...,*
art. 46 : «Les élections des députés
qui seront successivement choisis pour
former les assemblées graduelles, ordonnées par le présent règlement, seront
faites à haute voix; les députés aux
Etats généraux seront seuls élus par la
voie du scrutin». (*Ibid.* t. I, p. 18.)
L'article suivant (art. 47) détermine,
avec les détails les plus minutieux,
comment dans ce dernier cas se fera
le scrutin.

[2] Nous ne voyons pas à quels «pouvoirs spéciaux» le lieutenant général de
Saint-Lô peut faire allusion. Sa corres-

pondance avec la Chancellerie, conservée aux Archives nationales, ne porte
point trace d'une délégation quelconque
de pouvoirs extraordinaires. Peut-être
s'est-il supposé ici gratuitement les
pouvoirs dont il avait besoin, de même
qu'il l'avait déjà fait dans la rédaction
de son ordonnance, pour la détermination des présidents des assemblées paroissiales. ( Voir la note sous le *Procès-
verbal de l'assemblée préliminaire, infra,*
p. 71, note 3.)

[3] Le procès-verbal imprimé (qui
n'est évidemment qu'un abrégé de l'original manuscrit) ne porte pas d'autres
signatures.

[4] Cette partie du procès-verbal,
relative à la seconde assemblée, celle du
6 mars, ne se trouve pas dans l'édition
faite par les soins des commissaires, et
que nous avons utilisée pour l'établissement du texte du cahier de la ville de
Saint-Lô (*infra,* p. 16).

dudit jour, 27 février dernier ont été chargés de dresser, et aux fins de l'élection de quatre députés, qui sisteront pour le tiers état de cette ville, à l'assemblée générale de notre arrondissement le 10 de ce mois,

Sont comparus les sieurs soussignés, auxquels nous avons fait donner lecture dudit projet de cahier, après laquelle lecture, ainsi que des observations de MM. les Commissaires sur chacun des articles dudit projet, l'assemblée l'a unanimement adopté, avec quelques légères additions portées en marge desdits cahiers. En conséquence, elle a arrêté que ledit projet de cahiers nous sera incontinent remis, ce qui a été exécuté, pour être de nous coté et paraphé dans toutes ses pages et ensuite rester joint au présent procès-verbal; qu'un duplicata desdits cahiers, rectifié sur la minute jointe au présent et certifié tel par notre greffier, sera remis aux députés qui devront sister à l'assemblée du 10 de ce mois, aux fins déterminées par l'article 24 du règlement du roi.

Scrutin pour l'élection de quatre députés à l'assemblée préliminaire; les suffrages ayant été recueillis «par bulletins ouverts, conformément au désir de l'assemblée», la majorité des voix appartient à :

MM. Le Menuet de la Jugannière, Vieillard fils[1], Bernard et Vieillard de Boismartin[2]. De laquelle élection nous avons donné

---

[1] VIEILLARD (Jean-Pierre-Jacques), dit VIEILLARD fils, a été successivement député à l'assemblée préliminaire du bailliage de Saint-Lô, à l'assemblée générale du bailliage principal de Coutances, et enfin député du bailliage de Cotentin, pour l'ordre du tiers état. (Voir *infra*, p. 77 sq.) Né à Saint-Lô en 1756, fils d'un procureur postulant au bailliage et vicomté de cette ville, il était lui-même en 1789 avocat au bailliage, payant une capitation de 2 l. 19 s. (Arch. Calvados, C 8125). A l'Assemblée constituante, il fit partie du Comité de judicature, et fut en 1790 secrétaire de l'Assemblée. Les biographes ajoutent en général qu'il quitta la vie politique après cette session de 1790; cependant il ne figure point sur les listes de députés démissionnaires, ni parmi ceux qui étaient absents le 12 juillet 1791, lors de la remise de la médaille commémorative du 4 août. (Voir A. BRETTE, *Les Consti-*

*tuants*, p. 99 et 276.) Il mourut à Saint-Lô le 13 janvier 1815. Notices dans LEBRETON, *Biographie normande*, p. 556; PLUQUET, *Bibliographie de la Manche*, p. 370.

[2] La taxe des députés à l'assemblée préliminaire de Saint-Lô a été arrêtée par le lieutenant général uniformément sur le pied de 5 livres par jour (Arch. nat., Ba 87). Le montant total de la taxe allouée aux députés de la ville de Saint-Lô a été liquidé par suite à 10 livres pour deux jours de présence à l'assemblée, et à 45 livres pour les députés qui ont été commissaires-rédacteurs du cahier, comme le sieur Vieillard de Boismartin. Les sieurs de la Jugannière, Vieillard fils et Osmond, ayant été ensuite députés à l'assemblée générale de Coutances, ont joint à cette première somme une taxe de 74 livres, pour 18 jours de voyage et séjour. *Tous les députés ont accepté la taxe*, sans observation autre que celle-ci, faite par

acte, ainsi que de l'acceptation, etc. Et nous avons ordonné qu'un exemplaire du procès-verbal de l'assemblée tenue le 27 février dernier et du projet de cahier à la suite, ledit projet rectifié conformément à la minute cotée et paraphée de nous et restée jointe au présent, certifiée par notre greffier, sera remis' aux quatre députés [1].

Le présent, clos et arrêté, a été signé par ceux qui savent et ont voulu signer, et ensuite par nous et notre greffier.

Signés : Le Menuet, Vieillard fils, Bernard, Vieillard de Boismartin, Saint, Vieillard père, Christy, etc.

Signés : Robillard et Raoult.

---

## 2. Cahier de doléances.

(Impr., dans : *Procès-verbal de l'assemblée du tiers état de la ville de Saint-Lô, tenue le 27 février 1789*, [s. l.], 1789, in-12, p. 19 à 56. Exemplaire appartenant à la collection particulière de M. P. Blaizot, juge au tribunal de Vire [2].

le sieur Vieillard fils : «Accepté pour le sieur Vieillard fils par son père et d'après son désir». (*Rôle des taxes*, Ms. Greffe de Coutances, pièce n° 339.)

[1] Le lendemain de la clôture de l'assemblée de Saint-Lô, le lieutenant général rendait compte en ces termes des opérations accomplies :

«Monseigneur, pour me conformer à la lettre que vous m'avez fait l'honneur de m'écrire le 7 février dernier [il s'agit de la lettre-circulaire aux lieutenants généraux des bailliages], je vous rends compte de l'assemblée du tiers état de cette ville, tenue devant moi le jour d'hier. Elle a unanimement adopté le cahier des remontrances, plaintes et doléances, qui ont été dressées par les six commissaires nommés à cet effet dans une première assemblée tenue le 27 février dernier. *J'en aurais joint ici un exemplaire, si ces cahiers étaient définitivement arrêtés.* Mais ils doivent être refondus en un avec ceux des communautés de campagne, qui me seront remis par leurs députés dans l'assemblée générale des députés de mon arrondissement qui se tiendra mardi prochain..

Au surplus, cette assemblée d'hier s'est tenue avec la plus grande harmonie, et j'ai vu tous les esprits disposés aux plus grands sacrifices pour le rétablissement des finances de l'État et pour lui procurer une constitution solide et durable. Je suis avec le plus profond respect, etc...» (*Lettre du lieutenant général de Robillard à M. le G. d. S., du 7 mars*, Arch. nat., Ba 35 l. 70 = B III /54, p. 544).

[2] Nous devons remercier d'autant plus vivement M. P. Blaizot d'avoir bien voulu nous communiquer cette pièce de sa collection, que l'exemplaire qu'il possède est vraisemblablement unique. En tout cas, il n'en existe aucun autre, à notre connaissance, dans les archives ou les bibliothèques publiques de la région, ni à Paris. Comme l'existence de cet imprimé était mentionnée dans le cahier de la ville (*infrà*, p. 46) et dans le procès-verbal de l'assemblée préliminaire (*infrà*, p. 80), nous l'avions recherché longtemps, tant dans les bibliothèques publiques de la Basse-Normandie qu'à la Bibliothèque Nationale, et nos re-

*N. B.* Le texte ci-dessous n'est pas absolument le texte authentique du cahier de la ville de Saint-Lô. Ainsi que l'indique le titre de la pièce, c'est seulement celui du *Projet de cahier* dressé par les commissaires-rédacteurs nommés dans l'assemblée de la ville du 27 février. Toutefois, comme nous savons par le procès-verbal de la seconde assemblée, celle du 6 mars, que cette assemblée avait unanimement adopté «avec quelques légères additions portées en marge dudit cahier»[1], l'exemplaire *imprimé* présenté par les commissaires, nous croyons pouvoir, en l'absence de tout exemplaire authentique, insérer dans la collection des Cahiers du bailliage de Cotentin ce texte qui, sous le bénéfice des observations précédentes, peut être considéré comme donnant vraiment les doléances de la ville de Saint-Lô[2].

cherches étaient restées infructueuses, jusqu'au jour où l'exemplaire de M. P. Blaizot nous a été obligeamment communiqué.

Deux exemplaires authentiques du cahier, avec les additions et modifications qui avaient été apportées au *Projet* par l'assemblée de la ville de Saint-Lô, nous sont signalés par les documents de l'époque, mais aucun d'eux n'est parvenu jusqu'à nous. Un premier exemplaire, qui était la minute même sur laquelle avaient travaillé les commissaires, cotée et paraphée par le lieutenant général, avait été, comme nous l'apprenons par le *Procès-verbal* du 6 mars, joint à la minute du Procès-verbal de la ville de Saint-Lô, et déposé avec elle dans les Archives du Greffe du bailliage. Mais le fonds du bailliage de Saint-Lô, conservé aux Archives de la Manche, ne contient plus aujourd'hui aucune pièce de la convocation.

Le second exemplaire dont nous ayons connaissance est celui qui fut envoyé à l'intendant de Caen après la clôture de l'assemblée de la ville, par le lieutenant général du bailliage de Saint-Lô. Dans une lettre en date du 7 mars 1789, il s'exprime ainsi : «Le 27 février dernier, les habitants du tiers état de *cette ville* se sont assemblés, et ils ont nommé des commissaires pour la rédaction du projet de cahier, ... La suite de cette assemblée avait été renvoyée au 6 de ce mois pour la lecture et examen du cahier, et à cette même assemblée du 6, a été présenté *le cahier ci-joint*, qui a été unanimement accepté, sauf un léger changement dans le paragraphe 4 de l'article V. Ce cahier n'est cependant pas définitif puisqu'il faudra le refondre avec ceux des communautés de campagne, etc...» (Arch. Calvados G 6356). Le fonds de l'intendance de Caen devrait donc conserver un exemplaire authentique du cahier de la ville

de Saint-Lô; mais pas plus que celui du bailliage, cet exemplaire authentique ne nous est parvenu. Une mention manuscrite, inscrite sur une lettre du lieutenant général de Saint-Lô, en date du 19 mars, nous fait vraisemblablement connaître la cause de cette disparition : «M. l'Intendant, y lisons-nous, a gardé par devers lui l'imprimé.» Cela signifie, si nous ne nous trompons, que l'intendant avait disposé de l'exemplaire à lui envoyé pour sa bibliothèque particulière. Sans doute, dans cette lettre, il ne s'agit pas du *cahier de la ville* de Saint-Lô proprement dit, mais du *cahier du bailliage*, également envoyé par le lieutenant général quelques jours plus tard. Mais il n'est pas téméraire de supposer que les deux pièces ont eu le même destin. Voir *Lettre du lieutenant général de Robillard à l'intendant de Caen, du 19 mars 1789* (Arch. Calvados, G 6356).

[1] *Procès-verbal d'assemblée de la ville de Saint-Lô*, séance du 6 mars 1789 (texte *suprà*, p. 15). Nous trouvons la confirmation expresse de cette assertion dans la lettre du lieutenant général de Robillard, du 7 mars, citée à la note précédente.

[2] La seule question qui demeure, serait de pouvoir déterminer en quoi ont pu consister les «légères additions» qui, d'après le *Procès-verbal*, séance du 8 mars, furent portées *en marge* du *Projet* des commissaires. L'exemplaire qui nous a été communiqué n'en mentionne aucune. On pourrait être tenté de penser que ces additions consistaient précisément dans les quelques articles qui figurent dans le cahier du bailliage, sans être dans celui de la ville (voir *infrà*, p. 95 sq.). Mais cette supposition n'est rien moins que sûre, car nous savons d'autre part qu'il n'y eut point absolument identité entre le cahier de la ville et celui du bailliage. Le lieute-

IMPRIMERIE NATIONALE.

*Projet de Cahiers des remontrances, plaintes et doléances, dressé par les six commissaires nommés à cet effet dans l'assemblée générale de l'ordre du tiers état de la ville de Saint-Lô, tenue le 27 février dernier.*

Nota[1]. Les commissaires ont suivi autant qu'il leur a été possible le projet de cahier consigné dans la *Suite de l'Avis des bons Normands*, tant pour profiter de ces excellentes vues que pour établir une plus grande uniformité dans les réclamations de la province; ils savent d'ailleurs que le corps de ville de Rouen a adopté entièrement le projet de l'auteur estimable de cette production véritablement patriotique[2].

nant général de Robillard, dans sa correspondance, affirme que «les députés des campagnes ont exigé qu'il fût fait quelques additions au cahier du tiers état de la ville». (*Lettre à l'intendant de Caen, du 19 mars*, Arch. Calvados C 6356), et le fait est d'ailleurs expressément mentionné dans le *Procès-verbal de l'assemblée préliminaire du bailliage*, séance du 11 mars 1789 (*infrà*, p. 80). Il paraît donc sage de ne rien affirmer à cet égard.

Une des modifications apportées au *Projet* par l'assemblée de la ville peut cependant être complètement dégagée. Dans la lettre précitée du 7 mars, où il rend compte de la tenue des assemblées de la ville, le lieutenant général explique que le cahier présenté a été unanimement adopté, «sauf un léger changement dans le paragraphe 4 de l'article V». Cet article est relatif à l'abolition de la vénalité des offices, et à l'institution d'une caisse spéciale à créer à cet effet, qui serait dite *caisse de remboursement des offices*. L'article a été vraisemblablement modifié sous la pression des membres des corps judiciaires, qui étaient fort nombreux dans l'assemblée de la ville. Il est intéressant de noter qu'il a reparu textuellement, et sans aucune modification, dans le cahier de l'assemblée préliminaire du bailliage. Voir *infrà*, p. 34 et p. 87.

[1] Cette observation est placée en note dans l'édition imprimée du *Procès-verbal*, qui contient le *Projet* des commissaires, en bas de la page 19. L'emprunt fait par les commissaires a été aussi explicitement proclamé par M. Le Menuet, l'un des commissaires, dans

le discours qu'il prononça en présentant à l'assemblée, le 6 mars, le *Projet* imprimé des commissaires : «Cette tâche pénible, explique-t-il, eût été difficilement remplie par vos commissaires, s'ils n'avaient pas trouvé une grande ressource dans un ouvrage de ce genre, publié par la principale cité de la province. Ils n'ont pour ainsi dire eu que la peine de s'y conformer, en y ajoutant les articles qui leur ont paru d'une importance à peu près pareille.» (*Discours de M. Le Menuet*, inséré dans l'édition du *Procès-verbal*, p. 37.)

[2] La *Suite de l'Avis des bons Normands* est une petite brochure de 32 pages, sans nom d'auteur, publiée à Rouen en février 1789, et fait partie d'un ensemble de pièces composées par Thouret, le futur membre de la Constituante, qui ont été extrêmement répandues en Normandie et qui ont joué un rôle important dans la formation des cahiers de cette province. La première en date, parue au commencement de février, avait pour titre : *Avis des Bons Normands à leurs frères les Bons Français de toutes les provinces et de tous les ordres, sur l'envoi des Lettres de convocation aux États généraux.* L'auteur y appelait les membres des différents ordres à l'union et à la concorde; il conviait les ordres privilégiés à faire le sacrifice de leurs privilèges pécuniaires, le tiers état à savoir respecter la distinction honorifique des ordres. Il donnait en même temps à ses concitoyens quelques conseils pratiques pour le choix de leurs députés; mais il était peu question des vœux à exprimer dans les cahiers de doléances. Au contraire, la

Art. 1er. Le but le plus important auquel on doit chercher à atteindre est de procurer à la nation une Constitution solide, durable, et qui, en assurant les droits de la couronne, fixe invariablement ceux du peuple. L'Assemblée déclare donc qu'elle regarde cet objet important comme le seul prix digne, aux yeux de la nation, des sacrifices qu'elle a déjà faits et qu'elle fera certainement encore pour le soutien de l'État.

Les députés aux États généraux doivent donc faire consacrer de nouveau les maximes essentielles et fondamentales qui suivent[1] :

seconde brochure, celle à laquelle se réfère notre texte, s'occupe exclusivement de la rédaction des cahiers. Le titre complet est : *Suite de l'Avis des Bons Normands, dédié aux assemblées des bailliages, sur la rédaction des cahiers des pouvoirs et instructions*. Les deux pièces ont été réimprimées à la suite l'une de l'autre par HIPPEAU, *Gouvernement de Normandie*, t. V (*Élections*), p. 265 et p. 285.

Quoique dise le NOTA, ce n'est pas à proprement parler la *Suite de l'Avis* qui a servi de modèle aux rédacteurs du cahier. C'est un *Essai de cahier* également composé par THOURET au mois de février, qui a été imprimé quelquefois à la suite de la *Suite de l'Avis*; et dont le titre complet est : *Essai d'un cahier de pouvoirs et instructions projeté pour une des assemblées dans l'ordre du tiers état*. Un exemplaire en a été signalé par M. Le Parquier dans un recueil factice conservé à la Bibliothèque de Rouen, qui a pour titre : *Recueil des rapports et opinions de Thouret*, et qui est catalogué U 3047 a; mais il se trouve aussi dans la seconde partie (p. 33 à 54) de l'exemplaire de la *Suite de l'Avis* qui porte à la Bibliothèque nationale la cote Lb39 1250. Mais Hippeau, avec sa négligence habituelle, en réimprimant la *Suite de l'Avis*, l'a laissé de côté, en sorte qu'aujourd'hui il était devenu à peu près inconnu.

Cette négligence d'Hippeau nous a conduit dans le précédent volume à une erreur qu'il convient de réparer. Le cahier de la ville de Valognes, comme celui de la ville de Saint-Lô, a eu pour prototype l'*Essai de cahier* de THOURET. Ayant observé la concordance presque textuelle qui existe entre ces deux cahiers, nous avions émis l'idée (au t. II,

p. 15 n. 1) qu'ils étaient l'un et l'autre la copie d'un modèle commun de cahier; mais comme il était manifestement impossible de voir ce modèle dans la *Suite de l'Avis*, nous avions, ignorant l'existence de l'*Essai*, pensé que la commune source pourrait bien être le cahier de la ville de Rouen, qui a eu Thouret pour inspirateur, et qui aurait pu être imprimé et répandu à l'état de projet avant la convocation des assemblées. Et de fait le texte du cahier de Rouen présentait des passages entiers, textuellement identiques avec les cahiers de Valognes et de Saint-Lô.

Mais cette explication devient évidemment inutile et inexacte du moment que nous possédons un *Essai de cahier* de THOURET, datant du mois de février. Et la vérité est évidemment que le cahier de la ville de Rouen, comme les deux autres, comme aussi le cahier du clergé d'Alençon, et bien d'autres cahiers de la province, dérive lui-même et au même titre de l'*Essai de cahier*.

Nous devons cette utile rectification à une amicale communication de M. E. Le Parquier, professeur au lycée Corneille à Rouen, que nous prions ici de vouloir bien agréer tous nos remerciements. M. Le Parquier a étudié les brochures de Thouret dans deux articles sur *Thouret et le tiers état normand*, parues dans la *Normandie historique*, Rouen, août et septembre 1905. On joindra un article de M. Emanuelli dans la *Revue de Cherbourg*, 15 mars 1907, et l'étude que M. Le Parquier a consacrée à nos précédents volumes des *Cahiers du Cotentin* dans la même *Revue de Cherbourg*, août-septembre 1909.

[1]. L'article 1er, avec son préambule sur la nécessité d'une constitution et les maximes constitutionnelles si caracté-

1° Que la France est une monarchie, que le roi est le chef de la nation, qu'en lui réside sans partage le pouvoir souverain, pouvoir non arbitraire et absolu, mais limité seulement par la loi, ce qui règle et ne diminue pas l'usage légitime de l'autorité souveraine;

2° Que la nation française est libre et franche sous son roi, l'autorité souveraine ne pouvant s'exercer, en matière d'impôt, que par le consentement de la nation, et avec le secours de ses délibérations et de son conseil en matière de législation;

3° Que chaque citoyen français est personnellement libre et franc, sous la protection du roi et la sauvegarde des lois, en sorte que toute atteinte portée soit à la liberté individuelle, soit à la stabilité des propriétés, autrement que par l'application des lois et l'intervention des tribunaux ordinaires, est illicite et inconstitutionnelle [1];

4° Que si la famille régnante masculine venait à s'éteindre, il n'appartiendrait qu'à la nation assemblée de se choisir un roi, dans la famille duquel le trône deviendrait de nouveau héréditaire;

---

ristiques qui suivent, et qui résument assez heureusement les principes de la constitution politique de la France au xviii° siècle, est emprunté presque textuellement à l'*Essai de cahier*. L'auteur s'y était ainsi exprimé :

«§ 3. L'opinion et le désir de l'assemblée étant encore que la nation parvienne à jouir d'une constitution solide et raisonnable, qui fixe d'une manière précise et assure à jamais tant les droits respectables du trône que les droits essentiels du peuple, elle donne mandat spécial à ses députés de réunir tous les efforts de leur zèle pour atteindre avant tout à ce grand objet. L'Assemblée déclare qu'il lui paraît être le seul prix digne aux yeux de la nation des sacrifices qu'elle a déjà faits et qu'elle se dispose encore à faire pour le soutien de l'État (*éd. cit.*, p. 35-36).

[1] Les trois premières maximes de cet article seules se retrouvent dans le cahier de la ville de Valognes; mais les rédacteurs de ce cahier ont transposé les articles, et les ont placés au chapitre II, intitulé *Constitution* (au t. II, p. 14-15). Nous les retrouvons aussi dans le cahier du clergé du bailliage principal d'Alençon, § *Constitution*, art. 1er et 2 (dans HIPPEAU, *Cahiers*,

I, p. 5) et aussi, pour le sens tout au moins, dans le cahier du tiers du bailliage de Saint-Sauveur-Lendelin, chap. 1er, art. 1 et 5 (*infrà*, p. 186).

La source est encore l'*Essai de cahier* où nous lisons :

«Elle [l'assemblée] recommande à ses députés de se conduire sans cesse par les trois maximes suivantes, qui doivent rester fondamentales dans la constitution :

1° Que la France est une monarchie, le roi étant le chef de la nation et l'autorité souveraine résidant en sa personne sans partage;

2° Que la nation française est libre et franche sous son roi, l'autorité souveraine ne pouvant s'exercer en matière d'impôts que par le consentement de la nation et avec les secours de ses délibérations et de son conseil en matière de législation; ce qui ne fait que régler et non diminuer l'usage légitime du pouvoir souverain;

3° Que chaque citoyen français est personnellement libre et franc sous la protection du roi et la sauvegarde des lois, en sorte que toute atteinte portée soit à la liberté individuelle, etc... (le reste textuellement comme ci-dessus). (Voir *id. cit.*, p. 36-37.)

de même qu'en cas de minorité ou autres accidents pareils, la nation assemblée peut seule régler la régence;

5° Si la nation avait le malheur de voir s'éteindre la famille régnante, qu'il fût question d'élire un roi, la nation serait convoquée, dans la forme usitée, par le chancelier, comme premier magistrat du royaume, et, dans le cas de minorité ou autres accidents qui nécessiteraient une régence, cette convocation serait faite de la même manière par le premier prince du sang;

6° Enfin, que la majorité des rois demeurera fixée à quatorze ans[1].

Art. 2. Conformément à ces maximes, l'Assemblée autorise les députés aux États généraux à demander[2] :

1° Que le retour périodique des États libres et généraux du royaume devienne le régime permanent de l'administration de l'État;

[1] Les trois dernières maximes de cet article n'existent pas dans le cahier de la ville de Valognes, et elles ne sont pas non plus dans le cahier du clergé d'Alençon, non plus que dans celui de la ville de Rouen, mais elles se retrouvent sous une forme légèrement modifiée, dans le cahier du tiers du bailliage de Saint-Sauveur-Lendelin, chap. 1er, art. 2 et 3 (infrà, p. 136). La source commune n'est pas cette fois l'Essai de cahier, car Thouret n'y a inséré que les trois premières maximes, comme «fondamentales et constitutionnelles».

Sur le dernier article, il convient de remarquer que la majorité des rois avait été effectivement fixée à 14 ans par ordonnance de Charles V, du mois d'août 1374 (Ord., XI, p. 349). C'était, chose curieuse, l'âge de la majorité roturière, tandis que sous les premiers Capétiens, on avait penché plutôt pour la majorité noble de 21 ans; saint Louis n'avait été majeur qu'à 21 ans. Voir Dupuy, Traité de la majorité de nos rois et des régences du royaume, 1665, in-4°.

Le cas prévu par le paragraphe 5°, de l'extinction de la dynastie royale, avait été fort discuté au XVIe siècle entre légistes. Quelques-uns enseignaient que le roi mourant sans héritiers pourrait adopter un successeur ou le désigner

par testament; le plus grand nombre penchaient pour le retour dans ce cas au système électif. Voir Dumoulin, Commentarii in consuetudines Parisienses, sur art. 1er § 13, n° 3; et Bodin, de Republica, l. VI, c. 5.

[2] L'article 2 a pour source, d'une manière générale, le § 4 de l'Essai de cahier; mais il y a d'assez nombreuses variantes, et les matières sont tout autrement disposées. Dans l'Essai de cahier, les paragraphes 1 et 4 du présent cahier ne formaient qu'un seul paragraphe, beaucoup moins développé et ainsi conçu :

«§ 4. Conformément à ces maximes, l'assemblée autorise les députés à demander : 1° Que le retour périodique des États généraux devienne le régime permanent de l'administration du royaume; que l'intervalle de leurs assemblées successives soit fixé et spécialement que l'époque de la seconde tenue qui devra suivre prochainement les États de 1789 soit déterminée.» (Éd. cit., p. 37-38.)

Le cahier de la ville de Valognes a reproduit, plus exactement que celui de Saint-Lô, le texte de l'Essai de cahier, auquel il ajoute seulement cette précision, que la tenue des États prochains devra suivre «pour trois ans au plus tard» celle de 1789. Voir art. II, Constitution, §.1 et 2 (au tome II, p. 15).

2° Que leur organisation, la forme de leur convocation et celle de l'élection des députés soient fixées invariablement, conformément à ce que prescrivent la raison et l'intérêt général de la nation, sans s'arrêter aux anciens usages, lorsqu'ils ne se trouveront pas conformes à ces deux grands principes; afin qu'à l'avenir la convocation des États ne puisse occasionner aucun trouble ni dérangement dans l'harmonie générale. Qu'en conséquence, pour l'avenir, le royaume soit divisé en un nombre déterminé de districts dans lesquels se feront les élections, de manière que chaque district eût sa députation complète [1];

3° Et comme la forme de délibérer par tous les ordres réunis et en comptant les suffrages par tête est la seule voie propre à opérer infailliblement le bien qu'on doit attendre de pareilles assemblées, lesdits députés feront valoir tous les moyens de conviction propres à obtenir que cette forme soit la seule suivie; ils pourront même adhérer aux tempéraments les plus convenables qui seraient consentis à cet égard par la pluralité des opinions [2];

[1] Le paragraphe 2 est entièrement original, ou du moins ne provient pas de l'*Essai* de Thouret. Au sujet de la convocation par districts, on peut observer que l'assemblée de Saint-Lô avait déjà exprimé, à la fin de 1788, un vœu analogue dans une *Adresse au Roi;* elle proposait de choisir comme circonscription électorale les *élections*, qui étaient la circonscription financière par excellence, et qui avaient été adoptées déjà en général pour les assemblées départementales de 1788 :

« Ces espèces d'arrondissements, écrivait le rapporteur, sont en général assez bien faits, semblent concentrer plus particulièrement les intérêts de chaque district par la distribution individuelle d'une masse d'impôts ordonnés par le Conseil... La réunion des intérêts rapproche plus les individus, ils se connaissent mieux et sont plus à portée de connaître les besoins locaux et les qualités personnelles des membres qu'ils doivent choisir. » (*Extrait du procès-verbal de l'assemblée du département de Saint-Lô*, séance du 20 octobre 1788. Arch. nat., Ba 35, l. 70 = B III/54, p. 263.)

[2] Cf. l'*Essai de cahier*, § 2 (*éd. cit.*, p. 34); le paragraphe se retrouve à une place un peu différente dans le cahier de la ville de Valognes, art. Iᵉʳ, *Vote*

par tête aux États généraux (au t. II, p. 13); il n'a pas passé au contraire dans le cahier de la ville de Rouen. (Voir le § *Constitution des États généraux*, dans Hippeau, *Cahiers*, I, p. 317.)

Thouret s'était ainsi exprimé : « L'opinion et le désir de l'assemblée étant que les délibérations soient prises aux États généraux par les trois ordres réunis et que les suffrages soient comptés par tête, elle donne mandat spécial à ses députés de proposer et requérir que cette forme soit suivie. Elle les charge d'employer tous leurs efforts pour la faire adopter, en développant les principes qui la rendent plus constitutionnelle et les grands avantages qu'on en doit retirer. » (*Ed. cit.*, p. 34.) L'*Essai* ajoutait ensuite une restriction importante, qui n'a pas passé dans le présent cahier, mais qu'on retrouve dans celui de Valognes, relativement aux « tempéraments qui pouvaient être consentis, pour amener l'union entre les différents ordres ». Voir textuellement au cahier de Valognes, art. Iᵉʳ, le paragraphe commençant par les mots : « Si des motifs dont on ne peut pressentir l'intérêt »; la dernière phrase seulement n'était pas dans l'*Essai de cahier* (au t. II, p. 14).

Les habitants de Saint-Lô avaient déjà exprimé d'ailleurs, à la fin de

4° Que l'intervalle des assemblées successives soit fixé, et spécialement que l'époque de la seconde tenue qui suivra les États de 1789 soit déterminée au plus tard pour 1792, attendu que, dans la prochaine assemblée, les grands intérêts de l'État qu'il s'agira de traiter ne peuvent manquer d'absorber l'attention et qu'une infinité d'objets de détail, quoique très essentiels, se trouveront nécessairement négligés; d'autre part, le peu d'intervalle qui s'est écoulé entre le moment de la convocation et celui des assemblées destinées à élire les députés et à former les cahiers n'a pas laissé le loisir de s'occuper de différentes matières qui pourront être agitées et réglées beaucoup plus utilement et beaucoup plus convenablement dans une prochaine tenue[1];

5° Qu'il soit statué qu'à chacune de ces assemblées il sera traité de toutes les matières relatives à la quotité et à la perception des subsides, à la législation et à l'administration générale du royaume, et qu'à l'avenir aucun emprunt, aucune levée de deniers ne puissent avoir lieu que par le concours de l'autorité du roi et du vœu et du consentement libre de la nation, qui ne reconnaîtra à l'avenir aucun impôt comme légalement établi et ne se réputera garante et prenable d'aucun emprunt, lorsque n'ayant pas été accordés ni autorisés par elle, en assemblée d'États généraux, ils ne seraient revêtus que d'un simple enregistrement dans les cours[2];

---

1788, un vœu formel en faveur du vote par tête aux États généraux. « Il se répand, écrivaient-ils, que sur les six bureaux qui partagent l'assemblée [des notables], le seul présidé par un prince qui se fait gloire de se qualifier du seul titre de premier gentilhomme du royaume a dû opiner en faveur du vœu général et commun, c'est-à-dire pour que le tiers état ait des représentants en nombre égal à celui que fournissent les deux premiers ordres réunis. Les soussignés ne répéteront point les moyens décisifs que les communes de Rouen ont fait valoir, etc... » (*Mémoire présenté par les citoyens de Saint-Lô, décembre 1788*, Arch. nat., Ba 35, l. 70 = B III/54, p. 215.)

[1] Cf. l'*Essai de cahier*, § 4, 1°, cité *suprà*, sous l'art. 2, 1°. Le présent cahier a fait, comme nous avons dit, deux articles de l'unique paragraphe de l'*Essai*. Il est intéressant d'observer que le cahier de la ville de Rouen se refuse à fixer la date des prochains États, et laisse ce soin aux États géné-

raux eux-mêmes (dans HIPPEAU, *Cahiers*, I, 318).

[2] Cf. l'*Essai de cahier*, § 4, 2° et § 5, 3°. La reproduction est textuelle, sauf que les deux paragraphes ont été fondus en un seul, et que l'on a retranché les mots que nous soulignons :

« § 4, 2°: Qu'il soit statué qu'à chacune des assemblées il sera traité de toutes les matières relatives à la quotité, *à la nature* et à la perception des subsides, à la législation et à l'administration générale du royaume. Et qu'à l'avenir *aucune loi essentielle*, aucun emprunt et aucune levée de deniers ne puissent avoir lieu que par le concours de l'autorité du roi et du vœu et du consentement libre de la nation. » (*Éd. cit.*, p. 38.)

« § 5, 3°: *De proposer qu'il soit statué et déclaré par les États* qu'à l'avenir la nation ne reconnaîtra aucun emprunt comme légalement établi, et ne se réputera garante et prenable d'aucun emprunt, lorsque n'ayant pas été accordés ni autorisés par elle en assem-

6° Que l'enregistrement, dans les cours souveraines, des règlements que Sa Majesté pourrait faire dans l'intervalle d'une tenue d'États généraux à l'autre ne puisse être regardé à l'avenir comme une acceptation définitive de ces mêmes règlements, qui n'acquerront force absolue de loi que par la ratification qui en serait faite les États assemblés[1];

7° Encore bien qu'aucun impôt direct ne puisse avoir lieu sans le consentement libre de la nation assemblée, l'intérêt du commerce et des manufactures exigeant quelquefois qu'il soit établi des droits au profit du fisc, à l'entrée ou à la sortie des marchandises ou productions nationales ou étrangères, le roi pourra continuer d'établir ou modifier lesdites taxes, selon qu'il en sera requis par les députés des chambres de commerce[2];

8° Que du sein des États généraux, il sorte une constitution d'États particuliers dans chaque province, dont l'établissement soit sanctionné et l'organisation approuvée par eux. Ces États particuliers qui, en participant à l'autorité de l'Assemblée nationale, en étendront l'influence sur toute la surface du royaume, veilleront à l'exécution de ses arrêtés et seront chargés de tous les détails de l'administration intérieure en chaque territoire[3].

---

blée d'États généraux, ils ne seront revêtus que d'un simple enregistrement dans les cours; *déclaration concordante avec celle de la magistrature, qui mettra pour jamais la nation et la magistrature à l'abri de l'abus des enregistrements forcés, des révolutions désastreuses dont les refus d'enregistrer ont été l'occasion et qui consolidera la constitution en annulant d'avance le seul supplément par lequel on pourrait penser un jour à remplacer les États généraux.»* (Éd. cit., p. 43.)

Le cahier de Valognes a maintenu séparés les deux vœux de l'*Essai*. Voir art. II, 2° et art. II, 3° (au t. II, p. 15 et p. 18).

[1] Article original qui n'était point dans l'*Essai*, et qui n'est point non plus dans le cahier de Valognes.

[2] Article également original, qui n'est ni dans l'*Essai* ni dans le cahier de Valognes.

[3] Cf. l'*Essai de cahier*, § 4, 4° (éd. cit., p. 39). La reproduction est textuelle, sauf pour les mots que nous soulignons :

«§ 4, 4° Que du sein des États généraux il sorte une constitution d'États particuliers de chaque province, dont l'établissement soit sanctionné et l'organisation approuvée par eux, *États particuliers qui comme autant de ramifications de l'assemblée nationale, participeront à son autorité*, en étendront l'influence sur toute la surface du royaume, veilleront à l'exécution de ses arrêtés et seront chargés de tous les détails de l'administration intérieure en chaque territoire» (éd. cit., p. 39).

Le paragraphe a passé textuellement, sous sa forme originale, dans le cahier de la ville de Valognes, art. II, 5° (au tome II, p. 16).

Au sujet de cette institution des États provinciaux rattachés et subordonnés aux États généraux ou nationaux on consultera utilement deux remarquables délibérations que la ville de Saint-Lô avait prises à la fin de 1788, et qui ont été publiées par Hippeau, *Gouvernement de Normandie*, t. V (*Élections*) p. 454 et 461. Dans la première, en date du 26 octobre, les officiers municipaux de Saint-Lô s'exprimaient ainsi : «Le roi a clairement manifesté

Les députés feront valoir spécialement les droits de la province au rétablissement de ces États, indépendamment de ce qui pourrait être décidé pour les autres provinces, mais rétablissement qu'on consentira obtenir par le concours du vœu des prochains États généraux, ainsi que la nouvelle organisation desdits États particuliers, tant pour faire le bien réel de la province que pour s'associer au régime d'administration générale qui serait jugé par l'Assemblée nationale plus convenable au bien commun de tout le royaume[1].

ART. 3. L'Assemblée ne pouvant douter de la loyauté des intentions de Sa Majesté n'aurait rien à ajouter à cette partie, si l'instabilité des événements n'obligeait pas la nation d'affermir les bases de sa constitution contre les vicissitudes possibles d'un avenir moins heureux pour elle[2]. C'est donc ce seul motif qui doit faire recommander aux députés du bailliage de Cotentin :

l'intention où il est de rétablir les États dans les provinces qui avaient ce privilège et qui n'en ont été privées que par une suppression de fait. La Normandie est dans ce cas; elle a joui de ses États jusqu'en 1654... Si on se bornait à demander le rétablissement pur et simple des États, on manquerait le but qu'on se propose; tout le monde sait que les États n'étaient pas formés avec une proportion de membres de chacun des trois ordres calculée d'après les véritables intérêts de ces mêmes ordres, etc...» (*op. cit.*, p. 455).

[1] *Essai de cahier*, § 4, 4° *in fine* : «Les députés feront valoir spécialement et dans toute leur force les droits particuliers de la Normandie au rétablissement des États provinciaux qui n'ont été que suspendus et non anéantis, rétablissement fondé sur sa constitution primitive, sur ses chartes conservatrices, sur les promesses récentes de Sa Majesté, rétablissement qui doit avoir lieu pour elle indépendamment de ce qui pourrait être décidé pour les autres provinces qui n'ont jamais eu d'États, mais rétablissement que l'assemblée consent obtenir par le concours du vœu des prochains États généraux, ainsi que la nouvelle organisation dont ses États particuliers ont besoin, tant pour faire le bien réel de la province que pour

s'assortir au régime d'administration générale qui serait jugé par l'assemblée le plus convenable au bien commun de tout le royaume.» (*Éd. cit.*, p. 40.)

Le passage a été reproduit beaucoup plus textuellement dans le cahier de Valognes, art. II, 6° (au tome II, p. 16); les rédacteurs de ce cahier ont seulement ajouté à la fin la proposition de prendre pour modèle les États du Dauphiné.

Nous croyons devoir faire observer, comme une particularité intéressante, qu'au mois de mars 1789, les rédacteurs du cahier de Saint-Lô emploient déjà couramment le terme d'*Assemblée nationale*, pour désigner les futurs États généraux.

[2] Cf. le cahier de la ville de Valognes, art. II, *Constitution*, 2° paragraphe (t. II, p. 17). Les deux textes sont presque identiques; ils sont d'ailleurs l'un et l'autre empruntés à l'*Essai de cahier*, § 5 :

«L'assemblée, convaincue de la loyauté des intentions de S. M., de la sincérité de ses promesses royales et du patriotisme du ministère actuel, n'aurait rien à ajouter à cette partie des pouvoirs des députés, si l'instabilité des événements n'obligeait pas la nation à affermir les bases de sa constitution contre les vicissitudes d'un avenir moins heu-

1° De ne s'occuper de l'octroi des subsides qu'après que le règlement de la Constitution aura été préalablement délibéré, accordé et sanctionné [1];

2° De proposer, lorsqu'ils s'occuperont des subsides, que tous les impôts actuels soient annulés et révoqués pour être remplacés par des impôts nouveaux, ou du moins par une concession nouvelle de ceux qu'il serait trouvé bon de conserver, afin qu'il ne subsiste plus désormais un seul impôt qui n'ait son origine dans la concession libre des prochains États et qui n'ait reçu cette limitation, qui sera incorporée à son établissement, *de n'être octroyé qu'à temps, et pour la durée seulement de l'intervalle à courir jusqu'au retour des États, dont l'époque sera fixée, après laquelle ils cesseront tous de plein droit, si les États généraux n'étaient pas rassemblés pour les renouveler* [2];

3° Qu'en octroyant de nouveaux impôts, il n'en soit établi ni conservé aucun qui marque une différence d'ordre pour la contribution; et que l'égalité proportionnelle de répartition, sans aucune différence pécuniaire, soit ordonnée entre tous les citoyens indistinctement [3];

reux pour elle. Cette prévoyance nécessaire est le seul motif qui la porte à recommander à ses députés, etc.» (*éd. cit.*, p. 41).

[1] Reproduction textuelle de l'*Essai de cahier*, § 5, 1° (*éd. cit.*, p. 41); la copie est également textuelle dans le cahier de la ville de Valognes (art. II, p. 18).

[2] Cf. le cahier de la ville de Valognes, art. II, *Constitution*, 2° paragraphe, 2° (art. II, p. 18). Le paragraphe est emprunté textuellement à l'*Essai de cahier*, § 5, 2° (*éd. cit.*, p. 42). Le texte est plus fortement remanié dans le cahier de Valognes, où la copie a été faite peu intelligemment, car on a écrit «cession» au lieu de «concession» et l'on a ajouté un membre de phrase assez mal venu sur la nécessité de la confection d'un nouveau *Code fiscal*.

[3] Le paragraphe 3° est encore emprunté à l'*Essai de cahier*, mais à un autre article; il formait dans le texte de Thouret le 5° du § 9 (*éd. cit.*, p. 51). La reproduction est d'ailleurs textuelle, sauf les mots *sans aucune différence pécuniaire*, qui sont une addition du présent cahier. On retrouve le même article, très légèrement modifié, dans le cahier de Valognes; il y a été conservé

à la même place que dans l'*Essai*, c'est-à-dire qu'il fait le 5°, du chapitre IV, *Objets particuliers* (art. II, p. 22).

Le vœu de ce paragraphe n'était pas sans intérêt à Saint-Lô, car le nombre des privilégiés y était, en 1789, considérable. Nous y relevons, en effet, pour les différents ordres :

I. *Clergé* : L'Appel du Clergé, à l'assemblée de Coutances, mentionne, à Saint-Lô : le prieur-curé de Notre-Dame, M° Martin Moriel; l'abbé de Saint-Lô, M. de Brandis et ses religieux; les religieux du Bon-Sauveur; les Nouvelles-Catholiques; enfin les vicaires et prêtres habitués de Notre-Dame, dont nous ignorons le nombre, et qui furent représentés à l'assemblée de Coutances par les sieurs Jules Lecrosnier et Michel Prempain.

II. *Noblesse* : L'Appel de la Noblesse à Coutances mentionne neuf nobles seulement, mais le *Rôle de la capitation noble pour 1789* fait apparaître l'existence à Saint-Lô de 26 personnes nobles, payant un total de 884 l. 4 s. 4 d. La plus haute cote est celle du sieur Morel des Fresnes, qui paye 210 livres de capitation noble (Arch., Calvados, C 4628).

III. *Tiers État* : Le *Rôle de la capi-*

4° Qu'en conservant le droit de contrôle des actes, non seulement comme un impôt qui peut être indispensable, mais, plus encore, comme un moyen d'assurer le repos des familles, il soit nécessairement procédé à la réformation des tarifs de perception, et que sur les difficultés qui pourraient s'élever à l'occasion de ce droit, il soit statué par les tribunaux ordinaires; et pour qu'il ne reste aucun doute sur les nécessités de cette réforme, il sera remis entre les mains des députés un mémoire particulier et détaillé de tous les abus, et de tous les inconvénients auxquels le régime actuel de la perception de cet impôt a donné ouverture[1];

5° Parmi les impôts qu'il sera nécessaire de conserver, il en est deux surtout qu'on ne peut établir sans perpétuer l'injustice et la gêne la plus accablante. L'un porte sur toutes les villes du royaume, c'est le *don gratuit*[2]; la perception de ce droit occasionne

*tation bourgeoise pour 1789* fait apparaître 32 cotes d'officiers de judicature ou assimilés; il faut y joindre 9 exempts de taille à des titres divers, 16 employés des fermes privilégiés seulement pour la capitation, et un directeur de la poste aux lettres taxé d'office à 16 l. 10 s. (Arch., Calvados, C 4665).

En tout donc, bien près d'une centaine de privilégiés. Le *Supplément des privilégiés* pour les six derniers mois de 1789 s'est élevé à 92 l. 1 s. seulement (Arch., Manche, C 512).

[1] Le paragraphe 4°, relatif à la réformation du droit de contrôle, n'était pas dans l'*Essai de cahier*. Il se retrouve cependant, sous une forme il est vrai tout à fait différente, dans le cahier de la ville de Valognes. Voir à l'article IV, *Objets particuliers*, 21° (t. II, p. 30).

Nous n'avons point retrouvé le *Mémoire particulier et détaillé*, relatif aux abus du contrôle, auquel le cahier fait allusion, comme devant être remis aux députés. Mais c'est vraisemblablement à ce travail que sont empruntés les quelques exemples typiques que cite le cahier de Valognes, à l'article précité.

[2] Le paragraphe 5° est entièrement original et n'avait aucun modèle dans l'*Essai de cahier*. Il ne se trouve pas non plus, d'ailleurs, dans le cahier de Valognes.

On appelait *don gratuit* une taxe qui était imposée aux villes même exemptes de taille, comme l'était Saint-Lô, et qui comme le don gratuit du clergé ou des provinces d'États, était fictivement considérée comme un subside volontaire de leur part. Le don gratuit avait été établi d'abord à titre extraordinaire sur les villes et les bourgs, pour une période de six années seulement, par édit de août 1758; mais il avait été successivement prorogé et appliqué pour partie au trésor, pour partie aux hôpitaux. Voir *Édit du roi qui ordonne que, pendant le temps de six années consécutives, il sera payé annuellement un don gratuit extraordinaire par les villes, fauxbourgs et bourgs du royaume, août 1758* (dans ISAMBERT, XXII, n° 758, p. 758; texte complet dans *Recueil des Édits*, t. IX, p. 227). Une *Déclaration royale du 3 janvier 1759* avait fixé la nature et la quotité des droits que les villes assujetties étaient autorisées à percevoir pour en acquitter le montant; c'étaient à Saint-Lô des droits d'entrée sur les boissons, le bétail et les bois et fourrages.

Le don gratuit était généralement considéré comme un avantage considérable, parce qu'il était d'une somme fixe, et qu'il n'était point sujet comme la taille à des augmentations successives et aussi parce que les villes l'administraient elles-mêmes. Mais il arrivait aussi, et c'était le cas de Saint-Lô, qu'il avait été fixé dès l'origine à une somme telle que la ville ne pouvait l'acquitter. Le tarif de Saint-Lô avait été fixé originairement à 21,000 livres (Arch. du Calvados, C 1231) et on de-

des embarras et des difficultés sans nombre. L'autre ne porte que sur certaines villes, telles que celle-ci, c'est l'impôt connu sous le nom d'*octroi municipal*; la nécessité de l'abolition de cet impôt peut s'établir démonstrativement, mais comme il serait trop long de le faire ici, ce sera l'objet d'un mémoire particulier [1].

vait lever à cet effet 8 sols par livre, et depuis 5 nouveaux sols pour livre. Mais le produit de cette levée était loin d'atteindre la somme demandée par le roi ; et bien que le chiffre en eût été abaissé à 15,000 livres, la ville était depuis longtemps fort en retard. En 1783, elle devait 14,551 livres au roi ; en 1778, il fallut lui accorder une remise de 8,000 livres ; et depuis elle n'avait à peu près payé que parce que chaque année le roi lui accordait, sur les fonds variables de la capitation, un secours de 5,000 livres. Encore y avait-il, en 1789, un arriéré de 6,497 l. 8 s. 9 d. En présence de cette situation, l'assemblée du département de Saint-Lô avait demandé avec raison au roi la réduction à 10,000 livres du tarif de Saint-Lô. Voir *Procès-verbal de l'assemblée du département de Saint-Lô,* 1788 (ms. cité, f° 10, v°).

Impositions de Saint-Lô pour 1789 : taille tarifée, 15,000 livres ; capitation, 7,107 l. 15 s. ; corvée 2,142 l. 17 s. 2 d. ; vingtièmes, 10,996 l. 17 s. 3 d. ; territorial, 914 livres ; bâtiments, 305 livres. Au total, 36,468 l. 9 s. 5 d.

*Lignes :* Le Rôle de répartition et imposition de la capitation de Saint-Lô pour 1789 est conservé. Il comprend en tout 1,026 cotes de contribuables, classés par rues, en donnant pour chacun le nom et la profession. Les 32 premières cotes de cette pièce sont celles des officiers de judicature et assimilés, les cotes 33 à 922 appartiennent aux bourgeois et artisans, enfin les dernières cotes, au nombre de 123, sont celles des domestiques, qui sont taxés sous le nom de leurs maîtres (Arch., Calvados, C 8125).

[1] Nous n'avons point retrouvé le *Mémoire particulier* de la ville de Saint-Lô, auquel le cahier fait allusion ; mais le procès-verbal de l'assemblée de département renferme des renseignements suffisants pour que nous puissions en

reconstituer le contenu approximativement.

Un octroi municipal avait été accordé à la ville de Saint-Lô, en 1661, et la liste des marchandises soumises à l'octroi, ainsi que les sommes qu'elles devaient acquitter à l'entrée, avait été fixée par un *Tarif* annexé à l'édit de création. Les recettes étaient, comme il était habituel, partagées par moitié entre le roi et la ville, mais elles étaient tout à fait infimes. Le rapport du procureur-syndic, en 1788, les apprécie ainsi :

«Il se perçoit dans cette ville un octroi, dont moitié au profit du Roi, l'autre moitié au profit de la ville. Cette moitié qui ne produit que 150 livres est insuffisante de 52 l. 8 s. pour acquitter les rentes foncières que doit la ville, qui n'a d'ailleurs aucuns biens patrimoniaux, et qui est obligée de payer les frais de régie et de faire face aux dépenses indispensables que l'administration municipale exige.» Il demandait, en conséquence, et ce vœu fut adopté par l'assemblée, que le roi autorisât la perception au profit de la ville des 10 s. pour livre du tarif sur les viandes et boissons. Mais l'administration royale s'y était formellement opposée ; elle avait refusé de laisser augmenter le tarif sur les viandes, qui pèserait sur les petits consommateurs et proposait au contraire d'établir un tarif sur les bestiaux amenés aux foires et marchés de Saint-Lô, droit qui serait de 6 s. par cheval, jument, bœuf, vache ou génisse, et de 6 d. par chaque tête de mouton ou brebis (ms. cité, f° 10).

Pour l'appréciation des droits d'octroi à Saint-Lô, on consultera un article de M. G. du Bosq de Beaumont : *Les droits d'entrée à Saint-Lô,* qui donne le texte de l'arrêt de 1661 et du Tarif (dans *Notices, mémoires et documents* publiés par la Société d'agriculture, etc., du département de la Manche, t. XVI, 1898, p. 1 à 11).

Art. 4. 1° L'opinion et le désir de l'Assemblée sont que la Constitution ayant été solidement fixée, d'après les bases ci-devant exposées, les députés s'occupent d'établir l'aisance, l'ordre et l'économie dans les finances, de reconnaître exactement l'étendue des besoins réels de l'État, celle de la dette publique, et de régler sur ces connaissances les sacrifices patriotiques que la dignité du trône, le maintien de la foi publique et la nécessité du service dans les divers départements pourront imposer au zèle de la nation.

L'Assemblée croit ne devoir prescrire aux députés aucun plan fixe d'opérations et délibérations sur cet objet de leur mission, parce que leur conduite en cette partie est nécessairement dépendante des ouvertures qui leur seront faites de la part du Gouvernement et des lumières qu'ils acquerront par les renseignements communiqués aux États, par leur travail personnel et par leurs conférences avec les autres députés [1].

Elle désirerait cependant que la vérification des besoins et de la dette publique fût faite par l'examen détaillé de chaque espèce de besoins et de dettes, afin de connaître sur chaque objet la source des abus et d'y appliquer le remède en même temps que le secours [2].

Elle désirerait que les impôts à octroyer pussent être distingués en deux classes bien déterminées par leur dénomination, savoir : en *subsides ordinaires* affectés à l'acquit des dépenses fixes, annuelles et permanentes, dans lesquelles seraient comprises les rentes perpétuelles, et en *subventions extraordinaires et à temps*, affectées à l'extinction des dettes remboursables à époques fixes et au paiement des rentes viagères [3].

L'Assemblée désirerait qu'il fût possible de libérer dès à présent le trésor royal de ces deux dernières espèces de charges, afin que, l'impôt envers l'État se trouvant réduit à la somme constatée de ses besoins fixes et ordinaires, et l'État n'ayant plus à pourvoir qu'à cette espèce de dépense, il s'établît à l'instant un ordre clair, simple, indestructible, qui serait la sauvegarde la plus assurée contre le retour et le renouvellement du désordre [4].

L'Assemblée n'ose proposer à cet égard aucuns moyens propres

[1] Cf. le cahier de la ville de Valognes, ch. III, *Finances*, préambule, (t. II, p. 19). Le passage est emprunté textuellement à l'*Essai* de Thouret, § 6 (*éd. cit.*, p. 43 et 44).

[2] Voir encore textuellement Thouret, *Essai de cahier*, § 6 (suite) [*éd. cit.*, p. 44). Cf. aussi le cahier de la ville de Valognes, ch. III, *Finances*, art. 1er (t. II, p. 19). Le cahier a ajouté quelques lignes, pour demander la responsabilité des ministres envers la nation.

[3] Passage textuel dans le cahier de la ville de Valognes, ch. III, art. 2 (*loc. cit.*). La source commune est Thouret, *Essai*, § 6 (*éd. cit.*, p. 45).

[4] Encore textuellement le cahier de la ville de Valognes, ch. III, art. 3 (*loc. cit.*). Source commune : Thouret, *Essai*, § 6, *in fine* (*éd. cit.*, p. 45.)

à parvenir à ce but si important. Elle ne peut que s'en rapporter aux lumières et à la sagesse des États assemblés, qui, d'après les connaissances et les renseignements qui leur seront communiqués, pourront prendre le parti qui paraîtra le plus convenable [1].

Cependant, au moyen de ce que la nation contractera l'engagement de pourvoir par ses contributions à tous les besoins de l'État, même à ce qui peut intéresser l'éclat et la majesté du trône, l'Assemblée ne balance pas à estimer que la conservation des domaines étant plus nuisible qu'avantageuse à la nation, que le régime en étant infiniment vicieux, et que leur produit allant perpétuellement en décroissant [2], il serait très convenable de les aliéner, à l'exception des forêts, pour appliquer les deniers qui proviendraient des ventes, lesquelles seraient faites par les États provinciaux qui seraient commis à cet effet, au remboursement des dettes à époques fixes; et, s'ils ne paraissaient pas devoir y suffire, il serait pourvu à l'excédent de toute autre manière;

2° Le régime du subside borné au taux des charges ordinaires

---

[1] Cf. le cahier de la ville de Valognes, art. III, *Finances*, préambule (t. II, p. 19). L'idée est empruntée, avec quelques légers changements de forme, à l'*Essai de cahier*, § 6 (*éd. cit.*, p. 44).

[2] Cf. encore l'*Essai de cahier*, § 6 : «L'assemblée aperçoit deux moyens [pour libérer la dette nationale], qu'elle autorise ses députés à proposer aux États :

«Le premier est, à l'égard des dettes à époques fixes, que la conservation des domaines devenant plus nuisible qu'avantageuse à la nation, au moyen de l'engagement qu'elle contracte de pourvoir par ses contributions à tous les besoins de l'État, les domaines soient aliénés à la seule exception des forêts; que les deniers qui proviendront des ventes soient employés au remboursement des rentes à époques; et s'ils ne paraissent pas devoir y suffire, qu'il fût pourvu à l'excédent.» (*Éd. cit.*, p. 46).

Ce passage se trouve reproduit beaucoup plus fidèlement dans le cahier de Valognes, art. III, *Finances*, 3° (t. II, p. 29), qui a seulement ajouté *in fine* une restriction pour qu'on ne puisse inquiéter les possesseurs paisibles des domaines depuis quarante ans. Le cahier de Valognes développe ensuite le second «moyen» proposé par l'*Essai*, et qui vi-

sait l'acquittement des dettes en rente viagère; le texte ci-dessus l'a au contraire laissé de côté.

Quant à la restriction en faveur des forêts domaniales, elle était déjà exprimée dans le *Procès-verbal de l'assemblée du département de Saint-Lô*, en octobre 1788. Voir la séance du 18 octobre 1788 (*ms. cit.*, f° 52).

L'affirmation du cahier, relativement à la diminution constante du produit du domaine royal, ne doit pas être admise sans réserves. Il est bien exact que le produit des terres inféodées allait en diminuant au XVIIIᵉ siècle, pour les cens et les rentes constituées *en argent*; ce produit suivait tout naturellement, comme celui des fiefs des particuliers, la diminution de la valeur du métal. Mais il ne serait pas exact de dire qu'il en était toujours de même; pour les redevances constituées en nature, en grains, par exemple, le produit du domaine était, au contraire, singulièrement plus élevé en 1789 qu'au début du siècle. Pour prendre des chiffres précis, le boisseau de froment mesure de Coutances valait, d'après les *Journaux de recettes du domaine* : en 1684, t. l. 17 s.; en 1699, 3 l. 15 s.; en 1779, 4 l. 5 d. L'avoine valait de même, en 1684, 14 sous; en 1699, 35 sous;

du subside à temps, du subside qui ne puisse être prorogé ni augmenté que par une assemblée des États généraux, oblige de prévoir les besoins inopinés d'une guerre qui surviendrait dans l'intervalle d'une tenue à l'autre. Une pareille circonstance exige sans doute qu'il soit pourvu au besoin du moment de la manière la plus prompte et la plus expéditive [1].

Cette manière serait que Sa Majesté pût valablement former un emprunt, dont la somme serait toutefois déterminée et spéculée d'avance par les États, et que, pour faire face tant aux intérêts de cet emprunt remboursable à époque fixe qu'à un excédent actuel, applicable à l'extinction de la dette même, la masse des impôts octroyés pour le service ordinaire fût augmentée d'un ou deux sols pour livre sous la dénomination de *crüe de guerre* [2].

Si ce secours provisoire ainsi fixé et déterminé pour le cas de guerre paraissait insuffisant au Gouvernement, par des événements qu'il est impossible de prévoir, Sa Majesté pourrait alors convoquer extraordinairement les États et elle serait toujours sûre de trouver dans la fidélité et l'attachement de ses sujets, comme dans leur amour pour la gloire et la prospérité du royaume, des ressources infaillibles [3].

Au surplus, l'Assemblée déclare qu'en manifestant ces vues et ces opinions, elle n'entend pas les proposer aux députés comme un plan fixe auquel ils seraient tenus de s'arrêter, mais comme de

en 1779, 40 sous. (Arch. Manche, A 311 et A 330.)

[1] Cf. presque textuellement encore le cahier de la ville de Valognes, art. III, *Finances*, 4° (t. II, p. 20-21). L'origine commune est toujours l'*Essai de cahier*, § 7 (*éd. cit.*, p. 47).

[2] Ce paragraphe, qui se retrouve également dans le cahier de la ville de Valognes, art. III, 4° (t. II, p. 21), est emprunté à l'*Essai de cahier*, où l'idée d'une *crüe de guerre* était plus complètement développée, et d'une façon intéressante:

«Ce moyen pourrait être de statuer que, dans le cas de guerre, la masse des impôts octroyés pour le service ordinaire serait augmentée d'un ou deux sols pour livre, sous la dénomination de *crüe de guerre*, pour faire face tant aux intérêts d'un emprunt, non à rentes viagères, mais à époque fixe de remboursement, qu'à un excédent annuel applicable à l'extinction de l'emprunt.

*Exemple.* «Supposons, en impôts ordinaires... 400,000,000 livres; supposons pour les premiers frais d'une guerre imprévue un besoin de 160,000,000 livres; la *crüe de guerre* d'un sol pour livre sur les 400,000,000 livres d'impôts ordinaires produirait par an 20,000,000 livres, tant pour l'intérêt de l'emprunt des 100,000,000 livres que pour l'excédent annuel imputable au remboursement du capital.» (*Éd. cit.*, p. 48-49.)

Il n'est peut-être pas inutile d'observer à cet égard que l'idée d'une *crüe de guerre*, s'ajoutant dans les moments critiques à l'impôt fixe et régulier, se trouve déjà en germe dans les projets de réforme de Vauban. Voir VAUBAN, *Dîme royale*, 2° partie, chap. XI, p. 190 de l'éd. Guillaumin.

[3] Ce paragraphe ne se trouve pas dans le cahier de la ville de Valognes; il n'était point non plus dans l'*Essai de cahier* (*loc. cit.*).

simples instructions qui ne seront prises en considération qu'autant qu'elles ne se trouveront pas écartées par des vues préférables[1];

3° L'assemblée pense qu'en fixant les *subsides ordinaires*, on ne peut le faire que sur l'aperçu des états de dépense actuelle. Mais comme elle ne doute pas qu'il existe dans chaque département une infinité d'abus qu'il serait possible de faire cesser, sans nuire en aucune manière au bien et à l'activité du service, et dont l'abolition serait infiniment avantageuse à la nation, en fermant mille canaux par où s'opère la déperdition des revenus de l'État, il serait à désirer qu'il fût établi une commission dont les fonctions se borneraient uniquement à la recherche de ces abus multipliés. Chaque citoyen qui en aurait connaissance serait invité d'en faire la dénonciation à cette commission qui, après s'être assurée de l'existence de l'abus, le dénoncerait elle-même à Sa Majesté. Sa Majesté y pourvoirait selon sa sagesse et sa prudence, sauf à la prochaine tenue des États à être définitivement apporté le remède qui serait concerté entre le roi et la nation, sur le compte qui en serait rendu par la commission[2];

4° L'exemple qui a été donné en 1781 par l'administrateur que la nation voit avec tant de satisfaction à la tête des finances[3], est bien propre à faire désirer que la loi dont il a lui-même alors suggéré l'idée fût adoptée, et que, dans un espace de temps déterminé, il fût rendu un compte public de la recette et de la dépense des revenus de l'État. L'Assemblée n'insistera point sur l'utilité de cette institution. Outre qu'elle se présente d'elle-même, les

---

[1] La même restriction se retrouve exprimée un peu différemment dans le cahier de Valognes, art. III, *Finances*, 4°, à la fin du paragraphe (t. II, p. 21). Elle provient encore de l'*Essai de cahier*, qui, développant un peu plus l'idée, expliquait que les vues exposées étaient surtout destinées à être «communiquées aux États, pour y être prises en considération.» (*Éd. cit.*, p. 49.)

[2] Passage original, dont il n'y a point de modèle dans l'*Essai de cahier*.

L'existence d'une Commission chargée de rechercher les abus est pourtant prévue également dans le cahier de la ville de Valognes, art. IV, § 9 (t. II, p. 25); mais, dans ce dernier texte, son rôle paraît bien devoir se borner à la revision des lois civiles et criminelles, tandis que, dans le cahier ci-dessus, l'activité de la Commission s'étendrait à la ré-

forme des abus de toute nature dans l'administration de l'État.

[3] J. NECKER, qui était rentré au Conseil du Roi, avec le titre de Directeur général des Finances, le 26 août 1788. Le *Compte rendu* dont parle le cahier est le rapport bien connu présenté par lui au roi, en 1781, dans lequel il dévoilait la situation des finances et qui entraîna la chute de son premier ministère : *Compte rendu au Roi, par M. Necker, directeur général des finances, au mois de janvier 1781*. Imprimé par ordre de S. M., Paris, Imp. royale, 1781, in-4° (Exemplaire, Bibl. nat., Lb³⁹, 277).

Cette allusion au *Compte rendu* n'est point dans l'*Essai* de THOURET. Les cahiers orthographiaient souvent mal le nom de Necker. Voir cahier de Dangy, art. 28 (au tome Ier, p. 299.).

motifs que M. Necker a fait valoir dans son *Compte rendu* ne peuvent laisser aucun doute sur ce point.

Art. 5. 1° L'Assemblée manifeste le désir que le pouvoir judiciaire, qui est une branche de la puissance exécutive et que Sa Majesté fait exercer en son nom par les officiers qu'elle institue, soit maintenu dans toute l'étendue de l'autorité qui lui est propre; qu'aucune évocation illégale, aucun établissement de commissions extraordinaires, aucun acte de pouvoir absolu ne puissent suspendre ni détourner le cours de la justice réglée [1].

2° Que pour assurer aux tribunaux le maintien de la considération qui leur est due et à la nation l'utilité qu'elle en doit retirer, il soit pourvu efficacement à la réforme des abus relatifs à l'exercice de la justice tant civile que criminelle, et qu'il soit établi une ligne de démarcation certaine, qui prévienne la confusion, si funeste à la chose publique, des objets d'administration et de ceux qui sont du ressort de la juridiction;

3° Que le nombre des tribunaux soit diminué, qu'il soit formé des arrondissements plus analogues à l'avantage et à la commodité des justiciables [2]; que le pouvoir en dernier ressort des présidiaux et des bailliages soit augmenté, ainsi que cela fut demandé aux États généraux de 1561.

(*Histoire de France*, par Garnier, t. XXIX, p. 160 [3].)

[1]. Tout ce passage, relatif aux réformes judiciaires, ne se trouve point dans le cahier de la ville de Valognes. Les paragraphes 1 et 2 sont cependant textuellement empruntés à l'*Essai de cahier*, § 4, 3° (*éd. cit.*, p. 38 et 39).

[2] L'*arrondissement des bailliages* est un vœu que nous avons rencontré déjà bien des fois dans les cahiers. On entendait par là le remaniement des ressorts judiciaires, bizarrement découpés jusque-là suivant les «mouvances» des seigneuries, de la réunion desquelles le bailliage était formé.

Le bailliage de Saint-Lô était en 1789 certainement un des mieux arrondis des ressorts du Cotentin; toutes les paroisses se trouvaient groupées en une masse compacte autour du chef-lieu. Mais il comptait un certain nombre de paroisses *mixtes*, dépendant en partie des juridictions voisines, dont les prétentions rivales étaient singulièrement gênantes pour les justiciables. Un *État* dressé en

1788, et qui porte le titre de : *Ressort immédiat du bailliage de Saint-Lô*, lui attribue à cette date 39 paroisses, entre lesquelles 4 sont dites mixtes, à savoir :

«*Amigny*, en partie; l'autre partie dépend de la baronnie de Gié, séante à Carentan; *la Mancellière*, en partie; l'autre partie relève du bailliage de Coutances; *Villiers Frossard*, en partie; l'autre partie mixte avec Torigny; *la Meauffe*, en partie; l'autre partie relève du bailliage de Torigny.» (*Enquête sur les justices*, 1788, Arch. Calvados, C 6072.)

[3] Cette référence est en note dans l'édition imprimée du *Projet*, p. 36. Il s'agit ici de l'ouvrage plus généralement connu sous le nom de Velly ou de Villaret : *Histoire de France depuis les temps les plus reculés*, Paris, 1770 à 1789, 36 volumes in-8°. C'est en effet une entreprise assez considérable, à laquelle plusieurs auteurs successivement ont mis

IMPRIMERIE NATIONALE.

4° Que conformément à ce qui fut demandé aux mêmes États, on réduise le nombre des officiers à celui seulement jugé nécessaire; que la vénalité des charges soit abolie et qu'on donne à la nation le pouvoir de choisir et élire elle-même ses juges, avec cette modification, toutefois, que l'élection n'aura lieu qu'à mesure qu'il se trouverait des places vacantes par le décès ou démission des officiers actuellement en charge, tellement que le remboursement ne serait opéré qu'entre les mains de leurs héritiers sur letaux de l'évaluation faite par ceux desdits officiers qui ont payé le centième denier [1]; à l'effet duquel remboursement successif et pour ainsi dire viager, il serait formé un fond, ou une caisse particulière sous le titre de *caisse de remboursement des offices*, sans que les deniers à ce destinés, sous quelque prétexte que ce soit, pussent être appliqués à aucun autre usage, sinon au payement des pensions qui seraient payées aux juges élus, au moyen de

---

la main. Les livres I à VII sont de l'abbé VELLY, qui a conduit l'ouvrage jusqu'au règne de Philippe VI; les tomes VIII à XVII page 348 sont de VILLARET, qui a repris le récit jusqu'au règne de Louis XI, année 1469; du tome XVII page 348 au tome XXX, le texte est de GARNIER, qui l'a mené jusqu'au règne de Charles IX, décembre 1562; enfin, les derniers volumes, depuis le tome XXX, sont de FANTIN-DESODOARDS.

Cette assez médiocre compilation paraît avoir été communément répandue dans la région du Cotentin en 1789, parmi les personnes qui se piquaient de quelque instruction. Nous l'avons déjà rencontrée, citée sous le nom de VILLARET, dans le cahier de Fontenay-en-Cotentin, article 1er (au tome II, p. 269); et c'est à elle encore que se réfère visiblement l'auteur du cahier d'Annoville-Tourneville, art. 14 (au tome I, p. 137) quand il prétend que «l'histoire à la main», on peut remonter à l'origine du droit d'*annates*. Le passage sur les annates est dans le tome XXIII (de VILLARET) à la page 96.

Le passage cité de l'*Histoire* de Garnier est infiniment moins affirmatif, que ne le laisse supposer le texte ci-dessus, relativement à l'extension de compétence des présidiaux. Voici comment il s'exprime : «Par rapport aux présidiaux, il y eut scission parmi les députés, les uns demandant qu'ils fussent compris dans la suppression, les autres en nombre égal, s'y opposant avec chaleur. On convint de s'en rapporter de part et d'autre à la décision du Conseil, mais en priant le roi, soit qu'il les conservât ou les réunît (aux bailliages), d'étendre leur compétence, etc.» (*Op. cit.*, p. 261.)

[1] Le *centième denier*, dont il est question au texte, était un droit établi en 1703 sur toutes les mutations d'immeubles et de biens assimilés, tels qu'étaient sous l'ancien régime les offices. Certaines mutations échappaient à ce droit; c'étaient celles faites par succession en ligne directe ou par donation en contrat de mariage. C'est pour cette raison que le cahier du bailliage prend soin, comme nous verrons (*infrà*, p. 87) d'ajouter ici que dans certains cas le prix de remboursement des offices sera calculé d'une autre façon, par voie de simple estimation. On eût pu, semble-t-il, prendre plus commodément pour base, à cet effet, le droit de 24ᵉ (ou triple droit de 8ᵉ), qui était perçu à la fin du XVIIIᵉ siècle sur le prix de cession des divers offices, et dont le montant est toujours mentionné en tête des lettres de provision. Voyez à titre d'exemple les *Lettres de provision de l'office de lieutenant général* accordées au lieutenant général de Saint-Lô lui-même, ROBILLARD DE BEAUREPAIRE, le 13 mars 1771. (Arch. nat., V¹ 456.)

quoi toutes épices et vacations seraient supprimées, et la justice rendue gratuitement [1];

5° L'expérience montre qu'un fléau désolant pour les campagnes sont les hautes justices [2]. Le droit de juger les citoyens est une prérogative inséparable de la couronne. Si on a regardé jusqu'ici comme un principe sacré que les domaines qui lui appartiennent sont inaliénables, c'est surtout à l'égard de ce droit majestueux d'administrateur de la justice au peuple que ce principe doit être invoqué.

L'Assemblée estime donc qu'on ne peut trop se hâter de réintégrer Sa Majesté dans toute la plénitude de ce droit. Mais comme elle croit en même temps qu'on ne peut anéantir des traités faits sur la foi publique sans dédommager entièrement ceux qui pourraient se trouver lésés par cette revendication, il devient indispensable de pouvoir au remboursement des propriétaires desdites hautes justices, sans altérer en aucune manière les droits utiles et honorifiques qu'elles leur procurent;

6° Enfin, il est de notoriété que la déclaration du mois d'octobre 1703, par laquelle il est statué que les corps et communautés ne peuvent intenter aucuns procès ni y défendre qu'après avoir obtenu le *visa* du commissaire départi [3], opère des inconvénients

---

[1] L'assemblée du département de Saint-Lô avait aussi demandé le rachat des offices; mais elle préconisait pour y arriver un procédé un peu différent :

« Il nous reste à indiquer le moyen de pourvoir au rembours des offices supprimés; il serait facile d'y parvenir par un emprunt que chaque paroisse ou élection pourrait se faire autoriser de faire. L'économie que nous nous proposons de procurer pourrait être portée sur une quantité d'autres objets; il n'est que trop d'offices auxquels l'on voit attacher des gages infiniment supérieurs au bien que que les titulaires peuvent procurer à l'État, etc.» (*Assemblée d'élection de Saint-Lô*, séance du 28 novembre 1788, ms. cit., f° 54 v°.)

[2] Pour l'état des hautes justices du bailliage de Saint-Lô en 1789, on voudra bien se reporter à ce que nous notons sous le cahier du bailliage, article V § 5 (*infrà*, p. 88). Le vœu, qui n'est pas dans l'*Essai de cahier*, ne s'explique guère ici, car il était sans intérêt pour la ville de Saint-Lô, qui ressortissait tout entière à la juridiction royale,

[3] *Déclaration sur les formalités à remplir par les maires et échevins et par les syndics des communautés pour intenter procès,* Fontainebleau, 2 octobre 1703 (ISAMBERT, t. XX, p. 435, n° 1866). Par cette déclaration, consécutive à un Édit d'avril 1687 et à une première déclaration du 2 août 1687, il était fait défense aux maires, échevins et syndics, «d'intenter aucunes actions, ni de commencer aucuns procès, tant en cause principale que d'appel, sans en avoir obtenu le consentement des habitants dans une assemblée générale, et sans que la délibération qui y aura été prise soit confirmée et autorisée d'une permission par écrit des sieurs intendants ou commissaires départis pour l'exécution de nos ordres dans nos provinces». Il était fait défenses «à tous procureurs d'occuper pour les communautés et aux premiers juges de rendre aucuns jugements sur les affaires desdites communautés, qu'il ne leur soit apparu de la délibération des habitants, autorisés de la permission par écrit des sieurs intendants». La cause occasionnelle de cette

3.

de toutes espèces. Les raisons qui font désirer l'anéantissement ou la modification de cette loi seront plus amplement détaillées dans un mémoire particulier qui sera remis aux députés du bailliage de Cotentin et ils demeurent invités à solliciter l'effet de ce mémoire [1].

Art. 6. L'Assemblée désire : 1° que toutes les entraves fiscales qui retardent le progrès de l'agriculture, qui dégoûtent certaines classes de citoyens de l'exploitation des terres, et qui nuisent à la facilité des contrats translatifs de propriété, soient anéanties [2];

exigence, qui est l'origine première de la *tutelle administrative* moderne, avait été l'imprudente gestion des officiers des communautés eux-mêmes, qui les avaient témérairement engagées dans des procédures ruineuses. Quant aux sanctions, elles étaient fort rigoureuses: responsabilité directe des officiers municipaux, qui devaient être condamnés aux frais des procès «en leur propre et privé nom», et d'autre part responsabilité des juges et procureurs pour tous dommages et intérêts des procédures inutilement conduites. Voir H. Bareau, *Les assemblées générales des communautés d'habitants sous l'ancien régime*, thèse Fac. Droit Paris, 1893, p. 118, 120 sq.

[1] Le *Mémoire* en question n'a pas été joint au cahier; mais il est transcrit tout au long dans le *Procès-verbal de l'assemblée du département de Saint-Lô*, octobre 1788, à la suite du rapport du bureau du bien public (*ms. cit.*, f° 56 v° à 61). L'auteur du *Mémoire* soutient que la déclaration de 1703 est abusivement interprétée par les intendants. Elle aurait exigé seulement pour procéder la tenue d'une assemblée régulière de la communauté; l'intendant n'aurait eu, assure-t-il, qu'à constater la régularité de cette assemblée et à donner son homologation lorsqu'il l'aurait reconnue telle. Mais cette interprétation, qui réduisait le rôle de l'intendant, comme il est dit au texte, à un simple *visa*, est, semble-t-il, bien difficilement soutenable en présence des termes formels de la déclaration d'octobre 1703.

Le fait local qui avait fait soulever, dans le bailliage de Saint-Lô, la question de la tutelle administrative, est expliqué tout au long dans le *Mémoire*. En 1787, des procès pour la dîme de trémaine avaient été engagés, comme un peu par-tout alors, dans les paroisses de Villiers-Frossard et d'Hébécrévon. Les curés de ces paroisses poursuivaient certains de leurs paroissiens en payement de la dîme, de manière à se créer un précédent pour la demander ensuite au reste des habitants. Les communautés, intéressées à ne pas laisser se créer de préjugé, avaient voulu se porter parties immédiatement à côté des particuliers poursuivis; mais les délibérations qu'elles avaient prises à cet effet s'étaient heurtées à l'opposition de l'intendant, qui avait refusé de les autoriser à plaider.

Il n'est pas malaisé de comprendre pourquoi l'intendant avait agi ainsi. La jurisprudence du Conseil du Roi était, depuis le milieu du siècle, devenue, ainsi que nous l'avons déjà noté, tout à fait favorable aux décimateurs. Et, quoique dise l'auteur du *Mémoire*, c'eût été manifestement engager les communautés dans des frais inutiles, que de les autoriser à plaider des procès perdus d'avance. Voir, pour l'évolution de la jurisprudence du Conseil du Roi depuis 1785, ce que nous avons noté sous le cahier de la Haye-Bellefond (au tome I°°, p. 362 et note 1).

[2] Cet article manque dans le cahier de la ville de Valognes. Il est emprunté cependant textuellement à l'*Essai de cahier* de Thouret, § 8, 3° (*éd. cit.*, p. 50) et il a été reproduit dans le cahier du tiers état de la ville de Rouen, *Commerce*, art. 74 (dans Hippeau, *Cahiers*, p. 328: une singulière inadvertance fait, dans l'édition d'Hippeau, parler de l'*exportation* des terres). L'entrave fiscale auquel il fait allusion est vraisemblablement le droit de *franc-fief*; à la fin, il s'agit évidemment du *contrôle des actes*, qui entravait les transmissions immobilières.

2° Que toutes les gênes de même nature qui arrêtent l'essor du commerce et la prospérité des manufactures et de l'industrie soient abolies; et qu'il soit pourvu surtout tant à l'abus des arrêts de sur-séance devenus arbitraires qu'aux désavantages actuels du traité de commerce fait avec l'Angleterre et de l'arrêt du Conseil du 30 août 1784 relatif aux colonies [1];

3° Il existe notamment depuis quelques années un droit établi sur les cuirs [2] qui arrête non seulement l'industrie des fabricants, mais qui cause des inquiétudes perpétuelles à ceux qui les emploient et les expose fréquemment à soutenir des procès aussi dangereux que dispendieux. Le moyen le plus sûr de faire revivre une branche de commerce aussi importante pour le royaume et pour

[1] Cf. le cahier de la ville de Valognes, art. IV, *Objets particuliers*, § 4 (au tome II, p. 22). La reproduction est textuelle; le vœu d'ailleurs est emprunté à l'*Essai de cahier* de Thouret, § 8, 4° (éd. cit., p. 50). Nous rappelons qu'il s'agit du *Traité de navigation et de commerce entre la France et la Grande-Bretagne*, Versailles, 20 septembre 1786. (ISAMBERT, XXVIII, n° 2281) et de l'*Arrêt du Conseil concernant le commerce étranger dans les îles françaises de l'Amérique*, Versailles, 30 août 1784 (ISAMBERT, XXVII, n° 1984, p. 459). On trouvera, sous le cahier de Granville, art. 15 et 20 (au tome I, p. 122 et 125), l'indication d'un certain nombre de mémoires qui étaient répandus en Normandie sur cette question aux environs de 1789.

Sur l'état de l'industrie et des manufactures de la ville de Saint-Lô proprement dite, le *Procès-verbal de l'assemblée du département de Saint-Lô, octobre 1788*, est absolument muet. Le rapporteur du bureau du commerce à l'assemblée provinciale de Basse-Normandie se montre également fort laconique : « Saint-Lô, lisons-nous dans son rapport, réunissait avec succès plusieurs espèces de manufactures; les serges, les neufils et les cuirs y avaient une grande réputation. La décadence de ces manufactures, dont il reste à peine quelques traces, paraît avoir fait un tort considérable à cette ville » (dans HIPPEAU, *Gouvernement de Normandie*, t. V, Assemblées provinciales, p. 337).

[2] Il s'agit encore visiblement du droit sur les cuirs établi par l'*Édit d'avril 1759*. Voyez à cet égard le cahier du bailliage secondaire de Valognes, chapitre IX, art. 34 (au tome II, p. 773), et la note sous ce texte. La ville de Saint-Lô avait possédé autrefois des établissements de tannerie assez importants. Un *Mémoire* dressé au milieu du siècle pour la généralité de Caen y comptait encore, en 1748, 4 maîtres tanneurs et 1 corroyeur, qui apprêtaient ensemble 475 cuirs de vache et 90 de veaux par an, et d'autre part 7 mégissiers qui préparaient ensemble 2,600 peaux de veaux et de moutons. Mais ce commerce était dès lors en décadence sensible, et le subdélégué notait en marge : «La communauté des tanneurs de la ville de Saint-Lô, autrefois une des meilleures du royaume, et dans laquelle s'apprêtaient, il y a trente ou quarante ans, plus de 4,000 cuirs chaque année, est entièrement anéantie tant par les rentes considérables dont elle se trouve chargée que parce qu'elle est dépouillée par quantité de personnes établies hors la ville et dans la campagne, qui font la même profession en achetant des bouchers toutes les peaux qu'ils apprêtent, au grand préjudice des premiers qui s'en trouvent totalement privés; plusieurs ont été contraints d'abandonner les uns après les autres leur fabrique, etc. Voyez *État des villes, paroisses et lieux de la généralité de Caen où il y a des établissements de tannerie*, 1748. (Arch. Calvados, C 2925.)

cette ville en particulier, serait de l'affranchir et de lui restituer la liberté la plus entière;

4° Il doit être pourvu à une meilleure administration des forêts et à l'encouragement tant des plantations que de la découverte et de l'exploitation des mines de charbon de terre[1], afin de prévenir la disette totale de la première espèce de combustible et de rendre pour la seconde la nation indépendante de l'étranger;

5° Les landes, grèves, communes, marais et autres terres incultes sont devenus depuis quelque temps un objet de cupidité qui a causé, notamment dans la Province, des troubles et des inquiétudes sans nombre : presque toutes les communautés ayant ou prétendant avoir droit à ces terres ont été forcées d'essuyer des procès longs et dispendieux pour soutenir ou réclamer leurs droits[2]. Ces terres seront presque inutiles pour l'État tant qu'elles resteront en communes; mais cette considération ne doit pas rendre injuste. On peut concilier l'intérêt général avec l'intérêt particulier; le moyen le plus simple et le plus naturel pour parvenir à ce double but est d'en faire le partage de la manière qui sera jugée le plus convenable;

6° Les chemins publics et vicinaux méritent l'attention des États généraux. Il n'en existe pas dans tous les endroits où le besoin s'en fait sentir; dans d'autres endroits, il en existe qui sont trop étroits et s'opposent aux progrès de l'agriculture. L'importation des engrais et l'exportation des denrées reçoivent des entraves très gênantes, en même temps que les voyageurs sont exposés au plus grand danger de perdre la vie. Il faudrait donc pourvoir à ce qu'il fût ouvert des chemins dans les lieux où leur existence serait reconnue nécessaire et à ce que ceux existants furent élargis, réparés et entretenus d'une manière convenable[3].

---

[1] Cf. le cahier du tiers état de l'assemblée préliminaire de Valognes, chap. IV, art. 16, § 6° (au tome II, p. 766). Le vœu est d'ailleurs textuellement reproduit de l'*Essai de cahier* de Thouret, § 8, 9° (*éd. cit.*, p. 51).

Sur la recherche des mines de charbon de terre en Basse-Normandie aux environs de 1789, voyez ce que nous avons noté sous le cahier de Blainville, art. 7 (au tome 1, p. 163).

[2] Le vœu relatif aux partage des biens communaux n'était point dans l'*Essai de cahier* de Thouret, mais il se rencontre avec des modifications très sensibles dans les différents cahiers.

Voyez cahier de la ville de Valognes, art. 35 (au tome II, p. 40); cahier de la ville de Carentan, article 31 (au tome 1, p. 721.

Le cahier de l'assemblée préliminaire de Saint-Lô, tout en prenant pour modèle le cahier de la ville, a ajouté ici un dernier membre de phrase qui change singulièrement la portée de l'article (voir art. VI, § 5°, *infrà*, p. 91).

[3] L'assemblée du département de Saint-Lô exprimait dès 1788 un vœu tout à fait semblable, et elle avait même pris à cet égard un arrêté par lequel elle demandait qu'avant de passer à l'entreprise de grandes routes nouvelles,

Art. 7. Un des objets les plus importants sur lesquels l'attention doit se reposer est l'éducation de la jeunesse. Tout le monde sait combien l'éducation publique est vicieuse; personne n'ignore les abus qui se sont glissés même dans les Universités[1]. Il est à désirer qu'on s'occupe essentiellement de cet objet et que, dans les principales villes du royaume, on établisse une éducation nationale et une chaire de droit public. On peut en même temps appliquer aux collèges particuliers des petites villes une partie des règlements qui seront faits pour les Universités en autant que ces collèges en paraîtront susceptibles[2].

Un autre objet non moins important est la réformation des mœurs. Ce n'est point ici le lieu de faire le tableau de leur corruption, mais il est encore à désirer qu'on prenne les précautions les plus sages pour leur régénération. L'Assemblée ne croit pas devoir fixer aucune opinion sur les moyens qui peuvent être employés;

on travaillât à l'achèvement des chemins de traverse ou comme on disait, des chemins « de clocher à clocher». (*Procès-verbal de l'assemblée de Saint-Lô*, séance du 18 octobre 1788, *ms. cit.*, f° 47.)

L'assemblée de Saint-Lô était d'autant plus autorisée pour émettre ce vœu que son président, J. Phil. d'Auxais, comte de Montfarville, était l'auteur d'un très remarquable *Mémoire sur les chemins vicinaux*, qui avait été présenté par lui à l'assemblée provinciale de Basse-Normandie dans sa session de 1788. Ce mémoire a été imprimé dans son édition du *Procès-verbal de l'assemblée de la Basse-Normandie* (Gouvernement de Normandie, t. II, p. 348 sq.).

[1] Cf. les cahiers de Bricquebec, art. 8; de Cherbourg, art. 29, et la note sous ce dernier texte (au tome II, p. 57, 145). On trouvera des détails assez piquants sur l'état intérieur des Universités dans le cahier du bailliage de Saint-Sauveur-le-Vicomte (*infrà*, p. 203).

[2] La ville de Saint-Lô possédait au xviii° siècle un collège, fondé dès 1609, par M° Jean Dubois, protestant converti. On y enseignait les humanités, et il y avait une chaire de philosophie depuis 1708, due à la générosité de M. de la Lande de la Bissonnière. (Voir Arch. Manche, D 28.)

Il existait d'autre part à Sainte-Croix de Saint-Lô des *petites écoles* pour les garçons, entretenues par l'abbaye de Saint-Lô. L'instruction des filles était donnée par les religieuses de la Providence. Quant à l'établissement dit des *Nouvelles Catholiques* ou de l'*Union chrétienne*, il recevait des pensionnaires payantes, en dehors des enfants de protestants qui y étaient envoyés par mesure administrative.

L'*État des écoles dans le diocèse de Coutances*, vers 1690, auquel nous avons déjà fait plusieurs emprunts, signale en tout dans le doyenné de Saint-Lô 7 *petites écoles fondées*, situées dans les paroisses de Notre-Dame de Saint-Lô, Saint-Georges-de-Montcoq, Saint-Gilles, Canisy, Quibou, Saint-Samson et Gourfalleur. En dehors du doyenné, les paroisses de Cavigny, Graignes, Hébécrévon, Mesnil-Durand, Mesnilangot, Saint-Aubin-de-Losque, Saint-Fromond et Tribehou, appartenant au bailliage de Saint-Lô, en étaient également dotées. (Arch. Manche, D 41.) Ainsi 15 paroisses sur 36 dans ce petit ressort recevaient dès la fin du xvii° siècle l'instruction *gratuite*. Le nombre s'en était accru certainement en 1789, car les *Inventaires des biens nationaux*, en 1790 signalent des maisons d'école dans des localités qui ne figuraient pas sur la liste précédente, par exemple à Saint-Ebremond-de-Bonfossé où la maîtresse d'école possédait, outre une maison avec jardin, 2 vergées et demie de terre et 71 livres de rentes en argent sur divers particuliers. (Arch. Manche, Q^41 14.)

cependant elle dira que celui d'honorer et de distinguer la pureté et l'austérité des principes et de la conduite des citoyens serait bien puissant sur des cœurs français.

Il serait à désirer qu'à l'avenir les vertus militaires et civiles pussent seules procurer l'admission dans l'ordre de la noblesse [1].

Elle ajoutera qu'il serait essentiellement avantageux de rétablir les jugements de famille, pour arrêter la licence et les désordres qu'occasionne l'insubordination et sur lesquels la loi semble n'avoir pas de prise.

Une des causes qui contribue le plus à la corruption est la facilité ou plutôt la fureur avec laquelle on se porte à contracter à rentes viagères. Non seulement ces sortes de contrats ouvrent la porte à l'usure la plus répréhensible et la plus désastreuse, surtout pour cette basse province, mais encore ils portent le préjudice le plus considérable à la société, à l'agriculture et au commerce. Ceux qui s'obligent se ruinent, ceux envers lesquels on s'oblige se condamnent souvent eux-mêmes à un célibat perpétuel, et on voit des pères de famille, en contractant de cette manière, fondre leur fortune et anéantir l'espoir de leurs enfants pour satisfaire souvent un goût immodéré pour le luxe [2].

Le moyen d'arrêter les progrès du mal à cet égard serait de ne permettre ces sortes de contrats qu'à un âge et à un taux fixés et déterminés par la loi, et afin de ne point ralentir la circulation du numéraire et de l'augmenter, au contraire, en même temps qu'on ferait tomber l'usure, il faudrait permettre le prêt à intérêt et autoriser le remboursement des rentes viagères créées à prix d'argent, nonobstant toutes stipulations contraires.

ART. 8. 1° Depuis quelque temps, la matière des dîmes a causé dans la province de Normandie des contestations multipliées entre les décimateurs et les décimables. La jurisprudence actuelle est sur ce point dans un état d'incertitude qui fait désirer aux uns et aux autres un règlement qui puisse prévenir par la suite toutes les difficultés à cet égard [3]. L'Assemblée recommande donc aux

[1] L'assemblée de département de Saint-Lô s'était élevée fort vivement en 1788 contre l'abus des anoblissements. Voir le *procès-verbal*, ms. cit., fº 11 a vº.
[2] Cf., en sens contraire, le cahier d'Agneaux, art. VII, 5° (*infrà*, p. 61). Le cahier de l'assemblée préliminaire du bailliage de Périers explique très bien comment la prohibition du prêt à intérêt conduit presque fatalement à la pra-

tique des rentes viagères (art. VIII, 2° *infrà*, p. 158).
[3] Sur les difficultés soulevées à la fin du XVIIIe siècle en Normandie par la matière des dîmes, et sur la multiplicité des procès alors pendants devant les juridictions, on voudra bien se reporter à ce que nous avons noté sous les cahiers de la Haye-Bellefond et de Montmartin, art. 6 (au tome Iᵉʳ, p. 362 et 474).

députés aux États généraux de solliciter une décision sur ce point important et d'insister surtout pour que le droit décimal soit restreint dans ses justes bornes, sans égard aux usurpations qui peuvent avoir [eu] lieu.

2° Il paraît tout à fait injuste que les communautés soient tenues de l'entretien des maisons presbytérales, et mille raisons doivent porter à en revenir aux principes qui existaient avant l'ordonnance de Blois[1], en chargeant les gros décimateurs de cet entretien.

3° On se conformera encore aux anciens principes et aux anciennes règles, en prenant les mesures convenables pour que les pauvres trouvent dans une partie des revenus de l'Église un secours assuré contre la misère et l'infortune.

Quel secours ne trouverait-on pas, par exemple, dans la suppression des annates que la religion n'autorise pas, à beaucoup près, et qu'une saine politique désavoue? Le droit du déport qui s'exerce sur certains bénéfices de la province n'est pas lui-même plus favorable, et il est de l'intérêt de la religion comme de celui du peuple d'en demander la suppression.

(Jus omnino abusivum et prorsus abolendum. DUMOULIN[2].)

---

[1] *Ordonnance rendue sur les plaintes et doléances des États généraux assemblés à Blois en novembre 1576*, Paris, mai 1579 (dans ISAMBERT, t. XIV, p. 380, n° 103). L'article 52 de cette ordonnance avait disposé «que les évêques faisant les visitations pourvoiront à ce que les églises soient fournies de linges, croix, calices, cloches et ornements nécessaires... et pareillement à la restauration et entretenement des écoles paroissiales»; il n'était pas question des presbytères. C'est l'*Édit de Melun de 1580*, art. 3, et surtout l'*Édit d'avril 1695*, qui ont créé la nouvelle législation presbytérale mettant les habitations des curés à la charge des paroissiens. Voir notre note sous le cahier d'Annoville-Tourneville, art. 4 (au tome I, p. 135).

La ville de Saint-Lô pouvait très légitimement se plaindre des frais qu'entraînaient les réparations presbytérales. Les habitants venaient d'être obligés de s'imposer extraordinairement pour la réparation du presbytère de la paroisse de Notre-Dame-de-Saint-Lô. Des procédures avaient été engagées par le curé contre la paroisse à peu près chaque an-née, en 1786, 1787 et 1788; et le 20 avril 1788 les habitants dans une requête à l'intendant se plaignaient vivement de «son acharnement à fatiguer la paroisse par toutes sortes de chicane». Voir *Délibération en date du 20 avril 1788* (Arch. Calvados, C 1228).

[2] *Cette citation est en note dans l'édition originale du cahier à la page 61.*

Sur le droit de *déport* en Normandie, voir ce que nous avons noté sous le cahier de Cambernon, article 4 (au tome I, p. 237). La citation de DUMOULIN est empruntée à son édition du *Stylus Parlamenti*, elle se trouve en note marginale sur la *pars 7ᵃ*, n° 108 du *Stylus* (dans *OEuvres*, éd. Paris, 1681, in-f°, t. II, col. 1368). Cet auteur parle également du déport dans une note sous le canon *cum vos* des Décrétales de Grégoire IX, au titre *de officio judicis ordinarii* (c. 4, X, 1, 31); il y affirme que le déport tire son origine de la *garde*, qu'avaient les archidiacres, des églises vacantes de leurs archidiaconés : ils devaient réserver au futur bénéficiaire ou aux églises elles-mêmes les fruits des bénéfices qui leur étaient re-

4° Il est très intéressant de solliciter l'exécution précise de l'édit du roi du mois de mars 1768[1], relativement au nombre de religieux dont chaque monastère doit être composé, et la suppression surtout des monastères situés dans les campagnes ou dans les petits bourgs et de tous autres qui ne seraient pas réputés maisons principales et dans lesquels, depuis la promulgation de cette loi, l'ordre ou congrégation dont dépend ladite maison n'a pu envoyer le nombre de sujets désiré par ladite loi.

Les biens et revenus attachés à ces monastères[2] peuvent être

mis ainsi *comme en dépôt*, et ils se les seraient illégitimement appropriés. Il convient d'observer d'ailleurs que cette explication de Dumoulin n'offre aucune espèce de vraisemblance historique. Voir Guyot, *Répertoire*, v° Déport, art. V, p. 461.

Le vœu relatif à l'abolition du déport n'est pas absolument à sa place dans le cahier de la ville de Saint-Lô, car la cure de cette ville, ainsi que celle des paroisses suburbaines de Saint-Thomas et Sainte-Croix, était entre les mains de réguliers, et comme telle n'était pas sujette au déport. De nombreux arrêts du parlement de Rouen avaient jugé en effet que les cures desservies par des réguliers devaient être exemptes du déport. Voir Routier, *Pratique bénéficiale*, p. 323, sq.

[1] *Édit concernant les religieux*, mai 1768 (dans Isambert, t. XXII, p. 476, n° 946). L'article 7 de cet Édit avait ainsi disposé :

« Tous les monastères d'hommes, autres que les hôpitaux, les cures, les séminaires et écoles publiques dûment autorisées, seront composés du nombre de religieux ci-après prescrit, savoir : les monastères non réunis en congrégations, de 15 religieux au moins, non compris le supérieur, et ceux qui sont réunis en congrégations, de 8 religieux au moins, sans compter pareillement le supérieur. »

En vertu des articles 6 et 10 du même *Édit*, les monastères qui se trouveraient composés d'un nombre de religieux moindre que celui porté à l'article 7, devaient cesser de recevoir des novices, et les maisons ainsi vouées à l'extinction devaient être au fur et à mesure supprimées et évacuées; les biens seraient réunis à ceux des monastères de la même congrégation. L'Édit n'avait rien disposé relativement aux biens des congrégations qui seraient totalement supprimées.

L'application stricte de l'Édit de 1768 eût certainement entraîné la suppression presque totale des établissements religieux du bailliage de Saint-Lô; car seule l'abbaye de Saint-Lô, de l'ordre des Génovéfains, comptait en 1789 le nombre légal de 8 religieux.

Dès 1768, en application de l'Édit de mai, les officiers municipaux de Saint-Lô avaient sollicité du roi l'extinction ou la suppression du prieuré de Notre-Dame-de-Saint-Fromond, « pour être réunis tous ses biens à l'hôtel-Dieu et hôpital de Saint-Lô ». (Arch. Calvados, C. 776.)

[2] Les établissement des réguliers dans le ressort de Saint-Lô étaient, comme nous avons dit dans la *Notice* en tête des pièces relatives à ce bailliage, au nombre de 3 : abbaye de Saint-Lô, prieurés de Saint-Fromond et de la Perrine. Quelques détails sur les biens de ces établissements dans le dernier quart du xviii° siècle préciseront mieux le vœu du cahier.

I. Abbaye de Saint-Lô. — Une déclaration passée le 27 avril 1769 fait apparaître les chiffres suivants : 1° *Biens fonds :* la ferme dite de la *Petite abbaye* à Saint-Lô, aff. 1,050 livres; prés dits de *la Taille*, et vivier en la paroisse de la Barre, aff. 300 livres; petit bois et pièce de terre à Notre-Dame de Saint-Lô, est. 200 livres; 2° *Dîmes :* de Saint-Georges de Montcoq, fait valoir, est. 1,500 livres; d'Agneaux, aff. 1,050 livres; de Contrières, aff. 400 livres; de Champrepus, aff. 400 livres; de Saint-Ebremond (deux traits), aff. 300 livres; de Saint-Gilles (un trait),

très utilement appliqués soit au soulagement des pauvres, soit à former des maisons d'éducation, des hospices de charité ou d'en-

cédé au curé pour 56 livres; de Quesnai (un trait), cédé de même pour 25 livres; de Sainte-Croix (un trait), est. 400 livres; de Saint-Thomas (un trait), est. 400 livres; de Notre-Dame de Saint-Lô (un trait), aff. 150 livres; 3° *Rentes* : l'abbaye n'a « ni cens, ni surcens, ni treizièmes, ni rentes en grains ou en argent». Elle jouit du revenu du bénéfice simple du prieuré de Saint-Besnon, consistant en une petite terre, aff. 150 livres, et une redevance sur l'abbaye de la Bloutière de 135 livres. Au total, 6,637 livres de revenu brut; les charges sont de 2,660, dont 645 livres de décimes, 258 livres de taille de dîmes et 825 livres de pensions congrues (*État sommaire de l'abbaye de Saint-Lô en Normandie*, Arch. nat., S 7483).

*Nota.* Cette déclaration ne comprend que la *part des religieux*; il faut, pour être complet, ajouter les revenus de l'abbé, estimés, à l'*Almanach royal*, 6,000 livres. La déclaration de 1790 n'est pas retrouvée; les inventaires des biens nationaux font apparaître, en dehors des biens précédemment énumérés, d'autres possessions de l'abbaye qui vraisemblablement étaient dans le lot de l'abbé : une terre à Sainte-Croix, 65 verg., aff. 900 livres; deux moulins avec jardins et prés, aff. 900 et 500 livres, avec des faisances; à la Barre, la ferme de *la Motte*, 160 verg., aff. 1,600 livres; à Saint-Georges-de-Montcoq, une partie de la terre de la *petite abbaye*, 287 verg. 1/2, aff. 2,302 livres et des faisances. Il y a des rentes seigneuriales, des banalités et des corvées, qui sont déclarées en tout valoir 500 livres. (*État des biens nationaux*, Arch. Manche Q⁴ˢ¹ 14.)

II. Prieuré de Saint-Fromond. — «Le prieuré de Saint-Fromond, ordre de Saint-Benoît; patron le roy. Son revenu consiste en un fief noble et une terre en ladite paroisse, qui contient 40 acres de terre labourable, 12 acres en prairie, 12 en landes ou bruyères; en 15 livres de rente seigneuriale, 50 poules, 5 boisseaux de froment, mesure du Hommet, 100 boisseaux d'avoine et

4 boisseaux d'orge dite mesure; plus en 8 acres de bois taillis en trois pièces, une nommée *le vieux four*, de 5 acres 1/2 ou viron, l'autre nommée *la grande coudrée*, d'environ 3 acres, et la troisième nommée *la petite coudrée*, d'environ une demi-acre. Il possède toutes les grosses et menues dîmes de la paroisse de Saint-Fromond : les grosses et menues de la paroisse de Saint-Jean-de-Daye; les deux tiers des grosses de la paroisse de Cavigny; un trait de dîme dans la paroisse du Dézert nommé *Malsécontre*; la dîme du bois du Hommet et les deux tiers des dîmes de la paroisse du Mesnil-Angot; le tiers des grosses de la paroisse de Saint-Pierre d'Arthenay; la dîme de la seconde portion de la paroisse de Saint-Louet-sur-Lozon, le tout affermé en 1770 par bail par devant les notaires, 8,200 livres» (*Pouillé*, f° 24 v°).

III. Prieuré de la Perrine. — «Le prieuré de la Perrine, *Perrina sive Petrina*, régulier, patron et collateur le général de l'ordre de la Sainte-Trinité ou Mathurins. Est possédé par le prieuré en la paroisse du Dézert et de Saint-Fromont : 196 vergées de terre lab., prairie, jardin, herbages, est. 400 livres en 1728. Possède dans ladite paroisse du Dézert 35 vergées de bois taillis; plus dans icelle les fermes *des Landes*, de *la Perrine*, de la *Petite abbaye*, louées 340 livres; un moulin à eau loué 100 livres, et quelques pièces de terre en ladite paroisse du Dézert, louées 54 livres; et en la paroisse de Saint-Fromond 22 vergées de pré louées 180 livres. Plus, possède environ 150 boisseaux de froment, mesure du Hommet, qui est 19 pots chopine et pinte; plus environ 40 boisseaux de froment, mesure de Montmartin, qui est 12 pots chopine; plus environ 150 boisseaux d'avoine, dite mesure du Hommet, et 15 livres de rente foncière; plus quelques petits traits de dîme. Le total estimé 1,785 l. 10 s. en 1728, dont 130 livres de rente foncière. Total : 1,785 l. 10 s. — 780 livres [déduites pour les charges] = 1,005 l. 10 s.» (*Pouillé*, f° 27 v°.)

fants trouvés [1]; un pareil emploi, en servant l'humanité, n'aura rien de contraire à la religion ni même aux intentions présumées des fondateurs;

5° Enfin les lois relatives à la résidence et à la multiplicité des bénéfices doivent être remises en vigueur, et les portions congrues augmentées [2].

Art. 9. Il est encore quelques objets particuliers dignes de fixer l'attention de l'assemblée prochaine des États généraux :

1° Les députés seront chargés de demander que la liberté per-

[1] Il n'existait en 1789 dans le bailliage de Saint-Lô d'autre hôpital que celui de Saint-Lô, fondé dès juillet 1349 par Jean, fils du roi de Navarre, et qui jouissait, au milieu du xviii° siècle, d'un revenu de 11,280 livres environ. (Arch. Calvados, C 770.) En 1787, d'après le dernier *État* dressé par l'intendance, il disposait de « 48 lits de malades, avec 88 basses-couches, garnies seulement de paillasses, traversins et couvertures », ensemble 149 couches qui étaient occupées, au 1er janvier 1788, par 180 pauvres et malades. On avait reçu dans l'année 53 pauvres nouveaux, sans tenir compte des soldats entrant et sortant, « dont on ne prend pas le nombre ». Le mouvement de population accuse 13 décès, dont 6 hommes et 7 femmes. Aucune naissance, l'hôpital ne recevant pas les femmes en couches. » (*État des hôpitaux*, 1788, Arch. Calvados C 1044.) La situation pécuniaire de l'hôpital était fort précaire. Sur les 11,280 livres de revenu accusées en 1723, 5,900 livres seulement provenaient de terres et rentes fixes; le surplus ne consistait qu'en droits variables concédés sur les marchés et les boissons : 2,000 livres du droit de havage, 2,500 du droit sur le cidre, 80 livres des droits de réception aux maîtrises, 800 livres du produit de l'ouvrage des pauvres. Les charges dès ce moment montaient à 12,155 livres, et l'intendant pouvait dès lors écrire que l'hôpital ne vivait « que des fonds distribués par ordre du roi ». (*Ibid.*, C 775.) A la fin du siècle, la situation n'était pas meilleure, et dans une requête en date de 1788, les officiers municipaux assurent que l'éta-

blissement « ne peut subsister, vu l'insuffisance des revenus ». (*Ibid.*, C 776.)

[2] Sur ce qu'il faut entendre par *portions congrues*, et sur le chiffre qu'elles atteignaient en 1789, voir le cahier du bailliage de Saint-Sauveur-le-Vicomte, chap. *Clergé*, art. 12. Les cahiers des trois ordres sont unanimes en 1789 pour demander l'augmentation des portions congrues. Voir le cahier du clergé lui-même, chap. *Clergé*, art. 8 (dans Hippeau, *Cahiers*, II, p. 5).

Le vœu relatif aux portions congrues était à Saint-Lô tout à fait à sa place; la cure de Saint-Lô, appartenant à l'abbaye du lieu, était desservie par un prieur-curé à portion congrue. Nous lisons au *Pouillé* : « N. D. de Saint-Lô, patron l'abbaye de Saint-Lô. Le curé régulier reçoit de l'abbaye une portion congrue et 60 livres sur le trésor de l'église; et par délibération des paroissiens passée le 13 juin 1638 est tenu le sieur curé de faire chanter un service tous les mois de l'année pour le donateur de son presbytère. Obits, 30 livres. Casuel, 300 livres. Ne tombe pas en déport. Deux vicaires. » Plus loin, on lit encore : « La léproserie de Saint-Lô, ou Chapelle de la Madelaine, bénéfice que les curés de Saint-Lô ont fait réunir à l'église paroissiale de Notre-Dame, par arrêt du conseil privé du 30 juillet 1694. Le revenu consiste en cinq pièces de terre, une maison et une grange. Par l'arrêt, il fut jugé que l'hôpital percevrait tous les ans le quart du revenu (il était de 75 livres en 1728, sur 300). Les paroissiens nomment le chapelain, obligé de dire la messe tous les dimanches à ladite chapelle. » (*Pouillé*, f° 21 v°.)

sonnelle des citoyens soit mise à l'abri des atteintes auxquelles elle est exposée par l'usage arbitraire des lettres de cachet et par les enrôlements forcés de la milice tirée au sort[1];

2° Que la liberté de la presse soit autorisée, avec les modifications nécessaires pour garantir l'ordre public et l'honneur des particuliers[2];

3° L'Assemblée déclare que sur tous les autres objets non exprimés ci-dessus, qui pourront être proposés et discutés aux États, tant pour l'intérêt de la nation en corps que pour le bonheur personnel de ses membres, elle s'en rapporte à ce que les députés qui seront élus pour le bailliage de Cotentin estimeront, à leur âme et conscience, devoir être statué et décidé pour le plus grand bien commun[3];

4° L'Assemblée déclare enfin qu'en consentant que la Province s'adjoigne au régime commun d'administration qui sera délibéré par les États, elle n'a d'autre intention que celle de lier les intérêts de la Province à ceux du reste du royaume et de faciliter la régénération générale par l'uniformité de principes et de gouvernement; mais qu'elle réserve formellement tous les droits particuliers de la Province dans le cas où, par quelque raison que ce soit, les États généraux se trouveraient hors d'état de remplir les vues importantes qui les déterminent[4].

---

[1] Cf. le cahier de Valognes, chap. IV, *Objets particuliers*, art. 1er (au t. II, p. 21). La source commune est l'*Essai* de Thouret, S 8, 2° (*éd. cit.*, p. 50). La ville de Saint-Lô était sujette à la milice de terre, et fournissait au régiment provincial de Basse-Normandie. En 1788, elle avait présenté au tirage 104 garçons, dont 17 avaient été déclarés exempts, 1 fuyard, 24 reconnus infirmes, 27 trop petits. Sur le nombre, 35 seulement avaient tiré, pour fournir 3 miliciens. (*Résultat des procès-verbaux de tirage*, 1788, Arch. Manche C 1916.)

[2] L'article est emprunté à l'*Essai* de Thouret, S 8, 2°, (*éd. cit.*, p. 50).

[3] Cf. le cahier de la ville de Valognes, ch. IV, art 3 (textuel). La source commune est l'*Essai* de Thouret, S 9 (*éd. cit.*, p. 52). Naturellement, ce dernier texte était rédigé d'une façon générale et ne parlait point des députés du Cotentin spécialement.

[4] Le paragraphe 4 et dernier se retrouve textuellement dans le cahier du tiers état de la ville de Valognes, chap. II, *Constitution*, art 7 (au t. II, p. 17) et aussi dans celui de la ville de Rouen, art. 29 (dans Hippeau, *Cahiers*, t. II, p. 320). La source commune, comme toujours, est l'*Essai de cahier*, de Thouret, S 9 in fine(*éd. cit.*, p. 52). La ville de Saint-Lô avait déjà fait des réserves analogues, pour les droits de la province de Normandie, dans son *Mémoire* du 20 octobre 1788. Elle avait même émis jusqu'à un certain point la prétention de députer directement aux États généraux : «La perte des registres de cette ville ne permet pas, expliquent les officiers municipaux, d'en fournir des preuves aussi nombreuses qu'elles pourraient l'être. Mais si on parcourt la *Chronologie des États* par Savaron, on se convaincra que dès 1467, cette ville avait effectivement des députés aux États généraux. Mais elle fera volontiers le sacrifice de ses droits, pourvu que les députés soient nommés par l'élection et en présence des officiers municipaux de ladite ville, etc...»

*Tel est le projet de Cahier des doléances, plaintes et remontrances que proposent à l'Assemblée du tiers état de Saint-Lô les six commissaires par elle choisis. Ces commissaires ont fait leurs efforts pour exprimer, autant qu'il était en leur pouvoir, le vœu de leurs concitoyens. Mais comme il est possible que quelques articles soient jugés susceptibles ou d'être supprimés, ou d'être modifiés, qu'il peut arriver d'ailleurs que quelques citoyens proposent avec raison d'ajouter quelques articles qui ont pu échapper, les Commissaires ont pensé qu'il était essentiellement avantageux de faire imprimer le présent projet de cahier. Par ce moyen, chaque citoyen aura le loisir et la facilité de faire ses observations, soit pour faire supprimer, changer ou ajouter, suivant que l'assemblée l'estimera convenable* [1].

Fait et rédigé en l'Hôtel de ville de Saint-Lô, par les commissaires soussignés, le 2 de mars 1789.

*Signé* : Le Menuet de la Jugannière, Vieillard fils, Le Monnier, Bernard, Vieillard de Boismartin, Vieillard père.

---

## SAINT-THOMAS-DE-SAINT-LÔ [2].

---

### 1. Procès-verbal d'assemblée.

(Le procès-verbal authentique n'a pu être retrouvé.)

Date de l'assemblée : 1er mars (?). — Nombre de feux : 25 [3]. — Députés : Bonaventure-Casimir Leduc (défaillant à l'Assemblée préliminaire de Saint-Lô); *Jean-Alphonse Durand, conseiller du roi* (2 jours, 10 l., et 18 jours, 74 l. Acc.).

(Dans Hippeau, *Gouvernement*, t. V [*Elections*], p, 457.)

[1] Tout ce paragraphe où les commissaires rendent compte de leur travail a dû naturellement disparaître dans le texte du cahier véritable de la ville. Nous l'avons conservé cependant, parce que le *Projet* étant seul parvenu jusqu'à nous, il serait arbitraire de vouloir en modifier le texte pour lui donner, si vraisemblable soit-elle, l'apparence du véritable cahier.

[2] Arrondissement de Saint-Lô, canton de Saint-Lô.

[3] La population, pour la partie *taillable* de la paroisse, n'est point indiquée au *Dénombrement de 1787* (Arch. Calvados, C 183) dont nous nous sommes communément servi pour ce bailliage. — Mouvement de la population en 1787 : naissances, 51 (27 garçons, 24 filles); mariages, 16; décès, 43 (25 hommes, 18 femmes). — Population actuelle : 276 habitants.

## 2. Cahier de doléances.

(Le cahier de doléances n'a pas été retrouvé [1].)

---

# SAINTE-CROIX-DE-SAINT-LÔ [2].

---

## 1. Procès-verbal d'assemblée.

(Le procès-verbal authentique n'a pu être retrouvé [3].)

Date de l'assemblée : 1ᵉʳ mars (?). — Nombre de feux : 95 [4]. — Députés : Charles-Nicolas Lechevallier (2 jours, 10 l., Acc.); François Treffeu (2 jours, 10 l., Acc.).

[1] Le *Mémoire statistique de 1727* décrit ainsi la paroisse : « Saint-Thomas, en tant qu'il y en a de taillable, 82 feux; 1,220 livres [de taille] en 1701; 2,898 en 1727. Le terrain est passablement bon pour le labeur, à cause de la proximité de la ville, dont les habitants tirent des engrais; le cidre qui y [est] produit se vend et se consomme dans la ville de Saint-Lô, mais la paroisse est petite et surchargée. » (Arch. Calvados, C 284.)

Impositions pour 1789 : taille, 2,152 l. 10 s.; accessoires, 1,464 l. 7 s.; capitation, 1,393 l. 7 s.; corvée, 722 l. 11 s.; vingtièmes, 2,087 l. 9 s., 5 d.; territorial, 170 livres; bâtiments de justice, 59 livres. Au total, 8,048 l. 14 s. 5 d.

*Privilégiés* : Un rôle de répartition sur les possédant fonds de la paroisse, qui est de 1777, y relevait comme privilégiés : pour le clergé, l'évêque de Coutances, les religieux de Saint-Lô et les choristes de Notre-Dame; pour la noblesse, M. de Grimouville, M. Le Héricy, M. de Boismarcel et M. de Dragueville. (Arch. Manche, C 577.) *Supplément des privilégiés* en 1790 : 417 l. 3 s. 3 d. (Arch. Manche, C 511.)

*Lignes à la taille* : 112. — Le rôle de répartition de la *capitation* pour 1789 est conservé. (Arch. Calvados, C 8130.)

Biens ecclésiastiques. — L'inventaire des officiers municipaux ne relève dans la paroisse que : I. *Biens-fonds*, 1° la cure, maison et terre dite *du vicariat*, dépendant de la cure de la Luzerne, 13 vergées en labour, pré et plant, aff. 112 livres; 2° l'abbaye de Saint-Lô, une grange avec cour et jardin d'une vergée (non est.); 3° l'évêque de Coutances, un pré nommé *l'Isle*, de 34 vergées (non est.); 4° le trésor de Notre-Dame, une ferme avec bâtiments et 64 vergées de terre, aff. 1,050 livres; II. *Rentes* : Pour l'abbaye de Saint-Lô, rentes seigneuriales montant à 77 boisseaux de froment, 30 pains, 34 chapons, 6 gélines, 3 mancels, 8 corvées de charrue et 7 l. 5 s. 2 d. en argent (le tout non est.). Voir Arch. Manche Qᵗ•¹, 14.

[2] Arrondissement de Saint-Lô, canton de Saint-Lô.

[3] Les Archives communales de Sainte-Croix de Saint-Lô n'ont conservé aucun registre antérieur à l'an ix. La première délibération transcrite est en date du 27 frimaire an ix de la République. (*Communication de M. A. Lefebvre, instituteur.*)

[4] La population, pour la *partie taillable*, n'est pas indiquée au *Dénombrement de 1787* (Arch. Calvados, C 183). Mouvement de la population en 1787 : naissances 38 (15 garçons, 23 filles); mariages, 15; décès, 37 (14 hommes, 23 femmes). — Population actuelle : 744 habitants.

## 2. Cahier de doléances.

(Le cahier de doléances n'a pas été retrouvé [1].)

---

# AGNEAUX [2].

---

### 1. Procès-verbal d'assemblée.

(Le procès verbal authentique n'a pu être retrouvé [3].)

Date de l'assemblée : 1er-4 mars. — Nombre de feux : 207 [4]. — Députés : Pierre-Jacques-Philippe Mauger de Varennes ( 2 jours, 10 l., Acc.); Anne-Jean-Baptiste-Henri Gonfrey ( 2 jours, 10 l., Acc.) [5].

[1] Le *Mémoire statistique de 1727* décrit ainsi la paroisse : « Sainte-Croix, en tant qu'il y en a de taillable, 131 feux; 1,460 livres [de taille] en 1701. 2,868 livres en 1727. Le terroir de cette paroisse est passablement bon, à cause de la proximité des engrais; le cidre qu'il produit se vend et se consomme dans la ville, mais la paroisse est [de] petite étendue, et beaucoup chargée d'impôts. » (Arch. Calvados, C 284.)

Impositions pour 1789 : taille, 3,290 l. 10 s.; accessoires, 2,238 l. 11 s., capitation, 2,130 l. 3 s.; corvée, 1,104 l. 9 s. 2 d.; vingtièmes, 3,216 l. 14 s.7 d.; territorial, 273 livres; bâtiments de justice, 91 livres. Au total, 12,350 l. 7 s. 9 d.

Lignes à la taille : 198. — Le rôle de répartition de la *corvée* pour 1789 est conservé. (Arch. Calvados, C 8309.)

Biens ecclésiastiques. — L'inventaire des officiers municipaux signale dans la paroisse : I. *Biens fonds* : 1° la cure (néant); 2° le trésor de N.-D. de Saint-Lô, terre dite *la Madelaine*, maison manable et 75 vergées en labour, pré et plant, aff. 899 l., « compris le droit de coutume de la foire Madeleine »; 3° les religieux Pénitents, terre dite *de Martainville*, bâtiments avec 130 vergées en labour, pré, aff. 950 livres, 6 chapons et 6 poulets, 4° l'abbaye de Saint-Lô, 65 vergées de terre en labour et coteau, aff. 900 livres; un moulin à blé, avec jardin et pré de 6 vergées, aff. 950 livres et 8 volailles grasses; un autre moulin à double meule, avec jardin et 6 vergées de pré, aff. 500 livres et 10 chapons gras; II. *Rentes* : 1° l'abbaye de Saint-Lô, 15 livres; 2° les Pères Pénitents, 17 livres et 4 poulets. (Arch. Manche, Q^{A.li}, 14.)

Le *Supplément des privilégiés* s'est élevé en 1790 à 324 l. 8 s. 3 d. (Arch. Manche, C 511.)

[2] Arrondissement de Saint-Lô, canton de Saint-Lô.

[3] Le registre des délibérations de la province d'Agneaux pour 1789 est conservé; mais le procès-verbal de la délibération des 1er et 4 mars 1789 n'y a pas été transcrit. Il n'y a sur le registre, commencé le 21 septembre 1788, que deux délibérations pour 1788; et en 1789, la première délibération transcrite est en date du 8 novembre 1789. (*Communication de M. Lair, instituteur.*)

[4] Population au dénombrement de 1764 : 566 habitants, dont 271 hommes et 295 femmes. (Arch. Calvados, C 183.) Mouvement en 1787 : naissances, 21; mariages, 10; décès, 8. — Population actuelle : 832 habitants.

[5] Jean-Baptiste-Henry Gonfrey était procureur du roi en l'élection de Saint-Lô. Ses provisions, conservées aux Archives nationales, sont en date du

## 2. Cahier de doléances.

(Ms. Arch. nat. Ba 35, l. 70. Copie privée[1], 8 p. gr. in-f°, non authentiquée, reproduite en transcription dans B III/54, p. 353 à 381. Ed. : 1° *Archives Parlementaires*, t. III, p. 66 ; 2° Hippeau, *Cahiers de 1789 en Normandie*, t. II, p. 87.)

*Griefs, plaintes et doléances des habitants de la paroisse de Saint-Jean-des-Agneaux.*

Demandent :

1° Que les seigneurs et propriétaires des patronages continuent de proposer des sujets dignes et capables aux cures et bénéfices[2] ;

2° Que la collation ne cesse d'en appartenir aux évêques ;

3° Que les ecclésiastiques qui composeront le doyenné surveillent la conduite des curés, vicaires et autres bénéficiers et que,

13 mars 1765, et mentionnent un extrait baptistaire en date du 15 mai 1783. (Arch. nat., V¹, 429.)

J.-B. Gonfrey payait, en 1789, une capitation de 36 livres et fut taxé, en 1790, au *Supplément des privilégiés*, pour 27 l. 10 s. (Arch. Manche, G 507.)

[1] Cette pièce a été envoyée au directeur général des Finances par le sieur Gonfrey, député de la paroisse. Elle est accompagnée dans la liasse de la lettre suivante, en date du 11 mars 1789:

«Ma crainte que les doléances de notre paroisse d'Agneaux ne soient pas lues par la commission réglée pour le bailliage secondaire de Saint-Lô pour refondre en un seul cahier celui de toutes les paroisses du bailliage, d'autant que plusieurs avocats sont membres de cette commission et qu'ils verront peut-être avec peine l'article de la suppression des avocats. A joindre que cette paroisse me paraît avoir formé son cahier à l'article des dîmes d'une manière qui les rendrait égales entre tous les membres de l'État, ce qui n'a pas lieu jusqu'à présent, et qu'il ne s'élèverait plus de procès sur cette matière. Qu'elle a traité l'article de *justice* et *administration de justice* pour qu'il n'y ait presque pas de procès; ou au moins s'il y en a qu'ils ne seraient plus onéreux et très courts, — me fait vous supplier de me pardonner de vous en adresser la copie. Je sens que je sors des bornes prescrites, et que chaque petite communauté ne doit pas vous accabler de ses cahiers. Mais je crois que notre paroisse aura traité cette matière uniquement, et mon zèle, fût-il indiscret, sous ce titre il obtiendra facilement son pardon. Je suis, etc.

«Gonfrey.»

(*Lettre originale à M. le Directeur général des Finances, 11 mars 1790. Arch. nat., Ba 35, l. 70.* = B III/54, p. 351.)

[2] *L'influence que l'exercice de la fonction de curé a sur les mœurs aurait fait désirer que la nomination en fût accordée aux ecclésiastiques du doyenné dans lequel le bénéfice est enclavé, mais la crainte de choquer les droits de propriété a fait rendre l'article ainsi qu'il est conçu.* (Note du manuscrit; il semble que cette réflexion, comme les quelques autres qui suivent, appartienne au député expéditeur du cahier, plutôt qu'au cahier lui-même.) — Sur la question même de la présentation aux cures par les chefs seigneurs, et sur la collation des bénéfices en général, voir ce que nous avons noté sous le cahier de Fierville, au bailliage de Valognes, art. 23 (au tome II, p. 268, note 1).

dans l'assemblée dudit doyenné, les vicaires y soient préposés et établis dans chaque paroisse où il en sera nécessaire;

4° Que si, dans la suite, il était reconnu, par lesdits ecclésiastiques du doyenné, que le bénéficier élu ou vicaire délégué fût incapable, par le changement de ses mœurs, après une monition il soit déposé et dans la même assemblée et délibération il en soit préposé un autre par le patron et doyen;

5° Que jamais ladite déposition n'ait lieu pour cause de maladie ou infirmité, fût-elle perpétuelle ou incurable.

*Dîmes.* — 1° Que toutes terres soient affranchies de la prestation de la dîme en essence;

2° Que, pour remettre l'égalité entre les propriétaires des terres en labour et autres, sujettes à dîmes, et les propriétaires en prés, herbages et autres, non sujettes à dîmes, faire tomber absolument les procès et contestations en cette partie, entre les propriétaires et décimateurs, chaque propriétaire sera tenu de payer en argent sa quotité proportionnelle, qui sera arbitrée par substitution et sera perçue sur le taux de l'imposition réelle, levée au nom de l'État[1];

3° Que, pour régler le montant de la prestation en argent, celui du produit des dîmes, levées en essence dans chaque paroisse, soit arbitré et évalué entre les paroissiens et les bénéficiers, pour

---

[1] *Si l'égalité est juste dans l'impôt dû à l'État, la même égalité doit régner dans l'impôt dû à la religion, et cependant il est des pays, des paroisses entières en herbages, qui ne paient rien à la religion, ce qui est injuste.* (Note du manuscrit.)

Dans l'usage bénéficial de la Normandie, les terres labourables seules, ensemencées en blé ou autres grains assimilés (seigle, orge, avoine, méteil, et en Basse-Normandie, sarrasin), devaient *de droit* la dîme de leurs productions; c'était ce qu'on appelait les *dîmes solites.* Au contraire, les terres en prairies, les herbages, foins, sainfoins, ne devaient point régulièrement et de plein droit la dîme de ce qu'elles produisaient. La dîme sur ces terres était «purement insolite», c'est-à-dire qu'elle ne pouvait être réclamée qu'en justifiant d'une possession de fait, prouvée par long usage et sur le fonds même sujet du débat (*Placités*, art. 118), ou bien encore en prouvant que, dans les quarante années précédentes, ce fonds avait été labouré, et par suite affecté à la dîme. Voir un *Arrêt du Parlement de Rouen,* 4 août 1620, et deux *Arrêts du Conseil d'État,* 2 août 1641 et 19 octobre 1650, rendus sur les litiges soulevés précisément en Normandie (dans ROUTIER, *Pratique bénéficiale,* p. 72).

Pour le cas particulier où des terres autrefois en labour auraient été converties en prairies, et pour les difficultés que soulevait dans ce cas la dîme dite *de substitution,* v. la note sous le cahier de Montmartin, art. 6 (au tome I, p. 474). Il ne faut pas oublier, pour bien comprendre les hésitations de la doctrine et de la jurisprudence dans la province, que l'*Édit de février 1657, portant la levée des dîmes sur toutes les terres* (ISAMBERT, t. XVII, n° 302, p. 346), n'avait point été enregistré au Parlement de Normandie. Voir à cet égard ROUTIER, *op. cit.,* p. 72.

être levée une somme équivalente sur tous les fonds de l'arrondissement de chaque bailliage ou généralité, tant sur les fonds décimables que non décimables, dont le produit sera versé dans la caisse de la religion;

4° Que de cette caisse seront extraites les pensions arbitrées pour chaque curé, vicaire et celles qui seront fixées à tous autres bénéficiers possédant auparavant lesdites dîmes, considération faite de la valeur des aumônes, rentes et autres objets attachés aux bénéfices, qui seront cédés en diminution de ladite pension auxdits bénéficiers [1];

5° Qu'il sera aussi extrait de cette caisse la portion revenant à l'État, eu égard à la fixation qui en sera faite en proportion des biens fonds et revenus de l'État;

6° Que sur ladite caisse, il soit encore pris la portion appartenant aux pauvres de chaque paroisse [2], en proportion du nombre

[1] La cure de Saint-Jean-d'Agneaux était à *portion congrue*. Nous lisons au *Pouillé, f° 23, v°* : «Agneaux, Saint-Jean-Baptiste, *de Agnellis*. Patron, l'abbaye de Saint-Lô. Le curé régulier ne perçoit qu'une portion congrue aujourd'huy, les menues dixmes et 32 livres en argent, et quelques pièces de terre. Un vicaire.»

Nous n'avons point retrouvé la *Déclaration de* 1790 du prieur-curé, mais en 1769, dans un *État sommaire de l'abbaye de Saint-Lô*, il est porté pour une somme de 120 livres, pour *complément de portion congrue* (Arch. nat., S. 7483). Rappelons, pour fixer les idées, que, depuis le 1ᵉʳ janvier 1787, la portion congrue des curés et vicaires perpétuels avait été portée de 500 à 700 livres, et celle des vicaires de 250 à 350 livres. (*Déclaration concernant la portion congrue*, Versailles, 21 septembre 1786, dans ISAMBERT, XXVIII, n° 2271, p. 232).

BIENS ECCLÉSIASTIQUES. — L'*État des biens nationaux*, dressé en 1790 par les officiers municipaux, ne mentionne à Agneaux d'autres biens de cette nature que :

1° La cure, maison presbytérale, consistant en cuisine, laverie, cabinet, salle, escalier, 2 chambres dessus et 2 cabinets, avec des bâtiments d'exploitation, restes de l'ancienne maison manable; en outre, 2 jardins légumiers et

une pièce d'aumône que le curé exploite lui-même; tenant en tout 6 vergées de terre. Des deux jardins, l'un a été mis en luzerne par le curé, «sa pièce d'aumône n'étant pas suffisante pour nourrir sa vache»; quant à la pièce d'aumône, elle était affermée par le dernier titulaire, Sʳ Chervin, pour 120 livres par an;

2° Le vicaire possède en commun avec le custos, chacun par moitié, une petite maison couverte en paille, 2 salles, 2 chambres et grenier dessus; avec un petit jardin légumier attenant, le tout tenant 1/2 vergée;

3° L'abbaye de Saint-Lô, une grange dimeresse (comprise dans l'enceinte du presbytère). (*État des biens nationaux*, Arch. Manche Qᵏ⁻¹14.)

[2] Sur l'attribution d'une part des dîmes aux pauvres des paroisses, et sur l'«aumône forcée», imposée dans certains cas aux gros décimateurs, voir le cahier d'Aumeville-Lestre, art. 14 et la note (au tome II, p. 95).

La dîme de Saint-Jean d'Agneaux était tout entière, d'après ce que nous avons expliqué à la note précédente, entre les mains des religieux de l'abbaye de Saint-Lô, patrons de la paroisse. En 1769, les grosses dîmes étaient affermées par eux au prix de 1,050 livres, et l'abbaye payait pour cet objet 103 livres de taille (*État sommaire du revenu de l'abbaye de Saint-Lô, au*

qu'elle contiendra, dont chaque année il sera fait un état entre les curés, vicaires et paroissiens, et que ladite somme soit distribuée chaque dimanche, issue des messes paroissiales, par les sieurs curés ou vicaires, présents au moins six des principaux membres de la paroisse qui signeront avec lesdits sieurs curés ou vicaires au procès-verbal, qui en sera rédigé sur le registre à ce destiné;

7° Qu'il ne soit perçu, par lesdits curés et vicaires, aucuns droits pour l'administration des sacrements et l'inhumation; et ne sera fait d'autres mémoires que pour les salaires des custos[1];

8° Les revenus des fabriques resteront au trésor, pour l'entretien de l'église en général, cimetière, fournitures d'ornements, vases sacrés, etc.; et s'ils ne suffisent pas, seront pris et levés sur le produit de la caisse de la religion, pour autant qu'elle suffira[2];

9° Qu'il en soit de même pour la reconstruction et réparation des maisons presbytérales[3] qui seront également à la charge du

diocèse de Coutances, 27 août 1769, Arch. nat., S 7483).

[1] Pour les droits perçus à l'occasion de l'administration des sacrements, et pour les tarifs d'inhumation en 1789, dans la région du Cotentin, on voudra bien se reporter à ce que nous avons noté sous le cahier de Gatteville, art. 12 (au tome II, p. 284, note 3).

[2] De graves difficultés s'étaient élevées précisément deux ans auparavant entre les paroissiens d'Agneaux et les religieux de l'abbaye de Saint-Lô, pour savoir à qui des gros décimateurs ou du trésor devaient incomber les réparations de la *Sacristie* de leur église. Voir une *Délibération des paroissiens*, en date du 18 septembre 1787, avec l'avis de l'intendant (Arch., Calvados, C 1227).

L'*État des biens nationaux* dressé en 1790 n'a pas ouvert d'article spécial pour les revenus du *trésor* d'Agneaux. Il y est dit cependant que la cure est chargée d'une rente de 1 l. 10 s. envers le trésor. D'autre part, à l'article de l'abbaye de Saint-Lô, nous lisons : «MM. les chanoines réguliers de l'abbaye de Saint-Lô sont tenus comme gros décimateurs de payer annuellement au trésor de cette paroisse : «100 bottes de paille de froment liées à leurs frais et à 2 liens, étant le

produit de 200 gerbes de blé; en outre, le pain et le vin pour la desserte de l'autel;

«La paille ci-dessus évaluée à 36 livres par an, et le pain et le vin 15 livres, ce qui fait au total 51 livres» (*loc. cit.*).

[3] L'imposition pour les presbytères, de même que celles pour les réparations des églises et la refonte des cloches, était levée en principe «à la vergée», c'est-à-dire frappait les propriétaires des paroisses en proportion de l'étendue de leurs biens fonds. L'assiette de l'imposition était la même, par suite, que celle de l'*impôt territorial* que le rédacteur du cahier paraît présenter comme le modèle idéal des impositions. Voir à cet égard la lettre de M° Hébert L'heure, seigneur de Cambernon, reproduite en note sous le cahier de Cambernon, art. 1er (au tome I, p. 235, note 1).

La paroisse d'Agneaux ne paraît pas avoir eu à supporter directement de frais pour la reconstruction de son presbytère aux environs de 1789. La cure était en effet un prieuré-cure dont l'entretien incombait à l'abbaye-patron. Nous lisons à l'*État des biens nationaux* : «Les gros décimateurs de cette paroisse sont MM. les chanoines réguliers de Saint-Lô, qui n'ont pas fait comme ils

restant du produit de la caisse de la religion, et si elle ne suffit pas, que les frais en soient levés par une imposition particulière sur les fonds de la paroisse, qui aura toujours pour base l'impôt territorial levé sous le nom du Roi ou de l'État;

10° Que le nombre des maisons religieuses, autant qu'elles seront jugées inutiles, sera diminué et leurs biens-fonds et revenus attribués à l'administration qui sera formée pour la religion, et les revenus desdites maisons, versés dans ladite caisse de la religion [1].

*Justice.* — 1° Que toutes cours, soit supérieure ou subalterne, ordinaire ou extraordinaire, soient supprimées; même la juridiction attribuée aux intendants;

---

auraient dû les réparations du chœur, et notamment celles de la sacristie, dont la couverture est en fort mauvais état; *et sont également tenus à l'entretien et réparation du presbytère et dépendance.»* Dans le même *État* d'ailleurs, décrivant les biens de la cure, les officiers municipaux notent que le manoir presbytéral, nouvellement construit, est en assez bon état. «Les murs sont fort bons, mais la charpente quoique neuve a été faite avec trop d'économie, et demande quelques réparations, la couverture est en ardoise.» Pour les bâtiments d'exploitation, restes de l'ancienne maison manable, «les murs peuvent subsister, mais le comble est en très mauvais état, et couvert en paille». (*Ibidem.*)

Il convient peut-être d'ajouter que bon nombre d'habitants d'Agneaux pouvaient, à titre de possédant-fonds dans la ville voisine de Saint-Lô, avoir participé aux impositions assez considérables levées pour les presbytères dans les différentes paroisses de cette ville. Nous relevons : en 1780, à N.-D. de Saint-Lô, réparation du presbytère, 4,600 livres; au même lieu, confection de l'horloge, 3,000 livres; en 1788, à Sainte-Croix de Saint-Lô, frais de procédure au sujet du presbytère, 1,028 livres. Voir *Arrêts du Conseil des 27 septembre 1780, 9 octobre 1787, 9 août 1788.* (Arch. Calvados, C 1325-1326.)

[1] L'assemblée départementale de Saint-Lô avait insisté très vivement à la

fin de l'année 1788, pour l'application intégrale de l'*Édit de 1768*, visant la suppression des maisons religieuses inutiles :

«L'Édit du mois de mars 1768 avait sagement ordonné que tous les monastères d'hommes non réunis en congrégation, seraient composés de 15 religieux au moins, non compris le Supérieur; et ceux qui sont réunis en congrégation, de 8 religieux au moins, sans compter pareillement le Supérieur. Il serait inutile de répéter ici les motifs sages et éclairés qui ont déterminé cette loi, il suffit de dire qu'il existe dans ce département plusieurs maisons religieuses dans lesquelles il n'y a souvent que 2, rarement 3 et quelquefois même un seul religieux. Il serait à désirer qu'en tenant la main à l'exécution de l'Édit ci-devant daté, ces monastères fussent évacués, et que les biens qui composent la mense conventuelle, distraction faite des sommes nécessaires à l'acquit des fondations dont lesdits monastères peuvent être chargés, fussent appliqués à un usage aussi pieux et aussi utile que le deviendraient des établissements... pour recevoir les pauvres orphelins, invalides et infirmes.» (*Procès-verbal de l'assemblée de département de Saint-Lô, 1788,* Arch. Calvados, C 7713, f° 30 v°.)

Pour l'état des maisons religieuses du bailliage en 1789, on voudra bien se reporter à ce que nous avons mis en note sous le cahier de la ville de Saint-Lô, art. VIII, § 4 (*supra,* p. 42).

2° Que deux cours supérieures seulement soient établies aux deux centres de la province de Normandie[1];

3° Que, pour le rapprochement des justiciables de leurs juges, il soit créé des tribunaux dans chaque ville et lieux où il sera nécessaire, dont l'arrondissement sera égal à chacun desdits tribunaux;

4° Que tous avocats et procureurs soient supprimés, comme le moyen le plus propre à arrêter le cours des procès[2];

5° Que chaque tribunal, soit supérieur ou subalterne, soit formé de deux chambres, une ordinaire, et l'autre extraordinaire. La première connaîtra de toutes les contestations ordinaires, et la seconde de tous les cas extraordinaires attribués ci-devant à tous les tribunaux extraordinaires, pour autant que lesdits cas et matières subsisteront;

6° Que, pour compléter lesdits tribunaux supérieurs ou subalternes, il soit pris dans le corps des anciens juges, avocats et procureurs, dont les vertus, les mœurs et l'habileté seront connues, tel nombre de juges qui sera nécessaire pour les compléter, à raison, dans la chambre ordinaire, d'un par quatre paroisses[3] et, dans la chambre extraordinaire, d'un par dix paroisses, en outre le procureur du roi et le greffier, auxquels seront expédiées des pro-

---

[1] Deux Cours supérieures avaient fonctionné pendant quelques années, de 1771 à 1774, pour remplacer le Parlement de Normandie, englobé dans la suppression générale des Parlements, entreprise par le chancelier Maupeou. Ces deux cours avaient été placées l'une à Rouen, l'autre à Bayeux. Voir *Édit de roi portant création d'un conseil supérieur en la ville de Bayeux*, Versailles, septembre 1771, avec l'*État des sièges qui ressortiront au Conseil supérieur de Basse-Normandie*, daté du 14 septembre 1771 (dans Hippeau, *Gouvernement de Normandie*, t. II, p. 42 et 44). Après trois ans à peine d'interruption d'ailleurs, le Parlement de Rouen avait été rétabli, en même temps que les autres Parlements du royaume, dans son unité première. Voir *Édit portant rétablissement du Parlement de Normandie*, octobre 1774, enregistré en lit de justice, le 12 novembre, dans Isambert, t. XXIII, p. 43, note sur le n° 73. Sur le Conseil supérieur de Bayeux, on consultera un assez grand nombre de pièces réunies par Hippeau, *Gouvernement de Normandie*, t. II, p. 39 sq. et aussi E. F. A. Chigouesnel, *Nouvelle histoire de Bayeux*, Bayeux, 1867, in-8° (au chap. XIII, le Conseil supérieur de Bayeux, p. 327 à 345).

Le vœu du cahier, qui semble indiquer un certain esprit d'hostilité entre Haute et Basse-Normandie, doit être rapproché de ceux, assez rares d'ailleurs, qui demandent de même la division des États provinciaux entre les deux régions normandes. Voir, par exemple, cahiers de Villedieu-les-Poêles, art. 3 (au tome I, p. 640); de Bretteville, art. 2 (t. II, p. 125); de Canteloup, art. 5 (t. II, p. 169).

[2] *Il est révoltant de voir des hommes dans cet état, en outre de la tenue de leur maison, laisser à leurs héritiers des fortunes considérables. Il peut y avoir des jurisconsultes pour le conseil seulement, mais il est du bien public de les empêcher d'approcher des tribunaux.* (Note du manuscrit.)

[3] *Dans les cours supérieurs, ce sera par juridiction* (Note du manuscrit).

visions nouvelles sans frais, et que lesdits juges, suivant un tableau, changent chaque année de paroisse;

7° Qu'il soit défendu auxdits juges, procureurs du roi et greffiers, de se taxer aucunes épices et vacations, ni rien percevoir, sous les peines qui seront arbitrées, même celles de l'infamie et du déshonneur, et auxquelles il sera exactement tenu la main;

8° Qu'il soit liquidé auxdits juges une pension convenable et toutefois modique, dont ils seront payés régulièrement chaque année;

9° Que lorsqu'un desdits officiers décédera ou quittera son état pour quelque cause que ce soit, il soit remplacé de la manière suivante;

10° Que les universités soient surveillées, et que le genre d'études y soit prescrit de manière qu'il n'y soit enseigné rien que d'utile et de relatif au Gouvernement qui sera établi, en sorte qu'il ne sorte desdites universités que des sujets bien instruits et très capables qui, après en être sortis, seront agrégés aux tribunaux auxquels ils s'attacheront et seront auprès de chaque juge en qualité de secrétaires;

11° Lorsqu'une place de juge vaquera, les paroisses de l'arrondissement s'assembleront séparément et éliront dans leur délibération dix du nombre des agrégés qu'ils croiront les plus propres à remplir la place; les délibérations seront rapportées à l'assemblée de l'arrondissement qui, dans sa délibération, en fixera cinq du nombre des dix. Cette délibération sera envoyée aux États provinciaux, que le Roi sera supplié de rendre à la province, qui en choisiront trois dont les noms seront envoyés au Roi par lesdits États, qui choisiront celui qui devra remplir la place, et auquel sera, dans le même instant, adressé des provisions.

*Administration de justice* [1]. —— 1° Si quelque action est formée, qu'elle soit introduite par un simple exploit avec assignation devant le juge dans le département duquel le défendeur sera domicilié;

2° Qu'au jour de l'assignation, le défendeur soit tenu de comparaître. S'il ne comparaît pas, qu'il y ait un délai de huit jours, auquel jour, sans plus de délai, il comparaîtra par lui-même ou par procureur fondé de sa procuration;

3° Si l'affaire est sommaire, elle sera sur-le-champ décidée

[1] Tout ce projet de réforme judiciaire est l'œuvre du rédacteur Jean-Baptiste-Henry Gonfrey, ainsi qu'il l'explique lui-même dans sa *Lettre d'envoi au Directeur général des Finances*, citée *suprà*, p. 49, note 1.

par lui, et jugée par défaut en sa présence, avec amende et les frais de l'assignation contre la partie qui succombera;

4° Si l'une des parties est défaillante au dernier délai, le défaut [1] [ou] congé [2] sera prononcé sur-le-champ avec amende, mais en cas qu'elle fasse signifier son opposition, quel qu'en soit l'événement, l'amende et les frais prononcés seront toujours sans restitution, et en faisant, par le juge, droit sur l'opposition, il ne la jugera qu'avec amende et frais;

5° Si l'une ou l'autre des parties prétend qu'il lui ait été fait grief, elle en appellera au comité général des juges, qui la jugera avec amende et frais d'appel comme ci-dessus;

6° Si l'affaire est de nature à mériter une instruction, les parties remettront au commissaire-juge de la paroisse du défendeur leurs titres établissant leurs demandes et défenses; il entrera en conférence avec les parties autant de fois qu'il le jugera nécessaire, et fera son possible pour les faire transiger. S'il ne peut y parvenir, il renverra la connaissance et décision au comité des juges dont il fera toujours partie. Le comité la jugera avec amende;

7° Il pourra être appelé, par un simple exploit dudit comité, de toutes affaires excédant 200 francs; celles au-dessous seront jugées en dernier ressort;

8° L'affaire appelée sera portée au juge de la cour supérieure qui aura le bailliage du défendeur dans son arrondissement, et les délais seront de moitié plus longs qu'au premier degré de juridiction;

9° Le juge supérieur tentera de faire entrer les parties en conciliation après les avoir entendues et pris connaissance de l'affaire;

10° Si l'affaire ne peut être conciliée, les juges de la cour

---

[1] « *Défaut* est un acte qui se donne en justice au demandeur, de la contumace du défendeur défaillant; de même que le congé est un acte qui se donne au défendeur, de la contumace du demandeur.

« On distingue trois sortes de défaut, savoir le défaut *faute de comparoir*, le défaut *faute de défendre* et le défaut *faute de venir plaider;* à quoi il faut ajouter un quatrième, qui est le défaut *faute de conclure.*

(FERRIÈRE, *Dictionnaire de droit et de pratique*, éd. Paris, 1749, h. v., t. Ier, p. 632.)

[2] « *Congé* dans sa propre signification est un jugement rendu contre le demandeur défaillant. Ainsi le congé est contre le demandeur ou l'appelant ce que le défaut est contre le défendeur ou l'intimé.

« Il y a deux sortes de congé, savoir *faute de se présenter* et *faute de venir plaider*, à quoi il faut ajouter une troisième espèce de congé, qui est celui *faute de conclure*, qui n'a lieu qu'en cause d'appel, en procès par écrit [selon l'ordonnance de 1667, t. XI, p. 19]. »

(FERRIÈRE, *op. cit.*, h. v., t. Ier, p. 519.)

supérieure s'assembleront en comité et rendront leur arrêt en dernier ressort avec amende et frais, dans lesquels seront compris les vacations des parties qui tomberont à la charge de celle qui succombera;

11° Les amendes seront assez considérables et toujours de moitié plus fortes en cour supérieure, comme un moyen d'empêcher le goût de la contestation;

12° Elles seront versées entre les mains d'un receveur qui sera préposé, et vertiront au payement des appointements des juges, à la réparation des auditoires et prisons; le surplus, s'il ne suffit pas, sera à la charge de l'État;

13° Si en matière sommaire, les parties sont contraires en faits, elles feront venir leurs témoins qui, après serment, déposeront desdits faits en la présence des parties, qui en signeront avec le juge-secrétaire et le greffier le procès-verbal, après toutefois que les reproches[1], s'il en est fourni, auront été jugés sur-le-champ, et fait mention d'iceux sur le registre, et ensuite le juge fera droit au même instant;

14° En matière qui sera renvoyée au comité, les parties et leurs témoins comparaîtront devant le comité, et feront leurs dépositions en la manière comme ci-devant, et sera jugée dans la même séance ou continuation;

15° Que si l'imposition de la taille est conservée, pour faire tomber les actions en comparaison de ligne et de cote[2], au lieu

---

[1] «*Reproches de témoins* sont les moyens ou raisons qu'on allègue contre les témoins pour empêcher que le juge n'ajoute foi à leur déposition, soit en matière civile ou criminelle. Comme si la Partie justifie que les témoins produits en une enquête sont très proches parents de la Partie adverse, ou qu'ils ont intérêt dans l'affaire, ou qu'ils sont ennemis capitaux de la Partie adverse, ou que la Partie leur a donné de l'argent pour déposer en sa faveur. Les reproches se font encore contre les témoins par rapport à leur vie, leurs mœurs et leur condition; comme si l'on justifie qu'ils ont été condamnés pour vol, pour meurtre ou autre crime semblable, ou pour avoir déjà fait un faux témoignage.»
(FERRIÈRE, *op. cit.*, h. v., t. II, p. 768.)

[2] Les contribuables à la taille, qui s'estimaient lésés dans la répartition faite par les *asséeurs*, pouvaient introduire, devant le tribunal de l'élection, dans le délai de 3 mois, une action dite *en comparaison de cote*. Ils devaient pour cela exposer, dans un mémoire rédigé en double, sur papier non timbré, les faits à l'appui de leur réclamation, la diminution qu'ils prétendaient, et l'état tant de leurs biens propres que de ceux qu'ils tenaient à loyer et à ferme. Les mémoires étaient, par les soins du procureur du roi en l'élection, communiqués aux syndics des paroisses, et ceux-ci devaient dans les 15 jours provoquer une assemblée de la communauté, pour avouer ou désavouer les collecteurs. Si la communauté désavouait les collecteurs, des juges commissaires étaient nommés pour procéder au règlement des cotes litigieuses.
La forme de procéder dans les procès relatifs à la taille était réglementée en 1789 par la *Déclaration du roi du*

de la voie des arbitres choisis par les parties, le demandeur, en signifiant son action, sera tenu de donner liste, article par article, de toutes ses propriétés en terre, rentes, et de leur valeur anuelle, ainsi que de ses charges; que le défendeur soit tenu, en lui faisant signifier sa réponse, lui donner pareillement la liste de ses biens et charges, lesquels exploits seront rapportés au commissaire de la paroisse du défendeur, qui jugera les parties sur ladite liste, ou en comité, si l'affaire y est par lui renvoyée; le tout avec amende et frais contre la partie qui succombera;

16° Dans lesdites affaires de comparaison d'impôt, la sentence portera toujours que les objets qui auront été cités dans la liste par l'une ou l'autre partie demeureront confisqués au profit de la partie qui sera autorisée d'en faire recherche, pendant quarante ans, sans que cette disposition puisse jamais être rendue illusoire;

17° S'il s'agit d'accession de lieu et visite d'experts, les parties en conviendront devant le juge, qui en fera mention sur le registre. Ils seront assignés pour se trouver sur le lieu, à jour et heure indiqués et marqués par le juge qui, avec les parties et les experts, se rendront sur le lieu, où, après serment prêté, le juge rédigera sur le registre procès-verbal de leurs rapports, des dires et raisons des parties, et le fera signer tant aux experts qu'aux parties;

18° Ledit registre, lors du jugement, sera lu et, en cas d'appel, il en sera délivré copie, ainsi que des dépositions des témoins dans les affaires où ils seront admis;

19° Que toute action et procès ne pourra durer plus d'un an, à commencer du jour de l'exploit, y compris l'appel en cour souveraine; après lequel temps, elle sera déclarée périr sans pouvoir être intentée de nouveau, et que dans ce cas les juges demeurent responsables de tous capitaux, dommages-intérêts et frais des parties, faute d'en avoir poursuivi et terminé le jugement.

*Justices seigneuriales, soit hautes, moyennes ou basses.* — 1° Les propriétaires des hautes justices, moyennes ou basses, seront conservés, à la charge par iceux de l'appel au tribunal de l'arrondissement[1];

---

23 *avril* 1778 (texte reproduit dans Guyot, *Répertoire universel et raisonné de jurisprudence*, Paris, 1785, in-4°, au tome XVII, v° Taille, p. 24).

[1] Un vœu directement contraire, et demandant la suppression absolue des hautes justices, a été adopté à l'assemblée du bailliage de Saint-Lô. Voir Cahier du bailliage de Saint-Lô, art. 5, § 5 (*infra*, p. 88).

2° Lesdits propriétaires expédieront des provisions aux juges qui seront choisis parmi les agrégés attachés aux tribunaux, et qui leur seront présentés par le comité du tribunal de leur arrondissement;

3° Les propriétaires les pourvoiront de gages et appointements convenables et honnêtes;

4° Lesdits juges seigneuriaux administreront la justice comme les juges royaux, et les amendes vertiront pour le payement des appointements, des réparations des tribunaux et prisons[1], et seront payées aux mains d'un receveur à ce préposé.

*Impositions.* — 1° Disent, lesdits habitants, qu'ils ont été vexés ci-devant, dans leurs impositions au dixième, en remettant des opérations arbitraires et illégales du nommé Briard, vérificateur[2]; qu'outre la disproportion de leurs impositions avec la

[1] Les bâtiments de justice nécessaires au service des hautes justices seigneuriales étaient à la charge des seigneurs hauts-justiciers, et nous avons eu déjà l'occasion de noter l'état misérable dans lequel ils se trouvaient en 1789 dans la région du Cotentin. Voir Cahier de l'assemblée préliminaire du bailliage de Carentan, art. 22 (au tome I, p. 770, note 2).

Dans le ressort du bailliage secondaire de Saint-Lô, les bâtiments de justice étaient, paraît-il, dans un état suffisamment convenable. Nous lisons dans un mémoire adressé en 1788 à l'Intendance : «Les hautes justices de Semilly, de Couvains, de Tessy et de Cerisy-l'Abbaye ont des auditoires assez décents, mais ils (*sic*) n'ont ni greffes ni prisons. Les prisons royales sont communes pour toutes les hautes justices enclavées dans le bailliage; les minutes des procès exercés dans ces sièges ne sont pas dans un lieu convenable, ni en sûreté.» (Arch. Calvados, C 6079.) La suite du mémoire indique que le greffe était dans un bâtiment loué par le domaine à un particulier, pour le prix annuel de 160 livres.

[2] Une vérification générale des rôles des XX** avait été prescrite, comme on sait, par les *Arrêts du Conseil des 4 novembre 1777 et 26 avril 1778* (ISAMBERT, XXV, p. 146, n° 786 et p. 279, n° 865). Mais, dès le mois d'août 1782, à la suite de l'opposition

très vive faite par le Parlement de Rouen, les opérations de vérification avaient été arrêtées dans la généralité de Caen; à ce moment, 19 paroisses seulement avaient été vérifiées en Normandie. Plus tard, pourtant, les opérations durent être reprises, car à la fin de 1790 on comptait, dans la généralité 27 paroisses vérifiées. (Voir le *Compte rendu de la Commission intermédiaire de Basse-Normandie*, p. 33.)

Les paroisses du Cotentin qui furent ainsi l'objet d'une vérification entre 1778 et 1782 sont fort peu nombreuses; ce furent, en dehors d'Agneaux, les paroisses de Saint-Gilles et de Saint-Ouen-de-la-Baudre, dans l'élection de Saint-Lô; Saint-Martin-des-Champs, Marcé, la Godefroy, Saint-Jean-de-la-Haize, Saint-Loup, Saint-Quentin et Saint-Senier-près Avranches, dans celle d'Avranches; Boisroger et Saint-Malo-de-la-Lande, dans celle de Coutances; Pierreville, Saint-Martin-du-Mesnil et Yvetot, dans celle de Valognes. Quant à Agneaux proprement dite, la vérification y fut terminée à la fin de 1780, Nous trouvons dans le registre contenant l'*Inventaire général de la Direction des XX** (en 1789), dans la page relative à Agneaux, l'indication d'une «minute courante depuis 1781 jusques et y compris la présente année, laquelle provient d'une vérification faite le 12 novembre 1780, contenant 17 rôles», et d'une autre «minute formée sur les décla-

valeur de leurs fonds, il en existe une plus considérable avec les impositions supportées par les autres paroisses; pourquoi ils demandent une réforme, et de ne payer qu'en proportion de leurs biens, et en égalité avec tous les membres de l'État, de quelque ordre qu'il soit, sans aucun privilège ni exception, quelque favorable qu'il soit[1];

2° Que tous droits d'aides, gabelles, capitations, droits sur les cuirs, boucherie, industrie, dons gratuits, tarifs, etc., soient supprimés;

3° Qu'en substitution de tous les droits ci-dessus, après fixation de ce qui en revient au trésor royal et public, il soit levé une somme totale sur la France, sur toutes les personnes de l'État, depuis l'âge de dix ans[2], en raison de ce qu'elle contient d'habitants, autres toutefois que les pauvres jugés tels par les communautés; laquelle somme, égale au produit net, sera distribuée par paroisse, eu égard à son nombre d'habitants, et imposée sur chaque tête de dix ans et au-dessus, de quelque ordre qu'il soit.

*Suppression des tailles, dixième, chemins et impôt territorial actuel.* — 1° Qu'il soit levé, après avoir perçu le montant du produit des impôts ci-dessus, un impôt territorial sur tous les biens et revenus de l'État, en proportion de ses biens actuels, lequel impôt sera

---

rations des propriétaires de cette paroisse, arrêtée et signée des principaux habitants, ainsi que du sieur Briard, contrôleur des XXes, le 12 novembre 1780, contenant 112 rôles». (Arch. Calvados, C 8158, pièces cotées n° 22 et n° 36.)

Il semble bien que les habitants de la paroisse d'Agneaux avaient quelque raison de se plaindre. La vérification opérée dans leur communauté avait fait passer le rôle des vingtièmes de la somme de 1,899 l. 5 s. 3 d. en 1779 à 3,354 livres en 1782, soit une augmentation brutale de 1,454 l. 13 s. 3 d. (Arch. Calvados, C 5739, et C 5943). Nous avons déjà trouvé une situation semblable dans le cahier de Pierreville, au bailliage de Valognes (au tome II, p. 447).

[1] La paroisse d'Agneaux était pour partie assimilée pour les impositions à la ville de Saint-Lô, et se divisait par suite en *partie taillable* et *partie affranchie*. Impositions pour 1789 (partie taillable): taille, 2,231 l. 10 s.; access., 1,518 l. 1 s.; cap., 1,444 l. 10 s.; corvée, 749 l. 4 s. 3 d.; vingt., 3,354 livres; terr., 160 livres; bât., 53 livres. Au total, 9,590 l. 5 s. 3 d.

*Lignes* : à la taille, 195 dont 31 occupants; aux XXes (en 1779), 127. — *Privilégiés* : le prieur-curé, M° Chervin (repr. à Coutances); pour la noblesse, le seigneur Jean-Baptiste Le Conte de Visce de Lude, tuteur des mineurs de M. de Sainte-Marie d'Agneaux, imposé aux XXes pour un revenu de 2,300 livres; un capitaine en garnison (c. n. 70 l.); pour le tiers état, un garde-étalon (c. 21 l.).

Le *Supplément des privilégiés*, pour 1790, s'est élevé à 317 l. 7 s. 8 d. (Arch. Manche, C 511).

[2] *Elles consomment du sel et des boissons.* (Note du manuscrit.)

susceptible d'augmentation ou de diminution, suivant l'exigence des circonstances où l'État se trouvera;

2° Les sommes seront réparties à chaque communauté, suivant la valeur de son revenu, et imposées par les habitants, suivant le revenu d'un chacun, et versées par le collecteur aux mains du receveur à gages qui sera établi pour l'arrondissement, qui le fera parvenir directement au trésor royal;

3° Les rentes et produits des anciennes fieffes, étant anéantis par l'augmentation de la valeur des fonds et le rehaussement des denrées, ne seront passibles d'aucune diminution de l'imposition territoriale [1], mais les rentes foncières et hypothèques qui pourront être créées dans la suite en seront passibles;

4° Qu'il soit loisible à tout citoyen de faire valoir son argent à perpétuité ou à temps, au denier 20, à charge de diminution;

5° Que les rentes viagères pour fonds ou rentes vendues ou argent soient autorisés, sans que les contrats puissent jamais excéder le denier 40 de la valeur du fonds cédé ou de l'intérêt de l'argent donné [2];

6° Que de tels contrats soient toujours défendus aux pères et mères.

*Contrôle des actes.* — 1° Que les lois concernant le contrôle soient supprimées et anéanties, comme formant autant de pièges à

[1] Le vœu du cahier mérite l'attention, car il est directement contraire à celui de la plupart des autres cahiers, qui demandent au contraire que l'on déduise les XX^es sur les rentes seigneuriales, ou *rentes de fieffes anciennes.* Voir, par exemple, Cahier de Dangy, art. 29 et la note (au tome I, p. 300). Quant aux rentes foncières et hypothèques, les débiteurs de ces rentes étaient expressément autorisés, aux termes de l'Édit de 1749 qui avait rétabli l'impôt des vingtièmes, à faire la retenue des vingtièmes payés par eux. Voir *Édit portant suppression du dixième et levée d'un vingtième,* Marly, mai 1749, art. 9 (dans ISAMBERT, XXII, p. 223, n° 654).

[2] Le vœu du cahier est encore contraire à ceux de la majorité des cahiers, qui demandent couramment l'interdiction des rentes viagères. Voir les cahiers de Chantelou, art. 7; de Dangy, art. 23; du tiers de Coutances, art. IV, § 28 (au tome I, p. 269, 299, 674).

La limitation que le rédacteur du cahier préconise au paragraphe 4 comme taux maximum des rentes viagères paraît singulière. Le denier 40 d'un capital, c'est un denier par an d'intérêt pour 40 deniers, c'est-à-dire à peine 2 1/2 p. 100. On comprend difficilement que ce soit là le *maximum* de l'intérêt d'une rente viagère, alors que l'intérêt commun de l'argent était au moins de 5 p. 100. Ne faudrait-il pas lire plutôt : *le denier 10?* Le denier 10, cela fait 10 p. 100, et justement la question s'était posée en jurisprudence, de savoir si les rentes ne devaient pas être réduites, lorsqu'elles excédaient le denier 10. Guyot rapporte à cet égard un arrêt du Parlement de Paris, du 13 mars 1720, qui a jugé «qu'un débiteur ne devait point être restitué contre un contrat de rente viagère, quoiqu'elle excédât le denier 10». (Guyot, *Répertoire universel et raisonné de jurisprudence,* t. XVII, v° Rente, p. 157.)

la bonne foi et à la tranquillité des citoyens; que ledit contrôle soit rendu à sa première institution, que tous les actes des notaires y soient seulement sujets, ainsi que les exploits des huissiers et sergents et les actes privés que les parties voudront librement faire contrôler pour en assurer la date, lequel contrôle sera fixé sur la valeur des actes et nullement sur les qualités et énonciations des dispositions, de quelque manière qu'elles soient rédigées, c'est-à-dire tant par livre du montant desdits actes publics ou privés;

2° Que, vu les besoins de l'État et jusqu'à ce que les embarras soient disparus, les successions collatérales, passé le premier degré, qui en sera seulement exempt, soient sujettes au payement du treizième de la valeur desdites successions dont la déclaration sera faite;

3° Que les acquéreurs des fonds ou rentes foncières soient également sujets au payement du treizième de la valeur des contrats de vente envers l'État [1].

*Noblesse.* — 1° Qu'aucunes charges ne pourront conférer dorénavant la noblesse héréditaire; qu'elle ne sera accordée que pour les grands et importants services et actions éclatantes surtout dans l'état militaire;

2° Qu'il pourra seulement être accordé une noblesse personnelle et pour la vie seulement aux personnes qui rempliront leurs états avec distinction dans le militaire ou dans la robe.

*Remboursement des offices supprimés.* — 1° Qu'il soit levé une imposition particulière sur les biens de l'État en général, qui sera versée dans une caisse particulière à ce destinée, sur laquelle seront prises les sommes convenables pour rembourser les finances de chaque office supprimé, par ordre d'ancienneté, sans aucune distinction de qualité supérieure ou inférieure ou de finance, sur le pied de l'évaluation qui en aura été faite;

2° Que sur ladite caisse soient pris également, chaque année, les intérêts desdites finances, pour être payés à chaque propriétaire d'icelles jusqu'au jour du remboursement, lesquels intérêts seront sujets à l'impôt territorial.

[1] Le treizième était le taux du droit de mutation perçu par les seigneurs de fiefs, dans la Coutume de Normandie. Voir pour les fiefs, *Cout. réformée*, art. 181, et pour les rotures, art. 183. Le droit de *contrôle* payé au roi s'était superposé depuis le xviie siècle à ce premier droit de mutation. On ne voit pas bien ce que demande le cahier : peut-être voudrait-il réclamer le transfert au profit de l'État du droit de mutation seigneurial ?

*Bois et forêts.* — 1° Que les lois concernant les bois et forêts et la conservation des arbres soient maintenues et conservées[1];

2° Qu'il soit enjoint à tous propriétaires de planter sur les fossés vides d'arbres des arbres en chênes, ormes et hêtres, de planter des arbres de cette nature à trente pieds au moins de distance les uns des autres, à peine d'y être contraints par le ministère public et d'amende[2];

3° Que lorsqu'un propriétaire abattra un arbre mûr ou qu'il mourra ou tombera, il soit obligé, sous peine d'amende, d'en faire planter deux;

4° Que la chambre extraordinaire soit chargée de l'administration et juridiction en cette partie.

*Chemins.* — Que les chemins publics dénommés petits chemins soient, ainsi que les grandes routes et chaussées, mis à l'entretien du public et aux dépens de la somme levée sous le nom de l'impôt territorial[3], qui les comprendra dans le montant des dépenses.

---

[1] À quelles lois le rédacteur veut-il faire allusion? Vraisemblablement aux dispositions de l'Édit d'août 1669, qui, en réglant l'administration des bois et forêts, avaient ordonné de réserver toujours un quart pour croître en futaie. Voir *Édit portant réglement général des eaux et forêts, août 1669* (dans ISAMBERT, t. XVII, p. 280). De nombreux Arrêts de Conseil étaient venus d'ailleurs rappeler ces prescriptions. Voir *Arrêt du Conseil qui défend aux propriétaires de couper aucun arbre de futaie, sans déclaration, 9 novembre 1693* (*Ibid.*, XX, 203).

La paroisse d'Agneaux avait certainement intérêt à l'observation des lois forestières. Un mémoire dressé en 1727 à l'Intendance la décrit ainsi : « Agneaux, 115 feux; imposition, 3,277 livres. De cette paroisse, il y a *une partie en bois*, partie occupée par des nobles et privilégiés. Le fonds est passablement bon pour le labourage; mais elle est beaucoup surchargée. » (Arch. Calvados, G 284.)

[2] Le vœu du cahier vise tout simplement à l'application en Normandie de la législation générale du royaume pour les grands chemins. Il paraît certain que le rédacteur a en vue l'*Arrêt du Conseil qui ordonne l'élargissement des grands*

chemins, *8 mai 1720*. Celui-ci disposait en effet « que tous les propriétaires d'héritages et terrains aboutissant aux grands chemins et branches d'iceux seraient tenus de les planter d'ormes, hêtres, châtaigniers ou arbres fruitiers et autres arbres suivant la nature du terrain, à la distance de 30 pieds l'un de l'autre ». (ISAMBERT, t. XXI, p. 182, n° 213.) Cet Arrêt, s'étant heurté à la résistance de Parlement de Rouen, n'était pas appliqué en Normandie; et le Parlement, tout au contraire, avait rendu un Règlement spécial pour défendre de « planter le long des chemins vicinaux ou de traverse, qu'à la distance de 10 pieds du bord des chemins, et sur les fossés ou dans les haies qu'à 7 pieds de distance du fonds voisin ». Voir *Arrêt de la Cour du Parlement de Normandie, portant réglement sur les plantations, 17 août 1751* (dans Recueil des Édits, t. VIII, p. 489).

[3] Sur l'impôt dit *territorial*, voir ce que nous avons noté sous le cahier de Contrières, art. 1er (au tome I, p. 281, note 1). L'impôt territorial, destiné d'une manière générale aux grands travaux publics de la généralité (rivière de Caen, grandes routes, etc.), ne s'appliquait point aux chemins ordinaires.

*Commerce.* — 1° Que toutes lettres de change, obligations et billets de commerce, conversion de capitaux en intérêts, ne puissent être faits que sur papier timbré, dont le prix augmentera graduellement de 100 francs en 100 francs, et dont le produit fera masse avec les sommes levées sous le nom d'imposition territoriale[1];

2° Faute par les commerçants et capitalistes d'user du papier timbré ou de se servir de celui destiné à la classe des capitaux qu'il s'agira de régler, les actes, billets et obligations seront déclarés nuls et de nul effet, les débiteurs déchargés du payement d'icelles, et les parties qui l'auront souscrit, comme aussi celles qui en demanderont le payement, seront condamnées en amendes.

*Retour périodique des États généraux.* — Que la nation s'assemble en corps, de cinq ans en cinq ans régulièrement, pour prendre connaissance de l'administration réglée lors des États précédents, et aviser, sous l'autorité du Roi, aux besoins de l'État jusqu'à la tenue des États prochains.

*Enregistrement.* — Que les résultats de l'assemblée des États généraux et ordonnances rendues par le Roi en conséquence soient enregistrés et publiés dans tous les tribunaux, tant supérieurs qu'inférieurs, pour y être enregistrés et exécutés pour le temps de la période seulement, ainsi que les édits, ordonnances et règlements qui pourraient se rencontrer dans l'exécution desdits résultats, jusqu'à la tenue des États prochains.

*Faste et luxe.* — Enfin, le Roi est très humblement supplié, par sa suprême autorité, sa profonde sagesse, et par l'exemple de la cour, le plus fort moyen, d'anéantir le faste et le luxe de son

---

L'entretien de ceux-ci, de ceux qu'on appellerait aujourd'hui «vicinaux» et «ruraux», était à la charge des «bordiers» qui, de l'avis unanime, s'en acquittaient fort mal. La *corvée des chemins*, non plus, ne s'appliquait qu'aux grandes routes. Nous avons conservé le *Rôle de la corvée* de la paroisse d'Agneaux, pour l'année 1788 (Arch. Calvados, C 8345).

[1] Le gouvernement royal avait vainement tenté en 1787 d'établir l'obligation de passer sur papier timbré les effets de commerce en général, lettres de change, billets, mandats, lettres de voiture, ainsi que «tous papiers produits en justice, ou appelés à circuler en public». (*Déclaration sur le timbre,* 4 août 1787, art. 14 et 15, dans Isambert, t. XXVIII, p. 400, n° 2364.) L'exagération de cet Édit, qui soumettait aux formalités du timbre jusqu'aux almanachs (art. 18), aux billets de mariage, aux annonces de spectacle et aux papiers de musique (art. 19), avait soulevé de telles protestations que l'Édit avait dû être retiré. Voir *Édit portant révocation de l'Édit sur le timbre, Versailles, septembre 1787 (Ibid.,* n° 2387, p. 432.)

royaume, comme l'ennemi destructeur des empires les plus affermis, des fortunes particulières, contraire aux bonnes mœurs, aux mariages, à l'utile population et à la félicité publique.

Arrêté par nous, commissaires soussignés, ce 4 mars 1789.

> Signé : De Champeaux, chevalier de Saint-Louis; Gonfrey, Jean Gires, Mauger de Varennes, chevalier de Saint-Louis, Bellamy, Lastelle, Adam, Le Rouxel, David Le Heup, Aubril, Paris, etc.[1]

---

## MESNIL-VÉNERON [2].

---

### 1. Procès-verbal d'assemblée.

(Ms., *Archives communales de Mesnil-Véneron, registre des délibérations de 1789*.
Original signé. *Inédit*)[3].

*Extrait du Registre pour conserver les délibérations de l'assemblée municipale de la paroisse de Mesnilvéneron, arrondissement de Saint-Lô* [4] :

1789. — Ordonnance de M. le Lieutenant Général de Saint-Lô concernant la convocation des États Généraux, du 22 février 1789,

[1] La copie envoyée à Paris par le sieur J.-B.-Henri Gonfrey n'a pas reproduit évidemment toutes les signatures du cahier original. Nous retrouvons à la fin de 1790 la plupart des signataires du cahier devenus officiers de la nouvelle municipalité. A cette date étaient : maire, Mauger de Varenne, chevalier de Saint-Louis; officiers municipaux, D. Le Heup et Le Trésa; procureur, J. Baudet; et greffier, Bellamy. (*État des biens nationaux, arrêté le 29 octobre 1790*, Arch. Manche, Q⁴⁻¹ 14.)

[2] Arrondissement de Saint-Lô, canton de Saint-Jean-de-Daye.

[3] La copie de cette pièce nous a été fournie par Mⁱˡᵉ Chauvois, institutrice.

[4] Nous reproduisons *in extenso* au texte la note qui nous a été fournie par l'institutrice de Mesnilvéneron. Il est visible que ce n'est qu'une simple analyse; mais l'original donne-t-il le texte même du procès-verbal d'assemblée de la paroisse, ou une simple *note* rédigée par les officiers de la municipalité ? La mention des signatures relevées sur le registre, et qui sont celles des officiers municipaux, nous fait pencher en faveur de cette dernière hypothèse.

On remarquera que l'analyse ci-dessus donne la date du 22 février comme étant celle de l'ordonnance du lieutenant général de Saint-Lô. C'est là certainement une erreur, puisque d'après le procès-verbal de l'assemblée préliminaire l'ordonnance était en date du 19 février. (Voir le texte *infrà*, p. 71.) Il nous paraît croyable qu'il y a eu erreur dans la rédaction de l'analyse du texte, et que la date du 22 février est celle de la tenue de l'assemblée paroissiale.

III.

en conformité de quoi la commune a choisi dans l'assemblée tenue dans les formes prescrites Jacques LEFRANÇOIS et Louis POTIER, pour se rendre à l'assemblée de Saint-Lô, où ils se sont rendus le 10 mars, auquel jour était indiquée l'assemblée du Tiers État.

Seigneur : Messire Jean-Philippe d'AUXAIS.

Syndic : Jacques LE FRANÇOIS.

Curé : Maître Olivier REQUIER.

Membres : Louis POTIER, Jean BIGNON, Antoine MARTIN.

Greffier : Jean VOIDYE.

Nombre de feux : 48 [1]. — Députés : Jacques LE FRANÇOIS (2 jours, 10 l., Acc.); Louis POTTIER (2 jours, 10 l., Acc.).

## 2. CAHIER DE DOLÉANCES.

(Le cahier de doléances n'a pu être retrouvé) [2].

[1] Population au dénombrement de 1764 : 214 habitants, dont 85 hommes, et 129 femmes (Arch. Calvados, C 183). Mouvement (en 1787): N. 8, M. 1, D. 8. — Population actuelle : 153 habitants.

[2] La paroisse de Mesnil-Véneron appartenait, en 1789, à la généralité de Caen, élection de Saint-Lô, juridiction des traites et quart-bouillon de Saint-Lô. Au point de vue ecclésiastique, diocèse de Coutances, archidiaconé du Val-de-Vire, doyenné du Hommet; décimateur, le curé. Au point de vue judiciaire, la paroisse relevait directement du bailliage de Saint-Lô.

Seigneur en 1789 : J.-Philippe d'Auxais, sieur de Montfarville, membre de l'assemblée provinciale de Basse-Normandie pour l'ordre de la noblesse, et président de l'assemblée du département de Saint-Lô.

Impositions pour 1789 : taille, 518 livres; accessoires, 352 l. 7 s.; capitation, 335 l. 6 s.; corvée, 174 l. 5 s. 9 d.; vingtièmes, 541 l. 17 s. 3 d.; territorial, 46 livres; bâtiments de justice, 15 livres. Au total, 1,982 l. 16 s. — Lignes à la taille, 73, dont 24 occupants. (Voir le *Rôle de corvée* pour 1789, Arch. Calvados, C 8308.)

Privilégiés : le curé, jouissant d'un revenu estimé, en 1787, pour la perception des décimes, à 400 livres par an (Arch. nat., G³ 527); le seigneur, dont le revenu est estimé, en 1777, dans un état de répartition paroissial, à 2,340 livres par an (Arch. Manche, C 549). *Supplément des privilégiés;* 217 l. 15 s. 2 d.

Le *Mém. stat. de 1727* décrit ainsi la paroisse : «Mesnilvéneron, 42 feux, 320 livres en 1701, 418 livres en 1727. Cette paroisse est petite, mais d'assez bon fonds de prairies, herbages, plants et terres en labour; le cidre qui en provient est bon, mais il y a des gentilshommes et privilégiés qui en font valoir une partie.» (Arch. Calvados, C 284).

*Pouillé, n° 241°* : «Mesnilvéneron, patron le seigneur du lieu. Le curé possède toutes les dîmes de la paroisse, abandonnées par le prieur de Saint-Fromond; et possède 3 ou 4 vergées de terre en aumône. Est. 300 livres, et les aumônes 15 livres. Total, 315 — 60 = 255.»

BIENS ECCLÉSIASTIQUES. — *L'État des biens nationaux de 1790* n'en relève aucun autre que la cure, consistant en maison manable, avec grange, pressoir, étable, écurie, etc.; jardin potager. Aucune terre, sauf la cour, laquelle est partie en jardin et herbe, contenant, le tout, 4 vergées (Arch. Manche, Q⁴⁻¹ 14).

### ASSEMBLÉES PAROISSIALES.

Les procès-verbaux et cahiers des autres assemblées paroissiales du bailliage de Saint-Lô n'ont pu être retrouvés. Nous croyons utile de donner la liste de ces assemblées, avec les quelques renseignements que nous avons pu recueillir sur le rôle de chacune d'elles dans la convocation.

AMIGNY . . . . . . . . . . . . . 47 feux [1].   Députés : Jean RAULLINE (2 jours, 10 l., Acc.), Luc RAULLINE (2 jours, 10 l., Acc.).

BAHAIS [2] . . . . . . . . . . . 20   Députés : Jean-François TANQUERAY (2 jours, 10 l., Acc.); Jean-Antoine RAULLINE (2 jours, 10 l., Acc.).

CANISY . . . . . . . . . . . . . 180   Députés : François-Augustin OSMOND (3 jours, 15 l., Acc.); *François GROUALLE, *laboureur* (3 jours, 15 l. et 15 jours, 58 l., Acc.).

CAVIGNY . . . . . . . . . . . . 100   Députés : Nicolas DUHAMEL (3 jours, 15 l., Acc.); Jean DE LA RÜE (3 jours, 15 l., Acc.).

LA CHAPELLE-EN-JUGER . . 180   Députés : Jacques ROUXEL (2 jours, 10 l., Acc.); Jean VIEILLARD (2 jours, 10 l., Acc.).

LE DÉZERT . . . . . . . . . . 150   Députés : *Jean-Baptiste L'ÉCUYER DESPESQUERELLES, *laboureur* (3 jours, 15 l. et 19 jours, 74 l., Acc.); *Daniel-Thomas SAINT, *médecin* (3 jours, 15 l., et 19 jours, 74 l., Ref.) [3].

[1] Nous n'avons pas d'*État de feux* annexé au procès-verbal; les chiffres donnés au texte sont ceux fournis par DUMOULIN dans sa *Géographie descriptive* (t. IV, Généralité de Caen).

[2] Ancienne paroisse réunie à Cavigny, arrondissement de Saint-Lô, canton de Saint-Jean-de-Daye.

[3] SAINT (Daniel-Thomas), né à Saint-Lô, en 1750. Docteur en médecine de la Faculté de Montpellier, et domicilié à Saint-Lô, il avait été nommé, en 1779, médecin des épidémies de l'élection, et était fort estimé, vers 1789, dans la région de Saint-Lô et de Coutances. Lors de l'épidémie de «fièvre putride», qui de 1779 à 1785 avait ravagé le pays, il s'était prodigué avec un véritable dé-

vouement, même en dehors de son ressort. Le subdélégué de Robillard écrit, en 1785, à l'intendant, qu'il est impossible à quiconque en a été témoin d'apprécier le travail qu'il a su fournir. «J'ai vu fréquemment M. Saint à cheval dès 3 heures du matin, et je l'ai encore vu à minuit le même jour. Il ne fallait rien moins que son zèle, son autorité et son courage pour avoir traité plus de 100 malades par jour, éloignés les uns des autres de 2 et 3 lieues.» (Arch. Calvados, C 947.)

Dans une autre lettre, il le représente encore comme «actif, zélé, observateur, humain, instruit et désintéressé». (*Ibid.*, C 941.) Et de fait les nombreux mémoires envoyés par lui à l'intendance

*Esglandes* [1] . . . . . . . .  95 feux

Députés : Michel Leharivel ( 2 jours, 10 l., Acc.); Michel Leduc (2 jours, 10 l., Acc.).

*Gourfaleur*. . . . . . . . .  138

Députés : *Thomas Dufour, *avocat* (2 jours, 10 l. et 19 jours, 74 l., Acc.); Thomas Vaudevire ( 2 jours, 10 l., Acc.).

*Graignes*. . . . . . . . . . .  180

Députés : Thomas Folliot (3 jours, 15 l., Acc.); Jean L'Ecalier (3 jours, 15 l., Acc.); Antoine Le Reculey (3 jours, 15 l., Acc..).

*Hébécrévon*. . . . . . . . .  234

Députés : *Nicolas-Charles Pézeril [2], *procureur en l'élection* (2 jours, 10 l. et. 17 jours, 66 l., Acc.); *Thomas Dorée la Pesrelle, *laboureur* ( 2 jours, 10 l. et 17 jours, 66 l., Acc.) [3]; Pierre Baudet (2 jours, 10 l., Acc.).

*Le Hommet d'Arthenay*.  14

Députés : René L'Écuyer (3 jours, 15 l., Acc.); Louis Foucher (3 jours, 15 l., Acc.).

*La Mancelière*. . . . . . .  170

Députés : Thomas-Charles-Gabriel Dufay (3 jours, 15 l., Acc.); Jean Louvel (3 jours, 15 l., Acc.).

*Le Mesnil-Amey*. . . . . .  66

Députés : Jacques Menant (2 jours, 10 l., Acc.); Jean Vieillard (2 jours, 10 l., Acc.).

*Le Mesnil-Angot*. . . . .  57

Députés : Charles Vautier (2 jours, 10 l., Acc.); Jean Touroude (2 jours, 10 l., Acc.).

témoignent d'un esprit perspicace, et abondent en détails curieux sur l'état sanitaire et les mœurs locales des campagnes du Cotentin aux environs de 1789. (Voir tout particulièrement les liasses Arch. Calvados, C 942, 943, 945.)

[1] Ancienne paroisse réunie à Pont-Hébert, arrondissement de Saint-Lô, canton de Saint-Jean-de-Daye.

[2] Pézeril (Nicolas-Charles) était en 1789 procureur en l'élection de Saint-Lô, et payait une capitation de 5 l. 18 s. 3 d. (Arch. Calvados, C 8125). La notice biographique de l'*Annuaire de la*

Manche, année 1852, p. 731, est celle de son fils, né en 1794.

[3] La Pesrelle Dorée (Thomas), qui signe simplement Dorée, et est qualifié dans les actes laboureur, était depuis 1788 membre de l'assemblée du département de Saint-Lô, où il faisait partie du bureau des Travaux publics. Successivement élu député à l'assemblée du bailliage secondaire de Saint-Lô, puis à l'assemblée des trois Ordres du bailliage principal, à Coutances, il a été commissaire-rédacteur du cahier du bailliage de Saint-Lô. (Voir *infrà*, p. 77, 357 et suiv.)

LE *Mesnil-Durand*.[1]... 121 feux.

Députés : Thomas AUPOIX ( 2 jours, 10 l., Acc.); Pierre LE BOYDRE ( 2 jours, 1 0 l., Acc.).

LE *Mesnil-Eury*....... 148

Députés : Gilles-Charles OSMOND, *lieutenant particulier au bailliage de Saint-Lô* ( 2 jours, 10 l., et 18 jours, 74 l., Acc.); Julien GIRES ( 2 jours, 1 0 l., Acc.).

LE *Mesnil-Rouxelin*... 85

Députés : *Jacques POISSON DE COUDREVILLE [2], *ancien procureur du roi au présidial d'Alençon* ( 2 jours, 1 0 l., et 1 4 jours, 54 l., Acc.); Denis SURGET ( 2 jours, 1 0 l., Acc.).

MONTREUIL............ 92

Députés : Hervé GARDIE ( 2 jours, 10 l., Acc.); François LEGRAND ( 2 jours, 1 0 l., Acc.).

QUIBOU ............. 275

Députés : *Alexis HÉLIE, *professeur émérite* ( 3 jours, 1 5 l. et 1 7 jours, 66 l., Acc.); Pierre-Charles DOUCHIN-MAUGERIE ( 3 jours, 15 l., Acc.); Augustin-Germain DES COURCAMPS ( 3 jours, 15 l., Acc.); Pierre GUÉRIN-LESCROUTES ( 3 jours, 15 l., Acc.).

SAINT-AUBIN-DE-LOSQUE. 31

Députés : Jacques HÉBERT ( 3 jours, 15 l., Acc.); Pierre RAULLINE ( 3 jours, 15 l., Acc.).

SAINT-ÉDREMOND-DE-BONFOSSÉ............. 170

Députés ; Charles-Gervais DUPREY ( 2 jours, 10 l., Acc.); Jean LEFEBVRE ( 2 jours, 1 0 l., Acc.).

---

[1] Ancienne paroisse, entrée dans la formation de la commune nouvelle de Pont-Hébert, arrondissement de Saint-Lô, canton de Saint-Jean-de-Daye.

[2] POISSON DE COUDREVILLE (Jacques-François), né à Saint-Lô le 6 février 1746, était avocat au bailliage, et, depuis le 20 octobre 1779, procureur du roi du petit bailliage et siège de police d'Alençon-en-Cotentin (*Provisions*, aux Arch. nat., V¹ 498). Domicilié, en 1789, à Saint-Lô, il payait une capitation de 2 l. 14 s. (Arch. Calvados, C 8125). Successivement élu député à l'assemblée du bailliage secondaire de Saint-Lô et à l'assemblée des trois Ordres du bailliage principal, à Coutances, il fut, dans la première assemblée, choisi comme commissaire-rédacteur du cahier de doléances. (Voir *infrà*, p. 77, 357.) Sous la Révolution, il fut élu, en 1790, président du tribunal du district de Saint-Lô, puis, en 1792, député de la Manche à l'Assemblée législative, et fut ensuite successivement député à la Convention, au Corps législatif (Conseil des Anciens), en l'an IV et en l'an VI; au Corps législatif de 1800 à 1804 et pendant les Cent jours. En 1813, il avait été nommé procureur impérial à la cour d'assises de la Manche, poste qu'il occupa jusqu'au 4 janvier 1816. Il mourut à Saint-Lô, le 17 octobre 1821. Voir sur ce personnage : KUSCIUSKI, *Corps législatif*, p. 166, 238, 383; GUIFFREY, *Conventionnels*, p. 35, 144; ROBERT et COUGNY, *Dictionnaire des parlementaires*, t. V, p. 11.

SAINT-FROMOND........ 162 feux.

Députés : Charles LEFEBVRE (3 jours, 15 l., Acc.); *François L'ÉCUYER DE MONTAMY (3 jours, 15 l. et 19 jours, 74 l., Acc.).

SAINT-GEORGES-DE-MONT-
COQ ............. 107

Députés ; Jean LECOCQ-LES COSTILS (2 jours, 10 l., Acc.); Jean-François SAMSON (2 jours, 10 l., Acc.).

SAINT-GILLES........ 150

Députés : *Gilles-François HUBERT[1], avocat (2 jours, 10 l. et 19 jours, 74 l., Acc.); Gilles-François AUBRIL (2 jours, 10 l., Acc.).

SAINT-JEAN-DE-DAYE ... 50

Députés : François L'ÉCUYER DE MONTAMY (3 jours, 15 l., Acc.); Jean-Baptiste-Antoine BERNARD (3 jours, 15 l., Acc.); Pierre MERIENNE (8 jours, 15 l., Acc.).

SAINT-MARTIN-DES-
CHAMPS [2] ........ 16

Député : Joseph LE BRET (3 jours 15 l., Acc.).

SAINT-OUEN-DE-BAUDRÉ.. 80

Députés : *Philippe-Thomas LE MONNIER DE GOUVILLE, conseiller du roi (2 jours, 10 l. et 19 jours, 74 l., Acc.); Jean TREFFEU (2 jours, 10 l., Acc.).

SAINT-PIERRE-D'ARTHE-
NAY............. 114

Députés : *Louis-François COLLEVILLE, négociant (2 jours, 10 l. et 18 jours, 74 l., Acc.); Étienne HUAULT (2 jours, 10 l., Acc.).

SAINT-SAMSON-DE-BON-
FOSSÉ............ 125

Députés : *Gabriel DUFOUR DE PRÉCAUVILLE (2 jours, 10 l. et 18 jours, 74 l., Ref.); Jean-François LE BAS 2 jours, 10 l., Acc.).

TRIBEHOU........... 140

Députés : Jean CHARDIN (2 jours, 10 l., Acc.); Pierre D'ARTHENAY (2 jours, 10 l., Acc.); Jean BONNET (2 jours, 10 l., Acc.).

[1] HUBERT (Gilles-François), né à Saint-Gilles, était, en 1789, avocat et domicilié à Saint-Lô, payant une capitation de 1 l. 10 s. Sous la Révolution, il devint, en 1790, administrateur du département de la Manche. Il ne semble pas qu'il soit le même que HUBERT, dit HUBERT DUMANOIR, qui fut député de la Manche à la Convention, puis au Conseil des Cinq Cents, jusqu'à l'an VI. Voir GUIFFREY, Conventionnels, p. 35.

[2] Ancienne paroisse, réunie à Tribehou, arrondissement de Saint-Lô, canton de Saint-Jean-de-Daye

*VILLIERS-FROSSARD*..... 145          Députés : *Joseph-Henri GONFREY,
*avocat* (2 jours, 10 l., et 18 jours,
74 l., Acc.); *Gaspard DUBAIL
(2 jours, 10 l. et 18 jours, 74 l.,
Acc.).

---

## II. ASSEMBLÉE PRÉLIMINAIRE DU TIERS ÉTAT DU BAILLIAGE.

---

### 1. PROCÈS-VERBAL D'ASSEMBLÉE.

(Ms. *Greffe du Tribunal de première instance de Coutances, pièce n° 12.*
Expédition collationnée et signée du greffier du bailliage [1].)

Du mardi 10 mars 1789, à Saint-Lô, en l'hôtel commun,
nous François Robillard, écuyer, conseiller du roi, lieutenant général civil et criminel du bailliage dudit Saint-Lô [2], assisté de
M° Jean-Baptiste Raoult, greffier ordinaire de notre siège,

(Rappel des lettres du roi et règlement y annexé, de l'ordonnance du lieutenant général de Coutances du 6 février dernier, de la nôtre en date du 19
du même mois [3], «le tout dûment notifié à la ville et aux paroisses de notre

[1] Ce procès-verbal a été imprimé
en mars 1789 dans l'édition déjà citée
du cahier de doléances du bailliage de
Saint-Lô, qui a pour titre : *Procès-
verbal de l'assemblée du tiers état du
bailliage de Saint-Lô, s. l., 1789, 64 p.
in-16.* Le procès-verbal occupe, avant
le cahier, les pages 17 à 37.

Les Archives Nationales possèdent
deux exemplaires de ce *Procès-verbal*
imprimé, qui ont été envoyés, l'un au
Garde des Sceaux, par le lieutenant
général de Saint-Lô, l'autre au Directeur général des finances, par l'Intendant de Caen, ainsi qu'en font foi deux
lettres, en date respectivement des
19 mars et 8 avril, qui se trouvent
dans la même liasse (Arch. nat. Ba 35,
l. 70, pièces 14 et 15). — C'est d'après
ces imprimés qu'a été faite la transcription qui se trouve dans les registres de
la collection commencée par Camus
(Arch. nat. B III/54, p. 349).

[2] François DE ROBILLARD, écuyer,
avocat en Parlement, était à la fois
lieutenant général du bailliage et subdélégué de l'Intendant de Caen dans

l'élection de Saint-Lô. Comme subdélégué, il avait succédé, en 1788, à
M. de Varocq (Arch. Calvados, C 231).
Les provisions accordées pour l'office de
«nostre conseiller lieutenant général civil
et criminel, au bailliage de Saint-Lô»,
sont en date du 13 mars 1771, et relatent un extrait baptistaire du 27
septembre 1743 (Arch. nat., V¹, 456).

[3] L'Ordonnance du lieutenant-général de Saint-Lô, en date du 19 février,
n'a point été retrouvée. Cette ordonnance devait différer par quelques endroits du modèle général transmis par
la Chancellerie. Nous avons en effet
une lettre du lieutenant général au
Garde des Sceaux, dans laquelle il s'explique ainsi : «L'art. 25 du Règlement
exige que les délibérations soient reçues
par le juge du lieu. Dans la totalité de
mon arrondissement, il n'y a pas un
seul juge, et le nombre des notaires
est d'ailleurs insuffisant pour y suppléer.
J'ai cru devoir ajouter dans le modèle
d'ordonnance que j'ai fait imprimer,
*qu'en vertu des pouvoirs que j'ai reçus de
S. M.,* vu le nombre insuffisant des no-

arrondissement dans la personne de leurs maire, échevins et syndics, par exploits des 20 et 21 février dernier, du ministère de Venable, Provost, Follin, Le Canu, Thomasse, Montcuit, Le Corps et Raoult, huissiers en notre siège, en celui de l'élection et en celui de la connétablie et maréchaussée de France» [1], rappel de l'objet de la présente assemblée, à savoir la rédaction d'un cahier et nomination de députés, etc . . . L'Appel des députés des paroisses est fait en la forme qui suit :)

Et avant de procéder auxdits actes, nous avons fait l'appel *par sergenteries* [2] des paroisses de notre arrondissement, aux fins d'en connaître les députés, ainsi qu'il suit :

taires, en cas d'absence d'hommes publics, le Syndic de la municipalité sera autorisé de recevoir la délibération des habitants de sa communauté. Sur quoi néanmoins j'attends les ordres de M^gr le G. des S.» (*Lettre du lieutenant général de Robillard au G. d. S., s. d.*, Arch. nat., Ba 35, l. 70). Sur la même feuille, un brouillon de réponse fait savoir que le ministre a approuvé cette modification : «Je ne peux qu'approuver la circonspection qui vous a déterminé à consulter avant de publier une ordonnance non conforme au modèle arrêté. Vous avez du reste interprété l'art. 25 conformément à son esprit, etc.» (*Ibidem*).

[1] La connétablie et maréchaussée de France était originairement la juridiction du connétable et des maréchaux de France sur les gens de guerre et sur tout ce qui avait rapport à la guerre, comme faits de pillage commis par les militaires. On y avait rattaché depuis le XVI^e siècle la juridiction de tous les délits commis sur les grands chemins par les vagabonds et gens sans aveu, les vols avec effraction, le port d'armes. Tous ces délits étaient jugés par les *prévôts des maréchaux*, juges sommaires et sans appel que les maréchaux avaient établis dans chaque bailliage, et qui rendaient la justice en leur nom ; et pour cela on les appelait communément *cas prévôtaux*. (Voyez ESMEIN, *Histoire de la procédure criminelle en France*, p. 41 et suiv.)

Le siège de la connétablie et maréchaussée de France, qui était unique, était fixé à Paris depuis 1594 ; mais elle avait des huissiers-audienciers répartis dans tous les bailliages du royaume, qui portaient plus généralement le titre d'*archers-gardes* ou *huissiers-sergents royaux et d'armes*, et qui avaient le privilège particulier de pouvoir exploiter par tout le royaume. En 1789, ils étaient au nombre de 3 dans le bailliage de Saint-Lô. (Voir le *Mémoire pour le bailliage de Saint-Lô*, décembre 1788, Arch. Calvados, C 6079, à la page 6.)

Il y avait en tout, en 1789, dans le bailliage de Saint-Lô, 10 huissiers ou sergents en exercice, savoir : 5 huissiers-audienciers du bailliage proprement dit, 2 huissiers de l'élection, et les 3 archers-gardes de la connétablie. (*Rôle de répartition de la capitation bourgeoise, Saint-Lô*, Arch. Calvados, C 8125.)

[2] L'idée d'appeler les paroisses *par sergenteries* est assez singulière, car la sergenterie, division surtout administrative et financière en 1789, ne correspondait que fort mal aux circonscriptions bailliagères. Cependant ce mode d'appel a été employé plusieurs fois à notre connaissance dans les bailliages normands, par exemple à Alençon (*Procès-verbal de l'assemblée préliminaire du bailliage principal d'Alençon*, Arch. nat., B III/2, p. 516 sq.) et à Rouen (*Procès-verbal de l'assemblée préliminaire du bailliage principal de Rouen*, Arch. nat., B III/131, p. 341 et suivantes). Dans cette dernière assemblée, on est même allé plus loin dans cette voie ; les députés se sont partagé par sergenteries les places pour la commission de rédaction et la députation à l'assemblée des trois Ordres. (*Ibid.*, p. 389 et 426.)

Les sergenteries dont il est question au texte n'étaient pas toutes entièrement comprises dans le bailliage de

## Sergenterie de Saint-Lô [1].

VILLE DE SAINT-LÔ.............. Députés : Pierre LE MENUET DE LA JUGANNIÈRE [2], P.; Pierre-Jacques VIEILLARD fils, P.; Jean-Baptiste-Antoine BERNARD, P.; Antoine VIEILLARD DE BOISMARTIN [3], P.

Saint-Lô; plusieurs avaient dans leur ressort des paroisses appartenant aux bailliages voisins de Carentan et de Thorigny.

[1] La sergenterie de Saint-Lô ne comprenait que les 6 communautés dont il est question au texte. Nous retrouvons la même liste en 1780, dans le Département de la taille de 1731, qui s'est fait par sergenteries. Dumoulin, en 1765, ne compte que 5 paroisses dans la sergenterie, mais c'est parce qu'il en distrait la ville de Saint-Lô et ses fauxbourgs. Il compte alors, pour les seules paroisses de campagne, 595 feux, qui, joints aux 1,295 feux de la ville et fauxbourgs, donnent ensemble, pour la sergenterie de Saint-Lô, un chiffre de 1,890 feux. (DUMOULIN, Géographie descriptive, t. III, Généralité de Caen, tableau annexe à la page 18.)

[2] LE MENUET, baron DE LA JUGANNIÈRE (Pierre), né à Vaudrimesnil le 18 septembre 1746, avocat à Périers d'abord, puis établi en 1779 à Saint-Lô, premier échevin de cette ville depuis 1771, était aussi depuis 1788 membre de l'assemblée de département de Saint-Lô, pour l'ordre du tiers état, et faisait partie du Bureau de l'Impôt. Successivement élu député à l'assemblée du bailliage secondaire de Saint-Lô, et à l'assemblée des trois Ordres à Coutances, il fut dans l'une et l'autre assemblée choisi comme commissaire-rédacteur des cahiers (voir infrà, p. 77, 357 sq.). Sous la Révolution, il fut élu en 1792 accusateur public, puis, en l'an II, président du tribunal criminel du département de la Manche, puis député au Corps législatif (Conseil des Anciens) aux élections de l'an VI, et devint secrétaire de cette assemblée. Après le 18 brumaire, il devint président de la Cour d'appel établie à Caen en l'an VIII. Créé baron de l'Empire le 6 octobre 1810, il

fut nommé premier président de la Cour impériale de Caen le 12 mai 1811, fut maintenu en fonctions par la Restauration jusqu'en 1823, replacé en 1830 et mourut en 1835. Voir sur lui : KUSCIOSKI, Corps législatif, p. 239, 375; CAMPARDON, Liste des membres de la noblesse impériale, p. 115; et une Notice biographique dans l'Annuaire de la Manche, année 1836, p. 132-138; LEBRETON, Biographie normande, t. II, p. 494; Ed. FRÈRE, Manuel de bibliographie normande, t. II, p. 204.

[3] VIEILLARD DE BOISMARTIN (Antoine), né à Saint-Lô en 1747, mort dans la même ville le 18 janvier 1811. Avocat au Parlement de Rouen, il était, en 1789, parvenu à une véritable célébrité comme défenseur des membres de la famille Verdure, accusée de parricide; le procès, jugé à Rouen en 1787, avait eu un très grand retentissement et le Mémoire justificatif de Vieillard avait réussi à sauver la vie des accusés. Littérateur, il avait fait représenter à Rouen, et il fit représenter pendant la Révolution, un certain nombre de tragédies dans le goût de l'époque : Almanzor (1771); Blanchard ou le siège de Rouen (1793); Théramène ou Athènes sauvée (an V). Voir une Notice dans PLUQUET, Bibliographie de la Manche, p. 369.

L'élection de ce personnage comme député de la ville de Saint-Lô avait soulevé des difficultés. Il n'était pas domicilié, en effet, à Saint-Lô, il n'y était que propriétaire du chef de sa femme, et y payait les vingtièmes; mais, à la veille des États généraux, il était venu s'y établir et faisait ouvertement campagne pour être député aux États généraux. Le sieur de Boismartin pouvait-il, dans ces conditions, se présenter à l'assemblée de la ville de Saint-Lô, et pouvait-il être élu aux assemblées progressives? La question paraissait fort

SAINTE-CROIX [DE SAINT-LÔ]........    Députés : Charles-Nicolas LECHEVAL-
                                        LIER, P.; François TREFFEU, P.

SAINT-THOMAS [DE SAINT-LÔ].......    Députés : Jean-Alphonse DURAND , P.;
                                        Bonaventure-Casimir LEDUC, A.

SAINT-GEORGES-DE-MONTCOQ.........    Députés : Jean LE COCQ LES COSTILS,
                                        P.; Jean-François SAMSON, P.

LE MESNIL-ROUXELIN.............    Députés : Jacques POISSON DE GOUDRE-
                                        VILLE, P.; Denis SURGET, P.

SAINT-OUËN-DE-BAUDRÉ ..........    Députés : Philippe-Thomas LE MON-
                                        NIER, P.; Jean TREFFEU, P.


### Sergenterie de la Comté [1].

VILLIERS-FOSSARD................    Députés : Joseph-Henri GONFREY, P.;
                                        Gaspard DUBAIL, P.


### Sergenterie du Hommet [2].

BAHAIS....................    Députés : Jean-François TANQUERAY,
                                        P.; Jean-Antoine RAULLINE, P.

douteuse au lieutenant général de Robillard, qui décida de consulter à cet
égard le Garde des Sceaux. La réponse
fut, conformément aux principes arrêtés
dans le Règlement de janvier, que le
sieur Vieillard n'étant pas domicilié ne
pouvait être convoqué à l'assemblée de
Saint-Lô, mais qu'il pouvait être élu
député. « La liberté des suffrages, affirmait le ministre, ne connaît pas d'exception. » (Lettre du lieutenant général de
Robillard à M. le G. d. S., du 18 février,
avec minute de réponse en date du 9
mars, Arch. nat., Ba 35, l. 70;
B III/54, p. 258.)

Les inquiétudes du lieutenant général
étaient sans objet. Loin d'être élu aux
États généraux, le sieur de Boismartin
ne fut pas même député à l'assemblée
des trois Ordres à Coutances, et à Saint-
Lô même il ne prit point part à la
rédaction du cahier de doléances du
bailliage secondaire (infrà, p. 77, 80).

[1] La sergenterie de la Comté n'appartenait pas tout entière au bailliage
de Saint-Lô. D'après le Département de
la taille de 1731, aussi bien que d'après
Dumoulin, elle comprenait, outre la paroisse de Villiers-Fossard portée ci-
dessus, celle de la Meauffe qui était

mixte, mais relevait pour la plus grande
partie du siège de Torigny. Le chiffre
total des feux de la sergenterie ne peut
être établi sûrement. DUMOULIN, dans sa
Géographie descriptive, lui donne 267
feux à la page 174; mais, dans le
tableau annexé à la page 12, il porte
le chiffre à 667 feux.

La communauté de la Meauffe, qui
faisait partie de cette sergenterie, a été
convoquée et a comparu au bailliage de
Torigny, secondaire du bailliage principal de Caen. Son procès-verbal et son
cahier sont conservés aux Archives de la
Manche, série B, n. cl., liasse Torigny.
Le cahier seul a été publié, avec de
nombreuses coupures, par HIPPEAU,
Cahiers, t. II, p. 352.

[2] La liste des paroisses attribuées par
le texte à la sergenterie du Hommet ne
correspond point à la liste donnée par
Dumoulin en 1765, ni d'ailleurs à celle
du Département de la taille pour 1731,
précité. L'une comme l'autre de ces
sources ne donnent à la sergenterie que
15 paroisses; les 4 paroisses restantes,
savoir : Graignes, Tribehou, Mesnilangot
et Mesnilvénéron, sont portées, au Département de 1731, dans la sergenterie
dite de Carentan, qui comprend en

LES GLANDES................... Députés : Michel LE HARIVEL, P.;
Michel LEDUC, P.

LE MESNIL-DURAND...... ........ Députés : Thomas AUPOIX, P.; Pierre
LE BOYDRE, P.

AMIGNY..................... Députés : Jean RAULLINE, P.; Luc
RAULLINE, P.

SAINT-PIERRE-D'ARTHENAY........ .. Députés : Louis-François COLLEVILLE,
P.; Étienne HUAULT, P.

LE DÉZERT................... Députés : Jean-Baptiste L'ÉCUYER
DESPESQUERELLES, P.; Daniel-Tho-
mas SAINT, P.

CAVIGNY .................... Députés, Nicolas DUHAMEL, P.; Jean
DE LA RÜE, P.

SAINT-FROMOND................ Députés : Charles LEFEBVRE, P.;
François L'ÉCUYER DE MONTAMY, P.

SAINT-JEAN-DE-DAYE............ Députés : Jean-Baptiste-Antoine BER-
NARD, P.; Pierre MERIENNE, P.

MESNIL-VÉNERON .............. Députés : Jacques LE FRANÇOIS, P.;
Louis POTTIER, P.

MESNIL-ANGOT................ Députés : Charles VAUTIER, P.; Jean
THOUROUDE, P.

MONTREUIL.................. Députés : Hervé GARDIE, P.; François LE GRAND, P.

GRAIGNES................... Députés : Thomas FOLLIOT, P.; Jean
L'ÉCALIER, P.; Antoine LE RECU-
LEY, P.

TRIBEHOU................... Députés : Jean CHARDIN, P.; Pierre
D'ARTHENAY, P.; Jean BONNET, P.

SAINT-AUBIN-DE-LOSQUE.......... Députés : Jacques HÉBERT, P.; Pierre
RAULLINE, P.

LE MESNIL-EURY .............. Députés : Gilles-Charles OSMOND, P.;
Julien GIRES, P.

SAINT-MARTIN-DES-CHAMPS ........ Député : Joseph LE BRET, P.

LE HOMMET................. Députés : René L'ÉCUYER, P.; Louis
FOUCHER, P.

LA CHAPELLE-EN-JUGER.......... Députés : Jacques LE ROUXEL, P.;
Jean GIRARD, P.

LE MESNIL-AMEY.............. Députés : Jacques MENANT, P.; Jean
VIEILLARD, P.

outre les paroisses de Saint-Aubin-de-
Losque et de Saint-Martin-des-Champs.
Le total des feux, d'après Dumoulin,
aurait été de 1,531 à 1,534 feux pour
le Hommet, et 607 feux pour Carentan
(op. cit., p. 174).

HÉBÉCRÉVON .................... Députés : Nicolas-Charles Pézeril, P.; Thomas Dorée, P., Pierre Baudet, P.


## Sergenterie de Saint-Gilles [1].

AGNEAUX ......................... Députés : Pierre-Jacques-Philippe Mauger de Varennes, P.; Anne-Jean-Baptiste-Henri Gonfrey, P.

SAINT-GILLES .................... Députés : Gilles-François Hubert-[Dubourg] [2]; P.; Gilles-François Aubril, P.

QUIBOU ....................... Députés : Alexis Hélie, P.; Pierre-Charles Douchin-Maugerie, P.; Augustin-Germain des Courcamps, P.; Pierre-Guérin Les Croutes, P.

CANISY ..................... Députés : François-Augustin Osmond, P.; François Groualle, P.

SAINT-ÉBREMOND ............... Députés : Charles-Gervais Dubrey, P.; Jean Lefebvre, P.

SAINT-SAMSON ................ Députés : Gabriel Dufour de Pré-canville, P.; Jean-François Le Bas, P.

LA MANCELLIÈRE .............. Députés : Thomas-Charles-Gabriel Dufay, P.; Jean Louvel, P.

GOURFALEUR ................. Députés : Thomas Dufour, P.; Thomas Vaudevire, P.


[3] Après quoi, nous avons vérifié les pouvoirs desdits sieurs députés, et attendu qu'ils se sont trouvés duement en forme [4], nous

---

[1] La sergenterie de Saint-Gilles appartenait tout entière au bailliage de Saint-Lô. Nous retrouvons la même liste de paroisses exactement dans le Département de la taille pour 1731 précité, et en 1765 dans Dumoulin, op. cit., tableau annexé à la page 12. Ce dernier auteur attribue alors à la sergenterie un chiffre global de 1,439 feux; un peu plus loin, p. 374, il lui donne 1,479 feux, ce qui n'est peut-être dû qu'à une faute d'impression.

[2] Ce nom de Dubourg n'est donné que par le texte imprimé; le manuscrit authentique lui donne seulement le nom de Hubert.

[3] Le texte imprimé insère ici (p. 23

à 27) un Discours de M. le Président, qui n'est point dans le procès-verbal manuscrit. Ce morceau n'offre d'ailleurs que fort peu d'intérêt; ce sont de banales généralités, des recommandations adressées aux députés pour leur faire sentir toute l'importance de l'acte qu'ils vont accomplir; le lieutenant-général insiste surtout sur l'intérêt qu'il y a pour eux à faire un bon choix, lorsqu'ils vont élire les députés à l'assemblée générale.

[4] Nous ne saurions dire aujourd'hui jusqu'à quel point cette assertion du procès-verbal, que les pouvoirs des députés étaient «en forme», pouvait être exacte, puisque les pièces de la convocation des paroisses n'ont pas été

avons accordé acte aux comparants de leur comparution, prononcé défaut sur le sieur Leduc, l'un des députés de la paroisse Saint-Thomas, etc.,

(Serment des députés, qui jurent «de procéder fidèlement par eux tous ou par les commissaires qu'ils voudront nommer à la réunion en un seul cahier de tous ceux qui ont été apportés par lesdits députés», et ensuite à l'élection du quart d'entre eux, lequel quart est arrêté à 20, «faisant le quart de 79 députés». Nomination des commissaires, ainsi rapportée :)

Et nous ont lesdits sieurs députés comparants déclaré qu'ils préfèrent procéder à la réunion en un seul de tous leurs cahiers par la voie des commissaires, lesquels commissaires seront aussi députés à l'assemblée générale; pourquoi ils nous ont demandé de procéder d'abord à l'élection du quart d'entre eux, pour assister à ladite assemblée générale, et que cette élection, pour le plus grand avantage et la plus grande célérité, se fasse par bulletins ouverts comme elle s'est faite dans l'assemblée du tiers état de la ville [1]; après laquelle élection, le travail relatif aux cahiers se fera entre les 20 députés à l'assemblée générale.

(Scrutin pour l'élection des députés : les bulletins ayant été recueillis, la majorité des suffrages s'est réunie en faveur de :)

MM. Lemenuet de la Jugannière; Hélie; Vieillard fils; Groualle; Saint; Dufour, avocat; Poisson de Coudreville; Dorée la Pesrelle [2]; Bernard, avocat du roi; Dubourg, avocat; Pézeril; Despequerelles;

---

retrouvées. Ce qui est certain, c'est que le lieutenant général avait fait part lui-même, à Paris, de sa crainte de se trouver en face de «pouvoirs informes», à cause du retard considérable apporté aux opérations de la convocation dans le ressort. La faute en était aux bureaux chargés de faire parvenir les pièces officielles; les imprimés n'étaient parvenus à Saint-Lô que le 12 février, la lettre authentique du Roi le 18; il fallut ensuite, n'y ayant pas d'imprimerie à Saint-Lô, envoyer à Caen pour faire imprimer l'Ordonnance du lieutenant général. Or les assemblées de paroisses devaient se tenir le 27 février. Le lieutenant général craignait fort que les pouvoirs des députés des paroisses ne se ressentissent de cette précipitation. Voir *Lettres de M. de Robillard au G.*

d. S, des 12 et 18 février, Arch. nat., Ba, 35, l. 79 = B III/54, p. 246 et 256.

[1] Voir le *Procès-verbal d'assemblée de la ville de Saint-Lô*, (*suprà*, p. 15). Ce mode de procéder était contraire aux dispositions du Règlement; l'art. 46, en effet, disposait expressément : «Les élections des députés qui seront successivement choisis pour former les assemblées graduelles ordonnées par le présent Règlement, seront faites à *haute voix*; les députés aux États généraux seront seuls élus par la voie du scrutin.» (*Règlement pour l'exécution des Lettres de convocation*, Versailles, 24 janvier 1789, dans ISAMBERT, t. XXVIII, n° 2544, p. 646.)

[2] Le procès-verbal imprimé réunit mal à propos ces deux noms en *Dorée Bernard*, avocat du roi.

Dubail; Lemonnier de Gouville; Lécuyer Montamy [de]; Colleville; Gonfrey, avocat, et Osmond.

(Acceptation des députés; le mandat qui leur est donné doit s'entendre de «présenter à l'assemblée générale de Coutances le cahier qui va être dressé, d'employer tous les moyens propres à le faire accepter par l'assemblée générale, consentir le retranchement de quelques articles si, d'après les observations des députés des autres bailliages, il leur paraissait convenable d'opérer ce retranchement, consentir toutes additions qui leur paraîtraient raisonnables et de conférer à ceux qui seront élus à ladite assemblée générale pour les États Généraux des pouvoirs généraux et suffisants pour proposer, remontrer, aviser et consentir, etc...»)

Au surplus, avons remis auxdits sieurs vingt députés les différents cahiers qui nous ont été apportés, aux fins par eux de les réunir en notre présence en un seul, lequel cahier serait signé par lesdits sieurs vingt députés seuls, en vertu des pouvoirs qu'ils viennent de recevoir [1]. Et sera également signé par nous et notre greffier, pour être joint à la copie duement collationnée du présent procès-verbal, qui a été signé par tous les comparants ainsi que les députés pour leur acceptation, par nous et notre greffier.

Et avant de clore, nous avons, sur la demande qui nous en a été faite par toute l'assemblée, ordonné que nos réflexions faites à l'ouverture de la présente séance [2], ainsi que le discours que M. Le Menuet de la Jugannière a prononcé à l'assemblée du 6 [3], confor-

---

[1] Ce mandat donné aux députés pour arrêter et signer seuls le cahier des doléances est incontestablement irrégulier. Mais le cas est loin d'être isolé; nous avons déjà rencontré une situation semblable à Avranches. Voir *Procès-verbal de l'assemblée préliminaire d'Avranches, s. du 5 mars*, et *Cahiers de doléances de l'assemblée du bailliage secondaire d'Avranches, in fine* (ou t. I<sup>er</sup>, p. 690 et p. 700).

[2] Il s'agit du *Discours de M. le Président*, prononcé après l'appel des paroisses et avant l'élection des députés, dont nous avons parlé *suprà*, p. 76, note 3. Ce discours a été effectivement compris dans l'édition imprimée du *Procès-verbal*.

[3] Le *Procès-verbal* imprimé insère en effet (p. 33 à 37) le *Discours prononcé à l'assemblée du 6 mars*, par M. Le Menuet, l'un des commissaires du tiers état de la ville, avant la lecture du projet de cahier. De cette pièce sans

intérêt appréciable, nous ne voyons à retenir qu'une sortie assez vive contre les «écrits souvent indiscrets» qui ont inondé le public et qui ne sèment que la discorde, et qu'une nouvelle affirmation faite par le commissaire-rédacteur, des emprunts faits au projet de THOURET:

«Cette tâche pénible, écrit-il, eût été difficilement remplie par vos commissaires, s'ils n'avaient pas trouvé une grande ressource dans un essai de ce genre, publié par la principale cité de la province. Ils n'ont, pour ainsi dire, eu que la peine de s'y conformer, en y ajoutant les articles qui leur ont paru d'une importance à peu près pareille.» (*Op. cit.*, p. 37.)

Le *Discours* de M. Lemenuet de la Jugannière a été imprimé par HIPPEAU, *Gouvernement de Normandie*, t. VII (*Cahiers*), p. 75. Nous croyons qu'il est absolument inutile de reproduire à nouveau cette pièce incolore.

mément à la demande qui vient de lui en être faite, resteront joints au présent cahier d'assemblée du tiers état du bailliage de Saint-Lô.

LEMENUET, VIEILLARD fils, BERNARD, VIEILLARD DE BOISMARTIN, LE CHEVALLIER, François TREFFEU, DURAND, J. LE COCQ, SAMSON, POISSON DE COUDREVILLE, D. SURGET, LE MONNIER DE GOUVILLE, J. TREFFEU, GONFREY, G. DUBAIL, J.-A. RAULINE, M. LE HARIVEL, J.-F. TANQUERAY, T. HAUPOIX, Michel LE DUC, P. LE BOYDRE, J. RAULLINE, L. RAULLINE, COLLEVILLE, HUAULT, DE LA RUE, L'ÉCUYER, SAINT, N. DUHAMEL, C. LE FEBURE, L'ÉCUYER MONTAMY, L. POTTIER, P. MÉRIENNE, J. LE FRANÇOIS, L. GARDYE, C. VAUTIER, J. THOUROUDE, F. LE GRAND, A.-T. LE RECULEY, J. BONNET, T. FOLLIOT, J. L'ÉCALIER, J. CHARDIN, J. HÉBERT, P. D'ARTHENAY, G.-O. OSMOND, J.-L. GIRES, P. RAULLINE, J. LE BRET, R. LECUYER, L. FOUCHER, LE ROUXEL, J. GIRARD, MENANT, VIEILLARD, PÉZERIL, MAUGER DE VARENNE, GONFREY, P. BAUDET, AUBRIL, Hubert DUBOURG, DORÉE, HÉLIE, DOUCHIN-MAUGERIE, GERMAIN, GUÉRIN, OSMOND, GROUALLE, DUPREY, DUFOUR DE PRECANVILLE, J. LE FEBURE, J.-F. LE BAT, DE FAY, J. LOUVEL, DUFOUR, T. VAUDEVIRE, *ROBILLARD, RAOULT.*

Et dudit jour et an, 4 heures de relevée, devant nous lieutenant général susdit, assisté comme dessus,

Les sieurs commissaires ont procédé à la lecture des cahiers des différentes communautés de notre arrondissement et à leur réunion en un seul, et vu l'heure tarde, nous avons renvoyé la présente séance à demain 9 heures du matin.

LE MENÜET, VIEILLARD fils, BERNARD, DURAND, POISSON DE COUDREVILLE, LE MONNIER DE GOUVILLE, DUBAIL, DORÉE, GONFREY, COLLEVILLE, LÉCUYER, SAINT, L'ÉCUYER-MONTAMY, PÉZERIL, HUBERT-DUBOURG, HÉLIE, OSMOND, GROUALLE, DUFOUR DE PRECANVILLE, DUFOUR, *ROBILLARD, RAOULT.*

Du mercredi 11 mars 1789, devant nous lieutenant général susdit, assisté comme dessus,

Il a été procédé par continuation en notre présence par lesdits sieurs commissaires-députés à la lecture et réunion des cahiers des différentes communautés de notre arrondissement en un seul, et il nous a été remis par lesdits sieurs députés un exemplaire imprimé du cahier du tiers état de la ville de Saint-Lô avec les additions que lesdits sieurs députés, en vertu des pouvoirs qu'ils en ont reçus, ont jugé à propos d'y faire[1], lequel cahier réduit, signé desdits sieurs députés, par nous coté, paraphé et signé ainsi que par notre greffier, restera joint à notre présent procès-verbal, pour être du tout délivré expédition par notre greffier, qui sera remise auxdits sieurs députés[2].

LE MENÜET, BERNARD, VIEILLARD fils, DURAND, POISSON DE

[1] Le lieutenant général de Saint-Lô fait une remarque semblable dans la lettre à l'intendant, datée du 19 mars; «Les députés des communautés des paroisses, explique-t-il, ont exigé qu'il fût fait quelques additions au cahier du tiers état de la ville». (Arch. Calvados, C 6356.)

Il est malaisé aujourd'hui de dire en quoi ont pu consister les «additions» faites par les commissaires-rédacteurs du bailliage au texte du cahier de la ville. D'une part, en effet, le texte que nous possédons pour la ville n'est pas, comme on sait, le cahier lui-même, mais seulement le *Projet de cahier* dressé par les premiers commissaires-rédacteurs. D'autre part, nous n'avons pas conservé l'exemplaire authentique dont il est parlé au texte, qui portait *en marge* les additions faites par l'assemblée du bailliage, cotées, paraphées et signées du lieutenant général. Les seuls exemplaires du cahier du bailliage que nous possédons sont des imprimés, d'une édition faite après la tenue de l'assemblée préliminaire. Et naturellement les additions des commissaires-rédacteurs n'y sont pas demeurées dans la marge, elles se sont fondues directement dans le texte.

[2] L'assemblée du tiers état de Saint-Lô avait soulevé, avant de se séparer, la question délicate de l'indemnité à allouer aux députés, qui à ce même moment préoccupait plusieurs autres assemblées du ressort (voir, par exemple, *Cahier du tiers état du bailliage secondaire d'Avranches*, art. 1er, au tome Ier, p. 692). Une lettre du lieutenant général de Robillard, en date du 27 février, nous apprend que l'assemblée de Saint-Lô l'avait chargé «de fixer sur ce point

l'attention de S. M.». Le lieutenant général fait valoir à cet effet les inconvénients qu'il y aurait à laisser dans l'incertitude cette question de l'indemnité : on écarterait, assure-t-il, de la députation les citoyens honorables qui, à cause de la médiocrité de leur fortune, ne pourraient soutenir les dépenses d'un séjour prolongé au chef-lieu du bailliage, et on serait obligé de «se reployer sur des personnes fortunées, mais qui pourroient être moins propres à correspondre aux vues de S. M., comme à la confiance des électeurs». En conséquence il demande, au nom de l'assemblée de Saint-Lô, «que l'assemblée des trois ordres à Coutances soit autorisée par le Roi de fixer le traitement de ses députés» (*Lettre du lieutenant général de Robillard à M. le Garde des sceaux, du 27 février*; Arch. nat., Ba 35, l. 70.)

En fait, les frais de l'assemblée préliminaire de Saint-Lô s'élevèrent à assez peu de chose. La taxe d'indemnité des députés fut fixée par le Conseil du Roi sur le pied de 5 livres par jour; mais les paroisses étaient proches, les députés peu nombreux, et un assez grand nombre, comme nous le savons par le *Rôle des taxes*, firent même abandon de leurs droits. Par suite, le total des frais passés en taxe pour l'indemnité des députés ne s'éleva pour le bailliage de Saint-Lô, qu'à la somme de 184 livres. Il fut alloué en outre, pour l'aménagement de la salle de l'assemblée, une somme de 24 livres. En tout donc, 208 livres pour les frais de l'assemblée. Voir *Aperçu des dépenses occasionnées dans les bailliages et sénéchaussées pour l'élection de MM. les députés à l'Assemblée Nationale* (Arch. nat., Ba 87, l. 1).

COUDREVILLE, LEMONNIER DE GOUVILLE, GONFREY, DUBAIL,
COLLEVILLE, LÉCUYER, SAINT, L'ÉCUYER-MONTAMY, PÉZÉRIL,
HÉLIE, HUBERT-DUBOURG, OSMOND, GROUALLE, DUFOUR DE
PRECANVILLE, DUFOUR, DORÉE, *ROBILLARD*, *RAOULT*.

La présente expédition en cinq rôles, le présent compris, collationnée sur la minute et certifiée véritable par nous greffier du
bailliage de Saint-Lô, ce 12 mars 1789.

(Signature): RAOULT.

---

## 2. CAHIER DE DOLÉANCES.

(Impr., dans le *Procès-verbal de l'assemblée du tiers état du bailliage de Saint-Lô*, s. l.,
1789, in-16, p. 38 à 64. Exemplaire authentique[1], paraphé et signé du lieutenant-
général, Arch. nat., Ba 35, 1. 70; ce même exemplaire a été reproduit par transcription dans B III/54, p. 307 à 344.)

*Cahier des remontrances, plaintes et doléances, dressé par les
vingt commissaires nommés à cet effet dans l'assemblée générale du tiers état du bailliage de Saint-Lô, tenue le 10 mars
1789* [2].

NOTA. Les commissaires ont suivi autant qu'il leur a été possible le projet
de cahier consigné dans la *Suite de l'Avis des Bons Normands*, tant pour pro-

[1] Pour comprendre comment il se
fait qu'une édition imprimée puisse être
qualifiée d'*exemplaire authentique*, voir
le *Procès-verbal de l'assemblée préliminaire*, séance du 12 mars (*supra*,
p. 80). Le texte que nous reproduisons
est celui de l'exemplaire envoyé au
Garde des sceaux par le lieutenant général de Saint-Lô. Il est accompagné
dans la liasse d'une lettre d'envoi en
date du 19 mars:
«Monseigneur, conformément à la
lettre que vous m'avez fait l'honneur
de m'écrire le 15 de ce mois, je joins
ici le cahier des plaintes et doléances
du tiers état de la ville et communautés
qui composent mon arrondissement.
Par la lecture que vous en prendrez,
vous apercevrez, Monseigneur, combien
l'assemblée est paisible et vous vous
convaincrez du dévouement de cet ordre
pour la personne du roi, etc....» (*loc.
cit.*).

Un second exemplaire du cahier de
Saint-Lô imprimé est conservé aux Archives nationales, série C 18, liasse 61,
pièce cotée 7°. Il n'est point signé du
lieutenant général comme le premier,
mais il a été déposé aux Archives du
Secrétariat de l'Assemblée nationale,
ainsi qu'en témoigne la mention manuscrite suivante : «registre A, fol. XII
n° 62 *ter*», mise en tête de la première
page.
Le cahier du bailliage de Saint-Lô a
été à plusieurs reprises réédité dans des
publications modernes. Voir : 1° *Archives Parlementaires*, t. III, p. 577 à
582; 2° HIPPEAU, *Cahiers de 1789 en
Normandie*, t. II, p. 60 à 75. Ces deux
éditions ont été faites l'une et l'autre
d'après la transcription des Archives nationales, B III 54, p. 307.
[2] Le cahier de l'assemblée préliminaire du tiers état du bailliage secondaire de Saint-Lô n'étant, pour une très

IMPRIMERIE NATIONALE.

fiter des excellentes vues que renferme cet ouvrage que pour établir une plus grande uniformité dans les réclamations de la province; ils savent d'ailleurs que le corps de ville de Rouen a adopté entièrement le projet de l'auteur estimable de cette production véritablement patriotique [1].

Art. 1er. Le but le plus important auquel on doit chercher à atteindre est de procurer à la nation une Constitution solide, durable, et qui, en assurant les droits de la couronne, fixe invariablement ceux du peuple; l'Assemblée déclare donc qu'elle regarde cet objet important comme le seul prix digne, aux yeux de la nation, des sacrifices qu'elle a déjà faits et qu'elle fera encore certainement pour le soutien de l'État.

Les députés aux États généraux doivent donc faire consacrer de nouveau les maximes essentielles et fondamentales qui suivent :

1° Que la France est une monarchie, etc. . . . [2].

2° Que la nation française est libre et franche sous son roi, etc. . .

3° Que chaque citoyen français est personnellement libre et franc, etc. . .

4° Que si la famille régnante masculine venait à s'éteindre, etc. . .

5° Si la nation avait le malheur de voir s'éteindre la famille régnante, etc. . .

6° Enfin, que la majorité des rois demeurera fixée à quatorze ans.

grande partie, que la reproduction pure et simple de celui de la ville de Saint-Lô, nous n'en donnerons au texte que les articles remaniés ou nouveaux : pour le reste, nous indiquerons seulement les premiers mots des articles similaires, en renvoyant au texte donné ci-dessus du cahier de la ville (*supra*, p. 16).

On comparera aussi utilement le cahier de la ville de Valognes (au tome II, p. 13) et celui de l'assemblée préliminaire du tiers état du bailliage secondaire de Valognes (*Ibid.*, p. 757).

[1] Cette note se trouve dans l'édition originale du cahier, p. 38. Ce n'est que la simple reproduction du Nota mis par les commissaires de l'assemblée de la ville de Saint-Lô au bas de la première page de leur *Projet* de cahier (*supra*, p. 18); mais ici l'observation n'est plus exacte que pour la première partie du cahier, et jusqu'à un certain point seulement. Outre l'*Essai de cahier* en effet, consigné dans la *Suite de l'Avis des Bons Normands*, les commissaires ont utilisé, et assez copieusement, les rapports produits et les vœux émis, à la fin de l'année précédente, dans l'assemblée de département de Saint-Lô. On en trouvera aisément la preuve dans les quelques passages que nous rapprochons en note.

[2] Les six paragraphes composant l'article 1er sont la reproduction textuelle des mêmes paragraphes de l'article 1er du cahier de la ville de Saint-Lô (*supra*, p. 20). Les trois premiers se retrouvent aussi presque identiquement reproduits dans le cahier de la ville de Valognes (au tome II, p. 14), et dans celui de l'assemblée préliminaire du bailliage de Valognes, chap. II (*Ibid.*, p. 761).

ART. 2. Conformément à ces maximes, l'Assemblée autorise les députés aux États généraux à demander [1] :

1° Que le retour périodique des États libres et généraux du royaume, etc. . . .

2° Que leur organisation, la forme de leur convocation et celle de l'élection des députés, etc. . . .

3° Et comme la forme de délibérer par tous les ordres réunis et en comptant les suffrages par tête est la seule voie, etc. . . .

4° Que l'intervalle des assemblées successives soit fixé, et spécialement que l'époque de la seconde tenue qui suivra les États de 1789 soit déterminée, etc. . . .

5° Qu'il soit statué qu'à chacune de ces assemblées il sera traité de toutes les matières relatives à la quotité et à la perception des subsides, etc. . . .

6° Que l'enregistrement, dans les cours souveraines, des règlements que Sa Majesté pourrait faire, etc. . . .

7° Encore bien qu'aucun impôt direct ne puisse avoir lieu sans le consentement libre de la nation assemblée, etc. . . .

8° Que du sein des États généraux, il sorte une constitution d'États particuliers, dans chaque province, dont l'établissement soit sanctionné et l'organisation approuvée par eux. Ces États particuliers qui, en participant à l'autorité de l'Assemblée nationale, en étendront l'influence sur toute la surface du royaume, veilleront à l'exécution de ses arrêtés et seront chargés de tous les détails de l'administration intérieure en chaque territoire * et pourront choisir les moyens qui paraîtront les plus avantageux à la province pour acquitter sa contribution * [2].

Les députés feront valoir spécialement les droits de la province au rétablissement de ces États, indépendamment de ce qui pourrait être décidé pour les autres provinces, mais rétablissement qu'on consentira obtenir par le concours du vœu des prochains États généraux, ainsi que la nouvelle organisation desdits États particu-

---

[1] L'article II est, dans ses 7 premiers paragraphes, la reproduction textuelle des mêmes paragraphes de l'article II du cahier de la ville (*suprà*, p. 21). Nous ne donnons par suite en entier que le 8ᵉ et dernier paragraphe, dont la fin a été remaniée. On pourra comparer aussi le cahier de la ville de Valognes, art. II *Constitution*, dans ses §§ 1 à 6 (au tome II, p. 15).

[2] Cf. le cahier de la ville de Saint-Lô, art. II § 8 (*suprà*, p. 24). La fin du paragraphe, depuis les mots «et pourront choisir», est une addition qui n'est point sans intérêt, car ce qui y est demandé, c'est pour les États provinciaux un véritable pouvoir financier indépendant. Un vœu semblable avait déjà été formulé par l'assemblée départementale de Saint-Lô, à la fin de l'année 1788. Voir *Procès-verbal de l'assemblée de département de Saint-Lô*, ms. cit., fᵒ 66 vᵒ (Archives du Calvados, C, 7712).

liers, tant pour faire le bien réel de la province que pour s'associer au régime d'administration générale qui serait jugé, par l'Assemblée nationale, plus convenable au bien commun de tout le royaume.

Art. 3. L'assemblée ne pouvant douter de la loyauté des intentions de Sa Majesté n'aurait rien à ajouter à cette partie, si l'instabilité des événements n'obligeait pas la nation d'affermir les bases de sa constitution contre les vicissitudes possibles d'un avenir moins heureux pour elle. C'est donc ce seul motif qui doit faire recommander aux députés du bailliage de Cotentin :

1° De ne s'occuper de l'octroi des subsides, etc.... [1].

2° De proposer, lorsqu'ils s'occuperont des subsides, que tous les impôts actuels soient annulés et révoqués, etc...

3° Qu'en octroyant de nouveaux impôts, il n'en soit établi ni conservé aucun qui marque une différence d'ordre, etc...

4° Qu'en conservant le droit de contrôle des actes, non seulement comme un impôt qui peut être indispensable, etc...

5° Parmi les impôts qu'il sera nécessaire de conserver, il en est deux surtout qu'on ne peut établir sans perpétuer l'injustice et la gêne la plus accablante : l'un porte sur toutes les villes du royaume, c'est le *don gratuit*; la perception de ce droit occasionne des embarras et des difficultés sans nombre; l'autre ne porte que sur certaines villes, telles que celle-ci, c'est l'impôt connu sous le nom d'*octroi municipal*; la nécessité de l'abolition de cet impôt peut s'établir démonstrativement, mais comme il serait trop long de le faire ici, ce sera l'objet d'un mémoire particulier [2].

[1] L'article III est, dans ses 5 paragraphes, la reproduction textuelle du même article du cahier de la ville (*supra*, p. 25). Cf. aussi le cahier de la ville de Valognes, art. II, *in fine*, § 1 à 3 (t. II, p. 18); mais les deux derniers paragraphes n'ont pas leurs équivalents dans le cahier de Valognes.

[2] Le paragraphe 5 a été copié textuellement sur le même paragraphe du cahier de la ville. Cette reproduction servile n'est pas sans être choquante ici, car les commissaires du bailliage n'ont même pas pris la peine de mettre en harmonie le texte du cahier avec sa véritable destination, en effaçant du texte la mention particulière de la ville de Saint Lô. Négligence qui n'est pas isolée d'ailleurs dans le cahier; voir article V,

§ 6, par exemple, l'allusion faite au *Mémoire*, remis par la ville contre l'exigence du *visa* du commissaire départi pour les délibérations des corps et communautés (*infra*, p. 89); à l'article VI, § 3, les moyens proposés pour faire revivre le commerce des cuirs dans le royaume et dans *cette ville* en particulier (*infra*, p. 90). Toutes ces mentions particulières, laissées par les commissaires, trahissaient l'origine du cahier du bailliage de Saint-Lô, alors même que nous ne possédions pas le texte du cahier de la ville, et nous avaient dès lors porté à penser qu'il ne devait différer que bien peu de ce dernier.

Le *Mémoire* particulier, dont il est question au texte, n'a pas été joint au

ART. 4. 1° L'opinion et le désir de l'Assemblée sont que la Constitution ayant été solidement fixée, d'après les bases ci-devant exposées, les députés s'occupent d'établir l'aisance, l'ordre et l'économie dans les finances, etc. [1]...

L'Assemblée croit ne devoir prescrire aux députés aucun plan fixe d'opérations et délibérations sur cet objet, etc...

Elle désirerait cependant que la vérification des besoins et de la dette publique fût faite par l'examen détaillé, etc...

Elle désirerait que les impôts à octroyer puissent être distingués en deux classes bien déterminées, etc...

L'Assemblée désirerait qu'il fût possible de libérer dès à présent le trésor royal de ces deux dernières espèces de charges, etc...

L'Assemblée n'ose proposer à cet égard aucuns moyens propres à parvenir à ce but important. Elle ne peut, etc...

Cependant, au moyen de ce que la nation contractera l'engagement de pourvoir par ses contributions, etc...

2° Le régime du subside borné au taux des charges ordinaires du subside à temps, etc...

Cette manière serait que Sa Majesté pût valablement former un emprunt, dont la somme serait toutefois déterminée et spéculée d'avance par les États, et que, pour faire face tant aux intérêts de cet emprunt remboursable à époque fixe qu'à un excédent actuel, applicable à l'extinction de la dette même, la masse des impôts octroyés pour le service ordinaire fût augmentée d'un ou deux sols par livre sous la dénomination de *crue de guerre* [2].

Si ce secours provisoire ainsi fixé et déterminé pour le cas de guerre paraissait insuffisant au Gouvernement, etc...

Au surplus, l'Assemblée déclare qu'en manifestant ces vues et ces opinions, elle n'entend pas les proposer, etc...

3° L'Assemblée pense qu'en fixant les subsides ordinaires, on ne peut le faire que sur l'aperçu des états de dépense, etc...

4° L'exemple qui a été donné en 1781 [3] par l'administrateur

---

cahier du bailliage, pas plus que nous ne l'avons trouvé joint à celui de la ville.

[1] L'article IV est, dans ses 4 paragraphes, la reproduction textuelle des mêmes paragraphes de l'article IV du cahier de la ville (*supra*, p. 29). Cf. aussi le cahier de la ville de Valognes, art. III, *Finances*, dans le préambule et aux §§ 2, 3 et 4 (t. II, p. 19 sq.); la distribution des matières est, dans ce dernier cahier, sensiblement différente.

[2] Ce paragraphe est reproduit textuellement du cahier de la ville (*supra*, p. 31). Nous croyons devoir le donner intégralement, parce que, dans l'édition d'Hippeau, il a été singulièrement défiguré. Hippeau imprime en effet «spécifiée» au lieu de «spéculée», et «crise de guerre» pour «crüe de guerre», ce qui n'offre plus guère de sens. Voir HIPPEAU, *Cahiers*, t. II, p. 66.

[3] La copie porte, par erreur évidemment, «en 1784».

que la nation voit avec tant de satisfaction à la tête des finances est bien propre à faire désirer, etc...

ART. 5. 1° L'Assemblée manifeste le désir que le pouvoir judiciaire, qui est une branche de la puissance exécutive et que Sa Majesté fait exercer en son nom par les officiers qu'elle institue. soit maintenu dans toute l'étendue de l'autorité qui lui est propre, qu'aucune évocation illégale, aucun établissement de commissions extraordinaires, aucun acte du pouvoir absolu ne puissent suspendre ni détourner le cours de la justice réglée ; *enfin que, pour toutes affaires réelles ou personnelles, aucun habitant de la province de Normandie ne puisse être traduit hors le ressort de ladite province, conformément aux privilèges consacrés par la Charte normande* [1] ;

2° Que pour assurer aux tribunaux le maintien de la considération qui leur est due et à la nation l'utilité qu'elle en doit retirer, il soit pourvu efficacement à la réforme des abus relatifs à l'exercice de la justice tant civile que criminelle* et au renouvellement des lois du commerce, surtout en fait de faillite* et qu'il soit établi une ligne de démarcation certaine, qui prévienne la confusion, si funeste à la chose publique, des objets d'administration et de ceux qui sont du ressort de la juridiction [2] ;

3° Que le nombre des tribunaux soit diminué, qu'il soit formé des arrondissements plus analogues à l'avantage et à la commodité des justiciables ; * que ces arrondissements soient faits par paroisses et non par fief, en attribuant cependant au tribunal du chef-lieu de la seigneurie la connaissance exclusive des matières féodales entre le seigneur et ses vassaux, dans le cas où les juges des seigneuries deviendraient incompétents* ; que le pouvoir en dernier ressort des présidiaux et des bailliages soit augmenté, ainsi que cela fut demandé aux États généraux de 1561 [3] ;

---

[1] Cf. le cahier de la ville de Saint-Lô, art. V, § 1ᵉʳ (supra, p. 33). La dernière phrase, à partir de : «enfin que, pour toutes affaires», est une addition propre au cahier du bailliage. Cf. d'ailleurs le cahier de Valognes, art. II, Constitution, § 4 (t. II, p. 16); ce dernier cahier a réuni en un seul paragraphe les paragraphes 1 et 2 du texte ci-dessus.

Sur le privilège de juridiction de la Charte normande réclamé par le cahier, voir ce que nous avons noté sous le cahier de Valognes, art. IV, § 8 (t. II, p. 22).

[2] Cf. encore le cahier de la ville de Saint-Lô, art. V, § 2 (supra, p. 33). Le membre de phrase entre les signes ** est une addition. Sur la réforme des lois en matière de faillite, voir le cahier de Carantilly, chap. IV, art. 5 (t. I, p. 254), et ce que nous avons noté sous celui de Camprond, art. 15 (Ibid., p. 249).

[3] Cf. le cahier de la ville de Saint-Lô, art. V, § 3 (supra, p. 33); tout

4° Que conformément à ce qui fut demandé aux mêmes États[1], on réduise le nombre des officiers à celui seulement jugé nécessaire; que la vénalité des charges soit abolie et qu'on donne à la nation le pouvoir de choisir et élire elle-même ses juges, avec cette modification, toutefois, que l'élection n'aura lieu qu'à mesure qu'il se trouverait des places vacantes par le décès ou démission des officiers actuellement en charge, tellement que le remboursement ne serait opéré que sur le taux de l'évaluation faite, par ceux desdits officiers qui ont payé le centième denier; *et pour ceux qui ne l'auraient pas payé sur l'évaluation dudit office, déduction faite du double des droits de centième denier*, et à l'effet duquel remboursement successif il serait formé un fond ou une caisse particulière sous le titre de *caisse de remboursement des offices*, sans que les deniers à ce destinés, sous quelque prétexte que ce soit, pussent être appliqués à aucun autre usage, sinon au payement des pensions qui seraient payées aux juges élus, au moyen de quoi toutes épices et vacations supprimées et la justice rendue gratuitement[2];

le passage entre les signes ** est une addition. Nous avons déjà eu occasion de noter que les ressorts de bailliages étaient formés *par fiefs* et non par paroisses et d'apprécier les inconvénients qui résultaient du *mélange des fiefs* dans une même paroisse. Voir la note sous le cahier de la Haye-d'Ectot, art. 5 (t. II, p. 323).

A Saint-Lô, un exemple typique de cette situation nous est fourni par le bourg de Tessy. Ce bourg, assez considérable, était le chef-lieu d'une baronnie ayant haute justice, qui appartenait au prince de Monaco et relevait du bailliage secondaire de Saint-Lô; mais une partie de la paroisse, dont l'assiette du clocher, était en dehors du fief de Tessy, et sous la mouvance féodale du bailliage de Coutances. Nous avons vu en effet que la paroisse de Tessy a été convoquée et a comparu, pour les assemblées des États généraux, au bailliage de Coutances (voir t. I, p. 602).

La note déjà signalée au *Projet de cahier* de la ville, qui renvoie à l'«*Histoire de France*, par Garnier, t. XXIX, p. 160», a passé sans changement dans le texte imprimé du cahier du bailliage.

[1] Le paragraphe 4 copie, mais en le remaniant considérablement, le même paragraphe de l'article 5 du *Projet de cahier* de la ville. Tout le passage entre les signes **, relatif à la fixation du prix de remboursement des offices par évaluation, dans le cas où le centième denier n'aurait pas été payé par le propriétaire actuel, est une addition au texte du *Projet*. En revanche, les commissaires du bailliage ont supprimé le membre de phrase où il était demandé que le remboursement des offices n'ait lieu «qu'entre les mains des héritiers», et par voie de conséquence ils ont retranché aussi l'appellation de «pour ainsi dire viagère», donnée à ce mode de remboursement. Voir *supra*, p. 34.

Ces différents remaniements au *Projet* figuraient-ils déjà dans le texte définitif du cahier de la ville? On ne saurait l'affirmer, mais cela est très vraisemblable, puisque la lettre du lieutenant général à l'intendant, du 7 mars, déjà citée, assure précisément qu'il y a eu «un léger changement dans le paragraphe 4 de l'article V» (*supra*, p. 17 note 1).

[2] On s'est souvent demandé quelle pouvait être la portée de cette question du *remboursement des offices* à la fin du xviii° siècle. Un *Mémoire* dressé à la fin de 1788 nous permet de l'apprécier d'une façon très précise, pour le bailliage

5° L'expérience montre qu'un fléau désolant pour les campagnes sont les hautes justices. Le droit de juger les citoyens est une prérogative inséparable de la couronne. Si on a regardé jusqu'ici comme un principe sacré que les domaines qui lui appartiennent sont inaliénables, c'est surtout à l'égard de ce droit majestueux d'administrateur de la justice au peuple que ce principe doit être invoqué.

L'Assemblée estime donc qu'on ne peut trop se hâter de réintégrer Sa Majesté dans toute la plénitude de ce droit. Mais comme elle croit en même temps qu'on ne peut anéantir des traités faits sur la foi publique sans dédommager entièrement ceux qui pourraient se trouver lésés par cette revendication, il devient indispensable de pourvoir au remboursement des propriétaires desdites hautes justices, sans altérer en aucune manière les droits utiles et honorifiques qu'elles leur procurent[1];

de Saint-Lô, à la veille même de la Révolution.

«Le bailliage de Saint-Lô, y lisonsnous, est composé ainsi qu'il suit : un lieutenant général civil, M. de Robillard; un lieutenant criminel, cet office est occupé par le même; un lieutenant général honoraire, M. de Bacilly; un lieutenant particulier civil, M. Osmond, et un lieutenant particulier criminel, M. Desfresnes. Il y a 5 offices de conseillers, qui sont les sieurs Le Cardonnel, Le Monnier de Gouville, Ouri de Boival, Le Duc Duhamel et Letellier de Montchoix, avec le sieur Oury de la Grondière, vétéran. Un procureur du roi, M. Morel; 2 avocats du roi, MM. Le Tellier et Bernard, et 2 offices de conseillers substituts, MM. Desvaux et Montcuit... On compte 5 notaires dans le bailliage, dont 2 résident dans la ville et 3 sont domiciliés dans les paroisses. Nous estimons que ce nombre peut suffire au moment actuel. Huit procureurs postulent dans ce siège, y compris deux substituts; il en faudrait dix. Le greffe appartient à plusieurs propriétaires, qui commettent, en vertu d'un bail; ceux qui desservent le greffe en qualité de commis sont reçus en justice... Il y a 5 huissiers audienciers et 4 branches de sergenterie, desservies par des commis; leur nombre varie, il est ordinairement de 12. Il nous a paru utile de supprimer quelques-uns de ces officiers subalternes.» (Mémoire pour le

bailliage de Saint-Lô, 1788, Arch. Calvados, C 6079).

Ainsi, en laissant de côté les vétérans, dont l'office a passé en d'autres mains, et en négligeant aussi les simples commissionnés, le petit ressort de Saint-Lô ne comptait pas moins, en 1789, de 38 offices de judicature, pour la juridiction régulière du siège. Qu'on ajoute à ce chiffre les offices des juridictions d'exception, élection, traites et quartbouillon, et 4 offices de finance, et l'on comprendra quelle entreprise formidable c'était en 1789 de proposer pour tout le royaume le remboursement des offices.

[1] Le paragraphe 5 a été copié textuellement sur le même paragraphe de l'article V du cahier de la ville (suprà, p. 35). Il est intéressant d'observer qu'un vœu diamétralement opposé, demandant la conservation des hautes justices, a été émis dans le cahier d'Agneaux. Voir ce cahier, au chapitre Justices seigneuriales, art. 1er (suprà, p. 58).

Sur l'état des hautes justices du bailliage de Saint-Lô en 1789, nous trouvons des renseignements précis dans un Mémoire remis en 1788 à l'Intendance, en réponse à un questionnaire concernant l'état de la justice dans la généralité de Caen, au moment où furent rétablis les tribunaux d'exception:

«Le bailliage, explique l'auteur du Mémoire, n'a dans son ressort immédiat

6° Enfin, il est de notoriété que la déclaration du mois d'octobre 1703, par laquelle il est statué que les corps et communautés ne peuvent intenter aucun procès ni y défendre qu'après avoir obtenu le *visa* du commissaire départi, opère des inconvénients de toutes espèces. Les raisons qui font désirer l'anéantissement ou la modification de cette loi seront plus amplement détaillées dans un mémoire particulier qui sera remis aux députés du bailliage de Cotentin et ils demeurent invités à solliciter l'effet de ce mémoire [1].

Art. 6. L'Assemblée décide : 1° que toutes les entraves fiscales qui retardent le progrès de l'agriculture, etc...

2° Que toutes les gênes de même nature qui arrêtent l'essor du commerce et la prospérité des manufactures, etc. [2]...

3° Il existe notamment depuis quelques années un droit établi sur les cuirs qui arrête non seulement l'industrie des fabricants, mais qui cause des inquiétudes perpétuelles à ceux qui les emploient et les expose fréquemment à soutenir des procès aussi dangereux que dispendieux. Le moyen le plus sûr de faire revivre une

---

que 39 paroisses; elles sont toutes très peuplées, et chacune d'elles a l'avantage d'avoir un sol fertile. Cinq hautes justices dépendent de ce bailliage, savoir :

1° *Canisy*, le bailli y réside;

2° *Cerisy*, bourg assez considérable, et qui dépend en partie de Saint-Lô et partie de celui de Thorigny; le bailli y réside;

3° *Couvains*, n'a pour tout officier qu'un bailli qui ne réside point (relève aussi de Thorigny);

4° *Saint-Pierre-de-Semilly*, a un bailli qui ne réside pas. Cette haute justice relève du marquisat de Mathan;

5° *Tessy*. Cette justice est composée d'un bailli domicilié sur le lieu, d'un lieutenant et d'un procureur fiscal, qui n'y sont point domiciliés.»

(*Correspondance relative aux tribunaux d'exception*, 1788. Arch. Calvados, C 6079, pièce cotée 66). — Le *Mémoire* précité ne nous renseigne point sur l'importance des différentes hautes justices qui y sont énumérées. Mais, d'après Dumoulin, la seule haute justice de quelque importance était celle de Tessy, séante à Moyon, qui s'étendait sur huit paroisses relevant partie de Coutances, partie de Saint-Lô. La haute justice de

Cerisy ne comprenait que le bourg de ce nom. (Dumoulin, *Géographie descriptive*, t. III, p. 174 sq.)

[1] Le paragraphe 6° et dernier est la reproduction textuelle du même paragraphe du cahier de la ville (*suprà*, p. 35). Les commissaires-rédacteurs du bailliage n'ont même pas pris la précaution d'effacer la mention du *Mémoire* particulier de la ville de Saint-Lô, dont il est question à la fin. Ce *Mémoire* qui, d'après le cahier, aurait dû être remis aux députés du bailliage de Cotentin, ne s'est d'ailleurs pas retrouvé dans les pièces du bailliage.

Pour se rendre compte de la diversité et de la multiplicité des objets qui nécessitaient le *visa* de l'intendant dont il est parlé au texte, on pourra utilement consulter, dans les archives de l'Intendance de Caen, deux liasses qui contiennent la procédure relative aux délibérations présentées à l'homologation entre les années 1779 et 1789, classée par ordre alphabétique de paroisses. (Arch. Calvados, C 1227 et 1228.)

[2] Les deux premiers paragraphes de l'article VI sont copiés textuellement sur les mêmes paragraphes du cahier de la ville (*suprà*, p. 36).

branche de commerce aussi importante pour le royaume et pour cette ville en particulier serait de l'affranchir et de lui restituer la liberté la plus entière [1];

4° Il doit être pourvu à une meilleure administration des forêts et à l'encouragement tant de plantations que de la découverte et de l'exploitation des mines de charbon de terre, afin de prévenir la disette totale de la première espèce de combustible et de rendre pour la seconde la nation indépendante de l'étranger. *Un moyen qui paraîtrait propre à prévenir la disette des bois qui se fait déjà sentir serait de mettre les acquéreurs des landes et bruyères faisant partie du domaine dans la soumission d'en planter une partie et de l'entretenir dans cet état* [2];

5° Les landes, grèves, communes, marais et autres terres incultes sont devenus depuis quelque temps un objet de cupidité qui a causé, notamment dans la province, des troubles et des inquiétudes sans nombre : presque toutes les communautés ayant ou prétendant avoir droit à ces terres ont été forcées d'essuyer des procès longs et dispendieux pour soutenir ou réclamer leurs droits [3]. Ces

[1] Le paragraphe 3 de l'article VI est la reproduction textuelle du même paragraphe du cahier de la ville (*suprà*, p. 37). Et ici encore, les commissaires-rédacteurs n'ont pas pris la peine de biffer la mention particulière de l'intérêt dont était, pour «cette ville», le commerce des cuirs.

L'élection de Saint-Lô était d'ailleurs tout entière intéressée au relèvement de l'industrie des cuirs. Au milieu du siècle, un *Mémoire* dressé pour l'ensemble de la généralité de Caen y avait compté, outre ceux habitant la ville, 13 maîtres-tanneurs, établis dans les bourgs de Thorigny et Canisy et dans une dizaine de paroisses rurales, qui préparaient ensemble 1,760 cuirs de vache et 450 de veaux; et d'autre part 12 mégissiers, qui apprêtaient ensemble 10,400 peaux de veaux et de moutons et 160 de vaches et de bœufs seulement. La majeure partie de ces établissements n'étaient, il est vrai, que de tout petits ateliers, faisant chacun de 100 à 150 peaux; seul celui des sieurs Guesnon et Hardel frères à Canisy travaillait jusqu'à 3,000 peaux; à Thorigny aussi les mégisseries avaient de l'importance; cinq établissements y apprêtaient ensemble 5,900 peaux par an. Voir *État des villes*, pa-

roisses et lieux de la généralité de Caen où il y a des établissements de tannerie, 1748. (Arch. Calvados, C 2925.) Mais il est certain qu'en 1789 ce commerce était entièrement tombé; il n'en est même plus question dans le *Procès-verbal de l'assemblée du département de Saint-Lô*, en 1788.

[2] Le paragraphe 4 reproduit, mais avec une addition considérable, le même paragraphe du cahier de la ville (*suprà*, p. 38). Toute la dernière phrase, placée entre les signes ** est une addition. Elle ne se trouve pas non plus dans le cahier de la ville de Valognes, art. 6, § 6 (au tome II, p. 23).

Au sujet de la recherche du charbon de terre, on voudra bien se reporter à ce que nous avons noté sous le cahier de Blainville, art. 7 (au tome I, p. 168). Il ne faut pas oublier que les mines de charbon de Littry, exploitées depuis 1750, étaient situées dans le bailliage voisin de Bayeux, à quelque lieues seulement de Saint-Lô.

[3] Les dernières années du XVIIIe siècle ont été remplies en effet, par les procédures intentées par les engagistes et les fermiers du domaine contre les communautés de paroisses; ils voulaient les évincer de leurs droits aux landes et

terres seront presque inutiles pour l'État tant qu'elles resteront en communes; mais cette considération ne doit pas rendre injuste. On peut concilier l'intérêt général avec l'intérêt particulier; le moyen le plus simple et le plus naturel pour parvenir à ce double but est d'en faire le partage de la manière qui sera jugée le plus convenable, *parce que, toutefois, il sera pourvu à la part des pauvres, encore bien qu'ils n'aient aucune propriété* [1];

6° Les chemins publics et vicinaux méritent l'attention des États généraux. Il n'en existe pas dans tous les endroits où le besoin s'en fait sentir; dans d'autres endroits, il en existe qui sont trop étroits et s'opposent aux progrès de l'agriculture. L'importation et l'exportation reçoivent des entraves très gênantes, en même temps que les voyageurs sont exposés au plus grand danger de perdre la vie. Il faudrait donc pourvoir à ce qu'il fût ouvert des chemins dans les lieux où leur existence serait reconnue nécessaire et à ce que ceux existants fussent élargis, réparés et entretenus d'une manière convenable [2].

ART. 7. Un des objets les plus importants sur lesquels l'attention doit se reposer est l'éducation de la jeunesse. Tout le monde sait combien l'éducation publique est vicieuse, etc... [3].

---

marais communaux, qu'ils prétendaient devoir *faire retour* au domaine. Voir par exemple, pour le bailliage de Saint-Lô, les procédures entre les paroisses de Graignes et de Tribehou et les engagistes, MM. de Polignac et Daspec, avec un arrêt du Conseil en date du 6 octobre 1781. (Arch. Calvados, C 1127.)

[1] Le paragraphe 5 serait encore la reproduction textuelle du paragraphe correspondant du cahier de la ville, si la dernière phrase n'en modifiait singulièrement la portée. Nous avons noté déjà, sous plusieurs cahiers des bailliages de Coutances et de Valognes, les multiples systèmes préconisés en 1789 pour le partage des communaux. Voir cahier, de Bricqueville-la-Blouette, art. 65 (au t. I, p. 212), de Fierville, art. 39 (au t. II, p. 255). Le vœu du présent cahier, qui réserve la part des pauvres *encore bien qu'ils n'aient aucune propriété*, nous paraît extrêmement remarquable, parmi tant d'autres où n'apparaissent que les préoccupations égoïstes des *possédant-fonds*. Voir cependant encore le cahier du tiers état du bailliage de Carentan, art. 20, en opposition avec celui de la ville de Carentan, art. 31 (au t. I, p. 770 et la note).

[2] Le paragraphe 6 est copié presque textuellement sur le paragraphe correspondant du cahier de la ville (*supra*, p. 38). Les commissaires du bailliage lui ont seulement donné une portée plus large, en substituant à la mention restreinte de «l'importation des engrais» et de «l'exportation des denrées», les termes plus généraux d'«exportation et importation», sans spécification d'un objet quelconque.

[3] L'article 7 reproduit textuellement le même article du cahier de la ville (*supra*, p. 39). Un événement tout récent venait de montrer, dans le bailliage même de Saint-Lô, l'insuffisance du personnel chargé de l'instruction. A Cavigny, en 1786, la maîtresse d'école en fonctions, demoiselle Duhamel, avait été déclarée par ordonnance de l'archidiacre incapable d'instruire les enfants et les habitants et possédants-fonds avaient dû faire requête à l'inten-

Un autre objet non moins important est la réformation des mœurs. Ce n'est point ici le lieu, etc...

Il serait à désirer qu'à l'avenir les vertus militaires, etc...

Elle ajoutera qu'il serait essentiellement avantageux de rétablir les jugements de famille, etc...

Une des causes qui contribue le plus à la corruption est la facilité ou plutôt la fureur avec laquelle on se porte à contracter des rentes viagères, etc...

Le moyen d'arrêter les progrès du mal à cet égard serait de ne permettre ces sortes de contrats, etc...

Art. 8. 1° Depuis quelque temps, la matière des dîmes a causé dans la province de Normandie des contestations multipliées entre les décimateurs et les décimables : la jurisprudence actuelle est sur ce point dans un état d'incertitude qui fait désirer aux uns et aux autres un règlement qui puisse prévenir par la suite toutes les difficultés à cet égard[1]. L'Assemblée recommande donc aux députés aux États généraux de solliciter une décision sur ce point important et d'insister surtout pour que le droit décimal soit restreint dans ses justes bornes, sans égard aux usurpations qui peuvent avoir lieu*, notamment à l'égard des dîmes insolites et sans que la perception des dîmes sur les fruits qui sont déclarés décimables puisse assujettir le fonds en cas de changement de culture * [2];

2° Il paraît tout à fait injuste que les communautés soient tenues de l'entretien des maisons presbytérales, et mille raisons doi-

---

dant pour lui faire vider la place. (Arch. Calvados, C 1227.)

[1] Le cahier fait allusion aux variations de la jurisprudence en matière décimale, que nous avons retracées sous les cahiers de la Haye-Bellefond et de Montmartin, art. 6 (au t. I, p. 362 et 474). Dans le bailliage même de Saint-Lô, deux gros procès encore pendants préoccupaient vivement les esprits en 1789. A Hébécrévon et à Villiers-Fossard, les curés avaient imaginé de poursuivre plusieurs de leurs paroissiens pour leur réclamer la dîme de *trémaine*, se réservant évidemment de demander cette dîme sur la paroisse entière, une fois le *précédent* établi. Les habitants, comprenant le danger, avaient sollicité de l'intendant l'autorisation de se porter parties aux procès; mais l'autorisation leur avait été refusée. (Arch. Calvados, C 1227 et 1228.) Cf. aussi, sur ce même

fait, le *Procès-verbal de l'assemblée du département de Saint-Lô*, ms. cit., f° 56 v°).

[2] Le premier paragraphe de l'article 8 est copié sur le paragraphe correspondant du cahier de la ville. La fin toutefois a été remaniée, et la dernière phrase, entre les signes **, est une addition. Sur ce qu'il faut entendre par *dîmes solites* et *insolites*, voir la note sous le cahier de Saint-Martin-de-Bonfossé, art. 11 (t. I, p. 571). Les derniers mots de la partie ajoutée font allusion à ce qu'on appelait la *dîme de substitution*. Lorsqu'une terre arable était convertie en prairie, bien que l'herbe en principe ne dût pas la dîme, les décimateurs prétendaient continuer à percevoir une redevance représentative de la valeur de la dîme par eux perdue. Voir Rouvier, *Pratique bénéficiale*, p. 72.

vent porter à en revenir aux principes qui existaient avant l'ordonnance de Blois, en chargeant les gros décimateurs de cet entretien *ainsi que des linges, ornements et vases sacrés*[1];

3° On se conformera encore aux anciens principes et aux anciennes règles, en prenant les mesures convenables pour que les pauvres trouvent dans une partie des revenus de l'Église un secours assuré contre la misère et l'infortune.

Quel secours ne trouverait-on pas, par exemple, dans la suppression des annates que la religion n'autorise pas, à beaucoup près, et qu'une saine politique désavoue? Le droit du déport qui s'exerce sur certains bénéfices de la province n'est pas lui-même plus favorable et il est de l'intérêt de la religion comme de celui du peuple d'en demander la suppression[2];

4° Il est très intéressant de solliciter l'exécution précise de l'édit du roi du mois de mars 1768, relativement au nombre de religieux dont chaque monastère doit être composé, et la suppression surtout des monastères situés dans les campagnes ou dans les petits bourgs et de tous autres qui ne seraient pas réputés maisons principales et dans lesquels, depuis la promulgation de cette loi, l'ordre ou congrégation dont dépend ladite maison n'a pu envoyer le nombre de sujets désirés par ladite loi.

Les biens et revenus attachés à ces monastères peuvent être très utilement appliqués, *soit à décharger le trésor royal des dotations de certaines maisons religieuses dont l'utilité est généralement reconnue, *soit au soulagement des pauvres, soit à former des maisons d'éducation, des hospices de charité ou d'enfants trouvés; un pareil emploi, en servant l'humanité, n'aura rien de contraire à la religion ni même aux intentions présumées des fondateurs[3];

[1] Le paragraphe 2 est copié sur le paragraphe correspondant du cahier de la ville, sauf le passage entre les signes **, relatif à la fourniture et à l'entretien des linges et ornements sacrés, qui est une addition.

Sur cette question de l'entretien des ornements du culte, voir ce que nous avons noté sous le cahier de Benoîtville (t. II, p. 111). Dans le ressort du bailliage de Saint-Lô, un procès venait justement d'être soulevé entre les habitants de la paroisse de Sainte-Croix-de-Saint-Lô et les religieux de l'abbaye, pour faire réparer par l'abbé les vases sacrés et les ornements de leur église, que l'évêque avait dû interdire, en raison de son état de délabrement. Voyez une Re-

quête des habitants de Sainte-Croix à l'évêque de Coutances, 2 septembre 1781, et une Consultation de six avocats en Parlement sur la question, en date du 8 octobre 1786. (Arch. Calvados, C 1227.)

[2] Le paragraphe 3 est la reproduction textuelle du même paragraphe du cahier de la ville (suprà, p. 41). Le texte imprimé du cahier reproduit également la note du Projet, contenant la citation latine de Dumoulin en matière de déport.

[3] Cf. le cahier de la ville, art. VIII, § 4 (suprà, p. 42); le passage entre les signes ** est une addition. Par «dotations aux maisons royales dont l'utilité est généralement reconnue», il faut en-

5° Les lois relatives à la résidence et à la multiplicité des bénéfices doivent être remises en vigueur et les portions congrues augmentées [1] ;

6° Il serait à désirer que tous les fiefs, seigneuries et droits
honorifiques appartenant à des gens de mainmorte fussent remis
dans le commerce et aliénés dans un temps qui serait fixé, parce
qu'il serait pourvu avantageusement au remplacement des capitaux
de la manière la plus avantageuse à l'État et, dans le cas où il en
serait autrement, qu'au moins les débiteurs des rentes, soit en essence, soit en argent, pussent s'en libérer au taux qui sera déterminé en pourvoyant de la même manière au remplacement des capitaux [2] ;

tendre vraisemblablement les sommes
allouées aux hôpitaux et aux établissements d'instruction, auxquels des secours étaient accordés annuellement sur
le trésor royal. Dans le bailliage de
Saint-Lô par exemple, l'hôpital de Saint-
Lô recevait une dotation annuelle de
1,111 livres, à prendre sur les tailles
de la ville (Arch. Calvados, C 776); la
maison des Nouvelles Catholiques, fondée pour l'instruction des jeunes protestantes, recevait une somme de 120
livres par an, pour chacune des pensionnaires qui y étaient reçues (ibid., C
1646).

Le vœu ainsi ajouté dans le cahier du
bailliage n'est en somme que la reproduction d'une idée déjà émise à l'assemblée départementale de Saint-Lô, à la
fin de 1788 : «Il serait à désirer, avait
écrit l'un des membres de l'assemblée,
l'abbé de la Bayonnière, qu'en tenant
la main à l'exécution de l'édit ci-devant
daté de mai 1768) ces monas-
tères fussent évacués et que les biens
qui composent la manse conventuelle,
distraction faite des sommes nécessaires
à l'acquit des fondations, fussent employés à un usage aussi pieux et aussi
utile que le deviendraient des établissements non seulement pour l'éducation
de la jeune noblesse, mais encore pour
y recevoir les pauvres orphelins, invalides et infirmes.» L'assemblée, ajoutait-
il, ne devait pas indiquer un monastère
plutôt qu'un autre : «Ce serait à la prudence et à la discrétion de Monseigneur
l'évêque de Coutances qu'il appartiendrait d'éclairer le gouvernement sur
cette opération. Il est même quelques-

uns de ces monastères où on trouverait
des bâtiments tout disposés soit pour y
recevoir une école de jeunes gentilshommes, soit pour y établir un hôpital.» (Ms. cit., f° 31 v°.)

[1] Reproduction à peu près textuelle
du paragraphe correspondant (5°) du
cahier de la ville (suprà, p. 44), qui
termine dans ce dernier cahier l'article
VIII. — Les cures à portion congrue paraissent avoir été plus nombreuses dans
la région de Saint-Lô que dans le reste
du Cotentin. Dans la région de Valognes
nous avions observé (sur cahier du bailliage de Valognes, art. 25, au tome II,
p. 770 note 2), que le petit nombre des
cures à portion congrue du ressort ne
justifiait guère les doléances des cahiers.
Ici au contraire, on doit reconnaître que
ces doléances étaient justifiées ; les cures
à portion congrue y étaient nombreuses,
parce que la plupart des bénéfices appartenaient aux réguliers. Dumoulin, en
1765 en avait déjà fait la remarque :
«Les curés de cette élection sont presque
tous réduits à la portion congrue, et le
nombre des prêtres y est assez petit, n'y
ayant ordinairement qu'un vicaire en
chaque église. Il y en a 30 dans la ville
de Saint-Lô, et on remarque qu'ils y
ont très peu de crédit, quoique fort
honnêtes gens.» (Dumoulin, Géographie
descriptive, t. III, Généralité de Caen,
p. 174.)

[2] Tout le paragraphe 6 est une addition, à laquelle rien ne correspond
dans le cahier de la ville. Nous avons
déjà rencontré d'ailleurs un vœu semblable, pour la mise dans le commerce
des fiefs appartenant aux ecclésiastiques ;

7° Enfin, comme l'instabilité des baux faits par les bénéficiers nuit infiniment à l'intérêt public en empêchant les fermiers de cultiver cette espèce de biens avec sécurité et de faire les avances convenables pour en tirer le meilleur parti, il serait à désirer que le successeur aux bénéfices fût tenu d'entretenir les baux faits par son prédécesseur, et pour éviter tout inconvénient à cet égard, il faudrait que ces sortes de baux fussent passés par bannissement judiciaire et que tout pot-de-vin fût prohibé[1].

dans le cahier de Saint-Martin-de-Bon-fossé, art. 12 (t. I, p. 572).

La doléance du cahier ne paraît pas avoir été spécialement justifiée dans le bailliage de Saint-Lô; du moins les établissements ecclésiastiques du ressort n'étaient-ils possesseurs que de rentes féodales bien peu considérables. L'abbaye de Sainte-Croix de Saint-Lô n'avait que des terres et des dîmes; l'*État sommaire* dressé en 1769, spécifie expressément même que «l'abbaye n'a ni cens ni sur-cens, ni treizièmes, ni rentes en grains ou en argent» (Arch. nat., S 7483). Les deux autres établissements de réguliers du ressort, les prieurés de Saint-Fromond et de la Perrine, possédaient seulement, le premier les rentes seigneuriales du fief noble de Saint-Fromond, consistant en 5 boisseaux de froment, 100 d'avoine, 4 d'orge, mesure du Hommet, 50 poules et 5 livres en argent; le second, diverses rentes seigneuriales dans les paroisses de Saint-Fromond et du Dézert, s'élevant ensemble à 150 boisseaux de froment, mesure de Hommet, 40 autres mesure de Mont-martin et 150 boisseaux d'avoine mesure du Hommet. Voir le *Pouillé*, f°s 24 v° et 27 v°. Le total des rentes féodales de la Perrine est estimé, dans une déclaration de 1766, à la somme de 864 l. 15 s. 8 d. (*État des biens-fonds, rentes, etc., de la communauté de la Perrine*, 25 septembre 1766, Arch. nat., S 7483.)

[1] Le paragraphe 7 est une addition du cahier du bailliage, qui n'a aucun antécédent dans le cahier de la ville. La question qu'il soulève, celle de *l'instabilité des baux des bénéfices*, est économiquement et juridiquement très intéressante.

De droit commun, en législation canonique, les baux passés par les bénéficiers des terres, dîmes ou droits seigneuriaux dépendant de leurs bénéfices, sont rompus par la mort du titulaire qui les a conclus, et ne peuvent être opposés à son successeur (Arg. can. *Moyses*, au Décret de Gratien, Causa VIII, quaest. 1). La raison juridique et pratique à la fois de cette règle est aisée à saisir : juridiquement, le bénéficier, n'étant qu'un possesseur temporaire et viager, ne peut avoir transmis à un fermier plus de droits qu'il n'en a lui-même, et pratiquement il importe à l'Église qu'un titulaire passager n'ait pas, par des baux inconsidérés, compromis pour celui qu'elle lui substituera le revenu du patrimoine ecclésiastique. La solution admise est donc éminemment logique; mais on conçoit qu'elle soit aussi fort défavorable à la bonne exploitation des terres. Les papiers du Comité de constitution renferment précisément une *Adresse des fermiers du Cotentin* où les inconvénients qui résultent de l'instabilité des baux sont très justement exposés. (Arch. nat. D xiv 5, l. 58.)

Pour être juste, toutefois, il faut noter que le droit bénéficiaire de la province de Normandie avait apporté au principe certains tempéraments et certaines distinctions, qui en atténuaient sensiblement les inconvénients pratiques. Tout d'abord, d'après Routier, le seul bail qu'on considérait en Normandie comme nécessairement caduque était celui du bénéfice vacant par mort, démission ou dévolution. Si le nouveau titulaire se trouvait promu par permutation, résignation *in favorem* ou autre cause de cette nature, on tenait en doctrine qu'il était obligé d'entretenir le bail de son résignataire ou permutant, dont on le regardait en quelque sorte comme le successeur à titre universel. En outre, dans tous les

Art. 9. Il est encore quelques objets particuliers dignes de fixer l'attention de l'assemblée prochaine des États généraux :

1° Les députés seront chargés de demander que la liberté personnelle des citoyens soit mise à l'abri des atteintes auxquelles elle est exposée par l'usage arbitraire des lettres de cachet et par les enrôlements forcés de la milice tirée au sort [1] ;

2° Que la liberté de la presse soit autorisée, avec les modifications nécessaires pour garantir l'ordre public et l'honneur des particuliers [2] ;

3° Que l'État étant chargé de la nourriture et entretien des bâtards et enfants trouvés et les seigneurs n'y contribuant pour rien,

---

cas, la jurisprudence du Parlement de Rouen aurait décidé que le nouveau pourvu devait laisser le fermier achever l'année commencée et recueillir les fruits; et qu'il ne pourrait l'expulser dès sa prise de possession, même en offrant de le rembourser de « ses labeurs, airures et semences ». (Routier, *Pratique bénéficiale*, p. 111.) Mais cette double limitation indiquée par Routier est loin d'être admise par tous les auteurs. Houard d'abord interprète dans un sens tout opposé la jurisprudence de la Cour, en s'appuyant sur une Ordonnance de Charles IX, de septembre 1568, que Routier considérait sans preuve comme abrogée par non-usage (Houard, *Dictionnaire analytique*, v° Bail, I, p. 141); Routier lui-même, en un autre endroit (p. 517), rapporte un Arrêt de la Cour qui a permis à un départuaire du diocèse de Rouen d'expulser un fermier qui avait fait les labours et semences. Il explique, il est vrai, cette solution par un usage spécial au diocèse de Rouen, qui ne serait pas applicable dans les autres diocèses. Mais cette justification embarrassée de sa thèse montre qu'à son époque la question était au moins fort obscure et discutée.

Notons pour fixer les idées que, d'après la législation civile de la fin du XVIIIe siècle, les baux de bénéfices ne pouvaient, en tout état de cause, être valablement passés pour plus de neuf ans, et qu'ils ne pouvaient l'être que devant notaires. Voir *Édits des 16 novembre 1741, 7 novembre 1771* (dans Isambert, XXIII, 252, n° 311).

[1] Les deux premiers paragraphes de l'article 9 sont la reproduction textuelle des paragraphes correspondants du cahier de la ville (*suprà*, p. 44).

Au sujet de la milice, il convient d'observer que les paroisses du bailliage de Saint-Lô, uniformément situées dans l'intérieur des terres, se trouvaient assujetties seulement à la *milice de terre*. La ville de Saint-Lô était le siège d'un bataillon du régiment provincial de Basse-Normandie, dont toutes les paroisses du ressort assuraient le recrutement. Il n'est pas possible de donner le chiffre exact de la levée demandée au bailliage; les États sont dressés en effet par élections et subdélégations, et les paroisses tirent par groupe de deux ou trois ensemble. La subdélégation de Saint-Lô, un peu plus étendue que le bailliage, accuse dans ces conditions des chiffres de levée qui varient, depuis 1783, entre 53 et 60 hommes, chiffres extrêmes. Le nombre des inscrits se tient aux environs de 3,000; en 1788, il est de 2,794. Sur ce nombre, 1,528 sont déclarés exempts, 303 écartés comme infirmes, 372 comme trop petits, et il y a 38 fuyards. Au total, il est demeuré cette année-là 561 garçons, pour tirer entre eux 53 hommes, ce qui met la proportion de la levée, comme le remarque le subdélégué, à 1/11 des hommes qui ont tiré. (*État par subdélégations des tirages des troupes provinciales depuis 6 ans, année 1788*, Arch. Calvados, C 1916.)

[2] Cf. le cahier de la ville, A. 9, § 2 (*suprà*, p. 45).

la succession de ces sortes de personnes mourant sans enfants
vertisse au profit de l'État[1];

4° Qu'il soit loisible de se rédimer des droits de banalités, corvées et autres services personnels, moyennant une redevance foncière et seigneuriale fixée par estimation, et, dans le cas d'aliénation actuelle des moulins et fours banaux, et des fonds auxquels
sont attachés lesdites corvées ou services personnels, les débiteurs
pourront s'en affranchir en payant le capital de l'estimation au denier 25 entre les mains des aliénataires[2];

[1] Le paragraphe 3 est une addition
du cahier du bailliage, qui n'a aucun
antécédent dans le cahier de la ville. Il
a déjà été question de l'entretien des
bâtards et enfants trouvés dans les cahiers de Bricqueville-la-Blouette, art.
8 (au tome Ier, p. 216) et de Digosville, art. 1er (au tome II, p. 225).
Quelques explications suffiront par suite
pour éclairer leur droit successoral en
1789.

Suivant la coutume de Normandie,
comme d'ailleurs dans le droit commun
des coutumes, le principe est que le
bâtard ne laisse pas d'héritiers, autres
que ses propres enfants. Il a pu durant
sa vie, aux termes de l'article 276, disposer de ses héritages «comme personne libre», mais à son décès, s'il est
sans enfants, ses biens reviennent au
seigneur «en propriété et aux charges
de droit»; il peut seulement tester
pour ses biens meubles, et la part d'acquêts dont les autres citoyens peuvent
disposer (Cout. réf., art. 147, art.
416; Placités, art. 94). Ainsi les biens
immeubles dans tous les cas reviennent
au seigneur haut-justicier, les biens
meubles eux-mêmes, s'il décède intestat (et aux biens meubles ou assimilés
même ici par exception les rentes constituées), sont de droit acquis au roi.
(Arrêts des 27 octobre 1624, 10 février 1609, dans BASNAGE, Œuvres,
éd. 1778, sur art. 147, au tome Ier,
p. 247.)

Ces dispositions sont, selon Houard,
«très conformes à l'économie féodale».
En effet, comme il l'observe, le bâtard
n'a pour protecteur que le roi ou le seigneur dont il relève, soit à cause de ses
acquisitions, soit à cause de son domicile (HOUARD, Dict. analyt., v° Bâtard, I,
p. 161). On ne peut s'empêcher de

remarquer pourtant — et c'est ce que
fait justement le cahier ci-dessus —
que dans le droit normand, qui exempte
les seigneurs de l'entretien des enfants
trouvés et qui transporte cette charge
aux communautés des paroisses, la vocation héréditaire des seigneurs apparaît beaucoup moins logique que dans
le droit commun des coutumes, qui
donnent le soin de l'entretien des enfants trouvés aux hauts justiciers, et
placent par conséquent le profit là-même
où elles ont mis la charge. Sous le régime de la Coutume de Paris, Bacquet
peut dire très justement : Ubi onus,
ibi emolumentum. On ne pourrait pas
dire que le droit normand observe ici
la même règle de logique et de justice.

Des faits récents avaient dû, dans le
ressort même de Saint-Lô, attirer l'attention sur cette question des enfants
trouvés. En 1786, la paroisse de Cerisy-
l'Abbaye avait dû se cotiser de 60 livres
pour fournir à la nourriture d'une petite fille bâtarde tombée à sa charge;
en 1790, la communauté du Mesnil-
Eury était encore contrainte de s'imposer de 43 livres, pour une année de
nourriture d'un enfant trouvé. (Arch.
Calvados, C 1227 et 1228.)

[2] Le paragraphe 4 est une addition
des commissaires du bailliage, à laquelle
rien ne correspond dans le cahier de la
ville.

Sur les droits de banalités et de corvées subsistant en 1789 dans la région
du Cotentin, on voudra bien se référer
aux réserves que nous avons cru devoir
faire sous les cahiers de le Beslière,
art. 2 et de Tourville, art. 6 (au tome
Ier, p. 158, 611). Nous croyons pouvoir renvoyer aussi dès maintenant à
une Étude que nous préparons sur les
États de rentes du district de Valognes

III

5° L'Assemblée décide que sur tous les autres objets non exprimés ci-dessus, qui pourront être proposés et discutés aux États généraux, etc. . . .

6° L'Assemblée déclare enfin qu'en consentant que la Province s'adjoigne au régime commun d'administration qui sera délibéré par les États, elle n'a d'autre intention que celle de lier les intérêts de la Province à ceux du reste du royaume, et de faciliter la régénération générale par l'uniformité de principes et de gouvernement; mais qu'elle réserve formellement tous les droits particuliers de la Province dans le cas où, par quelque raison que ce soit, les États généraux se trouveront hors d'état de remplir les vues importantes qui les déterminent [1].

Fait et rédigé en l'hôtel de ville de Saint-Lô par les commissaires soussignés, ce 11 mars 1790.

Signés : Le Menuet, Hélie, Vieillard fils, Bernard, Poisson de Coudreville, Le Monnier de Gouville, Gonfrey, Dubail, Colleville, L'Écuyer, Saint, Lécuyer-Montamy, Pezeril, Dorée, Hubert-Dubourg, Osmond, Groualle, Dufour de Précanville, Dufour, Durand, Robillard, Raoult.

---

en 1790. Nous croyons pouvoir y montrer que ce genre de services féodaux était devenu en réalité fort rare, bien avant 1789, dans la région du Cotentin.

[1] Les deux derniers paragraphes de l'article IX sont la reproduction des paragraphes 3 et 4 du même article, au cahier de la ville (*suprà*, p. 45).

La réserve faite en faveur du maintien des États particuliers de Normandie, au cas où les États généraux ne pourraient remplir leur mission, avait déjà été exprimée dans les mêmes termes, dans les résolutions de l'assemblée de Saint-Lô en 1788. Voir *Procès-verbal de l'assemblée de Saint-Lô*, séance du 20 octobre (ms. cit., f° 66 v°). La même réserve se retrouve d'ailleurs dans le cahier de l'assemblée préliminaire de Périers, chapitre III, article 7 (*infrà*, p. 141).

# VI

## BAILLIAGE SECONDAIRE
## DE SAINT-SAUVEUR-LENDELIN,
### SÉANT À PÉRIERS.

Le bailliage de Saint-Sauveur-Lendelin comprenait pour la convocation 5o communautés de bourgs et paroisses[1], dont aucune ne se trouve portée à l'*État* annexé au Règlement général du 24 janvier comme devant tenir des assemblées préparatoires de corporations. L'addition des chiffres des feux des paroisses sur les registres du grenier à sel fournit, en l'absence d'un *État des feux* du bailliage, un chiffre total pour le ressort de 6,652 feux[2], et les *États de population* en date de l'année 1787 accusent une population de 24,674 habitants[3], avec un mouvement annuel, pour cette même année, de 949 naissances (500 garçons, 449 filles), de 273 mariages, et de 870 décès (421 hommes, 449 femmes[4]). Les *Rôles d'assignation* des ordres privilégiés font ressortir, pour la même circonscription (en dehors des réguliers), un chiffre de 54 ecclésiastiques possédant bénéfices, dont 52 curés[5], 1 seul prieur-curé, et 1 seul chapelain; et de 7 ecclésiastiques sans bénéfice. La noblesse compte, de son côté, 31 gentilshommes, dont 25 possédant fiefs et 6 non possédant fiefs[6].

[1] *Procès-verbal d'assemblée de l'assemblée préliminaire du bailliage de Périers*, séance du 9 mars (*infra*, p. 129). Une paroisse, celle de Geffosse-en-Bessin, était convoquée simultanément au siège de Bayeux, où elle a comparu, faisant défaut dans notre ressort.

[2] Non comprise la communauté de *Geffosse-en-Bessin*, défaillante à l'assemblée préliminaire.

[3] Arch. nat. Ba 58, l. 144. L'*État de population des 12 anciens gouvernements*, dressé à la même date, confond dans le ressort propre de Périers celui du petit bailliage de Cérences, distinct pour la convocation ; et pour cette raison il donne le chiffre supérieur de 29,562 habitants. (Arch. nat., D IV *bis* 47, pièce 4.)

[4] Arch. nat., D IV *bis* 44.

[5] Il n'y avait dans le ressort que 5o paroisses ; mais la cure de Gorges était à 3 portions, et celle de Saint-Sauveur-Lendelin à 4 portions. Les titulaires de la cure de Gorges étaient, en 1789 : pour la portion dite *de l'Epesse*, M° Philippe Olivier le Besnier ; pour la portion dite *de Camprond*, François le Bourgeois, et pour la portion dite pro 1ª Charles-François Lecanu. A Saint-Sauveur-Lendelin, au contraire, les trois premières portions étaient réunies entre les mains de M° Brissière, curé ; la 4° appartenait à M° Lenoir, également qualifié curé du lieu.

L'unique chapelain était messire Le Touzé, titulaire de la chapelle Saint-Jean à Saint-Aubin-du-Perron. (*Procès-verbal de l'assemblée générale*, séance du 17 mars, Arch. nat., B III 53, p. 189.

[6] *Rôle de MM. les bénéficiers du bailliage de Périers*, assignés à comparaître à l'assemblée des trois ordres du bailliage de Coutances, fixée au lundi 16 mars 1789

Administrativement, les paroisses étaient comprises dans la généralité de Caen, et par parts égales à peu près se répartissaient entre les deux élections de Carentan et de Coutances[1]. Elles relevaient pour les droits du roi des domaines de Périers, Saint-Sauveur-Lendelin et Carentan, pour les eaux et forêts de la maîtrise de Valognes. Il y avait bureau du domaine et contrôle à Périers, Saint-Sauveur-Lendelin et Lessay[2], et bureaux et juridictions des traites et quart-bouillon à Carentan et Coutances[3]. L'addition des chiffres d'imposition des paroisses, relevés sur les rôles des élections précitées, fournit un total de 272,339 l. 15 s. 4 d. d'impôts directs (taille : 76,891 livres; accessoires : 52,107 l. 3 s. 11 d.; capitation : 48,729 l. 3 s.; corvée : 25,551 l. 8 s. 3 d.; vingtièmes : 62,051 l. 2 d.; territorial : 5,302 livres; bâtiments de justice : 1,748 livres[4]).

Au point de vue ecclésiastique, les paroisses appartenaient toutes au diocèse de Coutances. On y trouvait, en 1789, un hôpital très pauvre dans la ville de Périers (revenu : 2,167 l. 10 s.[5]), une abbaye d'hommes, de l'ordre de Saint-Benoît, dans la paroisse de Lessay (revenu pour les religieux, 28,521 l.[6] et 30,000 pour l'abbé[7]; décimes : 3,063 l.[8]), et 5 prieurés

---

(Greffe de Coutances, pièce n° 24). — *Rôle des nobles possédant fiefs, etc.* (Ibid., pièce n° 36).

[1] Sur les 50 paroisses convoquées, 28 appartenaient à l'élection de Carentan, 21 à celle de Coutances. La communauté défaillante de Geffosse-en-Bessin était de l'élection de Bayeux. Voir le *Prospectus général des tailles pour l'année* 1789. (Arch. Calvados, C 4468.)

[2] *États des biens et revenus des gens de mainmorte, affermés par baux devant notaire, contrôlés aux bureaux, élections de Carentan* (Arch. Calvados, C 4379) *et de Coutances* (Arch. Calvados, C 4389).

[3] *Arrêt du Conseil d'État du roi, portant règlement pour les ressorts des différentes juridictions des traites et quart-bouillon,* 5 juillet 1746, avec tableaux annexes des paroisses ressortissant à chacune d'elles, dans *Recueil des Gabelles,* II, p. 393 et suiv.

[4] Arch. Calvados, C 4468, 8162, 8190 (non compris Geffosse-en-Bessin). Le chiffre total des vingtièmes se décompose en : biens-fonds : 60,661 livres; offices et droits : 1,390 livres. Il n'est point dans le ressort levé de *vingtième d'industrie.* (Ibid., C 5967.) Le *Rôle de supplément des privilégiés pour les six derniers mois de* 1789 n'est conservé que pour les paroissiens de l'ancienne élection de Coutances (Arch. Manche, C 634).

[5] Ce chiffre est donné par un *état de* 1769. Nous n'avons pas retrouvé la déclaration de 1790 ; mais il est à croire que les revenus de l'hôpital n'avaient pas sensiblement augmenté dans l'intervalle ; en 1788, en effet, M. de la Millière, adressant à l'intendant des renseignements demandés sur l'état des hôpitaux de l'élection de Carentan, fait observer que celui de Périers «n'est pas de ceux que le gouvernement aurait intérêt à conserver». (Arch. Calvados, C 767.) Dans l'état précité, les dépenses, qui sont de 6,700 livres, s'élèvent en effet à plus de trois fois les recettes.

[6] *Déclaration des revenus des religieux de Lessay, donnée à Nosseigneurs de l'Assemblée Nationale* (Arch. Manche, H 4681). Le détail des revenus accuse : biens-fonds, 19,658 l. 11 s.; rentes foncières et seigneuriales, 6,815 l.; redevance de l'abbé, 2,465 l.; revenus des chapelles, 1,234 l. En outre, 5 prieurés ont un revenu propre de 5,310 l. 15 s. 4 d.

[7] Le commandataire en 1789 était l'archevêque de Besançon, Raymond de Durfort. *Déclaration* non retrouvée. L'*Almanach royal* lui donne 9,000 livres, avec 600 florins de taxe, mais ce chiffre est certainement trop faible.

[8] La *Déclaration de* 1790 accuse 3,063 l. de décimes pour les religieux; l'abbé a obtenu, lors de la levée du *Supplément des privilégiés,* une Ordonnance de compensation de 2,193 livres

non conventuels, ceux de Boisroger, de Marchésieux et de Raids dans les paroisses de ce nom, et ceux dits de Brocquebœuf en la paroisse de Lithaire, et de Saint-Ermeland ou Saint-Erbland en la paroisse du Plessis [1]. Le nombre de réguliers était d'ailleurs infime, il n'y avait à l'abbaye de Lessay que 6 moines et 5 frères servants [2], et l'*État de population* précité ne relève pour le bailliage aucune profession, ni décès en religion [3].

Le personnel judiciaire du bailliage comprenait à la date de 1789 le bailli de robe longue, M° Louis-Charles-Guillaume Lescaudey, sieur de Manneval, conseiller du roi, cumulant les charges de lieutenant général, criminel et de police audit siège; le lieutenant particulier Le Clerc de Vauxclerc; le procureur du roi Louis Pouret, sieur de Roquerie; l'avocat du roi Fauvel de la Raisinière, et 4 conseillers ordinaires en exercice [4]. Le greffier Paul-Hyacinthe Thomas Ferrand a été, conformément à l'usage, le secrétaire de l'Assemblée préliminaire du tiers état.

## I. Assemblées primaires.

## BOURG DE PÉRIERS [5].

### 1. Procès-verbal d'assemblée.

(Le procès-verbal authentique n'a pu être retrouvé [6].)

Date de l'assemblée : 22 février. — Nombre de feux : 97 [7]. — Députés (6) : \*Louis-Charles-Guillaume Lescaudey, sieur de Manneval, *conseiller du*

pour la moitié de ses décimes. Au total donc, pour l'abbé et les religieux, 7,447 livres de décimes. (Arch. Manche, C 299 et C 484.)

[1] Voir *Appel du clergé* à l'assemblée générale du bailliage de Cotentin (Arch. nat., B III/53, p. 94). Le prieuré de Brocquebœuf avait alors pour titulaire M. de Bayanne, abbé commandataire de N.-D. du Vœu à Cherbourg, et celui de Raids M° Gannivet. Les titulaires des autres prieurés sont portés absents.

Pour les revenus des prieurés, on voudra bien se reporter à ce que nous notons sous le cahier du bailliage de Périers, chap. VII, art. 6 (*infrà*, p. 156).

[2] *État général alphabétique des religieux*, décembre 1790, § Bénédictins de Saint-Maur (Arch. nat., D XIX 10, l. 147).

[3] Arch. nat., D IV *bis* 44.

[4] *Rôle de capitation des officiers de judicature pour* 1789, *élection de Carentan.* (Arch. Calvados, G 8130.)

[5] Arrondissement de Coutances, canton de Périers.

[6-7] [6] Les Archives municipales de Périers ne nous ont fourni aucune pièce relative à la convocation; la réponse de l'Instituteur au *Questionnaire* que nous avons fait envoyer est négative. Et nous avons pu nous assurer personnellement que le plus ancien registre conservé au Secrétariat est de l'an VIII; il y a des registres du trésor et fabrique, qui remontent au 10 février 1769, mais l'année 1789 est en déficit.

Il ne serait pas impossible cependant que la mairie de Périers ne pût livrer un jour quelques pièces nouvelles. Car il convient de dire que les Archives communales sont fort mal entretenues.

*roi, lieutenant général civil et criminel du bailliage* (2 jours, 6 l., et 17 jours, 74 l., Acc.); CAUDEL (2 jours, 6 l., Acc.); *SURAUVRE, médecin* (2 jours, 6 l., et 15 jours, 74 l., Acc.); *VAULTIER, avocat* (6 jours, 6 l., et 17 jours, 74 l., Acc.); *REGNAULT DE PREMAREST, bourgeois* (6 jours, 6 l., et 17 jours, 74 l., Acc.); *DUPREY DE LA MAHÉRIE, laboureur* (6 jours, 6 l., et 17 jours, 74 l., Acc.).

## 2. CAHIER DE DOLÉANCES.

(Le cahier de doléances n'a pu être retrouvé [1].)

En dehors des pièces conservées au Se-crétariat, il y a des liasses nombreuses jetées en vrac dans le grenier de l'hôtel de ville, et lors des recherches trop sommaires que nous avons pu y faire, nous y avons reconnu les procès-verbaux d'élection des municipalités de 1790, 1791, 1792, des liasses entières rela-tives aux émigrés, à la question des subsistances, à la police du district; d'autre part, les rôles des vingtièmes, celui du *Supplément* à la taille pour les six derniers mois de 1789; et enfin une liasse que nous croyons devoir si-gnaler tout spécialement à l'attention, et qui n'est autre que la collection des réponses des municipalités du département de Carentan au question-naire envoyé en 1788 par la Com-mission intermédiaire, et qu'on ap-pelle quelquefois les *Cahiers de 1788*. — [?] Ce chiffre, qui est donné par *Expilly*, ne correspond pas bien au nom-bre de députés du bourg, non plus qu'aux chiffres de population qu'on ren-contre d'autre part. Nous avons, de l'an-née 1764, un «État général fait par le commissaire de police du bourg de Périers, suivant les ordre du roy à lui donnés par M. de Manneval de Lescau-dey, bailli dudit lieu, pour le dénom-brement des habitants du bourg et paroisse de Périers, tant mâles que fe-melles». Cet état dressé par rues et par maisons, «avec le nombre de mâles et de femelles de chacune», donne tant pour le bourg que pour les «villages et écarts» un total de 2,122 habitants, dont 978 mâles et 1,144 femelles. (Arch. Calvados, C 180.)

[1] On consultera utilement, sur le bourg de Périers, A. LEROSEY, *Histoire religieuse et civile de Périers et de ses notabilités*, Paris, s. d. [vers 1880], in-8°. Il y a, p. 60 et suiv., des ren-seignements intéressants sur la convo-cation des États de 1789.

IMPOSITIONS en 1789 : taille, 4,304 li-vres; acc., 2,804 l. 7 s. 10 d.; cap., 2,784 l. 13 s. 3 d.; corvée, 1,428 l. 13 s. 8 d.; vingt., 3,973 l. 19 s. 5 d.; terr., 354 livres; bât. 118 livres. Au total, 15,767 l. 14 s. 2 d.

*Privilégiés* : pour le clergé, le sieur Le Canu, curé (*Suppl.* en 1790, 58 l. 10 s.); pour la noblesse, le chevalier de Mauconvenant, vicomte de Périers (cap. noble, 50 l.); pour le tiers état, les officiers du bailliage, payant des capitations de 180 à 144 livres; un commissaire aux saisies réelles, un no-taire et un greffier. Voir *Capitation des officiers de justice, police et finance*. (Arch. Calvados, C 8130.) Le *Supplé-ment des privilégiés* pour les six der-niers mois de 1789 s'est élevé à 381 l. 4 s. (Arch. Manche, G 300.)

BIENS ECCLÉSIASTIQUES. — Nous lisons au *Pouillé*, f° 14 r° : «Périers, patron présentateur l'abbé de Saint-Taurin d'Évreux, lequel jouit de toutes les dîmes grosses [vertes] et menues. La cure est une simple portion congrue...; Le curé possède, en outre, une pièce d'aumône, de contenance d'environ deux vergées... Deux vicaires. Aff. en 1741 [pour déport], 150 livres, décimes 58 l. 10 s.» (Arch. Manche, G 5.)

*L'état des biens nationaux de 1790* est conservé. (Arch. Manche, Q$^{2-1}$ 9.)

# BOURG DE SAINT-SAUVEUR-LENDELIN [1].

---

### 1. Procès-verbal d'assemblée.

(Le procès-verbal authentique n'a pu être retrouvé [2].)

Date de l'assemblée : 1er mars. — Nombre de feux : 412 [3]. — Députés (5) : Pierre Laisney (2 jours, 6 l., Acc.); *Pierre Vaultier les Jardins, *laboureur* Com. Réd. (2 jours, 6 l., et 17 jours, 74 l., Acc.); Georges Almy (2 jours, 6 l., Acc.); *Jean-François Almy de la Fontaine, *laboureur* (2 jours, 6 l., et 17 jours 74 l., Acc.); Nicolas Bois (2 jours, 6 l., Acc.).

[1] Arrondissement de Coutances, canton de Saint-Sauveur-Lendelin.

[2] Impositions de Saint-Sauveur-Lendelin pour 1789 : taille, 4,318 livres; accessoires, 2,833 l. 10 s.; cap., 2,793 l. 16 s.; corvée, 1,433 l. 10 s. 5 d.; vingt., 2,554 l. 8 s. 5 d.; terr., 217 livres; bât., 71 livres. Au total, 14,221 l. 4 s. 10 d. *Privilégiés* : pour le clergé, le curé *pro 1a*, sieur Adrien Brission (décimes, 129 l., suppl., 252 l.); le curé *pro 4a*, sieur Lenoir (décimes, 37 l., suppl., 59 l.), et le chanoine prébendé de Coutances (revenus inconnus); pour la noblesse, le sieur Ferrant de Rauville, héritier de M. d'Auxais (cap. noble, 83 l. 6 s. 8 d., suppl., 50 l.), le sieur Ferrant le Comte (cap. noble, 90 l., suppl., 45 l.), la dame veuve du sieur Lecoq (cap. noble, 30 l.), le sieur Ferrand d'Avenay (cap. noble, 21 l.). *Supplément des privilégiés* : 811 l. 12 s. 2 d. (Arch. Manche, C 487 l. 140).

Biens ecclésiastiques. — Nous lisons au *Pouillé*, f° 16 r° : «Saint-Sauveur-Lendelin, 1a, 2a et 3a, *Sti Salvatoris quo fuit Adelindi parochia*. Autrefois il y avoit trois portions en cette paroisse, qui ont été réunies sous un seul titulaire, dont le roy est patron, à cause de son domaine dudit lieu de Saint-Sauveur-Lendelin. Le curé de ces 3 portions possède les dîmes de trois cantons dans ladite paroisse, tant grosses que menues, avec plusieurs terres en aumône [de continence de 30 vergées].

Et en outre possède 16 boisseaux de froment sur le domaine dudit Saint-Sauveur-Lendelin. Deux vicaires. [Est. les dîmes en 1745, 1,800 livres; aumône de 25 vergées, aff. 50 livres, le reste fait valoir]».

«Saint-Sauveur-Lendelin *pro 4a*. Patron, l'abbaye de Lessey. Le curé de cette portion possède un quatrième canton de grosses et menues dîmes de la paroisse, avec environ 2 vergées de terre en aumône. Il faut observer que les 4 cantons des dîmes de la paroisse alternent entre les deux curés; le rang en est réglé de façon que le curé de la 4e portion en 4 ans a joui alternativement des 4 cantons. Il y a encore une autre observation, c'est que lorsque les cantons où sont unies des terres en aumône lui tombent à son tour, il ne prend point de part à ces terres d'aumône. Il y a encore un autre avantage, c'est qu'il a été jugé par arrest du Parlement de Rouen que le curé des trois portions est obligé d'avoir 2 vicaires, qui doivent aider au curé de la 4e portion lorsqu'il est en fonctions, de 4 semaines une. [Est. 592 l. 10 s., moins 89 l. 10 s. de frais; au total, 503 livres. En 1731, les dîmes sont affermées à 900 livres, avec 68 l. 15 s. de décimes]».

[3] Population au dénombrement de 1793 : 2,005 habitants (Arch. nat., D IV bis, 51). Mouvement (en 1787) : N. 49, M. 12, D. 67. — Population actuelle : 1,388 habitants.

## 2. Cahier de doléances.

(Le cahier de doléances n'a pu être retrouvé.)

---

# AGON [1].

---

### 1. Procès-verbal d'assemblée.

(*Collection particulière de M. P. Blaizot, juge au Tribunal de Vire. Formule imprimée, dont les blancs ont été remplis. Pièce signée. Inédit [2].*)

Analyse. — Date de l'assemblée : 8 mars. — *Président :* Jean-Alexandre Joly, *avocat au Parlement* [3]. — Comparants (plus de 22) : Denis Gervaise, Gilles-Éloy Gervaise, Jean-Baptiste Mecquet, Jean-Baptiste du Perron, Pierre François Grandin, *syndic;* Jean-Baptiste Tanqueray, Pierre Nicole, Jacques-Germain Tanqueray, Gilles Tanqueray, Joseph Le Huby, Charles-François Le Huby, Charles-Christophe Sébire, Michel-Joseph Leturcq, Jean-Baptiste Le Huby, Charles Lefebvre, Jacques Basset, Jean Polier, Jean-François des Hogues, Nicolas Heuguet, Pierre-Nicolas Gehanne, Bonaventure-Michel Dudouit, «et autres». — Nombre de feux : 320 [4]. — Publication : «le 1er mars, par M. le Vicaire» [5]. — Députés (4) : «les sieurs Charles-Christophe Sébire, Gilles-Éloi Gervaise, *Denis Gervaise* [6], Pierre-Nicolas Gehanne». —

---

[1] Arrondissement de Coutances, canton de Saint-Malo-de-la-Lande.

[2] Nous nous faisons un devoir de remercier ici M. Blaizot de l'obligeance qu'il a mise à nous communiquer cette pièce inédite de sa collection. M. Blaizot, qui est originaire d'Agon, a bien voulu y joindre de précieux renseignements, dont nous avons largement profité pour l'annotation du cahier de cette communauté. Nous avons aussi utilisé avec grand profit sa monographie ayant pour titre : *Six cents ans de procès (1268-1827), notes pour servir à l'histoire d'Agon,* par P. Blaizot. Alençon, impr. Herpin, 1902, 18 p. in-8°.

[3] Joly (Jean-Alexandre), avocat en parlement, a présidé l'assemblée d'Agon, vraisemblablement comme bailli de la haute justice du lieu, car le syndic de l'assemblée paroissiale était alors le sieur Denys le Huby (Arch. Calvados, C 7704). Il était en 1789 attaché au bailliage de Périers, et domicilié dans cette ville. Il est porté en 1789 au *Rôle de la capitation privilégiée* pour une somme de

180 livres. (Arch. Calvados, C 6077 et C 8130.)

[4] Un *Dénombrement des habitants des deux sexes de l'élection de Coutances* existant en 1764 donne à la paroisse d'Agon en cette même année 1,031 habitants, ainsi répartis : hommes, 149; femmes, 262; garçons, 241; filles, 268; enfants au-dessous de 8 ans, mâles, 60, femelles, 51 (Arch. Calvados, C 181). En 1793, le *Dénombrement du district* accuse le chiffre, sensiblement plus fort, de 1,356 habitants (Arch. nat., D iv *bis* 44).

Mouvement (en 1787) : naissances, 36; mariages, 11; décès, 32. — Population actuelle : 1,644 habitants.

[5] Le vicaire d'Agon en 1789 était M° Le Gallois, qui a représenté son curé à l'assemblée de Coutances. Il était d'*obligation,* depuis que les deux cures composant la paroisse avaient été réunies en 1240. Voir le *Pouillé,* f° 3 v°.

[6] Le *Rôle des taxes* lui donne la profession de *négociant.* Taxe des députés pour l'assemblée préliminaire : 2

Signatures (62) : B.-M. Dudouyt, P.-F. Gervaise, G. Tanqueray, Nicolas
Équay, J.-Baptiste Lebon, G. Gervaise, G. Tanqueray, D. Gervaise, J. Lebon,
Charles Sébire, Jean-Baptiste Leluby, J.-G. Tanqueray, M.-B. Leturcq, Fran-
çois des Hogues, J.-B. Tanquerey, J. Adéline, Ch.-S. Le François, F. Basset,
Jean Pottier, Ch.-F. Leluby, J.-B. Miquet, Charles Lefebvre, Jean-Baptiste
Leluby, Gilles-Éloi Gervaise, P.-F. Lebrun, J.-Baptiste Leluby, C. Nicole,
Ph. Lepontois, Charles Leturcq, Guillaume-François Lelandais, Charles Tan-
querey, J.-François Leluby, Joseph Leluby, Jacques Ver, J. Tanqueray, J.-
Baptiste Duperron, J. Lepontois, Denis Leluby, Pierre Lepontois, Pierre
Équay, C. Leluby, G. Basset, A. Lesaunier, Pierre Drouet, Jean Castel,
Jean-Baptiste Gervaise, P.-Jacques Nicole, Augustin Sébire, M.-G. Potier,
Augustin Sébire, Jean Leturcq, J.-Baptiste Gervaise, Guillaume Leluby,
Pierre Leturcq, Gilles Tanqueray, J.-F. Tanqueray, Charles Tanqueray, J.-B.
Leluby, J.-B. Gervaise, Noël Guérin, Joly, avocat; P. Leroux.

## 2. Cahier de doléances.

(Ms. *Archives communales d'Agon*. Original signé. *Inédit* [1].)

*Cahier de doléances, plaintes et remontrances, que présentent à
Sa Majesté les paroissiens et possédants fonds de la paroisse
d'Agon, en tant que du tiers état, dressées et rédigées par
eux pour être présentées à l'Assemblée préliminaire qui se
tiendra le 9 mars présent devant M. le Bailli de Périers ou un
son lieutenant ou tout autre officier dudit siège suivant l'ordre
du tableau.*

1° Supplient humblement lesdits habitants représentés par
Denis Gervaise, Gilles Éloi Gervaise, Charles Christophe Sébire,
Pierre-Nicolas Gehanne leurs députés, pour qu'il plaise à Sa Majesté d'y avoir égard dans la tenue des États généraux pour leur
soulagement et le bien général du royaume ;

2° Supplient également Sa Majesté que les États généraux, les
suffrages y soient recueillis par tête et non par ordres ;

---

jours, 6 livres. Les députés ont *accepté.*
Le sieur Denis Gervaise, député à l'assemblée générale, y est inscrit en plus
pour 17 jours, 74 livres. *A refusé.*
Parmi les députés d'Agon, le sieur
Gilles-Éloi Gervaise est le seul qui fit
alors partie de l'assemblée municipale
constituée en 1788. Il payait 8 l. 4 s.
de décimes et 47 l. 10 s. de taille. Les
autres députés payaient : Denis Gervaise, 150 livres de taille; Ch.-Chris-
tophe Sebire, 19 l. 13 s.; P.-Nicolas
Gehenne, 12 l. 15 s. (*Rôle de corvée*

de 1788, nos 41, 216, 14, 243, Arch.
Calvados, G 8275.) Parmi les comparants, les plus imposés sont : J.-Baptiste
Tanquerey (taille, 106 l. 17 s. 6 d.);
Jacques-Simon Tanqueray (taille, 70 livres); Jean-Baptiste Duperron (89 l.
8 s. 3 d.); Jean-Baptiste Mocquet (taille,
52 l. 15 s. 10 d.), qui tous faisaient
partie de l'assemblée municipale de
1788. (Arch. Calvados, G 7704.)

[1] La copie de cette pièce nous a été
fournie par M. Mourlot, inspecteur d'académie du département de l'Oise.

3° Et ont l'honneur que le tiers état de la paroisse d'Agon, située sur les côtes occidentales de la Basse-Normandie, de remontrer à Sa Majesté que leur paroisse, quoique très petite [1], est sous
l'étendue de quatre différents fiefs dépendants de deux juridictions,
Coutances et Périers [2] ; demandent à ne dépendre que d'une seule
et même ;

4° Que les frais de procédure soient diminués ; qu'il y soit remédié par un règlement qui établisse une justice prompte et en
dernier ressort, la plus rapprochée des lieux, et qui mette fin à la
longueur des procès ;

5° Que les impositions de Sa Majesté sont trop fortes pour une
paroisse déjà grevée de quantité de rentes dues aux différents seigneurs, tant laïques que ecclésiastiques [3] ;

[1] Superficie de la commune actuelle : 1,237 hectares. — Le *Mémoire
statistique de 1727* décrit ainsi la paroisse (f° 14 v°) : «Aagon, le curé est
archiprêtre, la cure vaut 600 livres.
Les prébendés de Saint-Samson, de
Quibou et de la Mancellière, chanoines
de Coutances, et l'abbé et religieux de
Rouën en sont patrons alternatifs ; un
trait des dîmes appartient au curé, les
deux autres à un chanoine d'Avranches...
Bon havre pour les petits bateaux, mais
interdit... Paroisse maritime, propre
au labour d'orge et lentille ; point de
plant ny de prairies. Il y a la mare
d'Aagon d'eau douce, sur le bord de la
mer, pour le seigneur d'Aagon et Coutainville. Cette paroisse fournit de bons
maîtres de navires et quantité de matelots pour l'armée navalle. Il y a dix
pescheries ; elle paye de taille 217 livres ; il y a 210 feux.» (Arch. Calvados,
G 281.)

[2] La paroisse d'Agon était sous la
mouvance de quatre fiefs : 1° le *fief
d'Agon*, plein fief de haubert, appartenant en 1789 au seigneur Auguste-
Louis Guérin ; 2° le fief de *Coutainville*,
tiers de fief de haubert, dépendant du
premier et appartenant au comte de
Saffray, au droit de M⁰ de Mesnildot ;
il s'étendait, d'après d'anciens aveux,
sur 200 vergées de terrain fieffé et non
fieffé, dans les paroisses de Blainville,
Saint-Malo-de-la-Lande et Saint-Nicolas-de-Coutances ; 3° le fief de la *Flague*,
appartenant au chanoine d'Avranches,
titulaire de la prébende dite d'Agon ; ce

fief s'étendait en 1790, au dire des
officiers municipaux, sur sept pièces de
terre d'une contenance de 89 vergées,
faisant un dixième environ de la paroisse ; 4° le domaine du roi.

Ces quatre terres, ainsi que le dit le
cahier, relevaient de juridictions différentes. Les deux premières, ainsi que
le fief du domaine, relevaient du bailliage de Saint-Sauveur-Lendelin ; le fief
de la Flague, au contraire, dépendait
du bailliage de Coutances. L'inconvénient de ce mélange de juridictions ne
se faisait pas sentir seulement au point
de vue des procédures ; les redevances
des différentes seigneuries étaient aussi
payées à des mesures différentes ; la
mesure de Coutances, de 18 pots au
boisseau, était celle de la terre de la
Flague ; les autres fiefs et seigneuries
usaient de la mesure d'Aubigny, de
12 pots au boisseau.

[3] IMPOSITIONS de la paroisse d'Agon
pour 1789 : taille, 2,588 livres ; accessoires, 1,698 l. 7 s. ; capitation, 1,674 l.
9 s. ; corvée, 880 l. 6 s. 7 d. ; vingtièmes, 858 l. 11 s. 5 d. ; territorial,
71 livres ; bâtiments de justice, 24 livres. Au total, 7,794 l. 14 s.

Lignes, 314, dont 59 jouissants. —
*Privilégiés* : le curé M⁰ Bichüe, représenté à Coutances par le curé de Saint-
Malo-de-la-Lande, et les chanoines prébendés d'Avranches ; pour la noblesse,
le seigneur Auguste-Louis Guérin, dit
d'Agon (cap. noble à Coutances, où il
résidait, 100 livres ; supplément en
1790, 50 livres) ; et pour le tiers état,

6° Qu'ils ont à leur tête un curé dont le zèle ne peut soulager les indigents, ne jouissant que de la plus petite partie des dîmes, la plus grande partie étant entre les mains des messieurs chanoines des chapitres de Coutances, d'Avranches et de Rouen [1], qui ne

le sieur Denis Gervaise fils, taxé d'office à 5o livres, et une brigade des traites et quart-bouillon, comprenant brigadier, sous-brigadier et quatre gardes, avec un garde détaché à Coutainville. — *Supplément des privilégiés* : 563 l. 14 s. 7 d. (Arch. Manche, C 487.)

RENTES SEIGNEURIALES. — Le chiffre des rentes seigneuriales, auquel il est fait allusion au texte, est moins aisé à établir.

1° *Fief d'Agon.* D'après un aveu datant de 1697, la seigneurie d'Agon comptait 92 lignes, qui devaient ensemble 179 boisseaux 1/2 de froment mesure d'Aubigny, 43 demeaux de froment dite mesure, 1 chapon, 17 gélines, 4 gélinottes, 170 œufs et 1 l. 1/2 de poivre, avec des redevances en argent s'élevant à 654 l. 3 s. 9 d. Le tout pouvait valoir, en 1789, 1,200 livres de revenu. (P. BLAIZOT, *op. cit.*, p. 11.)

2° *Fief de Coutainville.* Dans une lettre en date du 24 février 1788, le sieur Jehenne, agent du seigneur M. de Saffray, expose à celui-ci, qui cherchait à vendre sa terre, «qu'on pouvait espérer en faire une douzaine de mille livres»; il y a une maison, un petit jardin, un pré, deux pièces de terre et des rentes en grains dont l'importance n'est point spécifiée. (Arch. Calvados, C 653a.)

3° *Fief de la Flague.* Le revenu de ce fief consistait, d'après l'*État des biens nationaux* dressé en 1790, en 17 boisseaux de froment mesure d'Aubigny de 12 pots, et 1 l. 15 s. de rentes seigneuriales, avec 3 boisseaux de froment et 17 s. 4 d. pour trois portions de terre inféodées; plus le treizième sur les terres du fief, valant 6 livres année commune. (Arch. Manche, Q 12.) Le tout était affermé en 1726 au sieur curé d'Agon, pour le prix de 190 livres. (*État des bénéfices du diocèse d'Avranches*, ms. cit., f° 14 v°.)

4° Enfin le *domaine du Roi* percevait une rente en argent de 8 livres, pour la table de Saint-Sauveur-Lendelin.

(Arch. Manche, A 3365.) Une autre rente de 20 livres, que la terre d'Agon devait au domaine d'Alençon-en-Cotentin, n'était point domaniale; c'était une rente constituée, due en retour d'un échange fait en 1290.

Il faut ajouter encore quelques rentes ecclésiastiques non féodales, inventoriées en 1790, savoir :

5° L'hôtel-Dieu de Coutances, 5 boisseaux de froment, 6 pots d'orge, la moitié d'un pain, d'un sol et d'une poule; 6° l'hôpital, 9 pots d'orge; 7° les Jacobins de Coutances, un demeau de froment; 8° l'abbaye de la Luzerne, 12 pots de froment; 9° l'évêque de Coutances, 3 livres. (*État des biens nationaux*, arrêté le 7 novembre 1790, Arch. Manche, Q 12.)

[1] La cure d'Agon, qui donnait à son titulaire le titre d'archiprêtre de la cathédrale de Coutances, était à la nomination du prieur de Saint-Lô de Rouen et du chapitre de Coutances, *ad tornum*. Le curé, qui était exempt du déport et de la visite de l'archidiacre, avait un tiers des dîmes, toutes les menues et seulement 4 vergées de terre d'aumône, avec une rente de 28 boisseaux d'avoine et 200 de paille à prendre sur les gros décimateurs. (*Pouillé, f° 3 v°.*)

Au milieu du siècle, au temps où fut dressé l'*État des bénéfices* de Coutances, la cure valait 800 livres et payait 50 livres de décimes. En 1790, elle était montée à 1,200 livres, et le curé payait 115 livres de décimes, puisqu'il a bénéficié pour le *Supplément de 1790* d'une ordonnance de compensation de 57 l. 10 s. pour six mois. (Arch. Manche, C 487.)

DÎMES. — Les dîmes étaient, comme l'explique le cahier, aux mains des réguliers, entre lesquels la répartition en était assez compliquée. Nous lisons au *Pouillé, f° 3 v°* : «Agon, patronage alternatif entre le prieur de Saint-Lô dans la ville de Rouen et 7 chanoines de l'église cathédrale de Coutances,

font aucun bien aux pauvres veuves et orphelins qui ont perdu leurs maris et pères dans les dernières guerres, et dont le peu de fonds qu'ils possèdent est encore sujet aux réparations de la nef et la tour de l'église, du presbytère et autres y joints [1];

7° Que cette paroisse est entièrement composée de la partie la

collégialement assemblés. Le curé possède le tiers des grosses dîmes et l'intégrité des menues, à l'exception d'un fief dépendant d'un chanoine d'Avranches, sur lequel le curé ne perçoit qu'un tiers des menues dixmes.» [Les deux autres tiers appartenaient par parts égales au prieuré de Saint-Lô et aux chanoines prébendés de Coutances.]

*Déclarations de 1790.* — 1° *Part de la cure* : Le curé n'a point fait de déclaration. Le registre de déclarations du district de Coutances porte à cet endroit : «Le directoire du district, le procureur-syndic entendu, estime qu'à faute du curé d'Agon d'avoir donné sa déclaration, il ne doit lui être accordé pour son traitement que 1,500 livres, à raison de 1,590 âmes qui existent dans ladite paroisse, et 700 livres pour son vicaire.» (Arch. Manche, Q4·1, 4, f° 15.)

A défaut de déclaration du curé, le *Pouillé* nous apprend que, vers 1730, «son tiers donne 2,300 gerbes d'orge à 12 boisseaux le cent, mesure de Coutances, faisant 276 boisseaux à 25 sous, soit 345 livres. Plus 200 de seigle, qui donnent 20 boisseaux, soit 30 livres. Plus 6 boisseaux d'avoine, 10 de pois, 5 de sarrasin, deux barriques de cidre; brebis et agneaux, 50 livres; un cent de glui, 75 livres. Au total, 608 livres, moins 190 livres [pour les frais], soit 418 livres». Cette somme devrait être augmentée de moitié environ pour 1790.

2° *Part des chanoines.* — Les différents titulaires de la prébende, au nombre de sept, ont déclaré chacun leur part, montant à 142 l. 17 s. 1 d. L'ensemble était affermé pour une somme de 1,000 livres. (*Déclar. de Coutances, n°⁵ 1, 8, 58, 69, 72, 93, f° 63 r° sq.*)

3° *Part du prieuré.* — Par bail en date de 1785, le tiers de dîmes appartenant au prieuré avait été affermé pour neuf années, «compris le marais de la

seigneurie», pour le prix de 850 livres par an, avec 720 livres de vin une fois payées, «et par chaque année deux culottes de mouton de mielle [pré-salé] du meilleur cru, pesant au moins 10 à 12 livres chaque culotte, qui seront portées à Rouen quittes de port par les messageries». (DE GLANVILLE, *Histoire du prieuré de Saint-Lô de Rouen*, 1890, in-8°, t. II, p. 239.)

En 1787, le revenu ecclésiastique total de la paroisse était estimé à 3,207 livres par les contrôleurs des vingtièmes. (Arch. Calvados, C 6519.)

[1] Nous n'avons point retrouvé de traces de réparations presbytérales ou autres à la charge des paroissiens d'Agon, à la fin du xviii° siècle. En 1790, les officiers municipaux décrivent le presbytère, qui consiste en une salle, cuisine, cour et trois chambres, avec une grange et un cellier s'entretenant, une étable, une charreterie en appentis, une écurie et une boulangerie, et ils notent *in fine*: «Le tout est en bon état; nous n'avons point connaissance de sommes données pour les réparations.» (*État des biens nationaux*, Arch. Manche, Q4·1, 12.)

Quant à l'église, l'entretien de la nef et de la tour appartenait comme à l'ordinaire aux paroissiens, celui du chœur et chancel aux décimateurs. Ces derniers s'acquittaient fort mal, paraît-il, de leur obligation. En 1765, le curé d'Agon avait dû réclamer auprès du prieur de Saint-Lô, «le chœur étant si indécemment entretenu qu'il ressemble plus à un lieu abandonné qu'au temple du Seigneur». (Voir DE GLANVILLE, *op. cit.*, t. II, p. 238.)

Y avait-il eu procès? Cela est probable. En tout cas, les religieux avaient dû s'exécuter, car en 1790 les officiers municipaux observent que «le chœur est en bon état, à un blanc près». Seule la sacristie est en mauvais état, «par les vieux ornements et les vieux livres». (*Loc. cit.*)

plus utile du royaume, tous les habitants étant navigateurs et sujets à être employés dans la marine royale de Sa Majesté; qu'elle a souffert la perte de plus de 400 hommes dans les trois dernières guerres, tués et morts au service de l'État et dans les prisons de l'ennemi [1];

8° Supplient lesdits habitants Sa Majesté, vu l'article ci-dessus, et vu que pendant la guerre plus des trois quarts des habitants de la paroisse sont occupés sur les vaisseaux [qu'Elle] les exempte de fournir les gardes-côtes tant du peu qui pourrait rester de leur paroisse que de ceux qu'ils sont obligés de prendre dans le plat pays pour cultiver leur terre en leur absence [2];

9° Supplient lesdits habitants qu'ils plaise à Sa Majesté accorder l'entrée, l'usage et importation du charbon de terre dans le petit havre d'Agon [3], pour pourvoir aux besoins urgents de chauffe d'une paroisse presque entièrement déserte et sans bois;

[1] Nous trouvons les mêmes détails, plus circonstanciés, dans une requête présentée à l'intendant par les paroissiens d'Agon le 3 avril 1785, à l'occasion de leur procès avec le seigneur : «La paroisse d'Agon est composée de 260 feux environ; tous ses habitants sont marins; dans les trois dernières guerres, plus de 400 d'entre eux sont morts au service de l'État, et le nombre de ceux qui ont péri dans la dernière se monte à 83, dont un grand nombre étaient pères de famille, en sorte que la paroisse est pleine de veuves et d'orphelins, qui sans le secours des autres habitants périraient de misère. Il en reste encore plusieurs, soit dans les prisons d'Angleterre, soit dont on n'a aucune nouvelle.» (Arch. Calvados, C 6532.) Les chiffres authentiques des registres paroissiaux confirment les allégations du cahier. La paroisse d'Agon, qui, les années ordinaires, comptait de 15 à 20 décès, dont moitié de décès d'hommes, en compte précisément 35 en 1775, 33 en 1782, 28 en 1783, etc. Le plus fort chiffre est de 23 décès d'hommes en 1782, alors qu'en temps de paix, par exemple en 1786, on ne compte que 6 décès d'hommes. (Arch. Calvados, C 170.)

[2] La paroisse d'Agon appartenait pour la garde-côte à la division de Montsurvent, c^ie du Hommééel, dans le département de Cherbourg. Le nombre considérable des inscrits de la paroisse y réduisait d'ailleurs considérablement les cadres du recrutement. En 1787, s'il n'y a point d'erreur dans les chiffres du tirage, elle n'aurait présenté au sort qu'un seul garçon, qui d'ailleurs ne fut pas pris. (Levée pour remplacement faite en l'année 1787 par M. d'Heu, commissaire des guerres, Arch. Calvados, C 1860.) Les habitants d'Agon avaient déjà plusieurs fois demandé, eu égard à leur situation particulière, et au nombre de matelots qu'ils fournissaient à la marine royale, qu'on les exemptât de certains services de terre, et particulièrement de la corvée des chemins. Une Requête en date de 1781 contient le tableau des noms et état des habitants d'Agon non navigants. Il y a à cette date 46 non-navigants seulement, alors que la taille compte 314 lignes. Les non-navigants, ne fournissant pas la corvée, le poids de la contribution en argent qui la représentait tombait sur les 46 non-navigants seuls, et pour cela même il s'élevait presque au montant de leur taille; ils devaient payer 434 l. 14 s. de corvée, contre 454 l. 8 s. de taille. (Arch. Calvados, C 3382.)

[3] Le havre d'Agon était interdit au commerce depuis une époque déjà ancienne, puisque en 1698 le Mémoire statistique de Foucault s'exprime déjà

10° Lesdits habitants espèrent de Sa Majesté qu'il sera établi un ordre plus simple dans la perception des droits, dont les uns se trouvent imposés sur différents rôles [1], ce qui multiplie le nombre des collecteurs dans les paroisses, des receveurs particuliers et généraux, qui jouissent de gros appointements et qui ne servent qu'à retarder la venue des fonds dans le trésor de l'Etat; et que, à cet égard, il sera établi une forme plus prompte et plus directe et moins coûteuse pour ce sujet;

11° Supplient lesdits habitants Sa Majesté de vouloir bien les maintenir dans leurs refuges ordinaires et immémorials (*sic*) du pâturage public et libre de leurs bestiaux sur les terres et fonds vains et vagues de ladite paroisse connus sous le nom de communes, mielles et [dunes] d'Agon [2], situés tant au midi qu'à l'occident

---

ainsi sur la paroisse : «Aagon, bon havre pour les petits bateaux, mais interdit.» (Arch. Calvados, G 281.) L'interdiction avait été provoquée à la fin du xviie siècle par les fermiers des traites, à raison de la contrebande active qui s'exerçait entre cette partie de la côte du Cotentin et les îles anglo-normandes. Obligés d'entretenir un nombre considérable de commis pour surveiller la fraude, les traitants avaient pensé qu'il serait plus simple et plus économique de faire interdire complètement tous les petits havres de la côte où s'exerçait l'industrie prohibée. Ainsi avaient été fermés aux navires les ports de Diélette, de Saint-Germain-sur-Ay, d'Agon et de Coutainville. Mais l'interdiction avait été levée dès 1716 pour Diélette grâce à l'intervention du comte de Toulouse, grand amiral de France. Elle subsistait toujours pour **Agon**. Voir Dupont, *Histoire du Cotentin et de ses îles*, t. IV, p. 411. Sur les réclamations soulevées par cette fermeture des petits havres de la côte et sur l'importation par mer du charbon de terre, voir le cahier de Blainville (au **tome Ier**, p. 163).

[1] Sur la multiplicité des rôles d'impôts en Cotentin en 1789 et l'unification demandée par le cahier, voir les cahiers de Bréville, art. 9; de Contrières, art. 1er, et la note sous ce dernier texte (au tome Ier, p. 194 et p. 281).

[2] Les communes d'Agon étaient parmi les plus importantes de la côte ouest du Cotentin. Elles s'étendaient,

nous apprend un mémoire en date de 1790, «sur 2,000 vergées au moins d'un sol sablonneux, recevant en partie l'effort de la mer». On y distinguait deux parties : l'une limitrophe de la mer, à laquelle convient particulièrement le nom de *mielles*, ne produisait que l'herbe marine nommée *milgrai*, et nourrissait quelques moutons; l'autre, plus fertile, qui remontait dans l'embouchure de la Sienne, était désignée dans les actes sous le nom de *saulx*.

La première partie, les *mielles*, appartenait de façon incontestée au seigneur, qui avait seulement consenti aux habitants un droit de pacage de septembre à la mi-mars, moyennant une redevance annuelle de 100 livres. Mais pour les *saulx*, la propriété en était disputée de toute antiquité entre le seigneur et les habitants. Le gouvernement royal les considérait, semble-t-il, comme des *communes*, puisque depuis un arrêt de 1708 il levait sur les habitants une redevance au profit du domaine de 36 l. 7 s.

Sur les procès d'Agon, on trouvera des détails circonstanciés et intéressants dans la brochure précitée de M. P. BLAIZOT : *Six cents ans de procès* (1268-1827). M. Blaizot explique que le titre de 1268, dont il est question au texte, était déjà lui-même une transaction passée entre la dame d'Agon et ses tenanciers, pour mettre fin à des querelles antérieures. Cette charte, que les habitants d'Agon qualifiaient en 1790 dédaigneusement de «tas de vieux actes

de ladite paroisse, entre le lé de terre d'icelles et le bord de la mer occidentale, remontant à Sa Majesté que cette partie a occasionné nombreux, longs et dispendieux procès entre les seigneurs du fief d'Agon et leurs vassaux, suivant connaissance depuis 1268 jusqu'à ce jour. Le dernier de ces procès ayant commencé en 1742[1] et n'a

étranges, ridicules, absurdes et même incivils», était au contraire, comme l'a justement observé M. Blaizot, un spécimen fort intéressant de *charte rurale*, et elle conférait aux vassaux de la seigneurie des droits de pacage et autres très appréciables. On en trouvera la traduction et l'explication dans la brochure précitée, p. 4 à 7.

La charte de 1268, bien qu'elle fût une transaction, n'avait pas, comme l'observe le cahier, mis fin aux querelles entre les seigneurs d'Agon et les habitants. Tout au contraire, une série de procès s'étaient élevés pour son interprétation. M. Blaizot signale des litiges successifs en 1467, 1581 à 1611, 1616, 1622, 1634, 1669 à 1673, 1719 à 1724 (*op. cit.*, p. 7 à 17).

[1] Le dernier procès de la paroisse d'Agon contre son seigneur, auquel le cahier fait allusion, s'était élevé en 1742 à la suite de ce que l'on appelait un «blâme d'aveu». Un des principaux habitants, le sieur Gilles Tanquerey, dans un aveu rendu au seigneur Louis-Charles Guérin pour certains fonds relevant de la seigneurie, avait déclaré qu'il avait droit, «comme les autres habitants», dans les communes qui leur appartenaient dans l'étendue du fief d'Agon. Le seigneur avait refusé de recevoir l'aveu en cette forme, observant que les prétendues communes étaient sa propriété, et que ni le sieur Tanquerey ni aucun des habitants n'y avaient aucun droit. Et le sieur Tanquerey n'ayant pas voulu réformer son aveu, le seigneur avait, pour prouver son droit, fait défense à tous les habitants «de mettre aucuns bestiaux à pâturer dans les mielles et saulx, depuis la mi-mars jusqu'à la Sainte-Croix en septembre». Sur cette défense s'était engagée une longue procédure, qui du bailliage de Périers conduisit les plaideurs jusqu'au Parlement de Rouen et se termina, comme le dit le cahier, à l'avantage du seigneur, par un arrêt du

Parlement du 26 mars 1784. Le procès avait duré quarante-trois ans.

L'arrêt de 1784 n'avait d'ailleurs pas mis fin aux contestations. La question principale jugée, il fallut liquider les dépens. Un arrêt du Conseil du 12 juillet 1785 en liquida le montant, ainsi que le dit le cahier, à la somme de 4,282 livres, exactement 4,381 l. 9 s. 4 d., et décida la levée d'une taxe annuelle de 1,429 l. 3 s. sur les habitants, pour acquitter cette somme en trois années. Mais alors de nouveaux litiges s'élevèrent entre les habitants; les tenanciers du fief de Coutainville refusèrent de contribuer pour leur part, se prétendant étrangers aux procès, et ils ne voulurent point donner aux collecteurs la déclaration de leurs biens pour asseoir la taxe. Le seigneur d'Agon dut s'adresser à l'intendant pour se faire autoriser à contraindre par saisie les plus fort imposés aux vingtièmes. (Voir *Ordonnance de l'intendant du 25 novembre 1787*, Arch. Calvados, C 6352.)

La somme de 4,382 livres ne comprenait que le montant des frais et dommages-intérêts auxquels les habitants avaient été condamnés envers le seigneur. Mais il y avait aussi des frais accessoires, honoraires d'avocats, frais d'experts, non passés en taxe. M. Blaizot, qui a étudié de très près les pièces, estime que le procès de 1742 coûta aux habitants d'Agon plus de 12,000 livres (*op. cit.*, p. 12).

Il n'est pas sans intérêt d'observer que les procès d'Agon ne prirent pas fin avec la Révolution, tout au contraire. Dès 1790, les habitants, profitant des circonstances, entreprenaient de faire réformer l'arrêt de 1784. D'autre part, les plus fort imposés saisis en 1787 se retournèrent contre les autres habitants. Il y eut une nouvelle série de procédures qui ne se sont terminées qu'en 1827, par un arrêt de la Cour de cassation, que nous n'avons pas retrouvé dans SIREY.

fini qu'en 1784, à la perte desdits vassaux et habitants, qui furent condamnés envers leur seigneur en une somme de 4,282 livres et plus [1]. Cette exclusion de pâturage, contre les intérêts de Sa Majesté, titre et nature, fait un tort considérable aux habitants, en les privant de ce pâturage ordinaire, et de ne pouvoir avoir des bestiaux suivant leurs usages et besoins, et même cela fait un tort considérable à l'agriculture des terres et autres commodités [1];

12° Lesdits habitants supplient Sa Majesté de traiter favorablement les habitants des paroisses, en les dégageant des corvées serviles et honteuses pour de vrais citoyens et des généreux défenseurs de l'État, de l'onéreuse banalité des moulins et fours, des garennes dont le lapin dévaste les terres et fruits d'icelles [2], sauf

---

[1] Un *Mémoire* remis en 1790 au Comité de féodalité par les ci-devant vassaux de la seigneurie d'Agon fait une peinture, sans doute un peu outrée, du triste état auquel l'arrêt de 1784 a réduit la paroisse. A les en croire, la paroisse est dans la misère; le défaut de pâturages ne permet plus de nourrir de bestiaux, et comme le seigneur, fort de l'arrêt rendu en sa faveur, empêche les habitants non seulement d'envoyer leur bétail dans les mielles, mais même de couper les joncs et milgreux, «dont ils se servaient pour bois de cuisine, leur paroisse aride et stérile n'en connaissant point d'autre», comme il a interdit aussi de recueillir la tangue, l'arrêt, assurent les paroissiens, cause à la paroisse une perte de plus de 5,000 livres par an : «Plus de moutons, plus de culture, plus d'existence pour des misérables..., les agents du seigneur s'emparent de tous les bestiaux, même des liens, qui sont la proie de ses chiens dévorants.» (*Mémoire des paroissiens et anciens vassaux d'Agon, malheureusement privés par un arrêt du Parlement de Rouen de la jouissance d'une vaste commune qui est nécessaire à leur existence, 3 février 1790,* Arch. nat., D xiv 5, l. 48., pièce 21.)

[2] Les corvées et services auxquels étaient tenus les «hommes et tenants» de la seigneurie d'Agon sont énumérés dans la transaction de 1268, dont M. Blaizot a donné le texte (*op. cit.,* p. 4). Nous y voyons que chaque tenant de la seigneurie était obligé, outre les services ordinaires d'aveu, de conseil et de serment, à labourer pour le seigneur deux journées par an, «l'une à hyvernage, l'autre à tremois», et s'il avait cheval ou jument sans charrue, de herser semblablement deux journées, pour le prix infime de 2 deniers par jour. Chaque homme résidant devait et était tenu aller au four et moulin d'Agon, et payer pour cela la 20ᵉ partie de son blé au moulin et la 20ᵉ partie de son pain au four; les non-résidants devaient une *verte moute.* En outre, les vassaux devaient entretenir les digues et fossés de terre contre l'envahissement de la mer, devaient «garder bien et fidèlement la garenne du seigneur»; enfin ils devaient apporter au manoir d'Agon tous les objets trouvés sur le bord de la mer, d'une valeur de 4 deniers au moins (*droit de gravage*), et tenir à la disposition du seigneur, pendant une marée montante et descendante, le poisson pris à la mer, etc.

Tous ces droits et services ne subsistaient évidemment plus en 1789; un certain nombre étaient tombés en désuétude; cependant en droit ils subsistaient toujours, puisque les droits seigneuriaux étaient imprescriptibles. La *corvée des digues* était encore exigée en 1790, et les paroissiens faisaient observer, dans leur *Mémoire* du 8 février précité, qu'il était assez peu logique de la leur demander après l'arrêt de 1784 qui les avait privés de la jouissance des terres que ces digues protégeaient (*ms. cit.*).

Sur les ravages causés par les lapins des garennes situées dans les mielles,

à pourvoir à l'indemnité des seigneurs qui jouissent de ces droits révoltants à des vrais patriotiques, qui ne peuvent pas même avoir un fusil chez eux sans un danger évident d'emprisonnement sous le prétexte de la chasse du gibier, que ces mêmes armes seraient bien utiles à l'occasion des descentes fréquentes de l'ennemi ;

13° Supplient Sa Majesté d'ordonner une diminution considérée et fixe sur les droits de contrôle et insinuations, qui sont excessifs, ce qui empêche les dépôts publics des actes comme contrats de mariage et autres, ce qui empêche nombre de sujets de se justifier de leurs filiations[1], et par [suite] perdent souvent leurs droits héréditaires ;

14° Lesdits habitants supplient Sa Majesté que le fardeau des impositions sous une même dénomination soit supporté sur tous les biens du royaume appartenant aux trois états ou ordres, le tout à proportion de ce que chacun desdits états ou ordres en possède, en conservant toujours au clergé et à la noblesse leur prééminence (*sic*), dans toute la splendeur digne d'un royaume comme la France. On espère que ces deux ordres qui possèdent des fiefs détruiront leurs colombiers multipliés, dont les pigeons dévastent l'espoir et les récoltes du laboureur non seulement du fief où ils sont situés, mais encore de deux lieues à la ronde et qui n'en doivent pas avoir, et qu'ils ne se serviront plus de leur avocat-conseil pour tenir leur gage plège, ou leurs plaids, qu'ils solliciteront que l'un des juges royaux soit autorisé à leur servir de sénéchal, sauf à n'en point connaître en cas d'appel de leur sentence[2] ;

15° Enfin, demandent à Sa Majesté lesdits habitants que les droits d'exportation et importation de province à autre soient diminués et égalles (*sic*). Toutes les provinces étant sous la domina-

---

cf. le cahier de Blainville, art. 10 (au tome Ier, p. 164). La garenne et la mare d'Agon étaient affermées, en 1728, à deux gardiens, Pierre Addus et Guillaume le Huby, moyennant une redevance annuelle de 95 livres, 5 douzaines de lapins et 6 carpes par an, avec, en outre, la charge d'empêcher les habitants de couper le jonc et le milgrain des mielles. (*Op. cit.*, p. 14.)

[1] Cf. le cahier de Blainville, art. 11 (au tome Ier, p. 164). L'exagération des droits de contrôle (d'ailleurs bien surfaite par les cahiers) faisait que les particuliers préféraient passer leurs contrats de mariage par actes sous seing privé, pour ne pas payer les droits qui frappaient les actes publics. Cet usage,

particulier à la Normandie, pouvait avoir des inconvénients pour l'établissement des droits héréditaires, la filiation légitime se prouvant alors par le contrat de mariage.

[2] Cet article est la reproduction presque textuelle de l'article 12 du cahier de Blainville (au tome Ier, p. 165). Pour le rôle du sénéchal dans les justices seigneuriales et le choix de cet officier suivant la coutume de Normandie, voir PESNELLE, *Coutume réformée*, sur l'art. 190 (éd. cit., p. 158) ; et E. LE ROYER DE LA TOURNERIE, *Traité des fiefs à l'usage de la province de Normandie*, Rouen, 1784, in-12 (au chapitre IX, paragraphe 1er, p. 62 à 67).

IMPRIMERIE NATIONALE.

tion du roi doivent participer aux mêmes avantages, et ne doivent point être regardées étrangères les unes aux autres.[1]

Telles sont les doléances, représentations et remontrances que vous fait, Sire, et à vos États généraux assemblés, la communauté du tiers état d'Agon, se soumettant comme elle doit à l'attention et réflexion des députés qui seront nommés pour vous faire le cahier général des représentations et doléances du bailliage du Cotentin, vous suppliant, Sire, par l'avis de vos bons et fidèles sujets que vous appellez aujourd'hui à votre conseil, d'y avoir l'égard que vous jugerez juste dans les circonstances présentes des affaires de votre royaume. Et nous chargeons les députés de notre dite paroisse d'Agon de tous nos pouvoirs à ce nécessaires de consentir et accorder ce qui est du bien du royaume, dont nous souhaitons la prospérité.

P.-F. GRANDIN, G. GERVAISE, Charles SEBIRE, J.-B. LE BON, Nicolas EGUAY, Gilles TANQUERAY, J. LE BON, TANQUEREY, D. GERVAISE, Ph.-J. LEPONTOIS, Jean-Baptiste LEHUBY, J.-G. TANQUEREY, M.-B. LETURC, François DES HOGUES, J.-F. ADELUS, Jean-Baptiste TANQUEREY, C.-J. LEHUBY, Jⁿᵉ GOTTIER, C.-G.-J. LE FRANÇOIS, J. BASSET, Ch.-F. LEHUBY, J.-Bᵗᵉ MÉQUET, Charles LEFEBVRE, Jean-Baptiste LEHUBY, Gilles GERVAISE, P.-F. LE BRUN, J.-B. LEHUBY, C. NICOLE, Guillaume-François LELANDAIS, Charles TANQUEREY, Joseph LEHUBY, Charles LETURCQ, J.-François LEHUBY, Louis LEPONTOIS, EGAY, LE FRANÇOIS, J. TANQUEREY, Joseph DU PERRON, Denis LEHUBY, Pierre EGUAY, Pierre LEPONTOIS, C. BASSET, FAUNI, Jean CASTEL, DROUET, Jacques NICOLE, Jean-Baptiste GERVAISE, Ch.-G. POTIER, J.-Bᵗᵉ GERVAISE, Jean LETURC, Pierre LE TURCQ, Guillaume LEHUBY, Gilles TANQUEREY, Charles TANQUEREY, J.-B. TANQUEREY, Jean-Baptiste GERVAISE, J.-Bᵗᵉ-F. LEHUBY, Noël GUÉRIN, JOLY.[2]

---

[1] Cf. encore le cahier de Blainville, art. 12 in fine (au tome Iᵉʳ, p. 166). Certaines provinces réunies tardivement au royaume, comme la Franche-Comté, l'Alsace, la Lorraine, étaient encore en 1789 réputées étrangères pour le régime douanier, c'est-à-dire qu'elles communi-quaient librement avec l'étranger, tandis qu'elles payaient les mêmes droits que l'étranger pour l'entrée en France de leurs produits. (Voir à cet égard E. CHAMPION, La France d'après les cahiers de 1789, p. 161.)

[2] Les signatures du cahier, qui

# SAINT-GERMAIN-DE-LA-CAMPAGNE [1].

## 1. Procès-verbal d'assemblée.

(Le procès-verbal authentique n'a pu être retrouvé.)

Date de l'assemblée : 1er mars. — Nombre de feux : 26 [2]. — Députés : Jacques Le Bachelet (4 jours, 12 l., Acc.); Pierre Groult (4 jours, 12 l. Acc.).

## 2. Cahier de doléances.

(Ms. *Archives de la Manche*, non retrouvé. Ed. Hippeau, *Cahiers*, dans le *Gouvernement de Normandie*, t. VIII, p. 99 [3].)

n'avaient pas été relevées par M. Mourlot, nous ont été fournies par M. Leroutier, instituteur. On observera que le nombre des signataires du cahier n'est que de 59, alors que celui des signataires du procès-verbal est de 62. D'autre part, un certain nombre de noms, qui se trouvent à la suite du cahier, ne figurent pas parmi les signatures du procès-verbal. C'est là un fait plus commun qu'on ne le pense communément, et qui mériterait, nous croyons, d'attirer l'attention. Il est certain que les cahiers ont été souvent signés après coup par un certain nombre d'individus non présents à l'assemblée régulière de la communauté; et, d'autre part, il paraît non moins certain qu'un certain nombre de personnes présentes à l'assemblée se sont refusées à signer les cahiers. Le fait est intéressant à noter, si l'on veut savoir jusqu'à quel point les cahiers représentent les véritables doléances des populations des différentes communautés.

[1] Ancienne paroisse réunie à Laulne, arrondissement de Coutances, canton de Lessay.

[2] Population déclarée en 1790 : 63 communiants. — Mouvement (en 1787) : N. 2, M. 2, D. zéro. — Population en 1836, avant la réunion : 125 habitants.

[3] Ce cahier est publié par Hippeau parmi ceux des bailliages secondaires du Cotentin, à la suite du cahier de Saint-Jean-des-Agneaux, et immédiatement avant celui de Carentan. Il est probable, dans ces conditions, et bien qu'Hippeau, selon son habitude, ne donne aucune indication de provenance, que l'original lui a été fourni, comme les autres pièces de cette série, par les Archives de la Manche. Nous faisons d'ailleurs toutes réserves utiles à cet égard, aussi bien que sur l'identification de la communauté à laquelle appartient le cahier.

Il existe en effet, en Normandie même, d'autres localités du nom de Saint-Germain-de-la-Campagne (par ex. Saint-Germain-de-la-Campagne, commune du dépt de l'Eure, arr. de Bernay, con de Thiberville), et comme les signatures du cahier n'ont pas été relevées par Hippeau, et que dans le texte aucun détail ne s'applique plus particulièrement à la région du Cotentin, nous ne pouvons affirmer de façon absolue que le cahier soit celui de la localité de ce nom, du bailliage de Périers.

## Vœux et doléances des paroissiens et habitants de Saint-Germain-de-la-Campagne.

Demandent, lesdits paroissiens et habitants :

1° Une seule et unique imposition sur tous les fonds en général, sans nulle exception [1];

2° La suppression de toutes dîmes, de tous bénéfices simples, chapelle et généralement de tous moines et communautés qui n'ont point charge d'âmes [2], sauf à pourvoir aux pensions des curés et vicaires, qui seront réglées suivant le nombre de leurs habitants, et levées sur lesdits biens et bénéfices supprimés ; le surplus réver-

[1] Impositions de Saint-Germain-la-Campagne pour 1789 : taille, 311 livres; acc., 204 l. 1 s. 10 d.; cap., 201 l. 4 s.; corvée, 103 l. 14 s. 2 d.; vingt., 132 l. 17 s. 7 d.; terr., 11 livres; bât., 4 livres. Au total, 967 l. 17 s. 7 d. — *Privilégié :* le curé, m° Gardin, qui fut représenté à Coutances par m° Guillemin, curé du Plessis.
Le *Mémoire statistique de 1727* décrivait ainsi la paroisse : «Saint-Germain-de-la-Campagne, feux 17, marc 12 s. 4 d.; 1 milicien, 335 livres. — Petite paroisse, presque toute en labour; fonds médiocre, et les habitants en petit nombre, presque tous journaliers. Peut espérer quelque diminution.» (Arch. Calvados, C 276.)
La paroisse avait subi en 1789 une augmentation de 15 livres au principal de la taille, qui était loin d'être compensée par une diminution parallèle de 1 l. 5 s. pour «rejet de taille».
[2] Le vœu du cahier paraît tout particulièrement justifié à Saint-Germain-de-la-Campagne, parce que les dîmes du lieu allaient pour partie à des étrangers. Il y avait entre le curé de Saint-Germain et ceux de la paroisse de Gorges un système très compliqué de permutation pour la récolte des dîmes. Nous lisons au *Pouillé*, f° 36 v° :
«Saint-Germain-de-la-Campagne, patron le Roy. Les trois curés de Gorges perçoivent la dîme de grain de la paroisse pendant une année, et pendant la même année le curé de Saint-Germain perçoit dans la paroisse de Gorges

la dîme d'un trait qu'on appelle le trait *du Bequet*, et changent alternativement tous les ans. De plus, il perçoit le quart de la dîme du trait *de Crèvecœur*, dans ladite paroisse de Gorges. Il possède environ 14 ou 15 vergées de terre en aumône [estimées 104 livres]. Produit [de la dîme] : 35 boisseaux de froment mesure de Périers de 20 pots; 35 d'orge, 40 d'avoine, 20 de sarrasin; la dîme de chanvre et lin [est.] 5 livres; 6 boisseaux de fèves, vesce et pois; une pipe de cidre. Total (en 1728): 499 l. 15 s., moins 52 l. 12 s. 6 d. [pour charges] = 447 l. 3 s. 4 d.»
BIENS ECCLÉSIASTIQUES. — Nous n'avons pas la *Déclaration de 1790* du curé. Mais à l'Inventaire des biens nationaux, les officiers municipaux ont relevé :
1° la cure, maison presbytérale, avec 4 pièces de terre partie en labour, partie en pré et plantées de pommiers, contenant ensemble 13 vergées 1/2 (non est.);
2° le trésor, 49 l. 6 s. de rentes sur différents particuliers, pour l'acquittement d'obits et fondations;
3° La chapelle Sainte-Anne-des-Marais, 8 boisseaux de froment (non est.);
4° les Jacobins de Coutances, 60 livres en argent.
(*État des biens nationaux*, 1790, Arch. Manche, Q⁴·¹ 9.)
En 1787, l'ensemble des biens ecclésiastiques de la paroisse était estimé à 1,145 livres de revenu, par les contrôleurs des vingtièmes. (Arch. Calvados, C 6519.)

sible au profit du roi, pour être employé à l'acquit des dettes et aux besoins de l'État, un quart préalablement levé pour le soulagement des pauvres;

3° La suppression des déports [1];

4° La décharge des réparations des presbytères et autres bâtiments après la mort des curés [2];

5° La présentation par les chefs-seigneurs des paroisses à toutes les cures du royaume, parce qu'ils n'y pourront nommer qu'un sujet âgé au moins de trente-six ans, et qui aura fait les fonctions de vicaire pendant six; lequel sujet sera choisi par le présentateur, sur trois que la paroisse assemblée lui présentera; parce que, dans le cas où il y aura dans ladite paroisse un prêtre qui y aura vicarié pendant six ans consécutifs, il sera préféré [3];

6° La suppression de tous droits de banalité, corvées seigneuriales, treizièmes, et l'amortissement des rentes seigneuriales sur le pied des évaluations [4];

[1] Sur le droit de *déport* en Normandie, on voudra bien se reporter à ce que nous avons noté sous le cahier de Cambernon, art. IV (au t. Iᵉʳ, p. 237). La paroisse de Saint-Germain-de-la-Campagne étant située dans l'archidiaconé et doyenné de Beauptois, le déport en appartenait pour deux tiers à l'évêque de Coutances et pour le dernier tiers à l'archidiacre de Beauptois.

En 1748, d'après le *Pouillé*, le déport de la paroisse avait été affermé pour 259 livres, ou avec les charges 644 livres. On calculait de là que le bénéfice valait, vraie valeur, 708 livres. Décimes (en 1748): 55 livres (*Pouillé*, f° 36 v°).

[2] Nous n'avons pas rencontré de traces de réparations presbytérales à Saint-Germain-de-la-Campagne, aux environs de 1789. Les officiers municipaux observent en 1790 que la cure se compose de : « une maison presbytérale consistant en cuisine, salle», etc., avec bâtiments d'exploitation ordinaires, jardin potager, étang « au bord duquel est une latrine fluant dans ledit étang». Ils ne font aucune remarque sur l'état des bâtiments (*État des biens nationaux*, loc. cit.).

[3] Sur la présentation aux cures par les chefs-seigneurs, voir le cahier d'Agneaux, art. 1ᵉʳ (*suprà*, p. 49), et ce que nous avons noté sous le cahier de

Fierville, art. 23 (au tome II, p. 253). Le vœu ne semble pas avoir été d'une utilité locale particulière à Saint-Germain-de-la-Campagne. Le patron de la paroisse, comme nous apprend le *Pouillé*, était le roi; mais le droit de présentation, avec les autres droits utiles, devait appartenir au duc d'Orléans, engagiste du domaine de Saint-Sauveur-Lendelin.

[4] Le seul seigneur de la paroisse de Saint-Germain-de-la-Campagne était le roi, pour son domaine de Saint-Sauveur-Lendelin. D'après l'*État* dressé en 1790, ses possessions dans la paroisse consistaient en :

I. Terres. 1° la *ferme Jourdan* au lieu Piquet, composée de plusieurs pièces s'entretenant, ensemble 66 vergées, est. 450 livres de revenu; 2° un autre domaine non dénommé, de 24 vergées, est. 70 livres; 3° plusieurs parties séparées, contenant ensemble 35 vergées 1/2 et valant 83 livres de revenu annuel.

II. Rentes. Le total, sur plusieurs particuliers, monte ensemble à 102 boisseaux 1/2 de froment, 141 rais 1/2 d'avoine, 30 pains 2/3, 8 chapons, 22 gélines 2/3, 260 œufs et 12 l. 6 s. en argent. Total non estimé. Un relevé assez différent des rentes de fieffe de la paroisse estime le produit commun des rentes en 1790 à 1,003 l. 2 s. 5 d. Voir

7° Suppression également de tous colombiers ; destruction des lapins et autre gibier malfaisant, ou permission à tout citoyen de les tuer sur son fonds, et défense de chasser ou de faire chasser en aucun temps sur les terres ensemencées ;

8° La suppression de tous fermiers généraux, aides et gabelles ;

9° La liberté du sel, du tabac, et autres marchandises excrues dans le royaume [1] ;

10° Que tout citoyen honnête et éclairé puisse posséder les charges de judicature, et qu'elles ne soient plus vénales, mais données au mérite ;

11° La réformation dans la justice et simplification dans la procédure, pour que tout procès ne puisse durer que six mois au plus ;

12° Ne recevoir aucuns juges qu'après dix ans d'exercices d'avocat dans un bailliage, et aucuns conseillers au parlement, qu'après avoir également exercé dix ans dans d'autres tribunaux ;

13° L'égalité aux filles et aux garçons dans les successions, sans préciput, et la liberté de se marier à vingt-cinq ans [2] ;

14° Suppression de tous décrets, des commissaires aux saisies réelles et receveurs des consignations, sauf à vendre les biens saisis comme les biens des mineurs ;

---

État du produit commun du domaine de Périers, Arch. Manche, A 3365.

III. Treizièmes. Les officiers municipaux ajoutent que le domaine jouit du treizième sur les mutations de la paroisse. Produit non estimé (État des biens nationaux, loc. cit.).

[1] La paroisse de Saint-Germain appartenait à la juridiction des traites et quart-bouillon de Coutances. Voir Arrêt du Conseil pour le ressort des différentes juridictions des traites et quart-bouillon, 5 juillet 1746, dans Recueil des Gabelles, II, p. 396.

[2] Sur la question de l'égalité successorale entre les deux sexes, voir la restriction faite à la fin du présent cahier, et la note, infrà, p. 120, note 1. L'âge de la pleine capacité pour le mariage avait été reculé, d'une manière générale, à 30 ans pour les fils et 25 ans pour les filles, par une série d'ordonnances royales de la fin du xvie et du xviie siècle. Jusqu'à cet âge, les mariages contractés sans le consentement des père et mère étaient réputés «clandestins» et comme tels annulés par les juges royaux ; après cet âge, les enfants n'étaient plus tenus que de requérir le «conseil et avis» de leurs père et mère. (Édit de Henri II, février 1556 ; Ordonnance de Blois de mai 1579, art. 40 ; Édit de Melun, février 1579 ; Déclaration du 26 novembre 1639.)

Cette législation des Ordonnances était en opposition avec les règles générales de la coutume de Normandie, où la majorité était uniformément fixée à 20 ans pour les deux sexes. De là des litiges fréquents, que le Parlement avait naturellement toujours tranchés en déclarant que la «majorité des Ordonnances» devait déroger dans ce cas exceptionnel à la «majorité coutumière». Voir Arrêts des 28 janvier 1659, 6 mars 1713, etc., rapportés dans Houard, Dict. analyt., v° Mariage, t. III, p. 237 et suiv.

15° Que le crime et la faute soient personnels, sans préjugé d'infamie pour les familles;

16° L'établissement, dans chaque ville au-dessus de cinq cents feux, d'un petit collège pour les enfants jusqu'à la rhétorique, sans préjudice d'un maître ou d'une maîtresse d'école dans chaque paroisse, ou d'un d'eux seulement, suivant le besoin [1];

17° Suppression de toute mascarade et jeux publics;

18° Suppression de l'émoute et autres droits indûment perçus par les hôpitaux [2], sinon iceux obligés de recevoir et élever jusqu'à l'âge de quinze à seize ans tous les enfants des paroisses sur lesquelles ils percevront lesdits droits, qui ne pourront subsister sans mendier leur vie; lesquels hôpitaux seront également tenus de recevoir, généralement et indistinctement, tous les enfants trouvés qui leur seront apportés, et d'établir une manufacture quelconque pour les élever comme ceux dont on a parlé ci-dessus, et qui, comme ces derniers, y seront employés;

19° Permission à tous citoyens d'avoir chez eux, et de porter en route toutes armes défensives contre les malfaiteurs et bêtes furieuses et enragées [3].

---

[1] Sur l'état des écoles en 1789 dans la région du Cotentin, on se reportera à ce que nous avons noté sous le cahier de Bricquebosq, art. 2 (au t. II, p. 154). Nous avons donné en appendice au t. II un fragment de l'*État des écoles dans le diocèse de Coutances vers 1690*, relatif à la région de Valognes. On trouvera de même à la fin du présent volume les pages de cet *État* relatives au doyenné de Beauptois, auquel appartenaient pour la plupart les paroisses du bailliage de Saint-Sauveur-Lendelin.

L'inventaire des officiers municipaux en 1790 ne signale aucune école dans la paroisse de Saint-Germain-de-la-Campagne.

[2] Nous n'avons rien rencontré relativement à un droit d'*émoute* perçu en 1789 par les hôpitaux dans la région du Cotentin. Il s'agit manifestement d'un prélèvement sur les grains apportés dans les marchés, analogue au droit de *havage*, si même les deux dénominations ne s'appliquent pas au même objet.

On sait en effet que le droit de *havage*, attribué autrefois aux exécuteurs des hautes œuvres, avait été transféré par un Arrêt du Conseil du 21 juin 1721 à un certain nombre d'établissements

hospitaliers. Nous l'avons rencontré déjà dans le cahier de Saussey, au bailliage de Coutances, et dans celui de Carentan. A Carentan, il donnait un produit annuel de 2,881 l. 18 s. 4 d. pour l'hôpital. A Saint-Lô, il donnait de même 1,300 livres. Mais il paraîtrait, d'après une enquête de 1775, qu'il n'avait pas été établi dans l'élection de Valognes. Voir *Lettre de M. Esmangard au contrôleur général des finances, 20 mai 1776*, et pièces annexes (Arch. Calvados, C 2492.)

[3] Sur le droit de port d'armes en Normandie en 1789 et les difficultés qu'il soulevait dans les campagnes, voir la note sous le cahier d'Annoville-Tourneville, art. 12 (au t. 1er, p. 137). La paroisse de Saint-Germain était assujettie à la milice de terre; elle fournissait des hommes au régiment de Basse-Normandie, bataillon de Saint-Lô. En 1788, elle se trouvait réunie, pour le tirage au sort, avec les paroisses de Gorges, Raids, Lastelle et Saint-Sébastien. Les cinq communautés réunies avaient présenté ensemble 136 garçons, dont 107 avaient été déclarés exempts, 2 infirmes, 14 trop petits; il n'en était demeuré que 12, pour tirer entre eux

*(1) Arrêté depuis, la paroisse nouvellement assemblée, que l'article de la coutume, relativement à la part des filles dans les successions directes, reste tel qu'il est, c'est-à-dire qu'elles auront suivant l'usage.

Fait et arrêté en présence des soussignés, le 1er de mars 1789, et coté et paraphé de nous, Pierre-Antoine Ozières, syndic de ladite paroisse.

(*Les signatures du cahier n'ont pas été relevées.*)

---

l'unique milicien demandé. (*Relevé des procès-verbaux de tirage, élection de Coutances, 1788*, Arch. Calvados, C 1916.)

(1) Cf. l'art. 13 (*suprà*, p. 118). Le cahier fait allusion, de façon assez obscure, à une disposition particulière du droit successoral normand, qu'il est utile d'expliquer.

En droit normand, d'après la *Coutume réformée* de 1583, la fille n'a point de vocation successorale à l'encontre des mâles, même pour la succession de ses père et mère; elle n'a droit qu'à être *mariée*. Le principe est posé pour les hérédités en général dans l'article 248 : «En succession de propres, tant qu'il y a mâles ou descendants de mâles, les femelles ou descendants de femelles ne peuvent succéder, soit en ligne droite ou collatérale»; et pour les successions en ligne directe proprement dans l'article 249 : «Les filles ne peuvent demander ni prétendre aucune partie en l'héritage de leurs père et mère contre leurs frères, ne contre leurs hoirs, mais elles peuvent demander mariage avenant.»

Ce *mariage avenant*, qui n'est point une part d'héritage, mais, comme dit bien Houard, «une créance sur l'héritage», la coutume l'avait fixé en principe au tiers de la succession, en présence d'un seul ou de deux frères, et à une part de cadet pour le cas où il y aurait plusieurs puînés (art. 255, 256, 269, 298). Il se trouvait considérablement réduit toutefois, s'il y avait dans la succession des biens nobles, par l'admission de *préciputs* à l'égard des frères,

et dans tous les cas il pouvait tomber à zéro si la fille était mariée par les père et mère eux-mêmes : «Si rien ne lui fut promis lors du mariage, rien n'ara» (*Cout. réf.*, art. 250).

Tel était le droit commun; mais, par exception, la fille pouvait être «réservée à partage» par la volonté de ses ascendants (art. 258). En ce cas intervenait une règle générale, celle de l'article 270. La vocation héréditaire de la fille, d'après cet article, est toujours d'un tiers en présence de deux frères, et d'une part de cadet seulement, s'il y a plusieurs puînés. Mais il y a en outre certaines exclusions. La fille ne peut contraindre ses frères à partager les fiefs, elle ne peut demander les principales pièces de la maison, elle doit se contenter des rotures, «si aucune il y en a», et des autres biens qu'on veut lui bailler. Et surtout, son droit se trouve singulièrement restreint par l'institution des préciputs organisés par les articles 337 et 339. Le frère aîné, s'il n'y a qu'un seul fief, ou tous les frères «selon leur aînesse», lorsqu'il y en a plusieurs, peuvent choisir «chacun selon leur rang» tels fiefs et terres nobles que bon leur semble, par préciput et sans récompense. En hérédité roturière même, les manoirs aux champs, «hébergements» ou «ménages» appartiennent aux fils par préférence et sans récompense (*C. réf.*, art. 271, art. 356). C'est à cette restriction évidemment que fait allusion le cahier de Saint-Germain-de-la-Campagne.

Il n'est pas inutile d'observer que la règle générale ne s'appliquait point,

## ASSEMBLÉES PAROISSIALES.

Les procès-verbaux et les cahiers des autres assemblées paroissiales du bailliage de Saint-Sauveur-Lendelin n'ont pu être retrouvés. Nous croyons utile de donner la liste de ces assemblées, avec les quelques renseignements que nous avons pu recueillir sur chacune d'elles.

ANCTÉVILLE .......... 111 feux.[1]. Députés : André LEFEBVRE ; Jean LEFEBVRE.

ANNEVILLE.......... 69 Députés : François RASSELIN ; Thomas BISSON.

BESNEVILLE.......... 236 Députés : Pierre GOUBERT ; DELAUNAY ; BOULEGUÉNIER ; Louis LANGEVIN.

BOISROGER .......... 100 Députés : Thomas LÉCRIVAIN ; François GOSSELIN.

CRÉANCES .......... 262 Députés : *Gilles-François LE FILLASTRE, *laboureur* (4 jours, 12 livres, et 18 jours, 74 livres, Acc.) [2] ; Jean REGNAULT-DUPREY-

dans tout le ressort du Cotentin ; pour les héritages tenus en «bourgage» et pour les manoirs et maisons de la banlieue des villes tenus en franc-alleu. Pour ces objets, conformément aux articles 280 et 281 (n'y ayant point pour les vicomtés de Cotentin d'usage contraire admis lors de la réformation), les filles «réservées à partage» venaient à la succession également avec leurs frères, sans subir aucun précipt. Elles partageaient de même également, aux termes du Règlement de 1666, art. 49, les meubles des successions paternelles et maternelles (cf. *contrà* : *Usages locaux de la vicomté de Vire*, art. 2, de la vicomté de Bayeux, art. 7).

On consultera utilement sur la question, extrêmement complexe dans l'ancien droit à cause de la multiplicité des successions souvent enchevêtrées les unes dans les autres, Houard, *Dict. analyt.*, v° Avenant, t. I, p. 120 et v° Fille, t. II, p. 502 ; et plus particulièrement une *Méthode pour liquider le mariage avenant*, Rouen, Oursel, 1779, in-12 ; et parmi les auteurs modernes : Le Poittevin, *Des droits de la fille ou du mariage avenant dans la coutume de Normandie*, dans *Nouvelle Revue historique de droit français et étranger*, année 1889, p. 257, 562, 636.

On trouvera en Appendice à ce volume le texte d'une pétition adressée en 1790 au Comité des droits féodaux par quelques citoyennes d'Avranches, pour réclamer l'égalité successorale entre les deux sexes.

[1] Nous n'avons pas d'état de feux de 1789 ; les chiffres que nous donnons au texte sont ceux du Dictionnaire d'Expilly ; ceux du dénombrement de 1793 n'existent que pour les communautés qui sont entrées dans le district de Coutances. (Arch. nat., D IV bis, 51.)

[2] La taxe de voyage, séjour et retour des députés a été établie uniformément pour ce bailliage sur le pied de 4 livres par jour ; la taxe de ceux qui ont fait partie de l'assemblée générale de Coutances, et dont le nom est précédé d'un astérisque, a été liquidée uniformément à 74 livres.

Le *Rôle des taxes* indique exceptionnellement, pour les députés de la paroisse de Créances, la double taxe de séjour, à Périers et à Coutances : «Gilles-François le Fillastre, laboureur, député de la paroisse, 4 jours à Périers, 18 jours à Coutances. — Accepté, ce 25 décem-

LACOUR ( 4 jours , 1 2 livres , Acc. )
François-Jullien PACQUET, *laboureur* ( 4 jours , 1 2 livres, Acc.);
MARGUERIN, *laboureur* ( 4 jours ,
1 2 livres, Acc.).

*DOVILLE*............ 1 2 1 feux.

Députés : Philippe REGNAULT; Jean
LESAGE.

*FEUGÈRES*............ 1 4 4

Députés : *Mᵉ DUPREY-DESLANDES, *avocat* ( 1 7 jours , 7 4 livres, Acc. );
Julien LEVIVIER.

*GEFFOSSE-EN-BESSIN* [1] . .

*Paroisse défaillante.*

*GEFFOSSE-SUR-MER* ..... 1 9 9

Députés : *Louis POURET, sieur DE
ROQUERIE, *procureur du roi au bailliage de Périers*, Com. Red.
( 1 7 jours , 7 4 livres, Acc.) [2] ;
*Pierre-Alexandre POURET, sieur

bre 1 7 8 9 , G. LEFILLASTRE.» Des mentions semblables sont faites pour les autres députés de Créances ( Greffe de
Coutances, pièce nᵒ 3 3 9 , art. 2 5 3 ).
   [1] Ancienne paroisse, entrée dans la
composition de la commune de Geffosse-
Fontenay, département du Calvados,
arrond. de Bayeux, canton d'Isigny.
En 1 7 6 6 , elle est portée au *Dénombrement des habitants des deux sexes de
l'élection de Bayeux* pour 3 4 2 habitants,
savoir : hommes, 4 4 ; femmes, 9 0 ;
garçons, 6 0 ; filles, 6 5 ; enfants au-
dessous de 7 ans, mâles, 4 0 ; filles, 4 3
(Arch. Calvados, C 1 7 5 ). — Mouvement en 1 7 8 7 : N. 5, M. 6 (*sic*), D. 6.
(*Ibid.*, C 1 5 7 .)
   La paroisse de Geffosse-en-Bessin
avait été simultanément convoquée au
bailliage de Bayeux, secondaire de
Caen; elle a comparu à l'assemblée préliminaire de ce bailliage par deux députés, dont l'un, le sieur LAPORTE, fut
envoyé à l'assemblée générale de Caen
(*Procès-verbal de l'assemblée du bailliage
secondaire de Bayeux*, séance du 4 mars
1 7 8 9 , Greffe de la Cour d'appel de
Caen, registre non coté).
   [2] POURET [DE ROQUERIE] (Louis)
était né à Geffosse-sur-Mer, non pas le
1 5 mars 1 7 4 9 , comme l'écrit Robinet
dans son *Dictionnaire historique de la
Révolution* (t. II, p. 6 6 8 ), mais bien le
1 6 mars 1 7 5 2 , ainsi qu'en témoignent
ses Provisions d'offices pour le siège de

procureur du roi au bailliage de Saint-
Sauveur-Lendelin, conservées aux Archives nationales, et dans lesquelles est
précisément relaté un extrait baptistaire de cette date (Arch. nat., V¹ 5 2 8 ).
Il avait été nommé successivement avocat du roi au bailliage de Valognes le
1ᵉʳ février 1 7 8 4 , puis procureur du roi
au bailliage de Saint-Sauveur-Lendelin
séant à Périers, le 8 mars 1 7 8 6 . Il
était en 1 7 8 9 domicilié et résidant à
Périers, où il payait une capitation privilégiée de 1 8 0 livres (*Rôle de capitation
des officiers de justice, police et finance*,
1 7 8 9 , Arch. Calvados, C 8 1 3 0 ). Successivement élu commissaire-rédacteur
du cahier à l'assemblée préliminaire de
Périers (*infrà*, p. 1 3 1 ) et député à l'assemblée du bailliage principal à Coutances (*infrà*, p. 1 3 2 ), il fut en définitive choisi comme député du tiers
état du bailliage de Cotentin dans la
séance du 1ᵉʳ avril 1 7 8 9 (*infrà*, p. 3 5 7 ).
Il siégea régulièrement à la Constituante, disparut de la scène politique
pendant la Terreur et fut élu à nouveau
membre du corps législatif, pour le Conseil des Cinq-Cents, aux élections de
l'an VI. Sous l'Empire il rentra dans la
magistrature et fut nommé le 1 2 mai
1 8 1 1 substitut près la Cour d'appel de
Caen. Il mourut à Coutances le 1ᵉʳ janvier 1 8 1 4 . Voir A. BRETTE, *Les Constituants*, p. 9 9 , 2 5 6 ; KUSCIUSKI, *Les
députés au corps législatif*, p. 2 8 9 , 3 8 3 .

DE LONGUEVAL (17 jours, 74 livres, Acc.); *Jean-François AUBRY, *laboureur*, Com. Red. (17 jours, 74 livres, Acc.) [1].

GERVILLE............  34 feux.

Députés : Bon RICHARD; Julien LA BANQUE.

GORGES ...........  140

Députés : *Nicolas MALHERBE, *laboureur* (19 jours, 74 livres, Acc.); François-Richard LELIEPVRE (2 j., 6 livres, Acc.) [2]; Guillaume SAINT (2 jours, 6 livres, Acc.).

GOUFFREVILLE ........  102

Députés : Guillaume GUÉRIN; Michel LEDOUX.

HAUTTEVILLE-LA-GUI-
CHARD............  227

Députés : *BUCAILLE-DUMESNIL, *laboureur* (17 jours, 74 livres, Ref.); DE COQUEREL, *avocat;* GOSSELIN, *avocat* (17 jours, 74 livres, Ref.) [3].

LAULNE............  134

Députés : Jean ÉNÉE; Nicolas LEPLAN-QUAIS.

LASTELLE...........  39

Députés : * Michel FAUDEMER-DES-CHAMPS; Michel DELAUNE.

LESSAY (SAINTE-OPPOR-
TUNE)............  234

Députés : *M° LEMOUCHEUX, *avocat* (2 jours, 6 livres, Acc.) [4]; *M° ERNOUF, *notaire* (2 jours, 6 livres, et 18 jours, 74 livres, Acc.); André TRAISNEL-LA-CHAUS-SÉE, *laboureur*.

LA FEUILLIE ........  144

Députés : *M° Pierre GALOPIN, *avocat* (17 jours, 74 livres, Acc.); Nicolas HENRY.

---

[1] Le *Rôle des taxes* porte la mention suivante : «Je ne sai combien de jours, mais je ait passé depuis l'ouverture jusqu'à la cloture desdits Etats. — Accepté. AUBRIL.» (*loc. cit.*, art. n° 255).

[2] *Rôle des taxes* : «J'accepte, deux jours, F. LELIEPVRE.» — «J'accepte, deux jours, G. SAINT» (*loc. cit.*, art. n° 252).

[3] *Rôle des taxes* : «Hauteville-la-Guichard. Nous cy-dessus dénommés, faisons remise et don patriotique des sommes cy-dessus expliquées; 17 jours de présence à l'assemblée de Coutances,

dont sacrifice, ce 20 novembre 1789, BUCAILLE, DUMESNIL, COQUEREL» (*loc. cit.*, art. n° 257).

[4] *Rôle des taxes* : «Sainte-Oppor-tune-de-Lessay. M. Lemoucheux, avocat, a été deux jours à Périers et a été pris de mal à Coutances, le jour de l'ouverture de l'assemblée, et y a resté malade pendant environ deux mois. — Taxe : 2 jours, 6 livres. — Accepté, L. MOUCHEUX. — M. Ernouf, notaire, a séjourné deux jours à Périers et dix-huit jours à Coutances. Taxe : 18 jours, 74 livres. Accepté, ERNOUF» (*loc. cit.*, art. n° 243).

*Le Buisson* [1] . . . . . . . .  15 feux.    Députés : Michel Lecomte ; Jacquet Lainey.

*Linverville* [2] . . . . . . .    Députés : Noël-Nicolas Hamel ; Ouen le Gras.

*Lithaire* . . .  . . .  . . . .  131    Députés : Louis Lemoigne des Mille-ries ; Thomas - Évangéliste Le-piez [3].

*Le Homméel* . . . .  . . . .  63    Députés : Jean-Baptiste Le Cronier-du-Mesnil ; Jean-Baptiste Le Cro-nier-la-Fleurderie.

*Marchésieux* . . . . . . . .  246    Députés : Jacques Douet ; Gilles Re-gnault.

*Le Mesnilbu* . . . . . . . .  241    Députés : François-Robin de l'Isle ; Pierre Jouvet ; Guillaume Cam-pain.

*Le Mesnilvigot,* . . . . . .  70    Députés : Jean Paing [4] ; Julien Vaul-tier.

*Millières* . . . . . . . . . .  223    Députés : Pierre Le Rouge, fils Joa-chim ; Pierre Le Rouge, fils Jean.

*Montsurvent.* . . . . . . . .  147    Députés : *Mᵉ Jacques Euvremer, avocat,* demeurant à Périers, Com. Réd. (17 jours, 74 livres, Acc.) ; Jean-François Euvremer du Ma-noir, *licencié,* demeurant à Périers (17 jours, 74 livres, Acc.) [5].

[1] Ancienne paroisse réunie à Saint-Germain-sur-Sèves, arrondissement de Coutances, canton de Périers.
La paroisse appartenait à l'élection de Carentan, mais le dénombrement de 1764 ne donne pas le chiffre des habitants (Arch. Calvados, C 181). Mouvement en 1787 : N., néant ; M., néant ; D., néant (*ibid.*, C 169). Elle payait seulement, en 1789, 196 livres de taille (*ibid.*, C 4458).

[2] Ancienne paroisse réunie à Gou-ville, arrondissement de Coutances, canton de Saint-Malo-de-la-Lande.
La population de Linverville s'élevait en 1793 à 339 habitants, avec un mou-vement de : N., 17 ; M., 4 ; D., 9 (Arch. nat., D iv *bis*, 47). En 1787, dans le dénombrement de l'élection de Cou-tances, le mouvement n'est que de : N., 6 ; M., 1 ; D., 6 (Arch. Calvados, C 170).

[3] Le *Rôle des taxes* indique comme député de la paroisse de Lithaire M. Jac-ques-Landemer Deschamps, laboureur. Taxe : 17 jours, 74 livres. «J'accepte, pour tout le temps de la séance, Jacque Landemer» (*loc. cit.,* art. nᵒ 240).

[4] Jean-Baptiste-Louis Paing, ancien procureur du roi au bailliage de Saint-Sauveur-Lendelin, séant à Périers et à Cérences, avait été remboursé de son office lorsque avait été créé le siège de procureur du roi au petit ressort de Cé-rences. Il était en 1789 porté comme domicilié à Périers, où il payait une ca-pitation privilégiée de 144 livres (*Rôle de capitation des officiers de judicature,* Arch. Calvados, C 8130).

[5] Le *Rôle des taxes* qualifie Euvre-mer du Manoir de «conseiller». Taxé pour 17 jours à Coutances, 74 livres. «Sans désemparer, j'accepte. Euvremer du Manoir» (*loc. cit.,* art. nᵒ 249).

| | | |
|---|---|---|
| *MUNEVILLE-LA-BINGARD* . . | 274 feux. | Députés : Jacques LEBLED ; Pierre LÉCRIVAIN ; Adrien GUILLOT. |
| *NAY* . . . . . . . . . . . . . | 53 | Députés : *Me Léonord-Charles-Augustin LEMELLETIER, *procureur*, demeurant à Périers (17 jours, 74 livres, Acc.) ; Jacques BULLOT. |
| *LE PLESSIS* . . . . . . . . . . | 99 | Députés : Jean DESCHAMPS ; Michel BAGOT. |
| *RAIDS* . . . . . . . . . . . . . | 98 | Députés : François DORLÉANS ; Jean FAUVEL, fils PIERRE. |
| *REMILLY* . . . . . . . . . . . | 214 | Députés : *Paul BUCAILLE LA RIVIÈRE, *laboureur* (17 jours, 74 livres, Acc.) ; George OSMOND. |
| *LA RONDEHAYE* . . . . . . . | 171 | Députés : *FAUVEL DE LA RAISINIÈRE, *avocat du roi au siège de Périers* (17 jours, 74 livres, Acc.) [1]; FAUVEL DE LA FERRONNIÈRE. |
| *SERVIGNY* . . . . . . . . . . | 70 | Députés : Léonord-Collette DESBOUILLONS ; René LELONG. |
| *SAINT-AUBIN-DU-PERRON* . . | 105 | Députés : Jean FAUNY ; Philippe LAJOYE. |
| *SAINT-CHRISTOPHE-D'AUBIGNY* [2] . . . . . . . . . . . | 106 | Députés : Pierre LECANU ; Louis PELLOT. |
| *SAINT-ÉBREMOND-SUR-LOZON* [3] . . . . . . . . . . . | 29 | Députés : Pierre LECAPPELAIN ; Jean GIRRES. |

[1] François-Maurice-Alphonse FAUVEL, sieur DE LA RAIZINIÈRE, était domicilié à Périers où il payait en 1789 une capitation privilégiée de 144 livres, compris les 4 sols pour livre. (Arch. Calvados, C 8130.) Ses provisions de «nostre conseiller avocat pour nous au siège du bailliage de Saint-Sauveur-Lendelin, séant à Périers et à Cérences», sont en date du 17 août 1785, relatant un extrait baptistaire en date du 3 février 1756. (Arch. nat., V¹ 519.)

[2] Ancienne paroisse, réunie à Saint-Martin-d'Aubigny, arrondissement de Coutances, canton de Périers.

La paroisse de Saint-Christophe-d'Aubigny appartenait à l'élection de Carentan et payait en 1789 147 livres de taille seulement. (Arch. Calvados, C 4458.) — Population en 1764 : 191 habitants, dont 32 hommes, 36 femmes, 49 garçons, 47 filles, 13 enfants mâles au-dessous de 8 ans et 14 femelles (*ibid.*, C 181). Mouvement en 1787 : N., 4 (2 garçons, 2 filles) ; M., 2 ; D., 5 (3 hommes, 2 femmes) [*ibid.*, C 169).

[3] Ancienne paroisse réunie à Lozon, arrondissement de Saint-Lô, canton de Marigny.

La paroisse de Saint-Ébremond-sur-Lozon appartenait à l'élection de Coutances, et payait, en 1789, 179 livres de taille seulement. (Arch. Calvados, C 4458.) — Population en 1764 : 65 habitants, dont 12 hommes, 13 femmes, 13 garçons, 16 filles, 6 enfants mâles au-dessous de 8 ans et 5 femelles (*ibid.*, C 181). Mouvement en 1787 : N., 1 garçon ; M., zéro ; D., 1 homme (*ibid.*, C 170).

SAINT-GERMAIN-LE-VI-
COMTE [1] . . . . . . . . . . 78 feux.

Députés : Pierre-Robert DELORME;
Guillaume VAULTIER.

SAINT-JORRES . . . . . . . . 136

Députés : Floxel LECOMTE; Michel
JEHANNE.

SAINT-LOUET-SUR-LOZON . . 153

Députés : *LE CARPENTIER, conseiller
au présidial de Coutances, demeurant à Coutances (17 jours, 74 livres, Acc.) [2]; Julien GIRRES.

SAINT-MARTIN-D'AUBIGNY. 83

Députés : *LELIEPVRE, conseiller à Périers (17 jours, 74 livres, Acc.);
Pierre VALLÉE-HAUTMESNIL.

SAINT-MICHEL-DE-LA-
PIERRE . . . . . . . . . . . 104

Députés : *Mᵉ Jean-Baptiste REGNAULT,
avocat, demeurant à Coutances
(17 jours, 74 livres, Ref.) [3];
Thomas JEAN.

SAINT-PATRICE-DE-CLAIDS. 105

Députés : Jacques CAVEY; Guillaume
MICHEL DE LA LANDE.

SAINT-SÉBASTIEN-DE-
RAIDS . . . . . . . . . . . . 71

Députés : *David LEGUELINEL, laboureur (17 jours, 74 livres, Acc.);
Pierre SAUVAGE.

VAUDRIMESNIL . . . . . . . . 80

Députés : Louis-Olivier GOSSET; François-Guillaume VAULTIER.

LA VENDELÉE . . . . . . . . 99

Députés : *Michel CARDIN, laboureur
(17 jours, 74 livres, Acc.); Jean-
Baptiste MAUDUIT.

---

[1] Aujourd'hui Saint-Germain-sur-
Sèves, arrondissement de Coutances,
canton de Périers.
La paroisse de Saint-Germain-le-Vicomte appartenait à l'élection de Carentan, et payait en 1789 une somme de
900 livres de taille. (Arch. Calvados,
C 4458.) — L'état de population de
1764 ne donne pas le nombre d'habitants de cette paroisse (ibid., C 181).
Mouvement en 1787 : N., 9, dont
5 garçons et 4 filles; M., 3; D., 11, dont
5 hommes et 6 femmes (ibid., C 169).
[2] Le sieur LE CARPENTIER était domicilié à Coutances, où il payait en
1789 une capitation privilégiée de
180 livres, compris les 4 sols pour
livre. (Arch. Calvados, C 8130.) Ses
provisions de «nostre conseiller au bailliage et siège présidial de Coutances»

qui figurent à la date du 30 juillet 1789
sur le Registre d'enregistrement du Bureau
des finances de la généralité de Caen
(Arch. Calvados, C n. cl.) n'ont pas été
retrouvées aux Arch. nat., V¹ 533. Il
assistait, le 26 février 1789, à l'assemblée en chambre du Conseil des officiers
du bailliage de Coutances, pour le choix
de deux députés à envoyer à l'assemblée
générale de la ville (au tome 1ᵉʳ, p. 86).
[3] Rôle des taxes : «Il n'y a point
d'autre député de la paroisse de Saint-
Michel-de-la-Pierre qui ait été à l'assemblée du tiers état du bailliage de Coutances, que le sieur Regnault, qui
demande de passer les frais de voyage,
pour le temps qu'il a passé à ladite assemblée. Taxe, 17 jours, 74 livres. Refusé. REGNAULT, avocat.» (Loc. cit., art.
nᵒ 250.)

| | | |
|---|---|---|
| *VESLY* . . . . . . . . . . . . . . 211 feux. | | Députés : *Jacques CARIOT, sieur DE LA HERDERIE, laboureur* (non porté au Rôle des taxes) [1]; Jacques LEMOUCHEUX; Jean FAUTRAT. |
| *SAINTE-SUZANNE-LE-PAYS.* 26 | | Députés : Jacques LELIÈVRE; François DORLÉANS-DESPREYS. |

## II. ASSEMBLÉE PRÉLIMINAIRE DU TIERS ÉTAT DU BAILLIAGE.

### 1. PROCÈS-VERBAL D'ASSEMBLÉE.

(Ms. *Greffe du Tribunal de première instance de Coutances*, pièce n° 10. Original signé. *Inédit* [2].)

### *Procès-verbal de l'assemblée de Périers.*

Aujourd'hui 9ᵉ jour de mars 1789, dans la nef de l'église paroissiale de Périers, en conséquence de la lettre du roi du 24 janvier 1789, du règlement fait par Sa Majesté pour l'exécution des lettres de convocation des États généraux le même jour, de l'ordonnance par nous rendue le 18 février dernier [3], de la notification faite aux syndics de chaque paroisse de ladite ordonnance,

[1] Le sieur CARIOT DE LA HARDERIE était domicilié à Sainte-Opportune-de-Lessay. Le *Rôle de taxes* porte sous son nom cette mention : «N'est point député de la commune de Sainte-Opportune, mais bien de celle de Vesly. D'ailleurs, comme il est absent depuis quelque temps, on n'a pu lui faire signer le présent.» (*Loc. cit.*, art. n° 243.)

[2] Un autre manuscrit existe aux Arch. nat., Ba 35, l. 70. C'est une copie collationnée sur l'original, 6 p. in-f°, délivrée et signée du greffier à la date du 14 mars 1789. Elle est accompagnée dans la liasse d'une lettre d'envoi du lieutenant général, datée du 10 mars 1789 (*sic*).

C'est cette dernière pièce qui a été reproduite par transcription, sous la date du 9 mars 1789, dans la collection commencée par Camus. (Arch. nat., B III, 54, p. 386 à 405.)

[3] L'*Ordonnance du bailli de robe longue de Périers, du 16 février 1789*, relative à la convocation des États généraux, est conservée. Elle a été transcrite dans le *Registre plumitif du bailliage de Périers*, commencé le 18 juillet 1788 et terminé le samedi 2 mai 1789, qui est conservé dans les archives du greffe du tribunal de Coutances, fonds non classé du bailliage de Périers. Au folio 150 r° de ce registre se trouve le procès-verbal de l'audience du 18 février 1789, dans laquelle ont été enregistrées les Lettres du roi du 24 janvier et le Règlement relatif aux opérations de la convocation. A la suite de ces pièces, transcrites intégralement, vient le texte de l'ordonnance du bailli de Périers, qui est d'ailleurs entièrement conforme au *Modèle général d'ordonnance* envoyé à Versailles à tous les baillis et sénéchaux de la seconde classe.

dudit règlement et de l'affiche par placard qui en a été faite aux portes des églises des paroisses de notre ressort,

Sont comparus devant nous, Louis-Charles-Guillaume Lescaudey, sieur de Manneval, conseiller du roi, bailli de longue robe [1], lieutenant général civil criminel et de police, commissaire-enquêteur-examinateur au bailliage de Saint-Sauveur-Lendelin, séant audit Périers et à Cérences [2], les députés choisis et élus par lesdites paroisses aux fins de la réunion des cahiers de doléances, remontrances et demandes, et de l'élection du quart des membres

---

[1] LESCAUDEY (Louis-Charles-Guillaume), sieur de Manneval, bailli de longue robe de Périers, avait été précédemment avocat près l'éphémère Conseil supérieur établi à Bayeux en 1771. Il était en 1789 domicilié à Périers, où il payait une capitation privilégiée de 180 livres, compris les 4 sols pour livre. (Arch. Calvados, C 8130.) Ses provisions en l'office de « nostre conseiller bailli de robe longue, lieutenant-général civil et criminel, commissaire enquesteur examinateur du bailliage de Saint-Sauveur-Lendelin et ceux en dépendant séant à Périers et à Cérences », sont en date du 31 décembre 1772, et relatent un extrait baptistaire en date du 22 juin 1747. (Arch. nat., V¹ 440.) Signature : *Lescaudey de Manneval.* Voir sur ce personnage : E. DE MAGNY, *Nobiliaire de Normandie*, Rouen, s. d., 2ᵉ partie, t. II, p. 149.

[2] Les provisions du sieur LESCAUDEY DE MANNEVAL, en date du 31 décembre 1772, sont en effet données pour « le bailliage de Saint-Sauveur-Lendelin et ceux en dépendant séant à Périers et à Cérences ». Au contraire, les provisions du procureur du roi Pouret de Roquerie, qui sont en date du 8 mars 1786, ne sont données que pour l'office de « procureur pour nous au bailliage de Saint-Sauveur-Lendelin séant à Périers seulement, non compris Cérences ». La raison de cette différence est utile à connaître.

Anciennement, le ressort de Saint-Sauveur-Lendelin embrassait les sièges de Périers et de Cérences, et au milieu du XVIIIᵉ siècle il n'y avait encore qu'un seul procureur pour le ressort, qui résidait à Périers. Mais comme par ce fait le bourg de Cérences se trouvait,

ainsi que l'expose un mémoire de 1785, « privé des avantages que procure l'institution de cet officier public », un édit en date du 8 avril 1785, enregistré le 25 au Parlement de Rouen, avait « restreint au siège de Périers les fonctions de l'office de nostre procureur au bailliage de Saint-Sauveur-Lendelin », et créé et érigé en titre d'office une charge de « procureur pour le roi du bailliage de Saint-Sauveur-Lendelin, séant à Cérences ». Il avait été pourvu à l'indemnité du sieur PAING (Jean-Baptiste-Louis), alors titulaire de l'office de procureur du roi du bailliage de Saint-Sauveur-Lendelin, et des provisions nouvelles avaient été données au nouveau titulaire, le sieur POURET DE ROQUERIE, qui le réduisaient au seul siège de Périers, en même temps que des provisions pour le siège de Saint-Sauveur, séant à Cérences, étaient données au sieur Louis-François-Auguste LEFEBVRE, avocat au Parlement de Rouen. Voir les provisions du sieur L.-F.-A Lefebvre, en date du 20 avril 1785 (Arch. nat., V¹ 523), et celles du sieur Pouret de Roquerie, en date du 8 mars 1786 (*ibid.*, V¹ 528).

Deux ans plus tard, la séparation définitive des deux sièges avait été accomplie par la création d'un office de « lieutenant-général civil et criminel du bailliage de Saint-Sauveur-Lendelin, séant à Cérences, créé en faveur du sieur Aug.-François BROUON DE LA HOGUE. Voir ses provisions, en date du 16 mai 1787 (Arch. nat., V¹ 531). Sur l'état précaire du petit ressort de Cérences en 1789, on voudra bien se reporter à ce que nous avons noté sous la notice de ce bailliage (au tome Iᵉʳ, p. 780, note 1).

qui doit se réunir au bailliage de Coutances pour conjointement
avec le quart des députés des autres bailliages choisir huit députés
aux Etats généraux et refondre le cahier général dudit bailliage
principal de Coutances,

Savoir :

MM. Lescaudey de Manneval, lieutenant général à Périers;
Jean-Baptiste Vaultier, avocat; Surauvre, médecin; Regnault de
Premarest, Duprey de la Maherie, Caudel, nommés par délibération générale du bourg et paroisse de Périers du 22 février der-
nier; les sieurs Pierre Laisney, Pierre Vaultier, Georges Almy,
Jean-François Almy et Nicolas Bois; Charles-Christophe Sébire,
Gilles-Eloy Gervaise, Denis Gervaise et Pierre-Nicolas Jehanne,
des paroisses de Saint-Sauveur-Lendelin et Agon; André Lefevre
et Jean Lefevre, de la paroisse d'Ancteville; François Rosselin
et Thomas Bisson, de celle d'Anneville; Leliepvre, conseiller à
Périers et Pierre Vallée Hautmesnil, de la paroisse de Saint-
Martin d'Aubigny; Pierre Goubert, Delaunay, Bouleguerrier et
Louis Langevin de Besneville; Thomas Lécrivain et François
Gosselin du Boisroger, Jacques Cavey et Guillaume-Michel de
la Londe, de Saint-Patrix des Claids, Gilles le Fillastre, Jean
Regnault du Prey, François-Jullien Pacquet et Marguerin, de
Créances; Philippe Regnault et Joseph Lesage, de Doville;
Me Duprey Deslandes, avocat; et Julien Levivier, de Feugères;
Louis Pouret, sieur de Roquerie, procureur du roi de ce
siège; Pierre-Alexandre Pouret, sieur de Longueval, et Jean-
François Aubril, de Geffosse-sur-Mer; Nicolas Malherbe, François-
Richard Leliepvre et Guillaume Saint, de Gorges; Guillaume
Guérin et Michel Le Roux, de Gonfreville; Bon Richard et Julien
la Banque, de Gerville; Bucaille Dumesnil, de Coquerel, avocat, et
Gosselin, avocat, de Hautteville-la-Guichard; Fauvel de la Raisi-
nière, avocat du roi de ce siège et Fauvel de la Ferronnière, de la
Rondehaye; Jean Enée et Nicolas Leplanquais, de L'Aulne; Jean
Deschamps et Michel Bagot, du Plessis; Jacques Faudemer, Deschamps et Michel Delaune, de Lastelle; Louis Lemoigne des Mil-
leries et Thomas-Evangeliste Lepiez, de Lithaire; Me Lemoucheux,
avocat; Me Ernouf, notaire, et André Traisnel-la-Chaussée, de
Sainte-Opportune de Lessay, Michel le Comte et Jacquet Laîney,
du Buisson; Me Jean-Baptiste Regnault, avocat, et Thomas Jean,
de Saint-Michel de la Pierre; Me Pierre Galopin et Nicolas Henry,
de la Feuillie; Jean-Baptiste Le Crosnier du Mesnil et Jean-Baptiste

III.                                                          9

Le Crosnier la Fleurderie, du Homméel ; Michel Cardin et Jean-Baptiste Mauduit, de la Vendelée ; Noël-Nicolas Hamel et Ouen le Gras, de Linverville ; M° Euvremer, avocat, et Jean-François Augustin Euvremer, licencié, de Montsurvent ; Jacques Doucet et Gilles Regnault, de Marchésieux ; Jean Paing et Julien Vaultier, de Mesnilvigot ; François Robin de l'Isle, Pierre Jouvent et Guillaume Campain, du Mesnilbû ; Pierre le Rouge fils, Joachim et Pierre le Rouge fils Jean, de Millières ; Jacques le Bled, Pierre Lécrivain et Adrien Guillot, de Muneville-la-Bingard ; M° Léonord-Charles-Augustin Lemelletier et Jacques Bullot, de Nay ; François Dorléans et Jean Fauvel fils Pierre, de Raids ; Paul Bucaille et Georges Osmond, de Remilly ; Jacques le Bacheley et Pierre Groult, de Saint-Germain-de-la-Campagne ; Jacques Lelièvre et François Dorléans-Desprey, de Sainte-Suzanne ; David Lequelinel et Pierre le Sauvage, de Saint-Sébastien ; Jean Lecanu et Louis Pollet, de Saint-Christophe d'Aubigny ; le sieur Lecarpentier, conseiller au présidial de Coutances, et Julien Girres, de Saint-Louet-sur-Lozon ; Pierre Lecappelain et Jean Girres, de Saint-Ebremond-sur-Lozon ; Jean Fauny et Philippe la Joye, de Saint-Aubin-du-Perron ; Pierre-Robert Delorme et Guillaume Vaultier, de Saint-Germain-le-Vicomte ; Floxel Lecomte et Michel Jehanne, de Saint-Jores ; Léonord-Collette Desbouillons et René Lelong, de Servigny ; Louis-Ollivier Gosset et François-Guillaume Vaultier, de Vaudrimesnil ; Jacques Cariot, sieur de la Harderie, Jacques Lemoucheux et Jean Fautrat, de la paroisse de Vesly, tous députés nommés par le général de leur paroisse les 1ᵉʳ, 2, 3 et 4 de ce mois[1].

(Appel des députés ; tous comparaissent sauf ceux de la paroisse de Gefosse-en-Bessin, absents[2]. Lecture des lettres du roi, règlements, etc., ainsi que des cahiers de doléances des paroisses présentées par les députés. Nomination de commissaires pour la rédaction du cahier général. Une discussion s'élève à ce sujet sur la procédure à suivre :)

[1] Le procès-verbal d'Agon est daté, comme on a vu, du 8 mars (suprà, p. 104). Le bailli de Périers s'était imaginé d'abord, semble-t-il, que toutes les assemblées paroissiales devaient se tenir le même jour, et nécessairement le 1ᵉʳ mars : «Comme il est nécessaire, écrivait-il, que toutes les paroisses délibèrent le même jour, et à un dimanche, afin que les habitants s'y trouvent, ce qui ne serait certainement pas si la délibération était fixée à un jour ouvrier, j'ai cru devoir fixer au 1ᵉʳ mars la tenue de toutes ces assemblées, ainsi que le

veut d'ailleurs le règlement.» Lettre du lieutenant-général Lescaudey au G. d. S., du 17 février 1789. (Arch. nat., Ba 35, l. 70.)
La même erreur d'interprétation paraît avoir été fréquente. A Mortain, le lieutenant-général prescrit d'annoncer «une délégation générale du tiers état pour le dimanche 1ᵉʳ mars» (infrà, p. 224).
[2] La paroisse de Geffosse-en-Bessin a comparu à l'assemblée préliminaire du bailliage de Bayeux, secondaire de Caen, le 4 mars 1789 (suprà, p. 122, note 1).

Et d'autant que partie desdits députés fixaient le nombre des commissaires à 5, et les autres à 7, avons cueilli les voix de tous lesdits députés et trouvé que le plus grand nombre était pour la nomination de 7 commissaires. Partie des députés ayant demandé qu'il fût formé 6 bureaux pour la nomination des mêmes commissaires et les autres députés ayant demandé que la même nomination fût faite par voix, et qu'un seul commissaire fût nommé chaque fois, avons pareillement cueilli les voix et trouvé que le plus grand nombre réunissent leurs suffrages pour que lesdits commissaires chargés de la rédaction du cahier général soient élus à haute voix et un à chaque fois; à l'effet de quoi avons procédé à la nomination desdits commissaires comme il suit :

(Nomination de commissaires; la pluralité des suffrages se réunit en faveur de :)

MM. Pouret de Roquerie, procureur du roi de ce siège; Jacques Euvremer, avocat de ce siège; Jean-Baptiste Vaultier, aussi avocat en ce siège; Jean-François Aubril, laboureur, de la paroisse de Gefosse-sur-Mer; Duprey de la Maherie, laboureur[1], de ce lieu; Pierre Vaultier-les-Jardins, laboureur de la paroisse de Saint-Sauveur-Lendelin, et Regnault de Premarest, bourgeois de Périers[2].

Et vu qu'il est plus de 6 heures 1/2 du soir, nous avons renvoyé la continuation du présent à demain 9 heures du matin, du consentement des députés de toutes les paroisses ci-dessus dénommées, aux fins d'être procédé à l'élection du quart d'entre eux pour être envoyés en la ville de Coutances à l'assemblée générale, etc.

Ce que nous avons signé avec notre greffier seulement, attendu que le plus grand nombre desdits députés se sont déjà retirés vu l'heure tarde (sic), cedit jour et an.

LESCAUDEY DE MANNEVAL. FERRAND.

Et cejourd'hui mardi 10ᵉ jour dudit mois de mars, nous président susdénommé, assisté comme dessus, sommes en vertu de notre renvoi du jour d'hier transporté en la nef de l'église paroissiale de Périers, aux fins de procéder à l'élection du quart des

---

[1] Le *Rôle des taxes* lui donne la profession de *négociant*. Taxe pour 17 jours, 74 livres. «Accepté, n'a point désemparé. — DUPREY.» (*Loc. cit.*, art. n° 260.)

[2] Le *Rôle des taxes* lui donne aussi la profession de *négociant*. Taxe pour 17 jours, 74 livres. «Accepté, n'a point désemparé et a signé les cahiers. — REGNAULT.» (*Loc. cit.*, art. n° 260.)

députés dudit bailliage pour l'assemblée générale de Coutances.

(Appel à nouveau des députés, qui sont tous présents « à la réserve des députés de Geffosse-en-Bessin, et d'un du Mesnil-Vigot[1]. Discussion de la procédure à suivre pour l'élection du quart ainsi rapportée :)

Ensuite les députés présents nous ont supplié, pour éviter la longueur de l'opération, de vouloir bien déroger à l'article 41 [2] du règlement du roi, qui ordonne que l'élection sera faite à haute voix; de leur accorder au contraire la liberté de délibérer par vingt députés qui composent six bureaux dans chacun desquels seront nommés cinq députés; et d'autant qu'il restera un député à nommer, ils demandent également que ce même député soit nommé par les trente qui seront choisis.

Connaissant par nous-même la justesse de la demande ci-dessus formée, prenant d'ailleurs en considération le peu de temps qui reste pour former les cahiers de doléances et se présenter à l'assemblée générale de Coutances, nous avons formé les six bureaux lesquels ont délibéré sur-le-champ, la pluralité des voix s'étant réunie en faveur de :

MM. Lescaudey de Manneval, bailli de longue robe, lieutenant général né et président de ladite assemblée; Vaultier, avocat; Surauvre, médecin; Gervaise, Regnault de Premarest, La Fontaine Almy, Bucaille Dumesnil, Desjardins Vaultier, De Coquerel, avocat; Regnault, avocat; Pouret de Roquerie, procureur du roi; Fauvel de la Raizinière, avocat du roi; Aubril, Pouret de Longueval, Lafillastre, Euvremer, avocat; Malherbe, Cardin, Lemelletier, Euvremer du Manoir, Leliepvre, conseiller; Lecarpentier, conseiller; Bucaille la Rivière, Le Gudinel, Duprey, avocat; Ernouf, notaire; Lemoucheux, avocat; Galopin, avocat; Cariot de la Harderie et Faudemer Deschamps.

Ensuite les 30 députés ci-dessus nommés se sont assemblés et

---

[1] La paroisse de Mesnil-Vigot avait deux députés, les sieurs Jean Paing, ancien procureur du roi au bailliage de Périers, et Julien Vaultier. Le *Rôle des taxes* n'indique point lequel a fait défaut à l'assemblée préliminaire, le 10 mars.

[2] Le procès-verbal commet visiblement ici une erreur. Les rédacteurs ont voulu viser, non pas l'article 41, qui règle la question de la présidence des assemblées des trois ordres, mais l'article 46, qui dispose précisément ainsi : «Les élections des députés qui seront choisis pour former les assemblées graduelles, ordonnées par le présent règlement, seront faites *à haute voix*; les députés aux États généraux seront seuls élus par la voie du scrutin.» (*Règlement fait par le roi pour l'exécution des Lettres de convocation*, 24 janvier 1789, dans DUVERGIER, *Collection des lois*, I, p. 18.)

ont élu pour trente et unième député le sieur Duprey de la Mahérie [1].

Ce fait, les sieurs commissaires nommés pour la rédaction du cahier de doléances nous ayant représenté qu'il leur est impossible de rédiger les cahiers de doléances des paroisses en un seul que pour samedi prochain, tous les députés des paroisses y ont consenti et ont demandé seulement qu'il soit signé par les députés élus pour les trois états qui se tiendront à Coutances, leur donnant à cet effet tout pouvoir.

(Remise des cahiers des paroisses aux mains des commissaires [2]; acceptation par eux de la mission qui leur est confiée, promesse des députés pour Coutances de se rendre «samedi prochain, 2 heures après-midi en ce lieu», aux fins de représenter et signer ledit cahier; mandat général donné aux députés dans la formule habituelle, «pour proposer, remontrer, aider, consentir, etc...».)

Dont du tout nous avons rédigé le présent procès-verbal, qui a été signé après lecture par lesdits sieurs députés, et dont un *duplicata* a été remis au quart choisi par l'assemblée générale du bailliage de Coutances, et l'autre resté aux mains de notre greffier pour être déposé en notre greffe cedit jour et an que dessus.

Approuvé le moi *Aubril* en interligne, bon [3].

LESCAUDEY DE MANNEVAL, J. LEFEVRE, Ad. LEFEVRE, Pierre

[1] Tous les députés élus pour l'assemblée du bailliage principal par l'assemblée préliminaire de Périers se sont présentés à Coutances et ont assisté aux séances, comme ils disent au *Rôle des taxes*, «sans désemparer». Le seul sieur Surauvre s'est, il nous l'apprend lui-même, absenté deux jours durant l'assemblée. Le *Rôle des taxes* porte de sa main la mention suivante : «Accepté. — SURAUVRE, D. M. Désemparé deux jours après avoir demandé à M. de Montchaton s'il le pouvait faire, et reçu réponse affirmative, rien ne se faisant ces jours-là.» (*Loc. cit.*, art. n° 260.)

[2] Les cahiers ainsi remis aux commissaires-rédacteurs n'ont pu être retrouvés. Avaient-ils été par eux déposés au greffe, ou bien les ont-ils emportés chez eux, c'est ce que nous ne saurions dire.

Nous avons déjà eu occasion de faire observer que les Archives municipales de Périers contiennent une collection fort intéressante de pièces qui pourraient être utilement employées pour combler la lacune regrettable que présentent les paroisses de ce bailliage. Ce sont les procès-verbaux des assemblées paroissiales de 1788, contenant les réponses au questionnaire adressé par la Commission intermédiaire de Basse-Normandie aux municipalités nouvellement créées. Ces pièces donnent pour chaque paroisse des renseignements précieux sur l'état économique de la communauté, par exemple le nombre des taillables et celui des privilégiés, la valeur des dîmes, l'état du sol, etc. On sait qu'une collection analogue, contenant les procès-verbaux d'assemblée des municipalités des départements de Caen et de Vire a été fort utilement autographiée par M. BÉNET, ancien archiviste du Calvados. Elle forme, à l'inventaire des archives du Calvados, les cotes C 7817 à 8012. Voir aussi un compte rendu de M. A. AULARD, dans *La Révolution française*, t. XXXVIII, année 1900, p. 80 à 82.

[3] Ce dernier exemplaire avait été en-

JEHENNE, G. GERVAISE, Charles-Christophe SEBIRE, D.
GERVAISE, BISSON, P. VALLÉE, LELIEPVRE, J. ROSSELIN,
B. LEGUERRIER, L. LANGEVIN, Th. LÉCRIVAIN, GOUBERT,
F. GOSSELIN, M. REGNAULT, J. REGNAULT, F. PACQUET,
J. LESAGE, P. REGNAULT, G. GUÉRIN, D. LEVAVASSEUR
(*illisible*), Bon RICHARD, P. LEFILLASTRE, Julien LA
BANQUE, Pouret DUPREY, J. VIVIER, AUBRIL, Pouret DE
LONGUEVAL, N. MALHERBE, F. LELIEPVRE, G. PAING, LE-
CRONIER, A.-B. LE CROSNIER, Hamel DEMAUDOUIT, Ouen
LE GRAS, F. FAUDEMER, M. CARDIN, J.-E. LEPIEZ, GALO-
PIN, *avocat;* N. HENRY, DELAUNE, Jean DESCHAMPS, J.
ENÉE, N. LE PLANQUAIS, CUISNEY, M. LECONTE, M. BA-
GOT, J. LEMOIGNE, FAUVEL DE LA FERRONNIÈRE, FAUVEL
DE LA RAISINIÈRE, *avocat;* BUCAILLE-DUMESNIL, J. COQUE-
RET, LE MOUCHEUX, (*illisible*), TAISNEL, REGNAULT, EU-
VREMER DU MANOIR, (*illisible*), ROBIN DE LISLE, J. DOUET,
EUVREMER, G. CAMPAIN, P. JOUVET, G. REGNAULT, F.
LECONTE, J. LELIEPVRE, J. VAULTIER, M. JEHENNE, F.
DORLÉANS, J. CAISNEY, D. GROULT, LE ROUGE, D. LE
ROUGE, P. LÉCRIVAIN, J. LE BLED, A. GUILLOT, RE-
GNAULT, J. BULOT, LEMELLETIER, SUROUVE, D.-M. DUPREY,
VAULTIER, *avocat;* G. VAULTIER, FAUVEL, ALMY, DE-
LORME, J. FAUVEL, P.-J. BUCAILLE, F. DORLÉANS, VAUL-
TIER, F. OSMOND, ALMY, P. LAISNEY, Nicolas BOIS, D.
LEGUELYNEL, P. SAUVAGE, LECARPENTIER, (*illisible*), J.
GIRES, Philippe LAJOYE, Léonor COLLETTE, J. SAUNY-
VAUDREMESNIL, LOLLIVIER-GOSSET, J. LEMOUCHEUX, René
LEROUX, J. VAUTIER, CARIOT, J. FAUTRAT, Louis-P.-H.
FERRAND, *greffier du bailliage* [1].

voyé au Garde des Sceaux le 16 mars,
ainsi qu'en témoigne une lettre du lieutenant-général, datée de ce jour : «Mᵍʳ,
conformément à l'instruction que vous
m'avez fait parvenir, j'ai l'honneur de
vous faire passer copie du procès-verbal
de l'assemblée générale qui s'est tenue
le 9 de ce mois devant moi. Tout s'y
est passé avec décence, et j'ai vu dans
tous les députés la plus grande satisfaction. Je suis avec respect, Monseigneur, etc...» *Lettre du bailli de robe
longue de Manneval au G. d. S., du*

10 mars. (Arch. nat., Ba 35, l. 40 =
B III 154, p. 385.)

A la lettre est jointe la minute non
datée de la réponse du Ministre, qui le
félicite de son exactitude (*ibid.*, p. 405.)

[1] Le Ms. des Archives nationales
porte *in fine* la mention suivante : «*La
présente copie collationnée sur l'original
déposé au greffe du bailliage de Saint-
Sauveur-Lendelin, séant à Périers par
nous greffier soussigné, à Périers, ce
14 mars 1789.*

FERRAND.»

## 2. Cahier de doléances.

(Ms. *Archives du greffe du Tribunal de première instance de Coutances*, pièce n° 73. Original signé. *Inédit.*)

*Doléances et instructions de l'assemblée du tiers état du bailliage de Periers à ses députés à l'assemblée des trois ordres du bailliage principal de Coutances.*

On ne peut espérer que les voix et les représentations des paroisses et des corporations qui forment les communes soient entendues dans la grande assemblée qui se prépare, tant que leurs doléances ne porteront que sur un ordre de choses relatif et sur des circonstances locales. Quelque pressants que soient leurs besoins, quelque fondées que soient leurs demandes, elles savent que leurs représentants auront de plus grands intérêts à discuter; que, s'élevant nécessairement à des vues supérieures d'utilité générale, ils oublieront pour un moment les intérêts particuliers de leurs commettants et préféreront avec raison établir le bonheur durable de la nation sur des principes solides, aux avantages et bénéfices de quelques soulagements locaux et passagers [1].

Consolider les fondements de la constitution par une heureuse division des pouvoirs, par la réunion et la combinaison des forces; établir sur une base inébranlable les rapports du Monarque aux sujets de l'État, du Souverain, des différents ordres de l'État entre eux; donner à chaque province une constitution intérieure qui, par son organisation, tende au bonheur de tous et à la prospérité générale; réparer, s'il est possible, les maux inappréciables que les méprises, les inadvertances et les déprédations effroyables de quelques administrateurs ont accumulés sur la nation; remédier aux abus de l'impôt, en fixer l'objet, en déterminer la mesure, en limiter la durée, en régler l'application; simplifier les formes judiciaires, en corriger les défauts, indiquer les lois utiles et les ré-

---

[1] La nécessité pour les cahiers de s'élever au-dessus des besoins locaux et de ne traiter que les questions d'intérêt véritablement général avait été tout particulièrement proclamée par Thouret, dans son *Essai de cahier* : «L'assemblée, disait-il dans ce projet, s'abstiendra d'insérer dans le présent cahier plusieurs autres objets de détail qui tiennent aux intérêts locaux de la province, tant parce que les États généraux ne doivent pas être distraits du soin exclusif qu'exigent les grandes matières relatives à l'intérêt général du royaume que parce que ces objets particuliers d'administration intérieure seront utilement confiés à la sollicitude des États provinciaux, dont le rétablissement fait partie de la constitution générale.» (*Op. cit.*, p. 52.)

formes nécessaires; mais assurer, avant tout, à l'ordre des communes, le droit inviolable de voter par tête avec les membres des deux autres ordres réunis, telle est la tâche à laquelle doit concourir celui qui méritera le titre honorable de représentant de ses pairs et de ses concitoyens.

Pénétrée de la grande importance des résolutions que prendront les États généraux sur tous ces points, l'assemblée du tiers état du bailliage de Périers, après avoir pris en très sérieuse considération les doléances des paroisses de son arrondissement, a arrêté le cahier de ses instructions pour être présenté par ses députés à l'assemblée générale du bailliage principal de Coutances.

### Chapitre I<sup>er</sup>. — De la constitution de l'État.

[1°] Il importe à la nation qu'elle soit invariable et qu'elle ne cesse d'être monarchique; que la couronne continue d'être héréditaire dans l'auguste maison qui, depuis tant de siècles, tient les rênes du gouvernement[1].

[2°] Que si la France, plongée dans le deuil, voyait s'éteindre la ligne masculine de l'immortelle et glorieuse dynastie à qui elle doit sa grandeur et sa prospérité, la nation alors userait de son droit;

Qu'elle ne peut aliéner de choisir son roi dans une autre maison, sous les conditions qu'elle arrêterait avec lui par ses États généraux[2].

[3°] Eux seuls, comme ses représentants légitimes, doivent et peuvent statuer sur les régimes, quelle qu'en soit la cause, en choisir les ministres et limiter leurs pouvoirs.

[4°] La distinction des ordres étant une des bases de la monarchie, la nation doit la confirmer. Que les ministres des autels forment donc le premier ordre de l'État. Que le corps de la noblesse, dépositaire né de l'honneur, ce sentiment énergique, qui constitue

---

[1] Sur les principes fondamentaux de la Constitution, comparez le cahier de la ville de Saint-Lô, art. 1<sup>er</sup>, § 1 à 3 (*suprà*, p. 20), et celui de la ville de Valognes, chap. II, § 1 (au tome II, p. 14 et 15). La source commune, comme on sait, est l'*Essai de cahier*, de Thouret (*éd. cit.*, p. 36).

On remarquera que les rédacteurs du présent cahier considèrent que la Constitution de l'État français existe bien, mais qu'elle a seulement besoin d'être consolidée et solennellement confirmée. Cf. le cahier de la Noblesse du Cotentin, art. 2 (Hippeau, II, p. 8), et en sens contraire, le cahier de Canteloup, art. 2 (au tome II, p. 168). Cette question de l'existence d'une Constitution dans l'ancien régime a été longuement discutée par Champion, *La France d'après les cahiers de 1789*, p. 32 à 39.

[2] Cf. encore le cahier de la ville de Saint-Lô, art. 1<sup>er</sup>, § 4 et 5 (*suprà*, p. 20), et la note sous ce texte.

le principe d'activité du gouvernement[1], trouve à jamais, dans ce sentiment même, sa plus belle récompense, et, qu'en jouissant de l'avantage de composer le second ordre du royaume, il continue de pouvoir être exclusivement décoré de tous les titres et préséances qui, jusqu'à présent, ont fait son principal apanage.

La partie la plus nombreuse de la nation dont la fidélité, l'attachement pour ses rois, l'amour de la patrie, le dévouement de ses biens à l'intérêt public forment le caractère général, ne rougira pas, sous le nom modeste de communes, de ne tenir que le troisième rang dans la hiérarchie politique[2].

[5°] Au monarque seul appartient la plénitude du pouvoir exécutif.

La législature[3] est encore un des attributs de sa puissance,

[1] Cette idée, que l'*honneur* est le principe essentiel sur lequel repose un gouvernement monarchique, est empruntée à Montesquieu. Montesquieu, comme on sait, attribue à chacune des trois natures de gouvernement dont il a reconnu l'existence un principe fondamental différent : le fondement sur lequel repose un gouvernement républicain, c'est la *vertu*; celui du gouvernement despotique, c'est la *crainte*; et enfin celui du gouvernement monarchique, c'est l'*honneur*. Et par honneur il entend «le préjugé de chaque personne et de chaque constitution». Ce préjugé prend la place de la vertu politique dans le gouvernement, républicain : «Il peut inspirer de belles actions; il peut, joint à la force des lois, conduire au but du gouvernement, comme la vertu même.» (*Esprit des lois*, livre III, chap. VI, éd. cit., p. 23.)

[2] La distinction des ordres est considérée, par Montesquieu, comme une conséquence nécessaire du principe fondamental qu'il a reconnu dans un gouvernement monarchique : «Le gouvernement monarchique suppose des prééminences, des rangs et même une noblesse d'origine. La nature de l'*honneur* est de demander des préférences et des distinctions; il est donc, par la chose même, placé dans ce gouvernement.» (*Esprit des lois*, l. III, chap. VII. Du principe de la monarchie, éd. cit., p. 23.)

L'idée exprimée par le cahier de réduire la noblesse à des privilèges pure-

ment honorifiques était courante en Normandie en 1789. Le *Mémoire* remis en décembre 1788 par les officiers municipaux de Saint-Lô disait à ce sujet : «Les soussignés ajoutent que, loin de jalouser les privilèges honorables dont jouissent les deux premiers ordres, ils conviennent qu'il doit exister dans une monarchie de la distinction dans les États. Mais ce n'est point porter atteinte à cette distinction que de solliciter une égalité de représentation dans une assemblée où il s'agit des intérêts de la nation entière, lorsque cette égalité surtout n'est encore proportionnée ni au nombre des individus, ni à leurs propriétés, ni à la masse d'impôts qu'ils supportent.» (Arch. nat., Ba 35, l. 70.)

[3] Il faut entendre par ce mot le pouvoir de donner des lois, le *pouvoir législatif*. Il est singulier que le cahier, profondément inspiré pour tout le reste de l'*Esprit des lois*, remette entre les mains du monarque le pouvoir législatif. Montesquieu enseignait en effet que la séparation des pouvoirs était une condition nécessaire dans un gouvernement régulier : «Il y a dans chaque État trois sortes de pouvoirs, la puissance législative, la puissance exécutive des choses qui dépendent du droit des gens et la puissance exécutive de celles qui dépendent du droit civil [pouvoir judiciaire]. Lorsque dans la même personne ou dans le même corps de magistrature, la puissance législative est réunie à la puissance exécutive, il n'y a point de liberté, parce qu'on peut craindre que le même

mais la loi ne peut devenir obligatoire que par le consentement libre de la nation; exprimé par ses représentants aux États généraux.

A eux seuls, sous ce titre, appartient le droit de consentir et d'octroyer l'impôt.

Mais quelle doit être leur organisation ?

### Chapitre II. — Des États généraux.

[1°] Il est temps que les communes reprennent l'exercice de leurs droits légitimes; la nature et la raison les déclarent imprescriptibles. Il est temps que chaque ordre reprenne, dans l'État, le rang que lui assignent les principes immuables de la justice, et que le peuple qui, jusqu'à présent, n'a figuré que sur les registres des impôts, obtienne, enfin, dans les délibérations nationales, l'influence qu'il doit y avoir, et que l'orgueil, le préjugé, l'habitude et l'esprit de corps de quelques membres des ordres privilégiés voudraient peut-être encore lui contester.

[2°] Les députés des communes doivent donc demander qu'elles élisent, à l'avenir, la moitié des membres des États généraux; que, dès à présent, les voix y soient comptées par tête et que l'énumération par ordre soit à jamais abolie, comme contraire aux principes de la justice et de la raison naturelle.

[3°] Ainsi constitués, ils s'assembleront tous les cinq ans, et jamais ils ne pourront octroyer l'impôt au delà du temps qui sépare chaque tenue.[1]

[4°] A l'ouverture des assemblées périodiques et avant qu'il puisse être passé à la prorogation ou nouvel octroi de l'impôt, l'administrateur général des finances sera tenu de rendre son compte exact et par année de l'emploi des contributions, et, en cas de malversation et d'abus, il pourra être cité par les États aux tribunaux de judicature, de même que les autres ministres dans

---

monarque ou le même sénat ne fasse des lois tyranniques, pour les exécuter tyranniquement... Tout serait perdu, si le même homme, ou le même corps des principaux, ou des nobles, ou du peuple, exerçait les trois pouvoirs.» (*Esprit des lois*, l. XI, c. vi. De la Constitution d'Angleterre, *éd. cit.*, p. 128.)

[1] Le cahier de la ville de Valognes et celui de la ville de Saint-Lô demandent aussi la périodicité des États

généraux, mais en les espaçant seulement de trois ans en trois ans (aux t. II, p. 15, t. III, p. 23). Ils proclament également le double principe, que les impôts seront consentis par les États et qu'ils ne pourront l'être qu'à temps, et jusqu'à la prochaine tenue des États (aux t. II, p. 18, t. III, p. 26). La source commune est manifestement toujours l'*Essai de cahier* de Thouret, au § 5, 2° (*éd. cit.*, p. 42).

leurs départements respectifs, pour être jugés selon la loi et les circonstances [1].

[5°] Outre ce compte général, l'administrateur des finances sera tenu de rendre chaque année à la même époque, un compte détaillé de son administration et de l'état des finances, de le présenter à l'assemblée intermédiaire générale, pour être examiné et approuvé par elle, et ensuite il sera rendu public par la voie de l'impression [2].

[6°] Les États généraux auront le droit d'approuver et de sanctionner les lois générales pour le royaume et de répartir l'impôt entre les provinces, sans partialité ni privilèges, et selon leurs facultés.

[7°] Cependant, la nation sera toujours représentée par une commission intermédiaire en activité [3], choisie par les États généraux, renouvelée à chaque séance, composée d'un nombre égal de députés des communes et des deux autres ordres réunis, proportionnel au nombre respectif des députés des différentes provinces et dont la moitié des membres sortira chaque année au sort et sera remplacée par d'autres députés choisis par les États provinciaux.

[8°] Les représentants de chaque province qui formeront cette

commission intermédiaire seront les députés de cette province
auprès du roi, et, à ce titre, les organes de ladite province auprès
de Sa Majesté.

[9°] Dans le cas d'une indispensable nécessité, telle qu'une ir-
ruption de l'ennemi, une guerre imprévue, la commission intermédiaire générale aura le droit d'autoriser la levée d'un impôt
additionnel, mais dont la durée n'excédera pas un an, sauf à convoquer extraordinairement les États généraux pour aviser aux
moyens les plus efficaces de pourvoir aux besoins actuels [1].

[10°] Que si les deux premiers ordres refusent de délibérer
réunis avec les communes et ne veulent point accepter l'énumération des voix par tête, alors les députés du troisième ordre, après
s'être communiqué leurs instructions respectives, prendront le
parti le plus généralement indiqué par toutes les provinces à leurs
représentants [2].

### Chapitre III. — Des États provinciaux [3].

[1°] Chaque province doit avoir un gouvernement intérieur uniforme, jouissant des mêmes privilèges et produisant les mêmes
résultats.

[2°] Éléments de la grande assemblée, les États provinciaux
doivent être constitués sur le même plan; les communes en four-
niront la moitié des membres, les voix s'y compteront par tête, et
tous les ans ils seront assemblés dans la ville la plus commode de
la province [4].

[1] Il n'est pas sans intérêt d'observer que les cahiers qui ne veulent pas
admettre l'existence d'une commission
intermédiaire, comme ceux de Valognes
et de Saint-Lô, sont obligés d'accorder
à la royauté, pour les cas urgents, un
pouvoir extraordinaire d'imposition.
Voir le passage sur la *crue de guerre*
dans le cahier de Saint-Lô, art. 4, § 2
(*suprà*, p. 31).

[2] Cf. le cahier de Valognes, art. 1er
(au t. II, p. 13), et celui de Saint-Lô,
art 2, § 3 (*suprà*, p. 23). La source
commune est l'*Essai de cahier* (éd. cit.,
p. 34). On voit que les cahiers de la
région du Cotentin ne sont ni impératifs ni irréductibles sur la question du
vote par tête. Cela avait parfaitement
été aperçu par Champion, *op. cit.*, p. 97
et suiv.

[3] Pour tout ce plan d'organisation
des États provinciaux, on comparera les
cahiers de la Haye-Bellefond, art. 1er
(au t. I, p. 356), de Valognes (au t. II,
p. 16), et de Saint-Lô (*suprà*, p. 24).
On remarquera que le présent cahier,
comme en général ceux de la région,
rejette la division en plusieurs assemblées provinciales, établie en Normandie en 1787. On lui reprochait de
«rompre cette unité nécessaire à tous
les sujets normands». Voir le cahier de
Montchaton, art. 6 (au t. I, p. 449).

[4] Sur la fixation de la ville où devraient siéger les futurs États provinciaux, et la lutte entre Caen et Rouen,
voir ce que nous avons noté sous les
cahiers de Cantelonp, art. 5 (au t. II,
p. 169) et de Bretteville, art. 2 (*ibid*,
p. 125).

[3°] Ils auront le droit de sanctionner les lois relatives au droit municipal de la province, de distribuer l'impôt entre les différents départements qui seront établis sous eux et l'administration générale des travaux publics.

[4°] Pendant l'intervalle de leurs tenues, ils seront représentés par une commission intermédiaire chargée de l'exécution des arrêtés pris dans l'assemblée générale [1].

[5°] Les États provinciaux auront le droit de lever, par addition sur les impositions foncières de la province, la somme nécessaire pour leurs dépenses et pour l'exécution des travaux publics et des projets utiles qu'ils auront arrêtés, dont la suite sera confiée à leur commission intermédiaire.

[6°] Il est inutile d'observer que chaque province soumise à son régime particulier et toujours représentée par ses États ou leur commission intermédiaire, n'aura plus besoin des ministres qui, sous le nom d'intendants ou de commissaires départis, entraînent des dépenses que la nouvelle constitution rendra superflues [2].

[7°] Si contre toute attente, sans égard pour la saine raison et contre les principes sacrés de l'équité naturelle, qui veut que les citoyens d'un même État, en partageant les avantages de l'association en partagent également les charges, quelque province, jalouse de conserver sa constitution actuelle et les privilèges de ses capitulations, refusait d'accéder au plan général et uniforme de constitution intérieure, alors la province de Normandie, s'isolant à son tour, se verrait avec peine forcée de réclamer les droits qui lui sont acquis par ses chartres, droits imprescriptibles auxquels elle n'a jamais renoncé et qui constituent son contrat envers et contre tous [3].

CHAPITRE IV. — DES ASSEMBLÉES DE DÉPARTEMENT ET MUNICIPALES.

[1°] Chaque province sera divisée en départements, composés

---

[1] L'existence d'une commission intermédiaire est plus facilement admise pour les États provinciaux que pour les États généraux. Voir les cahiers de Cambernon, art. 6 (au t. I, p. 239), et de la Haye-Bellefond (*ibid.*, p. 357).

[2] La suppression des intendants et de leurs subdélégués est fréquemment demandée dans les cahiers, pour la même raison d'*inutilité* exposée au texte. Voir le cahier de Montmartin, art. 17 (au t. I, p. 449).

[3] Les cahiers de la région du Cotentin font souvent cette même réserve, au sujet des «droits de la province de Normandie», pour le cas où les États généraux ne pourraient arriver à établir un système complet de réformes générales. Voir les cahiers de la ville de Saint-Lô, art. 9, § 4 (*suprà*, p. 45), et de la ville de Valognes, ch. II, a. 7 (au t. II, p. 7). La source commune est comme toujours l'*Essai de cahier* de THOURET, § 9 *in fine* (*éd. cit.*, p. 52).

d'un nombre de paroisses entre lesquelles chaque département fera la distribution de l'impôt et dont il recevra les représentations, les plaintes et les demandes; et, d'après son avis, il sera statué par les États provinciaux assemblés ou par la commission intermédiaire [1].

[2°] Les assemblées de département se réuniront tous les ans, avant la tenue des États provinciaux, et, comme eux, pendant l'intervalle de leurs séances, ils seront représentés par une commission intermédiaire.

[3°] Chaque paroisse choisira des députés, qui formeront son assemblée municipale, laquelle sera chargée de la répartition de l'impôt entre les propriétaires, de veiller au bien général de la paroisse et de répondre à tout ce qui peut la concerner.

[4°] Enfin toutes ces assemblées seront élémentaires les unes des autres, et les membres qui doivent composer l'assemblée supérieure seront toujours pris dans l'assemblée inférieure, successivement jusqu'à l'assemblée des États généraux.

[5°] Après avoir fixé une forme de constitution nationale, déterminé les degrés du pouvoir et établi le droit politique et fondamental de la nation sur des principes que la nation seule a le droit de changer, les États généraux auront à régler la masse des impôts, la dette publique, les dépenses de chaque département, les moyens d'y pourvoir et d'empêcher les déprédations dont trop de ministres se sont rendus coupables.

### Chapitre V. — De la dette publique et des impôts.

[1°] Les États généraux se feront représenter l'état exact de la dette publique, des impôts en tout genre et des dépenses ordinaires de chaque département.

[2°] Ils s'occuperont ensuite de la liquidation, reconnaissance et consolidation de la dette publique, des moyens de rembourser ce qui est exigible et de payer l'annuité de la somme courante à intérêts.

[3°] Ils ne comprendront point dans la masse de la dette nationale celle que le clergé a contractée pour acquitter les taxes qu'il a

---

[1] Pour tout ce plan d'organisation d'assemblées départementales et municipales, on comparera utilement le cahier de Montchaton, art. 5 (au t. I, p. 449).

Les traits généraux du système sont évidemment empruntés aux assemblées provinciales de 1787, auxquelles le cahier superpose toutefois, d'une façon assez singulière, les États de la province. Voir *Édit portant création d'assemblées provinciales et municipales*, Versailles, juin 1787 (dans Isambert, t. XXVIII, p. 364 n° 2350).

payées au gouvernement sous le nom de *don gratuit*[1]; c'est au clergé de rembourser ses emprunts; il peut le faire en sollicitant avec les autres ordres la suppression d'un grand nombre d'abbayes et de maisons religieuses devenues inutiles, et, par la vente des immeubles qui en dépendent, rentrés dans le commerce, ils reprendraient une valeur reproductive qu'ils ont perdue sous le mauvais régime des gens de main morte.

[4°] Peut-être le remboursement de la dette exigible de la nation sera-t-il rempli par l'aliénation des immeubles appartenant aux hôpitaux[2], dont l'État recevrait le capital en payant l'intérêt

[1] La dette du clergé dit *de France* (par opposition au clergé dit *étranger* ou *des pays conquis*) avait eu pour origine le rachat des impositions nouvelles établies depuis le xvie siècle, dont le clergé, plutôt que de se laisser assujettir à une contribution permanente, avait préféré se rédimer soit en payant, comme en 1710 lors de l'établissement de la capitation, une somme une fois versée de 24 millions, soit en consentant de temps en temps, lorsque son immunité était de nouveau menacée, des *dons gratuits* prétendus volontaires. Comme la levée de ces subsides était en principe extraordinaire et qu'on tenait avant tout à leur enlever le caractère d'un impôt régulier et permanent, le clergé, au lieu d'établir sur les bénéfices une contribution annuelle, avait recours à des emprunts successifs, dont le service d'intérêts et de remboursement étaient assurés par des levées qu'il administrait lui-même.

La dette ainsi progressivement constituée était, à la fin de l'ancien régime, devenue assez considérable. En 1784, Necker en évaluait le capital à 134 millions, dont 42 à peu près avaient été empruntés au denier 20, et 92 au denier 25, et qui exigeaient annuellement 5,800,000 livres pour les intérêts et 4,100.000 livres pour les remboursements. Au total, avec 700,000 livres que demandaient de leur côté les intérêts d'anciennes dettes locales des diocèses, un chiffre de 11 millions de livres environ (NECKER, *Administration financière*, t. II, ch. 9, p. 229). Bien que la caisse de la dette fût administrée, paraît-il, avec assez de soin, le produit des *décimes* an-

nuelles était devenu insuffisant pour amortir cette dette sans cesse grossissante. Depuis plusieurs années l'État, au lieu de recevoir quelque chose du don gratuit, était obligé de verser chaque année une somme d'un million et demi pour l'apurement des comptes. (BOITEAU, *État de la France en 1789*, p. 198.)

La dette, ainsi évaluée par Necker à 134 millions en 1789, ne paraît pas s'être accrue de 1784 à 1789, puisque d'après le rapport de M. de Montesquiou à l'Assemblée nationale, elle ne s'élevait au moment de la liquidation qu'à 131,040,394 l. 8 s. 6 d. On dit communément (par ex. BOITEAU, *op. cit.*, p. 202) que l'État, en nationalisant les biens du clergé, se chargea intégralement de toutes ses dettes. La chose ainsi présentée n'est pas exacte; le décret du 16-25 décembre 1790, qui règle le mode de remboursement de la dette constituée du ci-devant clergé, fait une expresse distinction : sur les 131 millions, près de la moitié, exactement 45,770,529 l. 16 s. 10 d. étaient dus à des établissements de main-morte, et furent déclarés simplement «amortis». (DUVERGIER, *Collection des lois*, II, p. 102.)

[2] Il n'existait en 1789 dans le ressort de Saint-Sauveur-Lendelin qu'un seul hôpital, celui de Périers, fondé par lettres patentes de Louis XIV en 1703, et dont le revenu fort modique consistait seulement en deux vergées de terre, situées dans deux communes voisines et données par le roi; dans 88 livres de rentes dues par différents particuliers, et dans le produit d'un droit de 20 s. par muid sur le vin entrant dans

à 4 p. o/o et par la vente à perpétuité des biens du domaine de la Couronne. C'est aux États assemblés d'examiner la possibilité de ce contrat, dont l'invalidité a fait, jusqu'à présent, un des principaux points du droit public du royaume [1].

[5°] Les États généraux supplieront le roi de régler l'état de sa maison, celles de la reine et des princes de son sang; d'y faire les réductions compatibles avec l'appareil inséparable du trône, et d'étendre cette réduction sur les pensions qui grèvent le peuple pour gratifier souvent des gens inutiles.

[6°] Sa Majesté sera également suppliée de réduire l'état de son armée de terre à cent mille hommes au plus [2]. Entourée de voisins

le bourg de Périers. Le tout produisait en 1728 la somme de 484 livres, et en 1769, depuis l'octroi du droit d'entrée, atteignait péniblement 2,167 l. 10 s. (Arch. Calvados, C 764, 766, 767). En 1788, d'après le dernier *État* dressé à l'intendance, cet hôpital disposait seulement de 4 lits, occupés par 5 pauvres; le nombre des pauvres reçus dans l'année était de 2; le mouvement de la population accuse 2 décès (1 homme, 1 femme) et 6 naissances (2 garçons, 4 filles), car on y recevait les femmes en couches. (*État des hôpitaux*, 1788, Arch. Calvados C 1044.

Nous croyons devoir attirer l'attention sur le caractère dangereux du vœu émis par le cahier, pour l'aliénation des immeubles des hôpitaux. Une mesure de cette nature est toujours funeste aux établissements de bienfaisance, car tandis que les revenus des biens-fonds se maintiennent à peu près constants ou suivent la hausse progressive du prix des choses, les revenus en rentes sur l'État qui les remplacent sont fatalement appelés à diminuer par suite de la dépréciation progressive de l'argent. Les établissements hospitaliers du Cotentin avaient d'ailleurs passé déjà par une crise de ce genre en 1721, lorsque Law leur avait fait convertir leurs biens-fonds en billets de la banque royale. Voir Arch. Calvados, C 775.

[1] L'inaliénabilité du domaine n'avait été établie définitivement en France que par l'*Edit de Moulins*, *de février 1566*, dans son article 1er (ISAMBERT, t. XIV, p. 185, n° 108). Elle reposait sur cette idée de principe, que le roi n'était point propriétaire, mais seule-

ment administrateur, du patrimoine de la couronne. Voir ESMEIN, *Cours d'histoire du droit français*, éd. 1907, p. 330.

Le domaine du roi dans le ressort du bailliage de Saint-Sauveur-Lendelin était assez considérable. Il s'étendait sur 75 paroisses et comprenait quelques terres vaines et vagues non inféodées, des droits de pêche et de moulins affermés, mais surtout des rentes en grains et en argent. Le total à la fin du XVIIIe siècle montait à 316 livres pour terres affermées et 22 livres pour droits de pêche; à 4,036 boisseaux de froment mesure de 20 pots, 5,349 rais d'avoine, et des menues rentes en poules, pains, œufs estimées 807 l. 11 s. 7 d.; en plus à 5,236 l. 19 s. en argent. En tout, un produit commun de 39,341 l. 2 s. (Arch. Manche, A 3365).

[2] L'effectif de l'armée régulière, recrutée par voie d'engagements volontaires, est évalué, pour l'année 1789, à 172,974 hommes sur le pied de paix, et 210,948 hommes sur le «grand pied de guerre». Il y avait, en dehors de la maison du roi, corps d'élite qui comptait 8,646 hommes, 79 régiments d'infanterie française et 27 d'infanterie étrangère, les uns et les autres à 2 bataillons sauf celui dit *du roi*, à 4 bataillons; plus 12 bataillons de chasseurs à pied; 7 régiments d'artillerie à 2 bataillons; 15 compagnies d'ouvriers, 26 régiments de cavalerie proprement dite, 18 de dragons, 6 de hussards et 12 de chasseurs; en tout 218 bataillons d'infanterie comptant sur le pied de paix 135,111 hommes; 14 d'artillerie (11,977 hommes) et 204 escadrons de troupes à cheval (36,692 hommes). Il

amis et alliés, défendue de presque tous les côtés par la nature, que doit craindre une nation brave et généreuse, inviolablement attachée à ses rois par sentiment et gouvernée par un monarque pacifique? L'armée française, composée de soldats mieux choisis, mieux payés, quoique moins nombreuse, animée par l'honneur et le patriotisme, opposera toujours à l'injuste agresseur une force de résistance capable de déconcerter ses projets. Cet exemple de modération deviendrait peut-être pour l'Europe entière le signal d'un armistice général.

[7°] L'abolition de cette loterie cruelle, connue sous le nom de tirage de la milice [1], en serait un des premiers et plus salutaires effets; la diminution des dépenses du département de la guerre en opérerait un autre dans la masse des impôts, et les campagnes retrouveraient des bras qu'elles ont perdus.

[8°] Les États généraux assigneront ensuite à chaque département la somme nécessaire à ses dépenses; ensuite ils fixeront leurs regards sur toutes les branches de l'impôt, sur leur produit, sur toutes les conséquences qui en dérivent et sur les personnes qui y contribuent.

[9°] Sans doute il est injuste que l'impôt pèse sur les choses de première nécessité, que le sel aussi nécessaire que le pain soit l'objet d'une taxe moins considérable dans son rapport que destructive dans ses effets; il est affreux que le vice de l'impôt affecte, d'une manière aussi désastreuse, la moralité des actions humaines et que, par une conséquence du monopole, l'infracteur de la loi

---

faut y joindre les 30 régiments de la milice, sorte d'infanterie de réserve levée par conscription et tirage au sort, créée en 1688 et qui devait compter en 1789 environ 55,240 hommes sur le pied de paix, et 76,000 sur le pied de guerre. Voir *État militaire de la France pour l'année 1789;* DUPUY, *L'armée royale en 1789,* Paris, 1888, p. 7, 46 et 52; C. ROUSSET, *Les volontaires de 1791,* Paris, 1870, p. 1 et suivantes.

[1] La *milice de terre,* sorte d'infanterie de réserve qui ne servait que dans les circonstances graves, pour la défense du territoire, avait été créée en 1688, au milieu des difficultés de la guerre de la ligue d'Augsbourg. Chaque généralité en principe fournissait un régiment, qui était recruté sur place, au moyen du tirage au sort annuel. Les

miliciens tombés au sort devaient un service de six années, et chaque année on remplaçait un sixième de l'effectif. Voir Jacques GÉBELIN, *Histoire des milices provinciales (1688-1791).* Paris, 1882, in-8°.

Les paroisses du bailliage de Périers, qui toutes sauf les quelques paroisses maritimes étaient sujettes à la milice de terre, fournissaient des soldats au régiment de Basse-Normandie, bataillon de Saint-Lô. En rapprochant les chiffres du tirage des dernières années précédant 1789, on peut estimer que les 50 paroisses du ressort fournissaient une trentaine de conscrits par an. Ce n'était évidemment pas excessif pour une population qui pouvait compter environ 25,000 âmes. (Voir *Résultat des procès-verbaux de tirage,* 1788, Arch. Calvados, C 1916.)

III.                                                    10

inhumaine de la gabelle devienne le pair du scélérat qui trouble l'ordre public et la sûreté des citoyens.

[10°] Sans doute il est barbare de voir les citoyens du même État se repousser par des barrières et se regarder comme étrangers, oubliant les liens du pacte et de la fraternité qui les unissent, institution gothique et révoltante qui charge le commerce d'entraves et tarit nécessairement cette source secondaire de la richesse et de la propérité nationale.

[11°] Il n'est aucune loi fiscale qui, dans ses effets, ne produise des résultats fâcheux; les aides et le contrôle sont la source de mille abus et des vexations les plus criantes; les droits sur les cuirs ont porté à d'autres nations cette branche intéressante du commerce de la France[1]. Mais ces impôts sont la source féconde des richesses du gouvernement; c'est la mine d'où il extrait une partie des moyens de pourvoir à ses dépenses; avant de la fermer, il faut en ouvrir une autre moins dispendieuse dans son exploitation.

[12°] En attendant cette heureuse révolution, les États généraux doivent hâter, autant qu'il est en eux, l'exécution du projet du ministre cher à la nation qui gouverne maintenant ses finances et demander spécialement une modification et une répartition plus générale des droits de gabelle, une loi précise sur les aides, qui détermine sous une seule dénomination les droits qui en sont l'objet et dont la nomenclature seule est une science[2]; un tarif plus

---

[1] Sur la crise du commerce des cuirs en Cotentin, voir le cahier de Valognes, art. 29 et la note (au t. II, p. 36). Le vœu n'intéressait pas énormément le bailliage de Périers. Avant la création des droits sur les cuirs, au milieu du siècle, il n'y avait dans le ressort du bailliage de Périers que deux localités possédant des tanneries : la ville de Périers où l'on comptait un mégissier et trois tanneurs-corroyeurs, dont le plus riche avait 2 fosses et faisait pour 800 livres d'affaires, et le bourg de Lessay, où il n'existait qu'un seul mégissier, faisant seulement 300 livres de commerce annuel. Le subdélégué notait que les industriels «ne font aucun commerce au delà du royaume». Les cuirs, de qualité médiocre, sont consommés sur place; le commerce monte au plus à 2,500 livres par an, et les droits qui sont payés à Mᵐᵉ la duchesse de Châtillon sont «peu considérables» et

affermés pour 400 livres seulement. Voir *État des villes, bourgs et lieux de la généralité de Caen où il y a des établissements de tannerie, année 1748* (Arch. Calvados, C 2925).

[2] On renvoie généralement, au sujet des aides, à la «nomenclature épineuse» de ces droits perçus en 1789, que le tiers état du bailliage de Nemours a dressé dans son cahier (Archives parlementaires, t. IV, p. 123, 2ᵉ colonne); mais cette nomenclature ne s'applique qu'aux pays de vignobles. Pour la Normandie, on voudra bien se reporter à notre note sous le cahier de Carantilly, chap. II, 2ᵉ (au t. I, p. 251). Le clergé de Mantes et Meulan écrivait à ce propos dans son cahier : «L'exercice des droits d'aide soumet les citoyens à une inquisition d'autant plus révoltante, que ces lois fiscales sont en grande partie un mystère réservé aux percepteurs, et que le peuple se trouve trop souvent

équitable des droits de contrôle, dans lequel seront ménagés les actes les plus intéressants et les plus ordinaires dans les familles ; la réduction des frais de perception de tous ces droits ; enfin l'anéantissement des traites, par l'éloignement des barrières aux extrémités du royaume.

[13°] Après avoir apprécié le produit des impôts sur les consommations, indiqué les bonifications dont ils sont susceptibles et approuvé et sanctionné leur perception pour un temps limité, les États généraux auront à examiner les impôts fonciers et personnels.

Ces deux impositions ont nécessairement la même base, à moins que l'on ne veuille considérer sous un autre point de vue la taxe sur l'industrie dont la saine raison, comme le calcul, sollicitent l'abolition [1].

Divisés dans une multitude de registres, ils semblent établis pour rappeler sans cesse au contribuable ce sentiment pénible que sa dette ne s'éteindra jamais [2]. Mais du moment que tous les ordres de l'État seront forcés de convenir que personne n'est exempt des contributions, leur réunion deviendra aussi facile que nécessaire. Une nouvelle répartition entre les provinces faite par les États généraux, la division de cet impôt que feront les États provinciaux entre leurs départements, la distribution que ceux-ci en feront entre les paroisses de leur ressort, et finalement la division que chaque paroisse en fera entre ses propriétaires, à proportion des fonds qu'ils possèdent et de leur valeur, telle est la marche la plus naturelle dans cette opération progressive.

Il est vrai que l'on ne pourra se flatter d'atteindre tout d'un coup à l'égalité proportionnelle entre les différentes provinces ; il est vrai que quelques départements se trouveront encore surchargés ; que même des paroisses voisines ne seront pas imposées au même taux. Mais il en résultera cet avantage précieux que chaque propriétaire payera, dans sa paroisse, une contribution proportionnellement égale ; que l'arbitraire, source intarissable de haines,

en contravention sans le savoir. » ( *Ibid.*, t. III, p. 657.)

Les différentes réformes énumérées au texte sont, ainsi que l'explique le cahier, préconisées dans le traité de Necker, *De l'administration des finances de la France*, 1784, 3 vol. in-8°.

[1] Le cahier fait allusion vraisemblablement au xx° d'industrie, qui n'existait déjà plus que dans les villes,

depuis le premier ministère de Necker. Voir les cahiers de Saint-Pierre-de-Coutances, art. 9 (au t. I, p. 105) et de la ville de Valognes, art. 26 (au t. II, p. 34).

[2] Sur la multiplicité des rôles d'imposition en Normandie en 1789 et les plaintes qu'elle soulevait, cf. le cahier de Contrières, art. 1er (au t. I, p. 281 et la note).

de procès et d'injustices, disparaîtra et que l'impôt, dans la dernière de ses subdivisions, aura acquis son principal caractère
d'équité, qui consiste dans l'égalité de la répartition. Le temps et
l'expérience, en procurant des connaissances sur la valeur relative
des paroisses, assureront les moyens d'établir l'équilibre entre
elles, et de proche en proche, jusqu'au premier anneau de la
chaîne, on verra s'établir cette proportion si désirable qui rendra
égal le sort des citoyens des différentes provinces.

[14°] Quelque pesants que soient déjà les impôts fonciers, ils
sont cependant les seuls qui puissent être susceptibles d'augmentation, parce que le peuple et la classe la moins aisée de la société
en sentiront moins les atteintes, et que les grands propriétaires,
qui n'ont, jusqu'à présent, cessé de payer au-dessous de leur contribution, acquitteront enfin leur charge proportionnelle.

S'il est donc indispensable d'augmenter les impôts, si l'économie la plus sévère dans l'administration des finances, si l'ordre et
la plus scrupuleuse exactitude dans les départements, si les réductions des gages exorbitants, si la suppression des pensions immé-
ritées, si tous ces moyens réunis sont encore insuffisants dans la
circonstance critique de l'État, alors la nation et spécialement les
communes supporteront, sans se plaindre, une augmentation momentanée sur les impôts fonciers.

[15°] Mais, avant tout, les États généraux solliciteront la
destruction de l'hydre des privilèges et des exemptions; tous citoyens du même État, tous participants aux avantages de l'association et de la commission (?) primitive, quel est celui qui pourrait se défendre de contribuer à ses charges? Qu'on n'invoque pas
la possession et l'usage, ils sont impuissants, et le pacte social,
dont les conditions sont imprescriptibles, les désavoue. Qu'on ne
dise pas que ces franchises tiennent à l'honneur, apanage et préciput de la noblesse. L'honneur est corrompu par son mélange
avec l'intérêt; il perd bientôt son activité par cet alliage monstrueux et hétérogène, et, par une réaction nécessaire, le gouvernement brise son principal ressort et détruit le principe qui le
conserve et le fait agir. C'est par des sacrifices à la patrie que l'on
mérite d'être distingué de ses égaux et non par le privilège de
l'exemption. En devenant avare de ses trésors, la noblesse perdrait
le mérite du sang qu'elle se fait gloire de répandre au service de
l'État et que le tiers état se fait un devoir d'y prodiguer[1].

(1) On verra plus loin, par le cahier
de la noblesse, que l'ordre de la noblesse en Cotentin ne se refusait pas
à participer avec les autres ordres aux
sacrifices pécuniaires que nécessitait
l'état des finances. Il demandait seule-

### Chapitre VI. — Administration de la justice.

[1°] Les États généraux ne doivent pas se borner à fonder le droit politique de la France, ses formes judiciaires méritent leur plus sérieux examen.

Ils auront toujours devant les yeux ces maximes du plus grand publiciste de la France : *Que les lois criminelles intéressent le genre humain plus qu'aucune chose qui soit au monde; que ce n'est que sur les connaissances acquises et à acquérir à cet égard que la liberté peut être fondée* [1].

[2°] La France ne peut encore se flatter d'être parvenue à son point de perfection.

Une révolution plus que centenaire a nécessairement produit des connaissances nouvelles; le rapprochement de nos usages de ceux de nos voisins, la comparaison de nos lois avec celles de ce peuple qui règne encore sur la terre par la sagesse des siennes [2], tant d'ouvrages célèbres que ce siècle a vu naître, tant de victimes immolées à l'erreur, tant d'autres arrachées du supplice qu'elles étaient prêtes à subir, tout semble exiger un examen approfondi de notre législation criminelle, tout sollicite une forme plus favorable à l'accusé.

[3°] L'humanité exige une proportion plus exacte entre les délits et les peines. Elle est indignée que le meurtre d'un quadrupède ou d'un volatile soit mis en comparaison avec la liberté et quelquefois la vie d'un citoyen. Nos aïeux étaient barbares et leurs

---

ment à ne pas être assujetti à la taille, «imposition contraire aux droits et franchises de la noblesse», et à payer seulement comme le clergé un *don gratuit*. Il n'y avait donc entre le tiers et la noblesse, qu'une simple question de forme. Voir *Cahier de la noblesse*, art. 17 (dans Hippeau, *Cahiers*, II, p. 11).

[1] La maxime invoquée au texte est de Montesquieu, qui avait écrit en effet, dans l'*Esprit des lois*, au livre XII, chap. 2, *De la liberté du citoyen* :

«Quand l'innocence des citoyens n'est pas assurée, la liberté ne l'est pas non plus. Les connaissances que l'on a acquises dans quelques pays et que l'on acquerra dans d'autres, sur les règles les plus sûres que l'on puisse tenir dans les jugements criminels, intéressent le genre humain plus qu'aucune autre

chose qu'il y ait au monde. Ce n'est que sur la pratique de ces connaissances que la liberté peut être fondée, et dans un État qui aurait là-dessus les meilleures lois possibles, un homme à qui on ferait un procès, et qui devrait être pendu le lendemain, serait plus libre qu'un pacha ne l'est en Turquie» (*Œuvres complètes de Montesquieu*, éd. Laboulaye, Paris, 1876, in-8°, t. IV, p. 62).

[2] Cet éloge du Droit romain est plus que rare dans les cahiers de la région normande. Le cahier d'Agneaux au contraire paraît bien viser le droit romain comme superflu, lorsque, traitant de la réforme des écoles de droit, il demande «qu'il n'y soit rien enseigné que d'utile et de relatif au gouvernement établi» (art. 7 *suprà*, p. 55).

lois étaient douces[1]; nous vantons notre civilisation et les nôtres ne respirent que le sang.

[4°] Mais si dans cette première séance, les États généraux, occupés des besoins les plus urgents du gouvernement, remettaient à un autre moment d'examiner les réformes nécessaires, dans cette partie intéressante, ils doivent à jamais consacrer cette maxime comme fondamentale : *Qu'aucun citoyen ne pourra être privé de sa liberté sans être remis, au même instant, aux tribunaux chargés d'informer des délits et d'infliger les peines indiquées par la loi* [2].

[5°] Cependant cette règle générale pourrait recevoir une exception, le préjugé qui flétrit la famille innocente du coupable semble la rendre nécessaire. Tous les citoyens sont intéressés à solliciter l'établissement d'un tribunal domestique composé d'un nombre déterminé de membres de la famille qui, d'après un arrêté précédé d'une information et autorisé par le prince, pourrait infliger à un de ses membres coupables ou qui pourrait le devenir encore davantage la peine d'une captivité plus ou moins longue, selon les circonstances [3].

---

[1] L'auteur du cahier suit encore ici de près MONTESQUIEU, *Esprit des lois*, au livre VI, c. 16, *De la juste proportion des peines avec le crime* : «Il est essentiel, avait écrit cet auteur, que les peines aient de l'harmonie entre elles, parce qu'il est essentiel que l'on évite plutôt un grand crime qu'un moindre, ce qui attaque le plus la société que ce qui la choque moins» (*éd. cit.*, t. III, p. 257).

Il convient naturellement de ne pas prendre à la lettre l'affirmation du cahier relativement à la *douceur* des anciennes lois de l'époque barbare. L'*Ordonnance criminelle de 1670*, quelque sévère qu'elle fût, particulièrement pour les délits fiscaux, constituait certainement un progrès sur la législation antérieure. Voir tout particulièrement ESMEIN, *Histoire de la procédure criminelle en France*, 1882, in-8°, p. 330.

[2] L'idée de l'inviolabilité de la liberté individuelle et la nécessité d'une interrogation immédiate par le juge de tout prévenu est empruntée aux principes de la législation anglaise sur l'*habeas corpus*. Les projets de cahier répandus en Normandie au commencement de 1789 y font souvent allusion : «Il est également juste que les juges

de toutes les juridictions ne prononcent aucun décret de *Comparence personnelle* contre toutes les personnes publiques, ni au décret de *prise de corps* contre les propriétaires domiciliés, qu'au nombre de trois, au moins officiers et gradués..., et qu'à l'égard des décrets de prise de corps prononcés contre les propriétaires domiciliés, l'emprisonnement des accusés... n'aurait l'effet que d'un simple arrêt de détention provisoire.» (*Projet de cahier général... fait par un gentilhomme de Normandie, ami de la Nation*, chap. Justice, art. 8 et 9, dans HIPPEAU, *Élections*, p. 397.)

Au surplus, la législation des ordonnances, si elle avait été régulièrement appliquée, aurait parfaitement suffi à assurer à cet égard le respect de la liberté individuelle. L'*Ordonnance criminelle de 1670* ordonnait expressément que tout prisonnier fût interrogé par le juge dans les vingt-quatre heures de son arrestation; et en cas d'absence ou autres empêchements de la part du juge, par le plus ancien officier du siège, suivant l'ordre du tableau (*Ordonnance criminelle*, août 1670, titre XIV, art. 1er, dans ISAMBERT, XVIII, 398).

[3] Sur l'institution des tribunaux domestiques, voir encore MONTESQUIEU,

[6°] La distinction dans le mode du supplice que la loi inflige, selon la qualité du coupable, étant une des causes de l'opinion qui, pour le crime d'un de ses membres, flétrit une famille entière qui n'a pas l'avantage d'appartenir à l'ordre de noblesse, il est de l'honneur des communes de demander que cette distinction avilissante n'existe plus et que le glaive punisse également le noble et le roturier que la société est forcée de faire périr pour le maintien de l'ordre et la sûreté des citoyens [1].

[7°] La suppression de la juridiction des prévôts qui, par une compétence exorbitante, prononcent sans appel et en dernier ressort sur la vie des citoyens, l'extinction de ce tribunal monstrueux connu sous le nom de chambre noire [2], exigent les instances les plus pressantes des États généraux.

[8°] Pourquoi ne serait-il pas permis à l'ordre des communes, qui fournit des soldats à l'État, de réclamer contre le genre flétrissant des châtiments qu'on leur inflige pour la faute la plus légère? En les frappant comme de vils esclaves, n'est-ce pas forcer le ressort de la honte, éteindre en eux le sentiment de l'honneur ou les porter à la désertion, devenue si commune de nos jours [3]?

Esprit des lois, l. VII, c. 10 (éd. cit., t. III, p. 287). Le cahier du tiers état de la ville de Rouen insiste également sur le fait que «la peine influe sur l'honneur de la famille», et demande pour cela, art. 37 : «Que les lois pénales frappent également tous les coupables sans distinction de rang ni de naissance, en sorte que la différence d'état ne soit plus un motif de différence dans le genre de peine, et que, le crime étant personnel, la peine n'influe pas sur l'honneur de la famille et n'en exclue aucun membre de parvenir à toutes les places et emplois.» (Dans HIPPEAU, Cahiers, t. III, p. 321.)

[1] L'Ordonnance criminelle de 1670 avait maintenu la distinction des peines suivant le rang et la condition sociale des coupables; les nobles condamnés au dernier supplice avaient le privilège d'être décapités, les roturiers étaient pendus. Le tiers état de la Rochelle observe à cet égard très justement qu'il est au moins étrange qu'un roturier soit déshonoré par la peine capitale infligée à son père, tandis que le fils d'un noble peut attester, «comme titre probatif de la noblesse de son extraction», le supplice du sien (art. 70,

dans Archives parlementaires, t. VI, p. 483).

[2] Sur la juridiction des prévôts des maréchaux, en matière de port d'armes et de délits commis sur les grands chemins, voir notre note sous le procès-verbal de l'assemblée préliminaire de Saint-Lô (supra, p. 72). Quant à la chambre noire, chambre rouge, chambre ardente, les cahiers entendent indifféremment sous ce nom la commission souveraine établie à Caen, depuis 1768, pour juger les crimes de contrebande soustraits à la juridiction ordinaire. Voir le cahier de la Haye-Bellefond (au t. Ier, p. 354) et la note sous celui de Bricqueville-la-Blouette, art. 42 (au t. I, p. 207).

[3] Le cahier fait allusion aux châtiments corporels rétablis dans l'armée par le comte de Saint-Germain, lors de son passage au ministère de la guerre. Voir Règlement concernant l'infanterie française et étrangère, 25 mars 1776 (ISAMBERT, XXIII, n° 423, p. 451). Ce règlement avait d'ailleurs été rapporté presque aussitôt, et n'était plus appliqué en 1789. Voir la note sous le cahier de la ville de Carentan, art. 28 (au t. I, p. 721).

[9°] Après la liberté et la sûreté du citoyen, ce qu'il a de plus cher est sa propriété.

Les lois civiles ont pour objet de l'assurer et d'en faciliter la défense lorsqu'elle est attaquée; mais quelles dépenses, quelles traverses, quelles longueurs pour obtenir un jugement! De la multitude des tribunaux divers naissent mille incidents sur la compétence; des années se passent avant que le plaideur sache quel sera son juge; il termine sa vie sans que son sort soit décidé, ne laissant à ses enfants pour héritage que des friches et des procès qu'ils n'ont plus les moyens de soutenir et dont les pièces, devenues inutiles, garnissent les greniers du procureur, qui s'est enrichi de leurs dépouilles.

[10°] La suppression de tous les tribunaux connus sous le nom de tribunaux d'exception, de nouveaux arrondissements par paroisses et non par fiefs[1], qui rapprochent le plaideur du juge; l'augmentation de la compétence en dernier ressort des juges ordinaires en augmentant, dans chaque siège, le nombre des magistrats; l'abolition de la vénalité des charges; plus de simplicité dans les procédures; moins de subtilité dans les formes; des droits moins excessifs aux procureurs, au contrôle et ailleurs; une revi-

[1] Le vœu en faveur de «l'arrondissement des bailliages» est particulièrement bien à sa place dans le cahier du bailliage de Périers. Le ressort de ce bailliage, qui n'a compris pour la convocation que cinquante communautés, s'étendait en réalité sur soixante-treize paroisses, dont trente-deux étaient mixtes avec des ressorts voisins de bailliages et de hautes justices. Ainsi les paroisses de Blainville, Gratot, Linverville, Saint-Germain-sur-Ay dépendaient pour partie du bailliage de Coutances; celles d'Angoville-sur-Ay, Appeville, Barneville, Gouey, le Plessis, Saint-Jorres, Saint-Germain-sur-Ay, Saint-Eny relevaient de même pour partie du bailliage de Carentan; les paroisses de Catteville; Neuville-en-Baumont, Saint-Martin-du-Mesnil, Saint-Rémy-des-Landes, Saint-Sauveur-de-Pierrepont, du bailliage de Saint-Sauveur-le-Vicomte, celles de Canville, Fréville, Quettehou; du bailliage de Valognes, et celles de Gréneville et Quettehou du petit bailliage d'Alençon-en-Cotentin. Il faut joindre ensuite les paroisses qui sont mixtes avec des hautes justices situées dans le bailliage ou au dehors, hautes justices de Périers, de Saint-Sauveur-Lendelin, de Créances, de Coigny, des Pieux, de Gié, de la Haye-du-Puits, de Barneville, de Briquebec, de Montebourg, et avec la vicomté royale de Sortosville-en-Beaumont. On trouvera le relevé complet de ces paroisses *mixtes* dans un *État pour servir à faire l'arrondissement de chaque juridiction*, en date du 24 janvier 1775 (Arch. Calvados, C 6072). On observera, sur cet *État*, que certaines communautés dépendent de trois, de quatre et même de cinq juridictions: telle la paroisse de Gouey, mixte entre les ressorts des bailliages royaux de Carentan, Coutances, Périers, Saint-Sauveur-le-Vicomte et la haute justice de la Haye-du-Puits; celle de Canville, mixte entre les bailliages de Périers, Valognes et Saint-Sauveur-le-Vicomte, et les hautes justices de la Haye-du-Puits et de Coigny. Cf. encore une *Adresse des paroisses du bailliage de Périers à l'Assemblée nationale*, pour demander l'établissement d'un tribunal de district à Périers, en date du 21 janvier 1790 (Arch. nat., D IV *bis*, 10 l., 230).

sion des lois de chaque province, tels sont les moyens dont les États doivent solliciter l'exécution et qui peuvent remédier aux abus et à l'obscurité qui règnent dans cette partie également importante pour tous les ordres de l'État.

[11°] L'établissement d'un bureau de conciliation dans chaque paroisse, composé des membres de l'assemblée municipale; une loi qui obligerait les plaideurs de s'y présenter avant que l'accès des tribunaux leur fût ouvert; les efforts naïfs de laboureurs honnêtes et judicieux étoufferaient souvent à leur naissance des procès qui s'enveniment par la résistance et qui, par l'aigreur inséparable des contestations juridiques, finissent par devenir inconciliables [1].

[12°] Dans un siècle qui sait discerner la tolérance de l'esprit d'irréligion, il ne serait pas indigne des États généraux d'examiner l'état actuel des non-catholiques en France et de voir s'il serait possible, sans danger, de leur ouvrir l'entrée aux emplois de la société [2] et d'agréger à la magistrature les protestants qui pouvaient y aspirer avant la révocation de l'édit de Nantes, sauf à leur interdire la connaissance des affaires où la religion nationale, la discipline et le droit ecclésiastique se trouveraient intéressés.

## CHAPITRE VII. — DU CLERGÉ.

[1°] Sans porter atteinte à la suprématie du Saint-Père comme chef visible de l'église, il est de l'intérêt de la nation de supprimer la servitude qu'il exerce en France par la suppression du droit

[1] Sur les projets divers, très répandus en 1789 en Normandie de «bureaux de conciliation» et l'institution de «juges de paix dans les campagnes», comparez les cahiers de Bréville, art. 10; de Courcy, art. 4; de Montchaton, art. 17 (au t. I, p. 194 et la note, p. 291, p. 452). Il semble d'une manière générale que pour toutes ces matières le présent cahier et celui de Montchaton, du bailliage de Coutances, soient inspirés d'une source commune.

[2] Cf. le cahier de Montchaton, art. 4 (au t. I, p. 448) et la note. L'Édit concernant ceux qui ne font pas profession de la religion catholique, novembre 1587, qui avait rendu aux protestants leur existence civile dans le royaume, leur fermait encore expressément l'entrée aux emplois publics et spécialement l'accès de la magistrature. L'article 1er de l'Édit, après avoir déclaré que dé-

sormais il serait permis à tous les sujets du roi, professant une autre religion que la religion catholique, apostolique et romaine, «d'exercer tous commerces, arts et professions, sans que sous prétexte de leur religion, ils ne puissent y être troublés, ni inquiétés», ajoutait en effet : «Exceptons néanmoins desdites professions toutes les charges de judicature, ayant provision de nous ou des seigneurs, les municipalités érigées en titre d'office, et ayant fonctions de judicature, et toutes les places qui donnent le droit d'enseigner.» (ISAMBERT, t. XXVIII, n° 2415, p. 474.)

On sait qu'au contraire, sous le régime de l'Édit de Nantes, il existait dans les Parlements une chambre dite Chambre de l'Édit, composée mi-partie de catholiques, mi-partie de protestants, pour juger les litiges où des religionnaires se trouvaient mêlés.

d'annates[1]. On ne peut contester à la puissance temporelle le droit de rendre aux évêques le pouvoir d'accorder les dispenses, les provisions de bénéfices et généralement toutes les bulles et brefs, qui font sortir du royaume des sommes considérables, qui n'y rentrent jamais;

[2°] C'est en vain que les canons de l'église, les décrets des conciles, les ordonnances de nos Rois, ont prescrit aux bénéficiers [la résidence] dans le lieu même de leur bénéfice[2]; les efforts réunis des deux puissances ont été sans force, les lois les plus saintes ont été éludées et enfreintes. Cependant les provinces tributaires de l'Église voient les heureux possesseurs des bénéfices, en porter le revenu à la capitale ou à la cour, l'y consumer en dé-

---

[1] Sur le droit d'*annates*, au point de vue de la Normandie spécialement, voir le cahier de Bricqueville-la-Blouette, (art. 72, t. I, p. 214) et celui d'Anneville-en-Cères (art. 7, t. II, p. 87 et la note).

Le droit d'accorder les *dispenses* ecclésiastiques (dispenses de serment, de suspense, d'irrégularité, etc., et surtout les dispenses au cas d'empêchements à mariage) appartenait, semble-t-il, originairement à l'ordinaire, c'est-à-dire à l'évêque du diocèse. Mais depuis le XVIᵉ siècle une évolution coutumière, contre laquelle protestent les docteurs gallicans, avait amené la papauté à se réserver dans la plupart des cas le *jus dispensandi*. On trouvera dans Rousseau de La Combe, au mot *Dispenses*, l'énumération des diocèses où l'évêque pouvait encore accorder les dispenses et de ceux où le pape avait définitivement prescrit le droit. En Normandie, les évêques avaient perdu le droit d'accorder la dispense en matière de mariage au cas d'*empêchement dirimant public*, par exemple en cas de parenté civile ou spirituelle; à Paris, au contraire, ils accordaient encore la dispense au cas de parenté au 4ᵉ degré, la dispense pour le 3ᵉ degré étant seule réservée au pape. Voir Rousseau de La Combe, *Jurisprudence canonique et bénéficiale*, v° Dispense, section IV, p. 299.

Le motif de l'ingérence de la cour romaine en cette matière était naturellement d'ordre financier. Bien que le Concile de Trente eût défendu (session XXIV, c. 5) de *rien exiger* pour l'octroi des dispenses, et recommandé de ne les accorder que *rarement* et *pour de justes causes*, la Pénitencerie demandait, sous prétexte de droits de chancellerie et autres, des sommes d'argent assez importantes, suivant les cas. Les auteurs gallicans protestent vivement aux XVIIᵉ-XVIIIᵉ siècles contre les exigences de la cour de Rome, et leurs réclamations ont inspiré un certain nombre de cahiers, plus particulièrement imprégnés de l'esprit gallican. Le plus hardi de tous est sans doute celui de Courcy, qui demande (art. 9) au roi «d'établir un pontife en France, pour connaître les dispenses de mariage» (t. I, p. 292). Cf. encore le cahier de l'assemblée préliminaire de Tinchebray, art. 49 et 50 (*infrà*, p. 352).

[2] Sur la résidence des bénéficiers, voir le cahier de Canteloup (art. 10, au t. II, p. 172).

Le vœu du cahier vise vraisemblablement les titulaires des établissements ecclésiastiques réguliers du ressort; l'abbé commendataire de Lessay, en 1789, était l'archevêque de Besançon, Raymond de Durfort, qui naturellement ne résidait point. Sur les cinq prieurés non conventuels du ressort, l'un, le prieuré de Marchésieux, appartenait de même à l'abbé commentataire de N.-D. du Vœu, M. de Bayanne, auditeur de rote, qui résidait à Rome; des quatre autres titulaires, un seul, celui de Raids, Mᵉ Gannivet, s'est présenté à l'appel du clergé à l'assemblée générale de Coutances (Arch. nat., B III/53, p. 94 et suiv.).

penses de luxe, tandis que les pauvres des paroisses languissent
dans la misère et périssent faute de secours, et des pasteurs aussi
respectables qu'utiles réduits au simple nécessaire sont sans cesse
exposés au double tourment de voir la misère et de ne pouvoir la
soulager.

Les États généraux doivent solliciter une loi solennelle à cet
égard; les biens de l'église sont le patrimoine des pauvres; les
bénéficiers n'en sont que les dispensateurs, et la religion et la politique condamnent également la trop inégale distribution des bénéfices; il est contre toutes les règles de la justice que quelques ecclésiastiques regorgent de surplus et que d'autres manquent de
nécessaire;

[3°] L'entretien des presbytères est encore une charge dont les
propriétaires sont grevés envers l'église, sans qu'elle en puisse
produire un titre[1]. En lui accordant les dîmes, la nation s'est
acquittée envers elle; c'est donc à l'église de pourvoir au logement
de ses ministres;

[4°] On ne peut se dissimuler qu'ils ont étendu leurs droits
bien au delà des bornes légitimes. Ce ne sont plus [seulement] les
fruits qui servent à la nourriture de l'homme, que les décimateurs
assujettissent à la prestation de la dîme; à l'aide de quelques
maximes dictées par des casuistes zélés, il n'est pas de production
qui en soit exempte. De là résulte une multitude de procès inter-
minables. Si les cultivateurs obtiennent justice dans les tribunaux,
les décimateurs par des évocations, des arrêts de défenses, trouvent
le moyen d'en retarder l'exécution jusqu'au moment où ils peuvent
obtenir une loi favorable[2];

[5°] L'abolition des dîmes insolites est un moyen que les États
généraux doivent indiquer comme l'unique remède contre les procès
qu'elles font naître à tous moments, et qui tiennent dans l'anxiété
la plus cruelle la classe trop peu soutenue du cultivateur;

[6°] En parcourant nos campagnes le voyageur découvre d'es-

---

[1] L'entretien des presbytères avait
été, quoique dise le cahier, mis à la
charge des communautés des paroisses
par une série de textes très précis, et
surtout par l'*Édit portant règlement pour
la juridiction ecclésiastique, avril 1695*,
art. 22 (Isambert, XX, p. 249, n° 1574).
Comme le dit très bien le cahier, cet entretien ne portait que sur les *propriétaires* des paroisses, «au pied la perche
de leurs possessions». Voir d'ailleurs ce
que nous avons noté sous le cahier d'An-

noville-Tourneville, art. 4 (au tome I,
p. 185).

[2] Le cahier veut parler des *procès de
dîmes* soulevés un peu partout en Cotentin depuis le milieu du XVIII° siècle, par
la nouvelle jurisprudence relative aux
«dîmes insolites» et aux «verdages». On
pourra consulter, en plus de notre
note (au t. I, p. 474), un travail
récent, L. Duval, *Études sur l'état de
l'agriculture dans la généralité d'Alençon au XVIII° s.*, Alençon, 1911, p. 35.

pace en espace des palais somptueux qui foulent orgueilleusement la terre. C'est l'habitation de quelques religieux autrefois cénobites, qui, oubliant la loi de leur institut, vivent dans l'aisance et le luxe, ne conservant des règles qui leur sont prescrites par leurs statuts que l'habit[1].

[1] La critique un peu déclamatoire du cahier ne se justifie pas tout à fait dans le bailliage de Périers. Il n'existait dans le ressort, en fait d'établissements réguliers, qu'une seule abbaye, celle de Lessay, et 5 prieurés non conventuels, ceux de Boisroger, de Marchésieux, de Raids, de Broquebœuf à Lithaire, et de Saint-Erbland au Plessis; et les revenus de ces différents établissements, l'abbaye exceptée, n'étaient guère considérables. Nous avons noté déjà (*supra*, p. 100) que d'après M. RENAULT, l'abbaye, qui ne comptait en 1790 que 11 religieux, pouvait avoir dans les 80,000 livres de rente, dont 50,000 pour l'abbé; le chiffre, après réflexion, nous paraît trop fort, car un *Tableau général des revenus de la province de Rouen*, dressé pour le calcul des décimes vers la fin du xviii° siècle, ne donne à l'abbé que 22,000 livres (1re classe), et 8,000 (4e classe) à la mense conventuelle. Voir Arch. nat., G8, 527. Quant aux prieurés, voici les renseignements fournis par le *Pouillé de Coutances*, pour le dernier tiers du xviii° siècle :

«1° *Boisroger*. Le prieuré [dit de Saint-Nicolas], bénéfice simple dont est collateur et patron l'abbé et les religieux de Saint-Paul de Cormery, ordre de Saint-Benoît, diocèse de Tours. Le revenu consiste en dîmes, terres et rentes, affermées en 1750 pour 900 livres; en 1763, pour [le chiffre est resté en blanc] (*f° 7 v°*).

«2° Lithaire. Le prieuré de *Broquebœuf*, ordre des Prémontrés, patron l'abbaye de Blanchelande. Ce prieuré possède une assez grande quantité de terres labourables, prairies, bois taillis et landages. En 1761, on a dit qu'il était loué 900 livres; doit justifier de l'énoncé. Ce prieuré est en la paroisse de Montgardon. [Suit le détail d'une déclaration de 1728, avec le montant des rentes seigneuriales en diverses paroisses] (*f° 40 r°*).

«3° *Marchésieux*. Le prieuré de Mar-

chésieux dépend de l'abbaye de Saint-Paul de Cormery, etc... Il possède dans la paroisse une terre de 130 vergées; il possède en rentes seigneuriales 386 boisseaux, de 12 pots au boisseau; il jouit de tous les droits seigneuriaux; il possède encore dans ladite paroisse les dîmes des bleds, pommes et sarrasins, sur les traits de la Marcoquière, du Mesnil et de Vautigny. De plus, ledit prieur possède un trait de dîmes dans la paroisse de Fresville, dans le diocèse, affermé 115 livres en 1724, et une autre portion de dîmes dans la paroisse de Bougy, diocèse de Bayeux, aff. 50 livres en 1725. En 1783, la totalité du revenu est affermée 8,500 livres. (*f° 14 v°*).

«4° Le Plessis. Le prieuré de *Saint-Erblanc*, patron l'abbaye de Lessay. Le revenu consiste en maisons, terres, prairies, deux traits de dîmes, un dans la paroisse du Plessis et l'autre dans celle de Saint-Jores; plus il reçoit de l'abbé de Blanchelande 35 livres par an. Il doit 45 boisseaux de froment au domaine de Saint-Sauveur-Lendelin, 2 livres au domaine et 4 l. 10 s. à l'abbé de Lessay. Loué ledit prieuré, en 1728, la somme de 575 livres et les charges déduites, avec 50 livres pour réparations, et 30 livres pour la desserte du prieuré; reste 353 livres. (*f° 36 v°*).

«5° *Raiz*, de *radiis*, patron l'abbaye de la Sainte-Trinité-de-la-Luzerne, diocèse d'Avranches. Le curé régulier possède le tiers des grosses dîmes avec la totalité des menues [les deux autres tiers appartenant à l'abbaye]; possède en outre 32 vergées de terre en aumône. Le tiers du curé estimé en 1728 produire 500 de froment, 500 d'orge, 5 à 600 d'avoine; les menues, 30 boisseaux de sarrasin, les pommes 6 tonneaux, — les petites dîmes 100 livres. Un vicaire.» [Suit le calcul.] Affermé, en 1741, 380 livres, décimes 59 l. 15 s., desserte 30 livres, taxe 47 l. 10 s. D'où le rédacteur donne au bénéfice, pour vraie valeur, 787 l. 5 s. (*f° 14 r°*).

Cependant les hôpitaux languissent sans moyens [1], les pauvres, les infirmes et les malades n'y trouvent plus d'asile, les commensaux de ces hospices de l'humanité souffrante et de la misère sont à chaque instant menacés d'être ensevelis sous des ruines et des décombres.

Les États généraux entreront dans les vues des fondateurs des monastères devenus inutiles, en demandant l'application d'une partie du capital de leurs biens aux hôpitaux, et en les distribuant avec équité et économie. A ce moyen les paroisses de la campagne auront la ressource d'envoyer leurs malades dans les hospices destinés jusqu'à présent aux pauvres des villes; et devenues plus riches ces maisons pourront instruire les enfants dans les arts utiles à la société et au commerce.

### Chapitre VIII. — De l'agriculture et du commerce.

[1°] Les États généraux s'occuperont des moyens d'encourager l'agriculture, cet art utile, le premier de tous par sa nature, son objet et ses effets. Dans le nombre des causes qui ralentissent ses progrès, on doit compter les corvées personnelles dues aux seigneurs, les garennes, les colombiers, l'abus de la chasse, les banalités et mille autres droits exclusifs, restes barbares du régime féodal. La disette de l'argent, l'énormité de l'usure tolérée sous le nom spécieux de constitution à rente viagère; toutes les causes également destructives de la richesse et de la prospérité des campagnes, sollicitent de la puissance législative des lois précises et bienfaisantes, qui sans porter atteinte aux propriétés, civilisent

[1] Le seul hôpital du ressort de Périers était en effet en 1789 dans un état lamentable. Déjà en 1769 les administrateurs accusaient une recette de 2,167 l. 10 s., pour une dépense annuelle de 6,700 livres, et exposaient que «sans l'assistance de quelques personnes charitables, l'hôpital aurait été anéanti». En 1788, le mal avait empiré singulièrement; les administrateurs expliquent que «les malades qui y sont renfermés et que les sœurs qui les gouvernent sont dans la plus grande consternation au sujet des bâtiments qu'ils occupent; à chaque instant il s'y fait des crevasses et éboulements, qui n'annoncent rien moins que la chute entière des édifices et le danger d'être écrasés sous les ruines». L'intendant venait d'envoyer des experts pour dresser procès-verbal des réparations à faire; les réparations estimées urgentes seulement s'élevaient à 6,089 l. 10 s., et les experts ajoutaient que le bâtiment serait toujours peu solide. Le subdélégué, M. de la Millière, concluait dans une lettre à l'intendant, que «l'hôpital n'est pas de ceux que le gouvernement a intérêt à conserver, qu'il vaut mieux placer les enfants à la campagne et donner une pension à chacun des infirmes, qui sont en petit nombre». (Arch. Calvados, C 707 et C 880.)

des droits rigoureux mais fondés, et anéantissent à jamais ceux qui n'ont pour appui que la tyrannie de l'usage;

[2°] La loi qui permettra le prêt de l'argent à intérêt, au taux fixé par le prince, produira le double effet de détruire l'usure et d'avancer l'agriculture vers sa perfection. C'est en vain qu'on possède des terres, lorsque l'on n'a pas les fonds d'avance nécessaires à leur exploitation, et tel est l'état d'un grand nombre de propriétaires qui ne trouvant plus de deniers à constitution, depuis l'édit bursal des hypothèques[1], hâtent leur ruine par des contrats de rente viagère, qui mettent dans l'aisance cette foule oisive de célibataires aussi inutiles à la société que funestes aux mœurs.

Une religion toute spirituelle ne peut opposer d'obstacles à cette loi devenue indispensable, et qui dans tous les gouvernements est du ressort de la puissance temporelle. *C'est bien une action très bonne de prêter à un autre son argent sans intérêt, dit l'immortel auteur de l'Esprit des lois, mais on sent que ce ne peut être qu'un conseil de religion et non une loi civile* [2].

Peut-être verrait-on bientôt s'ouvrir comme d'eux-mêmes, et cependant sous l'autorité du gouvernement, ces caisses utiles et vraiment nationales, auxquelles nos voisins doivent en partie l'état florissant de leur agriculture; les capitalistes, dégoûtés du jeu peu sensé de l'agiotage, y déposeraient leurs trésors; on y puiserait les moyens de mettre en valeur les bruyères, les landes sauvages et les marais infects qui ne demandent que la main de l'homme pour acquérir une valeur centuple;

[3°] La fiscalité des agents du domaine, les prétentions exorbitantes des seigneurs, fondées sur une investiture idéale et chimérique, se sont opposées jusqu'à présent à des défrichements qui

---

[1] Il s'agit de l'*Édit portant création de conservateurs des hypothèques et abrogation du décret volontaire,* juin 1771 (ISAMBERT, XXII, p. 530, n° 1014). Nous avons expliqué sous le cahier de Bricqueville-la-Blouette, article 45, pourquoi cette législation, qui créait des formalités nouvelles et coûteuses, avait été tout particulièrement mal accueillie en Normandie (au tome I, p. 207).

[2] La citation du texte est empruntée au chapitre xix du livre XXII de l'*Esprit des lois,* intitulé : Des prêts à intérêts. Montesquieu avait écrit :

«L'argent est le signe des valeurs. Il est clair que celui qui a besoin de ce signe doit le louer, comme il fait de toutes choses, dont il peut avoir besoin.

Toute la différence est, que les autres choses peuvent ou se louer ou s'acheter, au lieu que l'argent qui est le prix des choses se loue et ne s'achète pas... C'est une action très bonne de prêter à un autre son argent sans intérêt, mais on sent que ce ne peut être qu'un conseil de religion, et non une loi civile.» (*Éd. cit.,* t. V, p. 44.)

Les cahiers de la région du Cotentin considèrent généralement l'interdiction de l'usure comme la cause de la «fureur» avec laquelle le public se portait vers les contrats de rente viagère. Voir le cahier de Dangy, au bailliage de Coutances, art. 23 (au t. I, p. 299). Ce préjugé local d'ailleurs n'apparaît nullement justifié.

auraient augmenté la masse de nos productions et à des partages qui auraient attaché tous les citoyens à leur terre natale. Des concessionnaires avides ont porté le mal à son comble. Une multitude de paroisses s'est vu tout à coup dépouillée du produit que ses habitants retiraient de leurs bestiaux, qui trouvaient une pâture dans ces déserts. Le concessionnaire illégal s'est fait un revenu du droit de vaine pâture, et sans entreprendre un travail immense mais nécessaire, il a trouvé dans le monopole du droit exclusif un ample dédommagement de ses intrigues[1].

Il est du devoir des États généraux de solliciter une loi qui ordonne enfin le partage des terres incultes, de manière à concilier tous les intérêts. La culture de ces terrains ne tardera pas à produire des effets aussi favorables à l'agriculture qu'au commerce, qui tire d'elle son existence;

[4°] Les commerçants font entendre de toutes parts leurs plaintes sur les funestes effets du traité de commerce avec l'Angleterre[2]. A les en croire les fabriques nationales y sont compromises et menacées d'une ruine aussi prochaine qu'inévitable. Les États généraux ne manqueront pas d'examiner jusqu'à quel point ces alarmes sont fondées et de chercher les moyens les plus propres à remettre nos manufactures en vigueur, en leur rendant les débouchés qu'elles pourraient avoir perdus.

---

[1] Sur les procès de communaux intentés, à peu près partout, en Cotentin à la fin du XVIII° siècle, par les engagistes du domaine, voir la note sous le cahier du bailliage de Saint-Lô, art. 6,5° (*suprà*, p. 91). — Le ressort de Saint-Sauveur-Lendelin renfermait un assez grand nombre de paroisses ayant des biens communaux importants, pour lesquels des procédures étaient encore pendantes en 1789. Ainsi toute la lande de Lessay, d'une étendue très considérable alors, avait été concédée par arrêt du Conseil du 2 novembre 1768, pour défrichement, au marquis de Briqueville, capitaine au régiment de Penthièvre-cavalerie, moyennant une somme infime de 300 livres par an. La paroisse Sainte-Opportune de Lessay était en procès avec le concessionnaire au sujet de ses communaux, que celui-ci voulait considérer comme compris dans la concession. Voir plusieurs liasses de procédures, Arch. Manche H 5778 et H 5783.

Le droit d'usage, levé annuellement sur les paroisses pour être confirmées dans la jouissance de leurs communaux, était, comme le dit le cahier, d'un produit manifestement supérieur au prix de la concession. La paroisse de Lessay seule payait par an 63 livres 2 sous (Arch., Calvados, C 2560).

[2] Il s'agit du *Traité de navigation et de commerce entre la France et la Grande-Bretagne*, Versailles, 26 septembre 1786 (ISAMBERT, XXVIII, p. 248, n° 2282). Sur les raisons qui, en Normandie spécialement, faisaient repousser le Traité de commerce, on consultera tout particulièrement les *Observations de la Chambre de commerce de Rouen*, Rouen, 1787, in-4° (Bibl. nat., Z-f² 2284). Ces raisons, tirées du dommage causé aux fabriques de la Haute-Normandie, ne paraissent pas avoir eu la même valeur, bien au contraire, pour la Basse-Normandie, pays exclusivement agricole. Et c'est ainsi que l'on doit s'expliquer, croyons-nous, l'extrême rareté des vœux relatifs à la dénonciation du Traité de commerce dans les cahiers du ressort de Cotentin.

## Chapitre IX. — Des mœurs.

Le luxe donne naissance au célibat, et le célibat détruit les mœurs.

Auguste montant sur le trône de l'univers trouva Rome abîmée dans les jouissances que donnent les richesses. Les citoyens devenus égoïstes s'isolaient et ne songeaient plus à perpétuer l'Etat; le mariage y était avili. Il voulut opposer une digue au débordement qui menaçait la nouvelle monarchie d'une décadence prochaine.

Dans le nombre des lois qu'il fit à cet effet, il décerna des privilèges purement honorifiques aux gens mariés et aux pères de famille [1]; il flétrit par là le célibat et les célibataires.

Ce moment peut-être est le seul où la France pourra profiter de cet exemple. Elle est animée du sentiment général et du désir unanime de sa régénération.

La nation peut d'un seul mot rendre aux mœurs une partie de leur pureté, en déclarant les gens mariés seuls capables d'être élus comme membres des diverses assemblées, sans cependant priver les célibataires du titre d'électeurs.

[1] L'auteur du cahier a visiblement en vue encore la dissertation de Montesquieu dans l'*Esprit des lois*, au livre XXIII, chapitre xxi, intitulé : Des lois romaines sur la propagation de l'espèce : «Les privilèges [des gens mariés] étaient très étendus; les gens mariés qui avaient le plus grand nombre d'enfants étaient toujours préférés, soit dans la poursuite des honneurs, soit dans l'exercice de ces honneurs mêmes. Le consul qui avait le plus d'enfants prenait le premier les faisceaux, il avait le choix des provinces; le sénateur qui avait le plus d'enfants était le premier dans le catalogue des sénateurs, il disait au Sénat son avis le premier. L'on pouvait parvenir avant l'âge aux magistratures, parce que chaque enfant donnait dispense d'un an. Si l'on avait trois enfants à Rome, on était exempt de toutes charges personnelles. Les femmes ingénues qui avaient trois enfants, et les affranchies qui en avaient quatre, sortaient de cette perpétuelle tutelle où les tenaient les anciennes lois à Rome.» (*Édit. cit.*, t. V, p. 92.) Montesquieu, dans cette longue énumération, semble oublier le plus important des privilèges des gens mariés; ils n'avaient pas que des privilèges honorifiques, mais bien aussi des avantages successoraux considérables, à l'encontre des célibataires. Depuis les lois d'Auguste qu'on appelle *caducaires*, on peut dire qu'au point de vue successoral une obligation continue d'état de mariage pesait sur les citoyens Romains; à partir de 25 ans pour les hommes, de 20 ans pour les femmes, et jusqu'à l'âge respectif de 50 et de 60 ans, on ne pouvait recueillir aucune succession testamentaire (en dehors des proches parents) si l'on n'était point marié; les célibataires (*cœlibes*) étaient privés du *jus capiendi*, c'est-à-dire de la capacité de recueillir par testament, les hommes mariés sans enfants (*orbi*) et les veufs ou divorcés (*patres solitarii*) étaient également frappés d'une incapacité de moitié. La part des incapables (*caducum*) accroissait à leurs cohéritiers capables et *patres*. Telles étaient dans les grandes lignes les dispositions des célèbres lois *Julia* de 736 et *Papia Poppæa* de 762, qu'on appelle communément les lois caducaires. Voir d'ailleurs : Girard, *Manuel élémentaire de droit romain*, 4e édit., 1906, p. 871-872.

Au reste quelque respectables que doivent être pour les représentants de chaque bailliage les instructions qui leur sont remises par leurs commettants, ils n'oublieront jamais que la volonté générale est toujours droite, qu'elle doit faire la règle dans les assemblées nationales, qu'il est de leur devoir de s'y soumettre, que les scissions et les déchirements du corps politique donnent naissance à l'anarchie et à tous ses funestes effets[1].

Mais ce ne peut être dans une première assemblée, que des circonstances ont réunie à la hâte, que la nation peut faire entendre tous les moyens que la raison et la saine politique indiquent pour l'affermissement de la première monarchie du monde, la gloire de ses rois et la prospérité générale.

Il est donc très intéressant que les États généraux sollicitent une convocation moins éloignée que le terme qui sera fixé, et leur retour périodique afin que la nation mieux instruite par la communication des lumières, la discussion des idées et des opinions, le concours général des bons esprits et par les ouvrages que la liberté de la presse fera éclore, ne propose dans ses comices que des projets aussi sages dans leurs vues que faciles dans leur exécution.

C'est ainsi que le siècle de Louis XVI deviendra pour la postérité l'époque d'une révolution dont les annales de l'histoire offrent peu d'exemples. Il méprisa le pouvoir arbitraire et la puissance absolue que tant de souverains ambitionnent sans en sentir les dangers. Il rendit à son peuple l'exercice de ses droits naturels qu'il avait négligés depuis près de deux siècles; il appela ses sujets à son conseil, et comme le premier des Bourbons, il partagea sa gloire, mais sans la diminuer, avec un autre Sully.

Que le premier vœu des États généraux soit donc l'expression de la fidélité inviolable, du dévouement sans bornes, de la reconnaissance immortelle de la nation entière envers le meilleur des rois; que le ciel conserve ses jours précieux! que tous les instants de sa vie soient marqués par un bonheur inaltérable; et que son auguste maison règne à jamais sur le plus sensible et le plus généreux des peuples!

Fait et arrêté par les députés de l'assemblée du tiers état du bailliage de Périers à l'assemblée générale des trois ordres du bail-

[1] On rapprochera utilement ces réserves du cahier de l'assemblée de Périers du mandat au contraire formellement impératif donné à leurs députés par la ville de Cherbourg, art. I<sup>er</sup> (au tome II, p. 3o), et par la paroisse de Canteloup, art. I<sup>er</sup> (*ibid.*, p. 168). Le mandat impératif a été en général fréquent dans les cahiers primaires de la région du Cotentin.

IMPRIMERIE NATIONALE.

liage principal de Coutances, conformément à la délibération du 9 de ce mois et en conséquence des pouvoirs à eux donnés, et signé ce 14 mars 1789[1].

> LESCAUDEY DE MANNEVAL, POURET, FAUVEL DE LA RAIZINIÈRE, VAULTIER, DUPREY, EUVREMER, LEMELTIER, POURET DE LONGUEVAL, BUCAILLE, EUVREMER DUMANOIR, BUCAILLE DUMESNIL, DUPREY, J. CAQUERET, VAULTIER, FAUDEMER, ALMY DE LA FONTAINE, N. MALHERBE, G. LEFILLASTRE, REGNAULT, *avocat;* M. CARDIN, AUBRIL, GALLOPIN DUTERTRE, *avocat;* REGNAULT DE PREMARAIS, CARIOT, LELIEPVRE, SUROUVE, BERNARD, LE MOUCHEUX, D. LEGUELINEL, LECARPENTIER, D. GERVAISE.

Coté et paraphé treize *ne varietur :*

> LESCAUDEY DE MANNEVAL, *B. de robe, lieutenant général à Périers, etc.*

---

[1] L'assemblée préliminaire avait, dans sa séance du 9 mars, donné mandat et pouvoir aux députés par elle nommés pour se rendre à l'assemblée générale de Coutances, de rédiger et d'arrêter en son nom le cahier du bailliage. Sur l'irrégularité de cette mesure, cependant assez fréquente, voir le procès-verbal de l'assemblée préliminaire du bailliage de Saint-Lô (*suprà,* p. 78 et note 1).

# VII

# BAILLIAGE SECONDAIRE
# DE SAINT-SAUVEUR-LE-VICOMTE.

Le bailliage secondaire de Saint-Sauveur-le-Vicomte a compris pour la convocation 65 communautés de villes, bourgs et paroisses, dont aucune, aux termes du *Règlement*, n'était appelée à tenir des assemblées préparatoires de corporations. L'*État des feux des paroisses*, annexé au procès-verbal de l'assemblée préliminaire, accuse pour l'ensemble du ressort un chiffre total de 5,022 feux [1], et les *états de population* en date de 1787 lui donnent une population de 24,076 habitants [2], avec un mouvement annuel de 926 naissances (469 garçons, 457 filles), de 234 mariages. et de 822 décès (446 hommes, 376 femmes) [3]. Les *Rôles d'assignation* des ordres privilégiés font ressortir, pour la même circonscription, en dehors des réguliers, le nombre de 78 ecclésiastiques possédant bénéfice, dont 74 curés [4], 2 prieurs-curés [5], et 2 chapelains [6], avec en outre seulement 2 ecclésiastiques non-bénéficiers. La noblesse compte, de son côté, 45 gentilshommes, dont 35 possédant fiefs et 10 non-possédant fiefs [7].

[1] *Procès-verbal de l'assemblée du tiers état du bailliage de Saint-Sauveur-le-Vicomte*, séance du 9 mars (texte reproduit par analyse, *infra*, p. 177).

[2] Arch. nat., D IV bis 47, pièce 7. Même chiffre à l'*État de population des douze anciens gouvernements*. (Arch. nat., Ba 58, l. 144.)

[3] Arch. nat., D IV bis 44. L'*État* ne compte que 62 paroisses.

[4] Le ressort ne comprenait que 65 curés, mais 9 paroisses étaient à double portion; c'étaient : Colomby, Etienville, Gouberville, Merville, Nehou, Orglandes, les Pieux, Saint-Nicolas-de-Pierrepont et Bolleville. (*Pouillé*, fol. 42 v°, 43 v°, 44 r°, 45 r° et 48 r°.) Nous avons conservé la double *Déclaration de 1790* des curés des Pieux. La première portion (curé Postel) est déclarée valoir brut 3,506 livres, net 2,756 livres; la seconde portion (curé Lecointe) est affermée 2,000 livres, avec un pot-de-vin de 1,500 livres et vaut 3,000 livres vraie valeur (*Déclarations de bénéfices, district de Cherbourg*, Arch. Manche, Q⁴⁻¹ 18).

[5] Prieurés-cures d'Angoville-au-Plain et de Jobourg, desservis par des religieux de l'ordre de Saint-Augustin, dépendant le premier de l'abbaye de Blanchelande, le second de celle de Notre-Dame-du-Vœu. Ils sont portés aux *Revenus de la province de Rouen* respectivement pour 500 et 800 livres (Arch. nat., G⁸ 527). Nous avons conservé la *Déclaration de 1790* du prieur-curé d'Angoville (Arch. Manche, Q⁴⁻¹ 18).

[6] Chapelles de Saint-Jean et Saint-Éloi en Nehou, et de la Sainte-Trinité en Saint-Nicolas-de-Pierrepont. Nous avons la *Déclaration de 1790* du chapelain de Nehou, qui était M. de Pontus, grand vicaire de Senez, demeurant à Paris. (Arch. nat., S 7483.)

[7] *Rôle de comparution des ecclésias-*

Administrativement, les paroisses étaient comprises dans la généralité de Caen, et pour la très grande partie dans l'élection de Valognes; douze seulement sur le nombre appartenaient à l'élection de Carentan, une seule à l'élection de Bayeux [1]. Pour les droits du roi, elles relevaient des domaines de Saint-Sauveur, Valognes et Alençon en Cotentin; pour les eaux et forêts de la maîtrise de Valognes. Il y avait bureau du domaine et contrôle à Saint-Sauveur, Beaumont et les Pieux [2], bureaux et juridiction des traites et quart-bouillon pour la plupart des paroisses à Valognes et à Cherbourg, pour quelques-unes seulement à Carentan [3]. L'addition des chiffres des rôles paroissiaux pris sur les registres des différentes élections fournit un total de 320,490 l. 14 s. 7 d. d'impôts directs pour le ressort du bailliage (taille : 80,459 l. 7 s.; accessoires : 53,539 l. 5 s.; capitation : 52,799 l. 15 s. 9 d.; corvée : 28,290 l. 10 s: 9 d.; vingtièmes : 94,155 l. 6 s. 1 d.; territorial : 8,351 l. 10 s.; bâtiments de justice : 2,895 livres) [4].

Au point de vue ecclésiastique, les paroisses appartenaient sans distinction au diocèse de Coutances. Il existait à Saint-Sauveur-le-Vicomte un hôpital, assez pauvrement doté (revenu : 3,943 l. 2 s.; décimes : inconnus) [5]. Les réguliers n'avaient dans le ressort que l'abbaye d'hommes de Saint-Sauveur-le-Vicomte, de l'ordre de Saint-Benoît non réformé (revenu : 18,008 livres [6],

tiques bénéficiers du bailliage de Saint-Sauveur-le-Vicomte. (Greffe de Coutances, pièce n° 24.) — Rôle des nobles assignés à comparaître, etc. (Ibidem, pièce n° 38.)

[1] Les communautés d'Amfreville, Angoville-au-Plain, Azeville, la Bonneville, Crosville, Écausseville, Gourbesville, Hiesville, Houesville, Liéville, Neuville-au-Plain et Turqueville étaient portées sur les rôles de l'élection de Carentan; la communauté de Maisy était de l'élection de Bayeux (Prospectus général de la taille pour l'année 1789, Arch. Calvados, C 4468).

[2] Un certain nombre de communautés du ressort relevaient en outre de bureaux situés en dehors du bailliage; les paroisses de Colomby, Gourbesville et le Vast relevaient ainsi du contrôle de Valognes; celles de Goucy et du Val de Scie, du contrôle de Bricquebec; celles d'Azeville, Angoville-au-Plain, Audouville, Liesville, Neuville-au-Plain et Turqueville, du contrôle de Sainte-Mère-Église. Voir Arch. Manche, C 636 à 646, C 754 à 758, C 780 à 795.

[3] Arrêt du Conseil d'État du roi portant règlement pour le ressort des différentes juridictions des traites et quart bouillon, 5 juillet 1746, avec tableaux annexes des paroisses ressortissant à

chacune d'elles (dans Recueil des gabelles, t. II, p. 393 et suiv.).

[4] Arch. Calvados, C 4468, 8162, 8130, 8190 (ces chiffres ne comprennent pas Maisy-en-Bessin). Le chiffre des vingtièmes comprend : vingtièmes des biens-fonds : 92,840 l. 15 s. 1 d.; offices et droits : 1,314 l. 11 s.; il n'y a point de vingtièmes d'industrie dans le ressort. (Ibid., C 5967.) Le Rôle de supplément des privilégiés pour les six derniers mois de 1789 n'a été conservé que pour les paroisses faisant partie de l'élection de Carentan. (Arch. Manche, C 300.)

[5] État général des hôpitaux de la généralité de Caen, année 1774. (Arch. Calvados, C 1047 et C 616.)

[6] Ce chiffre est celui que fournit un État des rentes et fermes de l'abbaye de Saint-Sauveur-le-Vicomte, qui est de la fin du XVIIIe siècle (Arch. Manche, H, n. cl., Saint-Sauveur-le-Vicomte, liasse n° 71). Un chiffre un peu inférieur est donné par le tableau intitulé : Revenus de la province de Rouen d'après les Pouillés (1770). Le tableau donne 7,000 livres pour l'abbé (1re classe) et 7,250 livres pour la mense conventuelle (4e classe). Voir Arch. nat., G8 527. — L'Almanach royal donne seulement

décimes : 1,944 livres) [1] et 5 prieurés d'hommes non conventuels savoir :
le prieuré dit *de Salsouef* à Saint-Sauveur-le-Vicomte (revenu : 200 livres) [2],
celui de Saint-Martin de Barnavast, dans la paroisse de Théurteville-Hague
(revenu : 450 livres) [3], celui de Saint-Pair dans celle de Morville (revenu :
250 livres) [4], celui de Cottebrune à Saint-Rémy-des-Landes (revenu :
620 livres) [5], et ceux de Saint-Michel (revenu : 1,420 livres) et de Saint-
Germain-des-Vaux (revenu : 500 livres) dans la paroisse de Vauville [6]. Il n'y
avait aucun établissement de femmes ni aucune maison des ordres mendiants.
La population monastique était nulle, puisque l'abbaye n'avait plus de religieux
depuis le milieu du siècle; les *États de population* de 1787 ne relèvent aucune
profession ni décès en religion [7].

Le personnel judiciaire du bailliage en 1789 comprenait le bailli de robe
longue, Louis-Hector-Amédée Ango, conseiller du roi, qui exerçait effective-

7,000 livres de revenu et 250 florins
pour la taxe en cour de Rome. — Nous
n'avons pas retrouvé la *Déclaration de
1790* de l'abbé commendataire, qui
était M. Aymard-Claude DE NICOLAÏ,
évêque de Béziers.

Nous n'avons trouvé aucun renseignement précis dans l'ouvrage de M. l'abbé
LENOSEY : *Histoire de l'abbaye bénédictine de Saint-Sauveur-le-Vicomte*, Abbeville, 1894, in-8°.

[1] L'abbé de Saint-Sauveur, M. de
Nicolaï, a obtenu en 1790 une Ordonnance de compensation de 2,461 livres,
pour la moitié de ses décimes correspondant aux 6 derniers mois de 1789,
mais ce chiffre doit comprendre, outre
les décimes de l'abbaye, ceux de son
évêché de Béziers. (*Supplément des privilèges*, 1790, Arch. Manche, G 484.)

[2] *Revenus des diocèses de la province
de Rouen, pour la perception des décimes*,
1770. (Arch. nat., G⁸ 527.) En 1754,
le titulaire déclarait les biens affermés
à Salsouëf, Bolleville et Bonneville,
pour un total de 520 livres. (Arch.
Calvados, G 4384.)

L'*État des biens nationaux de 1790*
accuse l'existence de biens-fonds consistant en environ 14 vergées de terre,
avec une maison manable, une grange
et un trait de dîmes dans la paroisse de
Saint-Sauveur. (Arch. Manche, Q⁴⁻¹ 17.)

[3] *Même pièce.* Le prieuré dépendait
de celui de Saint-Vigor de Bayeux,
membre de l'abbaye de Cerisy; nous
avons vainement recherché un bail du
xviiiᵉ s. signalé dans l'inventaire imprimé
sous la cote Arch. Manche, H 1922.

On pourra consulter l'abbé FAUCON,
*Essai historique sur le prieuré de Saint-
Vigor-le-Grand*, Caen, 1861, in-8°,
p. 113 et 184.

[4] *Même pièce.* Le prieuré dépendait
de l'abbaye de Notre-Dame-du-Vœu, et
le titulaire en 1789 était maître Roumatel, absent à l'appel du clergé à
Coutances. (*Procès-verbal de l'assemblée
du clergé*, séance du 16 mars, Arch.
nat., B III 53, p. 218.)

[5] *Même pièce.* Le prieuré dépendait
de l'abbaye de Blanchelande, et il était
affermé, sans le manoir, en 1767,
pour un prix de 350 livres. (*Bail du
revenu fieffé et non fieffé du prieuré de
Cottebrune*, 1767, Arch. Manche,
H 1360.)

[6] *Même pièce.* Le prieuré dépendait
de l'abbaye de Cerisy. Le prieur, en
1790, était M. L.-J. Hooke, «ancien
professeur des écoles de Sorbonne pour
l'interprétation de l'Écriture sainte en
langue hébraïque, aujourd'hui bibliothécaire en chef de la Bibliothèque publique du collège Mazarin à Paris». Sa
déclaration est conservée et fait ressortir le détail d'un revenu annuel consistant en un petit jardin de 4 perches et
les 3/4 des dîmes de la paroisse de
Saint-Germain et d'un canton de celle
de Jobourg. Le tout a donné, en 1789,
une somme de 5,513 l. 14 s. 9 d. (*Déclarations, district de Valognes*, Arch.
Manche, Q⁴⁻¹ 18.)

[7] Arch. nat., D IV *bis* 44. En face du
nom de l'abbaye de Bénédictins de Saint-
Sauveur se lit en mention «Il n'y a plus
de religieux».

ment les fonctions de lieutenant général civil criminel et de police; le lieutenant particulier, Ribet, le procureur du roi, Mᵉ François-Léonard-Hyacinthe-
Augustin Michel de Bonnefond; l'avocat du roi, David; et deux conseillers
ordinaires en exercice [1]. Le greffier du bailliage, Alexis Buhot, a rempli
comme d'ordinaire les fonctions de secrétaire de l'assemblée préliminaire du
tiers état [2].

I. Assemblées primaires.

## VILLE DE SAINT-SAUVEUR-LE-VICOMTE [3].

### 1. Procès-verbal d'assemblée.

(Le procès-verbal authentique n'a pu être retrouvé.)

Date de l'assemblée : 5 mars. — Nombre de feux : 543 [4]. — Députés :
David de Goubienne, *conseiller honoraire et ancien procureur du roi*, com. réd.
( 2 jours, 6 l., Acc.) [5]; *Mᵉ De Glatigny, *syndic du collège des avocats*, com.

[1] *Rôle de capitation des officiers de
judicature pour 1789, Élection de Valognes.* (Arch. Calvados, C 8130.)
Sur Ango et sur Michel de Bonnefond, voir la note sous le procès-verbal
de l'assemblée préliminaire, *infrà*,
p. 177, n. 1 et n. 2. Le lieutenant
particulier Ribet a figuré dans la convocation seulement à titre de député de
la paroisse du Val-de-Scie (*infrà*, p. 176,
note 2).
[2] Alexis Buhot, qualifié de greffier
dans les actes de la convocation, était
seulement *fermier du greffe* du bailliage,
ainsi que nous l'apprend le rôle des
impositions, où il est porté pour une
capitation privilégiée de 90 livres (*Rôle
de capitation des officiers de judicature*,
*1789*, Arch. Calvados, C 8130). Il a
figuré dans la convocation comme député de la paroisse de Vrasville (*infrà*,
p. 176, note 3).
[3] Arrondissement de Valognes, canton de Saint-Sauveur-le-Vicomte.
[4] Population en 1793 : 2,666 habitants. Mouvement (en 1787) : N. 72,
M. 9, D. 57. — Population actuelle :
2,525 habitants.
[5] David de Goubienne avait dû être
nommé procureur du roi du bailliage

de Saint-Sauveur-le-Vicomte avant
1773, date où il figure au *Rôle de capitation*, et après 1751, où le procureur
du roi est encore le sieur de Vauquerel
(Arch. Calvados, C 4651); mais nous
n'avons pu retrouver dans cet intervalle ses *lettres de provisions* aux Arch.
nat. Depuis 1782, il était remplacé
par Michel de Bonnefond (*suprà*,
p. 179, n. 2). Il était depuis 1787
membre de l'assemblée départementale
de l'élection de Valognes, mais il est
porté absent pour la session d'octobre
1788 (Arch. Calvados, C 7721).
De Glatigny Desperelles, avocat,
domicilié à Saint-Sauveur-le-Vicomte,
payait en 1789 une capitation privilégiée
de 14 l. 8 s. (Arch. Calvados, C 8130.)
Tous les députés de Saint-Sauveur
ont accepté la taxe ; ils paraissent même
l'avoir trouvée insuffisante, et le *Rôle* a
conservé leurs protestations : « Je requiers
taxe, et je prends la liberté d'observer
que celle contenue en la 3ᵉ colonne est
infiniment au-dessous de la dépense
faite à Coutances. Deux, D.M., 20 jours.»
— « Requis taxe comme cy-dessus,
22 jours, Thion». — «22 jours, de
Glatigny.» (*Rôle*, n° 283.)
Seul, le lieutenant-général Ango n'est

réd. (22 jours, 6 l., et 22 jours, 77 l., Acc.); *DEUX, *docteur-médecin*, com. réd. (2 jours, 6 l., et 20 jours, 73 l., Acc.); THION, *marchand* (2 jours. 6 l., et 22 jours, 73 l., Acc.); Pierre BOURGEOISE, *laboureur* (2 jours, 6 l., Acc.); *Louis-Hector-Amédé ANGO, *conseiller du roi, baillif de robe longue, lieutenant-général civil, criminel et de police du bailliage royal de Saint-Sauveur-le-Vicomte*, com. réd. (2 jours, 6 l., et 22 jours, 70 l., Ref.?).

### 2. CAHIER DE DOLÉANCES.

(Le cahier de doléances n'a pu être retrouvé [1].)

---

Les procès-verbaux et Cahiers des autres assemblées paroissiales du bailliage de Saint-Sauveur-le-Vicomte n'ont pu être retrouvés. Nous croyons utile de donner la liste de ces assemblées, avec les quelques renseignements que nous avons pu recueillir sur chacune d'elles.

*AMFREVILLE* [2] ........ 180 feux [3]. Députés : Nicolas CARDET, com. réd. (2 jours, 6 l., Acc.); Pierre-

porté ni comme acceptant, ni comme refusant. Le *rôle* porte seulement à son nom : «M. Ango est absent et est aux États généraux». (*Ibidem.*)

[1] Les archives de Saint-Sauveur-le-Vicomte ont bien conservé un registre de délibérations paroissiales de l'année 1789, commençant le 15 février, mais la délibération relative à l'élection des députés aux États généraux n'y figure pas, non plus que le cahier de doléances. (*Communication de M. Fleury, instituteur.*)

INPOSITIONS pour 1789 : taille, 5,878 livres; accessoires, 3,856 livres; capitation, 3,802 livres; corvée, 1,946 l. 11 s. 5 d.; vingtièmes, 4,646 l. 8 s.; territorial, 498 livres; bâtiments de justice, 159 livres. Au total, 20,785 l. 11 s. 5 d.

*Privilégiés* : pour le clergé, le curé (revenu, 1,050 livres, dont 600 en dîmes), les vicaires et prêtres habitués; l'abbé de Saint-Sauveur, M. de Nicolaï (décimes, 4,922 livres); les religieux de l'abbaye (revenu, inconnu); le prieur de Salsouef (revenu, 520 livres). Pour la noblesse, l'épouse du sieur de Chantepie de Thoville (c. n. 9 l.); les héritiers du sr de Fortescu (c. n. 20 l.); le sr Barbey (c. n. 157 l.), et les enfants du sr Lefevre du Quesney (c. n. 144 l.). Et pour le tiers état, 23 pri-

vilégiés au titre de la judicature (11 officiers de justice proprement dits, 4 avocats, 6 procureurs, 2 huissiers) et 2 au titre des finances : un commis en second des aides à Saint-Sauveur (c. priv. 6 l. 10 s. 3 d.) et un contrôleur du domaine au même lieu (c. priv. 4 l. 9 s. 11 d.). Voir les divers *Rôles des privilégiés* pour 1789. (Arch. Calvados, C 4065, 8130, 8137.)

Le *Supplément des privilégiés* pour les 6 derniers mois de 1789 n'a pu être retrouvé. L'*Inventaire des biens nationaux* de 1790 est conservé. (Arch. Manche Q4-1 20.)

[2] Arrondissement de Valognes, canton de Sainte-Mère-Église. La commune actuelle a absorbé l'ancienne paroisse de Cauquigny, mixte entre les bailliages de Valognes et de Carentan, dont nous avons donné le cahier (t. II, p. 193).

Population au dénombrement de 1764, élection de Carentan : 734 habitants, dont 108 hommes, 158 femmes, 198 garçons, 141 filles, 73 enfants au-dessous de 8 ans, mâles, et 57 femelles (Arch. Calvados, C 180). Mouvement de la population en 1787 : N. 13 (5 garçons, 8 filles); M. 4; D. 17 (6 femmes, 11 hommes) [Arch. Calvados, C 169.] — Population actuelle avec Cauquigny réunie : 626 habitants.

[3] Les chiffres de feux des paroisses

François Besnard (2 jours, 6 l., Acc.)[1].

*Angoville-en-Cères* .... 19 feux. Députés : Jean Fleury (2 jours, 6 l., Acc.); Georges Lecœur, fils Georges (2 jours, 6 l., Acc.).

*Angoville-au-Plain* .... 27 Députés : *Léonord Mériel, herbageur* (2 l., 6 l., et 18 jours, 73 l., Acc.)[2]; Bernardin Allain (2 jours, 6 l., Acc.).

*Audouville-la-Hubert* .. 58 Députés : *Victor Lecarlier, s* de Sainte-Marie, *officier garde-côte, com. réd.* (2 jours, 6 l., et 18 jours, 73 l., Acc.)[3]; Sébastien Gillot (2 jours, 6 l., Acc.).

*Azeville* ........... 47 Députés : *Jean-Armand Le Barbanchon, laboureur* (2 jours, 6 l., et 21 jours, 79 l., Ref.)[4]; Jean Fontaine (2 jours, 6 l., Ref.).

*Beaumont-Hague* ...... 80 Députés : Charles Hélaine (2 jours, 6 l., Acc.); Jean Leneveu (2 jours, 6 l., Acc.).

*Beuzeville-au-Plain* ... 12 Députés : Antoine Mouton (2 jours, 6 l., Acc.); Germain Mouton (2 jours, 6 l., Acc.).

sont fournis directement par le procès-verbal de l'assemblée préliminaire (*infrà*, p. 177 et suivantes).

[1] La taxe des députés à l'assemblée préliminaire de Saint-Sauveur-le-Vicomte a été arrêtée par le lieutenant général, en conséquence des dispositions du *Règlement du 30 mai 1789*, sur le pied de 6 livres par jour. Le montant total des taxes accordées s'est élevé à la somme considérable, pour le ressort, de 1,698 livres; le montant des taxes auxquelles les députés ont renoncé ne s'élevant qu'à 447 livres, il a été payé à ceux qui ont accepté une somme de 1,251 livres. Voir *Aperçu des dépenses occasionnées dans les bailliages par l'élection de MM. les députés à l'assemblée nationale* (Arch. nat., Ba 87, l. 1) et *Lettre de M. Michel de Bonnefond, procureur du roi du bailliage de Saint-Sauveur-le-Vicomte, du 2 octobre 1789*. (*Ibid.*, l. 3.)

Quant à la taxe des députés à l'assemblée générale des trois ordres, elle était payée, comme pour les autres ressorts, 68 livres pour 17 jours de présence (soit 4 livres par jour), plus une somme variable pour le voyage d'aller et retour, sur le pied de 3 livres par jour, et 2 livres de fixe pour le déplacement.

Nous possédons le *Rôle des taxes* dressé le 26 juillet par le lieutenant général de Coutances pour le payement des députés; c'est de ce rôle que nous nous sommes servi pour établir la taxe de chacun d'entre eux. (Arch. Greffe de Coutances, liasse citée, pièce n° 339.)

[2] «Accepté. Pour toute la séance, tant à Saint-Sauveur qu'à Coutances, L. Mériel.» (*Rôle des taxes*, n° 278.)

[3] D'après le procès-verbal du bailliage, ou *de Saint-Maur*, d'après sa signature au rôle des taxes. «Accepté pour la somme ci-contre, le 21 décembre 1789. Le Carlier de Saint-Maur.» (*Rôle des taxes*, n° 279.)

[4] *Rôle des taxes*, pièce n° 339, sans numéro d'ordre.

BINIVILLE........... 4o feux.

Députés : Nicolas Valognes ( 2 jours, 6 l., Acc.); Pierre Poisson ( 2 jours, 6 l., Acc.).

La Bonneville....... 95

Députés : *Jean-Charles Poitou, laboureur ( 2 jours, 6 l., et 17 jours, 73 l. Acc.)[1]; Jullien Beaudouin ( 2 jours, 6 l., Acc.).

Branville............ 18

Députés : Jean Hamel ( 2 jours, 2 l., Acc.); Charles Lefaix ( 2 jours, 6 l., Acc.)..

Brillevast........... 56

Députés : Germain Vallognes ( 2 jours, 6 l., Acc.); René Picquot ( 2 jours, 6 l., Acc.).

Catteville........... 42

Députés : Léonard Hottot, laboureur ( 2 jours, 6 l., et 17 jours, 73 l. Acc.)[2]; Charles Gallis ( 2 jours, 6 l., Acc.).

Colomby............. 86

Députés : François Diquet, laboureur ( 2 jours, 6 l., Acc.); Thomas Hébert ( 2 jours, 6 l., Acc.).

Crosville............ 54

Députés : *Charles Le Boulenger, laboureur ( 2 jours, 6 l., et 17 jours, 73 l., Acc.)[3]; Protais Lelong ( 2 jours, 6 l., Acc.).

Digulleville.......... 8o

Députés : Robert Lagalle ( 2 jours, 6 l., Acc.); Nicolas Gauvain ( 2 jours, 6 l., Acc.).

Écausseville......... 4o

Députés : Charles Lelouey ( 2 jours, 6 l., Acc.); Alexandre Pinel ( 2 jours, 6 l., Acc.).

Éculleville.. ........ 15

Députés : *Jacques Paris, laboureur ( 2 jours, 6 l., et 21 jours, 82 l., Acc.)[4]; Charles Cousin ( 2 jours, 6 l., Acc.).

[1] «J'accepte la somme taxée en la 3e colonne, encore bien que ce soit au-dessous de la dépense que j'ai faite à Coutance y étant été (sic) depuis le commencement jusqu'à la fin de l'assemblée sans m'absenter. Pour 17 jours, 73 livres, — J.-C. Poitou.» (Rôle des taxes, n° 276.)

[2] «Compris l'aller et le retour, avec le temps du séjour pour la nomination des députés aux États généraux, 17 jours.

Accepté. Léonard Hottot.» (Rôle des taxes, n° 275.)

[3] «J'ai été à l'assemblée depuis le premier jour jusqu'au dernier. Requérant taxe. — Charles Le Boulanger.» (Rôle des taxes, n° 274.)

[4] Le Rôle des taxes nous apprend qu'il était domicilié à Saint-Sauveur-de-Pierrepont. «J'accepte, 17 jours entiers, sans les jours d'aller et de revenir, J. Paris.» (Ibid., n° 272.)

*Éroudeville*............ 41 feux.    Députés : Félix DUVAL - FORTIN (2 jours, 6 l., Acc.); Antoine AGASSE (2 jours, 6 l., Acc.).

*Etienville* ............ 108    Députés : Joseph BOURDET (2 jours, 6 l., Acc.); François LEVAVASSEUR (2 jours, 6 l., Acc.).

*Fermanville*........... 250    Députés : François RAOULT (2 jours, 6 l., Acc.); Bernardin VINDARD (2 jours, 6 l., Acc.); Macé RE-NOUF (2 jours, 6 l., Acc.).

*Flamanville* .......... 195    Députés : Jean-Guillaume MOCQUET, *dit* LONGPREY (2 jours, 6 l., Acc.); Louis LE ROUVILLOIS (2 jours, 6 l., Acc.).

*Glatigny*............. 75    Députés : Jacques LEMARQUAND (2 jours, 6 l., Acc.); *Jean-François AUBERT, *laboureur* (2 jours, 6 l., et 17 jours, 73 l., Acc.)[1].

*Gouey*[2].............. 206    Députés : *Pierre LE BEL (2 jours, 6 l., et 19 jours, 73 l., Acc.?). *Georges RACQUIER (2 jours, 6 l., et 19 jours, 73 l., Acc.?)[3]; Thomas LEHIEULLE (2 jours, 6 l., Acc.).

*Gourbesville*........... 120    Députés : Guillaume BLAISOT-VERDES (2 jours, 6 l., Acc.); Siméon VIEL (*défaillant*)[4].

*Golleville* ........... 115    Députés : Michel MARGUERIE (2 jours, 6 l., Acc.); Michel NOËL DE LA PRAIRIE (2 jours, 6 l., Acc.).

---

[1] «Accepté 17 jours, J.-F. AUBERT». (*Rôle des taxes*, n° 273.)

[2] Ancienne paroisse, réunie à celle de Portbail, arrondissement de Valognes, canton de Barneville, qui appartenait en 1789, au bailliage de Valognes, et dont nous avons donné le cahier au tome II, p. 454.

La population de Gouey s'élevait en 1793 à 959 habitants (Arch. nat., D iv *bis*, 51). Mouvement (en 1787) : N. 30 (13 garçons, 17 filles), M. 7, D. 17 (9 hommes, 8 femmes). Voir Arch. nat., D iv *bis*, 44.

[3] *Rôle des taxes*, pièce n° 339, sans numéro d'ordre. Le rôle ne porte

aucune mention d'acceptation, ni de refus.

IMPOSITIONS pour 1789 : taille, 1,826 livres; accessoires, 1,199 livres; capitation, 1,183 livres; corvée, 606 l. 8 s. 7 d.; vingtièmes, 1,639 l. 4 s. 7 d.; territorial, 140 livres; bâtiments, 47 livres. Au total, 6,640 l. 13 s. 2 d.

Produit moyen en grains, en 1793 : 11,149 boisseaux, mesure de 24 pots (Arch. nat., D iv *bis*, 51).

[4] Cf. le procès-verbal de l'assemblée préliminaire, séance du 9 mars (*infra*, p. 178). Le nom du député défaillant nous est donné par le procès-verbal lui-même.

GROSVILLE .............. 200 feux. Députés : *Jacques-Jean-François MABIRE, *laboureur*, com. réd. (2 jours, 6 l., et 17 jours, 76 l., Acc.)[1]; Jean-Baptiste-François BOUCHARD (2 jours, 6 l., Acc.).

HARDINVAST............ 97 Députés : *Jean-Thomas LE ROUX, *laboureur* (2 jours, 6 l., et 22 jours, 82 l.[2], Acc.); Louis-François TRUFFERT (2 jours, 6 l., Acc.).

HAUTTEVILLE ........... 54 Députés : Nicolas AUVRAY, *laboureur* (2 jours, 6 l., et 17 jours, 76 l., Acc.); Hervé GOUBERT (2 jours, 6 l., Acc.).

HIESVILLE ............. 22 Députés : *Jean LE CAUX, *marchand herbageur* (2 jours, 6 l., et 16 jours, 73 l., Acc.)[3]; Hervé LEHOT (2 jours, 6 l., Acc.).

HOUESVILLE ........... 85 Députés : Pierre ÉCOLIVET, com. réd. (2 jours, 6 l., Acc.); François BLEHOU (2 jours, 6 l., Acc.).

JOBOURG................ 109 Députés : Guillaume LECOSTÉ (2 jours, 6 l., Acc.); *Guillaume AIMERY, *laboureur* (2 jours, 6 l., et 20 jours, 79 l., Acc.)[4].

LIÉVILLE.............. 107 Députés : *Charles PÉPIN, *laboureur* (2 jours, 6 l., et 18 jours, 73 l., Acc.)[5]; Michel PÉPIN (2 jours, 6 l., Acc.).

MAISY-EN-BESSIN[6] ..... (La paroisse n'a pas été convoquée à Saint-Sauveur-le-Vicomte.)

[1] « Accepté pour être payé 17 jours, et signé sur le procès-verbal, le 18 novembre 1789, J. J. F. MABIRE. » (*Rôle des taxes*, n° 280.)

[2] « Je sussigné (*sic*) syndic de la paroisse de Hardinvast, certifie à qui il appartiendra que le susdit député a sisté depuis le commencement jusqu'à la clôture de ladite assemblée, et quatre jours pour le voyage M. JACQUELINE, *syndic*. — Je soussigné J. Thomas Leroux, député, accepte la présente taxe. LEROUX » (*Rôle des taxes*, n° 261.)

[3] « Accepté par moi, J. LE CAUX, 16 jours. » (*Ibid.*, n° 265.)

[4] « J'accepte le payement, J. AIMERY. — Le nombre de 20 jours, dont 16 à Coutances, et 2 jours d'aller et 2 pour revenir. G. LECOSTEY, *syndic.* » (*Ibid.*, n° 266.)

[5] « Le député a été depuis le commencement de l'assemblée de Coutance jusqu'à la clôture, ce que je certifie véritable, E. F. DADURE, syndic municipal. — Accepté la taxe. Charles PÉP.N. » (*Ibid.*, n° 264.)

[6] Département du Calvados, arrondissement de Bayeux, canton d'Isigny. La paroisse de Maisy relevait du bailliage de Saint-Sauveur-le-Vicomte

MORVILLE.............. 90 feux. | Députés ; Piedagnel DESVALLÉE, *laboureur* (2 jours, 6 l., et 20 jours, 76 l., Acc.?)[1]; NAVET (2 jours, 6 l., Acc.).

NEHOU [2] ............. 450 | Députés : Louis-Agnès DE LA ROQUE, *avocat*, com. réd. (1 jour, 6 l., Ref.)[2]; *Michel DE LANIEPCE, *laboureur* (2 jours, 6 l., et 19 jours, 73 l., Acc.)[4]; Léonord HALLOT (2 jours, 6 l., Acc.); Jean-Louis

comme dépendance de la haute justice de Varenguebec. Voir LEROSEY, *Histoire civile et religieuse de Périers*, p. 41.

La paroisse de Maisy, qui était *mixte* avec le bailliage de Bayeux, et fort éloignée de Saint-Sauveur, n'a pas été convoquée par le lieutenant général de Saint-Sauveur-le-Vicomte. Elle a été convoquée à Bayeux et y envoya des députés dont l'un, le sieur MAUNY figure en cette qualité dans la liste de la députation réduite du bailliage principal de Caen. (HIPPEAU, *Cahiers*, I, p. 251.)

Nous n'avons point retrouvé le chiffre de feux. La population, au *Dénombrement* de l'élection de Bayeux, en 1764, s'élevait à 397 habitants, dont 71 hommes, 89 femmes, 83 garçons, 102 filles, 25 enfants au-dessous de 8 ans mâles, et 27 femelles (Arch. Calvados, C 175). — Mouvement, en 1787: naissances, 13 (8 garçons, 5 filles); mariages, 6; décès, 17 (6 hommes, 11 femmes). Voir *États de mouvement*, élection de Bayeux (*Ibid.*, C 157). — Population actuelle: 476 habitants.

IMPOSITIONS pour 1789 : taille, 1,836 livres; accessoires, 1,205 livres; capitation, 1,188 livres; corvée, 711 l. 10 s.; vingtièmes, 3,197 l. 10 s.; territorial, 275 livres; bâtiments de justice, 92 livres. Au total, 8,305 l. 1 s. 10 d.

[1] *Rôle des taxes*, pièce n° 339, sans numéro d'ordre. Le rôle ne porte aucune mention d'acceptation, ni de refus.

[2] La paroisse ancienne de Nehou a été dédoublée en 1899 en deux communes : 1° Nehou, arrondissement de Valognes, canton de Saint-Sauveur-le-Vicomte, superficie, 2,170 hectares; population actuelle, 684 habitants; et 2° Saint-Jacques-de-Nehou, même arrondissement et canton, superficie,

168 hectares; population actuelle, 704 habitants.

Population en 1793 : 2,104 habitants (Arch. nat., Div *bis*, 51). — Mouvement en 1787: naissances, 68 (31 garçons, 37 filles); mariages, 17; décès, 60 (36 hommes, 24 femmes).

IMPOSITIONS en 1789 : taille, 4,000 livres; accessoires, 2,625 livres; capitation, 2,587 livres; corvée, 1,295 l. 5 s. 8 d.; vingtièmes, 5,511 livres; territorial, 437 livres; bâtiments de justice, 146 livres. Au total, 16,601 l. 5 s. 8 d. — Produit moyen en grains (en 1793): 16,659 boisseaux, mesure de 24 pots (Arch. nat., Div *bis*, 51).

[3] DE LA ROQUE (Louis AGNEZ, sieur), avocat, était en même temps receveur des consignations au bailliage et vicomté de Saint-Sauveur-le-Vicomte. Ses provisions sont en date du 29 juillet 1780, et mentionnent un extrait baptistaire en date du 8 juillet 1734 (Arch. nat., V¹ 502). Il payait en 1789 une capitation privilégiée de 180 livres (*Rôle de capitation des officiers de judicature*, 1789, Arch. Calvados, C 8130). Il n'a point signé le procès-verbal de l'assemblée préliminaire (*infra*, p. 184). — Dans la suite de la révolution, il fut successivement élu administrateur du département de la Manche, puis, le 9 septembre 1792, député suppléant à la Convention nationale. Il n'a pas siégé dans cette assemblée, et était mort avant le 8 floréal an II. Voir GUIFFREY, *Les Conventionnels*, p. 35 et 70.

[4] «Le député soussigné accepte la taxe ci-dessus, et déclare avoir assisté à l'assemblée depuis le premier jour jusqu'au dernier. M. LANIEPCE.» — Une semblable mention est faite pour le sieur J. C. VALLAVOINE.» (*Rôle des taxes*, n° 279.)

BLANDAMOUR ( 2 jours, 6 l., Acc.),
*Jean-Charles VALAVOINNE, *laboureur* ( 2 jours, 6 l., et 19 jours, 73 l., Acc.).

NEUVILLE-AU-PLAIN....... 45 feux.

Député : Louis DUTOT ( 2 jours, 6 l., Acc.).

NEUVILLE-EN-BEAUMONT... 39

Députés : *Jean PREVEL, *laboureur* ( 2 jours, 6 l., et 17 jours, 73 l., Acc.) [1]; Louis FALAISE ( 2 jours, 6 l., Acc.).

NÉVILLE.............. 82

Députés: *Jean-Baptiste LE SCELLIÈRE DE LA MADELEINE, *laboureur*, com. réd. ( 2 jours, 6 l., et 18 jours, 73 l., Acc.)[2]; Nicolas LE GAGNEUR ( 2 jours, 6 l., Acc.).

OMONVILLE-LA-FOLLIOT [3] . 50

Députés : Philippe PICQUOT ( 2 jours, 6 l., Acc.); Pierre PICQUOT ( 2 jours, 6 l., Acc.).

ORGLANDES............. 150

Députés : *Jean MAUROUARD, *laboureur* ( 2 jours, 6 l., et 21 jours, 79 l., Acc.)[4]; Pierre-Paul LE CAPON ( 2 jours, 6 l., Acc.).

LES PIEUX [5].......... 270

Députés : Pierre-Nicolas-Augustin-Chrysostome SIMON ( 2 jours, 6 l., Acc.); Jacques LOURCHON ( 2 jours, 6 l., Acc.); Antoine BUHOT ( 2 jours, 6 l., Acc.).

[1] *Rôle des taxes*, n° 267.

[2] « J'ai sisté à ladite assemblée depuis le commencement jusqu'à la fin; j'accepte la taxe cy-dessus. J. B. LESCELLIÈRE, *laboureur*, 18 jours. » (*Rôle des taxes*, n° 281.)

[3] Ancienne paroisse, réunie à celle de Denneville, arrondissement de Coutances, canton de la Haye-de-Puits, qui appartenait en 1789 au bailliage de Valognes, et dont nous avons donné précédemment le cahier (au tome II, p. 220).

*Population* : le dénombrement de 1764 n'est pas conservé pour les paroisses de l'élection de Valognes. Mouvement en 1787 : naissances, 5 (3 garçons, 2 filles); mariages, 2; décès, 3 (2 hommes, 1 femme). — Population en 1836 : 275 habitants.

IMPOSITIONS pour 1789 : taille, 725 livres; accessoires, 476 livres; capitation, 469 livres; corvée, 240 l. 17 s. 10 d.; vingtièmes, 741 l. 1 s. 5 d.; territorial, 64 livres; bâtiments de justice, 22 livres. Au total, 2,737 l. 19 s. 3 d.

On pourra consulter : PIQUET, *Histoire de la commune d'Omontville-la-Folliot et de son dernier seigneur*, Bricquebec, 1834, in-8°.

[4] « J'accepte la taxe portée à la 3ᵉ [ colonne ]; la somme encore bien qu'elle soit au-dessous de la dépense que j'ai faite à Coutances, y étant été (*sic*) depuis le commencement jusqu'à la fin de l'assemblée sans m'absenter, J. F. MAUROUARD. » (*Rôle des taxes*, n° 268.)

[5] La paroisse était *mixte*, entre les bailliages de Saint-Sauveur-le-Vicomte et de Valognes. Convoquée simultanément à l'assemblée préliminaire de ces deux ressorts, elle a fait défaut à l'assemblée de Valognes. Voir au tome II, p. 453 et la note.

RAUVILLE-LA-PLACE........ 200 feux.

Députés : *Louis MARIE, *laboureur* (2 jours, 6 l., et 18 jours, 73 l., Acc.)[1]; Jean LEFÈVRE (2 jours, 6 l., Acc.).

REIGNEVILLE............. 25

Députés : LESUEUR, *écuyer* (1 jour, 6 l., Ref.)[2]; *Charles PICQUOT, s[r] de la Lande, *laboureur* (2 jours, 6 l., et 18 jours, 73 l., Acc.[3]).

RETHOVILLE ............. 54

Députés : Antoine NORD (2 jours, 6 l., Acc.); Hervé LÉCRIVAIN (2 jours, 6 l., Acc.).

SAINT-GERMAIN-DES-VAUX... 160

Députés : François DIGARD (2 jours, 6 l., Acc.); Ange LECOUVEY (2 jours, 6 l., Acc.).

SAINT-NICOLAS-DE-PIERRE-PONT .............. 160

Députés : Jean-Baptiste BEUVE (1 jour, 6 l., Ref.); François PASQUIER (2 jours, 6 l., Acc.).

SAINT-PIERRE-D'ARTHÉGLISE. 60

Députés : Philippe GENLÈS (2 jours, 6 l., Acc.); Jean-René GODOREL (2 jours, 6 l., Acc.).

SAINT-RÉMY-DES-LANDES... 96

Députés : Pierre MAHAULT (2 jours, 6 l., Acc.); Jacques BELLÉE, *prêtre* (2 jours, 6 l., Acc.[4]).

SAINT-SAUVEUR-DE-PIERRE-PONT .............. 100

Députés : Jean-François MAUGER, ancien notaire [5], com. réd. (2 jours, 6 l., et 17 jours, 73 l., Acc.); Michel MALENFANT (2 jours, 3 l., Acc.).

---

[1] *Rôle des taxes*, n° 262. «J'accepte 73 livres, 22 jours. Louis MARIE.»

[2] La qualification d'écuyer donnée au sieur LESUEUR semble prouver qu'il était noble, et même qu'il avait la noblesse acquise et transmissible.

Les membres de la noblesse pouvaient d'ailleurs, aux termes du *Règlement du 24 janvier*, art. 30, être choisis comme députés du tiers, bien que non convoqués aux assemblées primaires. Il suffit de rappeler l'exemple de Mirabeau, élu par l'assemblée du tiers état de Provence. Voir en outre ce que nous avons noté sous le procès-verbal de l'assemblée préliminaire du bailliage de Valognes (au tome II, p. 743).

[3] «Accepté les 73 livres ci-contre

pour 17 jours de séjour à l'assemblée de Coutances et comme *seul député* de la paroisse de Reigneville. Charles PICQUOT.» (*Rôle des taxes*, n° 269.)

[4] Sur la présence d'un membre du clergé dans la députation du tiers état, on voudra bien se reporter à notre travail sur la *Représentation des professions dans les assemblées graduelles du bailliage de Cotentin en 1789* (dans Comptes rendus de l'Association française pour l'avancement des sciences, Congrès de Cherbourg, 1905, p. 1064 et suiv.) et aussi à la note précédemment citée (au tome II, p. 743).

[5] La profession du député de Saint-Sauveur-de-Pierrepont est révélée par le *Rôle des taxes*, n° 271.

SAINTE-COLOMBE......... 42 feux.

Députés : Louis LEVAVASSEUR ( 2 jours, 6 l., Acc.); Pierre YVETOT ( 2 jours, 6 l., Acc.).

SAINTE-CROIX-HAGUE...... 90

Députés : *Robert LEFILLIASTRE, *laboureur* ( 2 jours, 6 l., et 19 jours, 79 l., Acc.)[1]; Gilles LEVOLVEY ( 2 jours, 6 l., Acc.).

TAILLEPIED ............. 24

Députés : Pierre LEDOUX ( 2 jours, 6 l., Acc.); Jean SIVARD ( 2 jours, 6 l., Acc.).

TAMERVILLE............ 360

Députés : *Charles-François-Gabriel DESMONTS, *laboureur* ( 2 jours, 6 l., et 20 jours, 76 l., Acc.[2]); François MOUCHEL ( 2 jours, 6 l., Acc.); Jean-François LEPOITTEVIN ( 2 jours, 6 l., Acc.); Jean-Hervé MANGON ( 2 jours, 6 l., Acc.).

TEURTHEVILLE-HAGUE..... 240

Députés : Louis LE NÉEL DE MECQUEVILLE ( 2 jours, 6 l., Acc.); Thomas-Roger DU LONGPREY ( 2 jours, 6 l., Acc.); Jean-Jacques LELIEPVRE ( 2 jours, 6 l., Acc.).

THÉVILLE.............. 60

Députés : Jacques RENOUF ( 2 jours, 6 l., Acc.); Pierre BOURDET ( 2 jours, 6 l., Acc.).

TOCQUEVILLE............ 75

Députés : *Bernardin ROUXEL ( 2 jours, 6 l., et 17 jours, 73 l., Acc.)[3]; Jean BUHOT ( 2 jours, 6 l., Acc.).

TOLLEVAST ............. 100

Députés : *Me Jean-Pierre-François HIRARD, *avocat* ( 2 jours, 6 l., et 19 jours, 79 l., Acc.)[4]; Louis LEVITRE ( 2 jours, 6 l., Acc.).

TURQUEVILLE............ 75

Députés : *Jean HUBERT, *herbageur*, com. réd. ( 2 jours, 6 l., et 19 jours, 73 l., Acc.[5]); Jacques CORNAIRU ( 2 jours, 6 l., Acc.).

[1] «A sisté à l'assemblée générale depuis sont (*sic*) commencement jusqu'à sa clôture, non compris quatre jours pour y aller et revenir. Accepté. R. LEFILLASTRE.» (*Rôle des taxes*, n° 263.)

[2] *Rôle des taxes*, n° 13. Le rôle ne porte aucune mention d'acceptation ni de refus.

[3] «Accepté la taxe, j'ai été à Coutances depuis le 15 de mars jusqu'au 31. B. ROUXEL.» (*Ibid.*, n° 270.)

[4] Le *Rôle des taxes* ne le mentionne pas; vraisemblablement parce qu'il était domicilié en dehors du bailliage.

[5] *Rôle des taxes*, n° 10. Aucune mention d'acceptation ni de refus.

URVILLE-HAGUE ......... 70 feux.

Députés : *Pierre-Bernardin COUCY, sieur du Longprey, *avocat*, com. réd. (2 jours, 6 l., et 17 jours, 76 l., Acc.)[1]; Bernardin-Nicolas LEDOS (2 jours, 6 l., Acc.).

LE VAL-DE-SCIE[2] ...... 40

Députés : Jean-Thomas NOËL (2 jours, 6 l., Acc.); Pierre-Guillaume RIBET (2 jours, 6 l., Acc.).

LE VAST............... 195

Députés : Étienne DUFOUR (2 jours, 6 l., Acc.); Louis NEEL (2 jours, 6 l., Acc.).

VAUVILLE............. 90

Députés : Pierre LERNÉE (2 jours, 6 l., Acc.); Aubin SIMON (2 jours, 6 l., Acc.).

VIRANDEVILLE.......... 126

Députés : François-Hervé MAUROUARD (2 jours, 6 l., Acc.); Jean-Baptiste BENOIST (2 jours, 6 l., Acc.).

VRASVILLE............ 28

Député : Adam-Gervais-Alexis BUHOT (2 jours, 6 l., et 18 jours, 76 l., Acc.)[3].

---

[1] Il était domicilié à Vrasville, ainsi que le montre le *Rôle des taxes*, n° 282.

[2] Orthographié aujourd'hui le *Val-cédie*, arrondissement de Valognes, canton de Barneville. Le député Pierre-Guillaume RIBET semble être le même personnage que le lieutenant particulier du bailliage. Il ne faut point le confondre avec RIBET (Bon-Jacques-Gabriel-Bernardin), né à Nehou, qui fut suppléant à la Législative, député à la Convention et au Corps législatif (Anciens). Voir KUSCINSKI, *Assemblée législative*, p. 73, 168; GUIFFREY, *Conventionnels*, p. 35, 144; KUSCINSKI, *Corps législatif*, p. 64, 385.

[3] C'est le même personnage qui a fait fonctions de greffier de l'assemblée (*supra*, p. 166). — «J'accepte la taxe portée en mon nom, pour être payée. J'y avais été depuis le commencement jusqu'à la fin de l'assemblée. B. Gervais-Alexis BUHOT.» (*Rôle des taxes*, n° 282.)

## II. Assemblée préliminaire du tiers état du bailliage.

———

### 1. Procès-verbal d'assemblée.

*(Ms. Archives du Greffe de première instance de Coutances, pièce n° 13. Original signé, 31 pages in-f°. Inédit.)*

*Procès-verbal de l'assemblée du tiers état du bailliage de Saint-Sauveur-le-Vicomte, des 9 et 10 mars 1789.*

Aujourd'hui 9 mars 1789, sont comparus en l'auditoire royal de cette ville, devant Nous Louis-Hector-Amédée Ango[1], conseiller du roi, baillif de longue robe, lieutenant général civil, criminel et de police du bailliage royal de Saint-Sauveur-le-Vicomte, présent M. François-Léonard-Hacinthe-Augustin-Michel de Bonnefond[2], conseiller et procureur du roi audit siège,

Les sieurs Nicolas Cardet et Pierre-François Besnard, députés de la paroisse d'Amfreville, composée de 180 feux; Léonord Mériel, Bernardin Allain, députés de la paroisse d'Angoville-au-Plain, composée de 27 feux; Jean Fleury et Georges Lecœur fils Georges,

[1] Angot (Louis-Hector-Amédée), avocat en Parlement, bailli de robe longue de Saint-Sauveur-le-Vicomte faisant fonctions de lieutenant général, était né le 14 novembre 1739 à Versailles. Ses provisions pour l'office de «nostre conseiller, bailli de robe longue, lieutenant général, avocat et procureur pour nous du bailliage de Saint-Sauveur-le-Vicomte» sont en date du 28 juillet 1770, et relatent un extrait baptistaire du 15 novembre 1739 (Arch. nat., V¹ 450).

Le sieur Angot payait en 1789, à Saint-Sauveur, une capitation privilégiée de 180 livres (*Rôle de capitation des officiers de judicature, 1789*, Arch. Calvados, C 8130). Élu député à l'assemblée générale de Coutances par l'assemblée préliminaire de Saint-Sauveur-le-Vicomte, il fut choisi comme député du Tiers État du bailliage de Cotentin aux États généraux, dans la séance du 30 mars 1789 (*infra*, p. 357). A l'Assemblée constituante, il ne prit, dit-on, qu'une fois la parole, pour faire voter un décret portant incompatibilité des fonctions municipales avec celles de judicature. Voir sur ce personnage, A. Brette, *Les Constituants*, p. 99.

On remarquera que les provisions d'office sont orthographiées Angot, mais le personnage lui-même signe toujours Ango. Voir A. Brette, *Recueil de documents relatifs à la convocation des États généraux de 1789*, t. II, p. 40. Cf. aussi le spécimen de sa signature d'après l'*État de distribution de la médaille du 4 août, Ibid.*, pl. XIII annexée à la p. 579, n° 622.

[2] De Bonnefonds (François-Léonord-Hyacinthe-Augustin Michel, sieur), avocat en Parlement, était revêtu de l'office de «procureur pour nous au bailliage de Saint-Sauveur et sièges en dépendant, auquel par édit de février 1755 est réuni les offices de nos procureurs de ville et de police dudit Saint-Sauveur-le-Vicomte». Les lettres de provision, sont en date du 8 août 1782, et relatent un extrait baptistaire en date du 10 juillet 1757 (Arch. nat., V¹ 509).

Le titulaire signe *Michel de Bonne-*

députés de la paroisse d'Angoville-en-Cères, composée de 19 feux;
Victor Lecarlier, sʳ de Sainte-Marie et Sébastien Gilles, députés de
la paroisse d'Audouville-la-Hubert, composée de 58 feux; Jean-
Armand Le Barbanchon et Jean Fontaine, députés de la paroisse
d'Azeville, composée de 57 feux; Charles Hélaine et Jean Leneveu,
députés de la paroisse de Beaumont, composée de 80 feux; Nicolas
Valognes et Pierre Poisson, députés de la paroisse de Biniville,
composée de 40 feux; Jean Poitou et Jullien Baudouin, députés
de la paroisse de la Bonneville, composée de 95 feux; Jean Hamel
et Charles Lefaix, députés de la paroisse de Branville, composée
de 18 feux; Germain Vallognes et René Picquot, députés de la
paroisse de Brillevast, composée de 156 feux; Léonord Hallot
et Charles Gallis, députés de la paroisse de Catteville, composée
de 42 feux; François Diguet et Thomas Hébert, députés de la
paroisse de Colomby, composée de 186 feux; Charles Le Boulenger
et Protais Lelong, députés de la paroisse de Crosville, composée
de 54 feux; Robert Lagalle et Nicolas Gauvain, députés de la
paroisse de Digulleville, composée de 80 feux; Charles Le Loucy
et Alexandre Pinel, députés de la paroisse d'Ecausseville, composée
de 40 feux; Jacques Paris et Charles Cousin, députés de la paroisse
d'Éculleville, composée de 15 feux; Félix Duval Fortin et Antoine
Agasse, députés de la paroisse d'Hérouville, composée de 41 feux;
Joseph Bourdet et François Levavasseur, députés de la paroisse
d'Étienville, composée de 108 feux; François Raoult, Bernardin
Vindard et Macé Renouf, députés de la paroisse de Fermanville,
composée de 250 feux; Jean-Guillaume Marquet, sieur du Longprey, et Louis Le Rouvillois, députés de la paroisse de Flamanville,
composée de 195 feux; Jacques Lemarquand et François Aubert,
députés de la paroisse de Glatigny, composée de 75 feux; Michel
Marguerie et Michel Noël de la Prairie, députés de la paroisse de
Golleville, composée de 115 feux; Pierre Le Bel, Georges Rocquier et Thomas Lehieulle, députés de la paroisse de Gouey, composée de 206 feux; Guillaume Blaisot-Verdes, député de la paroisse
de Gouberville, composée de 122 feux, Samson Viel, l'autre député n'ayant point comparu; Jacques-Jean-François Mabire et
Jean-Baptiste-François Bouchard, députés de la paroisse de Grosville, composée de 200 feux; Jean-Thomas Le Roux et Louis-

---

*fond.* (lettre du 2 octobre 1789, Arch.
nat., Ba 88); mais les rôles d'imposition sont établis au nom de *Michel* tout
simplement. Il payait en 1789 une
capitation privilégiée de 180 livres (*Rôle*

*de capitation des officiers de judicature,*
1789, Arch. Calvados, C 8130). En
1791, il fut élu greffier du tribunal de
paix de Saint-Sauveur et réélu en
1792.

François Truffert, députés de la paroisse de Hardinvast, composée
de 97 feux; Nicolas Auvray et Hervé Goubert, députés de la paroisse de Hautteville, composée de 54 feux; Charles Pépin et
Michel Pépin, députés de la paroisse de Liesville, composée de
107 feux; Jean Le Caux et Hervé Lehot, députés de la paroisse
d'Hiesville, composée de 22 feux; Pierre Écolivet et François
Blehou, députés de la paroisse de Jobourg, composée de 109 feux;
Piedagnel des Vallées et Navet, députés de la paroisse de Morville,
composée de 90 feux; Louis-Agnès de la Rocque, avocat, Michel
Laniepce, Léonord Hallot, Jean-Louis Blandamour, Jean-Charles
Valavoine, députés de la paroisse de Nehou, composée de
450 feux; Jean-Baptiste Le Scellière et Nicolas Le Gagneur, députés de la paroisse de Néville, composée de 42 feux; Louis Dutot,
seul député nommé par la paroisse de Neuville-au-Plain, composé
de 46 feux[1]; Jean Prevel et Louis Falaise, députés de la paroisse de
Neuville-en-Beaumont, composée de 39 feux; Philippe Picquot
et Pierre Picquot, députés de la paroisse d'Omonville-la-Folliot,
composée de 50 feux; Jean Maurouard et Pierre-Paul Le Capon,
députés de la paroisse d'Orglandes, composée de 150 feux; Pierre-
Nicolas-Augustin-Chrysostome Simon, Jacques Lanchon et Antoine Buhot, députés du bourg et paroisse des Pieux, composée
de 270 feux; Louis Maria et Jean Lefèvre, députés de la paroisse
de Rauville-la-Place, composée de 200 feux; le sieur Leseur,
écuyer, et Charles Piquot, sieur de la Lande, députés de la paroisse
de Reigneville, composée de 25 feux; Antoine Nord et Hervé Lécrivain, députés de la paroisse de Réthoville, composée de 54 feux;
Louis Levavasseur et Pierre Yvetot, députés de la paroisse de Sainte-
Colombe, composée de 42 feux; Robert Lefilliâtre et Gilles Levolvey, députés de la paroisse de Sainte-Croix-Hague, composée
de 90 feux; François Digard et Ange Lecouvey, députés de la paroisse de Saint-Germain-des-Vaux, composée de 160 feux; Jean-

---

[1] La paroisse de Neuville-au-Plain,
bien que n'ayant que 46 feux, était
régulièrement appelée à nommer deux
députés. L'article 31 du Règlement du
24 janvier disposait en effet: «Le nombre
des députés qui seront choisis par les
paroisses et communautés des campagnes pour porter leurs cahiers sera
de 2 à raison de 200 feux et au-dessous;
de 3 au-dessus de 200 feux; de 4 au-
dessus de 300 feux, etc...» Mais il est
arrivé assez souvent que les très petites
paroisses, pour des raisons d'économie,
ont préféré n'envoyer qu'un seul député.

Voir, dans ce même bailliage, la communauté de Vrasville qui, pour 28 feux,
n'a envoyé qu'un seul député (infra,
p. 180).

La population de Neuville-au-Plain
s'élevait, au dénombrement de 1764,
à 262 habitants : 49 hommes, 45 femmes, 60 garçons, 39 filles, 32 enfants
au-dessous de 8 ans mâles et 38 femelles
(Arch. du Calvados, C 169). Mouvement en 1787 : naissances, 4 (2 garçons, 2 filles); mariages, 3; décès, 4
(2 hommes, 2 femmes). Voir Ibid.,
C. 180.

Baptiste Beuve et François Parquier, députés de la paroisse de
Saint-Nicolas-de-Pierrepont, composée de 160 feux; Philippe
Genlès et Jean-René Gadorel, députés de la paroisse de Saint-
Pierre-d'Arthéglise, composée de 60 feux; Pierre Mahault et
Jacques Bellée[1], prêtre, députés de la paroisse de Saint-Rémy-
des-Landes, composée de 95 feux; Jean-François Mauger et Michel
Mallenfant, députés de la paroisse de Saint-Sauveur-de-Pierrepent,
composée de 100 feux; MM. David de Goubienne, conseiller hono-
raire et ancien procureur du roi, Me De Glatigny, syndic du collège
des avocats, les sieurs Deux, docteur-médecin, Thion, marchand,
et Pierre Bourgeoise, laboureur, députés de la ville et campagne de
Saint-Sauveur-le-Vicomte, composant ladite ville et campagne
543 feux; Pierre Ledoux et Jean Sivard, députés de la paroisse
de Taillepied, composée de 24 feux; Charles-François-Gabriel
Desmonts, François Mouchel, Jean-François Lepoittevin et Jean-
Hervé Mangon, députés de la paroisse de Tamerville, composée de
360 feux; Louis Le Néel de Merqueville, Thomas-Roger du Longprey et Jean-Jacques Leliepvre, députés de la paroisse de Teur-
theville-à-la-Hague, composée de 240 feux; Jacques Renouf et
Pierre Bourdet, députés de la paroisse de Théville, composée de
80 feux; Bernardin Rouxel et Jean Bichot, députés de la paroisse
de Tocqueville, composée de 158 feux; Jean Hubert et Jacques
Cornavin, députés de la paroisse de Turqueville, composée de
75 feux, Jean-Thomas Noël et Pierre-Guillaume Ribet, députés
de la paroisse de Val-de-Scie, composée de 40 feux; Étienne
Dufour et Louis Neel, députés de la paroisse du Vast, composée
de 195 feux; Pierre Lanée et Aubin Simon, députés de la paroisse
de Vauville, composée de 90 feux; François-Hervé Maurouard et
Jean-Baptiste Benoist, députés de la paroisse de Virandeville, composée de 126 feux; Bon-Gervais-Alix Buhot, député de la paroisse de Vrasville, composée de 28 feux; le sieur Pierre-Bernardin
Coucy, sieur de Longprey et Bernardin-Nicolas Ledos, députés de
la paroisse de Urville-Hague, composée de 70 feux; Antoine Mouton et Germain Mouton, députés de la paroisse de Beuzeville-au-
Plain, composée de 12 feux[2]; Me Pierre-François Hirard, avocat

[1] Sur la présence de cet ecclésiastique parmi les députés du tiers état,
on voudra bien se reporter à ce que
nous avons noté sous le procès-verbal
de l'assemblée préliminaire de Valognes
(au t. II, p. 743). Voir également notre
étude sur *la Représentation des professions aux assemblées graduelles du bail-*

*liage de Cotentin en 1789* (dans Comptes
rendus de l'Association pour l'avancement des sciences, Congrès de Cherbourg, 1905, p. 1084 et suiv.).

[2] Il semble bien qu'il y ait une erreur
dans le chiffre porté au Procès-verbal.
La commune actuelle de Beuzeville-au-
Plain compte encore 88 habitants.

et Louis Levitre, députés de la paroisse de Tollevast, composée de 100 feux.

(Remise par les députés du procès-verbal de leur nomination, «qui constate le nombre de feux de leurs paroisses respectives»; rappel des lettres du roi, règlement y annexé, et ordonnance locale du 16 février dernier [1], etc. Nomination d'une commission pour procéder d'abord à la réunion en un seul des cahiers des paroisses.)

Et pour procéder à ladite réduction ils ont nommé pour commissaires les sieurs David de Goubienne, du Longprey Coucy; de Glatigny, avocat, Deux, Lecarlier de Sainte-Marie, Agnès de la Rocque, Mabire, Hubert Mauger, Le Scelière de la Madeleinne et Écolivet, et Nous. Et à cette fin les cahiers des différentes paroisses leur ont été mis aux mains [2]. Et attendu que ladite rédaction ne peut se faire sur-le-champ, ils nous ont demandé que la présente assemblée soit prorogée à demain 10 heures du matin, entre ci et lequel temps les sieurs commissaires procéderont à ladite rédaction; pourquoi nous avons prorogé la présente assemblée à demain 10 heures du matin, auquel jour et heure les sieurs députés ont promis se rendre.

[*Séance du 10 mars.*]

Et du 10 mars 1789, en l'auditoire royal du bailliage, devant Nous juge susdit, en l'assemblée réunie par suite de celle d'hier des députés des paroisses de notre bailliage, se sont présentés les

---

[1] Nous n'avons pu retrouver le texte de cette ordonnance, qui devait être vraisemblablement conforme au modèle d'Ordonnance à rendre par le lieutenant général d'un bailliage ou sénéchaussée de la seconde classe (texte dans A. BRETTE, *Recueil des documents relatifs à la convocation des États généraux de 1789*, t. Ier, p. 333, n° 3).

[2] Les cahiers de doléances des paroisses étaient, paraît-il, au complet; le procès-verbal n'en fait point mention, mais le lieutenant général écrivait en ces termes au Garde des Sceaux, après la tenue de l'assemblée :

«Monseigneur, j'ai l'honneur et la satisfaction de vous annoncer que l'assemblée de mon bailliage s'est tenue les 9 et 10 de ce mois, avec tout l'ordre, la régularité et la tranquillité qu'il était possible de désirer. Il *n'y a pas une pa-* roisse de mon bailliage qui n'y ait envoyé ses députés et son cahier de doléances. J'ai vu avec le plus grand plaisir l'union et la concorde régner parmi tous les députés, et par-dessus toutes choses leur amour pour Sa Majesté, leur confiance dans son affection, sa souveraine justice, et ses bontés pour son pauvre peuple, leur reconnaissance pour les sacrifices qu'Elle a daigné faire, et qu'Elle promet encore de faire pour son soulagement, enfin la résolution ferme, franche et loyale où ils sont de faire tous les sacrifices possibles pour que le gouvernement puisse remédier aux maux de l'État et combler le malheureux déficit qui le désole. Je suis avec un profond respect, etc.». (*Lettre de M. Ango, bailli de longue robe, lieutenant général, à M. le Garde des Sceaux, du 11 mars,* Arch. nat., Ba 35, L. 70.)

sieurs commissaires nommés pour la rédaction du cahier de plaintes, doléances, représentations et demandes du tiers état du bailliage, lesquels nous ont représenté ledit cahier qui a été signé desdits sieurs commissaires après que lecture en a été donnée à haute et intelligible voix. Et lequel a été aussi signé par Nous après l'avoir coté par première et dernière page et paraphé *ne varietur* au bas d'icelle.

(Élection du quart des députés pour se rendre à l'assemblée générale de Coutances; rappel des formes du règlement; les voix ayant été recueillies «en la manière accoutumée», la pluralité des suffrages s'est réunie en faveur de :)

Nous Louis-Hector-Amédée Ango [1], baillif de Saint-Sauveur-le-Vicomte; de M⁰ de Glatigny, avocat; de MM. Deux, docteur en médecine; Thion, marchand; Couey du Longprey, avocat; Hubert, herbageur; Le Bel; Rocquier; Jean-Baptiste Le Scellière, laboureur; Jacques-Jean-François Mabire, laboureur; Michel de Laniepce, laboureur; Jean-Pierre-François Hirard, avocat; Léonord Mériel, herbageur; Le Carlier de Sainte-Marie, officier garde-côte; Jean-Charles Poitou, laboureur; Léonord Hallot, laboureur; Charles-Gabriel Dumont, laboureur; Charles Leboulanger, laboureur; Jean-François Aubert, laboureur; Jacques Paris, laboureur; Jean-François Antien, notaire; Bernardin Rouxel, Charles Picquot, sieur de la Lande, laboureur; Jean Maurouard, laboureur; Jean Prevel, laboureur; Piedagnel Devallée, laboureur; Guillaume d'Ennery, laboureur; Jean Le Caux, marchand herbageur; Charles Pépin, laboureur; Nicolas Auvray, laboureur; Robert Lefilliastre, laboureur; Louis Marie, laboureur; Jean-Armand Lebarbanchon, laboureur; Jean-Thomas Leroux, laboureur.

(Acceptation des députés; promesse de s'acquitter fidèlement du mandat à eux confié; remise du cahier de doléances du bailliage pour le porter à Coutances [2]; pouvoirs donnés aux députés de «représenter le tiers état dudit bail-

---

[1] Sur Ango, voir *supra*, p. 177, note 1. Le lieutenant général n'avait point été député des assemblées primaires; mais aux termes de l'article 31 du règlement du 24 janvier, les présidents des assemblées, quoique non députés des paroisses, pouvaient être élus à l'assemblée préliminaire. Le sieur Ango est porté au rôle des taxes pour

70 livres seulement, ce qui correspond à son seul séjour à l'assemblée de Coutances. Nous ne savons s'il a accepté ou refusé; le rôle note seulement : «Monsieur Ango est absent et est aux États généraux». (*Rôle des taxes*, n° 283.)

[2] Le bailli de Saint-Sauveur-le-Vicomte ne s'était résigné qu'avec peine, semble-t-il, à voir son bailliage jouer

liage à ladite assemblée pour toutes les opérations prescrites par l'ordonnance de mondit sieur le lieutenant général, comme aussi d'y donner pouvoirs généraux et suffisants aux députés qui seront nommés pour les États généraux du royaume de proposer, aviser, remontrer et consentir, etc.»)

Et de leur part lesdits députés se sont présentement chargés du cahier des doléances dudit bailliage, et ont promis de le porter à ladite assemblée, et de se conformer à tout ce qui est prescrit et ordonné par lesdites lettres du roi, etc.

Desquelles nominations de députés, remise de cahiers, pouvoirs et déclarations nous avons à tous les susdits comparants donné acte[1], et avons signé avec eux, à la réserve du sieur Leseur et du sieur Bellée, qui n'ont point comparu à cette séance, à la réserve aussi du sieur Agnès de la Rocque qui n'a point aussi comparu, notre présent procès-verbal ainsi que le *duplicata* qui sera remis

---

dans la convocation le rôle de secondaire seulement du bailliage de Coutances. Le 17 février, il écrivait encore au Garde des Sceaux : «Je fermerai les yeux, Monseigneur, sur le droit qu'a mon bailliage d'avoir une députation directe aux États généraux, droit dont il a joui aux États de Blois et qui lui est enlevé aujourd'hui, sans qu'il ait changé de qualité depuis ce temps. Je vous prie d'être persuadé, Monseigneur, que malgré cette privation qui m'est sensible, je ne négligerai rien pour remplir avec exactitude, etc...» (*Lettre de M. Ango, bailli de robe longue, à M. le Garde des sceaux, du 17 février 1789*, Arch. nat., Ba 35, l. 70 = B III 54, p. 419.)

Le fait avancé par le lieutenant général Ango, à savoir que le bailliage de Saint-Sauveur avait joui aux États de Blois d'une représentation directe, ne paraît nullement exact. Nous avons conservé les procès-verbaux des deux assemblées d'états tenues à Blois, celle de 1576 et celle de 1588. A l'une comme à l'autre, la Normandie n'est représentée que par les députés de ses sept bailliages traditionnels. En 1576, l'appel des députés mentionne : «les élus pour le duché de Normandie, bailliages de Rouen, Caen, Caux, Cotentin, Évreux, Gisors, Alençon et Dreux». En 1588, l'ordre pour l'appel est de même : «Le duché de Normandie, et par ordre les bailliages de

Rouen, Caen, Cotentin, Évreux, Gisors, Alençon et Mortain». Il n'est nullement question de Saint-Sauveur-le-Vicomte. Voir *États de Blois, 1576, extrait d'un journal fait par le duc de Nemours* (dans BUISSON, *Des États généraux*, t. XIII, p. 186) et *Séance des États de Blois de l'an 1588, extrait du cérémonial français* (*Ibid.*, t. XIV, p. 276).

Un *Mémoire des officiers du bailliage de Valognes*, en date du 19 février 1789, nous permet de préciser sur quelles raisons le lieutenant général de Saint-Sauveur pouvait asseoir ses prétentions. Le bailliage de Saint-Sauveur était une ancienne haute justice seigneuriale, confisquée sur un Geoffroy d'Harcourt au XIVe siècle. Incorporée au domaine royal, elle était devenue un bailliage royal d'une composition toute particulière : «le bailliage a conservé toutes les formes d'une haute justice [indépendante]; le grand bailli d'épée n'y a point séance, il n'y tient point d'assises et les sentences ne sont point rendues en son nom». Les officiers de Valognes en concluaient que «ce bailliage ne fait point partie du grand bailliage de Cotentin», et se demandaient s'il serait obligé «d'envoyer des députés aux bailliages ordinaires». (Arch. nat., Ba 35, l. 70.)

[1] Une lettre du lieutenant général, en date du 11 mars, nous confirme que toutes les paroisses avaient envoyé leur cahier et leurs pouvoirs (*infra*, p. 185, n. 1).

auxdits sieurs députés pour constater leurs pouvoirs. Et le présent sera déposé au greffe de notre bailliage.

Fait et signé après lecture faite cedit jour et an 10 mars 1789 [1].

> N. CARDET, Bernardin ALLAIN. F. MÉRIEL, J.-F. COSNARD, J. FLEURY, Sébastien GILLOT, L. HOTTOT, François DIGUET, C. LECŒUR, Fontaine LÉCARLIER, S. MAUD, HIRARD, Thomas HÉBERT LE BARBANCHON, Charles HÉLEINE, C. POISSON, J. COLLET, J. LENEPVEU, L. LEVITRE, Nicolas VALLOGNE, LAGALLE, Antoine MOUTON, F. PARIS, G. MOUTON, LEPOITEVIN, J. BAUDOIN, N. AUVRAY, J. HAMEL, G. VALLOGNES. O. AGASSE, Charles GALIS, Ch. LEBOULANGER, ROCQUIER, Charles PICQUOT, M. RENOUF, P. LELONG, PAISNIER, C. LELOUEY, LEHIEULLE, A. PINEL, Charles COUSIN, F. RAOULT, S. LEVAVASSEUR, J. BOURDET, TRUFFERT, S. VINDAR, G. MOCQUET, LE BET, LEROUVILLOIS, LEROUX, J. LEMARQUAND, A. MARGUERIE, AUBERT, R. GOUBERT, Noël DELAPRAIRIE, Hervé LEHOT, J.-F. MABIRE, Jean LE CAUX, BLAISOT, J.-B.-F. BOUCHARD, G. DENNERY, P. ÉCOLIVET, F. BLEHOU, P. LECOSTEY, C.-F. PÉPIN, Michel PÉPIN, PIEDAGNEL DES VALLÉES, BELAVOINNE, M. LANIEPVRE, N. LEGAGNEUR, D. HALLOT, L. FALAISE, L. DUTOT, J.-F. PREVEL, P. PICQUOT, Ph. PICQUOT, J.-F. MAUROUARD, P.-Paul LECAPPON, LANCHON, A. SIMON, BUHOT, Louis NAVET, J. LEFÈVRE, J. LANORD, A. LÉCRIVAIN, H. YVETOT, (*illisible*), J. BLANDAMOUR, B. LESCELLIÈRE, LEFILLIASTRE, G. LEVOLVEY, A. LECOUVEY, Fᵒⁱˢ NIZARD, J.-B. BEUVE, F. PASQUIER, J.-R. GODENT, Ph. GENTIS, J.-F. MAUGER, MALENFANT, P. MAHAUT, DE GLATIGNY, DEUX, D.-M., DAVID DE GOUBIENNE, THION, J. SIVARD, DESMONS, J. HUARD, P. LEDOUX, H. MOUCHEL, H. LEPOITTEVIN, Ph. MAUGON, SERNÉE, J. ROGER, P. BOURDET, J.-Jacques LELIÈVRE, J. CORNAVIN, J. RENOUF, B. ROUXEL, Jean BUHOT, J. HUBERT, P.-G. RIBET, LENOËL, P. LACRÉE, Louis NÉEL,

---

[1] L'assemblée préliminaire s'était tenue, comme on voit, sans incidents. Et le 11 mars le lieutenant général annonçait ainsi la clôture de son assemblée :

« Mgr, J'ai l'honneur et la satisfaction de vous annoncer que l'assemblée de mon bailliage s'est tenue les 9 et 10 de ce mois, avec tout l'ordre, la régularité et la tranquillité qu'il était possible de

Dufour, Maurouard, J. Benoist, B. Gervais, Alexis
Buhot, Lesdos, Couey de Longprey, *Ango*.

***

## 2. Cahier de Doléances.

(Ms. *Archives du Greffe du Tribunal de première instance de Coutances*, pièce n° 74.
Original signé, 3 pages in-f°. *Inédit*) [1].

### Cahier des plaintes, doléances, représentations et demandes du tiers état du bailliage de Saint-Sauveur-le-Vicomte.

Depuis longtemps, les droits de la nation ont été méconnus [2], méprisés, ceux du trône ont pris une excroissance monstrueuse et effrayante; la nation a vécu sous le joug humiliant de la servitude et sa pesanteur insupportable a failli en opérer la ruine [3].

Constitution. [1°] Pour soustraire désormais la nation aux vexations criantes qui ont été comme les suites naturelles de l'oubli de ses droits, et pour la garantir de ces secousses violentes qui, dernièrement, l'ont mise à deux doigts de sa perte, le tiers état demande que le premier travail des États généraux soit de fixer d'une manière claire et précise les droits de la nation et ceux du trône [4], qu'il soit

désirer. Il n'y a point une paroisse de mon bailliage qui n'y ait envoyé ses députés et son cahier de doléances. J'ai vu avec le plus grand plaisir l'union et la concorde régner parmi tous les députés et, par-dessus toutes choses, leur amour pour S. M., leur confiance dans son affection, sa souveraine justice et ses bontés pour son pauvre peuple, leur reconnaissance pour les sacrifices qu'Elle a daigné faire et qu'Elle promet encore de faire pour son soulagement, enfin la résolution ferme, franche et loyale, où ils sont de faire tous les sacrifices possibles pour que le gouvernement puisse remédier aux maux de l'État et combler le malheureux déficit qui le désole. Je suis avec un profond respect, etc...» (*Lettre du bailli de robe longue Ango au Garde des Sceaux, du 11 mars 1789*, Arch. nat., Ba 35 l. 70 = B III, 54, p. 421).

[1] Une transcription, — d'après une copie qui paraît aujourd'hui perdue, existe aux Archives nationales, dans le registre B III/54, p. 423. C'est d'après cette transcription qu'ont été faites les éditions modernes : 1° *Archives parlementaires*, t. III, p. 66; 2° Hippeau, *Cahiers de 1789 en Normandie*, t. II, p. 39 à 60.

[2] Le manuscrit des Archives nationales porte : «inconnus». De même les *Archives parlementaires*, III, p. 66 et Hippeau, *loc. cit.*, p. 39.

[3] Cette idée, que les maux du royaume sont dus à l'accroissement du despotisme et à la méconnaissance de l'ancienne constitution de la France, est assez répandue dans les cahiers du Cotentin. Voir : cahier de la Haye-du-Puits (au t. Ier, p. 743): cahier de la Lande d'Airou (*Ibidem*, p. 390); cahier du tiers état du bailliage de Coutances, préambule (*Ibidem*, p. 664). et surtout les développements étendus (art. 2) du cahier de la Bloutière, chap. Ier (*Ibidem*, p. 167).

[4] Les rédacteurs du cahier de Saint-Sauveur-le-Vicomte estiment, comme

décidé que les États généraux du royaume[1] auront un retour périodique, fixe, assuré, et indépendant de la volonté du Gouvernement, que les parlements, qui ont si bien mérité la confiance et la reconnaissance de la nation, à la fermeté et au patriotisme desquels elle doit l'heureuse révolution dont elle jouit, soient déclarés être une forme de trois États raccourcis au petit pied, les représentants provisoires de la nation pendant l'intermédiaire des États généraux; en conséquence, qu'il soit statué de la manière la plus formelle qu'aucune loi ne pourra être mise à exécution sans un enregistrement fait après vérification libre dans les cours de parlement, et sans que lesdites cours soient tenues d'obtempérer à des lettres de première, seconde ou finale jussion, de cachet ou de patentes [2];

[2°] Que, néanmoins, il soit arrêté que ces lois ainsi vérifiées n'auront qu'une exécution provisoire, et qu'à la tenue prochaine des États généraux elles seront de nouveau vérifiées pour recevoir, s'il y avait lieu, la sanction nationale;

[3°] Des ministres ignorants ou pervers ont successivement et progressivement empiété sur les droits de la nation; ils ont, sous prétexte de servir le Roi et d'affermir son autorité, d'abord égriffé, ensuite déchiré le contrat naturel et saint qui liait les Français à

---

on voit, que la France d'avant 1789 avait une constitution qui a seulement été obscurcie par les progrès du despotisme et qu'il suffira de retrouver et consolider d'une façon invariable. Nous avons déjà rencontré la même idée dans le cahier de l'assemblée préliminaire du bailliage de Périers, au préambule (*supra*, p. 135).

Nous croyons devoir appeler l'attention sur la formule du texte «que les États généraux devront fixer d'une manière claire et précise les droits de la nation et ceux du trône». Cette même formule se rencontre presque identiquement dans un grand nombre de cahiers du bailliage de Coutances : cahier de Beaucoudray, préambule (au t. I<sup>er</sup>, p. 148); cahier de Cametour, art. 2 (*Ibid.*, p. 242); cahier de Fervaches, art. 2 (*Ibid.*, p. 309), avec les nombreux cahiers qui se rattachent au groupe du cahier de Tessy (*Ibid.*, p. 603). Elle est aussi expressément reproduite dans

le cahier de l'assemblée préliminaire du bailliage de Valognes, chap. II, art. 3 (au t. II, p. 759) et dans celui de l'assemblée préliminaire du bailliage de Saint-Lô, préambule (au t. III, p. 82). La source commune est l'*Essai* de THOURET, S 3 (*éd. cit.*, p. 35). On voit par l'énumération précédente que l'*Essai* avait été lu d'un bout à l'autre de la région du Cotentin.

[1] Hippeau omet les mots : «du royaume» (*loc. cit.*, p. 39).

[2] Nous avons déjà rencontré un vœu semblable, en faveur du droit d'enregistrement des Parlements, dans le cahier de Montchaton, art. 9 et 10 (au t. I<sup>er</sup>, p. 450). Mais en général les cahiers sont au contraire hostiles aux Parlements, que leur résistance aux projets d'imposition territoriale en 1787 et 1788 avaient déconsidéré dans l'opinion. Voir surtout le cahier de Biville, au bailliage de Valognes, art. 2 (au t. II, p. 119).

leur roi qui n'en est que le chef, et non le propriétaire; ils ont osé
le faire parler en despote dans des lois qu'il ne pouvait que proposer et non ordonner, même pour le bien de la nation et de tous
les individus qui la composent, en insérant dans la clôture du
préambule, et à la fin du dispositif des lois, des expressions qui le
caractérisent énergiquement[1]; et ensuite, par une conséquence
naturelle de cette insertion et des idées qu'elle présente, ils ont
violenté la nation dans la personne de ses magistrats pour que ces
lois soient enregistrées, afin de leur procurer l'exécution.

RESPONSABILITÉ[2]. [4°] Le tiers état demande que ces expressions soient pour jamais proscrites du préambule et de la clôture
des lois, que les ministres, s'il s'en trouvait par la suite, ce qu'à
Dieu ne plaise, qui abuseraient de leur crédit et de la confiance de
Sa Majesté, pour l'induire à des démarches illégales ou funestes
pour elle ou pour la nation, puissent être poursuivis par la cour de
parlement, séant à Paris, et punis comme traîtres au Roi et à la
nation, qu'il soit permis à tout citoyen de dénoncer publiquement
les abus et malversations des ministres et d'en poursuivre directement la réparation authentique, sans que Sa Majesté puisse évo-
quer directement à elle ou à son conseil les procès en résultance
desdites dénonciations, ou nommer des commissaires particuliers
pour les juger.

[1] Le cahier fait allusion aux formules usitées par la chancellerie royale
à la fin du xviii° siècle, pour la promulgation des édits et ordonnances, formules contre lesquelles protestaient
unanimement les auteurs juridiques
normands, parce qu'ils y voyaient une
atteinte aux privilèges de la province.
On en jugera par cette citation du type
le plus courant :
*Préambule :* «Louis, par la grâce de
Dieu, Roy de France et de Navarre...
A ces causes et autres à ce nous mou-
vans, *de nostre certaine science, pleine
puissance et autorité royale,* nous avons
par ces Présentes signées de notre main,
dit, déclaré et ordonné, disons, déclarons et ordonnons, *voulons et nous plaist*
ce qui suit :
*Clôture :* «Si donnons en mandement
à nos amis et féaux, Conseillers les Gens
tenans notre Cour de Parlement à
Rouen, que ces présentes ils aient à
faire lire, publier, registrer et le contenu

en icelles garder, observer et exécuter selon leur forme et teneur, *nonobstant clameur de Haro, charte normande,* et toutes choses qui pourraient
être à ce contraires, *auxquels nous
avons dérogé et dérogeons par les Présentes,* CAR TEL EST NOTRE PLAISIR. En
témoin de quoi Nous avons fait mettre
notre scel, etc...»
Nous prenons cet exemple dans
l'*Édit du roy portant réunion de la vicomté de Périers au bailliage de cette
ville, janvier 1748 (dans Recueil des
Édits, déclarations, etc., enregistrées au
Parlement de Normandie,* t. VII, p. 309).
Il est manifeste que dans ces formules, le
despotisme et le mépris des chartes provinciales se trahissaient d'une façon bles-
sante. Voir HOUARD, *Dictionnaire analytique,* v° Charte et Évocation (t. I°,
p. 225 et II, p. 196).
[2] Les titres des chapitres n'existent
point dans le manuscrit original du
greffe de Coutances.

Liberté des citoyens. [5°] La liberté et la propriété des citoyens ont été attaquées, et méprisées; la liberté, par des lettres de cachet; la propriété, par une multitude d'impôts créés et perçus sans l'aveu de la nation[1]; le tiers état demande que les lettres de cachet soient totalement abrogées, que la Bastille, Vincennes et autres prisons, dites d'État, soient fermées pour toujours, qu'il n'y ait plus d'exils et de proscriptions, sans une accusation intentée et un procès fait et parfait dans les formes légales, sauf à Sa Majesté à écarter de sa cour ceux de ses sujets qui auraient encouru sa disgrâce; le tiers état demande qu'aucun impôt ne puisse être créé et perçu sans le consentement de la nation.

Pluralité des bénéfices. [6°] Le haut clergé abuse de son crédit à la cour pour faire réunir sur la même tête plusieurs bénéfices : cette bigamie ecclésiastique est un scandale dans la religion; un autre scandale est le défaut de résidence des évêques dans leurs diocèses, des abbés dans leurs monastères et abbayes[2].

Le tiers état demande que, suivant les saints canons et la discipline ancienne de l'Église, un ecclésiastique, de quelque état et condition qu'il soit, ne puisse posséder deux bénéfices, si un seul peut suffire à le nourrir et entretenir avec décence, mais en même temps avec la modestie qui doit être inséparable de son état.

---

[1] On remarquera encore la similitude d'expressions du texte avec le cahier de la Bloutière qui, dans sa première partie, explique avec de longs développements comment «depuis la tenue des États généraux de 1614», on n'a cessé de porter atteinte à la *liberté* et à la *propriété* des citoyens (au t. 1er, p. 167 et suivantes). Les deux cahiers ont certainement eu une source commune, que nous n'avons pu retrouver.

[2] Sur la pluralité des bénéfices et la question de la résidence des bénéficiers, voir les notes sous les cahiers de Camprond. art. 12 (au t. 1er, p. 148) et de Chanteloup, art. 10 (au t. II, p. 172). Le vœu était d'ailleurs parfaitement bien à sa place dans le cahier du bailliage de Saint-Sauveur-le-Vicomte : le seul établissement religieux important du ressort, l'abbaye de Saint-Sauveur-le-Vicomte, d'un revenu d'environ 15,000 livres, avait pour titulaire M. Aimard-Claude de Nicolaï, évêque de Béziers, qui naturellement ne résidait pas.

Le terme énergique de «bigamie ecclésiastique», qu'emploie le cahier pour qualifier la pluralité des bénéfices, de même que celui de «polygamie spirituelle», que nous avons rencontré dans le cahier de Canteloup, art. 8 (au t. II, p. 170), est emprunté aux sources canoniques elles-mêmes. Voir la Glose sous le canon *Execrabilis*, aux Extravagantes communes, tit. *de Praebendis* (l. III, t. II, can. 3). Les auteurs ecclésiastiques expliquent que l'union personnelle des bénéfices (*unio personalis, ad vitam* ou *ad tempus*, par opposition à l'*union réelle* qui est licite) est odieuse en elle-même et doit être condamnée, «parce qu'elle anéantit ou du moins diminue considérablement les titres des bénéfices, parce qu'elle est contraire aux pieuses intentions des fondateurs, enfin parce qu'elle donne lieu à la réduction du service divin». Voir Rouvier, *Pratique bénéficiale*, p. 392; Rousseau de la Combe, *Jurisprudence canonique et bénéficiale*, v° Pluralité des bénéfices, t. II, p. 68; et v° Union, t. II, p. 272).

Il demande que les archevêques et évêques soient tenus de résider dans leurs archevêchés et évêchés, et les abbés dans leurs monastères ou[1] abbayes; ils sont pasteurs, ils doivent faire paître leurs brebis.

CONTRE LA SUPPRESSION DES MONASTÈRES[2]. [7°] Un abus criant que le haut clergé fait de son crédit et de son autorité, c'est la suppression des monastères; les familles nombreuses du tiers état trouvaient, ainsi que celles de la noblesse du second ordre, dans les monastères de Saint-Benoît de l'ancienne observance et dans beaucoup d'autres, des places honnêtes pour leurs enfants, qui voulaient se consacrer dans une vie contemplative au service du Seigneur; ils y trouvaient une très honnête subsistance; la famille se ressentait souvent de l'aisance du religieux, il fournissait à l'éducation des jeunes frères, à la dot des sœurs; poussait, soutenait les aînés dans un état auquel ils n'auraient pas pu atteindre; enfin, ces solitaires réunis dans un même lieu y consommaient leurs revenus, y secouraient les pauvres; toutes ces ressources, les seules dont le tiers état jouissait, leur ont été enlevées.

Sa Majesté avait ordonné la réforme des abus qui s'étaient introduits parmi les moines, relativement à leur régime et à leur discipline; il avait nommé une commission pour la générale réformation de ces abus[3], et au lieu de les réformer, on a détruit les moines;

[1] Le manuscrit des Archives nationales écrit *et* au lieu de *ou*. De même naturellement les *Archives parlementaires* et HIPPEAU, *loc. cit.*, p. 41.

[2] Le vœu longuement développé du cahier *contre la suppression des monastères* mérite tout particulièrement l'attention. Ce vœu est très rare dans les cahiers, où l'on demande beaucoup plus souvent la suppression des abbayes et la mise dans le commerce des biens de main-morte (voir par exemple cahier d'Annoville-Tourneville, art. 5, au t. I$^{er}$, p. 136); cahier de la ville de Saint-Lô, art. 4 (au t. III, p. 42). Il est vraisemblable que ce vœu a été inspiré par les doléances particulières des habitants de la ville de Saint-Sauveur, au commerce desquels la suppression récente de l'abbaye de ce nom avait dû porter naturellement un certain préjudice.

[3] L'*Édit concernant les réguliers*, *février 1773* (ISAMBERT, XXII, p. 555, n° 1038) avait institué, en effet, une Commission d'ecclésiastiques, chargée de déterminer les réunions et suppressions de monastères qui devaient avoir lieu par application des dispositions de l'*Édit de mars 1768*, pour les communautés n'ayant qu'un trop petit nombre de religieux. La Commission avait supprimé à partir de 1773 un certain nombre de monastères et même des ordres entiers : ordre de la Merci (29 juillet 1774), ordre de Saint-Ruf (4 juin 1773), ordre des Augustins en partie (6 août 1774), ordre des Célestins en partie (13 mai 1779). Mais trop souvent le haut clergé séculier, qui dominait dans la commission, semble s'être servi des suppressions comme d'un moyen pour enrichir ses propres revenus; les biens des établissements monastiques supprimés, au lieu d'être dévolus aux établissements du même ordre, comme le voulait la loi, étaient réunis aux menses épiscopales, et les monastères sans religieux avaient con-

pour y parvenir, les abbés ont empêché les moines de recevoir des novices, et ils ont fait séculariser ceux qui existaient, en les séduisant par la crainte, par l'espérance, et en leur faisant goûter les délices d'une vie libre et indépendante. Cette conduite du haut clergé blesse la religion, la justice et la charité; elle enlève à la religion de pieux solitaires qui cultiveraient avec fruit et édification la vigne du Seigneur; elle prive les fondateurs des prières perpétuelles qu'ils avaient fondées à grands frais et en donnant de gros biens à l'église, et elle déchire le contrat synallagmatique *Do ut facias*, intervenu entre les fondateurs et l'église; enfin, elle blesse la charité, en ce qu'elle prive les pauvres des ressources infinies qu'ils retireraient tant au spirituel qu'au temporel si les anciens établissements détruits subsistaient[1].

Le tiers état demande qu'il soit remédié à cet abus, en rétablissant les monastères sur l'ancien pied, ou du moins dans le cas où l'incontinence, le désordre des moines si scandaleusement prônés par le haut clergé pour parvenir à ses fins, serait si constant, si avéré, que leur rétablissement serait un nouveau scandale dans la religion et ferait même désirer l'anéantissement de ceux qui existent encore; il demande que les abbés soient également[2] supprimés, étant absurde qu'il y ait des abbés sans religieux[3]; il de-

---

tinué à subsister pour le seul abbé commendataire. C'est ce qu'exprime très bien le cahier ci-dessus, quand il dit «qu'il est absurde qu'il y ait des abbés sans religieux».

Un exemple tout particulièrement frappant de cette façon abusive de procéder avait été donné dans le ressort de Saint-Sauveur-le-Vicomte. L'abbaye de ce nom, de l'ordre de Saint-Benoît non réformé, n'avait plus en 1768 qu'un seul religieux nommé Lefranc et quatre prêtres séculiers qui acquittaient les fondations. La Commission obtint une bulle du Pape, du 15 juillet 1772, et des *Lettres patentes du 14 août* de la même année décidèrent la suppression, conformément à l'édit de 1768, en transférant l'unique religieux dans une abbaye du même ordre. Mais l'abbé commendataire, Fr. Aymard de Nicolaï, évêque de Béziers, continua à jouir de la mense abbatiale, et même réussit à absorber à cette occasion l'ancienne part des moines, la mense conventuelle, malgré le procès que le religieux dépossédé lui intenta à cette occasion. L'arrêt

définitif supprimant la conventualité est en date du 2 février 1776. Voir abbé Lerosey, *Histoire de l'abbaye bénédictine de Saint-Sauveur-le-Vicomte*. Abbeville, 1894, in-8°, p. 165; et pour les détails de la procédure, Arch. Calvados, C 1269.

[1] Le manuscrit des Archives nationales porte «existaient» au lieu de «subsistaient» et de même plus haut «retiraient» pour «retireraient». De même naturellement, les *Archives parlementaires* et Hippeau, *loc. cit.*, p. 42.

[2] Le mot «également» manque dans le manuscrit des Archives nationales et dans les auteurs qui l'ont suivi.

[3] L'abbé commendataire de Saint-Sauveur-le-Vicomte comprenait si singulièrement sa fonction, que pour réduire les charges de son bénéfice, il s'était empressé de faire démolir les lieux claustraux et demandait même à faire abattre la nef de l'église abbatiale. Voir Arch. Calvados, C 1269.

À la fin du XVIII° siècle, après la suppression, les revenus de l'abbaye de Saint-Sauveur-le-Vicomte étaient en-

mande que les dîmes des abbayes supprimées soient rendues aux curés, et les biens-fonds desdites abbayes *mises en économat perpétuel et*[1] affermées, pour le produit en provenant servir au payement des pensions des militaires retirés du service et qui les auraient méritées, soit à raison de leurs blessures, soit de la longueur de leurs services [2]. ✗

ENTRETIEN DES ÉVÊQUES. [8°] La haute noblesse ou la noblesse courtisane absorbe toutes les places, toutes les faveurs de la cour; il semble que toutes les dignités tant ecclésiastiques que militaires font une partie de son patrimoine, et qu'elle a en propriété, sous le titre de pensions et de gratifications, une portion du revenu de l'État. Ce n'est pas le mérite personnel, ce ne sont pas les services rendus à l'État et à la nation qui font accorder les places et les grâces, mais le crédit; un grand nom fait un archevêque, un évêque

---

core évalués à 7,000 livres pour l'abbé et 7,250 livres pour la mense conventuelle. Voir *Revenus des diocèses de la paroisse de Rouen suivant les Pouillés*, diocèse de Coutances (Arch. nat., G⁸ 527). Mais un *État des rentes et fermes appartenant à l'abbaye de Saint-Sauveur* qui n'est pas daté, mais date sûrement de la fin du XVIII° siècle, accuse un chiffre un peu plus élevé. L'ensemble des fermes d'après les «baux nouveaux» se serait élevé à 13,787 l. 10 s.; les rentes des gages-plèges et autres atteindraient 2,160 l. 6 s. Il y a, en outre, 3,100 livres du domaine non fieffé et 400 livres du moulin de Saint-Sauveur. Au total, un revenu de 18,008 l. 6 s. 6 d., contre des charges annuelles de 5,844 livres. (Arch. Manche, H n. cl., liasse Saint-Sauveur-le-Vicomte, n° 71).

*L'état des biens nationaux* de la ville de Saint-Sauveur, dressé à la fin de 1790, donne le détail des biens de l'abbaye dans la paroisse. Ils se composent, outre la maison abbatiale, le logement des religieux et l'église, de dîmes, terres en herbage, plant, pré et bois taillis, montant au total à environ 265 vergées, plus des rentes dont le total n'est pas fait, et les dîmes. Le tout est affermé, dîmes comprises, à Louis Léonard et Augustin Macé pour le prix de 8,700 livres. (Arch. Manche, Q⁴·¹ 17).

[1] Les mots «mis en économat per-

pétuel» que nous avons placés entre astérisques ne se trouvent pas dans le manuscrit original du greffe de Coutances. De même, plus bas, le manuscrit des Archives nationales, suivi par Hippeau, porte «servir» au lieu de «vertir». (*Op. cit.*, p. 43.)

[2] L'hôpital de Saint-Sauveur-le-Vicomte, établi en 1681 par lettres patentes, dans les restes de l'ancien château de Saint-Sauveur, recevait déjà en 1789 les anciens militaires; on y comptait, d'après le dernier *État*, «de 8 à 10 vieillards grabataires», en outre des malades et des enfants trouvés. L'hôpital recevait pour cela du roi une somme de 14 sous par vieux soldat, qui venait d'être portée à 16 sous en 1780. (Arch. Calvados, C 904.) Mais la situation de cet établissement était si précaire qu'on ne savait s'il pourrait subsister. Les revenus consistaient dans le produit de quelques jardins «aménagés par des personnes charitables dans les restes du château», dans 900 livres de rentes dues par l'abbaye pour tenir lieu de l'aumône à la porte, dans quelques rentes léguées sur le clergé et la ville de Paris, et enfin, dans le produit des entrées des boissons à Saint-Sauveur. Le tout était estimé, comme nous avons dit, en 1775, à un revenu de 3,943 livres 2 s. Or, les dépenses dépassaient annuellement 6,000 livres. (*Ibid.*, C 1047.)

ou un abbé; rarement le mérite met le bâton de maréchal de France
à la main d'un militaire;

[9°] Dans la primitive église, les évêques étaient choisis par le
peuple, et il était gouverné par des saints; aujourd'hui que le Roi
nomme à tous les grands bénéfices, et que, pour en obtenir, la
naissance tient lieu de tout, qu'on ouvre les yeux, et qu'on voie!

Le tiers état demande qu'il soit statué que désormais les archevêques et évêques seront choisis parmi et par le clergé des diocèses[1],
que les abbayes en commende qui pourraient être conservées
soient désormais régulières, et que les abbés soient élus par les
religieux de l'ordre d'où dépendra ladite abbaye.

Déport. [10°] Le droit de déport est un droit usurpé par les
évêques de plusieurs provinces de la France[2]; il est odieux, en
ce qu'il prive pendant un an un troupeau de son véritable pasteur,
pour le livrer à un mercenaire, parce qu'il prive les pauvres pendant l'année du déport des secours qu'ils retireraient[3] de leur curé;
enfin, parce qu'il semble renfermer en lui une espèce de simonie.
Le tiers état demande qu'il soit anéanti.

Dîmes. [11°] L'exaction de la dîme ecclésiastique est un impôt
en faveur du clergé que jamais la nation n'a consenti par une loi
formelle; cet impôt est un des plus accablants pour les personnes
de la campagne. C'est le cinquième au moins du produit net du

---

[1] Le manuscrit des Archives nationales porte « du diocèse». De même naturellement les *Archives parlementaires*
et Hippeau, *loc. cit.*, p. 43.

[2] Sur le droit de *déport* en Normandie, voir ce que nous avons noté
sous le cahier de Cambernon, art. 4 (au
t. Ier, p. 237).

Le déport est généralement considéré
comme particulier à la jurisprudence
bénéficiale normande (voir Rouyer,
*Prat. bénéf.*, p. 301), mais la vérité est
qu'on rencontre dans un certain nombre
d'autres diocèses un droit d'*annates*,
qui paraît bien être de même nature.
Héricourt rapporte aussi des lettres patentes de juillet 1682, enregistrées au
Parlement de Toulouse, qui autorisaient
le chapitre et les chanoines de l'église
cathédrale de Cahors à percevoir à titre
d'annates la moitié des fruits et revenus
des cures du diocèse pendant la première année de leur vacance; il cite

aussi un arrêt du 27 décembre 1652,
qui a reconnu un droit de déport aux
archidiacres de Soissons, même à l'encontre des curés réguliers de ce diocèse.
Enfin il est certain qu'un droit de déport a existé en Angleterre jusqu'au
xiiie siècle (Héricourt, *Les Ecclésiastiques*, p. 651). Ces exemples multiples
semblent prouver que, contrairement à
l'assertion des anciens jurisconsultes,
suivie par le cahier, le déport ne résulte point d'un empiètement local et
abusif des évêques normands, et que
nous sommes au contraire en présence
d'une institution très ancienne, dont
des vestiges ont seulement subsisté en
certains diocèses, et qui doit avoir été
originairement de même nature que
l'institution romaine de l'*annate*.

[3] Le manuscrit des Archives nationales écrit ici : « retiraient». Cette leçon
a naturellement passé dans Hippeau,
*loc. cit.*, p. 43.

revenu des fonds cultivés, il est de plus une source d'inimitiés et de procès entre les curés et leurs paroissiens.

Il faut, sans doute, une subsistance honnête aux curés, il faut de plus qu'ils trouvent dans le produit de leur bénéfice les moyens de soulager la misère, les infirmités de leurs pauvres paroissiens; le tiers état demande que MM. les députés aux États généraux prennent cet objet en très grande considération et, si ils ne se portent pas à anéantir ce droit onéreux en y substituant le payement d'une somme à raison des feux d'une paroisse, laquelle somme serait répartie sur chaque propriétaire à raison de ses propriétés et facultés, du moins en le conservant, le tiers état demande qu'il soit statué que, dorénavant, la dîme ne sera due uniquement que des fruits que la terre produira par la culture et par l'ensemencement *à la réserve des tremaines, trèfles, luzernes et autres verdages propres à la nourriture des bestiaux*[1]; ensemble des raisins, des pommes et des poires, à faire vins, cidre et poiré[2], non compris néanmoins les légumes et fruits de table des jardins; sauf pour les paroisses où il n'y aurait point ou presque point de culture, et dont le produit de la dîme ne pourrait monter à 1,200 livres, à assujettir les habitants au payement de cette somme qui serait imposée au marc la livre de la taille, en les dispensant d'ailleurs du payement d'aucune dîme.

[12°] La noblesse du second ordre, et ce qu'on appelle le tiers état, n'a que des ronces et des épines à recueillir après un travail

---

[1] Le passage placé entre les astérisques est ajouté en interligne dans le manuscrit original du greffe de Coutances. Il y avait primitivement dans ce manuscrit une ligne que l'on a biffée : «conformément à un capitulaire de Louis le Débonnaire». La rature a, d'ailleurs, été relevée et approuvée en bas de la page : «Une ligne rayée en la page présente. — D.»

[2] Sur la question des *dîmes solites*, et sur les difficultés soulevées en Normandie aux environs de 1789 par l'introduction de la culture des *tremaines* et autres *verdages*, on voudra bien se reporter à ce que nous avons noté sous les cahiers de Saint-Martin-de-Bonfossé, art. 11 (au t. Ier, p. 571) et de Montmartin, art. 6 (*Ibid.*, p. 474). La dîme des *pommes* et des *poires* n'était point en Normandie, bien qu'on pût penser, une dîme solite; elle ne pouvait être réclamée par les curés, qu'en justifiant d'un droit spécial concédé sur la terre assujettie, ou de la prescription quadragénaire. Voir la note sous le cahier de Daugy, art. 14 (au t. Ier, p. 296).

Quant à la dîme des *légumes* et des *fruits de table et des jardins*, elle était tout à fait *insolite*, et deux arrêts du Conseil, des 20 août 1641 et 18 juillet 1646, avaient déclaré que «la dîme ne pouvait être levée sur les parcs et jardins destinés pour la commodité des propriétaires». Les arrêts exceptaient seulement le cas où lesdits jardins seraient ensemencés en céréales et auraient une telle dimension que l'intention de fraude fût visible, et aussi celui où les légumes et fruits seraient cultivés pour en faire commerce, «ainsi qu'il se pratique dans les jardins de Saint-Gervais-lès-Rouen et autres lieux voisins des villes». (Routier, *Prat. bénéf.*, p. 60.)

IMPRIMERIE NATIONALE.

continuel et accablant; si un membre d'une de ces deux classes de citoyens prend le parti de l'église, il est souvent réduit à ne vivre que de la rétribution du sacrifice que la nécessité autant que la piété le contraint d'offrir tous les jours au Tout-Puissant, et les emplois les plus minces, les moins lucratifs et les plus fatigants sont perpétuellement son partage; s'il parvient à une dignité du second ordre, à devenir curé ou recteur, la médiocrité du revenu attaché à la majeure partie de ces places, parce que ceux qu'on appelle gros bénéficiers[1] enlèvent dans la paroisse la plus forte partie des dîmes, le contraint à gémir auprès de l'indigence et il ne peut lui offrir que des larmes sincères à la vérité, mais insuffisantes pour la soulager[2]. Le tiers état ne demande pas que (comme dans la primitive église) tous les biens ecclésiastiques d'un diocèse soient mis en masse pour être partagés à chaque ecclésiastique, à raison de ses besoins, de ses emplois et de ses charges; il connaît les abus qui ont résulté de cette forme d'administration et de répartition, mais il demande qu'il soit décidé par une loi formelle que l'intégrité des dîmes d'une paroisse, si la nation consent à la perpétuité de cet impôt, appartiendra aux curés.

[ARMÉE.] [13°] Si la noblesse du second ordre et les personnes du tiers état prennent le parti des armes, la noblesse qui com-

[1] HIPPEAU écrit, par suite d'une mauvaise lecture : «ce qu'on appelle gros bénéficers» (*loc. cit.*, p. 45).

[2] Telle était précisément la situation du curé de la ville de Saint-Sauveur-le-Vicomte. Les grosses dîmes du lieu ne lui appartenaient point, sauf sur un petit trait. Nous lisons *au Pouillé*, *f° 42 r°* :

«Saint-Sauveur-le-Vicomte, patron l'abbaye de Saint-Sauveur. Le curé possède toutes les grosses et menues dîmes sur le trait *des hameaux* seulement. A l'égard des dîmes de pommes, laine et agneaux, il les perçoit par toute la paroisse, et les novales depuis 1644. Puis il jouit de 8 à 9 vergées de terre en aumône. [Doit payer] trois vicaires, l'un pour le bourg, l'autre pour le village Hautmesnil, et l'autre pour Selsouef, ce dernier payé en grande partie par le prieur de Selsouef.»

«Le vicariat de Hautmesnil, *Altimesnilli*, succursale de Saint-Sauveur, présentateur le curé de Saint-Sauveur».

«Le prieur de Selsouef, patron l'ab-

baye de Saint-Sauveur. Le prieur possède quatre arpents de terre et une pièce de terre sur le bord de la rivière d'Ouve, dite vulgairement *la mare au prieur*, un logement pour exploiter ses terres, deux boisseaux de froment, trois d'avoine, mesure de Saint-Sauveur, sept livres de rente, trois poules et un petit trait de grosses dîmes. Le prieur est obligé de faire desservir dans le canton dont est ce prieuré une succursale, etc... Estimé 45 livres».

*Produit des dîmes.* — 1° Le revenu du curé est ainsi détaillé au *Pouillé* : «10 tonneaux de cidre, 30 boisseaux de froment, 35 d'orge, 59 d'avoine, 100 livres pour sarrasin, pois, fèves, vesce; en laine, agneaux, poulains, veaux, lin et chanvre, 100 livres; fondations, pour la part du curé, 200 livres. Au total, 894 livres, moins 320 livres [pour charges]; reste, vraie valeur, 574 livres.»

2° Le trait du prieur est estimé en 1790, à la valeur de 600 livres (Arch. Manche, Q⁴·¹ 17).

mande et le roturier qui obéit sont traités de la manière la moins convenable à des Français; les officiers subalternes sont soumis à la férule de l'officier général et supérieur, de la manière la plus criante; son état, sa liberté, son honneur, dépendent absolument de son caprice; une note infamante donnée par un officier supérieur sur[1] un officier subalterne, quoique l'ouvrage de la calomnie, suffit pour le perdre; il est, sans information préalable, privé de son état, condamné souvent à vingt ans et un jour de prison[2].

[14°] Les appointements de l'officier des derniers grades ne peuvent suffire pour son entretien et sa nourriture, et le soldat meurt de faim; ce n'est pas cependant ce qu'il y a de plus fâcheux pour le soldat; la discipline à son égard est tyrannique, honteuse et flétrissante; pour la plus légère faute, il est condamné à recevoir quinze coups de plat de sabre sur le cul[3]; l'horreur d'une pareille discipline peut se sentir, mais aucune expression ne peut la rendre; les auteurs de cette discipline atroce l'ont amenée de Prusse; ces gens ineptes n'ont pas senti la différence qui existe entre la nation française et l'allemande; la première, conduite par l'honneur, compagnon naturel de la liberté bien sentie, n'a besoin pour agir, pour se contenir que de son aiguillon, toujours en activité par le sentiment de la liberté; l'autre, abâtardie par la servitude, n'a des ressorts que par la crainte des souffrances physiques; en un mot, le génie français n'est pas le génie allemand, les humeurs d'un peuple ne sont pas celles de l'autre, et il est aussi ridicule de vouloir conduire les Français à l'allemande qu'il le serait de monter la cavalerie française sur des bœufs.

[15°] La bande que l'on appelle dorée est trop nombreuse, la plupart des personnes qui la composent, n'ayant rien d'intéressant à faire et voulant paraître gens à talents et se procurer un plus

---

[1] Hippeau écrit ici, au lieu de *sur* «contre un officier, etc.» (*loc. cit.*, p. 45).

[2] *Sic.* Le sens n'apparaît guère compréhensible; mais le même texte se retrouve dans la copie des Archives nationales, qui a été reproduite par Hippeau, *Cahiers*, II, p. 45.

[3] Nouvelle allusion à l'usage des châtiments corporels introduit en 1776 dans l'armée par le comte de Saint-Germain. Nous avions observé précédemment, sous le cahier de l'assemblée préliminaire du bailliage de Périers,

chap. vi, art. 8 (*suprà*, p. 151) que les réformes du comte de Saint-Germain avaient dû disparaître lors de sa chute, qui suivit de près celle de Turgot en 1776. Mais l'insistance des vœux des cahiers nous laisse à penser que les châtiments corporels avaient subsisté après la chute du ministre. Le cahier de la noblesse de Rouen demande également, dans son article 58 : «Que le sort du soldat soit amélioré et qu'il ne soit plus exposé à l'humiliante punition des coups de plat de sabre» (texte dans Hippeau, *Cahiers* II, p. 312).

grand avancement, imaginent mille petits changements, soit dans l'habillement, soit dans les évolutions militaires[1], tous changements plus ridicules et plus dégoûtants les uns que les autres; le changement d'habillement est une puérilité insensée et ruineuse, soit pour l'officier, soit pour l'État, celui dans les évolutions militaires harcelle l'officier et le soldat sans l'instruire; la nation française a un habillement comme un caractère qui lui est propre, elle n'est pas faite pour singer une autre nation[2].

[16°] Le tiers état n'a pas de plan à présenter pour la composition de l'armée française, il n'a pas le temps de le combiner, la précipitation que l'on met dans la formation des États généraux lui laisse à peine le temps de jeter un coup d'œil rapide sur tous les grands objets qui intéressent l'État; mais il demande que cette bande dorée soit diminuée au moins des deux tiers, parce que ces deux tiers sont une charge pesante et inutile à l'État; quatre maréchaux de France, douze lieutenants généraux, vingt-quatre maréchaux de camp et soixante officiers de toutes classes du génie[3] peuvent faire le service avec les princes du sang, qui sont faits pour commander sous le titre de lieutenants généraux; les colonels généraux, les inspecteurs sont inutiles, les gouverneurs de province peuvent inspecter les régiments en garnison dans leurs gouvernements; le tiers état demande que les régiments soient doublés pour diminuer le nombre des officiers supérieurs, que ces officiers supérieurs soient d'ailleurs réduits à un colonel, un lieutenant-colonel, un major[4], que ces

[1] Allusion aux multiples et éphémères réformes faites depuis une vingtaine d'années dans l'armée par les différents ministres qui avaient succédé au comte de Saint-Germain. L'habillement des troupes par exemple, avait été modifié au moins cinq fois depuis 1775. Voir : *Règlement général sur l'administration des corps, habillement, recrutement, discipline, etc.*, 1er avril 1776 (Isambert, XXIII, p. 527); *Règlement sur l'habillement et l'équipement des troupes*, 31 mai 1776 (Ibidem, XXIV, p. 8); *Règlement sur l'habillement des troupes*, 21 février 1779 (Ibidem, XXVI, p. 9); *Règlement arrêté par le Roi pour l'habillement et l'équipement des troupes*, 1er octobre 1786 (Ibidem, XXVIII, p. 209); *Ordonnance concernant l'habillement des militaires*, 20 juin 1788 (Ibidem, p. 588).

[2] Le manuscrit des Archives natio-

nales suivi par Hippeau et par les *Archives parlementaires* porte ici le pluriel: «les autres nations».

[3] Le nombre des officiers généraux s'était à la fin de l'ancien régime démesurément accru. Les maréchaux, qui n'étaient encore que quatre sous le règne d'Henri IV, figurent au nombre de 11 à l'*Almanach royal* de 1789 (p. 156). Il y avait en outre à cette même date : 203 lieutenants-généraux des armées du Roi, 769 maréchaux de camp, 121 brigadiers d'infanterie, 53 brigadiers de cavalerie et 23 brigadiers de dragons. En tout, 1,195 officiers généraux, non compris l'état-major particulier des Suisses et des Grisons. (Voir Boiteau, *État de la France en 1789*, p. 228, et, avec des chiffres un peu différents, G. Dunuy, *L'armée royale en 1789*, Paris, 1888, p. 91.)

[4] Il y avait encore en 1789 dans la

grades soient donnés au plus ancien officier des divers régiments ;
il demande que les appointements des officiers généraux et supérieurs supprimés servent à augmenter le traitement des officiers
des derniers grades et à contribuer à porter la solde du soldat à
sept sols par jour[1], il demande, sinon qu'il soit défendu aux officiers généraux et supérieurs de donner au ministre des notes, non
seulement capables de perdre un officier, mais même d'occasionner
la plus légère sensation désagréable sur son compte, du moins
qu'il soit ordonné que ces notes seront envoyées au corps dont
l'officier sera membre, pour après avoir entendu l'officier en reconnaître la vérité ou en dénoncer la fausseté ; il demande que la
discipline odieuse, barbare et tyrannique des coups de plat de
sabre et de ce que certain mauvais plaisant appelle dans le régiment dont il est lieutenant-colonel la *divine marianne*, soit proscrite pour toujours ; il demande enfin que l'habillement des troupes
françaises soit l'habit français, et qu'il ne soit jamais permis de

plupart des régiments un luxe extraordinaire d'emplois, la plupart du temps
honorifiques et de titulaires sans attri-
butions ; on avait à la fois des «colonels
généraux, colonels propriétaires, colonels
en second, colonels en troisième, colonels
par commission, colonels à la suite, etc.»,
et de même des «capitaines colonels,
capitaines commandants, capitaines en
second, capitaines à la suite, capitaines
à finance». On s'explique ainsi que l'on
puisse compter à l'*État militaire de la
France pour 1789* plus de 900 colonels. Toute cette pléiade de titres sans
fonctions ne faisait qu'encombrer les
cadres. Voir MIRABEAU, *De la monarchie
prussienne sous Frédéric le Grand*, Londres, 1788, in-4° (au livre VII, Affaires
militaires, tome III, p. 86 et suiv.).

[1] La solde journalière du soldat
n'était pas de beaucoup inférieure en
1789 au chiffre demandé par le cahier.
Depuis les réformes de 1784, dans l'infanterie, le soldat simple *fusilier* recevait 5 s. 8 d. pour la solde sur le pied
de paix et 6 sols en temps de guerre ; le
soldat dit *appointé* avait de même
6 s. 8 d. en paix et 7 sous en guerre
et le *grenadier* recevait un sou en sus.
Pour les gradés, le *caporal* recevait de
même 7 s. 8 d. et 8 sous, le *sergent*
11 s. 4 d. et 11 s. 8 d. (*Ordonnance
concernant la formation et la solde de
l'infanterie française, 12 juillet 1784*,

ISAMBERT, XXVII, p. 448). Quant à la
cavalerie et aux armes spéciales, la solde
était notablement plus élevée. Voir *Ordonnance concernant la formation et la
solde de la cavalerie, 28 juillet 1784*
(Ibidem, p. 448) et *Ordonnance concernant la solde des dragons, 8 août
1784* (Ibidem, p. 553). Le *Décret du
28 février 1790* a augmenté, suivant le
vœu du cahier, la solde du fantassin
de 32 deniers par jour, ce qui a porté
la solde minimum du simple fusilier
à 8 s. 6 d. (DUVERGIER, *Collection des
lois*, I, p. 112).

Il convient d'ajouter que l'armée
étant composée exclusivement d'engagés, on doit tenir compte, dans le
calcul de la solde, des *primes d'engagement*. En 1789, chaque homme en s'engageant dans l'infanterie avait 30 livres
à recevoir, dont il touchait 10 livres de
suite, 10 livres à son arrivée aux régiments de recrues, et 10 livres lors de
son incorporation définitive. S'il avait
5 pieds 1 pouce, il touchait un *pour-
boire* de 5 livres et 5 livres par chaque
pouce au-dessus. Au bout de quatre ans
de service, le soldat pouvait contracter
un nouvel engagement ; il recevait pour
cela 50 livres pour un engagement de
4 ans ou 100 livres pour un engagement de 8 ans (BOITEAU, *État de la
France en 1789*. p. 250 ; G. DURUY,
*L'armée royale en 1789*, p. 101).

changer le costume et l'ordonnance nationaux dans la plus légère partie.

[16° *bis*] Les pensions et les gratifications sont données à la noblesse courtisane avec une profusion qui tient de la folie; le tiers état demande que MM. les députés aux Etats généraux s'en fassent remettre l'état avec le nom des pensionnés, pour, en comparant les services à la récompense, juger de la légitimité de ces derniers et la réduire à ses justes bornes.

[JUSTICE.] [17°] L'administration de la justice, au lieu d'être un bienfait gratuit du trône, bienfait dû à la nation, est une occasion pour la vexer [1].

Les droits de greffe sont horriblement multipliés, la procédure civile [2] ouvre un champ trop vaste à la cupidité des agents subalternes connus sous le nom de procureurs, leurs droits sont innombrables, ils sont énormes surtout dans les cours souveraines. Enfin ils ont trop la liberté et l'occasion de multiplier les actes de procédure; aussi il semble que les procès sont une propriété qui leur appartient et qu'ils font valoir au gré de leur cupidité; souvent la forme donnée à une procédure, les incidents sans nombre qui en résultent, rendent les procès éternels et ruineux. Et, dans la marche tortueuse, entortillée et ténébreuse de la procédure, l'homme qui a le droit le meilleur et le plus apparent fait souvent un faux pas; et quand la forme n'emporte pas le fond, les frais des incidents absorbent souvent le capital [3]. Les plaidoiries retardent excessivement l'expédition des affaires, elles sont une occasion de ruine [4], de diffamation et de scandale; elles servent d'aliment à la curiosité, à la médisance et à la calomnie, et sont souvent l'occasion de procès en sous-ordre dans lesquels les parties, les avocats et les juges même sont compromis.

[18°] La composition des juridictions quant à leur territoire et

---

[1] Pour tout ce projet de réformes judiciaires, on comparera le cahier de Bricqueville-la-Blouette, art. 11 à 45 (au t. Ier, p 199 à 208), celui de Monchaton, art. 12 à 18 (au t. Ier, p. 451 à 454) et celui d'Agneaux, aux chapitres *Justice* et *Administration de justice* (*supra*, p. 53 à 58). La matière est de celles qui sont le plus familières aux cahiers normands, et il est manifeste que la plupart de ces vœux sont inspirés par des gens du métier.

[2] HIPPEAU écrit à tort : «procédure criminelle» (*loc. cit.*, p. 47). Le manuscrit des Archives porte bien, comme celui de Coutances, «procédure civile».

[3] HIPPEAU : «les capitaux» (*loc. cit.*, p. 47).

[4] Le manuscrit des Archives nationales, par suite d'une mauvaise lecture, porte : «une occasion dernière». La faute a été reproduite naturellement par les *Archives parlementaires* et par HIPPEAU, *loc. cit.*, p. 47.

à la compétence des juges produit une foule de procès aussi ridicules que ruineux. Souvent, on plaide pendant dix ans et on commence sa ruine pour savoir devant quel juge on plaidera, et quel homme s'engraissera du reste de notre substance[1]. Enfin, on voit souvent un juge obligé de descendre de dessus son siège et d'abandonner le service public pour se mettre au rang des plaideurs, et s'exposer à des condamnations de dépens très considérables, afin de conserver ou acquérir une compétence stérile pour lui et dont les agents subalternes de sa juridiction profitent seuls.

[19°] Le tiers état demande que les droits de greffier soient sinon supprimés en totalité, du moins réduits à un seul et modique droit[2]; il demande non la destruction des procureurs, parce qu'ils peuvent être utiles pour diriger une procédure, mais que leurs droits soient simplifiés et modérés; il demande que la forme et les délais de la procédure soient réglés de telle sorte qu'il ne soit pas à la liberté des procureurs de multiplier les actes de la procédure et qu'ils soient contraints de suivre l'instruction dans les époques déterminées sans délayer[3] et sans nécessiter des actes et des jugements pour les y astreindre, à peine de répondre personnellement des frais que leur négligence aurait pu occasionner; il demande qu'il n'y ait de plaidoiries que pour les affaires provisoires, celles qui se jugent sans instruction préalable comme clameur gagée à la première audience et autres, et pour faire rendre les jugements interlocutoires nécessaires à l'instruction; à l'égard des autres affaires, il demande que lorsqu'elles seront instruites par un écrit de défenses de réponse, de réplique et de solution, ce qui fait deux écritures de chaque côté, lesquelles écritures seront fournies dans un délai déterminé après lequel les parties ne pourront plus les fournir, celle diligente puisse poursuivre le jugement de l'instance dans l'état d'instruction où elle se trouvera, en faisant une sommation à l'autre de déposer dans huitaine ses pièces au greffe; que lesdites pièces soient déposées sans inventaire, mais après avoir été cotées; que, la huitaine expirée, le greffier représente à la Chambre du conseil sur le bureau de justice les pièces qui lui auront été déposées, et que les juges procèdent de suite et sans interruption à

---

[1] HIPPEAU a lu à tort: «subsistance» (*loc. cit.*, p. 48).

[2] Sur quelques-uns des droits de greffe particuliers à la Normandie en 1789, voir le cahier de Bricqueville-la-Blouette, art. 37 et 38 (au tome I<sup>er</sup>, p. 205-206).

[3] HIPPEAU écrit encore, par suite d'une mauvaise lecture: «délivrer» au lieu de «délayer» (*loc. cit.*, p. 48).

l'examen et au jugement des procès dont les pièces leur auront été représentées.

[20°] Le tiers état demande que chaque bailliage soit arrondi par paroisses entières[1]; et comme cet ordre serait impossible si les hautes justices subsistaient, il en demande la suppression et la réunion aux bailliages, suppression d'autant plus intéressante[2] que, d'un côté, les hautes justices sont plus à charge qu'utiles aux seigneurs qui les possèdent; d'un autre, qu'elle opérera une réunion à la couronne d'un droit qui en est essentiellement dépendant, qui en est le domaine le plus beau, et qui doit être, à ce titre, plus inaliénable que les domaines utiles, droit, enfin, qui n'est possédé par les seigneurs qu'à titre d'usurpations faites dans le temps où les lois féodales ont, par la force, assujetti les Français à leur empire, ou par une concession inégale[3] de nos rois. Il demande, le tiers état, que les hautes justices ainsi supprimées et réunies aux bailliages royaux, tous les présidiaux et bailliages soient également supprimés, et qu'il soit formé de nouveaux bailliages arrondis par paroisses et dont le siège soit placé, autant qu'il sera possible, dans les villes situées le plus près du centre de chaque

[1] Le vœu sur l'*arrondissement des bailliages* est particulièrement bien à sa place dans le cahier du bailliage de Saint-Sauveur-le-Vicomte. Le ressort de ce siège était extrêmement morcelé. Un *Mémoire* en date de 1784 porte au nombre de 92 les paroisses qui lui ressortissaient en totalité ou partie. Un grand nombre étaient *mixtes* ou contestées, si bien que le lieutenant général n'a osé en convoquer pour son assemblée que 65. Et ce sur ce chiffre même, une trentaine à peine forment masse autour du chef-lieu. Le reste est dispersé dans les ressorts voisins de Carentan et de Valognes, à une grande distance du noyau principal. Ainsi dépendaient de Saint-Sauveur-le-Vicomte, et ont été convoqués en 1789 à ce siège : 1° Un groupe d'une dizaine de paroisses dans la presqu'île de la Hague (Beaumont-Hague, Digulleville, Éculleville, Jobourg, Saint-Germain-des-Vaux, Sainte-Croix-Hague, Teurtheville-Hague, Urville-Hague et Vauville); 2° un autre groupe de 11 paroisses vers la pointe de Barfleur (Angoville-en-Cères, Brillevast, Fermanville, Gouberville, Néville, Réthoville, Théville, Varouville, le Vast, Vrasville); 3° un autre encore de 9 paroisses, proches de Carentan et de la baie des Veys (Angoville-au-Plain, Azeville, Beuzeville-au-Plain, Neuville-au-Plain, Audouville, Hiesville, Liesville, Houesville et Turqueville); 4° un certain nombre de communautés isolées disséminées dans le ressort de Valognes (Tamerville, Hardinvast, Tollevast, les Pieux, Grosville, Flamanville, Gouey), dans celui de Carentan (Glatigny, Saint-Rémy-des-Landes) ou même dans celui de Bayeux (Maisy). La carte seule peut permettre de se rendre compte de cet extraordinaire enchevêtrement. On consultera tout particulièrement : *Carte topographique de l'élection de Valognes, contenant les dépendances confuses des bailliages de Saint-Sauveur-le-Vicomte et Valognes*, 1784 (Arch. Calvados, C 1244).

[2] Le manuscrit des Archives nationales, suivi par Hippeau et par les *Archives parlementaires*, porte à tort : «d'autant moins embarassante». De même une ligne plus haut «hauts justiciers» au lieu de «hautes justices».

[3] Le même manuscrit, suivi par Hippeau et par les *Archives parlementaires*, ajoute «nulle et inégale».

bailliage arrondi[1]. Il demande que les tribunaux dits *d'exception*, à la réserve des élections, soient supprimés et la compétence de ces tribunaux réunie à celle des bailliages auxquels elle appartenait originairement; il demande que les bailliages soient composés d'un certain nombre de juges, pour que le service public puisse se faire avec l'intelligence et la célérité convenables; il demande, enfin, que les bailliages ainsi circonscrits et composés jugent au souverain les causes tant réelles que personnelles et mixtes, non excédantes 200 livres de rente ou 4,000 livres une fois payées, sans y comprendre les dommages et intérêts qui seraient conclus par les parties[2], les affaires concernant la police et toutes celles du petit

[1] La réforme des ressorts judiciaires et l'*arrondissement des bailliages* étaient intimement liés, comme l'observe justement le cahier, à la suppression *des hautes justices seigneuriales*. Ce qui produisait l'enchevêtrement des ressorts, c'était précisément le rattachement aux différents sièges royaux des justices seigneuriales, délimitées elles-mêmes non point par les limites des paroisses, mais par celles des *fiefs*, qui souvent étaient plusieurs dans une paroisse, et souvent chevauchaient sur plusieurs paroisses.

On comptait en 1789, dans le ressort de Saint-Sauveur-le-Vicomte, 4 hautes justices considérables. La haute justice *des Pieux* s'étendait en totalité ou partie sur 29 paroisses; celle de *Saint-Pierre-Église* s'étendait dans les mêmes conditions sur 15 paroisses; celle de Montebourg sur 13 paroisses, et celle de Sainte-Marie-du-Mont, sur 11 paroisses. Un *État* en date de 1786 donne la liste détaillée des paroisses qui ressortissaient à chacune de ces juridictions, et aussi celle des 45 paroisses qui formaient seules le ressort *immédiat* du bailliage de Saint-Sauveur-le-Vicomte. Les rédacteurs ont pris soin de marquer les paroisses *mixtes*, de beaucoup les plus nombreuses. Nous avons compté que sur les 92 paroisses du ressort, 17 seulement ressortissent entièrement au siège royal; les autres ou bien ne relèvent que *médiatement*, allant en première instance aux hautes justices, ou bien sont *mixtes* avec un ou même plusieurs autres bailliages royaux voisins. Voir *Ressort médiat et immédiat du bailliage de Saint-Sauveur-le-Vicomte, 1786* (Arch. Calvados, C 6072).

On rapprochera utilement encore des *Observations des officiers du bailliage de Saint-Sauveur-le-Vicomte sur le projet d'établissement d'un bailliage à Cherbourg, 1786*, avec une *Carte du ressort* (Arch. Calvados, C 6198) et aussi différents *Mémoires* relatifs à l'établissement des districts de Cherbourg et de Valognes (Arch. nat., D iv *bis* 10, l. 231).

[2] Cf. le cahier de Bricqueville-la-Blouette, art. 18 (au tome Ier, p. 200 et la note). Le vœu du cahier est en somme la reproduction d'une disposition non appliquée de l'*Ordonnance pour la réformation de la justice*, 2 mai 1788 (ISAMBERT, XXVIII, n° 2466, p. 538). L'article 4 de cette ordonnance portait en effet à 400 livres en capital «l'attribution présidiale», c'est-à-dire la somme jusqu'à laquelle les nouveaux bailliages présidiaux seraient désormais compétents en dernier ressort, et sans appel aux «grands bailliages», qui eux devraient connaître par appel jusqu'à 20,000 livres (art. 5). Mais l'Ordonnance de 1788 n'ayant pas été appliquée, la limite de la compétence en dernier ressort des sièges royaux était restée encore en 1789 celle fixée par l'*Édit portant ampliation des pouvoirs des présidiaux*, novembre 1774 (*ibidem*, t. XXIII, p. 57). Le maximum de la compétence était de 2,000 livres en capital ou 100 livres de revenu pour les sièges présidiaux; et pour les simples bailliages comme Saint-Sauveur-le-Vicomte, ils ne jugeaient en dernier ressort que jusqu'à 40 livres et en matière purement personnelle seulement. (*Édit de septembre 1769*, dans DENISART, *Collection de décisions*, v° Bailliages I, p. 259.)

crime, c'est-à-dire celles où il ne peut échoir peine afflictive ou infamante[1].

[21°] Dans la forme de la justice criminelle, l'humiliation de la sellette[2] est absurde et révoltante.

L'instruction secrète peut avoir quelques inconvénients, mais l'instruction publique serait un moyen de rendre les procès éternels et ruineux pour la famille et pour l'État. L'astucieuse chicane trouverait dans sa hideuse tête des ressources pour les rendre éternels; elle arracherait, par ce moyen, l'homme puissant et riche de dessous le glaive de la loi. Ce serait un nouveau scandale et une occasion de plus aux riches et à l'homme haineux et vindicatif pour vexer et écraser celui qui aurait le malheur de lui déplaire.

[22°] Quant à la punition des délits, les peines ne sont pas relatives aux crimes. Le tiers état demande que l'interrogatoire sur la sellette soit supprimé, et que nul individu de la société ne puisse être condamné au dernier supplice, s'il n'a tué ou attenté d'une manière non équivoque à la vie d'un citoyen.

VÉNALITÉ. [23°] La vénalité des charges, fruit malheureux de la déprédation des finances, de la prodigalité et du besoin, opère un mal dont on ne peut mesurer l'étendue. La nation a souvent réclamé contre, et elle avait été proscrite aux États de 1614[3],

---

[1] HIPPEAU a fait à tort de la fin de la phrase, à partir de *les affaires*, un paragraphe spécial qui n'est gouverné par aucun verbe (*loc. cit.*, p. 49).

[2] Un auteur de la fin du XVIII° siècle définit la sellette : «On donne ce nom au sinistre et petit siège de bois sur lequel les accusés s'asseyent pour prêter interrogatoire, après l'examen et le rapport du procès, lorsqu'il y a des conclusions tendant à faire prononcer des peines afflictives.» (DENISART, *Collection de décisions relatives à la jurisprudence*, v° Sellette, t. IV, p. 483.) L'usage de la sellette avait été conservé par l'*Ordonnance criminelle de 1670*, mais limité seulement aux cas où les conclusions du ministère public tendaient à faire prononcer des peines afflictives (titre XIV, art. 21, dans ISAMBERT, t. XVIII, p. 398). A la fin du XVIII° siècle, un courant très vif s'était manifesté dans l'opinion en faveur de l'abolition de cette formalité humiliante, qui pouvait flétrir des innocents, puisque à ce moment les délinquants n'étaient encore qu'accusés. Ce mouvement d'opinion avait abouti à la *Déclaration relative à l'Ordonnance criminelle, 1er mai 1788* (ISAMBERT, XXVIII, p. 527). Le vœu du cahier pourrait donc sembler sans objet, si l'on ne savait que l'ensemble des édits de mai 1788 avait été rejeté par la plupart des Parlements. Voir au surplus ESMEIN, *Histoire de la procédure criminelle*, 1882, p. 400.

[3] Aux États généraux de 1614, les deux ordres du clergé et de la noblesse avaient en effet d'un commun accord inséré dans leurs cahiers un article demandant l'abolition de la vénalité des charges et du *droit annuel* ou *paulette*, qui était payé au roi depuis 1604 par les titulaires pour assurer à leurs héritiers le droit de céder leurs charges après leur décès (cahier du clergé, art.

mais sa proscription n'a été que momentanée, et l'impossibilité où le besoin a réduit l'État de rembourser les propriétaires des offices a fait rétablir ou maintenir les choses sur l'ancien pied. Le tiers état désirerait avec ardeur que les offices de judicature ne fussent que la récompense des talents et des vertus des personnes qui se consacrent au barreau, et que les juges de chaque tribunal pussent à leur choix compléter leur nombre, les juges supérieurs en prenant parmi les inférieurs de leur ressort et les inférieurs parmi les jurisconsultes attachés aux tribunaux de la province; mais l'état malheureux des finances et la nécessité de combler un déficit énorme lui ôte toute espérance à cet égard[1], il ne peut que former des vœux pour qu'un meilleur ordre dans l'administration des finances et dans la répartition des impôts prépare cette heureuse révolution. Cependant, il croit qu'il est possible de diminuer le mal en corrigeant les abus qui se sont introduits dans les écoles de droit et en ôtant aux jeunes gens la faculté d'exercer l'état d'avocat et celui de juge au sortir des bancs.

[24°] Dans les écoles de droit, il n'y a pas la cinquantième partie des étudiants qui suivent les leçons des professeurs. Ces

---

227; cahier de la noblesse, art. 161). Mais le tiers état, où dominaient les membres de la magistrature, avait été moins affirmatif; il craignait, et non sans raison, que la noblesse ne voulût profiter de cette occasion pour reconquérir le pouvoir judiciaire. Voir G. Picot, *Histoire des États généraux*, éd. 1872, t. IV, p. 5 et 6, et par le texte même du cahier du tiers état, *Des États généraux et autres assemblées nationales*, éd. Buisson, 1789 (au t. XVII, p. 308).

Il n'est pas sans intérêt d'observer que, dans la session de septembre 1614, les trois États de la province de Normandie avaient unanimement et expressément réclamé l'abolition de la vénalité des offices de judicature: «C'est, disait leur cahier, un mauvais prix que de convertir en argent ce qui se doibt achapter par vertu. Vos prédécesseurs ont eu la justice en tel respect qu'ils en ont voulu retrancher toute suspicion de sordidité, ayant déclaré indignes des offices de judicature ceux qui par argent y aspiraient, les obligeans, auparavant que d'y estre receuz, jurer solemnellement que

directement ou indirectement ils n'avaient donné ou promis aulcune chose pour y parvenir... Mais ce dernier aage, au moyen de la *pallotte* et droit annuel, a engendré une très pernicieuse marchandise d'estats et offices de toutes sortes. Votre Majesté est très humblement suppliée de pourvoir à ce désordre, et par un salutaire règlement remettre à la vertu et au mérite ce qui a esté corrompu et dépravé par argent.» (DE BEAUREPAIRE, *Cahiers des États de Normandie*, 3° série, t. I, p. 106.)

[1] *Il faudrait 800 millions au moins pour rembourser les offices* (note du cahier original).

Ce chiffre de 800 millions pour le remboursement des offices est celui même auquel Necker s'était arrêté dans son *Traité de l'administration des finances*. Mais la somme paraît excessive; le chiffre total des offices déclarés remboursables par l'Assemblée constituante les 7/12 septembre 1789 fut fixé à 658 millions, dont 450 millions seulement pour les offices judiciaires. Voir LAFERRIÈRE, *Histoire du droit public*, t. I, p. 113, note 1.

étudiants restent chez eux, se contentent de faire, à la fin de chaque trimestre, un voyage dans la ville où est l'Université pour inscrire leurs noms sur les tablettes; ils apprennent quelques définitions de Justinien, qu'ils récitent aux examinateurs qu'ils se sont choisis[1]. On leur donne ensuite à soutenir une thèse où sont les arguments et les réponses. Ils lisent cette thèse, qu'ils n'ont pas eu le temps ou qu'ils ont négligé d'apprendre, et voilà souvent, sans d'autres études, des jurisconsultes, des défenseurs de la veuve et de l'orphelin, des guides dans les sentiers tortueux de la procédure, dans le dédale obscur des lois. Enfin, voilà tout d'un coup, avec de l'argent, des juges même souverains des biens, de la vie, de l'honneur des citoyens.

[25°] Le tiers état demande que, par une loi précise, il soit statué que qui que ce soit ne pourra être reçu au grade de licencié, s'il n'a de fait et avec assiduité suivi les leçons des professeurs pendant trois ans; que, désormais, il ne sera accordé aucune dispense d'études, et qu'un licencié ne pourra exercer, même dans les baillages, la profession d'avocat ou être reçu à l'office de juge, s'il n'a de fait suivi les audiences pendant cinq ans avec assiduité, et travaillé de même et pendant le même temps dans l'étude d'un avocat, ce dont il sera tenu de rapporter un certificat en bonne forme[2].

[26°] Des lois excluent les membres du tiers état de l'entrée dans le service de terre et de mer comme officiers[3]; par des déli-

[1] HIPPEAU a lu ici, inexactement : «qu'ils se font choisir» (loc. cit., p. 51).

[2] On rapprochera utilement de ce plan de réforme des études de droit dans les Universités quelques articles du *Projet d'un cahier général, par un gentilhomme de Normandie*, que nous avons déjà plusieurs fois cité (au paragraphe Règlements généraux, art. 7 et 8, dans HIPPEAU, *Élections*, p. 401).

[3] Le cahier fait allusion aux réformes toutes récentes du comte de Ségur, qui avait décidé d'exiger désormais la preuve de quatre générations de noblesse pour l'obtention du grade d'officier. Voir *Règlement déterminant la forme des preuves nécessaires pour être reçu à une sous-lieutenance*, 22 mai 1781 (ISAMBERT, XXVII, p. 29).

Quant aux charges de judicature, auxquelles le cahier fait ensuite allusion, elles étaient en droit ouvertes au tiers état aussi bien qu'à la noblesse; seul l'office de grand bailli d'épée exigeait la qualité de noble, mais c'était une charge purement honorifique, le grand bailli n'exerçant point par lui-même le pouvoir judiciaire et étant remplacé en fait dans tous les cas par son lieutenant-général. C'était là la seule charge de judicature réservée en droit à la noblesse; mais l'opinion publique prétendait en 1789 qu'un certain nombre de corps judiciaires, spécialement les Parlements, avaient depuis plusieurs années pris des délibérations secrètes par lesquelles ils s'engageaient à ne recevoir dans leur sein que des membres ayant pu faire leurs preuves de noblesse. Le fait certain

bérations de certaines compagnies, ils n'y sont jamais admis, quoique cependant les places de ces compagnies paraissent faites pour eux, puisqu'elles confèrent la noblesse au premier ou au deuxième degré. Ces lois, ces délibérations sont injustes, humiliantes et contraires au bien de l'État. Elles livrent souvent des places importantes à la médiocrité et éteignent l'émulation. Le tiers état demande à être admis, comme la noblesse, à tous les places militaires et civiles, parce que, de son côté, l'homme noble pourra sans dérogeance exercer tel état qu'il voudra prendre.

[27°] Les gens du tiers état portent seuls la majeure partie des impositions, et, sous ce rapport, ils ressemblent plutôt à des serfs, à de vils esclaves, dont les travaux et les sueurs sont[1] le patrimoine des nobles et des gens d'église, qu'à des hommes libres. Les gens d'église et la noblesse reconnaissent enfin, si l'on en croit les papiers publics, l'injustice, la tyrannie, l'odieux, la vexation d'un pareil procédé; ils sentent que tous les individus d'une société d'hommes également libres, liés ensemble par leur mutuel consentement, doivent supporter avec égalité et en raison de leurs facultés respectives les charges de la société, comme ils doivent prétendre par concurrence à toutes les places, à toutes les dignités de l'État, s'ils ont un mérite propre à les remplir pour l'avantage de la société. C'est un retour de leur part aux règles de la justice et du bon sens. Le tiers état se flatte que ce retour est véritable et sincère, qu'il sera durable, et qu'il sera consacré par une loi irréfragable de la demande et du vœu unanime du clergé et de la noblesse; mais s'il était trompé dans son attente, ce qu'à Dieu ne plaise, si le clergé et la noblesse voulaient continuer à jouir des exemptions monstrueuses qui font la ruine du tiers état, alors la nécessité de défendre le sien.... ! Mais le tiers état détourne les yeux pour ne pas voir les suites funestes qui résulteraient de ce

---

est qu'au Parlement de Rouen, par exemple, depuis plus d'un demi-siècle il n'entrait plus que des nobles.

Un pamphlet assez répandu en Normandie en 1789 donne d'ailleurs de cette mesure anti-égalitaire une justification qui n'est point sans valeur : «Si quelques cours, dit l'auteur, ont exigé des *preuves*, ce n'est ni par morgue, ni par mépris du droit des communes; c'est une suite de la vénalité qui, ne permettant plus à ces cours de choisir parmi ceux qui se distinguaient dans l'étude des lois, les a forcées, pour con-

server le respect et la considération publique, de ne pas admettre indistinctement tous ceux qui se présentaient avec les seuls titres de la fortune. Car parmi ces titres il y en a qui sont entachés dans l'opinion publique.... et, sans la sagesse des réglements, des traitants, des usuriers, se seraient emparés de toutes les places.» (*Le seul intérêt de tous, par un gentilhomme de Normandie*, dans HIPPEAU, *Élections*, p. 482.)

[1] HIPPEAU a lu à tort : «font le patrimoine» (*Cahiers de 1789 en Normandie*, tome II, p. 52).

refus inconcevable, il ne veut voir dans les membres du clergé et de la noblesse que des hommes justes et bons.

[28°] Les impôts doivent être répartis avec égalité; il suit de ce principe sacré qu'aucun particulier, qu'aucun corps ne doit être assujetti à aucun impôt particulier, soit à raison de sa personne, soit à raison de son état, soit parce qu'il possède une espèce particulière de biens; ainsi un roturier ne doit pas payer un droit de franc-fief pour raison des biens qualifiés nobles qu'il possède, le centième denier représentatif du pollet[1] doit être supprimé; le tiers état demande que ces deux impôts soient anéantis.

[1] HIPPEAU écrit à tort *polle*. Le cahier vise manifestement le droit annuel dit *paulette*.

Le *centième denier* avait été créé par l'*Édit d'avril 1706* (ISAMBERT, XX, 488). C'était un droit de mutation perçu au profit du roi, à l'occasion de l'insinuation des actes translatifs de propriété ou de jouissance des immeubles, que cette mutation ait lieu par voie de succession *ab intestat* et de testament, ou par voie de vente et de donation. Le droit, qui était de 1 p. 100 de la valeur vénale de l'immeuble, était dû dans tous les cas, excepté pour les mutations en ligne directe, par succession ou contrat de mariage. Juridiquement, le centième denier n'était pas considéré comme un impôt, mais bien comme un *profit féodal*, appartenant au roi comme suzerain universel du royaume et venant se superposer aux anciens profits féodaux ou censuels payés au seigneur (lods et ventes, quint et requint, treizièmes au cas de mutation entre vifs, relief et rachat au cas de mutation par décès). L'édit de 1706 y avait soumis d'ailleurs aussi bien les fiefs nobles que les rotures, et même les alleux; mais certains pays allodiaux, comme le Languedoc, avaient résisté aux prétentions du fisc. En Normandie, la question faisait doute.

Quant au droit de *franc-fief*, c'était, suivant la définition de Ferrière « une redevance due au roi par tous les possesseurs de fiefs nobles ». Elle avait eu pour objet originairement d'indemniser le seigneur de fief de la perte du service militaire que le roturier ne pouvait rendre; mais peu à peu les seigneurs en avaient été dépossédés et au XVIII° siècle elle était perçue au profit du roi exclusivement. Pour cela même, les auteurs juridiques normands soutenaient qu'il n'était plus fondé «ni en raison, ni en justice» et en demandaient la suppression, comme «avilissant et fondé sur l'inégalité des races». Voir PESNELLE, *Coutume réformée*, p. 90-91.

Au reste, la question de la légitimité de ce droit de franc-fief en Normandie était discutée. Les jurisconsultes normands le prétendaient contraire aux franchises de la province et ils s'autorisaient de prétendus édits de François I°, qu'on trouvera dans FROLAND, *Recueils d'arrêts* (partie III°, ch. 46, p. 688). La levée du droit n'était pas régulière. D'après FERRIÈRE, le roi faisait «de temps en temps, comme de 40 ans en 40 ans», publier une ordonnance des francs-fiefs et nouveaux acquêts, et établissait des commissaires pour fixer le taux de la finance due par les roturiers qui avaient acquis depuis la précédente levée. En fait, en Normandie, à la fin du XVIII° siècle, le droit paraît avoir été uniformément fixé à une année du revenu net, et levé tous les vingt ans. On pourra consulter, à titre documentaire, un *Registre de recherches et de déclarations concernant les francs-fiefs et amortissements*, pour le bureau de Carentan, de 1704 à 1785 (Arch. Manche, C 661).

Les cahiers normands demandent assez fréquemment en 1789 la suppression du droit de franc-fief (cahier de Hauteville, art. 11, dans DUVAL, *Cahiers du bailliage d'Alençon*, p. 179). Ils font valoir surtout cet argument, que la province du Perche, voisine de la Normandie, avait obtenu un abonnement

[29°] L'on a engagé le Roi à faire des échanges inégaux et ruineux, ce sont des aliénations indirectes des domaines de la couronne, que la constitution de l'État réprouve; MM. les députés aux États généraux s'occuperont de cet objet, casseront les contrats d'échanges inégaux et réuniront ainsi à la couronne les grands biens qui en ont été distraits. Plusieurs villes, paroisses et communautés possèdent depuis un temps immémorial des marais, des landes; ces biens, seule ressource des pauvres familles et seul soulagement pour les riches chargés d'impôts, ont de tout temps excité la cupidité des gens puissants; ils ont, par toutes sortes de moyens, cherché à se les approprier; il n'y a point de tracasseries qu'ils n'aient suscitées pour parvenir à leur but; le nombre d'arrêts du Conseil qu'ils ont fait rendre effraie, ils s'en sont fait faire des concessions, des inféodations, ils ont ensuite voulu contraindre les habitants des paroisses à communiquer des titres de propriété de leurs communes, comme s'il était possible d'avoir des titres d'une possession plus que millénaire après les guerres et les troubles qui ont de temps en temps désolé la France; ils les ont traduits au Conseil, et plusieurs sont parvenus à dépouiller des paroisses de leurs biens; quoique, en Normandie, par un statut réel, la possession quadragénaire vaille des titres en toute cour et juridiction[1], il existe encore une infinité de procès au Conseil qui désolent et ruinent plusieurs villes et paroisses.

Le tiers état demande que les habitants des villes et paroisses

---

au franc-fief et, depuis 1784, l'exonération absolue. (Cahier de Colombiers, art. 15, *ibidem*, p. 101).

[1] Le cahier a en vue l'article 521 de la *Coutume réformée*: «Prescription de 40 ans vaut de titre en toute justice, pour quelque cause que ce soit, pourveu que le possesseur en ait joui paisiblement par ledit temps, excepté le droit de patronage des églises appartenant au roi que autres.» L'argumentation du cahier est toutefois spécieuse, et dans l'espèce la prescription de droit commun ne saurait être invoquée contre le roi et ses ayants cause, car elle se heurte à une règle de droit public, à laquelle les coutumes locales ne pouvaient déroger. C'est la règle de l'imprescriptibilité générale du domaine de la couronne. Le domaine royal, à la fin de notre ancien droit, est imprescriptible, par quelque laps de temps que ce soit; la règle a été établie définitivement par

l'*Édit de Moulins*, *de février 1566*, en même temps que celle de l'inaliénabilité, dont elle est la conséquence nécessaire. Voir LOISEL, *Institutes coutumières*, titre des Prescriptions, art. 16.

Il n'est pas sans intérêt d'observer que la prescription de 40 ans a été, conformément aux vœux de beaucoup de cahiers, admise pour les biens domaniaux par le *Décret des 22 novembre-1er décembre 1790* (DUVERGIER, *Collection des lois*, t. II, p. 30). Cf. C. C. art. 2217.

Les procès entre les communautés de paroisses et les engagistes du domaine avaient été nombreux, aux environs de 1789, dans le ressort de Saint-Sauveur-le-Vicomte comme dans toute la région du Cotentin. Voir par exemple: *Arrêt du Conseil autorisant les communautés de Liesville, Houesville et Saint-Côme-du-Mont à s'imposer d'une somme de 2400 livres pour frais de procédure, 9 octobre 1787* (Arch. Calvados, C 1326).

où il y a des biens communaux soient gardés et maintenus dans la possession et jouissance desdits biens communaux, sans pouvoir jamais y être troublés en manière quelconque. En conséquence, que toutes concessions, inféodations ou autres actes qui en transféreraient la propriété à tous autres qu'auxdits habitants soient déclarés nuls et de nul effet, et comme s'ils n'avaient jamais existé.

[30°] Les assemblées provinciales ont été établies pour le bien de la société; elles peuvent l'opérer, mais leur formation ne leur donne pas assez la confiance publique, et, d'ailleurs, leurs opérations subordonnées ne leur laissent pas suffisamment de liberté; les Etats provinciaux doivent opérer nécessairement un plus grand avantage avec moins de dépenses.

Le tiers état demande que les États provinciaux de la Normandie soient rétablis, mais dans la forme de ceux du Dauphiné.

[31°] Il faut des impôts, parce qu'il faut subvenir aux besoins de l'État; mais il faut, qu'outre la parfaite égalité dans la répartition entre tous les membres d'un État, les impôts tombent sur des objets qui, en procurant un revenu suffisant, soient en même temps le moins à charge au peuple, et tout impôt qui, sans rapporter un grand bénéfice à l'État, est excessivement à charge, soit en raison des frais de perception, soit parce que la fixation des droits à payer dépend de l'arbitraire des agents du fisc, soit enfin parce qu'il occasionne des tracasseries, ou est la source presque nécessaire d'une foule de procès, doit être proscrit et supprimé.

[32°] De ce nombre est le contrôle : l'arbitraire d'un commis est une souveraine loi qu'il faut suivre, et l'interprétation qu'il donne aux clauses d'un acte, les conséquences qu'il en tire souvent d'après son intérêt personnel, son amitié ou sa haine pour la personne qui présente l'acte à contrôler, déterminent les droits qu'il perçoit; aussi l'on voit souvent qu'ici l'on demande 100 livres pour contrôler un acte, et que là on le contrôle pour 15 sols. Cet établissement du contrôle, qui d'abord n'a eu pour principe, pour but que la sûreté, que la tranquillité publique [1], est une des sources de

---

[1] Le *contrôle*, ou enregistrement des actes par extrait sur un registre public, avec apposition d'un certificat de cet enregistrement sur l'acte lui-même, avait été établi, après plusieurs tentatives infructueuses, par l'*Édit de mars 1693* (ISAMBERT, XVIII, p. 384, n° 577). Il avait pour but avoué de faire acquérir aux actes date certaine à l'égard des tiers, et d'éviter ainsi les antidates,

son malheur; la nécessité où l'on est de rédiger certains actes importants d'une certaine manière, pour éviter des droits immenses, la représentation et le contrôle forcé des différents actes dont on n'a que faire, mais qui en font la base ou l'occasion, donne naissance à une multitude de procès ruineux; le tiers état demande que cet impôt soit supprimé.

[33°] Une autre espèce d'impôt, d'autant plus malheureux à supporter qu'il ne porte aucun bénéfice à l'État et qu'il en fait sortir l'or *et l'argent*, c'est l'obligation où sont les Français d'avoir recours à la cour de Rome pour les collations des bénéfices con-

les suppositions et toutes contestations sur la date des actes; en fait, il est très vite devenu un simple procédé fiscal, que la royauté s'est efforcée de généraliser. A l'origine, il n'avait été établi que pour les actes judiciaires; il a été étendu peu à peu aux actes notariés, puis aux actes sous seing privé destinés à être produits en justice (*Déclarations des 19 mars 1696, 14 juillet 1699; Édit d'octobre 1705*, Ibid., XX, p. 338, n° 473); à la fin de l'ancien régime il était arrivé à englober à peu près tous les actes de la vie civile, à l'exception plus ou moins discutée des actes commerciaux.

Le vice capital du droit de contrôle résidait, semble-t-il, dans l'incertitude des droits à percevoir. Le taux en avait bien été réglé en principe par les deux *tarifs* des 20 avril 1694 et 14 juillet 1699 et par l'*Édit d'octobre 1705* (Ibid., XX, p. 223, 338 et 473); mais une multitude d'édits, d'arrêts du Conseil, de déclarations, avaient successivement remanié ces tarifs, et en se complétant, s'abrogeant, se contredisant souvent, ils en avaient fait la matière la plus obscure peut-être de notre ancien droit. Les auteurs spéciaux eux-mêmes avouent n'y rien pouvoir démêler; et le fait n'a rien de surprenant, si l'on veut bien songer que le *Recueil des règlements et tarifs concernant les droits de contrôle*, édité officiellement en 1760 pour les receveurs, ne remplit pas moins, pour les années 1724 à 1759, de sept volumes in-4°. (Exemplaire, Bibl. Arch. du Calvados.) Depuis lors, la législation s'était encore compliquée, sans qu'on eût pris soin même de publier un nouveau recueil tenu à jour

des décisions souvent contradictoires qui s'étaient succédé. Comme le produit des droits était affermé, on juge à quels abus pouvait donner lieu de la part des fermiers cette obscurité compacte des tarifs. Aussi, de l'aveu général, la perception des droits de contrôle était-elle, en 1789, «la partie où il se commettait le plus d'injustices réfléchies». Voici comment Malesherbes, présentant au roi les remontrances de la cour des Aides, s'exprimait en 1775 :

«Votre Majesté saura que tous les droits de contrôle, d'insinuation et de centième denier, qui portent sur les actes, s'arbitrent suivant la fantaisie des fermiers ou de leurs préposés; que les prétendues lois sur la matière sont si obscures et si incomplètes, que celui qui paye ne peut jamais savoir ce qu'il doit, que le préposé souvent ne le sait pas mieux, et qu'on se permet des interprétations plus ou moins rigoureuses, suivant que le préposé est plus ou moins avide.»

On pourra consulter utilement sur ce sujet délicat, outre le Recueil de tarifs précité : Ferrière, *La science des notaires*, éd. de Vienne, 1761-1771; La Gande, *Traité historique des droits du souverain en France*, chap. xxv, 1767, in-4°; et pour la province de Normandie tout particulièrement, où la matière se compliquait encore du refus d'enregistrement opposé à certains édits, des restrictions apportées à quelques autres sous le prétexte des droits et privilèges de la province : Bosquet, *Dictionnaire raisonné des domaines et droits domaniaux*, Rouen, 1762, 3 vol. in-4° (Exemplaire, Bibl. nat., F. 12.103-12.105).

sistoriaux[1], *dépenses de tout genre, provisions, etc., bénéfices*, etc., etc.[2]; enfin, c'est le payement du droit d'annates. Les évêques de France, comme celui de Rome, ont la plénitude des pouvoirs; ils l'ont, comme lui, de droit divin; il n'est que le premier des évêques et non leur supérieur. Jean XXII a abusé de son crédit à la cour de France pour se faire accorder le droit d'annates sur tous les bénéfices consistoriaux. Léon X et François Ier se sont donné réciproquement, par le fameux concordat, ce qui ne leur appartenait pas; la nation, pour lors abâtardie sous la verge de l'esclavage, a prêté le col au joug. Les évêques de France ont méconnu leurs droits ou n'ont pas eu le courage de les réclamer; ils ont reçu des lois d'une puissance étrangère, quoique égale à la leur; ils se sont abaissés jusqu'à se rendre ses tributaires, ses dépendants et comme ses vicaires; les évêques français sentiront sans doute ce qu'ils sont, ils réclameront certainement contre l'enlèvement de leurs droits, contre l'exaction du droit d'annates, espèce de déport non moins odieux que celui que certains évêques de France exigent dans leurs diocèses; ils demanderont indubitablement à être réintégrés dans leurs droits, à être soustraits au payement de l'annate; mais le tiers état doit faire et fait de ces abus inconcevables l'objet de sa réclamation particulière. Il demande que toute communication avec la chancellerie romaine soit anéantie, que le droit d'annates soit aboli, que les évêques de France soient réintégrés dans leurs droits; qu'en conséquence, ils confèrent tous

[1] Par *bénéfices consistoriaux*, il faut entendre les bénéfices supérieurs, évêchés et abbayes, qui depuis le xii° siècle ne pouvaient être conférés que par des bulles pontificales, fulminées en *consistoire*, c'est-à-dire dans le collège des cardinaux présidé par le pape lui-même. La qualité consistoriale d'un bénéfice avait pour conséquence de le soumettre au payement du droit *d'annates*, c'est-à-dire que le nouveau pourvu devait abandonner à la chambre apostolique le revenu d'une année du bénéfice, pour obtenir la délivrance des bulles qui lui donnaient l'institution canonique.

A la vérité, la chancellerie apostolique prétendait lever le droit d'annates non seulement sur les bénéfices dits *consistoriaux*, mais même sur les non-consistoriaux, du moment que la valeur annuelle dépassait 30 ducats. Voir les *Regulæ cancellariæ apostolicæ*, règle 55°. Mais en France, il avait été convenu, par accord entre le roi et la papauté, que l'annate ne serait levée que sur les bénéfices consistoriaux à la nominat on du roi; pour les autres, on feignait lors de leur collation que la valeur en était inférieure au chiffre de 24 ducats. Voir ROUSSEAU DE LA COMBE, *Jurisprudence canonique et bénéficiale*, v° Annate, p. 46.

Sur l'origine du droit *d'annates* et sa réception en France à la suite du Concordat de 1516, voir ce que nous avons noté sous les cahiers de Bricqueville-la-Blouette, art. 72 (au tome Ier, p. 214) et d'Anneville-en-Cères, art. 7 (au tome II, p. 87).

[2] Le passage entre astérisques a été omis dans le manuscrit des Archives nationales et dans les auteurs qui le suivent, les *Archives parlementaires*, tome III, page 71 et HIPPEAU, *loc. cit.*, p. 54. De même, une ligne plus haut, les mêmes sources omettent les mots «et l'argent».

les bénéfices de leurs diocèses, vacants ou impétrables, de telle manière que ce soit, sur la présentation, nomination et résignation de qui a le droit de présenter, nommer et résigner; qu'ils accordent également toutes les dispenses dont les diocésains pourraient avoir besoin; enfin, qu'ils fassent, dans leurs diocèses, ce que le pape ou l'évêque de Rome fait dans le sien, et ce que, par usurpation ou par concession des rois de France, il fait dans les diocèses des évêques français.

[34°] Un impôt excessivement à charge, c'est la nécessité où sont les habitants d'entretenir et de reconstruire les presbytères de leurs paroisses; ils n'y ont pas toujours été obligés [1]; ils le doivent au crédit du haut clergé; le tiers état demande à être déchargé de cette obligation.

[35°] Le tiers état peut encore mettre au nombre des impôts

---

[1] L'obligation d'entretenir et de réparer les presbytères avait été mise définitivement à la charge des habitants des paroisses, comme nous l'avons déjà expliqué (au tome 1er, p. 135), par l'*Édit d'avril 1695*, art. 22 (ISAMBERT, XIX, p. 249, n° 1574). Cette obligation remontait cependant plus haut, et le texte continuellement visé dans les arrêts du Conseil qui autorisent des levées de deniers paroissiales pour cet objet est un *Arrêt du Conseil du 16 décembre 1684*. Voir Arch. Calvados, C 1321 et suivantes.

Le vœu relatif aux reconstructions presbytérales est bien à sa place dans le cahier du bailliage de Saint-Sauveur-le-Vicomte. Un assez grand nombre de paroisses du ressort avaient été depuis peu d'années obligées précisément de s'imposer à des sommes relativement importantes pour la réparation ou la réédification de leurs presbytères. Nous relevons, dans les papiers de l'Intendance, depuis vingt-cinq ans environ : *Brillevast*, réparation du presbytère, 1,500 livres (19 octobre 1762); *Urville*, accord avec le curé pour la réparation du presbytère, 2,500 livres (26 mars 1769); *Morville*, réparation du presbytère, 2,050 livres (21 août 1770); *Houtteville*, même objet, 1,700 livres (4 juin 1771); *Saint-Sauveur-de-Pierepont*, même objet,

2,590 livres (30 janvier 1776); *Saint-Rémy-des-Landes*, même objet, 3,000 livres (27 septembre 1780); *Angoville*, même objet, 980 livres (27 septembre 1780); *Catteville*, démolition de l'ancien presbytère et reconstruction à neuf, 1,900 livres (4 septembre 1781); *Écausseville*, même objet, 4,150 livres (4 septembre 1781); *Houesville*, même objet, 2,000 livres (1er février 1785); *Néhou*, construction d'un nouveau presbytère, 5,450 livres (5 juillet 1785). Voir Arch. Calvados, C 1321 à C 1326. Assez communément ces reconstructions avaient soulevé des contestations entre les curés et les habitants; et des procédures étaient encore pendantes à cet égard. Voir *Arrêt du Conseil qui autorise la paroisse d'Angoville-au-Plain à s'imposer d'une somme de 985 l. 10 s. 7 d. pour frais de procédure*, 9 octobre 1787. (*ibid.*, C 1326); *Correspondance relative aux difficultés soulevées par la reconstruction du presbytère de Branville*, 24 août 1785 (*ibid.*, C 1351); à la réception et au jugement de parfait du presbytère d'Hardinvast, 26 décembre 1777 (*ibid.*, C 1351). Au moment même de la convocation des États, à la date du 9 février 1789, une plainte venait d'être adressée à l'intendant par le curé de Tourtheville-Hague, m° Lebon, pour réclamer des réparations à son presbytère (*ibid.*, C 1352).

qui le vexent sans procurer le plus léger bénéfice à l'État le droit
de banalité de moulins, celui de garennes, celui de colombiers; la
banalité de moulin est une occasion de voler et de vexer de bien
des manières ceux qui y sont sujets; c'est une entrave à la liberté.
Les lapins, les pigeons détruisent les récoltes.

Le tiers état demande que le droit de banalité en général soit
anéanti; que les garennes à lapins et les colombiers soient détruits,
ou qu'il soit permis à toute personne de tuer les pigeons et les
lapins qu'elle trouvera sur ses fonds.

[36°] Les bois sont détruits partout; le gouvernement, il est
vrai, s'occupe d'une manière convenable de leur repeuplement;
mais les particuliers détruisent et ne repeuplent pas. Le tiers état
demande qu'il soit ordonné que celui qui abattra un arbre sera tenu
d'en replanter deux.

[37°] Les finances sont dans l'état le plus affligeant : un déficit
énorme, incalculé, et peut-être incalculable, menace la fortune
d'une foule de citoyens et d'étrangers; *le crédit et(1)* l'honneur de la
France en sont ébranlés, il faut le combler, ce déficit; le tiers état est
disposé à faire pour cet effet tous les sacrifices nécessaires, mais il
demande que ses causes soient mises au grand jour, et que les
déprédateurs des finances soient poursuivis et punis.

Cependant, si Sa Majesté annonçait de la répugnance pour faire
connaître les causes de la déprédation ainsi que ses auteurs,
l'amour du tiers état pour son roi, sa reconnaissance pour les
grands sacrifices que Sa Majesté a daigné faire et promet encore
de faire pour le soulagement des misères publiques, le détermine
dès à présent à se désister de cette demande, et il remet la peine
encourue par ces déprédateurs.

[38°] Pour combler ce déficit, il faut sans doute une réforme
générale dans toutes les parties de l'administration et principalement dans celle des finances, il faudra une refonte générale des
impôts; le tiers état ne doute pas que M. le directeur général
des finances n'ait des projets bien vus, bien calculés, d'où il doit
résulter les moindres charges avec de plus grandes recettes; il ne
doute pas qu'il fera enfin disparaître ces énormes financiers qui
s'engraissent si rapidement et avec tant de rapidité de la substance

---

(1) Les mots entre astérisques manquent dans le manuscrit original de Coutances.

de la nation; qu'il réduira à ses justes bornes cette armée effroyable et hideuse de commis de toutes classes, vermine qui ronge et consomme une portion considérable du produit des impôts, en même temps qu'elle cause le trouble, la consternation, la désolation, la ruine, et quelquefois le déshonneur dans les familles; c'est à son zèle si connu pour le bien public, à son amour pour Sa Majesté, aux talents admirables qu'il développe avec tant d'énergie et de patriotisme, qu'il s'en rapporte avec la plus haute confiance, ses projets seront mis sous les yeux des États généraux, ils seront infailliblement reçus avec admiration et reconnaissance; cependant, puisque le tiers état est appelé à donner son vœu pour un meilleur état de choses, il va hasarder quelques réflexions sur un objet qui l'intéresse aussi essentiellement.

Des impositions qui nécessitent une perception compliquée, des frais de recette ou de perception considérables, lui paraissent devoir être supprimées.

Ceux, au contraire, dont la perception est simple, qui n'exigent presque point de frais, dont le versement se fait presque sans moyens au Trésor royal, lui paraissent devoir être conservés ou adoptés; ainsi l'impôt sur le sel, sur le tabac, les boissons, les cuirs, etc., etc, qui demandent une multitude de commis[1] et pour en faire la recette et pour en empêcher les fraudes, leur paraissent devoir être réformés; ceux au contraire, comme la taille rendue générale, les dîmes et la capitation, dont la perception se fait sans frais et qui ne présentent aucune occasion de faire la fraude, paraissent devoir être conservés et portés au taux convenable pour fournir au Trésor royal la somme suffisante pour les nécessités de l'État.

Il importe peu ou doit peu importer aux citoyens qui sont obligés de fournir une somme quelconque à l'État, que cette somme soit apportée au Trésor par mille ruisseaux différents, ou par deux ou trois canaux, puisque ces mille ruisseaux découlent d'une même source qui est leur bourse. Ainsi le tiers état pense que ce serait une bonne opération de n'imposer que les personnes par la capitation et les tailles personnelles, les terres par les tailles d'exploitation, le dixième et le territorial; les rentes dues par la ville de Paris et le Roi par la retenue du dixième; enfin les maisons, les châteaux, les parcs, les bois par le dixième de leur produit, et de supprimer toute autre espèce d'imposition, excepté les droits dus

---

[1] Hippeau écrit, d'après le manuscrit de Paris : «une multitude d'agents» (op. cit., p. 57).

aux frontières pour l'entrée et la sortie des marchandises, pour
lesquels droits il serait seulement besoin de commis aux frontières.
Sans doute les impositions qui ne porteront pour la majeure partie
que sur les fonds feront augmenter le prix des productions de la
terre, le pain sera plus cher, mais la classe indigente de la nation
n'aura pas à se plaindre, parce que le sel, le tabac, le vin, le cidre,
la bière, l'eau-de-vie, le cuir et autres objets de consommation
journalière étant moins chers, elle trouvera dans la diminution de
ces choses un ample dédommagement de l'augmentation du prix du
pain. Au surplus, le tiers état le répète, c'est au talent admirable [1]
de M. le Directeur général des finances, c'est à son amour pour
Sa Majesté, à son zèle pour le bien de l'État et pour le soulagement
de la classe des citoyens vexés, écrasés, et tyranniquement traités
depuis si longtemps qu'il s'en rapporte pour la réforme aussi essentiellement nécessaire dans l'administration des finances; il pensera
certainement que la nation française ne sera pas toujours gouvernée
par Louis XVI, et qu'un second Calonne pourra devenir ministre
des finances.

[39°] Les prisées et ventes sont excessivement à charge au peuple;
les droits des priseurs-vendeurs [2] absorbent souvent le montant des
vendues. Les mineurs, dont les biens doivent être vendus par les
priseurs-vendeurs, se trouvent ruinés par l'excès de leurs droits; le
tiers état demande que les priseurs-vendeurs soient supprimés [3], et
qu'il soit à la liberté d'un chacun de faire faire les ventes de meubles
par tel officier qu'il voudra choisir; il demande aussi que les droits
de ventes soient rédimés.

[40°] Les vérificateurs du dixième [4] font des opérations qui n'ont
pas toujours pour base la justice et l'équité; ils n'ont pas, d'ailleurs, les connaissances nécessaires pour répartir ou faire répartir
cette imposition avec égalité entre les individus d'une même pa-

---

[1] Le manuscrit de Coutances : «aux
talents admirables».

[2] Hippeau omet le mot «vendeurs»
(éd. cit., p. 58). Le mot est dans les
Archives parlementaires (tome III, p. 72).

[3] La suppression des priseurs-vendeurs est demandée très généralement
dans les cahiers du ressort de Cotentin.
Sur les causes de cette hostilité en 1789,
voir le cahier de Cambernon, art. 14 et
la note (au t. Ier, p. 241).

[4] Sur la vérification des rôles paroissiaux d'imposition aux vingtièmes, entreprise dans la généralité de Caen depuis
1777, voir ce que nous avons noté sous
les cahiers d'Agneaux, § Impositions,
art. 1er (suprà, p. 59) et de Pierreville
(au t. II, p. 447). Le vœu paraît avoir
été sans objet propre dans le ressort de
Saint-Sauveur-le-Vicomte, dont aucune
paroisse n'avait été jusque-là vérifiée.
Voir l'Inventaire général de la Direction
des vingtièmes, arrêté en 1789. (Arch.
Calvados, C 8158.)

roisse. Le tiers état demande que, si l'on continue de payer le dixième, chaque paroisse soit imposée à une somme totale par les États provinciaux ou par les assemblées provinciales, et que cette somme soit répartie sur tous les fonds de la paroisse, à raison de leur valeur, par des députés qu'elle se sera choisis.

[41°] Presque tous les propriétaires de fonds de terre doivent des rentes à leurs seigneurs, et les seigneurs ne veulent point leur diminuer de dixième; le tiers état demande que, dans le cas où le dixième continuerait d'être perçu, les seigneurs *seront obligés de diminuer le dixième des rentes seigneuriales qui leur seront dues, à moins que par le titre de création elles ne soient dites exemptes, parce que les seigneurs*[1] ne seront pas imposés au dixième pour leur gage-pleige[2].

[42°] Les rentes viagères sont la ruine de bien des familles; elles sont l'aliment de la paresse et conduisent au célibat. Le tiers état demande qu'il soit défendu à toute personne âgée de moins de soixante ans de placer ses fonds en viager, ou au moins que les rentes soient fixées à un taux modéré, sans qu'il soit permis de l'excéder, à peine de nullité des contrats et de confiscation du capital au profit des pauvres.

[43°] Le matelotage ou la milice de mer, à laquelle les paroisses qualifiées côtes sont assujetties, effraie et désole les habitants de ces paroisses; elle arrache de bons propriétaires et de bons cultivateurs à la culture de la terre; ils aiment mieux s'abaisser et se réduire à l'état *bas et*[3] humiliant de domestiques de curés ou de gen-

---

[1] Le passage entre astérisques manque dans l'édition de Hippeau (*éd. cit.*, p. 58), dont le texte est devenu par là-même incompréhensible. L'erreur provient du manuscrit des Archives nationales, où le copiste, trompé par la répétition des mots *les seigneurs*, a sauté tout le passage.

[2] Pour la question de la déduction des vingtièmes sur les rentes seigneuriales, on voudra bien se reporter à ce que nous avons noté sous le cahier de Dangy, art. 29 (au t. I^er, p. 300). Le texte même du cahier montre que la situation des seigneurs, auxquels on reprochait de ne pas diminuer les vingtièmes sur les rentes, était en somme assez embarrassante. Les seigneurs étaient imposés eux-mêmes aux

vingtièmes sur le produit brut de leur gage-plège, c'est-à-dire que, pour un revenu net de 1,000 livres en rentes seigneuriales, ils payaient 100 livres d'impositions. S'ils déduisaient, comme le demandent les cahiers, à leur vassaux le montant des vingtièmes payés par ceux-ci, ils n'auraient reçu que 900 livres, et, d'autre part, ils auraient toujours dû 100 livres au roi; en réalité, ils auraient payé deux fois. La question, comme on voit, était complexe. Le seul coupable ici était évidemment le fisc royal, qui eût dû choisir, et ne pas demander à la fois l'impôt au crédi- et au débirentier.

[3] Les mots entre astérisques manquent dans le texte édité par Hippeau (*éd. cit.*, p. 59).

tilshommes [1] que d'y rester sujets. Le tiers état demande que cette milice soit abolie, ou, dans le cas où elle ne serait pas proscrite, qu'il y ait pour cette milice les mêmes exemptions que pour la milice de terre.

[44°] La mer est commune à tout le monde; ainsi tout le monde a le droit d'y prendre ce qu'elle présente pour l'engrais des terres; cependant, les paroisses qui bordent immédiatement la mer prétendent avoir le droit exclusif d'y prendre du varech ou d'en couper trois jours avant les autres paroisses plus éloignées [2]; le tiers état demande que cette prétention, occasion de rixes et de procès, soit proscrite comme souverainement injuste, et qu'il soit décidé que tous ceux qui voudront aller à la mer pour y chercher des engrais le feront par concurrence.

[1] Les domestiques des membres des ordres privilégiés étaient dispensés du service de la milice, tant de terre que de mer. Voir le cahier de Fervaches, art. 8 et la note sous ce texte (au tome I<sup>er</sup>, p. 310).

Les paroisses du bailliage de Saint-Sauveur-le-Vicomte, se trouvant pour la plupart dans la « zone côtière de deux lieues», étaient en majorité soumises à la milice de mer; seules celles entourant le chef-lieu fournissaient à la milice de terre. Il serait assez difficile de déterminer le chiffre de miliciens et de gardes-côtes fourni par l'ensemble des communautés du ressort de Saint-Sauveur; la plupart des paroisses ont tiré au sort en effet avec des communautés appartenant aux bailliages voisins. On pourra consulter : pour la milice de mer, *Levée pour remplacement faite par M. d'Heu, commissaire des guerres, en l'année 1787* (Arch. Calvados, C 1860); et pour la milice de terre le *Relevé des procès-verbaux de tirage*, année 1788. (*Ibid.*, C 1916.)

[2] Sur la coupe du varech et le droit privilégié des *paroisses bordantes*, on se reportera aux notes sous les cahiers de Saint-Malo-de-la-Lande, art. 3 (au t. I<sup>er</sup>, p. 565) et du Vicel, art. 9 (au t. II, p. 718). La liste des paroisses bordantes des côtes de Normandie, avec l'époque où elles seraient autorisées à faire la coupe des varechs, avait été arrêtée par une Déclaration royale de 1731. Elle comprenait, pour le ressort, extrême-

ment dispersé comme on sait, de Saint-Sauveur-le-Vicomte, onze paroisses appartenant à différentes amirautés, savoir : 1° *Amirauté de Barfleur*, les paroisses de Gourbesville, Néville, Réthoville, Fermanville et ses hameaux. Elles pouvaient faire la coupe du varech pendant trente jours, à prendre entre le 15 janvier et le 5 mars; 2° *Amirauté de Cherbourg*, les paroisses de Urville-Hague, Omonville-la-Grande, Digulleville, Saint-Germain-des-Vaux, Jobourg, Sciotot et son hameau. Celles-ci pouvaient couper le varech pour l'engrais des terres pendant trente jours également (du troisième jour avant la pleine lune de mars au troisième jour après la pleine lune d'avril) et pour faire de la soude, du 15 juillet à fin septembre; 3° *Amirauté de Portbail*, la paroisse de Goucy; la coupe y était permise pendant trente jours encore, du 20 janvier au huitième jour après la pleine lune de mars. Voir *Déclaration au sujet des herbes connues sous le nom de varech ou vraicq, etc., Versailles, 30 mai 1731* (Arch. Calvados, C 3068). Il faut ajouter qu'un *Arrêt du Conseil du 26 décembre 1732* avait assimilé ensuite aux paroisses bordantes, mais seulement pour la coupe destinée à la fabrication de la soude, un certain nombre de communautés de l'amirauté de Barfleur, dont celles d'Angoville-en-Cères, de Tocqueville et de Vrasville, qui appartenaient au bailliage de Saint-Sauveur-le-Vicomte (*Ibid.*)

[45°] L'éducation de la jeunesse est un objet de la plus haute importance pour l'État; beaucoup de paroisses sont privées d'écoles, parce que les frais énormes qu'il faut faire pour les fonder, les formalités qu'il faut prendre [1], rebutent les personnes pieuses et bien intentionnées, qui donneraient des biens pour l'établissement d'écoles; le tiers état demande qu'il soit permis de donner en biens-fonds ou des rentes jusqu'à la concurrence de la somme de 300 livres de revenus, pour la fondation d'écoles, sans être assujetti au payement d'aucuns droits, et à aucune formalité [2].

[46°[ Les entrepreneurs des chemins sont dans l'usage de laisser, lors de la confection des grandes routes, des intermédiaires considérables et impraticables. Le tiers état demande que ces entrepreneurs soient tenus de travailler à la construction des chemins sans y laisser d'intervalles.

L'on a privé depuis longtemps une très grande quantité de personnes de leurs fonds pour la construction des grandes routes; d'autres ont fourni, ont laissé prendre sur leurs terres les matériaux nécessaires à cette confection. Ces personnes ont fait maintes et maintes démarches, présenté requêtes sur requêtes, pour obtenir le dédommagement qui leur est dû. Elles n'ont encore pu l'obtenir. Le tiers état demande qu'il soit ordonné que ce dédommagement sera payé incontinent, et à l'égard de celui qui sera dû par la suite pour ces objets, qu'il sera payé dans l'année [3].

---

[1] Cf. les cahiers de Briquebosq, art. 2 (au t. II, p. 154) et de Canteloup, art. 9 (*ibid.*, p. 172). Nous avons expliqué sommairement sous le premier de ces textes en quoi consistaient les formalités requises pour la fondation des «petites écoles».

Le ressort du bailliage de Saint-Sauveur-le-Vicomte comptait en 1789 une douzaine de petites écoles fondées. Il y en avait, dès la fin du XVIᵉ siècle, deux à Saint-Sauveur pour les garçons et les filles; deux aussi à Amfréville, et une dans chacune des paroisses de Biniville, Colomby, Gouey, Gourbesville, Néhou, Orglandes (*État des écoles du diocèse de Coutances*, Arch. Manche, D 41). D'autres avaient été certainement créées depuis la rédaction de cet *État*. Ainsi à Tollevast, il existait une école pour les garçons des paroisses de Tollevast et Hardinvast, fondée en 1723 par le sieur Conrad de Sainte-Marie, qui

lui avait donné une rente foncière de 50 livres, avec le logement et un jardin (*Ibid.*, D 38).

[2] Tout ce passage a été fort défiguré dans le manuscrit des Archives nationales et dans les éditions qui l'ont suivi. Hippeau écrit : «qu'il soit permis de donner des biens-fonds ou des rentes, jusqu'à concurrence de 300 livres de revenus d'écoles, sans être, etc...» (*éd. cit.*, p. 59).

[3] Cf. les cahiers de Bricqueville-la-Blouette, art. 58 (au t. Iᵉʳ, p. 211); de Tourlaville, art. 3 (au t. II, p. 654).— Rien n'est plus mal assis au XVIIᵉ siècle que les idées sur l'expropriation pour cause d'utilité publique, et rien n'apparaît plus arbitraire, jusqu'à la fin de l'ancien régime, que la façon dont elle était appliquée. Longtemps, à vrai dire, la question ne s'était même pas posée; l'expropriation au moyen âge, dans les rares circonstances où elle se trouve

[47°] Le tiers état demande que, désormais, il ne soit plus accordé aux débiteurs aucuns arrêts de surséance.

nécessitée par les travaux du roi ou du seigneur, apparaît purement comme une confiscation, un acte d'autorité, qui se peut au besoin légitimer en droit par la notion alors couramment reçue de la propriété éminente du prince sur toutes les terres de ses sujets.

A partir du xvi° siècle, où de grands travaux de routes et de canaux sont entrepris par le pouvoir central, la question s'est trouvée posée avec une insistance beaucoup plus troublante. A la vérité, la question n'a pas été soulevée immédiatement entre le pouvoir royal et les particuliers; les entreprises de travaux étaient généralement accordées à des concessionnaires, et le roi, sans paraître toucher au principe de non-indemnisation, pouvait, par faveur, imposer à ces concessionnaires, comme une charge de leur concession, l'obligation d'indemniser ceux de ses sujets dont ils étaient obligés de prendre les propriétés. Voir par exemple *Édit de juin 1607 sur le dessèchement des marais*, art. 4 et art. 18 (dans Isambert, XV, n° 186, p. 313); *Édit de septembre 1638 pour la construction du canal de Briare*, art. 4 et art. 6 (*Ibid.*, XVI, p. 488, n° 811); Dans ces deux cas, malgré le soin pris par l'Administration royale de déterminer le mode d'évaluation et le délai de l'indemnité à payer, l'argument n'est pas décisif, parce que, grâce à la concession, il n'y a en présence que des intérêts particuliers, et que la propriété individuelle ne se trouve pas mise directement en face de l'État. Et de fait, quand c'est le roi lui-même qui exproprie, comme il arrive maintes fois à cette époque pour le redressement ou l'élargissement des chemins royaux, l'emprise qu'il fait sur les propriétés individuelles ne donne lieu à aucune espèce d'indemnité. Voir *Arrêt du Conseil du 17 juin 1609*, et *Cahier des États de Normandie de 1610*, art. 33 (dans de Beaurepaire, *op. cit.*, 3° série, t. I, p. 17).

Le principe d'une indemnité à la charge du Trésor royal n'apparaît, semble-t-il, pour la première fois, que dans un *Arrêt du Conseil du 26 mai 1705*, à propos justement de la construction des grandes routes. L'arrêt en question (Isambert, XX, p. 462 n° 1955) a pour objet la rectification des anciens chemins royaux, qu'on a entrepris de rétablir, dans l'intérêt commun, «suivant le plus droit alignement possible». Pour cela, il est nécessaire que la route rectifiée passe sans distinction au travers de toutes les terres des particuliers. L'arrêt proclame donc expressément l'intention du roi d'exproprier les héritages qui seront sur le parcours; mais il annonce, en même temps, que «pour leur dédommagement», il laissera aux expropriés le terrain des anciens chemins abandonnés; et en cas que le terrain ne soit pas contigu à leurs héritages, il sera pourvu à ce que les voisins qui pourront plus facilement en profiter, les désintéressent par voie d'échange nécessaire, ou même par une soulte en argent.

Le principe de dédommagement, ainsi proclamé en 1705, tendit depuis lors à s'imposer dans les relations entre l'État et les particuliers. Au xviii° siècle, l'Administration royale ne fait plus aucune difficulté pour reconnaître, à maintes reprises, que l'expropriation doit entraîner une indemnité; l'indemnisation du dommage causé devient une clause de style dans toutes les adjudications de travaux publics. Toutefois elle paraît n'avoir fonctionné d'une façon régulière, dans la région du Cotentin, qu'à partir de 1766. Voir cahier de Saulte-Chevreuil, art. 8 (au t. I⁰⁰, p. 527).

Un caractère particulier est d'ailleurs demeuré dans notre ancien droit à l'expropriation, caractère qu'elle tient de sa première origine. Elle est essentiellement un acte de juridiction administrative. L'indemnité est déterminée non par le juge ou par un jury, mais par l'administration elle-même, en pratique par l'intendant de la généralité. En cas de désaccord, les intéressés n'ont de recours qu'à un tribunal d'ordre administratif, au Conseil des parties. D'autre part, l'indemnité n'est point préalable, mais réglée seulement après la prise de possession; et comme on la considère toujours comme une grâce du

[48°] Enfin, il demande qu'aux États généraux les voix soient comptées par tête et non par ordre.

### DEMANDE PARTICULIÈRE DES COMMUNES DE TURQUEVILLE, DU VAST ET DE NÉÉVILLE [1].

[49°] Que l'édit de création des conservateurs des hypothèques [2] soit retiré.

DAVID DE GOUBIENNE.

Fait, arrêté et signé à Saint-Sauveur-le-Vicomte, le 10 mars 1789.

DAVID DE GOUBIENNE, DE GLATIGNY, DEUX D. M., COUCY DU LONGPREY, F. HUBERT, V. LETELLIER DE RUELLE, LE CARLIER, ECOLIVET, J.-B. LA SCELLIÈRE, H. MAUGER [3].

Trente et un, fin *ne varietur*.

ANGO.

pouvoir, l'exproprié n'a pas d'action pour l'exiger, il doit attendre le bon vouloir de l'intendant, qui la règle après achèvement des travaux, s'il a des fonds, et qui ne la règle point du tout, s'il n'en a pas. Ainsi en réalité, malgré la reconnaissance toute platonique d'un droit des expropriés à une indemnité, le pouvoir royal n'était pas arrivé à enlever à l'expropriation l'aspect d'une sorte de confiscation; et l'on comprend trop bien les doléances des cahiers, au nom de la propriété individuelle violée.

Voir sur la matière, encore mal étudiée : DELAMARE, *Traité de la police*, t. IV, p. 361; RAVINET, *Code des Ponts et Chaussées*, 1729; VIGNON, *Étude historique sur l'administration des voies publiques en France avant 1790*, t. II, p. 72, DARESTE, dans *Revue de législation*, t. II, p. 179.

[1] Hippeau a imprimé à tort *Fréville* (*Cahiers*, t. II, p. 60); la paroisse de Fréville n'a pas été convoquée à l'assemblée préliminaire du bailliage de Saint-Sauveur-le-Vicomte, mais à celle de Valognes. Il faut lire *Nééville*, ainsi que le montre le texte du manuscrit original du greffe de Coutances.

Les trois paroisses en question appartenaient à la même haute-justice de Saint-Pierre-Église (*Ressort médiat du bailliage de Saint-Sauveur*, Arch. Calvados, C 6702). Il paraît vraisemblable qu'elles avaient présenté des cahiers composés sur un modèle commun, dans lequel se trouvait le vœu qu'elles ont tenu à faire insérer au cahier de bailliage.

[2] Le vœu vise toujours l'*Édit portant création de conservateurs des hypothèques et abrogation du décret volontaire*, Versailles, juin 1771 (ISAMBERT, XXII, p. 550 n° 1014). Voir à cet égard le cahier de Bricqueville-la-Blouette, art. 45 et la note (au t. Ier, p. 207).

[3] Les signatures du cahier sont celles des dix commissaires-rédacteurs nommés dans la séance du 9 mars (*supra*, p. 181). Il est d'ailleurs formellement expliqué, au procès-verbal du 10 mars, que le cahier, après lecture, a été signé des commissaires-rédacteurs seulement, et coté et paraphé ensuite par le lieutenant général (*suprà*, p. 182).

La transcription des Archives nationales, reproduite par les *Archives parlementaires* et par Hippeau, ne porte ni la formule finale, ni les signatures (Arch. nat., B III 54 sq. 423).

*Sous ceste réserve que la somme portées au présent cahier soit esta-*
*tuées en estast généraux fixé, et que la somme de 4,000 livres est contre*
*mon avis.* — J. J. F. MABIRE [1].

---

[1] Le commissaire-rédacteur qui a ainsi fait ses réserves, J.-J.-F. MABIRE, était député de Grosville, et qualifié au procès-verbal, «laboureur» (*supra*, p. 182). La somme de 4000 livres contre laquelle il proteste est la limite prévue pour le taux de compétence des bailliages royaux dans l'article 20 du présent cahier (*supra*, p. 201). Nous avons cru utile de conserver à cette curieuse protestation son orthographe naïve.

# IX

# BAILLIAGE SECONDAIRE DE MORTAIN.

Le ressort secondaire de Mortain a compris pour la convocation 71 communautés de paroisses, dont aucune, au terme du *Règlement*, ne se trouvait appelée à tenir des assemblées préparatoires de corporations. On y comptait, d'après l'*État des feux* annexé au procès-verbal, de l'assemblée préliminaire, 13,502 feux[1], et les *États de population* d'avril 1785 lui attribuent 55,224 habitants[2], avec un mouvement annuel de 2,124 naissances (1,099 garçons, 1,025 filles), de 485 mariages, et de 1,494 décès (707 hommes, 787 femmes)[3]. Les *Rôles d'assignation* des ordres privilégiés font ressortir, en dehors des réguliers, 78 ecclésiastiques possédant bénéfices, dont 67 curés de paroisses[4], 5 prieurs-curés[5], 6 chapelains[6] et pour la noblesse 79 gentilshommes, dont 71 possédant fiefs, et 8 non possédant fiefs[7]. Dix-sept paroisses ne comptent point d'autre privilégié que le curé.

---

[1] Arch. nat., Ba 35, 1, 70. (*Mortain I.*) L'élection de Mortain, un peu plus étendue que le bailliage, comptait, d'après DUMOULIN, 14,984 feux (*Géographie descriptive*, t. III, p. 160).

[2] Arch. nat., Ba 58, 1. 144 et D IV *bis* 47 (chiffres concordants). C'est par une exagération manifeste que, dans le procès-verbal du 11 mars, en réclamant pour l'ancien bailliage de Mortain une députation directe, les trois ordres affirment que la population du ressort, Tinchebray compris, dépasse 120,000 habitants. Voir *infrà*, p. 243.

[3] Arch. nat., D IV *bis* 44. Le mouvement pour l'élection en 1787 est de 2,332 naissances, 567 mariages, 1,751 décès. (Arch. Calvados, C 171.)

[4] La paroisse de Parigny était administrée par deux curés. (*État des bénéfices du diocèse d'Avranches pour la répartition de l'impôt dû au roi*, 1773. Ms. Bibl. Avranches, n° 201.)

[5] Prieurés-cures de Savigny, des Chéris, de la Mancellière, de Reffuveille et de Buais, desservis, le premier par les moines de l'abbaye de Savigny, les deux suivants par les moines de Montmorel, celui de Reffuveille par les moines de la Lucerne, et celui de Buais par un moine du Plessis-Grimoult, au diocèse de Bayeux. (Abbé PIGEON, *Le diocèse d'Avranches*, t. I<sup>er</sup>, p. 135.)

[6] Chapelles de la Bizardière (par. de Villechien), de la Croix-Robine (Ger), de la Guinellière et Saint-Grégoire (Sourdeval), de la Prise-Bizet (Barenton), du Jarry (Saint-Cyr-du-Bailleul). (*État des bénéfices, Avranches*, f° 222 à 280.)

Les simples chapelles avaient été autrefois beaucoup plus nombreuses dans le Mortainais; à la fin du XVII<sup>e</sup> siècle, l'intendant Foucault n'en comptait pas moins de 28 dans l'élection, dont 5 à Saint-Cyr, 5 à Barenton et 5 au Teilleuls. Assez pauvrement dotées (la plus riche avait 800 livres de rente), elles avaient pour la plupart été réunies aux cures avant 1789. Voir DESCHAMPS DU MANOIR, *Les élections qui composaient l'Avranchin d'après les Mémoires de l'intendant Foucault*, dans Mém. Soc. archéol. Avranches, t. IV (1873) p. 117.

[7] *Rôle de MM. les ecclésiastiques bénéficiers assignés à comparaître*, etc....

Le ressort du bailliage était entièrement compris dans la généralité de Caen et formait la majeure partie de l'élection de Mortain, qui, légèrement plus étendue que lui, débordait sur une partie du ressort de Tinchebray, et comptait de ce fait 84 paroisses [1]. Il y avait un bureau de recettes du domaine à Mortain, Milly, Cuves et le Teilleul, maréchaussée et juridiction des traites et quart-bouillon à Mortain, maîtrise des eaux et forêts au même lieu, dont le ressort s'étendait sur tout l'Avranchin. Les impositions directes de l'élection, pour l'année 1789, s'élevaient à un chiffre total de 577,479 l. 19 s. 4 d. (taille 165,071 l. 16 s., acc., 108,323 l. 8 s. 6 d., capit., 113,473 l. 14 s. 7 d., corvée 54,825 l. 14 s. 6 d., vingtièmes 122,168 l. 3 s. 9 d., territorial 10,207 livres, bâtiments de justice 3,402 l. 6 s. 8 d.) [2].

Au point de vue ecclésiastique, les paroisses appartenaient toutes au diocèse d'Avranches. Les réguliers y possédaient deux abbayes : une abbaye d'hommes, Savigny, de l'ordre de Saint-Bernard (revenu déclaré : pour l'abbé, 21,438 l. 17 s., pour les religieux 6,513 l. 18 s.; décimes 8,800 livres) [3] et une abbaye de femmes, dite l'abbaye Blanche, de l'ordre de Cîteaux, située au faubourg du Neufbourg et à laquelle était réuni depuis 1773 le prieuré dit de la Blanche, près Mortain (revenu déclaré pour l'abbaye Blanche, 12,000 livres environ; pour le prieuré, 800 livres) [4]. Il y avait encore à Mortain une collégiale de

Ms. Greffe Coutances, pièce n° 22. — *Rôle par noms, qualités et demeures des nobles possédant fiefs*, etc., Ibidem, pièce n° 34.

[1] L'élection comprenait, en plus des paroisses du bailliage, les onze communautés de : Beauchesne, Mesnilciboult, Saint-Christophe-d'Anferney, Saint-Cornier-des-Landes, Saint-Jean-des-Bois, Saint-Quentin-des-Chardonnets, Tinchebray-Bourgeoisie, Notre-Dame et Saint-Pierre, Truttemier-le-Petit et Yvrandes, qui appartenaient au bailliage de Tinchebray, et les deux paroisses de Notre-Dame et Saint-Pierre de Cresnay, qui appartenaient à celui d'Avranches. En outre, la communauté de Milly relevant du bailliage d'Argentan. (*Prospectus général de la taille, année 1789*, Arch. Calvados, C 4478.)

[2] Arch. Calvados, C 4478, C 8272, C 8188, C 8198. Le chiffre des vingtièmes comprend : biens-fonds, 121,476 l. 14 s.; industrie, 37 l. 8 s.; offices et droits, 634 l. 17 s. 5 d. (*Ibid.*, C 5967.)

[3] *État général de toutes les recettes de la mense abbatiale de l'abbaye de Savigny, tenu par dom Santerre, procureur, 1779-1780.* (Arch. Manche, H n. cl., Abbaye de Savigny, n° 28). Le chiffre des décimes est fourni par le

Bordereau des ordonnances de compensation de 1790 (Arch. Manche, C 484).

L'*Almanach royal* de l'année 1789 donne seulement pour Savigny 15,000 livres de revenu et 700 florins de taxe. Le dernier abbé de Savigny, M. d'Aydie, ajoute dans sa déclaration que l'abbaye, si elle eût été affermée, eût produit 36,000 à 37,000 livres. (H. SAUVAGE. *Le dernier abbé de Savigny, Fr. Odet d'Aydie*, notice insérée dans le *Mortainais historique et monumental*, 1851. [Ex. Bibl. nat., Lk². 2197], page 5.)

[4] *Déclaration ou état général des revenus en biens-fonds, dîmes, rentes seigneuriales foncières et hypothèques, dont jouit l'abbaye de la Blanche, avec les noms des paroisses où sont situés lesdits biens, donnée pour satisfaire au décret de l'Assemblée nationale du mois de novembre 1789.* (Arch. Calvados, C 6783.) On joindra utilement pour ce même établissement la *Table des tenures, pâturages, dîmes et rentes de l'abbaye Blanche*, fin du XVIIIᵉ siècle (Arch. Manche, A 744) et le *Journal de la recette concernant les rentes et revenus en argent de l'abbaye royale de Notre-Dame de la Blanche-lèz-Mortain*, commencé le 4 octobre 1788, continué jusqu'à 1790. (Arch. Manche, H n. cl.)

L'abbaye Blanche payait, en 1789,

chanoines réguliers, qui comptait 2 dignités et 14 canonicats (revenu des prébendes, 10,000 livres environ; revenu commun, 2,644 l. 17 s. 6 d.[1]); et
dans les paroisses rurales quatre prieurés réguliers d'hommes, et un de
femmes [2]. En outre, un hôtel-Dieu à Mortain (revenu : 1,600 livres) [3] et un
hôpital renté à Barenton (revenu: 3,020 l. 8 s.) [4]. La population de ces
établissements était en 1789 un peu plus importante que celle des autres
bailliages de la région. L'abbaye Blanche comptait, encore, d'après les déclarations de l'année 1790, 18 religieuses et 9 sœurs converses [5]; celle de
Savigny, 18 religieux, dont 14 choristes et 4 convers [6]; la collégiale avait
16 chanoines, 8 vicaires et plusieurs habitués [7], et le prieuré de Moutons,
16 religieuses [8]. Les états de mouvement de la population n'accusent, pour
1785, que 1 profession d'homme et 4 de femmes, pour un pareil nombre
de décès en religion. [9]

Le personnel du bailliage comprenait en 1789 le grand bailli d'épée,
Antoine-Anne-Nicolas de Géraldin, le lieutenant général civil et criminel,
Gabriel-François de Vaufleury, le lieutenant particulier Boiton, l'avocat du
roi Levesque, le procureur du roi Passais de Montbenoît, et trois conseillers [10];

653 livres de décimes (*Ordonnances de compensation*) Arch. Manche, G 484).

[1] Nous n'avons pas retrouvé la déclaration de 1790. Les chiffres donnés
au texte sont ceux de l'*Extrait fait et
relevé sur les déclarations fournies du
revenu des bénéfices par les titulaires
desdits en exécution de la délibération de
l'assemblée générale du clergé de France,
du 22 décembre 1726.* (Ms. Bibl. Avranches, n° 201.) Ils doivent par suite
être considérés comme un peu faibles
pour 1789.

[2] Prieurés d'hommes : le Rocher
(revenu, 4,000 livres), les Biards (revenu, 2,000 livres); Saint-Hilaire-du-
Harcouët (revenu, 2,100 livres), Saint-
Cyr-du-Bailleul (revenu, 1,000 livres),
dans les paroisses du même nom. Nous
empruntons les chiffres à des déclarations de 1770 reproduites par
M. l'abbé DESROCHES. Annales religieuses
de l'Avranchin (dans *Mém. Soc. Anti-
quaires de Normandie*, t. XVII, p. 347).
Prieuré de femmes : Moutons, dans
la paroisse de Saint-Clément (revenu,
5,500 livres en 1778, Arch. nat.,
S 7477). Cet établissement était de
fait réuni depuis 1701 aux Bénédictines d'Avranches (voir tome Ier, p. 680,
texte et note 7).

[3] L'hôpital de Mortain était de fondation toute récente, ayant été établi
par lettres patentes de mars 1773,
dans les anciens bâtiments du prieuré

du Rocher. Il disposait au 1er janvier
1783 de 42 lits, occupés par 60 personnes; le mouvement de la population
y accuse 1 naissance (fille) et 6 décès
(femmes). Voir *État de situation des hôpitaux, 1788* (Arch. Calvados, C 1044).

[4] *Mémoire des administrateurs de
l'hôpital de N.-D. de Pitié et de Miséricorde établi au bourg de Barenton,
année 1778* (Arch. Calvados, C 781).
Pour le détail des revenus, voir *infra*,
p. 284, note 1.

[5] *État des religieuses, 1790*, diocèse
de Coutances (abbé DESROCHES, II, 319).

[6] *État général des Bénédictins, ordre
de Cîteaux, filiation de Clairvaux,
28 mars 1790* (Arch. nat., D XIX,
10, l. 149 et l. 154).

[7] Abbé DESROCHES, *Annales religieuses de l'Avranchin*, II, p. 319, 321
(d'après des pièces manuscrites de l'évêché de Coutances).

[8] *État des religieuses, 1790*, diocèse
d'Avranches (*Ibid.*, II, 319). La prieure
était Mme Élisabeth de Coëtlogon.

[9] Arch. nat., D IV *bis*, 44. — En
1787, pour l'élection, qui ne comprend
que les mêmes établissements ecclésiastiques, on compte seulement 1 profession d'homme et 3 de femmes, pour
1 décès d'homme et 2 de femmes.
(Arch. Calvados, C 171.)

[10] *Rôle des officiers de judicature pour
leur capitation, année 1789*, élection de
Mortain, (Arch. Calvados, C 4646.)

le greffier Jean-Julien Lecomte a été en même temps secrétaire de l'assemblée préliminaire[1].

## I. Assemblées primaires.

***

### VILLE DE MORTAIN

### ET FAUBOURG DU ROCHER[2].

***

#### 1. Procès-verbal d'assemblée.

(Le procès-verbal authentique n'a pu être retrouvé.)

Date de l'assemblée : 1ᵉʳ et 4 mars[3]. — Nombre de feux : 550[4]. —

[1] Le sieur Jean-Julien Lecomte tenait son office non pas du roi, mais du duc d'Orléans, comte de Mortain, qui lui avait affermé la finance du greffe. C'est pour cette raison sans doute que, bien que domicilié à Mortain en 1789, il n'est point inscrit au *Rôle de la capitation privilégiée des officiers de judicature* (Arch. Calvados, C 8130). Cependant en 1781 les auxiliaires de la justice seigneuriale jouissaient encore, comme ceux des justices royales, de la capitation privilégiée (Arch. Calvados, C 4652). Le greffe de Mortain était affermé par le duc d'Orléans, à la fin du xviiiᵉ siècle, pour un prix annuel de 700 livres; en outre le contrôle des actes était affermé 200 livres, et les petits sceaux 500 livres. Voir *Sommaire et relevé général des différents objets sujets aux cens, rentes et redevances envers le domaine de Mortain*, registre de la fin du xviiiᵉ siècle (Arch. Manche, A 292).

[2] Arrondissement de Mortain, canton de Mortain.

[3] *Lettre du lieutenant général de Vaufleury à M. le G. d. S., du 4 mars 1789* : «Les assemblées des communautés ont eu lieu dimanche dernier; celle de la ville est terminée d'aujourd'hui; demain je tiendrai l'assemblée préliminaire du tiers état.» (Arch. nat. B a 35, l. 70. *Mortain II.*)

[4] Le procès-verbal de l'assemblée préliminaire, reproduit ci-dessous, ne contient pas le chiffre de feux de la ville de Mortain, non plus que l'*État des paroisses* envoyé au G. des S. et donnant le nombre des feux de chaque paroisse, avec le nom de ses députés. Sur une réclamation de la Chancellerie, le lieutenant général fit passer, le 15 avril, une note complémentaire ainsi conçue : «J'avais regardé comme inutile de faire mention dans le procès-verbal de l'assemblée préliminaire du nombre des feux dont est composée notre ville, puisque n'étant pas sous le contrescel elle ne pouvait envoyer que quatre députés à l'assemblée générale du tiers état du bailliage. La ville dans l'état actuel est composée de deux paroisses : celle de Mortain peut contenir 250 feux, et le faubourg du Rocher en a au moins autant, non compris les hameaux à l'écart : on y bâtit continuellement, et bientôt elle ira à 300 feux.» (Arch. nat. B a 35, l. 70. *Mortain II.*) Il n'est pas sans intérêt d'observer que ces chiffres diffèrent sensiblement de ceux que donnaient Dumoulin et Expilly (270 feux pour la ville, 174 pour le Rocher).

Toutes les communautés du ressort, la ville de Mortain seule exceptée, ont tenu leur assemblée le même jour, 1ᵉʳ mars. C'était la conséquence d'une mesure locale prise par le lieutenant général, qui dans l'article 5 de son Ordonnance, avait uniformément fixé au dimanche 1ᵉʳ mars la tenue de toutes les assemblées primaires. Cet officier tenait

Députés : *Denis-Gabriel Le Sacher de La Pallière, *avocat*, commissaire-rédacteur du cahier (6 jours, 30 l., et 20 jours, 77 l., Acc.); Jean-Angélique Lemoine de Villeneuve, *conseiller du Roi au bailliage*, commissaire-rédacteur (6 jours, 30 l., Acc.); *Jean-Baptiste-François Bouillon de La Lorerie, *docteur-médecin*, demeurant au faubourg du Rocher (3 jours, 15 l., et 20 jours, 77 l., Acc.?.); Julien Le Sachet du Mézeray, *docteur-médecin*, commissaire-rédacteur (6 jours, 30 l. Acc.) [1].

## 2. Cahier de doléances.

(Le cahier de doléances n'a pu être retrouvé [2].)

tellement, paraît-il, à la stricte exécution de son ordonnance à cet égard, qu'il envoya, dans les derniers jours de février, à tous les curés du bailliage, une lettre-circulaire pour leur enjoindre, «afin de remplir les ordres bienfaisants de Sa Majesté, d'annoncer dans toutes les paroisses une délibération générale du tiers état pour le dimanche 1ᵉʳ mars». Dans une dernière lettre au Garde des Sceaux, en date du 4 mars, il confirme à nouveau que «les assemblées des communautés ont eu lieu dimanche dernier et celle de la ville s'est terminée aujourd'hui». (Arch. nat., Ba 35, l. 70 = B III 54, p. 139.)

Population. Au *Dénombrement des habitants des deux sexes de l'élection de Mortain*, fait en 1764 (Arch. Calvados, C 184), la case afférente à la ville et faubourg de Mortain est restée en blanc. En avril 1785, le chiffre des habitants, pour la ville seule, est de 884 (Arch. nat., D iv *bis* 47). — Mouvement (en 1787) : naissances 35 (19 garçons, 16 filles), mariages 4, décès 16 (7 hommes, 9 femmes). Voir Arch. nat., D iv *bis* 44. — Population actuelle : 2,212 habitants.

[1] Pour Lesacher de la Pallière et Lemoine de Villeneuve, voir ce que nous avons noté plus loin sous le procès-verbal de l'assemblée préliminaire (*infrà*, p. 252). Les députés de la ville de Mortain, étant domiciliés dans le lieu même où se tenait l'assemblée, ont tous été taxés, conformément à l'article 6 du *Règlement du 30 mai 1789*, uniquement pour les journées qu'ils avaient effectivement passées à l'assemblée. Ils ont dû recevoir ainsi, ceux qui étaient commissaires-rédacteurs du cahier, la somme de 30 livres pour six journées, sur le pied de 5 livres par jour; et le sieur

Bouillon de la Lorerie, qui n'avait point participé à la rédaction du cahier, pour trois jours seulement la somme de 15 livres. — Quant à la taxe pour l'assemblée générale à Coutances, elle a été arrêtée, comme d'ordinaire, sur le pied de 4 livres pour chacun des dix-sept jours de présence, soit une somme fixe de 68 livres, plus 3 livres pour chaque journée de voyage aller et retour, en tout 77 livres. Voir *État général des dépenses*, Greffe de Coutances, pièce n° 339.

[2] La ville de Mortain et le faubourg du Rocher avaient en 1789 des rôles séparés d'impositions. Impositions pour *Mortain* : taille, 549 livres; acc., 360 livres; cap., 356 livres; corvée, 187 l. 5 s. 9 d.; vingtièmes, 890 l. 2 s. 5 d.; terr., 100 livres; bât., 33 livres. Au total, 2,475 l. 8 s. 2 d.

Impositions pour le *Rocher* : taille, 711 livres; acc., 467 livres; cap., 460 livres; corvée, 236 l. 14 s. 4 d.; vingtièmes, 1.004 l. 19 s. 3 d.; terr., 100 livres; bât., 33 livres. Au total, 3,012 l. 14 s.

*Privilégiés.* Le nombre des privilégiés était considérable. L'appel du clergé à Coutances fait apparaître pour les deux communautés, outre les deux curés, les chanoines de l'église collégiale, les vicaires et prêtres habitués et le prieur du Rocher. Au *Rôle de capitation de la noblesse* il y a sept nobles pour Mortain, et six pour le Rocher, payant respectivement ensemble 381 l. 2 s. et 203 l. 16 s. de capitation. Enfin, aux divers *Rôles de la capitation privilégiée pour le tiers état* figurent une quarantaine de personnes, dont dix au titre de la judicature payant ensemble 1,440 livres, huit pour l'élection (cap., 565 livres),

Les procès-verbaux et les cahiers des assemblées paroissiales du bailliage de Mortain n'ont pu être retrouvés. Nous croyons utile de donner la liste de ces assemblées, avec les quelques renseignements que nous avons pu recueillir sur chacune d'elles.

BARENTON . . . . . . . . . . . 620 feux[1]. Députés : *Siméon-Jacques-Henry BONNE SŒUR DE LA BOURGINIÈRE, *avocat* (8 jours, 36 l. et 21 jours, 80 l., Acc.); *Jean-Baptiste HERBERT-DESAUNERIES, *avocat* (8 jours, 36 l. et 21 jours, 80 l., Acc.); *Jacob-François GUESDON DE BEAUMONT, *avocat* (8 jours, 36 l. et 21 jours, 80 l., Acc.); *André-Mathieu POSTEL DE HAUTVAL, *propriétaire vivant noblement* (8 jours, 36 l. et 21 jours, 80 l., Acc.); *Jean-Baptiste BOUTRY, *chirurgien* (8 jours, 36 l. et 21 jours, 80 l., Acc.); François GAUDIN-HUTIÈRE, *propriétaire* (8 jours, 36 l. et 21 jours, 80 l., Acc.); *Sébastien-Julien POISSON, *avocat* (8 jours, 36 l. et 21 jours, 80 l., Acc.)[2].

LA BAZOGE . . . . . . . . . . 74     Députés : Georges-René BIRÉ, *conseiller du Roi, élu en l'élection de Mortain* (7 jours, 33 l., Acc.); Jacques GREZET, *laboureur* (7 jours, 33 l., Acc.).

BEAUFICEL . . . . . . . . . . 109     Députés : André LE SAMBLE, *laboureur* (8 jours 36 l., Acc.); *Pierre MAUDUIT, *laboureur* (8 jours, 36 l. et 19 jours, 77 l., Acc.)[3].

et une vingtaine d'autres à des titres divers, finances, aides et gabelles, contrôle, postes, etc. Voir Arch. Calvados, G 4628, 4671, 4478. Le *Supplément des privilégiés* a monté en 1790 à 307 l. 12 s. 5 d. pour Mortain, et 369 l. 5 s. 4 d. pour le Rocher (Arch. Manche, G 496).

BIENS ECCLÉSIASTIQUES. L'*État des biens nationaux* dressé en 1790 pour la ville de Mortain n'est pas conservé aux archives. En 1787, l'ensemble des revenus ecclésiastiques était évalué à 2,420 livres pour Mortain, et 1,820 livres pour le Rocher, par les contrôleurs des vingtièmes (Arch. Calvados, G 6519).

[1] Le chiffre des feux des paroisses est emprunté à l'*État de feux* dressé par le lieutenant général d'après les procès-verbaux mêmes des paroisses et envoyé à la chancellerie en même temps que le procès-verbal de l'assemblée préliminaire. (*Lettre du lieutenant général de Vaufleury au G. d. S., du 15 avril 1789*. Arch. nat. B a 35, l. 70 = B III/54, p. 193.)

[2] Sur BONNESŒUR BOURGINIÈRE, et sur GUESDON DE BEAUMONT, voir ce que nous avons noté sur le procès-verbal de l'assemblée préliminaire (*infrà*, p. 255, n. 4, et 256, n. 1). Le *Rôle des taxes* donne au sieur GAUDIN HUTIÈRE la qualification de *laboureur*, qui est par conséquent considérée par le lieutenant général lui-même comme synonyme de *propriétaire* (Greffe de Coutances, pièce n° 339).

[3] *Rôle des taxes*, ms. cit. sous le n° 11.

BELLEFONTAINE . . . . . . . 73 feux.

Députés : Gilles RAGOT, *laboureur* (8 jours, 36 l., Acc.); Jean BOHIER, fils Jean, *laboureur* (8 jours, 36 l., Acc.).

LES BIARDS . . . . . . . . . 220

Députés : *Jean-Baptiste LAIR DE LA GÉRARDIÈRE, avocat (8 jours, 36 l. et 20 jours, 77 l., Acc.); *Gilles BLANCHET-LAUMÔNE, *propriétaire vivant noblement* (8 jours, 36 l. et 20 jours, 77 l., Acc.); *Pierre-Joseph HAUTIN, *laboureur* (8 jours, 36 l. et 20 jours, 77 l., Acc.).[1]

BION . . . . . . . . . . . . . . 135

Députés : Jacques LE TAVERNIER-BROCHERIE, *laboureur* (8 jours, 36 l., Acc.); Justin LEPERDRIEL DE LAUNAY, *laboureur* (8 jours, 36 l., Acc.)

LE BOIS [2] . . . . . . . . . . 70

Députés : Jean-Baptiste GÉRARD, *avocat* (8 jours, 36 l., Acc.); Gilles-Louis-François MOCHON DE LA ROGEARDIÈRE, *vivant de son bien* (8 jours, 36 l., Acc.).

LA BOULOUZE . . . . . . . . 42

Députés : Gilles BOUTELOUP, *laboureur* (8 jours, 36 l., Acc.); Gilles CHALLIER, *laboureur* (8 jours, 36 l., Acc.).

BRÉCEY . . . . . . . . . . . . 500

Députés : *François BRUNO DE LA BRISSOTIÈRE, *vivant de son bien noblement* (8 jours, 36 l. et 19 jours, 74 l., Acc.); *Pierre POIRIER, *docteur en médecine* (8 jours, 36 l. et 19 jours, 74 l., Acc.); *Claude-François-Julien ROUSSEL, *chirurgien* (8 jours, 36 l. et 19 jours, 74 l., Acc.); Julien FILLIÂTRE, *huissier* (8 jours, 36 l., Acc.); *Pierre-François MORIE, *laboureur* (8 jours, 36 l. et 19 jours, 74 l., Acc.); François MANCEL, *laboureur* (8 jours, 36 l., Acc.).[3]

[1] *Rôle des taxes*, ms. cit., sous le n° 12.

[2] Aujourd'hui Sainte-Marie-du-Bois, arr¹ de Mortain, c^{on} du Teilleul; la paroisse de *le Bois* (Mayenne) appartenait à la sénéchaussée du Mans. — Population en 1793 : 380 habitants (Arch. nat.,

D IV *bis* 51). Mouvement (en 1787) : naissances 20, dont 9 garçons, 11 filles; mariages 3; décès 7, dont 2 hommes, 3 femmes (Arch. Calvados, C. 171). Population actuelle : 247 habitants.

[3] *Rôle des taxes*, ms. cit., sous le n° 9.

BROUAINS. . . . . . . . . . . 70 feux. — Députés : Pierre-François NORGEOT, *maître papetier* (8 jours, 36 l., Acc.); Guillaume-Henri CHAPTIÈRE, *marchand papetier* (8 jours, 36 l., Acc.).

BUAIS . . . . . . . . . . . . . 326 — Députés : Jean BOISBUNON, *laboureur* (8 jours, 36 l., Acc.); Louis LENORMAND, *laboureur* (8 jours, 36 l., Acc.); Guillaume FOISNEL, *laboureur* (8 jours, 36 l., Acc.); Louis BOURGET, *laboureur* (8 jours, 36 l., Acc.).

LE BUAT. . . . . . . . . . . 77 — Députés : Guillaume BLOUIN, *laboureur* (8 jours, 36 l., Acc.); Charles LE HÉRIÉE, *laboureur* (8 jours, 36 l., Acc.).

CHALANDREY . . . . . . . . . 138 — Députés : *Marie-Jean BUSNEL, *laboureur* (8 jours, 36 l. et 20 jours, 77 l., Acc.) [1]; Julien DESLOGES, *laboureur* (8 jours, 36 l., Acc.)

LA CHAPELLE-URÉE . . . . 68 — Députés : Julien-Antoine-Pierre DE LA COUSINIÈRE, *laboureur* (8 jours, 36 l., Acc.); Jacques COUETET, fils Gabriel, *laboureur* (8 jours, 36 l., Acc.).

CHASSEGUAY. . . . . . . . . 36 — Députés : François LEREBOURS, *laboureur* (8 jours, 36 l., Acc.); Michel SOUL, *laboureur* (8 jours, 36 l., Acc.).

CHÉRENCÉ [2] . . . . . . . . . 180 — Députés : Louis-Jean-Baptiste DUBOIS, *laboureur* (8 jours, 36 l., Acc.), Jacques GASTÉ, *marchand papetier* (8 jours, 36 l., Acc.).

LES CHÉRIS. . . . . . . . . 86 — Députés : Louis-François AUCHER, *laboureur* (non porté au *Rôle* [3]);

[1] *Rôle des taxes*, ms. cit., sous le n° 12.

[2] Aujourd'hui Chérencé-le-Roussel, arrondissement de Mortain, canton de Juvigny. — Population en 1793 : 900 habitants (Arch. nat., D IV *bis* 51). Mouvement (en 1787) : naissances 29, dont 14 garçons, 15 filles; mariages 7; décès 16, dont 6 hommes, 10 femmes (Arch. Calvados, C 171). Population actuelle : 599 habitants.

[3] Le sieur Louis-François AUCHER, député de la paroisse des Chéris, étant tombé malade durant la tenue de l'assemblée préliminaire, la paroisse lui a substitué, pour la seconde séance, celle du 9 mars, un nouveau député, le sieur Pierre-Charles MAZIER, qui a été agréé d'ailleurs régulièrement par l'assemblée. Voir *Procès-verbal de l'assemblée du tiers état du bailliage de Mortaïn*, séance du 9 mars (*infrà*, p. 263 et n. 1).

Jean-Baptiste LE BOCÉ, *laboureur*
(8 jours, 36 l., Acc.).

CHÉVREVILLE......... 66 feux.
Députés : *Germain-Henri-François
ABRAHAM, *avocat, seigneur du Bois-
gobbé* (8 jours, 36 l. et 21 jours,
80 l., Acc.)[1]; François QUESLIER,
*tanneur* (8 jours, 36 l., Acc.).

COULOUVRAY [2]........ 250
Députés : NICOLE, *laboureur* (8 jours,
36 l., Acc.); Julien PICHON, *laboureur* (8 jours, 36 l., Acc.);
Vincent DEBON, *laboureur* (8 jours,
36 l., Acc.),

CUVES............. 160
Députés : Louis DUMONT, *laboureur*
(8 jours, 36 l., Acc.); Pierre
JOUVIN-LA DERAIS, *laboureur* (8
jours, 36 l., Acc.).

FERRIÈRES........... 46
Députés : *Charles-François GERBERT,
*avocat* (8 jours, 36 l. et 21 jours,
80 l., Acc.)[3]; André AMETTE, *étudiant en droit* (8 jours, 36 l., Acc.).

FONTENAY.......... 100
Députés : Jacques OZENNE, *marchand,
fils Jacques* (7 jours, 33 l., Acc.);
Henri GUILMARD, *laboureur* (7
jours, 33 l., Acc.).

LE FRESNE-PORET..... 162
Députés : *Claude MOULLIN DE LA
BOURDONNÉ, *négociant* (8 jours,
36 l. et 20 jours, 77 l., Acc.);
*Etienne JUHEL-DESLANDES, *auber-
giste* (8 jours, 36 l. et 20 jours,

---

[1] *Rôle des taxes*, ms. cit., sous le n° 12. Le sieur Abraham DE BOISGOBBEY était avocat au bailliage de Mortain et porté en 1781 au *Rôle de la capitation des officiers de judicature* pour une somme de 9 l. 12 s., sur laquelle il obtint une modération de 8 livres, en 1789; il ne figure plus au nombre des privilégiés (Arch. Calvados, C 4652, C 8130).

[2] Ancienne paroisse, réunie à Bois-benâtre, arrondissement de Mortain, canton de Saint-Poix, par décret du 7 mai 1850. La paroisse de Boisbenâtre appartenait en 1789 au bailliage de Vire, secondaire pour la convocation du bailliage principal de Caen; elle y a été convoquée et y a régulièrement comparu. Voir *Procès-verbal de l'assemblée préliminaire du bailliage de Vire*, séance du

6 mars (ms. Arch. Greffe de la cour d'appel de Caen). Le cahier de doléances de cette paroisse de Boisbenâtre n'a d'ailleurs pas été plus conservé que celui de Coulouvray.

La population de Coulouvray s'élevait en 1793 à 1,200 habitants (Arch. nat., D IV *bis* 51); le mouvement, en 1787, était de 41 naissances, dont 13 garçons et 28 filles; de 5 mariages et de 24 décès, dont 10 hommes et 14 femmes (Arch. Calvados, C 171). Population actuelle, avec Boisbenâtre réuni : 1,214 habitants.

[3] *Rôle des taxes*, ms. cit., sous le n° 13. Le sieur GERBERT fut nommé pour remplacer le sieur DE LA CHEVALLAYE, qui n'avait point accepté d'aller à l'assemblée de Coutances. Voir le *Procès-verbal, infrà*, p. 266.

77 l., Acc.); *Joseph-François-Gabriel-Marie THEBAULT, *avocat* (8 jours, 36 l. et 20 jours, 77 l., «a refusé, absent»)[1].

GER .......... .... 556 feux.

Députés : Mathieu CAILLEBOTTE, *laboureur* (8 jours, 36 l., Acc.); *Gabriel-Ernest HAUTEBROUSSE, *laboureur* (8 jours, 36 l., et 20 jours, 77 l., Acc.); Blaize LE MOINE, *laboureur* (8 jours, 36 l., Acc.); Charles-Pierre LEFRANC, *laboureur* (8 jours, 36 l., Acc.); Guillaume PALLIX, *laboureur* (8 jours, 36 l., Acc.)[2]; Jacques DUMAINE, *laboureur* (8 jours, 36 l., Acc.).

LE GRAND-CELLAND.... 120

Députés : *François LE ROUX DE LAUNAY, *vivant de son bien noblement* (8 jours, 36 l. et 19 jours, 74 l., Acc.)[3]; Pierre HARDY, *laboureur* (8 jours, 36 l., Acc.).

HEUSSÉ ............. 200

Députés : Pierre SEGOT, *laboureur* (8 jours, 36 l., Acc.); Jean NOËL, *laboureur* (8 jours, 36 l., Acc.).

HUSSON............. 175

Députés : Martin-Pierre COLLIBEAUX DE LA GANDONNIÈRE, *propriétaire* (8 jours, 36 l., Acc.); Jean-Philippe HAMON, *laboureur* (8 jours, 36 l., Acc.).

ISIGNY............. 80

Députés : Martin CRUET, *laboureur* (8 jours, 36 l., Acc.); Jean CORDON, *laboureur* (8 jours, 36 l., Acc.).

JUVIGNY............. 179

Députés : *André JAMMES, *avocat* (7 jours, 33 l. et 20 jours, 77 l., Acc.); *Jacques BERNIER, *notaire* (7 jours, 33 l. et 20 jours, 77 l., Acc.)[4].

LAPENTY ........... 200

Députés : Jean-Baptiste LE POURSELET DE LA BOUVERIE, *propriétaire* (8 jours, 36 l., Acc.); Jacques BIL-

---

[1] *Rôle des taxes*, ms. cit., sous le n° 19.
[2] Sur G. PALLIX, laboureur, voir la note sous le procès-verbal de l'assemblée préliminaire (*infra*, p. 254, n. 3).

[3] *Rôle des taxes*, ms. cit., sous le n° 11.
[4] *Rôle des taxes*, ms. cit., sous le n° 13.

LIARD-SAGALAIS, *propriétaire* (8 jours, 36 l., Acc.); René LEMERCIER DE LA MOTTERIE, *propriétaire* (8 jours, 36 l., Acc.).

LINGEARD............ 40 feux.

Députés : François LELANDAIS, *laboureur* (8 jours, 36 l., Acc.); François LESAGE, *laboureur* (8 jours, 36 l., Acc.).

LES LOGES [1] ......... 99

Députés : *Gilles ROUSSEL, *docteur en médecine* (8 jours, 36 l. et 19 jours, 74 l., Acc.)[2]; Pierre HÜE-LACROIX, *laboureur* (8 jours, 36 l., Acc.).

LA MANCELLIÈRE...... 120

Députés : Michel LE HÉRIÉE, *laboureur* (8 jours, 36 l., Acc.); Julien AUFRAY, *laboureur* (8 jours, 36 l., Acc.).

MARCILLY............ 184

Députés : Jacques TRONCHON, *laboureur* (8 jours, 36 l., Acc.); Jean-Baptiste POULLAIN, *laboureur* (8 jours, 36 l., Acc.).

MARTIGNY ........... 150

Députés : Louis LAISNÉ, *laboureur* (8 jours, 36 l., Acc.); Michel OLIVIER, *laboureur* (8 jours, 36 l., Acc.).

MESNIL-BŒUFS........ 101

Députés : *François-Paul CERTAIN, *seigneur de Boistirel, vivant noblement* (8 jours, 36 l. et 20 jours, 77 l., Acc.)[3]; Julien-Magdeleine BRIÈRE (8 jours, 36 l., Acc.).

MESNIL-GILBERT...... 112

Députés : Gabriel LEMANDELÉ, *laboureur* (8 jours, 36 l., Acc.); Ga-

[1] Il existe, dans le département de la Manche, deux communes portant actuellement le nom de *les Loges*. La première et la plus importante, dénommée aujourd'hui officiellement *les Loges-Marchis* (arrondissement de Mortain, canton de Saint-Hilaire-du-Harcouët, 1,327 habitants), appartenait en 1789 au bailliage d'Avranches; elle a comparu régulièrement à l'assemblée préliminaire de ce bailliage. (Voir *Procès-verbal de l'assemblée préliminaire du bailliage d'Avranches*, au t. Ier, p. 684.) Celle dont il est question ici porte aujourd'hui la qualification de *les Loges-sur-Brécey* (arrondissement d'Avranches, canton de Brécey, 384 habitants).

Population en 1793 : 450 habitants (Arch. nat., D IV bis 51). Mouvement (en 1787) : naissances, 19, dont 8 garçons et 11 filles; mariages, 2; décès, 11, dont 6 hommes et 5 femmes (Arch. Calvados, C 171). Population actuelle : 348 habitants.

[2] *Rôle des taxes*, ms. cit., sous le n° 10.

[3] Sur Fr.-Paul CERTAIN, voir la note sous le procès-verbal de l'assemblée préliminaire (*infra*, p. 258, n. 1). Cf. *Rôle des taxes*, ms. cit., sous le n° 17.

briel Leconte, *laboureur* (8 jours, 36 l., Acc.).

Mesnil-Lard......... 180 feux.

Députés : François-Gabriel-Joseph-Marie Thebault, *avocat* (8 jours, 36 l., Acc.); *Jean-Baptiste-Guillaume Gautier-Boislaunay, *avocat* (8 jours, 36 l. et 20 jours, 77 l., Acc.) [1].

Mesnil-Ozanne....... 76

Députés : Jacques Le Compagnon, *laboureur* (8 jours, 36 l., Acc.); Jacques Muriel, *laboureur* (8 jours, 36 l., Acc.).

Mesnil-Rainfray ..... 181

Députés : François-Jullien-Thomas Delachevallaye, *avocat* (8 jours, 36 l., Acc.) [2]; Jullien Champion, *laboureur* (8 jours, 36 l., Acc.).

Mesnil-Thebault ..... 102

Députés : *Philippe-Julien Cordon, *laboureur* (8 jours, 30 l. et 20 jours, 77 l., Acc.) [3]; Jacques Lemarchand, *chirurgien* (8 jours, 36 l., Acc.).

Mesnil-Tove......... 164

Députés : Étienne Hedon, *laboureur* (8 jours, 36 l., Acc.); et Jean Lecharlier, *laboureur* (8 jours, 36 l., Acc.).

Milly [4] ........... 130 [5]

*Paroisse non convoquée* [6].

[1] *Rôle des taxes*, ms. cit., sous le n° 14. Sur François-Gabriel-Jean-Marie Thebault, voir la note sous le procès-verbal de l'assemblée préliminaire (*infra*, p. 258). Le sieur Thebault a refusé d'aller à l'assemblée de Coutances, et a dû être remplacé par le sieur Jacques Besnier, notaire. Voir le *Procès-verbal*, *infra*, p. 266.

[2] Le sieur de La Chevallaye avait été élu comme député du quart réduit, pour aller à l'assemblée de Coutances, mais ayant refusé, il fut remplacé par le sieur Charles-François Gerbert. (Voir le *Procès-verbal*, *infra*, p. 266.)

[3] *Rôle des taxes*, ms. cit., sous le n° 23.

[4] Arrondissement de Mortain, canton de Saint-Hilaire-du-Harcouët.

[5] Le chiffre de feux est fourni par le *Procès-verbal* de l'assemblée de la ville d'Argentan et des paroisses dépendantes du bailliage dudit lieu, séance du 3 mars (Arch. nat., B III 2, p. 1019).

Dumoulin, dans sa *Géographie descriptive*, en 1765, donne, au contraire, 214 feux (*Généralité de Caen*, p. 166). La différence provient vraisemblablement de ce qu'il parle de la paroisse entière, tandis que le *Procès-verbal* ne vise que la partie de la paroisse relevant du bailliage d'Argentan. Le *Dictionnaire* d'Expilly donne, en effet, «208 feux pour le bourg entier, 163 pour la partie relevant d'Argentan».

Population en 1793 : 825 habitants (Arch. nat., D IV bis 51). Mouvement en 1787 : naissances, 20, dont 13 garçons et 7 filles; mariage, 1; décès, 16, dont 9 hommes et 7 femmes (Arch. Calvados, C 171). Population actuelle : 606 habitants.

[6] La paroisse de Milly était, en effet, mixte; une partie, la plus importante, qui avait appartenu à l'ancienne vicomté d'Argentan, sergenterie dite *au Breton*, était encore, en 1789, du ressort du bailliage d'Argentan, secondaire pour

MONTGOTHIER......... 125 feux.

Députés : Jacques HARDY, *laboureur* (8 jours, 36 l., Acc.); Louis-François HARDY, *laboureur* (8 jours, 36 l., Acc.).

MONTIGNY............ 120

Députés : Louis HERLOUIN, *laboureur* (8 jours, 36 l., Acc.); François COLLIBEAUX, *laboureur* (8 jours, 36 l., Acc.).

MONTJOYE [1] ........ 187

Députés : Guillaume LE SAGE LAU-BRIÈRE, *laboureur* (8 jours, 36 l., Acc.); Pierre LECLERC, *laboureur* (8 jours, 36 l., Acc.).

MOULINES............ 85

Députés : Jean-Charles RUAULT, *laboureur* (8 jours, 36 l., Acc.); Jacques LAVOUÉ, *laboureur* (8 jours, 36 l., Acc.).

NAFTEL............. 47

Députés : Jacques HAMEL, *laboureur* (8 jours, 36 l., Acc.); Alexandre LAISNÉ, *laboureur* (8 jours, 36 l., Acc.).

---

la convocation du bailliage principal d'Alençon, dont elle était éloignée de près de dix-huit lieues (*Enquête sur les justices*, 1788, Arch. Calvados, C 6077). Non convoquée à Mortain, la paroisse l'a été régulièrement à Argentan, et ses députés n'ont pas craint de s'imposer un long déplacement pour comparaître à l'assemblée préliminaire. Les députés furent, pour le tiers état, les sieurs LOUET, dit LA RESSOURCE, et Pierre HE-LOUIS (*Procès-verbal* précité, Arch. nat., B III 2, p. 1019). Quant aux ordres privilégiés, le curé Jacques LANGLOIS a comparu par son représentant, le curé de Montchevrel; le seigneur, Fr. DUHAMEL DE MILLY, a été représenté par le comte d'Omméel. Voir *Procès-verbal de l'assemblée des trois ordres du bailliage d'Alençon*, s. du 16 mars, ordre de la noblesse, bailliage d'Argentan. (Arch. nat., B III/2, p. 642.)

IMPOSITIONS pour 1789 : taille, 2,179 livres; acc., 1,430 livres; cap., 1,410 livres; corvée, 723 l. 14 s. 4 d.; vingtièmes, 1,592 l. 7 s. 3 d.; territorial, 134 livres; bât., 45 livres. Au total, 7,514 l. 1 s. 7 d.

*Privilégiés* : le curé. Me J. Langlois;

pour la noblesse, M. Duhamel de Milly, seigneur (c. n. 68 l. 8 s.); MM. de Gaalen frères (c. n. 36 l.); M. de Gaalen de Douere (c. n. 9 l. 2 s.); M. de Mésenge l'aîné (c. n. 7 l. 4 s.) et pour le tiers état, le sieur P. Boisirel et ses fils, collecteurs des vingtièmes (c. 45 l.).

Le rôle paroissial de corvée pour 1788 est conservé. (Arch. Calvados, C 8278.)

[1] Il existe, dans le département de la Manche, deux communes du nom de *Montjoie*. L'une, la moins considérable (449 habitants), appartient aujourd'hui à l'arrondissement d'Avranches, canton de Saint-James; en 1789, elle relevait du bailliage d'Avranches, où elle a comparu régulièrement. (Voir *Procès-verbal de l'assemblée préliminaire d'Avranches*, au t. 1, p. 684.) Celle dont il est question au texte est l'actuelle commune de Montjoie, arrondissement de Mortain, canton de Saint-Pois.

Population en 1793 : 970 habitants (Arch. nat.. D IV *bis* 51). Mouvement en 1787 : naissances, 31, dont 15 garçons et 16 filles; mariages, 7; décès, 13, dont 5 hommes et 8 femmes (Arch. Calvados, C 171). — Population actuelle : 966 habitants.

LE *NEUFBOURG* [1]...... 80 feux [2].

Députés : François Loisel, *avocat* (6 jours, 30 l., Acc.); Henry-Siméon Poullain, député suppléant (6 jours, 30 l., Acc.); Jean-Angélique Lemoine de Villeneuve (n'a pas siégé, ayant opté pour la ville de Mortain) [3].

*PARIGNY*............ 220

Députés : Pierre Barbé, *marchand* (8 jours, 36 l., Acc.); Pierre Martin, *laboureur* (8 jours, 36 l., Acc.); François Couëtte, *laboureur* (8 jours, 36 l., Acc.).

*PÉRIERS-EN-BEAUFICEL* .. 150

Députés : *Jean-André de la Noë, *laboureur* (8 jours, 36 l. et 19 jours, 74 l., Acc.); *Gilles Le Sage, *laboureur* (8 jours, 36 l. et 19 jours, 74 l., Acc. ) [4].

*REFFUVEILLE* ........ 250

Députés : Charles Poisnel, *laboureur* (8 jours, 36 l., Acc.); Jean-Michel-Marie Aufray, *laboureur* (8 jours, 36 l., Acc.); Julien-Hardy Le Friche, *laboureur* (8 jours, 36 l., Acc.)

*ROMAGNY*............ 300

Députés : Siméon Savigny, *laboureur* (7 jours, 33 l., Acc.); Guy Deschamps du Tertre, *laboureur* (7 jours, 33 l., Acc.); René Triétin, *laboureur* (7 jours, 33 l.,

[1] La paroisse du Neufbourg se trouvait en 1789 dans une situation assez ambiguë, semble-t-il, vis-à-vis de la ville de Mortain. Le lieutenant général, dans la lettre même qui accompagne l'envoi de l'*État des feux des paroisses du bailliage*, l'expliquait ainsi : «La paroisse du Neufbourg avait toujours fait partie de la ville, et était regardée comme fauxbourg ; elle s'est distraite de la ville et ne veut plus faire corps, ce qui fait que vous la trouverez dans le procès-verbal comme paroisse de campagne. Elle contient 80 feux.» Mais, quelques lignes plus loin, il ajoutait en *post-scriptum* : «*P. S.* La paroisse de Neufbourg n'avait cessé de faire corps avec la ville de Mortain, que dans l'espoir de se soustraire aux entrées. J'apprends dans l'instant qu'elle vient de perdre son procès au Conseil d'État ; ainsi dorénavant elle fera comme par le passé. «(*Lettre du lieutenant général à M. le G. d. S., du 15 avril 1789*, Arch. nat., B III 54, p. 192.)

[2] Population de Neufbourg en 1793 : 381 habitants. (Arch., nat. D IV *bis* 51.) Mouvement en 1787 : naissances, 8 dont 6 garçons et 2 filles; mariages, 2 ; décès, 8 dont 3 hommes et 5 femmes. (Arch. Calvados, C. 171.) — Population actuelle : 442 habitants.

[3] Sur J.-Aug. Lemoine de Villeneuve, voir la note sous le procès-verbal de l'assemblée préliminaire (*infra*, p. 252). Ce personnage avait été en même temps choisi comme député par la ville de Mortain (*supra*, p. 225). À l'assemblée préliminaire, il a opté pour la ville et a été remplacé comme député du Neufbourg par le député suppléant, Siméon Poullain. Voir *infra*, p. 262.

[4] *Rôle des taxes*, ms. cit., sous le n° 10.

Acc.); *François Cahours, *laboureur* (7 jours, 33 l. et 20 jours, 77 l., Acc.) [1].

SAVIGNY [2] .......... 255 feux.

Députés : Michel Tréhec, *laboureur* (8 jours, 36 l., Acc.); Michel Gillet, *laboureur* (8 jours, 36 l.; Acc.); Jean Jamont, *laboureur* (8 jours, 36 l., Acc.).

SOURDEVAL. .......... 715

Députés : Guillaume-Macé Manière, *propriétaire* (8 jours, 36 l., Acc.); *Jullien Clouard, *avocat* (8 jours, 36 l. et 20 jours, 77 l., Acc.); *Julien-Denis-Jean Le Dieu de la Ruandière, *directeur des postes* (8 jours, 36 l. et 20 jours, 77 l., Acc.); *Charles-François Aufray, *chirurgien* (8 jours, 36 l. et 21 jours, 80 l., Acc.); *Charles-Gabriel Lamy, *négociant* (8 jours, 36 l. et 20 jours, 77 l., Acc.); *Denis Regnault, *propriétaire* (8 jours, 36 l. et 20 jours, 77 l., Acc.); Jean-Baptiste Trochon, *sergent* (8 jours, 36 l., Acc.); Jean-François Vaullegeard-les-Petits, *vivant de son bien* (8 jours, 36 l., Acc.) [3].

SAINT-BARTHÉLÉMY..... 100

Députés : Guillaume Eslier, *laboureur* (7 jours, 33 l., Acc.); Julien Amburnais-Roussel, *laboureur* (7 jours, 33 l., Acc.).

SAINT-CLÉMENT........ 200

Députés : Jacques Godard, *laboureur* (8 jours, 36 l., Acc.); Gilles Davy, *laboureur* (8 jours 36 l., Acc.).

---

[1] *Rôle des taxes*, ms. cit., sous le n° 13.

[2] Il existe, dans le département de la Manche, deux communes du nom de *Savigny*. La moins importante (571 habitants), qui appartient aujourd'hui à l'arrondissement de Coutances, canton de Cerisy, relevait, en 1789, du bailliage de Coutances, où elle a régulièrement comparu. (Voir le *Procès-verbal de l'assemblée préliminaire de Coutances*, au t. I, p. 651.) Nous avons également conservé son cahier, qu'on trouvera au même volume, p. 533. Mais la paroisse dont il

s'agit au texte est celle aujourd'hui qualifiée administrativement *Savigny-le-Vieux*, arrondissement de Mortain, canton de Le Teilleul.

Population en 1793 : 1,220 habitants (Arch. nat., D IV *bis* 51). Mouvement en 1787 : naissances, 45, dont 25 garçons et 20 filles; mariages, 12; décès, 33, dont 17 hommes et 16 femmes (Arch. Calvados, C 171). — Population actuelle : 1,089 habitants.

[3] *Rôle des taxes*, ms. cit., sous le n° 12. Le *Rôle* donne au sieur Denis Regnault la qualification de laboureur.

SAINT-CYR-DU-BAILLEUL. . 430 feux.

Députés: Louis-Paterne Ozouf, *notaire* (8 jours, 36 l., Acc.) Nicolas BECHET, *laboureur* (8 jours, 36 l., Acc.); Pierre BECHET, *laboureur* (8 jours, 36 l., Acc.); Nicolas BECHET-GONDONNIÈRE, *laboureur,* (8 jours, 36 l., Acc.); François GRESLÉ-CHAMPNOIRE, *laboureur* (8 jours, 36 l., Acc.).

S.<sup>t</sup>-GEORGES-DE-ROUELLÉ. . 325

Députés : *Jacques-François HAYE LA DIVÈRE, *chirurgien* (8 jours, 36 l. et 20 jours, 77 l., Acc.)[1]; Pierre-André BONNESOEUR, *propriétaire* (8 jours, 36 l., Acc.); Jacques-André LE BOURGETEL, *laboureur* (8 jours, 36 l., Acc.); Georges-Siméon LANGLOIS, *laboureur* (8 jours, 36 l., Acc.).

S.<sup>t</sup>-HILAIRE-DU-HARCOUET . 429

Députés: *Jacques-Anne LEREBOURS DE LA PIGEONNIÈRE, *avocat* (8 jours, 36 l. et 21 jours, 80 l., Acc.); *Joseph BECHEREL, *docteur en médecine* (8 jours, 36 l. et 20 jours, 77 l., Acc.); Nicolas LAIR, *chirurgien* (8 jours, 36 l., Acc.); *Denis-Gabriel BREHIER, *notaire* (8 jours, 36 l. et 20 jours, 77 l., Acc.); *Jean-Marie DE LA ROCHE, *docteur-médecin* (8 jours, 36 l. et 20 jours, 77 l., Acc.); *François-Gilbert-Thomas DE LA CHEVALLAIS, *avocat* (8 jours, 36 l. et 20 jours, 77 l., ref.)[2].

SAINT-JEAN [3] . . . . . . . . 100

Députés: Guillaume LE MARDELÉ, *laboureur* (7 jours, 33 l., Acc.);

<hr />

(1) *Rôle des taxes*, ms. cit., sans indication de numéro du rôle.

(2) Sur P. LEREBOURS-PIGEONNIÈRE, voir la note sous le *Procès-verbal de l'assemblée préliminaire* (*infra*, p. 258, n° 2). Le *Rôle des taxes* explique brièvement le refus de taxe du sieur DE LA CHEVALLAIS : «absent, ayant refusé» (ms. cit., sous le n° 11).

(3) Aujourd'hui commune de *Saint-Jean-du-Corail*, arrondissement et canton de Mortain. Il ne faut pas la confondre avec une autre commune, aujourd'hui dénommée *Saint-Jean-du-Corail-des-Bois*,

arrondissement d'Avranches, canton de Brécey. Celle-ci, qui avait, en 1789, 20 feux et compte actuellement 157 habitants, faisait partie du bailliage d'Avranches, où elle a régulièrement comparu. Voir bailliage d'Avranches, assemblées primaires (au t. I<sup>er</sup>, p. 685).

Population en 1793 : 672 habitants (Arch. nat., D IV *bis* 51). Mouvement en 1787 : naissances, 26, dont 14 garçons et 12 filles ; mariages, 5 ; décès, 9, dont 5 hommes et 4 femmes (Arch. Calvados, G 171). Population actuelle : 521 habitants.

Julien Surville, *laboureur* (7 jours, 33 l., Acc.).

SAINT-LAURENT-DE-CUVES. 250 feux.

Députés : *Jean-Baptiste Hüe-Gâti-nière, *laboureur* (8 jours, 36 l. et 19 jours, 74 l., Acc.) [1]; Julien Perlin, *laboureur* (8 jours, 36 l., Acc.); Georges de Champrepus, *laboureur* (8 jours, 36 l., Acc.).

Sᵗ-Martin-le-Bouillant. 150

Députés : Jacques Letellier, *labou-reur* (8 jours, 36 l., Acc.); Julien Dubois, *laboureur* (8 jours, 36 l., Acc.).

Saint-Pois............ 135

Députés : Louis de la Rüe, *laboureur* (8 jours, 36 l., Acc.); Étienne Chopin, *laboureur* (8 jours, 36 l., Acc.).

Saint-Symphorien [2] ... 104

Députés : Julien Le Bordais, *labou-reur* (8 jours, 36 l., Acc.); Louis Fautrard, *laboureur* (8 jours, 36 l., Acc.).

Le Theilleul........ 500

Députés : *Louis-Pierre Cousin-Des-champs, *avocat* (8 jours, 36 l. et 21 jours, 80 l., Acc.) [3]; Claude Lemercier, *propriétaire* (8 jours, 36 l., Acc.); Nicolas Coupel, *pro-priétaire* (8 jours, 36 l., Acc.); Jacques-Noël Joüin, *propriétaire* (8 jours, 36 l., Acc.); Jean Cour-teille, *propriétaire* (8 jours, 36 l., Acc.); Michel Gallon, *propriétaire* (8 jours, 36 l., Acc.).

Le Touchet [4]........ 240

Députés : Jacques Mittel, *laboureur*

---

[1] *Rôle des taxes*, ms. cit., sous le n° 9.

[2] Il existe, dans le département de la Manche, deux communes portant le nom de *Saint-Symphorien*. La plus petite (181 habitants), appartenant à l'arron-dissement de Saint-Lô, canton de Tori-gny, relevait, en 1789, du bailliage de Torigny, secondaire pour la convocation du bailliage principal de Caen; elle a été convoquée et a régulièrement com-paru à l'assemblée de ce bailliage. (Voir *Procès-verbal de l'assemblée du bailliage de Torigny*, séance du 5 mars 1789, Arch. Manche, série B, n. cl.) Son procès-verbal comme son cahier ne sont pas conservés.

La paroisse dont il question au texte est l'actuelle commune de *Saint-Sym-phorien*, arrondissement de Mortain, canton de Le Teilleul. Population en 1793 : 480 habitants. Mouvement en 1787 : naissances, 8, dont 4 garçons, 4 filles; mariages, 4; décès, 12, dont 6 hommes, 6 femmes (Arch. Calvados, C 171). — Population actuelle : 408 ha-bitants.

[3] Sur L.-P. Cousin-Deschamps, voir la note sous le procès verbal de l'assem-blée préliminaire (*infra*, p. 256, n. 2). Cf. aussi *Rôle des taxes*, ms. cit., sous le n° 16.

[4] Aujourd'hui dénommée adminis-trativement *Notre-Dame-du-Touchet*, ar-

(7 jours, 33 l., Acc.); Jacques JULLIEN, *laboureur* (7 jours, 33 l., Acc.), Thomas VAUTIER, *laboureur* (7 jours, 33 l., Acc.).

VENGEONS............ 340 feux.

Députés : *Michel HOMO-LES-VALLÉES, *fabricant de papier* (8 jours, 36 l. et 19 jours, 74 l., Acc.)[1]; Pierre TEMPLE, *marchand* (8 jours, 36 l., Acc.); Pierre LEMASSON, *marchand* (8 jours, 36 l., Acc.); René MAUDUIT, *laboureur* (8 jours, 36 l., Acc.).

VÉZINS ............ 150

Députés : Louis GIREL, *laboureur* (8 jours, 36 l., Acc.); Nicolas CLOUARD, *laboureur* (8 jours, 36 l., Acc.).

VILLECHIEN........... 150

Députés : Guillaume-Jean-Baptiste COEURET DES IVETS, *avocat* (8 jours, 36 l., Acc.); *Robert JUHÉ DE LAUNAY, *propriétaire* (8 jours, 36 l. et 21 jours, 80 l., Acc.)[2].

VIREY............... 340

Députés : *Jean-Denis-François-Gabriel LE CARPENTIER, *étudiant en droit* (8 jours, 36 l. et 20 jours, 77 l., Acc.)[3]; Louis DELAPORTE, *laboureur* (8 jours, 36 l., Acc.); Julien FAUCHON, *laboureur* (8 jours, 36 l., Acc.); François MARTIN, *laboureur* (8 jours, 36 l., Acc.).

rondissement de Mortain, canton de Mortain. La commune a englobé *le Petit-Touchet*, qui avait, à la fin du XVIII° siècle, 500 habitants.

Population en 1793 pour le Touchet : 1,500 habitants (Arch. nat., D IV bis 51). Mouvement en 1787 : naissances, 50, dont 32 garçons, 18 filles; mariages, 10; décès, 27, dont 10 hommes, 17 femmes (Arch. Calvados, C 171). — Population actuelle : 1,147 habitants.

[1] *Rôle des taxes*, ms. cit., sous le n° 10. Le sieur HOMO-LES-VALLÉES était, en 1788, membre de l'assemblée du département de Mortain et faisait partie du bureau *dit* des travaux publics, agriculture et bien public (Arch. Calvados, C 7706).

[2] Sur JUHÉ DE LAUNAY, voir la note sous le procès-verbal de l'assemblée préliminaire (*infra*, p. 254). Cf. aussi le *Rôle des taxes*, sous le n° 15.

[3] *Rôle des taxes*, ms. cit., sans numéro de cote.

### Protestation des trois ordres du bailliage de Mortain.

(Ms. *Greffe du Tribunal de première instance de Coutances*, pièce n° 14. Original signé,
12 pages en 6 rôles in-4°, cotés et paraphés du lieutenant général [1].)

Par devant M° Jacques-Antoine-François Restout [2], seul notaire royal en titre, garde-notes héréditaire du bailliage et pour tout le comté de Mortain, soussigné,

L'an 1789, le onzième jour de mars, avant midi,

Ont comparu Messire Antoine-Anne-Nicolas de Géraldin, chevalier seigneur, comte de Lapenty, Saint-Symphorien, Buais, seigneur de la Vallée et autres lieux, chevalier de l'ordre royal et militaire de Saint-Louis, brigadier des armées du Roi, grand bailli d'épée du bailliage et comté de Mortain [3], demeurant ordinairement en son château de Saint-Symphorien,

---

[1] Cette pièce a été éditée par M. l'abbé Pigeon, dans son étude sur *Le grand bailliage de Mortain en 1789*, précitée, p. 104-111, d'après un exemplaire manuscrit appartenant au chartrier privé de M. de la Garanderie.

[2] M° Jacques-François Restout, qui se qualifie « seul notaire royal du bailliage de Mortain », tenait, en effet, sa charge directement du roi.

Il payait, en 1781, une capitation privilégiée de 5 livres seulement (Arch. Calvados, C 4652).

Tous les autres notaires du ressort, à l'exception de celui de Périers-en-Beauficel, qui était également *notaire royal* (*infra*, p. 241), tenaient leur office à ferme du comte de Mortain, et n'avaient que le titre de *tabellions*. La différence pratique consistait en ce que les tabellions ne pouvaient donner l'authenticité qu'aux actes passés dans l'étendue de la juridiction où ils étaient immatriculés, et seulement entre personnes domiciliées dans la juridiction. (Voir Ferrière, *Dictionnaire de droit*, v° Notaires des seigneurs, t. II, p. 368.)

Le *Rôle de capitation de 1781*, qui est le dernier dans lequel figurent, à côté des officiers de justice proprement dits, les auxiliaires de la justice, fait apparaître dans l'élection de Mortain 2 notaires royaux et 17 tabellions (Arch. Calvados, C 4652). Le nombre ne devait pas avoir beaucoup changé en 1789, car le subdélégué écrivait à la fin de 1788 :

« Il n'y a, dans l'étendue du bailliage de Mortain, que deux offices de notaires qui appartiennent à des particuliers; tout le reste ne sont que des tabellions, qui prennent l'office en ferme de M<sup>gr</sup> le duc d'Orléans, qui en est propriétaire. » (*Lettre du subdélégué de La Roque à l'intendant, 28 juin 1788*, Arch. Calvados, C 6077.)

[3] Antoine-Anne-Nicolas de Géraldin était grand-bailli de Mortain depuis 1775, et non depuis 1768, comme l'a cru M. l'abbé Pigeon (*op. cit.*, p. 49). Les *Lettres de provision*, conservées aux Archives nationales, sont en date du 5 juillet 1775. Elles sont accordées pour l'office de « nostre conseiller et bailly des comté et bailliage de Mortain », et relatent un extrait baptistaire du 4 mars 1714 (Arch. nat., V¹ 474). D'ailleurs, la charge de grand-bailli de Mortain était à peu près héréditaire dans la famille des Géraldin; le père de celui-ci, Pierre-Nicolas-Rémi de Géraldin, grand-bailli lui-même depuis 1725, avait obtenu, dès 1749, pour son fils, la survivance de sa charge; elle était évaluée à 4,000 livres, et le « droit de quart denier, quittance et contrôle », s'était élevé, avec les 2 sols pour livre, à 1202 l. 14 s. Avant de revêtir l'office de grand-bailli, Antoine de Géraldin avait servi dans l'armée, où il avait obtenu le grade de brigadier des armées du Roi et la croix de Saint-Louis. Après la réforme judiciaire de 1790, il demeura dans son

Et Messire Gabriel-François de Vaufleury, chevalier, seigneur patron présentateur de Saint-Cyr-du-Bailleul et de Saint-Jean-du-Corail, seigneur de La Motte-Boudé et autres lieux, conseiller du Roi, lieutenant général civil et criminel et de police dudit bailliage[1], demeurant en son hôtel, audit Mortain.

Lesdits seigneurs comparants, présidents des trois États dudit bailliage de Mortain, savoir ledit seigneur comte de Géraldin, du clergé et de la noblesse, et ledit seigneur de Saint-Cyr, du tiers état.

Lesquels, en cette qualité, nous ont présentement déposé et mis aux mains un acte écrit et signé sur deux feuilles de papier non timbré, portant, en substance, protestation contre la convocation desdits trois ordres dudit bailliage et démembrements d'icelui au bailliage de Coutances, et réclamation de leurs droits et privilèges de députer directement aux États généraux, suivant que le tout est plus au long énoncé audit acte, en date du 9 de ce mois, signé desdits seigneurs comparants et de plusieurs autres personnes de leur ordre et de celui du clergé et de la majeure partie du tiers état pour l'assemblée qui vient d'être tenue audit Mortain, et contrôlé au bureau dudit lieu, cejourd'hui.

Nous requérant, lesdits seigneurs comparants en leurs dites qualités, de joindre et annexer ledit acte à nos registres et minutes, pour d'icelui et du présent être délivré toutes grosses et expéditions requises et nécessaires, ce que nous leur avons accordé après avoir été contresigné ne varietur par ledit seigneur de Saint-Cyr; dont acte, fait et passé aux présences des sieurs Gilles-Marie Vaullegeard, notaire royal du bailliage de Periers[2], et Toussaint-Charles Jammes

---

château de Saint-Symphorien, n'émigra point, et mourut, paraît-il, tragiquement en 1793. On consultera sur ce personnage, et sur la famille de Géraldin, l'ouvrage précité de M. l'abbé Pigeon, *Le grand bailliage de Mortain en 1789,* p. 48 et suiv.

[1] Gabriel-François de Vaufleury était lieutenant général du grand-bailli de Mortain depuis 1773. Ses *Lettres de provision* pour l'office de «nostre conseiller lieutenant général civil et criminel» sont en date du 12 mai 1773, et relatent un extrait baptistaire du 14 septembre 1744 (Arch. nat., V¹ 465). Membre de l'assemblée du département de Mortain, pour l'ordre de la noblesse, il faisait partie du bureau intermédiaire et avait été choisi, en 1788, comme procureur-

syndic de la noblesse (Arch. Calvados, C 7706). Il était, en 1789, domicilié à Mortain et maire de la ville, et payait une capitation privilégiée de 180 livres (Arch. Calvados, C 8130). Incarcéré en 1793 comme suspect, libéré après le 9 thermidor, on le retrouve, en l'an VIII, maire de Saint-Jean-du-Corail (Notice dans H. Sauvage, *Mortainais historique,* p. 16).

[2] Il ne s'agit point, comme on pourrait le croire, du siège royal de Periers (arrondissement de Coutances), où était fixé, en 1789, le baillliage de Saint-Sauveur-Lendelin, mais d'un petit ressort royal enclavé dans le bailliage de Mortain, que l'on appelait communément, pour le distinguer, *bailliage de Periers-en-Beauficel,* et qui avait son

Toussaint, tous deux demeurant audit Mortain, témoins signés avec lesdits seigneurs comparants et nousdit, notaire, après lecture faite, ainsi signés le comte de Géraldin, brigadier des armées du Roi, grand bailli d'épée du bailliage et comté de Mortain; Devaufleury de Saint-Cyr, Vaullegeard, Jammes, avec Restout, notaire, à la minute du présent, contrôlée audit Mortain cejourd'hui par le sieur Robillard, qui a reçu seize sols[1] et aussi signé à ladite minute.

*Suit la teneur dudit acte déposé.*

Les trois ordres du clergé, de la noblesse et du tiers état, assemblés à Mortain cejourd'hui, neuvième jour de mars 1789, délibérant entre eux sur les ordres donnés par Sa Majesté de se rendre à Coutances le 16, devant le bailli dudit lieu, pour l'assemblée des trois états, a l'effet de concourir à la nomination des députés aux États généraux du royaume pour lesdits trois ordres.

Et considérant qu'il serait à craindre que ces ordres ne donnassent, par la suite, atteinte aux droits et privilèges que ce bail-

siège dans la paroisse de Périers (arrondissement de Mortain, canton de Sourdeval). Une lettre du subdélégué de La Roque à l'intendant, en date du 25 juin 1788, donne quelques renseignements sur l'état de ce ressort : «il existe encore, dans l'élection de Mortain, un petit bailliage composé de deux paroisses nommées Périers et Beauficel, lequel est un démembrement du bailliage de Périers-en-Cotentin... Il était ci-devant composé seulement d'un lieutenant particulier, d'un conseiller et d'un procureur du roi; mais ces offices étant tombés aux parties casuelles, personne ne les a relevés. Faute d'officiers, le Parlement, par arrêt, en a, depuis deux ans, attribué la connaissance provisoire au bailliage de Mortain. Cet objet doit être réuni au nouveau présidial a établir à Mortain, et cela serait d'autant plus facile que le domaine appartient à M. le duc de Penthièvre, qui en a cédé la jouissance à Mgr le duc d'Orléans.»(Arch. Calvados, C 6077.) Une autre pièce de même date (1788) nous apprend, en outre, que «les audiences de ce bailliage se tenaient à Périers; elles étaient desservies par un huissier-audiencier, qui a continué d'en remplir les fonctions à

Mortain. L'auditoire et les prisons sont dans le plus mauvais état». (*État des justices*, Arch. Calvados, C 6079.)

Le sieur Gilles-Marie Vaullegeard, notaire à Périers, était, avec le sieur Restout, le seul notaire royal du comté de Mortain (*supra*, p. 239, n. 2); il payait, à ce titre en 1781, une capitation privilégiée de 5 livres seulement (Arch. Calvados, C 4652).

[1] Les actes de la convocation en général, comme les assignations, procès-verbaux d'élection, étaient exemptés de tout droit de contrôle ou de timbre (*Règlement du 24 janvier 1789*, art. 23, dans Duvergier, I, p. 16); mais la *Protestation* ci-dessus est considérée comme un acte privé, et pour cela soumise au contrôle.

En se reportant au *Tarif de 1722*, on verra que le droit de 16 sols était celui afférent aux «déclarations pures et simples». Il est dû, d'après le texte: «pour une déclaration pure et simple, qui n'a rapport à aucun contrat ou acte, ou pour quelque cause que ce puisse être..., 16 sols». Voir *Tarif du droit de contrôle des actes*, 29 septembre 1722, n° 40 (dans *Dictionnaire raisonné des domaines*, Paris, 1785, t. I, p. xxi).

liage a de députer directement aux États généraux, comme bailliage indépendant d'aucun des autres bailliages de la province[1];

Que ce privilège est d'autant plus essentiel pour tous les individus de ce bailliage et démembrement d'icelui, qu'il prévient le déplacement coûteux de près de vingt lieues[2];

Que le territoire de ce bailliage est tout différent du sol de celui de Coutances et de ses démembrements;

Que, d'un autre côté, la population de ce bailliage est assez

---

[1] La question de l'indépendance du bailliage de Mortain à l'égard du bailliage de Coutances est, historiquement, assez délicate. M. l'abbé Pigeon, qui l'a étudiée assez longuement dans son *Étude sur le bailliage de Mortain en 1789*, p. 89 sq., paraît s'être laissé convaincre par les arguments que M. de Géraldin avait réunis dans le *Mémoire* qu'il adressa à Necker en février 1789, et qui est reproduit p. 90 sq. En réalité, l'argumentation du *Mémoire* n'est pas absolument probante; l'auteur a confondu volontairement la question de l'indépendance du *comté* de Mortain avec celle de l'indépendance du *bailliage*. Sans pouvoir ici développer longuement notre propre sentiment, voici, croyons-nous, à quelles idées il convient de s'arrêter :

1° Tout d'abord, il paraît bien certain que le bailliage de Mortain ne peut pas être compté au nombre des bailliages normands primitifs, créés au XIIIᵉ siècle par la royauté, et dont se sont démembrés plus tard les ressorts qu'en 1789 on appelait *secondaires*; il n'y avait point, aux XIIIᵉ et XIVᵉ siècles, de bailli de Mortain, et les documents de cette époque montrent, au contraire, assez fréquemment des assises tenues à Mortain par le bailli de Cotentin. Voir Léopold Delisle, *Mémoire sur les baillis du Cotentin*, dans Mém. Soc. Antiq. Normandie, t. XIX, p. 64 et suiv.;

2° Toutefois, au XVIᵉ siècle, la situation a changé lorsque le comté de Mortain fut cédé à la princesse Louise de Bourbon-Montpensier, en échange des comtés flamands de Leuze et de Condé abandonnés à l'empereur Charles-Quint au traité de Cambrai. Dans l'acte d'échange, en effet, qui est du 16 décembre 1559, il était stipulé expressément que la justice des terres cédées

par le roi demeurait indépendante des autres sièges royaux, et que les appels relèveraient directement au Parlement. C'est par application de ces stipulations du contrat d'échange, que depuis lors, le siège de Mortain eut, comme les anciens bailliages, un bailli d'épée de race noble, qui commandait l'arrière-ban, et dont le nom et la qualité figuraient en tête des actes judiciaires. C'est par application de la même idée qu'en 1550, lorsqu'un présidial fut créé à Coutances, des lettres patentes furent données pour déclarer le ressort de Mortain exempt de la juridiction du nouveau présidial et pour lui réserver l'appel direct au Parlement de Rouen. C'est enfin par une interprétation logique de la situation que le bailliage de Mortain a figuré, comme le prouvent les pièces fournies par M. de Géraldin, à côté des sept anciens grands bailliages de la province, avec une députation directe et distincte, aux États généraux de 1588 et de 1614, et aussi au procès-verbal de réformation de la coutume de Normandie en 1583.

Ainsi donc, pour conclure d'un mot, nous pensons que le grand-bailli de Mortain était historiquement fondé à réclamer, pour son siège, la représentation directe aux États généraux.

On consultera sur la question, outre les travaux précités de M. l'abbé Pigeon et de Léopold Delisle : Lefaverais, *Mémoire sur Tinchebray* (dans Mém. Soc. Acad. Cotentin, t. III, 1880, p. 24); Desdevises du Dezert, *Le Cotentin en 1789 et les États généraux*, p. 26 et suiv.; G. Dubois, *Un épisode de la Convocation des États généraux; le conflit de deux bailliages* (dans Révol. franç., année 1898, t. XXXIV, p. 8 à 19).

[2] Cf. le *Procès-verbal de l'assemblée préliminaire du tiers état*, *infra*, p. 263,

considérable pour avoir des députations directes, puisqu'on compte plus de cent vingt mille habitants dans son ressort[1];

Que la ville de Coutances, très bornée dans son étendue, ne peut facilement, ni sans une rançon ruineuse, contenir un aussi grand nombre de députés [2];

Que, d'ailleurs, à ces premiers moyens de fait, se réunit encore la disposition textuelle de l'article CINQUANTE du Règlement du quatorze janvier dernier[3], qui conserve à chaque bailliage son droit réel et particulier de députation directe, nonobstant la formation adoptée par ledit Règlement, reconnue par Monsieur le bailly du Cotentin lui-même dans l'article 16 de son ordonnance du 13 février dernier, qui porte que *c'est par ordre du Roi et pour la convocation des États généraux seulement qu'il envoie son ordonnance à Monsieur le bailli de Mortain,* et qu'il a, d'ailleurs, distingué très clairement le bailliage de Mortain, de Caen, de Saint-Lô, Avranches, etc.,

[1] Cf. le cahier du tiers état du bailliage d'Avranches, art. 2 (t. I, p. 692). Les *Moyens pour Monsieur le Grand Bailli de Mortain* s'expriment en termes presque identiques : «Le comté de Mortain, qui comprend le siège principal et celui de Tinchebray qui a la compétence des cas royaux dans toute la haute-justice de Condé-sur-Noireau, mérite par son étendue et sa population d'avoir des députés aux États généraux du royaume. Un pays aussi considérable ne peut être oublié dans l'assemblée de la nation.» (Abbé PIGEON, *op. cit.*, p. 96.) Le chiffre indiqué au texte est d'ailleurs très certainement exagéré.

[2] L'assemblée préliminaire du bailliage d'Avranches s'était également inquiétée «de l'embarras que l'affluence des députés doit causer dans la ville de Coutances, et des incommodités qui en sont la suite nécessaire» (*Cahier du tiers état d'Avranches*, art. 1er, au t. I, p. 692.) En fait, il est certain que l'affluence de près de 2,000 députés (879 ecclésiastiques, 584 nobles étaient convoqués personnellement, et les assemblées réduites devaient envoyer 441 députés du tiers), lesquels devaient séjourner pendant une quinzaine de jours à Coutances, ne pouvait manquer de faire renchérir les loyers et le coût de la vie. Le lieutenant de police de Coutances lui-même était fort inquiet; le 17 février, il écrivait au Garde des sceaux : «Monseigneur,

la réunion dans cette ville des ecclésiastiques et des nobles du grand bailliage du Cotentin et des députés des neuf bailliages secondaires présente de grandes difficultés, relativement à l'approvisionnement de la ville pendant la tenue de l'assemblée, et surtout pour le logement de tous les membres qui la composent.

«L'approvisionnement pourra se faire en prenant d'avance des précautions, mais il sera très difficile d'effectuer le logement. *Coutances est très peuplé*, et n'étant point une ville de passage, les ressources que l'on pourra trouver, de concert avec M. l'Évêque et les propriétaires, dans les séminaires, les maisons religieuses et quelques autres endroits, paraissent bien insuffisantes. J'en ai conféré avec M. le lieutenant général, etc. (*Lettre du lieutenant de police de Coutances, à M. le G. d. S., du 17 février 1789*, Arch. nat., Ba 35, l. 70 = B III 53, p. 12.) Sur cette question des logements à Coutances, on nous permettra de renvoyer à l'article que nous avons publié sous le titre : *L'assemblée générale des trois ordres à Coutances, en 1789*, dans la Revue de Cherbourg et de Basse-Normandie, n° du 15 janvier 1907, p. 93 et suiv.

[3] Il faut entendre le *Règlement fait par le roi pour l'exécution des lettres de convocation*, etc., qui est du 24 janvier 1789 et non du 14 (texte dans A. BRETTE, *op. cit.*, t. 1er, n° XXXVIII», p. 66).

16.

dépendants de son ressort; et que, relativement à ceux-ci, il a ordonné *que copies collationnées des Lettres du Roi, du Règlement et de son ordonnance seraient portées à Messieurs les lieutenants auxdits bailliages*, et, qu'en ce qui regarde celui de Mortain, il a ordonné, au contraire, *qu'elles seraient portées à Monsieur le bailli de Mortain* [1].

L'assemblée s'est déterminée à se rendre à Coutances, pour obéir aux ordres du Roi seulement, et sans entendre se préjudicier en ses droits et privilèges de députer directement aux États généraux, se réservant expressément de supplier Sa Majesté d'y maintenir ledit bailliage de Mortain comme bailliage principal et indépendant, droit qu'il lui sera facile d'établir par la possession la plus constante et les titres les plus évidents [2].

Pourquoi lesdits trois ordres réunis ont arrêté que la présente protestation sera déposée devant l'un des notaires ou tabellions de cette ville et expédition d'icelle délivrée et signifiée, en tant que besoin, à Monsieur le bailli du Cotentin [3] pour le maintien et conservation dudit bailliage de Mortain et démembrements d'icelui, de députer directement auxdits États généraux.

Ce que lesdits trois ordres réunis ont signé et arrêté, après lecture, pour ledit valoir ce qu'il appartiendra, ainsi signés :

### Clergé :

B.-R. TANQUEREL, curé du Menil-Thébault, doyen rural de Saint-Hilaire-du-Harcouët; L'abbé DE VAUFLEURY, curé de Barenton; LANSARD, curé du Rocher; LE BEL, curé de Mortain; LEDO, chanoine de Mortain; LE

---

[1] *Ordonnance du Grand Bailli de Cotentin, du 13 février 1789. A Coutances, de l'imprimerie de G. Joubert, 1789*, 8 pages in-4° (exemplaire authentique, portant la signature manuscrite du lieutenant général Desmarets, au greffe de Coutances, pièce n° 3). L'article 16 de cette ordonnance, assez différente naturellement des modèles imprimés envoyés de Versailles, est ainsi conçu :

«Ordonnons qu'à la diligence du roi, copies collationnées de la Lettre du roi, du Règlement y annexé, et de notre présente Ordonnance, seront portées sans délai à MM. les Lieutenants généraux des bailliages de Saint-Lô, Avranches, Carentan et Valognes, par un des greffiers de notre bailliage, que nous avons à cet effet commis et commettons; ordonnons pareillement, en vertu des pouvoirs à nous donnés par S. M., à l'effet seulement de ladite convocation, qu'il sera aussi remis par notredit greffier, à MM. les baillis de Saint-Sauveur-Lendelin séant à Périers, Saint-Sauveur-le-Vicomte, Cérences, Mortain et Tinchebray, pareilles copies collationnées, desquelles il sera donné bonne et suffisante décharge, etc...» (p. 8).

[2] Sur les titres invoqués en faveur du bailliage de Mortain, voir *infra*, p. 264, note 2.

[3] L'acte de signification de la *Protestation* ci-dessus, faite au grand-bailli de Cotentin, est conservé; nous en donnons le texte à la suite même de cette pièce.

Roy, curé du Neufbourg; Houstain, curé des Biards;
T. Jullien, curé de Heussey; Fauchon, curé de Bel-
lefontaine; Dupont de la Pesniere, curé de Saint-
Georges; Gibon, curé de Virey; Bouillon, curé de
Saint-Barthélemy; Minier de la Blottais, prieur-
curé des Cheris; Santerre, curé de Sourdeval;
Duhamel, curé de Fontenay; F. Dufour, prêtre;
Th. Duhamel, curé de Beauficel; Boutry de la Fres-
naye, curé de Saint-Jean [1].

*Noblesse :*

Demarseul, seigneur d'Erou, chevalier de Saint-Louis;
Félix-Jean de Saint-Germain, seigneur de la Bazoge;
de la Broise du Boulvert, chevalier de Saint-Louis,
pensionné du Roi; Radulph, ancien capitaine d'infanterie, chevalier de Saint-Louis; Duhamel-Milly;
C. Duhamel de Boisleger; Destauger de Heussé, chevalier; Le Breton, chevalier de Saint-Louis; Poret
de la Bouftière; Avenel, seigneur de la Touche; Le
Breton; Le Breton de Beauchène; Devaufleury; de
la Durandière; de Marseul; Herault; de la Chambre
de Vauborel; Destanger, seigneur du Petit-Husson
et du Bohineust; G[r] Adigard; Henry de Lepine, che-
lier s[r] du Melay; René-Hyppolite-Pierre de Beaumont,
écuyer, sieur; Poulain de la Chevallerie; G. des Illes;
Dauroy; de Saint-Paul de Laingheard; Debonnechose;
Duhamel de Moissey; Depontavice de Ferrières; de
Saint-Gilles; Poullain des Chateaux; Delatouche;
Pouthaud du Plessis; chevalier de Vauborel; Lentaigne

---

[1] Le nombre des signataires de la *Protestation*, pour l'ordre du clergé, est de beaucoup inférieur à celui des ecclésiastiques du ressort. En effet, les ecclésiastiques assignés dans le bailliage de Mortain, et qui étaient convoqués à comparaître personnellement ou par représentants, s'élevait à 82, savoir: 67 curés, 5 prieurs-curés et 6 chapelains bénéficiers, personnellement convoqués; plus 2 abbayes (Savigny et la Blanche), une collégiale de chanoines (Mortain) et une corporation de prêtres habitués (Mortain), appelées seulement à comparaître par représentants. Sur ce chiffre de 82 ecclésiastiques, 18 seulement, dont 16 curés, un chanoine et un prêtre habitué, ont signé la *Protestation* ci-dessus. C'est un chiffre inférieur même à celui des ecclésiastiques qui se rendirent à Coutances, puisqu'il y eut à l'assemblée générale 16 ecclésiastiques comparants en personne, et 28 représentés par procureur (voir le *Rôle de comparution du clergé*, par M. l'abbé Pigeon, *op. cit.*, p. 125). Il faut observer en outre que, contrairement à ce qu'assure M. l'abbé Pigeon, aucun membre du clergé du bailliage de Tinchebray ne s'est associé à la *Protestation* de Mortain.

DE MONTAUDIN; VERDUN DE BARENTON; chevalier DE VAU-
FLEURY; le chevalier DE LA TREMBLAIE; DE LA HOUSSAYE;
DESBORDES DE CHALANDRÉ; DEVAUFLEURY, chevalier DE
SAINT-CYR; GODARD D'ISIGNY; PITON, seigneur de la
Rousselière et de Cuves; COUTURE DE TROISMONS;
MEZENGE; ACHARD DE LELUARDIERE; DUMESNIL, seigneur
de la Goudinière; LEFORESTIER; DEBORDES DE FONTE-
NAY; DEVAUFLEURY DE SAINT-CYR; le comte DE GERAL-
DIN, brigadier des armées du Roy, grand-bailli
d'épée du comté et bailliage de Mortain [1].

## Tiers État :

LE SACHER DE LA PALLIERE, LE MOINE DE VILLENEUVE, BOUILLON
DE LA LORERIE, *député*, LE SACHER DU MEZERAY, MAU-
DUIT, A. LE JEMBLE, Jacques LE TAVERNIER, J. LE PER-
DRIEL, HENRY, D.-F. NORGEOT, G. BAGOT, J. BOCHIN,
Michel SOUL, F. LE REBOURS, L. DUBOIS, J. GASTE
père, Abraham DU BOISGOBEY, JAMMES, BESNIER, mar-
chand, J. GREZEL, F. LOISEL, H. POULAIN, E. HEDOU,
J. LECHARTIER, Thomas DE LA CHEVALAYS, avocat,
CHAMPION, Jean DE LA NOË, Gilles LE SAGE, CAHOUR,
R. TRIETIN, G. DESCHAMPS, S. SUVIGNY, G. ESLIER,
J.-A. ROUSSEL, Guillaume LE MARDELÉ, J. SURVILLE,
J. MILLET, T. VAUTIER, J. JULLIEN, COURET DES YVETS,
avocat, R. JUHÉ DE LAUNAY, G. ESNEU, M. CAILLE-
BOTTE, Ch.-Pierre LEFRANC, J. DUMAINÉ, B. LE MOING,
G. PALLIX, MOULIN LE BOURODNNÉ, J. JUHEL DES LANDES,
Gilles DAVID, Jacques GOBARD, LE DIEU RUAUDIÈRE,
D. REGNAULT, G. MACÉ, C.-G. LAURY, TROCHON, H. VAUL-
LEGEARD, CLOUARD, AUFRAY, HOMO DES VALLÉES, *député*,
P. LE MASSON, R. MAUDUIT, P. TEMPLER, F. GAUDIN,
S. POISSON, S.-J.-H. BONNESOEUR-BOURGINIÈRE, avo-

---

[1] Le nombre des signataires de la *Protestation*, pour l'ordre de la noblesse, est également fort inférieur à celui des nobles convoqués à l'assemblée générale pour le bailliage de Mortain. En effet, d'après le *Rôle des assignations de la noblesse*, les nobles possédants fiefs du ressort de Mortain, qui seuls furent directement assignés, étaient au nombre de 69, dont 13 comparurent personnellement, 42 par représentants, et 14 firent défaut (abbé PIGEON, *op. cit.*, p. 134). Or les signataires du texte ci-dessus sont au nombre de 49 seulement, et en comparant leurs noms avec le *Rôle d'assignation*, on reconnaîtra qu'il n'y a dans cette liste que 18 possédants fiefs; tous les autres sont des nobles non possédants fiefs, et par suite non convoqués personnellement. Ici encore, aucun des nobles du ressort de Tinchebray ne s'est associé à la protestation de Mortain.

cat, POSTEL DU HAUTVAL, J.-B. HERBERT, J.-B<sup>te</sup> BOUTRY, GUESDON DE BEAUMONT, avocat, *député*, J. BOISBEVRON, L. BOURGET, L. NORMAND, G. FOINET, GESBERT, Pierre SEGOT, Jacques NOËL, J.-Ph. HAMON, P<sup>re</sup>-Marin DE COLIBEAUX, LE POURCELET, LE MERCIER, COUSIN DES CHAMPS, J. COURTEILLE, J.-Noël JOUIN, N. COUPET, Michel GALLON, OSOUF, N.-J. BÉCHET, P. BÉCHET, F. GRELÉ, HAYE DE LA DIVÈRE, P.-L. BONNESŒUR, G.-S. LENGLOIS, J.-A. LE BOURGETEL, Julien LE BORDAYS, Louis FAUTRARD, GAUTIER, THEBAULT l'aîné, LE REBOURS DE LA PIGEONNIÈRE, DELAROCHE, docteur en médecine, BREHIER, M.-J. BUNEL, Julien DES LOGES, GUILMAU, OZENNE, Martin CRUEL, BECHEREL, docteur-médecin, DE LA GERARDIÈRE, BLANCHET DE LAUMÔNE, HOUSTIN DE MONTHALÉ, G. BLOUIN, C. LE HERICEY, N. LAIR, J. CORDON, J.-B. LE BOCEY, LE MAZIER, J. TROCHON, J.-B. POULAIN, Michel OLLIVIER, LAISNÉ, LE MARCHAND, CORDON, J. LADVOUÉ, CERTAIN, J. BRIÈRE, J.-C. RUAULT, J. HAMEL, P. LAISNÉ, Pierre MARTIN, F. COUETTE, M. TREHEL, Michel GILLET, Jean JAMONT, POIREL, CLOUARD, LECARPENTIER, DELAPORTE, F. MARTIN, Julien FAUCHON, F. DE BRECEY, POIRIER, docteur-médecin, P. Fr. MARIE, C.-F.-J. ROUSSEL, LEFILLÂTRE, F. NICOLE, J. PICHON, Vincent DEBON, Louis DUMONT, P. JOUVIN, Gilles CHALLIER, Gilles BOUTELOU, J.-A.-P. DE LA COUSINIÈRE, Jacques COUETIL, LEHERICEY, J. AUFRAY, LEROUX DE LAUNAY, HARDY, ROUSSEL, marchand, Pierre HUE, F. LE LANDAIS, François LE SAGE, G. LE MARDELEY, G.-J. LECONTE, J. MARIE, J. LE COMPAGNON, HARDY, LECLAIR, G. LE SAGE, COLIBEAUX, L.-F. HESLOUIN, AUFRAY, POISNEL, J. HARDY, Jean HUE, J. PESLIN, G. DE CHAMPREPUS, Jacques LE TELLIER, J. DUBOIS, DE LA RUE, CHAPIN, E. LE SACHER DE LA PALLIÈRE, *député*[1].

[1] Les signataires de la *Protestation*, pour l'ordre du tiers état, sont, comme on pourra vérifier, au nombre de 182. Les députés des paroisses qui ont répondu à l'appel de l'assemblée préliminaire de Mortain sont, d'autre part, au nombre de 190, défalcation faite du sieur Lemoine de Villeneuve, choisi comme député par deux communautés à la fois, le Neufbourg et Mortain, et qui a opté pour Mortain (*infrà*, p. 262). Il s'ensuit que presque tous les députés du tiers état se sont associés à la revendication du grand-bailli. Ici encore, on observera que, quoi qu'aient prétendu différents auteurs locaux, les députés du ressort de Tinchebray ne se sont nullement réunis à ceux du bailliage de

Le tout audit acte de protestation déposé, et, au-dessous de la dernière signature ci-dessus est écrit : «Contrôlé à Mortain, le onze mars mil sept cent quatre-vingt-neuf; reçu seize sols. — Signé : ROBILLARD. »

Sur tout quoi demeuré vers nousdit notaire, la présente grosse en six rôles, celui-ci compris, a été délivrée pour lesdits seigneurs présidents, qui l'ont ainsi requise, figurée comme audit acte de protestation pour les signatures. En interligne *vingt* véritable.

RESTOUT. — «Gratis » [1].

*A la suite est transcrit l'exploit suivant* [2] :

L'an 1789, le 16 mars, environ huit à neuf heures du matin, à la requête de messire Anthoisne-Anne-Nicolas de Geraldin, chevalier, seigneur comte de Lapenty, Saint-Symphorien, Buais, seigneur de Lavallée et autres lieux, chevalier de l'ordre royal et militaire de Saint-Louis, brigadier des armées du Roy, grand bailli d'épée du bailliage et comté de Mortain, demeurant mondit seigneur de Geraldin en son château de la paroisse de Saint-Symphorien où son domicile est élu.

Mortain, pour protester avec eux avant de se rendre à Coutances. Voir abbé PIGEON, *Le grand bailliage de Mortain*, *loc. cit.*, p. 121, note 1; abbé DUMAINE, *Tinchebray et sa région au Bocage normand*, t. III, p. 27; DESDEVISES DUDEZERT, *Étude sur le Cotentin en 1789*, p. 26; LEFAVERAIS, *Mémoire sur Tinchebray et son bailliage*, dans Mém. Société Académique du Cotentin, t. III (1880), p. 24.

[1] La *Protestation*, dont nous donnons ci-dessus le texte, n'est que le dernier acte d'une longue lutte, soutenue par le bailliage de Mortain pour revendiquer son droit à la députation directe. Dès octobre 1788, l'assemblée du département de Mortain avait, dans son *Procès-verbal*, réclamé pour le ressort de Mortain le droit à une représentation aux États généraux (Arch. nat., B III 54, p. 84). Plus tard, lorsqu'eut paru le *Règlement du 24 janvier*, qui rangeait Mortain au nombre des bailliages secondaires, les membres du Bureau intermédiaire de Mortain écrivirent une lettre pressante à la Commission intermédiaire

de Basse-Normandie pour la prier d'intervenir en leur faveur (*ibid.*, p. 57) et par deux fois en effet, les 20 janvier et 7 février, celle-ci se fit auprès du Ministre l'interprète des réclamations de Mortain (*ibid.*, p. 47, 56). Les avocats et officiers de justice du siège de Mortain rédigèrent de leur côté une réclamation au Garde des Sceaux contre le rang de secondaire assigné à leur bailliage (Arch. Calvados, C 6355). Enfin, le grand-bailli protesta lui-même directement, pour le maintien des droits de son siège, par deux lettres des 11 et 18 février, auxquelles était joint un *Mémoire* exposant le droit historique de son siège (dans HIPPEAU, *Élections*, p. 130).

[2] Les trois ordres assemblés du bailliage de Mortain avaient décidé en se séparant, comme on a vu, que leur Protestation serait signifiée, «en tant que besoin», au grand-bailli de Cotentin (*supra* p. 244). En fait, la signification a été faite, comme on verra au texte, non pas à la personne du bailli lui-même, mais au greffe du bailliage simplement.

Moi soussigné, Julien Laisné, huissier à cheval pour le Roy en son châtelet de Paris, y reçu et immatriculé, exploitant par tout le royaume de France [1], demeurant en la ville et paroisse de Mortain, j'ai signifié, baillié, et délivré la présente délivrance de protestation et liste de signatures, attestée par icelle avec le présent mon exploit, à messire Maximilien-Marie-Pierre Le Vicomte, chevalier, marquis de Blangy, seigneur et patron de Fontaine Etoupefour, Eterville, Aulnaye, Saint-Martin L'Hortier, Fontenay et Saint-Marcou, grand bailli du Cotentin, chevalier de l'ordre royal et militaire de Saint-Louis et lieutenant général des armées du Roy [2], et à messire Thomas-Louis-Anthoine des Maretz, chevalier, seigneur de Montchaton, Lechatel, Faulx Lamotte, la Giffardière et autres lieux [3], et ce, en la personne du sieur Blondel, leur greffier, en son greffe, situé Rue-au-Rat, paroisse Saint-Nicolas, en la ville de Coutances, aujourd'hui transporté, parlant au sieur Tarouilly, commis de Monsieur Blondel, greffier du bailliage de Coutances, ainsi qu'il m'a dit être et s'appeler, trouvé audit greffe du bailliage de Coutances, chargé de faire savoir audit sieur Blondel, et ce dernier chargé de faire savoir auxdits sieurs Le Vicomte, et Demaretz, afin qu'ils n'en ignorent, avec invitation et sommation d'y tenir et garder état, retenant en tant que besoin ladite protestation pour les fins et pour les réserves y énoncées; à laquelle fin les présentes

---

[1] Les huissiers royaux immatriculés au Châtelet de Paris (que l'on considérait traditionnellement comme le premier bailliage de France) avaient, à l'encontre des sergents fieffés des seigneurs et des huissiers royaux ordinaires des bailliages, qui ne pouvaient exploiter que dans le ressort de leur sergenterie ou de leur bailliage, le droit «d'exploiter et mettre à exécution par tout le royaume de France». Cette clause figurait expressément dans leurs *Lettres de provision*; exception était seulement faite, en Normandie, pour certains actes spécialement réservés aux huissiers nobles des sergenteries ou aux premiers huissiers-audienciers des juridictions ordinaires. Voir *Lettres patentes portant règlement pour l'administration de la justice en Normandie*, 18 juin 1769, tit. XIII, art. 5, 6 et 7 (dans *Recueil des Édits*, t. X, p. 1212); et pour les difficultés d'interprétation soulevées par ces articles, HOUARD, *Dict. analyt.*; v° Fief, t. I, p. 258 et v° Huissier, t. III, p. 718. Il y avait en 1789 dans le ressort de l'élection de Mortain 4 huissiers du Châtelet, pouvant instrumenter dans tout le royaume, et, en outre, 3 huissiers-audienciers résidant l'un à Mortain, l'autre à Périers-en-Beaufiçel, le troisième à Tinchebray. Le surplus des officiers ministériels n'étaient que des sergents, au nombre de 20, dont la plupart tenaient leur fief du duc d'Orléans. (*Lettre du subdélégué de La Roque, 25 juin 1788*, Arch. Calvados, C 6077.)

Le sieur Julien Laisné était en 1789 domicilié à Mortain, où il payait une capitation privilégiée de 4 l. 16 s. (Arch. Calvados, C 4652.) Ses provisions n'ont pu être retrouvées, mais doivent être postérieures à 1781, date où il ne figure pas encore au *Rôle de capitation* (*ibid.*, C 4641).

[2] Sur le marquis de BLANGY, on se reportera à la note sous le Procès-verbal de l'assemblée des trois ordres (*infra* p. 357 sq).

[3] Sur DESMARETS DE MONTCHATON, on se reportera de même au Procès-verbal de l'ordre de la noblesse (*ibidem*).

copies et exploit baillés et délaissés à qui j'ai parlé, après lecture faite. Sur six rôles de papier timbré cotés et paraphés, celui-ci compris [1].

Constat timbré.                                                LAISNÉ.

---

## II. ASSEMBLÉE PRÉLIMINAIRE DU TIERS ÉTAT DU BAILLIAGE SECONDAIRE.

---

### 1. PROCÈS-VERBAL DE L'ASSEMBLÉE PRÉLIMINAIRE DE L'ORDRE DU TIERS ÉTAT DU BAILLIAGE DE MORTAIN.

*(Archives du Greffe du Tribunal de première instance de Coutances, pièce n° 9. Minute signée de tous les députés des paroisses. 11 pages grand f°, cotées et paraphées par le lieutenant général [2]).*

## [Procès-verbal de l'assemblée préliminaire de l'ordre du tiers état du bailliage de Mortain] [3].

L'an 1789, le jeudi cinq mars, sur les neuf heures du matin, devant nous, messire Gabriel-François de Vaufleury, chevalier, seigneur patron présentateur de Saint-Cyr-du-Bailleul, Saint-Jean-du-Corail, seigneur du Bailleul, la Motte, Boudé et autres lieux, conseiller du Roy, lieutenant général civil et criminel et de police du bailliage de Mortain [4], en l'église collégiale dudit lieu, et adjonction de M° Jean-Jullien Lecomte [5].

[1] Le coût de l'exploit ci-dessus n'est pas indiqué, contrairement à la règle commune pour ces sortes d'actes. Le prix des exploits d'huissier relatifs aux actes de la convocation avait été uniformément fixé à 12 sous par le *Règlement du 24 janvier*, art. 23 (dans DUVERGIER, *Collection des lois*, tome I, p. 16).

[2] Deux autres manuscrits du procès-verbal ont été rapprochés :

*a.* Arch. nat. B⁴ 35 l. 70, «Procès-verbal de l'assemblée préliminaire de l'ordre du tiers État du bailliage de Mortain», 12 pages f°. Expédition certifiée conforme à la minute, signée du greffier. (Cette pièce est vraisemblablement celle dont l'envoi est mentionné dans une lettre du lieutenant général de Mortain au Garde des sceaux, en date du 13 mars 1789, qui se trouve dans la même liasse.)

*b.* Arch. nat. B iii/54, p. 156 à 191. Transcription de la pièce précédente.

*Édition.* — Le présent procès-verbal

a été édité, par fragments et analyse, dans l'étude de M. l'abbé PIGEON : *Le grand bailliage de Mortain en 1789* (dans *Mémoires de la Société académique du Cotentin*, t. III. Coutances, Salettes, 1880, p. 146 à 158.)

[3] Le manuscrit original ne porte point de titre.

[4] Sur Gabriel DE VAUFLEURY, lieutenant général, voir ce que nous avons noté sous la *Protestation* du bailliage de Mortain (*suprà* p. 240, n. 1).

[5] Jean-Julien LECOMTE, greffier du bailliage de Mortain, tenait son office du duc d'Orléans. Ses provisions n'ont pu être retrouvées, mais elles doivent se placer entre l'année 1779, où il ne figure pas encore au *Rôle de capitation des officiers de judicature*, et l'année 1781, où il paie, à Mortain, une capitation privilégiée de 150 livres (Arch. Calvados, C 4652). En 1788, il avait été choisi comme secrétaire de l'assemblée du département de Mortain (*ibid.*, C 7706).

Se sont assemblés, en conséquence des ordres de Sa Majesté, portés par les Lettres données à Versailles le 24 janvier 1789, pour la convocation et tenue des États généraux de ce royaume, et satisfaire aux dispositions du Règlement qui y est annexé, dont du tout a été fait lecture, et de l'ordonnance de Monsieur le grand Bailli, du 21 février dernier [1], les sieurs députés de l'ordre du tiers état, choisis par les différentes communautés dont le détail suit,

Savoir [2] :

Les sieurs Denis-Gabriel Le Sachet, avocat [3] ; Jean-Angélique

[1] Il ne s'agit point ici de l'ordonnance du grand bailli de Cotentin, qui est datée du 13 février, mais de l'ordonnance spéciale prise en vertu de son titre propre, pour les ressorts de Mortain et Tinchebray, par M. de Géraldin, grand bailli. (*Ordonnance de M. le Grand Bailli du Bailliage et comté de Mortain, du samedi 21 février 1789. A Avranches, de l'imprimerie G. Le Court*, 8 p. in-4°. Exemplaire au greffe de Coutances, pièce n° 8; cet exemplaire, authentiqué par la signature du grand bailli, est celui même qui fut signifié et remis au grand bailli de Cotentin, et porte au verso un exploit manuscrit de Laisné, huissier, en date du 16 mars 1789.) Cette ordonnance mérite l'attention, en ce sens que, à raison des circonstances particulières du siège de Mortain, la formule des modèles imprimés envoyés de Versailles y a été sur quelques points modifiée; en particulier, l'article 5 fixe uniformément, vu l'urgence (l'assemblée préliminaire devant se tenir le 3 mars), au dimanche 1er mars, pour toutes les villes, bourgs, paroisses et communautés du ressort, la tenue des assemblées du premier degré.

Le *Registre plumitif des audiences* du bailliage de Mortain pour l'année 1789 (commencé le 5 avril 1788) est conservé. A la date du samedi 21 février 1789, on y a transcrit : 1° la copie des Lettres du Roi du 24 janvier; 2° celle du Règlement annexé; 3° le texte de l'Ordonnance du lieutenant général du bailliage de Mortain pour son ressort. (Arch. Greffe de Mortain, fonds non classé.)

[2-3] L'ordre dans lequel les paroisses sont énumérées au Procès-verbal ci-dessus peut sembler au premier abord singulier. En réalité, il n'est point arbitraire; le lieutenant général a appelé successivement chacun des *arrondissements* entre lesquels avait été divisé le département de Mortain, pour les élections aux assemblées provinciales et municipales créées en 1787. Ces arrondissements étaient au nombre de 5, savoir : les arrondissements de Mortain, Tinchebray, le Theilleul, Saint-Hilaire et Brécey. Dans l'intérieur de chaque arrondissement, l'ordre suivi pour l'appel est approximativement l'ordre alphabétique.

Le même procédé de classement a été suivi, à l'assemblée générale des trois ordres, pour l'appel des ordres privilégiés; les nobles et ecclésiastiques sont de même, pour le bailliage de Mortain, classés par arrondissements. Voir l'*État des assignations*, reproduit par M. l'abbé PIGEON, *op. cit.*, p. 125 et suiv. Il est à peine besoin de faire observer que la division en arrondissements était tout à fait étrangère aux opérations de la convocation; mais on comprend aisément comment les populations, qui venaient d'être appelées à procéder suivant ce mode nouveau aux élections pour les assemblées de 1788, ont été amenées à penser qu'il devait en être de même dans les opérations de 1789. Nous avons vu précédemment qu'à l'assemblée préliminaire de Coutances, les paroisses se sont de même groupées en *districts* pour la nomination des députés à l'assemblée générale (au tome I<sup>er</sup>, p. 655 et 662).

Les vingt premières paroisses appelées

Lemoine de Villeneuve, conseiller du Roi ou bailliage[1] ; Jean-Baptiste-François Bouillon de la Lorerie, docteur-médecin, et Julien Le Sachet du Mezeray, docteur-médecin, députés pour la ville de Mortain et faubourg du Rocher, composée de          feux[2] ;

Les sieurs André Le Samble, laboureur et Pierre Mauduit, laboureur, députés pour la paroisse de Beauficel, composée de 109 feux ;

Les sieurs Jacques Le Tavernier Brocherie, laboureur, et Justin Leperdriel de Launay, laboureur, députés pour la paroisse de Bion, composée de 135 feux ;

Les sieurs Pierre-François Norgeot, maître papetier, et Guillaume-Henri Chaptière, marchand papetier, députés pour la paroisse de Brouains, composée de 70 feux ;

Les sieurs Gilles Ragot, laboureur, et Jean Bohier, fils Jean, laboureur, députés pour la paroisse de Bellefontaine, composée de 73 feux ;

Les sieurs François Lerebours et Michel Soul, laboureurs, députés pour la paroisse de Chassegué, composée de 36 feux ;

Les sieurs Louis-Jean-Baptiste Dubois, laboureur, et Jacques

---

ci-dessus, appartenaient toutes à l'*arrondissement de Mortain*, qui n'en comprenait point d'autres. Elles avaient pour représentants à l'assemblée du département : 1° pour le clergé, le chanoine Le Dô, de l'église collégiale ; 2° pour la noblesse, messire Georges-François-Félix de Chevrüe, seigneur marquis de Mesniltove, châtelain du Touchet ; 3° par le tiers état, MM. Passais de Montbenoist, procureur du roi au bailliage, et Boutry de La Fresnaye, avocat. (*Procès-verbal d'assemblée du département de Mortain, octobre 1787*, Arch. Calvados, C 7705.) — [3] Lesachier de la Palière (Denis-Gabriel), né à Paris en 1739, avocat à Mortain. Successivement commissaire-rédacteur du cahier du bailliage secondaire et du cahier de l'ordre du Tiers, il fut élu le premier député du bailliage de Cotentin aux États généraux, dans la séance du 27 mars (*infra*, p. 357). Rentré dans le département, il fut élu juge au tribunal du district de Mortain, juge titulaire au tribunal civil du département en l'an IV, et mourut à Romagny le 23 mai 1799. (Voir A. Brette : *Les Constituants*, p. 99 et 240,

et une notice biographique dans Sauvage : *Histoire de Mortain*, p. 386.)

[1] Lemoine de Villeneuve (Jean-Angélique), né à Mortain le 24 janvier 1754, était conseiller au bailliage de cette ville depuis 1777. Voir ses *Provisions*, en date du 12 mars 1777 (Arch. nat., V¹ 484). Domicilié à Mortain, il payait en 1789 une capitation privilégiée de 144 livres (Arch. Calvados, C 8130). Commissaire-rédacteur du cahier de son bailliage secondaire, il fut élu en 1790 juge au tribunal du district de Mortain, et successivement député de la Manche à l'Assemblée législative et à la Convention. Les biographes locaux le nomment parmi les membres du Conseil des Cinq-Cents, en l'an IV et en l'an V ; mais nous n'avons point trouvé son nom sur les listes de M. Kuscinski (*Les Députés au Corps législatif*, p. 64, 111, 141, 166, 375.) Voir Guiffrey, *Conventionnels*, p. 35, 104, 145 ; Kuscinski, *Assemblée législative*, p. 72, 142, et Notice bibliographique dans Sauvage : *Histoire de Mortain*, p. 384.

[2] Le nombre de feux est resté en blanc dans le manuscrit. Pour le chiffre réel, voir *supra*, p. 224, note 4.

Gasté, marchand-papetier, députés pour la paroisse de Chérencé, composée de 180 feux ;

Les sieurs Germain-Henri-François Abraham, avocat, seigneur du Bois Gobbé, et François Queslier, tanneur, députés pour la paroisse de Chevreville, composée de 66 feux ;

Les sieurs André Jammes, avocat, et Jacques Besnier, notaire, députés pour la paroisse de Juvigny, composée de 179 feux ;

Les sieurs Georges-René Boré, conseiller du Roi élu en l'élection de Mortain [1], et Jacques Greget, laboureur, députés pour la paroisse de la Bazoge, composée de 74 feux ;

Les sieurs François Loisel, avocat ; Henry Siméon Poullain, et Jean-Angélique Lemoine de Villeneuve, dans le cas d'empêchement ou nomination dans une autre paroisse [2], députés pour la paroisse du Neufbourg, composée de 80 feux ;

Les sieurs Étienne Hedon, laboureur, et Jean Lecharlier, laboureur, députés pour la paroisse de Mesniltove, composée de 164 feux ;

Les sieurs François-Julien-Thomas Delachevallais, avocat, et Julien Champion, laboureur, députés pour la paroisse du Mesnil-rainfray, composée de 181 feux ;

Les sieurs Jean-André de la Noë, laboureur, et Gilles Le Sage, laboureur, députés pour la paroisse de Périers, composée de 150 feux ;

Les sieurs Siméon Suvigny, laboureur ; Guy Deschamps du Tertre, laboureur ; René Trietin, laboureur, et François Cahour, laboureur, députés pour la paroisse de Romagny, composée de 300 feux ;

Les sieurs Guillaume Eslier, laboureur ; Julien Amburnais Roussel, laboureur, députés pour la paroisse de Saint-Barthélemy, composée de 100 feux ;

Les sieurs Guillaume Lemardelé, laboureur, et Julien Surville,

[1] Le sieur Georges-René Boré était conseiller élu de la ville de Mortain depuis 1770. Ses provisions sont en date du 19 décembre de cette année, et relatent un extrait baptistaire du 17 octobre 1739. (Arch. nat., V¹ 450.) Domicilié à Mortain, il payait en 1789 une capitation privilégiée de 54 livres (Arch. Calvados, C 4646).

[2] La paroisse du Neufbourg, n'ayant que 80 feux, ne devait nommer, aux termes de l'article 31 du Règlement du 24 janvier, que 2 députés : le Règlement n'avait pas prévu la nomination de *députés suppléants*. En fait, d'ailleurs, le second député, sieur Jean-Angélique LEMOINE DE VILLENEUVE, qui était conseiller au bailliage de Mortain (*suprà*, p. 225), avait été également choisi comme député par la ville de Mortain, et il a expressément déclaré, avant la fin de la séance du 5 mars, qu'il optait pour la ville de Mortain ; le sieur POULLAIN l'a, par suite, remplacé sans difficulté pour la paroisse du Neufbourg (*infrà*, p. 262).

laboureur, députés pour la paroisse de Saint-Jean, composée de 100 feux;

Les sieurs Jacques Mittel, laboureur; Jacques Jullien, laboureur, et Thomas Vautier, laboureur, députés pour la paroisse de Touchet, composée de 240 feux;

Les sieurs Guillaume-Jean-Baptiste Cœuret des Ivets, avocat, et Robert-Juhé de Launay, propriétaire [1], députés pour la paroisse de Villechien, composée de 150 feux;

[2] Les sieurs Mathieu Caillebotte, laboureur; Gabriel Ernest, laboureur, Blaise Le Moing, laboureur; Charles-Pierre Lefranc, laboureur; Jean-Baptiste Pallix, laboureur [3], et Jacques Dumaine, laboureur, députés pour la paroisse de Ger, composée de 556 feux;

Les sieurs Claude Moullin de la Bourdonné, négociant [4], et

[1] JUHÉ dit DE LAUNAY (Robert), qualifié au texte propriétaire, était avocat au bailliage de Mortain. Né à Mortain le 12 mai 1765, il fut élu en 1790 membre du conseil général du département de la Manche, devint en 1792 adjudant général de la 1re légion de la garde nationale de la Manche. Aux élections de septembre 1792, il fut choisi comme premier député suppléant du département de la Manche à la Convention nationale, mais ne fut pas appelé à siéger. Voir GUIFFREY, Conventionnels, p. 35, 99; SANOT, Organisation des pouvoirs publics dans le département de la Manche (dans Mém. Soc. Acad. Cotentin, t. III, p. 411, 414). Presque tous les bibliographes ont mal à propos confondu ce personnage avec JUHÉ (Augustin ou Auguste), baron de la Perelle, qui servit sous les ordres de Dumouriez et de Wimpfen, fut en l'an II inspecteur général des côtes de la Manche, commandant de la garde nationale du directoire, préfet et baron de l'Empire. C'est à celui-ci qu'il convient de restituer une production littéraire assez abondante, composée principalement d'œuvres historiques, qui est énumérée dans PLUQUET, Bibliographie de la Manche, p. 191.

[2] Les cinq paroisses qui suivent appartiennent à l'arrondissement de Tinchebray, qui comptait en tout 16 communautés. Les autres, pour la plupart, ont comparu à l'assemblée préliminaire de bailliage de Tinchebray (voir infrà, p. 334, n. 1). Elles avaient en 1788 pour

représentants à l'assemblée de Mortain : 1° pour le clergé, messire Du Laurent, ancien curé de Notre-Dame de Tinchebray; 2° pour la noblesse, Louis-Bernardin Le Neuf, comte de Sourdeval, président de l'assemblée; 3° pour le tiers état, MM. Martin Le Bourdonné, négociant au Fresne-Poret, et Homo-les-Vallées, fabricant de papiers à Vengeons (Arch. Calvados, C 7705).

[3] PALLIX-DESCHAMPS (Jean-Baptiste), qualifié laboureur, était membre de l'assemblée du département de Mortain, dont il avait été choisi comme procureur pour l'ordre du tiers état (Arch. Calvados, C 7706). Il n'a joué qu'un rôle effacé dans la convocation et ne figure même pas parmi les députés du bailliage de Mortain envoyés à l'assemblée de Coutances (infrà, p. 265). Resté en dehors de la vie publique pendant la plus grande partie de la Révolution, il fut seulement membre du district de Mortain en 1792 et fut élu député au Corps législatif (Conseil des Cinq-Cents) pour le département de la Manche aux élections de l'an V. Il refusa et n'a pas siégé. Voir KUSCINSKI, Corps législatif, p. 166, 408.

[4] MOULIN LE BOURDONNÉ (Claude), négociant au Fresne-Poret, était membre de l'assemblée du département de Mortain, pour l'ordre du tiers état. A l'assemblée d'octobre 1788, il est porté comme absent «pour cause d'affaires indispensables». (Arch. Calvados, C 7706, p. 2.) Il figure plus tard comme mem-

Etienne Juhel Deslandes, aubergiste [1], députés pour la paroisse du Fresne-Poret, composée de 162 feux ;

Les sieurs Jacques Gobard, laboureur, et Gilles Davy, laboureur, députés pour la paroisse de Saint-Clément, composée de 200 feux ;

Les sieurs Guillaume Macé Mannière, propriétaire ; Jullien Clouard, avocat ; Julien-Denis-Jean Le Dieu de la Huandière, directeur des postes ; Charles-François Aufray, chirurgien ; Charles-Gabriel Lami, négociant ; Denis Regnault, propriétaire ; Jean-Baptiste Trochon, sergent, et Jean-François Vaullegeard les Petits, vivant de son bien, députés pour la paroisse de Sourdeval, composée de 715 feux ;

Les sieurs Michel Homo les Vallées, fabricant de papier [2] ; Pierre Temple, marchand ; Pierre Lemasson, marchand, et René Mauduit, laboureur, députés pour la paroisse de Vengeons, composée de 340 feux ;

[3] Les sieurs Jacques Siméon, Henry Bonne-Sœur de la Bourginière, avocat [4] ; Jean-Baptiste Herbert-Desauneries, avocat ; Jacob-

bre du conseil général du département de la Manche, aux élections de 1792 (SAROT, loc. cit., p. 417).

[1] ERNOULT-DESLANDES, de Vengeons, figure comme membre du conseil général et du directoire du département de la Manche, aux élections de 1790 (SAROT, loc. cit., p, 414). Peut-être est-ce le même personnage ?

[2] HOMO-LES-VALLÉES (Léonord-Michel) était membre de l'assemblée du département de Mortain, pour l'ordre du tiers état. Il avait fait partie en 1788 du 2e bureau, dit des Travaux publics, agriculture et bien public (Arch. Calvados, C 7706).

[3] Les onze paroisses qui suivent appartenaient à l'arrondissement du Theilleul, qui comptait en tout 12 communautés. La 12e est la paroisse de Milly, non convoquée. Elles avaient en 1788 pour représentants à l'assemblée du département de Mortain : 1° pour le clergé, messire Gilles-Louis de Vaufleury, curé de Barenton ; 2° pour la noblesse, messire Duhamel, seigneur de Milly ; 3° pour le tiers état, MM. Lossendière, président de l'élection, de la paroisse du Bois, et Bonnesœur-Bourginière, avocat, de la paroisse de Barenton (Arch. Calvados, C 7705).

[4] BONNESŒUR-BOURGINIÈRE (Siméon-

Jacques-Henri) était né à Coutances, ou selon d'autres à Saint-Georges-du-Rouelley, le 27 avril 1754. Avocat à Barenton, et non à Mortain, il était depuis 1788 membre de l'assemblée du département de Mortain, pour l'ordre du tiers état, et faisait partie du bureau dit des Travaux publics ; il avait été en octobre 1788 commissaire-rédacteur du procès-verbal de l'assemblée (Arch. Calvados, C 7706, p. 2 et 6). Il fut élu en 1790 membre du conseil général de la Manche, puis en 1792, député à la Convention nationale, (vote : la mort), et en l'an IV au Corps législatif (Conseil des Cinq-Cents). Sorti du Corps législatif en l'an V, il revint substitut au tribunal de la Manche en l'an VI, et commissaire du Gouvernement près le directoire du département en l'an VII et l'an VIII. Rallié à Bonaparte, il fut nommé président du tribunal d'arrondissement de Mortain en germinal an VIII. Élu représentant de la Manche pendant les Cent Jours, il fut banni en 1816 comme régicide, et se réfugia à Anvers ; rentré en France en 1818, il mourut à Barenton le 30 octobre 1844. (Voir GUIFFREY, Conventionnels, p. 35, 76, 144 ; KUSCINSKI, Corps législatif, p. 64, 351 ; et Notice dans Annuaire de la Manche, 1863, p. 58.)

François Guesdon de Beaumont, avocat[1]; André-Mathieu Postel du Hauval, propriétaire; Jean-Baptiste Boutry, chirurgien; François Gaudin-Hutière, propriétaire, et maître Sébastien-Julien Poisson, avocat, députés pour la paroisse de Barenton, composée de 620 feux;

Les sieurs Jean Boisbunon, laboureur; Louis Lenormand, laboureur; Louis Bourget, laboureur, et Guillaume Foisnel, laboureur; députés pour la paroisse de Buais, composée de 326 feux;

Les sieurs Charles-François Gesbert, avocat, et André Amette, étudiant en droit, députés pour la paroisse de Ferrières, composée de 46 feux;

Les sieurs Pierre Segot, laboureur, et Jacques Noël, laboureur, députés pour la paroisse de Heussé, composée de 200 feux;

Les sieurs Marin-Pierre Collibeaux de la Gandonnière, propriétaire, et Jean-Philippe Hamon, laboureur, députés pour la paroisse de Husson, composée de 175 feux;

Les sieurs Jean-Baptiste Le Pourselet de la Bouverie, propriétaire, Jacques Billiard Sagalais, propriétaire, et René Lemercier de la Motterie, propriétaire, députés pour la paroisse de Lapentis, composée de 200 feux;

Les sieurs Jean-Baptiste Gérard, avocat, et Gilles-Louis-François Mocbon de la Rogeardière, vivant de son bien, députés pour la paroisse du Bois, composée de 70 feux;

Les sieurs Louis-Pierre Cousin[2], avocat; Claude Lemercier, propriétaire; Nicolas Coupel, propriétaire; Jacques-Noël Joüin, propriétaire; Jean Courteille, propriétaire, et Michel Gallon, propriétaire, députés pour la paroisse du Teilleul, composée de 500 feux;

Les sieurs Louis-Paterne Osouf, notaire; Nicolas Bechet, labou-

---

[1] GUESDON (Jacob-François), dit DE BEAUMONT, né en 1765 à Mortain et selon d'autres à Chérencé-le-Roussel, figure dans la suite de la convocation comme député à l'assemblée générale de Coutances (infrà, p. 266). Sous la Révolution, il fut nommé agent national près le district de Mortain en 1792, puis successivement fut élu président de l'administration municipale de Mortain en l'an v, et député au Corps législatif (Conseil des Cinq-Cents) pour le département de la Manche aux élections de l'an vi. Accusé de royalisme, il demanda le 28 thermidor an vii la mise en accusation des ex-directeurs, fut exclu le 18 brumaire de la représentation nationale, et mourut à Mortain le 12 septembre 1807. (Voir KUSCINSKI, Corps législatif, p. 239, 368.)

[2] COUSIN DES CHAMPS figure dans la suite de la convocation comme rédacteur du cahier du bailliage de Mortain et député à l'assemblée générale de Coutances (infrà, p. 261 et p. 265). Élu juge de paix du canton du Theilleul en 1790, membre du conseil général du département de la Manche aux élections de 1791, il fut enfin élu juge titulaire du tribunal civil de la Manche en l'an iv. Voir SAROT, Tribunal révolutionnaire de la Manche, p. 415, 475.

reur; Pierre Bechet, laboureur; Nicolas Bechet Gondonnière, laboureur, et François Greslé Champnoüe, laboureur, députés pour la paroisse de Saint-Cyr, composée de 430 feux;

Les sieurs Jacques-François Haye la Divère, chirurgien; Pierre-André Bonnesœur, propriétaire; Jacques-André Le Bourgetel, laboureur, et Georges-Siméon Langlais, laboureur, députés pour la paroisse de Saint-Georges, composée de 325 feux;

Les sieurs Julien Le Bordais, laboureur, et Louis Fautrard, laboureur, députés pour la paroisse de Saint-Symphorien, composée de 104 feux;

[1] Les sieurs Marin-Jean Busnel, laboureur, et Julien Desloges, laboureur, députés pour la paroisse de Chalandré, composée de 138 feux;

Les sieurs Jacques Ozenne, marchand, fils Jacques, et Henri Guilmard, laboureur, députés pour la paroisse de Fontenay, composée de 100 feux;

Les sieurs Martin Cruet, laboureur, et Jean Cordon, laboureur, députés pour la paroisse d'Isigny, composée de 80 feux;

Les sieurs Guillaume Blouin, laboureur, et Charles Le Heriée, laboureur, députés pour la paroisse du Buat, composée de 77 feux;

Les sieurs Jean-Baptiste Lair de la Gérardière, avocat; Gilles Blanchet Laumone, propriétaire[2], et Pierre-Joseph Hourtin, laboureur, députés pour la paroisse des Biards, composée de 220 feux;

Les sieurs Charles-François Aucher, laboureur, et Jean-Baptiste Le Bocé, laboureur, députés pour la paroisse des Chéris, composée de 86 feux;

Les sieurs Jacques Trochon, laboureur, et Jean-Baptiste Poullain, laboureur, députés pour la paroisse de Marcilly, composée de 186 feux;

Les sieurs Louis Laisné, laboureur, et Michel Olivier, laboureur, députés pour la paroisse de Martigny, composée de 150 feux;

Les sieurs Philippe-Julien Cordon, laboureur, et Jacques Le-

[1] Les dix-huit paroisses qui suivent appartiennent à l'*arrondissement de Saint-Hilaire*, qui comptait en tout 18 communautés. Elles avaient en 1788 pour représentants à l'assemblée du département de Mortain : 1° pour le clergé, dom Louis Verdier, prieur de l'abbaye de Savigny; 2° pour la noblesse, messire Jean-Gabriel de Bordes, seigneur et patron de Fontenay; 3° pour le tiers état, MM. Blanchet de L'Aumône, la-

boureur, de la paroisse de Saint-Hilaire, et Lerebours de la Pigeonnière, avocat, de la même paroisse de Saint-Hilaire (Arch. Calvados, C 7705).

[2] Le sieur BLANCHET DE L'AUMÔNE (Gilles-Louis-Henri) était depuis 1788 membre de l'assemblée du département de Mortain, pour l'ordre du tiers état; il ne faisait partie d'aucun des deux bureaux intermédiaires. (Arch. Calvados, C7706.)

marchand, chirurgien, députés pour la paroisse de Mesnilthebault, composée de 102 feux;

Les sieurs François-Joseph-Gabriel-Marie Thebault, avocat, et Jean-Baptiste-Guillaume Gautier, avocat, députés pour la paroisse du Mesnillard, composée de 180 feux;

Les sieurs François-Paul Certain, seigneur du Boistirel[1], et Julien-Magdeleine Briere, députés pour la paroisse de Mesnilbœuf, composée de 101 feux;

Les sieurs Jean-Charles Ruault, laboureur, et Jacques Lavoué, laboureur, députés pour la paroisse de Moulinnes, composée de 85 feux;

Les sieurs Jacques Hamel, laboureur, et Alexandre Laisné, laboureur, députés pour la paroisse de Naftel, composée de 47 feux;

Les sieurs Pierre Barbé, marchand; Pierre Martin, laboureur; François Coüette, laboureur, députés pour la paroisse de Parigny, composée de 220 feux;

Les sieurs Michel Tréhec, laboureur; Michel Gillet, laboureur, et Jean Jamont, laboureur, députés pour la paroisse de Savigny, composée de 255 feux;

Les sieurs Jacques-Anne Lerebours de la Pigeonnière, avocat[2]; Joseph Becherel, docteur en médecine; Nicolas Lair, chirurgien; Denis-Gabriel Brehier, notaire, et Jean-Marie de la Roche, docteur en médecine, députés pour la paroisse de Saint-Hilaire, composée de 429 feux;

Les sieurs Louis Girel, laboureur, et Nicolas Clouard, laboureur, députés pour la paroisse de Vezins, composée de 150 feux;

---

[1] Le sieur CERTAIN (François-Paul) était en 1789 receveur alternatif des tailles de l'élection de Mortain, pour les exercices impairs. Ses provisions sont en date du 26 mai 1773, et relatent un extrait baptistaire du 18 octobre 1735 (Arch. nat., V¹ 468). En 1781, sur le dernier *Rôle de capitation privilégiée* où figurent encore les auxiliaires de la justice, il est porté pour deux cotes considérables de 375 livres et 45 livres. (Arch. Calvados, C 4652.)

[2] LEREBOURS DE LA PIGEONNIÈRE (Jacques-Aimé), né à Saint-Hilaire-du-Harcouët, le 2 novembre 1740. Avocat au bailliage de Mortain, et membre de l'assemblée du département de Mortain, pour l'ordre du tiers état, il avait été choisi en 1788 comme membre du Bureau de l'Impôt et de la Comptabilité et chargé du rapport sur le projet de formation des assemblées d'arrondissements (*Procès-verbal*, p. 7, Arch. Calvados, C 7706). Dans la suite de la convocation, il fut commissaire-rédacteur du cahier de son bailliage et de celui de l'ordre du tiers à Coutances. Successivement élu, par la suite, juge au tribunal du district, maire de Mortain, membre du conseil général du département, en 1790, il fut enfin en 1791 député de la Manche à l'Assemblée législative. Rentré dans le département en 1792, il fut nommé, après le 18 brumaire, juge de paix du canton de Saint-Hilaire-du-Harcouët, et y mourut le 10 avril 1826. (Voir KUSCINSKI, *Assemblée législative*, p. 72, 142, et Notice biographique dans *Annuaire de la Manche*, 1829, p. 295.)

Les sieurs Jean-Denis-François-Gabriel Le Carpentier, étudiant en droit; Louis Delaporte, laboureur; Julien Fauchon, laboureur, et François Martin, laboureur, députés pour la paroisse de Viré, composée de 340 feux;

[1] Les sieurs François-Bruno Debrée de la Brisotière, vivant de son bien; Pierre Poirier, docteur en médecine; Claude-François-Julien Roussel, chirurgien; Julien Fillâtre, huissier; Pierre-François Murie, laboureur, et François Mancel, laboureur, députés pour la paroisse de Brécé, composée de 500 feux;

Les sieurs Nicole, laboureur; Julien Pichon, laboureur, et Vincent Debon, laboureur, députés pour la paroisse de Coulouvray, composée de 250 feux;

Les sieurs Louis Dumont, laboureur, et Pierre Jouvin La Derais, laboureur, députés pour la paroisse de Cuves, composée de 160 feux;

Les sieurs Gilles Bouteloup, laboureur, et Gilles Challier, laboureur, députés pour la paroisse de La Boulouze, composée de 42 feux;

Les sieurs Julien-Antoine-Pierre de la Cousinière, laboureur, et Jacques Couetet, fils Gabriel, laboureur, députés pour la paroisse de la Chapelle-Urée, composée de 68 feux;

Les sieurs Michel le Heriée, laboureur, et Julien Aufray, laboureur, députés pour la paroisse de la Mancelière, composée de 120 feux;

Les sieurs François Le Roux de Launay, vivant de son bien[2], et Pierre Hardy, laboureur, députés pour la paroisse du Grand-Celland, composée de 120 feux;

Les sieurs Gilles Roussel, docteur en médecine, et Pierre Huë-la-Croix, laboureur, députés pour la paroisse des Loges, composée de 99 feux;

Les sieurs François Lelandais, laboureur, et François Le Sage, laboureur, députés pour la paroisse de Lingeard, composée de 40 feux;

Les sieurs Gabriel Lemardelé, laboureur, et Gabriel Leconte,

[1] Les 18 paroisses qui suivent appartenaient à l'*arrondissement de Brécey*, qui comptait en tout 19 communautés. Elles avaient pour représentants en 1788 à l'assemblée du département de Mortain : 1° pour le clergé, messire Venard, prieur-curé de la Mancelière; 2° pour la noblesse, messire Eugène Bœuve d'Auray, marquis de Saint-Pois, seigneur de Montjoie, Mesnilgilbert et autres lieux;

3° pour le tiers état, MM. Le Roux de Launay, laboureur, de la paroisse de Ger, et Raulline, notaire, de la paroisse de Saint-Pois. (Arch. Calvados, C 7705.)

[2] Le sieur LE ROUX DE LAUNAY était depuis 1768 membre de l'assemblée de Mortain, pour l'ordre du tiers état. Il faisait partie du Bureau intermédiaire dit de l'Impôt et de la Comptabilité. (Arch. Calvados, C 7706, pages 2 et 7.)

laboureur; députés pour la paroisse de Mesnil-Gilbert, composée de 112 feux ;

Les sieurs Joseph Le Compagnon, laboureur, et Jacques Muriel, laboureur, députés pour la paroisse de Mesnilozenne, composée de 76 feux ;

Les sieurs Jacques Hardy, laboureur, et Louis-François Hardy, laboureur, députés pour la paroisse de Montgothier, composée de 125 feux ;

Les sieurs Guillaume Le Sage Laubrière, laboureur, et Pierre Leclerc, laboureur, députés pour la paroisse de Monjoye, composée de 187 feux ;

Les sieurs Louis Herlouin, laboureur, et François Collibeaux, laboureur, députés pour la paroisse de Montigny, composée de 120 feux ;

Les sieurs Charles Poisnel, laboureur, Jean-Michel-Marie Aufray, laboureur, et Julien Hardy Le Friche, laboureur, députés pour la paroisse de Refuveille, composée de 250 feux ;

Les sieurs Jean-Baptiste Hüe Gâtinière, laboureur, Julien Perlin, laboureur, et Georges de Champrepus, laboureur, députés pour la paroisse de Saint-Laurent, composée de 250 feux ;

Les sieurs Jacques Letellier, laboureur, et Julien Dubois, laboureur, députés pour la paroisse de Saint-Martin-le-Bouillant, composée de 150 feux ;

Les sieurs Louis de la Rüe, laboureur, et Étienne Chopin, laboureur, députés pour la paroisse de Sainte-Poix, composée de 135 feux [1].

Lesquels députés nous ont représenté le procès-verbal de leur nomination et leurs cahiers de doléances partagés [2], à la réserve de ceux de la paroisse de Brouains, qui n'ont point représenté de cahier, de ceux des paroisses de Savigny, Saint-Laurent, Chassegué, Mesnillard et Fontenay, dont les pouvoirs et cahiers sont réunis [3], et

[1] Il n'est point relevé de défauts au texte; dans une lettre en date du 15 avril, le lieutenant-général confirme que «les députés de toutes les paroisses ont comparu». (*Lettre de M. de Vaufleury à M. le G. d. S., du 15 avril*, Arch. nat. B III/54, p. 194.)

[2] Le mot *partagés* est ajouté en marge dans le manuscrit.

[3] Le sens du texte n'est pas absolument clair. Le lieutenant général a-t-il voulu dire que les paroisses de Savigny, Saint-Laurent, Chassegué, Mesnillard et Fontenay n'ont rédigé ensemble qu'un seul cahier, en réunissant les pouvoirs de leurs députés, — ou bien a-t-il voulu simplement marquer que les habitants de ces paroisses n'ont remis, pour chacune d'elles, qu'un seul acte, qui réunissait à la fois le procès-verbal de nomination des députés et le cahier de doléances ? Cette dernière explication nous paraît, après réflexion, la plus vraisemblable.

La réunion dans un même acte du

de ceux de la paroisse de Montigny[1], qui nous ont représenté leur procès-verbal de nomination non signé, mais leur cahier signé avec pouvoir; auxquels sieurs députés nous avons accordé acte de leur comparution, etc.

(Vérification des pouvoirs et serment des députés. Nomination de commissaires «pour faire l'extrait et rassembler les demandes des différentes communautés, ensuite rédiger et réduire tous les différents cahiers en un seul». Les voix ayant été recueillies en la manière accoutumée, la pluralité de suffrages se trouve réunie en faveur des sieurs :)

Le Sacher de la Pallière, Le Moine de Villeneuve, Bonnescœur-Bourginière, Lerebours-Pigeonnière, Le Sacher-Dumezeray, Thomas de la Chevalais, Jammes-Provotière, Gautier-Boislaunay, Clouard de la Forêtrie, Poirier, Moulin-Le Bourdonné et Cousin des Champs, lesquels ont accepté ladite commission et promis de s'en acquitter fidèlement; pourquoi les cahiers des différentes paroisses leur ont été remis, et sur leur déclaration qu'il leur fallait au moins deux jours pour réduire les deux cahiers en un, Nous avons, de leur réquisition, renvoyé la con-

procès-verbal et du cahier n'est en effet pas sans exemple, dans le ressort même du Cotentin. Voir les procès-verbaux et cahiers de doléances réunis de Saint-Aubin-des-Préaux, Saint-Jean-des-Champs, Saint-Planchers au bailliage de Coutances (au tome Ier, p. 542, 552, 583). Cette forme n'en était pas moins certainement irrégulière, et ce peut être pour cette raison que le lieutenant général a cru devoir relever le fait dans son procès-verbal. Au reste, il paraît bien que, d'une manière générale, le lieutenant général de Mortain se défiait de l'aptitude de ses justiciables à accomplir régulièrement les actes de la convocation; quelques jours avant la tenue des assemblées primaires, il avait envoyé une lettre-circulaire aux curés du ressort, pour leur expliquer la marche des opérations, et leur demander leur assistance :

«Les difficultés, M..., que je trouve pour remplir les vues bienfaisantes de S. M. et pour procurer l'exécution du règlement dont dépend la représentation exacte que le roi a voulu procurer à tous ses sujets aux États généraux, m'a fait prendre le parti de demander les ordres de M. le G. d. S. sur différents objets.

«Mais S. M. m'ordonnant d'éviter tous les retards, et ne doutant pas de mon zèle, j'ai cru, dans la circonstance, devoir vous adresser une copie du règlement en placard; vous voudrez bien le faire lire *dimanche prochain* au prône de votre messe paroissiale, et ensuite afficher à la porte principale de votre église et coller avec soin pour qu'elle ne puisse pas être enlevée. *Vous annoncerez une délibération générale du tiers état pour le dimanche 1er mars.*

«Par vos exhortations, M..., vous concourrez au bon ordre et à l'harmonie si nécessaire à l'accomplissement des vues de S. M. Vous leur représenterez le danger de la division entre les différents membres; vous leur remettrez sans cesse devant les yeux, que dans cette grande circonstance il est de leur devoir à tous de soumettre leurs intérêts personnels à l'intérêt de la chose publique, etc. Je suis, etc.», DE VAUFLEURY.» (*Lettre circulaire du lieutenant général du bailliage de Mortain aux curés de son ressort, février 1789 ;* Arch. nat., B III/54, p. 189.)

[1] Il y avait primitivement dans le texte du manuscrit : «des paroisses de Chalandrey et de Montigny»; on a biffé après coup la mention de Chalandrey.

tinuation du présent à lundi prochain huit heures du matin, auxquels jour, lieu et heure, ils sont unanimement convenus de se retirer. Et avant de se retirer, Messieurs les députés ont par acclamation donné plein pouvoir et autorité à Messieurs les commissaires de répondre à toutes demandes de Messieurs de l'ordre du clergé et de la noblesse faites et à faire, de se concerter avec les députés des différents ordres, soit avec les ordres réunis, sur les moyens propres à conserver et maintenir le droit du bailliage et comté de Mortain d'envoyer directement ses députés aux États généraux[1], de faire toutes et telles protestations qu'ils jugeront convenables, agréant et ratifiant d'avance tout ce qui sera fait, géré et consenti par Messieurs les commissaires, lesquels signeront seuls le procès-verbal de cette présente séance.

Fait et arrêté cesdits jour et an, après lecture, sur les dix heures du soir. *Et avant de signer, arrêté que ledit sieur Henri-Siméon Poullain restera député pour la paroisse du Neufbourg, M. de Villeneuve ne voulant accepter, vu qu'il est nommé député pour la ville de Mortain*[2].

> LE SACHER DE LA PALLIÈRE, LE SACHER DU MEZERAY, JAMMES, LEMOINE DE VILLENEUVE, LEREBOURS DE LA PIGEONNIÈRE, GAUTIER, BONNESŒUR-BOURGINIÈRE, THOMAS DE LA CHEVALLAYE, MOULIN-LE BOURDONNÉ, COUSIN DES CHAMPS, CLOUARD, POIRIER, docteur-médecin.

### [ 2ᵉ séance. ]

Et cejourd'hui 9 mars 1789, sur les neuf heures du matin, en l'église collégiale de cette ville, devant nous, susdit conseiller du Roy, lieutenant général civil et criminel au bailliage de Mortain, présence et adjonction[3] de Jean-Jullien Leconte, greffier de notre bailliage, et pris pour secrétaire de la présente assemblée,

Se sont présentés les sieurs députés ci-devant dénommés, à l'exception de Louis-François Aucher, au lieu et place duquel a été

---

[1] On a vu plus haut qu'effectivement les trois ordres du bailliage de Mortain se sont réunis le 21 février à Mortain, pour rédiger une protestation conservatrice des droits du bailliage (*supra*, p. 239).

[2] La phrase en italique est ajoutée en interligne dans le manuscrit. Le sieur LEMOINE DE VILLENEUVE avait été choisi pour député à la fois par la ville de Mortain et par la paroisse du Neufbourg, mais cette dernière communauté avait pris la précaution de nommer un député suppléant. Voir *supra* p. 252 et p. 253, note 2.

[3] Ms. Greffe Coutances : *admission*.

substitué, vu sa maladie, par délibération du général de la paroisse des Chéris, en date du jour d'hier, la personne de Pierre-
Charles Mazier, lequel a accepté la commission, et dont nous avons
pris le serment en tel cas requis, et sera son nom substitué à celui
dudit Auchet pour l'effet du présent[1], etc.

(Représentation par les commissaires élus du cahier général de doléances,
lecture et approbation du cahier qui a été signé «par ceux des députés qui
savent signer, et par Nous et notre greffier, après l'avoir coté, signé et paraphé au bas de chaque page ne varietur».)

L'assemblée délibérant ensuite sur les ordres donnés par Sa Majesté de se rendre à Coutances pour se réunir à plusieurs[2] bailliages
aux fins de la rédaction d'un cahier commun et de procéder à
l'élection des députés aux États généraux,

A considéré qu'il serait à craindre que ces ordres ne donnassent,
par la suite, atteinte aux droits et privilèges qu'a le bailliage de
Mortain de députer directement aux États généraux, et comme
bailliage indépendant d'aucun des autres bailliages de cette province, privilège d'autant plus essentiel qu'il prévient les peines et
les frais d'un déplacement de près de vingt lieues[3];

Que le terrain de ce bailliage est d'un sol tout différent de celui
du bailliage de Coutances et de ses démembrements; que, d'un
autre côté, la population de ce bailliage est assez considérable pour
avoir des députations directes, puisqu'on compte plus de cent mille

[1] La paroisse des Chéris avait élu
pour députés les sieurs Charles-Louis-
Auchen et Jean-Baptiste Le Boër, qui
ont régulièrement répondu à l'appel des
paroisses, à la séance du 5 mars (suprà
p. 257). Il est vraisemblable que c'est
dans l'intervalle, entre la première et la
seconde assemblée, que le sieur Aucher
était tombé malade et que la paroisse
lui avait substitué le sieur Charles Mazier. Au Rôle des taxes, les deux premiers députés seuls se trouvent portés
(suprà, p. 228).
[2] Le Ms. du Greffe de Coutances
ajoute : autres.
[3] Dans la lettre qui accompagne
l'envoi du procès-verbal de l'assemblée
préliminaire au Garde des sceaux, le
lieutenant général insiste à nouveau sur
cette idée : «Vous verrez, Monseigneur,

que les frais d'un voyage de vingt lieues
effrayent au point qu'on aurait trouvé
peu de députés du tiers état, s'ils n'a-
vaient en l'espoir d'un traitement. Les
curés et la noblesse n'étant pas riches
dans notre pays, il ne s'en trouvera
qu'un petit nombre à Coutances...»
(Lettre en date du 13 mars, Arch. Nat.
Ba 35, l. 70, Mortain, 11.) De fait, il
ne se trouva à Coutances, d'après les
procès-verbaux de l'Assemblée générale,
que 21 membres de l'ordre du clergé,
et 10 de l'ordre de la noblesse pour le
ressort propre de Mortain; la noblesse de
Tinchebray fit mieux encore, puisqu'elle
n'envoya qu'un seul représentant porteur
de 18 procurations. (Voir Rôle de MM. les
nobles possédant fiefs du bailliage de Tinchebray, assignés à comparaître, etc...,
dans abbé Pigeon, op. cit., p. 501.)

habitants dans son ressort; mais parce que les instants sont pressants, qu'une réclamation préliminaire ne pourrait avoir lieu; que, d'ailleurs, par une disposition générale, qui se trouve à l'article 50 du Règlement du 24 janvier dernier, les droits de chaque bailliage sont conservés, en ce qu'il est dit : « que les députations directes ou indirectes n'apporteront aucun changement ou novation dans l'ordre accoutumé de supériorité, infériorité ou égalité desdits bailliages »; conséquence saisie par le bailli du Cotentin qui, dans son ordonnance du 13 février dernier, se réduit à dire, dans l'article 16, que c'est par ordre du Roi et pour la convocation des États généraux seulement qu'il envoie son ordonnance à M. le bailli de Mortain, distinguant très clairement le bailliage de Mortain de ceux de Saint-Lô, Valognes, Avranches et autres dépendants de son ressort; relativement à ceux-là, il a ordonné « que copies collationnées des Lettres du Roi, du Règlement y annexé et de son ordonnance du 13 février dernier, seront portées à MM. les lieutenants auxdits bailliages »; mais, pour ce qui regarde celui de Mortain, il ordonne, au contraire, « qu'elles seront portées à M. le bailli dudit lieu »[1].

Toutes ces considérations déterminent l'assemblée à se rendre à Coutances pour les opérations qui lui sont ordonnées par le Règlement de Sa Majesté; ainsi elle va présentement procéder à la réduction au quart du nombre de ses députés, prescrite par l'article 33 dudit Règlement, se réservant de supplier Sa Majesté de maintenir le bailliage de ce lieu dans son droit de députer directement aux États généraux comme bailliage principal indépendant, droit qu'il lui sera facile d'établir par la possession la plus constante, les titres les plus évidents[2]; pour quoi elle a arrêté que la

---

[1] Cf. la protestation des trois Ordres du bailliage de Mortain, *supra*, p. 243.

[2] Les titres auxquels le texte du Procès-verbal fait allusion sont évidemment ceux-là mêmes qui avaient été envoyés dès le mois de février 1789 au Garde des Sceaux, par M. de Géraldin, à l'appui de la réclamation qu'il faisait d'une députation directe pour son siège. Ces titres, conservés aujourd'hui aux Archives nationales, carton Ba 35, l. 70, et dans la transcription de Camus, *ibid.*, B III 54, p. 48 et suiv., sont au nombre de cinq :

1° *Mémoire qui prouve que le bailliage royal de Mortain, présidé par M. le marquis de Géraldin, brigadier des armées du roi, grand bailly d'épée, a le droit* d'envoyer ses députés particuliers aux États-Généraux, et qu'il a notamment joui de ce droit en 1598 et 1614 (B III 54, p. 97);

2° *Extrait de titres concernant le ban et l'arrière-ban du comté de Mortain* (*ibid.*, p. 63);

3° *Titre important extrait des Archives du bailliage de Mortain, pour constater la manière dont on nommait en Normandie pour l'assistance aux États Généraux.* Ce titre comprend le texte du Procès-verbal d'élection des députés de Mortain en 1614 (*ibid.*, p. 48);

4° *Extrait du procès-verbal de MM. les Conseillers de l'ordre de Malthe, pour constater la noblesse de René Duhamel...*, qui prouve le droit du bailliage de Mor-

présente protestation sera en tant que besoin signifiée au bailli de Cotentin.

(Nomination des députés : 48 députés «formant le quart des 192 députés cy-devant dénommés». La pluralité des suffrages s'est réunie en faveur de :)

MM. Denis-Gabriel Le Sacher de la Pallière, avocat; Jacques-Anne Lerebours de la Pigeonnière, avocat; Siméon-Jacques-Henri Bonnesœur de la Bourginière, avocat; Gilles Roussel, docteur en médecine; Jean-Baptiste-Guillaume Gautier Boislaunay, avocat; Louis-Pierre Cousin-Deschamps, avocat; Pierre Poirier, docteur en médecine; Michel Homo-Lesvallées, fabricant de papier; Joseph Becherel, docteur en médecine; Jean-Baptiste-François Bouillon de la Lorerie, docteur en médecine; Julien Clouard, avocat; Bruno-François de Brecé de la Brisollière, vivant noblement; André Jammes, avocat; Jean-Marie de la Roche, docteur en médecine; François-Julien-Thomas de la Chevalaye, avocat;

tain d'envoyer ses députés aux États Généraux, ... du 28 octobre 1636 (ibid., p. 73);

5° Autre extrait du Recueil général des États tenus en France sous les rois Charles V, Charles VIII, etc (ibid., p. 83).

Il convient de joindre encore un Mémoire intéressant, qui n'est pas conservé dans la liasse des Archives nationales, et qui a été publié par M. l'abbé Pigeon, d'après le chartrier de M. de La Garanderie. Il est intitulé : Moyens pour M. le Grand Bailli de Mortain, et il est publié, op. cit., p. 90 à 98.

Le Procès-verbal de l'assemblée du département de Mortain en 1788 analyse assez exactement ces diverses pièces. «M. le Président, explique-t-il, a fait observer que le bailliage de Mortain avait des privilèges précieux, qu'on ne devait pas négliger, et qui intéressaient ce canton. MM. les syndics, requis de donner connaissance de ces droits et privilèges, ont dit qu'aux États de Blois y avait assisté M. de Vauborel, sr de Lapenty, comme député de la noblesse, et aux États tenus en 1614 y avaient été députés par le clergé me Thomas Gallot, prêtre, docteur en la Faculté de théologie de Paris et chanoine théologal de l'église collégiale de Mortain, et pour l'état de la noblesse, messire Samson de Saint-Germain, chevalier gentilhomme ordinaire de la Chambre du roi, sieur

de Juvigny, et pour le tiers état, M. Jean Tesson, écuyer, sr de la Poulinière, lieutenant vicomtal en ce lieu, qui a accepté sans préjudice de sa qualité et sans déroger à sa noblesse; que les procès-verbaux de ces députations étaient entre les mains de personnes distinguées, intéressées à les conserver comme des titres précieux. L'assemblée, délibérant sur ces privilèges, a dit que le bailliage de Mortain avait toujours eu son bailli particulier, et qu'il sera dressé procès-verbal avec copie des pièces probantes, qui sera annexé au présent procès-verbal.» (Procès-verbal, séance du 14 octobre, Arch. Calvados, C 7706, p. 76.)

Telles étaient les raisons invoquées par le bailliage de Mortain; il faut ajouter d'ailleurs que les titres produits n'avaient pas paru bien probants à la Chancellerie; «Je ne dois pas vous dissimuler, avait répondu le Garde des Sceaux, que les titres que vous produisez sont absolument insuffisants; ils prouvent seulement que Mortain eut les mêmes prétentions à différentes époques; mais il est de fait qu'elles n'ont jamais été accueillies, et que si ce bailliage a nommé des députés pour les États de 1588 et 1614, il n'en est pas moins vrai qu'ils n'ont pas été admis aux tenues de ces États. (Lettre de M. de Barentin au lieutenant général de Mortain, 25 février 1789, Arch. Calvados, C 6355.)

François Leroux de Launay, vivant noblement; Claude Moulin Le Bourdonné, négociant; Joseph-François-Gabriel-Marie Thebault, avocat; Denis-Gabriel Brehier, notaire; Julien-Denis-Jean Le Dieu de la Ruandière, directeur des postes; Jacques-François Guesdon de Beaumont, avocat; Jean-Baptiste Lair de la Gérardière, avocat; Jean-Baptiste Boutry, chirurgien; Charles-François Aufray, chirurgien; Germain-Henri-François Abraham, seigneur du Boisgobé, avocat; Claude-François-Julien Roussel, chirurgien; Denis-François-Gabriel Lecarpentier, étudiant en droit; André-Mathieu Postel du Hauval, vivant noblement; Gilles Le Sage, laboureur; François Cahouis, laboureur; François-Paul Certain, seigneur du Bois-Tirel, vivant noblement; Étienne Juhel des Landes, aubergiste; Pierre-Joseph Houstin, laboureur; François Gaudin-Hutière, laboureur; Jacques-François Haye La Divère, chirurgien; Robert Juhé de Launay, propriétaire; Denis Regnault, laboureur; Sébastien-Julien Poisson, avocat; Gilles-Louis-Henri Blanchet de Laumône, vivant noblement; Charles-Gabriel Lamy, négociant; Jean-André de la Noë, laboureur; Jean-Baptiste Herbert des Aunais, avocat; Jean-Baptiste Hüe-Gartinière, laboureur; Gabriel Esneu Haute-Brousse, laboureur; Pierre-François Marye, laboureur; Pierre Mauduit, laboureur; Marin-Jean Busnel, laboureur; Philippe-Julien Ardon, laboureur; Louis-Jean-Baptiste Dubois, avocat; Gui Deschamps, laboureur; Julien Surville, laboureur; ces trois derniers étant nommés pour adjoints et remplacer ceux qui pourruient manquer par maladie ou autrement; Charles-François Gesbert, avocat, et Jacques Besnier, notaire, au lieu et place des sieurs de la Chevallaye et Thebault, vu leur démission[1].

(Remise aux députés élus du cahier général de doléances, pouvoirs généraux à eux donnés; promesse et serment en la forme ordinaire de porter le cahier à l'assemblée de Coutances, le 16 du présent mois, et de se conformer aux prescriptions du règlement.)

Desquelles nominations de députés, remise de cahiers, pouvoir et déclarations, nous avons à tous les susdits comparants donné acte, et avons signé cejourd'hui 10 mars 1789, avec les ci-dessus dénommés, en tant que ceux qui peuvent signer notre présent procès-verbal, qui restera déposé en notre greffe, et dont copie dûment collationnée sera donnée auxdits sieurs députés,

[1] Le manuscrit original de Coutances portait encore, dans les premiers noms de députés, après le sieur de la Pigeonnière, le nom de : Jean-Angélique Lemoine de Villeneuve, conseiller du roi au bailliage de Mortain. Ce nom a été biffé après coup; il est vraisemblable que ce député avait refusé d'aller à Coutances.

pour la représenter et leur valoir de pouvoir, et seront tenus lesdits sieurs députés de se rendre à l'assemblée générale des trois États qui se tiendra dans la ville de Coutances le seize de ce mois, huit heures du matin.

Fait et arrêté cedit jour 10 mars audit an, après lecture.

Et avant de signer, nous avons donné lecture à l'assemblée d'une lettre à nous adressée par Monsieur Passais de Montbenoist, procureur du Roi de ce bailliage, relative à la comparution par lui faite en robe à l'assemblée de jeudi dernier[1]; et lui en avons accordé acte, avons icelle paraphée, faite contresigner par notre greffier, et ordonné qu'elle restera annexée à la minute de notre présent procès-verbal; ordonnons au surplus que les délibérations des différentes paroisses, leurs cahiers de doléances, ainsi que la minute réduite du cahier général, resteront également déposés en notre greffe[2]; et avons enfin accordé acte de la réclamation faite

---

[1] Il s'agit de l'assemblée des trois ordres où fut rédigée la *Protestation*, et dont nous avons donné le procès-verbal *suprà* p. 239. La présence du procureur du roi n'est effectivement pas mentionnée dans ce procès-verbal, où figurent seulement avec leur titre le grand-bailli de Géraldin, et le lieutenant général de Vaufleury de Saint-Cyr. D'ailleurs le procureur du roi, Passais de Montbenoist, s'il était réellement présent à cette assemblée, ne figure pas parmi les signataires de la Protestation (*suprà*, p. 246).

Le sieur PASSAIS DE MONTBENOIST (Jean-Jacques), avocat au Parlement, était procureur du roi au bailliage de Mortain depuis le 16 août 1780. Ses provisions, conservées aux Archives nationales, sont données pour l'office de «procureur pour nous au bailliage, vicomté et maîtrise des eaux et forêts de Mortain», et elles mentionnent un extrait baptistaire en date du 14 septembre 1744 (Arch. nat., V¹ 465). En 1789, il était domicilié à Mortain, où il payait une capitation privilégiée de 180 livres (Arch. Calvados, C 8130), et il faisait partie depuis 1788 de l'assemblée du département de Mortain, appartenant au bureau dit du Bien public (*ibid.*, C 7706).

[2] Ni les procès-verbaux des assemblées primaires, ni les cahiers de doléances des paroisses du bailliage de Mortain n'ont pu être retrouvés. Le fonds ancien du greffe du bailliage de Mortain n'a cependant point disparu. Une partie, la moins importante, a été versée aux Archives de la Manche. Elle comprend une série de registres plumitifs du bailliage de 1682 à 1767, des liasses de procédures de 1683 à 1789, et les papiers des anciennes vicomtés de Cuves, Saint-Hilaire, le Teilleul, etc. Le tout est classé aux Archives, sous les cotes B 747 à 1647. Voir *État général par fonds des Archives départementales*, 1903, p. 445.

Une autre partie, au moins aussi considérable, du fonds ancien du bailliage est demeurée au greffe du tribunal civil de Mortain. Elle comprend de nombreuses liasses de procédures, sentences, enquêtes, tutelles, adjudications, allant de 1776 à 1791 et aussi des pièces d'ordre administratif, comme les procès-verbaux d'élections de juges de paix de 1790 et 1791. Mais nous y avons vainement cherché des pièces relatives à la convocation. La seule mention que nous ayons pu relever, c'est, sur le *Registre du Conseil* de l'année 1789, le procès-verbal de l'audience du 21 février, dans laquelle furent enregistrées les Lettres royales du 24 janvier. On y trouve transcrit à la suite le

par acclamation de tous les députés en général d'obtenir, sur le général de l'élection, la levée d'une somme suffisante pour indemniser les députés nommés des frais et dépenses de leurs séjour et voyage, lesquels ne pourront excéder six livres par jour pour chaque député, et ne pourra être compté plus de deux jours pour aller et deux jours pour le retour de Coutances[1].

Fait et arrêté cesdits jour et an que dessus, après lecture[2].

LE SACHET-DUMESERAY, BOUILLON DE LA LORERIE, *député*, LE

---

*Règlement du 24 février* et *l'Ordonnance du Grand-Bailli de Mortain.*

Peut-être l'explication de cette disparition des cahiers des paroisses doit-elle être cherchée dans le fait suivant. Le grand-bailli de Mortain, M. de Géraldin, avait conservé par devers lui, — ainsi qu'il arrivait fréquemment alors, — un lot considérable de pièces de son administration. L'ancien chartrier des Géraldin est venu aujourd'hui, par voie de succession, en la possession de M. Payen de la Garanderie, juge de paix à Tessy. Ce chartrier est riche encore en pièces de l'administration des grands baillis, et M. l'abbé Pigeon en a tiré précisément la plupart des pièces dont il s'est servi dans son *Étude sur le grand bailliage de Mortain* en 1789. Il ne paraît pas cependant que les cahiers des paroisses y soient aujourd'hui conservés. (*Communication de M. Dolbet, archiviste.*)

[1] On sait qu'un règlement du 30 mai 1789 admit en effet le principe d'une indemnité à accorder aux députés du tiers état aux diverses assemblées, «pour leurs frais de voyage, séjour, et retour». (*Règlement fait par le roi pour le paiement des dépenses des assemblées des bailliages et sénéchaussées, relatives à la convocation des États généraux,* dans Duvergier, t. 1er, p. 20.) La base du calcul des taxes fut toutefois sensiblement différente de celle qui est proposée ici; les députés devaient toucher une indemnité fixe pour leur présence pendant la durée de l'assemblée, et il leur était alloué en sus une somme variable, sur le pied de 3 livres par jour pour leurs frais de voyage et de retour. Pour le bailliage de Mortain, les taxes telles qu'elles ont

été arrêtées par le lieutenant général de Coutances varient de 74 livres à 80 livres; le séjour à Coutances, du 16 mars au 1er avril, date de clôture de l'assemblée, y est compris pour 68 francs; et il est en outre compté, suivant la distance, depuis 2 jours de voyage pour les paroisses les plus proches, comme Brécey, jusqu'à 3 et 4 jours pour les paroisses les plus éloignées, comme la ville de Mortain, les bourgs de Sourdeval ou de Saint-Hilaire-du-Harcouët. (*État général des dépenses faites par l'assemblée des trois ordres du bailliage de Cotentin,* 3e chapitre, 2e section, Mss. Greffe du tribunal de Coutances, pièce n° 339. Les rôles originaux de taxes, sur feuilles imprimées remplies séparément par chaque paroisse, forment une grosse liasse, non numérotée.)

[2] L'assemblée de Mortain s'était passée, comme on a vu, sans incidents graves. Cependant le subdélégué n'avait pas été sans inquiétudes, à un moment donné. Le 18 février, répondant à l'intendant de Caen qui lui avait demandé de veiller à la bonne conduite des opérations électorales, il l'assurait bien qu'il ferait tout ce qui serait en lui «pour que tout se passe dans les formes prescrites et la tranquillité convenable». «Mais, ajoutait-il, je vous préviens que c'est une besogne très délicate. Les esprits sont dans une effervescence si grande, qu'il y a bien à craindre que les opérations au fond n'en souffrent. Les prétentions du tiers état sont sans bornes, et toute espèce de subordination et d'égard est absolument détruite.» (*Lettre de M. de La Roque, du 18 février.* Arch. Calvados, C 6355.)

Quelques jours après, en envoyant

SEMBLE, MAUDUIT, *député,* J. LE PERDRIEL, Jacques LE
TAVERNIER, Jean LE CHARTIER, HENRI, P.-F. NORGEOT,
G. BAGOT, J. BOCHIN, SOUL, F. LEREBOURS, DUBOIS, *dé-
puté,* Abraham DE BOISGOBDEY, *député,* J. GASTÉ,
JAMMES, *député,* BESNIER, *député,* GRISEL, LOIR, H.-S.
POULLAIN, CHAMPION, Jean DE LA NOË, *député,* E. HIDOU,
Jean DE LA CHEVALAÏS, Gilles LE SAGE, *député,* R.TRIETIN,
CAHOURS, *député,* DESCHAMPS, *député,* SUVIGNY, G. TEL-
LIER, Jean SURVILLE, ROUSSEL, *député,* Guillaume LE
MARDELÉ, J. MILLET, J. JULLIEN, COEURET DES YVETS,
R. JUHÉ DE LAUNAY, *député,* E. VAUTIER, M. CAILLEBOTTE,
G. ESNEU, *député,* Ch.-Pierre LEFRANC, J. DUMAINE,
B. LEMOING, G. PALLIX, MOULIN LE BOURDONNÉ, *député,*
E. JUHEL DES LANDES, *député,* G.-F. DAVY, Jacques
GOBARD, LE DIEU-RUAUDIÈRE, *député,* D. RENAULT, *dé-
puté,* F. GAUDIN, *député,* G. MACÉ, TROCHON, VAULE-
GEARD, CLOUARD, *député,* AUFRAY, *député,* P. LEMASSON,
R. MAUDUIT, J.-B. BONNESOEUR-BOURGINIÈRE, *député,*
J.-B. HERBERT, *député,* J. TEMPLER, S. POISSON, *dé-
puté,* POSTEL DU HAUTVAL, *député,* J.-B. BOUTRY, GER-
BERT, *député,* L. BOURGET, Pierre SEGOT, Jacques NOËL,
J.-Ph. HAMON, LE NORMAND, P.-Marin COLLIBEAUX,
L. POURCELET, J. BELLIARD, LE MERCIER, GERARD, LE
MERCIER, COUSIN DES CHAMPS, *député,* J. NICOLE,
N. COUPEL, J.-Noël JOUIN, Michel GALLON, OSOUF,
N.-J. BECHET, P. BECHET, G.-S. LENGLOIS, HAYE LA
DIVÈRE, *député,* F. GRESLÉ, P. BONNESOEUR, G.-A. LE
BOURGETEL, LE REBOURS DE LA PIGEONNIÈRE, *député,*
Julien LE BORDOIS, Louis FAUTRARD-GAUTIER, *député,*
DE LA ROCHE, docteur en méd., *député,* BREHIER, *dé-
puté,* M. BUSNEL, *député,* Julien DES LOGES, GUILMARD,
BECHEREL, docteur-médecin, *député,* J. LAIR, Martin
CRUET, J. GORDON, DE LA GERARDIÈRE, *député,* BLANCHET
DE LAUMONE, *député,* G. BLOUIN, J.-B. LE BOUÉ, LE-
MASIER, C. LEHERIÉE, J. TROCHON, J.-B. POULLAIN, MI-

le procès-verbal de l'assemblée préliminaire, le lieutenant général insistait, lui
aussi, sur les difficultés de sa tâche :
«M⁰ʳ, j'ai l'honneur de vous envoyer le
procès-verbal de l'assemblée préliminaire
du bailliage de Mortain, qui n'a été
clos que mardi dernier. J'ai eu, M⁰ʳ,
tant de peine à concilier les esprits et à
faire réussir cette délibération, que je
suis tombé malade, seule et unique
cause du retard de cet envoi. Je suis,
avec respect, M⁰ʳ, etc.» (*Lettre du lieutenant général du bailliage de Mortain,
Gabriel de Vaufleury, à M. le G. d. S., du
13 mars 1789,* Arch. nat. Bᵃ 35, l. 70
= B III/54, p. 155.)

chel OLIVIER, LAISNÉ, LEMARCHAND, CORDON, *député*, CERTAIN, *député*, J. BRIÈRE, J.-E. RUAULT, J. LAVOUÉ, HAMEL, A. LAISNÉ, Michel GILLET, COUETOT, M. TREHU, Jean JAMONT, GIRET, CLOUARD, CARPENTIER, *député*, J. MARTIN, DE LA PORTE, FAUCHON, F. DELRECÉ, *député*, FILLÂTRE, POIRIER, *député*, ROUSSEL, *député*, P.-F. MURIE, *député*, F. NICOLE, G. PICHON, Vincent DEBON, Louis DUMONT, Gilles CHALLIER, JOUVIN, G. BOUTELOUP, J.-A.-B. DE LA COUSINIÈRE, Jacques COUETIT, LE HERICÉ, J. AUFRAY, LE ROUX DE LAUNAY, *député*, HARDY, ROUSSEL, médecin, *député*, Pierre HÜE, F. LE LANDAIS, LE SAGE, G. LEMARDELÉ, G.-F. LECONTE.

LE COMPAGNON, HARDY, HARDY, LE CLERC, G. LE SAGE, COL-LIBEAUX, L.-F. HESLOUIN, AUFRAY, J. HARDY, Jean HÜE, *député*, J. PESLIN, G. DE CHAMPREPUS, J. LETELLIER, J. DUBOIS, DE LA RÜE, CHOPIN, HOMO DES VALLÉES, *député*, LE SACHER DE LA PALLIÈRE, *député*, F. DE VAU-FLEURY DE SAINT-CYR, LECOMTE.

Collationné conforme à la minute déposée en notre greffe et remis à M. Lesacher de la Pallière, avocat et syndic militaire de cette ville, l'un des députés de MM. de l'ordre du tiers état [1].

DE VAUFLEURY DE SAINT-CYR, J.-J. LECOMTE, *greffier secrétaire*.

---

[1] Cette formule finale, qui se trouve dans l'exemplaire original conservé au greffe de Coutances, n'existe point naturellement dans la copie des Archives nationales.

Le manuscrit des Archives nationales porte *in fine* : «La présente expédition certifiée conforme à la minute, cotée, signée et paraphée de Monsieur le commissaire à chaque page, par nous, greffier du bailliage de Mortain et secrétaire de l'assemblée, sur cinq rôles de papier, par nous cotés et paraphés, ce 12 mars 1789. M. LECONTE.»

## 2. Cahier de doléances.

(Ms. *Archives du Greffe du Tribunal de première instance de Coutances*, pièce n° 77. Original, signé de tous les députés, 16 pages grand in-f°. — Ed. Abbé Pigeon. *Le grand bail-liage de Mortain en 1789*, dans *Mémoires de la Société académique du Cotentin*. Coutances, Salettes, in-8°, t. III, 1880, p. 158.)

### Cahier de doléances, plaintes et remontrances de l'assemblée préliminaire du bailliage de Mortain [1].

Le vœu de l'Assemblée est :

Que les délibérations de l'Assemblée des États généraux du royaume soient fournies par les trois ordres réunis, et que les suffrages y soient comptés par tête;

### I. Constitution [2].

Que le premier objet de ces délibérations soit d'assurer invariablement la constitution générale de l'État par des règles fondamentales qui concilient les libertés et franchises de la Nation avec le respect dû à l'autorité du Roi [3];

---

[1] Le cahier du bailliage de Mortain paraît avoir été influencé, moins profondément toutefois qu'on ne l'a dit, par un factum très répandu en Normandie en 1789, qui portait pour titre : *Instructions données par S. A. S. Mgr. le duc d'Orléans à ses représentants aux bailliages, suivies de délibérations à prendre dans les assemblées.* (Exemplaire, Bibl. nat., Lb³⁹, 1380.) L'auteur de cette brochure serait, paraît-il, l'abbé Sieyès.

La même influence s'est fait sentir, comme nous observons plus loin, dans le cahier du bailliage secondaire de Tinchebray (*infrà*, p. 242, n. 1). Le fait n'a rien de surprenant, puisque Mortain comme Tinchebray étaient dans l'apanage du duc d'Orléans. Sans sortir de la Normandie, on peut retrouver très aisément la même influence dans les cahiers de deux bailliages appartenant aussi au duc d'Orléans, ceux de Honfleur (texte dans Hippeau, *Cahiers*, 1, 364) et d'Auge à Pont-l'Évêque (*ibid.*, p. 333). Voir sur le cahier de Honfleur notamment et l'influence des *Instructions* dans ce bailliage, l'article de M. Blossier, *Révolu-*

*tion française*, année 1902, t. XLII, p. 97 à 109.

[2] Cf. pour tout ce chapitre les *Instructions*, articles I à VI (*éd. cit.*, p. 2 à 5). On doit relever aussi ici l'inspiration d'un mémoire dont nous avons eu déjà à maintes reprises à signaler l'influence dans la région du Cotentin et qui paraît avoir été l'œuvre d'un Bas-Normand : *Projet d'un cahier général destiné à l'instruction des députés..., par un gentilhomme de Normandie, ami de la nation* (reproduit dans Hippeau, *Élections*, p. 382).

[3] Le *Projet* précité s'exprimait ainsi au chapitre III, *Droits de la nation*, article 1ᵉʳ : «Que l'on assure la constitution du royaume et les droits de la nation par des lois claires et invariables.» (Hippeau, *Élections*, p. 386.) La formule si courante dans les cahiers : «concilier les droits du roi avec la liberté de la nation», paraît également empruntée à l'*Essai de cahier* de Thouret, au paragraphe 3, 1° (*éd. cit.*, p. 35). Voir cahiers de Saint-Lô, article 1ᵉʳ; de Saint-Sauveur-le-Vicomte, article 1ᵉʳ; de Tinchebray, article 2.

Que dans cette constitution la composition, l'organisation, la convocation et la compétence des États généraux soient fixées;

Que l'ensemble de cette constitution soit complété par l'établissement d'États particuliers dans toutes les provinces du royaume;

Que dans la composition des assemblées nationales, le tiers état ait un nombre de représentants égal à celui des deux autres ordres réunis, et que ses représentants soient nécessairement pris dans son ordre;

Que l'organisation des Assemblées nationales soit simplifiée;

Que le nombre des représentants de chaque territoire soit proportionné à sa population et à ses contributions, de manière à établir, sur cette double base, l'égalité de représentation entre les provinces en général, et leurs districts en particulier;

Qu'il soit pourvu aux moyens de faire jouir toute la nation des mêmes avantages dans la députation directe aux États généraux[1];

Que le retour périodique des États généraux soit nécessairement établi et fixé;

Que chaque Assemblée nationale soit libre d'avancer le terme de la suivante, sans pouvoir la retarder;

Que l'époque de la tenue d'États généraux qui suivra les prochains y soit déterminée à plus bref temps que la période ordinaire[2];

Que le moyen d'assurer à la nation l'exécution du retour de chaque assemblée soit prévu et réglé;

Que la compétence des États généraux sur toutes matières relatives à la quotité, à la nature et à la perception des subsides,

[1] Le vœu du cahier est évidemment inspiré par la situation faite en 1789 au bailliage de Mortain, qui avait précédemment joui de la députation directe aux États généraux. (Voir la *Protestation*, *suprà*, p. 242.) Mais le même vœu se retrouve aussi dans les cahiers de plusieurs bailliages secondaires du Cotentin. Voir les cahiers d'Avranches, article 1er (au t. 1er, p. 692), de Valognes, chapitre V, article 17 (au t. II, p. 767); la lettre du bailli de Saint-Sauveur-le-Vicomte (*suprà*, p. 182, n. 2). L'origine de ce vœu paraît bien être dans le *Projet du gentilhomme de Normandie* précité; l'auteur observait en effet, au chapitre 1er, article 4 : «Les justiciables des bailliages secondaires étant les sujets de l'État, comme ceux des bailliages et sièges principaux, payant les impôts comme eux, et supportant comme eux toutes les charges de l'État, il est convenable de solliciter de la justice du Roi qu'ils participent comme eux à la prérogative de député directement aux États généraux» (dans HIPPEAU, *Élections*, p. 385).

[2] Le même vœu, en faveur de la fixation d'une date plus rapprochée pour la prochaine tenue des États généraux, se retrouve, avec les raisons particulières qui font désirer cette réunion plus proche, dans le cahier de la ville de Saint-Lô, article 2, paragraphe 4 (*suprà*, p. 28) et dans celui de l'assemblée préliminaire du bailliage de Tinchebray, article 1er (*infrà*, p. 342). La source commune est toujours l'*Essai* de THOURET, au paragraphe 4, 1° (*éd. cit.*, p. 37).

ainsi qu'à la législation et administration générale du royaume, soit réglée;

## II. Dette de la nation.

Que la quotité de la dette nationale soit exactement vérifiée par les États généraux;

Que les impôts soient proportionnés aux besoins réels de l'État, et qu'à cet effet les États généraux vérifient les dépenses nécessaires à chaque département;

Que dans cette vérification, il soit remédié à l'abus des pensions, avisé à la suppression des charges onéreuses à l'État, et inutiles dans l'administration du gouvernement civil et militaire[1];

Que la responsabilité des ministres envers la Nation soit établie;

Que l'ordre à observer dans l'administration des finances soit réglé par les États généraux;

Qu'aucun impôt établi ou à établir ne puisse être levé sans le consentement des États généraux et par leur octroi formel;

Qu'il ne puisse également être fait aucun emprunt sans le consentement des États généraux, sans quoi il ne serait pas obligatoire pour la Nation;

Que les moyens à employer pour le remboursement de l'emprunt soient prévus, discutés et réglés par l'Assemblée elle-même, avant que le consentement puisse être accordé;

Qu'aucun impôt n'ait lieu qu'à temps et pour l'intervalle seulement d'une assemblée à l'autre, de sorte qu'il cesse de droit à l'expiration du terme fixé;

Que l'enregistrement qui pourrait être fait dans les cours d'aucun établissement ou prorogation d'impôt ou emprunt ne puisse suppléer à l'octroi et consentement de États généraux[2];

Qu'il soit néanmoins prévu aux besoins d'une guerre ou autre cas de dépense extraordinaire qui peuvent arriver dans l'intervalle d'une assemblée à l'autre;

Que dans ces cas l'augmentation de la quotité de l'impôt établi soit préférée à l'établissement d'un nouvel impôt[3];

---

[1] Cf., pour tous ces vœux concernant la réforme financière, le cahier de Tinchebray, articles 5 à 8 (*infra*, p. 343). La source commune est dans les *Instructions du duc d'Orléans*, articles V à X (*éd. cit.*, p. 5 et 6).

[2] Cf. le cahier de Biville, au bailliage de Valognes, article 2 (au t. II, p. 119). Le cahier du bailliage de Saint-

Sauveur-le-Vicomte demande au contraire l'enregistrement dans les cours de tous les édits, bursaux ou autres (au chap. *Constitution*, § 1er, *supra*, p. 186).

[3] Cf. le cahier de Valognes, article 3, 4° (au t. II, p. 21); le cahier de Saint-Lô, article 4, paragraphe 2 (*supra*, p. 85). Ces deux cahiers préconisent, comme on sait, dans l'hypo-

IMPRIMERIE NATIONALE.

Que le tableau de la recette et de la dépense nationale soit publié chaque année, et que le compte en soit vérifié à chaque tenue des États généraux;

Que chaque assemblée des États généraux établisse une commission intermédiaire[1], dont les membres seront pris dans tous les ordres, en même proportion que pour la composition des États généraux, sauf à prévoir les moyens de la régénérer, soit par la voie des États provinciaux ou de leurs commissions intermédiaires, ou autrement;

### III. ÉTATS PROVINCIAUX [2].

Que dans les États provinciaux et leurs commissions intermédiaires, les délibérations soient aussi formées par les trois ordres réunis, et les suffrages comptés par tête;

Que le tiers état y ait, comme dans les États généraux, un nombre de représentants égal à celui des deux autres ordres réunis, et pris nécessairement dans son ordre;

Que le tiers état ait ses syndics particuliers;

Que le nombre des représentants de chaque territoire y soit également proportionné à la population et aux contributions;

Qu'il soit avisé aux moyens de faire jouir chaque canton de la province de l'avantage d'être représenté immédiatement auxdits

---

thèse prévue au texte, l'institution d'une crue de guerre. L'origine du vœu est dans l'Essai de Thouret (éd. cit., p. 48).

[1] Le vœu du cahier paraît encore inspiré du Projet précité, au chapitre III, article 17 : «L'état des finances ainsi réglé, il faut considérer que dans un temps aussi bref, il n'est pas possible que les États généraux puissent régler les affaires du royaume...; il est nécessaire qu'avant de se séparer ils forment une commission intermédiaire, qui soit composée de quelques députés de chaque province, pris dans le tiers état en nombre égal à celui des deux autres ordres, etc.» (loc. cit., p. 390).

[2] Tout le chapitre sur les États provinciaux est manifestement emprunté au Projet précité, au chapitre IV, Gouvernement des provinces (loc. cit., p. 393).

L'assemblée du département de Mortain avait d'ailleurs émis, l'année précédente, un vœu motivé en faveur du rétablissement des États provinciaux de Normandie, et, ainsi que la plupart des assemblées de Basse-Normandie, elle demandait que ces États provinciaux rétablis fussent la préparation et comme le noyau des futurs États généraux. Voir Extrait du procès-verbal de l'assemblée du département de Mortain, tenue en octobre 1788 (Arch. nat., B III 54, p. 84). Le programme proposé était d'ailleurs assez incomplet: «Nous n'avons, écrit le président, comte de Sourdeval, rien délibéré sur la forme, nous nous en rapportons aux lumières de Messieurs de l'assemblée provinciale ou de sa commission intermédiaire; d'ailleurs l'assemblée de notables, qui va se réunir incessamment,... ne s'occupera-t-elle pas en même temps de la forme de convocation des États provinciaux? etc.» (Lettre d'envoi au duc d'Harcourt, du 2 novembre 1788, dans Hippeau, Le Gouvernement de Normandie, t. V, Élections, p. 471.)

États provinciaux par des personnes instruites de ses besoins locaux et de ses griefs particuliers [1];

Que le retour périodique de l'assemblée desdits États provinciaux soit également établi et fixé;

Que les États provinciaux et leurs commissions intermédiaires concourent, avec la commission intermédiaire des États généraux, à l'exécution des délibérations de l'assemblée générale de la Nation;

Que chacun desdits États provinciaux fasse percevoir les impôts de la province par qui il jugera à propos, en se conformant au régime fixé par les États généraux;

Que si les États provinciaux n'avaient pas universellement lieu dans tout le royaume, ils soient rendus à la province de Normandie [2];

Qu'en attendant, il soit sursis à l'exécution de tous projets de constructions de nouvelles routes [3], et que lesdits projets ne puissent être arrêtés sans avoir été préalablement rendus publics, à l'avance, par des placards publiés et affichés dans les villes, bourgs et paroisses du territoire dans lequel ils devront recevoir leur exécution.

[1] Le même vœu avait été exprimé, dans une forme presque identique, par l'assemblée du département de Mortain : «Supplie [l'assemblée] Messieurs de l'Assemblée provinciale de porter aux pieds du trône, avec leurs vœux pour les États de la Normandie, ceux du département de Mortain, pour *faire revivre l'heureuse constitution de la province*, pour demander que les États soient formés des trois ordres, dont les membres seront toujours élus, et de les obtenir aussi promptement qu'il est nécessaire, pour qu'ils puissent envoyer leurs représentants à l'assemblée de la nation.» (*Procès-verbal*, s. du 14 octobre au soir, Arch. Calvados, C 7706, p. 75.)

[2] Le cahier du bailliage de Saint-Lô réserve de même le droit de la province de Normandie au rétablissement de ses États provinciaux, pour le cas où les autres provinces ne les auraient pas obtenus. Voir article 2, 8° et article 9, 6° (*suprà*, p. 85 et 98). La source commune est l'*Essai* de Thouret (*éd. cit.*, p. 40).

[3] L'assemblée provinciale de Basse-Normandie, dès sa première séance, en décembre 1787, avait exprimé le même vœu. Elle avait constaté, en entrant en fonctions, que des adjudications de routes nouvelles avaient été passées par l'intendant en avril et mai 1787 pour une longueur de 23,862 toises et une somme de 1,911,194 livres, exigibles en trois années. La somme disponible fournie par la prestation en argent représentative de la corvée ne devait pas, à la suite des modifications apportées par le Parlement dans l'enregistrement de la déclaration royale du 27 juin, dépasser vraisemblablement 450,000 livres par an. Le déficit apparaissait effrayant. Aussi, la commission avait mis tout en œuvre pour obtenir la résiliation des adjudications, qui fut prononcée par arrêt du Conseil du 12 mars 1788, et elle avait fait suspendre dans la généralité tous les travaux autres que ceux de simple entretien. (*Rapports à l'assemblée provinciale de Basse-Normandie*, Travaux publics, dans Hippeau, V. p. 340; et *Compte rendu par la Commission intermédiaire*, p. 157 sq.) Sur l'état des routes en 1789 dans le ressort du bailliage de Mortain, on voudra bien se reporter à ce que nous avons noté plus loin sous le chapitre VIII, article 7 (*infrà*, p. 289, n. 1).

## IV. Égalité d'impôts et charges publiques, etc.

Que tout impôt à conserver ou à établir soit commun aux trois
ordres de toutes les provinces du royaume, sans distinction, avec
abolition de tous privilèges pécuniaires [1];

Que toutes les charges publiques, comme logement des gens de
guerre, casernement des troupes, convois militaires et toutes
autres, soient également supportées par tous les ordres [2];

[1] La liste des *privilégiés* du bailliage
de Mortain ne paraît pas avoir été aussi
considérable en 1789 que le cahier le
laisserait croire. 1° Il y avait dans le ressort, comme nous avons dit, 78 ecclésiastiques séculiers possédant bénéfices, et
5 établissements de réguliers, les uns et
les autres exempts de toute imposition
autre que les décimes. 2° Pour la noblesse, il y avait 79 gentilshommes possédant fiefs, et une vingtaine peut-être
de non possédants fiefs, exempts de la
taille, des accessoires et de la corvée,
mais payant la capitation, les vingtièmes,
le territorial et les bâtiments de justice;
en 1789, le chiffre de la capitation
noble privilégiée pour l'élection s'élevait
à 3,115 livres (Arch. Calvados, C4628).
3° Quant aux privilégiés du tiers état,
il y avait : *a*) des *exempts de taille*, accessoires et corvée, au nombre de
13 personnes seulement pour l'élection
(4 directeurs des postes, 3 maîtres de
postes, et quelques employés des domaines); ils payaient une capitation
privilégiée de 305 l. 2 s.; *b*) des officiers des fermes, au nombre de 41 personnes, payant la taille, mais jouissant
pour la capitation de la taxation d'office,
et payant pour cela 487 l. 2 s. 7 d.;
*c*) enfin 21 officiers de judicature,
payant aussi la taille, et taxés d'office à
la capitation pour 2,169 livres; *d*) Il
fallait encore joindre, quelques années
plus tôt, les auxiliaires de la justice
(greffiers, avocats, procureurs, notaires,
huissiers, sergents), qui jusqu'à 1781
figurent au rôle de la capitation privilégiée, mais qui depuis paraissent avoir
été soumis aux impôts ordinaires; il y
avait, en 1781, 1 greffier, 2 notaires,
17 tabellions, 8 huissiers, 20 sergents,
33 avocats, 3 procureurs en l'élection,
en tout 84 personnes. Voir, pour ces dif-

férents groupes de privilégiés, Arch.
Calvados, C 4645, 4664, 4671, 8130,
8170, 4652.

L'ensemble fournit un chiffre de
250 privilégiés environ, pour une population de 55,224 habitants. La valeur
des privilèges ne paraît pas non plus
avoir été bien considérable. Les curés
étaient fort pauvres dans ce bailliage,
et beaucoup à portion congrue. Et pour
les nobles, Dumoulin écrit en 1765 qu'il
y a dans l'élection «environ 100 familles
nobles, dont la plus riche ne possède
pas 15,000 livres de revenu». (*Géogr.
descriptive*, p. 162.) Cette observation
est confirmée par le *Rôle de supplément
des privilégiés pour les six derniers mois
de 1789*. Ce rôle en effet n'a augmenté
le chiffre d'impositions des privilégiés
dans l'élection que d'une somme de
10,186 l. 2 s. 1 d., sur laquelle encore
la Commission intermédiaire dut admettre pour 102 l. 13 s. 4 d. des ordonnances de compensation. Voir *Compte
rendu de la Commission intermédiaire de
Basse-Normandie*, p. 22, 23.

[2] Sur l'exemption du logement des
gens de guerre, accordée aux membres
de la noblesse et du clergé, et sur les
difficultés récemment soulevées à cet
égard en Cotentin, on voudra bien se
reporter à ce que nous avons noté sous
le cahier de Bricqueville-la-Blouette,
article 86 (au t. Ier, p. 218).

Quant aux *corvées des troupes*, il faut
entendre par là la réquisition des chevaux et véhicules, pour le transport des
hommes et du matériel de l'armée. Les
ordres privilégiés et les officiers de justice en étaient également exempts. Il
faut ajouter que l'une comme l'autre de
ces charges n'étaient point négligeables
en Cotentin, aux environs de 1789. Les
travaux de Cherbourg d'une part, d'autre

Qu'il ne subsiste aucune exclusion du tiers état dans les emplois quelconques civils ou militaires [1];

Que le tiers état entre pour moitié dans la composition des cours souveraines;

Qu'il entre également pour moitié dans les maisons royales d'éducation, avec égalité d'avantages;

Que les francs-fiefs soient supprimés [2];

Que l'on avise à établir sur le fait de la chasse, regardé comme droit domanial et non féodal [3], une législation moins onéreuse et moins désagréable au tiers état, et qu'à tout événement les délits de

---

part les craintes que l'on avait d'une descente des Anglais sur les côtes depuis la guerre d'Amérique, avaient occasionné en Cotentin de grands mouvements de troupes, dans les dernières années. Voir à cet égard, dans le fonds de l'Intendance de Caen, les liasses C 1950 à 1970, et pour les réclamations des exempts, *ibid.*, C 2254 à 2256.

[1] Le cahier entend viser les dispositions législatives récentes qui avaient exclu le tiers état du grade d'officier dans l'armée de terre, et vraisemblablement aussi les règlements secrets rendus par les Parlements pour leur organisation intérieure, et par lesquels ces cours avaient, prétendait-on, décidé de n'admettre désormais que des membres pouvant faire leurs *preuves*. Voir le cahier de Saint-Sauveur-le-Vicomte, article 26 et la note (*suprà*, p. 204).

L'origine du vœu paraît être encore dans le *Projet* précité. L'auteur écrit, au chapitre III, article 5 «Que l'on révoque l'interprétation donnée, contre l'intention du roi, à la disposition de ses ordonnances au tiers état de parvenir aux grades dans le militaire, et de posséder des charges dans les Parlements et Cours souveraines du royaume, sauf néanmoins la préférence qui est due à la noblesse, en cas de concurrence et d'égalité de mérite» (*op. cit.*, p. 387); le texte publié par HIPPEAU est devenu incompréhensible par plusieurs fautes d'impression.

[2] Sur l'origine du droit de franc-fief et son application discutée en Normandie, on se reportera à ce que nous avons noté sous le cahier de Saint-Sauveur-le-Vicomte, article 26 (*suprà*, p. 204). Le bailliage de Mortain comprenait 85 fiefs

nobles, qui tous ou presque tous devaient hommage au roi et au comte de Mortain (*Mémoires de l'intendant Foucault, loc. cit.*).

[3] La nature juridique du droit de chasse était extrêmement discutée à la fin du XVIIIe siècle. Les jurisconsultes en général, interprétant la législation existante, y voyaient un droit *purement féodal*, qui ne devait appartenir qu'au seul seigneur du fief, et qui lui appartenait non seulement sur sa propre terre (*garenne jurée*), mais sur les terres de ses vassaux et tenanciers, sur lesquelles il était censé l'avoir retenu en les inféodant (*garenne ouverte*). Voir, tout particulièrement pour la province, HOUARD, *Dict. anal.*, v° Chasse, I, 227, et ROUTIER, *Principes généraux du droit civil de la province de Normandie*, ch. VIII, sect. 6, éd. 1748, p. 121.

Au contraire, les philosophes soutenaient en général que le droit de chasse était *purement domanial*, c'est-à-dire qu'il devait appartenir à tout propriétaire sur son terrain, et que le droit du propriétaire excluait celui du seigneur. Voir *Encyclopédie méthodique*, v° Chasse, Garenne. Personne ne paraît avoir soutenu à cette époque la conception romaine et logique, suivant laquelle le gibier étant une *res nullius*, le droit de chasse est un droit naturel qui appartient à toute personne, propriétaire ou non.

La question a été, comme on sait, tranchée chez nous en 1790 en faveur du propriétaire. Voir *Décret portant abolition du régime féodal, 4-11 août 1789*, art. 3 ; *décret sur la chasse, 28-30 avril 1790*, art. 1er dans DUVERGIER, *Collection des lois*, I, p. 39 et p. 156.

chasse ne puissent être punis de peine afflictive ou infamante, ni
poursuivis par voie criminelle, ni constatés autrement que par le
genre de preuve ordinaire seulement ;

Que l'on s'occupe de concilier les précautions politiques que
peut exiger la police générale de l'État concernant le port ou usage
des armes avec les moyens de pourvoir à la sécurité particulière
des citoyens de toutes les classes, tant au dedans qu'au dehors de
leurs habitations [1] ;

Qu'il soit avisé aux moyens de garantir les campagnes voisines
des forêts de la dévastation de leurs moissons par les dégâts
qu'y causent les bêtes fauves, soit par une permission aux
communautés des paroisses de s'assembler et prendre les armes
sous la conduite et à l'ordre de leurs officiers municipaux, ou autrement ;

Que les levées de milice soient supprimées, autant que faire se
pourra, et que dans le cas où elles seraient indispensables par le
besoin d'hommes, il soit permis aux paroisses d'acheter le nombre
qu'elles devraient fournir, duquel achat le prix serait réparti
entre tous les contribuables au marc la livre des impositions
communes à tous les ordres, parce qu'en cas de tirage réel, les
valets et domestiques des nobles et autres y seraient assujettis
sans distinction ni exception, à charge aux paroisses de délivrer au milicien tombé au sort une somme fixe au moyen de
laquelle il pourrait se rédimer du service en fournissant un
homme à sa place, laquelle somme serait également répartie
comme dessus [2] ;

[1] Sur la question du *port d'armes*
en 1789, en Normandie, et sur la réglementation très sévère du Parlement
de cette province, voir ce que nous
avons noté sous le cahier d'Annoville-
Tourneville, article 12 (au t. Ier,
p. 137).

La question se posait d'une façon
particulièrement pressante dans le bailliage de Mortain, parce qu'une grande
partie du pays était couverte de forêts,
peuplées de bêtes sauvages, qui rava-
geaient les moissons. La plus importante
de ces forêts, celle de *Lande Pourrie*,
appartenait, en 1789, au duc d'Orléans,
comte de Mortain. Elle contenait encore
en 1792 plus de 6,976 arpents, d'un
produit annuel de 28,000 à 32,000 livres. Voir le contrat de vente au sieur
Collet de Saint-James, en date du 9 jan-

vier 1792 (abbé DUMAINE, *Histoire de
Tinchebray*, III, p. 103).

[2] Sur les exemptions de la *milice de
terre*, et sur la question des remplace-
ments, on voudra bien se reporter à ce
que nous avons noté sous les cahiers de
Fervaches, article 8, et de Cosqueville,
article 9 (aux t. Ier, p. 310, II, p. 206).
D'après les *États de tirage des troupes
provinciales*, la subdélégation de Mortain,
qui comptait 85 paroisses sujettes à la
milice, avait fourni, en 1788, 1,716 inscrits, sur lesquels il y avait eu
485 exempts, 80 infirmes et 915 réformés pour défaut de taille; 236 seulement étaient demeurés, pour fournir
au sort 24 miliciens. C'est en somme
un recrutement bien léger pour une
population de 65,000 habitants (Arch.
Calvados, C 1962).

Que le tirage soit fait gratuitement par les maires et échevins, aux hôtels de ville [1];

Que toutes les corvées et banalités soient rachetables, moyennant indemnité;

Que tous colombiers et garennes soient supprimés;

Que les droits de coutume et péage soient supprimés [2].

### V. Suppression et réforme d'impôts vicieux et arbitraires.

Que les traites à l'intérieur soient supprimées, et que provisoirement on soit dispensé d'acquits à caution pour l'enlèvement des

---

[1] Le tirage au sort des miliciens était fait, en effet, par les subdélégués, qui se déplaçaient successivement dans les principales localités de leur ressort; on réunissait ensemble trois ou quatre communautés dans chaque centre de tirage. Ainsi, en 1788, le subdélégué de Mortain s'était successivement transporté dans 24 communautés; à Tinchebray, on avait réuni les communautés de Tinchebray-bourgeoisie, Notre-Dame, Saint-Pierre, Saint-Quentin et Saint-Christophe; à Beauchesne, les communautés de Mesnilciboult, Saint-Jean-des-Bois, Yvrandes, Saint-Cornier, Le Petit-Truttemer (Arch. Calvados, C 1916).

Les cahiers reprochent communément à cette procédure les frais considérables qu'elle entraînait pour les communautés (cahier de Carantilly, ch. III, 3°, au t. Iᵉʳ, p. 253); mais les déplacements ne se faisant qu'entre paroisses voisines, les frais ne devaient pas être si onéreux qu'ils le prétendent. Le véritable vice du système était plutôt en ce qu'on déplaçait inutilement tous les hommes valides d'une communauté pour faire tirer seulement 2 ou 3 miliciens.

[2] Les droits de *coutume* du bailliage de Mortain étaient encore très nombreux en 1789 et appartenaient tous au duc d'Orléans, comte apanagiste de Mortain. Il levait à Mortain même un droit de coutume et trépas, et dans le ressort les droits de coutume et trépas de Romagny, des Ruettes, de la Tournerie, de Sourdeval, de Fresne, du Teilleul, de Barenton, de Saint-Hilaire, de Savigny, des Biards, de Cuves et de Chérencé, en outre la coutume de la

foire Saint-Ortaire et de la foire Sainte-Croix à Brécey, les droits de marché de Brécey, les coutumes de Heussé, de Saint-Cyr, de Buais, et de la foire Saint-Michel à Brécey. Voir *Sommaire et relevé général des différents objets sujets au cens, rentes et redevances, envers le domaine de Mortain* (Arch. Manche, A 292).

Quant aux droits de péage, il semble qu'il n'y ait plus lieu en 1789 de les mentionner que pour mémoire. D'après l'enquête des péages de 1760 en effet, il n'y avait aucuns bacs dans l'élection de Mortain; il existait bien des droits de *passage* au profit du duc d'Orléans, à Mortain et à la Tournerie et en 17 autres endroits, et au profit du duc d'Harcourt à Saint-Hilaire et au Teilleul; mais ces droits étaient si peu productifs (180 livres au total) qu'on ne peut guère en tenir compte; aucun des prix de fermage ne dépasse, à la fin du XVIIIᵉ siècle, 100 livres par an, et certains même, qui avaient été groupés, n'avaient point trouvé adjudicataire pour 10 livres. D'autre part, le propriétaire des péages était tenu à l'entretien de 13 ponts dans le bailliage; aussi le duc d'Orléans avait-il exposé, à l'enquête, que «les charges passaient le bénéfice», et avait-il demandé en 1779 à abandonner les péages pour être déchargé de l'entretien des ponts; sa requête lui avait été accordée. Voir *Arrêt du Conseil, qui maintient le duc d'Orléans dans les droits de péage et pontenage du comté de Mortain, 1776* (Arch. Manche, A 420) et *Arrêt du Conseil, du 10 juin 1780, le déchargeant de l'entretien des ponts* (Arch. Calvados, C 3039).

denrées du cru du pays, comme cidres et autres, dans les quatre lieues limitrophes de la Bretagne et autres provinces réputées étrangères [1];

Que la gabelle et les aides soient supprimées;

Que la taille, taillon et accessoires, capitation noble et roturière et autres impôts arbitraires ou vicieux soient supprimés, et remplacés par un impôt réparti sur les trois ordres, à proportion de leurs biens, et par un rôle commun, en avisant aux moyens de faire contribuer les capitalistes, négociants, et marchands;

Qu'il n'y ait aucun impôt sur l'exploitation des terres [2];

Que le taux des droits de contrôle soit modéré;

Que le tarif desdits droits soit réformé de manière à faire cesser

---

[1] La province de Bretagne, n'ayant pas adhéré à la réforme de Colbert de 1664, était *réputée province étrangère*. (*Ordonnance sur le fait des cinq grosses fermes, février 1687*, titre Ier, art. 3, dans ISAMBERT, XX, n° 2254, p. 24.) En conséquence, les marchandises entrant ou sortant des provinces des cinq grosses fermes y étaient soumises à la sortie au droit de traite foraine, et à l'entrée aux droits locaux, traite morte, prévôté de Nantes, ports et havres. Le bailliage de Mortain étant limitrophe de la Bretagne, on avait pour cela établi à Mortain même un bureau des traites foraines, et des bureaux de douane à Parigny, Saint-Hilaire et la Tournerie, sur les confins de la Bretagne. Voir DUMOULIN, *Géographie descriptive*, t. III, p. 161.

L'exigence des acquits-à-caution pour l'enlèvement des denrées dans le bailliage de Mortain s'explique par cela même tout naturellement. Comme les droits du tarif de 1667, appliqué aux provinces réputées étrangères, étaient notablement plus élevés que ceux du tarif de 1664, appliqué en Normandie, il y avait évidemment à craindre que les denrées du cru, les boissons en particulier, ne passassent subrepticement en Bretagne. Il ne faut pas oublier d'ailleurs que, dans certaines années de disette, l'exportation des cidres était totalement défendue. Voir *Édit portant défenses à tous habitants de la généralité de Caen de vendre aucuns cidres et poirés, même les fruits destinés à en faire, pour être transportés hors la province de Normandie, 11 septembre 1742*. (Arch. Calvados, C 1423.)

[2] Le cahier vise sans doute la *taille* dite *d'exploitation*. Dans les pays de taille mixte, comme la Normandie, la taille n'était pas seulement un impôt foncier pesant sur les propriétaires, elle frappait également les fermiers, en raison du bénéfice qu'ils étaient présumés faire dans l'exploitation. Cette forme de la taille avait ceci de remarquable, qu'elle frappait indistinctement les biens des privilégiés comme ceux des roturiers. Ainsi le clergé, la noblesse, la magistrature, qui étaient personnellement exempts de payer la taille, y contribuaient cependant indirectement, et par répercussion, grâce à l'exploitation payée par leurs fermiers. Voir DÉNISART, *Collection de décisions*, v° Taille, éd. 1771, t. IV, p. 651.

Il convient d'observer à cet égard qu'en Normandie, traditionnellement, la taille de propriété et la taille d'exploitation, étant portées sur le même rôle, ne se distinguaient pas bien. Mais précisément, l'année précédente, en 1788, l'assemblée provinciale de Basse-Normandie avait eu l'idée de séparer ces deux sortes de tailles, et elle avait proposé aux assemblées de département de diviser par parts égales la taille, entre le propriétaire et le fermier, «de façon que celui qui exploite paie le double, moitié pour la propriété, moitié pour l'exploitation». (*Instructions de l'assemblée provinciale de Basse-Normandie*, art. 4.) Mais l'assemblée du département de Mortain s'était vivement élevée contre cette façon de procéder. Voir *Procès-verbal*, page 76 (Arch. Calvados, G 7706).

l'arbitraire dans leur perception, et qu'il soit pourvu à éviter l'inquisition fiscale qu'occasionnent les recherches des préposés au recouvrement tant desdits droits que de ceux de centième denier, insinuation, etc., de tous lesquels droits la connaissance du litige soit attribuée aux juges ordinaires ;

Qu'en matière d'impôt il n'y ait aucune peine afflictive ou infamante, et qu'en modérant les amendes on en évite l'arbitraire.

## VI. Administration de la justice.

Que la procédure civile et criminelle soit réformée par des commissaires pris dans toutes les provinces du royaume ;

Qu'il n'y ait point de juridiction prévôtale ni de jugements par commission ;

Que l'on réforme l'abus des emprisonnements qui se font par ordre des gouverneurs des provinces sans connaissance de cause [1] ;

Qu'il y ait nécessairement deux degrés de juridiction en toute matière criminelle, et qu'on ne puisse en éprouver que deux en matière civile ;

Que tous tribunaux d'exception soient supprimés, et que leur compétence, ainsi que celle attribuée aux intendants et subdélégués, soit rendue aux juges ordinaires [2] ;

Que l'arrondissement des tribunaux en première instance et en cause d'appel soit perfectionné [3] ;

[1] Sur l'origine de la juridiction des gouverneurs de province en matière de *port d'armes*, et sur les *emprisonnements de laboureurs* qui en étaient résultés, on voudra bien se reporter à ce que nous avons noté sous les cahiers de Saint-Vaast-la-Hougue, article 14 (au t. II, p. 643, n° 2), de Montebourg, article 16, et de Quettehou, article 2 (*ibid.*, p. 383, 461). Le vœu a passé dans le cahier du tiers état du bailliage de Cotentin, article 54 (dans Hippeau, *op. cit.*, II, p. 17).

[2] Sur la suppression des juridictions d'exception, cf. le cahier d'Agneaux, au chapitre Justice, paragraphe 1° (*suprà*, p. 53). Les seules juridictions d'exception du ressort de Mortain, en 1789, étaient le tribunal de l'élection, qui jugeait en matière d'impositions, et la maîtrise des eaux et forêts. L'un et l'autre de ces tribunaux avaient été supprimés temporairement en 1788 en conséquence de l'*Édit de mai*. Le 14 juillet 1788, le subdélégué de La Roque était allé apposer les scellés sur le greffe de l'élection. Mais les dispositions de l'*Édit de mai* ayant été rapportées par un nouvel *Édit du 23 septembre 1788*, les scellés avaient été levés au mois d'octobre, et les tribunaux d'exception fonctionnaient à nouveau en 1789 régulièrement. Voir les *Procès-verbaux d'apposition et de levée des scellés* (Arch. Calvados, C 6079).

[3] Le vœu en faveur de l'arrondissement des bailliages était moins urgent dans le bailliage de Mortain que dans la plupart des autres sièges du Cotentin. Le ressort était en général assez bien «arrondi», sauf deux ou trois enclaves : 1° les paroisses de Notre-Dame et Saint-Pierre de Cresnay et du Mesnil-Adelée, appartenant au bailliage d'Avranches, avançaient assez profondément dans celui de Mortain ; 2° la paroisse de Milly, au centre du ressort, relevait du

Que la vénalité des offices de judicature soit supprimée, et qu'il y soit pourvu par élection;

Que le nombre des juges dans les tribunaux de première instance soit augmenté, et de suite leur compétence en dernier ressort;

Que les privilèges de *committimus* et autres privilèges attributifs de juridiction soient supprimés, principalement en matière réelle;

Que les offices de priseurs-vendeurs et leurs droits soient supprimés;

Qu'on ne puisse être reçu à l'état de notaire sans avoir étudié quatre ans chez un notaire ou avocat.

### VII. Matières ecclésiastiques.

Que les déports des bénéfices-cures soient supprimés, ainsi que les annates;

Que les bénéfices-cures en patronage ecclésiastique s'obtiennent au concours;

Que toutes dîmes ecclésiastiques soient rendues à leurs clochers, et appliquées à leur destination primitive [1];

---

bailliage d'Argentan, secondaire pour la convocation du bailliage d'Alençon, dont le siège était à dix-huit lieues de là; 3° enfin les paroisses de Périers et de Beauficel formaient un petit ressort séparé, rattaché au bailliage de Saint-Sauveur-Lendelin.

Quant aux *paroisses mixtes*, elles étaient assez peu nombreuses. Le subdélégué de Mortain écrivait en 1788 : «Ce bailliage est situé à l'extrémité de la généralité, il fait partie du comté dont il porte le nom, et depuis 1530 il appartient à Mgr. le duc d'Orléans, à titre d'échange. Il a dans son ressort 70 paroisses; deux, Saint-Quentin et Saint-Martin-le-Bouillant, sont mixtes entre ce bailliage et celui d'Avranches. Ce ressort, anciennement très borné, a été augmenté d'abord par la réunion des vicomtés de Cuves, de Saint-Hilaire et du Teilleul; il l'a été ensuite par celle du petit bailliage de Périers-en-Beauficel.» Le subdélégué joignait à sa lettre un plan d'arrondissement, réunissant au bailliage de Mortain les quelques paroisses précitées et celle de Milly.

Voir *Enquête sur les justices* (Arch. Calvados, C 6077).

On remarquera que le cahier ne contient aucun vœu relatif aux *hautes justices*. L'explication en est simple. Il n'y avait dans le ressort aucune haute ou basse justice. «Nous n'avons, écrivait le subdélégué, pu découvrir dans l'étendue du bailliage de Mortain aucune justice seigneuriale, et les renseignements que nous avons reçus attestent qu'il n'y en a aucune.» (*Ibidem.*)

[1] Le cahier veut dire que les dîmes devront être rendues au curé séculier de la paroisse. Dans le bailliage de Mortain, comme à peu près partout en Basse-Normandie, les grosses dîmes appartenaient le plus souvent au clergé régulier, et le curé n'avait que les menues dîmes et les novales. Ainsi à Bréccy, à Saint-Hilaire-du-Harcouët, le curé était portionnaire (abbé Sevestre, *Clergé paroissial*, p. 50, n. 2; p. 51, n. 2). De même à Lonlay, à Beauchesne, à Borjou, dans le ressort de Tinchebray (*Déclarations de 1790*, Arch. Orne, L 2999).

Que les dîmes soient fixées à une quotité uniforme, de manière à éviter les contestations qui s'élèvent journellement à ce sujet, et que les pailles ne puissent être vendues qu'aux paroissiens [1] et au taux d'une appréciation commune qui sera fixée dans les bailliages;

Que les paroisses soient déchargées des réparations presbytérales [2];

Que les communautés d'hommes rentées soient supprimées, en pourvoyant au sort des religieux actuels, et que leurs biens, autres que les dîmes, vertissent à l'acquit des dettes de l'État, ou soient appliqués à d'autres objets d'utilité publique, tels que bureaux et écoles de charité [3];

[1] Sur la question des pailles de dîmes en 1789, et la jurisprudence maladroite du Parlement de Normandie, voir ce que nous avons noté sous le cahier de Belval, article 9 (au t. Ier, p. 154, n. 1).

[2] La reconstruction des maisons presbytérales paraît avoir moins pesé, relativement, aux environs de 1789, sur l'élection de Mortain que sur les autres élections du Cotentin. Nous ne trouvons guère depuis 1780 qu'une demi-douzaine de communautés du ressort qui aient dû s'imposer extraordinairement à cette occasion : Ferrières, du 4 septembre 1781, pour 2,100 livres; Parigny, même date, 4,150 livres; la Chapelle-Urée, du 28 mai 1782, pour 2,200 livres; Saint-Symphorien et Brouains, du 1er février 1785, pour 5,000 et 3,560 livres; Saint-Laurent-de-Cuves, du 3 février 1786, pour 6,800 livres (Arch. Calvados, G 1325, 1326 et C 8312).

L'assemblée du département de Mortain avait émis, en 1788, un vœu relatif à l'entretien des presbytères par les décimateurs (Procès-verbal, p. 57, Arch. Calvados, C 7706).

[3] Cf., pour un vœu analogue, le cahier de Saint-Lô, article 8, 4° (suprà, p. 93). Il n'existait, comme nous avons dit, dans le ressort de Mortain, en 1789, que deux communautés d'hommes rentées, savoir : l'abbaye bernardine de Savigny et la collégiale de Mortain.

1° L'abbaye de Savigny, de l'ordre de Cîteaux, avait été fondée, en 1115, par Guillaume, comte de Mortain. Autrefois chef d'ordre, mais unie à Cîteaux dès 1148, elle portait encore en 1789 le titre de «première fille de Clairvaux». Elle comptait encore, en 1790, 14 religieux sous la direction du prieur dom Louis Verdier, et avait pour abbé commendataire Fr. Odet d'Aydie. Voir État général des Bénédictins, ordre de Cîteaux, 1790 (Arch. nat., D[xix] 10, l. 150). Elle figure à l'Almanach royal de 1789 pour un revenu de 15,000 livres; mais ce chiffre ne représente que la part de l'abbé; et en réalité, à la fin du siècle, elle devait valoir de 36,000 à 37,000 livres de rente. Voir État des bénéfices du diocèse d'Avranches pour la répartition de l'impôt dû au roi, 1773 (dans abbé PIGEON, op. cit., II p. 693).

2° La collégiale de Mortain, appartenant aux chanoines réguliers de l'ordre de Saint-Augustin, avait été fondée en 1082 par Robert, comte de Mortain, et sa femme Mathilde. En 1789, elle comptait 16 prébendes, dont les deux dignités du doyen et du chapitre, 8 vicaires et 4 habitués. Voir État général des chanoines réguliers de Saint-Augustin, 1790 (Arch. nat., D[xix] 11, l. 163). Cet établissement était peu riche. Dumoulin, en 1765 écrit que la collégiale est «plus considérable par le nombre de ses privilèges que par ses revenus». Le théologal pouvait avoir 2,700 livres, le chantre 2,500 livres, le doyen 1,500 livres, et la manse commune n'excédait pas 3,000 livres (État des bénéfices précité, p. 693).

Telles étaient les deux seules communautés d'hommes du ressort de Mortain. Mais il faut ajouter que des communautés situées au dehors, les abbayes de Saint-Sever, de Montmorel, de la Luzerne, d'Aunay, avaient dans le bail-

Que la pluralité des bénéfices ne puisse avoir lieu;

Que tout bénéficier, même sans charge d'âmes, réside dans le lieu du bénéfice, à peine de privation des fruits, dont le profit, à l'égard des bénéfices sans charge d'âmes, sera appliqué aux hôpitaux et écoles de charité, et au soulagement en général des pauvres des lieux, à la poursuite et diligence des officiers municipaux [1];

Que si les dîmes ecclésiastiques n'étaient pas rendues à leur destination primitive, les portions congrues soient augmentées à raison du nombre de feux, et cependant ne puissent être moindres de douze cents livres [2];

liage des possessions et des dîmes considérables. Il faut tenir compte aussi des prieurés non conventuels, dépendant des abbayes, et dont nous avons donné la liste dans la notice préliminaire (*suprà*, p. 223, n. 2).

L'ensemble des revenus ecclésiastiques de l'élection de Mortain était estimé en 1789 à 263,213 l. 5 s., par les contrôleurs des XX^es (Arch. Calvados, C 6519).

[1] Il existait, en 1789, dans le ressort du bailliage de Mortain, deux établissements hospitaliers :

1° L'*Hôtel-Dieu de Mortain*, fondé par lettres patentes de 1773 et 1775 dans les bâtiments de l'ancien prieuré du Rocher, disposait en 1784 d'environ 42 lits, occupés par 60 personnes; 10 nouveaux pauvres avaient été reçus en 1783 (*État des hôpitaux*, 1787, Arch. Calvados, C 1044). Quant aux revenus, ils ne s'élevaient, d'après une lettre des administrateurs, qu'à 1,500 ou 1,600 livres (*ibid.*, C 819).

2° L'*Hôpital de Notre-Dame de Pitié et de Miséricorde*, fondé en 1693 au bourg de *Barenton* par un ancien curé du lieu. Il était, d'après un état de 1778, desservi par les religieuses de Saint-Augustin, et donnait asile à 44 pauvres malades et infirmes et 43 pauvres petites filles. Le revenu annuel consistait en onze terres et un moulin, produisant 1,961 livres, en 771 livres de diverses rentes, et une somme de 288 l. 8 s. sur les tailles; en tout, 3,020 l. 8 s., alors que les administrateurs accusent 9,843 l. 7 s. de dépenses. La ville de Mortain avait essayé vainement de faire transférer à l'hospice de Mortain les revenus de celui de Ba-

renton (Arch. Calvados, C 781 et C 1218).

Quant aux *écoles*, nous n'avons trouvé que des renseignements épars et insuffisants sur leur état en 1789 dans le ressort de Mortain. Il existait à Mortain un collège fondé dès avant le xvi^e siècle, et installé dans une maison appartenant aux chanoines de l'église collégiale; la charge en incombait au chanoine prébendé de Goron, mais les bourgeois de Mortain avaient été continuellement en procès au xviii^e siècle avec le théologal, pour l'obliger à s'acquitter de ses obligations (Arch. Manche, D 41). D'autres pièces montrent qu'il y avait également à Barenton un collège et des petites écoles, fondées en 1719 par m^e Augustin Passais, prêtre (*ibid.*, D 6 et D 7). Mais évidemment il devait exister beaucoup d'autres établissements, sur lesquels les renseignements font défaut.

L'assemblée du département de Mortain sollicitait, en 1789, une subvention de 900 livres, pour le payement du principal et des régents du collège (*ms. cit.*, p. 46).

[2] Les cures à *portion congrue* paraissent avoir été plus nombreuses, en 1789, dans le ressort du bailliage de Mortain que dans le reste du Cotentin. A la fin du xvii^e siècle l'intendant Foucault l'avait déjà noté : « Quant aux cures, le revenu en général est très médiocre, la seule cure de Barenton est considérable, étant de 3,000 livres; la plupart des autres sont réduites à la portion congrue, et il y a environ 30 seigneurs présentateurs des cures de leur village» (DESCHAMPS DU MANOIR, *op. cit.*, p. 116). Les documents de la fin du xviii^e siècle

Que l'abus des lettres de cachet soit réformé;

Que la presse jouisse d'une juste liberté;

Que l'éducation publique soit perfectionnée, et qu'il soit remédié aux abus qui ont lieu dans les universités;

Que la noblesse ne puisse être vénale, et soit seulement accordée au mérite, et pour considération de grands et notables services rendus à la Nation;

Que les droits qui se perçoivent sur les contrats d'échange, autres que ceux de contrôle et d'insinuation, soient supprimés.

### VIII. Doléances locales.

Si le tiers état en général a lieu de se féliciter de l'heureux retour des États généraux, celui que fournit le bailliage de Mortain a dû voir son salut dans ce grand événement. La masse de ses impositions est effrayante en tous sens [1].

D'abord, la taille et ses accessoires, au nombre desquels est la prestation en argent représentative de la corvée, pèsent unique-

---

confirment cette impression un peu ancienne; la cure la plus riche est toujours celle de Barenton, qui en 1773 vaut 3,500 livres de rente; au-dessous viennent les cures de Chalendrey, Montigny, Mesnillard, avec 1,800 livres de revenu; il y en a encore une dizaine qui ont de 1,600 à 1,400 livres; mais la très grande majorité n'atteint pas 1,000 livres. Voir *État des bénéfices du diocèse d'Avranches, 1773*, dans abbé Pigeon, *op. cit.*, II p. 132.

[1] Le cahier reproduit presque textuellement les paroles du rapporteur du Bureau de l'impôt à l'assemblée du département de Mortain : «La masse effrayante des impôts réunis, qui se perçoivent dans notre département, comparée avec son peu d'étendue, la stérilité de son sol, les sources resserrées de son industrie, vous fera naître sans doute le désir d'y apporter quelque adoucissement.» (*Procès-verbal, s. du 14 octobre 1788*, p. 10, Arch. Calvados, C 7706.) Nous n'avons point de pièce donnant précisément le chiffre des impositions du *bailliage* de Mortain en 1789. Mais on peut s'en faire une idée, en considérant ce que payait *l'élection*, un peu plus étendue, puisqu'elle comptait 85 pa-

roisses. Le chiffre total des impôts directs montait à 577,479 l. 19 s. 4 d. (taille, 165,071 l. 16 s.; accessoires, 108,323 l. 8 s. 6 d.; capitation noble, 113,478 l. 14 s. 7 d.; corvée, 54,825 l. 14 s. 6 d.; vingtièmes, 122,168 l. 3 s. 9 d.; territorial, 10,204 livres; bâtiments, 3,402 l. 6 s. 8 d.). Il faut y joindre la capitation des nobles (103 personnes payant ensemble 3,115 l. 6 s.), celle des exempts et privilégiés taillables (13 personnes payant 305 l. 2 s.), celle des employés des fermes (41 personnes payant 487 l. 2 s. 7 d.), celle des officiers de judicature (17 personnes payant 2,214 livres), enfin les décimes du clergé. Le *Rôle de supplément des privilégiés pour les six derniers mois de 1789* a produit dans le département 10,186 l. 2 s. 1 d.

Quoique dise le cahier, l'élection de Mortain était certainement, en considération de son étendue et de sa population, une des moins imposées des élections de la généralité de Caen. Sa quote-part de 600,000 livres environ n'est même pas la douzième partie des 7,305,562 livres auxquelles s'élevaient pour 1789 les impositions directes des 9 élections de la généralité.

ment sur le roturier, et affectent à l'État plus de la moitié de ses revenus[1]. La collecte des deniers royaux et des rentes des fabriques absorbent en outre, tous les vingt ans, pour chaque particulier tant soit peu aisé, un capital de 3oo livres au moins[2].

Dans les impôts communs avec la noblesse, le roturier ne jouit d'aucune modération; il y est toujours le plus maltraité.

Ensuite, dans l'ordre de la contribution de la généralité de Caen, celle du bailliage de Mortain a été fixée sans proportion avec l'étendue de son arrondissement et les diverses circonstances qui concourent à lui assurer des ménagements dans la balance générale des impôts.

C'est un sol presque partout stérile, pierreux, montagneux; il est rempli de landes, de bruyères, de bois où se réfugient des légions de lapins[3]; il est coupé par une vaste forêt, d'où les bêtes

---

[1] La même plainte, relativement à la corvée des chemins, avait déjà été émise l'année précédente par l'assemblée du département de Mortain : «L'assemblée ayant remarqué que l'on n'a observé aucune proportion dans la répartition de l'impôt représentatif de la corvée, telle qu'elle est indiquée dans le tableau représenté par le s' Lefebvre à l'assemblée provinciale, vu que l'on a diminué considérablement le principal vrai de la taille des sept élections, et notamment de celles de Caen et de Bayeux, au lieu que la contribution des élections de Mortain et Carentan à cet impôt est sur le pied du principal vrai de la taille, . . .supplie Messieurs de l'assemblée provinciale de rectifier cette injustice.» (Procès-verbal, ms. cit., p. 8o.)

[2] Sur la collecte des deniers royaux, on voudra bien se reporter à ce que nous avons noté sous le cahier de Carantilly (chapitre III, article 5, au t. Ier, p. 254), et pour la collecte des rentes d'obiterie, à la note sous le cahier de Saint-Germain-de-Tournebut, article 9 (au t. II, p. 577).

[3] Le Mémoire statistique dressé en 1728, par l'intendant de Vastan, sur les renseignements fournis par le subdélégué de Mortain, M. du Mesnil-Adelée, apprécie dans des termes tout semblables le sol du Mortainais : «L'élec-

tion de Mortain, écrit-il, est la plus petite de la généralité; la moitié de son terrain consiste en forêts, landes et bruyères, et de l'autre moitié on n'en laboure non plus que les deux tiers, l'autre tiers étant en repos chaque année. Les grains qu'on y recueille sont des seigles, avoines et sarrazins, qui servent à la subsistance des habitants; il se fait si peu de froment dans l'élection, qu'il ne vaut pas la peine d'en parler... Tous les grains qu'on recueille dans cette élection dans la meilleure récolte ne suffisent pas pour nourrir les habitants pendant la moitié de l'année; ils en tirent des élections voisines, et on leur en apporte dans les marchés de la province de Bretagne, dont l'élection est voisine... Il n'y a aucun commerce; la plupart des habitants vivent du revenu des terres comme propriétaires ou fermiers, et leur plus grand profit consiste dans les bestiaux qu'ils nourrissent des herbes qui croissent dans les terres reposantes et dans les landes et bruyères, et qu'ils vendent ensuite comme maigrage pour le Cotentin et le pays d'Auge.» (Mémoire contenant les observations faites par M. de Vastan, dans sa tournée d'octobre 1728, f° 9 v°, Arch. Calvados, C 269).

Le rapport du Bureau du Bien Public à l'assemblée du département de Mortain contient des détails plus complets et

fauves se répandent dans les campagnes et y portent les plus hor-
ribles dégâts[1]; il est hérissé de colombiers, dévasté par des nuées
de pigeons, surchargé de rentes seigneuriales, qui se perçoivent
sans diminution de droits royaux[2]; l'exploitation en est pénible et
dispendieuse, l'on y manque d'engrais; les communications y sont
rares et difficiles, et cependant on lui a donné plus d'importance
qu'aux meilleurs fonds de la généralité, et on l'a taxé avec plus de
rigueur.

Aucune compensation ne rachète ces désavantages locaux; quel-

plus précis que le cahier sur l'état de
l'agriculture du Mortainais aux environs
de 1789. Il signale toujours la persis-
tance de la coutume d'acheter en Bretagne et dans le Maine des bestiaux
maigres, pour les revendre pour le pays
d'Auge. (*Ms. cit.*, p. 65.)

[1] La forêt dont il est question au
texte est celle dite de la *Lande Pourrie*,
qui faisait partie du domaine de Mortain, et appartenait en 1789 au duc
d'Orléans. Dumoulin en 1765 explique
qu'elle est située «entre Placitée, le bourg
de Ger et le village Saint-Clément, Fon-
taine-Boudon et Livet», et qu'elle a «bien
cinq lieues de tour». Il ajoute d'ailleurs
qu'elle est «réduite en taillis». (*Géographie descriptive*, p. 161 et 171.) Un
*Procès-verbal de réformation de la forêt
de Lande Pourrie*, qui est en date de
1732, permet de préciser un peu plus.
La forêt à cette époque se composait de
cinq gardes, savoir :

La garde de Mortain, 1,620 arpents;

La garde de Boussentier, 1,855 arpents;

La garde du Franc-Herbage, 1,153 ar.
10 p.

La garde des vallées de Ger, 1,328 ar.
31 p.

La garde de Tinchebray, 819 ar.
85 p.

Au total 6776 ar. 62 p. (qui font
aujourd'hui 3,387 hect. environ), pour
l'ensemble de la forêt, «déduction faite
de toutes terres fieffées, noës et landes
enclavées» (Arch. Manche, A 2039).
Le produit n'est point porté dans le
relevé annuel du domaine de Mortain
(*ibid.*, A 2036).

[2] Pour l'appréciation des rentes seigneuriales dans le bailliage de Mortain,
on peut observer que ce bailliage comprenait 99 fiefs, 35 vavassoreries et
130 arrière-fiefs, qui tous relevaient du
comté de Mortain, appartenant au duc
d'Orléans. Voir *Tableau des fiefs et
arrière-fiefs du comté de Mortain, fin du
XVIII* siècle* (Arch. Manche, A 278).
Nous ne pouvons guère savoir aujour-
d'hui ce que chacun de ces différents
fiefs pouvait percevoir de rentes seigneuriales; mais pour ce qui était dû au
prince lui-même, nous avons des chiffres
précis. Un *Tableau des rentes dues à la
châtellenie de Mortain* a été dressé en
1767 par ordre alphabétique de paroisses. Le total monte à 930 boisseaux
de froment, 554 de grosse avoine et
858 d'avoine menue, ancienne mesure
de 13 pots; plus 81 boisseaux de grosse
avoine, 216 de menue et 52 de seigle,
à la nouvelle mesure de 14 pots 1/2.
En outre des menues rentes de 34 gélines, 2 poulets, 150 œufs et 1,412 l.
19 s. en deniers, plus 1,444 l. 15 s.
pour nouvelles fieffes. Le tout n'est pas
apprécié (Arch. Manche, A 324). Il faut
tenir compte aussi du droit de treizième
sur les ventes, qui produisait en 1788
une somme de 5,317 l. 15 s. 1 d. (*ibid.*,
A 346).

L'ensemble du revenu du domaine de
Mortain, terres, rentes et droits, était
estimé en 1787 à 80,100 livres, par les
contrôleurs des XXes (Arch. Calvados,
C 6519). Le domaine entier, avec la
châtellenie de Tinchebray, fut vendu,
à la date du 16 octobre 1792, par
Philippe-Égalité et les mandataires
de ses créanciers, au sieur Collet de
Saint-James, moyennant un prix de
816,570 livres. (A. Douarche, *Les tribunaux civils de Paris pendant la Révolution*, Paris, 1905, in-8°, t. Ier,
p. 395.)

ques moulins à papier [1], une manufacture de poterie [2] concentrée dans une seule paroisse et très languissante, sont toutes les ressources industrielles du pays [3].

[1] La fabrication du papier avait été au xvii° siècle fort importante dans le Mortainais où elle faisait, d'après l'intendant Foucault, marcher environ 150 moulins dans la vallée de Brouains et sur les petites rivières des deux Sée et de la Saude. En 1728 encore, le subdélégué du Mesnil-Adelée signalait des moulins à papier dans les paroisses de Vengeons, Brouains, Chérencey, Beauficel, Saint-Barthélémy et Saint-Pois (Arch. Calvados, C 287). Mais cette industrie avait fort décru au cours du xviii° siècle; en 1788, le rapporteur du Bureau du Bien public ne comptait plus dans le département que 44 moulins, «distribués dans quelques paroisses du nord du département», et il se plaignait que «le défaut de débouchés et la difficulté de l'accès des moulins» leur fût «infiniment préjudiciable». (Procès-verbal, ms. cit., p. 64.)

La décadence indéniable de cette industrie est attribuée par toutes les sources aux mesures maladroites du fisc, aux abus qu'avait entraînés la marque du papier et à l'inquisition qui en résultait. Les cahiers des États provinciaux de Normandie, en décembre 1634 et novembre 1643, dénonçaient déjà le danger : «Plus de 10,000 personnes par cy-devant gagnaient leur vie en la manufacture de papier dedans le bailliage de Mortaing et vicomté de Vire; les controlleurs-visiteurs et marqueurs de papier, par leur attribution de 5 sols par rame du poids de 6 livres et d'un sol pour la marque, les ont réduits tous à l'aumosne, et ruiné tellement ce commerce, que du nombre de 100 moulins, dont le travail entretenait le peuple, il n'en reste pas 15. Ce bailliage n'est point lieu de commerce; lesdits moulins faisaient le capital de la fortune de plusieurs familles que la cessation de cette manufacture a ruinées entièrement.» (Cahier de novembre 1643, art. 27 dans DE BEAUREPAIRE, Cahiers, III, p. 97.)

L'assemblée du département de Mortain avait demandé en 1788, comme une mesure urgente pour arrêter la ruine de l'industrie du papier, que le Gouvernement prohibât «l'exportation hors du royaume des matières propres à faire le papier.» (Ms. cit., p. 95.)

[2] La fabrique de poterie à laquelle le texte fait allusion est celle de Ger. Le Mémoire de 1728 précité n'en dit qu'un seul mot : «A la paroisse de Ger, il y a plusieurs particuliers qui font faire des pots de terre.» (Arch. Calvados, C 287.) Le rapporteur du Bureau du Bien public à l'assemblée de 1788 entre dans un peu plus de détails : « La fabrique des pots de terre, dans la paroisse de Ger, deviendrait considérable, si elle avait des débouchés commodes; la route de Domfront en Bretagne par Barenton lui facilitera le transport de la terre à pot, qu'elle tire des environs de Domfront; il ne restera qu'un embranchement d'une demi-lieue pour accéder à cette route.» (Procès-verbal, ms. cit., p. 65.)

[3] L'assemblée du département de Mortain est d'accord avec le cahier pour constater l'état languissant de l'industrie dans cette région. «Le commerce est pour ainsi dire nul dans notre misérable élection, si on en excepte les papeteries, les poteries et les clous, et l'on ne peut espérer de le voir fleurir qu'autant qu'on multipliera les communications.» (Ms. cit., p. 95.)

Le cahier a cependant omis certaines branches de commerce sur lesquelles le rapporteur de 1788 est plus explicite : «Vous avez, écrit-il, dans votre forêt une verrerie; M. le duc d'Orléans accordait ordinairement la préférence d'une coupe de bois au propriétaire de cette manufacture; il a retiré ce bienfait... Le commerce connu sous le nom de quincaille présente aussi de grands avantages. Plusieurs négociants et habitants des paroisses de Fresnes et de Sourdeval tirent des marchandises considérables de l'Angleterre, de l'Allemagne, la Forêt, et d'autres provinces de France; arrivées dans les magasins, ils les réunissent et en forment un assortiment, avec des couteaux, ciseaux, ferrures, outils et ustensiles de toute sorte, qui se fabriquent dans les pa-

On a achevé de combler sa détresse en distrayant les fonds destinés à la construction et réparation de ses routes, qu'on a appliqués à des districts étrangers, et même, dit-on, à d'autres provinces.

Quoique depuis la conversion des corvées en prestations pécuniaires, l'élection de Mortain ait payé plus de douze cent mille livres, elle n'a pas encore six lieues de routes conduites à leur perfection [1].

Mais la destruction des abus est prochaine; l'on va voir sous Louis XVI et M. Necker luire des jours que Henri IV et Sully n'eussent osé promettre à la nation.

## IX. Instructions et pouvoirs aux députés.

Se conformeront les députés, autant que faire pourra, aux articles suivants :

Ne pourront être élus pour représentants du Tiers, aux États généraux, aucuns ecclésiastiques, personnes nobles ou jouissant des privilèges* de la noblesse, ni leurs baillis, sénéchaux, procureurs fiscaux, fermiers, régisseurs, gens d'affaires ou toutes autres personnes dans leur dépendance [2].

roisses de Fresnes, Sourdeval et plusieurs autres. Cette fabrique fait vivre les habitants de toutes ces paroisses, qui doivent leur existence à ces dignes négociants, qui font repasser la totalité pour la Bretagne et l'Amérique.» (*Procès-verbal, ms. cit.*, p. 64.)

[1] La corvée des chemins avait été convertie dans la généralité de Caen en une «prestation en argent représentative de la corvée», à la suite d'un arrêt du Conseil du 18 décembre 1779; la part de l'élection de Mortain dans cette imposition était en 1788 de 54,825 l. 14 s. 6 d., et il paraît difficile que le total en moins de dix ans ait pu atteindre le chiffre indiqué au texte.

Il est exact cependant qu'à la fin de 1768 il n'y avait dans l'élection qu'une seule route, et encore incomplètement achevée. C'était la route de Caen à Rennes, par Vire, Mortain et Saint-Hilaire, et elle était terminée seulement de Vire à Sourdeval, où se trouvait le bureau de poste pour toute l'élection. On travaillait à la compléter de Sourdeval à Mortain; mais l'adjudication du dernier tronçon (Mortain à Saint-Hilaire), passée le 4 avril 1787 par l'intendant, avait été résiliée par la Commission intermédiaire. D'autre part, la construction de plusieurs petits ponts prévus dans le devis avait été arrêtée faute de ressources suffisantes, en sorte que la portion commencée elle-même était matériellement impraticable. (*Procès-verbal, ms. cit.*, p. 34.) En mars 1788, la portion construite n'était que de 5 lieues 3/4, et, depuis cette date, la Commission intermédiaire n'avait passé que des adjudications d'entretien et de réparations (*Compte rendu de la Commission intermédiaire*, p. 157 et tableaux annexés K et L).

[2] Les mots «des privilèges» sont ajoutés en interligne dans le manuscrit. Tout ce chapitre est manifestement inspiré d'une brochure qui fut très répandue en 1789, en Basse-Normandie : *Prenez-y garde, ou Avis à toutes les assemblées d'élection qui seront convoquées pour nommer les représentants des trois Ordres aux États généraux, précédé d'une observation importante pour les Nor-*

IMPRIMERIE NATIONALE.

Ne pourront aussi être élus pour représentants du Tiers, les subdélégués des commissaires départis, leurs commis ou secrétaires, aucunes personnes pourvues d'offices ou emplois de finance, ni entrepreneurs d'ouvrages publics.

Nommeront les députés autant d'adjoints qu'il y aura de représentants du Tiers aux États généraux, lesquels adjoints remplaceront, suivant l'ordre de leur élection, ceux des représentants qui manqueraient aux États généraux, soit pour maladie, autre cause ou empêchement.

Il sera recommandé, aux députés aux États généraux, d'entretenir, autant qu'il sera possible, une correspondance suivie avec les adjoints, qui s'entretiendront, à leur tour, avec les maires de ville de leurs districts, et ceux-ci avec les syndics municipaux de leurs arrondissements.

Alloueront les députés une somme quelconque aux représentants du Tiers aux États généraux, laquelle sera répartie ainsi qu'il sera trouvé juste [1].

Pourront, au surplus, lesdits députés faire à l'assemblée de Coutances telles protestations, soutiens et réclamations qu'ils jugeront convenables à l'occasion des élections qui seraient faites contre la teneur des instructions ci-dessus, ou pour tous autres objets qui leur paraîtraient préjudiciables aux intérêts du Tiers, en s'en rapportant sur le tout à leur zèle, fermeté, âme et conscience.

Le présent cahier fait et arrêté par les commissaires dénommés pour cet effet par les députés du tiers état, par le procès-verbal du 5 de ce mois, sous les protestations expresses desdits députés qu'ils n'entendent nommer leurs députés au bailliage de Coutances que provisoirement, pour obéir aux

---

*mands* (reproduit dans Hippeau, *Élections*, p. 307). L'auteur disait notamment, au paragraphe *de l'élection des députés*, article 4 : « Il n'y a nulle apparence que le clergé ni la noblesse prennent leurs représentants dans le tiers état; chaque ordre doit donc aujourd'hui prendre ses députés dans son sein »; et, au paragraphe *des exclusions*, article 8 : « Les personnes exclues par les demandes du tiers état sont les hommes en place, les personnes chargées des recouvrements des deniers royaux, les entrepreneurs et adjudicataires des travaux publics, leurs agents et cautions, les subdélégués des

commandants et intendants, les juges des seigneurs, leurs officiers et procureurs, les fermiers des seigneurs et du clergé, ainsi que leurs cautions. » (*Ibid.*, p. 311.)

[1] Sur la question de l'indemnité à allouer aux députés du tiers aux États généraux, voir le Cahier de l'assemblée préliminaire du tiers état du bailliage de Valognes, article 46 (au t. Ier, p. 779). Le vœu paraît inspiré du *Prenez-y garde*, au chapitre intitulé : des qualités requises dans les députés du tiers état, article 8 (dans Hippeau, *Élections*, p. 312).

ordres du Roi, et sans donner atteinte au privilège du bailliage de Mortain de députer directement aux États généraux, comme bailliage principal et indépendant d'aucun autre, pour la conservation duquel droit toutes réserves sont faites, conformément à la délibération qui en a été arrêtée, et relativement à la protestation des trois ordres réunis, arrêtée le jour d'hier, dont la minute est déposée devant M⁰ Restout, notaire[1].

Ainsi arrêté ce 9 mars 1789.

LESACHER-DUMEZERAY, BOUILLON DE LA LORERIE, *député*, MIJEMBLES, Jacques LE TAVERNIER, MAUDUIT, J. LEPERDRIEL, HENRY, P.-S. NORGEOT, G. BAGOT, J. BOCHIN, M. SOREL, J. LEREBOUR, J. GASTE, DUBOIS, *député*, Abraham DUBOIS-GOBBEY, *député*, JAMMER, *député*, GREZEL, J.-B. CHARLOT, BESNIER, *député*, L.-J. POULAIN, Thomas DE LA CHEVALAYE, Jean DE LA NOË, *député*, LESAGE, *député*, COCAREL DES PRÉS, *député*, CAHOUR, *député*, G. ESTIER, DESCHAMPS, *député*, J.-B. ROUSSEL, Guillaume LEMARDELÉ, J. MILLET, J.-N. SURVILLE, *député*, J. GAUTIER, JULLIEN, G. ESNEU, *député*, R. JUHÉ DE LAUNAY, *député*, M. CAILLEBOTTE, G. PALLIX, Ch.-Pierre LEFRANC, J. DUMAINE, MOULIN, LEBAUDONNÉ, *député*, E. JUHEL DESLANDES, *député*, G. DAUGY, Léonor MAUVIEU, *député*, Jacques GOBARD, C.-G. LAMY, *député*, D. REGNAULT, *député*, P. VAULLEGEARD, G. MAGÉ, CLOUARD, *député*, ANFRAY, *député*, GAUVIN, *député*, TROCHON, P. LEMASSON, R. MAUDUIT, J. POISSON, *député*, J.-B. BONNESŒUR-BOURGINIÈRE, *député*, P. TESSIER, J.-B. HERBERT, *député*, POSTEL DU HAUTVAL, *député*, J. BOUTRY, Guesdon DE BLAMMONT, *avocat*, *député*, G. FOINET, J. BOISBUOUR, GERBERT, *député*, Pierre SAGOT, L. BOURGET, J.-Ph. VAMONT, L. NORMAND, Jacques NOËL, P.-Marin DE COLLIBEAUX, GÉRARD, L. POURCELET, J. BELLIARD, LEMEDART, L. MERCIER, M.-H. LE GALLOIS, CORVIN-DESCHAMPS, *député*, J. CORNEILLE, EZOUF, N.-J. BECHET,

[1] Nous avons donné le texte de cette *Protestation*, à la suite du procès-verbal de l'assemblée du tiers état du bailliage de Mortain (*suprà*, p. 239).

J.-Noël Joüin, Haye de la Dives, *député,* P. Buhot,
N. Coupel, F. Grelé, Lerebours de la Pigeonnière,
*député,* Gautier, *député,* Brehier, *député,* Delaroche,
*docteur en médecine, député,* P. Bonnesœur, J.-A. Le
Bourgetel, G.-S. Langlois, Jullien Lebordays, Louis
Fautrand, M. Brunel, *député,* · Julien Desloges,
Ozenne, Guilmard, Becherel, *docteur médecin, député,*
N. Lair, Martin Cruel, J. Cordon, De la Gérardière,
*député,* Blanchet de la Verrière, *député,* G. Bloumy,
Honstin de Monthulé, *député,* C. Le Héricey, J.-B.
Le Brecey, Le Mazier, J. Trochon, J.-B. Poulain,
Michel Minière, P. Laisné, Lemarchand, Certain,
*député,* Cordon, *député,* J. Brière, J. Ruault, P.
Hamel, J. Ladvocat, A.-F. Laisné, Pierre Marculf,
M. Sachet, Michel-Jean Samson, Couette, Giret,
Delaporte, C. Lenôtre, *député,* Clouard, Lecarpen-
tier, *député,* P. Vérard, Julien Fauchon, F.-D.
Braust, *député,* C.-F. Roussel, *député,* F. Nicole,
J. Pichon, Vincent Debon, Louis Dumont, J. Odon,
Gilles Challier, Gilles Boutelou, Leroux de Launay,
*député,* J.-A.-P. de la Cousinière, Jacques Cautel,
Lehericey, F. Auvray, Hardy, Roussel, *marchand,*
*député,* Pierre Lair, F. Lelandais, Yvon Le Sage,
G. Lemardeley, G.-J. Lecomte, J. Muriel, Lecompa-
gnon, Hardy, Leclair, J. Lesage, Collibeaux,
L.-F. Heslouin, Poisnel, J. Hardy, Jean Huss,
*député,* J. Peloux, G. de Champeaux, J. Letellier,
J. Lubois, Delarüe, Lesacher de la Pallière, Homot
la Vallée, *député* [1].

Le présent contenant seize pages, celle-ci comprise, a été coté
et paraphé par nous, messire Gabriel-François de Vaufleury, chevalier, seigneur patron présentateur de Saint-Cyr-du-Bailleul, la
Motte-Boudé et autres lieux, conseiller du roi, son lieutenant
général civil et criminel au bailliage de Mortain. Collationné à
l'original déposé à notre greffe et remis par nous, président de
MM. de l'ordre du tiers état à Monsieur Lesacher de la Pallière,
avocat et syndic militaire de cette ville, pour le porter comme l'un

---

[1] L'exemplaire du cahier conservé
aux Archives nationales, Ba 35, l. 70,
ne donne pas les noms des signataires.

Il en est de même naturellement de la
transcription dans la collection de Camus, Arch. nat., B iii/54, p. 154.

des députés à l'assemblée des trois états, qui se tiendra à Coutances le 16 de ce mois [1].

A Mortain, ce 10 mars 1789.

De Vaufleury de Saint-Cyr, Lecomte, *greffier-secrétaire.*

---

[1] L'exemplaire des Archives nationales contient, à la place de ce paragraphe, la formule suivante : «La présente expédition certifiée conforme à la minute, cotée, signée et paraphée de M. le commissaire à chaque page, par nous, greffier du bailliage de Mortain et secrétaire de l'assemblée, sur cinq rôles de papier, de nous cotés et paraphés, ce 12 mai 1789. — M. Leconte.» (Cf. la transcription, Arch. nat., B III/54, p. 190.)

# X

# BAILLIAGE SECONDAIRE DE TINCHEBRAY.

Le bailliage secondaire de Tinchebray a compris pour la convocation 36 communautés de villes et paroisses; mais, sur ce nombre, 9 étaient mixtes et 5 ont fait défaut pour comparaître à d'autres sièges voisins; 31 paroisses seulement se sont présentées à l'assemblée préliminaire de Tinchebray[1]. Aucune des communautés convoquées ne devait tenir, aux termes du *Règlement*, d'assemblée préparatoire de corporations.

L'addition des chiffres de feux des paroisses, en l'absence d'un *État des feux* authentique, accuse pour le ressort un total de plus de 7,267 feux[2], et les *États de population*, en date de l'année 1787, donnent une population globale de 20,000 habitants[3], avec un mouvement annuel de 1,131 naissances (604 garçons, 542 filles), de 254 mariages et de 824 décès (414 hommes, 410 femmes)[4]. Les *Rôles d'assignation des ordres privilégiés* font ressortir, pour la même circonscription, un chiffre de 38 ecclésiastiques possédant bénéfices, dont 33 curés[5], 2 prieurs-curés[6] et 3 chapelains[7]; aucun ecclésiastique non bénéficier n'est porté aux rôles. La noblesse compte, de son côté, 39 gentilshommes, tous possédant fiefs. Aucun non possédant fief ne s'est présenté non plus à l'assemblée préliminaire de Coutances[8].

[1] Les paroisses de Balleroy, Montsecret, Cahagnes, Durcet et les Tourailles ont fait défaut à Tinchebray, pour comparaître, les deux premières aux bailliages de Bayeux et Vire respectivement, les trois dernières à celui de Falaise. Les paroisses de Coulvain, Fresnes, le Détroit et Espins ont comparu à un double siège : Coulvain à Bayeux et Tinchebray, Fresnes à Vire et Tinchebray, Espins et le Détroit à Falaise et Tinchebray. Voir le *Procès-verbal de l'assemblée préliminaire, infra*, p. 333 et suivantes.

[2] Les chiffres de feux sont fournis par Dumoulin, corrigé lorsqu'il est possible par Expilly. Il manque seulement les feux de Notre-Dame de Moutiers.

[3] Arch. nat., Ba 58, f. 144. — L'*État de population des douze anciens gouvernements* réunit ensemble les ressorts de Mortain et de Tinchebray, pour un chiffre total de 55,224 habitants. (Arch. nat., Div bis 47, pièce n° 4.)

[4] Arch. nat., Div bis 44.

[5] Le *Rôle du clergé* comprend le curé de Lonlay, dont la paroisse pour le tiers état n'a pas été convoquée à Tinchebray, mais à Domfront. En revanche, on n'y voit point figurer le curé d'Espins, communauté appelée pour le tiers état et pour la noblesse au siège de Tinchebray.

[6] Prieurés-curés de Cahagnes et de Montsecret. (Paroisses mixtes : les titulaires ont fait défaut à l'assemblée de Coutances.)

[7] Chapelles des Genestés à Saint-Pierre-de-Tinchebray, de Saint-Aubin à Proucy, de la Garantrie à Saint-Quentin.

[8] *Rôle de comparution de MM. les ecclésiastiques bénéficiers du bailliage de Tinchebray, assignés*, etc... (Greffe de

Administrativement, les paroisses de ce ressort très morcelé appartenaient à différentes circonscriptions. Trente et une d'entre elles étaient de la généralité de Caen, pour les élections de Mortain, de Bayeux et de Vire; les cinq restantes appartenaient à la généralité d'Alençon, pour les élections de Falaise et de Domfront[1]. Pour les droits du roi, la même confusion se reproduisait; les paroisses relevaient distributivement, et souvent pour partie seulement, des domaines de Mortain, Tinchebray, Caen et Falaise; elles allaient, pour le domaine et contrôle, aux bureaux de Tinchebray, Vire, Mortain et Falaise[2]; pour les traites et quart-bouillon, aux bureaux et juridictions de Vire et Condé, de Domfront et de Saint-Lô[3]. L'addition des chiffres d'impositions des paroisses, relevés sur les rôles des différentes élections auxquelles elles ressortissaient, accuse un total de 209,083 livres d'impositions directes (taille, 64,401 l.; accessoires, 36,252 l.; capitation, 34,620 l.; corvée, 23,060 l.; vingtièmes, 45,686 l.; territorial, 3,798 l.; bâtiments de justice, 1,266 l.)[4].

La circonscription ecclésiastique n'était pas moins morcelée que les circonscriptions civiles. La très grande majorité des paroisses dépendaient du diocèse de Bayeux, mais un certain nombre appartenaient au diocèse de Sées, une même à celui du Mans[5]. Il existait dans le ressort un seul hôpital,

Coutances, pièce n° 25.) — *Rôle des nobles du bailliage de Tinchebray* (*Ibid.*, pièce n° 40). — *Rôle des nobles de la haute-justice de Condé.* (*Ibidem*, pièce n° 39.)

[1] Généralité de Caen : 1° *Élection de Vire*, 17 paroisses : Athis, Aulnay, Berjou, Bernières-le-Patry, Bréel, Condé-sur-Noireau, Coulvain, Fresnes, Maisoncelles-la-Jourdan, Montsecret, Proncy, Rully, Saint-Denis-de-Méré, Sainte-Honorine-la-Chardonne, Saint-Pierre-du-Regard et Truttemer-le-Petit; 2° *Élection de Mortain*, 9 paroisses ou communautés : Tinchebray-bourgeoisie, Notre-Dame et Saint-Pierre, Beauchesne, Mesnil-Cibouit, Saint-Christophe-d'Auferney, Saint-Cornier-des-Landes, Saint-Jean-de-Bois et Yvrandes; 3° *Élection de Caen*, 5 paroisses : Beauquay, Croisilles, Espins, Landes et Notre-Dame-de-Montiers; 4° *Élection de Bayeux*, 1 paroisse : Balleroy. II. Généralité d'Alençon : 1° *Élection de Falaise*, 4 paroisses : Cahan, le Détroit, Durcet, les Tourailles; 2° *Élection de Domfront*, 1 paroisse : Lonlay (non convoquée).
Ces énumérations sont prises sur le *Prospectus général des tailles*, par élections, de l'année 1789. (Arch. Calvados, C 4478 et Arch. Orne, C 965.)

[2] Déclarations ecclésiastiques de 1754, rangées par bureaux du domaine. (Arch. Calvados, C 4382.)

[3] *Arrêt du Conseil du roi portant règlement pour le ressort des différentes juridictions des traites et quart-bouillon*, du 5 juillet 1746 (dans *Recueil des gabelles*, t. II, p. 393 sq.). Toutes les paroisses appartiennent à la juridiction de Vire et Condé, sauf Balleroy et Coulvain, qui sont de Saint-Lô, et Lonlay, qui est de Domfront. Les quatre paroisses de Croisilles, Espins, Landes et Notre-Dame-de-Moutiers et celles de Durcet, le Détroit et les Tourailles, en partie, ne participaient pas aux privilèges du quart-bouillon; elles étaient soumises à la *grande gabelle*, et ressortissaient au bureau de Falaise. (Voir *infra*, p. 310, note 2.)

[4] Arch. Calvados, C 4511, 8162, 8130, 8190, 5964, et Arch. Orne, C 965, 984, 1273 (il n'y a point d'impôt territorial ni de bâtiments de justice, dans la généralité d'Alençon). Le *Rôle de supplément des privilégiés pour les six derniers mois de 1789* a fourni 2,508 l. 14 s. 3 d., pour celles des paroisses qui ont passé au district de Domfront. (Arch. Orne, C 496.)

[5] Diocèse de Sées : paroisses de Bréel, le Détroit, Durcet et les Tourailles; diocèse du Mans, paroisse de Lonlay.

assez pauvrement doté, à Condé-sur-Noireau (revenu, 1,051 livres) [1]. Les réguliers, de leur côté, possédaient deux abbayes d'hommes : celle d'Aunay, de l'ordre des Bénédictins réformés de Cîteaux, dits Bernardins (revenu : pour l'abbé, 7,000 livres [2], décimes inconnus ; et pour les religieux, 35,264 l. 7 s., déc. 2,599 l.) [3], et celle de Lonlay, de l'ordre de Saint-Benoît, réformation de Saint-Maur (revenu, 4,500 livres ; décimes, inconnus) [4] ; mais il n'y avait aucun établissement de femmes, ni prieuré conventuel. La population monastique était, en 1789, fort réduite : l'abbaye d'Aunay comptait seulement 10 religieux [5] ; celle de Lonlay, 4 [6]. Les *États de population* de 1787 ne relèvent aucune profession nouvelle, ni décès en religion [7].

Le personnel judiciaire du bailliage comprenait, en 1789, le lieutenant général Jean-Jacques Guillouët de la Guyonnière, conseiller du roi, Me Julien Le Mancel, sieur des Vaux, remplissant à la fois les fonctions d'avocat et de procureur du roi, et un seul conseiller ordinaire en exercice [8]. Le greffier Dubois a rempli, comme à l'ordinaire, les fonctions de secrétaire de l'assemblée préliminaire.

[1] *État du seul établissement de charité existant dans la ville de Condé à la date de mars 1775.* (Arch. Calvados, C n. cl.) Le chiffre donné au texte se décompose en : 451 livres de revenus fonciers, plus 600 livres sur le produit des boissons entrant à Condé. Le prieur possède personnellement quelques pièces de terre, une rente de 14 boisseaux de blé et 50 livres en argent, au total 300 livres. En 1782, un autre *État* donne 1,210 l. 14 s. 7 d. de rentes, et 1,577 l. 18 s. 6 d. de dépenses. (Arch. Calvados, C 794.)

[2] *Almanach royal pour 1789.* Ce chiffre est manifestement trop faible. L'abbaye d'Aunay, sous l'invocation de N.-D., avait été fondée en 1131 par Jourdain de Say et Richard du Hommet. Dumoulin donne en 1765 à l'abbé un revenu de 10,000 livres (*op. cit.*, p. 267) ; mais les déclarations de 1727 concordent avec les chiffres de l'*Almanach* (7,373 l. en 1727, d'après Arch. Calvados, C 1508). L'abbé commendataire, en 1789, était M. de Saint-Albin. Taxe en cour de Rome : 475 florins.

[3] *Déclaration et état général des biens et revenus, tant en fonds de terres, dixmes que rentes, dépendant de la manse conventuelle de l'abbaye d'Aunay,* par dom L. J. Marie Dequesne, prieur, 27 février 1790 (dans G. Le Hardy, *Étude sur la baronnie et l'abbaye d'Aunay-sur-Odon,* Caen 1897, in-8°, Appendice, p. 383, n° 52).

En 1786, le *Pouillé du diocèse de Bayeux* donne de même à l'abbaye 33,000 livres de revenus. (Ms. Bibl. Caen, n° 62, p. 300.)

[4] L'abbaye de Lonlay, fondée en 1020, par Guill. Talvast, comte de Bellême, avait reçu la réforme de Saint-Maur, en 1660. Dumoulin, en 1765, dit qu'elle vaut 4,500 livres de rentes à l'abbé. (*Géogr. descrip.,* Généralité d'Alençon, IV, 120.) Nous retrouvons le même chiffre à l'*Almanach royal* en 1789 ; l'abbé était alors M. de Clécy de Serans.

[5] *État des noms, âge et date de profession des religieux composant l'abbaye d'Aunay,* 30 septembre 1790 (dans G. Le Hardy, *op. cit.,* Appendice, p. 405, n° 53).

[6] *État des religieux,* 1790, Ordre de Saint-Benoît. (Arch. nat., D xix 10, l. 147.)

[7] Arch. nat., D iv bis 44. L'État relève seulement un décès d'homme à l'Hôtel-Dieu de Condé.

[8] *Rôle de capitation des officiers de judicature,* élection de Mortain, 1789. (Arch. Calvados, C 4446.)

## I. Assemblées primaires.

## VILLE DE TINCHEBRAY[1].

### 1. Procès-verbal d'assemblée.

(Le procès-verbal authentique n'a pu être retrouvé.)

Date de l'assemblée : 1er mars [2]. — Nombre de feux : 207 [3]. — Députés : *Antoine-François Le Lièvre de la Prévôtière, avocat, Com. Réd. (20 jours, 76 livres, Ref.); *François Lasne de Beaulieu, docteur en médecine, Com. Réd. (20 jours, 76 livres, Acc.); Louis Durand, avocat, Com. Réd.; *Jean-Baptiste Lesueur, avocat, Com. Réd. (21 jours, 80 livres, Ref.) [4].

### 2. Cahier de doléances.

(Le cahier de doléances n'a pu être retrouvé [5].)

---

[1] Département de l'Orne, arrondissement de Domfront, canton de Tinchebray.

[2] La date de l'assemblée paroissiale est fournie par le Procès-verbal de l'assemblée préliminaire (infra, p. 335).

[3] D'après le Dictionnaire d'Expilly, v° Élection de Mortain. En 1765, dans sa Géographie descriptive, Dumoulin donne à la ville de Tinchebray «environ 555 habitants» (op. cit., p. 169). Mouvement en 1787, pour «Tinchebray-Bourgeoisie et le village» : naissances, 78 dont 40 garçons, 38 filles; mariages, 9, décès, 52 dont 28 hommes, 24 femmes (Arch. Calvados, C 171). — Population actuelle : avec les anciennes communautés de Notre-Dame et de Saint-Pierre réunies : 3,952 habitants.

[4] Rôle des taxes : «J'atteste, avoir passé 20 jours et je refuse ma taxe; chargé de huit [enfants], en ferai déduction sur ma contribution patriotique, 80 livres. Lelièvre.» — «J'atteste avoir passé 20 jours; j'accepte ma taxe et la laisse en déduction de partie de ma contribution patriotique; 80 livres. Lasne, docteur-médecin.» —

«J'atteste avoir passé tout le temps; je refuse ma taxe, 80 livres. Lesueur, avocat» (n° 296).

[5] Les Mémoires de 1788 n'ont pas été conservés non plus pour les paroisses faisant partie de l'élection de Mortain.

Impositions de Tinchebray-Bourgeoisie pour 1789 : taille, 1,915 livres; accessoires, 1,257 livres; capitation, 1,289 livres; corvée, 636 l. 2 s. 10 d.; vingtièmes, 1,486 l. 15 s. 3 d.; territorial, 130 livres; bâtiments, 43 livres. Au total, 6,706 l. 18 s. 1 d.

Privilégiés : pour le clergé, aucun, et pour la noblesse, messire Fréval de Fresne (c. n. 13 l. 4 s.); M. Guesdon de Beauchesne (c. n. 10 l. 6 s.); et M. Guesdon le jeune (c. n. 6 l.); pour le tiers état, les officiers du bailliage, au nombre de 5, payant ensemble une capitation privilégiée de 774 livres; les professions assimilées, avocats, procureurs, huissiers, etc. (non portés au rôle); le contrôleur des vingtièmes (c. 10 l.); le fieffataire des moulins de la Tour (c. 32 l.); le sieur J. Huel et son fils (c. 22 l.); un commis en second des aides (c. 5 l. 2 s. 5 d.); un commis à

# NOTRE-DAME DE TINCHEBRAY[1].

## 1. Procès-verbal d'assemblée.

(Le procès-verbal authentique n'a pu être retrouvé.)

Date de l'assemblée : 1er mars [2]. — Nombre de feux : 160 [3]. — Députés : *le sieur Charles-Michel Signard (21 jours, 80 livres, Acc.) [4]; le sieur Charles-Nicolas Leneveu, *laboureur*.

## 2. Cahier de doléances.

(Le cahier de doléances n'a pu être retrouvé [5].)

---

la revente des traites (c. 3 l. 7 s. 4 d.) et un contrôleur des domaines (c. 3. l. 7 s. 4 d.). — *Supplément des privilégiés* : 652 l. 5 s. 5 d. (Arch. Orne, C 496.)

Biens ecclésiastiques. Les contrôleurs des vingtièmes, en 1787, ne connaissent aucun bien ecclésiastique dans la communauté de Tinchebray-Bourgeoisie. (Arch. Calvados, C 6519.)

[1] Ancienne communauté rurale réunie en 1791 à Tinchebray-bourgeoisie. Elle avait, en 1789, un rôle séparé d'impositions.

[2] La date de l'assemblée paroissiale est fournie par le *Procès-verbal de l'assemblée préliminaire* (infrà, p. 335).

[3] D'après le *Dictionnaire* d'Expilly. En 1761, au *Tableau* dressé pour la fixation des traitements du clergé, la population est portée à 2,175 habitants (Arch. Orne, L 2999). Mouvement en 1787 : naissances, 22, dont 12 garçons, 10 filles; mariages, 2; décès, 9, dont 4 hommes, 5 femmes. (*Ibid.*, C 171.)

[4] *Rôle des taxes* : «J'accepte ma taxe, et atteste avoir passé tout le temps; 80 livres. Ch.-M. Signard.» (N° 296.)

[5] Impositions de N.-D. de Tinchebray pour 1789 : taille, 1,350 livres; accessoires, 886 livres; capitation, 873 livres; corvée, 448 l. 8 s. 7 d.; vingtièmes, 1,145 l. 6 s. 5 d.; territorial, 97 livres; bâtiments, 32 livres. Au total, 4,831 l. 15 s.

*Privilégiés :* pour le clergé, le curé Me J.-Fr. Charles Bidot (revenu déclaré, en 1790, 3,328 l. 5 s.); pour la noblesse, aucun; pour le tiers état, aucun, tous les privilégiés étant portés au Rôle de la ville. *Supplément des privilégiés* : 267 l. 15 s. 2 d. (Arch. Orne, C 496.)

Biens ecclésiastiques. La cure de Notre-Dame appartenait au diocèse de Bayeux. Nous lisons au *Pouillé de 1786* : «N.-D. de Tinchebray, patron : la collégiale de Mortain depuis 1082. Décimateurs : le curé de Mortain, en qualité de chanoine prébendé possède les deux tiers des grosses dîmes sur l'ancien territoire de la paroisse; le corps entier du chapitre de Mortain jouit de la totalité des gros bleds sur les nouvelles terres, formant le tiers environ de la paroisse, et 2 s. par livre sur la vente des bois de Lande-Pourrie. La portion du curé de T. est donc réduite au tiers des gros blés et la totalité des verdages sur l'ancien territoire; et sur le nouveau, il ne recueille que les menues et vertes dîmes, etc.» (*Ms. Bibl. Caen, n° 62, p. 196.)

*État des biens nationaux de 1790* non retrouvé. En 1775, les biens-fonds appartenant aux gens de main morte se composent de : 1° la cure, maison presbytérale, jardin (non est.), petite portion de pâtis (est. 10 l.); 2° l'hôpital de Barenton, terre dite de la Valette (est. 100 l.); 3° le trésor de Notre-Dame,

# SAINT-PIERRE DE TINCHEBRAY[1].

## 1. Procès-verbal d'assemblée.

(Le procès-verbal authentique n'a pu être retrouvé.)

Date de l'assemblée : 1er mars[2]. — Nombre de feux : 114[3]. — Députés : *le sieur Julien Le Hamel, *laboureur* (21 jours, 80 livres, Acc.)[4] ; Charles Lelièvre, sieur des Roches, *laboureur*.

## 2. Cahier de doléances.

(Le cahier de doléances n'a pu être retrouvé[5].)

deux pièces de terre (est. 60 l.). Au total, 170 livres de revenu foncier. (Arch. Calvados, C 1218.)

En 1787, le revenu ecclésiastique total de la paroisse est estimé à 2,850 livres par les contrôleurs des vingtièmes. (Arch. Calvados, C 6519.)

[1] Ancienne paroisse et communauté rurale supprimée en 1791 et réunie pour le culte à Notre-Dame et pour le civil à la ville de Tinchebray.

[2] La date de l'assemblée paroissiale est encore fournie par le *Procès-verbal de l'assemblée préliminaire* (*infrà*, p. 335).

[3] D'après le *Dictionnaire* d'Expilly. En 1761, au *Tableau* dressé pour la fixation des traitements du clergé, la population est portée à 786 habitants (Arch. Orne, L 2999).

Mouvement en 1787 : naissances, 23, dont 12 garçons et 11 filles ; mariages, 6 ; décès, 10, dont 7 hommes, 3 femmes. (Arch. Calvados, C 171.)

[4] *Rôle des taxes* : «J'accepte ma taxe, et atteste avoir passé tout le temps; 80 livres. Julien Hamel» (*N°* 296.)

[5] Impositions de Saint-Pierre-de-Tinchebray pour 1789 : taille, 2,139 livres ; access., 1,403 livres ; cap., 1,383 livres ; corvée, 709 livres ; vingtièmes, 1,513 livres 16 s. 5 d.; terr., 132 livres ; bât., 44 livres Au total, 7,323 livres 16 s. 5 d.

*Privilégiés* : le curé Me Louis Auvray (revenu déclaré, en 1790, 1,906 l.

10 s.) et Me Dufay, chapelain des Genestés, pour le clergé ; et pour la noblesse, M. Duchâtel et ses fils (c. n. 30 l. 12 s.); M. Lebret-Dugaz et son fils (c. n. 15 l.); et pour le tiers état, J. Foucault, contrôleur des vingtièmes (c. 9 l.), J. Hamel, garde-étalon (c. 90 l.) et M. Quesnel et ses fils (c. 48 l.). — *Supplément des privilégiés* : 202 l. 14 s. 1 d. (Arch. Orne, C 496.)

Biens ecclésiastiques. On lit au *Pouillé du diocèse de Bayeux en 1786* : «Saint-Pierre-de-Tinchebray. Cette église et celle de N.-D. sont placées dans le même cimetière. Patron laïc. Décimateurs comme il le suit : un chanoine de la collégiale de Mortain lève les deux tiers des grosses dîmes, le curé a l'autre tiers et les verdages. Il y a une portion de novales, dont MM. les chanoines de Mortain lèvent les gros grains, et le curé les verdages.» (*Ms. cit.*, p. 131.)

En 1775, les seuls biens fonds existant dans la paroisse sont : 1° la cure, maison presbytérale, cour et jardin (non est.), un petit pâtis (est. 10 l.); 2° les pauvres, pièces de terre aff. 130 livres. Au total, 140 livres de revenu foncier. (Arch. Calvados, C 1218.)

En 1787, le revenu ecclésiastique total de la paroisse est estimé à 2,700 livres (dont 2,600 pour le clergé, 100 pour les hôpitaux), par les contrôleurs des vingtièmes. (Arch. Calvados, C 6519.)

## ATHIS [1].

### 1. Procès-verbal d'assemblée.

(Le procès-verbal authentique n'a pu être retrouvé; le *Registre des délibérations n° 1*
[5 septembre 1787-28 février 1790], conservé aux Archives communales, porte
seulement, au folio 12, la mention suivante [2] :)

Le dimanche quinzième jour de février 1789, nous syndic et
membres de l'assemblée députés, nous nous sommes rassemblés à
l'issue de la grande messe paroissiale au lieu ordinaire, où il a été
fait lecture d'une ordonnance de M. le lieutenant général du bailliage de Tinchebray concernant la convocation des États généraux,
dont nous avons exécuté les ordres à l'entier, et puis nous nous
sommes retirés après avoir signé.

M. Brisset, Blin, D. Lebrun, J. Brisset, M. Vardon, Dumesnil, L. Mousset, *greffier.*

Ces signatures ne sont pas celles des députés du bourg d'Athis, mais bien
celles des membres de l'Assemblée municipale créée en conséquence de l'*Édit
portant création d'assemblées provinciales et municipales, juin 1787* (Isambert,
XXVIII, p. 364). L'*État de formation des municipalités du département de Vire*
nous donne les noms des membres de cette assemblée au complet. Ils étaient
au nombre de onze, savoir : le sieur Fr. Daniel Lebrun, syndic; les sieurs
Vʳ Louis Lefevre Beaubuisson, L. Blin du Taillis, Jean Brisset fils Jean, Jean
Huet fils Robert, Jacques Dumesnil fils Daniel, Math. Brisset fils Nicolas,
Math. Vardon des Jardins, Pierre Marchand Lafosse, Pierre Harivel fils
Pierre, membre de la municipalité, et le sieur Louis Mousset, greffier. La
liste est accompagnée de la note suivante : «Conformément au règlement, il
est à observer que le 1ᵉʳ des membres, le 3ᵉ, le 6ᵉ, le 8ᵉ et le 9ᵉ sont pro-
testants.» (Arch. Calvados, C 7731, registre non folioté.)

Date de l'assemblée : 1ᵉʳ mars [3]. — Président : Aubin, *bailli de la haute-
justice ancienne de Condé-sur-Noireau* [4]. — Nombre de feux : 671 [5]. —

[1] Département de l'Orne, arrondissement de Domfront, canton d'Athis.

[2] Nous devons la communication de
ce document à M. Mourlot, inspecteur
d'Académie, ancien président du Comité
départemental de l'Orne.

[3] La date de la tenue de l'assemblée paroissiale est fournie par le Procès-
verbal de l'assemblée préliminaire du
bailliage de Tinchebray (*infrà*, p. 337).

[4] Le bourg d'Athis appartenait à la
haute justice de Condé-sur-Noireau,
possédée en 1789 par Mᵐᵉ la marquise
de Longaunay; il relevait de Tinchebray
pour les cas royaux seulement. Voir
*État des hautes justices situées sous
l'étendue de l'élection de Vire, 16 juillet 1788.* (Arch. Calvados, C 6077.)

[5] D'après Expilly et Dumoulin,
*op. cit.*, p. 241. L'*État de forma-*

Députés (7) : Jean-Louis Lefevre, Jean Huet, Louis Madeleine, Pierre Chauvin, Nicolas de la Brocardière, *Louis Mousset (22 jours, 83 livres, Acc.), *Mathieu Brisset (22 livres, 83 livres, Acc.)[1].

## 2. Cahier de doléances.

(Le cahier de doléances n'a pu être retrouvé[2].)

---

# CAHAGNE[3].

---

### PAROISSE DÉFAILLANTE[4].

La paroisse de Cahagne était mixte et fut convoquée simultanément au bailliage de Tinchebray et à celui de Vire, secondaire de Caen. Elle a comparu

tion *des municipalités* en 1788 donne seulement à Athis un chiffre de 620 feux.

POPULATION. En 1774, au *Dénombrement des habitants de l'élection de Vire*, le bourg d'Athis est porté pour 3,269 habitants, dont 1,477 mâles et 1,792 femelles (Arch. Calvados, C 190). Mouvement en 1787 : naissances, 115 dont 65 garçons, 50 filles; mariages, 21; décès, 54 dont 35 hommes, 19 femmes. (*Ibid.*, C 157.) — Population actuelle : 2,673 habitants.

[1] *Rôle de taxes :* «Accepté pour 17 jours efective (*sic*); 83 livres. Athis, le 3 de décembre 1789. BRISSET-DESCORTHIE.» Même mention pour le sieur L. Mousset (*n°* 289).

[2] Le *Mémoire* remis en 1788 en réponse au questionnaire de l'assemblée du département de Vire n'est pas non plus conservé. Mais on pourra consulter un *Mémoire du curé d'Athis à l'évêque de Bayeux*, 1774. (Arch. Calvados, C 308.)

IMPOSITIONS d'Athis pour 1789 : taille, 8,173 livres; accessoires, 5,963 livres; capitation, 5,202 livres; corvée, 2,702 l. 5 s. 8 d., vingtièmes, 3,825 l. 7 s. 3 d.; territorial, 325 livres; bâtiments, 108 livres. Au total, 26,298 l. 12 s. 11 d.

*Privilégiés :* pour le clergé, le curé, M° Josset (suppl. en 1790, 456 l. 10 s.); messire Gabriel Decrouen, prêtre chapelain (suppl., 4 l. 10 s.); pour

la noblesse, messire F.-A. de Saint-Germain, seigneur du lieu (cap. noble 78 l., suppl. 205 l. 9 s. 3 d.), et M. de la Ferrière de la Forcerie (cap. noble 25 l. 4 s.); pour le tiers état, 15 employés privilégiés à des titres divers. Le *Supplément des privilégiés*, portant sur 19 personnes, s'est élevé en 1790, en chiffre réel, à 205 l. 9 s. 3 d. (Arch. Orne, C 1299.)

BIENS ECCLÉSIASTIQUES. Le revenu ecclésiastique de la paroisse était évalué, en 1787, à 4,722 livres, par les contrôleurs des vingtièmes. (Arch. Calvados, C 6519.)

On pourra consulter : comte Hector de la Ferrière, *Histoire du canton d'Athis et de ses communes*, Caen, 1851, in-8°; et abbé Mack, *Athis, 1786-1834*, Flers-de-l'Orne, 1902, in-4°.

[3-4] La communauté convoquée sous ce nom à l'assemblée préliminaire de Tinchebray n'est point, — comme le nom semblerait l'indiquer, — et comme l'a supposé par exemple M. Dumaine, *Histoire de Tinchebray*, t. III, carte annexée à la page 24, — la commune actuelle de *Cahagnes* (département du Calvados, canton d'Aunay-sur-Odon). Cette dernière paroisse appartenait au bailliage de Torigny, secondaire du bailliage principal de Caen, où elle a comparu par ses députés, mais sans remettre de cahier particulier, déclarant seulement «donner adjonction au cahier de Caumont». (*Procès-verbal de l'assemblée*

à ce dernier siège, par les personnes de « les sieurs Jean-François-Mar-
guerite LEBAILLY et Jacques HÉBERT », députés [1], qui ont remis le cahier
suivant :

Aujourd'hui [2] 1er mars 1789, à l'issue des vêpres de la paroisse
de Cahan, nous syndic soussigné, assisté du greffier ordinaire,
nous nous sommes présentés au lieu accoutumé de délibérations,
où se sont assemblés les habitants en général et possédant fonds
de la paroisse de Cahan, pour délibérer et arrêter un mémoire
des demandes, réclamations et remontrances qu'ils font et entendent faire pour le bien commun de l'État et des particuliers,
aux fins d'être présenté à l'assemblée qui se tiendra en la ville de
[Vire] le cinq de ce mois prochain, par un député seulement qui
va être nommé, leur communauté n'étant composée que de 100
feux ou à peu près [3], le tout en conséquence des annonces, publications et affiches qui ont été faites dimanche dernier et cejour-
d'huy, de l'Édit du roi du 24 janvier dernier, le Règlement y joint,
pour la convocation des États généraux, et de l'Ordonnance de
M. le lieutenant général de Vire [4] du 18 de février aussi dernier,

préliminaire du bailliage de Torigny,
Ms. Greffe de Caen, f° 4 r°.)

La communauté qui était convoquée
à Tinchebray est celle dont le nom est
aujourd'hui orthographié Cahan (département de l'Orne, arrondissement de
Domfront, canton d'Athis). L'identification est démontrée par le Rôle d'assignation des ordres privilégiés du ressort
de Tinchebray. Au Rôle de la noblesse,
nous voyons convoqué, pour la paroisse
de Cahagne, le sieur Deuroges, possédant le fief du Vaudray. Or le fief de
ce nom était situé dans la paroisse de
Cahan. Voir Rôle de MM. les nobles
possédant fiefs dans le bailliage de Tinchebray. (Ms. Greffe de Coutances, pièce
n° 40.) — [1] Voir le Procès-verbal de
l'assemblée préliminaire du tiers état du
bailliage de Tinchebray, séance du 2 mars
(infra, p. 339).

[1] Procès-verbal de l'assemblée préliminaire du tiers état du bailliage de Vire,
séance du 5 mars, appel des paroisses.
(Ms. Greffe de la Cour d'appel de Caen,
registre factice intitulé Procès-verbaux
des assemblées de l'ordre du tiers état,
1789, pièce n° 8, f° 2. Original signé.
Inédit.)

[2] Le manuscrit de ce cahier est

conservé aux Archives du Calvados,
série B n. cl., liasse des Cahiers de doléances du bailliage de Vire, pièce n° 8.
Original signé, 4 p. in-folio. Inédit.

[3] La paroisse de Cahan est portée
de même au Procès-verbal d'assemblée
du bailliage secondaire de Vire, pour un
chiffre rond de 100 feux (ms. cit.,
f° 2). Même chiffre aussi à l'État de formation des municipalités du département
de Vire, 1788. (Arch. Calvados, C
7731.)

POPULATION. Au Dénombrement des
paroisses de l'élection de Vire, qui est de
1774, la paroisse figure pour un chiffre
de 524 habitants, dont 242 mâles et
282 femelles (Arch. Calvados, C 190).
Mouvement en 1787 : naissances, 15,
dont 9 garçons et 6 filles; mariages, 5;
décès, 13, dont 11 hommes et 2 femmes
(ibid., C 157). — Population actuelle :
365 habitants.

[4] Ordonnance de M. le Lieutenant-
Général du bailliage de Vire, concernant
la convocation des États Généraux, du mercredi 18 février 1789. A Caen, de l'imprimerie de G. Le Roy, seul imprimeur
du roi [s. d.], 7 p. in-4°. (Exemplaire
aux Archives du Calvados, série B,
n. cl.)

dont la lecture a été faite publiquement aux habitants, [à] laquelle rédaction [il] a été procédé ainsi qu'il suit :

1° Les habitants de ladite paroisse de Cahan demandent qu'il soit établi au plus tôt dans la province des États particuliers, dont tous les membres soient librement élus par les citoyens qui y doivent représenter[1] ;

2° Que ces États soient chargés de la répartition des impôts de la province, dont la quotité aura été déterminée dans l'assemblée des États généraux, qui doivent être supportés sans distinction par les trois ordres du royaume[2] ;

3° Que ces États se tiennent tous les ans;

4° Que la multitude des impôts soit réduite à un petit nombre et que nul impôt ne puisse être levé, ni aucune loi exécutée, que l'un et autre n'aient été arrêtés et délibérés dans les États généraux du royaume;

5° Que les États libres et généraux du royaume se tiennent tous les cinq ans à même époque fixe qui sera déterminée dans la prochaine tenue, sans que jamais cette époque puisse être retardée sous aucun prétexte;

6° Que la dette publique soit vérifiée et consolidée, afin qu'elle soit répartie selon les forces réelles des provinces et des personnes, sans aucune exemption;

7° Que la liberté individuelle, le premier des biens, soit assurée par une loi solennelle qui maintienne les citoyens dans la propriété de leurs biens et les mette à l'abri des vexations des gens en place et des ordres arbitraires des ministres;

8° Que le Code criminel soit changé : qu'il porte à l'avenir sur des bases justes et raisonnables, afin que les crimes soient tou-

---

[1] Sur le vœu en faveur des États particuliers de la province de Normandie, voir le Cahier de Cambernon, art. 6 (au tome Ier, p. 239).

[2] Impositions de la paroisse de Cahan pour 1789 : taille, 1,316 livres; accessoires, 863 livres; capitation, 838 livres; corvée, 435 l. 2 s. 10 d.; vingtièmes, 595 l. 19 s. 7 d.; territorial, 50 livres; bâtiments de justice, 17 livres. Au total, 4,115 l. 2 s. 5 d. Nombre de lignes 194, dont 24 de veuves. (Arch. Orne, C 1299.)

*Privilégiés :* pour le clergé, Me Bremenson (imposé en 1790 pour 68 livres); pour la noblesse, M. de La Roque (imp. 31 livres); M. de Vaux (12 l.

7 s.); M. de Guy Vendel (35 livres). Le seigneur de la paroisse, messire Jean-Léonard du Bosq de Radepont, maréchal des camps et armées du roi, et messire Deuroges, possédant le fief de Vauvray, qui furent convoqués à l'assemblée générale du bailliage de Coutances, ne résidaient point, et pour cela ne figurent pas au *Rôle de capitation noble de l'élection de Vire, pour 1789.* (Arch. Calvados, C 4665.) — *Supplément des privilégiés* non retrouvé.

Superficie actuelle de la commune : 562 hectares. Le *Mémoire statistique de l'élection de Vire,* en 1727, qualifie simplement la paroisse de « médiocre ». (Arch. Calvados, C 290.)

jours punis par la peine que la loi détermine, sans distinction des coupables;

9° Que les gabelles, les aides, le tabac, la marque des cuirs, du fer, l'impôt sur les boucheries et autres soient à jamais supprimés, parce qu'ils font la ruine et le tourment de la nation, qui se chargera de verser au trésor royal la même somme que ces impôts désastreux y font entrer;

10° Que la loi qui défend aux personnes du tiers état de posséder des fiefs sans payer le droit de franc-fief et que pareillement la loi militaire qui leur interdit les grades d'officiers soient abrogées comme injurieuses à la nation [1];

11° Que toutes les abbayes des moines, excepté ceux des mendiants, soient supprimées et que les moines soient sécularisés et renvoyés chez eux, en leur donnant une pension viagère suffisante pour vivre honnêtement, qui sera fixée par les États provinciaux, et que le surplus de leurs revenus soit employé pour servir d'allégement aux impôts [2];

12° Que la dîme royale soit ordonnée et établie sur tous les biens-fonds du royaume, parce qu'il sera donné aux curés et vicaires, annuellement, une somme suffisante pour vivre honorablement, laquelle somme doit être fixée en égal (sic) au nombre

---

[1] Sur le droit de franc-fief en Normandie, on voudra bien se reporter à ce que nous avons noté sous le cahier de l'assemblée préliminaire de Saint-Sauveur-le-Vicomte, art. 28 (suprà, p. 206, note 1). La loi militaire à laquelle fait allusion la fin du même article est l'Édit portant que nul ne pourra être proposé à des sous-lieutenances, s'il n'a fait preuve de quatre générations de noblesse, Versailles, 22 mai 1781. (ISAMBERT, XXVII, p. 29.) Il faut y joindre le Règlement déterminant la forme des preuves nécessaires pour être reçu sous-lieutenant, 22 mai 1781. (Ibid., XXVII, p. 29.) Voir encore la note sous le cahier de Saint-Sauveur-le-Vicomte, art. 26 (suprà, p. 204, note 2).

[2] Il n'y avait d'autre bien ecclésiastique dans la paroisse que la cure, et un fief de l'abbaye de Fontenay. Nous n'avons point retrouvé l'État des biens nationaux de première origine, dressé en 1790. Mais en 1791, sur le Rôle de supplément pour les vingtièmes, nous voyons figurer pour le clergé : 1° le curé, pour son manoir presbytéral, un jardin, et le tiers des grosses dîmes; 2° l'abbé de Fontenay, pour les deux tiers des grosses dîmes (n. est.); 3° le sieur Guillaume Le Bœuf, fieffataire des religieux, pour un produit estimé 60 livres de rente. (Arch. Orne, C Supplément, district de Domfront, n. cl.)

Un inventaire, en date du 16 mai 1791, fait connaître que la cure se compose de : bâtiments, cour, jardin à légumes, tenant ensemble 11 perches; d'un terrain de la contenance d'une perche et demie (non est.); du champ du prêtre, 24 perches (est. 2 livres); d'un clos nommé la fieffe, 36 perches (est. 3 livres); en tout, moins d'une demi-acre de terrain. (Arch. Calvados, Q n. cl.)

L'ensemble des revenus ecclésiastiques de la paroisse était estimé, en 1787, à 1,290 livres, par les contrôleurs des vingtièmes. (Arch. Cavaldos, C 6519.)

des habitants de chaque paroisse, et autres circonstances qui seront
fixées par les États généraux de chaque province [1];

13° Que le tirage de la milice ne pourra être fait à plus de trois
lieues de distance de chaque paroisse, afin que chaque particulier
puisse aller et revenir le même jour, ce qui évitera des peines et
des frais énormes aux paroisses qui se trouve[nt] éloignées de sept
à huit lieues du commissaire [2];

[14°] Au surplus, lesdits habitants croient à propos que le
papier timbré ait lieu, afin que le commerce contribue un peu à
l'impôt [3].

Les articles ci-dessus ont été arrêtés, lus et approuvés par l'assemblée générale des habitants de Cahan, après leur avoir donné
lecture aux fins d'être présentés à l'assemblée générale qui se tiendra en la ville de [Vire] ledit jour 5° mars prochain et être

---

[1] Sur ce qu'on entendait en 1789
par *dîme royale* et sur le projet de dîme
royale de Vauban, voir le cahier de
Montcarville, article 1er (au tome Ier,
p. 445).

DÎMES. Les dîmes ecclésiastiques de
la paroisse de Cahan étaient partagées.
Au *Pouillé du diocèse de Bayeux*, rédigé
en 1786, la répartition en est ainsi
expliquée : «Cahan, Cahaon ou Cambe-
dan, [sous le vocable de] Saint-Pierre.
Patron : [l'abbaye de] Fontenay, par
donation de Raoul Taisson, faite avant
1070. Décimateurs : ladite abbaye pour
deux tiers, le curé pour un tiers.» (Ms.
Bibl. Caen, n° 62, p. 119.)

*Déclaration de 1790* non retrouvée
pour la cure, ni pour l'abbaye. Mais en
1791, au *Rôle supplémentaire des
vingtièmes*, la valeur des dîmes est ainsi
appréciée : «Art. 1er, l'abbé de Fontenay, les deux tiers des grosses dîmes,
louées à Jacques Tostain, par bail passé
à Falaise, non encore commencé, pour
le prix de 500 livres, d'où décimes
55 livres; Art. 2, le curé de la paroisse,
le tiers des grosses dîmes et la totalité
des menues; fait valoir, est. 700 livres,
d'où pour les décimes 80 l. 18 s. (Arch.
Orne, C, *Supplément* n. cl., district de
Domfront, XXᵉ 1791.)

[2] Sur la forme du tirage de la milice, et les inconvénients qui résultaient
du déplacement en masse des paroisses
jusqu'au chef-lieu où se tenait le sub-

délégué ou le commissaire des guerres,
voir ce que nous avons noté sous
le cahier de la Bloutière, art. 6 (au
tome Ier, p. 177).

La paroisse de Cahan fournissait à
la milice de terre, pour le régiment
provincial de Basse-Normandie. En
1787, elle avait tiré au sort avec la
paroisse voisine de Berjou, devant le
commissaire des guerres séant à Vire.
Les deux paroisses réunies avaient présenté ensemble au tirage 65 garçons,
dont 44 avaient été déclarés exempts,
1 infirme, 10 trop petits, aucun fuyard.
Dix seulement étaient restés pour tirer
entre eux un seul milicien. (*Relevé des
procès-verbaux de tirage, année 1788,
élect. de Vire*, Arch. Calvados, C 1916,
pièce 19.)

[3] Un impôt sur le timbre avait été
effectivement présenté par le gouvernement royal en 1787; mais, devant les
clameurs du commerce et des grandes
villes, il avait fallu le retirer aussitôt.
Voir *Déclaration concernant le timbre,
4 août 1787*, et *Édit portant révocation
de l'Édit sur le timbre, septembre 1787*.
(ISAMBERT, t. XXVIII, p. 400, 432.)

Les cahiers de Basse-Normandie,
même ceux des villes, sont en général
favorables à l'idée d'un impôt du timbre, qui ferait contribuer le commerce
aux dépenses de l'État. Voir Cahier de
Saint-Pierre-de-Coutances, art. 10 (au
tome Ier, p. 105).

IMPRIMERIE NATIONALE.

proposés en cette assemblée par M. Jean-François-Margueritte Lebailly, député seulement[1], ladite communauté n'étant composée que de 100 feux à peu près[2]. Et l'ont nommé à haute voix. Auquel député, en tant que de besoin, disons donner et donnons pouvoir de ce faire suivant qu'il a été arrêté entre nous, tant en l'assemblée d'aujourd'hui que autres assemblées précédentes, comme aussi pouvoir, autorité et mandement spécial de faire en ladite assemblée de [Vire][3] tout ce qu'il verra pour le bien-être de l'État et des particuliers, de se résoudre et conformer à ce qui sera délibéré et à y faire toutes autres choses requises et nécessaires.

Conclu et arrêté cedit jour et an, le présent fait double dont l'un sera délivré audit député et l'autre sera annexé aux minutes et registres du greffe, pour y avoir recours en tant que de besoin. Ce que lesdits habitants ont signé après lecture faite.

Devaux, Jaumont, J. Raux, C. Longuet, F. Vivier, P. Labbé, I. Loriot, J. Hagé, J.-F. Hebert, E. Monquerin, P. Rivière, J. Hébert, J. Morand, L. Lebailly, J. Pley, J.-B. Cardon, J. du Jardin, J. Haze, J. Martin, F. Hazé, M. du Jardin, J. Hébert, *syndic*, J.-F.-Marguerite Lebailly.

[1] Bien que l'assemblée paroissiale de Cahan n'ait nommé qu'un seul député, la paroisse a été cependant représentée à l'assemblée préliminaire de Vire par deux députés, les sieurs J.-F.-M. Lebailly et Jacques Hébert. (*Procès-verbal, loc. cit.*) Il n'est pas impossible que la communauté, convoquée simultanément à un double siège, n'ait nommé en réalité deux députés, un pour chaque siège; le fait s'est produit, à notre connaissance, plusieurs fois pour des paroisses mixtes, dans d'autres ressorts de Normandie.

[2] Voir *supra*, p. 302, n. 3. En 1791, le *Tableau des traitements et pensions fixées provisoirement ou définitivement pour le clergé séculier du district de Domfront*, tableau qui est basé précisément sur le chiffre de population des paroisses, donne au curé 1,200 l. de traitement, pour une population de 516 habitants (Arch. Orne, L 2999). Quelques années plus tard, un curieux document dont nous devons la communication à M. le chanoine Guesdon confirme cette estimation : « Cahan, 500 âmes, laboureurs, tisserands, bons, paisibles, point de protestants, quelques incrédules, guère d'espérance pour ceux qui ne sont pas encore revenus. L'église est entourée de montagnes escarpées, ce qui rend la desserte difficile ». (*Registre du personnel de l'évêché de Sées, dressé par M. Legallois, vicaire général de M. J. Chevigné de Boischollet, 1804, p. 1144*).

[3] L'original porté à Tinchebray devait naturellement porter : « en ladite assemblée de Tinchebray ».

# CONDÉ-SUR-NOIREAU [1].

## 1. Procès-verbal d'assemblée.

(Le procès-verbal authentique n'a pu être retrouvé [2].)

Date de l'assemblée : 1er mars [3]. — Nombre de feux : 739 [4]. — Président : le sieur Davout-Dubourg, bailli de la haute-justice ancienne de Condé (?) [5]. — Députés : *Jacques-Sébastien Lenormand, *négociant* (21 jours, 80 livres, Acc.) [6] ; *Michel-Étienne Lebastard Leslongschamps, *propriétaire vivant de son bien* (21 jours, 80 livres, Acc.) [7] ; *Charles-Jean Laisné, sieur des Hayes,

[1] Département du Calvados, arrondissement de Vire, canton de Condé-sur-Noireau. En 1789 la ville de Condé constituait deux paroisses : Saint-Martin et Saint-Sauveur, mais n'avait qu'un seul rôle d'impositions.

[2] Les Archives municipales de Condé ont été classées et inventoriées par M. Bénet, ancien archiviste du Calvados. Elles possèdent bien un *Registre des délibérations*, allant du 6 septembre 1788 au 3 février 1790, qui a été coté BB 1. Mais ce registre, d'après M. Bénet, ne contient point le procès-verbal de l'assemblée tenue pour les élections aux États généraux ; il n'y a aucune délibération entre le 24 janvier et le 26 mars 1789. La seule pièce locale à signaler est une *Notification*, faite par Jean Hurel, sergent royal au bailliage de Tinchebray, y résidant, au sieur Dorenlot du Clos, syndic de la bourgeoisie de Condé, «des Lettres patentes du 24 janvier, Règlement y joint et Ordonnance du bailli de Tinchebray, le 2 mars 1789». Cette pièce, en date du 26 février 1789, a été cotée AA 1. Voir *Inventaire sommaire des Archives départementales antérieures à 1790*, par A. Bénet, archiviste, série L, Supplément, t. Ier, Ville de Condé-sur-Noireau, Caen, 1906, in-8°, p. 316.

[3] La date de l'assemblée paroissiale de Condé est fournie par le Procès-verbal de l'assemblée préliminaire de Tinchebray (*infrà*, p. 335).

[4] Le chiffre de feux est emprunté à Dumoulin, *Géographie descriptive*, t. III, p. 341. En 1789, un État conte-

nant les noms, surnoms, qualité, profession et domicile de tous les chefs de famille domiciliés dans la paroisse, dressé pour l'imposition du quart-bouillon, donne à Condé 912 «chefs de ménage». (Arch. municipales de Condé, CC 14.)

Population. En 1774, au *Dénombrement des habitants de l'élection de Vire*, la ville compte 4,841 habitants, dont 2,160 mâles et 2,681 femelles. (Arch. Calvados, C 190.) Mouvement (en 1787): naissances, 113, dont 63 garçons, 50 filles ; mariages, 22 ; décès, 77, dont 38 hommes et 39 femmes, plus 1 décès d'homme à l'Hôtel-Dieu (*ibid.*, C 157). — Population actuelle : 6,247 habitants.

[5] Le *Règlement du 24 janvier* avait décidé, dans son article 25, que les assemblées des paroisses et communautés seraient présidées «par le juge du lieu», ou en son absence «par tout autre officier public». (Duvergier, *Collection des lois*, I, p. 16.)

[6] «J'accepte et certifie que j'ai passé 21 jours dans le voyage de Coutances ; 80 livres. A Condé, ce 21 septembre 1789. — J. Lenormand.» (*Rôle des taxes*, n° 295.)

[7] Même mention au *Rôle des taxes* En 1790, le sr M. E. Lebastard-Duha mel souscrit une contribution patriotique de 200 livres, dans laquelle somme il déclare faire entrer le traitement de 80 livres qui lui avait été alloué, en sa qualité de député au bailliage de Coutances en 1789. (*Communication de M. Bénet.*)

*avocat* (21 jours, 80 livres, Acc.) [1]; Louis Vaulogier, sieur de Beaupré, *négociant.*

### 1. Cahier des doléances.

(Le cahier de doléances n'a pas été retrouvé [2].)

---

## LE DÉTROIT [3].

---

### 1-2. Procès-verbal d'assemblée et cahier de doléances réunis.

(Ms. *Archives du Calvados, série B n cl.*, liasse des cahiers de Falaise II, 2 p. in-4°. *Original signé.* Inédit [4].)

[1] Même mention au *Rôles des taxes.* Le 4 juin 1790, le sr Ch.-J. Laisné-Deshayes, avocat, souscrit une contribution patriotique de 80 livres, et s'engage à acquitter ladite somme en remettant au collecteur quittance de la somme de 80 livres qui lui ont été allouées pour sa députation à Coutances en 1789. (*Même source.*)

[2] Impositions de Condé en 1789 : taille tarifée, 10,000 livres; capitation, 7,074 l. 5 s.; corvée, 1,428 l. 11 s. 6 d.; vingtième, 5,724 l. 19 s.; territorial, 481 livres; bâtiments, 164 livres. Au total, 24,872 l. 10 s. 6 d.

Lignes : 701, d'après le *Rôle de capitation bourgeoise* de 1787. (Arch. Calvados, C 4563.)

*Privilégiés* : pour le clergé, le curé, Mª Jacques-Noël Lebourgeois (rev. déclaré en 1790, 6,100 livres); le prieur de l'hôtel-Dieu, Mª Jean-Baptiste Letourneur (rev., 300 livres); pour la noblesse, Mᵐᵉ de Longaunay, dame de Bouteville, châtelaine de Condé (non résidante; rev., 3,230 livres); les sieurs Louis-Anne de Banville, possédant le fief du Mesnil (c. n. 24 livres); et pour les non possédant fiefs, les sieurs de Brossard (c. n. 45 livres); Baudre de la Poterie (c. n. 24 livres); Levaillant de la Ferrière (c. n. 77 l. 8 s.); Leneuf de Neuville (c. n. 12 livres); Hainault (c. n. 12 livres), et la dame Chennevière et ses enfants (c. n. 10 l. 4 s.); pour le tiers état, 6 officiers de

judicature, et 7 privilégiés à des titres divers. Voir *Extraits des rôles de la capitation des nobles, privilégiés, officiers de justice et employés, concernant Condé.* (Arch. munic. de Condé, CC 13.)

On consultera utilement sur cette localité : abbé Huet, *Histoire de Condé-sur-Noireau, ses seigneurs, son industrie,* Caen, 1909, 334 p. in-8°. On trouvera, p. 218 sq., le détail des biens ecclésiastiques d'après les *Déclarations de 1790,* et la vente des biens nationaux, en date du 27 avril 1791.

[3] Département du Calvados, arrondissement de Falaise, canton de Falaise-Nord.

[4] La présence de ce cahier dans la collection des cahiers du bailliage de Falaise s'explique par ce fait que la paroisse du Détroit était mixte (mi-partie) et, convoquée simultanément aux deux sièges de Falaise (secondaire de Caen) et de Tinchebray (secondaire de Cotentin), se fit représenter à la fois aux deux assemblées (v. la note *infra*, p. 338, n. 2). Les habitants ne tinrent d'ailleurs qu'une unique assemblée, ne nommèrent qu'une seule députation et ne rédigèrent qu'un seul cahier, ainsi que le démontre, avec le texte même du cahier, la présence dans les deux assemblées préliminaires des mêmes députés, les sieurs Alexandre Gigou et Jean Verrier.

Le cahier déposé au greffe de Tinchebray ayant disparu, nous nous croyons donc parfaitement autorisés à

*Cahier de doléances que présentent à l'assemblée du tiers état du bailliage de [Falaise][1] les députés de la paroisse du Détroit.*

MESSIEURS,

Les soussignés n'ont pas pour but de vous rappeler les grands intérêts dont la nation va s'occuper ; leurs faibles lumières ne leur permettent pas d'entreprendre une tâche aussi considérable : ils attendent tout de vos soins et de votre zèle pour le bien de tous et de chaque citoyen en particulier.

Vous avez sous les yeux, Messieurs, la certitude des impôts accablants que paie la province ; si leur nombre est effrayant, leur poids n'en est pas moins à charge. Du nombre de tous les impôts, il en est un qui écrase la paroisse du Détroit[2]. En effet, cette dernière se trouve placée sous la directe de deux fiefs, dont l'un est fief du comté de Mortain appartenant à son Altesse Sérénissime Mgr le duc d'Orléans[3]. Les vassaux de ce fief, au nombre de 37 fa-

nous servir de l'exemplaire remis à l'assemblée de Falaise, dont certaines dates et la désignation de l'assemblée préliminaire sont seules à changer.

[1] L'exemplaire remis à l'assemblée de Tinchebray devait naturellement porter : «au bailliage de Tinchebray», *au lieu de* : «au bailliage de Falaise».

[2] IMPOSITIONS de la paroisse du Détroit pour 1789 : taille, 376 livres ; accessoires, 240 livres ; capitation, 201 livres ; corvée, 94 livres ; vingtièmes, 577 l. 9 s. 6 d. Au total, les paroisses de la généralité d'Alençon ne payant ni *territorial*, ni *bâtiments de justice*, 1,488 l. 9 s. 6 d. (Arch. Orne, C 966, 985, 1273.)

*Privilégiés :* pour le clergé, le curé Me Louis Blondel (absent à Coutances) ; pour la noblesse, messire François de Lalande de Sainte-Croix, seigneur du Détroit (cap. noble, 33 livres), messire Grandin de La Galonnière, possédant le fief du Corbet (non résidant) et le sieur de La Lande d'Ouillie, ancien garde du corps du roi, non possédant fief (cap. noble, 3 livres). (Arch. Orne, C 888.) — *Supplément des privilégiés* non retrouvé.

BIENS ECCLÉSIASTIQUES. — La paroisse du Détroit appartenait au diocèse de Sées ; la cure était alternativement à la nomination de l'évêque de Sées pour deux fois, et du seigneur temporel pour la troisième fois. (*Pouillé du diocèse de Sées, par* J. SAVARY, 1763, copie moderne, t. Ier, f° 272.) Le curé était seul décimateur, et le 20 décembre 1790 il déclare sa cure d'un revenu annuel de 1,800 livres, dont 1,678 l. 4 s. pour les dîmes, le reste produit par deux petits prés d'environ demi-acre. Il a 500 livres de frais de récolte et paye 190 l. 18 s. d'impositions. (*État des déclarations de bénéfices du district de Falaise, déposées au secrétariat, n° 125.* — Arch. Calvados, Lv, n. cl.)

[3] La paroisse du Détroit était en effet sous la mouvance de deux fiefs :

1° Le fief dit *du Détroit*, plein fief de haubert, appartenant en 1789 à M. de Lalande de Sainte-Croix, qui relevait directement du bailliage de Falaise ;

2° Le fief dit *de Corbet*, possédé en 1789 par M. Grandin de La Galonnière, qui relevait de la haute justice de la Carneille, et par elle du bailliage de Tinchebray.

C'est cette dualité de mouvances qui avait rendu la paroisse *mixte* pour les juridictions *royales*. Le clocher étant sous le ressort de Falaise, les registres de baptêmes, mariages et sépultures étaient déposés au greffe de Falaise.

milles sur 66 que réunit la paroisse en général[1], sont assujettis
au sel blanc, de manière que le surplus des habitants de la paroisse
sont tributaires du sel gris et, par une injustice révoltante, les
malheureux sont imposés au sel pour toute la paroisse, c'est-à-dire
que pour les empêcher d'user du sel blanc et parce qu'il est à leur
proximité, on les fait ployer sous le poids d'une imposition accablante, en leur délivrant forcément du sel gris pour et autant
qu'en pourraient user les 66 taillables dans un temps qu'ils ne sont
que 29 [2].

Les soussignés sont trop pénétrés de vos lumières et de la bonté
de vos cœurs pour ne pas oser espérer que vous daignerez prendre
en considération cette doléance particulière, et qu'elle tiendra
place dans le cahier soumis à vos soins et dont vous allez vous occuper; c'est pour obtenir cet avantage que les gens du tiers état
de la paroisse du Détroit, duement avertis, convoqués et assemblés
au lieu accoutumé à faire les délibérations, ont cejourd'hui nommé
et élu pour députés de ladite paroisse auprès de l'assemblée du

Voir *État des fiefs de l'élection de Falaise,
avec les hautes justices dont ils dépendent.*
(Arch. Orne, C 16.)

[1] Le procès-verbal de l'assemblée
préliminaire du bailliage de Falaise ne
donne point le nombre de feux des
paroisses dépendant de ce bailliage.
Dumoulin, en 1765, donnait au Détroit
152 feux, chiffre manifestement exagéré. (*Géographie descriptive*, t. IV,
Généralité d'Alençon, tableau annexé
à la p. 120.)

*Dénombrement de 1774* non retrouvé.
Au 25 messidor an II, un *État de population* du district de Falaise donne
au Détroit 316 habitants de population
effective, avec 70 feux et 50 chefs de
famille. (Arch. Calvados, Lx.) Mouvement en 1784 : naissances, 6 (4 garçons, 2 filles); mariages, 3; décès,
1 seul (de femme). (Arch. Orne, C 666.)
— Population actuelle : 161 habitants.

[2] La paroisse du Détroit était en
effet *mixte* également pour la gabelle du
sel; la partie relevant du fief du Détroit était de quart-bouillon, soumise à
la juridiction du bureau de Vire et
Condé, tandis que la partie dans la
mouvance du fief de Corbet était de
grande gabelle, et dépendait du grenier
à sel de Falaise. Voir, d'une part, *Arrêt du Conseil portant règlement pour le
ressort des différentes juridictions des*

traites et quart-bouillon, 5 juillet 1746,
au titre X, dans *Recueil des Gabelles*,
t. II, p. 401; et d'autre part, *Lettres
patentes du Roi fixant la quantité de sel
à répartir sur les paroisses du ressort
des greniers à sel d'Alençon, Carrouges et
Falaise, ainsi que la quotité attribuée à
chacun de ces greniers*, 1789. (Arch.
Orne, C 1049.)

La différence de situation entre les deux
portions de la paroisse était pratiquement considérable. Les pays de grande
gabelle consommaient le *sel gris*, produit par l'évaporation de l'eau de mer
dans les marais salants, et ce sel le
grenier ne le livrait qu'au prix de
38 livres le minot, soit en mesure actuelle environ 58 livres le *quintal*, ou
1 fr. 25 le kilogramme. Au contraire,
les pays de quart-bouillon avaient l'avantage d'user du sel blanc, produit par
l'ébullition des salines de la côte, et
que l'on se procurait au prix de 16 livres
le quintal seulement. En outre, dans
les paroisses de grande gabelle, le sel
était vendu *par impôt*, c'est-à-dire que
les règlements avaient déterminé une
certaine quantité de sel, — elle était
de 1 minot pour 14 personnes, — qui
devait être levée par chaque paroisse
au grenier dont elle dépendait. Voir *Ordonnance portant règlement sur le fait
des gabelles*, mai 1680, titre VII,

tiers état du bailliage et ville de [Falaise][1], au terme de la Lettre et Règlement du roy et mandement de M. le lieutenant général dudit lieu, les personnes d'ALEXANDRE GIGOU et JEAN VERRIER[2], pour par eux se présenter à ladite assemblée qui sera tenue le [9][3] du présent, y présenter le présent cahier et y nommer les députés qui se trouveront à l'assemblée générale qui se tiendra en la ville de Caen] le [16] du présent, et généralement faire tout ce qui sera estimé nécessaire.

Fait et arrêté le 1er mars 1789. Approuvé trois mots en interligne sur la première page.

Louis DESMONTS, François ROBET, P. LAMARE, Louis ROBET, F. COUDIER, J. PIQUART, N. ROUSSEL, P. HÉRAULT, A. GIGON, J. VERRIER.

## DURCET[4].

### PAROISSE DÉFAILLANTE[5].

La paroisse de Durcet était *mixte* et fut convoquée simultanément au bailliage de Tinchebray et à celui de Falaise, secondaire du bailliage principal de Caen. Elle a comparu à ce dernier siège par les personnes de «MM. Jean-

[1] art. 1er, dans *Recueil des Gabelles*, I, p. 36, et *Déclaration du 21 octobre 1710*, *ibid.*, II, p. 132. Ce dont se plaint le cahier précisément, c'est que la quantité à laquelle était imposée la paroisse du Détroit était déterminée, comme si la paroisse entière était de grande gabelle et sans qu'on ait tenu compte des 37 feux qui avaient le privilège du sel blanc. C'est une affirmation dont nous ne pouvons vérifier l'exactitude.

[1] Il faut substituer ici encore par la pensée, pour l'exemplaire porté à l'assemblée, le nom de *Tinchebray* à la place de celui de *Falaise*.

[2] Les deux députés dénommés au texte se sont présentés à l'assemblée de Falaise, ainsi qu'en témoigne l'appel des paroisses au procès-verbal de l'assemblée préliminaire du bailliage de Falaise, séance du 9 mars : «Le Détroit, MM. Alexandre Gigon et Jean Verrier,

suivant le cahier des doléances, signé de nombre des habitants.» (*Ms. cit.*, f° 3 v°.)

Les mêmes personnages, ayant été également députés à Tinchebray, ont aussi comparu à l'assemblée de ce bailliage, dans la séance du 2 mars. Voir *Procès-verbal* de l'assemblée préliminaire de Tinchebray (*infrà*, p. 338).

[3] L'exemplaire présenté à l'assemblée de Tinchebray devait porter ici le *2 mars* au lieu du 9, et de même un peu plus loin le *15 de mars* au lieu du *16*, pour la date de l'assemblée tenue dans la ville de *Coutances* au lieu de la ville de *Caen*.

[4] Département de l'Orne, arrondissement de Domfront, canton d'Athis.

[5] Voir le *Procès-verbal de l'assemblée préliminaire du tiers état du bailliage de Tinchebray*, séance du 2 mars (texte, *infrà*, p. 337).

Baptiste GRAINDORGE, *avocat*, et Jacques HELLIE, députés nommés par délibération du 1ᵉʳ de ce mois» [1], porteurs du cahier de doléances suivant :

### Mémoire des habitants du tiers état de la paroisse de Durcet contenant leurs très humbles remontrances aux États généraux [2].

Il est sans doute malheureux de n'avoir, au lieu de secours à offrir, que des vœux à former et des doléances à faire ; voilà cependant ce à quoi nous réduit notre état de misère.

Car si nous ne sommes pas tous pauvres, il n'en est pas un seul d'entre nous qu'on puisse raisonnablement appeler riche. Notre misère est nécessairement occasionnée par l'ingratitude du sol que nous cultivons, et par les charges sans nombre qui nous exténuent [3].

Que pourrait-on donc attendre de nous ? Nous sommes Français, et nous devons contribuer à l'acquit de la dette de l'État. Mais pour cela que ferons-nous ? Tout ce qui nous sera possible de faire, et même plus. Nous supporterons encore, avec résignation, la somme de nos impositions ; nous les supporterons ces impositions, quoique accablantes, parce que la bonté et la justice du roi nous assurent qu'elles n'auront d'autre terme que la nécessité, parce qu'elles ne reparaîtront jamais sans le consentement national, parce qu'enfin on va s'occuper utilement du soin d'en alléger le poids.

Et puisque le roi nous permet de manifester nos désirs, et qu'il veut bien écouter nos sujets de plainte, les voici :

1° Nous nous plaignons de la multiplicité des impôts [4] ; pourquoi

---

[1] *Procès-verbal de l'assemblée préliminaire du tiers état du bailliage de Falaise*, séance du 9 mars, appel des paroisses. (Ms. *loc. cit.*, f° 2 v°.)

La paroisse de Durcet figure au *Procès-verbal* précité pour un chiffre de 118 feux, alors qu'en 1786 l'intendant y comptait 151 feux. (Arch. Orne, C 666). La différence vient vraisemblablement de ce que le Procès-verbal ne tient compte que des feux situés sous le ressort du bailliage de Tinchebray.

Population au Dénombrement des feux de l'élection de Falaise, en 1786 : 376 habitants. (Arch. Orne, C 666.) Mouvement en 1786 : naissances, 27, dont 14 garçons, 13 filles ; mariages, 4 ; décès, 12, dont 6 hommes et 6 femmes.

(*Ibid.*, C 664.) — Population actuelle : 415 habitants.

[2] Le manuscrit de ce cahier est conservé aux *Arch. Calvados*, série B., n. cl., liasse *Cahiers de Falaise IIᵉ*, pièce n° 14. *Original signé*, 14 pages in-4° petit. *Inédit*.

[3] Le cahier portait primitivement, *qui minent notre existence*. Ces mots ont été biffés.

[4] IMPOSITIONS de Durcet pour 1789 : taille, 1,087 livres ; acc., 690 livres ; capit., 660 livres ; corvée, 271 l. 15 s. ; vingtièmes, 1,555 l. 2 s. Au total, 4,263 l. 17 s. (*Prospectus de la taille, etc., élection de Falaise, subdélégation de la Ferté-Macé*, 1789, Arch. Orne, C 960, 985, 1273.)

nous demandons qu'ils soient réduits en un plus petit nombre; et qu'à ce moyen la perception en soit simplifiée;

L'impôt territorial est un de ceux qui nous paraîtra le moins à charge, pourvu que toutes les terres indistinctement soient assujetties à cet impôt, et que la répartition en soit faite avec justice, c'est-à-dire que la contribution soit proportionnée à l'étendue et à la fertilité des possessions.

Mais qui est-ce qui sera chargé de cette répartition? Nous désirons que cet emploi important soit confié aux assemblées provinciales, intermédiaires et municipales, Mais avant tout nous demandons que les membres qui doivent composer les assemblées provinciales soient élus par les États généraux, qu'un quart soit du clergé, un quart de la noblesse et la moitié du tiers état;

Que les membres des assemblées intermédiaires, ainsi pris dans les trois ordres, soient élus par les habitants des paroisses de leur ressort, qui enverront leurs députés pour procéder à ladite élection;

Que lors de la répartition qui sera faite par l'assemblée intermédiaire, chaque paroisse ait le droit de députer un ou deux de ses membres pour faire les représentations qu'elle avisera bien;

2° Nous désirons que l'impôt établi sur les diverses clauses des contrats civils[1] soit supprimé. Ce sera un bonheur pour nous de n'être plus exposé à l'avidité du traitant qui, interprète des règlements, exerce un pouvoir arbitraire sur nos fortunes;

S'il faut que cet impôt soit remplacé par un autre impôt, ne

Lignes à la taille : 242, d'après le *Rôle de 1790;* les plus fortes cotes sont celles de la veuve Jean-Baptiste-Jacques-Thomas de Thiboult, demeurant à Renémesnil (232 l. 7 s. pour les quatre impositions réglées sur la taille), et du sieur Fr. Auvray, fermier de ladite dame, qui paye 96 l. 2 s. 1 d. pour l'exploitation. (Arch. Orne, C 1274.)

*Privilégiés :* pour le clergé, le curé m° Julien Blaise (suppl. en 1790, 156 l.), et m° Pierre Lasne, vicaire (suppl. 12 s. 6 d.); pour la noblesse, la demoiselle de Chennevière (c. n. 30 livres); la dame et enfants du sieur Thiboult, marquis de Durcet (c. n. 243 l., suppl. 14 l. 15 s.); M. Durand de Magny (suppl. 10 l. 3 s.), et M. Sébastien Sauquet (suppl. 12 s. 3 d.); et pour le tiers état, le sieur Graindorge des Domaines, avocat et procureur fiscal de la haute justice du lieu (c. 6 l.). — *Sup-*

*plément des privilégiés :* 21 l. 2 s. 9 d. (Arch. Orne, C 1274.)

[1] Il faut entendre évidemment, bien que le cahier s'exprime d'une façon peu claire, l'impôt du *contrôle des actes.* La suppression de cet impôt plus vexatoire que lourd, et considéré en 1789 comme arbitraire, est très généralement demandée dans nos cahiers. Voir tout particulièrement le cahier de l'assemblée préliminaire de Saint-Sauveur-le-Vicomte, art. 32 et la note (*suprà,* p. 208).

Par «impôt sur le papier sur lequel le contrat doit être écrit», il faut entendre de même l'impôt du timbre, qui avait été effectivement proposé, mais non appliqué en 1787. Voir *Déclaration concernant le timbre, 6 juillet 1787,* et *Édit portant révocation de l'Édit sur le timbre,* septembre 1787 (dans Isambert, XXVIII, p. 400 et 432).

pourrait-on point l'établir sur le papier sur lequel le contrat doit être écrit?

3° Nous voudrions bien aussi la suppression des aides; mais nous ne pouvons nous dissimuler que l'état actuel des affaires ne permet pas une abolition absolue de tous les impôts;

Si donc il n'est pas encore possible de détruire les aides, ne pourrait-on pas lever cet impôt d'une meilleure manière? Il nous semble que si le brasseur payait le droit, ce droit serait moins rigoureux; nous pourrions sentir la liberté que nous aurions de ne pas payer, au lieu que nous sentons la nécessité qui nous y oblige [1]. D'ailleurs ce n'est pas assez pour nous de payer, nous sommes encore obligés de souffrir des recherches perpétuelles dans nos maisons; quoi de plus contraire à la liberté! Sans doute il faudrait encore des commis; mais ils seraient en plus petit nombre;

4° Nous demandons la suppression de la gabelle et nous sommes certains de l'obtenir. Oui, la gabelle sera détruite, parce que le roi, qui aime ses sujets, sait que cet impôt est désastreux; c'est lui-même qui l'a nommé ainsi. Elle sera détruite, parce que la parole du roi est sacrée, et le roi nous l'a promis [2];

Mais quand donc enfin la gabelle ne subsistera-t-elle plus? Qu'on hâte ce jour, puisqu'il doit être un des plus beaux jours de notre monarque, et un des plus heureux pour nous;

5° Depuis longtemps nous supportons un impôt qui, nous osons le dire, est injuste rapport à nous : c'est l'impôt pour les grandes

---

[1] Sur l'ensemble des droits d'aides en Basse-Normandie en 1789, on voudra bien se reporter à ce que nous avons noté sous le cahier de Carantilly, chap. II, 2° (au t. Ier, p. 251). Le droit de brassage, que réclame le cahier de Durcet, existait bien en 1789, mais il n'était levé que sur les cultivateurs qui «brassaient» les fruits d'une récolte étrangère, ou qui, n'ayant pas de pressoir, portaient leurs fruits au pressoir d'autrui. Voir Cahier de Saint-Nicolas de Coutances, art. 16 (au t. Ier, p. 101) et Cahier de Tourville, art. 14 (au t. Ier, p. 614). Sur l'ensemble, on se reportera au Recueil des règlements sur le fait des aides en Normandie, 1733, in-4°,

[2] Les cahiers reviennent assez souvent sur cette promesse faite par le roi de supprimer les gabelles. Voir le cahier de Valognes, préambule (au t. II, p. 10 sq.). Ils ont en vue évidemment les paroles du roi, rapportées dans le procès-verbal de l'Assemblée des notables. Voir Arrêté du bureau de Mgr le comte d'Artois, 23 mai 1787.

La paroisse de Durcet était, au point de vue de la gabelle, dans la même situation délicate que celle du Détroit. Une partie de la paroisse était de quart-bouillon, et relevait de la juridiction de Vire et Condé; l'autre était de grande gabelle et devait se fournir au grenier de Falaise. Voir Arrêt du Conseil du Roi portant règlement pour le ressort des différentes juridictions des traites et quart-bouillon, 5 juillet 1746 (dans Recueil des gabelles, t. II, p. 36), et Département fait par le maître des requêtes intendant de la généralité (d'Alençon), en présence des officiers des greniers d'Alençon, Carrouges et Falaise, de la quantité de sel à laquelle l'impôt des paroisses du ressort de ces greniers a été fixé, 1789. (Arch. Orne, C 1051.)

routes. La raison et l'équité nous disent que celui-là seul qui jouit de l'avantage de la chose doit seul en ressentir le désavantage. Or nous ne profitons en aucune manière des grandes routes, à cause de l'éloignement et de l'impuissance où nous sommes de faire aucun commerce; pourquoi donc nous faire contribuer aux dépenses qu'elles occasionnent? N'est-ce pas assez d'avoir à réparer et nos chemins publics et nos chemins vicinaux[1]?

6° La milice nous occasionne une dépense assez considérable, que nous regrettons d'autant plus que nous ne croyons pas qu'elle soit d'aucune utilité pour l'État, qui ne manque pas de soldats, et qui est assez peuplé. Ne serait-il pas suffisant que la milice d'État ait lieu en temps de guerre? Cela nous épargnerait le désagrément de payer à un milicien, qui presque toujours n'est qu'un mauvais sujet, une somme qu'il nous serait facile de bien mieux employer[2];

7° Les dîmes nous coûtent beaucoup à payer, puisque les décimateurs nous enlèvent l'onzième et la seizième partie de nos fruits[3], selon l'espèce. Mais nous respectons les propriétés; nous ne demandons donc point que les dîmes soient supprimées. D'ailleurs, comment y suppléer? Par une somme donnée au curé.

A combien fixer cette somme? Dans notre paroisse, cette somme ne pourrait guère être au-dessous de celle que lui produit la dîme.

Cette somme, qui est-ce qui la percevra? ou plutôt qui est-ce

---

[1] La paroisse de Durcet se trouvait en effet en dehors du tracé de toutes les grandes routes. La plus proche était celle de Paris à Granville, par Briouze, Vassy et Vire, et elle était encore en 1789 en pleine construction. Voir *Procès-verbal de l'assemblée provinciale de Moyenne-Normandie*, p. 173 et tableau joint à la p. 94.

Toute la région du Houlme, à laquelle appartenait la paroisse, passait d'ailleurs et à juste titre au xviii° siècle pour une des plus pauvres et des plus déshéritées de la province. Voir L. DE LA SICOTIÈRE, *Louis de Frotté et les insurrections normandes (1793-1832)*, Paris, 1889, in-8°, t. I°r, p. 127.

[2] La paroisse de Durcet fournissait à la milice de terre, pour le régiment provincial d'Alençon. (Arch. Orne, C 460.)

[3] La quotité de la dîme ecclésiastique était fixée en principe en Basse-Normandie à l'onzième partie des produits dîmables; mais la doctrine et la jurisprudence admettaient qu'en cette matière tout devait être déterminé par

l'usage. Il arrivait ainsi fréquemment que le taux local de la dîme était notablement inférieur à la quotité légale (cahier de Tourville, au tome I°r, p. 609, note 1). Voir ROUTIER, *Pratique bénéficiale*, p. 122 et suivantes.

La cure de Durcet, qui appartenait au diocèse de Sées, était à la nomination de l'abbesse de Villers-Canivet (DUMOULIN, *Géographie descriptive*, t. IV. Généralité d'Alençon, p. 128).

La répartition des dîmes est ainsi expliquée au *Pouillé* de SAVARY (1765): «*Durcetum*, B° Maria, dec. de Briosa, communiants, 400. L'abbesse de Villers prend les deux tiers des grosses dîmes, le curé l'autre, avec les sarrazins et les menues; et possède trois petites terres lab., contenant viron 2 acres.» (t. II, f° 553). Mais depuis, par acte du 24 août 1775, l'abbaye avait cédé et transporté au mⁱ° de Durcet tous ses droits en la paroisse, y compris les dîmes, pour le prix de 3,000 l. et une rente de 100 boisseaux de froment, est. 400 l. La dîme en 1789 était *inféodée*. (Arch. nat., Q 872.)

qui en fera l'avance? Quatre des principaux habitants? Mais nous n'en avons pas d'assez fortunés pour faire cette avance. Et comment ceux-ci en feront-ils le recouvrement? Il faudrait une répartition. Mais en cela nous avons à craindre et l'injustice de l'homme et l'injustice de la chose.

Ajoutons qu'il est plus difficile au misérable paroissien de laisser prendre une gerbe dans son champ que d'en payer le prix.

Mais que les curés et autres décimateurs contribuent aux charges de leur paroisse, à proportion de leur revenu [1], cela nous paraît de toute justice.

Quand nous avons dit que les dîmes devaient subsister parce que les propriétés devaient être conservées, il est facile de voir que nous avons entendu parler des dîmes *de droit*. Mais en doit-il être de même des dîmes *insolites?*

8° La banalité est une servitude des plus onéreuses; il n'en est pas un seul d'entre nous qui ne désire en être affranchi. Ce droit est vraiment contraire à la liberté.

Cependant, s'il faut qu'il subsiste, qu'au lieu de l'étendre on le restreigne; que le plus grand nombre n'oblige plus les autres vassaux; que les titres des seigneurs servent de règle; et qu'ils n'obligent que ceux qui les auront souscrits; que les autres soient libres de porter ou faire porter par qui bon leur semblera, et où ils aviseront bien, leur grain; cela évitera à bien des procès;

Qu'on enjoigne aux procureurs du roi et procureurs fiscaux de veiller à ce que les règlements touchant la police des moulins soient exécutés; et qu'on prononce les peines les plus sévères contre les contrevenants. On parviendra peut-être à contenir les meuniers;

9° Nous demandons la suppression du droit de coutume. Cet impôt est d'autant plus dur qu'il porte sur les denrées et les marchandises de toute espèce. Mais si les titres des seigneurs l'emportent sur l'intérêt du public, du moins qu'on nous préserve des exactions trop fréquentes des particuliers à qui ce droit est affermé;

Qu'on enjoigne à tous les seigneurs qui réclameront l'exercice

---

[1] Nous n'avons point retrouvé la *Déclaration de 1790*, donnant le revenu du curé de Durcet, mais nous avons le compte rendu par le curé de son administration, à la fin de l'année 1790; il accuse un revenu total, avec les dîmes, de 1,398 livres. (Arch. Calvados, Lv, n. cl., *Pensions ecclésiastiques*.) En 1791, le produit est de 1,135 l. seulement, dont 1,095 pour dîmes. (Arch. Orne, L 2998.) Un *Procès-verbal d'arpentage et estimation des biens nationaux à vendre*, en date du 20 décembre 1790, nous apprend que la cure comprenait, outre la maison presbytérale, réservée et non à vendre, une grange dimeresse, un jardin à légumes, et trois petites pièces d'aumône, contenant «viron une acre et demie». Le tout était estimé valoir 113 livres de revenu, et fut soumissionné le 15 octobre 1790, par P.-Charles Lechevrel. (Arch. Orne, Q, n. cl.)

de ce droit d'avoir une *pancarte* dans laquelle il sera fait mention de leurs titres et de la vérification qui a dû en être faite aux termes de la déclaration du roi du 12 mars 1752 [1];

Que cette pancarte contienne le tarif des droits à percevoir, qu'elle soit affichée dans l'endroit le plus apparent où se doit faire ladite perception; et que faute d'avoir satisfait à tout ce que dessus, il soit fait défense d'exiger ni recevoir, même volontairement, aucune espèce de droits de coutume, à peine de concussion et d'amende contre les receveurs et fermiers desdits droits;

18° Enfin, comme nous l'avons observé, nos fortunes sont médiocres, ou plutôt nous sommes sans fortune; les intérêts qui nous divisent ne peuvent donc jamais être considérables; cependant ils sont toujours de conséquence relativement à nous. Nous demandons donc qu'on diminue, autant qu'il sera possible, les frais de justice;

Qu'on accorde aux hauts justiciers le droit de juger en dernier ressort, jusqu'à la concurrence d'une somme comme de 30 livres [2].

[1] *Déclaration du Roy, portant règlement pour le droit de coutume qui se perçoit dans la province de Normandie, du 12 mars 1752*, enreg. au Parlement le 11 août (dans *Recueil des Édits*, t. VIII, p. 503). L'article 1er de cette déclaration avait ordonné à toutes personnes se prétendant fondées à percevoir des droits de coutume dans le ressort du Parlement de Rouen, de représenter dans les six mois les titres de leur droit à la Grand'Chambre du Parlement; tous les droits de coutume dont la preuve ne pourrait être faite par titre, ou par une possession centenaire remontant à l'année 1650, étaient déclarés abolis. L'article 3 spécifiait ensuite que, toutes les fois que les droits de coutume ainsi établis se trouveraient plus forts que ceux du *Tarif général* dressé pour la province et annexé à la *Déclaration*, le titulaire serait tenu de les faire inscrire sur un tableau qui serait exposé «dans l'endroit le plus apparent du lieu où se tiendra la foire ou le marché». C'est à cette exigence d'une *pancarte* que fait vraisemblablement allusion le cahier.

[2] Les hautes justices en Normandie ne jugeaient jamais que à charge d'appel devant le bailli royal, quelle que fût l'importance du litige. Voir PESNELLE, *Coutume réformée*, p. 22 et suivantes.

La paroisse de Durcet appartenait à plusieurs hautes justices:

1° Il y avait d'abord la haute-justice du *marquisat de Durcet*, créée en 1703 et relevant du bailliage royal de Falaise; elle appartenait en 1789 au marquis de Thiboult. Une lettre du subdélégué Grenier de La Fosse, en date du 6 décembre 1783, donne quelques détails sur cette haute justice: «Il y a, écrit-il à l'intendant d'Alençon, Durcet, situé à environ cinq lieues au Nord de Domfront, qui comprend la paroisse de Durcet et plusieurs autres, au nombre desquelles est Echalou et Landigou, et qui ressortit par appel au bailliage de Falaise. Toutes les paroisses qui dépendent de cette haute justice sont plus proches de Domfront que de Falaise». (Arch. Orne, C 17);

2° Le petit fief *de Magny*, possédé par M. Durand de Magny, dépendait de la baronnie de Briouze, qui avait haute-justice, au nombre duquel du bailliage de Falaise. (Arch. Orne, C 16.)

3° Le petit fief *des Chenevières*, à la dame de ce nom, relevait de la haute-justice de la Carneille, appartenant au duc d'Harcourt, et allait directement en appel au Parlement de Rouen (*Ibid.*, E 241.)

4° Seul, le fief de *la verge de Durcet*, tenu par le baron de Tournebû, sous

Cela évitera à bien des appels témérairement interjetés par le plaideur de mauvaise foi, qui risque tout parce qu'il n'a rien à risquer;

Qu'on nous rapproche autant qu'il sera possible de nos juges, plutôt que de nous en éloigner. La bonne police se maintiendra parmi nous, et nous vivrons plus tranquilles et plus heureux.

Le présent fait ce 1er mars 1789 a été coté par première et dernière page par nous notaire, qui avons signé avec lesdits habitants qui savent signer.

Deux mots rayés nuls, et deux en marge bons.

> F. Duval, P. Lebreton, F. Anney, F. Annay, F. Daunou,
> L. Hardy, F. Onfroy, L. Busnel, M. Heudiard, P. An-
> nay, G. Le Péronnel, F. Chevalier, J. Duval, P. Che-
> vry, J. Le Breton, C. Sauquet, F. Duval, J.-B. Grain-
> dorge, G. Heudiard Dr, D. Durand, C. Lebreton,
> C. Duval, C. Graindorge, Jean Bernier, René Bourban,
> L. Le Mancel, P. Duval, J. Chédot, F. Hediard,
> F. Annay, P. Le Breton, J. Hélie, J. Guillochin,
> Legris, Guiboult, Collin, *notaire*.

---

## ESPINS [1].

---

### PAROISSE DÉFAILLANTE [2].

La paroisse d'Espins était *mixte* et fut convoquée simultanément au bailliage de Tinchebray et à celui de Falaise, secondaire du bailliage principal de Caen. Elle a comparu à ce dernier siège par les personnes de «MM. Louis Leroy et Pierre Renault, députés nommés par délibération du 1er de ce mois [3]», porteurs du cahier de doléances suivant.

la châtellenie de Tinchebray, était directement dans le ressort du bailliage de Tinchebray. Voir *État de la paroisse de Durcet, sous la châtellenie de Tinchebray.* (Arch. Manche, A 1935.)

[1] Département du Calvados, arrondissement de Falaise, canton de Thury-Harcourt.

[2] Voir le *Procès-verbal de l'assemblée préliminaire du bailliage de Tinchebray,* séance du 2 mars (texte *infrà,* p. 339).

[3] *Procès-verbal de l'assemblée préliminaire du bailliage de Falaise,* séance du 9 mars, appel des paroisses. (Ms., loc. cit., f° 3 r°.)

La paroisse d'Espins figure à ce *Procès-verbal* pour un chiffre de 69 feux. Le *Dénombrement des habitants des deux sexes de l'élection de Caen* relève en 1764 une population de 223 habitants, dont 43 hommes, 60 femmes, 40 garçons, 45 filles, 18 enfants mâles au-

(1) La communauté de la paroisse d'Espins prie MM. les députés aux États généraux de demander à Sa Majesté :

1° Le rétablissement des États provinciaux dans la forme de ceux du Dauphiné;

2° De donner aux assemblées municipales la répartition des impôts, la direction des ouvrages publics à faire dans chaque paroisse, la confection et entretien des grandes routes. Demandons aussi que, comme les grandes routes sont pour le bien et serve[nt] à tout le monde, et que les ouvrages et payements en sont faits par la partie la plus faible, c'est-à-dire ceux qui paye[nt] taille, demandons que cet impôt soit réparti sur tous les possédant fonds et les décimateurs qui perçoive[nt] les fruits des fonds (2);

3° De supprimer les gabelles et les employés à cet effet, qui sont d'un grand coûtage (sic) à Sa Majesté, et d'autoriser le commerce du sel comme celui des autres denrées; les sujets, ne pouvant point se passer de sel, sont obligés d'en acheter; ou autrement de taxer chaque personne à tant de sel au moyen d'une déclaration de chaque maison (3);

4° D'anéantir toutes exemptions de taille, laquelle serait payée par tous les possédant fonds et exploitants et faisant valoir, si

dessous de 8 ans et 17 femelles (Arch. Calvados, C 177). Mouvement en 1787 : naissances : 18, dont 11 garçons, 7 filles; mariages, 2; décès, 13, dont 8 hommes, 5 femmes (ibid., C 157). — Population actuelle : 185 habitants.

(1) Le manuscrit de ce cahier est conservé aux Arch. Calvados, série B, n. cl., liasse Cahiers de Falaise II°. 4 p. petit f°. Original signé. Inédit.

(2) IMPOSITIONS d'Espins pour 1789 : taille, 1,320 livres; acc., 866 livres; capit., 854 livres; corvée, 104 l. 13 s. 4 d.; vingtièmes, 382 l. 18 s. 3 d.; territorial, 52 livres; bâtiments de justice, 17 livres. Au total, 3,596 l. 11 s. 7 d.

Lignes à la taille : 86, dont 59 propriétaires, 18 occupants, 7 nouveaux enrôlés et 2 pauvres. Le rôle de taille pour 1789 est conservé. (Arch. Calvados, C, élection de Caen, n. cl.)

Privilégiés : Le curé, m° Jacques Le Marchand (suppl. par ses héritiers, 22 l. 19 s. 8 d.), et pour la noblesse, messire Bernard-Antoine de Beaudouin, possédant le fief des Pins; Pierre-Guillaume-César de Beaudouin, et Pierre-Charles-Antoine de Beaudouin, héritiers

de messire Bernardin-Olivier de Beaudouin, payant ensemble une capitation de 36 livres (Arch. Calvados, C 4628). Le Supplément des privilégiés a fourni; produit réel, et déduction faite des ordonnances de compensation, 41 l. 7 s. 4 d. (Ibid., L, n. cl.)

(3) La paroisse d'Espins était de grande gabelle et ressortissait au grenier de Falaise. Dans le ressort de ce grenier, en vertu des dispositions de l'Ordonnance portant règlement sur le fait des gabelles, mai 1680, titre VII, art. 1er, le sel était levé par impôt, c'est-à-dire que les habitants étaient obligés de lever chaque année au grenier un «devoir de sel» dont la quotité était fixée à un minot par chaque chef de famille. Voir CHAMPION, La France, d'après les cahiers de 1789, p. 109; DUVAL, Les cahiers de doléances du bailliage d'Alençon, p. 404, note 1.

Les pays de grande gabelle payaient en 1789 le sel d'impôt sur le pied de 38 livres le minot. Voir Ordonnance des gabelles, mai 1680, titre VII, art. 1er (dans Recueil des Gabelles, I, p. 36) et Déclaration du 21 octobre 1710 (ibid., tome II, p. 132).

mieux n'aime Sa Majesté supprimer ladite taille pour en incorporer le produit avec tous les autres impôts royaux, afin que chaque sujet ne paye qu'une somme pour tout;

5° De donner un règlement pour les dîmes, qui fixerait les espèces de production sur lesquelles elle doit être perçue, et en exempterait toutes celles qui servent à la nourriture des bestiaux qui cultivent les terres, et autres bestiaux comme bêtes à laine qui font l'engrais des terres;

6° Demandons que les décimateurs soient obligés de remettre toutes les pailles de quel[que] espèce que ce soit aux cultivateurs qui leur auront donné pour dîme, parce que le cultivateur les fera consommer et en fera un engrais pour l'année suivante, qui sera également au profit des décimateurs [1];

7° D'accorder aux cultivateurs la liberté de convertir leurs boissons en eau-de-vie, sans être continuellement inquiétés par les commis qui en gênent singulièrement le commerce par toutes leurs mauvaises difficultés qu'ils font aux bouilleurs [2];

8° Demandons aussi la supprimation (sic) de tous les couvents, qui ne sont d'aucune utilité dans le royaume, qui possèdent des biens immenses pendant que le pauvre peuple est écrasé et abîmé d'impôts royaux et autres. Demandons qu'il leur soit fixé une pension honnête aux abbés et religieux, et qu'il leur soit défendu d'en recevoir aucun de leurs ordres, et que tous ces biens-là rentrant à

---

[1] Sur la question des *pailles de dîmes* en 1789 en Basse-Normandie, on voudra bien se reporter à ce que nous avons noté sous le cahier de Belval, art. 9 (au t. Ier, p. 154, n. 1). — Les dîmes de la paroisse d'Espins étaient partagées. Nous lisons au *Pouillé du diocèse de Bayeux en 1786* : «Espins ou plutôt Les Pins, archidiaconé de Caen, doyenné de Cinglais. Le cartulaire de Fontenay fait mention d'un Jean des Pins (Joannes de Pinis). Saint-Pierre [patron]. Patron : le Val-Richer. Décimateur : ladite abbaye pour les deux tiers, le curé pour un tiers.». (*Ms. Bibl. Caen*, n° 62, p. 164.) Pour l'appréciation du produit des dîmes en 1789, voir *infrà*, p. 31, note 1.

[2] La fabrication de l'eau-de-vie de cidre était soumise en 1789 à un droit de 2 l. 5 s. par muid de 144 pots ou 288 litres, et le cultivateur faisant bouillir lui-même sa récolte était exempté de ce droit (*privilège des bouilleurs de cru*). A cet égard voir *Recueil des traites*, t. I, v° Eau-de-vie, et *Recueil des règlements sur le fait des aides en Normandie*, 1733, p. 71. Toutefois, pour éviter la fraude, les cultivateurs faisant bouillir étaient assujettis à l'exercice et à la visite des agents de la régie, ce dont ils se plaignaient fort en 1789.

On remarquera que les vœux relatifs à la fabrication de l'eau-de-vie de cidre sont extrêmement rares dans les cahiers de la région du Cotentin. Voir seulement : *Cahier de Bricqueville-la-Blouette*, art. 92 (au t. Ier, p. 219). En dehors de la région, nous avons trouvé des doléances assez nombreuses et intéressantes dans les cahiers des paroisses du bailliage d'Orbec, secondaire d'Évreux. Voir : cahiers de Bellou, art. III; de Cauverville, art. 16; des Moutiers-Hubert, art. 5 *bis* et surtout de Livarot, art. V (dans HIPPEAU, *Cahiers*, II, p. 192, 216, 262 et 458).

Sa Majesté lui seront d'un grand revenu, dont on espère que le pauvre peuple en sera soulagé;

9° A l'égard de MM. les curés qui possèdent du depuis 1,200 livres jusqu'à 15,000 dans leurs bénéfices[1], supplions humblement Sa Majesté qu'il soit accordé par chaque curé une somme de 1,000 livres, et les paroisses sujettes à avoir un vicaire 500 livres pour le vicaire; et le surplus retournant à Sa Majesté fera que le pauvre peuple ne sera pas abîmé d'impôts royaux et autres;

10° D'enjoindre aux seigneurs et propriétaires des forêts de diminuer le nombre des bêtes fauves, comme cerfs, biches, sangliers et lapins, qui ravagent tous les grains et fruits des terres limitrophes desdites forêts, y faisant un tort considérable. Dans l'hiver, avec les pieds ils enfoncent les grains dans la terre et aux mois d'avril et de mai ils le mangent jusque contre la terre, et le peu qu'il reste, quand il est en grain ils mangent les épis, et notre paroisse est pour ainsi dire enclavée dans la forêt de Cinglais[2].

---

[1] La cure de la paroisse d'Espins était fort peu considérable. En 1790, le curé déclare que son bénéfice se compose de : un presbytère «en mauvaise réparation, sans aucunes chambres» (est. 44 l.); d'un clos d'un demi-acre et un jardin de 12 perches (est. 22 l.); de deux acres de terres labourables en 4 pièces (est. 51 l.) et d'une vergée et demie de pré (est. 40 l.). Le curé possède le tiers des grosses dîmes et toutes les menues (est. ensemble 1,150 livres) et les dîmes novales (est. 80 l.). Il a une petite rente foncière de 5 livres en argent et une poule (est. 15 s.). Au total, 1,392 l. 15 s. Les charges sont de 70 messes d'obits, un service, 20 livres de cire et l'entretien des maisons (non est.). Voir *Déclarations*, aux Arch. municipales de Caen, fonds non classés.

Biens ecclésiastiques. — Le curé observe en terminant la précédente déclaration que «ladite paroisse d'Espins est une des plus pauvres du diocèse de Bayeux, le susdit abbé du Val-Richer possédant dans ladite paroisse une ferme qui n'est point dîmée». Il s'agit de la ferme *dite* de Foupendant, qui appartenait, avec les deux tiers des grosses dîmes, à l'abbaye du Val-Richer. Nous n'avons point retrouvé de *Déclaration* en faisant connaître la valeur en 1790. Elle devait alors au bénéfice-curé, pour

accensement de dîmes, 50 livres en argent et 11 boisseaux de froment, mesure du Bois-Halbout, est. 55 l.; au total, 105 livres. (*Compte rendu par le sieur Mallet, curé, de l'exploitation de son bénéfice pour 1790*, Arch. Calvados, Lv, n. cl.)

Le revenu ecclésiastique total de la paroisse d'Espins était évalué, en 1787, à 4,200 livres par les contrôleurs des vingtièmes. (Arch. Calvados, G 6519.)

[2] La forêt de Cinglais était en 1789 la plus importante de l'élection de Caen. Dumoulin écrit à ce sujet : «Il n'y a dans cette élection [de Caen] que le bois de *Singles*, le reste est peu de chose. Il est situé entre le village de Saint-Laurent et l'abbaye de Barbery, et encore entre N.-D. de Laize, Bretteville et Foupendu. Ce bois peut avoir environ trois lieues de tour». (*Géographie descriptive*, t. III, p. 102.)

Les doléances du cahier sont presque la reproduction des plaintes que l'année précédente les habitants d'Espins avaient déjà fait entendre à la fin du *Mémoire* qu'ils adressaient en réponse au questionnaire de la commission intermédiaire de Vire. — Ils observaient en effet : «qu'au surplus la plus grande partie du terrain de la paroisse est exposée à être ravagée par les bêtes fauves qui sont dans la forêt de Cinglais,

Demandons que les propriétaires des forêts soient obligés d'en payer les dommages, ou qu'il soit permis aux cultivateurs de les tirer, dans leurs pièces seulement;

11° Demandons aussi que comme la paroisse est remplie de fuies, de colombiers qui produisent un nombre considérable de pigeons qui sortent dans les terres, qui les dégrainent (*sic*) lorsqu'on les semence (*sic*), et qu'on est obligé de les resemencer, et à la récolte mangent encore les grains de quelle nature qu'ils soient. Ces oiseaux font un tort considérable; demandons qu'ils soient détruits, n'étant d'aucune valeur;

12° Demandons aussi que les déports reste[nt] au profit des paroisses, c'est-à dire quand un curé est mort, l'évêque duquel il dépend s'empare du profit de la cure pendant un an. [Nous] ne croyons point cela juste, demans [1] que la paroisse soit obligée de se procurer un desservant pour l'année, et qu'ils paieront à leurs frais, et que le profit du déport restera au profit de la paroisse. Cela servira pour payer pain et vin et blanchissage des linges, étant obligée de payer 30 livres aux curés tous les ans.

Fait et arrêté à Espins, au lieu ordinaire de faire les affaires, en présence de plusieurs des paroissiens. Et ont signé après lecture, ce 8 mars 1789,

> François DONNET, J. LE ROY, F. DONNET, P. GAUTIER, Jean LE ROY, L. ROGER, F. BACON, P. DONNET, P. BOURIENNE, Louis LE ROY, J. HARANG, P. RENAULT, Louis BERTHET, Jean BERTHELOT, Bernard LANGEVIN.

comme cerfs, biches, sangliers et lapins, qui font un tort si considérable, qu'ils sont obligés de passer les nuits à garder le peu de grains et de fruits qu'ils peuvent récolter, ce qui leur causent (*sic*) une perte considérable». (Arch. Calvados, C 7887).

[1] *Sic*. Il faut lire sans doute : *nous demandons*. Le droit de *déport* était exercé dans le diocèse de Bayeux, auquel appartenait la paroisse d'Espins, tout aussi bien que dans ceux de Coutances et d'Avranches. Mais, au contraire, dans le diocèse de Sées, auquel appartenaient certaines autres communautés du bailliage de Tinchebray (Bréel, le Détroit, Durcet, Les Tourailles), l'évêque avait renoncé depuis 1786 à lever désormais le déport. Voir H. MARAIS, *Essai historique sur la cathédrale et le chapitre de Sées*, Alençon, 1878, in-8°, p. 239.

# LES TOURAILLES [1].

PAROISSE DÉFAILLANTE [2].

La paroisse des Tourailles était mixte (mi-partie), et fut convoquée simultanément au bailliage de Tinchebray et à celui de Falaise, secondaire du bailliage principal de Caen. Elle a comparu à ce dernier siège par les personnes de «MM. Jacques HEUDIARD et Jacques DE LA FONTENELLE, députés nommés par délibération du 1er de ce mois [3]», et a remis au greffe de l'assemblée préliminaire le cahier de doléances suivant :

*Cahier des doléances, plaintes et remontrances que présentent les habitants des Tourailles [4].*

L'an 1789, le 1er jour de mars, se sont assemblés les habitants de la paroisse des Tourailles, en exécution des Lettres du roy du 24 de janvier dernier et de l'Ordonnance de M. le bailli de Caen [5] signifiée le 19 de février dernier par le ministère de Bailly, huissier royal à la Carneille [6], à la requête de M. le procureur du roy du bailliage de Falaise, lesquels ont nommé et élu Jacques HEUDIARD et Jacques DE LA FONTENELLE de ladite paroisse, à l'effet de comparaître pour lesdits paroissiens à l'assemblée des États qui se tiendra à Falaise le 3 de mars prochain, et de représenter et

[1] Département de l'Orne, arrondissement de Domfront, canton d'Athis.

[2] Voir le *Procès-verbal de l'assemblée préliminaire du bailliage de Tinchebray*, séance du 2 mars (texte *infrà*, p. 337).

[3] *Procès-verbal de l'assemblée préliminaire du bailliage de Falaise*, séance du 9 mars, appel des paroisses (Ms., Arch. du Calvados, s. B, n. cl., liasse des *Cahiers de Falaise* II°. Original signé. Inédit, f° 8 r°).

La paroisse des Tourailles figure à ce procès-verbal pour un chiffre de 69 feux. Même chiffre dans DUMOULIN, *Géogr. descriptive*, t. IV, Généralité d'Alençon, tableau annexé à la page 120; tandis qu'au contraire le *Mémoire* de 1787 donne à la paroisse un chiffre de 92 feux (Arch. Orne, C 666).

POPULATION. En 1791, le *Tableau* pour la fixation du traitement du clergé donne 297 habitants (*Ibid.*, C 1299).

— Mouvement (en 1786) : naissances, 11, dont 6 garçons, 5 filles; mariage, 0; décès, 1, d'homme. (*Ibid.*, C 661.) — Population actuelle : 208 habitants.

[4] Ms. Arch. Calvados, s. B, n. cl., liasse *Cahiers de Falaise* I°, pièce n° 75. Original signé. Inédit.

[5] *Ordonnance de M. le Bailly de Caen, concernant la convocation aux États généraux, du mercredi 11 février 1789.* Ms. original au greffe de la cour d'appel de Caen, registre précité, pièce n° 19, signée *Le Bourguignon Duperré de l'Isle*. — L'exemplaire du cahier remis à Tinchebray aurait dû évidemment viser l'Ordonnance similaire du bailli du Cotentin ou celle du lieutenant général de Tinchebray.

[6] L'assignation délivrée par l'huissier Bailly, en date du 19 février, est conservée dans la liasse précitée du bailliage de Falaise.

21.

remettre à ladite assemblée le présent cahier, par lequel ils exposent :

Que ladite paroisse n'est que d'une très petite étendue [1], et presque toute tournée au Nord, d'un sol sablonneux et aride, est recoupée dans sa totalité de monticules et couverte en partie de rochers et de buissons, et par conséquent incapable de culture, de sorte que les parties qui en sont susceptibles ne produisent que quelque peu de seigle, de sarrasin et d'avoine, et cette médiocre production ne vient que par le secours des charrées que les malheureux habitants sont obligés d'aller chercher neuf à dix lieues à la ronde, dans les endroits où les terres n'ont point besoin de ce secours, ce qui leur occasionne de très grands frais, parce que ladite paroisse est éloignée de cinq à six lieues de toute ville, n'ayant aucune communication sinon par des chemins des plus mauvais et des plus escarpés et montagneux, en sorte que toutes les exportations des denrées de ladite paroisse se font à somme de cheval, ce qui est ruineux, et ne se peuvent pas encore faire facilement; vu qu'à l'entrée de ladite paroisse il y a un pont qui est en totale ruine et à la charge de la paroisse, quoique ledit pont soit construit sur différentes autres paroisses qui sont voisines; et cependant malgré des pareilles charges et des productions si médiocres, ladite paroisse paie à Sa Majesté 535 livres de vingtièmes [2], et de taille, capitation et divers, 1,335 livres, et de corvée des chemins, quoiqu'elle n'en profite nullement, la somme de 147 livres 10 sols, et que l'on fait payer exactement et avec la dernière rigueur par les receveurs; ce qui fait que la majeure partie des habitants, comme il n'y a aucun commerce ni aucune manufacture, sont obligés d'aller

[1] La commune actuelle des Tourailles est cadastrée pour une superficie de 400 hectares. — Le *Mémoire* remis en 1788 à l'assemblée de Falaise-Domfront n'a pas été retrouvé.

[2] Les chiffres donnés par le cahier sont exacts. Les impositions de la paroisse des Tourailles pour 1789 s'élevaient, d'après les rôles, à : taille, 590 livres; accessoires, 375 livres; capitation, 360 livres; corvée, 147 l. 10 s.; vingtièmes, 535 l. 16 s. 6 d. Au total, puisqu'on ne percevait dans la généralité d'Alençon ni territorial, ni bâtiments, un chiffre de 2,017 l. 10 s. (Arch. Orne, C 966, 985, 1273.) Lignes à la taille : 87, d'après le rôle de 1790. (Arch. Orne, C 1275.)

*Privilégiés* : pour le clergé, le curé mᵉ Jean Louvet (suppl. en 1790, 99 l. 3 s. 8 d.); pour la noblesse, messire de Vaudichon de l'Isle, seigneur du lieu, domicilié à Caen (suppl. 149 livres); la dame du sieur Vallée des Onfrairies (c. n. 6 l.), et le sieur Vallée des Onfrairies Marie, écuyer (c. n. 24 l., suppl. 17 l. 11 s. 10 d.); pour le tiers état, les employés des traites et gabelles, savoir : le sieur P. Hemard, capitaine des fermes du roi (suppl. 4 l. 19 s. 2 d.); le sieur Louis Rocher, lieutenant (suppl. 3 l. 14 s. 5 d.), et trois employés (suppl. pour chacun, 2 l. 9 s. 7 d.). — *Supplément des privilégiés* : 281 l. 17 s. 10 d. (Arch. Orne, C 1275 et C 1297.)

travailler dans le pays chartrain, dans le pays d'Auge et dans les campagnes à quinze et vingt lieues du pays, pour gagner de quoi subsister et payer le taux de leurs impositions[1]. Et ces malheureux habitants, accablés sous le poids des rudes et pénibles travaux qu'ils sont obligés de supporter et n'ayant qu'une mauvaise nourriture pour se sustenter, ne vivent que fort peu, ce qui est d'autant plus certain que dans la paroisse il y a actuellement 23 veuves chargées d'enfants[2];

Que la médiocrité de la cure ne peut mettre M. le curé à portée de donner à ses paroissiens du secours comme dans les grandes paroisses, où il y a de grosses cures[3];

Que pour comble de charges à la paroisse, il y a une brigade de commis du sel qui sont censés sur leur état être de Cramesnil et demeurent cependant aux Tourailles[4]; que cette brigade est ordi-

---

[1] Cet exode annuel des habitants en état de travailler n'était pas particulier à la paroisse des Tourailles; dès le commencement du xviii° siècle le subdélégué de Mortain, M. du Mesnil-Adelée, l'avait noté dans les observations qu'il adressait à l'intendant sur l'état de son élection :

«Dans la plupart des paroisses de l'élection, il ne s'y fait aucun commerce... La plupart des paysans journaliers vont tous les ans faucher et faire les récoltes dans différentes provinces du royaume, d'où ils reviennent après les récoltes, et rapportent quelques espèces.» Il ajoute que dans quelques paroisses, dont certaines appartiennent au bailliage de Tinchebray, à Sourdeval, à Coulouvray, à Saint-Martin, à Saint-Quentin, à Truttemer et à Saint-Christophe, — «il y a quelques petits porteurs de balles de mercerie, ciseaux et couteaux». Ils vont dans les élections voisines et jusqu'en Ile-de-France, et de là reviennent chez eux «après avoir gagné dans les tournées qu'ils font de quoy se nourrir avec leurs familles, et payer les impositions». (Lettre de M. le marquis de Vastan, intendant de la généralité de Caen, du 8 avril 1727, Arch. Calvados, C 287.)

[2] Le Rôle des impositions ordinaires pour 1790, arrêté par les membres du Bureau intermédiaire de Falaise, est conservé (Arch. Orne, C 1275). On y relève effectivement 23 cotes de veuves sur 87 lignes que compte la paroisse.

Cette proportion est certainement considérable, car à Cahan, par exemple, qui compte 194 lignes, le nombre des cotes de veuves ne s'élève qu'à 24 seulement. (Ibid., C 1299.)

[3] La cure des Tourailles était sous le patronage et à la présentation du chapitre de la cathédrale de Sées. Nous lisons au Pouillé de Savary (1764) : «les Tourailles, Toralla, Sanctus Martinus; vic. perp., dec. de Briosa. — Communiants, 180. Le curé seul décimateur; possède en outre un pré de 200 ou 300 bottes de foin et une chenevière de demi-vergée au moins...» (Copie moderne, dans les papiers de M. l'abbé Blin, communiquée par M. le chanoine Guesdon, t. II, f° 578).

Déclaration de 1790 du curé non retrouvée. M. L. Duval, dans l'Essai sur la topographie ancienne de l'Orne, 1882, p. 46, donne 1,500 livres de revenu. Un Procès-verbal d'estimation en date de 1790 nous apprend que la cure se composait de : un manoir presbytéral, consistant en une salle, deux caves, deux chambres et un cabinet, d'une grange couverte en paille, une charretterie, une étable, un jardin potager de 20 perches, un petit pré de 15 perches et un grand pré de «viron 80 perches», jouxtant la rivière de Rouvre. Le tout n'était point afféagé en 1790 et fut soumissionné le 8 thermidor an IV, par les sieurs Busnel et Macé, pour un prix non porté. (Arch. Orne, Q, n. cl.)

[4] Une brigade d'employés des traites

nairement composée de gens pauvres et mauvais sujets, ce qui est d'une grande gêne et charge pour la paroisse.

Toutes ces circonstances réunies rendent l'état de la paroisse des Tourailles des plus déplorables, et sans espoir d'adoucissement dans un temps où loin d'obtenir du soulagement on se propose de leur demander peut-être une augmentation d'impôts.

D'après cet exposé, lesdits habitants espèrent que l'on aura égard à leurs représentations et que l'on mettra les impôts sur ceux qui sont capables, par les richesses de leur commerce, de leurs manufactures, la fertilité de leurs terres, la facilité des routes, de les supporter. Au surplus ils s'en rapportent à la prudence, à la justice de l'assemblée des États, sur ce qu'elle jugera convenable pour l'établissement et la juste répartition des impôts à payer et la félicité publique.

De plus vous exposent lesdits habitants que ladite paroisse des Tourailles est en partie située sous le quart-bouillon, et conséquemment *mixte,* ce qui a porté messieurs les officiers du bailliage de Tinchebray dont dépend le sel blanc, à faire faire une pareille signification à la paroisse que M. le bailli de Falaise; et comme ladite paroisse est de l'élection et de la subdélégation de Falaise, lesdits habitants ont cru que c'était à la signification de Falaise qu'il fallait obéir; et cependant ils s'en rapporteront toujours à ce qui leur sera ordonné en plus outre, s'il en est besoin à cet égard [1].

Ce que lesdits ont signé après lecture, lesdits jour et an.

P. PETRON, Jean VAQUERIE LES JARDINS, Jean BUNEL, DE LA FONTENELLE, P. LEFOYER, N. MENOCHET, J.-B. MALLET,

et gabelles, relevant du grenier de Falaise, et composée de : un brigadier, un sous-brigadier et quatre gardes, est effectivement portée sur le *Rôle de capitation des employés des fermes,* comme domiciliée à Cramesnil; ils payent en 1789 ensemble une capitation privilégiée de 22 l. 10 s. (Arch. Orne, C 903.)

[1] La paroisse des Tourailles appartenait administrativement à la généralité d'Alençon, élection et subdélégation de Falaise; mais elle était effectivement *mixte* pour l'impôt du sel, et elle est portée à la fois sur les rôles du grenier à sel de Falaise, pays de *grande gabelle,* et sur ceux du bureau de Vire et Condé,

pays de sel blanc ou de quart-bouillon. Voir *Arrêt du Conseil portant réformation pour les différentes juridictions des traites et quart-bouillon,* 5 juillet 1746 (dans *Recueil des gabelles,* au tome II, p. 393) et *Ordonnance des gabelles,* mai 1680, titre VII, art. 13 (au tome Ier, p. 36).

Naturellement, ce n'est pas pour cette raison que la paroisse a été simultanément convoquée à l'assemblée de Tinchebray et à celle de Falaise; les opérations de la convocation étaient basées, non sur les circonscriptions administratives, mais exclusivement sur les ressorts judiciaires. C'est parce qu'elle relevait judiciairement à la fois des bailliages de Tinchebray et de Falaise que la pa-

Ramet, J. de la Fontenelle, J.-B. Heudiard, J. Guesdon, *syndic*.

_____

Les procès-verbaux et cahiers des autres assemblées paroissiales du bailliage de Tinchebray n'ont pu être retrouvés. Nous croyons utile de donner la liste de ces assemblées, avec les quelques renseignements que nous avons pu recueillir sur chacune d'elles.

Aulnay [1] . . . . . . . . . . . . . 330 feux.   Députés : Gilles Greslé, Augustin Pastel, Jean Faucon, *Louis-Charles Andes (21 jours, 80 l., Acc.) [2], Jacques Martin.

Balleroy [3] . . . . . . . . . . . . 369   *La paroisse a fait défaut [4].*

[1] Aujourd'hui Aunay-sur-Odon, département du Calvados, arrondissement de Vire et chef-lieu de canton. Population en 1774 : 1,594 habitants (Arch. Calvados, C 190). Mouvement en 1787 : naissances, 60, mariages, 19, décès, 49. (Arch. nat., D IV bis 44). — Population actuelle : 1,741 habitants.

[2] La taxe des députés du bailliage de Tinchebray à l'assemblée préliminaire n'a pu être donnée, les Rôles n'ayant pas été conservés. Nous avons seulement retrouvé une lettre du lieutenant général Guillouet au G. des S., en date du 5 juillet, dans laquelle il accuse réception du *Règlement pour le paiement des dépenses des assemblées*, et assure qu'il fera son possible « pour remplir les vues bienfaisantes de S. M. » (Arch. nat., Ba 87, l. 3). D'ailleurs, l'assemblée de Tinchebray n'ayant duré qu'un seul jour, les taxes ont dû être infimes pour l'assemblée préliminaire.

Quant à la taxe des députés à l'assemblée générale de Coutances, elle a été calculée sur le pied de dix-sept jours de présence effective, payés à raison de 4 livres par jour, soit 68 livres de fixe, plus une somme variable pour le voyage d'aller et retour, calculée sur le pied de 3 livres par jour. La taxe varie ainsi de 77 à 83 livres, suivant la distance des localités à Coutances. On observera que les déclarations faites par les députés en recevant leur taxe ne concordent point le plus souvent avec les chiffres qui ont été arrêtés par le lieutenant général de Coutances. Ainsi le député d'Aulnay, sieur Andes, écrit en acceptant sa taxe de 80 livres : « 40 livres, 36 livres ; j'ay été cinq jours ». (*Rôle des taxes*, n° 291.)

[3] Département du Calvados, arrondissement de Bayeux, canton de Balleroy. Au dénombrement des habitants de l'élection de Bayeux, en 1764, le chiffre de population est resté en blanc (Arch. Calvados, C 175). Mouvement en 1787 : naissances, 36, dont 18 garçons, 18 filles ; mariages, 8 ; décès, 37, dont 16 hommes, 21 femmes. (Arch. nat., D IV bis 44). Population actuelle : 1,037 habitants.

[4] La paroisse de Balleroy était *mixte* entre le siège de Tinchebray et

roisse des Tourailles a été convoquée à la fois aux deux sièges.

En effet, la paroisse des Tourailles était partagée entre deux fiefs : 1° le fief de Saint-Martin-des-Tourailles, plein fief de haubert, appartenant en 1789 à M. de Vaudichon de l'Isle ; ce fief avait une haute justice, dont l'appel allait au bailliage de Tinchebray ; 2° le fief de La Motte, appartenant à la dame du sieur Vallée des Onfrairies ; ce fief dépendait de la haute justice de la Carneille, appartenant au duc d'Harcourt, et allait pour les cas royaux au bailliage de Falaise, et pour l'appel, directement au Parlement de Normandie. Voir *État des paroisses de l'élection de Falaise*, avec les hautes justices dont elles dépendent (Arch. Orne, C 16) et *Reconnaissance devant les tabellions sous la châtellenie de Tinchebray*, pour les parties de Durcet et des Tourailles, à la dame haute justicière de la Carneille, par René Libois, notaire (Arch. Calvados, E 241).

BEAUCHESNE............ 166 feux.

Députés : *Pierre GARNIER, *propriétaire* (20 jours, 77 l. Acc.); *M° Jean-Thomas ROULLEAUX, *avocat* (20 jours, 77 l., Acc.) [1].

BEAUQUAY [2]............ 25

Députés : Charles-François PELTIER, Pierre BOSCHER.

BERJOU.............. 179

Députés : Denis CHENEVIÈRE, *Louis LEFÈVRE (21 jours, 80 l., Acc.) [3].

BRÉEL.............. 153

Députés : Pierre LONGUET, Joseph DELARUE.

BERNIÈRES-LE-PATRY..... 178

Députés : Julien LE MANCEL, sieur des Vaux, *avocat et procureur du roi au siège de Tinchebray;* Charles DUMONT, *M° Jean-Baptiste DUMONT, *avocat* (20 jours, 77 l., Acc.) [4].

COULVAIN [5]........... 20

Députés : Jacques FLAUST, Joachim VEROY.

CROISILLES [6]........... 28

Députés : *Charles BELLENGER, Mi-

— Population actuelle : 158 habitants.

La paroisse de Beauquay n'avait pas de rôle séparé d'impositions, et figurait sur le rôle d'impositions d'Aulnay-sur-Odon. Voir *Prospectus général des tailles,* 1789. (Arch. Calvados, C 4511.)

celui de Bayeux, secondaire, pour la convocation, du bailliage principal de Caen. Elle a été convoquée à Bayeux, ainsi qu'en témoigne une notification du syndic, en date du 20 février, signée du sieur Leloir, huissier (Arch. Calvados, F 782). Elle a comparu à l'assemblée de Bayeux, ainsi que le prouve, à défaut de l'appel des paroisses de ce bailliage, qui ne nous est point parvenu, la présence d'un député de Balleroy, le sieur Gassion, parmi les députés envoyés à l'assemblée des trois ordres du bailliage principal de Caen. Voir la *Liste des députés du bailliage de Caen* (dans HIPPEAU, *Cahiers,* I, p. 250).

[1] *Rôle des taxes :* «J'accepte ma taxe et j'atteste avoir passé tout le temps de l'assemblée, le procès-verbal de laquelle j'ai signé. Fait le 30 novembre 1789. — ROULLEAUX.» Même mention de la main du sieur P. GARNIER (n° 294).

[2] Orthographié aujourd'hui Bauquay, département du Calvados, arrondissement de Vire, canton d'Aulnay-sur-Odon. Population en 1774 : 493 habitants, dont 236 hommes, 258 femmes. Mouvement en 1787 : naissances, 26 (16 garçons, 10 filles); mariages, 9; décès 24 (14 hommes, 10 femmes).

[3] *Rôle des taxes :* «80 livres, Accepté. — LEFÈVRE Louis. Bon pour 12 jours, F. MADELINE» (n° 293).

[4] *Rôle des taxes :* «77 livres, 10 jours. Accepté. — DUMONT» (n° 290).

[5] Département du Calvados, arrondissement de Vire, canton d'Aulnay-sur-Odon. Population en 1774 : 255 habitants, dont 130 mâles, 125 femelles. Mouvement en 1787 : naissances, 9 (5 garçons, 4 filles); mariages, 4; décès, 2, de femmes. — Population actuelle : 280 habitants.

La paroisse de Coulvain était *mixte;* et peut-être a-t-elle été convoquée à l'assemblée préliminaire du bailliage de Bayeux, secondaire de Caen. L'absence d'appel des paroisses au *Procès-verbal* de ce bailliage ne permet pas de rien affirmer.

[6] La communauté dont il s'agit est l'actuelle commune de Croisilles, département du Calvados, arrondissement de Falaise, canton de Thury-Harcourt. Elle était *mixte* en 1789,

FRESNES [2] ............ 360 feux [3].

LANDES ............. 64

LONLAY [6] ............ 615 [7]

chel PIÉDOUX (21 jours?, 80 l., Acc.?) [1].

Députés : *Louis GALLET, sieur de La Croix, *propriétaire* (21 jours, 80 l., Acc.) [4]; Louis AMIARD, *propriétaire* (21 jours, 80 l., Acc.) [5].

Députés : Pierre ROUSSELIN, Pierre DUPONT.

*Paroisse non convoquée* [8].

entre les bailliages royaux de Tinchebray et de Falaise, ce dernier secondaire de Caen pour la convocation; mais les registres de baptêmes, mariages et sépultures étaient déposés au Greffe de Tinchebray. Voir *État des paroisses mixtes du bailliage de Falaise avec les juridictions voisines.* (Arch. Orne, C 16.) Population en 1774 non retrouvée. Au 25 messidor an 11, un *État de population du district de Falaise* donne à Croisilles 589 habitants de population effective, avec 129 feux et 99 chefs de famille. (Arch. Calvados, L x.) Mouvement en 1787 : naissances, 11, dont 5 garçons, 6 filles; mariages, 5; décès, 15, dont 6 hommes, 9 femmes. (Arch. Calvados, C 157.) — Population actuelle : 509 habitants.

[1] Le sieur Ch. BELLENGER ne figure pas au *Rôle des taxes.*

[2] Département de l'Orne, arrondissement de Domfront, canton de Tinchebray.

La paroisse de Fresnes était *mixte;* une partie relevait du siège royal de Tinchebray; l'autre partie, formant le ressort d'une haute justice qui appartenait, en 1789, à M. Thoury de la Corderie, relevait du bailliage de Vire, secondaire, pour la convocation, du bailliage principal de Caen. (*État des justices, 1788,* Arch. Calvados, C 6077.)

[3] Au *Procès-verbal du bailliage de Vire,* la paroisse est portée pour 288 feux. Population en 1774 : 1,892 habitants (920 mâles, 972 femelles). Mouvement en 1787 : naissances, 62 (48 garçons, 14 filles); mariages, 11; décès, 46 (23 hommes, 23 femmes). — Population actuelle : 1,238 habitants.

[4] La paroisse de Fresnes a été convoquée aux deux assemblées de Tin-

chebray et de Vire; elle a comparu simultanément dans les deux sièges, mais par des députés différents. A Vire, ses députés, au nombre de trois, furent les sieurs «François Barbot, Michel Bajeu et Jacques de la Fontenelle.» (*Procès-verbal de l'assemblée du bailliage de Vire, séance du 5 mars 1789,* f° 2, Arch. Calvados, série B, n. cl.)

[5] *Rôle des taxes :* «Ledit sieur Gallet, député, qui a accepté la taxe portée au présent, nous a déclaré avoir passé le nombre de 18 jours entiers; ce 22 novembre 1789. F. BARBIER, Ch. LE CONTE. — 80 livres. Accepté : GALLET LA CROIX» (n° 288).

[6] Aujourd'hui dénommée Lonlay-l'Abbaye, département de l'Orne, arrondissement de Domfront, canton de Domfront.

[7] Ce chiffre de feux est donné par l'*État des députés,* annexé au *Procès-verbal d'assemblée du bailliage de Domfront.* (Arch. nat., B III 2, p. 1125.) Population en 1789 (d'après la même source) : 2,548 habitants. Mouvement en 1787 : naissances, 116; mariages, 18; décès, 61. (Arch. Orne, C 665.) — Population actuelle : 2,247 habitants.

[8] La paroisse de Lonlay, qui était *mixte* entre le ressort de Tinchebray et celui de Domfront, secondaire d'Alençon, n'a point été convoquée à l'assemblée préliminaire du bailliage de Tinchebray, pour le tiers état; mais des assignations avaient été envoyées pour le clergé : 1° à M. le curé de Lonlay; 2° à MM. les religieux bénédictins de l'abbaye de Lonlay, paroisse de Lonlay. (Voir *Rôle des ecclésiastiques,* ms. Greffe de Coutances, pièce n° 25.)

*Maisoncelle-la-Jourdan* . . 176 feux.

Députés : Pierre Chemin des Gues-nets, *négociant* [1] ; Christophe Le-monnier, *propriétaire.*

*Mesnil-Cidoult* . . . . . . . 71

Députés : Gabriel Bouvet, *Julien Lepetit, *propriétaire* (21 jours, 80 l., Acc.) [2].

*Montsecret* [3] . . . . . . . . . 295 [4]

*La paroisse a fait défaut* [5].

*Notre-Dame-de-Moutiers* [6]. 295 [7]

Députés : *Louis-Jean Poisson, im-primeur à Caen* (21 jours?, 80 l.?, Acc.); *Jean du Velleroy, pro-

---

La paroisse de Lonlay a d'ailleurs été régulièrement convoquée pour le tiers état à l'assemblée préliminaire du bail-liage de Domfront; elle y a comparu par sept députés. Voir *Assemblée du bailliage de Domfront, 3 mars 1789.* (Arch. nat., B III 2, p. 1127.) Le cahier de doléances n'a pas été re-trouvé.

[1] On verra plus bas, qu'à l'assem-blée préliminaire le sieur Chemin s'est signalé par un vote hostile au maintien du bailliage de Tinchebray (*infra*, p. 355).

[2] *Rôle des taxes* : «J'accepte ma taxe, et j'atteste avoir passé 11 jours, y compris l'aller et le retour. — 80 li-vres, Julien Le Petit» (n° 284).

[3] Département de l'Orne, arrondis-sement de Domfront, canton de Tin-chebray.

[4] Nombre de feux au *Procès-verbal du bailliage de Vire* : 250 feux. Popula-tion en 1774 : 1,000 habitants (400 mâles, 600 femelles). Mouvement (en 1787) : naissances, 36 (18 garçons, 18 filles); mariages, 5; décès, 28 (10 hommes, 18 femmes). — Population actuelle : 724 habitants.

[5] La paroisse était *mixte* entre le siège de Tinchebray et celui de Vire, secondaire de Caen. Elle a comparu à l'assemblée de Vire par trois députés : «les sieurs Hyacinthe Louvet de la Motte, Bénédic-François Louvet, *avocat*, et Guillaume Besnuel de la Lande. (*Procès-verbal de l'assemblée secondaire du bailliage de Vire*, séance du 5 mars 1789, f° 2, v°. Arch. Calvados, série B, n. cl.) Le cahier n'est pas conservé dans la liasse de ceux du bailliage de Vire.

[6] Une partie de la communauté de Tinchebray, comprenant la portion ur-baine de la paroisse Notre-Dame, por-tait en 1789 le nom de *les Moutiers Notre-Dame.* Voir abbé Dumaine, *Tin-chebray et sa région*, t. I, p. 421, 438 sq. Mais la communauté dont il est question ici est l'actuelle commune des *Moutiers-en-Cinglais*, département du Calvados, arrondissement de Falaise, canton de Bretteville-sur-Laize.

L'identification est démontrée : 1° par les rôles d'assignation des privilégiés. Le curé, absent, n'est pas dénommé; mais, pour la noblesse, est convoqué M. J.-J.-Louis Pomponne de Manoury, possédant le fief de Brieu et de Croi-sille, paroisses des Moutiers et de Croi-sille; ce seigneur paye la capitation noble dans la paroisse de Moutiers-en-Cinglais (Arch. Calvados, C 4665); 2° par les rôles des impositions; des deux députés de la paroisse, l'un le sieur Poisson, paye deux cotes de ter-ritorial, de 13 s. 4 d. et 6 s. 1 d. dans la paroisse de Moutiers-en-Cinglais; l'autre, le sieur du Velleroy, qui n'est pas porté au rôle de tailles, figure sur le rôle de la paroisse voisine d'Espins, pour une cote de 78 livres. (*Ibid.*, C élect. de Caen, n. cl.)

[7] Le *Dénombrement des habitants des deux sexes de l'élection de Caen* fait apparaître en 1764 une population de 298 habitants, dont 54 hommes, 72 femmes, 55 garçons, 58 filles, 34 en-fants mâles au-dessous de 8 ans, et 25 femelles (Arch. Calvados, C 177). Mouvement en 1787 : naissances, 11 (7 garçons, 4 filles); mariages, 2; dé-cès, 8 (3 hommes, 5 femmes). — Popu-lation actuelle : 310 habitants.

*priétaire* (21 jours?, 80 l.?, Acc.) [1].

PROUGY .............. 162 feux.

Députés : DAVOUT-DUBOURG, *bailli de la haute justice de Caligny et procureur fiscal des hautes justices de Condé-sur-Noireau* [2]; Pierre MARTIN, fils Charles.

RULLY ............... 193

Députés : Georges-Thomas PIGAULT, *tabellion;* Michel LEFÈVRE, *laboureur.*

SAINT-CHRISTOPHE-D'ANFERNAY [3] ............. 69

Députés : Jacques GALODÉ, *marchand;* Nicolas BOILLE, *marchand.*

SAINT-CORNIER-DES-LANDES . 228

Députés : Jean ROULLIER, *docteur médecin;* * François LE CAILLETEL DU TRONCHET, *négociant* (21 jours, 80 l., Acc.) [4]; Jean-Jacques DURAND, *docteur médecin.*

SAINT-DENIS-DE-MÉRÉ .... 197

Députés : Jean LONDEL, Charles LANGLOIS.

SAINTE-HONORINE-LA-CHARDONNE ............. 290

Députés : Jean LEVAIN LA RIVIÈRE; Jean LEBAILLY; Louis LEVENEUR; * Jean DE LAFERTÉ PRÉPONT, *négociant* (20 jours, 77 l., Acc.) [5].

[1] Les deux députés de la paroisse ne figurent point au *Rôle des taxes*. Le sieur Jean POISSON a été successivement dans la suite de la convocation député à l'assemblée générale des trois ordres à Coutances, et commissaire-rédacteur du cahier de l'ordre du tiers état (*infrà*, p. 357). Il appartenait à cette ancienne famille d'imprimeurs, établie à Caen en 1610, qui avait le titre d'imprimeurs de l'Université et des presses desquels sont sortis, aux XVIIᵉ-XVIIIᵉ siècles, un grand nombre d'ouvrages locaux. Voir E. FRÈRE, *Manuel du bibliographe normand*, t. II, p. 397.

[2] Sur DAVOUT-DUBOURG, voir la note sous le procès-verbal de l'assemblée préliminaire du bailliage de Tinchebray (*infrà*, p. 338, n. 1).

[3] Saint-Christophe d'Anferney ou plus anciennement d'*Enfernel*, ancienne

paroisse réunie à Truttemer-le-Grand, département du Calvados, arrondissement de Vire, canton de Vire. Population en 1764 : inconnue. Mouvement en 1787 : naissances, 7, dont 3 garçons, 4 filles; mariages, 3; décès, 9, dont 5 hommes, 4 femmes. (Arch. Calvados, C 171.) — Population actuelle : 117 habitants.

[4] *Rôle des taxes* : «J'accepte ma taxe, et j'atteste avoir passé 10 jours, 80 livres. — LE CAILLETEL DE TRONCHÉ» (n° 286).

[5] *Rôle des taxes* : «Nous soussigné, Marie Taillebot, veuve de feu Jean de la Ferté, sieur de Prépont, et tutrice de ses deux enfants, acceptons la susdite taxe, pour 15 jours entiers et révolus du voyage dudit feu mon mari, etc... 1er décembre 1789. — Veuve DE LA FERTÉ DE PRÉPONT» (n° 292).

SAINT-JEAN-DES-BOIS...... 143 feux.  Députés : *Noël LEMEIGNEN (21 jours, 80 l., Acc.) [1]; François MOULLIN.

SAINTE-PAIX-DE-CAEN [2] ... 38 [3]  Paroisse non convoquée [4].

SAINT-PIERRE-DU-REGARD .. 163  Députés : Jean-François HUREL; Jean HALBOUT; Georges ROULLIER.

SAINT-QUENTIN-LES-CHARDONNETS............. 234  Députés : Philippe PIQUE, sieur des Demaines, négociant; Jacques LEPETIT, sieur de la Dauphinière, négociant.

TRUTTEMER-LE-PETIT ..... 85  Députés : *François DUPONT, sieur de la Morlière, arpenteur (20 jours, 77 l., Acc.) [5]; Guillaume AVERDY LES JARDINS.

YVRANDES ............. 106  Députés : Charles LE TEISSIER, propriétaire; Jacques PRÉVEL, laboureur.

---

## II. ASSEMBLÉE PRÉLIMINAIRE DU TIERS ÉTAT DU BAILLIAGE.

---

### 1. PROCÈS-VERBAL D'ASSEMBLÉE.

(Ms. *Archives du greffe du Tribunal de première instance de Coutances*, pièce n° 6, copie collationnée et signée [6]. Éd. : 1° abbé DUMAINE, *Tinchebray et sa région au Bocage normand*,

[1] *Rôle des taxes* : «Accepté. Je passé (*sic*) 10 jours, y compris l'allé (*sic*) et le retour. 80 livres. — Noël MAGNEN» (n° 285).

[2] Paroisse de la ville de Caen, dans le quartier de Vaucelles. Elle était le siège d'une baronnie, ayant haute justice, et relevant du bailliage de Tinchebray. L'*État des justices* écrit à cette occasion : «Du nombre des communautés de l'élection de Caen, trois relèvent du bailliage de Sainte-Paix, savoir : Mondeville, Frementel et Argence; l'appel des sentences rendues à ce bailliage se porte au Parlement; la paroisse de Sainte-Paix située en cette ville [de Caen] relève du même siège. Cette juridiction appartient aux religieux de Fécamp.» (Arch. Calvados, C 6077.)

[3] D'après DUMOULIN, *Géographie descriptive*, élect. de Caen. Le *Dénom-brement des habitants de la ville de Caen en juin 1775* fait apparaître dans la paroisse un chiffre de 473 habitants, dont 236 «mâles» et 237 «femelles». (Arch. Calvados, C 179.)

[4] La paroisse Sainte-Paix n'a pas eu non plus de représentation spéciale à l'assemblée de la ville de Caen. (Arch. municipales de Caen, n. cl.)

[5] *Rôle des taxes* : «J'accepte ma taxe, et j'atteste avoir été à l'assemblée depuis le commencement jusqu'à la fin, et dont j'ai signé le procès-verbal. — DUPONT-MORLIÈRE» (n° 287).

[6] Un second manuscrit, copie incomplète et non signée, existe aux *Archives de l'Orne*, série B. n. cl., provenant sans doute du fonds de l'ancien bailliage de Tinchebray, par l'intermédiaire du greffe du tribunal de district de Domfront.

Enfin un dernier exemplaire, qui

t. III, p. 16; 2° abbé PIGEON, *Le grand bailliage de Mortain en 1789*, dans Mém. Soc. Acad. Cotentin, t. III [1880], p. 505 à 509.)

## Procès-verbal de l'Assemblée du tiers état du bailliage de Tinchebray [1].

L'an 1789, le 2° jour de mars, devant nous Jean-Jacques Guillouët de la Guyonnière, conseiller du roi, lieutenant général civil et criminel du bailliage de Tinchebray [2], en présence de Julien Le Mansel, sieur Desvaux, conseiller du Roy, son avocat et procureur audit siège [3].

En conséquence de notre Ordonnance du 16 février dernier [4] et de plusieurs assignations de différents jours et dates, commises par les huissiers et sergents de notre siège aux différentes paroisses de notre ressort, pour comparaître devant nous, ledit jour, lieu et heure, aux fins de réduire les différents cahiers de doléances des différentes villes et paroisses en un seul, et sur le nombre des députés desdites paroisses en être choisi le quart, à la pluralité

serait la minute même signée des députés, nous a été signalé, dans les archives du notariat de Tinchebray, par M. LELIÈVRE, instituteur à Saint-Quentin-les-Chardonnets et membre du Comité de recherches du département de l'Orne.

[1] L'original du greffe de Coutances ne porte aucun titre.

[2] Le sieur GUILLOUET, qui se qualifie au texte lieutenant général, n'avait droit officiellement qu'au titre de lieutenant particulier. Ses *Provisions*, en date du 1er décembre 1762, sont accordées pour l'office de «nostre conseiller lieutenant particulier, civil et criminel du bailliage de Mortain, au siège de la châtellenie de Tinchebray». Elles relatent un extrait baptistaire en date du 31 mars 1732 (Arch. nat., V¹ 413). Cependant il faut croire qu'à la Chancellerie même on le laissait sans difficulté prendre le titre de lieutenant général. Une lettre de lui au G. d. S., en date du 4 mars 1789, est signée: «*Guillouet, lieutenant général à Tinchebray*». (Arch. nat., Ba 35, l. 70.) Le sieur Guillouët, domicilié à Tinchebray, payait en 1789 une capitation privilégiée de 180 livres. (Arch. Calvados, C 4646.)

[3] LE MANSEL (Julien), sieur des Vaux, réunissait les fonctions d'avocat du roi et de procureur du roi au siège de Tinchebray. Ses *Provisions*, en date du 28 mars 1781, sont données pour l'office de «nostre conseiller, avocat procureur pour nous en la juridiction et siège royal de Tinchebray». Elles relatent un extrait baptistaire en date du 20 août 1786. (Arch. nat., V¹ 503.)

Le sieur LE MANSEL, domicilié à Tinchebray, payait en 1789 une capitation privilégiée de 180 livres (*loc. cit.*); il était cependant en même temps syndic de la municipalité de Bernières-le-Patry. (Arch. Calvados, C 7731.)

[4] *Ordonnance de M. le lieutenant général du bailliage de Tinchebray, concernant la convocation des États généraux du lundi 16 février 1789*. A Caen, de l'imprimerie de G. Le Roy, seul imprimeur du roi, 7 p. in-4°. Un exemplaire de cette ordonnance nous a été communiqué par M. Lelièvre, instituteur à Saint-Quentin-des-Chardonnets. Elle est conforme au *Modèle général d'ordonnance à rendre par le lieutenant général d'un bailliage ou sénéchaussée de la seconde classe* (dans A. BRETTE, *Documents relatifs à la convocation*, t. I, p. 333 n° 3). Texte *in extenso* dans *Archives parlementaires* (I, p. 623).

des voix, aux termes de l'article xxxiii du règlement du 26 janvier dernier [1], pour porter ledit cahier à Coutances, avons procédé à faire l'appel desdites paroisses et députés, ainsi qu'il ensuit :

PREMIÈREMENT [2]. — La VILLE DE TIN-
CHEBRAY.....................

Députés : MM. Antoine-François Le Lièvre de la Prévôtière, *avocat* [3] ; François Lasne de Beaulieu, *docteur en médecine;* Louis Durand, *avocat;* Jean-Baptiste Lesueur, *avocat* [4], tous présents,

---

[1] Il faut lire évidemment : Règlement du 24 *janvier* dernier. C'est à tort d'ailleurs que le procès-verbal ci-dessus vise l'article 33 ; comme ordonnant la réduction en un seul des cahiers de doléances des paroisses et la réduction au quart des députés. L'article 33 du Règlement ne s'appliquait qu'aux bailliages et sénéchaussées principaux; l'article qu'il convenait de viser ici est l'article 38, qui dispose *in fine* : «Il se tiendra devant les lieutenants desdits bailliages et sénéchaussées secondaires, et au jour par eux fixé, quinzaine au moins avant le jour déterminé pour l'assemblée générale des trois états du bailliage ou sénéchaussée principale, une assemblée préliminaire de tous les députés des villes et communautés de leur ressort, à l'effet de réduire tous leurs cahiers en un seul, et de nommer le quart d'entre eux pour porter ledit cahier à l'assemblée des trois ordres du bailliage ou sénéchaussée principale, conformément aux lettres de convocation.» (DUVERGIER, *Collection des lois*, I, p. 18.)

[2] L'ordre d'appel des paroisses au procès-verbal ci-dessus mérite l'attention. Nous avons noté déjà un certain nombre de procès-verbaux d'assemblées préliminaires, dans lesquels l'appel se fait simplement par *ordre alphabétique* de paroisses (Coutances, Avranches, Carentan, Valognes, Saint-Sauveur-Landelin, Saint-Sauveur-le-Vicomte); puis d'autres, où l'appel a lieu par *sergenteries* (Saint-Lô), ou encore, par *arrondissements* correspondant aux assemblées de 1788 (Mortain). Ici, la base de la répartition des paroisses est différente; l'appel est fait par ressorts de justices. C'est le seul exemple que

nous ayons en Cotentin d'une classification de ce genre.

L'ensemble des communautés doit ainsi être réparti en trois groupements. Les dix-huit premières appelées (mise à part la ville de Condé, placée au second rang *honoris causa*) appartiennent au ressort propre du bailliage de Tinchebray; les onze suivantes, à partir de Saint-Pierre-du-Regard, appartiennent à l'ancienne haute justice de Condé-sur-Noireau; enfin les six dernières appartiennent au ressort de la baronnie d'Aunay. Voir : *Tableau alphabétique des paroisses de la châtellenie de Mortain et de la châtellenie de Tinchebray, avec les noms des fiefs, xviii° siècle* (Arch. Manche, A 274); *État de la châtellenie de Condé en 1722* (*ibid.*, A 1848); et *Mémoire des officiers du bailliage de Tinchebray, 1788* (Arch. Calvados, C 6077).

[3] Le sieur LELIÈVRE DE LA PRÉVÔTIÈRE, qualifié avocat au texte, était en même temps, en 1789, lieutenant du bailli haut-justicier de la haute justice de Fresnes, appartenant à M. Thoury de la Corderie. (Arch. Calvados, C 6077.) Sur le Rôle de capitation privilégiée de 1781, le dernier où soient portés les auxiliaires de la justice, il figure pour une capitation de 7 l. 10 s. (*ibid*, C 4652). Dans la suite de la convocation, il a été successivement député à l'assemblée des trois ordres à Coutances, et commissaire-rédacteur du cahier de l'ordre du tiers état (*infrà*, p. 357 et suiv.).

[4] J.-B. LE SUEUR, avocat, était né à Tinchebray en 1764. Il ne figure pas au *Rôle de capitation privilégiée* de 1781 (Arch. Calvados, C 4652). Dans la suite de la période révolutionnaire, il

lesquels ont apparu du procès-verbal de leur assemblée, du jour d'hier arrêtée devant nous, également que du cahier de pétition et remontrances de ladite ville.

VILLE DE CONDÉ-SUR-NOIREAU....... Députés : le sieur Jacques-Sébastien LENORMAND, *négociant;* le sieur Michel-Estienne-Lebastard LES-LONGS-CHAMPS, *vivant de son bien;* M⁰ Charles-Jean LAISNÉ, sieur des Hayes, *avocat* [1]; et Louis VAULO-GER, sieur de Beaupré, *négociant,* tous présents, lesquels nous ont apparu du procès-verbal de leur assemblée, du jour d'hier, également que du cahier de doléances, plaintes et réclamation de la ville.

NOTRE-DAME-DE-TINCHEBRAY........ Députés : le sieur Charles-Michel SIGNARD; le sieur Charles-Nicolas LENEVEU, tous deux présents, lesquels ont apparu du procès-verbal de leur assemblée et du cahier des plaintes, doléances et réclamations de la paroisse.

SAINT-PIERRE-DE-TINCHEBRAY....... Députés : Julien LE HAMEL; Charles LE LIÈVRE, sieur du Rocher, lesquels nous ont représenté, etc.

RUILLY........................ Députés : Georges-Thomas PIGAULT, *tabellion;* Michel LEFEVRE, *labou-reur,* lesquels ont apparu, etc. [2].

BERNIÈRES-LE-PATRY............. Députés : Julien LE MANCEL, sieur des Vaux, *avocat et procureur du roi en ce siège* [3]; le sieur Charles DUMONT; M. Jean-Baptiste DU-MONT, *avocat,* tous présents, lesquels ont apparu, etc. [4].

fut élu en 1791 administrateur du département de l'Orne, et en 1792 député à l'Assemblée législative, par 258 suffrages sur 551 votants. On a rapporté que se trouvant au 20 juin auprès de Louis XVI, aux Tuileries, il s'évanouit et fut secouru par Mᵐᵉ Élisabeth. Blessé par les Chouans, durant le siège de Tinchebray, le 11 germinal an IV, il mourut à Tinchebray en 1797. Voir abbé DUMAINE, *Tinchebray et sa région,* III, p. 115.

[1] Ch.-J. LAISNÉ, sieur des Hayes, avocat, était domicilié à Condé où il payait en 1781 une capitation privilégiée de 3 livres seulement. (Arch. Calvados, C 4652.)

[2] Le cahier de Rully a disparu, mais nous avons conservé le *Mémoire* remis en 1788 à l'assemblée de département de Vire. (Arch. Calvados, C 8066.)

[3] Sur J. LE MANSEL DES VAUX, voir *suprà,* p. 333, note 3.

[4] Le cahier de la paroisse de Bernières a disparu, mais nous avons con-

SAINT-QUENTIN................. Députés : Philippe PIQUE, sieur des Demaines, *négociant;* Jacques LE-PETIT, sieur de la Dauphinière, *négociant,* tous deux présents, lesquels ont apparu, etc.

LE PETIT-TRUTEMER............ Députés : François DUPONT, sieur de la Morlière, *arpenteur;* Guillaume AUVRAY-LES-JARDINS, tous deux présents, lesquels ont apparu, etc. [1].

SAINT-CHRISTOPHE-D'ANFERNEY...... Députés : Jacques GALODÉ, *marchand;* Michel BOILLE, *marchand,* tous les deux présents, lesquels ont apparu, etc.

LE MESNIL-CIBOUT.............. Députés : Gabriel BOUVET et Julien LEPETIT, tous deux présents, lesquels ont apparu, etc....

SAINT-JEAN-DES-BOIS............ Députés : Noël LEMEIGNEN et François MOULLIN, tous deux présents et propriétaires, qui ont représenté le procès-verbal, etc....

NOTRE-DAME D'YVRANDE.......... Députés : Charles LE TEISSIER, Jacques PRÉVEL, propriétaire et le second laboureur, tous deux présents, qui ont représenté, etc...

SAINT-CORMIER................. Députés : M. Jean ROULLIER, *docteur médecin;* François LE CAILLETEL DU TRONCHÉ, *négociant;* Jacques LECORNU-LACALLOTERIE, *propriétaire;* M. Jean-Jacques DURAND, *docteur médecin,* tous présents, lesquels ont apparu, etc.

BEAUCHESNE.................. Députés : Pierre GARNIER, *propriétaire;* M. Jean-Thomas ROULLEAUX, *avocat,* tous présents, qui ont apparu, etc.

MAISONCELLE-LA-JOURDAN......... Députés : le sieur Pierre-Chemin DES GUESNETS, *négociant;* Christophe LEMONNIER, *propriétaire,* tous deux présents, qui ont apparu, etc. [2].

servé le *Mémoire* remis en 1788 à l'assemblée du département de Vire. (Arch. Calvados, C 8025.)

[1] Même observation pour la paroisse de Truttemer. Le *Mémoire de 1788* de cette paroisse est conservé aux Arch. Calvados, C 8084.

[2] Même observation. Le *Mémoire de 1788* pour Maisoncelles-la-Jourdan est aux Arch. Calvados, C 8044.

FRESNES .................... Députés : Louis GALLET, sieur de la Croix, *propriétaire*; Louis AMIARD, *propriétaire*, tous deux présents, qui ont apparu, etc. [1].

MONTSÉGRÉ ................. Députés : Vu leur non-comparance, quoique duement assignés par exploit du 27 du mois dernier, du ministère de Hurel, sergent, défaut sur ladite paroisse au procureur du roi, et pour le profit ordonné qu'il serait passé outre à la nomination des députés, et rédaction des cahiers de doléances [2].

LES TOURAILLES ............. Députés : Vu leur non-comparance, quoique duement assignés par exploit du 27 du mois dernier, du ministère de Delarüe, sergent, défaut accordé au procureur du roi sur ladite paroisse, et pour le profit, etc.... [3].

DURCET .................... Députés : Vu leur non-comparance, quoique duement assignés par exploit du 27 du mois dernier, du ministère de Delarüe, sergent, défaut accordé au procureur du roi, etc.... [4].

SAINT-PIERRE-DU-REGARD......... Députés : Jean-François HUREL, Jean HALBOUT et Georges ROULLIER, tous propriétaires et présents, qui ont apparu, etc....

BERJOU .................... Députés : Denis CHENNEVIÈRE, Louis LEFÈVRE, tous deux présents, qui ont apparu, etc.

ATHIS .................... Députés : Jean-Louis LEFÈVRE, Jean HUET, Louis MADELEINE, Louis MOUSSET, Matthieu BRISSET, Pierre

[1] La paroisse de Fresnes était *mixte* entre le bailliage de Tinchebray et celui de Vire, secondaire de Caen. Elle a comparu à l'assemblée préliminaire de Vire (*suprà*, p. 329, notes 2 et 4). Son cahier de doléances n'a pu être retrouvé.

[2] La paroisse de Montsecret était également *mixte* entre les ressorts de Tinchebray et de Vire. Elle a comparu seulement à Vire. Le cahier n'a pu être retrouvé. (Voir *suprà*, p. 330, note 5.)

[3] La paroisse des Tourailles était

*mixte* entre le ressort de Tinchebray et celui de Falaise, secondaire de Caen pour la convocation. Elle a comparu à ce dernier siège, et nous avons donné le texte du cahier qu'elle y a présenté (*suprà*, p. 323).

[4] La paroisse de Durcet était également *mixte* entre les ressorts de Tinchebray et de Falaise. Elle a comparu à ce dernier siège, et nous avons donné le texte du cahier qu'elle y a présenté (*suprà*, p. 312).

III. 22

CHAUVIN et Nicolas DES BROCAR-
DIÈRES, tous présents, lesquels ont
apparu du procès-verbal, etc.

SAINTE-HONORINE-LA-CHARDONNE..... Députés : le sieur Jean LEVAIN-LARI-
VIÈRE, Jean LEBAILLY, Louis LEVE-
NEUR, Jean LA FERTÉ, tous présents, qui ont représenté le
procès-verbal de leur assemblée et
le cahier des plaintes, etc.

BRÉEL..................... Députés : Pierre LONGUET, Joseph
DELARUE, tous deux présents qui
ont apparu, etc.

MÉRÉ..................... Députés : Jean LONDEL, Charles LAN-
GLOIS, tous deux présents qui ont
apparu, etc.

PROUCY..................... Députés : M. DAVOUT-DUBOURG, bailli
de la haute justice de Caligny
et procureur fiscal des hautes
justices de Condé-sur-Noireau[1];
Pierre MARTIN, fils Charles, tous
deux présents qui ont apparu,
etc.

LE DÉTROIT................. Députés : Alexandre GIGOU et Jean
VERRIER, tous deux présents qui
ont apparu, etc.[2]....

[1] Il y avait en 1789, à Condé-sur-Noireau, deux hautes justices : 1° la haute justice dite ancienne, qui appartenait à la marquise de Longaunay. Cette justice ressortissait nuement, pour l'appel, au Parlement de Rouen; les cas royaux seulement, avec les dîmes et les patronages, allant au bailliage royal de Tinchebray; et 2° la haute justice dite nouvelle, qui était une création de l'édit de 1702, et qui appartenait, comme la châtellenie de Tinchebray, au duc d'Orléans, apanagiste de Mortain.

Les deux justices avaient un personnel distinct qui comprenait en 1789 :
1° Ancienne haute justice. Bailli : le s<sup>r</sup> Aubin; lieutenant, M. Boutry de Rouvel; procureur fiscal, M. Davoult-Dubourg, tous demeurant à Condé;
2° Nouvelle haute justice. Bailli : M. Dumont-Durville; lieutenant, M. Devaux; procureur fiscal, M. Davoult-Dubourg, tous demeurant à Condé.

Il y avait un auditoire et une prison à Condé pour les deux justices. (État des hautes justices situées sous l'étendue du bailliage de Vire, 15 juillet 1788, arch. Calvados, C 6077.)

Le sieur DAVOULT-DUBOURG cumulait, comme on voit, les fonctions dans les hautes justices. Il était également bailli de la haute justice de Caligny, sous le bailliage de Vire, et de celle de la Carneille, sous le bailliage de Falaise (ibidem). Il était d'ailleurs domicilié à Condé, où il payait une capitation privilégiée de 45 livres. (Arch. Calvados, C 4646.)

[2] La paroisse du Détroit était mixte entre le siège de Tinchebray et celui de Falaise, secondaire de Caen pour la convocation. Elle a été régulièrement convoquée à ce dernier siège, par une notification faite à son syndic (non dénommé), le 20 février 1789, par Jean-Michel Besnard, premier huissier audiencier au siège du grenier et magasin à sel de Falaise (Arch. Calvados, série B, n. cl.). Elle a comparu à la fois aux deux sièges, avec les mêmes députés. Nous avons donné le texte de son cahier à l'assemblée de Falaise (suprà, p. 309).

NOTRE-DAME DE MOUTIERS......... Députés : le sieur Louis-Jean POIS-
SON, *imprimeur* à Caen; Jean DU
VELLEROY, *propriétaire*, tous deux
présents, qui ont apparu, etc....

CROISILLE................. Députés : Charles BELLENGER, Michel
PIÉDOUX, tous deux présents, qui
ont apparu, etc.... [1].

LES PINS [2]................. Députés ; Vu leur non-comparance,
quoique duement assignés par
exploit de Levesque, huissier, du
21 du mois dernier, défaut accordé au procureur du roi sur
ladite paroisse, et pour le profit, etc....

AULNAY..................... Députés : Gilles GRESLÉ, Augustin
POSTEL, Jean FAUCON, Louis-
Charles ANDES, Jacques MARTIN,
tous présents, excepté Jacques
Martin, absent, qui ont repré-
senté le procès-verbal, etc.... [3].

COULVAIN................... Députés : Jacques FLAUST, Joachim
VERGY, tous deux présents, qui
ont apparu, etc.... [4].

CAHAGNES ................. Députés : Vu leur non-comparance,
quoique duement assignés par ex-
ploit de Dubosq, huissier royal,
du 27 du mois dernier, défaut
accordé au procureur du roi sur
ladite paroisse, et pour le profit, etc.... [5].

---

[1] La paroisse de Croisilles appartenant pour partie à la haute justice
d'Harcourt, et pour partie à celle de
Condé-sur-Noireau, était *mixte* entre
les sièges de Tinchebray et de Falaise.
Elle n'a pas été convoquée à ce dernier
siège.

[2] Lisez *Espins*. La paroisse d'Espins
était *mixte* entre le ressort de Tinchebray et celui de Falaise, secondaire de
Caen, mais elle déposait au greffe de
Falaise ses registres de baptêmes, mariages et sépultures (Arch. Orne, C 16).
Elle fut convoquée à Falaise par une
*Notification* faite par le s⟨r⟩ P.-François
Lanne, huissier audiencier au siège du
grenier et magasin à sel de Falaise, à
la personne de Fr. Donnet, syndic de
la paroisse des Pins, le 20 février 1789

(Arch. Calvados, série B, n. cl.). La
paroisse a d'ailleurs comparu à Falaise,
et nous avons donné le texte du cahier
qu'elle y a présenté (*suprà*, p. 319).

[3] Le cahier de la paroisse d'Aunay
n'a pu être retrouvé; mais nous avons
le texte du *Mémoire* qu'elle a remis en
1788 à l'assemblée du département de
Vire (Arch. Calvados, C 8016).

[4] Même observation. Le *Mémoire*
de 1788 de la paroisse de Coulvain
est conservé et porte la cote Arch. Calvados, C 8031.

[5] La paroisse de Cahagnes était
*mixte* entre le ressort de Tinchebray et
celui de Falaise, secondaire de Caen.
Elle a comparu à ce dernier siège, et
nous avons donné le texte du cahier
qu'elle y a présenté (*suprà*, p. 302).

LANDES [1] . . . . . . . . . . . . . . . . . . . . . . Députés : Pierre ROUSSELIN, Pierre DUPONT. Défaut des députés et acte accordé de la représentation faite par un envoyé du procès-verbal et du cahier des plaintes, doléances et réclamations de ladite paroisse.

BEAUQUEY . . . . . . . . . . . . . . . . . . . . Députés : Charles-François PELTIER, Pierre BOSCHER, tous deux présents, qui ont apparu, etc. . . . . [2].

BALLEROY. . . . . . . . . . . . . . . . . . . . . Députés : Vu leur non-comparance, quoique duement assignés par exploit de Dubosq, huissier royal, du mois dernier, défaut accordé au procureur du roi sur ladite paroisse, ordonné qu'il sera passé outre à la nomination des députés et rédaction du cahier de doléances [3].

L'assemblée renvoyée à deux heures après-midi.

Signé : GUILLOUET, juge.

[1] Département du Calvados, arrondissement de Caen, canton de Villers-Bocage. La paroisse de Landes était *mixte* entre le ressort du bailliage de Tinchebray et celui du bailliage de Falaise, secondaire de Caen (Arch. Calvados, C 6077), mais elle n'a pas été convoquée à ce dernier siège.

Cette comparution de la paroisse de Landes par un envoyé est évidemment tout à fait irrégulière, et en bonne méthode la communauté aurait dû être déclarée *défaillante*.

[2] Le cahier de la paroisse de Beauquay n'a pas été retrouvé, nous avons le *Mémoire* présenté en 1788 à l'assemblée du département de Vire. (Arch. Calvados, C 8019.)

[3] La paroisse de Balleroy était *mixte* entre le ressort du bailliage de Tinchebray et celui du bailliage de Bayeux, secondaire de Caen. Elle a comparu à ce dernier siège, ainsi que nous l'avons déjà noté (*suprà*, p. 327, note 4).

On aura certainement été frappé du nombre considérable de paroisses dé-

faillantes du bailliage de Tinchebray (5 défauts ou même 6 en comptant comme défaillante la paroisse de Landes, pour un total de 36 communautés). Le lieutenant général GUILLOUET s'estimait cependant heureux de n'en avoir pas eu davantage, étant donné le singulier morcellement de son ressort : «Malgré le peu de temps que nous avons eu pour assigner les paroisses de notre ressort, dont quelques-unes sont assez éloignées, nous sommes parvenus sur les cahiers des différentes paroisses à en composer un seul dans l'assemblée qui s'est tenue devant moi, des différents députés des paroisses. Ils étaient au nombre de 96, qui ont été réduits, suivant le vœu du règlement, à 24, pour porter le cahier à Coutances, principal bailliage. Quelques paroisses éloignées ont cependant manqué; j'ai accordé défaut au procureur du roi, et l'assemblée a continué.» (*Lettre du lieutenant général Guillouët de la Guyonnière au G. d. S., du 4 mars,* Arch. nat., Ba 35 l. 70 = B III 54, p. 479.)

Ensuite est écrit :

*2ᵉ séance.*

Et après la lecture des différentes plaintes, doléances, vœux et réclamations des différentes communautés et après avoir discuté chaque article séparément, ont tous lesdits députés ci-dessus nommés élu pour commissaires aux fins de rédiger le cahier suivant, les articles paraphés par M. le lieutenant civil et criminel du baillage de Tinchebray : MM. Guillouët de la Guyonnière, lieutenant civil et criminel ; Le Mansel Desvaux, procureur du Roy ; Lelièvre de la Prévôtière, avocat ; Lasne de Beaulieu, médecin ; Lesueur, avocat ; Durand, avocat.

Après quoi a été procédé à la nomination des députés pour Coutances, qui sont :

M. Antoine-François Lelièvre, avocat (Tinchebray) ; M. François-Lasne de Beaulieu, médecin de Mgr le duc d'Orléans (Tinchebray) ; M. Charles-Jean Laisné Deshaye, avocat (Condé-sur-Noireau) ; le sieur Jacques-Sébastien Lenormand (Condé-sur-Noireau) ; M. Jean-Baptiste Lesueur, avocat (Tinchebray) ; le sieur Louis-Jean Poisson (Moutiers) ; M. Roulleaux, avocat (Bauchesne) ; Jean du Velleroy (Moutiers) ; le sieur Étienne Lebastard (Condé-sur-Noireau) ; le sieur Louis-Lefevre (Berjou) ; le sieur Pierre Garnier (Beauchesne) ; Jean de la Ferté-Prépont (Sainte-Honorine) ; Louis-Charles Andes (Aulnay) ; M. J.-B. Dumont, avocat (Bernières) ; Charles-Michel Signard (Tinchebray) ; Mathieu Brisset (Athis) ; le sieur Louis Gallet-la-Croix (Fresne) ; le sieur Dupont de la Morlière (Petit-Trutemer) ; le sieur Cailletel du Tronchet (Saint-Cormier) ; le sieur Charles Bellenger (Croisilles) ; le sieur Noël Le Meignen (Saint-Jean des Bois) ; le sieur Louis Mousset (Athis) ; le sieur Jullien Lepetit (Mesnil-Cibout) ; le sieur Jullien Lehamel (Tinchebray).

Acte accordé aux députés de leur délibération, nomination et acceptation, ce qu'ils ont signé après lecture [1].

Un mot rayé nul [2].

Sont signés : Lelièvre, *avocat*, Lasne, *docteur-médecin*, Durand, Lesueur, J.-S. Lenormand, Lebastard, Laisné,

---

[1] L'assemblée de Tinchebray avait été, comme on voit, ouverte et close le même jour. Le 4 mars, le lieutenant général rendait compte de la tenue de son assemblée, et il ajoutait : «Nous avons eu la satisfaction que tout s'est passé avec la plus grande tranquillité.» (*Lettre précitée*, Arch. nat., B III 54, p. 479.)

[2] Le mot rayé dans le texte est le

L. Vaulogé, de Beaupré, M. Signard, C.-N. Leneveu, Ch. Lelièvre, Julien Hamel, Lemansel des Vaux, Pigault, M. Lefevre, Dumont, *avocat*, Jacques Le Petit, Pique, Dupont-Morlière, G. Auvray, J. Galodé, M. Boille, N. Meignen, Julien Lepetit, N. Bouvet, C. Letessier, F. Moullin, J. Prevel, J. Durand, *docteur-médecin*, P. Garnier, Roulleaux, C. Lemonnier, Louis Gallet, J. Halbout, L. Amiard, L. Ruel, G. Roullin, J. Lefevre-Boisbilion, D. Chennevière, Lefevre l'Aisné, J. Huet, N. Desbrocardières, L. Madeleine, P. Chauvin, M. Brisset, G. De la Rue, L. Mousset, J. de la Ferté, L. Cemain, J. Le Vain-Larivière, J. Le Bailly, Davout-Dubourg, J. Louvel, P. Longuet, Martin, Ch. Langlois, A. Gigon, J. Vernier, Poisson, Duvelleroy, M. Piédoux, C. Bellenger, J. Faucon, Andès, G. Gresllé, A. Postel, Peltier, Boscher, J. Flaust, J. Vergy, Guillouet, *lieutenant général*, Dubois, *greffier*.

*Le présent collationné à l'original par moi greffier soussigné. A Tinchebray, le 12 mars 1789.*

Dubois, *greffier.*

---

## 2. Cahier de doléances.

Ms. *Archives du greffe du Tribunal de première instance de Coutances, pièce n° 75.* Original signé. Ed. : 1° abbé Dumaine, *Tinchebray et sa région au Bocage normand*, t. III (1885), p. 20; 2° abbé Piogon, *Le grand bailliage de Mortain en 1789*, dans Mém. Soc. Acad. Cotentin, t. III [1880] p. 509 à 514.)

### Cahier des pétitions, doléance, vœux et réclamations du tiers état de Tinchebray [1].

Art. 1er. Le tiers état dudit bailliage demande le retour pério-

mot «parties», dans la formule finale. Le greffier, par habitude professionnelle, avait écrit : «Acte donné aux *parties*»; le mot a été rayé et au-dessus on a écrit : «Aux *députés*».

[1] Le cahier du bailliage de Tinchebray mérite une attention toute particulière à un double point de vue. D'abord, bien que très court, c'est certainement, entre les dix cahiers des bailliages secondaires, celui qui a le plus profondément influé sur la rédaction du cahier du tiers état du bailliage de Cotentin (dans Hippeau, Cahiers, II, p. 13). D'autre part il a été lui-même très fortement inspiré dans sa rédaction par une brochure que le duc d'Orléans avait fait répandre dans tous les bailliages où il se trouvait convoqué à cause de ses fiefs et apanages : *Instruction donnée par S. A. S. Mgr le duc d'Orléans à ses représentants dans les bail-*

dique des États généraux du royaume et la fixation de la séance qui suivra ceux de 1789 [1];

Art. 2. Que la constitution de l'État monarchique de la France soit établie sur des bases fixes et permanentes, de manière à assurer les droits du souverain et ceux de la nation [2];

Art. 3. Que la liberté individuelle de chaque citoyen soit assurée par une loi solennelle qui le mette à l'abri des vexations des gens en place et des ordres arbitraires des ministres [3];

Art. 4. L'abolition des lettres de cachets et des prisons d'État [4];

Art. 5. Que la dette publique soit vérifiée et consolidée, et qu'elle soit réduite suivant les lois de l'équité [5];

Art. 6. La vérification et réduction des pensions accordées par le Gouvernement [6];

liages, suivie de délibérations à prendre dans les assemblées, 3° éd. 1789, 75 p. in-12. (Exemplaire, Bibl. nat., L f³⁹, 13801.) Nous avons relevé dans les notes qui suivent un certain nombre de ces emprunts à peu près directs.

[1] Cf. le cahier de l'assemblée préliminaire de Mortain, au chap. 1ᵉʳ, § 8 (suprà, p. 272); et celui de la ville de Saint-Lô, art. 11, § 4 (suprà, p. 28). Ce dernier texte développe les raisons qui doivent, selon lui, faire fixer à une date plus rapprochée la prochaine réunion des États. La source commune est soit dans l'Essai de Thouret, au § 4, 1° (éd. cit., p. 37); soit plutôt dans les Instructions du duc d'Orléans, art. vi (éd. cit., p. 5).

[2] Nous avons déjà rencontré cette formule en quelque sorte traditionnelle dans de nombreux cahiers, principalement dans des cahiers de bailliages secondaires. Voyez cahier du bailliage de Saint-Lô, art. 1ᵉʳ, au préambule (suprà, p. 82); cahier du bailliage de Saint-Sauveur-le-Vicomte, art. 1ᵉʳ (suprà, p. 185); cahier du bailliage de Mortain, chap. 1ᵉʳ, 1° (suprà, p. 271). La source commune est, comme nous l'avons déjà indiqué, l'Essai de cahier de Thouret, au § 3, 1° (éd. cit., p. 35).

[3] La source de cet article est dans les Instructions du duc d'Orléans, à

l'art. 1ᵉʳ, § 1 : «La liberté individuelle sera garantie à tous les Français. Cette liberté comprend : 1° la liberté de vivre où il veut; 2° celle d'aller et venir, de demeurer où il lui plaît, sans aucun empêchement, soit dans, soit dehors le royaume.» (Éd. cit., p. 2.)

[4] Sur les lettres de cachet, cf. le cahier de la Bloutière, chap. II, 1° (au tome I, p. 171 et la note). Pour les prisons d'État, le cahier du bailliage de Saint-Sauveur-le-Vicomte demande, en termes encore plus explicites, «que la Bastille, Vincennes et autres prisons d'État soient fermées pour toujours» (art. 5, suprà, p. 188).

[5] Cf., en termes presque identiques, le cahier de l'assemblée préliminaire de Mortain, au chapitre 1ᵉʳ, § 1 (suprà, p. 271). La source commune est toujours les Instructions du duc d'Orléans à l'article viii : «La dette de l'État sera consolidée», et art. ix : «L'impôt ne sera consenti qu'après avoir reconnu l'étendue de la dette nationale, et après avoir vérifié et réglé les dépenses de l'État» (éd. cit., p. 6).

[6] Cf. encore le cahier de l'assemblée préliminaire de Mortain, au chapitre 11, § 3 (suprà, p. 273). La source est encore dans les Instructions du duc d'Orléans, à l'article xiii (éd. cit. p. 6).

Art. 7. Que la manière de haranguer aux États généraux soit uniforme pour les trois ordres[1];

Art. 8. Que nul impôt ne puisse être perçu, ni aucune loi exécutée, que l'un et l'autre n'aient été délibérés et arrêtés dans l'assemblée des États généraux[2];

Art. 9. Que les États particuliers soient rendus à la province de Normandie, et qu'ils soient organisés comme ceux du Dauphiné[3];

Art. 10. Qu'en conséquence le nombre des députés du tiers état y soit égal à celui des députés du clergé et de la noblesse réunis et que les voix s'y comptent par tête;

Art. 11. Qu'il y ait un président pour le tiers état, qui sera par lui élu, et dont l'exercice ne pourra, sous quelques prétextes que ce soit, durer au delà de l'assemblée[4];

Art. 12. Que la tenue desdits États provinciaux soit fixée au mois de septembre, à Caen, comme centre de la province[5];

---

[1] Pour la compréhension de ce vœu, on voudra bien se reporter à ce que nous avons noté sous le cahier de la ville de Coutances, art. 1er (au tome I, p. 90, note 1).

Il n'est pas sans intérêt d'observer que le vœu du cahier de l'assemblée préliminaire de Tinchebray a passé textuellement dans le cahier de l'ordre du tiers état du bailliage de Cotentin (art. 5, dans Hippeau, II, p. 13).

[2] La source de ce vœu est dans les *Instructions*, à l'art. v, «Nul impôt ne sera légal, et ne pourra être perçu, qu'autant qu'il aura été consenti par la Nation dans l'assemblée des États généraux, et lesdits États ne pourront le consentir que pour un temps limité, et jusqu'à la prochaine tenue des États généraux, etc...» (*éd. cit.*, p. 5).

[3] Cf. le cahier du bailliage de Saint-Sauveur-le-Vicomte, art. 30 (*suprà*, p. 208), et le cahier du bailliage de Mortain, au chap. III, § 9 (*suprà*, p. 275). La communauté d'inspiration de ces textes est évidente.

Le rétablissement des États particu-

liers de la province de Normandie avait été demandé en 1788 par l'assemblée du département de Mortain. (*Procès-verbal, s. du 14 octobre 1788*, p. 72, Arch. Calvados, C 7706.)

[4] Le vœu a sa source encore dans les *Instructions du duc d'Orléans*, au § Première délibération à prendre pour le choix d'un président : «Arrêté que, suivant les lois incontestables d'une bonne représentation, le président d'un corps doit être élu librement par l'assemblée, et choisi par ses membres, etc...» (*éd. cit.*, p. 14).

[5] Sur la fixation à Caen des futurs États provinciaux de Normandie, voir en sens divers : Cahier de Villedieu-les-Poéles, art. 3 (au tome Ier, p. 640); cahier du bailliage d'Avranches, art. 5 (au tome I, p. 694), et cahier du bailliage de Carentan, art. 6 (*ibid.*, p. 766). On voudra bien se reporter particulièrement à ce que nous avons noté, par le bailliage de Valognes, sous le cahier de Bretteville, art. 2 (au t. II, p. 125) et sous celui de Canteloup, art. 5 (*ibid.*, p. 169).

Art. 13. Que le parlement de Normandie soit transféré en la ville de Caen [1];

Art. 14. La réduction de tous les impôts de la province en une somme unique, qui sera répartie par les seuls États provinciaux et qui sera perçue d'après le système qu'ils croiront le plus avantageux;

Art. 15. La suppression de la taille, des impositions accessoires et des vingtièmes, et leur conversion en un impôt territorial, qui sera perçu sur tous les fonds du royaume, sans exception ni distinction d'ordres, et qui sera compris dans un même rôle pour chaque paroisse;

Art. 16. L'abolition de tous les privilèges pécuniaires, de tous abonnements particuliers et de tout impôt distinctif d'ordre [2];

Art. 17. La suppression de la gabelle et son remplacement sur le prix du sel;

Art. 18. Que toutes les lois concernant les droits des aides, de contrôle et d'insinuation soient réduites en un seul code clair;

Art. 19. Que les droits d'insinuation et de contrôle des con-

[1] Ce vœu est, croyons-nous, unique dans les cahiers de Cotentin. On pourrait en rapprocher seulement les vœux de quelques rares cahiers qui demandent, soit le rétablissement du Conseil supérieur de Bayeux, soit la fixation à Caen d'un grand bailliage pour toute la Basse-Normandie. Voyez cahiers de Villedieu-les-Poêles, art. 3 (au tome I, p. 640); de Bretteville, art. 2 (au tome II, p. 125); de Canteloup, art. 5 (*ibid.*, p. 169); et surtout le cahier d'Agneaux, qui, dans son chapitre *Justice*, au § 2, demande «deux cours supérieures aux deux centres de la province de Normandie» (*suprà*, p. 54).

Voyez un vœu semblable encore dans le cahier de la Bloutière, du bailliage de Coutances (au tome Ier, p. 179).

[2] Cf. encore les *Instructions*, à l'article xiv (*éd. cit.*, p. 6). — Le chiffre des privilégiés dans le ressort du bailliage de Tinchebray n'était pas, quoique

dise le cahier, extrêmement élevé en 1789. Les deux ordres privilégiés comptaient: le clergé, 38 ecclésiastiques (d'après le *Rôle d'appel du bailliage*), et la noblesse, 86 personnes, payant ensemble 1,615 l. 2 s. de capitation noble (au *Rôle de capitation noble*, Arch. Calvados, C 4628). Pour le tiers état, le *Rôle de capitation des officiers de judicature* fait apparaître en 1789 à Tinchebray 5 officiers, payant ensemble 774 livres de capitation privilégiée, et à Condé, 5 officiers de la haute justice, taxés de même à 368 livres; mais il faudrait y joindre les professions assimilées, avocats, procureurs, etc., qui ne figurent point au rôle (Arch. Calvados, C 4646). Enfin les employés des fermes, traites et gabelles et contrôle, sont au nombre d'une vingtaine (*ibid.*, C 4664). En tout, les privilégiés du ressort dépassent à peine la centaine, pour une population de 20,000 habitants.

trats de mariage, des lots et des échanges, soient réduits au taux le plus bas;

Art. 20. Que toutes les contestations relatives à la perception des droits de contrôle et d'aides soient portées devant les juges ordinaires;

Art. 21. Qu'il soit permis de répertorier tous actes, quoique non revêtus des formalités de contrôle et d'insinuation, sans encourir aucunes amendes, ni être sujets à aucuns droits[1];

Art. 22. La suppression des douanes, des traites, etc., dans l'intérieur du royaume, et leur renvoi aux frontières;

Art. 23. L'uniformité des poids, des mesures et des aulnages par tout le royaume[2];

[1] En vertu des dispositions du *Tarif des droits de contrôle de 1722*, confirmées par arrêt du Conseil du 30 janvier 1731, il était défendu aux officiers publics de faire mention dans un acte public, judiciaire ou extrajudiciaire, d'un acte antérieur, obligation, quittance ou tout autre acte, qui n'aurait pas été préalablement enregistré. L'insertion dans un acte public de mentions relatives à ces actes donnait lieu *ipso facto* à la perception des droits de contrôle qui leur afféraient, et en plus entraînait une amende de 300 livres, tant contre les parties que contre les officiers publics. Voir le *Tarif du 29 septembre 1722*, dans *Dictionnaire résumé des domaines*, Paris, 1785, t. I, p. xx.

On sait que cette double disposition n'a point disparu de notre législation moderne, et a été expressément maintenue par la loi du 22 frimaire an VII, qui régit nos droits d'enregistrement. (Art. 11, 41, 44.)

[2] Le vœu relatif à l'uniformité des poids et mesures est bien à sa place dans le cahier du bailliage de Tinchebray, car la variété des mesures dans le ressort devait être certainement fort gênante.

La mesure officielle du ressort était la mesure dite de *Tinchebray*, ou plutôt la *mesure de Mortain*, qui était la même et était usitée dans le calcul des redevances de la châtellenie, comme de tout le comté de Mortain. Un règlement du XVIIᵉ siècle avait décidé que les boisseaux de tous les marchés du comté seraient mesurés et jaugés, et réduits à la mesure de 13 pots, «pour n'y avoir qu'une seule mesure audit comté». (Arch. Manche, A 331.) Mais cette réforme avait dû être mal appliquée, car au XVIIIᵉ siècle, nous trouvons en usage deux sortes de mesures dans le comté de Mortain. Pour le blé, il y a le razeau ou boisseau ancien de 13 pots, et à côté un boisseau nouveau de 14 pots 1/2. Et de même pour l'avoine, il y avait une razière de 16 pots 1/2, ancienne mesure, et une razière nouvelle de 18 pots, ces deux mesures étant prises *rases*. Voir *Tableau des rentes en grains de la châtellenie de Mortain, 1780* (Arch. Manche, A 324).

A côté des mesures officielles du bailliage, qui étaient usitées dans les marchés de Tinchebray et du comté de Mortain, des mesures particulières avaient survécu dans les marchés de la région de Condé. On y usait des mesures de Vire, c'est-à-dire, pour le blé, du boisseau de 16 pots, pris *comble*, et pour l'avoine de la razière de 18 pots, également prise *comble*. Voir *Tableau des mesures de la généralité de Caen, 1788* (Arch. Calvados, C 2767).

Art. 24. La suppression de toutes les jurandes, maîtrises et communautés dans toutes les villes et bourgs du royaume [1];

Art. 25. Qu'il soit permis à la noblesse d'exercer le commerce en gros et en détail, tous les arts, métiers et professions, sans dérogeance;

Art. 26. Que les gens du tiers état puissent être admis dans les emplois civils et militaires [2];

Art. 27. La création d'une banque nationale, dont les capitaux soient à l'abri de tous revers, sans que leur première destination puisse être changée, sous quelque prétexte que ce soit;

Art. 28. Qu'il soit permis de constituer [3], pour un temps limité, à un intérêt qui sera déterminé par les États généraux;

[1] Il n'y avait en 1789 aucune jurande ou maîtrise dans le ressort du bailliage de Tinchebray. Les édits d'avril 1779, qui avaient rétabli dans un certain nombre de villes de la province les communautés d'arts et métiers supprimées en 1776 par Turgot, ne font mention ni de la ville de Tinchebray ni de celle de Condé. Voir *État des communautés d'arts et métiers établies dans les villes d'Aumale, Bolbec, etc.; par l'Édit du mois d'avril 1779*, dans Houard, Dict. analyt., I, p. 108.

[2] Cf. le cahier de la paroisse de Cahagnes, art. 10 (*supra*, p. 304). Le cahier fait allusion aux dispositions déjà maintes fois rencontrées de l'*Édit du 22 mai 1781*, qui avait décidé que «nul ne pourrait être proposé à des sous-lieutenances, s'il n'avait fait preuve de quatre générations de noblesse». (Isambert, t. XXVIII, p. 29.) — Quant aux «emplois civils», dont le tiers état était exclu, il faut entendre vraisemblablement par là les hautes charges de judicature, dont certains règlements intérieurs des Parlements excluaient, prétendait-on, les membres ne pouvant faire leurs «preuves» de noblesse. Voir la note sous le cahier du bailliage de Saint-Sauveur-le-Vicomte, art. 26 (*supra*, p. 204).

[3] La constitution de rente est une opération par laquelle une personne cède à une autre une certaine somme d'argent, — ce que nous appelons aujourd'hui un capital, — à la charge par le cessionnaire de lui servir une rente également en argent. Cette opération avait été imaginée au moyen âge pour tourner la prohibition canonique du prêt à intérêt; mais justement pour cela, la validité s'en était difficilement fait accepter dans notre ancien droit. On avait admis sans grande difficulté, en considérant l'opération comme une *vente de rente*, les rentes constituées avec assignation d'un fonds donné pour le service de la rente; puis, avec plus de difficulté, grâce aux efforts de Dumoulin, au XVIe siècle, la validité des rentes simplement personnelles, constituées sans hypothèque ni assignation sur un fonds donné, avait été reconnue par la loi civile; le texte décisif est un arrêt solennel du Parlement de Paris, du 10 mai 1557. Mais, à la fin même du XVIIIe siècle, on exigeait toujours que la constitution ait eu lieu à titre définitif, soit en perpétuel, soit en viager, que le prix, comme on disait, fût définitivement *aliéné*, et que le créancier ne pût plus exiger le capital. La constitution de rente *pour un temps limité* était toujours considérée comme un véritable prêt à intérêt, et comme telle déclarée illicite. Voir Pothier, *Traité du contrat de constitution de rente*, dans *Œuvres*, éd. 1821, in-8, tome IV, p. 27, nos 43 sq.

ART. 29. L'inféodation de toutes les terres incultes et de celles du domaine, à l'exception des forêts[1];

ART. 30. La suppression de toutes les loteries publiques et défenses d'en faire de particulières;

ART. 31. La suppression de tous les tribunaux d'exception et de toutes les juridictions ecclésiastiques;

ART. 32. La suppression de la vénalité de tous les offices de finance et de judicature;

ART. 33. La suppression des vicomtés, des anciennes et nouvelles hautes justices, des moyennes et des basses justices[2];

[1] Le domaine royal dans le bailliage de Tinchebray appartenait en 1789 au duc d'Orléans, comte apanagiste de Mortain et seigneur châtelain de Tinchebray.

Un *État des revenus de la châtellenie de Tinchebray*, en date de l'année 1768, nous donne le détail des biens dépendant du domaine dans cette partie du bailliage. Ils consistent : 1° en la coutume, le poids-le-roi, les tabellionnages, les halles aux grains et les étaux de boucherie, tous droits affermés au total pour une somme de 1,417 livres; 2° en rentes seigneuriales montant à 18 boisseaux de seigle et 382 d'avoine menue, mesure de Tinchebray, plus quelques volailles, une paire de gants, une bride de selle et 402 l. 2 s. 6 d. en argent; 3° dans le droit de *treizièmes* sur les terres de la châtellenie, donnant par an 250 livres; 4° dans le produit des greffes du bailliage et des affirmations, affermés pour 890 livres. Au total, un produit de 3,056 l. 18 s. 1 d. (Arch. Manche, A 1864 et A 307.)

Le domaine de Tinchebray fut mis en vente en 1792 par le duc d'Orléans Philippe-Égalité, en même temps que tout le domaine de Mortain. Le tout fut adjugé, le 16 octobre 1792, au s' Collet de Saint-James, pour un prix total de 800,000 livres. Il n'est pas fait dans l'acte de ventilation pour la valeur appartenant au domaine de Tinchebray. Voir abbé DUMAINE, *op. cit.*, p. 103.

[2] Le vœu du cahier est sans objet, quant aux vicomtés, car il ne subsistait plus en 1789 aucune vicomté dans le ressort du bailliage de Tinchebray.

Quant aux hautes justices, il existait effectivement en 1789, en Normandie, deux sortes de hautes justices. On distinguait : 1° les hautes justices dites *anciennes*, qui étaient celles attachées aux fiefs titrés ou baronnies, et dont l'origine se perdait dans le passé, avec celle de ces fiefs eux-mêmes. Les justices de cette nature avaient toujours été en fort petit nombre en Normandie, où les seigneurs de fiefs ne jouissaient en général que de la justice foncière; 2° les hautes justices dites *nouvelles*. Celles-ci étaient d'origine récente et fort précise; elles avaient été créées par un *Édit d'avril 1702*, qui avait disposé qu'en Normandie, par imitation de ce qui se passait dans le reste du royaume, les engagistes de terres et seigneuries appartenant au domaine royal jouiraient désormais, à titre de propriété incommutable, du droit de justice sur les terres dont le domaine leur était aliéné. Les droits de justice sur ces terres étaient par conséquent déclarés démembrés et distraits à perpétuité des sièges des vicomtés royales, avec tous les droits utiles et honorifiques en dépendant, et les acquéreurs étaient investis du droit d'instituer les officiers nécessaires à l'exercice de la justice sur ces mêmes domaines. Toutefois il avait été expressément spécifié que les nouvelles hautes justices ne relèveraient point directement du Parlement, mais que les appels des sentences rendues par les officiers

Art. 34. La suppression des droits de francs-fiefs, et la conversion des banalités et des corvées seigneuriales en une prestation en argent[1];

Art. 35. La destruction des bêtes fauves, des garennes non closes et de tous les colombiers;

Art. 36. L'arrondissement des bailliages, de sorte que chaque paroisse aille plaider au tribunal le plus voisin[2];

des seigneurs seraient portés aux anciens sièges royaux, dont les nouvelles justices étaient démembrées. Voir *Édit du roy portant aliénation de hautes justices par démembrement des justices royales, avril 1702*, reg. au Parl. de Rouen le 20 juin 1702, et *Déclaration du roi portant règlement pour l'aliénation des domaines de S. M., 28 octobre 1702* (dans Recueil des Édits, t. IV, p. 60 et p. 99).

Il existait en 1789 dans le ressort du bailliage de Tinchebray deux hautes justices seulement : 1° la haute justice de *Condé ancienne*, qui s'étendait sur 17 paroisses, savoir : Condé, Athis, Berjou, Bréel, Méré, Proucy, Sainte-Honorine-la-Chardonne, Saint-Pierre-du-Regard, Aunay, Beauquay, Coulvain, Cahagne, Croisilles, les Moutiers, les Pins, Landes et Balleroy. Elle avait pour bailli le s[r] Aubin, pour procureur fiscal le s[r] Davout-Dubourg; 2° la haute justice de *Fresnes*, qui ne contenait que la paroisse de ce nom, et appartenait à M. Thieury de la Caderie. Elle avait pour bailli M. Dumont-Durville, bailli de la haute justice de Condé nouvelle.

Cette haute justice de *Condé nouvelle* ne relevait pas du bailliage de Tinchebray, mais de celui de Vire. Il n'y avait aucune haute justice dans les paroisses situées sous l'élection de Mortain. Voir *Mémoire des officiers de Tinchebray, 1788*, et *État des hautes justices situées dans l'élection de Vire, 1788*. (Arch. Calvados, C 6077.)

[1] Sur le droit de franc-fief en Normandie, on voudra bien se reporter à ce que nous avons noté sous le cahier de Saint-Sauveur-le-Vicomte, article 28 (*supra*, p. 206). Le droit de franc-fief dans le bailliage de Tinchebray était

aliéné en 1789 au profit du duc d'Orléans, comte de Mortain.

[2] Le vœu relatif à l'arrondissement des bailliages est bien à sa place dans le cahier de Tinchebray. Le ressort du bailliage de Tinchebray était en 1789 extrêmement morcelé. Le subdélégué de Mortain écrit en 1788 : «L'arrondissement de ce bailliage est composé : 1° de 14 paroisses entières et de 3 autres en partie, sous le nom de *châtellenie de Tinchebray*; 2° de 17 à 18 autres, qui forment l'ancienne *haute justice de Condé*, dont les appels se relèvent au Parlement, mais qui pour les cas royaux relèvent du bailliage de Tinchebray, parce que Monseigneur le duc d'Orléans est suzerain de Condé par son comté de Mortain.» (*Lettre du subdélégué de La Roque à l'intendant de Caen, 18 juillet 1788*. Arch. Calvados, C 6077.) Un *Mémoire* remis à la même époque par les officiers du bailliage de Tinchebray précise quelles sont les paroisses de l'arrondissement propre de Tinchebray, et celles de la haute justice. Pour le ressort propre, le Mémoire signale 5 paroisses mixtes : «partie de la paroisse de Fresnes, Montsecret, Durcet, Ouilly-le-Basset et le Détroit». Mais nous voyons par ailleurs que la paroisse de Coulvain est mixte avec les bailliages de Caen et de Vire, celle de Bréel avec les bailliages de Falaise et de Vire, celle de Landes avec le bailliage de Falaise, celles de Bernières, Maisoncelles et Rully, avec le bailliage de Vire seulement. Voir *Liste des paroisses de l'élection de Vire, qui dépendent d'autres bailliages* (ibidem).

On observera qu'à la fin du présent cahier (art. 59, *infra*, p. 355), les justiciables de la haute justice de Condé, qui étaient plus nombreux, ont fait

Art. 37. Que le nombre des juges de chaque bailliage ne puisse être au-dessous de cinq, non compris les gens du roi[1];

Art. 38. Que chaque bailliage ait le pouvoir de juger souverainement jusqu'à 300 livres, en toutes autres matières que dans les réelles;

Art. 39. La suppression des procureurs et des priseurs-vendeurs, la réforme de la procédure civile et du code criminel;

Art. 40. Qu'il soit établi dans toutes les villes et bourgs des juges de paix devant lesquels le demandeur et le défendeur seront tenus de comparaître, à sa première réquisition par écrit, avant de pouvoir être reçus à plaider au tribunal contentieux;

Art. 41. Que tous les juges soient à l'avenir pensionnés par la Nation, et qu'ils ne puissent être choisis que parmi les avocats qui auront au moins dix ans d'exercice;

Art. 42. La réforme des Écoles de droit;

Art. 43. La suppression de tous les droits de committimus, lettres de garde-gardiennes, de surséance, de répit et de tous lieux privilégiés qui servent de retraites aux banqueroutiers[2];

passer le vœu relatif à l'arrondissement des bailliages, contre le sentiment des ressortissants directs de Tinchebray. Les officiers du bailliage de Tinchebray faisaient déjà observer, dans leur *Mémoire*, que parmi les paroisses de la haute justice de Condé rattachées à leur ressort, quelques-unes étaient situées à plus de dix lieues de Tinchebray, et devaient traverser la ville de Vire, pour venir plaider à Tinchebray. Ils demandaient en conséquence que l'on «désunit» de leur siège certaines de ces paroisses, pour les rattacher à Vire ou à Falaise (*loc. cit.*).

[1] Le vœu du cahier est inspiré par la situation particulière du bailliage de Tinchebray. Il n'y avait en 1789 dans ce siège royal que trois officiers de justice en exercice, savoir : le lieutenant particulier M. de la Guyonnière, qui faisait fonctions de lieutenant général civil et criminel, un conseiller assesseur, le s[r] Gallet, et le procureur du roi, Mancel, qui faisait fonctions d'avocat

du roi. Voir *Rôle de capitation des officiers de judicature*, 1789 (Arch. Calvados, C 4646).

Le subdélégué de Mortain faisait observer avec raison que cette composition, qui était la conséquence de la suppression du siège de la vicomté en 1750, était particulièrement défectueuse : «Il résulte de cette composition, que dans le cas de maladie, absence, ou récusation de l'un de ces officiers, dans les affaires où le ministère public est employé, les jugements sont à la disposition d'un seul juge, et que lorsqu'ils sont d'opinion différente, ce qui arrive assez communément, il faut appeler un troisième, ce qui est souvent difficile, vu le petit nombre d'avocats qui y postulent, et d'ailleurs toujours dangereux pour les parties.» (*Lettre de M. de La Roque, subdélégué*, 16 juillet 1788, Arch. Calvados, C 6077.)

[2] Sur les droits de *committimus*, lettres de *garde-gardienne*, etc., voir ce

ART. 44. La suppression de toutes les dîmes ecclésiastiques, aux offres de payer aux curés, prieurs et vicaires, une pension de quart en quart et par avance, proportionnellement à l'étendue et à la population de chaque paroisse[1];

ART. 45. Qu'à l'avenir, les honoraires des archevêques, des évêques, des abbés, des chanoines, des religieux de tous les ordres, soient fixés à une somme qui sera prélevée sur les biens qu'ils possèdent, et que le surplus soit appliqué aux besoins de l'État, et notamment à l'établissement des hôpitaux, de distance en distance pour les malades, les infirmes, les enfants et les vieillards, tant des villes que des campagnes, dans lesquels hôpitaux il sera établi des manufactures[2];

que nous avons noté sous le cahier de Bricqueville-la-Blouette, article 77 (au tome I, p. 215), et sous le cahier de la ville de Valognes, chapitre IV, article 8 (au tome II, p. 24). Pour les lieux privilégiés servant de retraite aux banqueroutiers, on pourra conférer le vœu du tiers état de Paris, demandant l'abolition de l'asile dit de Saint-Jean-de-Latran. (Archives parlementaires, t. V, p. 286.)

[1] La question des dîmes ecclésiastiques était particulièrement délicate dans les paroisses du ressort de Tinchebray, par cette raison que, dans la majeure partie de ces paroisses, les dîmes appartenaient pour le tout à des étrangers, et que les curés s'y trouvaient réduits à peu près partout à la portion congrue. Les dîmes des deux cures de la ville de Tinchebray étaient ainsi entre les mains des chanoines du chapitre collégial de Mortain. Le chanoine prébendé de Goron, théologal de cette collégiale, était le plus gros décimateur du ressort. Il possédait toutes les grosses dîmes des paroisses Notre-Dame et Saint-Pierre de Tinchebray, et en outre celles de Saint-Jean-des-Bois, Saint-Cornier, Beauchesne et Yvrandes; il avait en outre la dîme de toute la forêt de Lande-Pourrie et de ses défrichements, en blés, pasnages et pâturages. C'était une sorte de souveraineté absolue d'un seul ecclésiastique sur tout un canton de trente lieues carrées, et cette souveraineté était fort impatiemment supportée, car la seconde moitié du XVIIIe siècle avait été remplie de procès peu édifiants entre le théologal et les curés des paroisses.

On consultera fort utilement, sur ce point d'histoire locale, un chapitre de M. l'abbé Dumaine, où les principaux documents se trouvent reproduits, avec de curieuses cartes à l'appui (Tinchebray et sa région, t. I, p. 390 et suiv.). Nous n'avons malheureusement pas retrouvé de Déclaration de 1790 permettant d'apprécier la valeur des dîmes possédées par le théologal de Mortain; en 1741, un État des fermes des dîmes de M. l'abbé de Beaulieu, théologal, portait le total des dîmes dans les six paroisses précitées à 1,354 livres, mais il faut en 1789, pour tenir compte de la progression constante des dîmes et des défrichements, l'augmenter au moins de moitié.

[2] Il n'existait en 1789 dans le ressort du bailliage de Tinchebray qu'un seul établissement de charité. C'était l'hôtel-Dieu de Condé-sur-Noireau, de création très ancienne, puisqu'on en attribuait la fondation à Nicolas Turgot, «vers l'an 1240». En 1787, d'après le dernier État de situation des hôpitaux de la généralité, il comptait 12 lits seulement, occupés par 9 pauvres. Aucun pauvre nouveau n'était entré en 1787; on n'avait relevé qu'un seul décès (hommes) et aucune naissance. (Arch. Calvados, C 1044.) Quant aux revenus, ils se composaient, d'après un Mémoire présenté en 1771 par les administrateurs : de deux

Art. 46. L'interdiction de la pluralité des bénéfices;

Art. 47. Que les bénéfices dont la nomination appartenait aux ecclésiastiques soient à l'avenir à celle de l'évêque diocésain;

Art. 48. L'abolition des Annates;

Art. 49. Que les archevêques, évêques et abbés, nommés par le roi, soient à l'avenir dispensés d'obtenir des bulles du pape;

Art. 50. Que chaque archevêque et évêque accorde, à l'avenir, chacun dans son diocèse, les dispenses de parentés, et qu'aucun Français n'ait recours, en aucun cas, à la cour de Rome[1];

Art. 51. Que l'établissement des grands chemins ne puisse à l'avenir être ordonné que par les seuls États de la province;

Art. 52. Que la réparation des chemins vicinaux et publics soit dorénavant à la charge de chaque communauté;

Art. 53. Que les fonds de charité soient dorénavant employés aux constructions [2] et réparations des chemins de bourgs

---

mauvais coteaux (estimés 50 livres) et un pré de 3 vergées (estimé 90 livres); plus de rentes diverses, montant au total à 451 livres par an; et le produit des boissons entrant dans le bourg de Condé, produisant année commune 600 livres. En outre, le prieur avait en particulier une rente de 14 boisseaux de seigle et 50 livres en argent. Au total, 1,210 l. 14 s. 2 d. de revenus, alors que la dépense accusée est de 1,577 l. 18 s. 6 d., dont 1,400 livres pour la seule nourriture des pauvres. Voir *État du seul établissement de charité qui soit en la ville de Condé*, 1771. (Arch. Calvados, C 794.) Cf. aussi, avec des chiffres à peu près identiques, une *Lettre d'Aubin, bailli de Condé, administrateur de l'hôpital*, à *Necker*, 1er avril 1789. (Arch. municipales de Condé, BB 8.)

[1] Sur les dispenses de parenté et la question des dispenses en général en 1789, voir le cahier de l'assemblée pré-liminaire de Saint-Sauveur-Lendelin, séant à Périers, chapitre VII, article 1er (*supra*, p. 154).

[2] On avait d'abord écrit *constitutions* : le mot a été surchargé dans le manuscrit. Sur les abus qui se produisaient dans les *ateliers dits de charité*, et sur le détournement des fonds de leur destination, voir ce que nous avons noté sous les cahiers de Cambernon, article 2; de Camprond, article 10 (au t. I, p. 235, 247). Il n'existait en 1789 dans le ressort de Tinchebray que deux ateliers de charité, celui du chemin de Tinchebray à Bernières (département de Vire), auquel était affectée une somme de 400 livres, et celui de Tinchebray à Mortain (département de Mortain), auquel était attribuée de même une somme de 300 livres. Un troisième atelier fut créé en 1789 à Condé-sur-Noireau et doté d'une somme de 720 livres; et enfin un quatrième à Tinchebray, pour le chemin de Tinchebray à Sourdeval,

à villes et non, comme ci-devant, aux châteaux des grands seigneurs;

Art. 54. L'uniformité des droits de coutumes pour toutes les foires et marchés de la province[1];

Art. 55. L'augmentation de la paye du soldat français, et la diminution du corps des officiers[2];

Art. 56. Que la levée des milices soit rendue moins onéreuse au peuple, et que le tirage soit fait en chaque paroisse[3];

---

doté de même d'une somme de 400 livres. Voir *Procès-verbal d'assemblée du département de Mortain*, p. 56 (Arch. Calvados, C 7706); *Compte rendu de la Commission intermédiaire de Basse-Normandie*, tableau G annexé à la page 42, et tableau H à la page 45.

Le comte Louis de Vassy avait composé dès 1782 un *Mémoire* sur la direction d'une route de Tinchebray à Vire, qui fut lu en 1788 à l'assemblée du département de Mortain. (*Ms. cit.*, p. 72.)

[1] Les seuls droits de coutume importants perçus en 1789 dans le ressort du bailliage de Tinchebray étaient ceux des foires et marchés de Condé et Tinchebray, appartenant le premier à la marquise de Longaunay, châtelaine de Condé, le second au duc d'Orléans, comte de Mortain, pour une moitié, et pour l'autre moitié à la fabrique du lieu.

La coutume de Condé, qui se levait aux marchés hebdomadaires et aux foires de ce lieu, était régie par le *Tarif général* de la province de Normandie, annexé à la *Déclaration* du 18 mars 1752, et ne peut par conséquent être visée par le texte. Elle donnait, d'après une déclaration faite à la date du 7 janvier 1790, un produit annuel de 1,800 livres environ. (Arch. mun. Condé, BB 7.)

Au contraire, la coutume de Tinchebray, qui se levait au marché du lundi, à la foire ancienne de Saint-Luc, et à quatre foires nouvelles concédées par S. M. en 1672, était régie par des usages anciens particuliers, qui avaient

fait au xviiie siècle, l'objet d'un long procès, et qui avaient été consolidés et tarifés à nouveau par un *Arrêt du Conseil, du 28 avril 1776.* (Arch. Manche, A 420.) On trouvera à l'appendice de ce volume un extrait de ce tarif assez compliqué, dont les prix sont d'ailleurs peu divergents de ceux du tarif général. Le produit de la moitié du droit de coutume de Tinchebray appartenant au duc d'Orléans était affermé, à la fin du siècle, pour 500 livres par an. (*État du revenu de la châtellenie de Tinchebray, 1768*, Arch. Manche, A 1864.)

Le vœu du cahier vise peut-être d'ailleurs tout simplement la situation privilégiée faite à certains habitants de la ville de Tinchebray; la partie de la ville située «en bourgeoisie» était exempte des droits de coutume pour certaines foires, tandis que la partie hors bourgeoisie et les paroisses rurales y étaient, à des degrés divers, assujetties. Cette situation singulière avait donné lieu vers 1770 à des procès dont le souvenir ne devait pas être perdu en 1789. Voir abbé Dumaine, *op. cit.*, III, p. 410 et suiv.

[2] Sur le chiffre de la solde du simple soldat en 1789, voir ce que nous avons noté sous le cahier de l'assemblée préliminaire de Saint-Sauveur-le-Vicomte, article 16 (*supra*, p. 197). La diminution du nombre des officiers de la «bande dorée» est de même demandée par ce cahier, articles 15 et 16 (*supra*, p. 195). Les deux cahiers ont dû avoir une source commune, que nous ne connaissons point.

[3] Pour la réforme du mode de

IMPRIMERIE NATIONALE.

Art. 57. La réunion de la maréchaussée en casernes, au centre de chaque lieu[1];

Art. 58. Que les inspecteurs de toutes les fabriques et manufactures soient pris dans les corps des marchands et fabricants de chaque fabrique;

Art. 59. Qu'il soit fait défenses à tous juges, autres que les consuls de connaître des affaires de commerce, à laquelle M. le procureur du roi du bailliage de Tinchebray a déclaré s'opposer, comme contraire au bien général[2], et aux articles ci-devant consentis touchant la suppression de tous les tribunaux d'exception, et l'arrondissement des bailliages qui tend à rapprocher les justiciables des lieux où la justice doit être rendue, également qu'au contrat d'échange, de 1529, passé entre François I<sup>er</sup> et M<sup>me</sup> la du-

---

tirage de la milice, cf. le cahier de l'assemblée préliminaire de Mortain, chapitre iv, paragraphe 11 (*supra*, p. 278).

Toutes les paroisses du bailliage de Tinchebray étaient assujetties à la milice de terre; mais comme elles étaient fort dispersées, et qu'elles venaient au tirage avec des communautés appartenant à d'autres ressorts voisins, il n'est pas possible d'établir exactement le chiffre de miliciens que fournissait le ressort du bailliage. La ville de Tinchebray elle-même avait pris part au tirage en 1788 avec les villages de Saint-Pierre et de Notre-Dame, et les deux communautés de Saint-Quentin et de Saint-Christophe. Toutes ces communautés réunies avaient présenté ensemble 148 garçons, dont 44 avaient été déclarés exempts, 7 infirmes et 79 trop petits. Dix-huit seulement avaient tiré, pour fournir *un seul* milicien. (Arch. Calvados, C 1916.)

[1] En Basse-Normandie, les soldats de la maréchaussée étaient encore en 1789 dispersés et logés chez l'habitant, dans une grande partie des localités où ils avaient été établis. Des deux généralités entre lesquelles se partageaient les paroisses du bailliage de Tinchebray, l'une, celle d'Alençon, avait en 1789 ses 24 brigades à peu près toutes casernées. (Voir Arch. Orne, C 415.) Mais pour la généralité de Caen, sur 20 brigades et 2 demi-brigades, il y avait

12 brigades seulement de casernées, et 8 brigades et 2 demi-brigades non casernées. Précisément, les groupements qui intéressaient la région de Tinchebray, à savoir les deux brigades de Condé et de Vire, et les deux demi-brigades d'Aunay et de Villers, n'étaient point casernées. Pour tenir lieu de logement, les habitants de ces localités payaient 60 livres à chaque brigadier, et 50 livres à chaque cavalier; ce qui faisait à Condé par exemple, où il y avait un brigadier et trois cavaliers, une dépense annuelle de 210 livres. Voir *État des brigades de la maréchaussée de la généralité de Caen, casernées ou non casernées en l'année 1789*. (Arch. Calvados, C 2129.)

Il n'est pas inutile d'observer que depuis de longues années déjà les habitants de Tinchebray réclamaient l'établissement d'une nouvelle brigade au chef-lieu du bailliage. Voir tout particulièrement une *Lettre du subdélégué de Mortain de La Roque, du 16 avril 1780*. (*Ibid.*, C 2124.)

[2] Il n'existait point en 1789 de tribunal consulaire à Tinchebray, ni dans le ressort du bailliage; le plus proche était celui de Vire, établi en 1710. D'ailleurs, nous avons déjà eu l'occasion d'observer que les tribunaux de cette nature n'avaient point en 1789 de territoire propre, et qu'ils ne jugeaient point en dehors de la ville où ils étaient

chesse de Bourbon[1], représentée par S. A. S. Mgr le duc d'Orléans, pétition qui a passé à la pluralité des voix des justiciables de la haute justice de Condé, contre ceux de Tinchebray, à l'exception du sieur Chemin, député de la paroisse de Maisoncelle [2].

Art. 60 et dernier. Arrêté que les députés du bailliage de Tin-

établis. Il en résultait que les affaires commerciales de localités comme Tinchebray ou Condé devaient être forcément portées devant le bailliage royal, juridiction de droit commun. Voir à cet égard les notes sous le procès-verbal de la ville de Granville (au t. I, p. 116) et sous le cahier de Valognes, chapitre iv, article 28 (au t. II, p. 35).

L'opposition du procureur du roi du bailliage de Tinchebray à l'article cidessus ne doit point surprendre, puisque l'extension de la compétence des juridictions consulaires devait forcément se faire au détriment des tribunaux de bailliages. Il n'est pas sans intérêt de noter que, conformément au vœu du cahier, la ville de Tinchebray est devenue en 1791 le siège d'un tribunal de commerce, qui y est demeuré jusqu'en 1872, époque où il fut transféré à Flers. Voir LEFAVERAIS, *Mémoire sur Tinchebray* (dans Mém. Soc. Acad. Cotentin, t. III, 1880, p. 30).

[1] Par acte du 16 décembre 1529 en effet, le roi François Ier, — qui avait dû abandonner à Charles-Quint, par le traité de Cambrai, les deux comtés flamands de Leuze et de Condé, — avait cédé en échange à la princesse Louise de Bourbon-Montpensier et à ses enfants, le comté de Mortain, avec la châtellenie de Tinchebray et la vicomté d'Auge. Il était stipulé dans cet acte que «icelles terres seraient non seulement tenues et possédées par ladite dame perpétuellement et héréditalement; ...» mais que lesdites justices, sceaux, tabellionnages et greffes «seraient exercés au nom dudit seigneur et roi et demeureraient de qualité royale», et que lorsque les offices des terres viendraient à vaquer, la nomination en appartiendrait à ladite dame, et le don et institution au seigneur roi (abbé PIGEON, *op. cit.*, p. 62). C'est

par une conséquence de cette concession que, lors de la création des présidiaux en 1551, la châtellenie de Tinchebray, avec tout le bailliage de Mortain, avait été déclarée par lettres patentes indépendante du présidial de Coutances. Voir le texte de ces lettres reproduit par extrait dans le travail précité de l'abbé PIGEON. p. 62, d'après un titre du chartrier de M. de la Garanderie.

Il était tout naturel que le procureur du bailliage, qui tenait son office du duc d'Orléans, lequel avait succédé aux droits de M. de Montpensier, fit toutes réserves, au nom du duc, sur le vœu du cahier de Tinchebray, qui tendait à la diminution du ressort, d'ailleurs si bizarrement dessiné, du bailliage de Tinchebray.

[2] La fin de l'article fait apparaître une curieuse opposition entre les vœux des justiciables de la haute justice de Condé et ceux qui relevaient directement du bailliage de Tinchebray. Ces derniers devaient en effet comprendre que le vœu en faveur de l'«arrondissement des bailliages» devait presque fatalement amener la suppression du petit siège de Tinchebray, dont le ressort fragmentaire serait rattaché partie à Vire et partie à Falaise où à Mortain.

Le cahier nous dit que le vœu a passé «à la pluralité des voix des justiciables de la haute justice de Condé». En effet, cette haute justice comptait, en 1789, 19 paroisses, qui avaient dans l'assemblée de Tinchebray 39 voix, contre 36 voix appartenant aux paroisses relevant directement de Tinchebray, ou 35 seulement en défalquant le député de Maisoncelles-la-Jourdan, qui fit défection à Tinchebray. Voir plus haut, pour les ressorts des justices, la note sous l'article 33 (*supra*, p. 348).

23.

chebray, à Coutances, voteront conformément à ce qui est inscrit au présent cahier.

Trois mots rayés nuls, et un surchargé bon.

Fait le 12 mars 1789.

> GUILLOUET DE LA GUYONNIÈRE, *lieutenant général;* LEMANCEL-DESVAUX, *avocat et procureur du roi;* LASNE, *docteur-médecin;* DURAND, *avocat;* LESUEUR; LELIÈVRE, *avocat.*

# DEUXIÈME PARTIE.

———◇———

## ASSEMBLÉE GÉNÉRALE DES TROIS ORDRES
### TENUE DANS LA VILLE DE COUTANCES
$\left(\text{MARS-AVRIL } 1789\right)$ [1].

———

### 1. Procès-verbal d'assemblée des trois ordres réunis.

(Ms. Archives du *Greffe du Tribunal de première instance de Coutances*, pièce n° 15.
90 pages in-4°. Original signé [2].)

*Procès-verbal de l'assemblée générale des trois ordres du bailliage de Coutances, 16, 17, 18, 19 mars, et 1ᵉʳ avril 1789*, et prestation de serment des seize députés dudit bailliage* [3].

L'an 1789, le lundi 16ᵉ jour du mois de mars, en la nef de l'église cathédrale de la ville de Coutances [4], 8 heures du matin,

[1] L'assemblée générale des trois ordres à Coutances a été l'objet d'un assez grand nombre de travaux, réduits d'ailleurs le plus souvent à de simples analyses. Il convient de citer, par ordre de date : 1° Lecacheux, *Documents pour servir à l'histoire de Montebourg*, Coutances, 1874, in-8°, chapitres vi à x, p. 292 à 375; 2° Th. Desdevizes du Dézert, *Etudes sur la Basse-Normandie, Le Cotentin en 1789 et les États généraux*, Caen, 1878, in-8°, p. 19 et suiv.; 3° Lefaverais, *Mémoire sur Tinchebray*, dans Mém. Soc. Acad. Cotentin, t. III (1880), p. 27 à 30; 4° l'abbé Pigeon, *Le Grand Bailliage de Mortain en 1789* (dans le même recueil), 1ᵉʳ art. p. 122 à 125, et 2ᵉ art. p. 514 à 531; 5° R. du Coudray, *L'État d'esprit à Granville pendant la Révolution*, dans Bulletin périodique *le Pays de Granville*, n° 1 (mars 1911), p. 16 à

22. On trouvera aussi d'utiles indications chez Gaillardon, *Essai sur la convocation des États généraux en Normandie* (dans Annuaire de l'enseignement primaire de la Manche, années 1907 et suiv.). Enfin, on nous permettra de rappeler l'étude que nous avons fait paraître, sous le titre: *L'Assemblée générale des trois ordres à Coutances en 1789*, dans la *Revue de Cherbourg et de la Basse-Normandie*, 1ʳᵉ année (1907), p. 92 à 105 et 122 à 136.

[2-4] — [2] Ce manuscrit est l'original même rédigé en séance par le greffier de l'assemblée générale et signé du lieutenant général, du procureur du roi et du greffier. Un extrait également signé et paraphé existe dans le même dépôt, pièce n° 16. — Le manuscrit conservé aux Archives nationales, carton C18,1,62,64 pages ["n'est qu'une copie]

devant nous Thomas-Louis-Antoine Desmarets, chevalier, seigneur de Montchaton, Bavent, Faux-la-Motte, le Chastel, la Giffardière et autres lieux, conseiller du roi, lieutenant général civil au bailliage et siège présidial du Cotentin audit Coutances[1], présence de M. Le Brun, procureur du roi esdits sièges[2], assistés de M<sup>e</sup> Pierre-Thomas Blondel, notre greffier[3].

collationnée, signée du lieutenant général et du greffier, délivrée le 11 avril aux députés du bailliage; elle a été enregistrée au secrétariat de l'assemblée, Reg. A, f° xii, n° 62 bis. Transcription B iii/53, pages 94 à 405 et pages 406 à 417. — Une autre copie en 120 pages in-f°, également collationnée et signée, est conservée dans le carton Ba 35, l. 79, pièce 23.

*Éditions.* — L'ensemble des pièces de l'assemblée générale a été édité dès 1789 : «*Procès-verbal de l'assemblée générale des trois ordres du Grand bailliage de Cotentin, tenue à Coutances, et présidée par M. Desmaretz de Montchaton, lieutenant-général civil audit bailliage, dans lequel sont insérées les listes des trois ordres, les procès-verbaux et les cahiers de doléances et pouvoirs, ainsi que le discours de MM. les présidents.* À Coutances, de l'imprimerie de G. Joubert, 1789», 232 pages in-8°. (*Exemplaires* aux Arch. nat., dans collection Rondonneau, AD¹ 10; à la Bibl. de Coutances, Impr., n° 9307, et à la Bibl. de Cherbourg, Impr., n° 6850.) — [3] La partie du titre entre les signes** ne se trouve que dans les exemplaires manuscrits des Archives nationales. — [4] Sur le choix fait de l'église cathédrale pour la tenue de l'assemblée générale, voir notre *Étude* précitée, *loc. cit.*, p. 96. Il avait fallu naturellement aménager la cathédrale d'une manière spéciale, pour cette circonstance. Un *État de dépenses*, dont nous donnons un extrait à l'Appendice de ce volume, nous apprend que le sieur Daireaux, menuisier, avait construit pour MM. du tiers état des bancs avec de simples planches posées sur des tréteaux, qui coûtèrent environ 350 livres; pour la noblesse et le clergé, le lieutenant général avait loué aux fermiers ordinaires les chaises de la cathédrale, au prix de 200 livres (*État général des dépenses faites pour l'assemblée des*

*trois ordres*, ms. Greffe de Coutances, pièce n° 339, f° 2 r°).

[1] DESMARETZ (Thomas-Louis-Antoine), avocat en Parlement, seigneur de Montchaton, avait succédé sur le siège de Coutances à son père, lieutenant général depuis 1766. Ses provisions, pour l'office de «nostre conseiller lieutenant général au bailliage et siège présidial de Coutances», sont en date du 29 décembre 1775, et relatent un extrait baptistaire du 3 avril 1748, avec dispense d'âge, «en raison des services de son père et de sa famille dans le bailliage du Cotentin». (Arch. nat., V¹ 476.) Il était depuis 1787 membre de l'assemblée du département de Coutances, et sous la Révolution fut élu successivement, en 1790 notable de la ville de Coutances, et en 1792, président du tribunal du district. Voir E. SAROT, *Organisation administrative de la Manche pendant la Révolution*, p. 425 et 449.

[2] LEBRUN (Charles-Borromée) avait succédé comme procureur du roi à son père Gilles-Allain-Charles. Ses lettres de provision, pour l'office de «procureur pour nous au bailliage et siège présidial de Coutances», sont du 28 mai 1785, et relatent un extrait baptistaire du 6 mai 1760 (Arch. nat., V¹ 523). Sous la Révolution, il fut élu en 1790 commissaire du roi près le tribunal du district de Coutances, et remplacé après le 10 août 1792. Voir SAROT, *op. cit.*, p. 450, 490.

[3] BLONDEL (Pierre-Thomas), qualifié au texte *greffier du bailliage*, n'était point titulaire de l'office, et n'avait que la ferme du greffe. (Voir au tome I<sup>er</sup>, p. 85.) Il ne figure point, par suite, au *Rôle de capitation privilégiée des officiers de judicature* pour 1789. (Arch. Calvados, C 4651). Sous la Révolution, il conserva en 1790 son poste près le tribunal du district, jusqu'aux élections de 1792 (SAROT, *op. cit.*, p. 450).

(Rappel des lettres du roi données à Versailles le 24 janvier, « à Nous adressées en l'absence de M. le marquis de Blangy, grand bailli du Cotentin, par M. le duc d'Harcourt, gouverneur de cette province »[1], du règlement y annexé, et de l'ordonnance rendue le 13 février dernier[2], enregistrée et publiée « à son de trompe et cri public, dans tous les carrefours et lieux accoutumés, tant en cette ville et faubourg que dans les villes, bourgs, villages et communautés du ressort de ce bailliage »[3], et dont les dispositions essentielles sont rappelées ainsi qu'il suit : )

A la diligence du procureur du roi aurions ordonné que l'assemblée générale des trois états du bailliage se tiendrait devant nous, cedit jour, 8 heures du matin; que tous ceux qui auraient droit de s'y trouver seraient tenus de s'y rendre, munis de leurs titres et pouvoirs; qu'à la requête du procureur du roi, M. l'évêque de Coutances, les abbés séculiers et réguliers, les chapitres, corps et communautés ecclésiastiques rentés, réguliers ou séculiers des deux sexes, les prieurs, les curés, les commandeurs et généralement tous les bénéficiers; que tous les ducs, pairs, marquis, comtes, barons, châtelains et généralement tous les nobles possédant fiefs dans l'étendue de ce bailliage seraient incontinent assignés par un huissier royal au principal manoir de leurs bénéfices et fiefs[4], pour comparaître, savoir, les chapitres, corps et communautés ecclésiastiques par députés de l'ordre du clergé, dans la proportion déterminée par les

[1] *Lettre du roi pour la convocation des États généraux*, 24 *janvier* 1789 (A. BRETTE, *Recueil*, I, p. 77, n° XXXVIII). L'exemplaire imprimé authentique, avec la signature manuscrite *Louis* et la mention *pour Coutances*, est conservé aux Archives du greffe de Coutances, avec une lettre autographe du duc d'Harcourt au marquis de Blangy, du 6 février (liasse *Cahiers de doléances*, pièces n° 1 et 2).

[2] *Ordonnance du Grand Bailli de Cotentin, du 13 février* 1789. A Coutances, de l'imprimerie de G. Joubert, 1789, 8 p. in-4°. Un exemplaire authentique, portant la signature manuscrite du lieutenant général et des ratures manuscrites à l'article VI, est conservé au même dépôt (pièce n° 3). Une ordonnance concurrente paraît avoir été rendue par le Grand Bailli d'épée, marquis de Blangy. Voir *Ordonnance concernant l'assemblée des trois ordres du bailliage de Coutances*. A Coutances, de l'impr. de G. Joubert, 8 p. in-4° (exemplaire, Arch. Calvados C 6353). L'une et l'autre

sont d'ailleurs conformes au *Modèle d'ordonnance pour les baillis et sénéchaux de la 1ʳᵉ classe* (texte dans *Arch. parlementaires*, I, p. 619).

[3] Sur la forme de publication dans les villes des Lettres de convocation, on pourra consulter le procès-verbal de la ville de Granville, du 25 février 1789 (au tome Iᵉʳ, p. 111 et suiv.) En appendice à ce volume, nous donnerons le texte des procès-verbaux de la publication faite dans les villes de Valognes et de Cherbourg.

[4] Des liasses considérables de procès-verbaux d'assignation et de notification sont conservées pour les ressorts de Coutances (Greffe de Coutances, liasse non cotée) et de Valognes (Arch. Manche, B, n. cl.). Le lieutenant général avait fait dresser, pour la commodité des huissiers chargés de la convocation, des *Rôles des bénéficiers...*, des *nobles...*, et des *communautés à assigner*, qui ont été conservés pour la plupart des ressorts. Voir Greffe de Coutances, pièces n° 18 à 27 (clergé) et n° 30 à 42 (noblesse).

articles X et XI du règlement de Sa Majesté[1], et tous les bénéficiers
ainsi que les nobles possédant fiefs en personne ou par procureur
de leur ordre à la présente assemblée[2]; que tous les curés qui seraient éloignés de plus de 2 lieues de cette ville seraient tenus de
se faire représenter par procureurs fondés de leur ordre, à moins
qu'ils n'eussent un vicaire ou desservant résidant dans leur cure[3];
que tous les autres ecclésiastiques engagés dans leurs ordres, et
tous nobles non possédant fiefs, ayant la noblesse acquise et
transmissible, âgés de 25 ans, nés Français ou naturalisés, et domiciliés dans le bailliage, suffisamment avertis par lesdites publications, affiches et cri public, seraient tenus de se rendre en personne et non par procureur à cette assemblée[4], excepté néanmoins
les ecclésiastiques résidant dans les villes de notre ressort, lesquels
seront tenus de se réunir chez le curé de la paroisse dans laquelle
ils seraient habitués ou domiciliés, au jour qu'il leur serait indiqué, pour être un ou plusieurs d'entre eux choisis conformément à
l'article XV du règlement de Sa Majesté[5]; que tous les ecclésiastiques
bénéficiers ou autres, engagés dans les ordres sacrés, tous les nobles
possédant fiefs et tous ceux ayant la noblesse acquise et transmissible qui se seraient rendus en cette ville ce jourd'hui, seraient
également tenus de comparaître à la présente assemblée.

Aurions pareillement ordonné qu'à la diligence du procureur
du roi, copies collationnées de la lettre du roi, du règlement y

[1] *Règlement*, art. 10 et 11 (dans
Duvergier, *op. cit.*, I, p. 17). L'article 10,
visant les chapitres séculiers d'hommes,
dispose que les chanoines faisant partie
desdits chapitres formeront une assemblée nommant un député à raison de
10 chanoines présents, et les ecclésiastiques attachés au chapitre une autre
assemblée nommant un député par 20
ecclésiastiques présents. L'article 11
dispose que tous les autres corps et communautés ecclésiastiques rentés des deux
sexes ne seront représentés que par un
seul député ou procureur-fondé de leur
ordre.

[2] *Règlement*, art. 12 : « Tous les
autres ecclésiastiques possédant bénéfice,
et tous les nobles possédant fief, seront
tenus de se rendre en personne à l'assemblée, ou de se faire représenter par
un procureur-fondé, etc... » (*Ibid.*,
p. 18.)

[3] *Règlement*, art. 14 : « Les curés des
paroisses, bourgs et communautés des
campagnes, éloignés de plus de deux

lieues de la ville où se tiendra l'assemblée.... ne pourront y comparaître que
par des procureurs pris dans l'ordre
ecclésiastique, *à moins qu'ils n'aient dans
leurs cures un vicaire ou desservant résidant*, etc... » (*Ibid.*, p. 18.)

[4] *Règlement*, art. 16 : « Tous les
ecclésiastiques engagés dans les ordres,
non résidant dans les villes, et tous les
nobles non possédant fief, ayant la noblesse acquise et transmissible, âgés de
25 ans, nés Français ou naturalisés et
domiciliés dans le bailliage, seront tenus
de se rendre en personne à l'assemblée,
sans pouvoir se faire représenter par
procureur». (*Ibid.*, p. 18.)

[5] *Règlement*, art. 15 : « Dans chaque
ville, tous les ecclésiastiques engagés
dans les ordres et non possédant bénéfice seront tenus de se réunir chez le curé
de la paroisse sur laquelle ils se trouveront habitués ou domiciliés; et là, de
choisir des députés à raison d'un sur
20 ecclésiastiques présents et au-dessus,
etc... » (*Ibid.*, p. 18.)

annexé, et de notre ordonnance, seraient portées sans délai à MM. les lieutenants généraux des bailliages de Saint-Lô, Avranches, Carentan et Valognes, et en vertu des pouvoirs à nous donnés par Sa Majesté à l'effet seulement de ladite convocation, qu'il serait aussi remis à MM. les baillis des bailliages de Saint-Sauveur-Lendelin séant à Périers, Saint-Sauveur-le-Vicomte, Cérences, Mortain et Tinchebray, pareilles copies collationnées par notre greffier que nous aurions à ce commis [1]; desquelles lettres du roi, règlement et ordonnance, il serait donné bonne et suffisante décharge [2], pour être procédé dans lesdits bailliages, en conformité et en exécution desdites lettres et règlement, à la convocation des trois états desdits bailliages, de manière que les ecclésiastiques, bénéficiers ou autres, engagés dans les ordres, les corps et communautés ecclésiastiques rentés, réguliers ou séculiers des deux sexes, que tous les ducs, pairs, marquis, comtes, barons, châtelains et généralement tous les nobles possédant fiefs ou autres, ayant la noblesse acquise et transmissible, fussent assignés et cités à comparaître directement à cette assemblée; et que tout le tiers état de tout le ressort desdits bailliages fût cité conformément auxdites lettres et règlement, etc [3].

(Mention de lecture, publication et enregistrement desdites lettres, des règlement et ordonnance par les lieutenants généraux et baillis des sièges secondaires, «audience tenante, les 16, 17, 18, 19 et 21 février dernier, suivant qu'il résulte de leurs ordonnances desdits jours» [4]; rappel de la publication

---

[1] Le procès-verbal reproduit les termes mêmes de l'art. XVI de l'*Ordonnance du Grand Bailli de Cotentin* (texte cité *suprà*, p. 244, note 1). — La remise des pièces officielles de la convocation aux différents sièges secondaires fut faite par le greffier en personne, ainsi qu'en témoigne le passage suivant de l'*Etat des dépenses* : «Il est dû au sieur Blondel, greffier du bailliage..., pour 8 journées par lui employées à aller porter aux lieutenants-généraux des neuf bailliages secondaires des exemplaires en forme des lettres de convocation et règlement..., 60 livres». (*Ms. Greffe Coutances*, pièce n° 339, f° 1 r°.)

[2] Les accusés de réception des lieutenants généraux des différents ressorts, adressés à la Chancellerie, permettent de retracer, jour par jour ou à peu près, l'itinéraire du greffier Blondel. Il était le 15 février à Avranches, ayant passé

vraisemblablement par Cérences, le 16 à Périers et à Saint-Sauveur-le-Vicomte, le 17 à Valognes, le 18 à Carentan et à Saint-Lô, et le 20 seulement à Mortain. Voir les lettres des lieutenants généraux, à ces dates (Arch. nat., Ba 35, l. 70).

[3] Le procès-verbal reproduit encore les termes de l'*Ordonnance du Grand Bailli*, art. 16 *in fine*.

[4] Les ordonnances des lieutenants généraux et baillis de robe longue étaient datées, d'après les procès-verbaux des assemblées préliminaires : du 13 février, pour Coutances ; du 16, pour Avranches, Tinchebray et Saint-Sauveur; du 17 pour Valognes et Carentan, du 18 pour Périers, du 19 pour Saint-Lô, et du 20 pour Mortain. Nous n'avons pu retrouver la date de l'ordonnance rendue pour le petit siège de Cérences. Celle de Mortain est rendue «par provision seu-

et affichage faits en chacun desdits ressorts; des assignations régulièrement faites par les soins des lieutenants généraux, des membres à assigner des ordres privilégiés, de celles faites en particulier dans le ressort du bailliage principal de Coutances; mention de la convocation et de la tenue régulière des assemblées préliminaires du tiers état; et de la fixation à ce jour de l'assemblée générale des trois états du bailliage.)

En conséquence desdites publications et assignations, sont comparus ce jour d'hui devant nous les trois états du bailliage de Cotentin, et après qu'ils ont eu pris séance en la manière prescrite par l'article XXXIX du règlement, savoir l'ordre du clergé à droite, l'ordre de la noblesse à gauche, et celui du tiers état placé en face[1], nous avons invité les trois ordres réunis à assister à la messe qui a été célébrée en ce lieu pour attirer sur l'assemblée les lumières du Saint-Esprit, et, la messe célébrée, chaque ordre ayant repris séance, nous avons fait l'ouverture de l'assemblée et avons dit : « Messieurs, nous touchons enfin à cette époque si importante, etc... [2] »; Et ensuite, avons ordonné qu'il sera passé outre à l'appel des trois ordres dudit bailliage de Mortain et de ceux des autres bailliages de notre ressort[3], auquel appel nous avons à l'instant

lement», le lieutenant général faisant toutes réserves pour les droits de M. le Grand Bailli.

De ces ordonnances, seules celles des sièges de Coutances, Valognes, Mortain et Tinchebray ont été retrouvées.

[1] *Règlement*, art. 39 : «Dans les séances, l'ordre du clergé aura la droite, l'ordre de la noblesse occupera la gauche, et celui du tiers sera placé en face. Entend S. M., que la place que chacun prendra en particulier, dans son ordre, ne puisse tirer à conséquence, etc...» (DUVERGIER, t. I<sup>er</sup>, p. 21.)

A Coutances, la hiérarchie fut, comme nous avons dit, observée jusque dans la forme des sièges attribués aux différents Ordres; les députés du clergé et de la noblesse eurent des chaises; pour le tiers état, le lieutenant général avait fait disposer des bancs, *en bois de chêne*, solidement cloués et charpentés. Voir *État des dépenses*, précité, f° 2 v°.

[2] Le discours prononcé par M. de Monchaton, qui figure au procès-verbal original (f° 3 v° à f° 6 r°), n'a pas été reproduit dans les copies authentiques adressées à la Chancellerie, qui portent seulement que le lieutenant général a

fait l'ouverture de l'assemblée « par une exhortation relative à son objet». Il a été inséré dans le *Procès-verbal* imprimé chez Joubert en mai 1789, pages 9 à 15, reproduit textuellement par M. LECACHEUX, *Documents*, p. 301 à 305, et il est analysé par M. DESDEVIZES DU DÉZERT, *op. cit.*, p. 33. Nous ne croyons pas utile de reproduire cette pièce incolore, dont M. Desdevizes écrit qu'elle porte « les traces de la philanthropie larmoyante qui était alors fort à la mode».

Le subdélégué d'Avranches, de Montier, qui assistait aux premières séances de l'assemblée, dont il nous a laissé une description fort piquante, assure, dans une lettre à l'intendant, que le discours de M. de Montchaton, qui avait la voix fort basse, ne fut pas entendu de l'assemblée : «S'il ne se décide à le faire imprimer, ce sera une pièce oratoire perdue pour la société». (*Lettre de M. de Montitier, du 16 mars*, Arch. Calvados, C 6353.)

[3] La *Protestation des trois ordres du bailliage de Mortain*, qui réclamait la qualité de bailliage principal, a été reproduite ci-dessus, p. 239 à 250. — Sur toute cette affaire, voir d'ailleurs G. Du-

procédé en suivant l'ordre des bailliages, ainsi qu'il est fixé par l'état annexé au règlement de Sa Majesté du 24 janvier dernier[1], en commençant par l'ordre du clergé.

## ORDRE ECCLÉSIASTIQUE [2].

L'appel est fait par ressorts de bailliages, en prenant successivement le bailliage principal de Coutances et ses neuf secondaires, dans l'ordre d'ailleurs arbitraire fixé par l'*État* annexé au Règlement royal du 24 janvier [3].

A l'intérieur de chaque ressort, l'ordre d'appel apparaît à peu près constant. Pour le bailliage principal de Coutances, on appelle tout d'abord l'évêque, puis les représentants des abbayes et des communautés de femmes, puis le chapitre de la cathédrale; ensuite viennent, dans un ordre approximativement alphabétique, les paroisses, pour chacune desquelles se présentent confusément les curés, prieurs et chapelains, réguliers ou séculiers. A Avranches, l'évêque, les abbayes et le chapitre viennent de même en tête; mais les prieurs et chapelains ne sont pas confondus avec les curés, dans l'appel des paroisses rurales. Enfin, à Saint-Lô, Carentan, Mortain et Tinchebray, les abbayes, au lieu d'être placées en tête, viennent seulement à l'appel avec la paroisse sur le territoire de laquelle elles sont situées. Très souvent, d'autre part, à Coutances, à Avranches, à Valognes, etc., il est dérogé à l'ordre purement alphabétique des paroisses en faveur des villes et bourgs importants, qui sont appelés en premier lieu [4].

A cet ordre arbitraire et irrégulier, nous avons cru préférable de substituer un classement plus méthodique, qui pût faciliter les recherches, d'ordre statistique surtout, auxquelles peuvent servir ces appels des assemblées de 1789. Nous faisons uniformément, dans chaque ressort, deux grandes sections, la première consacrée aux *ecclésiastiques bénéficiers*, la seconde aux *non-bénéficiers*. Ces derniers, dans un certain nombre de circonscriptions, ont fait totalement défaut. Quant aux premiers, nous les avons systématiquement répartis en deux grands ordres : *séculiers* et *réguliers*. Le premier ordre se divise (d'après le

BOIS, *Le conflit de deux bailliages en 1789*, dans *Révol. Française*, t. XXXIV (1898), p. 8 à 20.

[1] La partie de l'*État annexe*, établissent l'ordre des ressorts principal et secondaires dans le bailliage de Coutances, a été reproduite en note, dans l'Introduction de cet ouvrage (tome Ier, p. 3, n. 3). Nous croyons devoir faire observer que l'ordre légal ainsi fixé par les lettres de convocation était purement arbitraire.

[2] Ms. du Greffe de Coutances, f° 6 r° = Arch. nat., B III/53, p. 104 à 235 = *Procès-verbal* imprimé, p. 19 à 108.

[3] Nous avons donné le texte intégral de la partie de cet *État* concernant le bailliage de Cotentin, dans notre Introduction (au tome Ier, p. 3, note 3). On

voudra bien s'y reporter, pour suivre l'ordre d'appel des bailliages adopté par l'administration royale.

[4] Nous ne comprenons pas bien comment M. Desdevizes du Dézert a pu écrire, ayant sous les yeux le procès-verbal, que «c'est par doyennés que le procès-verbal donne les noms des curés» (*op. cit.*, p. 27). L'erreur est manifeste; peut-être provient-elle des *Rôles d'assignation*, dont quelques-uns ont été établis par doyennés; quelquefois aussi on y a suivi les *arrondissements* de paroisses établis en 1787 pour les assemblées provinciales. Voir par exemple, pour Mortain, l'*État des assignations du clergé* publié par M. l'abbé PIGEON, *op. cit.*, p. 125.

procès-verbal lui-même) en 4 classes, dont certaines peuvent parfois manquer dans un ressort, savoir : 1° les *évêques ;* 2° les *chapitres* et autres corps constitués d'ecclésiastiques séculiers; 3° les *curés ;* 4° les *chapelains.* Dans l'ordre des réguliers, nous distinguons de même : 1° les *abbayes* et autres communautés religieuses assimilées; 2° les *prieurés,* conventuels ou non, sans charge d'âmes; 3° les *prieurés-cures,* c'est-à-dire avec charge d'âmes dans une paroisse; 4° les *établissements hospitaliers ;* 5° enfin les *commanderies.* Dans chacune de ces différentes catégories, nous avons relevé seulement, avec les indications d'ordre purement statistique sur les absents, présents ou représentés, les noms des personnages les plus considérables, soit par le bénéfice qu'ils représentent, soit par le rôle qu'ils ont personnellement joué dans la convocation des États généraux.

## I. Bailliage principal de Coutances[1].

### A. *Ecclésiastiques bénéficiers.*

#### I. Clergé séculier.

a. *Évêques.* — L'évêque de Coutances, qui figure seul dans ce groupe, est ainsi appelé :

Illustrissime et Révérendissime Seigneur M^gr Ange-François de Talaru de Chalmazel, conseiller du roi en ses Conseils, évêque de Coutances, abbé commendataire des abbayes royales de Notre-Dame de Montebourg et de Saint-Nicolas de Blanchelande, *Présent*[2].

[1] Sources. — Ms. Greffe de Coutances, f° 6 r° == Arch. nat., B III/53, p. 104 à 128. Outre le procès-verbal que nous analysons au texte, on pourra rapprocher utilement, pour l'établissement de la statistique du clergé dans le ressort principal de Coutances, les pièces suivantes :
1° *Rôle de MM. les bénéficiers du bailliage de Coutances, assignés à comparaître, etc...* (Ms. Greffe de Coutances, pièce n° 18);
2° *État général de l'évêché de Coutances, contenant les noms des bénéfices, des patrons et des collateurs, avec le revenu de chaque bénéfice,* daté *in fine* de l'année 1725 (Bibl. Coutances, ms. n° 48, 15 folios);
3° *Almanachs ecclésiastiques du diocèse de Coutances* [rédigés par le curé Bisson],

dont une série, qui finit à 1776, existe à la Bibliothèque de Coutances. (Exempl. consulté, Impr., n° 17,072.)

[2] L'évêque de Talaru fut élu député du bailliage de Cotentin pour l'ordre du clergé, dans la séance du 27 mars au soir (*infrà,* p. 440). Nous renvoyons à ce texte pour les renseignements biographiques nécessaires.
Revenus. — D'après l'*Almanach royal* pour 1789, les différents bénéfices de M. de Talaru auraient valu : 1° l'évêché, 44,000 livres; l'abbaye de Blanchelande, 5,000 livres; celle de Montebourg, 12,000 livres. Au total, 61,000 livres. Mais la *Déclaration* passée par lui en 1790 donne des chiffres très nettement supérieurs. Il déclare : 1° pour l'*évêché,* en terres, rentes et dîmes, 38,711 l. 12 s., et en outre 20,000 livres, pour

b. *Chapitres et corps ecclésiastiques.* — Dans ce groupement se présente également seul le chapitre de l'église cathédrale de Coutances, pour lequel sont successivement appelés les 3 sous-groupes suivants :

MM. les chantre, chanoines et chapitre de Coutances[1], représentés par MM. les abbés de Cussy, chantre et chanoine honoraire[2], Fauvel[3] et Valesque[4], chanoines, par acte capitulaire du 10 de ce mois[5];

ses deux tiers du droit de déport; une part de la commune du chapitre [valant 3,318 l. 7 s. 4 d.], et des retenues non estimées. En tout, plus de 62,000 livres; 2° pour *Blanchelande*, de même, 24,208 livres; 3° pour *Montebourg*, 49,335 l. 10 s. Au total donc, un peu plus de 135,000 livres, charges non déduites (*Déclarations du district de Coutances*, nᵒˢ 67 et suiv., Arch. Manche Qᴬ-ᴵ I, fᵒˢ 55 à 63).

[1] Le chapitre de Coutances se composait en 1789 de 22 chanoines prébendés, de 4 curés-archiprêtres ayant rang de chanoines, et de 8 dignitaires, dont 3 seulement étaient chanoines et avaient voix délibérante. Les dignitaires chanoines étaient le chantre, le trésorier et le pénitencier; les 5 autres étaient le maître d'école et les 4 archidiacres de Coutances, de Bauptois, du Val-de-Vire et de Cotentin. La chantrerie, qui était la première dignité du chapitre, était occupée par M. Marie-Léonor DE CUSSY. Voir *Almanach ecclésiastique* précité, p. 17, et LECANU, *Histoire des évêques de Coutances*, p. 379.

REVENUS. — D'après les *Déclarations* faites en 1790, les prébendes, dont le revenu était fort variable, donnaient à leurs titulaires depuis 10 livres (Saint-Gilles) jusqu'à 2,000 livres (Trelly); le montant total des prébendes atteint ainsi 13,430 livres. Pour les dignités, dont les plus riches sont la chantrerie (2,000 livres) et l'archidiaconé de Cotentin (2,200 livres), le total atteint 9,000 livres. Ensemble avec les prébendes, 22,430 livres. Il faut joindre à ces revenus particuliers le *revenu commun*, consistant en terres, dîmes et fiefs, qui s'élève au total à 104,364 l. 10 s. Il y a des charges considérables : payement de rentes, de congrues, entretien de la cathédrale, service divin et obits, en sorte que la part du revenu commun

attribuée à chaque chanoine n'est que de 3,318 l. 6 s. 6 d. Voir *Déclarations de Coutances*, ms. cit., fᵒ 79 rᵒ à 99 rᵒ pour la *commune*, et *passim* pour les autres.

[2] L'abbé DE CUSSY fut élu commissaire-rédacteur du cahier du clergé, dans la séance du 20 mars au matin. Voir *infrà*, p. 430 et la note.

[3] FAUVEL (Pierre-Paul), qu'il convient de ne pas confondre avec le curé-archiprêtre d'Ouville (André-Bernard), était chanoine, archidiacre de chrétienté et principal du collège de Coutances. En 1790, il déclare : pour son archidiaconé, le tiers du droit de déport (est. 3,334 l. 17 s.); sa part dans la commune du chapitre (est. 3,318 l. 7 s.); diverses pensions montant à 670 livres; et comme principal du collège, la jouissance d'une maison (est. 500 l.). En outre, une chapelle dans le diocèse du Mans, qui vaut 500 livres. Au total, près de 8,500 livres, charges non déduites. Voir *Déclarations*, nᵒˢ 71, 71 bis, 71 ter, ms. cit., fᵒ 70 vᵒ.

[4] VALESQUE (J.-Fr.), docteur en théologie de la Faculté de Paris, était en 1789 chanoine titulaire de la prébende de Saint-Nicolas de Coutances, official de Coutances, et grand-vicaire de l'évêque (*Almanach ecclésiastique* précité, p. 15). Il déclare en 1790 : pour sa prébende, un revenu en dîmes de 2,400 livres; pour sa part dans la commune du chapitre, 3,318 l. 7 s. 4 d.; et pour divers revenus, 450 livres. Il a, de plus, une pension sur l'abbaye de Montebourg, de 1,200 livres; un personnat à Lingreville, valant 600 livres. Au total, plus de 7,600 livres, mais avec des charges (*Déclar.*, nᵒ 88, ms. cit., fᵒ 73 vᵒ). On consultera, sur ce personnage, É. SEVESTRE, *Clergé paroissial*, p. 43, note 1.

[5] Le chapitre de Coutances, comme celui d'Avranches, et comme la plupart des chapitres de Normandie d'ailleurs,

MM. les ecclésiastiques engagés dans les ordres, attachés par leurs fonctions au service du chapitre[1], représentés par M. Coquoin, suivant la délibération du 10 de ce mois[2].

MM. les chapelains de la cathédrale de Coutances[3], présents par M. Fr. Des Planques de Ventigny, prêtre, un d'iceux, suivant la délibération arrêtée entre eux ce jourd'hui, en conséquence de notre sentence du même jour et de celle du 17 de ce mois par laquelle nous aurions ordonné que lesdits sieurs chapelains seraient inscrits sur le rôle[4].

---

a protesté contre l'art. X du Règlement, qui refusait aux chanoines le droit de suffrage direct accordé aux autres bénéficiers, et ne leur attribuait qu'une députation, réduite à un député pour 10 chanoines présents. Voir *Protestation des chapitres de Coutances et d'Avranches*, infrà, p. 456.

[1] Par ecclésiastiques attachés au chapitre, on entendait des individus, revêtus ou non des ordres sacrés, qui remplissaient, dans la cathédrale, des fonctions inférieures, sans faire partie du chapitre, et aidaient à la célébration des offices. Ces ecclésiastiques étaient classés, à Coutances, parmi les bénéficiers, parce qu'en 1716 les revenus d'un certain nombre de chapelles de la cathédrale, dont les titres avaient été supprimés (Saint-Georges, Saint-Barthélemy, Saint-André, Sainte-Croix, Sainte-Marthe), leur avaient été affectés; les biens en étaient administrés par le chapitre, qui en passe déclaration avec ses biens propres.

En 1790, les ecclésiastiques ainsi attachés au chapitre étaient au nombre de 32 : 6 vicaires du grand autel, 14 habitués, 6 prêtres *dits* enfants de chœur, 1 maître de musique, 1 suisse et 3 bedeaux (LECANU, *op. cit.*, p. 379).

REVENUS. — En 1790, le chapitre déclare, pour les chapelles unies à la manse commune, un revenu total de 2,997 l. 19 s., auquel il ajoute chaque année une certaine somme, de sorte que les habitués ont de 60 à 70 livres, les enfants de chœur de 50 à 60. Les vicaires du grand autel déclarent de leur côté une part et demie dans la commune du chapitre (est. 4,977 l. 11 s.), les revenus de leur chapelle (est. 882 l. 18 s. 3 d.), et des rentes en grains et en argent, qui font à chacun d'eux un peu plus de 1,000 livres. Enfin, les habitués ont des rentes en commun, qui vont à 5,051 l. 4 s. 6., sans les charges (*Déclar. des 11 et 18 novembre 1790*, ms. cit., f°° 90 v°, 101 v°, 114 v°).

[2] COQUOIN (François) était à la fois titulaire d'une chapelle de la cathédrale et l'un des 6 vicaires du grand autel. Il déclare en 1790, pour sa chapelle, une rente de 5 livres seulement et 30 livres pour le *pro manibus*. Comme vicaire du grand autel, il a sa part de la *commune* (est. 829 l. 11 s. 10 d.) et sa part de la chapelle *dite* des vicaires (est. 133 l. 11 s. 9 d.). Voir *Déclar.*, n°° 91 et 90, ms. cit., f°° 106 v° et 101 v°.

[3] Les *chapelains* de la cathédrale, ainsi que l'explique le procès-verbal, se distinguaient des *ecclésiastiques attachés au chapitre*, en ce qu'ils n'étaient tenus à aucune fonction particulière pour le service de la cathédrale; c'étaient des bénéficiers simples, dont le titre seulement était assis dans la cathédrale.

En 1790, les chapelles dont le titre était ainsi simplement situé dans la cathédrale étaient au nombre de 36 ; mais quelques titres avaient été réunis à d'autres fonctions (LECANU, *op. cit.*, p. 379). Les revenus déclarés en 1790 varient depuis 280 livres pour la chapelle la mieux dotée (chapelle de Tous-les-Saints) jusqu'à 35 livres pour la plus pauvrement rétribuée. Le total monte à 3,223 l. 5 s. 1 d., plus 882 l. 18 s. 3 d. pour la chapelle *dite* des vicaires (*Déclar. diverses*, ms. cit., f° 101 r° et 105).

[4] DESPLANQUES DE VENTIGNY était chapelain de la chapelle Sainte-Trinité, l'une des plus pauvrement dotées de la cathédrale. Il déclare en 1790 : une rente de 25 livres sur la cure de Gourfaleur; une somme de 70 livres pour le *pro manibus*; au total 95 livres de re-

La comparution de ce dernier groupement avait soulevé dans l'Assemblée un incident assez vif, qui est ainsi rapporté au procès-verbal :

Ici se sont présentés MM. les chapelains de la cathédrale de cette ville, lesquels ont représenté que n'étant attachés par aucunes fonctions au service du chapitre, mais que leurs chapelles, quoique situées dans la cathédrale et leur donnant le droit d'y assister dans le chœur à tous les offices et d'y prendre séance après MM. les chanoines, ne doivent cependant être regardées que comme des bénéfices simples, en vertu desquels ils prétendent devoir sister personnellement à la présente assemblée, et n'être pas obligés de nommer des députés, l'article X du règlement n'assujettissant à cette forme que ceux qui sont attachés par quelques fonctions au service du chapitre[1]; pourquoi ils nous demandent que, quoique non assignés, il nous plaise les faire inscrire sur le rôle des bénéficiers de cette ville, et qu'en cas que ce droit leur fût contesté, ils nous suppliaient de décider la question[2]; et MM. du chapitre et plusieurs autres s'étant levés et nous ayant déclaré qu'ils s'opposaient formellement à la prétention de MM. les chapelains, soutenant qu'ils étaient dépendants de l'église cathédrale et qu'ils ne pouvaient comparaître

venu, qui lui sont allouées sans difficulté par le district (*Déclar.*, n° 162, ms. cit., v° 111 v°).

[1] L'article X du Règlement ne prévoyait en effet, pour chaque chapitre séculier, que deux sortes de conditions : les *chanoines*, qui devaient nommer un député, à raison de 10 membres présents, et les *ecclésiastiques attachés au chapitre*, qui devaient en nommer un à raison de 20 membres seulement. La situation particulière de chapelains indépendants, ayant leur titre dans une église cathédrale, n'avait pas été visée par le texte. Voir *Règlement*, art. 10 (dans DUVERGIER, I, p. 17).

[2] Les raisons sur lesquelles s'appuyaient les chapelains de la cathédrale, pour réclamer le vote personnel accordé aux autres bénéficiers, sont très clairement exposées dans une lettre qu'ils avaient, à la fin de février, adressée à Necker :

«Mgr., les bénéficiers titulaires de chapelles dans la cathédrale de Coutances ne paraissent pas être compris dans l'article X du Règlement... Cet article ne parle que *des chanoines* et des ecclésiastiques qui sont *attachés par quelque fonction au service du chapitre.* Les chapelains ne se trouvent dans aucune de ces deux classes; ils sont des bénéficiers libres, ils ne sont obligés ni à la résidence, ni à aucune fonction, et ne sont en aucune manière au service du chapitre. *Il y a peu de cathédrales où se trouvent de semblables bénéficiers*, et il n'est point étonnant qu'on n'en ait point fait mention. Ils se croient donc de la classe de tout autre bénéficier, et réservés par l'article IX à la prérogative de voter personnellement, et non point par des députés... Les chanoines, qui ont des intérêts opposés à ceux des chapelains, soutiennent qu'il suffit que le titre des bénéfices soit dans la cathédrale, que les bénéficiers aient la régie de quelques biens en commun, et qu'ils aient le droit de percevoir des rétributions quand ils veulent assister à certains offices, pour être privés du vote personnel et être forcés de se faire représenter par des députés, etc...» (*Lettre de M. Desplanques de Ventigny à M. le D. G. d. F., du 25 février 1789*, Arch. nat., Ba 35 l. 70 = B III/53, p. 23.)

à cette assemblée que par députés, ne pouvant avoir autres et plus
grands droits que les chanoines mêmes; pourquoi ils nous demandaient pareillement que nous eussions à prononcer sur leurs soutiens respectifs; sur quoi faisant droit, assisté de MM. Sorin de
L'Épesse, curé de Granville, Postel, curé des Pieux, Follin, curé
de Bréville, et de Milavaux, curé de Vindefontaine, que nous aurions évoqués, la question mise en délibération, nous avons de
l'avis uniforme ordonné que MM. les chapelains seront tenus
de se retirer aux fins de délibérer entre eux et de nommer, dans la
forme prescrite par le règlement, des députés pour les représenter
à l'assemblée[1], et avons ensuite continué l'appel.

c. *Curés.* — L'appel fait apparaître un chiffre de *116* curés séculiers, pour
*110* paroisses[2], les paroisses de Bricqueville-la-Blouette, de Bricqueville-sur-
Mer, de Gratot et de Quettreville étant à *2* portions curiales, et celle de Percy
à 3 portions curiales[3]. Parmi les curés appelés, on doit noter : M° Jacques-
François Lerouvillois, curé de Carantilly (présent)[4]; m° Sorin de Lespesse,
curé de Notre-Dame et de Saint-Nicolas de Granville *pro prima* (présent);
m° Gauthier, curé de Notre-Dame et de Saint-Nicolas de Granville *pro secunda*
(présent); m° Drogy, curé de Saint-Nicolas de Coutances (présent)[5]; m° Pierre

[1] Le lieutenant général, au moment
où il rendait son ordonnance défavorable aux chapelains, ignorait vraisemblablement que la question venait d'être
tranchée à Paris. Une lettre du D. G. d. F.
à M. de Ventigny, en date du 16 mars,
repousse les prétentions des chapelains,
sans être d'ailleurs aucunement motivée
en droit : «La question que vous m'avez
faite le 25 février, M., a été décidée
sur l'avis de MM. les commissaires
nommés par le roi pour traiter les affaires
relatives à la convocation... Vous faites
partie du corps du chapitre de Coutances,
et vous êtes par conséquent compris dans
les dispositions de l'article X du Règlement. Je suis, etc... NECKER. (*Ibid.*,
p. 26.)

[2] Pour la liste des paroisses du bailliage de Coutances, on voudra bien se
reporter au *Procès-verbal de l'assemblée
préliminaire du tiers état* de ce ressort
(au tome Ier, p. 645 et suiv.); la liste
des communautés convoquées correspond
exactement à celle des paroisses ecclésiastiques, avec deux modifications seulement. D'une part, la paroisse de Cérences, convoquée pour le tiers état à
Coutances et y défaillante (p. 647), a
au contraire comparu dans ce ressort

par son curé à l'assemblée du clergé; la
raison est que, dans cette communauté
*mixte*, le clocher était sous la juridiction
de Coutances. D'autre part, le bourg et
le village de Gavray, qui, ayant un rôle
séparé d'impositions, ont formé deux
communautés distinctes pour le tiers
état et rédigé un double cahier (p. 312
et 321), ne faisaient qu'une seule et
même paroisse ecclésiastique, ayant
pour titulaire en 1789 m° Tocquet, présent à l'assemblée du clergé.

[3] Pour les portions curiales de Percy,
voir la note sous le cahier de cette
communauté (au tome Ier, p. 505,
note 1).

[4] Le curé de Carantilly, Lerouvillois,
a été l'un des quatre députés du clergé,
élu dans la séance du 27 mars, au
matin (*infrà*, p 430 et la note).

[5] François-Antoine DROGY (1738-
1818), né à Coutances, d'une famille
de magistrats, était docteur en théologie
et ancien aumônier des Carmélites de
Paris. Curé à portion congrue de Saint-
Nicolas, depuis 1773, il venait de soutenir, contre le chapitre gros décimateur
de sa paroisse, une lutte très curieuse
pour forcer les décimateurs à lui accorder un second vicaire. Une très intéres-

Dubreuil, curé de Saint-Pierre de Coutances (présent); m° Alexis-Pierre Gouin, curé de la Lande-d'Airou (présent); m° Ursin-Augustin Barbe, curé du Mesnil-Opac (présent); m° Claude-Augustin Leplanois, curé de Saint-Martin-de-Bonfossé (présent); m° Charles Carabœuf, curé de Saint-Denis-le-Gast (présent)[1]; m° André-Bernard Fauvel, curé-archiprêtre d'Ouville (présent)[2]; m° François-Louis Quetit, curé de Percy *pro prima* (présent)[3]. — Sur ces *116* curés, régulièrement convoqués et appelés, 2 seulement sont déclarés absents, 87 sont présents personnellement, et 27 sont représentés par procureurs-fondés de leur ordre.

d. *Chapelains.* — Ils sont au nombre de *14*, pour les chapelles de : Beaucoudray, Belval, Saint-Julien à Caillebot, Fleury, la Madeleine et Saint-Maur à Gouville, Saint-Clair à Grimouville[4], Notre-Dame de Soulles à la Haye-Bellefond, Saint-Léger à Marigny, Saint-Gilles à Montchaton, Sainte-Honorine à Orval, Mesnilceron à Percy, Saint-Laurent à Quettreville, Notre-Dame de Bonsecours à Saint-Denis-le-Gast, et Saint-Joseph en l'église de Saint-Nicolas de Coutances. — Sur ces *14* chapelains, régulièrement convoqués et appelés, *4* sont déclarés absents, *4* comparaissent en personne, et *6* sont représentés par procureurs-fondés de leur ordre.

## II. Clergé régulier.

a. *Abbayes.* — L'appel fait apparaître seulement *5* abbayes ou communautés, dont *3* d'hommes et *2* de femmes, savoir :

1° L'abbaye d'*Hambye* : «M. de la Prune-Montbrun, abbé commendataire.

sante correspondance, échangée à cette occasion avec ses confrères, a été publiée par M. E. Sevestre, *L'organisation du clergé paroissial à la veille de la Révolution*, Coutances, 1910, in-8°, p. 42 à 132. Nous avons donné, sous le cahier de Saint-Nicolas, sa *Déclaration* en 1790 (au tome Ier, p. 100, n. 1).

[1] Le curé de la Lande-d'Airou et celui de Saint-Denis-le-Gast étaient membres de l'assemblée du département de Coutances, pour l'ordre du clergé; celui de Mesnil-Opac et celui de Saint-Martin de Bonfossé l'étaient de l'assemblée du département de Saint-Lô (Arch. Calvados, C 7700 et C 7712).

[2] Fauvel (André-Bernard), qu'il ne faut pas confondre avec l'archidiacre du même nom (*suprà*, p. 365, note 5), était à la tête d'un des quatre archiprêtrés du diocèse, les autres étant Agon, Sainte-Marie-du-Mont et Saint-Martin de Soulles. Il déclare en 1790 quinze vergées de terres, valant 150 livres, des rentes montant à 185 livres, et des novales très importantes, qui donnent 1,634 l. 15 s. (*Déclar.*, n° 117, ms. cit., f° 46 v°).

[3] Voir, sur ce personnage, E. Sevestre, *op. cit.*; p. 37, n. 2. Nous avons donné, sous le cahier de Percy, le revenu des différentes portions de cette cure (au tome Ier, p. 505).

[4] Le titulaire de la chapelle Saint-Clair, en 1789, était M. Jean-François Léonor de Mons, chanoine prébendé de Coutances, qui joua un certain rôle sous la Révolution. Il fut élu en 1790 grand-vicaire de l'évêque de Coutances, arrêté comme fanatique le 1er germinal an II, relâché sur les protestations de la municipalité, arrêté à nouveau le 27 nivôse an II, traduit à Paris par Lecarpentier, et guillotiné le 3 thermidor an II (Arch. nat., W 427). Voir E. Sanor, *Tribunal révolutionnaire*, p. 234.

Revenus. — En 1790, il déclarait pour son canonicat la moitié des grosses dîmes de Huberville (est. 1,200 livres), une part de chanoine (est. 3,318 l. 7 s. 4 d.); et pour la chapelle Saint-Clair, le tiers des grosses dîmes d'un trait à Grimouville, valant 400 livres. Au total, charges non déduites, 4,918 l. 14 s. 4 d. (*Déclar.*, n° 94 et 94 bis, ms. cit., f° 75 r°).

de l'abbaye de Hambie[1], représenté par M. Mathieu, curé de Saint-Romphaire, suivant la procuration passée devant les notaires du Châtelet de Paris, le 4 de ce mois»;

2° La communauté des *Dominicains de Coutances* : «les RR. F.F. Prêcheurs Dominicains de cette ville, présents par le R. F. Facio, prieur[2]»;

3° La communauté des *Dominicains de Mesnilgarnier* : «les RR. F.F. Prêcheurs Dominicains de Mesnilgarnier, représentés par l'abbé Facio, suivant acte capitulaire du.... par lui représenté[3]»;

4° L'abbaye de *Notre-Dame des Anges, à Coutances* : «les dames Abbesse et Religieuses de l'abbaye royale de N.-D. des Anges, ordre de Saint-Benoît, de cette ville, représentées par M. François Ventigny-Desplanques, suivant l'acte capitulaire du 2 de ce mois[4]»;

5° La communauté des *Hospitalières de Coutances* : «les dames Supérieure et Religieuses hospitalières de cette ville, ordre de Saint-Augustin, représentées par M. Bonté, prêtre, chanoine en l'église cathédrale de ce lieu, suivant l'acte du 13 de ce mois»[5].

b. *Prieurés simples, conventuels et non conventuels.* — Il n'y a dans le ressort qu'un seul prieuré, celui de *la Bloutière*, pour lequel est appelé : «M. l'abbé Arnoult, prieur commendataire de la Bloutière, représenté par M. l'abbé Daniel, suivant procuration sous seing du 14 de ce mois»[6].

---

[1] M. de la Prune-Montbrun était commendataire depuis 1771, et l'abbaye n'avait plus de religieux. (*Almanach ecclésiastique*, p. 48.) Sur ce personnage, et sur les revenus de Hambye en 1789, on se reportera à la note sous le cahier de Hambye, art. 45 (au tome Ier, p. 344).

[2] La communauté des Dominicains ou Jacobins de Coutances, qui appartenait à la province de France, comptait encore, en 1790, 5 religieux prêtres résidants, et un non résidant, sous la direction du prieur Gérard Faciot (Arch. nat., D[XIX] 11). L'*État général de l'évêché de Coutances* leur donne, en 1773, 2,000 livres de revenus (Ms. Bibl. Coutances, n° 48, f° 4 v°). On corrigera en ce sens la note portée au tome Ier, p 95, n. 3.

[3] La date de l'acte de députation est restée en blanc dans le manuscrit. Il est vraisemblable qu'il n'y avait point eu d'acte de députation régulier, car la communauté ne comptait plus en 1790 qu'un seul religieux, détaché de la maison du même ordre de Coutances (Arch. nat., D[XIX] 11). La déclaration de 1790 n'a pu être retrouvée. Nous savons par ailleurs que la communauté possédait, dans les paroisses de Mesnilgarnier, la Haye-Pesnel et le Tanu, des biens-fonds considérables, qui donnaient par baux

authentiques plus de 1,850 livres de revenu (Arch. Manche, H., n. cl., *Jacobins de Mesnilgarnier*).

[4] Sur l'abbaye de N.-D. des Anges et ses revenus en 1790, voir la note sous le cahier de Coutances (au tome Ier, p. 95, n. 3). L'abbaye comptait encore, en 1790, 19 choristes, 12 converses et 7 agrégées, novices ou postulantes, dont la supérieure était m[e] Madeleine-Diane Houël de la Roche-Bernard, âgée de 83 ans. Elle donnait «l'instruction gratuite aux enfants de la ville et un pensionnat pour les jeunes demoiselles». (*État des religieuses*, Arch. nat., D[XIX] 3.)

[5] Pour les Hospitalières de Coutances, voir de même la note au tome Ier, p. 95, n. 3. En 1790, elles étaient au nombre de 6 choristes seulement; il y avait 4 religieux pourvus de bénéfices au dehors, dans les prieurés de Saint-Denis-le-Gast, Beaumont, Morville et Saint-Sauveur-la-Pommeraye. (Arch. nat., D[XIX] 12, l. 175.)

[6] Sur le prieuré de la Bloutière et sa situation en 1789, on se reportera à la note sous le cahier de la Bloutière (au tome Ier, p. 174). Le prieuré, qui était conventuel, n'avait plus de religieux depuis 1764, et tous les revenus appartenaient au prieur commendataire, l'abbé Arnoult. Celui-ci, relégué

c. *Prieurés-cures.* — Ils sont au nombre de 7, dans les paroisses de : Fleury (m° Jullien Hébert), le Guéhébert (titulaire non dénommé), Hocquigny (m° Jacques-François Josme), la Bloutière (titulaire non dénommé), Savigny (m° Baudois) et Saint-Denis-le-Gast (Jean-Picquet, religieux de l'hôtel-Dieu). Sur ces 7 religieux, 4 sont présents en personne à l'assemblée, 2 sont déclarés absents, et 1 seul est représenté par procureur[1].

d. *Hôpitaux.* — Un seul est convoqué, celui de Coutances : «M. le prieur et les religieux de l'Hôtel-Dieu de Coutances, représentés par M. Hubert, prieur»[2].

e. *Commanderies de Malte :* «Monsieur de Boniface, chevalier, commandeur de Villedieu. — Absent»[3].

### B. *Ecclésiastiques engagés dans les ordres, etc...,* non possédant bénéfices.

L'appel fait apparaître 20 ecclésiastiques de cette classe, qui sont domiciliés dans les paroisses de : Anctoville[4], Belval, Brainville, Cambernon (3 eccl.), Carantilly, Courcy, Cerisy, Gratot, Longueville, Marigny, Monthuchon (2 eccl.), Quettreville, Régneville, Roncey, Saussey, Urville-sur-Mer et Villedieu. Tous sont qualifiés simplement prêtres, sauf à Cambernon, où figure

depuis 1786 dans son prieuré par une lettre de cachet, avait vainement sollicité, par lettre du 28 février, l'autorisation d'en sortir exceptionnellement, pour se rendre à l'assemblée de Coutances. (Arch. nat., B III/167, p. 1036 et suiv.)

[1] De ces sept prieurés-cures, trois étaient à la nomination du prieur de la Bloutière (Fleury, la Bloutière et Hocquigny); le prieuré de Grimesnil était à la nomination de l'abbé de Saint-Lô, celui de Savigny à celle de l'abbaye de Sainte-Barbe-en-Auge, celui du Guéhébert à celle du seigneur laïc, enfin celui de Saint-Denis-le-Gast partagé entre le seigneur du lieu et l'hôtel-Dieu de Coutances (*État des bénéfices*, f° 5 et suiv.). Pour les revenus, on pourra se reporter en général aux notes sous les cahiers des différentes paroisses.

Les prieurés-cures de la Bloutière et du Guéhébert étaient vacants à la date de février 1789. Le titulaire de celui de Saint-Denis-le-Gast, Jean Piquet, était depuis 1788 membre de l'assemblée du département de Coutances, pour l'ordre du clergé (Arch. Calvados, C 7700).

[2] Sur l'hôpital de Coutances et ses revenus en 1789, voir la note sous le cahier de Coutances (au tome I⁺, p. 95, n. 3). On observera que deux autres établissements hospitaliers du ressort, l'hôpital de *Granville* et celui de *Villedieu*, n'ont pas été convoqués (voir tome I⁺, p. 31, n. 2, et p. 642, n. 3). Quant à l'hôtel-Dieu de Hocquigny, il était en 1789 uni au prieuré-cure. (*Ibid.*, p. 376, n. 1.)

[3] Sur la commanderie de Villedieu et son dernier titulaire, voir de même la note sous le cahier de Villedieu. (*Ibid.*, p. 635, n. 3.)

[4] La transcription de B III commet ici une singulière bévue; elle signale dans la paroisse d'Anctoville la présence, parmi les ecclésiastiques sans bénéfice, de Pierre Grandin, *laboureur*, et à Carantilly de même, celle de J.-F. Lepaysan, *laboureur*. Cette situation d'ecclésiastiques laboureurs serait curieuse à noter, si elle n'était le résultat d'une méprise du copiste; le procès-verbal authentique fait suivre leur nom de l'abréviation ordinaire *pbr* = prêtre (*presbyter*). Le copiste peu instruit qui a fait la transcription a lu une abréviation *lbr*, qu'il a résolue hardiment dans la qualification *laboureur*.

«le sieur Pierre Duprey, sous-diacre»; à Marigny, «le sieur Jacques-Philippe Herouard, prêtre-régent de l'école de Marigny»; et à Monthuchon, où comparaît «le sieur François Lemonnier, sous-diacre, âgé de 26 ans»[1].

Il convient d'ajouter trois groupements de *prêtres habitués*, que l'appel place à tort parmi les bénéficiers, et qui ne le sont pas nécessairement, savoir : «1° MM. les ecclésiastiques engagés dans les ordres, non possédant bénéfices, habitués ou domiciliés dans la paroisse *Saint-Nicolas de Coutances*, représentés par les sieurs Pierre Lambert et Adrien Brusley, prêtres»[2]; 2° «MM. les ecclésiastiques engagés dans les ordres, non possédant bénéfices, habitués ou domiciliés dans la paroisse *Saint-Pierre de Coutances*, représentés par le sieur Grandin, prêtre»[3]; 3° enfin «MM. les ecclésiastiques engagés dans les ordres sacrés, non possédant bénéfices, habitués ou domiciliés dans la paroisse *Notre-Dame de Granville*, représentés par M. Alexandre-Joseph-François Larcher, prêtre, suivant la délibération du 24 février dernier».

## II. Bailliage secondaire de Saint-Lô[4].

### A. *Ecclésiastiques bénéficiers.*

#### I. Clergé séculier.

a. *Curés.* — L'appel fait apparaître un chiffre de *33* curés, pour *31* paroisses (la seule cure de Quibou était divisée en trois portions curiales)[5]. Il

[1] Le *Règlement* ne permettait aux ecclésiastiques non bénéficiers de se rendre à l'assemblée de leur ordre que s'ils avaient atteint l'âge de 25 ans (art. 16 dans Duvergier, t. I, p. 18).

[2] Les ecclésiastiques non bénéficiers habitués dans la paroisse de Saint-Nicolas de Coutances étaient en 1790 au nombre de 18. Ils déclarent des rentes foncières et hypothèques montant à 1,919 livres, et un casuel de 700 livres, qu'ils doivent partager avec le curé et les vicaires. Au total, 2,600 livres à peine, à répartir entre 18 personnes, et grevées de fondation (*Déclar.*, n° 67, ms. cit., f° 114 v°).

[3] Les ecclésiastiques non bénéficiers habitués dans la paroisse Saint-Pierre de Coutances étaient de même, en 1790, au nombre de 16. Ils déclarent comme biens communs : des rentes sur les tailles, le clergé et divers particuliers, montant à 2,214 l. 12 s. 7 d., et des rentes en argent estimées 29 l. 1 d. Au

total, 2,243 l. 12 s. 7 d., grevées seulement de messes, à répartir entre eux et le curé qui prend une part (*Déclar.*, n° 85, *Ibid.*, f° 114 v°). — Sur la situation légale et économique de ces ecclésiastiques habitués, on consultera E. Sevestre, *Clergé paroissial*, p. 6, note 2, et p. 27 à 30.

[4] Sources. — Ms. Greffe de Coutances, f° 12 v° = Arch. nat., B III/53, p. 129 à 137. On rapprochera utilement de cet appel du procès-verbal le *Rôle de MM. les bénéficiers du bailliage de Saint-Lô, assignés à comparaître...* (Ms. Greffe de Coutances, pièces n°s 22 et 23). Ce rôle est resté inédit.

[5] Sur les trois portions curiales de Quibou, voir ce que nous avons noté *suprà*, p. 6, n. 5. Aucun des curés du bailliage de Saint-Lô n'appartenait à l'assemblée du département de Saint-Lô. Les cinq membres ecclésiastiques de cette assemblée appartenaient, deux au bailliage de Coutances (curés de Mesnil-

convient de noter, parmi eux : le curé de Saint-Georges-de-Montcoq, m° Guillaume Saint (présent). Sur ce nombre de *33* curés, 2 sont déclarés absents, 22 comparaissent en personne, et *9* sont représentés par procureur-fondé de leur ordre.

b. *Chapelains.* — Ils sont au nombre de *5*, pour les chapelles : du Bois-André, à Saint-Georges-de-Montcoq; des Pézerils, à Bahais; de Saint-Ortaire, au Dézert; de Pont-Hébert, à Mesnil-Durand; et de l'Ascension, à Saint-Ebremond-de-Bonfossé. Sur ce nombre, *3* sont déclarés absents, *1* comparaît personnellement, et *1* est représenté par procureur-fondé.

## II. CLERGÉ RÉGULIER.

a. *Abbayes.* — Sont appelées dans le ressort *3* abbayes ou communautés, dont une d'hommes et deux de femmes, savoir :

1° Abbaye de *Saint-Lô* : «M. de Brandis, abbé commendataire de l'abbaye de Saint-Lô, — *Absent.* — MM. les prieur et religieux de l'abbaye de Saint-Lô, ordre de Saint-Augustin, chanoines réguliers de la Congrégation de France, représentés par le sieur Jacques-René Desruaux, prieur, par acte capitulaire du 11 de ce mois» [1];

2° Les *Nouvelles Catholiques* ou *Union chrétienne de Saint-Lô :* «les Dames Religieuses de la Propagation de la Foi, ou Nouvelles Catholiques, — *Absentes*» [2];

3° Le *Bon Sauveur* de Saint-Lô : «les Dames Religieuses de la communauté du Bon Sauveur, représentées par le sieur Julien Joret, prêtre, leur chapelain, suivant l'acte sous seing du 13 de ce mois» [3].

b. *Prieurés conventuels et non conventuels.* — Ils sont au nombre de 2 seulement, savoir : le prieuré de *la Perrine*, conventuel (repr. par le prieur, non dénommé), dans la paroisse du Dézert [4]; et le prieuré de *Saint-Fromond*, pour lequel est appelé Ét. Fr. de Cambacérès (repr.) [5].

c. *Prieurs-curés.* — Les curés réguliers du ressort de Saint-Lô sont au nombre de *5*, pour les paroisses de : Notre-Dame de Saint-Lô (m° Martin

Opac et de Saint-Martin de Bonfossé), et les trois autres au bailliage de Torigny, secondaire de Caen (curés de Rampan, de la Meauffe et de la Chapelle-Heuzebroq).

[1] L'abbaye de Saint-Lô appartenait à l'ordre des chanoines réguliers, *dits* Génovéfains. Elle ne comptait plus en 1790 que 5 religieux (Arch. nat., D$^{xix}$ 11, l. 163). Pour l'état des revenus, voir ce que nous avons noté d'abord sous la *Notice préliminaire* du bailliage de Saint-Lô (*suprà*, p. 7, n. 1 et n. 3), et ensuite sous le cahier de doléances de la ville de Saint-Lô (p. 42, n. 2; p. 47, n. 1; p. 48, n. 1 et p. 61, n. 1 et n. 2).

[2] Sur la communauté de l'Union chrétienne et sa situation en 1789, on se reportera de même à la *Notice préliminaire* précitée (*suprà*, p. 8 texte et n. 3, n. 5). La supérieure, en 1790, était m° Anne de Capelain (Arch. nat., D$^{xix}$ 4, l. 50).

[3] Sur la communauté du Bon-Sauveur, voir de même *suprà*, p. 8, texte et n. 4, n. 5. La supérieure en 1790 était m° Dulonprey. (*Ibid.*)

[4] Sur le prieuré de la Perrine et son état en 1789, voir de même *suprà*, p. 7, texte et n. 2; p. 8, n. 5, et ensuite p. 42, n. 2, et p. 94, n. 2.

[5] Sur le prieuré de Saint-Fromond et son titulaire, voir de même *suprà*, p. 7, texte et n. 3; p. 42, n. 1 et n. 2; et p. 94, n. 2.

Moriet)[1], Sainte-Croix de Saint-Lô (m° Jean-Bapt.-Aug.-Fr. Linguet), Saint-Thomas de Saint-Lô (m° Lepage de Varencé), Saint-Jean d'Agneaux (m° Chervin), et Saint-Martin des Champs (m° Gabriel-Simon Bottes). Sur ce nombre, aucun n'est déclaré absent, 2 comparaissent en personne, et *3* par procureur-fondé.

d. *Hôpitaux.* — Aucun ne figure à l'appel.

## B. *Ecclésiastiques non bénéficiers.*

L'appel n'en mentionne aucun sous cette rubrique. Mais il convient d'y reporter deux groupements de prêtres habitués, convoqués dans la ville de Saint-Lô, savoir :

1° «MM. les prêtres habitués de Notre-Dame de Saint-Lô, représentés par les sieurs Jullien Le Crosnier et Michel-Pierre-Louis Prenpain, suivant l'acte du 10 de ce mois», et 2° «MM. les ecclésiastiques et prêtres habitués de Sainte-Croix de Saint-Lô, représentés par le sieur Jean-Baptiste-Augustin-François Linguet, curé de la paroisse, suivant l'acte du 10 de ce mois.»

## III. Bailliage secondaire d'Avranches[2].

## A. *Ecclésiastiques bénéficiers.*

### I. Clergé séculier.

a. *Évêques.* — L'évêque d'Avranches, qui figure seul dans ce groupe, est ainsi appelé :

## Illustrissime et Révérendissime Seigneur Mgr. Pierre-Augustin

[1] Moriet (Martin), religieux de l'ordre des Génovéfains, était prieur-curé de N.-D. de Saint-Lô depuis 1782. Il prêta serment en 1790, et lors de la restauration du culte se retira à l'hospice de Saint-Lô, où il mourut le 2 novembre 1810 (E. Sevestre, *Clergé paroissial*, p. 91, n. 2). Nous avons donné, sous le cahier de Saint-Lô (*suprà*, p. 44, n. 2), l'estimation du *Pouillé* sur la valeur de sa cure, qui était à portion congrue. La *Déclaration* de 1790 n'a pas été retrouvée.

[2] Sources. — Ms. de Coutances, f° 13 v° = Arch. nat., B III/53, p. 137 à 157. On comparera utilement avec l'appel du procès-verbal que nous analysons au texte : 1° *Rôle de MM. les bénéficiers du bailliage d'Avranches, assignés à comparaître à l'assemblée des trois ordres du bailliage de Coutances*... (Ms. Greffe de Coutances, pièce n° 19); 2° *État fait et relevé sur les déclarations fournies du revenu des bénéfices par les titulaires, en exécution de la délibération de l'Assemblée générale du clergé de France du 12 décembre 1726* (Ms. Bibl. Avranches, n° 201).

*Éditions.* — M. l'abbé Pigeon a donné la liste des membres du clergé du bailliage d'Avranches présents à Coutances, dans une note de son étude plusieurs

Godard de Belbœuf[1], conseiller du roi en ses Conseils, évêque d'Avranches. — *Présent.*

b. *Chapitres et corps ecclésiastiques.* — Dans ce groupement se présente également seul le chapitre de l'église cathédrale d'Avranches, pour lequel sont successivement appelés les deux sous-groupes suivants :

## MM. les chantre, chanoines de l'église cathédrale d'Avranches[2].

fois citée sur *Le Grand Bailliage de Mortain en 1789* (op. cit., p. 516, n. 1). Il a publié plus tard intégralement le *Rôle d'assignation* du clergé du bailliage d'Avranches, dans : *le Mont Saint-Michel, sa baronnie,... avec les plaintes d'Avranches et les rôles inédits de ses trois ordres en 1789*, Avranches, 1901, in-8° (p. 399 à 405). On pourra rapprocher utilement une étude de M. Deschamps du Manoir, *Liste des prêtres du diocèse d'Avranches qui refusèrent le serment*, Avranches, 1900, in-8°.

[1] Godard de Belbœuf (Pierre-Augustin), 63° évêque d'Avranches d'après le rituel diocésain, et dernier évêque de ce siège, qui fut supprimé lors du Concordat. Il était né au château de Belbœuf près de Rouen, le 8 mai 1730, d'une famille de parlementaires. Il avait été d'abord grand-vicaire de M. de Nicolaï, évêque de Verdun, puis archidiacre du Vexin français en mai 1770, et fut nommé évêque d'Avranches en janvier 1774. Sacré le 15 mai à Issy, il prêta serment le 17 juin, et fit son entrée solennelle à Avranches le 20 septembre 1774. Il était abbé commendataire de l'abbaye bénédictine de Bonneval Saint-Florentin au diocèse de Chartres, et, au dire de ses biographes, ne résidait guère dans son diocèse, où il était peu aimé. Les biographes notent seulement qu'en 1775 il établit la Maison-Dieu de Mortain dans l'ancien prieuré du Rocher, qu'en 1776 il publia une nouvelle édition du Bréviaire d'Avranches, qu'en 1777 il reçut le comte d'Artois, et qu'il conduisit au Mont Saint-Michel l'empereur Joseph II. Il était depuis 1787 membre de l'assemblée provinciale de Basse-Normandie, pour l'ordre du clergé. A l'assemblée de Coutances, il tenta vainement de se faire élire député du bailliage de Cotentin, et ayant été déçu par les premiers votes, quitta bruyam-

ment l'assemblée. L'évêché d'Avranches ayant été supprimé en 1790, il refusa sa démission, émigra, refusa à nouveau de démissionner en 1802, et mourut à Hampstead en Angleterre, à l'âge de 78 ans, le 26 septembre 1808. Voir A. Brette, *Documents*, tome Ier, p. 510, n° 106; abbé Pigeon, *Le diocèse d'Avranches*, II, p. 337, n° 62, et p. 701; abbé Desroches, *Histoire du diocèse d'Avranches*, I, p. 324; E. Sévestre, *Clergé paroissial*, p. 49 n. 3; abbé Pigeon, *Le Grand Bailliage de Mortain*, p. 527, n. 1; et une notice détaillée de M. Deschamps du Manoir, *Mgr Godard de Belbœuf, dernier évêque d'Avranches, et son épiscopat* (dans Mém. Soc. Archéol. Avranches, tome IV [1873] p. 399 à 439). Il faut joindre encore E. Sévestre, *Les idées religieuses et politiques du haut-clergé à la fin de l'ancien régime d'après la correspondance et les papiers inédits de Mgr. P. A. Godard de Belbœuf*, Paris, 1911, in-8°.

Revenus. — Nous n'avons pas retrouvé de *Déclaration* de l'évêque d'Avranches en 1790. D'après l'*État de 1726*, la mense épiscopale, consistant dans les deux baronnies d'Avranches et de Saint-Philbert-sur-Risle, au diocèse de Lisieux, et dans un certain nombre de dîmes, terres et droits, valait 18,937 l. 16 s. 8 d. L'abbaye de Bonneval, d'autre part, valait, d'après l'*Almanach royal*, 4,500 livres.

[2] Le chapitre noble d'Avranches comptait, en 1789, 18 chanoines prébendés et 6 dignitaires, qui étaient le grand doyen, le chantre, le trésorier, le scolastique et les deux archidiacres d'Avranches et de Mortain. Le doyen était M. Scipion-Jérôme Brigeat de Lambert, du diocèse de Toul, élu en 1788, qui, après s'être retiré, en 1792, dans son pays, fut arrêté en 1793 et déporté à l'île Madame où il mourut

représentés par MM. Claude-Emmanuel Mariette [1] et Jean-Baptiste-
Henry-Abraham du Boisgobbey [2], chanoines, suivant l'acte capitulaire du 27 février dernier;

MM. les ecclésiastiques engagés dans les ordres sacrés, attachés
au chapitre de la cathédrale d'Avranches, représentés par les sieurs
David et Michel Patin, prêtres chapelains et vicaires, suivant acte
capitulaire du 2 mars [3].

c. *Curés.* — L'appel fait apparaître un chiffre de *100* curés séculiers,
pour 98 paroisses (les cures de Bouillon et de Saint–Pierre Langers étant à
deux portions curiales). Parmi eux, on doit noter : à Avranches, le curé de
Saint-Saturnin, m° Lelandais [4], celui de N.-D. des Champs, m° Lemuey; celui
de Saint-Gervais, m° Cousin; et dans les paroisses rurales, le *recteur* de
Cendrès, M. Pierre-Joseph Pirois; le curé de Pontorson, m° Boessel; le curé

en 1794. Voir abbé Pigeon, *Liste des
doyens du chapitre d'Avranches*, n° 49,
dans *Le diocèse d'Avranches*, II, p. 343.

Revenus. — L'*État de 1773* ne donne
aux dignités qu'un revenu total de
4,417 livres, et aux prébendes un total
de 6,810 livres (abbé Pigeon, *op. cit.*,
p. 693). Le revenu commun, estimé au
même état valoir 9,652 l. 13 s., est porté,
dans un compte plus récent de 1785,
au chiffre de 20,356 l. 14 s. 5 d.
(*Compte des revenus de la commune du
chapitre d'Avranches*, 22 novembre 1785,
Arch. Manche, G 43). On devra consulter pour le détail : abbé Pigeon, *op. cit.*,
II, p. 343 et 693; et abbé Desroches,
*op. cit.*, II, p. 329 et suiv.

[1] Mariette (Claude-Emmanuel) était
chanoine titulaire de la prébende de
Saint-Léonard. En 1773, d'après l'*État
du diocèse*, la prébende (baronnie de
Saint-Philbert, pour partie) valait 500
livres de revenus (abbé Desroches, I,
p. 329). Il faut joindre encore 700 livres
pour la part dans la commune du chapitre.

[2] Du Boisgobbey (Jean-Baptiste-Henri-
Abraham) était chanoine théologal et
grand archidiacre d'Avranches, et en
même temps vicaire-général du diocèse.
(*Appel ms. de Coutances*, f° 14 r°).

Revenus. — *Déclaration de 1790* non
retrouvée. En 1773, la prébende théo-
logale valait 300 livres seulement. Quant
à l'archidiaconé d'Avranches qui, d'après
l'État de 1726, «consistait uniquement
dans le droit de déport dudit archidia-
conén (f° 6 r°), il était estimé à cette

date à 250 livres, et en 1773 à 600 livres. Voir abbé Pigeon, *op. cit.*, II,
p. 694.

[3] Les ecclésiastiques attachés au chapitre d'Avranches étaient, en 1789, au
nombre de 55, dont 6 vicaires cathédraux, 28 chapelains (dont 10 à la présentation du chapitre et 17 à celle de
l'évêque), un sous-chantre, 14 habitués
préposés pour le chant et le service
de l'église, un maître de musique et
6 prêtres *dits* enfants de chœur. Voir
abbé Desroches, *Annales ecclésiastiques
de l'Avranchin*, p. 329; abbé Pigeon,
*op. cit.*, II, p. 343.

Revenus. — Le revenu des chapelles,
d'après l'*État de 1773*, était fort modique; la mieux dotée (Saint-Esprit)
pouvait valoir 350 livres, mais la plupart
ne passaient pas 100 livres, et l'une
d'elles (Saint-Denis) ne valait que 2 l. 10 s.
Au total, les 27 chapelles font un revenu
de 2,230 l. 10 s., auquel il faut joindre :
pour la sous-chantrerie, 510 livres; pour
les 6 grands-vicaires en commun,
1,200 livres; et pour la commune du
bas-chœur, 2,000 livres. Le tout n'atteint pas 6,000 livres, à répartir entre
55 personnes (abbé Pigeon, *op. cit.*,
II, p. 694).

[4] Lelandais (Pierre-René), né à
Saint-Jean-de-la-Haize, professeur au
collège d'Avranches, était curé de Saint-
Saturnin depuis 1782. Il refusa le serment en 1790, s'exila en 1792, rentra
dans sa paroisse en 1803, et mourut en
1810. Voir E. Sevestre, *Clergé paroissial*, p. 48.

des Pas, m⁰ Lesplu-Dupré[1], et le curé de Saint-Loup, m⁰ François Bécherel[2].
— Sur ce nombre de *100* curés, régulièrement convoqués et appelés, 2 sont
déclarés absents, *44* comparaissent en personne, et *54* sont représentés par
procureur-fondé de leur ordre.

d. *Chapelains*. — Ils sont au nombre de *9*, pour les chapelles de : Saint-
Gilles, à Ardevon; le Coudray, à Marcey; le Châtellier; Crux; Sacey; le Ver-
bois; la Porte, à Sainte-Pience; Bouillé, à Saint-Laurent-de-Cuves; et Colom-
brie, à Montviron. — Sur ce nombre, 2 chapelains seulement sont présents,
7 sont déclarés absents, aucun n'est représenté par procureur.

## II. CLERGÉ RÉGULIER.

a. *Abbayes*. — Sont appelées dans le ressort du bailliage d'Avranches,
*4* abbayes, dont *3* d'hommes et une de femmes, savoir :

1° Le *Mont-Saint-Michel* : «M. l'abbé du Mont Saint-Michel, *absent*[3]. —
MM. les prieur et religieux de ladite abbaye, présents par dom François-
Maurice, prieur de ladite abbaye, suivant l'acte capitulaire du 1ᵉʳ de ce
mois» [4];

2° L'abbaye de *Montmorel* : «M. de Pontevès, abbé de l'abbaye de Montmorel, *absent*[5]. — MM. les prieur et religieux de ladite abbaye, *absents*[6];

3° L'abbaye de la *Luzerne* : «M. Bernardin Gaultier de l'Espargnerie, abbé
régulier de la Luzerne, *présent*[7]. — MM. les prieur et religieux de ladite

---

(1) LESPLU-DUPRÉ (Nicolas-René) fut
choisi comme secrétaire adjoint de l'assemblée du clergé, dans la première
séance du 20 mars (*infrà*, p. 430). Il a
signé comme tel toutes les séances du
procès-verbal du clergé, et le cahier.

(2) Le curé de Saint-Loup, François
BÉCHEREL, fut choisi d'abord comme
commissaire-rédacteur du cahier du
clergé, puis ensuite comme député de
l'ordre du clergé du bailliage de Cotentin, dans la séance du 26 mars au matin. Voir *infrà*, p. 438 et la note 3.

(3) Il n'y avait plus, en 1789, d'abbé
du Mont-Saint-Michel. Lorsque les ordres d'assignation lui furent parvenus,
le subdélégué écrivit à l'intendant :
«J'ai l'honneur de vous adresser une assignation donnée à M. l'abbé du Mont-
Saint-Michel, pour assister aux États
généraux. *Comme il n'existe pas*, vous
ne jugerez peut-être pas nécessaire de
le faire remplacer à l'assemblée qui aura
lieu à Coutances. En tout cas, Monsieur,
j'exécuterai les ordres que vous me fe-
rez passer à ce sujet. Je suis, etc...»
(*Lettre de M. de Brou, du 27 février
1789*, Arch. Calvados, C 6353).

(4) Sur l'abbaye du Mont-Saint-Michel,
sa population et ses revenus en 1789,
voir ce que nous avons noté au tome Iᵉʳ,
p. 680 et note 4. — On ajoutera comme
bibliographie : abbé PIGEON, *Le Mont-
Saint-Michel et sa baronnie Genêts-Tombelaine*,... Avranches, 1901, in-8°
(Bibl. nat., Lk⁷ 32992). A la page 172,
on trouvera une carte des baronnies
d'Ardevon, Genêts et Saint-Pair, et
l'*État des revenus de l'abbaye en 1785*,
qui donne des chiffres sensiblement supérieurs à ceux que nous avions indiqués
d'après l'*État* de 1726 (27,000 livres
au total pour l'abbé, et 19,331 pour les
religieux).

(5) Pour l'abbaye de Montmorel, voir
au tome Iᵉʳ, p. 680, texte et n. 6. La
*Déclaration de 1790* a été reproduite,
sans indication de provenance, par
l'abbé DESROCHES, *Annales civiles du
pays d'Avranches*, Caen, 1857, p. 423.

(6) Le prieur de Montmorel était
M. Antoine Bertholet de Boële. Il n'y
avait avec lui, en 1790, que deux religieux, âgés de 77 et 65 ans (abbé DES-
ROCHES, *op. cit.*, p. 423).

(7) Pour l'abbaye de la Luzerne, voir
de même au tome Iᵉʳ, p. 680, texte et
n. 5. Quelques chiffres donnés dans cette
note doivent être corrigés. Ainsi, les déclarations de 1790 donnent, pour l'abbé,

abbaye, représentés par M. Fr.-Louis Samson, prieur de ladite abbaye, suivant acte capitulaire du 13 de ce mois»;

4° L'abbaye de filles d'*Avranches*, unie au prieuré de *Moutons* : «les dames Religieuses Bénédictines de l'abbaye de Moutons, représentées par M. Nicolas Clouard, curé de Moutons, suivant procuration en date du 28 février dernier» [1].

b. *Prieurés conventuels et non conventuels*. — Ils sont au nombre de 7, savoir : le prieuré de Sacey (m° de la Bintinaye, abs.); le prieuré de Saint-James (m° de Neuchaise, repr.); le prieuré de Tombelaine (dom Ragot, repr.); le prieuré de Saint-Nicolas de Pontorson (dom P. F. Latours, repr.); le prieuré de Saint-Antoine de Pontorson (m° le Roux, abs.); le prieuré de Saint-Maur de Saubesnon (m° Hallais, abs.); le prieuré de Céaux (m° Tricot, abs.).

c. *Prieurés-cures*. — Les curés réguliers sont au nombre de 3, pour les paroisses de : Champeaux (m° Rodon), les Loges-Marchis (m° Hoche de la Grézille), et Saint-Jean-le-Thomas (m° Dubois). — De ce nombre, *un* est déclaré absent, et 2 comparaissent en personne; aucun n'est représenté par procureur.

## B. *Ecclésiastiques non possédant bénéfices.*

Aucun ne se présente à l'appel; mais il convient de classer sous cette rubrique quatre groupements de prêtres habitués, que l'appel range parmi les bénéficiers, savoir :

1° «MM. les ecclésiastiques engagés dans les ordres, non possédant bénéfices, habitués ou domiciliés dans la paroisse de N.-D. des Champs, représentés par le s⁰ Philippe-Michel Mollet, vicaire de ladite paroisse, suivant la délibération passée devant M. le curé, le 12 de ce mois»; 2° «MM. les ecclésiastiques engagés dans les ordres, non possédant bénéfices, habitués ou domiciliés dans la paroisse Saint-Gervais, représentés par le sieur Joseph Bréard, prêtre, suivant la délibération du 5 de ce mois»; 3° «MM. les ecclésiastiques engagés dans les ordres, non possédant bénéfices, habitués ou domiciliés dans ladite paroisse de Saint-Saturnin, représentés par le s⁰ François-Marie Gauquelin, prêtre, suivant la délibération du 5 de ce mois; 4° «MM. les prêtres habitués de cette paroisse [de Pontorson], représentés par M. André Raulin, curé de

un revenu total de 4,193 l. 6 s. (dont 800 proviennent du fermage des halles d'Avranches); pour les religieux, 5,441 l. 2 s. 8 d.; et pour le tiers-lot, 6,110 l. 13 s. 2 d. Au total, un revenu de 15,745 l. 1 s. 10 d. Voir abbé Desnoches, *Annales historiques de l'Avranchin*, II, p. 311.

En 1790, l'abbaye avait seulement 7 religieux. M. Bernardin Gaultier de l'Espargnerie était abbé depuis le 3 juillet 1787; il fut, dans l'assemblée, un des commissaires-rédacteurs du cahier du clergé. Voir sur lui une notice dans Mém. Soc. Arch. Avranches, tome IV (1873), p. 422.

[1] Pour l'abbaye bénédictine d'Avranches et Moutons, voir de même au tome I⁰⁰, p. 680, texte et n. 1. L'abbesse, en 1789, était M⁰ Élisabeth de Coetlogon; l'abbaye comptait encore, en 1790, 25 religieuses, dont 17 professes et 8 converses (abbé Desnoches, *Annales religieuses de l'Avranchin*, II, p. 378).

Moidré, suivant la procuration passée devant les notaires de Pontorson, le 12 de ce mois».

## IV. Bailliage secondaire de Carentan[1].

### A. *Ecclésiastiques bénéficiers.*

#### I. Clergé séculier.

a. *Curés.* — L'appel fait apparaître un chiffre de 45 curés, pour 44 paroisses (la seule paroisse d'Appeville est partagée en deux portions curiales). Parmi eux, on doit noter : le curé de N.-D. de Carentan, m° Sallin (repr.); celui de la Haye-du-Puits, m° Pierre-André Fautras (prés.); et à Sainte-Marie-du-Mont : «M. Pierre-François de la Lande, curé archiprêtre de Sainte-Marie-du-Mont, présent», et «M. l'abbé d'Hauchemail, propriétaire du fief et sergenterie de Sainte-Marie du Mont, grand-chantre de la cathédrale de Coutances, présent» [2]. — Sur ce nombre de 45 curés, régulièrement convoqués et appelés, 2 sont déclarés absents, 25 comparaissent en personne, et 18 sont représentés par procureur-fondé de leur ordre.

b. *Chapelains.* — Ils sont au nombre de 3, pour les chapelles de : Sainte-Anne-de-Beaumont, à Carentan; Sainte-Anne-Gratechef, à Angoville-sur-Ay; et Saint-Martin à Saint-Cosme-du-Mont. — Sur ce nombre, aucun n'est présent, ni absent, les trois sont représentés par procureur.

#### II. Clergé régulier.

a. *Abbayes.* — L'appel fait apparaître, dans le ressort du bailliage de Carentan, une seule abbaye d'hommes, et deux communautés de femmes, savoir :

1° L'abbaye de *Blanchelande* [3], dont l'abbé (non appelé dans le ressort de

---

[1] Sources. — Ms. de Coutances, f° 19 r° = Arch. nat., B III/53, p. 157 à 168. On rapprochera utilement le *Rôle de MM. les bénéficiers du bailliage de Carentan assignés à comparaître, etc...* (Ms. Greffe de Coutances, pièce n° 20).

[2] D'Hauchemail (Jacques-Louis) fut élu dans l'assemblée du clergé comme commissaire-rédacteur du cahier de doléances. Voir séance du 20 mars au matin, *infrà*, p. 432 et la note 2.

[3] Sur l'abbaye de Blanchelande, on se reportera à ce que nous avons écrit dans la *Notice préliminaire* du bail-

liage de Carentan (au tome I°', p. 703, texte et n. 1, et ensuite, sous le cahier de ce bailliage, p. 737, n. 1). L'évêque de Coutances, de Talaru, était abbé de Blanchelande depuis 1766; le revenu déclaré par lui en tant qu'abbé s'élève, en 1790, à 24,388 livres (*Déclar.* n° 67, f° 58). La déclaration des religieux manque; au chapitre de l'ordre des Prémontrés, en 1770, leur revenu total était estimé à 12,000 livres; l'établissement payait 600 livres de décimes, et avait 12,560 livres de dettes (Arch. nat., G° 12).

Carentan) est l'évêque de Coutances, M. de Talaru de Chalmazel : «MM. les prieur et religieux de l'abbaye de Blanchelande, représentés par M. Jacques-François Le Canu, prieur de Doville, suivant délibération du 11 de ce mois»;

2° La communauté des *Augustines de Carentan* : «les dames religieuses de la corporation de l'ordre de Saint-Augustin, établies en la ville de Carentan, représentées par M. Desplanques de Ventigny, prêtre, par acte capitulaire passé devant les notaires de Carentan le 9 de ce mois»[1];

3° La communauté des *Bénédictines de Varenguebecq* : «les dames religieuses de Saint-Michel-du-Bosq, ordre de Saint-Benoît, représentées par Mᵉ Pierre-André Fautras, curé de la Haye-du-Puits, par acte capitulaire du 14 de ce mois»[2].

b. *Prieurés conventuels ou non.* — Aucun ne figure à l'appel.

c. *Prieurés-cures.* — Ils sont au nombre de 2 seulement, pour les paroisses de Saint-Côme-du-Mont (M. l'abbé d'Osmond) et de Saint-Germain-sur-Ay (M. l'abbé de Bayenne). De ce nombre, le dernier est déclaré absent, le premier est représenté par un procureur-fondé.

d. *Hôpitaux.* — Aucun ne figure à l'appel[3].

### B. *Ecclésiastiques non bénéficiers.*

Deux seulement se présentent à l'appel, qui sont domiciliés, l'un à Sainte-Marie-du-Mont, l'autre à Sainte-Mère-Église. Mais il convient d'y joindre, comme de coutume, un groupement de prêtres habitués que l'appel compte à tort parmis les bénéficiers, savoir : «MM. les prêtres habitués et domiciliés dans la paroisse de Notre-Dame de Carentan, représentés par M. Étienne-Bernardin Villette, par délibération du 3 de ce mois.»

Après l'appel des ecclésiastiques du ressort du bailliage de Carentan, le procès-verbal se trouve interrompu, et reprend plus tard, dans les termes suivants :

Et vu qu'il est une heure de relevée, nous avons renvoyé la continuation du présent à 3 heures, MM. les ecclésiastiques avertis de

---

[1] Sur la communauté des Augustines, voir de même au tome Iᵉʳ, p. 703 et 725, n. 1. Le personnel comptait, en 1790, 30 choristes, 10 converses et «une vieille femme veuve affiliée» (Arch. nat., Dxıx 4, l. 50).

[2] Sur la communauté de Varenguebec ou de Saint-Michel-du-Bosq, voir encore au tome Iᵉʳ, p. 703. Le personnel comptait, en 1790, 22 religieuses, dont 13 choristes et 9 converses; la prieure était Mᵉ J. F. de May de Longueville (Arch. nat., Dxıx 4, l. 50).

[3] Il existait cependant en 1789, à Carentan, deux établissements hospitaliers. Voir notre note au tome Iᵉʳ, p. 722.

s'y retrouver, et avons arrêté et signé la présente séance, avec le procureur du roi et notre greffier.

DESMARETS DE MONTCHATON.

LEBRUN.                            BLONDEL.

---

[ 2ᵉ *Séance*, *du 16 mars au soir* ][1].

Dudit jour 16 mars an 1789, 3 heures de relevée, en la nef de l'église cathédrale de Coutances, devant Nous conseiller du roi lieutenant général susdit, présence et assisté comme dit est, —

En exécution de notre renvoyé (*sic*) de ce jour, nous avons fait continuer l'appel de MM. les ecclésiastiques, ainsi qu'il suit :

### V. BAILLIAGE SECONDAIRE DE CÉRENCES [2].

---

A. *Ecclésiastiques possédant bénéfices*.

---

#### I. CLERGÉ SÉCULIER.

a. *Curés*. — L'appel ne fait apparaître que des curés de paroisses, au nombre de 9 pour 8 paroisses, la cure de Lingreville étant partagée en deux portions curiales. De ces 9 curés, aucun n'est déclaré absent, 8 comparaissent en personne, et 1 est représenté par procureur-fondé de son ordre[3].

b. *Chapelains*. — Il n'y en a point.

#### II. CLERGÉ RÉGULIER.

a, b. *Abbayes, prieurés conventuels ou non conventuels, etc.* — L'appel ne fait apparaître, dans le ressort du bailliage de Cérences, aucun établissement de cette nature.

---

[1] Ms. du Greffe de Coutances, fᵒ 21 vᵒ = Arch. nat., B III 53, page 168.

[2] SOURCES. — Ms. du Greffe de Coutances, fᵒ 22 rᵒ = Arch. nat., B III 53, pages 168 à 170. On rapprochera utilement, comme d'ordinaire, le *Rôle de MM. les ecclésiastiques bénéficiers du bailliage de Cérences, assignés, etc...* (Ms. Greffe de Coutances, pièce nᵒ 21).

[3] Le curé de Cérences n'avait pas été assigné à l'assemblée de ce bailliage, le clocher de la paroisse étant situé sous le ressort principal de Coutances. Au contraire, pour la noblesse, certains nobles furent appelés et comparurent à l'assemblée du ressort secondaire, à cause de fiefs situés à Cérences. Voir *infrà*, p. 407.

c. *Prieurés-cures.* — Ils sont au nombre de 2, dans les paroisses de Folligny (m° Le Brun) et de Saint-Sauveur-la-Pommeraye (m° Jacques Bloche). Tous deux sont présents.

d. *Hôpitaux.* — Il n'y en a point de convoqué dans le ressort[1].

## B. *Ecclésiastiques non possédant bénéfices.*

L'appel n'en fait apparaître aucun.

## VI. BAILLIAGE SECONDAIRE DE MORTAIN[2].

### A. *Ecclésiastiques bénéficiers.*

#### I. CLERGÉ SÉCULIER.

a. *Chapitres et corps ecclésiastiques.* — Dans ce groupement, figure seul le chapitre de l'église collégiale de Mortain, représenté toutefois à l'appel par deux sous-groupes, ainsi qu'il suit :

MM. les vénérables chanoines de l'église collégiale de Mortain[3], représentés par M. Etienne Le Peinteur, chanoine de ladite église, suivant acte capitulaire du 12 mars.

MM. les vicaires, chapelains, prêtres habitués et autres ecclésiastiques attachés au chapitre de l'église collégiale de Mortain, assignés, représentés par M. Guillaume Boursin, prêtre, un d'eux, par délibération du 4 de ce mois[4].

---

[1] Les paroisses de Folligny, la Haye-Pesnel et le Tanu avaient droit d'hospitalisation et d'aumônes dans l'hôpital voisin de Hocquigny. Voir au tome 1er, p. 376, n. 1 et 377, n. 1.

[2] SOURCES. — Ms. Greffe de Coutances, f° 22 = Arch. nat., B III 53, p. 170 à 184. On rapprochera utilement un *État des assignations données, requête du procureur du roy du bailliage de Mortain, aux ecclésiastiques, etc...* (Ms. Greffe de Coutances, pièce n° 22). C'est cet *État,* avec les indications de présence, absence, représentation, et la date de la procuration ou de l'assignation pour les non-comparants, qui a été reproduit, sous le titre de *Rôle du clergé*

du *Grand Bailliage de Mortain,* dans : abbé PIGEON, *Le Grand Bailliage de Mortain en 1789* (Mém. Soc. Acad. Cotentin, t. III, 1880, p. 125 à 134). L'*État* présente quelques différences assez notables avec l'appel véritable de l'assemblée du clergé.

[3] Sur la collégiale de Mortain et sa situation en 1789, on se reportera à ce que nous avons dit dans la *Notice préliminaire* du bailliage de Mortain (*suprà,* p. 222, 223, texte et n. 1), et ensuite *suprà,* p. 283, n. 3). La collégiale comptait à la fin du XVIII° siècle 2 dignitaires, le doyen et le chantre, et 14 chanoines prébendés (Arch. Manche, G 1 et G 342).

[4] BOURSIN (Guillaume), né à Mor-

b. *Curés.* — L'appel fait apparaître un chiffre de *67* curés, pour 66 paroisses, la cure de Parigny étant partagée en deux portions curiales. Cinq d'entre eux sont qualifiés de «nobles et discrètes personnes», c'est-à-dire appartiennent à l'ordre de la noblesse. Il convient de distinguer dans l'ensemble : le curé de Mortain, me Etienne-Julien le Bel (présent)[1]; le curé de Notre-Dame-de-Barenton, «M. Gilles-Louis de Vaufleury, seigneur et patron de Saint-Patrice-du-Teilleul, bachelier de Sorbonne, licencié ès lois de la Faculté de Paris, doyen rural du Teilleul» (présent). — Sur ce nombre de *67* curés, régulièrement convoqués et appelés *8* sont déclarés absents, *18* comparaissent personnellement, et *41* sont représentés par procureur-fondé de leur ordre.

c. *Chapelains.* — Ils sont au nombre de *6*, pour les chapelles de : la Croix-Robine, à Ger; la Guinellière, à Sourdeval; Saint-Grégoire du Château, à Sourdeval; la Prize-Bizet, à Barenton; la Bizardière, à Villechien; et Jarry, à Saint-Cyr du Bailleul. — Sur ce nombre de *6* chapelains, régulièrement appelés, *2* sont déclarés absents, *4* représentés par procureur-fondé, aucun ne comparaît en personne.

## — II. Clergé régulier.

a. *Abbayes.* — L'appel fait apparaître, dans le ressort du bailliage de Mortain, *3* abbayes, dont *2* d'hommes et une de femmes, savoir :

1° *L'abbaye Blanche,* dans la paroisse du Rocher : «les Dames abbesse et religieuses de la Blanche, en la paroisse de Rocher, représentées par dom Louis-Joseph-Marie de Quesne, prieur de l'abbaye d'Aulnay, par acte capitulaire du *4* de ce mois»[2];

2° L'abbaye de *Montmorel,* convoquée dans la paroisse des Chéris : «MM. les religieux de Montmorel, assignés le 27 février, absents.»[3].

tain le 1er janvier 1756, était en 1789 prêtre habitué à la collégiale et non pas curé de Mortain, comme le disent les dictionnaires biographiques. Il fut élu en 1790 vicaire épiscopal de l'évêque constitutionnel de Coutances, en 1791 membre du directoire du département, et la même année député suppléant à l'Assemblée législative, où il ne siégea pas. Il reparaît ensuite, comme député au Corps législatif pour le département de la Manche, le 25 vendémiaire an IV; il fut réélu le 25 germinal an VII, et se suicida, dit-on, à Paris, le 28 pluviôse an VIII. Voir : Kuscinski, *Assemblée législative,* p. 73, 158; Kuscinski, *Corps législatif,* p. 307; Sabot, *Clergé paroissial,* p. 411, 415, 460, 463, 465; Lebreton, *Biographie normande,* t. Ier, p. 230; H. Sauvage, *Recherches historiques sur l'arrondissement de Mortain,* Mortain, 1851, in-8°, p. 377.

[1] Le curé de Mortain, me Lebel, fut un des 36 commissaires-rédacteurs du cahier du clergé, ainsi que le curé de Saint-Laurent-de-Cuves, me Bazin, qui appartenait également au bailliage de Mortain (*suprà,* p. 431 et 432).

[2] Pour l'abbaye Blanche et sa situation en 1789, on se reportera à ce que nous avons dit dans la *Notice préliminaire* du bailliage de Mortain (*suprà,* p. 222, texte et n. 4, et 223, texte et n. 3). L'abbaye comptait encore en 1790, 27 religieuses, dont 18 dames de chœur et 9 sœurs converses. L'abbesse, en 1789, était Mme de Lesquen (abbé Desroches, *op. cit.,* II, p. 319).

[3] L'abbaye de Montmorel, défaillante sous le ressort de Mortain, a comparu cependant à l'assemblée, sous le bailliage secondaire d'Avranches. Voir l'appel du clergé dans ce ressort (*suprà,* p. 377).

3° L'abbaye de *Savigny*, dans la paroisse de ce nom : «M. d'Aydie, abbé de l'abbaye de Savigny, *absent*. [1] — MM. le Prieur et les Religieux de ladite abbaye, représentés par dom Fr. Maurice, prieur du Mont-Saint-Michel, par acte capitulaire passé devant le notaire de ⬤uais, le 9 de ce mois» [2].

b. *Prieurés conventuels ou non conventuels.* — Ils sont au nombre de *4*, savoir : le prieuré du Rocher (noble et discrète personne M. Laurent de Chausson, vicaire général de Troyes); le prieuré des Biards (M. Choffié); le prieuré de Saint-Hilaire-du-Harcouët (mᵉ Jean-Baptiste Le Voivenel); et le prieuré de Saint-Cyr-du-Bailleul (sans titulaire). — Sur ce nombre de *4* prieurs, *3* sont déclarés absents, un seul est représenté par procureur-fondé.

c. *Prieurés-cures.* — Ils sont au nombre de *5*, pour les paroisses de Buais (mᵉ Godé), des Chéris (mᵉ Ménil de la Bretaye), de la Mancellière (mᵉ Levenard), de Martigny (mᵉ Cl. Charles Duchesne), et de Reffuveille (mᵉ Vatier). — Sur ce nombre, *1* est déclaré absent, *2* sont présents en personne, et *2* sont représentés par procureur-fondé de leur ordre.

d. *Hôpitaux.* — Aucun ne figure à l'appel [3].

## B. *Ecclésiastiques non bénéficiers.*

Aucun ne s'est présenté à l'appel, sous le ressort du bailliage de Mortain.

[1] Pour l'abbaye de Savigny, voir ce que nous avons noté sous le bailliage secondaire de Mortain (*suprà*, p. 212, texte et n. 3, 222, texte et n. 3, et plus loin p. 283, n. 3). L'abbé commendataire, en 1789, M. François Odet d'Aydie, docteur en théologie, conseiller et aumônier du roi, grand vicaire et doyen de la cathédrale de Tours, avait succédé, en 1745, à Massillon. Il mourut à Périgueux, le 5 août 1794. Voir *Notice biographique*, dans Hipp. Sauvage, *Recherches historiques sur l'arrondissement de Mortain*, Mortain, 1851, in-8°, p. 335 et 368 (Exemplaire, Bibl. nat., L k⁵, 224); abbé Desnogues, *Histoire du diocèse d'Avranches*, II, 321.
Revenus. Nous n'avons pas la déclaration de 1790 de l'abbé d'Aydie; nous avons seulement un *État de l'abbaye de Savigny*, envoyé le 23 mars 1790

par Fr.-Gérôme Santerre, procureur de l'abbaye (Arch. nat., D xix 10, l. 154).
[2] Les religieux de l'abbaye de Savigny étaient en 1790 au nombre de 13, dont 2 au-dessus de 70 ans. Le prieur était dom Louis Verdier, qui était membre depuis 1787 de l'assemblée provinciale de Normandie, pour l'ordre du clergé (Sanor, *Organisation administrative de la Manche pendant la Révolution*, p. 406). En 1790, dans l'*État nominatif des religieux de l'ordre de Cîteaux*, il se déclare âgé de 47 ans (Arch. nat., D xix 10, l. 153).
[3] Il existait cependant en 1789, dans le ressort de Mortain, deux établissements hospitaliers : l'hôpital de Mortain et l'hôtel-Dieu de Barenton. Voir *suprà*, p. 223, texte et n. 3, n. 4, et p. 284 n.

## VII. Bailliage secondaire de Saint-Sauveur-Lendelin, séant à Périers[1].

### A. *Ecclésiastiques bénéficiers.*

#### I. Clergé séculier.

a. *Curés.* — L'appel fait apparaître un chiffre de *53* curés, pour *48* paroisses (la cure de Gorges est à 3 portions curiales, et celle de Saint-Sauveur-Lendelin à 4 portions curiales, mais avec deux titulaires seulement)[2]. Parmi eux, on doit remarquer : m° Duchemin, curé de Périers (présent)[3]; m° Adrien Brisson, curé de Saint-Sauveur-Lendelin, «pour les trois premières et royales portions» (présent); m° Lenoir, curé de Saint-Sauveur-Lendelin, *pro 4ᵉ* (présent); m° Le Bichue, curé d'Agon (repr.); m° Lejardinier des Landes, curé de la Feuillie (présent)[4]; et m° Bisson, curé de Saint-Louët-sur-Lozon (présent)[5]. — Sur ce chiffre de *53* curés, régulièrement convoqués et appelés, *un* seul est déclaré absent, *44* comparaissent personnellement, et *8* sont représentés par procureur-fondé de leur ordre.

b. *Chapelains.* — Il n'y a qu'un seul chapelain de convoqué, m° le Touzé, pour la chapelle de Saint-Jean à Saint-Aubin-du-Perron (présent).

#### II. Clergé régulier.

a. *Abbayes.* — L'appel ne fait apparaître dans le ressort du bailliage de Saint-Sauveur-Lendelin qu'une seule abbaye (d'hommes), celle de *Lessay*, pour laquelle sont appelés :

«M. de Durfort, archevêque de Besançon, abbé commendataire de l'abbaye

[1] Sources. — Ms. du Greffe de Coutances, fᵒ 26 rᵒ = Arch.nat., B III 53, p. 185 à 192. On rapprochera utilement, comme d'ordinaire, le *Rôle de MM. les bénéficiers du bailliage de Périers assignés à comparaître,* etc... (Ms. Greffe de Coutances, pièce nᵒ 24).

[2] Sur les portions congrues de Saint-Sauveur-Lendelin et de Gorges, et leurs titulaires en 1789, voir ce que nous avons noté *supra,* p. 29, n. 5, et p. 102, n. 2.

[3] Duchemin (Julien-Jean-Baptiste), curé de Périers, fut élu en 1790 vicaire constitutionnel de l'évêque de Coutances; il devint évêque du Calvados le 29 décembre 1798, et mourut à Bayeux, le 31 mars 1799. Voir A. Lenosey, *His-*

*toire religieuse et civile de Périers,* p. 95, 135-138, 232-233; et É. Sevestre, *Clergé paroissial,* p. 90, n. 1.

[4] Lejardinier des Landes, curé de la Feuillie, paraît avoir été l'instigateur et le rédacteur de la *Protestation* que la minorité du clergé de Coutances éleva contre la rédaction du cahier de l'ordre du clergé de Cotentin, Voir *infrà,* p. 446, note 1.

[5] Bisson, curé de Saint-Louët-sur-Lozon, est l'auteur d'un *Almanach ecclésiastique du diocèse de Coutances,* que nous avons souvent cité et utilisé. Il fut choisi, dans la séance du 20 mars au matin, pour un des commissaires-rédacteurs du cahier du clergé (*infrà,* p. 432).

de Lessay, représenté par M. Gilles-François Grosset, curé de Sainte-Opportune de Lessay[1]; MM. les Prieur et Religieux de l'abbaye de Lessay, représentés par dom Dominique-François Foucher, sous-prieur, suivant acte capitulaire du 14 de ce mois»[2].

b. *Prieurés conventuels ou non conventuels.* — Ils sont au nombre de 4, savoir : le prieuré de Boisroger (titulaire non dénommé); le prieuré de Broquebœuf, à Lithaire (M. l'abbé de Bayenne); le prieuré de Marchésieux (M. de Beaucous); et le prieuré de Sainte-Anne-au-Plessis (titulaire non dénommé). — Tous les quatre sont déclarés absents[2].

c. *Prieuré-cure.* — Il n'y en a qu'un seul, celui de la paroisse de Raids (M. Canivet, présent).

## B. *Ecclésiastiques non bénéficiers.*

L'appel mentionne 7 de ces ecclésiastiques, qui sont domiciliés dans les paroisses de Périers (2 ecclés.), de Geffosses, de Mithaire, de Muneville-la-Bingard, et de Saint-Aubin-du-Perron. Tous sont qualifiés *prêtres*.

Après l'appel des ecclésiastiques du bailliage de Saint-Sauveur-Lendelin, le procès-verbal est interrompu, et reprend ensuite dans les termes suivants :

Et vu qu'il est près de 8 heures du soir, nous avons renvoyé la continuation de l'appel de MM. les ecclésiastiques à demain, 8 heures du matin, iceux invités de se représenter à ladite heure, et avons clos la présente séance et signé avec le procureur du roi et notre greffier.

Desmarets de Montchaton.

Lebrun.   Blondel.

[1] Raymond de Durfort-Léobard, aumônier du roi, archevêque de Besançon, était né le 10 août 1725, au château de la Roque, diocèse de Cahors, de famille noble. Il avait appartenu à la région de Cotentin comme évêque d'Avranches, de septembre 1764 à 1766. Transféré à l'évêché de Montpellier en 1766, et enfin, en 1774, au siège archiépiscopal de Besançon, il avait obtenu en 1774, à titre d'union personnelle, la commende de l'abbaye de Lessay. Sous la Révolution, il émigra de bonne heure, et se réfugia en Suisse, où il mourut à Soleure, le 29 mars 1792. Voir A. Brette, *Documents*, 1, p. 489, n° 33; *Almanach*

ecclésiastique, p. 48; abbé Desroches, *Histoire de l'évêché d'Avranches*, I, p. 323; abbé Sevestre, *Clergé paroissial*, p. 115 n. 1.

[2] Sur l'abbaye de Lessay et sa situation en 1789, on voudra bien se reporter à ce que nous avons écrit dans la *Notice préliminaire* du bailliage de Saint-Sauveur-Lendelin (*suprà*, p. 100, texte et n. 6 et 8, et p. 101, texte et n. 2), en tenant compte d'ailleurs de la correction apportée à certains chiffres, p. 156, n. 1.

[3] Pour les différents prieurés du bailliage de Périers, voir de même la note, p. 156, n. 1.

[*3e Séance, du 17 mars 1789*][1].

Du mardi 17e jour dudit mois de mars 1789, en la nef de la cathédrale, devant Nous conseiller du roi, lieutenant général susdit, présence et assisté comme dit est, 8 heures et demie du matin, —

En exécution de notre renvoi d'hier à ce jour nous avons procédé à la continuation de l'appel de MM. les ecclésiastiques, ainsi qu'il suit :

Avant de procéder à cette continuation de l'appel, le lieutenant général doit terminer tout d'abord l'incident soulevé la veille par la prétention des chapelains de la cathédrale de Coutances, de comparaître personnellement à l'assemblée. Les chapelains se sont conformés à la décision rendue contre leur prétention, et ont accepté de nommer seulement un représentant, aux termes de l'article X du Règlement. Ce résultat est annoncé en ces termes :

A l'instant est comparu M. François Des Planques de Ventigny, prêtre, lequel nous a exposé qu'en conséquence de notre sentence du jour d'hier[2], MM. les chapelains de cette cathédrale se seraient assemblés, et après avoir délibéré entre eux, l'auraient choisi pour leur député, aux fins de les représenter à cette assemblée, suivant leur délibération sous seing du jour d'hier, qu'il nous a représentée; et après vérification faite d'icelle, l'ayant trouvée en règle, nous avons ordonné que le nom dudit M. Desplanques de Ventigny serait inscrit sur le rôle en ladite qualité de député de MM. les chapelains de cette cathédrale, ce qui a été fait à l'instant par notre greffier[3].

Après quoi, nous avons fait appeler MM. les ecclésiastiques du bailliage de Valognes.

---

[1] Ms. du Greffe de Coutances, f° 28 r° = Arch. nat., B iii 53, p. 192.

[2] Pour l'incident relatif à la comparution des chapelains et la décision du lieutenant général, voir séance du 16 mars au matin (*suprà*, p. 367).

[3] Dans le manuscrit du Greffe de Coutances, qui paraît avoir été l'original même rédigé en séance par le greffier de l'assemblée générale, le paragraphe relatif à la députation des chapelains de la cathédrale est en effet très visiblement ajouté après coup, pour remplir un blanc laissé intentionnellement à cet endroit (f° 6 v°). Voir le texte reproduit *suprà*, p. 366.

## VIII. Bailliage secondaire de Valognes.

### A. *Ecclésiastiques bénéficiers* [1].

#### I. Clergé séculier.

a. *Curés.* — L'appel fait apparaître un chiffre de *130* curés, pour *128* paroisses (les cures de Joganville et de Sortosville-en-Beaumont sont à deux portions curiales). Parmi eux, on doit citer : m° Gravé de la Rive, curé de Saint-Malo-de-Valognes (présent); m° Jean-Pierre du Saulx, curé d'Alleaume (présent) [2]; m° Charles-François le Vacher, curé de Cherbourg (présent) [3]; m° Jacques Lelubois, curé de Fontenay (présent) [4]; et m° de Fretel, curé de Saint-Floxel (présent) [5]. Le curé de Lieusaint (m° d'Allard) appartient au diocèse de Bayeux [6]. — Sur ce chiffre de *130* curés, régulièrement convoqués et appelés, *9* sont déclarés absents, *61* comparaissent en personne, et *60* sont représentés par procureur-fondé de leur ordre.

[1] Sources. — Ms. du Greffe de Coutances, f° 28.v° = Arch. nat., B III/53, p. 193 à 217. On rapprochera utilement, comme d'habitude, le *Rôle de MM. les bénéficiers du bailliage de Valognes, assignés, etc...* (Ms. Greffe de Coutances, pièce n° 27). Une liste abrégée des «ecclésiastiques les plus marquants» du bailliage de Valognes a été publiée dans l'ouvrage plusieurs fois cité de M. Lecacheux. *Documents pour servir à l'histoire de Montebourg*, t. I°°, p. 293 et suiv.

[2] Dussaulx (Jean-Pierre), curé d'Alleaume, était membre de l'assemblée du département de Valognes depuis 1788, ainsi que m° Auvray, curé de Flottemanville-Hague, m° Levasseur, curé de Rideauville, et m° Villot, curé de Surtainville. (Arch. Calvados, C 7721).

[3] Levacher (Charles-François), bachelier en droit canon, était curé de Cherbourg depuis 1779, et doyen de la Hague depuis 1786. Nous avons donné, sous le cahier de Cherbourg, sa *Déclaration* de 1790 (au tome II, p. 53 n. 1). Ses biographes nous apprennent qu'il prêta serment en 1790, puis se rétracta et mourut le 10 septembre 1792.

Voir Leroux, *Les curés du vieux Cherbourg*, p. 62-66; É. Sevestre, *Clergé paroissial*, p. 85 n. 1.

[4] Lelubois (Jacques-François-Louis), curé de Fontenay, fut élu député du bailliage de Cotentin, pour l'ordre du clergé, dans la séance du 26 mars au matin. Voir *infrà*, p. 438 et note 1.

[5] Fretel, curé de Saint-Floxel, fut un des douze commissaires-rédacteurs du cahier du clergé élus dans la séance du 20 mars au matin (*infrà*, p. 432). Il avait écrit, à la date du 8 mars 1789, une curieuse lettre au D. G. d. F., dans laquelle il dénonce le danger qu'il pourra y avoir à faire voter *à voix basse* dans les assemblées, comme le prescrit l'art. 47 du *Règlement*. Voir cette lettre, Arch. nat., Ba 35, l. 70 = Arch. nat., B III/53, p. 591 à 594.

[6] Sur l'origine de cette enclave du diocèse de Bayeux dans le Cotentin, voir ce que nous avons observé dans les *Notices préliminaires* des bailliages de Carentan (au tome I°°, p. 703, n. 6), et de Valognes (au tome II, p. 2, n. 6) On joindra utilement : Toustain de Billy, *Histoire ecclésiastique du diocèse de Coutances*, éd. Fr. Dolbet, 1874, in-8°, tome I°°, p. 27.

*b. Chapelains.* — Ils sont au nombre de 2 seulement, pour les chapelles de : Saint-Jacques à Fontenay (m° Pierre Mouton) et Sainte-Marguerite à Saint-Germain-le-Gaillard (m° Jean-François Reverché Duperron, chanoine d'honneur en la cathédrale de Meaux). Tous deux comparaissent par procureur.

## H. CLERGÉ RÉGULIER.

*a. Abbayes.* — Sont appelées, dans le ressort du bailliage de Valognes, *3* abbayes ou communautés, dont 2 d'hommes et 1 de femmes, savoir :

1° L'abbaye de *Notre-Dame-du-Vœu, à Cherbourg,* pour laquelle sont appelés : «M. l'abbé de Bayenne, abbé commendataire de l'abbaye royale de Notre-Dame-du-Vœu, *absent.* — MM. les Prieur et Religieux de ladite abbaye, *il n'y en a point* [1]» ;

2° L'abbaye de *Valognes :* «les dames Bénédictines de l'abbaye de Protection de la ville de Valognes, représentées par dom François-Raymond de Saint-Maurice, prieur de Clitourp, suivant l'acte capitulaire du 12 de ce mois [2]» ;

3° La communauté de *Barfleur :* «les RR. PP. Augustins de Barfleur, représentés par le R. F. Girard Facio, prieur des Dominicains de la maison de Coutances, suivant acte capitulaire du 9 de ce mois [3].»

*b. Prieurés conventuels ou non conventuels.* — Ils sont au nombre de *8,* savoir : le prieuré du *Voto,* à la Pernelle (m° Marie-Louis-Léonor de Cussy); le prieuré de Clitourp (dom François-Raymond de Saint-Maurice); le prieuré de Gatteville (J.-Fr. Le Couturier); le prieuré d'Estoublon à Sotteville (m° Marie-Louis-Léonor de Cussy); le prieuré du Ham (m° Charles-Joseph Danvin); le prieuré de Sainte-Helaine-en-Omonville (dom Jean-François-Pierre Le Soucheux); le prieuré de Portbail (dom Jacques-Joseph Berry, procureur de l'abbaye royale de Saint-Pierre en la ville de Lagny); le prieuré de l'If à Rauville (titulaire non dénommé) [4]. — Sur ce nombre de *8* prieurs,

---

[1] Pour l'abbaye de N.-D. du Vœu, voir de même ce que nous avons noté sous les cahiers du ressort de Valognes (au tome II, p. 3, texte et n. 1, et p. 62, n. 1). L'abbaye, en 1789, n'avait plus de religieux; l'abbé commendataire, Alph. de Bayenne, qui était auditeur de rote et résidait à Rome, avait été nommé en 1772, et il avait été, avant 1776, vicaire général de l'évêque de Coutances (*Almanach ecclésiastique*, p. 49).

On observera que l'abbaye de Montebourg, également située dans le bailliage, ne figure pas à l'appel. La raison est probablement que, d'une part, comme N.-D. du Vœu, elle n'avait plus de religieux en 1789, et que, d'autre part, le commendataire, M. de Talaru, abbé depuis 1771, était déjà appelé sous le bailliage principal de Coutances. Sur

l'état général de cette abbaye en 1789, on consultera surtout LECACHEUX, *Documents,* p. 15 à 31.

[2] Sur l'abbaye de N.-D. de Protection, voir de même au tome II, p. 3, texte et n. 3, et p. 29, n. 1. L'abbesse, en 1789, était M^me Marie-Jeanne-Elisabeth de Milo; il y avait encore, en 1790, 53 religieuses, dont 36 dames de chœur, 14 converses et 2 novices et affiliées (Arch. nat., D xix 4).

[3] Pour la communauté des Augustins de Barfleur, voir de même au tome II, p. 3, texte et n. 4, et p. 102, n. 2. Le prieur était le P. Nicolas Knœpffler, né en 1737. Il y avait avec lui, en 1790, 4 religieux prêtres et 1 frère clerc, âgé de 70 ans (Arch. nat., D xix 10, l. 142).

[4] Sur ces différents prieurés et leur

2 comparaissent personnellement, pour 3 prieurés, un est déclaré absent, et 4 sont représentés par procureur-fondé.

c. *Prieurés-cures.* — Les curés réguliers sont au nombre de 2 seulement, dans les paroisses de Jobourg (m° Le Rosty), et de Gatteville (m° Jean-François Le Couturier). Tous deux sont représentés par procureur.

d. *Commanderies.* — Une seule est appelée, à Valcanville : «M. le Commandeur de Valcanville, *absent.*»

## B. *Ecclésiastiques non bénéficiers.*

L'appel fait apparaître seulement 5 ecclésiastiques, tous qualifiés prêtres, et domiciliés dans les paroisses de : Auderville, Bricquebec, Sainte-Geneviève, Sortosville-près-Valognes, et Teurtheville-au-Bocage.

Il convient d'y joindre 3 groupements, que l'appel porte à tort au chapitre des bénéficiers : 1° à Valognes, «MM. les ecclésiastiques engagés dans les ordres, non possédant bénéfices, habitués ou domiciliés dans ladite paroisse [Saint-Malo], représentés par MM. Julien Hardy[1] et Pierre Roger, prêtres, suivant délibération sous-seing du 12 de ce mois»; 2° à Alleaume, «MM. les ecclésiastiques engagés dans les ordres, etc..., représentés par M. Jacques-François de la Grange, suivant la délibération sous-seing du 5 de ce mois»; 3° à Cherbourg, «MM. les ecclésiastiques engagés dans les ordres, etc..., représentés par MM. Jacques Liot et Pierre Groult, prêtres, suivant la délibétion sous-seing du 11 de ce mois».

## IX. BAILLIAGE SECONDAIRE DE SAINT-SAUVEUR-LE-VICOMTE [2].

### A. *Ecclésiastiques bénéficiers.*

#### 1. CLERGÉ SÉCULIER.

a. *Curés.* — L'appel fait apparaître un chiffre de 74 curés, pour 63 pa-

situation en 1789, voir encore la *Notice préliminaire* du bailliage de Valognes (au tome II, p. 3, texte et n. 6). On observera qu'un assez grand nombre de prieurés, que nous avions indiqués dans cette notice (Gatteville, Herqueville, la Haye d'Ectot, la Taille), sur la foi du *Rôle d'assignation*, ne figurent point à l'appel. En revanche, on notera à l'appel le prieur-curé de Jobourg, alors que la paroisse de ce nom, pour le tiers état, figure dans le ressort du bailliage de Saint-Sauveur-le-Vicomte (*supra*, p. 171 et 179).

[1] J. HARDY, prêtre et prieur régulier d'Englesqueville-Lestre, était membre de l'assemblée provinciale de Basse-Normandie, pour l'ordre du clergé. Voir SAROT, *Organisation administrative de la Manche pendant la Révolution*, p. 406.

[2] Ms. du Greffe de Coutances, f° 35 r° = Arch. nat., B III 53, p. 217 à 229. On rapprochera utilement, comme d'ordinaire, le *Rôle de MM. les bénéficiers du bailliage de Saint-Sauveur-le-Vicomte, assignés à comparaître, etc...* (Ms. Greffe de Coutances, pièce n° 25).

roisses[1]; 9 paroisses sont à double portion curiale, celles de Colomby, Etienville, Gourbesville, Merville, Néhou, Orglandes, les Pieux, Saint-Nicolas de Pierrepont et Sainte-Croix-Hague. Parmi eux on remarque : m° Nigault de Lécange, curé de Saint-Sauveur-le-Vicomte. — Sur ce chiffre de 74 curés, 3 sont déclarés absents [2], 38 comparaissent en personne, et 33 sont représentés par procureur-fondé de leur ordre.

b. *Chapelains.* — Il n'y en a que 2, pour les chapelles de Saint-Jean et Saint-Éloi en Néhou, et de la Trinité en Saint-Nicolas de Pierrepont. Tous deux sont présents à l'assemblée.

## II. Clergé régulier.

a. *Abbayes.* — Il n'y a dans le ressort de Saint-Sauveur-le-Vicomte qu'une seule abbaye (d'hommes), celle de *Saint-Sauveur-le-Vicomte* [3], pour laquelle est convoqué seulement : «M. de Nicolaï, abbé commendataire de l'abbaye de Saint-Sauveur-le-Vicomte, — *absent.*»

b. *Prieurés conventuels ou non conventuels.* — Ils sont au nombre de 5, savoir : le prieuré de Salsouef, à Saint-Sauveur-le-Vicomte (m° Maresq); celui de Saint-Pair, à Morville (M. de Roumatel); celui de Blihou, à Saint-Ény (m° Michel-Félix Thomasse); celui de Saint-Jean de Montrond (m° J.-Fr. Duperron); et celui de Saint-Michel, à Vauville (M. L. J. Hooke, professeur des écoles de Sorbonne pour l'interprétation de l'Écriture Sainte en langue hébraïque). De ce nombre, 3 sont déclarés absents, aucun ne comparaît personnellement, et 2 sont représentés par procureur-fondé [4].

c. *Prieurés-cures.* — Ils sont au nombre de 2 seulement, pour les paroisses de : Angoville-au-Plain (m° Adrien-Fr. Véron) et de Jobourg (m° J.-B. Bouillon). Un seul comparaît en personne; l'autre est représenté par procureur-fondé [5].

---

[1] L'appel des communautés de paroisses, au procès-verbal de l'assemblée préliminaire du tiers état, comporte également 74 paroisses (*suprà*, p. 163), mais il ne comprend point la paroisse de Maisy-en-Bessin, mixte avec le ressort de Bayeux, qui pour le tiers état a comparu à ce siège; et en revanche on y voit figurer la paroisse de Jobourg, qui pour l'état ecclésiastique est appelée sous le ressort du bailliage de Valognes (*suprà*, p. 171).

[2] En réalité, il n'y a dans le ressort de Saint-Sauveur que des absents forcés. Sur les 3 curés déclarés absents, 2 sont décédés, ainsi que l'explique le procès-verbal, le troisième est le curé de Maisy-en-Bessin, paroisse mixte avec le bailliage de Bayeux, qui pour le tiers état n'a même pas été convoquée à Saint-Sauveur (*suprà*, p. 171, texte et n. 6).

[3] Pour l'abbaye de Saint-Sauveur, voir la *Notice préliminaire* de ce bailliage (*suprà*, p. 164, texte et n. 6, p. 165, texte et n. 1, n. 7, et p. 190, n. 3). L'abbaye, n'ayant plus de religieux, ne figure pas dans les listes nominatives des Bénédictins de Saint-Maur en 1790 (Arch. nat., D xix, l. 147). Le commendataire, Aymard-Claude de Nicolaï, évêque de Béziers, né en 1738, abbé depuis 1766, avait été nommé évêque de Béziers en 1771, et mourut à Paris, le 24 janvier 1815. Voir A. Brette, *Documents*, I, p. 502; *Almanach ecclésiastique*, p. 48.

[4] Sur les prieurés de ce bailliage, voir de même la *Notice préliminaire* (*suprà*, p. 165, texte et n. 2 à n. 6).

[5] Le titulaire du prieuré de Jobourg, m° J.-B. Bouillon, était religieux Augustin de l'abbaye de Cherbourg. On trouvera sa *Déclaration* en 1790, aux

## B. *Ecclésiastiques non bénéficiers.*

Deux seulement de ces ecclésiastiques se présentent à l'appel; ils sont qualifiés prêtres, et domiciliés l'un à Brillevast, et l'autre à Réthoville.

### X. BAILLIAGE SECONDAIRE DE TINCHEBRAY[1].

---

## A. *Ecclésiastiques bénéficiers.*

---

### I. CLERGÉ SÉCULIER.

a. *Curés.* — L'appel fait apparaître un chiffre de *33* curés, pour autant de paroisses (la ville de Tinchebray comprend deux paroisses, Notre-Dame et Saint-Pierre-de-Tinchebray)[2]. On peut noter parmi eux les noms de : Jean-François Bidot, curé de N.-D. de Tinchebray (présent), de Louis Auvray, curé de Saint-Pierre-de-Tinchebray (représ.), de Jacques-Noël Le Bourgeois, curé de Condé (repr.), et de Cl.-François Josset, curé d'Athis (présent). — Sur ce nombre de *33* curés, régulièrement convoqués et appelés, *10* sont déclarés absents, *9* comparaissent en personne, et *14* sont représentés par procureur-fondé de leur ordre.

b. *Chapelains.* — Ils sont au nombre de *3*, pour les chapelles : des Genestés, à Saint-Pierre-de-Tinchebray, de Saint-Aubin à Proucy, et de la Garanterie, à Saint-Quentin. De ce nombre, un est déclaré absent, un est présent, et un représenté par procureur-fondé.

### II. CLERGÉ RÉGULIER.

a. *Abbayes.* — L'appel fait apparaître seulement deux abbayes d'hommes, dans le ressort du bailliage de Tinchebray, savoir :

1° L'abbaye d'*Aunay*. Il n'est pas appelé d'abbé. Sont convoqués seule-

---

Arch. de Cherbourg GG 86, f° 29 r°. Il prêta serment le 14 février 1790. Voir H. JOUAN, *La paroisse de Jobourg sous la Révolution*, Cherbourg, 1898, 8°.

[1] SOURCES. — Ms. du Greffe de Coutances, f° 38 v° = Arch. nat., B III/53, p. 229 à 235. On rapprochera utilement, comme d'habitude, le *Rôle des ecclésiastiques possédant bénéfices au bailliage de Tinchebray et dans la haute-justice de Condé ... assignés, etc...* (Ms. Greffe de Coutances, pièce n° 26). C'est ce Rôle qui a été édité par : 1° l'abbé PIGEON, *Le Grand Bailliage de Mortain*

en 1789, 2° article, dans Mém. Soc. Acad. Cotentin, t. III, 1880, p. 497 à 500; et 2° abbé DUMAINE, *Tinchebray et sa région*, t. III, p. 8 à 11.

[2] Dans la *Notice préliminaire* au bailliage de Tinchebray, nous avons compté (*supra*, p. 294) 36 communautés de paroisses pour ce ressort, parce qu'il faut ajouter aux 33 cures : d'une part, les 2 prieurés-cures desservis par des réguliers, et, d'autre part, la communauté de Tinchebray-bourgeoisie, qui ne constituait pas une paroisse ecclésiastique.

ment : «MM. les Religieux Bernardins d'Aulnay, représentés par dom Louis-Joseph-Marie du Quesne, prieur, suivant l'acte capitulaire du 8 de ce mois» [1] ;

2° L'abbaye de *Lonlay*. Elle n'est mentionnée qu'au *Rôle d'assignation* et ne figure pas à l'appel du procès-verbal : «les Religieux Bénédictins de l'abbaye de Lonlay, paroisse de Lonlay. — *dépend du bailliage de Domfront*» [2].

b. *Prieurés conventuels ou non conventuels.* — Aucun ne figure à l'appel.

c. *Prieurés-cures.* — Ils sont au nombre de 2, dans les paroisses de Montsecret (titulaire non dénommé) et de Cahagnes (titulaire non dénommé). Tous deux sont déclarés absents.

d. *Hôpitaux.* — Un seul est appelé dans le ressort : «M. J. B. Letourneur, prieur de l'hôpital de Condé» [3].

### B. *Ecclésiastiques non bénéficiers.*

Aucun ne s'est présenté à l'appel.

RÉCAPITULATION [4]. — En réunissant les résultats fournis par l'appel des

---

[1] Sur l'abbaye d'Aunay, voir ce que nous avons observé dans la *Notice* précitée (*suprà*, p. 296, texte et n. 2, 3 et 5). L'abbaye d'Aunay, de l'ordre de Cîteaux, filiation de Clairvaux, comptait, en 1790, 8 religieux, dont 2 au-dessus de 50 ans (Arch. nat., D XIX 10, l. 150). L'*Almanach royal* de 1789 donne pour abbé commendataire M. de Saint-Albin. Le prieur était dom Louis-George-Marie de Quesne, qui en 1790 prend le titre de docteur en la Faculté de Paris, et se déclare âgé de 50 ans, étant né le 23 octobre 1741 (*Ibidem*).

[2] Sur l'abbaye de Lonlay, voir de même *suprà*, p. 296, texte et n. 4 et 6. L'abbaye de Lonlay ayant été convoquée simultanément à l'assemblée des trois ordres du bailliage principal d'Alençon, sous le ressort secondaire de Domfront, a comparu à cette assemblée. Le procès-verbal du clergé d'Alençon mentionne : «l'abbé de Cléry, abbé de Lonlay, représenté par dom Herseca, procureur de ladite abbaye», et un peu plus loin, pour les religieux : «l'abbaye N.-D., ordre de Saint-Benoît, *absent*.» Voir DE COURTILLOLES, *Recueil de documents relatifs à la tenue des États Généraux du bailliage d'Alençon*, 1866, in-8°, p. 130 et 131.

L.-F. CLÉRY DE SÉRANS, ancien vicaire général d'Albi, était abbé de Lonlay depuis 1758 (Arch. nat., D XIX 64, n° 357).

[3] Sur l'hôpital de Condé et sa situation en 1789, voir de même *suprà*, p. 296, texte et n. 1, et p. 351, note 2.

[4] On rapprochera utilement des chiffres donnés par l'appel du clergé, et analysés au texte :

I. Pour l'évêché de Coutances : 1° *État général de l'évêché de Coutances, contenant les noms des bénéfices, des patrons et des collateurs, avec le revenu de chaque bénéfice*, 1665-1725 (Ms. Bibl. Coutances, n° 48, copie moderne) ; 2° *État des paroisses du diocèse de Coutances, avec les revenus et les noms des patrons*, s. d. (*Ibid.*, n° 62 *ter*) ; 3° *Almanachs du diocèse de Coutances, de 1770 à 1780*, par l'abbé BISSON (ex. consulté, année 1776, Bibl. Coutances, n° 17072) ; 4° une *Carte du diocèse de Coutances*, *dressée en 1781 par Laurent*, signalée par M. E. SAROT, dans ses *Notes sur l'histoire de la Révolution dans le département de la Manche*, 1875, in-8°, p. 22.

II. Pour le diocèse d'Avranches : 1° *État fait et relevé sur les déclarations fournies du revenu des bénéfices*

ecclésiastiques dans les différents ressorts des bailliages principal et secondaires, on trouve que l'assemblée générale du clergé se composait de 776 membres, dont 445 sont présents personnellement, et 331 représentés par procureur. En outre, 93 ecclésiastiques, régulièrement convoqués et appelés, ont été déclarés absents, ce qui porte à 869 le nombre des membres de droit de l'assemblée[1]. Ce chiffre total, pour les différents ressorts, se répartit ainsi qu'il suit :

| RESSORTS DE BAILLIAGES. | ECCLÉSIASTIQUES BÉNÉFICIERS. | CORPS POSSÉDANT BÉNÉFICES. | ECCLÉSIASTIQUES NON BÉNÉFICIERS. | GROUPES D'HABITUÉS. | CHIFFRE TOTAL D'ECCLÉSIASTIQUES appelés. |
|---|---|---|---|---|---|
| Coutances.......................... | 140 | 9 | 20 | 3 | 174[1] |
| Saint-Lô........................... | 44 | 4 | " | 2 | 51 |
| Avranches.......................... | 120 | 6 | " | 4 | 134 |
| Carentan........................... | 50 | 3 | 2 | 1 | 56 |
| Cérences .......................... | 11 | " | " | " | 11 |
| Mortain............................ | 82 | 5 | " | " | 88 |
| Périers............................ | 59 | 1 | 7 | " | 68 |
| Valognes........................... | 143 | 3 | 5 | 3 | 157 |
| Saint-Sauveur-le-Vicomte........... | 83 | 1 | 2 | " | 86 |
| Tinchebray......................... | 38 | 3 | " | " | 40 |
| Ressort du bailliage de Cotentin..... | 770 | 35 | 36 | 13 | 865 |

[1] On observera sans doute que le chiffre total des *ecclésiastiques appelés* ne correspond pas toujours à celui obtenu par l'addition des différents groupes que nous avons distingués (bénéficiers, corps ecclésiastiques, non bénéficiers, etc.). Cela vient de ce que, dans ce ressort comme dans la plupart des autres, certains corps ou certains groupements ont comparu, régulièrement d'ailleurs, par deux ou plusieurs représentants.

A un autre point de vue, en distinguant les différents ordres et classes du clergé, le chiffre total pour l'ensemble du bailliage se répartit ainsi, par addition des résultats partiels de chaque ressort :

par les titulaires, en exécution de la délibération de l'Assemblée générale du clergé du 22 décembre 1726 (Ms. Bibl. Avranches, n° 201); 2° État de l'Avranchin en 1773, pour la répartition de l'impôt dû au roi (Ms. du même dépôt, reproduit par l'abbé PIGEON, dans Le diocèse d'Avranches, I, p. 125 à 135).

[1] Les chiffres donnés par les historiens locaux qui se sont occupés de l'assemblée des trois ordres à Coutances sont sensiblement divergents. M. Des-

DEVIZES DU DÉZERT, Le Cotentin en 1789, p. 27, compte 829 membres à l'assemblée du clergé; M. LECACHEUX, Documents, I, p. 307, donne le chiffre de 878 ecclésiastiques ; et nous-mêmes, dans notre étude parue dans la Revue de Cherbourg, année 1907, p. 93, nous avions adopté ce dernier chiffre. M. l'abbé DUMAINE, Tinchebray et sa région, III, p. 29, et M. l'abbé PIGEON, Le Grand Bailliage de Mortain, p. 517, n'indiquent aucun chiffre précis.

## A. Ecclésiastiques bénéficiers.

Les titres de bénéfices, régulièrement convoqués et appelés, sont au nombre de 810, savoir : 714 pour le clergé séculier, 96 pour le clergé régulier.

### I. Clergé séculier.

Les bénéfices du clergé séculier se décomposent ainsi :

a. *Évêchés* : 2 (Coutances et Avranches)[1] ;

b. *Chapitres de chanoines* : *3*, dont 2 chapitres cathédraux (Coutances; Avranches) et *1* collégiale (Mortain). Le premier offre 3 corps ecclésiastiques représentés, les autres deux seulement pour chacun;

c. *Cures* séculières : *660*, pour 629 paroisses (dont 23 à plusieurs portions);

d. *Chapelles* sans charge d'âmes : *45*.

Au point de vue de la comparution, les mêmes titres de bénéfices se répartissent ainsi :

1° *Comparution personnelle* : *369* titres, dont les deux évêchés, *356* cures, et *11* chapelles;

2° *Représentation par procureur-fondé* régulier : 289 titres, dont les *3* chapitres avec les corps ecclésiastiques y attachés, 265 cures et 17 chapelles.

3° *Absence* déclarée : *56* titres, dont *39* cures, et 17 chapelles[2].

[1] Le bailliage de Cotentin correspondait approximativement aux deux évêchés de Coutances et d'Avranches. Mais si le second de ces deux évêchés y était entièrement compris, celui de Coutances au contraire débordait largement les limites du bailliage, dans tout l'archidiaconé du Val-de-Vire. En sens inverse, le diocèse de Bayeux possédait, outre une enclave de quelques paroisses dans le bailliage de Valognes, la majeure partie des communautés du ressort secondaire de Tinchebray. Enfin le diocèse de Sées avait également dans sa dépendance quelques cures de ce même bailliage. Voir tome I⁰ʳ, p. 703, n. 6; tome II, p. 2, note 6; et tome III, p. 295, texte et n. 4.

[2] Les *Pouillés* rédigés au milieu du xviiᵉ siècle donnaient pour les deux diocèses de Coutances et d'Avranches des chiffres de bénéfices séculiers largement supérieurs à ceux qui ressortent du procès-verbal :

1° *Cures* : 1,079, dont 714 pour le diocèse de Coutances, et 365 pour celui d'Avranches;

2° *Chapelles* : 326, dont 236 pour le diocèse de Coutances, et 90 pour celui d'Avranches;

3° *Maladreries* : 39, dont 15 pour le diocèse de Coutances, et 14 pour celui d'Avranches.

Voir *Pouillé général contenant les bénéfices de l'archevêché de Rouen et des diocèses d'Avranches, Bayeux, Coutances, etc...* selon les mémoires pris sur les originaux et registres du clergé de France, Paris, 1648, in-4° (Ex. consulté, Bibl. Montpellier, n° 2708).

À la fin du xviiiᵉ siècle, le nombre des bénéfices avait certainement diminué, même pour les cures, par suite des réunions. Dans son *Histoire du*

## II. Clergé régulier.

Les bénéfices appartenant au clergé régulier se décomposent ainsi, dans l'ensemble du bailliage de Cotentin :

a. *Abbayes, communautés et prieurés conventuels* : 3o titres pour 25 établissements, dont 13 abbayes d'hommes, 3 prieurés conventuels d'hommes, 9 abbayes ou communautés de filles [1] ;

b. *Prieurés non conventuels* : 31 [2] ;

c. *Prieurés-cures* : 31, pour autant de paroisses ;

d. *Hôpitaux* : 2 (Coutances et Condé) [3] ;

e. *Commanderies* : 2 (Villedieu et Valcanville).

Soit, au total, 96 titres de bénéfices, appartenant au clergé régulier dans le bailliage de Coutances et ses secondaires [4].

*diocèse de Coutances*, M. Lecanu compte (p. 379) 528 cures dans ce diocèse, pour 495 paroisses ; à Avranches de même, en 1773, on ne comptait plus que 177 paroisses, faisant 180 cures, et 12 prieurés-cures. Voir *État de l'Avranchin en 1773*, dans l'abbé Pigeon, *Le diocèse d'Avranches*, I, p. 125.

[1] Pour la liste des abbayes du Cotentin à la fin du xviiie siècle, on consultera E. Sarot, *Notes sur l'histoire de la Révolution dans le département de la Manche*, Coutances, 1875, in-8°, p. 22. On observera que les *Pouillés* du xviie siècle donnaient ici encore des chiffres notablement supérieurs. En 1648, pour la même région du Cotentin, nous y comptons 19 abbayes ou communautés d'hommes, dont 15 pour le diocèse de Coutances et 4 pour celui d'Avranches, et 74 prieurés, dont 61 pour Coutances et 13 pour Avranches. Voir *Pouillé général*, p. 24 et suiv.

[2] D'après l'*Almanach ecclésiastique*, le nombre des prieurés simples pour le diocèse de Coutances était encore en 1776 de 32, dont 26 pour l'ordre de Saint-Benoît, 3 pour les Prémontrés et 3 pour les Augustins ; il existait en outre 4 ermitages (Gratot, Cherbourg, le Roule et Saint-Sever), qui ne figurent pas à l'appel (*éd. cit.*, p. 52).

[3] L'appel ne donne point le nombre réel des hôpitaux ; ces établissements, aux termes de l'article XI du *Règlement*, étant considérés comme d'intérêt commun pour les trois ordres, n'étaient point régulièrement convoqués. Le rapprochement de divers états dressés par l'intendance au milieu du xviiie siècle fait apparaître dans la région du bailliage de Cotentin un total de 16 établissements hospitaliers, situés dans les villes de : Avranches, Saint-James, Carentan, Périers, Coutances, Granville, Hocquigny, Saint-Lô, Valognes, Cherbourg, Bricquebec, Montebourg, Saint-Sauveur-le-Vicomte et Condé. Le total des revenus déclarés pour ces établissements s'élève à environ 102,836 livres (Arch. Calvados, C 616 et C 1047 et suiv.).

Au point de vue de l'instruction, l'*Almanach ecclésiastique* compte, en 1776, un séminaire à Coutances, et 3 collèges, à Coutances, Saint-Lô et Valognes (*éd. cit.*, p. 46).

[4] L'appel du procès-verbal ne renseigne qu'imparfaitement sur le nombre des communautés religieuses du ressort, car il ne faut pas oublier que les ordres mendiants, aux termes mêmes du *Règlement*, étaient restés en dehors de la convocation. À la fin du xviiie siècle, les établissements de cette nature situés dans le bailliage de Cotentin étaient au nombre de 9, savoir : d'une part, 5 communautés d'hommes, dont 2 de

Au point de vue de la comparution, les mêmes bénéfices se répartissent ainsi, le même établissement pouvant à la fois comparaître par ses religieux par exemple, et être déclaré absent pour son abbé, ou réciproquement.

1° *Comparution personnelle* : 17, dont 1 abbaye (La Luzerne), 2 prieurés non conventuels, et 14 prieurés-cures ;

2° *Représentation par procureur-fondé* : 42, dont 21 abbayes ou communautés, 9 prieurés non conventuels, 10 prieurés-cures, 2 hôpitaux ;

3° *Absence déclarée* : 37, dont 12 abbayes ou communautés, 16 prieurés non conventuels, 7 prieurés-cures, et les deux commanderies de l'ordre de Malte [1].

## B. Ecclésiastiques non bénéficiers.

Le nombre des ecclésiastiques non bénéficiers, qui se sont présentés spontanément, en vertu de l'article XVI du *Règlement du 24 janvier*, à l'assemblée du clergé du bailliage de Cotentin, s'élève à 36 seulement [2], dont près de

Cordeliers (Granville, Valognes), 2 de Capucins (Coutances, Valognes) et 1 de Pénitents (Saint-Lô); et, d'autre part, 4 couvents de femmes, dont 3 de sœurs de charité (Coutances, Saint-Lô, Valognes), et 1 de religieuses de la Providence, à Saint-Lô et dans diverses paroisses. — Les uns et les autres, joints aux abbayes et communautés qui figurent à l'appel, donnent pour le ressort un chiffre total de 34 communautés religieuses, 21 d'hommes et 13 de femmes. Voir *Almanach ecclésiastique*, *éd. cit.*, p. 48 à 53.

[1] POPULATION. — La population religieuse régulière du bailliage, malgré le nombre assez considérable des établissements monastiques, était en somme peu nombreuse. D'après les *États de 1790*, on comptait alors :

1° Pour les 18 abbayes et prieurés conventuels d'hommes, un chiffre de 83 religieux, dont 73 choristes et 10 convers, auxquels il faut joindre, d'une part, les religieux détachés dans les prieurés simples et les prieurés-cures, au nombre de 57, et, d'autre part, pour les 5 couvents de moines mendiants et pour les hospitaliers, non assignés à l'assemblée, un chiffre de 61 religieux, dont 17 choristes et 14 convers. En tout, pour le bailliage, 175 religieux seulement. Voir *États des religieux par ordres*, *1790* (Arch. nat., D XIX 10, 11 et 12);

2° Pour les abbayes et communautés

de femmes, au nombre de 9 seulement, les mêmes *États*, complétés par d'autres sources, donnent en 1790 un chiffre de 281 religieuses, dont 202 dames de chœur, 74 converses et 5 associées. Voir surtout *État des religieuses, diocèse de Coutances*, *1790* (*ibid.*, D XIX 4).

L'ensemble de la population religieuse régulière du bailliage devait ainsi s'élever à 452 religieux et religieuses. Il y avait chaque année une dizaine de professions à peine, contre une vingtaine de décès (Arch. nat., D IV *bis* 44).

[2] L'appel ne peut aucunement renseigner sur le nombre des ecclésiastiques sans bénéfice existant dans le ressort. Si ces ecclésiastiques n'apparaissent un peu nombreux que dans le ressort propre de Coutances, ce n'est pas qu'il n'en ait pas existé ailleurs; mais habitant au loin et n'étant point nominativement assignés, la plupart ne se sont point dérangés. Certains ressorts secondaires, comme Mortain, paraissent même s'être abstenus systématiquement, pour protester contre la situation inférieure qui leur était faite dans la convocation.

Le nombre des ecclésiastiques qui devaient se trouver à l'assemblée de Coutances avait effrayé certains esprits. Nous avons une lettre de M. Lelubois, curé de Fontenay, qui fut élu député de son ordre, dans laquelle il demande si l'on a songé où l'on pourrait loger tant de monde dans une petite ville. Il

la moitié appartiennent au ressort immédiat du bailliage principal de Coutances. Cinq des ressorts de bailliages secondaires (Avranches, Saint-Lô,
Cérences, Mortain, Tinchebray) n'ont envoyé aucun ecclésiastique de cette
catégorie. Il y a en outre *13* groupements de prêtres habitués, dans les villes
les plus importantes, qui ont tous été représentés par procureurs-fondés de
leur ordre au nombre de *17*, porteurs d'un mandat régulier.

L'appel des ecclésiastiques des ressorts des différents bailliages une fois
terminé[1], le procès-verbal est interrompu, et reprend ensuite, dans les termes suivants :

Et vu que l'appel de MM. les ecclésiastiques est terminé, et qu'il
est une heure et demie après-midi, nous avons renvoyé à 3 heures
de relevée, pour être procédé à l'appel de MM. de l'ordre de la
noblesse, que nous avons fait prévenir et inviter de se rendre à
ladite heure, en ce lieu, aux fins dudit appel; et afin qu'aucun
n'en pût prétendre cause d'ignorance, nous l'avons fait annoncer
dans toute la ville par le crieur public.

propose que, «pour l'abondance des
curés qu'il y aura», on puisse disposer
du séminaire et y suspendre les exercices des jeunes prêtres. Voir *Lettre de
M. Lelubois à M. le D. G. d. F., du
20 février 1789*, Arch. nat., B III/53,
p. 21.

[1] Revenus. — Il est fort malaisé d'apprécier l'importance des revenus ecclésiastiques en 1789 dans le ressort du
bailliage de Cotentin. Les *Déclarations
de 1790*, source plus sûre qu'on ne
pense souvent, sont conservées trop
irrégulièrement dans les différents ressorts. D'autre part, les sources proprement ecclésiastiques (*Pouillés, Déclarations pour les décimes*, etc...) sont de
date un peu trop ancienne et sujettes à
caution. Les chiffres de l'*Almanach royal*
pour les abbayes sont sans aucune valeur.

Pour se faire une idée approximative,
on pourra observer :

1° Qu'au milieu du XVIII° siècle, les
tableaux dressés par les chambres ecclésiastiques, sur les *Pouillés* des diocèses,
donnent :

a. Pour le diocèse de Coutances, un
revenu global de 611,989 livres;

b. Pour le diocèse d'Avranches, un
revenu de 354,305 livres.

Au total, pour une région sensiblement plus étendue que le ressort du
bailliage de Cotentin, un revenu de
966,294 livres. (*Revenus des diocèses de
la province de Rouen*, Arch. nat., G 8 *
527);

2° Que d'autre part, à la fin du
XVIII° siècle, les contrôleurs des vingtièmes donnent, dans l'ensemble des
élections composant le Cotentin, les
chiffres suivants (hôpitaux non compris)
pour les revenus du clergé :

| | | | |
|---|---|---|---|
| Coutances... | 500,565 l. | 12 s. | |
| Avranches... | 325,524 | 18 | |
| Carentan.... | 348,524 | 18 | |
| Saint-Lô.... | 371,592 | 10 | |
| Mortain.... | 259,765 | 5 | |
| Valognes.... | 528,206 | 6 | |

Au total, pour les 6 élections, environ 2,300,000 livres, sur lesquelles le
diocèse d'Avranches paye 13,107 l. 3 s.,
de décimes, celui de Coutances 19,261 l.
18 s. 7 d. (Arch. nat., Z¹p, 9).

Le premier de ces deux chiffres (celui donné par les chambres ecclésiastiques) est certainement trop faible,
le second (celui donné par les contrôleurs des vingtièmes) est au contraire
vraisemblablement trop fort ; et un
chiffre intermédiaire serait probablement exact.

*Et avons signé la présente séance, avec le procureur du roi et notre greffier.

DESMARETS DE MONTCHATON.

LEBRUN. BLONDEL*.

---

[ *4ᵉ Séance, du 17 mars au soir* ] [1].

Dudit jour 17 mars 1789, 3 heures après-midi, en la nef de la cathédrale de Coutances, devant Nous lieutenant-général susdit, présence et assisté comme dit est, —

En exécution de notre renvoi de ce jour et des avertissements et annonces, sont comparus MM. de l'ordre de la noblesse, à l'appel desquels nous avons fait procéder en suivant l'ordre des bailliages ainsi qu'il est fixé par l'état annexé au Règlement du 24 janvier, ainsi qu'il suit :

## ORDRE DE LA NOBLESSE [2].

L'appel de la noblesse est fait, ainsi que précédemment celui du clergé, par ressorts de bailliages royaux, en prenant l'un après l'autre le bailliage principal de Coutances et les neuf juridictions qualifiées secondaires, dans le même ordre arbitraire déjà signalé [3]. Dans l'intérieur de chaque circonscription, on appelle successivement, d'abord les nobles possédant fiefs, puis les nobles non possédant fiefs. Les premiers ayant seuls été, aux termes du *Règlement royal du 24 janvier* [4], personnellement et régulièrement assignés à comparaître, sont appelés nominativement, et déclarés absents, s'ils ne se présentent point en personne ou par leur procureur-fondé. Pour les non-possédant fiefs au contraire, qui n'étaient point individuellement convoqués, le procès-verbal mentionne seulement ceux qui se sont spontanément présentés à l'assemblée.

Dans l'une et l'autre catégorie, l'appel suit approximativement l'ordre alphabétique des paroisses de chaque bailliage, les villes chefs-lieux étant seulement mises en tête pour chaque ressort. Comme les circonscriptions de

---

(1) Ms. du Greffe de Coutances, f° 40 v° = Arch. nat., B III/53, p. 236.

(2) Ms. du Greffe de Coutances, f° 41 r° à 72 r° = Arch. nat., B III/53, p. 237 à 362.

(3) Voir la note placée en tête de l'appel de l'ordre du clergé (*suprà*, p. 363 note 1).

(4) *Règlement du 24 janvier*, art. 9, art. 12 et art. 17 (dans DUVERGIER, I, p. 18). Aux termes de l'art. 16, les nobles non-possédant fiefs, âgés de 25 ans, étaient bien tenus de se rendre à l'assemblée de leur bailliage, mais ils n'étaient pas individuellement assignés et par suite on ne devait appeler que ceux qui se présenteraient à l'assemblée.

fiefs sont loin de correspondre aux limites paroissiales, il se trouve qu'il y a quelquefois plusieurs possédant-fiefs comparants dans une même paroisse, et qu'à l'inverse quelquefois il n'y en a aucun, la paroisse relevant divisément de plusieurs seigneuries voisines. A plus forte raison, pour les non possédant fiefs, il y a quelques paroisses, autour du chef-lieu du bailliage principal, qui ont fourni un nombre considérable de gentilshommes, tandis que, pour les ressorts éloignés, un très petit nombre de nobles non possédant fiefs se sont rendus à l'assemblée[1]. On doit conclure pratiquement de cette observation que, — contrairement à une opinion trop généralement répandue[2], — les listes d'appel de la noblesse contenues dans les procès-verbaux d'assemblée de 1789 ne peuvent renseigner que très imparfaitement sur le nombre et le nom des privilégiés nobles existant en 1789 dans les différents ressorts.

Nous n'avons pas cru utile de donner ici les listes fort longues de l'appel des gentilshommes dans les différents ressorts du bailliage de Cotentin. Une publication de ce genre, bien qu'elle offre un intérêt historique et documentaire incontestable, déborderait le cadre qui a été tracé pour les publications de cahiers par les *Instructions* de la Commission centrale[3]. Nous nous sommes borné seulement à extraire de ces listes les éléments d'ordre statistique qui nous ont paru indispensables pour la compréhension de l'état social et économique des communautés rurales de la région en 1789. On trouvera d'ailleurs une reproduction des listes d'appel du *Procès-verbal*, pour la noblesse de Cotentin (assez peu exacte, il est vrai, tronquée par endroits et maladroitement défigurée par la suppression des titres des gentilshommes et de la plupart des noms de seigneuries), dans l'ouvrage bien connu de M. E. DE MAGNY, *Nobiliaire de Normandie*, Paris et Rouen, 1862, in-8° (tome I, p. 151 à 168). En outre, des reproductions partielles, mais généralement plus complètes et plus textuelles, ont été faites d'une partie du *Rôle d'appel*, pour certains des ressorts de bailliages secondaires, Avranches, Mortain et Tinchebray, dans les ouvrages suivants :

1° Abbé PIGEON, *Le Mont-Saint-Michel et sa baronnie Genêts-Tombelaine, avec les plaintes d'Avranches et les rôles inédits de ses trois ordres, clergé, noblesse et tiers état en 1789.* Avranches, 1901, in-8° (exemplaire Bibl. nat., Lk7, 32992);

2° Abbé PIGEON : *Le Grand Bailliage de Mortain en 1789*, dans Mémoires

[1] Voir l'appel des bailliages secondaires de Mortain, Saint-Sauveur-le-Vicomte, Saint-Sauveur-Lendelin. Pour Tinchebray, comme l'ont remarqué les historiens locaux, aucun noble non-possédant fief ne s'est présenté à l'appel (abbé PIGEON, *Le Grand Bailliage de Mortain, loc. cit.*, p. 515).

[2] M. E. DE MAGNY paraît précisément avoir pris pour base de son *Catalogue des gentilshommes normands* cette source incontestablement défectueuse. Voir *Nobiliaire de Normandie*, Introduction, p. III, et tome Ier, p. 157 et suiv. — Les *Rôles d'assignation* conservés au

Greffe de Coutances pourraient certainement être utilisés à cet égard avec plus de fruit. Nous avons remarqué que, sur le rôle du bailliage d'Avranches, trois personnages, primitivement inscrits, ont été ensuite radiés, comme «non nobles». Sur le rôle du bailliage de Valognes, de même, un prétendu gentilhomme a été rejeté comme «non noble» (*pièces* n°s 31 et 41).

[3] *Première instruction pour la publication des cahiers de 1789*, du 5 avril 1905 (*Journal officiel*, du 15 avril 1905, n° 104, col. 2414), reproduite dans les *Notes et documents de la Commission*, p. 41.

de la Société Académique du Cotentin, Coutances, 1880, — au tome III (1880), p. 134 à 146, pour *Mortain*, et p. 500 à 505, pour *Tinchebray* (exemplaire, Bibl. nat., 8° Z, 1318). Cette publication, comme la précédente, est faite, non pas d'après l'appel du *Procès-verbal*, mais d'après les *Rôles d'assignation*, qui en différent parfois sensiblement[1].

Nous avons inutilement recherché, pour le ressort qui nous occupe, une publication dans la série de brochures de L. DE LA ROQUE et Ed. DE BARTHÉLÉMY : *Catalogue des gentilshommes qui ont pris part ou envoyé leur procuration aux assemblées de la noblesse pour l'élection des députés aux États généraux de 1789. Paris, 1865 et suiv.*, 31 brochures in-8°.

Sous le bénéfice de ces observations générales, l'analyse du procès-verbal d'appel nous a donné les résultats suivants, pour les différents ressorts du bailliage de Cotentin :

## I. BAILLIAGE PRINCIPAL DE COUTANCES[2].

L'appel fait apparaître un chiffre de 120 gentilshommes, tant nobles possédant fiefs que non possédant fiefs.

I. *Nobles possédant fiefs.* — Les possédants fiefs sont au nombre de 67[3], répartis dans 59 paroisses (50 seulement d'entre eux sont qualifiés seigneurs desdites paroisses). Les *gentilshommes titrés*, parmi eux, sont au nombre de 16, dont le titre n'est d'ailleurs pas toujours situé dans le ressort du

[1] Il faut ajouter qu'un relevé, — très court, — des noms des gentilshommes «les plus marquants», figurant au procès-verbal de la noblesse, se trouve dans le travail déjà signalé de M. DESDEVIZES DU DÉZERT, *Le Cotentin en 1789*, p. 29 à 31. La seule particularité intéressante de ce relevé est la distinction que fait l'auteur entre les «noms importés» des nobles étrangers à la province, qui généralement ne résidaient pas (duc d'Orléans, prince de Monaco, Galliffet, Colbert, etc...), et les «noms du pays», Carbonnel, Payen, Tesson, Oilliamson, etc.), parmi lesquels l'auteur a distingué assez curieusement les familles «d'origine anglaise», établies en Cotentin depuis le XVII° siècle (les Kadot, Clamorgan, Fortescue, etc...).

[2] SOURCES. — Ms. du Greffe de Coutances, f° 41 r° = Arch. nat., B III/53, p. 237 à 257. On rapprochera utilement, de l'appel du procès-verbal que nous analysons au texte : 1° le *Rôle par noms, qualités et demeures des nobles possédant fiefs du bailliage de Coutances, assignés à comparaître*, etc... (Ms. Greffe de Coutances, pièce n° 29); 2° un *Dénombrement (par paroisses) des fiefs*

nobles de l'élection de Coutances, non daté, mais visiblement de la fin du XVIII° siècle (Ms. Bibl. Coutances, n° 17); 3° la *Recherche de la noblesse* [de la généralité de Caen] ...par messire Guy CHAMILLART *en 1666*, éd. Caen, 1887, in-8°; 4° E. DE MAGNY, *Nobiliaire de Normandie*, I, p. 151 à 154.

[3] Dans la *Notice* placée en tête des cahiers du bailliage de Coutances (au tome I°, p. 84), nous avons donné le chiffre de 82 gentilshommes possédant fiefs. Ce chiffre est pris sur le *Rôle d'assignations*; mais certains gentilshommes, possesseurs de fiefs dans diverses paroisses, y figurent plusieurs fois, ce qui a rendu le total inexact. — Le nombre des fiefs nobles de la vicomté de Coutances s'élevait, à la fin du XVIII° siècle, d'après les registres du Bureau des finances, à 131, sur lesquels il y avait 11 sergenteries nobles, 6 prévôtés, 3 fieffermes et 12 fiefs titrés. Deux érections de fiefs avaient eu lieu au XVIII° s. Voir *Registre concernant les fiefs nobles... de la généralité de Caen*, f° 41 et suiv. (Arch. Calvados, C, Bureau des Finances, n. cl.).

III.    26

bailliage[1]. Savoir : 1 *prince* : «M. le prince de Monaco, seigneur de Bréhal, des fiefs de Hambye à Bourey et le Loreur; reprís. par M. d'Auxais»[2]; 6 *comtes* : L.-Ch. François, comte de Bérenger, assigné à Hérenguerville (prés.); Alexandre Constant, comte de Saffray, à Saint-Nicolas-de-Coutances (prés.); Guillaume-Rémy-Charles Kadot, comte de Sébeville, à Savigny (prés.)[3]; Henry Le Forestier, comte de Mohecq, à Ver (prés.); Cl. Marie, vicomte de Bricqueville, à Saint-Jean-des-Champs (prés.); et noble dame Anne-Marie Potier-Novion, comtesse de Brassac, à Troisgots (repr.); et 9 *marquis* : M. de Guer, marquis de Marigny, à Marigny (abs.); le marquis de Juigné, à la Baleine (repr.)[4]; la marquise de Campigny, à Maupertuis (repr.); noble dame Marie-Jeanne Louise de Colardin, veuve du marquis de Pienne, à Regnéville (repr.); Bon-Chrétien, marquis de Bricqueville, «chevalier de Saint-Louis, de la Société de Cincinnatus, et chef d'escadre des armées navales», à Roncey (prés.); Pierre-Fr. de Cussy, marquis de Vouilly, à Soulles (prés.); M. le Vaillant, marquis de Saint-Denis, à Saint-Denis-le-Gast (repr.); noble dame Bonne-Charlotte Hüe de Lengronne, marquise de Benouville, baronne de Courcy (repr.); le marquis de la Salle, à Caillebot-la-Salle (prés.). — Il y a 10 *dames de fief*[5], toutes représentées par procureur-fondé régulier, et trois groupes de mineurs, représentés par leur tuteur noble ou par leur mère tutrice. On doit en outre noter, dans la paroisse de Montchaton : «Thomas-Louis-Antoine Desmarets, chevalier, seigneur du lieu, etc., lieutenant-général civil et criminel du bailliage de Coutances» (repr. par M. de Cussy)[6]; et à Saint-Nicolas-de-Coutances : «François de Chantepie, prêtre, écuyer, propriétaire de la Fosserie» (repr. par M. H. de Chambert).

Sur les 67 possédant fiefs, 3 sont absents, 36 comparaissent personnellement, et 28 sont représentés par procureur-fondé de leur ordre[7].

[1] La liste des fiefs titrés sis en l'élection de Coutances, un peu moins étendue que le bailliage, nous est donnée à la fin du *Dénombrement des fiefs nobles* précité. L'auteur relève dans le ressort 3 marquisats (*Pirou, Marigny* et *Mesnilgarnier*), un seul comté (*Créances*), 2 baronnies (*Mesnilbus* et *Moyon-Saint-Pair*), et 3 châtellenies (*Hambye, Saint-Denis-le-Gast* et *Chanteloup*). En tout seulement 9 fiefs titrés (f° 23 v°). Cette liste paraît d'ailleurs incomplète, si on la compare à d'autres sources. Voir BOULAINVILLIERS, *État de la France* (1752), p. 94, et *État des fiefs nobles relevant de la vicomté de Coutances* (ms. précité, f° 41 sq.).

[2] Pour l'identification de ce personnage, voir la note sous le cahier de Bourey (au t. Ier, p. 181, n. 5).

[3] Ch. KADOT DE SÉBEVILLE était membre de l'assemblée provinciale de Basse-Normandie, pour l'ordre de la noblesse (SABOT, *Organisation*, p. 407).

[4] Ce personnage a été souvent confondu à tort avec le baron de Juigné, qui fut député de l'ordre de la noblesse du bailliage de Cotentin (*infrà*, p. 495, note 1).

[5] En vertu de l'art. 20 du *Réglement*, les «femmes possédant divisément, les filles et les veuves, ainsi que les mineurs jouissant de la noblesse», pouvaient, lorsqu'ils possédaient des fiefs, se faire représenter par des procureurs pris dans l'ordre de la noblesse (DUVERGIER, I, p. 18). Les femmes nobles non possédant fiefs ne pouvaient naturellement se faire représenter. Voir *Lettre du D. G. d. F. à Mr Hébert Lheure*, du 17 février. (Arch. nat., Ba 35 l. 70.)

[6] Sur DESMARETS DE MONTCHATON, on se reportera à ce que nous avons noté plus haut sous le procès-verbal de l'assemblée générale (*suprà*, p. 358, note 1).

[7] L'appel ne renseigne point nettement sur le nombre des fiefs du bailliage, un même fief pouvant être divisé entre plusieurs mains, et, d'autre part, un même gentilhomme tenant fréquemment plusieurs fiefs. D'après BOULAINVILLIERS, en 1752, l'élection de Coutances

II. *Nobles non possédant fiefs.* — Ils sont au nombre de *53*, répartis dans 29 paroisses ; il s'en présente 6 pour la ville de Coutances et ses faubourgs, et 5 pour la ville de Granville; les 42 autres sont répartis dans les paroisses de : Belval, Bricqueville-près-la-Mer, Cambernon, Caillebot-la-Salle, Champrepus, Courcy, Gratot, Heugueville, Hyenville, la Colombe, Lengronne, Mesnilvilleman, Montmartin, Moyon, Notre-Dame-de-Cenilly, Orval, Percy, Saint-Denis-le-Vêtu, Saint-Jean-des-Champs, Saint-Planchers, Tessy, Trelly et Ver. Parmi eux, on remarque 14 officiers ou anciens officiers au service du roi[1].

## II. Bailliage secondaire de Saint-Lô[2].

L'appel fait apparaître un chiffre de *45* gentilshommes, tant nobles possédant fiefs que non possédant fiefs.

I. *Nobles possédant fiefs.* — Ils sont au nombre de *30*[3], répartis dans 27 paroisses (8 seulement sont qualifiés seigneurs de leurs paroisses). Parmi eux, on doit remarquer : assigné à Saint-Lô, le comte de Valentinois, baron de Saint-Lô (abs.); à Saint-Fromond, Mᵐᵉ Louise-Pauline-Françoise de Montmorency-Luxembourg (repr.); et au Dézert, M. Achard de Perthus de Bonvouloir-Loyauté[4]. Les *gentilshommes titrés* sont au nombre de 7, savoir[5] :

aurait compris 303 fiefs. (*État de la France*, p. 94.)

[1] L'appel ne renseigne point exactement sur le nombre des nobles non possédant fiefs du bailliage de Coutances, puisque ceux-là seuls y figurent qui se sont spontanément présentés à l'assemblée. Une indication beaucoup plus sûre est donnée par le *Rôle de la capitation noble.* Pour 1789, ce rôle donne, dans l'élection de Coutances, un peu moins étendue que le bailliage, 131 nobles, qui payent ensemble une capitation privilégiée de 6,272 livres. (Arch. Calvados, C 4628.)

En 1661, la *Recherche* de Chamillart avait relevé, dans la même élection, 239 gentilshommes (Dupont, *Histoire du Cotentin*, IV, 314); et, en 1765, Dumoulin expliquait que « quant à la noblesse de cette élection, elle demeure ordinairement dans ses terres, et il n'y en a pas dans le service». (*Géographie descriptive*, III, p. 125.)

[2] Sources. — Ms. du Greffe de Coutances, fᵒ 46 vᵒ = Arch. nat., B ɪɪɪ/53, p. 258 à 268. On rapprochera, ici encore, le *Rôle de MM. les nobles du bailliage de Saint-Lô, assignés à comparaître, etc.* (Ms. Greffe de Coutances, pièce nᵒ 35). La liste du procès-verbal est reproduite, avec beaucoup d'omissions et d'inexac-

titudes, par de Magny, *Nobiliaire*, I, p. 154.

[3] Dans la *Notice* placée en tête du bailliage de Saint-Lô, nous avons indiqué, sur la foi du *Rôle d'assignations*, le chiffre de 31 possédant fiefs (*suprà*, p. 6). Le nombre des fiefs assis dans l'élection de Saint-Lô ne s'élève qu'à 12 sur les registres du Bureau des Finances, mais évidemment on y a laissé de côté les fiefs relevant du comté de Torigny. Voir *État et mémoire des fiefs nobles de Saint-Lô*, ms. cit., fᵒ 72 à 74.

[4] Achard de Perthus de Bonvouloir-Loyauté fut élu député de la noblesse du bailliage de Cotentin dans la séance du 28 mars au soir. Voir *Procès-verbal de l'ordre de la noblesse* (*infrà*, p. 491 et note 3).

[5] Le nombre des fiefs titrés réellement sis dans l'élection était certainement moins considérable. Boulainvilliers en 1752 n'en signale que quatre : les deux comtés de Torigny et de la Rivière, le marquisat de Canisy et la baronnie du Hommet (*État de la France*, p. 128). En 1765, Dumoulin écrit de même : «Torigny est sans doute la terre la plus considérable de cette élection, tant pour ses revenus que pour ses mouvances. Le marquisat de *Canisy* est joint à la baronnie *du Hommet*, autrefois

3 *comtes :* M. Jean-Baptiste, comte de Vissec, assigné à Agneaux (prés.); le comte de la Luzerne, dans la paroisse de Sainte-Croix (repr.); M^me L. Jeanne-d'Anneville, comtesse d'Héricy, à Saint-Georges-de-Montcoq (repr.); 2 *marquis :* M^mes Charles-François, marquise de Thère, à Saint-Pierre-d'Arthenay (repr.); M. de Faudoas, marquis de Canisy (repr.); et 2 *barons :* le comte de Valentinois, baron de Saint-Lô, déjà cité; et M^me Jeanne-Françoise Viel, baronne du Mesnil-Amé, à Mesnil-Amé (repr.). — Il y a 9 *dames de fiefs,* dont 8 sont représentées, et 1 absente, et un groupe de mineurs, représentés par leur tuteur noble.

Sur les *3o* possédant fiefs, régulièrement assignés et appelés, 2 sont déclarés absents, *1o* comparaissent personnellement, et *18* sont représentés par procureurs-fondés de leur ordre.

II. *Nobles non possédant fiefs.* — Ils sont au nombre de *15,* dont 5 officiers ou anciens officiers au service du roi[1]. Sur ce nombre, *3* sont domiciliés à Saint-Lô, et le reste dans les paroisses rurales de : Sainte-Croix-de-Saint-Lô (1), Amigny (2), Daye (3), Le Dézert (2), Mesnil-Amé (1), Mesnil-Véneron (1), Saint-Pierre-d'Arthenay (1) et Tribehou (1).

Après l'appel des gentilshommes du bailliage secondaire de Saint-Lô, le procès-verbal se trouve interrompu, et reprend ensuite, dans les termes suivants :

Et vu qu'il est plus de 7 heures du soir, nous avons renvoyé la continuation de l'appel de l'ordre de la noblesse à demain 8 heures du matin, MM. les nobles invités de s'y représenter. Et avons signé la présente séance* avec le procureur du roi et notre greffier * [2].

DESMARETS DE MONTCHATON.

LEBRUN.                          BLONDEL.

---

## [ 5^e *Séance, du 18 mars au matin* ][3]

Du mercredi 18 mars 1789, en la nef de l'église cathédrale, 8 heures du matin, devant Nous conseiller du roi, lieutenant-général, présence et assisté comme dit est,

---

siège de la connétablie de Normandie, il y a 14 ou 15 fiefs qui en dépendent. La comté de *la Rivière,* démembrée de celle du Hommet, est encore importante par ses grandes mouvances, étendues sur 15 fiefs.» (*Géographie descriptive,* III, p. 175.) On observera que, Torigny et la Rivière étant en dehors du bailliage de Saint-Lô, il ne doit rester sur les registres du bureau que le marquisat de Canisy, auquel est joint celui de Montreuil (*ms. cit.,* f° 72).

[1] Le *Rôle de la capitation noble pour 1789* fait apparaître dans le ressort de l'élection de Saint-Lô, notablement plus étendue il est vrai que le bailliage, un chiffre total de 139 nobles, payant 5,333 livres de capitation privilégiée. (Arch. Calvados, C 4628.)

[2] Le passage entre astérisques a été interligné après coup dans le manuscrit du Greffe de Coutances.

[3] Ms. du Greffe de Coutances, f° 49 r° = Arch. nat., B III/53, p. 268.

En exécution de notre renvoi du jour d'hier à ce jour, sont comparus MM. de l'ordre de la noblesse, à l'appel desquels nous avons fait continuer ainsi qu'il suit :

### III. BAILLIAGE SECONDAIRE D'AVRANCHES [1].

L'appel fait apparaître un chiffre de 79 gentilshommes, tant nobles possédant fiefs que non possédant fiefs.

I. *Nobles possédant fiefs.* — Les possédant fiefs convoqués et appelés sont au nombre de 64 [2], répartis dans 60 paroisses (14 seulement sont qualifiés seigneurs et patrons de leurs paroisses). On doit remarquer, dans la paroisse de Plomb, M. Jacques-René-Jean-Baptiste Artur de la Villarmois (présent) [3]. Les *gentilshommes titrés* sont au nombre de 11, savoir : *4 comtes :* Ch. Turgot, comte de Saint-Clair, dans la paroisse de Plomb (repr.); P.-F. Marie, comte de Bourgblanc, assigné à Saint-Brice-de-Landelles (repr.); René-Gabriel Doynel, comte de Saint-Quentin, paroisse de ce nom (repr.); J.-J. Julien, comte du Quesnoy, à Saint-Martin-des-Champs (prés.); 6 *marquis :* Henri-Joseph, marquis de Lambert, assigné à Ancey (prés.); J. R. A. de Verdun, marquis de Crasné, à Ancey (repr.); A.-Ch. Tuffin, marquis de la Roirie, à Carnet (repr.); Alexandre Armand, marquis de Pontavice, à Saint-Laurent-de-Terregate (abs.); L.-Alex. Andrault, marquis de Langeron, à Sassey (repr.); et J.-Ch.-Alex. Doynel, marquis de Montécot, à Vergoncey (repr.); enfin un *baron,* L.-J. de Carbonnel, baron de Marcey, à la Luzerne (repr.) [4]. Il y a 5 *dames de fief,* dont une est absente, et 4 sont représentées par procureur

---

[1] SOURCES. — Ms. du Greffe de Coutances, fᵒˢ 49 rᵒ à 52 vᵒ = Arch. nat., B III/53, p. 269 à 283. On rapprochera, comme d'ordinaire, de l'appel du procès-verbal analysé au texte, le *Rôle de MM. les nobles possédant fiefs dans le bailliage d'Avranches, assignés, etc.* (Ms. Greffe de Coutances, pièce nᵒ 31).
*Éditions.* — La liste des nobles du ressort d'Avranches a été publiée par : 1ᵒ DE MAGNY, *Nobiliaire,* p. 155 à 159 (extrait peu exact, d'après le registre B III/53); 2ᵒ abbé PIGEON, dans Mém. Soc. Acad. Cotentin, t. III, p. 517 note 1 (donne seulement, d'après le *Rôle,* la liste des présents, qu'il qualifie bien à tort de «députés de la noblesse d'Avranches»); 3ᵒ abbé PIGEON, *Le Mont Saint-Michel et sa baronnie,* p. 399 à 405 (reproduction textuelle du *Rôle d'assignations*).
[2] Le *Rôle d'assignations,* compte 70 possédant fiefs, mais quelques-uns appartiennent à d'autres ressorts du bailliage de Cotentin. Le chiffre de 64 pos-

sédant fiefs, pour le ressort d'Avranches, est confirmé par les registres du Bureau des Finances de la généralité de Caen. A la fin du XVIIIᵉ siècle, les registres comptent dans le ressort d'Avranches 60 fiefs nobles, et 4 dans la vicomté de Saint-James. Voir *Mémoire des noms des nobles relevant du domaine d'Avranches, 1700-1782,* fᵒ 77, Arch. Calvados, C Bureau des Finances, reg. non coté).
[3] ARTUR DE LA VILLARMOIS fut élu député de la noblesse du bailliage de Cotentin dans la séance du 30 mars au soir. Voir Procès-verbal de la noblesse, *infra,* p. 493 et note 1.
[4] Le nombre des fiefs titrés situés dans l'étendue du bailliage d'Avranches proprement dit était fort peu considérable; les registres du Bureau des finances mentionnent seulement deux baronnies, *Marcé* et *Crasné* (Cresnay), et un marquisat, celui *du Quesnoy;* dans la vicomté de Saint-James, on trouvait de même 7 sergenteries et 5 vavassoreries nobles (*ms. cit.,* fᵒ 77).

de leur ordre; une d'elles figure en même temps comme tutrice noble d'enfant mineur.

Sur les 64 possédant fiefs, régulièrement convoqués et appelés, 2 sont déclarés absents, 23 comparaissent personnellement, et 39 sont représentés par procureur-fondé de leur ordre.

II. *Nobles non possédant fiefs.* — Ils sont au nombre de 15, dont un officier au service du roi[1]. Huit d'entre eux sont domiciliés dans la ville d'Avranches, 2 à Saint-Gervais d'Avranches, et les 5 autres dans les paroisses rurales de : Les Pas, Pontorson, Saint-Michel-des-Loups, Tirepied et Vernix.

## IV. BAILLIAGE SECONDAIRE DE CARENTAN[2].

L'appel fait apparaître un chiffre de 52 gentishommes, tant nobles possédant fiefs que non possédant fiefs.

I. *Nobles possédant fiefs.* — Les possédant fiefs convoqués et appelés sont au nombre de 38, répartis dans 32 paroisses (23 seulement sont qualifiés seigneurs de leurs paroisses)[3]. Parmi eux figure, pour la paroisse de Beuzeville-sur-le-Vey, «César-Henri, comte de la Luzerne, ministre de la marine, repr. par M. L.-J. David le Trésor»; pour la paroisse de Cretteville, Marie-Fr.-Henri de Franquetot, duc de Coigny, pair de France (repr. par M. de Mauconvenant); pour la paroisse d'Ecoquenauville, Maximilien-Gabriel-Louis de Béthune, duc de Sully, seigneur de Sébeville (repr. par le chevalier le Trésor de la Roque); et dans la paroisse de Sainte-Marie-du-Mont, «les héritiers du prince de Soubise, seigneur du lieu» (abs.). — Les *gentilshommes titrés* sont au nombre de 12, savoir : 2 *ducs*, le duc de Coigny, Marie Fr. H. de Franquetot, assigné dans la paroisse de Cretteville (repr.), et le duc de Sully, assigné à Ecoquenauville (repr.); 3 *comtes* : Alex.-Fr. Le Forestier, comte d'Osseville, à Appeville (repr.); Guillaume Desplanques de Lessay, comte d'Auxais, à Auverville (repr.)[4]; César-Henri comte de la Luzerne, à Saint-Pellerin (repr.); 6 *marquis* : J.-B. Léon, marquis de Thiboutot, à Beuzeville-au-Plain (repr.); Fr.-Hilaire de Tilly, marquis de Blaru, à Brévands (repr.); la dame marquise de Flottemanville, à Brucheville (abs.); la dame marquise

(1) Le *Rôle de capitation noble* donne en 1789, pour l'élection d'Avranches qui correspond à peu près au ressort du bailliage, un chiffre total de 124 nobles, payant 6,359 l. 16 s. de capitation noble (Arch. Calvados, C 4628). En 1661, CHAMILLART n'avait trouvé dans cette même élection que 120 nobles (DUPONT, *Histoire du Cotentin*, IV, p. 314).

(2) SOURCES. — Ms. Greffe de Coutances, f° 52 v° = Arch. nat., B III/53, p. 233 à 294. On rapprochera, comme d'habitude, le *Rôle par noms, qualités et demeures, des nobles possédant fiefs du bailliage de Carentan, assignés*, etc... ( Ms. Greffe de Coutances, pièces n°s 32

et 33). La liste des gentilshommes du ressort a été publiée, avec des coupures, par DE MAGNY, *Nobiliaire*, I, p. 157-159.

(3) Même correction que ci-dessus, relativement au chiffre donné dans la Notice préliminaire du bailliage de Carentan (au tome Ier, p. 702). Le *Rôle d'assignations* fait apparaître dans le ressort un total de 50 nobles possédant fiefs, répartis dans 38 paroisses.

(4) Le comte d'Auxais, seigneur de Mesnilvéneron, était membre de l'assemblée provinciale de Basse-Normandie, pour l'ordre de la noblesse. Voir SANOT, *Organisation administrative*, p. 407.

de Premettier, à Carquebut (abs.); la dame marquise de Thieuville, à Carquebut (abs.); Pierre-Jacques Gabriel, marquis de Pierrepont, à Sainte-Honorine (repr.); enfin 2 *barons* : Jean-François, baron d'Anneville, à Saint-Cosme-du-Mont (repr.), et Léon-Marguerite Le Clerc, baron de Juigné, comte de Courtomer, assigné à Sainte-Mère-Eglise (présent)[1]. Il y a 7 *dames de fief*, dont 4 sont déclarées absentes et 3 sont représentées. Un groupe de mineurs est représenté par un gardien noble et un groupe d'héritiers (prince de Soubise) n'est pas représenté[2].

Sur les *38* possédant fiefs, régulièrement convoqués et appelés, 7 sont déclarés absents, *10* comparaissent personnellement, et *21* sont représentés par procureur-fondé de leur ordre.

II. *Nobles non possédant fiefs.* — Ils sont au nombre de *14*, dont 4 officiers au service du roi, et le procureur du roi au siège[3]. Cinq d'entre eux habitent la ville de Carentan, les autres sont domiciliés dans les paroisses rurales de : Angoville-sur-Ay (2), Brucheville (1), Méautis (2), Montmartin-en-Graigne (1), Mobecq (1), Saint-Germain-de-Varreville (1) et Varenguebecq (1).

## V. Bailliage secondaire de Cérences [4].

L'appel fait apparaître un chiffre de 8 gentilshommes seulement, tant nobles possédant fiefs que non possédant fiefs.

I. *Nobles possédant fiefs.* — Les possédant fiefs assignés et appelés sont au nombre de *5*, répartis dans autant de paroisses (3 seulement sont qualifiés seigneurs de leurs paroisses)[5]. Parmi eux, on doit noter, dans la paroisse de Folligny, «messire Vercingétorix-Paul-René-Charles de Bordes, seigneur du lieu, chanoine en l'église de Coutances» (repr.). Aucun fief n'est titré. Il n'y a aucune dame de fief, aucun mineur en garde noble.

Sur les *5* possédant fiefs, régulièrement convoqués et appelés, un seul comparaît en personne, *4* sont représentés par procureur-fondé de leur ordre, et aucun n'est déclaré défaillant[6].

[1] Leclerc, baron de Juigné, fut élu député de la noblesse du bailliage de Cotentin dans la séance du 31 mars au soir. Voir Procès-verbal de l'ordre de la noblesse, *infrà*, p. 495 et note 1.

[2] Pour les fiefs titrés du ressort de Carentan, à la fin du xviii⁰ siècle, on consultera le registre précité du Bureau des Finances, f° 70.

[3] Le *Rôle de capitation noble* pour 1789 donne, pour l'élection de Carentan qui correspond assez mal aux ressorts réunis des bailliages de Carentan et de Périers, un chiffre de 85 nobles, payant 6,320 l. 13 s. 2 d. de capitation noble (Arch. Calvados, C 4628). En 1661, les *Recherches* de Chamillart avaient donné pour cette élection, dont celle de Saint-Lô n'était pas alors démembrée,

249 personnes nobles (Dupont, *Histoire du Cotentin*, IV, p. 314).

[4] Sources. — Ms. du Greffe de Coutances, f° 55 v° = Arch. nat., B iii/53, p. 294 à 296. On rapprochera, comme d'ordinaire, le *Rôle par noms, qualités et demeures des nobles possédant fiefs du bailliage de Cérences, assignés, etc.* (Ms. Greffe de Coutances, pièce n° 34). La liste des gentilshommes figurant à l'appel a été publiée par : 1° de Magny, *Nobiliaire*, I, p. 159; et 2° abbé Pigeon, *Le Grand Bailliage de Mortain*, p. 529 note 1.

[5] Le *Rôle d'assignations* mentionne dans le ressort de Cérences 16 possédant fiefs, répartis dans 9 paroisses.

[6] C'est à tort que M. l'abbé Pigeon écrit (peut-être sur la foi du *Rôle*) que

II. *Nobles non possédant fiefs.* — Ils sont au nombre de *3*, appartenant deux à la paroisse de Cérences et un à celle de Saint-Sauveur-la-Pommeraye.

Après l'appel des gentilshommes du ressort du bailliage de Cérences, le procès-verbal se trouve interrompu, et reprend ensuite, dans les termes suivants :

Et vu qu'il est une heure et demie après-midi, nous avons renvoyé la continuation de l'appel de MM. de la noblesse à 3 heures, iceux invités de s'y rendre, et nous avons signé avec le procureur du roi et notre greffier.

DESMARETS DE MONTCHATON.

LE BRUN.                                    BLONDEL.

---

[ *6ᵉ Séance, du 18 mars au soir* ][1].

Dudit jour 18 mars 1789, 3 heures après-midi, en la nef de la cathédrale de Coutances, devant Nous conseiller du roi, lieutenant-général susdit, présence et assisté comme dit est,

En exécution de notre renvoi de ce jour, sont comparus MM. de la noblesse, à l'appel desquels nous avons fait continuer ainsi qu'il suit :

## VI. BAILLIAGE SECONDAIRE DE MORTAIN[2].

L'appel fait apparaître un chiffre total de 70 gentilshommes, tant nobles possédant fiefs que non possédant fiefs.

I. *Nobles possédant fiefs.* — Les nobles possédant fiefs, assignés et appelés, sont au nombre de 62, répartis dans 51 paroisses, et dont 42 seulement sont qualifiés de seigneurs de leurs paroisses[3]. On voit figurer parmi eux, pour la

« aucune des familles nobles du ressort de Cérences ne comparut personnellement » (*op. cit.*, p. 529). Le procès-verbal porte formellement comparant M. Hervé Lecourt de Sainte-Marie.

[1] Ms. Greffe de Coutances, fᵒ 56 rᵒ = Arch. nat., B III/53, p. 296 à 343.

[2] SOURCES. — Ms. du Greffe de Coutances, fᵒ 56 rᵒ = Arch. nat., B III/53, p. 297 à 315. On rapprochera utilement, comme d'ordinaire : 1ᵒ le *Rôle par noms, qualités et demeures des nobles possédant fiefs du bailliage de Mortain*, assignés, etc. (Ms. Greffe de Coutances, pièce nᵒ 42); 2ᵒ un *État des assignations* données à la requête de M. le procureur du roi du bailliage de Mortain à MM. les *ducs, pairs, marquis, comtes, etc.* (Ms. de provenance inconnue, édité par M. l'abbé Pigeon). — La liste des gentilshommes du bailliage de Mortain a été publiée par : 1ᵒ DE MAGNY, *Nobiliaire*, I, p. 159 sq. (reproduction très écourtée de l'appel du procès-verbal); 2ᵒ abbé PIGEON, *Le Grand Bailliage de Mortain en 1789*, dans Mém. Soc. Acad. Cotentin, t. III, 1880, p. 134 à 146 (reproduction textuelle de l'*État* précité).

[3] Dans la notice en tête du bailliage de Mortain, nous avons, sur la foi du

ville de Mortain, «S. A. S. Mgr. le duc d'Orléans, premier prince du sang, comte de Mortain» (représenté par le comte de Sourdeval). Les autres possesseurs de fiefs titrés sont au nombre de 11, savoir : *un duc*, le duc de Penthièvre, assigné dans la paroisse de Beauficel (repr.); puis 6 *comtes* : S.-A. Poilvilain, comte de Cresnay, assigné à Mesnil-Rainfray (repr.); L.-Bernardin Le Neuf, comte de Sourdeval, dans la paroisse de ce nom (présent) [1]; Antoine-Anne Géraldin, comté de Lapenty, dans la paroisse de Saint-Symphorien (repr.); J.-Fr. Toussaint, comte de Lorgeril, à Parigny (repr.); le comte de Bourgblanc, à Saint-Hilaire (repr.); et le comte de Montécot, à Vézins (repr.); 6 *marquis* : Eugène-Beuve Dauray, marquis de Sainte-Poix, dans la paroisse de ce nom (repr.); Louis-Marie Le Maire de Vassy, marquis de Brécey, à Brécey (repr.); le marquis de Chevrüe, assigné à Bellefontaine (abs.); le comte de Chevrüe, marquis de Mesniltove, dans la paroisse de ce nom (repr.); le marquis de Valory, à Heussé (repr.); et S.-A. Poilvilain, marquis de Mesnilrainfray, assigné dans la paroisse de ce nom (abs.); enfin 2 *barons* : J.-Alex. de Tourry, baron de Feugettes, à Barenton (repr.); et le marquis d'Oiliamson, pour la baronnie des Biards (repr.). Il y a 12 *dames de fief*, dont 3 sont absentes et 9 représentées, et dont 2 figurent en même temps comme tutrices de leurs enfants mineurs. Dans la paroisse du Teilleul, est convoquée «discrète personne Gilles-Louis de Vaufleury, seigneur et patron du Teilleul, bachelier en Sorbonne, licencié ès lois de la Faculté de Paris, et curé de N.-D. de Barenton».

Sur les 62 possédant fiefs, régulièrement assignés et appelés, 7 sont absents, 41 sont représentés par procureur-fondé de leur ordre, et 14 seulement comparaissent personnellement [2].

II. *Nobles non possédant fiefs.* — Ils sont au nombre de 8 seulement, domiciliés dans les villes ou paroisses : de Mortain (2), du Neufbourg (2), des Chéris (2), de Virey et des Biards. Parmi eux, 2 sont officiers au service du roi [3].

---

*Rôle d'assignations*, donné le chiffre de 71 possédant fiefs, et par suite le chiffre total de 79 gentilshommes (*supra*, p. 221).

[1] Louis-Bernardin LE NEUF DE SOURDEVAL DE LA BARRE était président de l'assemblée du département de Mortain depuis 1787. Au nom du département, il avait écrit, le 2 novembre 1788, au duc d'Harcourt, gouverneur de Normandie, une lettre demandant le rétablissement des États provinciaux, qui a été publiée par HIPPEAU, *Élections*, p. 471. Il fut guillotiné à Paris, le 9 mai 1794 (23 floréal an II). Non mentionné par SANOT, *Tribunal révolutionnaire*. Voir Mlle OURSEL, *Nouvelle biographie normande*, II, p. 134; et G.-J. LANGE, *Éphémérides normandes*, I, p. 316.

[2] L'appel ne renseigne point directement sur le nombre des fiefs du ressort de Mortain. En 1752, BOULAINVILLIERS donnait à l'élection, qui correspond presque identiquement au bailliage, un chiffre total de 85 fiefs (*État de la France*, p. 128). Les fiefs titrés n'y sont que très imparfaitement désignés. DUMOULIN, en 1765, est un peu plus explicite : «Les terres considérables de cette élection sont *Montecoq*, érigé en marquisat en 1697 pour le sieur Douesnel; la baronnie *des Biards*, possédée par M. de Pierrepont; celle de *Saint-Pair* (Poix), à M. Dauvray; celle de *Bressé* (Brécey), à M. de Vassy; le comté d'*Igouville*, au sieur de Vauborel. Outre cela, il y a 85 fiefs principaux, dont presque toutes les terres de l'étendue dépendent; ils doivent leur hommage au roi ou au comte de Mortain.» (*Géographie descriptive*, III, p. 162.)

[3] Le *Rôle de capitation noble* de l'élection de Mortain accuse pour 1789 un chiffre de 93 nobles, payant 3,115 l. 6 s. de capitation privilégiée (Arch. Calvados, C 4628). En 1661, la *Recherche* de CHAMILLART y avait relevé 128 nobles (DUPONT, *Le Cotentin*, IV, p. 314); mais

## VII. Bailliage secondaire de Saint-Sauveur-Lendelin séant à Périers[1].

- L'appel fait apparaître un chiffre de *30* gentilshommes, tant nobles possédant fiefs que non possédant fiefs.

I. *Nobles possédant fiefs.* — Les possédant fiefs, assignés et appelés, sont au nombre de 24[2], répartis dans autant de paroisses, et dont 14 seulement sont qualifiés de seigneurs de leurs paroisses. Il y a deux *fiefs titrés* seulement : le *marquisat* de Sainte-Suzanne, à M. Ch.-Adolphe de Mauconvenant, assigné dans la paroisse de Besneville (repr.), et la *baronnie* de Claids, dans la paroisse de ce nom, à M. Pierre-Hyacinthe Henri Le Forestier (présent). Aucune dame de fief, et aucuns mineurs ne sont assignés[3].

Sur les 24 possédant fiefs, régulièrement convoqués et appelés, 2 sont déclarés absents, 11 comparaissent personnellement, et 11 sont représentés par procureur-fondé de leur ordre.

II. *Nobles non possédant fiefs.* — Ils sont au nombre de *6* seulement, domiciliés dans les paroisses d'Aubigny, de Saint-Michel-de-la-Pierre, de Sainte-Opportune-de-Lessay, et de Vesly (3)[4].

## VIII. Bailliage secondaire de Valognes[5].

L'appel fait apparaître un chiffre de *99* gentilshommes, tant nobles possédant fiefs que non possédant fiefs.

en 1765 Dumoulin écrivait : « Il y a environ 100 familles nobles, dont la plus riche ne possède pas 15,000 livres de revenu ». (*Ibid.*, III, p. 162.)

[1] Sources. — Ms. du Greffe de Coutances, f° 60 v° = Arch. nat., B III/53, p. 315 à 321. On rapprochera, comme d'ordinaire, le *Rôle des nobles possédant fiefs du bailliage de Périers*, *assignés*, etc. (Ms. Greffe de Coutances, pièce n° 36). L'appel du procès-verbal a été reproduit, avec des coupures, dans de Magny, *Nobiliaire*, I, p. 162.

[2] Dans la notice en tête du bailliage de Saint-Sauveur-Lendelin, nous avons, sur la foi du *Rôle d'assignations*, donné le chiffre de 25 possédant fiefs, et par suite le chiffre total de 31 gentilshommes pour le bailliage (*suprà*, p. 99). Le registre du Bureau des finances compte ensemble 54 fiefs nobles, pour les deux vicomtés de Saint-Sauveur-Lendelin et Saint-Sauveur-le-Vicomte (*ms. cit.*, f° 52).

[3] Le Registre précité ne compte dans le ressort des deux vicomtés de Saint-Sauveur-Lendelin et Saint-Sauveur-le-Vicomte que 5 sergenteries, une franche vavassorerie (*Gratigny*) et 4 fiefs titrés seulement : le marquisat d'*Amfreville*, et les trois baronnies d'*Orglandes*, de *Néhou* et de *Néeville*. La plupart de ces terres relèvent du bailliage de Saint-Sauveur-le-Vicomte (*ibidem*).

[4] Pour le nombre des nobles imposés au *Rôle de capitation noble* en 1789, on voudra bien se reporter à la note sous l'appel du bailliage de Carentan (*suprà*, p. 407, note 3).

[5] Sources. — Ms. Greffe de Coutances, f° 62 r° = Arch. nat., B III/53, p. 322 à 345. On rapprochera, comme d'ordinaire, le *Rôle par noms, qualités et demeures des nobles possédant fiefs du bailliage de Valognes*, etc. (Ms. Greffe de Coutances, pièce n° 41). La liste des nobles figurant à l'appel du procès-verbal pourra être consultée, avec les réserves

I. *Nobles possédant fiefs.* — Les possédant fiefs, assignés et appelés, sont au nombre de *80*, répartis dans 66 villes ou paroisses, et dont *47* seulement sont qualifiés de seigneurs de leurs paroisses[1]. On doit remarquer, pour la ville de Valognes, «Louis-Stanislas-Xavier, fils de France, frère du roi, duc d'Alençon, d'Anjou et de Vendôme, etc., *Monsieur*» (repr. par le marquis d'Harcourt); à Fontenay, «Maximilien-Marie-Pierre le Vicomte, marquis de Blangy, grand bailli du Cotentin» (repr. par le marquis de Caillebot); à Yvetot, «Louis-Jean-Baptiste-Antoine Colbert, marquis de Seignelay, seigneur de Blainville, etc., et Yvetot» (repr. par M. Louis-Casimir Avice); et à Biville, «Pierre-François de Beaudrap, seigneur de Biville, Saint-Martin-du-Mesnil, Sottevast, et le Mesnil-Durand» (présent)[2]. Les possesseurs de *fiefs titrés* sont au nombre de *16*, savoir, 5 *comtes* : M. Marie-Bonaventure Jellot, comte de Beaumont, assigné à Gouberville (prés.); André de Hennot, comte d'Octeville, à Briquebosq (prés.); Constantin-Frédéric-Timoléon, comte du Parc, à Mesnil-au-Val (prés.); René-Charles de Percy, comte de Tonneville, audit lieu (prés.); et le comte de Marguerie, à Urville-près-Valognes (repr.); 8 *marquis* : L.-Bernard-Jacques de Gigault, marquis de Bellefont, à Henneville (repr.); le marquis de Bruc, à Tréauville (abs.); Hyacinthe-Charles, marquis de la Houssaye, à la Pernelle (repr.); Alexandre-François-Maximilien, marquis de Longaunay, à Maupertus (repr.); Louis, marquis de Mathan, à Fresville (repr.); Henri-Jacques, marquis du Moncel, à Martinvast (repr.), Georges-Antoine, marquis de Dancel, à Quinéville (repr.); et Bon-Louis-Charles Barquet, marquis de Campigny, à Surville (repr.); enfin *4 barons* : Charles-Léonor-Hyacinthe de Marguerie, baron de Colleville, à Urville (repr.); Charles-Léon-Hector, marquis d'Harcourt, baron d'Olonde, à Aumeville-l'Estre (repr.); l'abbé de Gallifet, baron de Réville (abs.), et Bon-P.-J. Evrard de Belle-Isle, baron de Saint-Pierre-Église (repr.). Il y a 11 *dames de fief*, dont 2 sont déclarées absentes et 9 représentées par procureur, et 3 groupes de mineurs, représentés par leur tuteur noble ou leur mère principale tutrice. Dans la paroisse de Réville, on remarquera l'abbé de Gallifet, assigné comme «seigneur de la baronnie de ce lieu» (abs.).

Sur les *80* possédants fiefs, *9* sont déclarés absents, *26* comparaissent en personne, et *45* sont représentés par procureur-fondé de leur ordre[3].

II. *Nobles non possédant fiefs.* — Ils sont au nombre de *19*, domiciliés dans

habituelles, dans DE MAGNY, *Nobiliaire*, I, p. 163. Enfin une «liste des plus marquants» des nobles convoqués au bailliage de Valognes a été donnée par M. LECACHEUX, *Documents pour servir à l'histoire de Montebourg*, I, p. 296 à 298.

[1] L'appel ne donne point directement le nombre des fiefs du ressort de Valognes. D'après le registre du Bureau des Finances, la vicomté de Valognes, qui correspondoit sensiblement au bailliage, comptait au xviii° siècle 139 fiefs, dont 3 marquisats (*Flamanville*, à M. de Bazan, avec 13 fiefs; *Fontenay*, à Saint-Marcouf, avec 7 fiefs; *le Parc*, à Saint-Lô d'Ourville, érigé en 1722), et 6 baronnies (*Bricquebec* et la *Luthumière*, à

M. de Matignon; *Saint-Pierre-Église*, à M. de Castel; *Quettehou*, à l'abbesse de Caen; le *Ham*, à l'abbaye de Saint-Sauveur; *Réville*, à M. de Mesnilvoix, et la *Varengère*, à M^me de Châtillon. Il y avait en outre 9 sergenteries, et une franche vavassorerie (*ms. cit.*, f° 57).

[2] BEAUDRAP DE SOTTEVILLE fut élu député de la noblesse du bailliage de Cotentin, dans la séance du 29 mars au soir. Voir Procès-verbal de la noblesse (*infrà*, p. 492, note 2).

[3] Le *Rôle d'assignations* du bailliage de Valognes comptait 95 possédant fiefs, répartis en 79 paroisses. Un d'entre eux est expressément écarté comme «non noble» (pièce n° 41).

les villes de Valognes (3), de Cherbourg (2), et dans les paroisses de Bretteville, Couville, Digosville (2), Equeurdreville, Fresville, Octeville, Ozeville, Quettehou, Surtainville (2), Teurtheville-au-Bocage, et Vasteville. Parmi eux, on compte un chevalier de Malte et 3 officiers au service ou anciens officiers[1].

Après l'appel des gentilshommes du ressort du bailliage de Valognes, le procès-verbal se trouve interrompu, et reprend ensuite, dans les termes qui suivent :

Et vu qu'il est 8 heures du soir, nous avons renvoyé la continuation du présent à demain, 8 heures du matin, et avons signé la présente séance avec le procureur du roi et notre greffier.

DESMARETS DE MONTCHATON.

LEBRUN.                    BLONDEL.

### [7ᵉ Séance, du 19 mars au matin][2].

Du jeudi 19ᵉ jour du mois de mars audit an 1789, 8 heures du matin, en la nef de la cathédrale de Coutances, devant Nous lieutenant-général civil, présence et assisté comme dit est,

En exécution de notre renvoi du jour d'hier, transportés en ce lieu, nous avons fait procéder à la continuation [de l'appel] de MM. les nobles assemblés, comme il suit :

### IX. BAILLIAGE SECONDAIRE DE SAINT-SAUVEUR-LE-VICOMTE [3].

L'appel fait apparaître un chiffre de 45 gentilshommes, tant nobles possédant fiefs que non possédant fiefs.

I. *Nobles possédant fiefs.* — Les possédant fiefs assignés et appelés sont au nombre de 35, répartis dans autant de paroisses, et dont 25 seulement sont qualifiés de seigneurs de leurs paroisses[4]. Les possesseurs de *fiefs titrés* sont

---

[1] Le *Rôle de capitation noble* pour l'élection de Valognes accuse en 1789 un chiffre de 206 gentilshommes, payant 20,733 l. 18 s. de capitation privilégiée (Arch. Calvados, C 4628). En 1661, la *Recherche* de CHAMILLART avait donné 305 gentilshommes (DUPONT, *op. cit.*, IV, p. 314).

[2] Ms. du Greffe de Coutances, fᵒ 67 vᵒ = Arch. nat., B III/53, p. 344.

[3] SOURCES. — Ms. du Greffe de Coutances, fᵒ 67 vᵒ = Arch. nat., B III/53,

p. 345 à 353. On rapprochera, comme d'ordinaire, le *Rôle des nobles du bailliage de Saint-Sauveur-le-Vicomte, assignés à comparaître*, etc. (Ms. du Greffe de Coutances, pièces nᵒˢ 37 et 38). La liste des nobles figurant au procès-verbal est reproduite dans DE MAGNY, *Nobiliaire*, I, p. 166-167.

[4] Le *Rôle d'assignations* donne au ressort de Saint-Sauveur-le-Vicomte 67 nobles possédant fiefs, et 85 fiefs répartis dans 58 paroisses.

au nombre de *4* marquis, savoir : le marquis Guillaume-René d'Anneville,
marquis de Chiffrevast, assigné dans la paroisse de Tamerville (repr.)[1].
L.-Fr. de Cussy, marquis de Jucoville, à Néhou (présent); Marie-Fr. de Bruc,
marquis de la Guerche, à Grosville (repr.); et Fr.-Ch. Le Febvre, marquis du
Quesnoy, à Saint-Sauveur (repr.). Il y a 6 *dames de fief*, dont 2 sont absentes
et *4* représentées, et une famille de mineurs, représentés par leur tuteur
noble[2].

Sur ces *35* possédant fiefs, régulièrement convoqués et appelés, *5* sont
déclarés absents, *10* comparaissent en personne, et *20* sont représentés par
procureur-fondé de leur ordre.

II. *Nobles non possédant fiefs.* — Ils sont au nombre de *10* seulement,
dont un chevalier de Malte non profès, et 3 officiers de la marine royale. De
ce nombre, 2 sont domiciliés à Saint-Sauveur-le-Vicomte, 2 à Tamerville,
et les autres dans les paroisses de Branville, Colomby, Écalleville, Jobourg,
Sainte-Croix-Hague et Tollevast[3].

X. Bailliage secondaire de Tinchebray[4].

L'appel fait apparaître un chiffre total de *32* gentilshommes, tant nobles
possédant fiefs que non possédant fiefs.

I. *Nobles possédant fiefs.* — Les possédant fiefs, assignés et appelés, sont
au nombre de *32*, répartis dans 27 paroisses, et dont 21 seulement sont
qualifiés de seigneurs de leurs paroisses[5]. Parmi eux figurent, dans la ville de
Tinchebray, «M. le duc d'Orléans, châtelain de Tinchebray (repr.), et dans

[1] G.-René d'Anneville, marquis de Chiffrevast, seigneur de Tamerville, était membre de l'assemblée du département de Valognes et aussi de l'assemblée provinciale de Basse-Normandie, pour l'ordre de la noblesse. Voir Sarot, *Organisation administrative*, p. 406.

[2] Pour le nombre des fiefs simples ou titrés du ressort de Saint-Sauveur-le-Vicomte, on se rapportera à ce que nous avons noté sous l'appel du bailliage de Saint-Sauveur-Lendelin (*supra*, p. 410, note 2).

[3] Pour le nombre des gentilshommes imposés au *Rôle de capitation* en 1789, voir de même sous l'appel du bailliage de Valognes (*supra*, p. 412, note 1).

[4] Sources. — Ms. du Greffe de Coutances, f° 70 v° = Arch. nat., B III/53, p. 355 à 362. On rapprochera, comme d'ordinaire, le *Rôle de MM. les nobles possédant fiefs du bailliage de Tinchebray et dans la haute-justice de Condé-sur-Noireau, assignés*, etc. (Ms. Greffe de Coutances, pièces n°s 39 et 40). La

liste des nobles du ressort a été publiée plusieurs fois, par : 1° de Magny, *Nobiliaire*, I, p. 167-168; 2° abbé Pigeon, *Le Grand Bailliage de Mortain en 1789*, loc. cit. p. 500 à 505; et 3° abbé Dumaine, *Tinchebray et sa région au Bocage normand*, t. III, p. 11 à 16. Les différences assez sensibles qu'on pourra relever dans les listes de ces auteurs viennent de ce que M. de Magny a reproduit, — assez inexactement, — l'appel du procès-verbal transcrit dans B III/53, tandis que les autres ont suivi le *Rôle* de Coutances.

[5] Dans la notice mise en tête du bailliage de Tinchebray, nous avons donné, sur la foi du *Rôle d'assignations*, le chiffre de 37 possédant fiefs (*supra*, p. 294). M. Lelièvre, ancien instituteur à Saint-Quentin-les-Chardonnets, bibliothécaire de la ville de Vire, nous a signalé l'existence, au notariat de Tinchebray, d'un certain nombre de procurations dressées pour les membres de la noblesse du ressort, au mois de mars 1789.

la paroisse d'Aulnay, «M. Charles-François-Casimir de Saulx, duc de Saulx-Tavanes, seigneur de Saint-Samson d'Aulnay, maréchal de camp des armées du roi» (repr.). Les autres possesseurs de fiefs titrés sont M^mᵉ de Longaunay, pour la châtellenie de Condé (abs.), et M. Jacques-Louis Le Harivel, sieur de Beauchesne, pour la baronnie de Fresne (présent). Il y a 4 *dames de fief*, dont une est absente et 3 sont représentées; aucun mineur possédant fief n'a été assigné dans le ressort[1].

Sur ce chiffre de *32* possédant fiefs, régulièrement convoqués et appelés, *un* seul s'est présenté à l'appel de son nom, *18* sont représentés par procureur-fondé de leur ordre, et *13* sont déclarés absents.

II. *Nobles non possédant fief.* — Aucun ne s'est présenté à l'appel dans le ressort de Tinchebray[2].

RÉCAPITULATION. — En rapprochant les résultats fournis par l'appel de la noblesse dans les différents ressorts des bailliages principal et secondaires, on trouve que l'assemblée générale de la noblesse se compose de 387 membres, dont 142 sont présents personnellement, et 245 sont représentés par procureur. En outre 50 gentilshommes, régulièrement convoqués et appelés, ont été déclarés absents, ce qui porte à 437 le nombre des membres de droit à l'assemblée. Ce chiffre total, réparti entre les deux grandes catégories de possédant fiefs et non possédant fiefs, se décompose ainsi ;

1° *Nobles possédant fiefs.* — 437, sur lesquels : sont déclarés absents, 51; comparaissent en personne, 142; sont représentés par procureur-fondé de leur ordre, 245 ;

2° *Nobles non possédant fiefs* (qui se sont présentés spontanément à l'assemblée), 143.

Ce qui donne un total général de 580.

A un autre point de vue, la répartition par ressorts de bailliages principal et secondaires fournit les chiffres suivants :

---

[1] L'appel ne renseigne point directement sur le nombre des fiefs nobles du ressort. On trouvera un tableau des fiefs de la châtellenie de Tinchebray, pour une date d'ailleurs ancienne, dans LEFAVERAIS, *Mémoire sur Tinchebray, son château et son bailliage,* dans Mém. Soc. Acad. Cotentin, t. III (1880) p. 31.

On consultera encore : abbé DUMAINE, *Tinchebray et sa région,* t. I, p. 463 et suiv.

[2] Pour le nombre des nobles imposés à la capitation en 1789 dans le ressort, voir ce que nous avons noté sous l'appel du bailliage de Mortain (*supra*, p. 409, note 3).

| RESSORTS DES BAILLIAGES PRINCIPAL ET SECONDAIRES. | NOBLES POSSÉDANT FIEFS. | NOBLES NON POSSÉDANT FIEFS. | TOTAL des GENTILSHOMMES APPELÉS. |
|---|---|---|---|
| Coutances.......................... | 67 | 53 | 120 |
| Saint-Lô........................... | 30 | 15 | 45 |
| Avranches.......................... | 64 | 15 | 79 |
| Carentan........................... | 38 | 14 | 52 |
| Cérences........................... | 5 | 3 | 8 |
| Mortain............................ | 62 | 8 | 70 |
| Périers............................ | 24 | 6 | 30 |
| Valognes........................... | 80 | 19 | 99 |
| Saint-Sauveur...................... | 35 | 10 | 45 |
| Tinchebray......................... | 32 | 0 | 32 |
| BAILLIAGE DE COTENTIN.. | 437 | 143 | 580 |

Au point de vue de la comparution, la répartition entre les différents ressorts se fait de même de la façon suivante :

| RESSORTS DES BAILLIAGES PRINCIPAL ET SECONDAIRES. | NOBLES POSSÉDANT FIEFS | | | NOBLES non POSSÉDANT FIEFS. |
|---|---|---|---|---|
| | COMPARANTS. | REPRÉSENTÉS. | ABSENTS. | |
| Coutances......................... | 36 | 28 | 3 | 53 |
| Saint-Lô.......................... | 10 | 18 | 2 | 15 |
| Avranches......................... | 23 | 39 | 2 | 15 |
| Carentan.......................... | 10 | 21 | 7 | 14 |
| Cérences.......................... | 1 | 4 | 0 | 3 |
| Mortain........................... | 14 | 41 | 7 | 8 |
| Périers........................... | 11 | 11 | 2 | 6 |
| Valognes.......................... | 26 | 45 | 9 | 19 |
| Saint-Sauveur..................... | 10 | 20 | 5 | 10 |
| Tinchebray........................ | 1 | 18 | 13 | 0 |
| BAILLIAGE DE COTENTIN.. | 142 | 245 | 50 | 143 |

L'assemblée de l'ordre de la noblesse, défalcation faite des absents et des gentilshommes porteurs de procurations multiples, compte en tout 530 membres[1]; la majorité, lors des élections pour la députation aux États généraux, sera, par suite, de 266 voix.

[1] *Procès-verbal de l'assemblée de la noblesse*, séance du 28 mars au soir (*infrà*, p. 491). Les historiens locaux varient considérablement sur le nombre des membres de la noblesse figurant à l'appel. M. DESDEVIZES DU DÉZERT, dans son *Étude sur le Cotentin en 1789*, p. 28, compte 589 gentilshommes (d'après le procès-verbal d'appel); M. LEFAVERAIS, *Mémoire sur Tinchebray*, p. 80, donne

L'appel de la noblesse dans les différents ressorts une fois terminé, le procès-verbal continue en ces termes :

Et vu que l'appel de MM. de l'ordre de la Noblesse est terminé, nous avons fait procéder à l'instant à celui de MM. les députés du tiers état, que nous avons fait prévenir de se rendre en ce lieu à cet effet, en suivant l'ordre des bailliages, ainsi qu'il est fixé par l'État annexé au règlement du 24 janvier dernier, ainsi qu'il suit ;

## ORDRE DU TIERS ÉTAT[1].

L'appel est fait, comme pour les deux ordres précédents, par ressorts de bailliages principal et secondaires. Dans chaque bailliage, les députés sont appelés individuellement, par leurs noms et prénoms, quelquefois accompagnés de l'indication de leur profession[2], et de celle de la paroisse ou communauté primaire qu'ils représentaient aux assemblées préliminaires[3]. Chaque nom ainsi appelé est suivi de la mention de présence ou absence du député; il n'y a naturellement point de représentation possible dans l'ordre du tiers état.

Nous avons estimé inutile, — nous conformant en cela aux prescriptions de l'*Instruction* rédigée par la Commission centrale pour la publication des cahiers de doléances[4], — de reproduire les longues listes de noms des députés appelés à l'assemblée de l'ordre du tiers état. Le lecteur pourra d'ailleurs très facilement les reconstituer pour chacun des bailliages principal et secondaires, en se reportant aux procès-verbaux des assemblées préliminaires; ces procès-verbaux contiennent toutes les listes des députations réduites au quart pour porter à l'assemblée générale les cahiers de chaque assemblée préliminaire, et nous avons chaque fois reproduit ces listes *in extenso*. On consultera ainsi :

1° Pour le bailliage principal de *Coutances*, le *Procès-verbal de l'assemblée préliminaire de Coutances*, séance du 3 mars (au tome I, p. 658);

le même chiffre, sans justification; tandis que M. LECACHEUX, *Documents*, p. 313, s'arrête au chiffre de 584; et M. R. DU COUDRAY, *Le pays de Granville*, p. 16, monte jusqu'à 599. Nous-même, dans notre étude sur l'*Assemblée générale des trois ordres*, nous avions cru pouvoir fixer les chiffres de 584 gentilshommes appelés, et 354 présents, dont 210 possédant fiefs, et 144 non possédant fiefs. Voir *Revue de Cherbourg*, n° du 15 janvier 1907, p. 101.

Les *Rôles de la capitation noble* pour 1789 donnent pour l'ensemble des 6 élections correspondant au bailliage de Cotentin un total de 778 personnes nobles, payant ensemble 48,341. 13 s. 2 d. de capitation privilégiée, compris

les 4 sols pour livre. (Arch. Calvados, C 4628.)

[1] Ms. du Greffe de Coutances, f° 72 r° = éd. impr., p. 193 = Arch. nat., B III/53, p. 363 à 404.

[2] Les professions sont indiquées à l'appel pour les ressorts de Coutances, Avranches, Carentan, Mortain et Saint-Sauveur-le-Vicomte; elles sont omises pour les autres, exception faite de quelques professions libérales.

[3] L'origine de députation est indiquée pour les ressorts de Valognes et de Tinchebray, et omise pour tous les autres.

[4] *Deuxième instruction pour la publication des Cahiers de 1789, du 13 juin 1907* (dans *Notes et documents sur ses travaux*, publiés par la Commission de recherches, Paris, 1913, p. 81).

2° Pour le bailliage secondaire d'*Avranches*, le *Procès-verbal*, séance du 5 mars (t. I, p. 688)[1];

3° Pour le bailliage secondaire de *Carentan*, le *Procès-verbal*, séance du 10 mars (t. I, p. 763);

4° Pour le bailliage secondaire de *Cérences*, le *Procès-verbal*, séance du 2 mars (t. I, p. 787);

5° Pour le bailliage secondaire de *Valognes*, le *Procès-verbal*, séance du 13 mars (t. II, p. 754);

6° Pour le bailliage secondaire de *Saint-Lô*, le *Procès-verbal*, séance du 10 mars (t. III, p. 77);

7° Pour le bailliage secondaire de *Saint-Sauveur-Lendelin*, le *Procès-verbal*, séance du 10 mars (t. III, p. 132);

8° Pour le bailliage secondaire de *Saint-Sauveur-le-Vicomte*, le *Procès-verbal*, séance du 10 mars (t. III, p. 182);

9° Pour le bailliage secondaire de *Mortain*, le *Procès-verbal*, séance du 10 mars (t. III, p. 265);

10° Pour le bailliage secondaire de *Tinchebray*, le *Procès-verbal*, séance du 2 mars (t. III, p. 341).

En réunissant les listes ainsi obtenues, on trouvera que l'assemblée générale des trois ordres, tenue à Coutances, devait comprendre 407 membres de l'ordre du tiers état, se répartissant ainsi pour leur provenance :

1° Bailliage principal de *Coutances*, 80 députés, formant le quart de 320 membres présents à l'assemblée préliminaire[2];

2° Bailliage secondaire d'Avranches, 55 députés, formant le quart de 217 présents[3];

3° Bailliage secondaire de Carentan, 28 députés, formant le quart de 107 présents;

4° Bailliage secondaire de Cérences, 7 députés, formant le quart de 26 présents;

5° Bailliage secondaire de Valognes, 81 députés, formant le quart de 324 présents;

[1] La liste des députés du bailliage d'Avranches à l'assemblée de Coutances a été publiée, d'après les *Rôles* du Greffe de Coutances, par M. l'abbé Pigeon, *Le Mont Saint-Michel, etc.*, p. 410-411.

[2] Le calcul pour la réduction au quart est fait le plus souvent d'une façon expresse dans les procès-verbaux des assemblées préliminaires. Voir, par exemple, *Procès-verbal de l'assemblée préliminaire d'Avranches*, séance du 5 mars

(au tome Ier, p. 688); *Procès-verbal de l'assemblée préliminaire de Saint-Lô* (t. III, p. 77), etc.

[3] M. l'abbé Pigeon a donné en note, sous l'article plusieurs fois cité relatif au *Grand Bailliage de Mortain en 1789*, la liste des membres du tiers état du bailliage d'Avranches *présents* à l'assemblée des trois ordres (Mém. Soc. Acad. Cotentin, 1880, p. 517, n. 1). Cette liste est prise directement sur l'appel du procès-verbal imprimé.

6° Bailliage secondaire de Saint-Lô, 20 députés, formant le quart de 79 présents[1];

7° Bailliage secondaire de Saint-Sauveur-Lendelin, 31 députés, formant le quart de 121 présents;

8° Bailliage secondaire de Saint-Sauveur-le-Vicomte, 34 députés, formant le quart de 136 présents;

9° Bailliage secondaire de Mortain, 48 députés, formant le quart de 192 présents;

10° Bailliage secondaire de Tinchebray, 24 députés, formant le quart de 96 présents.

Au total, pour les dix ressorts, 408 députés, formant le quart théoriquement des 1,618 membres présents dans les dix assemblées préliminaires des bailliages principal et secondaires[2].

Sur ce chiffre de 408 députés, l'appel de l'ordre du tiers état fait apparaître un chiffre de 361 présents seulement; 47 députés sont déclarés absents, qui se répartissent de la manière suivante entre les différents ressorts :

1° Pour le bailliage principal de *Coutances*, 6 absents sur 80 députés, savoir : les sieurs Nicolas-Joseph-Hugon de la Noë, ancien lieutenant de maire (Granville); Jean-François-Louis-René Picquelin de Gréenville (Saint-Nicolas-de-Granville); Guillaume Cambernon, laboureur (Donville); René-Claude Gond la Chesnaye, laboureur (Saint-Aubin-des-Préaux); François le Chevalier, laboureur (Bourey); et Joseph-Pierre Planchon, «notaire, demeurant à Cerisy-Caillebot, absent malade » (Cerisy)[3];

2° Pour le bailliage secondaire d'*Avranches*, 4 absents sur 55 députés appelés, savoir : les sieurs Ferrey de Montitier, lieutenant d'élection et sub-

---

[1] Dans notre travail sur l'*Assemblée des trois ordres à Coutances*, nous avons, par suite d'une faute d'impression, donné le chiffre de 26 députés au lieu de 20 pour le ressort de Saint-Lô; on voudra bien corriger cette erreur (p. 101).

[2] Dans son *Étude sur le Cotentin en 1789*, p. 31, M. DESDEVIZES DU DÉZERT donne, pour l'assemblée du tiers, le chiffre de 411 membres. Le même chiffre est donné par M. LEGACHEUX, *Documents*, p. 314, et par M. LEFAVERAIS, *Mémoire sur Tinchebray*, p. 30 (M. l'abbé PIGEON, et M. l'abbé DUMAINE ne donnent aucun chiffre). La différence vient de ce que ces auteurs ont compté en trop deux députés suppléants de Mortain, et qu'ils ont donné à Saint-Sauveur-le-Vicomte 35 députés au lieu de 34. Pour la situation sociale et l'origine professionnelle des députés du tiers état, on consultera avec quelque prudence la

statistique dressée par M. DESDEVIZES, *loc. cit.*, p. 31. On nous permettra en outre de renvoyer à l'étude que nous avons donnée sur : *La représentation des professions aux assemblées graduelles du bailliage de Coutances en 1789* (dans les Comptes rendus de l'Association française pour l'avancement des sciences, Cherbourg, 1905, p. 1079 et suiv.).

[3] Ms. de Coutances, f° 72 v° = Arch. nat., B III/53, p. 363. On observera que la transcription B III/53 ne compte que 5 absents, le sieur Picquelin de Gréenville n'y étant point porté comme absent. D'autre part, le procès-verbal imprimé en 1789 ne compte plus que 3 absents : les sieurs Hugon de la Noë, Picquelin de Gréenville et Gond la Chesnaye y figurent comme présents. Il y a certainement eu un certain nombre de défauts qui ont été plus ou moins régulièrement rabattus après coup.

délégué d'Avranches, «absent étant malade» (Avranches); Gosson, laboureur (Montanel); Loir, procureur du roi (Saint-James); et le Thimonnier des Aunays, avocat (Vernix)[1];

3° Pour le bailliage secondaire de *Carentan*, il n'y a aucun absent sur les 28 députés appelés[2];

4° Pour le bailliage secondaire de *Cérences*, il n'y a non plus aucun absent sur les 7 députés appelés[3];

5° Pour le bailliage secondaire de *Valognes*, 7 absents sur 81 députés appelés, savoir : les sieurs Lambert, avocat à Bricquebec, «malade» (Bricquebec); Jean-Baptiste Lecarpentier, laboureur (Auderville); Le Grancher des Vaux, laboureur (Benoîtville); Augustin Postel, laboureur, «absent malade» (Biville); Pierre-François Amiot, laboureur, «absent malade» (Brix); Despreys (Lieusaint); et Guillaume Verney, laboureur, «absent malade» (Martinvast)[4];

6° Pour le bailliage secondaire de *Saint-Lô*, un seul absent sur les 20 députés appelés, le sieur François Groualle, laboureur (Canisy)[5];

7° Pour le bailliage secondaire de *Saint-Sauveur-Lendelin*, 2 absents sur 32 députés appelés, savoir : le sieur Le Moucheux, avocat, «demeurant à Sainte-Opportune-de-Lessay, absent malade» (Lessay); et Euvremer Deschamps, laboureur (Lithaire)[6];

8° Pour le bailliage secondaire de *Saint-Sauveur-le-Vicomte*, aucun absent sur les 35 députés appelés[7];

9° Pour le bailliage secondaire de *Mortain*, 2 députés sont absents, sur les 50 régulièrement appelés, mais leur place est remplie, — assez irrégulièrement, — par des remplaçants : «François-Jullien-Thomas de la Chevallais, avocat, a refusé, absent» (Mesnil-Rainfray), — «Joseph-François-Gabriel-Marie Thébault, avocat, a refusé, absent» (le Fresne-Poret). — «Charles-François Gesbert, avocat à Ferrière, au lieu et place du sieur de la Chevallais, qui a refusé, présent», — «Jacques Besnier, notaire à Juvigny, au lieu et place du sieur Thébault, qui a aussi refusé, présent»[8];

---

[1] **Ms.** de Coutances, f° 75 v° = Arch. nat., B III/53, p. 374. Dans cette dernière transcription, le copiste, qui n'a pas su lire le nom de «Loir», a écrit «le procureur du roi à Saint-James» (p. 377).

[2] *Ibid.*, f° 77 v° = Arch. nat., B III/53, p. 379.

[3] *Ibid.*, f° 78 v° = Arch. nat., B III/53, p. 382.

[4] *Ibid.*, f° 81 r° = Arch. nat., B III/53, p. 391. La transcription ne compte que 6 absents, savoir : les quatre derniers indiqués au texte, et en outre «le sieur Clouët, procureur du roi à l'amirauté de Barfleur, absent» (p. 393).

[5] *Ibid.*, f° 75 r° = Arch. nat., B III/53, p. 372. La transcription, ainsi que le

procès-verbal imprimé, ne mentionnent aucun absent dans le ressort de Saint-Lô.

[6] *Ibid.*, f° 80 v° = Arch. nat., B III/53, p. 388. Dans la transcription, on avait porté comme «absent étant malade» le sieur Cariot de la Harderie, laboureur à Sainte-Opportune-de-Lessay; mais cette mention a été biffée (p. 391).

[7] *Ibid.*, f° 84 v° = Arch. nat., B III/53, p. 398.

[8] *Ibid.*, f° 79 v° = Arch. nat., B III/53, p. 383. M. l'abbé PIGEON donne à tort le chiffre de 47 députés pour le bailliage de Mortain (*Le Grand bailliage de Mortain en 1789*, dans Mém. Soc. Acad. Cotentin, année 1880, p. 516).

10° Pour le bailliage secondaire de *Tinchebray*, il n'y a aucun absent sur les 24 députés appelés[1];

Déduction faite ainsi des absents, qui sont au nombre de 47, l'assemblée de l'ordre du tiers état du bailliage de Cotentin comprend 361 membres présents, régulièrement appelés à délibérer et à voter pour l'élection de députés de leur ordre aux États généraux. L'assemblée étant ainsi composée de 361 membres, la majorité, ainsi que le constate plus tard le procès-verbal de l'assemblée du tiers état[2], sera formée par 181 voix.

L'appel des trois ordres de l'assemblée générale une fois terminé, le vendredi 19 mars au soir, le procès-verbal continue dans la même séance par les formalités de validation des pouvoirs et la prestation de serment des membres de l'assemblée, dans les termes suivants :

Vu que l'appel de MM. les députés du tiers état est terminé[3], et qu'il est plus d'une heure après-midi, nous avons renvoyé à 4 heures, aux fins de la prestation de serment, les trois ordres avertis et invités de s'y rendre, et avons signé la présente séance, avec le procureur du roi et notre greffier.

DESMARETS DE MONCHATON.

LEBRUN. BLONDEL.

[*8e Séance, du 19 mars au soir*][4].

Dudit jour 19 mars 1789, 4 heures après-midi, en la nef de la cathédrale de ce lieu, devant Nous lieutenant-général susdit et assisté comme dit est,

[1] Ms. de Coutances, f° 86 r° = Arch. nat., B III/53, p. 402.
[2] Voir le *Procès-verbal d'assemblée du tiers état*, séance du 26 mars au matin (*infrà*, p. 534). On observera qu'au cours des séances de l'assemblée, qui siégea plus de quinze jours, des variations se produisirent dans le nombre des membres présents. Des députés déclarés absents le premier jour firent rabattre leur défaut, tandis qu'inversement de nouvelles vacances se produisaient. Le subdélégué d'Avranches, M. de Montitier, qui a laissé une correspondance intéressante sur les premières journées de la réunion, mourut presque subitement le 1er avril, ainsi que nous l'apprend une lettre de Couraye du Parc à l'intendant (Arch. Calvados, C 6354). Enfin un certain nombre de députés partirent avant la fin et sans signer le procès-verbal. Ceci explique que nous trouvions au *Procès-verbal* tantôt 361 membres (5e séance, 26 mars au matin, *infrà*, p. 534), tantôt 301 seulement (12e séance, 30 mars au soir, *infrà*, p. 541).
[3] Ms. du Greffe de Coutances, f° 87 r° = Arch. nat., B III/53, p. 403. Le procès-verbal ne donne pas le chiffre total des membres de l'assemblée. M. DESDEVIZES DU DÉZERT le fixe à 1,829, dont 1,418 pour les ordres privilégiés, et 411 pour le tiers (*Le Cotentin en 1789*, p. 31). En réalité, le nombre a été toujours variable.
[4] Ms. du Greffe de Coutances, f. 87 r° = Arch. nat., B III/53, p. 404 à 406.

En vertu du renvoi de ce jour se sont assemblés les trois ordres, tant de notre bailliage que de l'arrondissement d'icelui; après avoir vérifié les titres et pouvoirs des porteurs d'iceux, et avoir admis ceux qui étaient en règle et rejeté ceux qui nous ont paru insuffisants[1], nous avons, suivant les conclusions du procureur du roi, accordé acte aux comparants de leur comparution, prononcé défaut sur les absents, etc.

(Nouvelle lecture de la Lettre du Roi, du Règlement y annexé, puis serment est pris de tous les membres de l'assemblée «de fidèlement procéder à la rédaction du cahier général et à la nomination des députés au nombre et dans la proportion déterminée par la lettre de Sa Majesté»[2]. Enfin, une ordonnance portant séparation de l'assemblée en trois assemblées particulières pour chacun des ordres est rendue par le lieutenant général, dans les termes suivants) :

Et avons ordonné que les ecclésiastiques se retireront dans l'église du Séminaire[3], les nobles dans celle des Capucins de cette ville[4], et le tiers état dans la grande salle de notre auditoire[5], et qu'ils s'y assembleront demain 8 heures du matin, pour y délibérer chacun dans leur ordre, suivant le règlement de Sa Majesté[6] et, conformément à icelui, avons clos et arrêté la présente séance sur les 6 heures du soir, et avons signé avec le procureur du roi et notre greffier[7].

DESMARETS DE MONCHATON.

LEBRUN.                          BLONDEL.

---

[1] Le procès-verbal ne donne aucun détail précis sur les titres et pouvoirs qui ont pu être ainsi rejetés comme insuffisants. Les *Rôles d'assignations* de la noblesse portent, comme nous avons dit, mention de plusieurs personnes, qui ont été radiées comme «non nobles».

[2] Le procès-verbal reproduit textuellement les termes mêmes du *Règlement* du 24 janvier 1789, art. XL. (DUVERGIER, I, p. 18.)

[3] Voir le *Procès-verbal de l'assemblée du clergé*, séance du 20 mars au matin (*infrà*, p. 429).

[4] Voir de même le *Procès-verbal de l'assemblée de la noblesse*, séance du 20 mars au matin (*infrà*, p. 484).

[5] Voir de même le *Procès-verbal de l'assemblée du tiers état*, séance du 20 mars au matin (*infrà*, p. 528).

[6] *Règlement du 24 janvier 1789*,

art. XL *in fine* : «Les ecclésiastiques et les nobles se retireront ensuite dans le lieu qui leur sera indiqué pour tenir leurs assemblées particulières.» (DUVERGIER, I, p. 18.)

[7] La première partie de l'assemblée générale des trois ordres se termine ici, et l'assemblée ne se réunit à nouveau que douze jours après, le 1er avril, après la clôture des assemblées particulières des différents ordres.

Toute cette première partie, de pure forme d'ailleurs, de l'assemblée générale, paraît s'être passée sans incidents notables. Le lieutenant-général de Coutances, dans les premiers jours, l'appréciait ainsi : «Mgr., L'assemblée générale des trois ordres est commencée d'aujourd'hui; l'esprit de paix et de tranquillité qu'il paraît que tous les membres qui la composent y apportent.

## 2. Procès-verbal de clôture et prestation de serment des députés des trois ordres.

(Ms. *Archives du Greffe du Tribunal de première instance de Coutances,* pièce n° 15, in-4°, fol. 88 r° à 90 et dernier. *Original coté, paraphé, et signé*[1].)

### (Sans titre.)

Du mercredi 1ᵉʳ avril 1789, en la nef de la cathédrale de la ville de Coutances, devant nous Thomas-Louis-Antoine Desmarets, chevalier, seigneur de Monchaton, Bavent, Faulx-la-Motte, Le Chastel, La Giffardière et autres lieux, conseiller du roi, lieutenant général civil au bailliage et siège présidial de Cotentin audit Coutances, présence de M. Le Brun, procureur du roi audit siège, assisté de Mᵉ Pierre-Thomas Blondel, notre greffier,

En exécution de notre ordonnance du 30 mars dernier[2], par laquelle nous avions fixé l'assemblée des trois ordres du bailliage de Coutances à ce jour, 10 heures du matin, pour y assister à la prestation de serment des députés desdits ordres, conformément à l'article 15 de notre précédente ordonnance du 13 février dernier[3],

Se sont assemblés en ce lieu lesdits ordres, et après avoir pris

---

semble annoncer d'avance la sagesse de leurs délibérations.» La seule chose qui lui paraît inquiétante, c'est la cherté croissante des logements et des vivres. (*Lettre du lieutenant général de Montchaton à M. le D. G. d. F., du 2 mars 1789,* Arch. nat., Ba 351. 70 = B 111/53, p. 30.)

[1] Autres manuscrits: 2°-3°-4°, Arch. nat., C 18, liasse 62, pièces n°ˢ 2, 3 et 6 (toutes les trois, copies collationnées et délivrées par le greffier de Coutances, à la date des 3 et 11 avril 1789, pour les députés des trois ordres, déposées et enregistrées au secrétariat de l'Assemblée nationale, «Reg. A, fol. XII, n°ˢ 62 et 62 *bis*»); 5° Arch. nat., B 111/53, p. 406 à 417 (9ᵉ et 10ᵉ séances de l'assemblée générale), transcription d'une des copies précédentes.

*Éditions.* — L'unique édition textuelle est dans le *Procès-verbal de l'assemblée générale,* etc., imprimé en 1789 chez Joubert à Coutances (cité *suprà*, p. 357, note 2). Le procès-verbal de clôture et de prestation de serment y occupe les pages 222 à 232.

On rapprochera ici encore les différents travaux signalés sous le premier procès-verbal de l'assemblée générale, tout particulièrement : abbé Pigeon, *Le Grand Bailliage de Mortain,* p. 530-531; abbé Dumaine, *Tinchebray et sa région,* III, p. 32; Lefaverais, *Mémoire sur Tinchebray,* p. 30; Lecacheux, *Documents pour servir à l'histoire de Montebourg,* p. 872 et suivantes.

[2] *Ordonnance de M. Desmaretz de Montchaton,* pièce manuscrite, datée du 30 mars 1789, portant la signature autographe du lieutenant général (exempl. Greffe de Coutances, pièce non numérotée, une page in-4°). Nous reproduisons cette pièce dans l'Appendice de ce volume.

[3] *Ordonnance de M. le grand-bailli de Coutances, du 13 février 1789,* art. 15 : «Qu'il nous sera remis copie en forme des trois procès-verbaux de l'élection desdits députés; que les trois ordres seront tenus de se rendre à notre assemblée générale, aux jour et heure que nous indiquerons, pour y assister à la prestation de serment, en la manière accoutumée, desdits députés; qu'il sera dressé procès-verbal, etc. . . .» (Impr., Greffe de Coutances, pièce n° 3).

séance dans la forme prescrite par le règlement de Sa Majesté, le secrétaire de chaque ordre nous a remis, savoir, le sieur abbé Quenault, secrétaire de M. l'évêque de Coutances, pour l'absence de celui du clergé[1], deux cahiers intitulés : *Procès-verbal de l'assemblée de l'ordre du clergé*, dans lesquels sont contenus les vœux, doléances et instructions du clergé du bailliage du Cotentin pour ses députés aux États généraux, à la suite desquels est le procès-verbal de la nomination desdits députés, qui sont :

M. de Talaru de Chalmazel, évêque de Coutances;

Et MM. Jacques-François-Louis Le Lubois, curé de Fontenay, de ce diocèse;

François Bécherel, curé de Saint-Loup, au diocèse d'Avranches;

Et François Lerouvillois, curé de Carantilly, de ce diocèse[2];

Contenant les instructions et pouvoirs généraux à eux donnés pour proposer, remontrer, aviser et consentir tout ce qui peut concerner les besoins de l'État, la réforme des abus, l'établissement d'un ordre fixe et durable dans toutes les parties de l'administration, la prospérité générale du royaume, et le bonheur tant commun que particulier de tous les citoyens, déclarant que sur tous les objets exprimés et non exprimés dans le cahier de doléances et qui pourront être proposés et discutés aux États généraux, l'assemblée du clergé s'en rapporte à ce que ses députés estimeront en leur âme et conscience devoir être statué et décidé pour le plus grand bien commun[3].

Le secrétaire de la noblesse nous a remis deux cahiers, l'un intitulé *Cahier de pouvoirs que l'assemblée de la noblesse du grand bailliage de Cotentin, réunie aux termes des lettres de convocation données à Versailles le 24 janvier dernier, donne aux députés qu'elle élira par*

---

[1] Le secrétaire de l'ordre du clergé était M. Barthélemy FLEURY, curé de Fermanville, auquel avait été adjoint M. Nicolas-René DUPRÉ, curé des Pas, au diocèse d'Avranches.

L'abbé QUENAULT était secrétaire de l'évêque de Coutances, très influent et très remuant, et M. Desdevizes du Dézert le croit l'auteur du discours prononcé par M. de Talaru à l'assemblée du clergé (*Le Cotentin en 1789*, p. 36). En décembre 1790, il devint curé de Hainneville, et nous avons donné sa déclaration sous le cahier de cette paroisse (au tome II, p. 310, n. 2). Il prêta serment en 1790, et abdiqua les fonctions ecclésiastiques devant le district de Cherbourg, le

4 ventôse an II. Voir É. SÉVESTRE, *Clergé paroissial*, p. 123, note 1.

[2] Pour l'identification des députés de l'ordre du clergé, on voudra bien se reporter à ce que nous avons noté sous le *Procès-verbal de l'assemblée du clergé*, (*infrà*, p. 438 à 440). On remarquera que l'évêque, bien qu'élu le dernier, est inscrit en première ligne sur le procès-verbal.

[3] Le procès-verbal reproduit textuellement la formule finale du procès-verbal de l'ordre du clergé. Voir ce *Procès-verbal*, à la séance du 28 mars 1789 (*infrà*, p. 442). Le mandat donné aux députés du clergé est, comme on voit, un mandat absolument général et illimité.

*la voie du scrutin*[1]; le second intitulé *Procès-verbal de l'assemblée générale de la noblesse du grand bailliage de Cotentin*, contenant la nomination de ses députés, qui sont messires :

Luc-René-Achard de Perthus de Bonvouloir, chevalier, seigneur de Bonvouloir-Loyauté, du Perthus-Achard, seigneur et patron du Dézert et de Condé-sur-Sarthe, du Féron, de Vervainne et d'Ancinnes, ancien capitaine de cavalerie, chevalier de l'ordre royal et militaire de Saint-Louis, demeurant en son château du Dézert, paroisse du Dézert, élection de Saint-Lô;

Pierre-François de Beaudrap, seigneur de Sotteville, Le Buisson, Mesnil-Durand et Hébécrévon, Le Buisson à Angoville-sur-Ay et autres lieux, et ancien officier au corps royal de l'artillerie, demeurant en son château de Sotteville, paroisse de Sotteville, élection de Valognes;

Jacques-René-Jean-Baptiste Artur, chevalier, seigneur de la Villarmois, Launay, Champagne et autres lieux, demeurant à Avranches;

Et Léon-Marguerite Leclerc, baron de Juigné, comte de Courtomer, seigneur de Sainte-Mère-Église et maréchal des camps des armées du roi, demeurant à l'archevêché à Paris[2], —

Avec les pouvoirs donnés aux députés, consistant seulement en ceux de représenter aux États généraux l'ordre de la noblesse, et d'y agir conformément aux pouvoirs contenus dans le cahier, qu'il a arrêté le 27 mars dernier[3];

Et notre greffier secrétaire du tiers état nous a pareillement remis le cahier des demandes, remontrances, plaintes et doléances de l'assemblée du tiers état, ainsi que copie du procès-verbal de la nomination de ses députés, qui sont MM. :

Denis-Gabriel Le Sacher-la-Palière, avocat au bailliage de Mortain, né à Paris et demeurant en la ville de Mortain;

Louis Burdelot, né à la ville d'Avranches, vicomte et maire de la ville de Pontorson et y demeurant;

---

[1] Le texte vise évidemment le *Cahier* en 24 articles, arrêté le 27 mars dans l'assemblée de la noblesse (*infrà*, p. 508 à 517), et auquel seul le *Procès-verbal de la noblesse* paraît reconnaître le caractère de cahier (*in fine*, p. 496). Voir cependant, pour la valeur obligatoire des *Instructions* jointes au cahier, le *Compte rendu aux commettants*, p. 33 et suivantes.

[2] Pour l'identification des députés

de l'ordre de la noblesse, on se reportera aux notes sous le *Procès-verbal de la noblesse* (*infrà*, p. 491 à 495).

[3] Sur cette formule restreinte de pouvoirs donnés aux députés, voir ce que nous avons observé en note sous le *Procès-verbal de la noblesse* (*infrà*, p. 496 note 2) et l'art. 1er du *Cahier de la noblesse* (*infrà*, p. 508 note 1). Cf. aussi l'art. I des *Instructions* (*infrà*, p. 518, texte et note 1).

Pierre-Jacques Vieillard fils, avocat à Saint-Lô, originaire de ladite ville et y demeurant ;

Guillaume Besnard du Chesne, originaire de Montebourg, lieutenant particulier du bailliage de Valognes et y demeurant;

Jean Perrée du Hamel, négociant, originaire de la ville de Granville et y demeurant;

Jean-Thomas Desplanques du Mesnil, originaire de la ville de Carentan, maire de ladite ville et y demeurant;

Louis Pouret-Roquerie, originaire de la paroisse de Geffosse-sur-Mer, procureur du roi au bailliage de Saint-Sauveur-Lendelin, séant à Périers et y demeurant;

Et Louis-Hector-Amédée Ango, né à Versailles, bailli de Saint-Sauveur-le-Vicomte et y demeurant[1],

Contenant les pouvoirs qui leur ont été donnés de proposer, remontrer, aviser et consentir tout ce qui peut concerner les besoins de l'État, la réforme des abus, l'établissement d'un ordre fixe et durable dans toutes les parties de l'administration, la prospérité générale du royaume et le bien de tous et chacuns les sujets de Sa Majesté[2], et cependant avec mandat spécial de ne consentir aucun octroi d'impôt que les principes de la constitution générale du royaume n'aient été reconnus, assurés et sanctionnés[3], et que les États particuliers à la province ne lui soient rendus[4]; de demander en outre que les impôts soient répartis également sur tous les ordres et supportés individuellement par les membres de chacun sur des rôles communs[5], sans par MM. les députés pouvoir se départir du présent mandat sous quelque prétexte que ce soit.

Ce fait, nous avons procédé à la prestation de serment des députés en la forme accoutumée[6], savoir de l'ordre du clergé, MM. Le

[1] Pour l'identification des députés de l'ordre du tiers état, on se reportera de même aux notes sous le *Procès-verbal de l'assemblée du tiers état* (*infra*, p. 537 à 542).

[2] Le procès verbal reproduit les termes même de la formule insérée à la fin du procès-verbal du tiers état, séance du 30 mars au soir (*infra*, p.543), qui est d'ailleurs, comme on pourra s'en assurer, la formule même demandée par le *Règlement royal*.

[3] Cf. le cahier de l'ordre du tiers état, art. 2 (*infra*, p. 546). Les députés du tiers état n'ont, comme on voit, qu'un mandat restreint et impératif.

[4] Cf. également le *Cahier de l'ordre*

du tiers état, art. 15 et 19 (*infra*, p. 549 et 550).

[5] Cf. encore le *Cahier de l'ordre du tiers état*, art. 27 et 28 (*infra*, p. 552).

[6] Le clergé de Coutances ne paraît pas avoir soulevé d'objections pour prêter le serment ordinaire, dans la même forme que les laïcs. Dans certaines assemblées, comme on sait, il n'en fut pas de même. A Lyon, à Laon, à Chalon-sur-Saône, les ecclésiastiques ne consentirent qu'à donner «leur parole de prêtre», et à prêter le simple serment «la main sur le pect». Voir A. BRETTE, *Les cahiers de 1789 considérés comme mandats impératifs*, dans *La Révolution française*, t. XXX (1896) p. 124.

Lubois, Bécherel et Le Rouvillois[1], de l'ordre de la noblesse, messires Achard de Bonvouloir, de Beaudrap, Artur de la Villarmois et Leclerc, baron de Juigné; et du tiers état, MM. Duhamel, Perrée, Vieillard, Roquerie-Pouret et du Mesnil Desplanques; de se bien et fidèlement comporter aux États généraux pour tout ce qui peut concerner les besoins de l'État, etc..., les quatre autres députés du tiers état ayant prêté de même devant nous le jour d'hier en notre hôtel le même serment, sur ce qu'ils nous avaient représenté que des affaires très urgentes et indispensables les obligeaient à partir à l'instant et ne leur permettaient pas de se présenter à cette assemblée pour y prêter le serment avec les autres députés[2]. Et après le serment prêté, nous avons remis aux députés de chaque ordre leur cahier[3] et nous avons ordonné qu'un double d'iceux demeurera déposé en notre greffe[4], et qu'expédition en forme de notre présent procès-verbal, contenant les pouvoirs tels qu'ils ont été donnés aux députés de chaque ordre, leur sera délivrée par notre greffier, pour être par eux déposée au secrétariat de leurs ordres respectifs aux États généraux[5].

Et vu que M. l'évêque de Coutances n'a point comparu pour prêter le serment, étant incommodé, ainsi qu'il nous l'a été déclaré par MM. les députés de son ordre, nous avons ordonné que nous nous transporterions en son palais épiscopal comme de suite, aux fins de recevoir son serment[6], et avons du tout fait et rédigé le présent procès-verbal. Lequel, après avoir clos et terminé l'assemblée

---

[1] Pour la prestation de serment du quatrième député du clergé, M. de Talaru, évêque de Coutances, voir la fin du présent procès-verbal (infrà, p. 427).

[2] L'exemplaire imprimé du Procès-verbal intercale ici un nouveau discours (discours de clôture) de M. Desmaretz de Montchaton (p. 230 à 232). Nous ne l'avons pas reproduit, parce qu'il ne se trouve pas dans l'exemplaire authentique du Greffe de Coutances (f° 89 v°). On le trouvera d'ailleurs analysé par M. Desdevizes du Dézert, Le Cotentin en 1789, p. 50, et reproduit in extenso par M. Lecacheux, Documents pour servir à l'histoire de Montebourg, tome I⁰ʳ, p. 373 à 375.

[3] Les exemplaires des cahiers remis aux députés sont les originaux mêmes, rédigés en séance, qui se trouvent aujourd'hui aux Archives nationales, C 18, l. 62, après avoir été déposés par eux sur le bureau de l'Assemblée nationale.

[4] Les exemplaires déposés au greffe

du bailliage sont ceux mêmes qui sont conservés aujourd'hui au Greffe de Coutances, pièces nᵒˢ 26 (clergé), 45 (noblesse) et 68 (tiers état).

[5] Les copies collationnées des procès-verbaux d'élection (ce que le texte appelle les pouvoirs) sont celles mêmes qui sont conservées aujourd'hui aux Archives nationales, C 18, l. 62, après avoir été déposées au secrétariat de chacun des ordres aux États généraux.

[6] La prestation de serment, quoique semble croire le lieutenant général, n'était pas absolument exigée des députés. La solennité du serment en présence des trois ordres était «importante», mais si elle avait été omise, «il n'y avait pas lieu de l'exiger hors de l'assemblée». Ainsi avait-il été décidé par la Chancellerie, en réponse à une question posée, à la date du 11 avril 1789, par le lieutenant général d'Alençon (Arch. nat., Ba 11, l. 5).

générale des trois ordres de ce bailliage à 11 heures et demie du matin, avons signé, avec le procureur du roi et notre greffier, lesdits jour et an que dessus[1].

> DESMARETS DE MONTCHATON, *lieutenant général*; LE BRUN; BLONDEL, *greffier.*

[2] Dudit jour 1er avril, audit an 1789, 5 heures après midi.

Nous, lieutenant général susdit, assisté comme dit est, nous sommes transportés au palais épiscopal de cette ville, dans une des chambres duquel nous avons trouvé M. l'évêque de Coutances, très incommodé d'un gros catarrhe qui l'a empêché de comparaître à l'assemblée générale par nous tenue ce matin, ainsi qu'il nous l'a déclaré[3]; nous avons en conséquence de notre ordonnance ci-dessus pris et reçu le serment de la même forme et manière que l'ont prêté les autres députés des trois ordres, et en avons dressé le présent procès-verbal lesdits jour et an que dessus, et l'avons signé avec notre greffier.

> DESMARETS DE MONTCHATON, *lieutenant général*; BLONDEL, *greffier*[4].

---

[1] Le lendemain de la clôture de l'assemblée, le lieutenant général de Coutances en rendait compte en ces termes à la Chancellerie : «Mgr., j'ai l'honneur de vous adresser la liste des paroisses de mon bailliage, etc. La clôture de l'assemblée générale des trois ordres n'a pu se faire qu'hier, les députés de la noblesse n'ayant été élus que mardy après midi, et ceux du tiers état lundi au soir... *Les séances de tous les ordres ont été très tranquilles;* chacun s'est empressé de donner des marques de son amour et de son attachement aux intérêts de S. M. et de la patrie, et de son désir de contribuer au bien général et à la prospérité de la nation. Je suis, etc.....» (*Lettre de M. de Montchaton au G. d. S., du 1er avril*, Arch. nat., Ba 35 l. 70 = B III/53, p. 417).

[2] Ms. Greffe de Coutances, f 90 r°. Dans la transcription de Camus, cette sorte d'Appendice au procès-verbal est comptée comme une 10e et dernière séance de l'assemblée générale des trois ordres (Arch. nat., B III/53, p. 416 et 417).

[3] Sur les raisons véritables qui avaient amené l'abstention de l'évêque de Coutances aux dernières séances de l'assemblée, voir DESBÉVIZES DU DÉZERT, *Le Cotentin en 1789*, p. 37. Voir aussi notre *Étude sur l'assemblée des trois ordres à Coutances* (loc. cit., p. 136).

[4] Les exemplaires des Archives nationales portent *in fine* cette mention : «La présente copie, collationnée à la minute étant au greffe du bailliage de Coutances, par moi greffier audit siège soussigné, ce 11 avril 1789. — BLONDEL.» (Cf. pour la transcription, B III/53, p. 417.)

L'exemplaire envoyé par le lieutenant général à Necker était accompagné de la lettre suivante : «Mgr., j'ai l'honneur de vous adresser les procès-verbaux, tant des assemblées générales des trois ordres, que ceux du tiers état que j'ai présidées. Les copies n'en ayant été achevées qu'hier, il n'a pas été possible de vous les envoyer plus tôt. Vous n'y trouverez point ceux du clergé ni de la noblesse, les ayant remis aux députés de ces deux ordres avec leurs cahiers, pour être por-

A la suite de ce texte, l'exemplaire original du *Procès-verbal* conservé au Greffe de Coutances contient encore, sur la dernière page, la double mention suivante, d'une autre écriture que le texte, qui fait défaut dans les copies conservées aux Archives nationales, aussi bien que dans l'édition imprimée en 1789 :

[1] Le Greffier du bailliage de Coutances m'a remis une expédition du présent, avec le procès-verbal de l'assemblée générale de la noblesse du Grand Bailliage de Cotentin, auquel est joint le cahier de pouvoirs. A Coutances, ce 3 avril 1789.

*Approuvé l'écriture,*

LECLERC, *baron de Juigné.*

Le Greffier du bailliage de Coutances m'a remis le cahier de l'assemblée de l'ordre du clergé, contenant les vœux, doléances et instructions pour ses députés aux États généraux, et une copie collationnée du procès-verbal du 1er de ce mois de la prestation [de serment][2] des trois ordres aux États généraux. A Coutances, 11 avril 1789.

† A.-F., *évêque de Coutances*[3].

tés aux États généraux, et déposés au Greffe de leur ordre. Il n'a point été arrêté dans les différentes assemblées que les cahiers et les procès-verbaux seraient imprimés; *il n'y a donc aucune apparence qu'ils le soient.* Mais les originaux étant déposés au greffe de mon bailliage, j'aurai, Mgr., l'honneur de vous en envoyer des copies sur les ordres que vous voudrez bien me donner à cet effet, etc...» (*Lettre de M. de Montchaton au D. G. d. F., du 11 avril*, Arch. nat., B III/53, p. 91).

Cette lettre montre que l'édition du procès-verbal imprimée à Coutances, que nous avons signalée (*suprà*, p. 357 note 2), est postérieure au 11 avril. Elle a dû cependant être exécutée fort peu après, car le 19 mai le même lieutenant général écrivait : «J'ai eu l'honneur de vous marquer, Mgr., qu'il était

à présumer que les procès-verbaux et les cahiers des différents ordres de mon bailliage ne seraient point imprimés, parce qu'ils n'avaient arrêté aucune délibération à cet égard. Ils viennent cependant de l'être, sur la réclamation générale. Je m'empresse de vous en envoyer un exemplaire, ainsi que vous me l'avez demandé. Je suis, etc....» (*Le même au même*, ibid., p. 605.)

[1] Ms. du Greffe de Coutances, f° 90 et dernier, au v°.

[2] Les mots *de serment* manquent dans le texte original; nous avons cru pouvoir les rétablir.

[3] Cette formule est la signature ordinaire de M. de Talaru de Chalmazel, évêque de Coutances et député du clergé. Voir A. BRETTE, *Documents relatifs à la convocation des États généraux*, tome II, p. 310 n° 1224.

# ASSEMBLÉES PARTICULIÈRES
# DES TROIS ORDRES.

## I

### CHAMBRE DU CLERGÉ.

#### 1. PROCÈS-VERBAL D'ASSEMBLÉE.

(Ms. Archives du Greffe de première instance de Coutances, pièce n° 26, 22 pages in-f°. Original, coté paraphé et signé de tous les membres de l'ordre[1].)

*Procès-verbal de l'assemblée de l'ordre du clergé du bailliage du Cotentin, en exécution de la lettre du Roi, du 24 janvier 1789, pour la convocation des États généraux.*

*1re séance.* — Du vendredi 20e jour de mars 1789, après la célébration de la messe dans l'église du séminaire de Coutances[2], le clergé du bailliage de Cotentin, présidé par Mgr l'évêque de Coutances, présent Mgr l'évêque d'Avranches, a commencé les séances par un discours prononcé par Mgr le président, qui a été généralement applaudi[3].

---

[1] Les mss. du procès-verbal du clergé sont assez nombreux. Nous avons collationné avec celui-ci : 2° Ms. Arch. nat., C 18, l. 62, 22 pages in-f°, *Exemplaire original, signé des députés* (comprend le cahier; cet exemplaire porte la mention d'enregistrement au secrétariat de l'ordre à l'Assemblée nationale : «*Arch. nat., Reg. A, f° xii, n° 62, première*»); 3° Arch. nat., B iii 53, p. 428 à 469 (*transcription d'après une copie collationnée, non retrouvée*). — Le procès-verbal du clergé a été imprimé en 1789, dans le *Procès-verbal de l'assemblée générale des trois ordres* précité, chez Joubert, pagination spéciale, p. 1 à 22.

[2] Pour la fixation du local de l'assemblée, voir la décision du lieutenant général à la fin de l'assemblée générale des trois ordres, séance du 19 mars au soir (*suprà*, p. 421).

[3] Le discours de M. de Talaru ne figure pas dans le procès-verbal manuscrit du Greffe de Coutances, ni dans les copies qui ont été remises aux députés, ou adressées à la Chancellerie. Le texte se rencontre pour la première fois dans le procès-verbal imprimé de l'assemblée générale, sorti des presses de G. Joubert à Coutances, en mai 1789 (pagination à part du *Procès-verbal du clergé*, p. 1 à 4). Il convient, croyons-nous, de faire les plus expresses réserves sur l'authenticité de ce morceau littéraire, qui peut avoir été remanié après la clôture de l'assemblée; il nous semble, en effet, y apercevoir des allusions aux incidents qui marquèrent les derniers jours de la réunion du clergé.

M<sup>gr</sup> le président a fait ensuite ouvrir un paquet adressé à l'assemblée par MM. les agents généraux du clergé, qui contenait une instruction adressée aux différentes assemblées de l'ordre du clergé du royaume d'après le vœu et la demande de plusieurs diocèses, dont il a été fait lecture[1].

M<sup>gr</sup> le président, pour se conformer au règlement[2], a proposé à l'assemblée de procéder à la nomination d'un secrétaire; et sur le désir qui a été unanimement exprimé qu'il fût nommé un adjoint, M<sup>e</sup> Barthélémy Fleury, curé de Fermanville au diocèse de Coutances, a été nommé secrétaire de l'assemblée par acclamation, et M<sup>e</sup> Nicolas-René Dupré, curé des Pas au diocèse d'Avranches, a été nommé de la même manière comme adjoint.

(Nomination de commissaires pour la rédaction du cahier[3]; l'assemblée arrête de nommer «un commissaire par chaque doyenné, un par chaque chapitre, un des abbés, un des prieurs et chapelains, un pour les séculiers et réguliers, un pour les différents ecclésiastiques non bénéficiers»; la liste des commissaires choisis par chacun de ces groupements se trouve ainsi constituée :)

Pour les abbés. — M. Bernardin Gauthier de l'Espargnerie, *abbé de la Luzerne.*

Pour le chapitre de Coutances. — Marie-Louis-Léonord de Cussy[4], *chanoine.*

---

[1] Les *Instructions aux assemblées de l'ordre du clergé* n'ont pu être retrouvées dans les papiers de l'Agence générale du clergé.

[2] *Règlement royal du 24 janvier 1789*, art. XLI *in fine:* «Le clergé et la noblesse nommeront leurs secrétaires, le greffier du bailliage sera secrétaire du tiers.» (Texte dans A. Brette, *Documents*, I, n° XXXVIII<sup>b</sup>, p. 83.)

[3] Le *Règlement du 24 janvier* prescrivait expressément de procéder, pour la rédaction des cahiers de l'assemblée des trois ordres, à la nomination de commissaires rédacteurs, dont le travail serait ensuite arrêté définitivement par l'assemblée. Voir art. XLIV, dans A. Brette, *Documents*, p. 84.

[4] De Cussy (Marie-Louis Léonor) était en 1789 chanoine prébendé de la cathédrale de Coutances, vicaire général et archidiacre du Cotentin. Il appartenait depuis 1788 à l'assemblée provinciale de Basse-Normandie et était président élu de celle du département de Coutances (Arch. Calvados, C 7700). Sous la Révolution, il fut élu successivement grand vicaire de l'évêque constitutionnel, puis maire de Coutances. de juillet 1790 au 26 mars 1791, et il fait encore en septembre 1792 un don gratuit de 2,500 livres. Déféré au Tribunal révolutionnaire, comme parent d'émigrés, le 15 septembre 1793, il fut transféré à Paris par Lecarpentier, et décapité le 3 thermidor an II. Voir *Almanach ecclésiastique du diocèse de Coutances, 1776*, p. 15; E. Sarot, *Organisation administrative*, p. 406, 408, 428; et E. Sarot, *Tribunal révolutionnaire*, p. 236-239.

Revenus. — M. L.-L. de Cussy déclare en 1790 un revenu, consistant, pour son archidiaconé, dans le tiers du droit de déport, est. 4,662 livres; dans une part des grosses dîmes d'Yvetot (1,100 livres), de Crasville (1,100 livres), et dans quelques rentes (336 livres). Au total, 7,588 livres. Il possède, en outre, les revenus du prieuré d'Estoublon (1,000 l.

Pour le chapitre d'Avranches. — Jean-Baptiste-Henri Dubois, *chanoine*.

Pour le chapitre de Mortain. — Étienne Le Peinteur, *chanoine*.

Doyenné de Barneville [(1)]. — Charles-Louis Mahieu, *curé de Saint-Jean-de-la-Rivière*.

Doyenné de la Haye-du-Puits. — Charles-François Poisson, *curé de Gerville*.

Doyenné de Saint-Sauveur-le-Vicomte. — Robert-Jacques Boessel, *curé de Cauville*.

Doyenné de la Hague. — Louis-Étienne Lucas, *curé d'Urville*.

Doyenné de Mortain. — Étienne-Julien Le Bel, *curé de Mortain*.

Doyenné du Teilleul. — Louis-Baptiste Lerebourg, *curé de Saint-Symphorien*.

Doyenné de la Croix. — René-François Outrequin, *curé de Roncey*.

Doyenné du Val-de-Cères. — Jean-François Le Closel, *curé d'Angoville*.

Doyenné de Genest. — Charles-Joseph-Simon de Toufreville, *curé de Bacilly*.

Doyenné de Saint-Lô. — Gabriel-Henri Corbin, *curé de Quibou pro 2ᵉ*.

Doyenné de la Chrétienté. — Guillaume Mauriot, *curé de Nicorps*.

10 s.) et du prieuré du Voto (770 livres). En tout, charges non déduites, un revenu de 9,358 l. 10 s. (*Déclar. n° 70, 17 novembre 1790*, ms. cit., fᵒˢ 69 et 70).

[(1)] Le *doyenné* était la subdivision habituelle des assemblées ecclésiastiques, mais il n'avait naturellement rien à voir avec la convocation.

Les doyennés entre lesquels se répartit l'assemblée du clergé sont, — comme on pourra s'en assurer, — en laissant de côté les curés de Bayeux, au nombre de 28, dont 20 appartiennent au diocèse de Coutances et 8 au diocèse d'Avranches. Tous les doyennés des deux diocèses ne sont pas représentés.

*a*. Le diocèse de Coutances comptait 22 doyennés, ainsi répartis entre ses 4 archidiaconés :

I. Archidiaconé de *Chrétienté* (91 paroisses), 5 doyennés : Chrétienté, Cérences, Saint-Pair, Sartilly et Périers;

II. Archidiaconé de Beauptois (70 paroisses), 5 doyennés : Beauptois, Carentan, la Haye-du-Puits, Saint-Sauveur et Barneville;

III. Archidiaconé du Cotentin (171 paroisses), 6 doyennés : Valognes, le Plain, Orglandes, Saires, la Hague et les Pieux;

IV. Archidiaconé du Val-de-Vire (125 paroisses), 6 doyennés : Gavray, Saint-Lô, le Hommet, Percy, Montbray et le Val-de-Vire.

Le tout, avec les deux paroisses de la ville de Coutances et deux paroisses exemptes dans la ville de Rouen (Saint-Laud et Saint-Jean-sur-Rouelle) donne 495 paroisses. On voit que, des 22 doyennés du diocèse de Coutances, 2 seulement, Montbray et le Val-de-Vire ne sont pas représentés dans l'assemblée.

*b*. Quant au diocèse d'Avranches, il comprenait de son côté 177 paroisses et 180 curés, réparties entre deux archidiaconés et 8 doyennés, savoir :

I. Archidiaconé d'Avranches (96 paroisses), 4 doyennés : Chrétienté, Sainte-Croix-en-Avranchin, Genest et Tirepied;

II. Archidiaconé de Mortain (94 paroisses), 4 doyennés : Mortain, Saint-Hilaire, le Teilleul et Cuves.

On consultera, en dehors des *Pouillés* plusieurs fois cités : 1° abbé Lecanu, *Histoire des évêques de Coutances*, p. 377 et suiv.; 2° abbé Pigeon, *Le diocèse d'Avranches*, tome Iᵉʳ, p. 124 à 135.

DOYENNÉ DE SAINT-PAIR. — Jacques Pontsardin, *curé de Hudimesnil.*

DOYENNÉ DE SAINT-HILAIRE-DU-HARCOUET. — Jullien Gautier, *curé de Saint-Brice-de-Landelle.*

DOYENNÉ DE TIREPIED. — François Bécherel, *curé de Saint-Loup.*

DOYENNÉ DE CARENTAN. — Guillaume Le Tullier, *curé de Saint-Georges-de-Bohon.*

DOYENNÉ DU HOMMET. — Louis Bisson, *curé de Saint-Louët-sur-Lozon.*

DOYENNÉ DE PÉRIERS. — Julien-Jean-Baptiste Duchemin, *curé de Périers.*

DOYENNÉ DE BEAUPTOIS. — Étienne-François Millaveaux, *curé de Vindefontaine.*

DOYENNÉ DES PIEUX. — Claude-Antoine Ebinger, *curé de Rauville-le-Bigot.*

DOYENNÉ DE PERCY. — Alexandre Matthieu, *curé de Saint-Romphaire.*

DOYENNÉ DU PLAIN. — Jacques François Lelubois, *curé de Fontenay.*

DOYENNÉ D'ORGLANDES. — Jean-Baptiste d'Outresoule, *curé d'Orglandes.*

DOYENNÉ DE LA VILLE D'AVRANCHES. — Pierre Le Landais, *curé de Saint-Saturnin.*

DOYENNÉ DE CÉRENCES. — Félix Le Chevalier, *curé de Saint-Louët-sur-Sienne.*

DOYENNÉ DE VALOGNES. — René-Jacques de Frestel, *curé de Saint-Floxel.*

DOYENNÉ DE GAVRAY. — Jean-Baptiste Marceuil, *curé de la Meurdraquière.*

DOYENNÉ DE CUVES. — Louis Bazin, *curé de Saint-Laurent-de-Cuves.*

DOYENNÉ DE CENILLY. — François Le Rouvillois, *curé de Carantilly.*

POUR LES PRIEURS RÉGULIERS ET SÉCULIERS. — M. le prieur de l'abbaye du Mont-Saint-Michel.

POUR LES CURÉS DE BAYEUX [1]. — Claude-François Josset, *curé d'Athis.*

POUR LES PRIEURS. — Jacques Hullot, *prieur de Saint-Laurens.*

POUR LES ECCLÉSIASTIQUES NON BÉNÉFICIERS. — Jacques-Louis d'Hauchemail [2].

---

[1] Le bailliage de Cotentin comprenait, en dehors des deux évêchés de Coutances et d'Avranches, qui y entraient presque intégralement, un petit nombre de paroisses appartenant aux diocèses voisins de Bayeux, de Sées et du Mans.

Les curés du diocèse de Bayeux, qui ont un représentant dans la Commission, étaient au nombre de 37, dont 32 du bailliage de Tinchebray (pour 33 villes ou communautés) et 5 du bailliage de Carentan (t. I$^{er}$, p. 702, n. 5, et t. III, p. 295, texte et n. 5). Les paroisses du diocèse de Sées étaient au nombre de 4 seulement, toutes du bailliage de Tin-

chebray (t. III, *ibidem*), et pour cela n'ont pas paru mériter une députation spéciale. Enfin la paroisse de Lonlay, du diocèse du Mans, qui était mixte avec le bailliage de Domfront, secondaire d'Alençon, n'a pas comparu à Tinchebray.

[2] D'HAUTCHEMAIL (Jacques-Louis) était grand-chantre de la cathédrale de Coutances et chanoine prébendé de Blainville. Ses biographes signalent son caractère processif, qui l'avait engagé dans de longues procédures, tant avec son évêque M. de Talaru, qu'avec ses confrères (LECANU, *Histoire des évêques de Coutances*, p. 307). Il déclare en

Lecture faite des noms et surnoms des susdits commissaires, ils ont été chargés par l'assemblée de se réduire au nombre qu'ils jugeront le plus avantageux, pour travailler de concert à la rédaction des cahiers, et de proposer à la séance prochaine le nombre des rédacteurs et les personnes par eux désignées pour le remplir; après quoi l'assemblée s'est séparée, et la séance prochaine renvoyée à demain, 8 heures du matin.

† A.-F., évêque de Coutances, *président*; B. FLEURY, curé de Fermanville, *secrétaire-greffier*.

[*2ᵉ séance*]. — Du samedi 21 mars, l'assemblée s'étant réunie au lieu ordinaire de ses séances, les commissaires chargés la veille de choisir parmi eux les rédacteurs des cahiers ont fait leur rapport.

[Nombre de rédacteurs fixé à 12; les noms proposés par les commissaires sont agréés par l'assemblée, ce sont : «MM. l'abbé de Cussy, l'abbé régulier de la Luzerne, le curé de Fontenay, le curé de Saint-Louët-sur-Lozon, l'abbé Dubois, l'abbé d'Hauchemail, le curé de Saint-Romphaire, les curés de Carantilly, de Saint-Floxel, de Saint-Loup, de Mortain et de Saint-Laurent-de-Cuves.»

Les susdits rédacteurs ont été agréés par l'assemblée, qui les a chargés de recevoir et d'examiner avec soin tous les cahiers particuliers qui leur seraient remis[1], et de communiquer aux commissaires réunis les différents articles du cahier, avant de les proposer à l'assemblée générale de l'ordre pour y être définitivement

---

1790 : pour la chantrerie, les grosses dîmes de la paroisse de Blainville, avec 7 vergées de terre, 240 livres de rentes seigneuriales, le droit de treizièmes et de gravage, le tout est. 6,360 livres; en outre, sa part dans la commune du chapitre, est. 3,318 l. 7 s. 4 d.; et une pension par brevet du roi Louis XVI sur l'abbaye de Fontenay, de 2,000 livres. Au total, charges non déduites, 11,686 l. 7 s. 4 d. (*Déclar.*, n° 45, ms. cit., f⁰ 63 et 64). Il a bénéficié la même année d'une ordonnance de compensation de 135 livres, pour la moitié de ses décimes. (Arch. Manche, G 484.)

[1] Les cahiers individuels ainsi remis à l'assemblée ne pouvaient avoir aucun caractère officiel. Le *Règlement du 24 janvier* ne donnait (art. XXI) le droit de rédiger un cahier qu'aux groupements et aux assemblées graduelles prévus par le règlement lui-même. Des cahiers particuliers de curés ont cependant fréquemment été remis aux assemblées du clergé. Voir pour le grand bailliage de Caen une série de textes reproduits dans HIPPEAU, *Cahiers*, t. 1ᵉʳ, p. 129 à 151 et 159 à 219. Aucun cahier de cette nature ne nous est parvenu pour le bailliage de Cotentin.

La réclamation du chapitre de Coutances, analysée plus loin, nous apprend cependant qu'un cahier particulier avait dû être dressé par le chapitre de Coutances (*infrà*, p. 458). Le chapitre de Sées, au bailliage d'Alençon, a présenté à cette assemblée un cahier qui a été publié par M. l'abbé MARAIS, *Essai sur la cathédrale et le chapitre de Sées*, Alençon, 1878, p. 242.

arrêtés. Après quoi l'assemblée s'est séparée, et la séance prochaine renvoyée au lundi 23 du présent, à 9 heures du matin.

† A.-F., *évêque de Coutances;* B. FLEURY, *curé de Fermanville, secrétaire-greffier.*

[*3ᵉ séance*]. — Du lundi 23 mars 1789, l'assemblée s'étant réunie au lieu de ses séances, Mᵍʳ le président a proposé, pour délibérer avec plus d'ordre, de se ranger par classes [1] et doyennés, ce qui a été exécuté au moyen de l'appel; après quoi il a été donné une première lecture du cahier de plaintes et doléances, dressé et présenté par les rédacteurs et commissaires, conformément à l'arrêté de sa dernière séance, du samedi 21 mars.

[Suspension de séance : réception d'une députation de l'ordre de la noblesse, composée de 10 membres, et conduite par M. le marquis de Bricqueville [2]. Elle est reçue «par huit des membres du clergé des différentes classes». La députation exprime à Mᵍʳ le président et à toute l'assemblée «les sentiments de respect et d'attachement de son ordre», lui témoigne «le désir que la noblesse avait de se réunir au clergé pour travailler de concert au bien de l'État et à la prospérité du royaume».
Réponse de l'évêque de Coutances, au nom de l'ordre, «que l'assemblée était animée des mêmes sentiments, et qu'aussitôt que le cahier serait définitivement arrêté, il serait fait à l'ordre de la noblesse une députation pour lui porter le vœu de l'assemblée». Les députés de la noblesse sont reconduits avec la même cérémonie.]

Ensuite Mᵍʳ le président a proposé de donner une seconde lecture du cahier, afin que mieux entendu, chacun fût plus en état de proposer les amendements convenables; sur les différentes observations qui ont été faites dans le cours de la lecture, il a été arrêté d'en donner communication par écrit à tous ceux qui désireront la prendre, et que tous les commissaires nommés précédemment se rassembleront dans le même jour, depuis 6 heures jusqu'à 8 heures du soir, pour entendre les remarques particulières

---

[1] On considérait généralement, à la fin du XVIIIᵉ siècle, qu'il convenait, dans les deux ordres du clergé, de distinguer différentes classes : pour l'ordre séculier, la classe des évêques, celle des chanoines, celles des curés, prieurs et chapelains, et celle des ecclésiastiques sans bénéfice; et dans l'ordre des réguliers de même, les classes des abbés, des religieux et des simples prieurs réguliers. Voir le cahier du curé de Saint-Aignan-le-Malherbe, au bailliage de Caen (dans HIPPEAU, *Cahiers*, I, p. 194). On pourra consulter à cet égard : *Doléances du clergé du second ordre*, s. l. n. d. (18 février 1789), conservées à la Bibl. nat., Lb³⁹, 1310.

[2] Pour la nomination de cette députation par l'ordre de la noblesse, on rapprochera le *Procès-verbal de l'ordre de la noblesse*, séance du 23 mars 1789 (*infrà*, p. 488).

de tous et chacun et y avoir tel égard qu'ils jugeront à propos, et arrêter définitivement les articles du cahier de doléances, dont nouvelle lecture sera donnée à l'assemblée, ce qui a été approuvé d'une voix unanime.

(Envoi d'une députation à l'ordre de la noblesse : elle est composée «de 8 membres du clergé de différentes classes» et doit témoigner «le désir sincère du clergé de voir s'établir et régner entre les deux ordres l'union et la concorde la plus parfaite». Les députés de retour rendent compte «des dispositions de conciliation et d'accord où ils ont trouvé la noblesse»[1]. Séparation de l'assemblée, et renvoi à demain, 8 heures du matin.)

† A.-F., *évêque de Coutances*; B. FLEURY, *curé de Fermanville, secrétaire-greffier.*

[*4ᵉ séance*]. — Du mardi 24 mars, l'assemblée s'étant réunie au lieu ordinaire de ses séances, Mᵍʳ le président a proposé, conformément à l'article XLVII du règlement[2], de faire choix au scrutin de trois membres de l'assemblée, qui seront chargés d'ouvrir les billets et en vérifier le nombre, de compter les voix et de déclarer le choix de l'assemblée pour ses députés aux États généraux.

(Formation, pour le dépouillement de ce premier scrutin, d'un bureau provisoire, auquel on appelle, conjointement avec le secrétaire de l'assemblée, les trois plus anciens d'âge[3]. Ceux-ci sont : MM. Mariette, chanoine de l'église cathédrale d'Avranches; Groult, curé de Néhou *pro prima*, et Le Cavelier, curé de Mesnilraoult. Étant ensuite procédé au scrutin dans la forme prescrite par le règlement, «la totalité des suffrages, y compris ceux résultant des procurations, s'est trouvée portée à 658 voix»)[4].

Vérification faite par les trois plus anciens d'âge, assistés du

[1] Pour la réception de cette députation par l'ordre de la noblesse, on rapprochera de même le *Procès-verbal de la noblesse*, séance du 23 mars (*infrà*, p. 488).

[2] *Règlement royal du 24 janvier*, art. XLVII : «Pour parvenir à cette dernière élection, il sera d'abord fait choix au scrutin de trois membres de l'assemblée, qui seront chargés d'ouvrir les billets, d'en vérifier le nombre, de compter les voix, et de déclarer le choix de l'assemblée... Les trois membres de l'assemblée qui auront eu le plus de voix seront les trois scrutateurs» (texte dans A. BRETTE, *Documents*, I, p. 85).

[3] *Règlement*, art. XLVII : «... Les billets de ce premier scrutin seront déposés, par tous les députés successivement, dans un vase placé sur une table, au devant du secrétaire de l'assemblée, et la vérification en sera faite par ledit secrétaire, assisté des trois plus anciens d'âge.» (*Ibid.*, p. 85.)

[4] Le nombre total des ecclésiastiques représentés à l'assemblée était, comme nous avons expliqué (*suprà*, p. 394), de 776, dont 445 présents et 331 représentés; mais aux termes du *Règlement*, les porteurs de plusieurs procurations n'avaient dans l'assemblée qu'une voix en sus de la leur. Voir notre article sur : *L'Assemblée des trois ordres*, dans la *Revue de Cherbourg*, n° 3, p. 100 et n. 2.

secrétaire, la pluralité des suffrages s'est réunie en faveur de
M. Gautier, curé de Saint-Brice-de-Landelle, au diocèse d'Avranches ;
de M. Levavasseur, curé de Rideauville au diocèse de Coutances,
et de M. l'abbé d'Auchemail, grand chantre de l'église de Coutances, qui ont été élus scrutateurs.

[Le nombre des suffrages en faveur des scrutateurs a été : pour le curé de
Saint-Brice, 137 voix ; pour le curé de Rideauville, 63 voix ; pour l'abbé
d'Auchemail, 47 voix.]

Ensuite l'assemblée s'est séparée, la séance prochaine renvoyée
à ce soir, 4 heures et demie.

†A.-F., *évêque de Coutances*[1].

*Ne varietur*, LESPLUS-DUPRÉ, *secrétaire adjoint.*

[*5ᵉ séance*]. — Du mardi 24ᵉ jour de mars, l'assemblée s'étant
réunie au lieu ordinaire de ses séances à l'heure indiquée ce
matin, il a été donné, conformément à l'arrêté pris dans la séance
du lundi 23 du présent[2], une troisième et dernière lecture du cahier de doléances rédigé par MM. les commissaires choisis et
dénommés dans la séance du vendredi 20ᵉ du présent pour travailler de concert à la rédaction des cahiers.

Lecture faite, Mᵍʳ le président et quelques membres du corps
ont proposé de faire au cahier quelques changements par la suppression ou addition de différents articles[3], sur quoi MM. les com- ...

---

[1] Le manuscrit des Archives nationales porte ici, en plus de la signature de
l'évêque, celles de G. F MARIETTE, *chanoine*; GROULT, prêtre, curé de Néhou
*pro prima*, et LE CAVELIER, curé de
Mesnilraoult.

[2] Cf. le texte du *Procès-verbal*, 3ᵉ
séance, du 23 mars au matin (*supra*,
p. 434).

[3] Nous ne saurions dire en quoi ont
consisté les «quelques changements»
ainsi introduits dans différents articles
du cahier; le manuscrit original du
greffe de Coutances ne porte point trace
de ratures, non plus que celui des Archives nationales, qui n'est d'ailleurs
qu'une copie collationnée, délivrée aux
députés du clergé.

La correspondance du subdélégué
d'Avranches permet cependant de pré-

ciser les points qui firent difficulté
dans l'assemblée du clergé :«Les curés,
écrit-il, se sont assemblés dimanche
dans l'église du séminaire, pour aviser
à leur choix. Les altercations ont été vives
entre les épiscopaux et le parti opposé
beaucoup plus nombreux. Celui-ci demande *l'abolition des déports, l'augmentation des portions congrues et l'exécution
des aumônes dues par les gros décimateurs aux pauvres des communautés*. Ils
*veulent que les prélats les traitent avec
égard et soient enfin [assurés] que les
curés et les autres ecclésiastiques forment
la portion la plus essentielle du clergé*.
Ils *réclament le droit d'envoyer à la
chambre syndicale des députés choisis par
leur corps, et nullement par les évêques*,
pour assister à l'opération de la répartition des décimes, etc.... *Ils consen-*

missaires et toute l'assemblée ayant délibéré, le cahier des plaintes et doléances du clergé du bailliage de Cotentin a été arrêté ainsi qu'il suit :

Après quoi, Mgr le président a proposé de renvoyer la séance prochaine au jeudi 26 du présent, attendu la longueur du temps nécessaire pour signer le cahier par les différents membres de l'assemblée, qui se rendront demain au bureau du secrétaire à cet effet[1].

 † A.-F., évêque de Coutances, *président*; B. FLEURY, curé de Fermanville, *secrétaire-greffier*; LESPLUS-DUPRÉ, curé des Pas, *secrétaire adjoint*[2].

[6e *séance*]. — Du jeudi 26 mars, l'assemblée s'étant réunie au lieu ordinaire de ses séances, Mgr le président a mis sur le bureau une lettre signée *le marquis de Condorcet*, adressée à l'assemblée du clergé, par laquelle on se propose de l'intéresser en faveur des nègres[3]; mais vu que le cahier était arrêté, on n'a pu y rien insérer sur cet article[4]. Mais l'assemblée, d'une voix unanime, a chargé ses députés de prendre en considération leur état malheureux.

(1er scrutin pour l'élection des députés; vérification faite, les suffrages se

---

tent *payer les impôts comme les autres sujets*, et adhèrent aux doléances du tiers.» (*Lettre de M. de Montifier à l'intendant de Caen, du 16 mars*, Arch. Calvados, C 6353.)

Pour l'appréciation en général des difficultés auxquelles donna lieu la rédaction du cahier du clergé, — que le texte du *Procès-verbal* ne laisse guère apercevoir, on voudra bien se reporter à notre article précité dans *Revue de Cherbourg*, p. 122 à 126.

[1] Le ms. original du Greffe de Coutances insère ici le cahier : *Vœux, doléances et instructions du clergé du bailliage de Cotentin, etc.* (f[os] 4 r° à 9 v°), avec les signatures des membres de l'assemblée, qui occupent 6 pages (du f° 7 r° au f° 9 v°). Le procès-verbal reprend ensuite, après un blanc, au f° 10 r°. — Même disposition dans l'exemplaire, Arch. nat., C 18, l. 62.

[2] Ces signatures n'existent que dans le manuscrit des Archives nationales, précédées de la formule «ce qui a été unanimement arrêté». Le manuscrit de

Coutances présente ici toute la suite des signatures des membres de l'assemblée de l'ordre du clergé.

[3] Le catalogue de la Bibliothèque Nationale signale, sous le nom de *Condorcet*, une «Lettre aux bailliages de France», signée «les *intéressés aux manufactures et aux colonies de la France*» (Bibl. nat., Lb[9] 656). Mais cette attribution est inexacte, car la pièce est dirigée précisément contre Condorcet et la Société des Amis des Noirs. Nous pensons que la pièce visée au texte pourrait être plutôt un *Précis des objets les plus importants que doivent renfermer les cahiers de bailliages*, s. l. 1788 (*Ibid.*, Lb[9], 6825), que le catalogue attribue également à Condorcet.

[4] Le vœu en faveur des nègres a passé dans le cahier du tiers état de Cotentin, art. 56 (*infrà*, p. 556). On le trouvera également dans le cahier du clergé du bailliage d'Alençon, *in fine* (HIPPEAU, *Cahiers*, I, p. 9) et dans celui du tiers état du même bailliage, chap. X, art. 2. (*Ibid.*, I, p. 45.)

sont réunis en faveur de : M° Jacques-François Le Lubois, curé de Fontenay, diocèse de Coutances [1].)

Ensuite l'assemblée s'est séparée, la séance prochaine renvoyée à ce soir, 3 heures et demie.

> Jean GAUTIER, curé de Saint-Brice de Landelles; D'HAUCHE-
> MAIL; J. LE VAVASSEUR, curé de Rideauville; † A.-F.,
> évêque de Coutances, *président*; B. FLEURY, curé de
> Fermanville, *secrétaire-greffier*\*; J.-F.-L. LELUBOIS,
> curé de Fontenay, *acceptant*\* [2].

[7ᵉ *séance*]. — Du jeudi 26 mars, l'assemblée s'étant réunie au lieu ordinaire de ses séances,

(2ᵉ scrutin; les suffrages se sont réunis en faveur de : M° François Bécherel, curé de Saint-Loup, au diocèse d'Avranches [3].)

[1] LELUBOIS (Jacques-François-Louis), curé de Fontenay, était né à Creully (Calvados), le 28 avril 1786. M. Desdevizes du Dézert prétend, nous ne savons sur quel fondement, qu'il a rédigé et signé le cahier de sa paroisse (*Le Cotentin en 1789*, p. 45); il fut en tous cas commissaire-rédacteur du cahier du clergé (*suprà*, p. 432). Sa *Déclaration de bénéfices* en 1790 n'a pas été retrouvée, mais l'*État des biens nationaux* nous apprend qu'il était gros décimateur de sa paroisse pour les cinq sixièmes, le reste appartenant à l'abbaye de Cerisy (Arch. Manche, Q⁴⁻¹, 19). A la Constituante, il n'a joué aucun rôle appréciable; et, son mandat terminé, il semble qu'il ait repris possession de sa cure, où il fut retraité le 31 août 1810. Voir A. BRETTE, *Les Constituants*, p. 98, n° 1 et p. 239; A. BRETTE, *Documents relatifs à la convocation des États généraux*, t. II, p. 213, n° 790.

[2] La signature de Lelubois n'existe pas à cette place, avec la mention *acceptant*, sur le procès-verbal du Greffe de Coutances; elle se trouve au contraire dans le ms. des Archives nationales (f° 10 r°).

[3] BÉCHEREL (François), curé de Saint-Loup, était né à Saint-Hilaire-du-

Harcouët le 8 mars 1732. Il était, racontent ses biographes, de caractère très indépendant, et avait plaidé contre son évêque au sujet d'un trait de dîme, pour lequel il avait eu gain de cause au parlement de Rouen. M. l'abbé PIGEON, qui cite à ce propos un ms. intitulé *État et conduite du clergé de l'ancien diocèse de Coutances, de 1790 à 1806*, affirme que ce fut l'élection du curé Bécherel qui détermina l'évêque d'Avranches à quitter l'assemblée. Aux États généraux, il siégea avec le tiers dès les premiers jours, prêta le serment civique dès le 31 décembre et fut élu évêque constitutionnel de la Manche en février 1791. Il se tint, semble-t-il, à l'écart pendant la Terreur, reprit possession de son siège en l'an VIII, et, après le Concordat, fut transféré à Valence, où il mourut baron de l'Empire, le 25 juin 1815. Voir A. BRETTE, *Les Constituants*, p. 98, n° 2; A. BRETTE, *Documents*, t. II, p. 57, n° 93; LEBRETON, *Biographie normande*, I, p. 84; PLUQUET, *Bibliographie du département de la Manche*, p. 409; LEBRETON, *Histoire des évêques de Coutances*, p. 389 à 398; et SAROT, *Organisation des pouvoirs publics dans le département de la Manche*, p. 409, 428, 460.

Après quoi l'assemblée s'est séparée, la séance prochaine renvoyée à demain 8 heures du matin [1].

J. GAUTIER, curé de Saint-Brice-de-Landelles, D'HAUCHEMAIL, J. LE VAVASSEUR, curé de Rideauville; BÉCHEREL, curé de Saint-Loup, *accepté*; † A.-F., évêque de Coutances, *président*; B. FLEURY, curé de Fermanville, *secrétaire-greffier* [2].

[*8e séance*]. — Du vendredi 27 mars, l'assemblée s'étant réunie au lieu ordinaire de ses séances,

(3e scrutin; les suffrages se sont réunis en faveur de : M. François Le Rouvillois, curé de Carantilly, diocèse de Coutances [3].

Réception d'une députation du tiers état, composée de 10 de ses membres, conduits par M. Dupré, lieutenant particulier [4], qui exprime à Mgr le président et à l'ordre du clergé «les sentiments de respect et de vénération de son ordre», et lui témoigne «que tout son désir était de se réunir pour concourir ensemble au bien public; mais que comme les cahiers n'étaient pas encore rédigés, cette réunion si désirée ne pourrait s'opérer qu'aux États généraux».

[1] L'élection de Fr. Bécherel souleva dans l'assemblée du clergé un vif incident, dont ne parle point le procès-verbal. L'évêque d'Avranches, qui voyait avec dépit que les voix pour la députation allaient à de simples curés, et qui avait eu des démélés personnels avec le curé de Saint-Loup, ne put supporter un vote qu'il considérait comme un affront à sa dignité; il quitta brusquement la salle des délibérations, et repartit le lendemain pour Avranches, sans vouloir participer davantage aux travaux de son ordre. Voir abbé PIGEON, *Le Grand Bailliage de Mortain*, loc. cit., p. 526, R. DU COUDRAY, *L'État d'esprit à Granville*, loc. cit., p. 53, note 1, et notre étude précitée dans la *Revue de Cherbourg*, p. 126.

La correspondance du subdélégué de Coutances ne porte point trace de ces incidents. Il écrit seulement à la date du 13 avril. «L'assemblée des trois ordres du bailliage de Cotentin vient d'être terminée; les seize députés sont nommés; M. l'évêque d'Avranches n'a point assisté aux dernières séances. Je suis, etc... MOMBRIÈRE.» (*Lettre à l'intendant de Caen*, du 1er avril, Arch. Calvados, C 6353.)

[2] L'original du Greffe de Coutances ne porte point ici la signature de BÉCHEREL, qui se trouve au contraire dans le ms. conservé aux Archives nationales (f° 101 r°).

[3] LE ROUVILLOIS (Jacques-François-Germain), curé de Carantilly, était né à Saint-Germain-le-Gaillard le 17 août 1732, et figure à l'assemblée du clergé tant en son titre personnel que comme porteur de procurations des curés de Dangy et le Lorey. Il avait été un des douze commissaires du cahier du clergé (*supra*, p. 432). Nous n'avons pas sa *Déclaration de 1790*, mais l'*État des biens nationaux* nous apprend qu'il était gros décimateur de sa paroisse et qu'il avait environ 25 vergées de terres (Arch. Manche, cote provisoire L¹¹, n° 6). A l'assemblée, il vota avec le tiers et ne joua qu'un rôle effacé. Son mandat expiré, il reprit possession de sa cure, et on n'entend plus parler de lui. Voir A. BRETTE, *Les Constituants*, p. 98, n° 3; A. BRETTE, *Documents*, t. II, p. 216, n° 805.

[4] Pour la nomination et la composition de cette députation, on rapprochera le *Procès-verbal de l'ordre du tiers état*, séance du 27 mars (*infrà*, p. 534).

Réponse de l'évêque de Coutances, que «le vœu du clergé n'était pas moins sincère». Les députés sont reconduits avec le même cérémonial.

Délibération pour l'envoi d'une députation de 8 membres à l'ordre du tiers état, pour lui témoigner «le désir sincère de concourir ensemble au bien public et de voir régner entre les deux ordres la concorde et l'union la plus parfaite»[1].)

Après quoi l'assemblée s'est séparée, la séance prochaine renvoyée à ce soir, 4 heures.

J. LE VAVASSEUR, curé de Rideauville; D'HAUCHEMAIL, J. GAUTIER, curé de Saint-Brice-de-Landelles; LE ROUVILLOIS, curé de Carantilly, *acceptant*[2]; † A.-F., évêque de Coutances, *président*; B. FLEURY, curé de Fermanville, *secrétaire-greffier*.

[*9ᵉ séance*]. — Ce même jour, à 4 heures du soir, l'assemblée s'étant réunie au lieu ordinaire de ses séances,

[4ᵉ et dernier scrutin; les suffrages se sont réunis en faveur de: Mᵍʳ Ange-François de Talaru de Chalmazel, évêque de Coutances[3].]

(1) Sur la réception de cette députation du clergé, on rapprochera de même le *Procès-verbal de l'ordre du tiers état*, séance du 27 mars (*infra*, p. 535).

(2) Le ms. de Coutances ne porte pas le mot *acceptant*, qui se trouve dans l'exemplaire des Archives nationales (fᵒ 10 vᵒ). Les trois premiers scrutins, comme on voit, n'avaient donné pour députés que de simples curés. Le subdélégué d'Avranches avait, dès le premier jour, prévu ce résultat; le lendemain même de l'ouverture de l'assemblée, il écrivait à l'intendant : «L'ordre ecclésiastique, composé pour la plupart des curés, malgré la politesse et les prévenances affectueuses des deux prélats, paraît décidé à ne pas leur accorder son suffrage... Il est probable que les députés pour Versailles seront élus dans la classe des curés» (*Lettre de M. de Montitier à l'intendant de Caen*, 16 mars 1789, Arch. Calvados, C 6353). Cf. aussi une *Lettre de Quinette du Cloisel à sa femme*, du 29 mars, citée par R. DU COUDRAY, *L'État d'esprit à Granville pendant la Révolution*, dans *Le Pays de Granville*, nᵒ 1, p. 22.

(3) TALARU DE CHALMAZEL (Ange-François DE), né, d'après l'*Almanach royal*, au château de Chaussin en Bourbonnais, le 14 mai 1723, avait été nommé évêque de Coutances en 1764 et sacré le 10 mars 1765. Il joignait à son évêché le titre d'abbé commendataire des deux abbayes de Blanchelande (bailliage de Carentan) et de Montebourg (bailliage de Valognes). Il était depuis 1787 membre de l'assemblée provinciale de Basse-Normandie, pour l'ordre du clergé, et de la commission intermédiaire de cette assemblée depuis 1788. Il était enfin président de l'assemblée de l'ordre du clergé, conformément au *Règlement*.

Élu député du clergé pour le bailliage de Cotentin, M. de Talaru ne joua pas à la Constituante un rôle bien important. Nous avons relevé que, le 7 octobre 1789, il adressait de Versailles des *Instructions* à son clergé pour faire porter à la monnaie l'argenterie des églises, qu'à la date du 13 janvier 1791 il signait avec plusieurs députés du Cotentin une *Adresse aux commettants* pour protester contre plusieurs des actes de l'assemblée. Cette même année, il refusa le serment, et se retira devant l'évêque constitutionnel, après avoir adressé à son clergé une *Instruction pastorale*, en

Après quoi l'assemblée s'est séparée et la séance prochaine renvoyée à demain, 9 heures du matin.

J. Le Vavasseur, curé de Rideauville, d'Hauchemail, J. Gautier, curé de Saint-Brice-de-Landelles; † A. F., évêque de Coutances, *président;* Le Lubois, curé de Fontenay; Bécherel, curé de Saint-Loup; Le Rouvillois, curé de Carantilly [1]; B. Fleury, curé de Fermanville, *secrétaire-greffier.*

[10ᵉ *séance*]. — Du samedi 28 mars, l'assemblée s'étant réunie au lieu ordinaire de ses séances, il a été donné lecture d'un écrit en réponse à une imputation faite à l'assemblée du clergé du grand bailliage de Cotentin par un autre écrit intitulé : *Protestation* [2], imprimé et signé d'environ 32 membres, dont quelques-uns, après avoir entendu la lecture dudit écrit en réponse, ont signé le cahier de doléances. Sur quoi l'assemblée ayant délibéré, a arrêté d'une voix unanime que cette réponse, signée de toute l'assemblée, de Mgr le président et du secrétaire, serait rendue publique par la voie d'impression, afin de manifester les vrais sentiments du clergé, et qu'elle serait annexée au présent [3].

Ensuite l'assemblée a fait remise, tant du cahier général que de

date du 18 mars, où il protestait contre la Constitution civile du clergé (texte reproduit dans Lecacheux, p. 381). Le *Dictionnaire des Parlementaires* enseigne à tort qu'il émigra à ce moment; car ainsi que l'a justement fait observer M. A. Brette, il est encore porté présent à la Constituante à la date du 12 juillet 1791. En réalité, il émigra seulement le 23 septembre 1792, et s'établit en Angleterre, d'où il continua à diriger son diocèse. M. Lecacheux a publié (p. 388) la dernière lettre adressée par lui à son clergé, en date du 10 juillet 1795. Il mourut peu après, à Londres, le 20 mars 1798, à l'âge de 72 ans. On consultera sur ce personnage : A. Brette, *Les Constituants*, p. 98, n° 4; A. Brette, *Documents*, t. Iᵉʳ, p. 511, n° 10 et t. II, p. 310, n° 1224; *Dictionnaire des Parlementaires*, t. V, p. 356; *Almanach ecclésiastique du diocèse de Coutances*, 1776, p. 15; Lecacheux, *Documents*, p. 15, 21, 22, 377 à 388 et 408; Lecanu, *Histoire des évêques de Coutances,*

1839, in-8°, p. 307 à 374; É. Sevestre, *Clergé paroissial*, p. 132, note 1.

Pour les revenus de l'évêché et des abbayes possédées dans le ressort par M. de Talaru en 1790, voir *supra*, p. 364, note 2.

[1] Les signatures des trois curés, Lelubois, Bécherel et Le Rouvillois, sont données ici évidemment en acceptation de leur mandat de député aux États généraux. Le curé Le Rouvillois avait déjà signé comme *acceptant* (*supra*, p. 440) le procès-verbal de la séance précédente. Les deux autres paraissent n'avoir pas osé signer avant la nomination de leur évêque comme quatrième député.

[2] Voir le texte de la *Protestation* (*infrà*, p. 443).

[3] Voir de même le texte de l'*Arrêté* de la majorité en réponse à la Protestation (*infrà*, p. 448.) Sur ces différents incidents, on pourra consulter notre article dans la *Revue de Cherbourg*, p. 121 à 127.

tous les cahiers particuliers, à MM. ses députés[1], auxquels elle
donne pouvoir pour la représenter aux prochains États généraux, y
proposer, remontrer, aviser et consentir tout ce qui peut concerner
les besoins de l'État, la réforme des abus, l'établissement d'un
ordre fixe et durable dans toutes les parties de l'administration, la
prospérité générale du royaume, et le bonheur tant commun que
particulier de tous les citoyens.

Déclarant que sur tous les objets exprimés et non exprimés dans
son cahier de doléances, qui pourront être proposés et discutés aux
[États] généraux, elle s'en rapporte à ce que ses députés estimeront
à leur âme et conscience devoir être statué et décidé pour le plus
grand bien commun[2].

Le présent clos et arrêté en présence de l'assemblée, et signé
par Mgr le président et le secrétaire de l'assemblée, après lecture,
ledit jour et an que dessus.

† A.-F., évêque de Coutances, président; B. FLEURY, curé
de Fermanville, secrétaire-greffier; LESPLU-DUPRÉ,
curé des Pas, secrétaire adjoint.

[1] Aucun des cahiers particuliers ainsi
remis aux députés du clergé n'a pu être
retrouvé, ni aux Archives nationales
dans le fonds de l'Assemblée Constituante,
ni dans les Archives locales.

[2] On remarquera que la formule de
pouvoirs des députés du clergé reproduit
textuellement les termes prévus, dans les
Lettres royales du 24 janvier, pour les
pouvoirs des députés (texte dans
A. BRETTE, Documents, t. Ier, nº XXXVIIIA,
page 65). L'ordre de la noblesse, au contraire, n'a consenti à donner à ses députés que des pouvoirs réduits, consti-
tuant un véritable mandat impératif
(infrà, p. 509, note 1).

1 *bis.* Pièces annexes au procès-verbal de l'assemblée
de l'ordre du clergé.

A. Protestation de la Minorité de l'ordre du clergé.

(Impr., s. l. n. d., 4 pages in-16. Exemplaire aux Arch. nat.,
Ba 35, l. 70, dossier *Clergé*, pièce n° 15[1].)

### *Protestation* [2].

Par devant les conseillers du roi, notaires en cette ville de Coutances et ressorts, soussignés, l'an 1789, le 25° jour de mars, audit Coutances, à sept heures du soir [3],

Sont comparus discrètes personnes Jacques-Joseph le Jardinier Deslandes, curé de la Feuillye, Claude-Adrien de Tristan Brission, curé des trois premières et royales portions de Saint-Sauveur-Lendelin [4], Guillaume Saint, curé de Saint-Georges-de-Montcoq, ville de Saint-Lô, tous les trois du diocèse de Coutances; Julien Almin, curé de Moulines; Thomas-Julien, curé de Saint-Pierre de Heussey,

[1] Une transcription a été faite dans les registres de la Collection Camus, Arch. nat., B iii/53, p. 598 à 606 (d'après l'imprimé). *Éditions* : 1° Hippeau, *Cahiers*, II, p. 6; 2° Hippeau, *Élections*, p. 202 (par extrait seulement); 3° Legacheux, *Documents pour servir à l'histoire de Montebourg*, I, p. 322; 4° Desdevizes du Dézert, *Le Cotentin en 1789*, p. 37. Voir aussi une analyse dans R. du Coudrey, *L'État d'esprit à Granville* (dans la Revue Le Pays de Granville, n° 1, p. 18).

[2] Dans la transcription de la Collection Camus, la pièce porte le titre plus développé : *Protestation de la minorité du bailliage de Coutances* (Arch. nat., B iii/53, p. 598).

[3] Le *Procès-verbal du clergé* nous apprend que le cahier avait été arrêté définitivement le 24 mars au soir, après que l'évêque-président et quelques membres eurent proposé de «faire au cahier quelques changements par la suppression ou addition de différents articles» (*supra*, p. 436). Ce sont évidemment ces

modifications apportées au dernier moment à un texte déjà voté du cahier qui ont motivé la *Protestation* que nous reproduisons au texte.

[4] La paroisse de Saint-Sauveur-Lendelin était divisée en 4 portions et avait en 1789 deux curés (*supra*, p. 103, note 2). L'exemplaire de la *Protestation* conservé aux Archives nationales émane précisément du curé Brission, qui, avec un autre de ses collègues, écrivait à Necker : «Mgr., Daignez recevoir notre protestation contre le vœu exprimé dans le cahier du clergé de Cotentin. Nous sommes en petit nombre et sans puissance, mais vous êtes l'ange tutélaire des petits. Protégez la minorité du clergé du Cotentin, et agréez l'hommage de son profond respect. — Au nom de la minorité du clergé du Cotentin, Tristan Brission et du Fernon, chargés de pouvoirs.» (*Lettre de M. l'abbé du Ferron, fondé de pouvoirs des ecclésiastiques protestants du bailliage de Coutances, à M. le D. G. d. F., du 17 mars*, Arch. nat., B iii/53, p. 597.)

et Jean-Baptiste-Adrien de la Grézille, curé des Loges-Marchis, tous trois du diocèse d'Avranches,

Tous les six, députés de MM. les curés et prêtres qui ont signé et souscrit l'acte dont va être parlé.

Déclaration faite par les comparants, qu'ils se présentent devant les notaires soussignés « pour y faire dépôt d'un *Arrêté* fait entr'eux et plusieurs de MM. leurs confrères desdits diocèses de Coutances et Avranches, contenant protestation faite par eux contre un cahier intitulé : *Doléances et instructions du clergé du Cotentin*, portant date ledit arrêté de ce jour, signé et souscrit desdits sieurs curés présents et de plusieurs desdits sieurs leurs confrères ».

Déclaration faite par les notaires, qu'ils ont joint et annexé ledit arrêté à la minute du présent, « pour en être délivré une grosse en forme auxdits sieurs curés avec le présent, pour leur servir et valoir ce qu'il appartiendra ».

Déclaration faite par les notaires, qu'ils ont remarqué dans cet arrêté « les mots *et instructions*[1] en interligne non approuvés, une ligne en interligne, et quatorze mots en deux renvois en marge de la première page, dont seulement quatre sont approuvés[2], dont acte requis et octroyé ».

Fait et passé à sept heures et demie du soir, en l'étude où lesdits sieurs curés présents et députés ont signé avec nous, lecture faite. Ledit acte contresigné et certifié véritable desdits sieurs curés, derechef lecture faite.

Sur la minute des présentes sont signés :

Le Jardinier Deslandes, curé de la Feuillie; de Tristan Brission, curé des trois premières et royales portions de Saint-Sauveur-Lendelin; R. P. Saint, curé de Saint-Georges-Montcoq; J. Almin, curé; T. Jullien, curé de Heussey; de la Grésille, curé des Loges-Marchis; Le Brun et Hébert, notaires, avec paraphes[3].

Contrôlé à Coutances, le 26 mars. Reçu 15 sols[4]. Signé : Charpentier.

---

[1] Il s'agit évidemment du titre du cahier de l'ordre du clergé, mentionné dans l'*Arrêté*, et dont l'énoncé complet est : *Vœux, doléances et instructions du clergé du bailliage de Cotentin pour ses députés aux États généraux* (texte *infrà*, p. 467).

[2] Il n'a pas été possible, en l'absence du manuscrit original de la *Protestation*, de déterminer en quoi pouvaient consister les renvois en marge et interlignes *non approuvés*, dont il est question au texte.

[3] Le Brun et Hébert étaient notaires royaux à la résidence de Coutances. Nous avons déjà observé qu'il y avait à Coutances en 1789 quatre offices de notaires (au tome 1er, p. 93, n. 2).

[4] Pour le droit de contrôle perçu, cf. la note sous la *Protestation des trois ordres du bailliage de Mortain* (*suprà*, p. 241, note 1). L'art. 23 du *Règlement* avait tarifé uniformément à 12 sols les actes relatifs à la convocation (Duvergier, I, p. 16.)

*Suit la teneur dudit arrêté déposé :*

### Arrêté pour être déposé chez le notaire royal.

Le 25 mars 1789, nous soussignés ecclésiastiques de l'assemblée générale du Cotentin, réunis à trois heures de relevée,

Après la lecture qui nous a été donnée hier à six heures et demie de relevée, d'un cahier intitulé *Doléances** *et instructions** *du clergé du Cotentin*, avons vu avec peine que cet écrit, qui devait être composé des cahiers particuliers des doyennés [1], en avait omis plusieurs, n'avait pas fait mention de quelques articles intéressants, et surtout ne contenait pas le vœu général de désintéressement que nous désirions y être exprimé, et ne représentait que l'idée d'un sacrifice pécuniaire momentané [2].

Nous avons cru en conséquence devoir manifester nos sentiments par cet acte public, et sans admettre plusieurs articles que nous n'approuvons pas, protester contre celui qui paraît admettre dans le clergé le prétendu privilège de s'imposer lui-même [3].

Nous déclarons donc que notre vœu est que le clergé soit imposé comme les autres ordres, et paie en proportion de ses revenus et dans les mêmes formes qu'eux, et sur un seul et même rôle [4], faisant ainsi le sacrifice général de tous les priviléges pécuniaires, et approuvant par ces présentes tout ce que les États généraux croiront devoir faire pour le bien général.

---

[1] Nous n'avons point besoin d'observer que le *Règlement royal* n'avait prévu aucune sorte de cahiers pour les *doyennés*, qui n'étaient nullement une circonscription régulière de la convocation. Mais la commission de rédaction du cahier du clergé comprenait un certain nombre de curés, représentant les différents doyennés, et il est probable que ces commissaires avaient élaboré chacun des mémoires dans lesquels ils avaient résumé les vœux particuliers que leur avaient transmis les curés de leur circonscription. Ces mémoires n'avaient pas plus le caractère régulier de *cahier* que les *cahiers de sergenteries* ou de *districts* que nous avons rencontré déjà dans quelques procès-verbaux d'assemblées préliminaires du tiers état. Voir pour le bailliage principal de Coutances, au t. I^er, p. 661, note 1 ; pour le bailliage de Saint-Lô, au tome III, p. 72, note 2.

[2] Le cahier vise manifestement l'art. 2 du chap. III (*Impôts et finances*) du cahier du clergé, qui était ainsi conçu : «Que les députés du clergé aux États pourront faire tous les *sacrifices pécuniaires* que l'intérêt du royaume exige, dans *les circonstances présentes*, pour le bien de la paix et l'union des ordres.» (texte, *infrà*, p. 472).

[3] *Cahier du clergé*, chap. IV (clergé), art. 1^er : «Que le clergé conserve ses formes et le droit de répartir ses impositions» (*infrà*, p. 473). On rapprochera utilement de la protestation ci-dessus l'explication que l'*Arrêté de la majorité* entend donner des deux articles incriminés, articles 7, 8 et 9 (*infrà*, p. 451).

[4] La formule du texte paraît empruntée mot pour mot à l'art. 28 *in fine* du *Cahier de l'ordre du tiers état* (texte *infrà*, p. 552).

Sur ledit arrêté, sont signés :

LE JARDINIER DESLANDES, curé de la Feuillie[1]; Claude-Adrien DE TRISTAN BRISSION, curé des trois premières et royales portions de Saint-Sauveur-Lendelin; Antoine-Gaspard GAUTIER DE MARCÉ, curé de Granville ; François-Marie GAUQUELIN, prêtre d'Avranches et député ; LA BONDE, curé de Vaudrimesnil; CAILLET, curé de Saint-Lô d'Ourville; SAINT, curé de Saint-Georges-de-Montcoq, ville de Saint-Lô ; LINGUET, prieur-curé de Sainte-Croix; BRÉARD, prêtre; LE PLANQUAIS, curé du Vicel; Thomas JULIEN, curé de Heussey et fondé de pouvoirs de MM. les curés du Teilleul et Saint-Pierre-Langers *pro majori;* RAULIN, curé de Moidrey ; LE REBOURS, curé de Saint-Symphorien et pour le curé de Saint-Michel-des-Loups; BOUILLON, curé de Saint-Barthélémy et fondé de procuration de M. le curé du Neufbourg et de Chasseguay; LINGUET, pour les prêtres de Sainte-Croix et pour M. le curé d'Agneaux; MORIEL, curé de Notre-Dame de Saint-Lô; BOURSIN, député des prêtres habitués de Mortain; PREMPAIN, prêtre; MOTET, député des prêtres de Notre-Dame-des-Champs d'Avranches; DE LA GRÉSILLE, curé des Loges-Marchis; GALLIEN DE PRÉVAL, curé de Bricqueville-près-la-Mer; LEPRINCE, curé de Hautteville et pour le sieur curé de Biniville; DE LA BROUSSE, curé de Lapenty, tant pour lui que pour le prieur-curé de Savigny; HEUZÉ, curé de Villiers-Frossard; LE CROSNIER, prêtre, pour lui et comme porteur de procuration de M. le chapelain des Pézerils; Julien ALMIN, curé de Moulines et fondé de pouvoirs de M. le curé de Saint-Pierre-Langers *pro minori;* LE PEINTEUR, prêtre chapelain de Notre-Dame-de-Pitié de la Garenterie, et représentant le prieur de l'hôtel-Dieu de Condé; SAINT, curé de Saint-Georges-

---

[1] J.-Jacques LEJARDINIER DESLANDES, curé de la Feuillie, était né en 1750 à Laigle; il fut nommé en 1790 maire de la Feuillie, refusa le serment, fut transféré à Paris, incarcéré à la prison des Carmes le 29 août 1792 et massacré le 2 septembre. Voir une note de M. R. DU COUDRAY dans l'article précité de la Revue *Le Pays de Granville,* n° 1, p. 95, note 1.

Le curé de la Feuillie paraît avoir été l'inspirateur de la manifestation de la minorité. L'exemplaire de la *Protestation* conservé aux Archives nationales est, en effet, accompagné dans la liasse d'une lettre d'envoi à Necker, qui est signée de lui et dans laquelle il dit avoir l'honneur d'être à la tête «des protestants du clergé de ce bailliage» (*infrà,* p. 447).

de-Montcoq, ville de Saint-Lô, fondé de procuration de M. le curé de Croisilles [1].

Contrôlé à Coutances, le 25 mars 1789, par le sieur Charpentier, contresigné et certifié véritable ce 25 mars 1789.

Signé : LE JARDINIER DESLANDES, curé de la Feuillie; DE TRISTAN DE BRISSION, curé des trois premières et royales portions de Saint-Sauveur-Lendelin; SAINT, curé de Saint-Georges, ville de Saint-Lô; J. ALMIN, curé; Thomas JULIEN, curé de Heussey; DE LA GRÉSILLE, curé des Loges-Marchis, avec paraphes.

Signé : LE BRUN et HÉBERT.

A la présente s'est joint le sieur Pierre-François-Xavier TINELLY DE CASTELLET, curé de Gonneville, bailliage de Valognes, conformément à sa protestation devant les mêmes notaires, à la date du 26 mars.

### B. LETTRE D'ENVOI DE LA PROTESTATION DE LA MINORITÉ AU DIRECTEUR GÉNÉRAL DES FINANCES.

(Ms. Arch. nat., Ba 35, l. 70. Original signé [2].)

MONSEIGNEUR,

Les protestants du clergé du bailliage de Coutances, à la tête desquels j'ai l'honneur d'être, me sollicitent et me pressent de remettre sous les yeux de Votre Grandeur leur *Protestation*.

[1] Les signatures ci-dessus donnent les noms de 29 protestataires seulement pour la minorité du clergé, — en tenant compte encore du curé de Gonneville, qui adhéra le lendemain, comme il est expliqué à la fin de l'acte. Mais un certain nombre de signataires étaient porteurs de procurations de plusieurs de leurs confrères; de sorte que le nombre des adhérents à la *Protestation* se trouve être de 39 ecclésiastiques, en dehors des deux groupements d'habitués de Mortain et de Saint-Lô. C'est assez peu, semble-t-il, sur une assemblée de 706 membres comparants.

M. DESDEVIZES DU DÉZERT, *Le Cotentin*

en 1789, p. 37, donne le chiffre de 32 protestants de la minorité, chiffre inexact. Il ajoute également que la *Protestation* a été jointe, quoique à regret, au cahier du clergé. C'est une erreur, le clergé ne l'a nullement annexée à son procès-verbal ou à son cahier; il n'est question (séance du 28 mars, *suprà*, p. 441) que de la réponse de la majorité. Seul, le tiers état en a fait mention dans son *Procès-verbal* (*infrà*, p. 539).

[2] Cette pièce est reproduite dans la transcription de Camus, Arch. nat., B III/53, p. 595-596, où elle est inexactement datée du 9 mars. Un autre exemplaire de la *Protestation* paraît avoir été

Leur modestie jusqu'à cet instant les avait engagés à ne rien faire parvenir au ministère, ayant pour garant de leurs sentiments le tiers état, sur le bureau duquel ils ont même déposé leurdite protestation[1], et de laquelle il a été fait un arrêté au bas du cahier dudit tiers état, mais sur ce qui nous a été représenté que tout bien public que l'on désirait faire opérer dans un empire, méritait d'être annoncé par les auteurs même pour être soumis à la connaissance et au jugement même des protecteurs du peuple, pouvons-nous, Monseigneur, nous adresser mieux pour le manifester à la nation qu'au Ministre le plus éclairé, le plus désintéressé, et à celui qui dans la circonstance présente se montre plus constamment l'appui du peuple. Convaincus de la noblesse et de la générosité de vos sentiments, en y rendant hommage, permettez-nous de soumettre au Tribunal de votre équité et de votre justice cette *Protestation*. Agréez ce tribut, nous vous en supplions, avec celui du respect le plus profond avec lequel j'ai l'honneur d'être, Monseigneur, de Votre Grandeur, le très humble et très obéissant serviteur,

LEJARDINIER-DESLANDES, *curé de la Feuillie.*

À La Feuillie, ce 5 mai 1789.

### C. RÉPONSE A LA PROTESTATION DE LA MINORITÉ, PAR LA MAJORITÉ DE L'ASSEMBLÉE DE L'ORDRE DU CLERGÉ[2].

(Impr., *sous le titre ci-dessous,* s. l. n. d.[3], *10 pages in-12, datées à la fin du 28 mars 1789.* Exemplaire de la collection privée de M. P. BLAIZOT, juge au tribunal civil de Cherbourg.)

*Arrêté de l'Assemblée du clergé du Cotentin, du samedi 28 mars 1789.*

L'Assemblée ayant pris en considération un acte imprimé, intitulé *Protestation*[4], passé devant les notaires de cette ville le 25 de ce

envoyé simultanément par deux autres membres de la minorité, Tristan Brission, curé de Saint-Sauveur-Lendelin, et l'abbé du Ferron, qui se qualifient de «fondés de pouvoirs de la minorité». Voir *Lettre adressée par M. l'abbé du Ferron... à M. le D. G. d. F., du 17 mai 1789.* (*Ibid.*, p. 597.)

[1] Voir *Procès-verbal de l'ordre du tiers état,* séance du 27 mars au matin (*infrà,* p. 539).

[2-4] — [2] Cette pièce, dont l'existence nous est révélée par le texte du *Procès-verbal du clergé,* séance du 28 mars (*suprà,* p. 441), a été vainement recherchée par nous dans les différents dépôts publics, tant à Paris que dans la région normande. M. LECACHEUX avait déjà observé (*Documents,* I, p. 323) qu'il n'avait pu retrouver «ce précieux document». L'exemplaire vraisemblablement unique dont M. P. BLAIZOT est en possession pro-

mois, lecture donnée à haute voix dudit acte, souscrit d'environ
31 curés et prêtres des diocèses de Coutances et Avranches, en ce
nombre compris quelques curés et bénéficiers, dont les procurations
ont été remises aux signants (*sic*) dudit acte[1], la matière mise en
mûre délibération, il a été, par ladite Assemblée, unanimement
déclaré :

[ART. 1er] Qu'elle n'a appris qu'avec la plus vive douleur qu'une
très petite partie de ladite Assemblée, agitée par des motifs qu'on
n'approfondira pas, s'est portée à une démarche indiscrète et inju-
rieuse pour l'Assemblée entière du clergé de Cotentin, composée de
700 membres ou environ[2] ;

[ART. 2] Que le but de cette insurrection, véritablement alar-
mante pour des Français et des cœurs patriotiques, animés de
l'esprit de paix qui distingue particulièrement le clergé, tend évidemment à induire la Nation en erreur sur les véritables intentions
de l'Assemblée ;

[ART. 3] Que cette Protestation, méditée sourdement et pro-
duite précipitamment avec un éclat scandaleux, n'a été précédée
d'aucun avis, d'aucune explication avec l'Assemblée[3], moyen qui,

vient de la collection particulière de
M. E. Sanot, qui l'avait mentionné
dans ses *Recherches bibliographiques sur
l'époque révolutionnaire*, p. 16. Nous te-
nons à remercier tout particulièrement M. P. Blaizot qui a bien voulu,
en nous la communiquant, y joindre
de très utiles renseignements. — [3] La
pièce ne porte aucune indication de
lieu, ni d'imprimeur; mais M. P.
Blaizot nous a fait justement observer que l'*Arrêté* est composé avec
les mêmes caractères d'imprimerie que
la *Protestation*, et que la partie dans laquelle il reproduit cette Protestation
(pages 5 à 8) ne semble pas avoir été
l'objet d'une nouvelle composition. Il
ressort manifestement de cette observation que l'*Arrêté*, comme la *Protestation*, a dû sortir des presses de Joubert,
imprimeur à Coutances. — [4] *Protestation de la Minorité du clergé* (texte
reproduit *suprà*, p. 443).

[1] Le nombre réel des signatures
est, ainsi que nous l'avons relevé, de
29 seulement, et en comptant les man-

dats dont ont été chargés plusieurs des
députés protestataires, de 39 exactement. Voir *supra*, p. 447, note 1.

On pourra rapprocher le *Procès-verbal
du clergé*, séance du 28 mars, qui
donne à la *Protestation* un chiffre de
32 signataires (*suprà*, p. 441).

[2] L'assemblée comprenait, ainsi que
nous avons observé (*suprà*, p. 435), 445
membres présents et 331 représentés,
soit 776 membres comparants pour
l'ordre du clergé dans le bailliage de
Cotentin.

[3] La conduite des membres de la
minorité paraît avoir été, en effet, un
peu inconsidérée. Le projet de cahier
du clergé, rédigé par les commissaires,
avait été, nous apprend le *Procès-verbal*,
l'objet de trois lectures successives dans
l'assemblée, les 23 et 24 mars. Il avait
été arrêté, le 23, «qu'il en serait donné
communication par écrit à tous ceux
qui le désireraient», et enfin que les
commissaires se tiendraient à la disposition des membres de l'assemblée «pour
entendre les remarques particulières de

s'il eût été employé comme la Religion et les bienséances l'exigeaient, aurait infailliblement conduit, ou à dessiller les yeux de quiconque des auteurs de cette Protestation aurait voulu les ouvrir et saisir la lettre et le véritable sens des doléances de l'Assemblée, ou à expliquer plus nettement les articles de son cahier, si quelques-uns avaient pu être regardés comme équivoques;

[Art. 4] Que le meilleur moyen que doit prendre l'Assemblée dans une pareille circonstance est de manifester publiquement sa conduite et celle des auteurs de l'acte de protestation et d'en faire juge la Nation, et spécialement l'ordre du tiers état, [qui] nécessairement a dû improuver le parti supposé pris par l'Assemblée et applaudir à cette Protestation;

[Art. 5] Que pour opérer infailliblement la justification de l'Assemblée, et faire apprécier les procédés de ceux qui ont travesti si cruellement ses véritables intentions, il ne faut que lire le cahier des doléances du clergé du Cotentin et la Protestation. On lit dans cet acte l'arrêté ainsi conçu :

« Le 25 mars 1789, nous soussignés ecclésiastiques de l'Assemblée générale du Cotentin, réunis, etc.... »

(Reproduction textuelle et intégrale de la *Protestation de la minorité*[1], dont nous avons donné l'analyse, *suprà*, p. 443. L'*Arrêté* reproduit intégralement les signatures, et jusqu'à la mention finale de contrôle et l'adhésion tardive du curé de Gonneville.

A la page 5e, 10e ligne, le texte original reprend en ces termes :)

[Art. 6] Que dans cette production étrange la vérité est partout sacrifiée, puisqu'il est notoire :

1° Que tous les cahiers remis pour servir de base au cahier de l'Assemblée ont été lus et examinés avec attention [2];

tous et chacun» (*suprà*, p. 434 et 435). Il semble donc que les ecclésiastiques de la minorité auraient pu faire entendre leurs vœux d'une façon moins bruyante que par la *Protestation*. Le *Procès-verbal* ne porte pas trace d'une opposition de leur part lors de la lecture du cahier; il n'y est fait mention que de «quelques changements» opérés le 24 mars, sur l'observation du président et de quelques autres membres (5e séance, *suprà*, p. 436).

[1] Le préambule de la *Protestation*, contenant l'acte de dépôt chez les notaires royaux de Coutances, n'a toutefois pas été reproduit (texte *suprà*, p. 442).

[2] L'affirmation de l'*Arrêté* ne paraît pas tout à fait exacte; le procès-verbal du clergé, rédigé pour cette partie avant les difficultés survenues dans l'assemblée, mentionne seulement que les commissaires-rédacteurs ont été chargés «de recevoir et d'examiner avec soin tous les cahiers qui leur seraient remis».

2° Que les articles indiqués dans la Protestation comme *intéressants*[1] n'ont été trouvés tels que par quelques individus du nombre des moteurs de la Protestation, mais en même temps jugés par l'Assemblée entière devoir être retranchés;

3° Que les articles dont le retranchement est présenté comme un crime n'avaient aucune relation avec le grand objet de délibération sur lequel on annonce artificieusement que l'Assemblée a pris une opinion contraire à celle exprimée par les adhérents à la Protestation;

[Art. 7] Que le cahier général des doléances de l'Assemblée, signé même par une partie des auteurs de la Protestation[2], qui n'ont pas craint de compromettre en apparence l'Assemblée, en se compromettant réellement eux-mêmes, est conçu relativement à l'impôt et à sa perception, dans les expressions suivantes :

1° *Que les députés du clergé aux États généraux pourront faire tous les sacrifices pécuniaires que l'intérêt du Royaume exige dans les circonstances présentes pour le bien de la paix et l'union des ordres*[3];

2° *Que le clergé conserve sa forme et le droit de répartir ses impositions*[4];

[Art. 8] Que du premier de ces deux articles, les auteurs de la Protestation ont sans doute fait abus, puisqu'ils ont osé dénoncer à l'Assemblée du tiers état, et qu'ils ne craignent pas de dire et même de répandre avec profusion dans le public, par la voie de l'impression, que le cahier des doléances contre lequel ils protestent ne représente que l'idée d'un *sacrifice pécuniaire momentané*[5], comme s'il n'était pas nettement et disertement exprimé, sans limitation et sans restriction, que le clergé autorise ses députés à faire

---

Il semble bien, d'après cette formule, que les cahiers individuels n'ont pas été produits devant l'assemblée elle-même (*Procès-verbal*, 2ᵉ séance, *suprà*, p. 433).

[1] *Protestation* : « Nous soussignés ecclésiastiques... avons vu avec peine que cet écrit, qui devait être composé des cahiers particuliers des doyennés, en avait omis plusieurs, *n'avait pas fait mention de quelques articles intéressants* » (texte *suprà*, p. 445).

[2] Le *Procès-verbal du clergé* dit seulement que, parmi les 32 signataires de la *Protestation*, « quelques-uns, après avoir entendu la lecture dudit écrit en

réponse, ont signé le cahier de doléances » (10ᵉ *séance*, 28 mars au matin, *suprà*, p. 441).

[3] *Cahier de l'ordre du clergé*, chap. III (Impôt et finances), art. 2 (*suprà*, p. 472). La citation est textuelle.

[4] *Cahier de l'ordre du clergé*, chap. IV (clergé), art. 1ᵉʳ (*suprà*, p. 473). La citation est également textuelle.

[5] *Protestation* : « Nous soussignés, avons vu avec peine... que le cahier... surtout ne contenait pas le vœu général de désintéressement que nous désirions être exprimé, *et ne représentait que l'idée d'un sacrifice pécuniaire momentané* » (texte *suprà*, p. 443).

29.

tous les sacrifices pécuniaires que le bien de la paix et l'union des ordres exigeront;

Que si l'Assemblée a parlé des *circonstances présentes*[1], elles n'ont été indiquées que comme un motif de plus pour déterminer les sacrifices que le clergé est dans l'intention de faire en faveur du Roi et de la Nation, mais que l'énonciation de ces circonstances ne peut être regardée comme une limitation à un temps ou à une époque quelconque, ce qui exclut toute idée qu'ils ne sont offerts que momentanément;

[Art. 9] Que si l'Assemblée a cru devoir exprimer son vœu dans le second article, relativement à la perception de l'impôt, en réclamant sa forme et le droit de répartir ses impositions[2], elle a pensé que ce vœu n'était pas injuste, que la Nation, témoin de l'abandon de la part du clergé du Cotentin de ses exemptions pécuniaires, considérerait plutôt ce vœu comme la réclamation d'une pure prérogative qui n'opérerait aucun préjudice aux deux autres ordres que comme un désir de se soustraire au paiement de l'impôt;

[Art. 10] Qu'au surplus, l'Assemblée, persuadée que le mode de perception de l'impôt ne devrait jamais être une cause de scission entre les Ordres, déclare que son intention formelle a toujours été que, par les pouvoirs généraux qui sont donnés aux députés du clergé du Cotentin à l'Assemblée Nationale[3], ces mêmes députés puissent, en faveur de la réunion qu'elle désire ardemment, faire sur la forme, s'il est besoin, des sacrifices qu'on soupçonnera d'autant moins être équivoques, que ceux qu'elle a consentis au fond sont une preuve convaincante du désintéressement et de l'esprit de religion et de paix, dont le clergé du Cotentin jure d'être toujours animé.

---

[1] L'explication donnée par l'*Arrêté* paraît difficilement acceptable. Le texte du cahier disait formellement : « Que les députés du clergé… pourront faire tous les sacrifices pécuniaires que l'intérêt du royaume exige, *dans les circonstances présentes*, pour le bien de la paix et l'union des ordres. » ( *Cahier de l'ordre du clergé*, ch. III, art. 2, *infrà*, p. 472.)

[2] *Cahier de l'ordre du clergé*, chap. IV, art. 1er : « Que le clergé conserve sa forme et le droit de répartir ses impositions » (*infrà*, p. 473). Les membres de la minorité avaient déclaré expressément « protester contre [l'article] qui paraît admettre dans le clergé le prétendu privilège de s'imposer lui-même ».

[3] Le *Procès-verbal du clergé* donne en effet, comme nous avons observé, aux députés de cet ordre les pouvoirs les plus généraux; l'assemblée déclare s'en rapporter « à ce que les députés estimeront, à leur âme et conscience, devoir être statué et décidé pour le plus grand bien commun » ( 10e *séance*, du 28 mars, *suprà*, p. 442).

[Art. 11] Comme l'intention de l'Assemblée était de communiquer aux Ordres de la Noblesse et du Tiers état le cahier de ses doléances [1], il est arrêté qu'il va leur être fait à l'instant une députation chargée de remettre ledit cahier auxdits Ordres, avec la présente déclaration [2];

[Art. 12] Et afin qu'il ne puisse subsister dorénavant aucun nuage sur les véritables sentiments de l'Assemblée, il est arrêté que la présente sera annexée au procès-verbal, et qu'elle sera imprimée [3].

Fait à l'Assemblée, lesdits jour et an, signé après lecture.

Signé : Le Rond, curé de Bricqueville; Denis d'Outresoulle, curé d'Orglandes; Pontsardin, curé de Hudimesnil; du Tertre, curé de Cenilly; Le Paisant, curé de Saint-Malô; Sanson, curé d'Anneville; Louis Heuzé des Touches, curé de Saint-Cornier; de la Haye, curé de Saint-Ebremond-de-Bonfossé; le Mesley, prêtre gradué du Ham; Dauxais, curé de Tirel; Delisle, curé

[1] L'intention de l'assemblée n'apparaît pas si explicite à la lecture du *Procès-verbal*. Nous y voyons bien que, le 23 mars, il avait été décidé, en réponse à une députation de la noblesse, «qu'aussitôt le cahier définitivement arrêté, il serait fait à l'ordre de la noblesse une députation pour lui porter le vœu de l'assemblée» (*3° séance, suprà*, p. 434). Mais aucune décision semblable ne paraît avoir été prise, le 27 mars, à l'égard de l'ordre du tiers état (*8° séance, suprà*, p. 440).

La même impression ressort d'ailleurs de la lecture des procès-verbaux de la noblesse et du tiers état. La noblesse mentionne bien, le 23 mars, la réception d'une députation du clergé, qui a déclaré «que l'intention de leur ordre a toujours été d'agir de concert avec celui de la noblesse, et que les commissaires du clergé communiqueront leur cahier à l'assemblée de la noblesse aussitôt qu'il sera rédigé». (*Procès-verbal de la noblesse, 3° séance, infrà*, p. 488.) Mais les députés envoyés vers le tiers état déclarent seulement que le clergé «a le regret de ne pouvoir se réunir pour faire un cahier commun, mais qu'il

agrée avec beaucoup de satisfaction la proposition de se communiquer leurs cahiers aux États généraux.» (*Procès-verbal de l'ordre du tiers état, 6° séance, du 27 mars, infrà*, p. 535.)

[2] La communication prévue au texte fut faite, le 29 mars au soir, à l'assemblée du tiers état (*Procès-verbal de l'assemblée du tiers état, 10° séance, infrà*, p. 539). Le procès-verbal de cette séance mentionne que «communication a été faite à l'assemblée de l'*Arrêté* de l'ordre du clergé, et que copie lui en a été laissée, pour être jointe au Procès-verbal», mais il n'est point parlé de la remise du cahier de l'ordre du clergé. Le procès-verbal de la noblesse, dans ses dernières séances, du 27 au 31 mars, ne porte aucune mention de communication ni de l'*Arrêté* ni du *Cahier* (*infrà*, p. 488 à 495).

[3] *Procès-verbal de l'ordre du clergé*, 10° séance, du 28 mars : «Sur quoi, l'assemblée... a arrêté... que cette réponse, signée de toute l'assemblée,... serait rendue publique par la voie d'impression, afin de manifester les vrais sentiments du clergé; et qu'elle serait annexée au présent» (*suprà*, p. 441).

de Clitourps; CLOUARD, curé de Moutons; DE LA VIGNE, curé du Tanu; AVRIL, curé de Saint-Planchers; LE MONNIER, curé de Muneville; LANGOISSEUR, curé de Saussey; CATÉ, curé de Carnet; HOTOT, curé d'Octeville-la-Venelle; DUBREUIL, curé de Saint-Pierre; M. OZOUF, curé de Quettehou; MALOT, curé de Querqueville; LE BRUNET, curé de Mesnil-Angot; MÉQUIN, curé d'Yquelon; LE FRANC, curé de Bahais; Fr.-Jacq.-Fr. LE CANU, prieur de Doville, tant pour lui que pour les sieurs curés de la Haye-du-Puits et de Varenguebec; GOUIN, curé de la Lande d'Airou; LE CHEVALLIER, curé de Saint-Louët-sur-Seulles; LE MUET, curé de Mesnihue; PROUCHIN, curé de Magneville; LESCAUDEY, curé de Hyenville; BARBE, curé de Mesnil-Opac; MADIRE, curé de Beuzeville-sur-le-Vey; LE MOR, curé de Benoîtville; CHAPELAIN, curé de Saint-Eny; FIZET, curé de Saint-Aubin-de-Terregate; LE BAS, curé de la Haye-Pesnel; GRAVÉ DE LA RIVE, vicaire général, curé de Valognes; QUIN, curé de Belval; LA LOUCHE, curé de Lengronne; LE VASNIER DE BRUNVILLE, curé de Négreville; LA BARRE, curé d'Yvetot; DU VIVIER, curé de Joganville; LE PLANOIS, curé de Saint-Martin-de-Bonfossé; FERET, curé de Rauville-la-Place; BOURDET, curé de Tamerville; FORTIN, curé de Sainte-Pience et syndic de MM. les curés d'Avranches; CARABEUF, curé de Saint-Denis-le-Gast; LANGLOIS, curé de Sartilly; DOUVILLE, curé de Villebaudon; BOURDÉ DE LA PÉRIÈRE, prieur-curé de Savigny; ALLAIN, curé de Percy; JOUAN, curé de Saint-Martin-de-Cenilly; LE CLOSEL, curé d'Angoville; DE FOLLEVILLE, curé de Saint-Vast; VILLETTE, prêtre, député de Carentan; BOUILLON, prieur-curé de Jobourg; L. LANGLOIS, curé de Blosville; LE MELLETIER, curé de Précey; MARGUERIE, curé de Saint-Germain-le-Vicomte; MILAVAUX, curé de Vindefontaine; LE DOUNÉ, curé de Gouville; LE ROUVILLOIS, archiprêtre, curé de Soulles; CAUCHARD, curé de Beauchamps et doyen de Gavray; Jean-Baptiste LE BAS, curé d'Argouges; DAUXAIS, prêtre; DE MARCEUL, curé de la Meurdraquière; DUFORT, curé de Sainte-Colombe; POSTEL, curé du bourg des Pieux; BUCAILLE, curé de Montcuit; BISSON, curé de Fervaches; TOCQUET, curé de Gavray; VINCENT, curé de Lingreville; JOURDAN, curé de Chantelou; G. LE CANELLIER, curé de

Grosville ; Desbarres, curé de Camprond ; Jean-Baptiste Percy ; Le Planquais, curé de Vautier-en-Quibou, doyen de Saint-Lô ; Dupont de la Pesnière, curé de Saint-Georges-de-Rouellé ; Doyen, curé de Contrières ; Basset, curé de Caillebot-la-Salle, *alias* Montpinçon ; Bottin, curé de Neufmesnil ; Grandin, prêtre, député du clergé de Saint-Pierre de Coutances ; Boessel, curé de Pontorson ; Maillard, curé de Gratot ; l'abbé de Clinchamps, curé de Saint-Sénier-près-Avranches ; Fauvel, premier et grand archidiacre et chanoine ; Gibon, curé de Virey, porteur de procuration pour MM. les curés de Vézins et des Biards, du diocèse d'Avranches ; Brusley, curé de Mesnilherman ; Allain, curé de Feugères ; Quétil, premier curé de Percy et comme porteur de procuration de M. le curé du Cheffréné et de M. le curé de Maupertus ; Simon de Touffreville, curé de Bacilly ; François Desplanques de Ventigny, député des chapelains et porteur de deux procurations, d'Hauchemail ; Pesnière, curé de Céaux, porteur d'une procuration ; de Frestel, curé de Saint-Floxel ; l'abbé de Vaufleury, curé de Barenton ; Corbin ; Gautier, curé de la Chapelle-Urée ; Davy, vicaire principal et député du bas-chœur de l'église cathédrale d'Avranches ; Scelles, curé de Bréhal ; Radon, prieur-curé de Champeaux et comme porteur de procuration du sieur Venard, prieur d'Angey ; Mathieu, curé de Saint-Romphaire, Sorin de Lespesse, curé de Granville *pro primâ*, doyen de Saint-Pair.

† Ange-François, évêque de Coutances, président ; et au-dessous, Fleury, curé de Fermanville, secrétaire-greffier ; Lesplus-Dupré, curé des Pas, secrétaire adjoint[1].

---

[1] Le nombre total des signataires de l'*Arrêté* est, comme on pourra vérifier, de 105 seulement, ou, en tenant compte des procurations indiquées, de 116. Or le nombre des membres *présents* de l'assemblée était de 445, celui des *représentés* de 331, tandis que le cahier avec le procès-verbal est signé de 262 ecclésiastiques. Il semble donc qu'un nombre considérable de ceux-ci se sont volontairement abstenus, et ne se sont joints ni à la majorité, ni à la minorité.

## D. Protestation des chapitres de Coutances
### et d'Avranches.

(Impr., *sous le titre ci-dessous*, s. l. n. d., [1789.] 14 pages in-16. Exemplaire à la Bibliothèque municipale de Caen, sous la cote C 8 *bis*/1, *aliàs* Varia, I, n° 5 [1].)

*Réclamations des chapitres de Coutances et d'Avranches, relatives au Règlement du 24 janvier 1789, et protestations contre quelques articles du cahier de l'ordre du clergé des États du Grand Bailliage de Cotentin.*

L'an 1789, le mercredi 1er jour d'avril, environ 8 heures du matin, en la salle du chapitre de l'église cathédrale de Coutances, ledit chapitre assemblé sur convocation faite *per domos*, quoique à jour ordinaire du chapitre, au son de la cloche et en la manière accoutumée, devant nous François-Laurent Le Brun et Jean-François Hébert, conseillers du roi, notaires royaux et apostoliques en la ville et diocèse de Coutances, soussignés,

Furent présents MM. les vénérables chantre, chanoines et chapitre de ladite église cathédrale de Coutances, présents par messires : Jacques-Henri du Désert, trésorier et chanoine jubilé, président, Mgr. l'Évêque et M. le Chantre [2] étant absents, Jean-Joseph-Aimable Bonté, chanoine-pénitencier, Nicolas-Guillaume Le Loup, Jacques Hullot, François-Jacques Varin, Jacques-Antoine-René Dudouyt, Richard Chemin, Charles-Maurice Chrétien de Brébœuf, Étienne-François Léonard de Rampan, syndic, Philippe-Charles de Bernières, Charles-François-Louis de Baudres; Louis-Antoine Dancel et Jean-Baptiste Closet, — tous prêtres et chanoines en ladite église cathédrale de Coutances, composant ledit chapitre de

[1] Nous ne connaissons aucun autre exemplaire de cette *Protestation*, dans les dépôts publics, que celui signalé au texte; nous l'avons vainement cherchée tant à la Bibliothèque et aux Archives nationales que dans les pièces du Greffe de Coutances relatives à la convocation et aux Archives de la Manche et du Calvados. M. Lecacheux avait déjà observé (*Histoire de Montebourg*, p. 323) qu'il n'avait pu se procurer «cet intéressant et précieux document». Un second exemplaire est cependant si-gnalé dans la collection privée, aujourd'hui dispersée, de M. E. Sarot. Voir E. Sanor, *Recherches bibliographiques sur l'époque révolutionnaire*, 2e article, p. 19.

[2] La chantrerie était la première dignité du chapitre de Coutances, et en l'absence de l'évêque la présidence du chapitre lui appartenait. Cette dignité en 1789 était occupée par M. Marie-Léonor de Cussy. Voir, sur ce personnage, l'appel du clergé du bailliage de Coutances (*suprà*, p. 430 et note 4).

Coutances, — les présents faisant fort pour les absents[1], — et vénérable personne messire Claude-Emmanuel Mariette, prêtre, chanoine en l'église cathédrale d'Avranches, représentant le vénérable chapitre de ladite église cathédrale d'Avranches et fondé de son pouvoir à cet effet, en date sous seing du 24 mars dernier[2], contrôlé en cette ville ce jourd'hui, joint et annexé à la minute de la présente, après avoir été dudit Mariette contresigné et certifié véritable,

(Déclaration faite aux notaires précités par l'assemblée, au nom des membres, des deux chapitres, «qu'ils ne se sont présentés à l'assemblée des trois ordres du bailliage de Cotentin, par leurs députés nommés dans la forme prescrite par l'art. 10 du *Règlement*[3], que pour donner au Roi de nouvelles preuves de leur fidélité et de leur soumission aux ordres de S. M.»; et que de même leurs députés n'ont assisté aux différentes séances «que dans la crainte que l'on imputât audit chapitre d'avoir occasionné du dérangement dans ladite assemblée, et d'avoir cherché à mettre obstacle à l'assemblée des États généraux, convoquée par le Roi», etc.

Les déclarants ajoutent qu'ils s'étaient concertés pour présenter leurs réclamations, dans les cahiers que leurs députés ont remis à l'assemblée générale, contre les articles du *Règlement* qui n'ont accordé aux chapitres qu'un seul député par dix chanoines présents, «alors que, par une disposition nouvelle, le même *Règlement* appelle personnellement tous les curés, prêtres, diacres et sous-diacres de la campagne, même non-bénéficiers, pourvu qu'ils soient âgés de 25 ans[4]». Ils protestent contre la décision prise par la commission de

[1] Les chanoines présents qui ont rédigé la protestation ne sont, comme on pourra vérifier, qu'au nombre de 13. Le chapitre entier comptait en 1789, ainsi que nous l'avons noté, 29 membres (*suprà*, p. 365, note 1).

[2] MARIETTE (Claude-Emmanuel) était l'un des deux représentants du chapitre d'Avranches à l'assemblée de l'ordre du clergé, l'autre étant M. Jean-Baptiste-Abraham DU BOISGOUBÉ (*suprà*, p. 376 texte et notes 1 et 2). Nous n'avons retrouvé au Greffe de Coutances ni les procurations qui ont dû être données à ces deux ecclésiastiques par l'assemblée capitulaire, à la date du 27 février, ni la procuration spéciale, en date du 24 mars, dont il est question au texte.

[3] L'art. 10 du *Règlement du 24 janvier* avait disposé que, dans chaque chapitre séculier d'hommes, les chanoines en titre nommeraient «un député à raison de 10 chanoines présents et au-dessous, deux au-dessus de 10 jusqu'à 20 et ainsi de suite», et que les ecclésiastiques attachés au chapitre

nommeraient d'autre part «un député à raison de 20 ecclésiastiques présents et au-dessous, etc...». (DUVERGIER, 1, p. 17.)

[4] *Règlement du 24 janvier*, art. 16: «Tous les autres ecclésiastiques engagés dans les ordres, non résidans dans les villes,... âgés de 25 ans, nés Français ou naturalisés..., seront tenus de se rendre en personne à l'assemblée...., sans pouvoir se faire représenter par procureur.» (DUVERGIER, 1, p. 18.)

Dans un grand nombre de bailliages, les chapitres ont protesté, comme à Coutances, contre les dispositions de l'article X, qui en forçant les chanoines à se faire représenter par quelques-uns d'entre eux seulement, les constituait dans une trop grande infériorité vis-à-vis des curés, qui pouvaient se rendre personnellement à l'assemblée. On pourra rapprocher une *Délibération du chapitre de la cathédrale de Sées, du 15 avril 1789*, rapportée par H. MARAIS, *Essai historique sur la cathédrale de Sées*, 1878, in-8°, p. 242; et la *Récla-*

rédaction du cahier de l'ordre du clergé, — commission où MM. les curés étaient en nombre plus que double de ceux nommés par les autres classes du clergé [1], — qui a refusé d'insérer, malgré les réclamations des députés des chapitres, «l'article du cahier du chapitre de Coutances qui exprimait ladite réclamation [2]». Ils se trouvent en conséquence forcés de faire ladite réclamation «par acte particulier et dans les formes». Ils ajoutent qu'ils donnent pleine et entière adhésion «aux réclamations sur la composition de l'ordre du clergé dans les assemblées de bailliages arrêtées au chapitre de l'église cathédrale de Bayeux le 14 mars dernier»[3] et présentées au nom de ce chapitre à l'assemblée des trois ordres du bailliage de Caen. Lecture étant donnée à nouveau de ces réclamations, l'assemblée déclare y adhérer expressément «par les moyens et motifs employés dans la réclamation dudit chapitre», et décide qu'une copie imprimée de cette réclamation sera jointe à la minute des présentes, après avoir été paraphée par le président de l'assemblée, le député d'Avranches et les notaires [4].

---

mation du chapitre de Bayeux, en date du 14 mars 1789, reproduite à la suite de la Protestation, p. 14 et suiv. de l'imprimé.

Une assemblée générale des députés des églises cathédrales de la province de Rouen eut lieu d'ailleurs à Rouen à la fin d'avril, et rédigea une nouvelle Protestation collective contre la forme de convocation suivie dans le Règlement du 24 janvier. Voir abbé H. Marais, op. cit., p. 252 et suiv.

[1] La commission de rédaction du cahier du clergé se composait, comme on pourra vérifier, de 36 membres, dont seulement 3 chanoines, représentant les deux chapitres et la collégiale, 1 ecclésiastique représentant les non-bénéficiers, et 3 représentant les réguliers (un pour les abbés, deux pour les prieurs). En face de ces 7 ecclésiastiques des ordres supérieurs, les curés étaient au nombre de 29, 28 pour les doyennés et un pour les paroisses de Bayeux. Manifestement, comme l'observe la Protestation, une prépondérance écrasante était donnée à l'ordre des curés.

[2] Le Procès-verbal ne contient en effet aucune mention de la Protestation du chapitre. Nous n'avons point retrouvé le cahier du chapitre de Coutances, visé au texte, où se trouverait la réclamation des chanoines contre le Règlement, non plus que celui du chapitre d'Avranches. Mais le cahier du chapitre de Séez, qui a été conservé, peut nous permettre de nous en faire une idée. «La compagnie, y est-il dit, considérant que les évêques sont établis par J.-C. lui-même pour

gouverner l'église, qu'ils sont les administrateurs-nés des biens ecclésiastiques des diocèses..., charge ses députés de réclamer pour eux une représentation convenable à l'éminence de leur caractère, en laissant toutefois au second ordre celle qui lui appartient.» (H. Marais, op. cit., p. 246.)

[3] Protestation du chapitre de Bayeux, relative au règlement du 24 janvier 1789, en date du 14 mars 1789 (Exemplaire ms. original au Greffe de la Cour de Caen, registre Clergé, pièce n° 6, 10 pages in-4°). Le texte de cette Protestation a été reproduit à la suite des Réclamations de Coutances et Avranches, p. 15 à 24.

[4] La Protestation du chapitre de Bayeux avait été déposée sur le bureau de l'assemblée du clergé du bailliage de Caen, dans la séance du 18 mars 1789; mais l'assemblée avait décidé de passer outre à ses réclamations. Les représentants des chapitres de Bayeux, de Lisieux et de Séez, tous trois convoqués à l'assemblée de Caen, s'étaient alors retirés et avaient cessé de prendre part aux opérations (Procès-verbal de l'ordre du clergé du bailliage de Caen, Ms. Greffe de la Cour d'appel de Caen, registre Clergé, pièce n° 3, f° 2 v°).

L'assemblée générale des députés des églises cathédrales de la province de Rouen, tenue comme nous avons dit à Rouen à la fin d'avril, donna pleine et entière adhésion au texte de la Protestation de Bayeux. Voir Délibération du chapitre de Séez, du 1er mai 1789 (dans H. Marais, op. cit., p. 252). Cf. aussi,

Déclaration est faite encore par les comparants, relativement aux opérations de l'assemblée de Coutances, «qu'ils ne s'abstiennent que par des raisons particulières de protester généralement contre tout ce qui a été fait dans ladite assemblée de l'ordre ecclésiastique des deux diocèses du bailliage de Cotentin, dans laquelle la classe des sieurs curés et celle des simples prêtres et autres ecclésiastiques non bénéficiers avaient une prépondérance marquée..., qui a empêché les députés des deux chapitres de faire des réclamations justes... qui auraient augmenté les clameurs des deux classes ci-devant marquées». Quant au cahier de doléances arrêté par l'assemblée, les soussignés déclarent en termes exprès :

[Art. Ier] Ne peuvent cependant se dispenser lesdits sieurs composant ledit chapitre de Coutances, et ledit sieur Mariette représentant comme dessus le chapitre d'Avranches, de protester, comme ils protestent de fait par le présent, contre l'article IV du cahier donné sous le nom de l'ordre du clergé du Grand Bailliage de Cotentin, au titre III° dudit cahier, intitulé *Clergé*[1], par lequel article IV il est demandé, au nom de l'ordre dudit clergé du bailliage de Cotentin, qu'il soit ordonné que dans les Assemblées qui intéressent le clergé il y aura un nombre de députés pris dans l'ordre des curés égal à celui des autres classes du clergé pris ensemble. Les motifs et moyens de la Protestation sont :

1° Que cette demande ne tend qu'à assurer à la classe des curés et autres ecclésiastiques non bénéficiers, dans les assemblées qui peuvent intéresser le clergé, la prépondérance qu'ils ont eue dans la dernière assemblée de l'ordre du clergé du bailliage de Cotentin, et la facilité d'opprimer toutes les classes du clergé dont les intérêts ne s'accorderaient pas avec ceux desdites classes de curés et d'ecclésiastiques non bénéficiers ;

2° Que cette prépondérance, contraire à l'ordre et à l'égalité proportionnelle dans la distribution des impositions à supporter par les membres des différentes classes du clergé et au bien public, deviendrait entièrement inutile si, comme on le présume, les députés aux États généraux renonçaient aux privilèges pécuniaires accordés de tout temps par le roi et la nation à l'ordre ecclésias-

sur la question de l'assemblée de Caen, un article de A. Brette, *Les élections du clergé de Caen en 1789*, dans *Révol. Fr.*, tome XXVII, p. 162.

[1] *Cahier du clergé*, chap. IV (clergé), art. 4 ; «Qu'il y ait une exacte représentation des curés dans toutes les assemblées qui intéressent le clergé, par députés également pris d'entre eux et choisis par eux.» (*infra*, p. 474.)

La correspondance du subdélégué d'Avranches nous apprend que ce vœu du cahier visait surtout les assemblées chargées de procéder à la répartition des impôts ecclésiastiques. «Les curés, écrit-il, réclament le droit d'envoyer à la chambre syndicale des députés choisis par leurs corps, et nullement par les évêques, pour sister à l'opération de la répartition des décimes.» (*Lettre de M. de Montlitier à l'intendant de Caen, du 16 mars 1789*, Arch. Calvados, G 6353.)

tique; parce que, moyennant cette renonciation, il ne sera plus question que d'établir une proportion juste et exacte entre tous les particuliers contribuables, à raison de leurs propriétés ou possessions.

[Art. II] Lesdits sieurs du chapitre de Coutances et d'Avranches, représentés comme dessus, déclarent encore s'opposer et protester, comme ils protestent par le présent, contre l'article VI dudit titre dudit cahier donné sous le nom de l'ordre du clergé du Grand Bailliage de Cotentin[1], en ce que ledit article exprime un vœu incompatible avec les principes de la justice et les lois sacrées de la propriété, et qu'il serait d'une conséquence dangereuse pour tous les ordres de citoyens, que l'on donnât atteinte à ces lois en dépouillant les gros décimateurs, les évêques surtout et les chapitres des églises cathédrales[2], auxquels les dîmes appartiennent à des titres non moins respectables que ceux des curés, et qui ont en leur faveur une possession immémoriale conservatrice de toutes les propriétés, pour donner ces dîmes à des curés portionnaires, qui abusent visiblement de la faveur que méritent les fonctions dont ils sont chargés dans l'ordre hiérarchique, mais que les élans d'une philosophie moderne ont trop exaltés, et de l'avantage que leur ont donné les Déclarations du roi du 29 janvier 1686[3], en leur attribuant la qualité de *vicaires perpétuels, curés et bénéficiers,* qu'ils n'avaient pas avant ces déclarations[4], et en fixant leur portion

---

[1] *Cahier du clergé*, chap. IV (*Clergé*), art. 6 : «Il serait à désirer que les dîmes, qui sont destinées par leur origine à la desserte des paroisses, à la décence du culte public, et au soulagement des pauvres, fussent rendues aux curés pour être consacrées à ces objets» (*infrà*, p. 475).

[2] Le produit des dîmes formait effectivement une grosse part du revenu des dignitaires ecclésiastiques, de l'évêque comme du chapitre. Dans la *Déclaration de 1790* de M. de Talaru, le produit des dîmes pour l'évêché proprement dit ne s'élève qu'à 9,160 livres, sur un revenu total déclaré de 38,711 l. 12 s. (le droit de *déport* non compris). Mais dans celle de la commune du chapitre, sur un revenu total de 104,364 l. 12 s., les dîmes ne donnent pas moins de 74,260 livres (Arch. Manche, Q⁴⁻¹¹. et Q⁴⁻¹4). A Avranches, en 1785, la commune du chapitre produisait

20,356 l. 10 s., somme dans laquelle les dîmes affermées entraient pour 13,302 l. 10 s., tandis que les terres ne faisaient que 1,037 l. 10 s. et les rentes 2,600 livres environ. (*Compte des revenus du chapitre d'Avranches, 22 novembre 1785,* Arch. Manche, G 43.)

[3] Il existe deux *Déclarations royales,* portant toutes deux la date du 29 janvier 1686, qui doivent être visées à la fois par le texte : 1° *Déclaration concernant les portions congrues des vicaires perpétuels, 29 janvier 1686* (dans Rousseau de la Combe, *Jurisprudence canonique,* Appendice, p. 206); et 2° *Déclaration pour faire établir des curés ou vicaires perpétuels en titre dans les paroisses qui sont desservies par des prêtres amovibles, 29 janvier 1686* (Ibid., p. 207). Toutes deux ont été enregistrées au Parlement de Normandie, le 11 février 1686.

[4] Avant les déclarations de 1686,

congrue à payer par les gros décimateurs des paroisses dans lesquelles ils sont établis[1]. Cependant, lesdits sieurs des chapitres de Coutances et d'Avranches déclarent ne pas s'opposer à l'augmentation des portions congrues, si le roi, sur la représentation des États généraux, juge cette augmentation nécessaire; mais lesdits chapitres de Coutances et Avranches observent que l'augmentation progressive des portions congrues depuis 1686[2] a déjà réduit les canonicats de quantité de chapitres, en particulier ceux de la cathédrale d'Avranches, à une valeur aussi modique que celle de la portion congrue[3], et que les chanoines, obligés par état à habiter

les cures appartenant à des chanoines ou à des réguliers étaient, en effet, desservies par de simples *vicaires amovibles*, qui étaient regardés comme des « commis des religieux », et ceux-ci portaient seuls le nom de curés. La seconde déclaration de 1686 a eu précisément pour objet de forcer les curés titulaires à conférer à titre inamovible le service des paroisses à des séculiers, qualifiés dès lors de *vicaires perpétuels*. La Déclaration donne même à ces vicaires le nom de « curés », et ne réserve aux titulaires que celui de « curés primitifs ». Voir HOUARD, *Dict. anal.*, v° Curé primitif (I, p. 398) et v° Vicaire (IV, p. 458). Cette façon de s'exprimer avait été légalisée par une *Déclaration du 15 janvier 1731*, dont l'article 1er décidait : « Les vicaires perpétuels pourront prendre en tous actes et en toutes occasions le titre et la qualité de *curés-vicaires perpétuels* de leurs paroisses, en laquelle qualité ils seront reconnus, tant dans leurdite paroisse, que partout ailleurs. » (*Déclaration pour servir de règlement général entre les curés primitifs et les curés-vicaires perpétuels*, 15 janvier 1731, dans ROUTIER, *Prat. bénéf.*, p. 293.)

[1] La Déclaration de 1686 n'avait nullement, comme semble le dire le texte, créé les portions congrues, qui remontent à l'usage le plus ancien, et sur lesquelles la royauté avait souvent légiféré depuis le xvie siècle. Elle marque cependant une date capitale dans l'histoire des portionnaires, en ce qu'elle constitue une loi générale et uniforme pour tout le royaume, et qu'elle élève notablement le chiffre de la portion congrue, fixée désormais à 300 livres. Voir ROUTIER, *Prat. bénéf.*, p. 265.

[2] Le taux des portions congrues avait toujours été croissant depuis le xvie siècle. A l'origine, elles étaient seulement accordées aux curés dont le bénéfice ne valait pas 120 livres de revenus, et jusqu'à concurrence de cette somme (*Edits de Charles IX, 1571 et 1572*). Successivement elles avaient été portées en 1629 à 300 livres; puis, après avoir été ramenées quelque temps à 200, fixées ensuite inégalement à des sommes variant de 200 à 300 livres, suivant qu'il s'agissait des pays en deçà ou au delà de la Loire (*Déclaration du 18 décembre 1634*, ISAMBERT, XVI, 416). La Déclaration de 1686 précitée avait établi pour tout le royaume le chiffre uniforme de 300 livres; enfin, en 1768 on avait pu, grâce à des réunions ou suppressions de bénéfices, les fixer à 25 setiers de blé, mesure de Paris, qui faisaient en argent 500 livres, pour les curés, et à 10 setiers ou 250 l. pour les vicaires amovibles. Plus récemment encore, une nouvelle Déclaration, enregistrée seulement sous réserves par le Parlement de Normandie, avait porté le taux à 700 livres pour les curés, et 350 pour les vicaires (*Déclaration concernant les portions congrues, du 2 sept. 1786*, A. 12, dans ISAMBERT, XXVIII, p. 232). Voir HOUARD, *Dict. analyt.*, v° Portion congrue, III, 502; ROUTIER, *Prat. bénéf.*, p. 262 et suiv.; E. SEVESTRE, *Organisation du clergé paroissial en 1789*, p. 4, et les sources inédites qu'il cite en note. Cf. aussi la note sous le *Cahier de l'ordre du clergé*, ch. IV, art 7 (*infra*, p. 475).

[3] La majeure partie des canonicats de l'église cathédrale d'Avranches, même ceux des *dignitaires*, étaient en effet

les villes, n'y trouvent pas les mêmes ressources, les mêmes facilités pour la vie, que les curés même portionnaires trouvent à la campagne. Ces curés portionnaires jouissent d'abord, dans l'état actuel, d'une somme de 700 livres en argent ou en fonds de terre qui leur sont cédés par les gros décimateurs; ils jouissent de plus des offrandes et oblations de leurs églises, de leurs logements, de leurs jardins et enclos, des terres aumônées à l'église, pour peu qu'elles soient chargées de quelques fondations[1], et ils n'ont à payer ni entrées, ni droits d'aides, ni autres impositions des villes, auxquelles les chanoines sont assujettis. Lesdits chapitres attendent donc de la justice du roi et de l'équité des États généraux, que si S. M. jugeait convenable, sur la représentation desdits États, d'augmenter la portion congrue, il plairait à S. M. ordonner qu'il serait pourvu à ladite augmentation par les évêques, chacun dans leurs diocèses, par union de bénéfices simples aux cures ou vicairies perpétuelles qui en auraient besoin[2], sans que ladite augmentation puisse se faire aux dépens des dîmes et des décimateurs qui les possèdent. — Les chapitres des Églises cathédrales méritent aussi quelques faveurs; ils sont le Sénat de l'évêque, et cette qualité leur est attribuée par toutes les lois; les évêques les appellent leurs frères, ils participent, soit en corps, soit par quelques-uns de leurs membres, choisis suivant la discipline présente par les évêques, au gouvernement des diocèses, à la juridiction volontaire, gracieuse

[1] Voir par exemple la *Déclaration de 1790* du curé à portion congrue de Sainte-Geneviève, au bailliage de Valognes, que nous avons donnée sous le texte du cahier de cette paroisse (au tome II, p. 651, note 2).

d'un produit souvent inférieur à la portion congrue des simples curés. Ainsi, en 1773, le revenu de la prébende du doyen était estimé valoir 1,000 livres et celui de la prébende du grand chantre, chanoine prébendé de Notre-Dame-des-Champs, 600 livres. Les archidiaconés d'Avranches et de Mortain donnaient chacun de 600 à 700 livres; quant aux simples prébendes, elles valaient depuis 800 livres (prébendes de Plomb et Villiers) jusqu'à 50 livres (Saint-Jean-de-la-Haize) ou même 35 livres seulement (Saint-Ovin). Il faut ajouter toutefois que les chanoines avaient leur part dans les revenus de la *commune du chapitre*, montant à 9,562 livres. Voir abbé Pigeon, *Le diocèse d'Avranches*, II, p. 693 et suiv.

[2] Le vœu des chanoines protestataires venait précisément d'être réalisé, dans le diocèse de Coutances, par une mesure législative dont ils ne paraissent pas avoir eu connaissance. Des *Lettres Patentes*, qui sont en date de février 1789, adressées à l'évêque de Coutances, et qui portent le *Bon à expédier*, avaient décidé l'extinction et la suppression des menses conventuelles des abbayes de Cherbourg, de Saint-Sauveur-le-Vicomte et de Hambye, ainsi que du prieuré conventuel de la Bloutière. L'art. 2 décidait que les biens des menses de Saint-Sauveur et de Cherbourg seraient réunis au séminaire de Coutances, mais à la charge de payer un *supplément de portion congrue* aux curés urbains de Coutances et de Cherbourg, et à toute une série de curés de campagne dénommés dans un État annexé. Enfin, l'art. 6 décidait la réunion d'un certain nombre de doubles-cures : Longueville, Gourbesville, Appeville, Percy. (Arch. nat., G* 173.)

et contentieuse. Le gouvernement entier des diocèses leur est
confié pendant la vacance du siège épiscopal; lorsque les élections
pour les évêchés avaient lieu en France, avant le concordat passé
entre le roi François Ier et le pape Léon X, ils étaient seuls chargés
de présenter au roi les Pasteurs du premier ordre; ils sont particulièrement chargés de l'exercice et de la décence du culte public
nécessaire à la Religion et à l'État[1]. Pourraient-ils être regardés
comme indifférents à la Religion et à l'Etat, et ne leur est-il pas dû,
comme aux curés portionnaires, une subsistance honnête?

[ART. III] Lesdits chapitres de Coutances et d'Avranches réclament aussi contre l'article XI du cahier donné sous le nom de
l'Ordre du clergé du Grand Bailliage de Cotentin[2], comme étant
ledit article injurieux à tous les bénéficiers, auxquels leurs fonctions
dans l'Église, ou de légitimes empêchements, ou la modicité de
leur revenu, ne permettent pas de résider dans leurs bénéfices. Les
sieurs curés demandent que tous les bénéficiers soient tenus de
stipuler dans leurs baux le dixième de leur revenu envers les
pauvres (ils entendent sans doute que le dixième leur sera remis
entre les mains, pour être distribué par eux de la manière et dans
la proportion qui sera par eux arbitrée).

Les chapitres des cathédrales, et particulièrement ceux de Coutances et d'Avranches, savent que l'aumône est d'obligation pour
tous les fidèles, qu'elle est surtout d'obligation stricte pour les bénéficiers, et ils se flattent d'avoir rempli ce devoir jusqu'à ce jour;
mais ils savent aussi que les aumônes ostensibles ne peuvent avoir
lieu que dans les cas prévus par les ordonnances, lorsqu'il s'agit de
*cotisation*[3]. Hors ce cas et celui de la fondation, toute fixation d'au-

---

[1] Sur le rôle légal des chapitres et
sur leur évolution historique, on consultera ROUSSEAU DE LA COMBE, *Dictionnaire
de jurisp. canonique*, I, p. 128. Voir
aussi LORMEAU, *Des menses épiscopales en
France*, thèse Fac. droit de Montpellier,
1905, in-8°. (Bibl. nat., 8° F 16323.)

[2] *Cahier de l'ordre du clergé*, chap.
IV (*Clergé*), art. 11 : «Que les gros décimateurs et possesseurs de fonds ecclésiastiques non résidants dans les paroisses soient obligés de stipuler dans leurs
baux le dixième de leur revenu en faveur des pauvres, etc.... » (*infrà*, p. 476).
Cet article, comme nous l'avons observé,
vise en somme à la généralisation d'un
usage juridique qu'on appelait *l'aumône*

*forcée des gros décimateurs*. L'insertion
de ce vœu dans le cahier était déjà prévue dès les premiers jours de l'assemblée par le perspicace subdélégué
d'Avranches : «Ils (les curés) demandent... l'augmentation des portions
congrues et l'exécution des aumônes
dues par les gros décimateurs aux pauvres des communautés.» (*Lettre de M. de
Montitier à l'intendant de Caen*, 16 mars
1789, Arch. Calvados, C 6353.)

[3] Sur l'aumône *forcée* des gros décimateurs et sur la jurisprudence particulière à cet égard du Parlement de
Normandie, voir ce que nous avons noté
sous le cahier d'Aumeville-Lestre,
art. 14 (au tome II, p. 95, note 1). Le

mône est une insulte pour un bénéficier, et les sieurs curés de
ladite assemblée n'auraient pas dû se porter à inculper, aussi facilement qu'ils l'ont fait, les autres classes de bénéficiers, par une
précaution qu'ils n'ont peut-être employée dans leur cahier, que
parce qu'ils se croient exempts et hors la règle qu'ils veulent
prescrire.

Les chapitres de Coutances et d'Avranches ne se livreront pas au
développement de tous les résultats de la faisance-valoir des curés;
ils observent seulement que, tant que lesdits sieurs curés continueront à faire valoir par eux-mêmes les biens dépendant de leurs
cures, ils aggraveront le sort du peuple, qui serait soulagé par les
contributions de leurs fermiers aux impositions[1], qu'ils diminue-
ront les fruits de l'industrie des habitants de leurs paroisses, en les
gagnant eux-mêmes, et qu'il ne sera jamais possible de les faire
contribuer proportionnellement avec les autres bénéficiers aux
charges qui seront imposées sur les biens ecclésiastiques, parce
qu'il sera impossible de connaître leurs revenus.

[Art. IV] Les articles XIX et XX du cahier attribué à l'ordre du
clergé dudit bailliage[2] présentent la preuve la plus complète de la
vérité, énoncée par les chapitres de Coutances et d'Avranches en
tête du présent, que le cahier ne peut être regardé que comme
l'ouvrage de la classe des curés. Ils réclament contre la disposition
de la Déclaration de 1768[3], qui attribue les dîmes des terres qui

---

vœu tendant à la généralisation de l'aumône forcée, ainsi établie par le Parlement dans quelques localités, est assez
fréquent dans les cahiers du tiers état.
Voir, par ex., cahier d'Alleaume (au
tome II, p. 79).

[1] Les cahiers du tiers état protestent
en effet contre les charges que faisait re-
tomber sur le tiers l'habitude prise par
les curés de campagne de faire valoir
eux-mêmes les biens de leurs cures.
Voir, à titre d'exemple, cahier de Cambernon, art. 1er (au tome I, p. 234).

[2] Le Cahier de l'ordre du clergé,
chap. IV (Clergé), demande à l'art. 19:
«Que la déclaration de 1768, concernant les portions congrues, soit révoquée
en ce qui concerne les novales et les
aumônes», et dans l'art. 20: «Que les
sarrasins et limages soient réputés vertes
dîmes, et qu'à ce titre ils appartiennent
aux curés» (infrà, p. 479). L'un et
l'autre de ces vœux sont, comme l'ob-

serve bien la Protestation, dirigés contre
le haut clergé. En effet la déclaration
de 1768, si elle avait augmenté les portions congrues, n'en avait pas moins favorisé les gros décimateurs, en leur
accordant pour l'avenir les novales et
les aumônes, qui jusque là devaient être
réservées aux curés. D'autre part, en
Normandie, ainsi que nous avons noté
plusieurs fois, les sarrasins étaient généralement réputés grosses dîmes, et
comme tels appartenaient au haut clergé
gros décimateur. Voir la note sous le
cahier du clergé, art. 19 (infrà, p. 479),
et pour les sarrasins et limages, le cahier de Montmartin, art. 6 (au tome Ier,
p. 474 et la note).

[3] Il s'agit de l'Édit du roi portant
fixation des portions congrues, mai 1768
(texte dans Recueil des Édits, éd. 1774,
tome II, p. 1079). La disposition visée
est l'art. XIV de l'Édit, qui décidait
«qu'à l'avenir il ne serait plus fait de

seront défrichées dans la suite aux gros décimateurs, à proportion de la part qu'ils prennent dans les grosses dîmes.

Les sarrasins sont réputés presque généralement *grosses dîmes* en Basse-Normandie, et presque tous les gros décimateurs de ladite basse province sont en possession des sarrasins[1], qui est un grain et une espèce de blé, dont les habitants de la campagne font le tiers ou la moitié de leur nourriture, et les curés demandent que cette espèce de blé, ainsi que les limages, leur soient attribués, exclusivement aux gros décimateurs. Ils ont déjà prescrit, sur les gros décimateurs ou la plupart d'eux, les dîmes des pommes, dans une province où le fruit sert à la boisson de tous les habitants[2], et qui tient lieu de la récolte du vin dans les autres provinces, où le vin est généralement réputé *grosse dîme*. Que resterait-il donc aux évêques, aux chapitres et communautés régulières et séculières, dans la province de Normandie?

Lesdits chapitres de Coutances et d'Avranches attendent avec confiance de la justice du roi qu'il n'aura aucun égard aux demandes des curés, portées dans ces deux articles xix et xx du cahier, sous le titre *Clergé*.

[ART. V] L'union qui doit exister par devoir et par état entre le premier ordre du clergé et les chapitres, l'intérêt qu'ils doivent prendre au gouvernement du diocèse, ne permet pas aux chapitres de Coutances et d'Avranches de ne pas réclamer contre l'article VII du cahier des sieurs curés, concernant la *Législation*[3]. Ils demandent la révocation de la Déclaration du 15 décembre 1698[4], qui

---

distinction entre les dîmes anciennes et novales», et que en conséquence «les dîmes de toutes les terres défrichées dans la suite, lorsqu'elles auront lieu..., appartiendront aux gros décimateurs de la paroisse ou du canton, soit curés, ou autres, soit laïques ou ecclésiastiques». Voir d'ailleurs la note sous le cahier du clergé, chap. IV, art. 19 (*infrà*, p. 479).

[1] Voir à cet égard ROUTIER, *Prat. bénéf.*, p. 53. Les *Déclarations de 1790* confirment parfaitement les assertions de l'auteur, pour la région du Cotentin; les sarrasins y figurent normalement comme *grosses dîmes*. Voir, à titre d'exemple, *Déclaration du curé de Benoitville* (au t. II, p. 112, note 1); *Déclaration du curé de Briquebosq* (au t. II, p. 153, note 1).

[2] Sur la dîme des pommes, on se reportera à ce que nous avons noté sous les cahiers de Dangy, art. 14 (au tome Ier, p. 295, note 1) et de Saint-Sauveur-le-Vicomte, art. 11 (au tome III, p. 193, note 2). On trouve fréquemment la dîme des pommes déclarée comme *menue dîme* dans les déclarations de 1790. Voir encore *Déclaration du curé de Briquebosq* (au tome II, p. 153, note 1).

[3] *Cahier de l'ordre du clergé*, chap. II (*Législation*), art. 7 : «Que la Déclaration du 15 décembre 1698 soit rapportée, et qu'il ne soit plus permis aux évêques d'envoyer provisoirement au séminaire, sans déduction de causes, les curés de leurs diocèses» (*infrà*, p. 469).

[4] Il s'agit de la *Déclaration portant règlement sur l'établissement des séminaires*, Versailles, 15 décembre 1698

dispose que les ordonnances, par lesquelles les Archevêques et Évêques auraient estimé nécessaire d'enjoindre à des curés et autres ecclésiastiques ayant charge d'âmes, dans le cours de leur visite, et sur les procès-verbaux qu'ils auront dressés, de se retirer dans des séminaires pour le temps de trois mois, pour des causes graves, mais qui ne méritent pas une instruction dans les formes de la procédure criminelle, seront exécutées nonobstant toute appellation et opposition quelconques, sans y préjudicier. Cette loi, nécessaire au maintien des mœurs et de la discipline, mérite des États généraux, et le roi est supplié de la confirmer et ordonner l'exécution.

De tous lesquels dires, raisons, soutiens, réserves, oppositions et protestations, lesdits sieurs chanoines et chapitres de Coutances et d'Avranches ont demandé acte à nousdits notaires, qui le leur avons accordé, pour leur valoir et servir ainsi qu'il appartiendra.

Fait et arrêté dans ladite salle du chapitre, où lesdits sieurs chanoines et chapitres ont signé, avec nousdits notaires, après lecture faite.

A la minute de la présente, sont ainsi signés :

> C. E. MARIETTE, chanoine d'Avranches; Henri DU DÉZERT; J. J. A. BONTÉ; LE LOUP, chanoine; HUBERT, chanoine; DUDOUIT, chanoine; F.-J. VARIN; CHEMIN; BRÉBEUF, chanoine; Léonard DE RAMPAN, chanoine syndic; L. DANCEL, chanoine de Bernières; de BAUDRE; CLOSET; LE BRUN et HÉBERT, notaires, avec paraphes.

Contrôlé à Coutances, le 6 avril 1789. Reçu 30 sols pour deux droits. Signé *Charpentier*, avec paraphe.

---

(ISAMBERT, XX, n° 1662, p. 319). Voir, sur cette déclaration, la note que nous avons placée sous le cahier du clergé (*infrà*, p. 469, note 1).

Le vœu exprimé dans l'article VII du cahier paraît encore avoir été prévu dès les premiers jours de l'assemblée par le subdélégué d'Avranches. Il avait remarqué que les curés réunis paraissaient vouloir dorénavant «que les prélats les traitent avec égard, et qu'ils soient enfin convaincus que les curés forment la portion la plus essentielle du clergé», (*Lettre de M. de Montitier à l'intendant de Caen, du 16 mars 1789*, Arch. Calvados, G 6353.)

## 2. CAHIER DE DOLÉANCES.

Ms. inséré dans le *Procès-verbal de l'assemblée de l'ordre du clergé, Archives du Greffe du Tribunal de première instance de Coutances*, pièce n° 28, du f° 4 r° au f° 11 v°. Original coté, paraphé et signé de tous les membres de l'assemblée[1].)

### *Vœux, doléances et instructions du clergé du bailliage de Cotentin pour ses députés aux États généraux.*

---

### CHAPITRE PREMIER.

RELIGION [2]. — Les premiers sentiments du clergé envers le roi sont sa très humble reconnaissance pour la convocation des États généraux de son royaume, et son inviolable fidélité pour sa personne sacrée.

Ses premiers vœux sont pour la religion; il supplie très instamment Sa Majesté de lui continuer toute sa protection royale dans ces temps malheureux; en conséquence, il demande :

1° La tenue des synodes diocésains et des conciles provinciaux et nationaux pour le soutien de la discipline et le maintien des mœurs[3];

---

[1] Autres manuscrits : 2° Arch. nat., G 18, liasse 62 (*exemplaire du procès-verbal original précité, qui comprend le cahier, du folio 4 r° au f° 9 v°*); 3° Arch. nat., B III 53, p. 442 à 462 (*transcription d'après une copie non retrouvée*). — Éd. : 1° dans le *Procès-verbal de l'assemblée des trois ordres*, précité, chez Joubert, p. 12 à 18; 2° dans *Procès-verbal de l'assemblée du clergé*, s. l. 1789, 22 pages in-16; 3° dans les *Archives parlementaires*, t. III, p. 48 à 51; 4° dans HIPPEAU, *Cahiers*, t. II, p. 1 à 6 (d'après la transcription de B III) ; 5° Analyses plus ou moins étendues dans les travaux de MM. LE CACHEUX, PIGEON, DUMAINE, etc.

[2] Les rubriques des chapitres existent dans les manuscrits originaux.

[3] Suivant les règles canoniques en vigueur à la fin du XVIII° siècle, expressément confirmées d'ailleurs par la législation séculière, le synode diocésain devait se tenir *tous les ans* au moins, le concile provincial *tous les trois ans*, sur la convocation du métropolitain, et avec la simple permission du roi (*Concile de Trente*, sess. XXIV., can. 2 de reform.; *Déclaration du roi, du 16 avril 1646*); le concile national au contraire était convoqué par le roi, de sa propre initiative et quand il le jugeait utile. (V. HÉRICOURT, *Lois ecclésiastiques*, I, 14, art. 21 à 32). En fait, les règles étaient fort mal observées depuis longtemps; les synodes diocésains ne se tenaient guère que pour la forme, les évêques ayant pris l'habitude de régler eux-mêmes par ordonnances la police de leurs diocèses; les conciles provinciaux ne se réunissaient plus, le dernier qu'eût autorisé le gouvernement était celui d'Embrun en 1727, et en Normandie il n'y en avait pas eu depuis la fin du XVII° siècle. Quant au concile national, la royauté avait soigneusement évité de le convoquer depuis plus de deux siècles; le dernier avait été celui de Tours, sous Henri III, en 1583. Le clergé de France avait vainement demandé en 1681 la convoca-

2° Que les lois concernant le respect dû aux choses, aux jours, aux lieux et aux personnes de la religion soient remises en vigueur[1];

3° Que la licence de la presse et l'introduction des mauvais livres soient arrêtées dans le royaume, conformément aux lois;

4° Que les rituels soient homologués, on désirerait aussi unité de rite dans l'Église gallicane[2];

5° Que l'édit concernant les protestants[3] soit pris en considération, et qu'on y ajoute les modifications dont il paraît susceptible.

tion d'un concile national pour régler l'affaire de la régale; les instances de l'assemblée du clergé de 1755, pour la restauration des conciles provinciaux, n'avaient pas eu plus de résultat. Voir le texte de ces dernières remontrances dans MIGNE, *Dict. de droit canon.*, I, p. 572.

[1] Le clergé veut manifestement viser les édits ou règlements concernant le sacrilège, le repos dominical, etc. Voir, en particulier, pour la fin du XVIIIe siècle, la *Déclaration sur l'édit d'octobre 1685*, en date de Versailles, 1er décembre 1698, art. 5, 6 et 7 (ISAMBERT, XX, 314) et l'*Ordonnance concernant le respect dû aux églises, 19 juin 1768 (Ibid., XXII, 482, n° 947).*

On observera que le vœu relatif à la sanctification du dimanche, qui se rencontre fréquemment dans les cahiers du clergé (*clergé d'Évreux*, Arch. parlem., III, 295; *clergé de Rouen*, art. 5, Ibid.; V, 590) est opposé ici aux demandes du tiers état. Aucun cahier du tiers état, à notre connaissance, ne réclame le repos dominical; tout au contraire un certain nombre demandent la réduction des jours fériés par l'Église, qui étaient trop multipliés. Voir cahier du tiers état de la ville de Paris, art. 26 (*Arch. parl.*, V, 287); de Paris-hors-les-murs, art. 2 (Ibid., V, 241, 2e col.); des citoyens nobles de Paris (*Ibid.*, V, 273), et d'une manière générale la *Table* du tome VII, v° Fêtes, p. 313.

[2] Le *Rituel*, l'un des six livres liturgiques de l'Église catholique (les autres étant le missel, le bréviaire, le pontifical, le cérémonial et le martyrologe) est par définition même «le livre contenant l'indication des *rites* ou cérémonies que le prêtre doit observer dans l'administration des sacrements et les formules

de certaines bénédictions». Quoique le fond même du livre soit très ancien, et se retrouve à peu près partout sans changement, il existe en cette matière beaucoup d'usages locaux. En France, en 1789, chaque diocèse avait en principe son *Rituel*, que l'évêque réglait souverainement. À Paris, par exception, le Parlement était arrivé à se faire soumettre le *Rituel*, pour l'homologuer. Il n'en était de même en Normandie que dans des cas exceptionnels. Voir HOUARD, *Dict. analyt.*, v° Curé, t. II, p. 397.

[3] *Édit concernant ceux qui ne font pas profession de la religion catholique*, Versailles, novembre 1787 (ISAMBERT, XXVIII, 472, n° 2415). On remarquera la rédaction ambiguë de l'article; il est malaisé de savoir quelles *modifications* le clergé voudrait voir apporter à la nouvelle législation. Assez souvent les cahiers du clergé demandent l'abrogation totale de l'Édit de 1787. Voir *Cahier du clergé du bailliage d'Aval en Franche-Comté.* (*Arch. parl.*, II, 331.)

Le nombre des protestants domiciliés dans le bailliage de Cotentin paraît avoir été infime en 1789. Au commencement de 1788, une enquête ayant été ouverte par l'intendant pour savoir dans quelles localités il y aurait lieu, — conformément aux dispositions de l'Édit de 1787, — d'établir un cimetière pour les non-catholiques, les subdélégués avaient constaté partout l'absence de protestants dans leur ressort. À Avranches, le 19 avril 1788, M. de Montitier écrit : «Nous n'avons en ce département aucunes familles de non-catholiques». A Coutances, le 20 avril, M. de Mombrière constate de même : «Il n'y a point de non-catholique demeurant dans la ville de Coutances.» A Carentan de même, le 24 juillet, M. Lavalley de

## Chapitre II.

Législation. — 1° Que la constitution de la France soit fixée d'une manière invariable par les États généraux, en sorte qu'il ne reste aucun doute sur les droits respectifs du roi et de la nation;

2° Que le retour des États généraux soit périodique et à époque fixe;

3° Qu'on rende à la province de Normandie ses États particuliers, dans la forme des États généraux;

4° Que la distinction constitutionnelle des trois ordres soit conservée dans le royaume;

5° Qu'aucuns députés ne votent dans les prochains États généraux, pour aucun impôt, qu'au préalable la constitution du royaume ne soit fixée;

6° Que la liberté individuelle des citoyens soit assurée et à l'abri de tout acte d'autorité arbitraire;

7° Que la déclaration du 15 décembre 1698 soit rapportée, et qu'il ne soit plus permis aux évêques d'envoyer provisoirement au séminaire et sans déduction de causes les curés de leur diocèse [1];

la Hogue écrit qu'après avoir fait les recherches les plus scrupuleuses, son examen lui a justifié «qu'il n'en existe aucun en ce moment». Les seules régions où il paraît s'être trouvé quelques non-catholiques sont le ressort de Saint-Lô, celui de Tinchebray pour Condé-sur-Noireau, et la ville de Cherbourg. A Saint-Lô, M. de Robillard écrit, le 22 juillet, «qu'il n'y a, dans la ville de Saint-Lô un seul individu qui ne soit de la religion catholique», mais il ajoute qu'il croit qu'il en reste «quelques-uns dans les paroisses de campagne». A Cherbourg, M. de Garantot observe, le 19 février et le 10 mai, «qu'il meurt de temps en temps quelques protestants, à cause de la quantité d'étrangers que le commerce y attire» mais que «dans la ville même il y en a très peu; c'est le tout s'il y en a trois ou quatre familles». A Condé seulement, d'après M. de Mortreux, il existe «beaucoup de protestants»; il vient d'y être fait le relevé des morts depuis dix ans, dont le nombre se monte à 52. (Arch. Calvados, C 1516.)

D'après des documents des archives municipales, M. l'abbé Huet compte à Condé-sur-Noireau, en 1789, 58 familles protestantes, comprenant 219 personnes (*Histoire de Condé-sur-Noireau*, 1909, in-8°, p. 133).

[1] *Déclaration portant règlement sur l'établissement des séminaires*, Versailles, 15 décembre 1698 (Isambert, XX, 319, n° 1662). La disposition finale de ce texte reconnaît aux archevêques et évêques le droit d'enjoindre, par ordonnances, à leurs curés et aux ecclésiastiques ayant charge d'âmes de leurs diocèses, qu'ils auront reconnus dans leurs visites coupables de quelque faute grave, «qui ne mérite pas cependant une instruction criminelle», d'avoir à se retirer dans les séminaires, «jusques et pour le temps de trois mois». L'exercice de ce pouvoir disciplinaire et de correction discrétionnaire paraissait, semble-t-il, très lourd aux ecclésiastiques, d'autant que la Déclaration avait spécifié que les ordonnances seraient exécutoires, «nonobstant toutes appellations et oppositions quelconques».

L'article ci-dessus, inspiré par les curés qui possédaient la majorité dans l'assemblée du clergé, est un de ceux

8° Que les Codes civil, criminel, maritime et fiscal soient réformés[1];

9° Que le territoire des tribunaux soit arrondi, et qu'on établisse des bailliages dans les villes considérables qui n'en ont point;

10° Que tous les tribunaux d'exception soient supprimés, et leurs finances remboursées aussitôt qu'il sera possible;

11° Qu'il soit fait une réforme dans les contrôles des actes; qu'il y ait tarif et tableau;

12° Que les charges et droits des prisées et ventes soient supprimés;

13° Qu'il soit remédié à l'abus des rentes viagères, si contraires au patriotisme et à l'union des familles[2];

14° Que l'édit des hypothèques, si préjudiciable aux créanciers, soit révoqué ou corrigé[3];

15° Que la gabelle soit supprimée;

16° Que les traites de l'intérieur du royaume soient supprimées, et que tous les commis soient placés sur les frontières;

17° Que les milices soient supprimées, et qu'on avise aux moyens d'y suppléer d'une manière moins onéreuse;

18° Que, dans chaque paroisse ou arrondissement, il soit établi des juges de paix pour calmer la première effervescence des contestations naissantes, et pour pourvoir à la police provisoire;

contre lesquels se sont élevés les chapitres de Coutances et d'Avranches. Voir *Protestation des chapitres de Coutances et d'Avranches*, art. 5 (*supra*, p. 465). Il paraît bien d'ailleurs qu'à la fin du xviii° siècle les évêques n'usaient que fort discrètement de leur droit de correction. Voir É. Sevestre, *Clergé paroissial*, p. 12 et note 1.

[1] Par *Code civil*, il faut entendre ici, comme dans la plupart des cahiers (voir Urville-Hague, art. 9, au tome II, p. 303), l'*Ordonnance civile touchant la réformation de la justice*, avril 1667 (Isambert, XVIII, 103, n° 503), c'est-à-dire ce que nous appelons aujourd'hui le Code de procédure civile. Il n'existait point en 1789 de *Code civil*, et par suite il ne pouvait être question de le «réformer».

La mention de *Code criminel* désigne de même uniformément dans les cahiers l'*Ordonnance criminelle d'août 1670* (Isambert, XVIII, 371, n° 623) qui,

est un Code de procédure criminelle. Par *Code maritime*, il faut entendre l'*Ordonnance de la marine d'août 1681* (*Ibid.*, XIX, 282, n° 981). Enfin, par *Code fiscal*, on doit entendre vraisemblablement le recueil de textes non officiel appelé communément en Normandie le Code des tailles : *Réglemens sur le fait des tailles, octrois, tarifs et personnes privilégiées*, Rouen, Besongne, 1728, in-32.

[2] Cf. le cahier de la paroisse de Dangy, au bailliage de Coutances, art. 23 (au tome I°°, p. 209).

[3] *Édit portant création de contrôleurs des hypothèques et abrogation des décrets volontaires, juin 1771* (Isambert, XXII, 550, n° 1014). On observera que le vœu du cahier du clergé coïncide ici avec ceux très nombreux que nous avons rencontrés dans les cahiers du tiers état. Voir la note sous le cahier de Bricqueville-la-Blouette, art. 45 (au tome I°°, p. 207).

19° Que la tutelle des pauvres mineurs soit réglée gratis par les juges de paix;

20° Qu'il soit fait un règlement pour les landes, marais et communes, dans lequel le droit de propriété soit assuré contre les prétentions du fisc, et le sort des pauvres ménagé[1];

21° Que les forêts soient repeuplées, et que les usagers soient rétablis dans leurs droits ou dédommagés;

22° Que les collèges et universités soient réformés, que les études y soient plus suivies, les examens plus rigoureux;

23° Que la vérification des lettres patentes et les informations *de commodo et incommodo*, ordonnées par les Cours souveraines pour établissements quelconques, soient renvoyées comme autrefois aux juges royaux du ressort[2];

24° Que les visites que font les juges royaux des registres des paroisses à la mort des curés[3] se fassent gratis, ou qu'elles soient aux frais du roi, comme toute autre fonction concernant l'ordre public; au surplus, que la déclaration de 1736 soit exécutée[4];

---

[1] Cf. le cahier du tiers état, art. 77 (*infra*, p. 559); et beaucoup d'autres qu'on trouvera énumérés à la table, au mot *communaux*. — On notera la partie finale de l'article 20, demandant — ce qu'oublient trop souvent les cahiers du tiers, — que dans le partage des communes, «le sort des pauvres soit ménagé». Comparez en sens contraire les cahiers de Bricqueville-la-Blouette, art. 65 (au tome I<sup>er</sup>, p. 212); de Pierville, art. 39 (II, p. 255); de Carentanville, art. 31 (I, p. 770 et la note) et le cahier du bailliage de Saint-Lô, art. 5 (III, p. 91 et note 1).

[2] Il s'agit des lettres patentes autorisant une fondation ou établissement religieux ou charitable, et des enquêtes qui devaient les précéder. Pour le détail de ces formalités, on consultera surtout FERRIÈRE, *Dict. de pratique*, v° Biens d'Église, I, p. 277.

[3] Aux termes d'une *Déclaration royale du 9 avril 1736*, les curés étaient tenus de remettre aux greffes des bailliages royaux les registres de baptême, mariage et sépulture qu'ils auraient tenus chaque année. En cas de décès des curés, les juges royaux et hauts justiciers se transportaient à leur domicile, pour dresser procès-verbal des registres en leur possession et les viser et arrêter. Les frais de transport incombaient aux héritiers des bénéficiers. (*Arrêt de la Cour du Parlement de Rouen, sur la Déclaration précitée de 1736*, Arch. Calvados, C 191.)

Les procès-verbaux ainsi dressés au décès des curés étaient ordinairement conservés au greffe de l'élection. Voir pour l'élection de Caen, de 1737 à 1789, Arch. Calvados, C 192 à C 199. — On pourra consulter, sur cette question des registres d'état civil, JOUSSE, *Gouvernement temporel des paroisses*, éd. 1769, p. 299 et suiv.

[4] *Déclaration concernant la forme de tenir les registres des baptêmes, mariages, sépultures, vêtures, noviciats et professions, et des extraits qui en doivent être délivrés*, Versailles, 9 avril 1736 (ISAMBERT, XXI, 405, n° 487). Les dispositions visées au texte sont les articles 21 et 22:

Art. 21: «Lors du décès des curés ou desservants, le juge du lieu, sur la réquisition de notre procureur ou de celui des hauts justiciers, dressera procès-verbal du nombre et des années des registres qui étaient en la possession du défunt, de l'état où il les aura trouvés ou des défauts qui pourraient s'y rencontrer, chacun desquels registres il paraphera au commencement et à la fin.»

Art. 22: «Ne pourra être pris plus

25° Qu'il soit apporté plus de discrétion et de réserve dans la demande et la concession des monitoires [1].

## Chapitre III.

Impôts et finances. — 1° Que la dette et les besoins de l'État soient constatés, et le sort de ses créanciers légitimes assuré ;

2° Que les députés du clergé aux États généraux pourront faire tous les sacrifices pécuniaires que l'intérêt du royaume exige dans

d'une seule vacation pour ledit procès-verbal, et ce suivant la taxe portée par les règlements qui s'observent dans le ressort de chacune de nos cours de Parlement, *et sera ladite taxe payée sur les deniers ou effets de la succession du défunt*, et en cas d'insolvabilité sur les revenus de la fabrique de la paroisse, sans qu'il puisse être taxé aucuns droits pour le voyage et transport du juge, si ce n'est à l'égard des paroisses éloignées de plus de deux lieues du chef-lieu de la justice dont elles dépendent ; auquel cas il sera taxé une vacation de plus, pour les frais dudit transport. »

L'*Arrêt de règlement du 23 février 1741*, rendu par le Parlement de Rouen pour l'exécution dans son ressort de la Déclaration de 1736, ne paraît pas avoir compris le tarif prévu à l'art. 22. Voir le texte dans Routier, *Prat. bénéf.*, p. 430.

[1] *Monitoire*, suivant Ferrière, est «un mandement de l'official, adressé à un curé pour avertir tous les fidèles de venir à révélation sur les faits y mentionnés, à peine d'excommunication», et il ajoute : «Lorsque la partie civile ou le procureur du roi ou des seigneurs ne peuvent justifier par témoins le contenu de leur plainte, ils peuvent demander au juge par devant lequel la plainte a été faite et qui doit connaître du crime la permission d'obtenir et faire publier monitoire, à l'effet de contraindre par les censures ecclésiastiques ceux qui ont connaissance du fait à venir à révélation.» (Ferrière, *Dict. de droit*, II, 320.)

La procédure pour l'obtention des monitoires était réglée par l'Ordonnance de 1670, mais les formes de la publication dépendaient essentiellement des usages locaux. Selon le *Rituel du diocèse*

*de Rouen*, le monitoire doit être publié par trois fois au prône du dimanche. Tous fidèles sont tenus, sous peine d'excommunication, de se présenter dans ce délai au curé de la paroisse, pour faire leur déposition qui, mise par écrit et signée d'eux, est envoyée sous pli cacheté, par les soins du curé, au greffier de la juridiction. Le curé ne peut se refuser, lorsque le monitoire a été régulièrement obtenu de l'official, à le publier en chaire ; en cas de refus, le juge peut l'y contraindre par saisie de son temporel, et faire faire la publication par un autre prêtre nommé d'office. Les révélations ainsi obtenues n'étaient d'ailleurs point considérées comme de véritables dépositions en justice ; elles servaient seulement à indiquer au juge les personnes qu'il pouvait convoquer pour mener la véritable enquête judiciaire. Voir Jousse, *Gouvernement temporel des paroisses*, ed. Paris, 1769, p. 306.

La pratique des monitoires, dont on usait aussi bien en matière civile et religieuse (testament, séparation de corps, hérésie, simonie, etc...) qu'en matière criminelle proprement dite (vol, détournement, assassinat), avait conduit dans la pratique, comme bien on pense, à de graves abus. L'ordonnance de 1670 en avait réformé quelques-uns des plus criants, mais elle laissait subsister bien des dangers, puisqu'il suffisait pour obtenir un monitoire qu'il s'agît de «choses de conséquence», et qu'il n'était pas nécessaire qu'on eût même un commencement de preuve ou que les témoins eussent refusé de déposer (*Édit d'avril 1695*, art. 26, 28). Aussi Houard convient-il qu'on ne saurait user avec trop de discrétion des monitoires. (*Dict. analyt. de droit normand*, v° Monitoire, III, p. 304.)

les circonstances présentes pour le bien de la paix et l'union des Ordres [1];

3° Qu'aucun impôt ne puisse jamais être levé sans le consentement de la nation assemblée, et ce pour un temps limité;

4° Que la répartition et le recouvrement des impôts consentis soit simplifié;

5° Qu'il soit remédié à l'abus des pensions, et que la liste de toutes celles qui seront accordées chaque année soit rendue publique;

6° Qu'il soit statué sur toutes les autres économies et réductions nécessaires;

7° Que les ministres d'État soient déclarés comptables à la nation;

8° Qu'on examine le parti le plus avantageux à prendre relativement aux domaines.

## CHAPITRE IV.

CLERGÉ. — 1° Que le clergé conserve ses formes, et le droit de répartir ses impositions [2];

2° Qu'il soit fait de nouveaux départements entre les diocèses et un nouveau tarif [3];

[1] Cet article, pour être bien compris, doit être rapproché de l'art. 1er du chapitre IV (*Clergé*) du présent cahier (*infrà*, p. 473).

[2] Cet article du cahier a soulevé une vive opposition de la part d'un certain nombre de membres de l'assemblée du clergé. Voir *Procès-verbal de l'ordre du clergé*, séance du 28 mars 1789 (*suprà*, p. 441), et *Protestation de la minorité* (*suprà*, p. 445).

Le subdélégué d'Avranches, dès les premiers jours de l'assemblée, affirmait que les curés étaient d'accord pour «consentir à payer les impôts comme les autres sujets», et qu'ils «adhèrent aux doléances du tiers» (*Lettre de M. de Montjier à l'intendant de Caen, du 16 mars 1789*, Arch. Calvados, G 6353.)

[3] Depuis l'assemblée du clergé tenue à Poissy en 1561, cet ordre, précédemment affranchi de tout impôt, avait consenti à payer, pour sa contribution aux charges de l'État, une imposition spéciale, qu'on appelait *don gratuit* parce qu'elle était en apparence volontaire.

Le montant en était arrêté tous les dix ans dans l'*Assemblée du clergé de France*. La répartition entre les diocèses, et ensuite, dans chaque diocèse, entre les différents bénéficiers, se faisait suivant des registres ou tableaux des revenus des bénéfices, qui n'avaient pas été remaniés depuis le milieu du XVIIIe siècle. Les bénéficiers y étaient rangés en 8 classes, en principe suivant leurs revenus, et participaient à l'impôt suivant un tarif en quelque sorte dégressif. Le revenu des bénéfices de la 1re classe (abbayes, évêchés, cures les plus riches, prieurés sans charge d'âmes) était taxé intégralement; pour les classes suivantes, on défalquait du revenu imposable une certaine fraction, de plus en plus forte à mesure que le revenu était plus faible, un tiers pour la 2e classe, deux cinquièmes pour la 3e, etc., jusqu'aux cinq sixièmes pour la dernière classe, qui ne payait ainsi l'impôt que sur le sixième de son revenu.

Ainsi, dans le diocèse de Coutances, où le total des bénéfices était taxé pour

3° Que l'organisation des chambres syndicales soit changée, que les curés y soient représentés par députés pris d'entre eux et choisis par eux, en nombre égal à tous les autres membres réunis, qu'il y ait aussi un député particulier pour les ecclésiastiques, et un pour les réguliers contribuables, qu'il n'y ait plus d'honoraires pour les membres, et qu'il soit imprimé chaque année un tableau contenant : 1° la somme totale des impositions du diocèse[1]; 2° les frais de dépenses de la Chambre; 3° les impositions particulières de chaque contribuable, qui recevra un exemplaire[2];

4° Qu'il y ait une exacte représentation des curés dans toutes les assemblées qui intéresseront le clergé, par députés également pris d'entre eux et choisis par eux[3];

un revenu global de 611,989 livres, la 1re classe, avec un revenu de 133,677 livres, payait exactement 13,367 livres pour le *don gratuit;* la 2e classe, avec 31,965 livres, payait seulement 1,665 l. 10 s., etc. Voir le registre intitulé *Revenus de la province de Rouen,* XVIIIe siècle. (Arch. nat., G⁸ * 527.)

[1] Dans chaque diocèse existait une *chambre syndicale,* qui se réunissait deux fois par an, en février et en novembre, et qui était chargée de la perception et de la répartition du *don gratuit* entre les bénéficiers. La chambre se composait de membres élus suivant un système d'élection à plusieurs degrés, mais où en fait la majorité était acquise d'avance aux gros bénéficiers. En 1776, d'après l'*Almanach ecclésiastique* du diocèse, celle de Coutances se composait de 8 membres, dont l'évêque président, deux députés (alternatifs) pour le chapitre (MM. Tesson, théologal, et Gondouin, écolâtre), puis un député pour les abbés (M. de Cussy, vicaire général), un pour les prieurs (M. de Ducy, archidiacre) et deux pour les curés (MM. Savary, curé de Lessay, et Pontus, curé de Picauville). En outre, le syndic perpétuel, qui était M. Duperron, chanoine et vicaire général, et le secrétaire, qui était M. Moitié, chanoine. La majorité, comme on voit, appartenait nécessairement au chapitre (*éd. cit.,* p. 16, 17).

La situation était la même à Bayeux, où les curés, au nombre de plus de 600, n'avaient, paraît-il, pas plus de voix à la chambre que le chapitre. On pourra consulter un *Mémoire* ou *Cahier* très documenté du curé de Saint-Aignan-le-Malherbe, au grand bailliage de Caen. (HIPPEAU, *Cahiers de 1789 en Normandie,* I, 193 sq.)

[2] Le total de l'imposition ecclésiastique des deux diocèses du bailliage de Coutances montait en 1789 : 1° pour le diocèse de Coutances, à 30,755 livres, dont 19,261 l. 18 s. 7 d. pour les *décimes ordinaires,* le reste pour les *dons gratuits et subventions,* qui s'y étaient successivement ajoutés depuis 1621; 2° pour le diocèse d'Avranches, à 20,812 livres, dont 13,107 l. 3 s. pour les décimes ordinaires. Voir *État au vray des sommes et deniers qui s'imposent et lèvent par chacun an sur tous les diocèses de France,* etc. (Arch. nat., Z¹ᴰ 9, p. 43 et suiv.)

[3] Le vœu de l'article 4 est intimement lié à celui de l'article précédent, et vise avant tout la composition des *chambres syndicales* chargées de répartir le *don gratuit.*

Le subdélégué d'Avranches avait observé dès les premiers jours que «les curés réclament le droit d'envoyer à la chambre syndicale des députés choisis par leur corps, et nullement par les évêques, pour sister à l'opération de la répartition des décimes». (*Lettre de M. de Montlier à l'intendant,* 16 mars 1789, Arch. Calvados, C 6353.) Les chapitres d'Avranches et de Coutances ont d'ailleurs expressément protesté contre cet article du cahier. Voir *Protestation des chapitres de Coutances et d'Avranches,* art. 1er (*suprà,* p. 459).

5° Que les déports soient supprimés[1];

6° Il serait à désirer que les dîmes, qui sont destinées par leur origine à la desserte des paroisses, à la décence du culte public et au soulagement des pauvres, fussent rendues aux curés pour être consacrées à ces objets[2];

7° Du moins est-il essentiel que les portions congrues et autres bénéfices d'égale ou de moindre valeur soient portées à 1,500 livres en argent ou en essence, au choix des curés, avec un supplément progressif à raison des circonstances locales, pour remplacer la suppression de tout casuel forcé[3];

[1] Sur le *déport* en Normandie et ses inconvénients, on se reportera à ce que nous avons noté sous le cahier de Camberrnon, art. 4 (au tome Iᵉʳ, p. 237, n. 1) et de Saint-Sauveur-le-Vicomte, art. 2 (au t. III, p. 192, n. 2). Le produit annuel du droit de déport en 1790 s'élevait approximativement : 1° pour le diocèse de Coutances à 40,000 livres, dont 20,000 pour l'évêque, et l'autre moitié partagée inégalement entre les archidiacres (celui de Chrétienté déclare 3,334 l. 17 s., celui de Cotentin, 4,652 livres, et les déclarations manquent pour les archidiaconés de Beauptois et du Val-de-Vire); 2° pour l'évêché d'Avranches, à 1,000 livres, dont moitié pour l'évêque, et 250 livres pour chacun des archidiacres. Voir *Déclarations de bénéfices de 1790* (Arch. Manche, Qᵗ.¹ 1 et suiv.) et *État des bénéfices du diocèse d'Avranches en 1773* (Bibl. Avranches, ms. n° 201, f° 6).

Le subdélégué d'Avranches avait observé dès les premiers jours que les curés demanderaient certainement l'abolition des déports (*Lettre de M. de Montitier à l'intendant, 16 mars 1789*, Arch. Calvados, C 6353).

[2] Dans la très grande majorité des paroisses du bailliage de Cotentin, les dîmes, au lieu de revenir au curé, étaient entre les mains de gros décimateurs, réguliers ou séculiers. On trouvera des exemples saisissants dans la répartition que nous avons notée sous les cahiers de Tourville (au tome Iᵉʳ, p. 608, n. 3) et d'Urville-près-la-mer, art. 4 (au tome Iᵉʳ, p. 626, n. 1).

Les chapitres de Coutances et d'Avranches ont énergiquement protesté contre l'insertion de cet article vi dans le cahier du clergé. Voir *Protestation*, art. II (*suprà*, p. 460).

[3] «*Portion congrue*, qui est comme la légitime des curés, est une pension annuelle qui est adjugée aux curés ou aux vicaires perpétuels, contre les gros dîmeurs et curés primitifs.» (FERRIÈRE, *Dictionnaire*, II, 499.) La pratique des portions congrues, nécessitée par l'absorption progressive des revenus des cures par les hauts dignitaires, inutilement prescrite à maintes reprises par les canons, avait été définitivement introduite en France par une *Déclaration de Charles IX, du 16 avril 1571*, art. 9. (ISAMBERT, XIV, 284, n° 151.)

Sur les variations progressives de la quotité des portions congrues, voir ce que nous avons noté (*suprà*, p. 461, note 2). L'amélioration du sort des portionnaires depuis le xviᵉ siècle avait été considérable; mais, à cause de la hausse générale des prix, la pension restait encore insuffisante, et c'est le cri général en 1789, dans les cahiers, que son extrême médiocrité ne permet pas aux curés de campagne de subsister avec décence. Voir CHAMPION, *La France d'après les cahiers de 1789*, p. 187.

Le chiffre de 1,500 livres réclamé au texte est supérieur à celui demandé par les cahiers du tiers état, pour lesquels 1,000 livres au curé, 400 au vicaire, paraissent le maximum souhaitable. Voir le cahier de Dangy, art. 16 (au tome Iᵉʳ, p. 297). Sur les détails de l'institution, voir les ouvrages cités *suprà*, p. 461, note 2. La plupart doivent être maniés avec prudence pour la date de 1789, car ils sont plus ou moins en retard sur la législation de cette époque.

Le nombre des curés réduits à la por-

8° Qu'il soit établi dans chaque paroisse, relativement à la population et autres circonstances, un ou plusieurs vicaires dont les honoraires seront proportionnellement augmentés[1];

9° Qu'il soit accordé des pensions : 1° aux prêtres qui, n'ayant point de bénéfices, auront exercé le saint ministère pendant vingt ans; 2° aux prêtres infirmes ou âgés; 3° aux curés qui, en résignant, ne pourraient se réserver une pension suffisante;

10° Que tous les décimateurs de chaque paroisse soient tenus de contribuer proportionnellement aux honoraires des vicaires[2];

11° Que les gros décimateurs et possesseurs de fonds ecclésiastiques non résidant dans les paroisses, soient obligés de stipuler dans leurs baux le dixième de leurs revenus en faveur des pauvres[3];

12° Que tous les bénéfices en commende soient supprimés, vacances arrivant[4], et que les revenus en soient appliqués à des fon-

---

tion congrue paraît avoir été fort variable en 1789, suivant les régions. En Cotentin tout au moins, il était moindre qu'on n'a dit souvent. Nous avons observé déjà que dans le district de Cherbourg, en 1790, sur 72 curés il n'y avait qu'un seul congruiste (au tome II, p. 770, n. 7). A Saint-Lô, sur 115 curés, il y avait 9 congruistes; à Coutances, sur 113, 10 congruistes. Voir les sources citées par É. Sevestre, *Clergé paroissial*, p. 14, n. 3. Nous manquons de renseignements précis pour les districts de Mortain, Tinchebray et Avranches, où les congruistes paraissent avoir été relativement plus nombreux. Voir *supra*, p. 284, note 2.

[1] La question de l'établissement de nouveaux vicaires dans les paroisses importantes, particulièrement dans les villes, qui en étaient généralement mal pourvues par les gros décimateurs, était à la veille de 1789 l'un des problèmes les plus délicats de l'organisation ecclésiastique, et la source de nombreux litiges. Un exemple saisissant venait d'en être donné à Coutances même, où le curé de Saint-Nicolas, m° Drogy, avait longuement plaidé, de 1784 à 1787, contre les chanoines, gros décimateurs de sa paroisse, pour obtenir un nouveau vicaire. Les pièces de ce curieux procès ont été analysées avec une très intéressante correspondance par M. É. Sevestre, *L'organisation du clergé paroissial à la veille de la Révolution*, Paris, 1911, in-8°.

[2] Même vœu dans les cahiers du tiers état. Voir par exemple, cahier d'Émondeville, art. 14 (au tome II, p. 284). En général, en Normandie, le traitement du vicaire était en 1789 à la charge du curé, sauf le cas où il y avait un «vicaire fondé». Cf. *Déclaration du curé d'Acqueville*, en note sous le cahier de cette paroisse (t. II, p. 71, n. 2).

[3] Le vœu du cahier tend en somme à la généralisation de l'*aumône forcée*, imposée déjà depuis le xvi° siècle aux décimateurs de certaines abbayes, comme Lessay et Blanchelande, par des Déclarations royales ou des arrêts du parlement. Voir cahier de la paroisse d'Alleaume, art. 7 (au tome II, p. 79) et la note sous le cahier d'Aumeville-l'Estre, art. 14 (tome II, p. 95, n. 1).

Le subdélégué d'Avranches avait observé dès les premiers jours de l'assemblée que les curés demanderaient sans doute «l'exécution des aumônes dues par les gros décimateurs aux pauvres des communautés». (*Lettre de M. de Montlier à l'intendant, du 16 mars*, Arch. Calvados, C 6353.) Les chapitres de Coutances et d'Avranches ont expressément protesté contre l'insertion de cet article dans le cahier de l'ordre du clergé. Voir *Protestation*, art. III (*supra*, p. 463).

[4] «*Commende* était originairement la garde, le dépôt et l'administration

dations d'écoles, bourses de collèges, de séminaires, à des hôpitaux et autres établissements pieux et utiles, et spécialement à la dotation des cures insuffisantes, et au dédommagement de ceux des bénéficiers dont l'intérêt particulier aurait été sacrifié à l'intérêt général[1];

13° Que, dans les lieux où cette application ne pourra se faire, on y puisse former de semblables établissements et fondations sans formalités coûteuses, et sans autres frais que ceux d'expédition de lettres[2];

14° Que tous les bénéfices-cures dépendant des bénéfices supprimés, dont la nomination est dévolue à l'ordinaire, soient conférés aux anciens vicaires et autres anciens prêtres également occupés au saint ministère dans chaque diocèse;

15° Qu'il n'y ait plus à l'avenir en chaque paroisse qu'un seul curé, et que, dans les paroisses où il s'en trouve plusieurs, il n'y ait que le dernier titulaire vivant qui soit remplacé et qui réunisse tous les titres et les revenus[3];

des revenus d'un bénéfice, qu'on donnait à un séculier pendant six mois, ou à un ecclésiastique pour y faire les fonctions pastorales, en attendant qu'on l'eût pourvu d'un titulaire... En France, la commende est devenue un vrai titre de bénéfice régulier, que le pape donne à un ecclésiastique séculier, à l'effet de disposer des fruits du bénéfice pendant sa vie, en dispense de la règle : *secularia secularibus, regularia regularibus.*» (FENNIÈRE, *Dict. de droit*, I, 429).

La presque totalité des bénéfices supérieurs du bailliage de Cotentin se trouvaient en 1789 aux mains de commendataires. Sur les 18 abbayes d'hommes du ressort, une seule, celle de la Luzerne, possédait encore un abbé régulier; les 17 autres étaient ou en commende, ou bien, momentanément sans titulaire, étaient en *économat*, entre les mains du roi. Voir l'*Appel du clergé* à l'assemblée générale (*suprà*, p. 364 à 398).

[1] Ce vœu du cahier venait d'être en partie exaucé par des *Lettres patentes de février 1789*, qui toutefois n'avaient probablement pas reçu encore d'exécution. Ces lettres, expédiées à l'évêque de Coutances, prononcent dans l'art. 1er la suppression des menses conventuelles du prieuré de la Bloutière d'une part, et d'autre part des trois abbayes de Cherbourg, de Hambye et de Saint-Sauveur-le-Vicomte. Les articles suivants décident que les revenus de Saint-Sauveur et de Cherbourg devront être réunis au séminaire de Coutances, ceux de Hambye à la congrégation enseignante de Notre-Dame-des-Anges, et ceux de la Bloutière à l'hôpital de Villedieu. Ces établissements sont chargés en outre de fournir des «suppléments de portion congrue» à certains curés nommément désignés, et de doter des écoles de charité à fonder à Coutances et autres lieux. Voir la minute des *Lettres*, avec le *Bon à expédier*, Arch. nat., G9 173, l. 4.

[2] Sur la multiplicité des formalités exigées à la fin du xviiie siècle pour les fondations d'écoles ou pour les œuvres de charité, cf. le cahier de Briquebosq art. 2 (au tome II, p. 154 et la note) et celui de Canteloup (*Ibid.*, p. 172). Le vœu du clergé se rencontre donc ici encore avec celui du tiers état.

[3] A la fin du xviiie siècle, les cures de quelque importance étaient encore fréquemment divisées en plusieurs *portions*, dont les titulaires remplissaient alternativement les fonctions curiales pendant une semaine. Nous avons relevé, pour le ressort du bailliage de Cotentin, d'après l'appel du clergé, 25 cures de ce genre, savoir :

1° Diocèse de *Coutances*, 18 cures à

16° Que les déclarations du roi portant défense aux curés de s'assembler soient révoquées [1] ;

17° Que les curés soient maintenus dans le droit de se choisir des coopérateurs parmi tous les prêtres régulièrement approuvés par leur évêque [2];

18° Que la déclaration du roi, de 1786, portant règlement pour les dîmes dans la province de Normandie, soit vérifiée et exécutée [3];

double portion (Bricqueville-la-Blouette, Briqueville-sur-Mer, Gratot, Quettreville, Appeville, Lingreville, Joganville, Sortosville-en-Beaumont, Gatteville, Colomby, Étienville, Merville, Néhou, Orglandes, les Pieux, Saint-Nicolas-de-Pierrepont et Bolleville); 3 cures à triple portion (Gorges, Percy, Quibou), et une cure à quatre portions (Saint-Sauveur-Lendelin);

2° Diocèse d'Avranches : 3 cures à double portion (Bouillon, Saint-Pierre-Langers et Parigny).

Au total, 25 cures multiples sur 673 paroisses. — Tous les écrivains, tant ecclésiastiques que laïques, reconnaissent en 1789 les inconvénients de cette division du titre curial, qui était une cause de compétitions et de rivalités sans fin. Voir tout particulièrement É. SEVESTRE, Clergé paroissial, p. 18 et 19.

Les Lettres patentes de février 1789, non appliquées, prononçaient dans leur article 6 la réunion de certaines doubles cures, Lingreville, Gourbesville, Appeville, Percy (Arch. nat., G° 173).

[1] Déclaration qui renouvelle aux curés la défense de s'assembler sans permission, Versailles, 9 mars 1782 (ISAMBERT, XXVII, 167). Cette déclaration royale avait été motivée par l'attitude prise en 1781 par les curés à portion congrue du Dauphiné et de la Provence. Dans le but d'améliorer leur situation, ils s'étaient en quelque sorte coalisés, et avaient tenu des assemblées tumultueuses, d'où étaient sortis des mémoires imprimés, injurieux, «remplis d'expressions contraires au respect dû aux évêques leurs supérieurs». La Déclaration fait défenses expresses «à tous curés des villes, bourgs et villages du royaume, de former entre eux aucune assemblée, de prendre des délibérations communes, de nommer des syndics et députés, et de convenir d'aucune contribution, même volontaire, pour subvenir aux frais desdits représentants». La fin de la Déclaration réserve cependant le cas des assemblées synodales et autres assemblées ordinaires duement établies, «lesquelles continueront d'avoir lieu comme par le passé, sous l'autorité et inspection des ordinaires des lieux».

Le curé LELUBOIS, de la paroisse de Fontenay, qui fut élu député pour l'ordre du clergé, se plaint précisément, dans une lettre en date du 20 février, adressée au D. G. d. F., de la «défense faite à ses confrères de s'assembler en corps», qui ne leur a pas permis de faire connaître leurs vœux particuliers pour la convocation des États généraux (Arch. nat., B III/53, p. 21).

[2] Les vicaires étant payés en général par les curés, étaient choisis directement par eux parmi les «prêtres approuvés». Mais les arrêts récents qui avaient accordé de nouveaux vicaires payés par les décimateurs en avaient généralement réservé la nomination à l'évêque (É. SEVESTRE, op. cit., p. 132). C'est contre cette innovation que s'élève le cahier. Sur la condition misérable des vicaires, laissés à la discrétion absolue de leur curé, on consultera É. SEVESTRE, op. cit., p. 25 et suiv.

[3] Déclaration du roi concernant les dîmes de la paroisse de Normandie, 29 mai 1786. (Arch. Calvados, F., Papiers de l'abbé Ribault, liasse concernant la dîme, n. cl.) Cette déclaration était très favorable aux curés, mais elle avait été paralysée, comme nous avons déjà dit, en Normandie, par l'opposition du Parlement de Rouen, favorable aux gros décimateurs. Un Arrêt du parlement de Rouen du 21 juillet 1786 avait présenté au roi de très humbles remon-

19° Que la déclaration du roi, de 1768, touchant les pensions congrues, soit révoquée en ce qui concerne les novales et les aumônes[1];

20° Que les sarrazins et limages soient réputés généralement vertes dîmes, ainsi qu'ils le sont presque universellement, et qu'à ce titre ils appartiennent aux curés[2];

21° Que la présidence aux assemblées de fabrique et de bureaux de charité soit rendue partout aux curés;

22° Que l'imposition au quart denier pour jouissance de terre affermée ou acquise par des ecclésiastiques n'ait plus lieu[3];

---

trances, et décidé de surseoir jusque-là à son application; et malgré de nouvelles *Lettres Patentes du 26 juillet 1786*, la déclaration n'était pas encore exécutée en 1789.

Les cahiers du tiers état sont d'accord avec celui du clergé pour réclamer l'application intégrale de la Déclaration royale. Voir les cahiers de la Haye-Bellefond (au tome Ier, p. 362) et de Montmartin, art. 6 (*Ibid.*, p. 474 et la note).

[1] *Édit portant fixation des portions congrues*, Versailles, mai 1768 (ISAMBERT, XXII, 482, n° 950 et texte complet dans *Recueil des Édits*, éd. 1774, t. II, p. 1079). Cette déclaration avait favorisé les curés, en portant (art. 1 à 3) à 25 setiers de blé, estimés 500 livres, le chiffre des portions congrues, qui était jusque-là de 300. Mais en même temps elle avait décidé (art. 10) que les curés qui opteraient pour la congrue devraient «abandonner tous les fonds et dîmes grosses, menues, vertes, de lainage, charnage et autres..., même les *novales*, ainsi que les revenus et droits dont ils seront en possession, et les *terres de fondation* dont ils étaient en possession avant 1686». L'article 14 décidait en outre qu'à l'avenir il ne serait plus fait «aucune distinction entre les dîmes anciennes et les dîmes novales», et que «toutes les dîmes à l'avenir appartiendraient aux gros décimateurs, en respectant naturellement les droits acquis». Les auteurs qui écrivent à la fin du xviii° siècle estiment qu'avec cette double restriction les avantages de l'Édit de 1768 étaient devenus illusoires pour les curés. Voir HOUARD, *Dict. anal.*, III, 506 et *Mémoire pour les curés à portion congrue de la province de Normandie*, par M. LE CLERC, avocat,

Caen, 1785, in-4° (Bibl. nat., Réserve F 1091).

[2] Les *sarrasins et limages* étaient en général considérés comme *vertes dîmes* dans le Cotentin, et comme tels revenaient en général au curé et non au gros décimateur (*Arrêts du Parlement pour le curé du Theil, 16 mars 1730, et pour celui de Golleville, 1er avril 1737*, dans ROUTIER, *Prat. bénéf.*, p. 34 et 87). Cependant, dans quelques paroisses, un usage local contraire les faisait *grosses dîmes* et les attribuait par suite aux gros décimateurs, et cette exception venait d'être confirmée par la *Déclaration du 29 mai 1786*, dont l'art. 5 range essentiellement les sarrasins dans les dîmes d'usages et locales. C'est contre ces exceptions locales vraisemblablement que s'élève le cahier. Voir aussi les cahiers de Montmartin, art. 6 (au tome Ier, p. 474 et la note) et d'Agneaux, art. *Dîme* (au tome III, p. 50 et n. 1).

Les chapitres de Coutances et d'Avranches ont protesté expressément contre l'assertion de cet article et sa présence dans le cahier du clergé. Voir *Protestation*, art. IV (*supra*, p. 464).

On pourra consulter en outre : *Mémoire sur les dîmes, pour le clergé de Normandie, contre les cultivateurs de la même province*, par M. DUCASTEL, Caen, 1773, in-8° (Bibl. nat., 8° F[m] 2242).

[3] Les curés prenant à ferme des gros décimateurs les dîmes de leur propre paroisse étaient exempts de la taille, aux termes de la *Déclaration du 16 novembre 1723*, parce qu'on considérait qu'ils en étaient en quelque sorte copropriétaires par indivis. Au contraire, s'ils affermaient d'autres biens, terres ou dîmes, ils étaient, aux termes du *Code des tailles*, imposables «pour la

23° Qu'il soit permis de reconstituer sur toutes sortes de personnes, les rentes amorties aux trésors et fabriques des églises[1].

Lucas, curé d'Urville; Le Lubois, curé de Fontenay; Ebinger, curé de Rauville-la-Bigot; C.-L. Mahieu, curé de Saint-Jean-de-la-Rivière; F. Henry, curé de Couville; Le Chosel, curé d'Angoville; Allain, curé de Feugères; Piel, curé de Saint-Aubin-de Losques; Baudoire, curé de Marchésieux; Yver, curé de Mesnil-Eury; Dussaulx, curé d'Alleaume; Hardy, député du clergé de Valognes; Bécherel, curé de Saint-Loup; Mazier, curé du Mont-Saint-Michel; J.-J. Fizet, curé de Saint-Aubin-de-Terregatte; Dufort, curé de Sainte-Colombe; Larcher de Catheville, prêtre; Bazin, curé de Saint-Laurent-de-Cuves; Durand, curé de Montmartin; Gallis de Mesnilgrand, curé de Breuville; Desquesnes, prieur-curé de Bricquebec; Durand, curé de Montmartin; Malot, curé de Querqueville; Roger, curé des Perques; Dorléans, curé de Sottevast; Le Moine, curé de Tollevast; Vaultier, curé du Rosel; Dupont, curé de Golleville; Loisel, curé de Gonfreville; J. Varin, curé d'Arg.; Ruallem, curé d'Hainneville; R. Le Planois, curé de Saint-Martin-de-Bonfossé; Hubert, curé d'Esglandes; Orbey, curé de Tonneville; Enguebecq, prêtre; Liot, député du clergé de Cherbourg; Pierre Groult-Descroix, député du clergé de Cherbourg; Desbarres, curé de Camprond; Clouard, curé de Moutons; J.-F. De la Granche, prêtre; Ch. Langlois, curé de Sartilly; Duval, curé du Mesnil-Rouxelin; Hervé, curé de La Godefroy; Geffroi, curé de Mesniltove; Davy, vicaire principal et député de l'église cathédrale d'Avranches; Reprey, curé d'Auville; Baudouin, curé de Héauville; Hélie, prêtre; Renoult, curé de Saint-Georges; J. Le

valeur de leurs exploitations, à 5 sols pour livre d'icelles». Au cas d'acquisition d'autre part, les ecclésiastiques devaient, s'ils n'avaient pu obtenir de lettres d'amortissement, payer de temps en temps le droit de nouveaux acquêts. Voir Ferrière, Dict. de droit, II, p. 374; Houard, Dict. anal., v° Taille, IV, 328; et Discours de l'abbé de Launay à l'assemblée du clergé du bailliage de Rouen, 20 avril 1789 (dans Hippeau, Élections, p. 251).

Le vœu du clergé est ici directement contraire à celui du tiers état. Voir les cahiers d'Acqueville, art. 10 (au tome II, p. 75 et n. 2), de Briquebosq, in pr., (II, 153 et n. 1), de Hautmoitié, art. 5 (II, 319 et n. 1), de Saint-Germain-de-Tournebut, art. 7 (II, 576 et n. 1), et de Vasteville (II, 707 et n. 4).

[1] Le texte veut dire sans doute qu'il soit permis de remployer en rentes constituées sur toutes personnes les rentes foncières des églises qui auraient pu être amorties, c'est-à-dire remboursées en capital. L'Édit d'août 1749 (Isambert, XXII, 226, n° 658) ne défendait pas absolument cette opération, mais les formalités exigées ne la rendaient guère possible que pour les rentes sur le roi, les villes ou le clergé. Voir d'ailleurs pour cette législation ce que nous avons noté sous le cahier de Fierville, art. 22 (t. II, p. 252 et n. 1).

Vavasseur, curé de Rideauville; De Folleville, curé de Saint-Vaast; M. Ozouf, curé de Quettehou, Vallée; curé d'Yvrande; Laissard, curé de Saint-Quentin; Langoisseur, curé de Saussey; J. Potel, curé de Bernières-le-Patry; Le Tullier, curé de Saint-Georges-de-Bohon; Maupas, curé; Le Tréguillé, curé de Sacey; Bisson, curé de Fervaches; Blin, curé de Troisgots; Levacher, curé de Cherbourg; Quétit, premier curé de Percy; Douville, curé de Villebaudon; Hotot, curé d'Octeville; Brusley, curé du Mesnilherman; Pavin, curé de Moyon; Poitevin, curé d'Octeville-près-Cherbourg; Simon de Touffreville, curé de Bacilly; F. Poret, curé de Saint-Germain-sur-É; Grosset, curé de Sainte-Opportune; De la Vigne, curé du Tanu; Villette, prêtre, député de Carentan; S.-P.-J. Ficquet, curé de Sébeville; Tesnière, curé de Céaux; Jacquemin, curé de Bretteville-sur-É; de Saint-Laurent, curé de La Rondehaye; J.-B. Hubert, curé du Hommet; Ménard, curé du Mesnil-Adelée; «l'abbé de Clinchamp, curé de Saint-Senier près Avranches, approuve le présent avec grand plaisir»[1]; C.-L. Morel, prieur-curé de Poilley; Poullain, prêtre; Lemenieur, curé de Bourguenolles; Hellain, curé de Plomb; Gravé de la Rive, vicaire général, curé de Valognes; Féret, curé de Brix; Coquoin, Auvray, curé de Flottemanville-Hague; J. Frestel, curé de Saint-Floxel; Daboville, curé de Rauville; Gibert, curé de Sortosville; Gautier, curé de la Chapelle-Urée; Dupont de la Pesnière, curé de Saint-Georges-de-Rouellé; Le Riverain, curé de la Luzerne; Dauxais, curé de Cretteville-en-Beauptois; Lechevallier, curé de Saint-Louët-sur-Sienne; Lemor, curé de Benoîtville; Dutertre, curé de Cenilly; Blanchet, curé de Helleville; Leterrier, curé de Mesnil-Rogues; Josme, prieur de Hocquigny; Dozouville, curé de Theurteville; de la Roche, curé de la Boulouze; Dauxais, prêtre; Lefèvre d'Anneville, curé de Sotteville; Lefranc, curé du Mesnil-Ozenne; Lemessier, prêtre gradué du Ham; Le Cannellier, curé de Grosville; Corbin, curé de Quibou; L. Dufresne, curé de Varenguebec; J.-F. Lecanut, prieur-curé de Doville; Hamel, curé de Grimouville; Bouillon, curé de Jobourg; Hocquebecq, curé de Cametour; Osmond, curé d'Auvers; Daunet, curé de Barneville; Toulorge, curé de Saint-Martin-du-Mesnil; Vincent, curé de Lingreville; Laisné, prieur de la Taille, curé de la Haye-d'Ectot; Bucaille, curé de Montcuit; Dubrisay, curé d'Orglandes; Predois, curé de Saint-Martin-d'Aubigny; Le Rouvillois, archiprêtre, curé de Souiles; F. Desplanque de Ventigny, prêtre; Blouet des Vallées,

---

[1] La signature de l'abbé de Clinchamp est la seule qui soit accompagnée au procès-verbal d'une observation quelconque.

curé de la Baleine; N. FLAMAND, curé de Canteloup; FLEURY, curé de la Colombe; J. DABOVILLE, prêtre de Brillevast; GRANDIN, prêtre, député du clergé de Saint-Pierre de Coutances; BARBE, curé de Mesnil-Opac; DUBREÜIL, curé de Saint-Pierre de Coutances; l'abbé DE TINELLY DE CASTELET, curé de Gonneville; L. JOUAN, curé de Saint-Martin-de-Cenilly; MILLAVAUX, curé de Vindefontaine; J. TOQUET, curé de Gavray; THIERRY, curé du Mesnil-au-Val; LEROU-VILLOIS, curé de Carantilly; LE COCQ DESFONTAINES, prêtre; Rolland DES ANGLES, vicaire général; MENNECIER, curé de Saint-Martin-de-Varreville; A. DE LA LANDE, curé de Turqueville; POSTEL, curé des Pieux; MATTHIEU, curé de Saint-Romphaire; TRAVERS, vicaire de Digoville; LE COURT, curé de Maupertus; DIGUET, curé de Marigny; LE GRAND, curé de Saint-Georges; POISSON, curé de Gouville; LAM-BALEUR, prieur-curé de Maisoncelles; LEFRANC, curé de Bahais; SANSON, curé d'Urville; PONTUS, curé de Sainte-Geneviève; FON-TAINE, curé de Saint-Maurice; LE CANELLIER, curé de Mesnilraoult; D'HAUCHEMAIL; DE ROSETTE D'HERQUETOT, curé de Besneville; L. HEUZÉ, curé de Saint-Cornier; POUCHIN, curé de Magneville; LELIEPVRE, curé de Mesnilvigot; HEREL, curé de Sainte-Eugienne; BASSET, docteur de Sorbonne, curé de Caillebot-la-Salle; PATIN, chapelain; LEVENARD, prieur-curé de la Mancellière; LEMONNIER, curé de Montmartin; LE CHAPTOIS, curé de la Mouche; l'abbé DE VAUFLEURY, curé de Barenton; CHARDEY, curé de Bouillon; COBBE, curé de Lolif; FRETEL, curé de Champcey; L. ANQUETIL, curé de Champcervon; BRESTIN, curé du Vast; BOISSELIER, curé *pro prima* de Morville; GIBON, curé de Virey; LELANDAIS, curé de Saint-Saturnin-d'Avranches; CABART-DANNEVILLE, archiprêtre, curé de Sainte-Mère-Église; CATÉ, curé de Carnet; DUDOUY, curé de Tocqueville; J.-B. LE BAS, curé d'Argouges; LEFEVRE, curé de Vrasville; OUIN, curé de Belval; LA PALINIÈRE, curé; FORTIN, curé de Sainte-Pience, syndic des curés du diocèse d'Avranches; ESSELINE, curé de Tourlaville; GROULT, prêtre, curé de Néhou *pro prima*; ROGER, député du clergé de Valognes; MOUCHEL-DUHAMEL, curé de Varouville; LE VÉEL, curé de la Pernelle; CARABEUFF, curé de Saint-Denis; LA VALETTE LE BOUTEILLER, curé du Guislain; RENAULT, curé de Réthoville; LE MEUR, curé de Courtils; LE BAR-BANCHON, curé d'Ozeville; GODARD, curé d'Isigny; DUVIVIER, curé de Joganville; JORET, directeur des Dames du Bon Sauveur; A.-B. FAUVEL, curé d'Ouville; DEMAY, curé de Tréauville; MABIRE, curé de Beuzeville-sur-le-Vey; L.-S. LESCAUDEY, curé d'Hyenville; B.-N. DUDOS, curé d'Aunay; J.-C. DUHAMEL, curé de Cresnay; FAUTRAS, curé de la Haye-du-Puits; LEVIVIER, curé de Saint-Sauveur de

Pierrepont; FAUDMER, curé de Saint-Nicolas de Pierrepont; MAURIOT, curé de Nicorps; LHUILLIER, curé de Morsalines; COUPARD, curé de Marcey; BOËSSEL, curé de Saint-Jean-des-Champs; LEMONNIER, curé de Muneville-près-la-Mer; VIMONT, titulaire de Saint-Julien du château de Caillebot; MARGUERIE, curé de Saint-Germain-le-Vicomte; LE MELLETIER, curé de Nay; CHAPELAIN, curé de Sainteny; DE L'ECANGE, curé de Saint-Sauveur-le-Vicomte; DE SONNET, curé de Brouains; DE MAREUIL, curé de La Meurdraquière; FOLLAIN, curé du Loreur; DROGY, curé de Saint-Nicolas; LE MESLE, curé de Hauteville-sur-la-Mer; E. PINEL, curé de Montreuil; LE BAS, curé de la Haye-Pesnel; LE TELLIER DE SOUVREFRANC, curé de Sainte-Suzanne; LELIEPVRE, curé; ADDES, curé de Claids; LENFANT, curé de Cauquigny; POTTIN, curé de Neufmesnil; POIGNANT, prêtre; DUMONT, curé de la Chapelle-en-Juger; LE PAISANT, curé de Saint-Malo; LE CANU, curé de Lithaire; LE CHEVALIER, curé d'Equeurdre-ville; LE CHARPENTIER, curé; LESCAUDEY, prêtre; LE DRAN, curé de Courcy; BOËSSEL, curé de Pontorson; LE COMTE, curé de Mont-viron; PASTEY, curé; ALLAIN, curé de Percy; MESNIL, curé de Rétho-ville; GOUIN, curé de la Lande-d'Airou; DURANVILLE LE POITEVIN; LE VERRIER, curé de Biville; PARIS, curé de Cavigny; RADON, prieur-curé de Champeaux; GERVAIS, curé d'Anctoville; GROSOURDY DE SAINT-JORE, curé de Baudreville; FAUTRAS, curé de la Haye-du-Puits; MOULIN, curé de Vauville; CAUCHARD, curé de Beauchamp; DE L'EPAULX, curé de Saint-Aubin-des Préaux; J. LANGLOIS, curé de Blosville; LEBOND, curé de Bricqueville; SORIN DE L'ESPESSE, curé de Granville *pro prima;* DE LA HAYE, curé de Saint-Ebremond; LE PLAN-QUAIS, curé de Vautier-en-Quibou, doyen du doyenné de Saint-Lô; LEVASNIER DE BRUNVILLE, curé de Négreville; LEMUET, curé de Mesnilhüe; LA LONDE, curé de Vaudrimesnil; MOUGEOT, prêtre, député de Villedieu; LE BRUNET, curé de Mesnilangot; Denis D'OUTRESOULLE, curé d'Orglandes; DE GOUBERVILLE, titulaire de la chapelle de la Sainte-Trinité de Saint-Nicolas de Pierrepont; GROULT, prêtre, curé de Néhou; DOYEN, curé de Contrières; LA LOUCHE, curé de Lengronne; LA BARRE, curé d'Yvetot.

&#8224; A. F., *évêque de Coutances, président;* LESPLÜS-DUPRÉ, *curé des Pas, secrétaire adjoint;* B. FLEURY, *curé de Fermanville, secrétaire-greffier.*

## II

### CHAMBRE DE LA NOBLESSE.

—

#### 1. Procès-verbal d'assemblée.

(Ms. *Greffe du Tribunal de première instance de Coutances*, pièce n° 43, 15 pages en 8 rôles cotés et paraphés. Original signé de tous les membres de l'assemblée [1].)

*Procès-verbal de l'assemblée générale de la noblesse du grand bailliage de Cotentin, tenue à Coutances, conformément à la lettre du roi pour la convocation des États Généraux donnée à Versailles le 24 janvier 1789 et le règlement y annexé.*

[1re séance]. — Du vendredi 20 mars 1789, dans l'église des RR. PP. Capucins [2], à 8 heures du matin,

L'assemblée de la noblesse du grand bailliage de Cotentin, composée des nobles qui ont comparu à l'appel fait dans l'église cathédrale par M. le lieutenant général du grand bailli, suivant le procès-verbal par lui dressé et déposé à son greffe en date des 16, 17, 18 et 19 de ce mois, et présidée, en l'absence de M. le grand

---

[1] Nous avons collationné également : 2° Arch. nat., C 18, liasse 62, pièce 5°, « *Procès-verbal de l'ordre de la noblesse* », 12 pages in folio, *Copie collationnée, cotée et paraphée par le président de l'Ordre*, à la date du 1er avril 1789. Cet exemplaire, qui porte en marge : « pour M. Achard de Bonvouloir », a été enregistré au secrétariat de l'ordre de la noblesse de l'Assemblée nationale, ainsi qu'en témoigne la mention « Arch. nat., Reg A, f° xii, n° 62 *bis* », qui y a été apposée ; 3° Arch. nat., B iii/53, pp. 470 à 498 (*Transcription*) ; 4° Un manuscrit particulier, appartenant à M. J. Desnoyers, avait été communiqué à Hippeau pour son édition (Hippeau, *Cahiers*, Introd. p. v). Ce n'était vraisemblablement qu'une copie privée. — Le procès-verbal a été

imprimé en 1789 dans le *Procès-verbal de l'Assemblée des trois ordres*, précité, chez Joubert, et séparément sous le titre : « *Procès-verbal de l'Assemblée générale de la noblesse* » (avec le cahier des pouvoirs), s. l. n. d. [1789], 20 pages in-16.

[2] La désignation du local de l'assemblée avait été faite par l'assemblée des trois ordres, dans la séance du 19 mars 1789 (*supra*, p. 421). L'église des RR. PP. Capucins est, d'après les écrivains locaux, devenue aujourd'hui la Halle au Blé. Voir Lefavenais, *Mémoire sur Tinchebray*, p. 29; Desdevizes du Dézert, *Le Cotentin en 1789*, p. 33; et surtout une *Note* de M. E. Sarot, reproduite à la fin de ce dernier ouvrage, p. 54.

bailli [1], par M. Plessard Servigny [2], le plus avancé en âge de ladite
assemblée, a procédé à la nomination de son président. Les suffrages ayant été donnés à voix haute, mondit sieur Plessard Servigny a été élu à la pluralité des voix président de l'assemblée.

(Nomination d'un secrétaire : les suffrages se réunissent en faveur de
M. Frémin de Beaumont [3], qui a remercié l'assemblée de la confiance dont on
l'honorait, et a pris séance au bureau destiné au secrétaire.

Le président étant obligé de se retirer à cause de sa santé, du vœu général
de l'assemblée, M. Caillebot-la-Salle [4], le plus âgé des gentilshommes après le
président, préside le reste de la séance [5].)

[1] Le grand bailli de Cotentin en
1789 était M. Marie-Maximilien Le
Vicomte, marquis de Blangy, qui avait
succédé en 1787 à Marie-Pierre-Maxi-
milien (L. Quénault, Les grands baillis
du Cotentin, n° 78, dans Mém. Soc.
Antiq. Norm., 1863, t. XXV, p. 144).
L. Delisle l'a à tort confondu avec ce
dernier, qui succéda, en 1753, à
Henri Le Berseur, son oncle. Voir
Léopold Delisle, Mémoire sur les baillis
de Cotentin (Ibid., 1850, t. XIX,
p. 119).

Le marquis de Blangy est appelé au
procès-verbal dans le ressort du bailliage
de Valognes et, non présent en personne,
est déclaré «représenté par M. Marie-
Louis, marquis de Caillebot, suivant
procuration devant les notaires de Caen,
en date du 10 de ce mois» (ms. cit.,
f° 63 r°). — Au sujet de l'absence du
grand bailli, le subdélégué de Coutances écrit, le 17 mars, à l'intendant que
les trois états du bailliage se sont assemblés «devant M. Desmaretz de Montchaton, président pour l'indisposition de
M. le marquis de Blangy, grand bailly».
(Lettre de M. de Mombrière, Arch. Calvados, C6353.) Mais cette indisposition
du grand bailli était-elle bien réelle?
Ce qui nous porte à douter et à penser
qu'à Coutances comme ailleurs, il y eut
rivalité entre le grand bailli d'épée et le
lieutenant général, c'est que nous possédons une double ordonnance de convocation; l'une est au nom de M. de
Blangy, l'autre, au nom de M. de Montchaton seul, est seule visée au procès-
verbal des trois ordres. Voir ce que
nous avons noté sous ce texte, suprà,
p. 359 n. 2.

[2] Plessard Servigny appartenait à
la noblesse du bailliage secondaire de

Périers; il figure à l'appel avec les titres
et qualités de : «M. Antoine-Guillaume
Plessard de Servigny, seigneur du fief
de la Vendelée, de ceux de Saint-Planchers, Auvers et Taillefers à Saint-Sauveur-de-Pierrepont, chevalier de Saint-
Louis» (ms. cit., f° 61 r°). Voir aussi
de Magny, Nobiliaire de Normandie, I,
p. 122, 162.

[3] Frémin de Beaumont a obtenu un
assez grand nombre de voix pour la députation aux États généraux, en concurrence avec Leclerc de Juigné, qui
fut nommé député. Voir Procès-verbal,
séance du 31 mars au matin (infrà,
p. 494). On voudra bien se reporter,
pour la biographie de ce personnage, à ce
que nous avons noté sous ce dernier texte.

[4] Caillebot-la-Salle appartenait à
la noblesse du bailliage principal de
Coutances, à l'appel duquel il est ainsi
qualifié : «M. Marie-Louis de Caillebot,
marquis de Caillebot-la-Salle, de la
Haye-du-Puits, seigneur et patron de
Biville-la-Martel en Caux, comte de
Roussillon, seigneur de Charpé, de
Marches et de l'Épine en Dauphiné, baron de la Brosse, seigneur de la paroisse
de Charle et de Fay en Velay, chevalier
des ordres du roi, lieutenant général de
ses armées, gouverneur général de la
province de la Haute et Basse Marche,
sénéchal et grand bailly d'épée du Puy
et du pays de Velay» (ms. cit., f° 41 v°).
Il était en 1787 membre de l'assemblée
du département de Coutances, pour
l'ordre de la noblesse (Arch. Calvados
C 7700) et il caressait, paraît-il, l'espoir d'être élu député de la noblesse
aux États généraux. Voir une Notice
dans de Magny, Nobiliaire, II, 2ᵉ partie,
p. 42.

[5] Le laconisme du procès-verbal ne

L'assemblée s'étant déterminée à procéder séparément à la rédaction de son cahier et à la nomination de ses députés aux États généraux, il a été arrêté à la pluralité des voix que l'assemblée nommerait 11 commissaires, qui vaqueraient sans interruption à la rédaction du cahier des pouvoirs et instructions qu'elle donnera à ses députés.

Plusieurs membres de l'assemblée ayant représenté qu'en rassemblant de tous les points du bailliage de Cotentin des rédacteurs éclairés, l'assemblée en connaîtrait mieux les différents intérêts, et donnerait à ses députés des instructions plus sûres et plus détaillées, l'assemblée, après en avoir délibéré, a arrêté à la pluralité des voix :

1° Que la noblesse de chaque bailliage secondaire nommera pour la rédaction du cahier un commissaire, qu'elle pourra cependant choisir parmi tous les membres de l'assemblée ;

2° Que les nominations faites par chaque bailliage seront adoptées et ratifiées par l'assemblée entière ;

3° Que le bailliage de Cotentin n'étant composé que de dix bailliages secondaires, l'onzième commissaire sera nommé par l'assemblée à la pluralité des voix.

L'assemblée a été indiquée à demain, 8 heures du matin.

FREMIN DE BEAUMONT.     PLESSARD SERVIGNY.

[2° SÉANCE]. — Du samedi 21 mars 1789, à 8 heures du matin, l'assemblée ayant pris séance, M. le président a fait donner lecture de l'arrêté de la veille.

(Nomination des commissaires pour la rédaction du cahier des doléances. Ont été nommés pour chaque bailliage secondaire :

*Coutances.* — M. Leforestier de Mobecq.

permettrait pas de soupçonner ici un incident assez vif, que nous révèle la correspondance de Quinette de Cloisel, membre de l'assemblée originaire de Granville, l'indisposition de M. de Servigny était, comme il nous l'apprend, simplement diplomatique : «Nous avons procédé, écrit-il à sa femme, à la nomination de notre président. Nous avons eu un baron de Juigné, qui a pris un ton décisif qui n'a pas fait fortune... Malgré vent et marée, à l'exclusion de notre président, nous avons maintenu un vieil gentilhomme, M. de Servigny, pour notre président. M. de Juigné a manié quelques esprits répandus dans l'ordre, de manière à faire nommer le marquis de la Salle, et les créatures de M. de Juigné ont répondu par une acclamation qui a été aussitôt prise pour le vœu général; *alors M. de Servigny s'est retiré.* J'ai pesté comme un beau diable, j'ai crié à la légèreté, à l'irrégularité, à la honte, et mes cris ont été écoutés de manière que le lendemain notre vieux président a repris le fauteuil.» (*Lettre à M^r de Cloisel, du 29 mars, dans Le Pays de Granville, n° 1, p. 21.*)

*Gérences.* — M. Leforestier de Muneville.

*Saint-Lô.* — M. d'Auxais de Montfarville.

*Avranches.* — M. Artur de la Villarmois [1].

*Mortain.* — M. de Vaufleury de Saint-Cyr [2].

*Carentan.* — M. Le Maignen.

*Saint-Sauveur-Lendelin.* — M. Achard de Bonvouloir [3].

*Valognes.* — M. de Beaudrap de Sotteville [4].

*Saint-Sauveur-le-Vicomte.* — M. Danneville du Vast.

« Pour le bailliage de Tinchebray, par l'assemblée, à la pluralité des voix, vu l'absence de la noblesse dudit bailliage..., M. de Gassé [5] ».

« Et pour onzième commissaire, par l'assemblée, à la pluralité des voix..., M. Michel de Chambert [6]. »

L'assemblée a été indiquée au lundi 23 mars, à 8 heures du matin.

FREMIN DE BEAUMONT.     PLESSARD SERVIGNY.

[3ᵉ SÉANCE]. — Du lundi 23 mars 1789,

L'assemblée ayant pris séance, MM. les commissaires nommés pour la rédaction du cahier ont exposé le plan de leur travail, et l'Assemblée, après avoir discuté les différents articles qui devaient être rédigés dans son cahier, a remis à la séance prochaine l'examen ultérieur et l'arrêté définitif des pouvoirs et instructions qu'elle

---

(1) ARTUR DE LA VILLARMOIS (J.-B.-H.) fut élu député de l'ordre de la noblesse, dans la séance du 30 mars au matin (*infrà*, p. 493 et la note).

(2) DE VAUFLEURY DE SAINT-CYR (Gabriel) était lieutenant général du bailliage de Mortain. Voir sur ce personnage la note sous la *Protestation des trois ordres* (*suprà*, p. 240, note 1).

(3) ACHARD DE BONVOULOIR (L.-C.-R.) fut élu député de l'ordre de la noblesse, dans la séance du 28 mars au soir (*infrà*, p. 491 et la note).

(4) BEAUDRAP DE SOTTEVILLE fut élu député de l'ordre de la noblesse, dans la séance du 29 mars au soir (*infrà*, p. 492 et la note).

(5) Nous avons déjà observé, sous l'appel de la noblesse à l'assemblée générale, que la noblesse du ressort de Tinchebray avait fait défaut tout entière, par dépit d'avoir été convoquée à Cou-

tances et non à Mortain. Le chevalier de Gassé, désigné par l'assemblée pour la représenter dans la commission de rédaction, appartenait comme noble non possédant fief au bailliage de Valognes et figure à l'appel sous le nom de : «Jean-Jérôme Colas, chevalier de Gassé, demeurant à Cherbourg» (*ms. cit.*, f° 67 r°). Voir aussi DE MAGNY, *Nobiliaire de Normandie*, I, 165, et II, 2ᵉ partie, p. 59.

(6) La liste des commissaires rédacteurs ne comprend, comme on pourra s'assurer, aucun des plus grands seigneurs du bailliage. Quinette de Cloisel écrit à ce sujet : «Les courtisans n'ont pas beau jeu; nous avons procédé à l'élection de commissaires rédacteurs des cahiers, et aucun [courtisan] n'a été appelé à la rédaction.» (*Lettre à Mᵉ de Cloisel, du 29 mars*, loc. cit., p. 21.)

donnera à ses députés. MM. les commissaires ayant demandé un délai de trois jours pour achever la rédaction qui leur était confiée, l'assemblée a été indiquée au vendredi 27 mars, à 8 heures du matin.

*Envoi de députation à l'ordre du clergé :*

L'assemblée ayant pris en considération « qu'il serait avantageux à tous les ordres de concerter leurs vues et de réunir leurs efforts pour la régénération du bonheur public », MM. Le Clerc de Juigné, du Parc de Locmaria, Mauconvenant de Sainte-Suzanne, Cussy de Mandeville, du Quesnoy, Leforestier de Mobecq, d'Auxais de Montfarville, et de Bricqueville sont députés pour complimenter le clergé, et M. de Carbonnel pour annoncer la députation. — Les députés, de retour, ayant rendu compte de leur mandat [1], annoncent l'arrivée d'une députation du clergé.

*Réception de la députation de l'ordre du clergé :*

Elle est reçue par MM. Leclerc de Juigné, du Parc de Locmaria, Mauconvenant de Sainte-Suzanne, et Cussy de Mandeville, « que M. le président a nommé *députés pour le cérémonial* pendant la tenue de l'assemblée ». La députation du clergé « s'étant avancée jusqu'au bureau de M. le président », le prie d'assurer l'assemblée « que l'intention de leur ordre avait toujours été d'agir de concert avec celui de la noblesse, et que les commissaires du clergé communiqueraient leurs cahiers à l'assemblée aussitôt qu'ils seraient rédigés » [2]. Après la réponse du président, l'assemblée se sépare.)

FREMIN DE BEAUMONT.     PLESSARD SERVIGNY.

[4° SÉANCE]. — Du vendredi 27 mars 1789, à 8 heures 1/2 du matin, l'assemblée s'étant réunie, MM. les commissaires ont pris le bureau et ont donné la lecture du cahier des pouvoirs qu'ils ont rédigé. L'assemblée, après en avoir examiné séparément chaque article et en avoir mûrement délibéré, a définitivement arrêté ledit cahier, qui sera signé de MM. les commissaires-rédacteurs, de M. le président et du secrétaire, pour être annexé au présent procès-verbal et déposé au greffe du bailliage, pour en être une expédition en forme délivrée aux députés que l'assemblée choisira, conformément à l'article XIV de l'ordonnance de M. le grand bailli du 13 février dernier [3].

[1] Pour l'envoi et la réception de cette députation à l'assemblée du clergé, cf. le *Procès-verbal de l'ordre du clergé*, séance du 23 mars (*suprà*, p. 434).

[2] Pour la réception de cette députation, on pourra rapprocher de même le *Procès-verbal de l'ordre du clergé*, séance du 23 mars (*suprà*, p. 435).

[3] *Ordonnance de M. le Grand Bailli de Cotentin*, art. xiv, *in fine :* « Que chacun desdits cahiers, signés par tous les commissaires, le président et le greffier, nous seront remis pour être par nous délivré, ou en notre absence par notre lieutenant général, aux députés qui devront être élus, etc.» (Exempl. impr.,

*Réception d'une députation de l'ordre du tiers état :*

Elle est reçue par MM. les *députés du cérémonial.* La députation, « s'étant avancée jusqu'au bureau de M. le président », assure « que le vœu le plus ardent de leur ordre est d'agir de concert avec celui de la noblesse, qu'il aurait désiré pouvoir rédiger son cahier en commun avec les deux ordres », mais « que cette rédaction commune eût exigé un temps considérable, et que les membres de l'assemblée du tiers état étaient presque tous appelés à leurs affaires personnelles par les circonstances les plus impérieuses »; toutefois, elle assure l'ordre de la noblesse que ses députés communiqueront leur cahier à ceux de la noblesse lorsqu'ils seront réunis à Versailles pour la tenue des États généraux, «et que l'assemblée du tiers état recommandera expressément à ses représentants de ne rien négliger pour maintenir l'harmonie entre tous les ordres. » La députation se retire[1].

Envoi subséquent d'une députation à l'assemblée du tiers état, pour l'assurer « que l'ordre de la noblesse serait dans tous les temps disposé à communiquer avec celui du tiers état pour tout ce qui pourra contribuer à la prospérité générale ». Les mêmes députés qui ont été nommés le 23 pour se rendre à la chambre du clergé sont de nouveau invités à se charger de cette mission, dont ils rendent compte à l'assemblée, après s'en être acquittés[2].

L'assemblée a été indiquée à 3 heures 1/2 après-midi.

FREMIN DE BEAUMONT.     PLESSARD SERVIGNY.

[5ᵉ SÉANCE]. — Du vendredi 27 mars, à 3 heures 1/2 après-midi.

L'assemblée s'étant formée comme ci-dessus, elle a procédé à l'élection de trois scrutateurs, suivant les formes prescrites[3], et le scrutin vérifié, MM. de Saint-Gilles, Kadot de Sébeville et Avice de Fermanville ont été élus, à la pluralité des suffrages, scrutateurs pour l'élection des députés.

L'assemblée a été indiquée à demain, 8 heures 1/2 du matin.

FREMIN DE BEAUMONT.     PLESSARD SERVIGNY.

[6ᵉ SÉANCE]. — Du samedi 28 mars 1789, à 8 heures 1/2 du matin,

L'assemblée s'étant réunie comme ci-dessus s'est fait donner lecture du cahier de ses pouvoirs qu'elle a arrêté la veille et a,

---

Arch. Calvados, C. 6353, pièce 3ᵉ). La rédaction de l'article XIV est d'ailleurs conforme au *Modèle d'ordonnance à vendre par les baillis et sénéchaux de la première classe, etc.* (texte dans *Arch. parlem.*, I, p. 621).

[1] Sur l'envoi et la composition de cette députation du tiers état, on comparera le *Procès-verbal de l'ordre*

du tiers état, séance du 27 mars au matin (*infrà*, p. 534).

[2] Pour la réception de cette députation, on comparera de même le *Procès-verbal de l'ordre du tiers état*, séance du 27 mars au matin (*infrà*, p. 535).

[3] *Règlement du 24 janvier 1789*, art. XLVII (texte dans A. BRETTE, *op. cit.*, t. Iᵉʳ, p. 85, nᵒ XXXVIII*).

d'une voix unanime, arrêté qu'elle chargerait ses députés aux États généraux de déposer ledit cahier de ses pouvoirs au greffe du parlement de Rouen, pour conserver dans les archives de la province les protestations qu'il contient et l'expression des sentiments patriotiques qui animent la noblesse du grand bailliage de Cotentin[1].

MM. les commissaires ont dit qu'il leur a été remis, par différents membres de l'assemblée, un grand nombre de mémoires qui leur ont paru mériter d'être confiés aux députés de l'assemblée aux États généraux, pour les vues patriotiques qu'ils contiennent sur différentes parties d'administration, et que ces mémoires seraient d'un grand secours aux députés pour délibérer sur les questions importantes qui seront agitées dans l'Assemblée nationale. Sur quoi l'assemblée ayant délibéré a arrêté, du consentement des auteurs, que tous lesdits mémoires seraient remis par le secrétaire aux députés qu'elle choisira[2].

L'assemblée s'est ensuite occupée du traitement qui doit être fait à ses députés; elle s'en est rapportée à ce qui sera statué sur cet objet aux États généraux[3].

[1] Nous n'avons pu vérifier si effectivement ce dépôt avait eu lieu au greffe du Parlement. Quinette de Cloisel, dans sa correspondance, juge assez sévèrement le cahier de la noblesse, sur la discussion duquel le procès-verbal ne nous donne guère de renseignements : «Ces cahiers, écrit-il, faits tant bien que mal, on les a lus; quatre articles contre mon avis... Nous avons fait bien des imbécillités, tant il est vrai que l'empire de l'habitude et la prévention sont ce qu'il y a de plus puissant sur l'esprit des hommes... Au reste, la noblesse est bien éloignée de l'esprit de désintéressement qui doit la caractériser, jamais elle n'a mieux montré qu'ici combien dans tous les ordres l'homme est occupé de son bien-être et de lui-même.» (*Lettre à M<sup>e</sup> de Cloisel, du 29 mars*, loc. cit., p. 22.)

[2] Aucun des mémoires en question ne s'est retrouvé parmi les pièces déposées par les députés de la noblesse de Cotentin au secrétariat de l'Assemblée nationale constituante.

M. DESDEVIZES DU DÉZERT, qui en avait déjà regretté la perte, se demande s'ils n'ont pas été emportés à Versailles par les députés de la noblesse (*Le Cotentin en 1789*, p. 38).

Le gentilhomme démocrate Quinette de Cloisel avait, comme il nous l'apprend lui-même, rédigé et fait imprimer un cahier contraire aux privilèges de la noblesse : «Je ne t'ai pas parlé, ma bonne amie, de toutes les tracasseries que j'ai essuyées depuis l'assemblée de la noblesse. Lors de cette assemblée, j'ouvris mon cœur, je me montrai patriote, je pensai tout haut, je combattis même l'opinion de mon ordre, et je remis un cahier entièrement contraire au vœu des privilégiés. J'ai fait des prosélytes, et j'ai ainsi déchaîné contre moi les aristocrates.» (*Lettre à M<sup>me</sup> de Cloisel, du 24 mars*, op. cit., p. 19 et 20.)

[3] La question d'un traitement à allouer aux députés avait été envisagée également par les assemblées du tiers état. Voir *Protestation du grand bailliage de Mortain* (suprà, p. 268). Voir aussi A. BRETTE, *Les dépenses des assemblées électorales en 1789*, dans *la Révol. fr.*, tome XXXIII, p. 97.

Le lieutenant général de Saint-Lô, DE ROBILLARD, fait justement observer qu'il serait préférable de faire fixer les traitements, *avant l'élection*, par les assemblées de bailliage; sinon il serait à craindre que des personnes dignes de la

L'assemblée a été indiquée à 3 heures 1/2, pour procéder à l'élection de ses quatre députés aux États Généraux.

FREMIN DE BEAUMONT.    PLESSARD SERVIGNY.

[7° SÉANCE]. — Du samedi 28 mars 1789, dans l'église des RR. PP. Capucins, à 3 heures 1/2 après-midi.

(Scrutin pour l'élection des 4 députés aux États généraux. Il y est procédé de la façon suivante : « Tous les nobles possédants fiefs et non possédants fiefs, ayant été appelés par le secrétaire de l'assemblée, ont déposé ostensiblement leur billet d'élection dans un vase placé sur la table[1], au devant de MM. de Saint-Gilles, Kadot de Sébeville et Avice de Fermanville, élus scrutateurs le jour d'hier par la voie du scrutin, assistés de M. Fremin de Beaumont, secrétaire de l'assemblée, et présidés par M. Leneuf de Sourdeval[2], en l'absence de M. Plessard Servigny, président ordinaire de l'assemblée ». Les suffrages étant comptés, en tenant compte de ceux qui résultent des procurations, et les billets ouverts, les scrutateurs ont déclaré « que M. Luc-René-Charles Achard de Bonvouloir[3] avait obtenu la pluralité des suffrages, et qu'il était élu député aux États généraux ».

confiance des assemblées, mais peu fortunées, ne refusent d'accepter la députation, « soit à raison de la médiocrité de leur fortune, soit à raison du tort qu'elles éprouveraient dans leurs états ». (Lettre de Robillard au G. d. S., du 27 février, Arch. nat., Ba 35, l. 70.)

[1] Le Règlement du 24 janvier, art. 47, avait disposé : « Les scrutateurs prendront place devant le bureau, au milieu de la salle de l'assemblée, et ils déposeront d'abord, dans le vase à ce préparé, leur billet d'élection, après quoi tous les électeurs viendront pareillement, l'un après l'autre, déposer ostensiblement leur billet dans ledit vase. » (A. BRETTE, Documents, I, p. 85.)

[2] Ce personnage figure à l'appel de l'ordre de la noblesse, pour le bailliage de Mortain, sous la qualité de : « M. Louis-Bernardin LENEUF, comte DE SOURDEVAL, seigneur et patron de Saint-Jean-du-Fresne, de Saint-Victor-de-Crétienville, de Montenasy et autres lieux, chevalier de Saint-Louis » (ms. cit., f° 60 r°). Il était, d'après les biographes, né à Caen en 1725 et avait servi dans la marine; il fut décapité à Paris le 9 mai 1794. Voir DE MAGNY, Nobiliaire de Normandie, I, 159, 161, 169; M^lle OURSEL, Nouvelle biographie normande, II,

p. 134 et G.-J. LANGE, Éphémérides normandes, Caen, 1834, in-8°, t. I, p. 310.

[3] ACHARD DE PERTHUS DE BONVOULOIR appartenait au bailliage de Saint-Lô.

À l'appel de la noblesse il figure sous les titres de « M. Luc-René-Charles Achard de Perthus de Bonvouloir, chevalier, seigneur de Bonvouloir-Loyauté, du Perthus-Achard, seigneur patron du Dézert et de Condé-sur-Sarthe, du Feron, de Vervaine et d'Ancinne, ancien capitaine de cavalerie, chevalier de l'ordre royal et militaire de Saint-Louis, demeurant en son château du Dézert, paroisse du Dézert » (ms. cit., f° 48 r°). Né à Passais, près Domfront, le 29 mai 1744, il était pourvu de l'office de lieutenant des maréchaux de France au département de Saint-Lô; ses provisions sont en date du 23 juin 1784 (Arch. nat., Z^v 137). À l'Assemblée constituante, il se fit remarquer en général comme un défenseur de l'ancien régime; il proposa cependant l'abolition du prêt à intérêt, et dans la discussion relative à l'établissement de l'égalité successorale défendit, dans un discours qui est trop peu connu, les principes de l'ancienne coutume de Normandie (séance du 12 mars 1791, dans Arch. parlem., XXIV, p. 47). On consultera A. BRETTE;

L'assemblée a été indiquée à demain , 9 heures du matin.

> SAINT-GILLES , KADOT, comte DE SÉBEVILLE , AVICE DE
> FERMANVILLE , LE NEUF, comte DE SOURDEVAL,
> FREMIN DE BEAUMONT .

[8ᵉ SÉANCE]. — Du dimanche 29 mars 1789, à 9 heures du matin,

(Lecture du procès-verbal de la veille, acceptation de M. Luc-René-Charles Achard de Bonvouloir, nommé député; continuation de l'élection dans la même forme.

2ᵉ scrutin. — « Les billets comptés, recensés et ouverts, et les voix vérifiées par MM. les scrutateurs, ils ont déclaré que personne n'avait obtenu la pluralité des suffrages, qui n'est censée acquise, aux termes du règlement [1], que par une voix au-dessus de la moitié des suffrages de l'assemblée ».

M. le président a indiqué l'assemblée à 4 heures après-midi, pour procéder à un nouveau scrutin.

> SAINT-GILLES , KADOT, comte DE SÉBEVILLE , AVICE DE
> FERMANVILLE , FREMIN DE BEAUMONT , PLESSARD SER-
> VIGNY.

[9ᵉ SÉANCE]. — Du dimanche 29 mars 1789, à 4 heures après midi,

(Nouveau scrutin pour l'élection du second député. Vérification faite, les scrutateurs déclarent « que M. Pierre-François Beaudrap de Sotteville [2] a obtenu la pluralité des suffrages et est élu député aux États généraux »).

---

Les Constituants, p. 98; A. BRETTE, Documents, II, p. 35, n. 1; DE MAGNY, Nobiliaire, I, 157, 161, 207; et LEBRETON, Biographie normande, I, p. 3.

[1] Règlement du 24 janvier, art. XLVII : « ... La pluralité sera censée acquise par une seule voix au-dessus de la moitié des suffrages de l'assemblée. Tous ceux qui auront obtenu cette pluralité seront déclarés élus. Au défaut de ladite pluralité, on ira une seconde fois au suffrage, dans la forme qui vient d'être prescrite. » (Texte dans A. BRETTE, Documents, I, n° XXXVIII⁴, p. 86.)

[2] BEAUDRAP DE SOTTEVILLE (Pierre-François), chevalier, appartenait au bailliage de Valognes. A l'appel de la noblesse, il est convoqué sous le titre de : «M. Thomas-François de Beaudrap, seigneur de Biville, Saint-Martin-du-Mesnil, Sotteville, et Mesnil-Durand» (ms. cit., f° 62 v°). Né à Valognes le 29 mai 1742, il était officier au corps royal de l'artillerie, et depuis 1788 avait été choisi pour procureur-syndic de l'assemblée de l'élection de Valognes. Voir DE MAGNY, Nobiliaire de Normandie, II, p. 14, et I, p. 162; LEBRETON, Biographie normande, I, p. 76; A. BRETTE, Documents, II, p. 54, n° 85; A. BRETTE, Les Constituants, p. 99; et E. SANOT, Tribunal révolutionnaire, p. 286.

L'assemblée a été indiquée à demain, 8 heures 1/2 du matin.

SAINT-GILLES, KADOT, comte DE SÉBEVILLE, AVICE
DE FERMANVILLE, FREMIN DE BEAUMONT, PLESSARD
SERVIGNY.

[10° SÉANCE]. — Du lundi 30 mars 1789, à 8 heures 1/2 du
matin.

(Lecture du procès-verbal de la veille; acceptation de M. Pierre-François
Beaudrap de Sotteville, nommé député. Continuation de l'élection en la même
forme pour la nomination d'un troisième député.

4° scrutin. — Vérification faite des billets, les scrutateurs déclarent « que
M. Artur de la Villarmois [1] a obtenu la pluralité des suffrages et est élu député aux États généraux ».

L'assemblée a été indiquée à 3 heures 1/2 après-midi.

SAINT-GILLES, KADOT, comte DE SÉBEVILLE, AVICE
DE FERMANVILLE, FREMIN DE BEAUMONT, PLESSARD
SERVIGNY.

[11° SÉANCE]. — Du lundi 30 mars 1789, à 3 heures 1/2 après
midi.

(Lecture du procès-verbal de la veille; acceptation de M. Jacques-René-
Jean-Baptiste Artur de la Villarmois, élu député. Continuation de l'élection,
en la même forme, pour le choix d'un quatrième et dernier député.

5° scrutin. — Après avoir vérifié les billets, les scrutateurs déclarent
« que personne n'a réuni la pluralité » [2].

[1] ARTUR DE LA VILLARMOIS (Jacques-
René-Jean-Baptiste, le nom de Artur
n'est pas un prénom) était né à Avranches le 22 avril 1748 et était en 1789
domicilié dans cette ville, où il payait
la capitation noble. Il figure à l'appel de
ce bailliage sous le nom de « M. Jacques-
René-Jean-Baptiste Artur de la Villarmois,
seigneur du fief de Launay en Plomb
(ms. cit., f° 51 r°). A l'Assemblée nationale, il vota avec la droite, rentra à
Avranches après l'expiration de son mandat, fut arrêté comme suspect en mars
1793 et relaxé après le 9 thermidor. Il
mourut à Avranches, le 6 septembre

1822. Voir DE MAGNY, Nobiliaire, I,
p. 156, 531; E. SANOT, Tribunal révolutionnaire, p. 323, 343; A. BRETTE,
Documents, II, p. 44, n° 39; et A. BRETTE,
Les Constituants, p. 99.

[2] FREMIN DE BEAUMONT appartenait
au bailliage de Coutances, à l'appel duquel il figure sous le titre de « M. Nicolas Fremin de Beaumont, seigneur du
fief de Beaumont en Lingreville » (ms.
cit., f° 43 r°). Né à Coutances le 11
avril 1744, il était en 1789 avocat en
Parlement, maire de Coutances depuis
1784 et membre de l'assemblée provinciale de Basse-Normandie depuis 1788.

M. le Président a indiqué l'assemblée à demain, 8 heures 1/2
du matin, pour procéder à un nouveau scrutin.

> Saint-Gilles, Kadot, comte de Sébeville, Avice
> de Fermanville, Fremin de Beaumont, Plessard
> Servigny.

[12ᵉ séance]. — Du mardi 31 mars 1789, à 8 heures 1/2 du
matin,

(Nouveau scrutin pour l'élection d'un quatrième député. « Les billets ouverts, et les voix vérifiées, les scrutateurs ont déclaré que personne n'avait
encore obtenu la pluralité, que M. Leclerc de Juigné et M. Fremin de
Beaumont ont réuni le plus de voix[1], et qu'eux seuls pourront concourir à
l'élection qui sera déterminée par le troisième scrutin ».

Et pour y procéder, l'assemblée a été indiquée à 3 heures 1/2.

> Saint-Gilles, Kadot, comte de Sébeville, Avice
> de Fermanville, Fremin de Beaumont, Plessard
> Servigny.

[13ᵉ séance]. — Du mardi 31 mars 1789, à 3 heures 1/2 après-
midi,

(3ᵉ scrutin pour l'élection d'un quatrième député. « MM. les scrutateurs

Après avoir échoué dans sa candidature
aux États généraux, il fut élu en 1789
président du comité administratif de
Coutances, et en 1790, procureur-syndic du département, puis commissaire
du roi près le tribunal de la Manche. On
le retrouve ensuite en l'an VIII sous-pré-
fet de Coutances, en 1802 membre du
Corps législatif, et en 1810 préfet des
Bouches-du-Rhône. Auteur de quelques
travaux littéraires, dont une soi-disant
traduction d'Ossian, il mourut à Anneville près Coutances, le 31 décembre
1820. Voir Lebreton, *Biographie normande*, II, p. 378; et *Notice* dans *Annuaire de la Manche* de 1829.

(1) Le procès-verbal, dans sa forme
officielle, ne nous renseigne point sur
les passions qui agitaient l'assemblée. En
réalité, les séances d'élection à l'assemblée de la noblesse furent houleuses et
les élections très discutées. Quinette de
Cloisel, gentilhomme démocrate et
affilié aux loges, dont la correspondance
est pleine d'intérêt pour toute cette période, écrit à la date du 29 mars :
«M. l'Évêque, MM. le marquis de la
Salle et le comte du Parc ont prétendu
me prouver qu'il fallait appeler à l'assemblée des États les personnes connues
à la Cour, qui en eussent l'habitude. Je
me suis permis de leur dire que la
nation assemblée n'avait pas besoin de
protecteur auprès du gouvernement,
que l'assemblée de la nation était le
souverain, que le roi n'avait que le pouvoir qu'elle lui confiait... Quelques
personnes m'ont approuvé, d'autres
m'ont blâmé, mais on n'a point nommé
de ces messieurs que les petits appellent
grands... Notre assemblée finit demain.
*Juigné cabale comme un enragé*, et je
serais désespéré qu'il réussît.» (*Lettre à
Mᵐᵉ de Cloisel, du 29 mars*, dans R. du
Coudrey, *L'état d'esprit à Granville*, dans
*Le Pays de Granville*, n° 1, p. 22.)

ayant fait donner lecture du procès-verbal du matin, ont prévenu les électeurs qu'ils doivent choisir à ce 3ᵉ scrutin, M. Leclerc de Juigné ou M. Fremin de Beaumont, qui avaient obtenu au second le plus grand nombre de suffrages, et que tout billet qui porterait un autre nom serait rejeté. Ensuite, ils ont dit que M. Fremin de Beaumont ne pouvant continuer les fonctions de secrétaire pendant ce troisième scrutin, l'assemblée devait nommer un de ses membres pour les remplir, jusqu'à ce que l'élection fût déterminée ». Sur l'invitation du président et du consentement de l'assemblée, M. Tanquerey d'Hyenville remplace M. Fremin de Beaumont, comme secrétaire.

Les billets du scrutin comptés et recensés et ouverts, et les voix vérifiées, les scrutateurs déclarent « que M. Leclerc de Juigné[1] avait réuni la pluralité des suffrages, et qu'il était élu député aux États généraux ».

M. le président a indiqué l'assemblée à demain, 8 heures du matin.

> SAINT-GILLES,    KADOT, comte DE SÉBEVILLE,    AVICE
> DE FERMANVILLE,    FREMIN DE BEAUMONT,    PLESSARD
> SERVIGNY,    TANQUEREY D'HYENVILLE.

[14ᵉ SÉANCE]. — Du mercredi 1ᵉʳ avril 1789, 8 heures du matin.

L'assemblée de la noblesse du grand bailliage de Cotentin s'étant formée comme ci-dessus, s'est fait donner lecture du procès-verbal de l'élection de ses députés, et a déclaré qu'elle donnait pouvoirs :

à messire Luc-René-Charles Achard de Perthus de Bonvouloir, chevalier, seigneur de Bonvouloir-Loyauté, du Perthus-Achard, seigneur-patron du Dézert et de Condé-sur-Sarthe, du Féron, de

---

[1] LECLERC DE JUIGNÉ appartenait au bailliage secondaire de Carentan. A l'appel de la noblesse de ce ressort, il figure sous le titre de : «M. Léon-Marguerite Leclerc, baron de Juigné, comte de Courtomer et seigneur de Sainte-Mère-Église» (ms. cit., fᵒ 54 rᵒ). Né à Paris le 3 janvier 1733, il avait été brigadier des armées du roi, puis maréchal de camp. A l'Assemblée constituante, il ne joua qu'un rôle effacé, et est déclaré absent dès l'appel nominal du 12 juillet 1791. Il servit dans l'armée des princes et ne rentra en France que sous le Consulat. On consultera : DE MAGNY, Nobiliaire de Normandie, I, p. 109; A. BRETTE, Documents, II, p. 179, nᵒ 647; et A. BRETTE, Les Constituants, p. 99.

Il importe de ne pas confondre ce personnage avec ses deux frères, le marquis Leclerc de Juigné (Jacques-Gabriel-Louis), qui fut député de la noblesse aux États généraux pour les marches communes de Poitou et de Bretagne, et le comte de Juigné (Antoine-Éléonor-Léon), archevêque de Paris, qui fut également député du clergé pour la ville de Paris. M. Desdevizes du Dézert, Le Cotentin en 1789, p. 88, a précisément commis cette erreur en disant que M. de Juigné fut élu quoique absent aux assemblées de Coutances. Le gentilhomme, du nom de Juigné, porté non présent au procès-verbal de la noblesse, est le marquis de Juigné, qui avait été assigné dans le bailliage de Coutances, comme héritier de M. de Saint-Germain, seigneur de la Balcine. Non comparant personnellement, il avait donné précisément procuration régulière de le représenter à son frère le baron de Juigné (ms. cit., fᵒ 42 rᵒ).

Vervainne et d'Ancinne, ancien capitaine de cavalerie, chevalier de l'ordre royal et militaire de Saint-Louis, demeurant en son château du Dézert, élection de Saint-Lô ;

à messire Pierre-François de Beaudrap de Sotteville, chevalier, seigneur et patron de Sotteville, Le Buisson, Mesnil-Durand, Hébécrévon, Le Buisson à Angoville-sur-É, et autres lieux, ancien officier au corps royal de l'artillerie, demeurant à son château de Sotteville, paroisse de Sotteville, élection de Valognes ;

à messire Jacques-René-Jean-Baptiste Artur, chevalier, seigneur de la Villarmois, Launai-Champagne et autres lieux, demeurant à Avranches ;

à messire Léon-Marguerite Le Clerc, baron de Juigné, comte de Courtomer, seigneur de Sainte-Mère-Eglise et maréchal des camps et armées du roi, demeurant à l'Archevêché, à Paris ;

qu'elle a élus pour ses députés aux États généraux, de l'y représenter et d'y agir conformément aux pouvoirs contenus dans le cahier qu'elle a arrêté le 27 mars 1789 en 24 articles, dont le premier commence par ces mots : « L'assemblée de la noblesse du grand bailliage de Cotentin donne par le présent acte », et le vingt-quatrième finit par ces mots : « a mérité dans tous les temps la confiance de ses rois [1] ». Ledit cahier coté et paraphé par M. Plessard de Servigny, président de l'assemblée, et M. Fremin de Beaumont, secrétaire, et signé d'Auxais de Montfarville, Achard de Bonvouloir, Beaudrap de Sotteville, Le Maignen, Leforestier, comte de Mobecq, Michel de Chambert, Leforestier de Muneville, Artur de la Villarmois, d'Anneville, de Vaufleury de Saint-Cyr, le chevalier de Gassé de Colas, nommés commissaires par l'assemblée le 21 mars 1789 pour la rédaction dudit cahier, Plessard Servigny, président de l'assemblée, et Fremin de Beaumont, secrétaire de ladite assemblée.

Ensuite, lesdits sieurs députés ont déclaré de nouveau qu'ils acceptaient la députation, et ont promis de se conformer en tout audit cahier de pouvoirs [2], ce qu'ils ont signé.

ACHARD DE BONVOULOIR, BEAUDRAP DE SOTTEVILLE, ARTUR DE LA VILLARMOIS, LE CLERC, baron DE JUIGNÉ.

---

[1] Cf. le texte du cahier de l'ordre de la noblesse (infrà, p. 508 et p. 517).

[2] Les restrictions nombreuses imposées par le cahier aux pouvoirs des députés de la noblesse ont obligé ceux-ci à demander plus tard des compléments de pouvoirs, qui leur furent donnés par une nouvelle assemblée, tenue le 18 juillet 1789. Voir infrà, p. 505.

Sur la question des mandats impératifs en général dans les cahiers de 1789, on consultera surtout : A. BREITE,

Et ledit cahier leur ayant été remis par le secrétaire, tous les membres de l'assemblée ont signé le présent procès-verbal, fait et arrêté à Coutances, ce 1er avril 1789[1].

LEONARD, chevalier de Rampan, GOUESLARD, DE PIERRES, LE POITEVIN, B.-L. marquis DE BRICQUEVILLE, chef d'escadre, DUBREUIL, Jean-Baptiste, comte DE VISSEC DE LA TUDE, ACHARD DE BONVOULOIR, A.-F.-L. LE VERRIER D'AMIGNY, LE ROI DE DAIS, LE DUC, SAINT-GILLES, Charles-Jean-Pierre D'AUXAIS, DUMESNIL SAINT-ANDRÉ, DE LORIMIER, Godefroy D'OSBERT, LE JOLIS DE VILLIERS, DE GODEFROY LAISSART, DE CUSSY VOULLY, D'AUXAIS DE MONTFARVILLE, J.-R. DE PIERRE, BILLEHEUST DE SAINT-GEORGES, TUFFIN DE VILLIERS, CARBONNEL, baron de Marcé, Jean-Jacques-Julien DU QUESNOY, marquis du Quesnoy, LA BELLIÈRE DE VAINS, DE GOUVETS, P. ERNAULT, s' de Chantorey, ARTUR DE LA VILLARMOIS, PAYEN DE CHAVOY, DE MONS DE CARANTILLY, François-Claude-Marie, vicomte DE BRICQUEVILLE, major en second de Vexin-infanterie, Henry LEFORESTIER, comte de Mobecq, POUPINEL DE QUETTREVILLE, RICHIER DE CERISY, POTIER DE SAINT-MARTIN, DE TOURNEBUS, LE CONTE, chevalier d'Ymouville, GOHIER, le chevalier DE GOHIER, Michel DE VESLY, GOURMONT, MARCEUIL DE VAUDERON, LE POITEVIN DU ROSAY, DE MARY DE BACTOT, BOUCHER DE VALLÉFLEURS, Ferrand DE MONTCUIT, YVELIN DE PRÉAUX, DE LA HAYE DE SÉNOVILLE, DU MESNIL ADELÉE, le chevalier DU MESNIL ADELÉE, Michel DE CHAMBERT, L.-P. DUBREUIL, BOURDON DE SAINT-EBREMOND, FORESTIER DE MUNEVILLE, Jacques-François-Pierre POTIER, Louis POTIER, GOUESLARD, M.-C. DE CLAMORGAN, DES ISLES, DUPREY, le chevalier DE CUSSY, le chevalier DU THOT, TANQUEREY D'HYENVILLE, YVELIN, KADOT comte de Sébeville, YVELIN DU MANOIR, LETELLIER DE MONTAURE, DE BOISROGER, DU CHASTEL, POTIER DE COURCY, DE MELUN, LEMAITRE, D'ANNOVILLE, DE PÉRONNES DE LA SABLONNIÈRE, HUET, COURAYE DUPARC, QUINETTE DE

Les cahiers de 1789 considérés comme mandats impératifs (dans la revue La Révolution française, année 1896, t. XXXI, p. 123).

[1] L'exemplaire du Procès-verbal conservé aux Archives nationales porte in fine : «Pour copie conforme à l'original remis à Monsieur le lieutenant général du grand bailliage de Cotentin, le 1er avril 1789, pour être déposé au greffe, la présente copie collationnée, cotée et paraphée par nous, président et secrétaire de l'assemblée de la noblesse dudit bailliage de Cotentin. — PLESSARD SERVIGNY, président; FREMIN DE BEAUMONT, secrétaire.»

Cloisel, A. Breboeuf, Gervais Tardif, chevalier de Moidrey, Duhomme de Chossilly, de Clinchamp de Precey, d'Anjou de la Garenne, Leonord-Robert d'Anjou, Thomas-Hyacinthe d'Hallarun de Pienne, Normand de Garat, de Verdun, seigneur de Ballant, le chevalier de Verdun Ballant, officier de Bassigny, Verdun, Jean-Baptiste Le Roy de Brée, de Chivré, Danjou de Longuay, Piton du Gault, de Juvigny de Vauvert, de Juvigny de la Daussère, Gaultier d'Orville, Martin de Bouillon, de Billeheust de Braffais, Leclerc, baron de Juigné, du Trésor, Bauquet de Grandval, le chevalier Le Trésor de la Roque, Duprey des Isles, Pierre-Jacques Le Seur, Darot, chevalier de Vaugoubert, Feuillye de Rion, L. Laffoley Sorteval, de Gigault, comte de Bellefond, Le Maignen, le chevalier du Mesnil Dot, Sorin, Sorin du Hommet, Avice, Duhamel Milly, Le Neuf, comte de Sourdeval, du Homet de Mossey, de Vaufleury de Saint-Cyr, de la Broisse du Boulyert, chevalier de Saint-Louis, de Saint-Paul de Laingheard Le Harivel, baron de Fresne, Payen de la Fresnaye, de la Roque, chevalier Payen, Poulain des Chateaux, Poret de la Bouftière, chevalier de Saint-Louis, du Bourblanc d'Appeville, Sorin de l'Epesse, Guérin d'Agon, Forestier, baron de Claids, Mauconvenant de Sainte-Suzanne, Mauconvenant, chevalier de Sainte-Suzanne, Le Roy du Champgrain, Le Boulleur, de Campion du Bisson, Sorin du Longprey, Dancel du Tot, Beaudrap Biville, le marquis de Harcourt, Danneville Chiffrevast, Anquetil, chevalier de Beaudreville, Avice de Sortosville, Beaudrap de Sotteville, de Folliot de Fierville, Poisson de Sauxemesnil, Leforestier de Sideville, Danneville d'Addeville, Le Fauconnier de Bernaville, Claude-Marie, comte de Bricqueville, *mestre de camp de cavalerie*, du Saussay, du Tertre, de Berrüyer de Gonneville, chevalier de Béatrix Mesnilrainne, Payen de la Fermonnière, le chevalier de Bérenger, le chevalier de Brucan, de Brucan, Jallot, comte de Beaumont, Barbou de Querqueville, d'Aigremont de Pépinvast, Marguerye, de Collas, chevalier de Gassé, Adoubeden d'Erouville, le comte de Flers, Feuardent, chevalier d'Egulleville, *capitaine de vaisseau*, d'Avice, *capitaine de dragons*, Cussy, Vauquelin d'Artilly, le comte de la Varengerie, Loir du Lude, le chevalier Louis de Caligny, Eustace d'Omonville, Lecourtois de Sainte-Colombe, Levavasseur, d'Hiéville, Collas de Prémare, *avocat*, chevalier d'Aboville de la Porte, *officier de vaisseau*, Avice de Fermanville, Pierre Gouesland, le comte de Bérenger, Plessard Servigny, *président*, Frémin de Beaumont, *secrétaire*.

---

1 *bis.* Pièces annexes au Procès-verbal de l'assemblée de l'ordre de la noblesse [1].

A. Déclarations et protestations des députés de la noblesse du bailliage de Cotentin, à l'assemblée des États généraux.

a. Déclaration, en date du 23 mai 1789.

(*Ms.*, Arch. nat., C 29, l. 234, pièce n° 20. *Original signé*, 2 pages in-folio. Inédit [2].)

## (Sans titre.)

Nous députés de la noblesse du Cotentin soussignés, en vertu des pouvoirs qui nous ont été remis par nos commettants, ayant

[1] Les pouvoirs restreints et impératifs donnés aux députés de la noblesse de Cotentin par le procès-verbal que nous avons ci-dessus analysé devaient presque nécessairement leur susciter des difficultés dans l'assemblée des États généraux. Dès les premiers jours de la réunion à Versailles, ces députés, liés par les termes de leur mandat trop limité, se crurent obligés de protester contre des mesures qui excédaient ce mandat et de se tenir à l'écart des délibérations. Il en fut ainsi jusqu'à ce qu'au mois de juillet une nouvelle assemblée de l'ordre de la noblesse, tenue à Coutances, fût venue les libérer de leur serment et leur conférer de nouveaux pouvoirs, généraux cette fois et illimités.

Il nous a paru nécessaire de donner le texte des *Protestations* des députés de la noblesse de Cotentin, du mois de mai au mois de juillet, qui sont en quelque sorte comme la suite et l'appendice du procès-verbal et du cahier de cet ordre. On ne devra pas manquer non plus, si l'on veut étudier complètement le cahier de la noblesse, de recourir à deux pièces d'une date un peu postérieure, émanées des mêmes députés de la noblesse, à savoir :

1° *Compte rendu à leurs commettants par les députés de la noblesse du grand bailliage de Cotentin aux États généraux de France de 1789.* A Paris, de l'imprimerie de J.-J. Ranville, 30 septembre 1791, 103 pages in-8°. (Exempl., Bibl. nat., Lb 39, 5455.)

2° *Adresse à leurs commettants par plusieurs députés de la Manche, 13 janvier 1791.* Paris, de l'impr. de Ranville, rue Saint-Roch, 37 pages in-8° (cité par Sarot, *Recherches bibliographiques*, 2° étude, p. 16). Cette adresse, outre les députés de la noblesse, est signée de Lerouvillois, de Talaru et de Burdelot.

[2] La *Déclaration* ci-dessus fait partie d'une série considérable de protesta-

"fait à la Chambre [de la noblesse] le jour d'hier la déclaration dont suit copie :

Les députés de la noblesse du Cotentin ont ordre de déclarer à la nation assemblée que leurs commettants sont disposés à faire aux besoins de l'Etat tous les sacrifices pécuniaires qu'ils exigeront; ils n'y veulent mettre de bornes que celles de leurs moyens. En conséquence, ils déclarent qu'aussitôt que les bases de la constitution du royaume en général et de la province de Normandie en particulier seront solidement reconnues, ils consentiront librement et volontairement à ce qu'il soit offert par l'ordre de la noblesse, conjointement avec les deux autres ordres, sous le titre de *don gratuit,* pour durer jusqu'à la prochaine tenue d'États généraux, dont le plus long terme sera fixé à cinq ans, une contribution proportionnée aux besoins de l'État, et qui soit également répartie sur toutes les propriétés [1].

En faisant ce sacrifice, la noblesse du Cotentin n'a pas dû oublier qu'il existe dans son sein un grand nombre de gentilshommes d'illustre famille, auxquels il n'est demeuré de la fortune de leurs pères que quelques arpents de terre, une épée et la franchise de leur charrue.

En réservant pour ces gentilshommes recommandables l'exploitation franche d'une portion de leur propriété équitablement bornée, elle a voulu leur conserver une distinction réelle, qui soit exclusivement propre de la noblesse; aucun autre sentiment ne lui a inspiré de faire cette juste réserve, sur l'étendue de laquelle elle s'en rapporte au jugement de la Chambre [2].

---

tions qui furent présentées et lues le 30 juin 1789, dans la 1ʳᵉ séance de l'Assemblée nationale régulièrement constituée après la réunion des trois ordres, par les députés de la noblesse d'un grand nombre de bailliages, qui jugeaient que leurs pouvoirs trop exprès ne leur permettaient pas de siéger dans une assemblée où les ordres étaient désormais confondus. Le *Moniteur,* qui a reproduit une dizaine de ces protestations, ne donne pas le texte de celle des députés du bailliage de Coutances. Elle est seulement mentionnée en bloc, dans une liste des protestations lues et déposées sur le bureau. Voir, avec les réserves d'usage, *Arch. parlem.,* 1ʳᵉ série, tome VIII, p. 173, 1ʳᵉ colonne.

La pièce reproduite ci-dessus porte en marge la mention d'enregistrement au secrétariat de l'assemblée : « Reg. A, fol. LV, n° 234, *vingtième.* »

[1] La *Déclaration* reproduit presque textuellement les termes de l'art. XVII du cahier de l'ordre de la noblesse (*infra,* p. 514). Les restrictions relatives à la limitation de durée de l'intervalle entre les prochaines tenues des États généraux, et à la consolidation préalable de la Constitution, sont empruntées aux articles V et VIII du même cahier (*infra,* p. 511, 512).

[2] La *Déclaration* paraphrase et explique la partie finale de l'art. XVII du cahier de la noblesse, qui, en autorisant ses députés à offrir au roi un *don gratuit* également réparti sur toutes les propriétés, réservait toutefois pour le noble « l'exploitation franche d'une portion de sa propriété équitablement bor-

Nous protestons contre la dénonciation prématurée et sans motifs d'aucuns des droits et prérogatives pécuniaires de la noblesse [1], sans que préalablement la constitution générale du royaume, et celle de la Normandie en particulier, n'ait été consolidée et solidement sanctionnée; que les droits et prérogatives distinctifs d'ordres n'aient été reconnus, et la ligne de démarcation qui sépare les ordres n'ait été posée d'une manière précise; que la réserve de l'exploitation franche d'impôt d'une partie de la propriété de tout gentilhomme, équitablement bornée par la Chambre, ne soit reconnue et déterminée par décret, cette franchise étant pour la noblesse peu fortunée le reste précieux et nécessaire des droits et immunités de ses pères, qu'elle se porte à réduire si généreusement [2].

Dans la Chambre de la noblesse, le 23 mai 1789.

ACHARD DE BONVOULOIR, BEAUDRAP DE SOTTEVILLE, ARTUR DE LA VILLARMOIS, Le baron DE JUIGNÉ [3].

———

b. PROTESTATION, À LA DATE DU 3 JUIN 1789.

( *Ms.*, Arch. nat., C 29, l. 234 *quater*, pièce n° 2, *une page in-f°*. Original signé. *Inédit* [4].)

## ( *Sans titre.* )

La noblesse du bailliage de Cotentin, convaincue qu'en droit public elle n'a nul pouvoir de rien changer aux bases fondamentales de la Constitution française, que les droits qui assurent la distinction des ordres dans la monarchie étant la plus sacrée de

née» (*infrà*, p. 514). On rapprochera utilement les développements contenus dans le *Compte rendu aux commettants*, p. 29.

[1] Les réserves de la *Déclaration* ne sont que le développement logique et rigoureux des articles 11 et XVII du cahier de la noblesse; l'article XVII *in fine* réservait expressément le maintien de «toutes les autres prérogatives distinctives d'ordres» (*infrà*, p. 514).

[2] La *Déclaration* vise manifestement l'*arrêté* pris la veille (22 mai 1789) par la majorité de l'assemblée de la noblesse, — 143 voix contre 62, — dans lequel elle annonçait au tiers état que

«la plus grande partie des cahiers portant renonciation aux privilèges pécuniaires, elle était dans la ferme résolution d'arrêter cette renonciation une fois la constitution établie». (*Arch. parlem.*, 1re série, VIII, p. 44, 2e col.)

[3] Les quatre députés de la noblesse de Cotentin figurent sur la *Liste des membres du clergé et de la noblesse* qui ont remis des déclarations et des réserves sur le bureau, dans la séance du 30 juin 1789. (*Ibid.*, p. 174, 1re col.)

[4] L'original reproduit ci-dessus porte en tête la mention d'enregistrement au secrétariat de l'Assemblée : «Reg. A, f° LV, n° 234 *quater*, seconde et dernière,»

toutes les propriétés, elle ne peut en aucune manière y déroger, en se conformant pour cette fois seulement au Règlement annexé aux Lettres de convocation du 24 janvier 1789, a voulu rendre une obéissance provisoire aux ordres du roi. Mais elle a ordonné à ses députés de réclamer et protester devant les États généraux contre l'atteinte portée par le Règlement au droit inaltérable d'une représentation égale et légale de chaque ordre[1].

Les députés du Cotentin demandent acte de la déclaration et de la protestation qu'ils font en conséquence.

3 juin 1789.

ACHARD DE BONVOULOIR, ARTUR DE LA VILLARMOIS, Le baron DE JUIGNÉ, BEAUDRAP DE SOTTEVILLE.

*A la suite, on lit :*

Les députés de l'ordre de la noblesse soussignés déclarent adhérer, chacun pour leurs commettants, à la protestation de MM. les députés du bailliage de Cotentin, étant en l'autre part.

LE CARPENTIER DE CHAILLOUÉ, *député d'Alençon, secrétaire ;* le marquis DE VRIGNY ; MALARTIC [2].

---

c. DÉCLARATION, EN DATE DU 25 JUIN 1789.

(*Ms.*, Arch. nat., C 29, l. 236, pièce n° 39, *une page in-folio*. Original signé. *Inédit* [3].)

### (Sans titre.)

Les députés du bailliage du Cotentin ne peuvent accepter la

---

[1] La *Protestation* reproduit presque mot pour mot le texte de l'article 11 du Cahier de l'ordre de la noblesse (*infrà*, p. 509). Voir aussi le *Compte rendu aux commettants*, p. 23.

Cette protestation du . juin paraît avoir été provoquée par la *Lettre du Roi*, du 28 mai, qui ordonnait de procéder à la vérification des pouvoirs par des commissaires communs aux trois ordres (texte dans *Arch. parlementaires*, VIII, p. 55, 2° col.).

[2] Les signatures des deux premiers personnages sont celles des deux députés de l'ordre de la noblesse du bailliage d'Alençon. Voir A. BRETTE, *Les Consti-tuants*, p. 100, n°° 3 et 4, et *Documents*, tome II, p. 207, n° 759 et p. 331, n° 1312. Le troisième signataire, MALARTIC, était député de la sénéchaussée de La Rochelle. Voir A. BRETTE, *Les Constituants*, p. 55, n° 2; et A. BRETTE, *Documents*, tome II, p. 229, n° 861.

Le Carpentier de Chailloué remplissait, à la date du 3 juin 1789, les fonctions de *secrétaire provisoire* de la chambre de la noblesse à l'Assemblée (A. BRETTE, *Les Constituants*, p. 281).

[3] La pièce porte en marge la mention : «*Reg. A, fol. LVI, n° 236, 39*», et en tête la mention : «*Délivré acte.*»

*Déclaration du roi* du 23 juin 1789 [1], qu'en se réservant (*sic*) expressément à la teneur de leur mandat.

Ce 25 juin 1789.

ACHARD DE BONVOULOIR, ARTUR DE LA VILLARMOIS, BEAUDRAP, le baron DE JUIGNÉ.

---

**d.** DÉCLARATION ET PROTESTATION, À LA DATE DU 1ᵉʳ JUILLET 1789 [2].

(*Ms.*, Arch. nat., C 29, l. 238, pièce n° 6, *3 pages in-folio.* Original signé. *Inédit* [3].)

### *Extrait du cahier de la noblesse du bailliage de Cotentin.*

«La Constitution française est composée du roi, chef suprême «de la nation, et de trois ordres essentiellement distincts et sépa-«rés, égaux, libres, individuels sans subdivision, et mutuellement «indépendants [4].

«La noblesse du bailliage de Cotentin désire que dans tous «les cas on maintienne l'union et la concorde entre les ordres, et «qu'ils agissent de concert par la communication de leurs com-«missaires respectifs; mais elle veut que l'on délibère toujours par «ordre [5].

«La majorité seule des voix de chaque ordre formera le vœu «unique et précis de l'ordre dont il sera émané, et la réunion «du vœu de chacun des trois ordres pourra seule former le vœu «général, le vœu de deux ordres ne pouvant lier le troisième [6]».

---

[1] *Déclaration du roi, concernant la présente tenue des États généraux,* Versailles, 23 juin 1789 (DUVERGIER, I, p. 24). Cette déclaration, lue dans la séance royale du 23 juin, avait ordonné, comme on sait, dans son article VII, aux trois ordres de se réunir «pendant cette tenue d'États seulement», pour délibérer en commun sur les affaires d'une utilité générale. Cette forme de procéder était directement contraire aux dispositions impératives des articles XV et XVI du cahier de la noblesse de Cotentin, qui exigent «que l'on délibère toujours par ordre» (*infrà*, p. 513), et les députés de Cotentin ne pouvaient faire autrement que de protester.

[2] Cette nouvelle protestation paraît avoir été motivée par la *Lettre du Roi,* du 27 juin, au président de l'ordre de la noblesse, par laquelle le roi «enga-geait sa fidèle noblesse à se réunir sans délai avec les deux autres ordres». Quarante-cinq membres ont encore protesté, comme les députés de Cotentin. (*Arch. parlem.*, VIII, p. 162, 2° col.)

[3] La pièce porte en tête la mention : «Délivré copie. Reg. A, fol. LVI, n° 238, 6°».

[4] Ce premier paragraphe reproduit textuellement les termes de l'article III du cahier de la noblesse de Cotentin (*infrà*, p. 510).

[5] Le second paragraphe reproduit également les termes textuels de l'ar-ticle XV du cahier de la noblesse (*infrà*, p. 513).

[6] Ce dernier paragraphe reproduit encore textuellement l'article XVI du cahier de la noblesse (*infrà*, p. 513).

Les députés de l'ordre de la noblesse du Cotentin, obligés par leur serment à maintenir de tout leur pouvoir les principes ci-dessus, ne croient pas y déroger en donnant aux deux autres ordres la communication de leurs pouvoirs déjà vérifiés dans la chambre de la noblesse, et déclarés bons et suffisants[1]. Ils déclarent être déterminés à cet acte de déférence par le désir de voir au plus tôt rétablir la concorde et le concert mutuel entre les ordres, sans entendre les soumettre au jugement les uns des autres. Ils protestent contre toute induction qu'on en voudrait tirer contre leur constance à maintenir les principes ci-dessus, qu'ils tiendront toujours comme devant être la règle absolue de leur opinion et de leur conduite, jusqu'à ce qu'il ait plu à leurs commettants de leur ordonner de s'en écarter dans quelques circonstances[2].

En conséquence, ils ne peuvent prendre part à aucune délibération qui y serait contraire; ils requièrent qu'il ne soit point fait d'arrêté par les ordres réunis, avant que les députés du Cotentin n'aient reçu de nouveaux ordres de leurs commettants, qui doivent être incessamment rassemblés par une nouvelle convocation[3]; protestant en tant que de besoin contre tout ce qui aurait pu être ci-devant arrêté, ou pourrait l'être par la suite, de contraire à la présente déclaration et sans leur participation. Et ont demandé acte de la présente, qui est une explication de l'adhésion donnée par eux à la protestation du bailliage de Rouen.

Ce jourd'hui à Versailles, le 1er juillet 1789.

ACHARD DE BONVOULOIR, BEAUDRAP DE SOTTEVILLE, ARTUR DE LA VILLARMOIS, LECLERC, baron DE JUIGNÉ.

---

[1] La communication respective des pouvoirs déjà vérifiés et non contestés était ordonnée par l'article II de la *Déclaration royale du 23 juin* (loc. cit., p. 25).

[2] Les députés de la noblesse de Cotentin ne tiennent, comme on voit, aucun compte des articles III et IV de la *Déclaration royale*, qui cassaient et annulaient toutes les restrictions de pouvoirs qui pouvaient gêner la liberté des

députés aux États généraux (*ibid.*, p. 25).

[3] L'art. V de la *Déclaration* permettait aux députés, «qui se croiraient gênés par leurs mandats», de «demander à leurs commettants un nouveau pouvoir». Mais en attendant, le roi leur enjoignait «de rester aux États généraux, pour assister à toutes les délibérations sur les affaires présentes de l'État, et y donner un avis consultatif» (*loc. cit.*, p. 25).

## B. Complément de pouvoirs donné en juillet 1789
### aux députés de l'ordre de la noblesse.

a. Procès-verbal de l'assemblée de l'ordre de la noblesse,
tenue à Coutances le 18 juillet 1789.

(*Ms.*, Archives du Greffe du Tribunal de première instance de Coutances, pièce n° 44,
*une page grand in-f°. Original signé. Inédit* [1].)

### (*Sans titre.*)

La noblesse du Cotentin, conformément au *Règlement* fait par le
roi le 27 juin dernier [2], et aux lettres d'invitation écrites à tous ses
membres * qui ont concouru immédiatement à l'élection de ses députés * [3], s'est assemblée les 18 et 20 juillet 1789, dans l'église
des Capucins de cette ville.

Après avoir entendu le rapport de M. Achard de Bonvouloir,
premier de ses députés aux États généraux, l'assemblée, composée
des membres soussignés, a approuvé la conduite de ses députés, et
a chargé son président de leur témoigner la satisfaction de la noblesse du Cotentin [4].

[1] Un autre exemplaire de cette délibération est conservé aux Archives nationales, dans le fonds de l'Assemblée
constituante, Arch. nat., C 29, l. 227.

[2] *Règlement fait par le roi, concernant les mandats des députés aux États
généraux, du 27 juin 1789* (dans Duvergier, I, p. 28). Un exemplaire imprimé de ce règlement, format in-4°,
portant la signature manuscrite *Louis* et
plus bas *Laurent de Villedeuil*, est conservé
au greffe de Coutances, pièce n° 17. Il
porte en tête la note manuscrite : «lu à
l'audience du 6 juillet 1789, et enreg.»
Il est accompagné d'une lettre imprimée,
datée de Versailles le 3 juillet 1789, et
portant la mention ms. : «bailliage de
Coutances», dans laquelle le ministre
enjoint au lieutenant général de provoquer, conformément au règlement, la
réunion des membres des ordres privilégiés qui auraient donné à leurs députés
des pouvoirs insuffisants.

[3] Les mots compris entre les
signes * * sont interlignés dans l'original. L'art. 11 du *Règlement du 27 juin*
n'appelait en effet aux nouvelles assemblées que «les membres de l'ordre qui
auront immédiatement concouru à l'é-
lection des députés» (Duvergier, *op. cit.*,
I, p. 28).

[4] La convocation de l'ordre de la
noblesse, qui s'est faite sans difficultés
à Coutances, n'alla point partout sans
encombres. Dans le ressort voisin de
Caen, il fut impossible, à cause des
troubles, de réunir l'assemblée de la
noblesse du bailliage principal. Le lieutenant général dut se contenter d'envoyer aux députés de l'ordre de la noblesse un arrêté du bailliage secondaire
de Vire, adressé par les membres de
la noblesse de cet arrondissement.
(*Lettre de M. Duperré de l'Isle au
G. d. S., du 26 juillet 1789*, Arch. nat.,
C 29, l. 227, pièce cotée 15°.)

Ensuite, après avoir délibéré, l'assemblée a pris l'arrêté suivant :

*Pénétrée des plus vifs sentiments de reconnaissance et de respect pour le roi, pleine de confiance dans la prudence et le patriotisme de ses députés, la noblesse du bailliage du Cotentin consent à retrancher de ses pouvoirs la partie impérative qui pourrait s'opposer à tous les plans de conciliation proposés ou qui naîtraient des circonstances*[1], *s'en rapportant au surplus à tout ce qu'ils jugeront à propos de faire pour le bien général.*

Fait et arrêté à Coutances, le 20 juillet 1789. Neuf lignes en interlignes approuvées[2].

FEUARDENT, chevalier d'ECULLEVILLE ; AVICE DE FERMANVILLE ; DUBREUIL ; B.-F.-P. D'ANNEVILLE ; DAUXAIS DE MONTFARVILLE ; QUINETTE DE CLOISEL ; DESMARETS D'HUGUEVILLE ; DU BOURBLANC D'APPEVILLE ; GOURMONT DE DRAGUEVILLE ; POTIER DE SAINT-MARTIN ; BRICQUEVILLE, etc... (suivent en tout 108 signatures, dont les dernières sont :

ACHARD DE BONVOULOIR, *député ;* PLESSARD SERVIGNY, *président ;* FREMIN DE BEAUMONT, *secrétaire.*

---

b. LETTRE DE M. ACHARD DE BONVOULOIR, PREMIER DÉPUTÉ DE LA NOBLESSE DE COTENTIN, À L'ASSEMBLÉE NATIONALE, À LA DATE DU 28 JUILLET 1789.

(*Ms.*, Arch. nat., C 29, l. 227, pièce 20, 2 *pages in-folio. Original signé*[3].)

MM., — Je dois avoir l'honneur de vous rendre compte à

---

[1] Allusion évidente aux restrictions contenues dans l'art. 11 du cahier de l'ordre de la noblesse, et l'art. 1er des *Instructions.* (Voir *infrà*, p. 509 et p. 517.)

[2] Dès les premiers jours de juillet, M. de Montchaton avait prévu que tout se passerait sans difficultés dans la nouvelle assemblée ; il écrivait au D. G. d. F. : « Mgr., — J'ai reçu hier la lettre que vous m'avez fait l'honneur de m'adresser, avec les exemplaires du règlement fait par S. M. le 27 du mois dernier, concernant les mandats des députés aux États généraux. Quelques instants après, est arrivé chez moi M. de Bon-

vouloir, un des députés de la noblesse du bailliage de Cotentin, qui m'a requis de la convoquer à nouveau dans le plus bref délai possible. Je compte, Mgr., que cette assemblée pourra avoir lieu le 18 de ce mois. Je ne négligerai rien de ce qui pourra hâter le retour de M. de Bonvouloir aux États, et le mettre lui et ses co-députés en état de concourir avec ceux des autres bailliages à la gloire du roi et à la prospérité du royaume. Je suis, etc.... » (*Lettre de M. de Montchaton, du 9 juillet 1789,* Arch. nat., K 679, et par transcription B III/53, p. 606.)

[3] Une transcription de cette pièce a

l'Assemblée nationale des motifs de mon absence. Je la supplie de m'entendre[1] avec bonté.

Les députés de la noblesse de Cotentin retenus, par quelques articles trop impératifs de leurs pouvoirs, dans une inaction qu'ils désiraient ardemment[2] de voir cesser, m'ont envoyé vers leurs commettants. J'ai eu le bonheur de les rassembler, et annulant tout ce qui était impératif dans ces pouvoirs, la noblesse de Cotentin m'a ordonné de déclarer à cette auguste assemblée que son vœu le plus cher est le bien général, qu'elle veut que ses députés y[3] concourent avec le plus entier abandon de toute prétention particulière. Que si dans la première assemblée, en renonçant à ses privilèges pécuniaires, elle avait cru pouvoir proposer une légère réserve pour la partie la moins fortunée de la noblesse[4], elle consent dans ce moment sans aucune réserve ni restriction à ce que les impôts que vous allez, MM., substituer aux anciens, soient également répartis sur tous les citoyens en proportion de leurs facultés, sans aucune distinction d'ordres[5].

La noblesse du Cotentin m'a de plus ordonné, MM., d'avoir l'honneur de vous représenter que l'état des provinces devient de plus en plus alarmant, et de vous supplier d'employer les moyens les plus prompts pour tâcher de pourvoir à la détresse du peuple, qui augmente chaque jour par l'inclémence du ciel et le manque absolu de subsistances dans plusieurs endroits.

Elle déclare qu'il n'y a point de sacrifices qu'elle ne soit prête à faire pour contribuer à un objet si pressant; au moindre signal, elle est prête à verser sa contribution.

Elle a renouvelé à ses députés l'ordre exprès de coopérer de tout leur pouvoir à l'extirpation absolue de tous les abus sans exception.[6]

Elle m'a ordonné enfin de présenter à l'Assemblée nationale

---

été faite dans la collection de Camus, Arch. nat., B III/53, p. 608. L'original porte en marge : «*Procès-verbal du 28 juillet, M. Achard de Bonvouloir,* — Reg. A, fol. LIV, n° 227, *vingtième.*»

*Ed.:* dans *Archives parlem.*, t. VIII, p. 291, col. 2 (séance du 28 juillet 1789) et HIPPEAU, *Élections,* p. 91.

[1] Le manuscrit original portait tout d'abord : *de m'écouter;* le texte a été raturé au crayon et surchargé par les mots *de m'entendre.*

[2] Les mots *ardemment* et *de* manquent dans la transcription des Archives nationales.

[3] La transcription a oublié encore le mot *y.*

[4] Le texte vise l'article XVII du cahier de la noblesse (*infrà,* p. 514).

[5] Allusion nouvelle aux articles XV et XVII du même cahier, qui refusaient aux députés le droit de consentir la fusion des ordres devant l'impôt (*infrà,* p. 513, 514).

[6] Ce paragraphe manque, — probablement par suite d'une faute de copiste, — dans l'édition des *Archives parlem.* Le texte vise les pouvoirs contenus dans l'art. 1er du même cahier de la noblesse (*infrà,* p. 508).

l'hommage de son respect, de sa reconnaissance et de sa confiance absolue.

Je supplie respectueusement l'Assemblée nationale de daigner ordonner qu'il soit fait quelque mention de la présente déclaration dans son procès-verbal de ce jour [1].

A Versailles, le 28 juillet 1789.

ACHARD DE BONVOULOIR, *premier député de la noblesse du bailliage de Cotentin.*

---

## 2. CAHIER DE DOLÉANCES.

(Ms. *Archives du Greffe du Tribunal de première instance de Coutances*, pièce n° 45, 6 pages en trois rôles in-f°, cotés et paraphés. Original, signé des commissaires, du président et du secrétaire de l'assemblée [2].)

*Cahier de pouvoirs que l'assemblée de la noblesse du grand bailliage de Cotentin, réunie aux termes des lettres de convocation données à Versailles le 24 janvier dernier, donne aux députés qu'elle élira par la voie du scrutin* [3].

ART. 1er. L'assemblée de la noblesse du grand bailliage de Cotentin donne, par le présent acte, et sans autres limitations que

---

[1] La déclaration ci-dessus est effectivement mentionnée au procès-verbal de la séance du 28 juillet de l'Assemblée nationale (Arch. nat., C* 1 3, f° 130 v°).

[2] Autres manuscrits : 2° *Greffe du Tribunal de première instance de Coutances*, pièce n° 43, 15 pages in-f° (*double original précité du procès-verbal, comprenant le cahier*); 3° Arch. nat., C 18,1.62, *Procès-verbal original précité de l'ordre de la noblesse* (comprenant le cahier); 4° Arch. nat., B III/53, p. 499-510 (*Transcription*; ne donne pas les signatures); 5° *Copie précitée de la collection de J. Desnoyers,* ayant servi à l'édition d'Hippeau. — Ed. : 1° Dans le *Procès-verbal de l'assemblée des trois ordres* précité, imprimé chez Joubert en 1789, pagination spéciale, p. 14 à 20; 2° Dans le *Procès-verbal de l'assemblée de la noblesse,* s. d. n. l., 20 pages in-8°, précité; 3° Sous le titre *Cahier de*

*pouvoirs et instructions de l'assemblée de la noblesse du bailliage de Cotentin,* s. d. n. l., 26 pages in-16, pages 1 à 14 (*Exemplaires* aux Arch. nat., B* 35, l. 70 et AD¹ 10, et Bibl. nat., L e²⁴ 59); 3° Dans *Archives parlementaires,* III, 515 (d'après un imprimé de la Bibliothèque du Sénat); 5° Dans HIPPEAU, *Cahiers de 1789 en Normandie,* II, 713 (d'après le ms. J. Desnoyers précité).

[3] Le cahier de la noblesse de Cotentin est très visiblement inspiré, comme l'a justement observé M. LECACHEUX (*Documents,* I, 337), d'une brochure qui a pour titre : *Tribut d'un gentilhomme normand adressé aux notables de France,* et dont l'auteur est précisément un gentilhomme de Cotentin, qui fut élu député de la noblesse, Achard de Bonvouloir. Elle est datée du Dézert près Saint-Lô, le 6 novembre

celles qui sont contenues dans les articles suivants, pouvoir à ses
députés de la représenter aux États généraux, y proposer, remontrer, aviser et consentir tout ce qui peut concerner les besoins de
l'État, la réforme des abus, l'établissement d'un ordre fixe dans
toutes les parties du gouvernement, la prospérité générale du
royaume, et le bonheur, tant commun que particulier, de tous les
citoyens[1].

ART. 2. L'assemblée s'est convaincue qu'en droit public, elle
n'a nul pouvoir de rien changer à la constitution; que les droits qui
assurent la distinction des ordres de la monarchie étant aussi sacrés que ceux de la propriété, elle ne peut en aucune manière y
déroger; pourquoi, en se conformant, pour cette fois seulement, au
règlement annexé aux lettres de convocation, et protestant contre
toute induction qu'on pourrait tirer du serment qu'elle a prêté,
elle a arrêté unanimement que l'obéissance provisoire qu'elle rend
en ce moment aux ordres du Roi ne pourra la préjudicier dans les
réclamations et protestations qu'elle charge ses députés de faire

1788, et a été reproduite par HIPPEAU,
*Élections*, p. 168.

Une autre brochure, dont nous avons
déjà eu l'occasion de signaler l'influence
sur plusieurs cahiers du tiers état, a
été aussi manifestement utilisée par les
commissaires de la noblesse. C'est l'*Essai
de cahier* joint par THOURET à la *Suite
de l'Avis aux bons Normands*, Rouen,
février 1789. On comparera utilement
à cet égard le texte du présent cahier
avec : ceux de la ville et du bailliage de
Valognes (tome II, p. 10 et p. 757) et
ceux de la ville et du bailliage de Saint-
Lô (tome III, p. 18 et 81). Beaucoup
d'articles sont intégralement reproduits,
avec pourtant des divergences qui tiennent à la différence des ordres.

[1] Le texte reproduit intégralement
la formule de pouvoirs demandée par
les *Lettres royales du 24 janvier* ( texte
dans A. BRETTE, *Documents*, tome I<sup>er</sup>,
n° XXXVIII<sup>A</sup>, p. 65). Mais l'addition
relative aux «limitations contenues dans
les articles suivants» en change entièrement le sens, et le mandat des députés
n'est en réalité, comme nous l'avons
noté sous le *Procès-verbal de l'ordre de
la noblesse* (supra, p. 442), qu'un
mandat restreint et impératif.

Les députés de la noblesse de Cotentin ont adressé à leurs commettants
en 1791 un *Compte rendu* dans lequel
ils expliquent, article par article, comment ils ont défendu à l'Assemblée
Nationale chacun des vœux insérés dans
leur cahier. Ce *Compte rendu* constitue,
croyons-nous, le plus intéressant commentaire du cahier, et nous avons cru
pour cela utile d'en rapprocher, sous
les différents articles, les passages les
plus caractéristiques. Voir *Compte rendu
à leurs commettants par les députés de
la noblesse du grand bailliage de Cotentin aux États Généraux de France*, 1789.
À Paris, de l'impr. de J. J. Ranville,
1791, 103 pages in-8° (Ex., Bibl. nat.,
Lb³⁹, 5455; l'analyse du cahier et des
*Instructions* occupe, dans cette brochure, les pages 22 à 48).

Sur l'art. 1<sup>er</sup>, le *Compte rendu* s'exprime ainsi : «Par l'article 1<sup>er</sup>, vous
nous avez donné pouvoir de vous représenter aux États Généraux...., vous ne
limitiez ces pouvoirs généraux que par
ce qui est expressément contenu dans
les 23 articles suivants. — Le compte
que nous allons vous rendre et les protestations que nous vous remettons
feront foi devant vous jusqu'à quel
point il nous a été possible d'exécuter
vos ordres.» (*Op. cit.*, p. 22.)

aux États généraux, sur l'atteinte qu'on a portée au droit inaltérable d'une représentation égale et légale de chaque ordre[1].

Art. 3. Elle pose donc pour base que la constitution française est composée du Roi, chef de la nation, et des trois ordres essentiellement distincts et séparés, égaux, libres, individuels, sans subdivision et mutuellement indépendants[2].

Art. 4. Conformément à la loi salique, la succession à la couronne de France est héréditaire de mâle en mâle dans la race régnante, à l'extinction de laquelle la nation assemblée a le droit de se choisir un roi; de même qu'en cas de minorité ou autres événements qui nécessiteraient une régence, elle a seule le droit de nommer le régent et de régler ses pouvoirs[3].

Art. 5. Vu le dommage qui est résulté pour la nation de l'in-

[1] Tous les cahiers de l'ordre de la noblesse des bailliages normands ont protesté en termes presque identiques contre les changements apportés par les *Lettres royales du 24 janvier* aux anciennes formes de convocation des États Généraux. Il est vraisemblable qu'ils reproduisent un modèle commun de protestation pour l'ordre de la noblesse, que nous n'avons pu identifier. Voir à cet égard les *cahiers de la noblesse* : d'Alençon, au préambule (HIPPEAU, *Cahiers*, II, 12); de Caen, au préambule (II, 221); de Caux, au préambule (II, 265); d'Évreux, au préambule (I, 409); et de Rouen (I, 305).
*Compte rendu* : «Par l'art. II, vous avez reconnu que vous n'avez aucun pouvoir de rien changer à la Constitution française, vous nous chargez de faire vos réclamations et protestations, etc... — Nous avons rempli cet article par une protestation en date du 3 juin 1789, que nous remîmes sur votre bureau à Coutances le 18 juillet 1789, et par nos protestations subséquentes et spécialement celle du 31 août 1791.» (*Op. cit.*, p. 23.)
[2] Tous les cahiers de la noblesse des bailliages normands réclament en termes identiques le maintien de la séparation des trois ordres, «libres, distincts et indépendants», et délibérant séparément. Voir cahiers de la noblesse

d'Alençon, art. 2 (HIPPEAU, I, 15); de Caen, *Instructions*, art. 1, 4, 11 et 13, (I, 222, 223); de Caux, *Instructions*, (I, 168); d'Évreux, chap. États Généraux S 2 (I, 411). Il a certainement existé ici encore un modèle commun, que nous croyons trouver dans le *Tribut d'un gentilhomme normand* : «Je réclame, disait dans cet opuscule le futur député Achard de Bonvouloir, la distinction des ordres et le droit de voter par ordre.» (*Op. cit.*, p. 168.)
*Compte rendu*, p. 23 : «Par l'art. III, vous posez pour base que la constitution, etc..... — Vos députés ne se sont jamais crus autorisés à substituer une constitution nouvelle à cette ancienne constitution si nettement et si expressément définie par cet article. Ils l'ont vu détruire malgré eux; et ils ont protesté contre cette destruction.»
[3] Cf. le cahier de la ville de Saint-Lô, art. 1er, SS 1 à 6 (*supra*, p. 20-21). Une source commune a certainement inspiré les deux cahiers.
*Compte rendu* : «Les vœux que vous exposez par l'art. IV sur l'hérédité de la couronne et sur la régence nous ont paru remplis en partie [constitution du 3 sept. 1791]; nous avons protesté contre les décrets qui établissent de cas de déchéance et contre tout ce qui est attentatoire au droit héréditaire de la race régnante.» (*Op. cit.*, p. 24.)

terruption des assemblées nationales, et la nécessité constante dont elles sont pour maintenir la constitution et les relations qui doivent exister entre le Roi et la nation, les députés feront statuer qu'à l'avenir les États généraux seront assemblés périodiquement et à des époques fixes, dont l'assemblée estime que la première doit être, au plus tard, dans trois ans, et ensuite de cinq ans en cinq ans[1].

ART. 6. A la nation seule, assemblée en États généraux, appartient le droit ancien et reconnu de consentir et octroyer tous les emprunts et tous les impôts soit directs, soit indirects, et de les voter librement; en conséquence de ce droit certain de la nation, il sera statué qu'aucun emprunt ne pourra être fait, ni aucun impôt mis, prorogé ni perçu, sans le consentement formel des États généraux, sous peine de concussion[2].

ART. 7. L'assemblée donne mandat à ses députés de recevoir le compte qui sera rendu aux États généraux des dettes du Trésor royal, d'examiner quelle en est l'origine, de discuter leur légitimité, l'utilité et la légitimité des dons et pensions, celles des emprunts et des intérêts auxquels ils auront été contractés; et seulement après cet examen, d'où il résultera que les dettes illégitimes dans leur origine seront entièrement rejetées, et que les dettes illégitimes par leur quotité seront réduites à leurs justes taux, comme surprises par un abus de la confiance du Roi, leur donne pouvoir de s'engager avec les autres représentants de la nation, et en son nom, au payement de la dette, qui alors, de dette royale, deviendra dette nationale, de consentir tel impôt ou tel emprunt qui sera jugé nécessaire pour en acquitter les intérêts, et pour for-

---

[1] Cf. le cahier de la ville de Saint-Lô, art. II, § 1 et § 4 (*suprà*, p. 21 et 23). La source commune de ces différents vœux, avec les divergences qu'entraîne la différence des ordres, est l'*Essai* de THOURET. Voir la note *suprà*, p. 21, note 2.

*Compte rendu* : «Par l'art. V, vous avez demandé la périodicité des États Généraux; en conséquence, vos députés ont voté pour cette périodicité et contre la permanence des assemblées nationales.» (*Éd. cit.*, p. 24.)

[2] Cf. le cahier de la noblesse du bailliage de Rouen, art. 5 (HIPPEAU, *Cahiers*, I, 305). La source paraît être

encore l'*Essai* de THOURET, § 5, 3°, plusieurs fois reproduit par les cahiers du tiers. Voir la note sous le cahier de la ville de Saint-Lô, art. 2 (*suprà*, p. 25, note 2).

*Compte rendu* : «Par l'art. VI, vous avez revendiqué le droit ancien et reconnu de la nation, de consentir librement ses impôts. — L'Assemblée a passé le but de vos demandes, en refusant au roi le droit de sanctionner les décrets relatifs aux contributions des peuples; et l'opinion de vos députés, sur cet article, est consignée dans la protestation du 31 août 1791.» (*Éd. cit.*, p. 24.)

mer en même temps un fonds d'amortissement qui en assure l'extinction [1].

ART. 8. Aucun impôt, soit pour les besoins ordinaires de l'État, soit pour le payement de la dette nationale, ne seront octroyés que pour l'intervalle d'une tenue des États généraux à l'autre, et tout impôt cessera de droit au terme fixé [2].

ART. 9. Les ministres des finances rendront chaque année un compte public, et seront responsables aux États généraux de leur administration.

ART. 10. Les dépenses de chaque département, y compris celles de la maison du roi, seront invariablement fixées, et les ministres de chacun de ces départements seront responsables à la nation assemblée de l'emploi des fonds [3].

ART. 11. Il sera statué qu'à l'avenir aucune loi ne pourra être portée que par le concours de l'autorité du Roi, et du vœu ou du consentement libre de la Nation [4].

---

[1] Cf. le cahier de Saint-Lô, art II, § 5 (*suprà*, p. 23). La source est l'*Essai* de THOURET, § 4, 2° et S 5, 3°.

*Compte rendu* : «Par l'art. VII, vous nous donnez mandat de recevoir le compte qui sera rendu, etc... — Nous répondons simplement qu'aucun de nous n'a jamais été admis dans les comités des finances; qu'un très petit nombre même des députés les plus en faveur n'a pénétré dans ses secrets... Nous n'avons jamais cessé de réclamer, nous avons appuyé de toute notre force les motions répétées par M. Cazalès, par l'abbé Maury, enfin par M. Malouet, pour demander *un compte de clerc à maître*, un *tableau de la dette et de son origine*, enfin un *bilan clair et net*. Des cris tumultueux à l'ordre du jour nous ont toujours éconduits... Nous n'avons pu rien obtenir, et nous avons rendu notre réclamation publique.» (*Éd. cit.*, p. 24.)

[2] Cf. le cahier de la noblesse de Caen, *Instructions*, art. 14 (HIPPEAU, *Cahiers*, I, 223). La source commune paraît toujours être l'*Essai* de THOURET, § 5, 1°, 2° (en note au tome II, p. 26).

*Compte rendu*, p. 24 : «La permanence de l'Assemblée nationale, et le pouvoir qu'elle s'est réservé à elle seule sur les contributions, ont rendu l'article VIII sans application.»

[3] Cf. encore le cahier de la noblesse de Caen, chap. *Impôt*, art. 7 et art. 12 (*loc. cit.*, p. 225, 226). le *Compte rendu* expose, sous l'art. IX : «En demandant la responsabilité du ministre des finances, vous avez reconnu que toute autre responsabilité que celle des finances anéantirait la puissance royale, en réduisant le monarque à une nullité absolue. L'opinion de vos députés sur cet article, consignée dans la déclaration du 31 août 1791, est donc conforme à votre vœu.» Sur l'art. X, le *Compte rendu* explique que cet article «confirme le commentaire que vos députés ont fait de votre vœu énoncé dans l'art. IX; et motive leur déclaration du 31 août sur cet objet». (*Éd. cit.*, p. 26.)

[4] La même formule se retrouve identiquement dans le cahier de la noblesse d'Alençon, § 1 (HIPPEAU, *Cahiers*, I, 14); il a dû exister un modèle commun.

Art. 12. Pour assurer aux citoyens de tous les ordres la liberté personnelle et individuelle à laquelle chacun a droit, tant qu'il se conforme aux lois, l'usage des lettres de cachet sera aboli. Aucun citoyen ne pourra être détenu ailleurs que dans les prisons ordinaires, pour y être jugé par ses juges naturels, et privé de son état qu'en vertu d'un jugement préalable[1].

Art. 13. Aucun acte du pouvoir absolu ne pourra suspendre ni détourner le cours de la justice réglée; il ne sera établi aucune commission extraordinaire, aucune évocation ne sera admise que dans les cas prévus par la loi qui sera consentie par les États généraux[2].

Art. 14. La forfaiture des cours souveraines ne sera jugée que par le Roi et la Nation assemblée[3].

Art. 15. L'assemblée désire que dans tous les cas on maintienne et conserve l'union et la concorde entre tous les ordres, et qu'ils agissent de concert par la communication de leurs commissaires respectifs; mais elle veut que l'on délibère toujours par ordre.

Art. 16. La majorité seule des voix de chaque ordre formera le vœu unique et précis de l'ordre dont il sera émané, et la réunion du vœu de chacun des trois ordres pourra seule former

---

Le *Compte rendu* explique, avec des détails intéressants, que, «en conformité avec l'article XI, qui exige expressément pour la confection des lois le concours de l'autorité du roi, etc..., les députés ont voté hautement pour conserver au roi le droit de *veto* absolu... et n'ont pu que protester contre le décret qui en a été le résultat» (p. 26-27).

[1] Cf. l'*Essai* de Thouret, § 8, 2° (*édition citée*, p. 50). Le *Compte rendu* explique sur cet article : «Ce vœu a été rempli par un décret auquel nous avons applaudi; vos députés n'ont cessé de réclamer contre l'établissement du Comité des recherches, qui les a trop cruellement remplacés» (p. 27).

[2] Le même vœu se trouve dans le cahier de la noblesse de Caen, § *Instructions relatives à l'impôt*, art. 7 (Hippeau, *Cahiers*, I, 226).

*Compte rendu :* «L'art. XIII demandait qu'aucun acte du pouvoir, etc... — Cette loi a bien été portée, mais il n'est point de loi pour le pouvoir absolu. Nous avons journellement combattu contre de pareils actes, et notamment le 2 octobre 1790. Mais nous avons éprouvé qu'une puissance qui n'est contenue par aucune autre compte les lois pour rien. Nous avons manifesté notre indignation sur la procédure du Châtelet, etc...» (p. 27).

[3] *Compte rendu :* «En demandant, par l'art. XIV, que la forfaiture des cours souveraines fût jugée par le roi et la nation assemblée, vous aviez voulu mettre vos Parlements à l'abri des exils, des cassations, translations et autres actes du despotisme.... L'Assemblée, dirigée par les confidents de ces dignes ministres, a plus fait; elle a détruit les Parlements» (p. 28).

le vœu général, le vœu de deux ordres ne pouvant lier le troisième[1].

ART. 17. L'ordre de la noblesse du bailliage du Cotentin, disposé à faire aux besoins de l'État les sacrifices pécuniaires qu'ils exigeront, ne peut cependant s'assujettir à la taille, qui est un impôt contraire aux droits et franchises de la noblesse. Mais il autorise les députés à offrir, conjointement avec les deux autres ordres, comme don gratuit, un impôt qui soit également réparti sur toutes les propriétés, en réservant pour le noble l'exploitation franche d'une portion de sa propriété équitablement bornée, et toutes les autres prérogatives distinctives d'ordres[2].

ART. 18. Elle charge expressément ses députés de demander la

[1] Cf., sur ces deux articles, les cahiers de la noblesse de Caen, *Instructions*, art. 5 (HIPPEAU, *Cahiers*, I, 222) et de Caux, *Instructions* (*ibid*, I, 268). Le vœu du cahier reflète visiblement les idées d'Achard de Bonvouloir dans le *Tribut d'un gentilhomme normand*. Il s'exprimait ainsi : «Je réclame la distinction des ordres, et le droit de voter par ordre. Frappé dès les premiers moments, dans les assemblées provinciales, de la confusion anticonstitutionnelle de l'ordre du clergé et de celui de la noblesse réunis en un seul ordre, j'ai été convaincu depuis, par l'essai que j'en ai fait, de l'affaiblissement qui en résulte pour les deux premiers et de la prépondérance du troisième» (HIPPEAU, *Élections*, p. 168).
Le *Compte rendu* explique, sur ces deux articles, que les députés ont consenti «non pas librement, mais par nécessité, à voter par tête et dans la confusion des ordres». Il les excuse sur les circonstances où ils se trouvaient, «pris entre les filets d'une conjuration qui embrassait toute la France, qui menaçait la famille royale, vos personnes et vos propriétés», etc... Ce fut dans de telles circonstances... «que quelques-uns d'entre nous entraînèrent dans la salle commune ce qui restait encore de nous ferme dans la chambre de la noblesse, etc....» (p. 28 à 30).
[2] La majorité des cahiers de la noblesse des bailliages normands demande,

comme celui-ci, la conservation des privilèges et immunités pécuniaires de l'ordre. La noblesse d'Alençon veut bien offrir une contribution aux charges de l'État, mais une contribution «spéciale, volontaire et momentanée». (Chap. VIII, dans HIPPEAU, *Cahiers*, I, 24.) De même, la noblesse de Rouen, S. *Impôt*, art. 3 (*ibid.*, I, 307). La noblesse de Caen demande, comme celle de Cotentin, la réserve «d'une franchise quelconque» pour la noblesse (art. 25, *ibid.*, I, 230). Seules les assemblées de la noblesse d'Évreux (I, 120) et de Caux (I, 269) paraissent ne réserver que les privilèges honorifiques.
Le *Tribut d'un gentilhomme normand* était catégorique sur la question : «Je réclame formellement la conservation pleine et entière des droits de la noblesse; je les tiens de mes pères au même titre que mes rois... La noblesse se montrera généreuse comme il convient à sa nature; elle médite des sacrifices, mais libres et volontaires.» (*Ed. cit.*, p. 168.)
*Compte rendu*, p. 29 : «Par l'article XVII, vous nous autorisiez à offrir une contribution...., en réservant seulement une légère prérogative à la distinction d'ordre. En conséquence, nous nous sommes joints au vœu de la noblesse, lorsqu'elle arrêta de faire l'abandon de ses privilèges pécuniaires, avec la réserve que vous nous aviez prescrite relativement aux distinctions honorifiques.»

restitution des États provinciaux de la Normandie, suspendus par le fait, quoique toujours existants par le droit, ainsi que l'exécution entière de ses privilèges consacrés dans tous les traités et chartes des rois.

Art. 19. Elle les charge de se réunir aux députés des autres bailliages pour concerter ensemble et présenter aux États généraux le plan de la formation et de l'organisation des États de Normandie; et immédiatement après la tenue des États généraux, les trois ordres de la province seront assemblés pour accepter, rejeter ou modifier le plan proposé et fixer définitivement sa constitution[1].

Art. 20. L'assemblée enjoint à ses députés de demander que dorénavant la Province députe directement aux États généraux, de manière que tout noble conserve son suffrage individuel pour la nomination des députés de son ordre, et de veiller à ce que, dans le plan qui sera arrêté pour la convocation des assemblées nationales, la Province y ait à l'avenir une représentation et une influence proportionnée à sa population et à ses contributions[2].

Art. 21. Elle charge expressément ses députés de demander :
1° Que la régie, administration et perception de tous les impôts directs et indirects, qui se percevront dans la Province, soient confiés à ses États provinciaux;
2° Que la portion contributive de la Province aux impôts du royaume soit fixée suivant ses facultés et proportionnellement avec les autres provinces du royaume;
3° Que les subventions extraordinaires affectées à l'extinction des dettes remboursables à époques fixes, ou au payement des

---

[1] Le vœu relatif aux États provinciaux se retrouve identiquement dans les cahiers du tiers état. Voir par ex. le cahier du bailliage de Saint-Sauveur-Lendelin, chap. III (*supra*, p. 140).
Le *Compte rendu* s'explique ainsi sur ces deux articles : «Par les art. XVIII et XIX, vous nous chargez de réclamer le rétablissement des anciens États provinciaux de Normandie, etc.... — Nous n'avons point pris part au délire de la nuit désastreuse du 4 Août; nous avons protesté formellement contre les atteintes portées aux droits et privilèges de la province de Normandie et contre l'abolition de ses coutumes» (p. 30).

[2] L'idée énoncée dans cet article, relativement à la part contributive et à la représentation proportionnelle de la province de Normandie, est développée avec plus de détails dans les *Instructions*, art. VIII (*infrà*, p. 523 et la note).
*Compte rendu :* «Par l'art. XX, vous nous avez chargés de demander que la province eût à l'avenir une représentation, etc.... — Hélas! il n'y a plus de provinces, il n'y a plus de Normandie. Nous avons protesté contre une constitution qui anéantit toutes les relations établies jusqu'ici entre les peuples» (p. 30).

33.

rentes viagères, soient également partagées ou réparties entre les provinces à raison de leurs forces contributives, les contrats royaux convertis en contrats sur les provinces, afin que chacune dans son district puisse satisfaire à l'acquittement de sa quote-part de la manière qui lui paraîtra le plus convenable, et qu'elle profite seule des extinctions, à mesure qu'elles arriveront[1].

Art. 22. Les députés proposeront aux États généraux de prendre en considération l'aliénation du domaine de la couronne, excepté des forêts du Roi ; dans le cas où elle serait adoptée, l'assemblée les autorise à la consentir pour acquitter les dettes de l'État[2].

Art. 23. L'assemblée enjoint formellement à ses députés de n'entrer dans aucun examen des dettes du trésor royal, et de ne consentir aucuns nouveaux impôts ou emprunts, ni la prorogation de ceux qui existent, qu'au préalable il ne soit fait une loi fondamentale, sanctionnée par le Roi, les États séants, qui consolide à jamais les bases de la constitution du royaume et de la province de Normandie[3].

Art. 24. Enfin, l'assemblée déclare que, sur tous les objets qui ne sont point exprimés dans les présents pouvoirs, elle s'en rapporte à la sagesse et au patriotisme des députés, et elle les charge expressément de se joindre aux autres représentants de son ordre aux États généraux, pour porter au Roi l'expression

---

[1] Le même vœu se retrouve, en termes presque identiques, dans le cahier de la noblesse du bailliage de Caen, chap. II, art. 6 (HIPPEAU, Cahiers, I, 255). Il a existé certainement un modèle commun.

Le *Compte rendu* fait observer, sur le § 2 de cet article, relatif à la fixation des contributions : « Tous les députés du bailliage de Cotentin, formant aujourd'hui le département de la Manche, de quelque parti qu'ils fussent, devaient avoir un égal intérêt à défendre t article..... Combien ne dûmes-nous pas être surpris, lorsque le décret de répartition fut rendu à l'improviste, sans discussion, à l'ouverture d'une séance peu garnie de membres.... Vos députés ne furent point écoutés.... nous nous bornâmes à refuser notre

consentement à une contribution excessive, que la violence nous imposait » (p. 31).

[2] Le *Tribut d'un gentilhomme* faisait déjà observer que les États Généraux avaient toujours traité la question de l'inaliénabilité du domaine (HIPPEAU, *Élections*, p. 170).

Le *Compte rendu* expose brièvement sur cet article, que « cette aliénation a été décrétée, et les forêts réservées » (p. 32).

[3] Cf. l'*Essai* de THOURET, § 5, 1° (*éd. cit.*, p. 41). Le *Compte rendu* explique que « l'assemblée nationale a changé totalement, et non consolidé les bases de la constitution du royaume, et totalement anéanti celle de la province de Normandie ; nous n'avons pu que protester » (p. 32).

des sentiments d'amour et de fidélité de la noblesse française,
dont la loyauté a mérité, dans tous les temps, la confiance de ses
Rois[1].

Le présent cahier arrêté en vingt-quatre articles par l'assemblée
de la noblesse du grand bailliage de Cotentin, dans sa séance du
27 mars 1789.

DAUXAIS DE MONTFARVILLE, ACHARD DE BONVOULOIR, LE MAI-
GNEN, BEAUDRAP DE SOTTEVILLE, LE FORESTIER, comte
DE MOBECQ, Michel DE CHAMBERT, LE FORESTIER DE
MUNEVILLE, ARTUR DE LA VILLARMOIS, DANNEVILLE, DE VAU-
FLEURY DE SAINT-CYR, le chevalier DE GASSÉ DE COLLAS,
PLESSARD SERVIGNY, FRÉMIN DE BEAUMONT.

———————

2 bis. INSTRUCTIONS AUX DÉPUTÉS.

(Ms., Arch. nat., B III/53, p. 511 à 521. Transcription d'après un original non retrouvé.
Éd. Archives parlementaires, III, p. 53[2].)

*Instructions de la noblesse du bailliage de Cotentin
données à ses députés pour les États généraux.*

ART. 1er. L'assemblée enjoint à ses députés de protester contre
tout ce qui serait contraire aux articles des pouvoirs sur lesquels

[1] La même formule assez large de
pouvoirs se retrouve dans une addition
finale au cahier de la noblesse du bailliage de Caux (HIPPEAU, *Cahiers*, 1,
272), et dans la formule finale de celui
de la noblesse du bailliage de Rouen
(*ibid.*, 1, 313), etc...
Le *Compte rendu* l'interprète ainsi :
«Par l'art. XXIV et dernier, vous nous
avez chargés de nous unir aux autres
représentants de l'ordre de la noblesse
aux États Généraux, pour porter au
roi, etc... — Les sentiments généreux,
dont vous avez donné une si noble
preuve en rédigeant cet article, dans un
moment où le roi venait de vous livrer,
par sa déclaration du 24 janvier 1789,
à la discrétion de vos destructeurs, ces
sentiments n'ont jamais abandonné vos
députés. Nous avons d'abord rempli,
avec tout le corps de la noblesse, le
devoir que vous nous imposiez, en por-

tant au roi l'expression de vos sentiments, et nous en avons constamment
accompli l'intention, par notre fidélité
inviolable à sa personne sacrée, et par
l'attachement inaltérable au trône, dont
nous avons donné des preuves dans
toutes les occasions» (p. 33).

[2] Les *Instructions* ci-dessus ne sont
pas comprises dans le manuscrit original du cahier de la noblesse, déposé au
Greffe de Coutances. Mais elles sont
jointes au cahier dans tous les exemplaires imprimés en 1789. Voir *Cahier de pouvoirs et instructions de l'assemblée de la noblesse du bailliage de
Cotentin*, s. l. n. d., 26 p. in-16, pages
15 à 26 (Exemplaire, Arch. nat., AD^{III},
10, et Bibl. nat., Lc^{24}, 59). On ne saurait douter que les *Instructions* aussi
bien que les *Pouvoirs* eux-mêmes n'aient
été considérés comme également obli-
gatoires par les députés de la noblesse,

elle a prononcé affirmativement, mais de ne jamais se retirer qu'avec l'ordre entier de la noblesse et de prendre toujours part aux délibérations sur tous les autres objets[1].

ART. 2. Les députés protesteront formellement contre toute atteinte qui pourrait être portée à la base de la constitution française, que l'assemblée a posée à l'article 3 du cahier de ses pouvoirs[2], et ils réclameront avec force contre les expressions de l'ordonnance du Roi sur la hiérarchie militaire, qui tendraient à diviser la noblesse en plusieurs classes. La noblesse française est une; tout gentilhomme est appelé par sa naissance à tous les grades militaires. Les députés prendront en conséquence en considération les articles 14 et 15 du titre Ier et les articles 3 et 4 du titre VII de cette ordonnance[3].

Voir leur *Compte rendu*, p. 33, et suiv.

La division du cahier en *Pouvoirs* et *Instructions* a dû au surplus être le résultat d'un plan préconçu, car elle se rencontre dans presque tous les ressorts, pour les cahiers de la noblesse normande. Cf. cahier de la noblesse de Caen (HIPPEAU, I, 220 et 222); de Caux (*ibid.*, 1, 265 et 268); de Rouen (*ibid.*, I, 304 et 312). Seuls les cahiers de la noblesse d'Alençon (*ibid.*, I, 12) et d'Évreux (*ibid.*, I, 409) paraissent n'avoir comporté qu'une pièce unique.

[1] Cf. le cahier des *Pouvoirs*, art. 1er (*supra*, p. 508 et la note). Le *Compte rendu* explique ainsi la conduite des députés : «Par l'art. Ier des *Instructions* vous nous enjoignez de protester, etc.....
— Fidèles à votre volonté, nous avons été scrupuleusement assidus aux séances, et nous ne nous sommes retirés de l'assemblée que le 13 septembre 1791, avec tout ce qui restait de gentilshommes dans le côté droit. Quant aux testations que vous nous ordonniez de faire, depuis que la chambre de la noblesse s'est confondue dans l'assemblée générale, il ne nous a été possible d'en faire admettre une seule» (*Éd. cit.*, p. 33).

[2] Cf. le cahier des *Pouvoirs*, art. 3 (*supra*, p. 510). *Compte rendu* : «Nous ferons la même réponse sur l'art. III, par lequel vous nous enjoignez plus formellement de protester contre les atteintes portées aux bases de la Cons-

titution française» (*Éd. cit.*, p. 34).

[3] Le texte visé l'*Ordonnance du roi portant règlement sur la hiérarchie de tous les emplois militaires*, ainsi que les promotions et nominations auxdits emplois, Versailles, 17 mars 1788 (le texte de l'ordonnance manque dans ISAMBERT, mais nous l'avons trouvé, imprimé en 1788 à l'Impr. royale, aux Arch. Calvados, *Papiers Tixier d'Hautefeuille*, don Deslandes, n. cl.).

Les articles incriminés, tit. Ier, art. 14 et 15, et. t. VII, art. 3 et 4, réservent au roi la nomination de certains emplois, qui sont destinés à une classe de gentilshommes qualifiée «première noblesse». Il suffira de citer les art. 14 et 15 du titre Ier :

A. 14. «En conservant par la nouvelle constitution deux des quatre sous-lieutenances de remplacement, qui existaient ci-devant dans les troupes à cheval, et en se réservant exclusivement la nomination à toutes deux, S. M. a voulu ménager des débouchés *pour cette portion de sa noblesse qui est appelée plus particulièrement au commandement de ses régiments*, et à faire de ces emplois leur première école, etc....»

A. 15. «Pour fournir à cette classe de noblesse des moyens d'instruction plus étendus et plus variés, S. M. veut bien lui affecter de plus deux sous-lieutenances, attachées à chacun de ses régiments d'artillerie, et quatre à l'école du corps du génie, etc....»

En marge de ces deux articles, on

ART. 3. Ils demanderont :

1° La réforme si désirée du Code civil et criminel, et qu'aux commissaires jurisconsultes déjà nommés pour y parvenir il soit joint des membres des États pris dans les trois ordres, lesquels feront la revision des lois qui n'ont point été consenties par la Nation assemblée[1] ;

2° La suppression des tribunaux d'exception qui multiplient les actes judiciaires et déclinatoires ;

3° Celle des chambres d'attribution stipendiées par la Ferme ;

4° La suppression des lettres de surséance ;

5° Celle des droits abusifs du contrôle des actes, pour lequel il sera fait un tarif clair et précis qui sera affiché dans tous les greffes des communautés[2] ;

6° L'édit des hypothèques[3] sera réformé de manière à opérer à peu de frais la sûreté des créances et propriétés ;

lit d'ailleurs la rubrique : «Sous-lieutenances dans les troupes à cheval, destinées à la première noblesse.» Et de même, pour l'artillerie et le génie.

Le vœu de notre cahier, contre toute innovation qui tendrait à introduire des distinctions de classes dans l'ordre de la noblesse, se retrouve dans le cahier de la noblesse d'Évreux, chap. Administration : «Cette expression [de première noblesse] tend à diviser un ordre dont le titre générique, de tous les individus qui le composent est celui de gentilhomme, qui est tellement commun à tous, qu'en y admettant des distinctions, ce serait le diviser en deux classes» (HIPPEAU, Cahiers, I, 420). Cf. aussi le cahier de la noblesse de Rouen, art. 47 (Ibid., I, 311).

[1] Sur ce qu'il faut entendre ici par Code civil, voir la note sous le cahier du clergé, chap. Législation, art. 8 (suprà, p. 470). Une commission venait d'ailleurs d'être nommée pour s'occuper de la revision des ordonnances de 1667 et 1670. Voir Lettres patentes qui nomment différents magistrats pour s'occuper des moyens d'abréger les longueurs et diminuer les frais des procédures civile et criminelle, Versailles, 6 janvier 1789 (ISAMBERT, XXVIII, p. 633, n° 2537). Compte rendu : «Par l'art. III, vous nous chargez de demander la suppression du Code civil et criminel, et pour cela une revision des lois qui n'ont pas

été consenties, etc. ... — L'assemblée s'est occupée d'un nouveau Code civil et criminel ; l'expérience fera juger de sa bonté. Nous nous sommes opposés à l'abolition de notre sage coutume, parce qu'elle avait été réformée et corrigée par les plus doctes personnes de la province, sans distinction d'ordre, et consentie par les gens des trois États ; parce que nous avons reconnu que le vœu général était de la conserver, vœu manifesté unanimement par toutes les communes qui nous ont fait parvenir le résultat de leurs délibérations, etc. ... Nous avons protesté formellement contre cette abolition, ainsi que plusieurs communes, et des cantons entiers, au nom de 1500 citoyens actifs, nous en ont requis expressément, par des actes légaux qui sont en notre pouvoir» (Op. cit., p. 34-35).

[2] Compte rendu : «Les tribunaux d'exception ont été abolis. Les chambres d'attribution l'ont été avec la ferme à laquelle elles étaient attachées. Les surséances étaient un abus de l'autorité royale, elles sont aujourd'hui un effet de l'anarchie, etc. ... » (p. 35).

[3] Sur ce qu'on entendait en 1789 par l'Édit des hypothèques, voir la note sous le cahier du clergé, chap. Législation, art. 14 (suprà, p. 470).

Le Compte rendu continue, sous cet article : «Les tribunaux ont changé de forme et d'arrondissement, les huissiers-

7° Que l'arrondissement des tribunaux sera perfectionné, ou leur compétence en dernier ressort augmentée, mais fixée modérément et le nombre des juges réglé en conséquence;

8° La suppression des priseurs-vendeurs;

9° Ils demanderont un règlement sur la prestation de la dîme ecclésiastique, et que la réfection et l'entretien des églises et presbytères soient à la charge des décimateurs, parce qu'on leur abandonnera le produit des fabriques[1]; et il sera fait un règlement sur l'aumône applicable à la destruction de la mendicité.

ART. 4. Demander que dans tous les crimes qui emportent peines afflictives ou infamantes, douze pairs de l'accusé se réunissent au juge pour prononcer le jugement; qu'il sera donné un défenseur à l'accusé; que l'information soit rendue publique, et que dans tous les jugements tant civils que criminels, les juges opinent à voix haute et motivent leur opinion[2].

ART. 5. L'assemblée autorise ses députés à proposer d'établir dans chaque communauté des campagnes un tribunal de conciliation, composé de la municipalité, qu'elle croit utile de conserver dans la forme actuelle[3]. Ces juges de paix seront chargés spécialement de prévenir et concilier toutes les discussions qui pourraient s'élever dans leur communauté.

---

priseurs ont été supprimés, la dîme a été abolie..... Dans aucun de ces articles, nous ne pouvons dire que nous ayons influé en rien sur la détermination de l'assemblée, qui a en tout suivi un plan dont nous n'avons jamais eu la confidence» (*Éd. cit.*, p. 35, 36).

[1] Nous avons maintes fois rencontré le même vœu dans les cahiers des paroisses. La compensation introduite en faveur des décimateurs par le texte est au moins singulière; tous les vœux du tiers, au contraire, se rencontrent pour réserver aux fabriques leurs revenus indépendants.

[2] *Compte rendu*, p. 36 : «Par l'art. IV, vous nous chargez de demander que dans tous les crimes, etc...— D'après cet article positif, nous ne nous sommes point opposés à l'établissement des jugements par jurés en matière criminelle; nous avons même applaudi à la loi si sage qui donne un défenseur à l'accusé. Quant aux jurys, nous désirons qu'une nouvelle expérience justifie le rétablissement d'une loi qui fut jadis en usage chez nos pères, que de grands inconvénients ont fait abandonner, qui en présente de plus grands dans un siècle corrompu, etc....»

[3] Les municipalités établies en juin 1787 se composaient du curé et du seigneur, membres de droit, et de 3, 6 ou 9 membres élus du tiers état (*Édit*, dans ISAMBERT, XXVIII, p. 364).

*Compte rendu*, p. 37 : «L'article V ayant seulement autorisé et non enjoint de demander l'établissement dans chaque communauté d'un tribunal de conciliation, nous n'avons point donné notre assentiment à l'établissement des juges de paix tels que l'Assemblée les a formés..... Nous n'avons vu que l'établissement d'un despote dans chaque canton, trop peu payé pour que cet office puisse être rempli par un homme instruit, et cependant trop multiplié pour que cet établissement ne soit pas

Art. 6. Les députés prendront en considération l'édit du Roi concernant les non-catholiques[1].

Art. 7. Ils aviseront aux moyens d'améliorer et de conserver les forêts du Roi et surtout de rechercher et prévenir les échanges ruineux surpris à Sa Majesté[2].

Art. 8. Les députés ne perdront jamais de vue que les impositions sont forcées dans le bailliage de Cotentin, en compensation du privilège du quart-bouillon dont il jouit; ils demanderont en conséquence de ne supporter que proportionnellement à leurs facultés l'impôt qui sera substitué à la gabelle, dont ils solliciteront la suppression[3].

infiniment à charge au peuple. Nous y avons encore vu la création subite et féconde de plaideurs à 2 sols et d'avocats de village à 6 livres. Nous concevons cependant qu'il peut plaire à la partie du peuple qui ne réfléchit point, comme le voisinage d'un cabaret plaît aux buveurs. »

[1] Édit concernant ceux qui ne font pas profession de la religion catholique, Versailles, novembre 1787 (Isambert, XXVIII, 173, n° 2415). Le vœu de la noblesse est parallèle à celui que nous avons rencontré dans le cahier du clergé, chap. Religion, art. 5 (suprà, p. 468), et de sens aussi ambigu.

Le Compte rendu fait voir justement que, dans l'idée de ses auteurs, le vœu tendait à la restriction de l'Édit de 1787: «Par l'art. VI, vous nous recommandez de prendre en considération, etc.... — Nous nous sommes bornés à demander que la religion catholique fût reconnue et déclarée la religion de l'État, et nous ne l'avons même pas obtenu» (p. 38).

[2] Le Tribut d'un gentilhomme avait précisément soumis à l'attention des députés la «question de l'inaliénabilité des domaines de la couronne» (Hippeau, Élections, p. 270). Pour les échanges ruineux faits par le roi en Cotentin, voir le cahier du bailliage de Valognes, art. 33 et la note (au tome II, p. 775).

Compte rendu, p. 38 : «L'assemblée a pourvu aux moyens d'améliorer et de conserver les forêts du roi, que vous nous demandez par l'article VII, et aux

recherches à faire des échanges ruineux.»

[3] La même idée était déjà énoncée dans le cahier des Pouvoirs, art. 20 (suprà, p. 515). Tout le monde était persuadé, en 1789, en Normandie, que la province était lésée pour la part d'impositions qu'elle supportait, relativement à d'autres régions de la France. Les mêmes réclamations se firent jour à nouveau en 1791, et le Compte rendu apporte à cette occasion quelques chiffres qui paraissent significatifs. En 1790, le département de la Manche, pour 318 lieues carrées, paie 5,051,800 livres de contribution foncière et 1,093,300 livres de contribution mobilière; le département de l'Hérault, pour un chiffre égal de 319 lieues carrées, ne paie que 3,483,900 l. de contribution foncière et 766,500 l. de contribution mobilière. La lieue carrée en Normandie paie 16,668 livres d'impôts; elle paie, en Bretagne, 6.036 l., en Languedoc, 8,255 l., en Provence, 4,711 l. Par tête de citoyen actif, la Normandie paie 18 l. 16 s., la Bretagne, 11 l. 4 s., le Languedoc, 10 l. 18 s., la Provence, 9 l. 18 s. (Op. cit., note M, p. 83 à 93).

Compte rendu : «Vous nous recommandez par l'art. VIII de ne pas perdre de vue que les impositions sont forcées dans le bailliage de Cotentin, etc.... — Les auteurs du projet décrété de confiance, sur le rapport du Comité des impositions, ont bien eu quelque égard à la proportion dans laquelle les différents départements supportaient l'im-

ART. 9. Ils demanderont que l'administration des haras soit confiée aux États particuliers de la province.

ART. 10. Ils solliciteront la suppression du droit inique sur les cuirs, comme entièrement destructif de cette branche de commerce, celle des abus dans les droits de péage, l'abolition des corporations des arts et métiers, comme attentatoires à la liberté des citoyens et destructives de l'industrie, excepté cependant dans les villes principales.

ART. 11. Il sera pourvu aux moyens d'arrêter les banqueroutes frauduleuses, qui se multiplient chaque jour[1].

ART. 12. Ils demanderont une loi qui autorise et règle les partages des communes, devenues depuis quelque temps un objet de cupidité sans borne et un sujet de troubles et d'inquiétudes pour les habitants des paroisses dont elles dépendent[2].

---

pôt de la gabelle. Quant au surplus, nous nous référons aux observations que nous avons faites ci-dessus à l'art. 21 des *Pouvoirs* (p. 38).

[1] Les vœux des art. IX (*haras*), X (*droits sur les cuirs*) et XI (*banqueroutes*) ont déjà été maintes fois rencontrés dans les cahiers du tiers. Cf. par ex. cahiers du bailliage de Carentan, art. 50 (I, 775); de la ville de Valognes, art. 29 (II, 36); de Bricqueville-la-Blouette (I, 215).

*Compte rendu*, p. 39 : «Vos députés ont voté contre la suppression totale des haras, dont vous nous demandiez, par l'art. IX, que l'administration fût confiée aux États provinciaux. Cette suppression leur semblait porter un préjudice particulier à la Normandie, et surtout au Cotentin, où la valeur des herbages s'était beaucoup accrue depuis que les haras avaient été améliorés par l'administration intelligente d'un homme plein de probité et de désintéressement [M. de Briges]. Ils se sont opposés à ce qu'il fût mis une taxe exorbitante sur les chevaux de carrosse.»

«L'Assemblée a rempli le vœu de l'art. X, en supprimant le droit inique sur les cuirs, les abus du droit de péage, et les corporations d'arts et métiers, etc.....»

«Par l'art. XI, vous voulez qu'il soit pourvu, etc.... — L'Assemblée avait, par un décret très applaudi, exclu de l'éligibilité ceux qui avaient fait faillite, ou qui n'auraient point payé leur part virile des dettes de leur père; elle a depuis fort adouci cette loi, et nous avons vu décerner les honneurs réservés aux *grands hommes* à un de ses membres qui était mort sous la protection d'une interdiction prononcée pour inconduite et insolvabilité (p. 39).

[2] Il n'est point sans intérêt de relever que dans ce vœu sur la conservation des communaux, la noblesse se rencontre avec les cahiers du tiers. Leurs intérêts n'étaient point si contradictoires qu'on le croit souvent; sans doute il y avait de nombreux procès pour la possession des communes, mais ceux qui les soulevaient étaient, beaucoup plutôt que les seigneurs nobles, des roturiers acquéreurs de fiefs et des concessionnaires du domaine. Voir la note sous le cahier du bailliage de Saint-Sauveur-Lendelin, chap. VIII, art. 3 (*suprà*, p. 159).

Le *Compte rendu* expose sous cet article : «Par l'art. XII, vous demandiez une loi qui autorise et règle le partage des communes. — Nous ne pouvons que produire le décret du 18 avril 1791,

Art. 13. Les chemins vicinaux seront entretenus aux frais des communautés et conservés d'une largeur convenable.

Art. 14. L'assemblée, considérant que les lois les plus utiles pour le bonheur des citoyens sont celles qui ont pour objet de régler les mœurs, elle charge ses députés de s'occuper essentiellement de cet objet; ils chercheront en conséquence les moyens les plus propres à réformer l'instruction publique.

Art. 15. Ils demanderont que pour anéantir les contrats usuraires et l'abus des placements en viager, l'argent soit rendu commerçable au taux fixé par la loi [1].

Art. 16. Le succès trop incertain des travaux de Cherbourg, qui coûtent déjà des sommes immenses, excite dans la province une inquiétude générale; ils seront pris en considération [2].

Art. 17. L'émission des vœux religieux sera fixée à 30 ans pour les hommes et 25 ans pour les filles [3].

auquel nous n'avons pas plus donné notre consentement qu'à tous ceux qui ont privé les possesseurs de fiefs de leurs droits légitimes» (p. 40).

[1] Sur les abus causés par les rentes viagères, voir le cahier de Dangy, art. 28 (au tome Ier, p. 299). Le *Compte rendu* s'explique ainsi : «Sur l'art. XIII, le décret du 26 septembre 1791 nous paraît avoir rempli vos vœux.» — Sur l'art. XIV (instruction publique) : «Le Comité de constitution a présenté sur la fin de la session un projet que nous n'avons pas eu le temps d'étudier, et auquel nous serions loin de donner notre assentiment de confiance. Nous avons vu avec pitié des enfants de 10 ans quitter le rudiment pour le bonnet de grenadier»; et enfin, sur l'art. XV : «Nous avons exécuté vos ordres, et sur notre motion, l'Assemblée a rendu le décret du 3 octobre 1789, qui remplit votre vœu» (*Éd. cit.*, p. 40 à 42).

[2] Sur l'état des travaux de Cherbourg, en 1789, voir la note sous le cahier de Cherbourg, art. 51 (au tome II, p. 64, n. 2).

Le *Compte rendu* note sous cet article : «L'officier général qui dirigeait [ces travaux] avec autant de zèle que d'intelligence avait prévenu nos observations.... Le Comité de la marine a fait distribuer un rapport dont le projet était de s'occuper, à l'ouverture de la campagne de 1792, d'un établissement pour permettre aux navires désemparés.... de recevoir les premières réparations.... Cette affaire a été renvoyée à la législation suivante» (p. 42).

[3] La législation avait beaucoup varié relativement à l'âge auquel les vœux religieux pouvaient être prononcés. Canoniquement, l'âge compétent, depuis la réforme du xvie s., était de 16 ans accomplis (*Concil. Trident.*, sess. XXV, *de regularibus*, c. 15) et cette limite avait été acceptée longtemps par la législation civile (*Ord. de Blois*, 1576, art. 28). Mais, depuis le milieu du xviiie s., un mouvement très vif d'opinion avait porté à reculer de plus en plus l'âge de l'émission des vœux. La législation en vigueur en 1789 n'admettait la profession, pour les hommes, qu'à 21 ans accomplis, pour les femmes qu'à 18 ans (*Édit concernant les ordres religieux*, mars 1768, Isambert, XXII, 476, n° 946; *Lettres patentes concer-*

ART. 18. Les sommes énormes que la Cour de Rome fait sortir de France seront prises en considération.

ART. 19. Il est essentiel de trouver un mode d'impôt qui fasse porter aux capitalistes leur part contributive aux charges de l'État[1].

ART. 20. La liberté de la presse sera autorisée, avec les modifications nécessaires pour garantir l'ordre public et l'honneur des particuliers.

ART. 21. Les députés demanderont qu'il soit fait des recherches exactes des usurpateurs de la noblesse, et qu'à l'avenir les vertus civiles et militaires puissent seules la procurer[2].

---

nant les *professions en religion*, 17 janvier 1779, *Ibid.*, XXVI, 12, n° 1019).

L'âge demandé par le cahier paraît singulièrement plus élevé. La limite adoptée par l'Édit de 1768 était, comme il est fait observer dans le préambule, pour les hommes celle-même que l'Église avait prescrite pour l'entrée dans les ordres, et pour les filles «l'âge le plus ordinaire de pourvoir à leur établissement». Il est vrai, comme remarque Houard, que le roi, dans ce même préambule, annonçait l'intention de pourvoir à nouveau à cet égard par des mesures plus radicales. L'Ordonnance d'Orléans, qui ne fut que transitoirement observée, avait adopté au XVI° s. la limite plus reculée de 20 et 25 ans.

On pourra consulter : ROUTIER, *Prat. bénéf.*, p. 441; HOUARD, *Dict. analyt.*, v° Profession, t. III, p. 683; ROUSSEAU DE LA COMBE, *Jpr. canon. et bénéf.*, v° Profession religieuse, p. 223; HÉRICOURT, *Lois ecclésiastiques*, III, c. 8, § 12, p. 562.

Le *Compte rendu* fait observer seulement, sur cet article XVII : «En vertu de cet article, nous nous sommes opposés à la destruction totale [des vœux religieux] que l'Assemblée a prononcée» (*Op. cit.*, p. 42).

[1] Le vœu réclamant la contribution des capitalistes à l'impôt est très rare en Cotentin dans les cahiers du tiers état. Nous l'avons relevé dans le cahier

du tiers état du bailliage de Valognes, art. 46 (au tome II, p. 779 et la note).

Le *Compte rendu* observe sur ces deux articles : «Par l'article XVIII, vous nous recommandez de prendre en considération, etc.... — Nous eussions désiré que cette exportation de notre numéraire pût être supprimée par des voies plus régulières; nous y aurions concouru avec empressement.» — «Par l'art. XIX, vous nous recommandez, comme une chose *essentielle*, de trouver un mode d'impôt qui fasse porter aux capitalistes leur part contributive, etc.... — Nous vous prions de vous souvenir quel rôle les capitalistes ont joué dans la Révolution, et dans quelle ville nous avons tenu nos séances. Vous verrez dans le *Logographe* quels orateurs ont été fidèles à l'intérêt des provinces, etc....» (*Éd. cit.*, p. 42, 43).

[2] Des vœux semblables se retrouvent dans les cahiers de la noblesse de Caen, *Instructions*, n° 22 (HIPPEAU, *Cahiers*, I, 219), de Rouen, art. 49 et 50 (*Ibid.*, I, 311), etc.... Il a dû exister une source commune.

*Compte rendu* : «Sur l'art. XXI, ... lorsque vous joignîtes à cette noble demande la renonciation à tous privilèges pécuniaires, deviez-vous vous attendre à voir proscrire cette superbe et utile institution [la noblesse], qui récompensait par l'honneur les services rendus à la patrie, et qui imposait à une famille entière l'obligation spéciale

Art 22. Ils solliciteront la modération des grâces, pensions et appointements accumulés sur quelques familles puissantes, et une distribution plus générale sur tous les citoyens des récompenses destinées à être l'encouragement de la vertu et le prix des services[1].

Art. 23. Il sera défendu à qui que ce soit d'usurper un titre quelconque, ou la marque distinctive d'un autre ordre que le sien[2].

Art. 24. Ils demanderont l'amélioration du sort du soldat au moral et au physique, qu'on ne leur inflige aucune punition militaire contraire au caractère national[3], et que les emplois supérieurs des corps soient rendus à l'ancienneté du service.

Art. 25. L'ordonnance pour le tirage des canonniers auxiliaires de la marine[4] sera prise en considération; celle du classe-

de lui en rendre à perpétuité. Nous avons protesté..... contre le prétendu décret du 19 juin en particulier» (p. 44).

[1] *Compte rendu :* «Par l'art. XXII, vous chargez vos députés de solliciter la modération des grâces, pensions, etc... — Vos députés ont complètement rempli votre vœu, par la motion que l'un d'eux fit le 8 juin 1789 dans la chambre de la noblesse. Ils ont été les premiers à provoquer les décrets que l'Assemblée a rendus sur cet article...; mais ils ont vu avec douleur que l'Assemblée, ne laissant presque rien à la disposition du roi, l'ait réduit au-dessous de la dignité dont la nation a besoin qu'il soit investi» (p. 44).

[2] *Compte rendu,* p. 45 : «Par l'art. XXIII, vous voulez qu'il soit défendu à qui que ce soit d'usurper un titre, etc..... — L'Assemblée a aboli tous les titres, toutes les distinctions, et mis tous les hommes dans la Société comme dans le magasin de la nature. Vos députés, persuadés de l'impossibilité de cette égalité parfaite, reconnaissant l'égalité civile de tous les hommes devant la loi..., ont protesté contre l'abolition de titres légitimes, consacrés par une reconnaissance publique de plusieurs siècles.»

[3] *Allusion aux réformes tentées dans la discipline militaire par le comte de Saint-Germain, et particulièrement au fameux Règlement général sur l'administration des corps; habillement, recrues, discipline, punitions, nominations, congés, revues, etc...., en 14 articles: Versailles, 25 mars 1776* (Isambert, XXIII, n° 423, p. 451).

Un vœu identique se trouve dans les cahiers de la noblesse des autres bailliages normands. Voir cahier de la noblesse d'Alençon, art. VII, 8° (Hippeau, *Cahiers,* I, 23), et de Caen, *Instructions,* art. 16 (*Ibid.,* I, 229).

Le *Compte rendu* explique, sous l'art. XXIV, que «amis en naissant de ces bons Français, parmi lesquels nous avons été nourris, dont nous avons toujours partagé la gloire et les fatigues», les députés ont concouru avec empressement «à tous les décrets qui pouvaient réellement améliorer leur sort, etc...» (*Édit. cit.,* p. 45).

[4] *Ordonnance portant création de neuf divisions de canonniers-matelots, sous le titre de corps royal de canonniers auxiliaires,* Versailles, 1er janvier 1786. Voir la note sous le cahier de Granville, art. 22 (au tome Ier, p. 126, n. 1).

La mesure relative au classement des bateliers de rivière, visée au texte, est

ment des bateliers de rivière est encore plus funeste, puisqu'elle attaque directement le cultivateur en lui arrachant tous les moyens de se procurer des engrais de mer; l'un et l'autre sont également destructifs de l'agriculture et de la population.

ART. 26. Ils réclameront contre la vénalité des charges de lieutenants des maréchaux de France, et demanderont qu'à l'avenir les charges soient données à l'un des trois sujets qui seront présentés par la noblesse du bailliage auquel elles seront attachées[1].

ART. 27. Ils réclameront contre la violation du secret de la poste aux lettres[2].

ART. 28. Ils demanderont toute la suppression de l'octroi destiné au remboursement du prêteur des fonds affectés à l'achat des offices municipaux dans les villes où ces charges n'ont point été levées, attendu que cette perception illégale sous tous les rapports est une vexation, puisque les sommes payées par les villes excèdent de

l'*Ordonnance concernant les novices-volontaires-matelots, pour suppléer les gens de mer classés,* Versailles, 9 janvier 1781 (ISAMBERT, XXVI, 409, n° 1426). Cette ordonnance avait autorisé, sans les y contraindre, tous les sujets du roi de 18 à 25 ans, «qui auraient fréquenté les rivières», à s'engager pour trois années comme novices-matelots volontaires; il leur était accordé des conditions avantageuses de paie et de discipline, et la faculté, s'ils voulaient continuer à naviguer, de rester sur les vaisseaux du roi sans être tenus de se faire classer à l'expiration de leur engagement. Les avantages ainsi offerts avaient déterminé, semble-t-il, un exode assez considérable des bateliers sur les rivières de Taute et de Vire. Voir un *Mémoire du duc d'Harcourt, de l'année 1781* (Arch. Calvados, C 1853), et une *Lettre du subdélégué de Saint-Lô à l'intendant, de 1786* (Ibid., C 4156). Le *Compte rendu* explique, sur cet article, que «l'Assemblée.... a rejeté toute réclamation de classe particulière et n'a voulu exempter du classement aucun homme de profession maritime» (*Op. cit.*, p. 46).

[1] «Les lieutenants des maréchaux de France sont des officiers d'épée créés par édit du mois de mars 1693, lesquels sont nommés par MM. les maréchaux de France dans chaque bailliage royal, pour terminer les affaires qui surviennent entre gentilshommes et juger les affaires qui touchent le point d'honneur.» (FERRIÈRE, *Dict. de droit*, h. v., II, p. 227). Les charges de lieutenants des maréchaux, ayant été constituées en office, étaient vénales et chaque nouveau titulaire devait acheter sa charge à son prédécesseur, qui se désistait en sa faveur. *Compte rendu* : «Vous nous avez chargés, par l'art. XXVI, de réclamer contre la vénalité des charges des lieutenants des maréchaux de France; l'Assemblée les a supprimés» (*Éd. cit.*, p. 47).

[2] *Compte rendu* : «Vous nous avez chargés par l'art. XXVII de réclamer contre la violation du secret de la poste aux lettres. — Plusieurs décrets ont été rendus contre ce délit, qui échappera toujours à la vengeance, parce qu'il est secret. Nous avons eu le chagrin de voir souvent des plaintes de cette violation, exercée sans mystère et à force ouverte sur la correspondance des députés du côté droit, demeurées sans satisfaction» (*Ed. cit.*, p. 47).

beaucoup le principal et les intérêts; et qu'à l'avenir les officiers municipaux soient nommés par les villes[1].

Art. 29. Représenter les maux infinis qui résultent du mauvais état des prisons, par l'évasion fréquente des criminels[2].

Art. 30. Ils aviseront aux moyens de rétablir les différents propriétaires dans l'exercice des droits d'usage dans les forêts du Roi, dont ils ont été privés depuis longtemps, quoi qu'ils soient obligés d'en payer les redevances au domaine[3].

Le présent cahier arrêté en trente articles par l'assemblée de la noblesse du grand bailliage de Cotentin, dans la séance du 27 mars 1789.

*( Non signé.)*

---

[1] Nous avons rencontré un vœu identique dans les cahiers du tiers état. Voir le cahier de la ville de Saint-Lô, art. V, 5° (*suprà*, p. 27); et celui du bailliage de Valognes, art. 35 (au t. II, p. 774).

*Compte rendu* : «Par l'art. XXVIII, vous nous chargez de demander la suppression de l'octroi, etc... » — Nous étions disposés à nous occuper de cette demande dès l'ouverture des Etats Généraux, nous en avons remis la motion expresse entre les mains du président; mais les revenus publics n'ont pas tardé à se détruire,... vos députés pensèrent qu'ils ne devaient pas contribuer à l'appauvrissement du trésor public. Ils délibérèrent de souffrir encore cet abus, etc...» (*Ed. cit.*, p. 47).

[2] Cf. le cahier de la paroisse d'Agneaux, art. 4 (*suprà*, p. 59) et les notes sous les cahiers de Villedieu, art. 5 (I, 638 n. 2) et du bailliage de Carentan, a. 22? (I, 770, n. 2).

Le *Compte rendu* expose simplement : «Par l'art. XXIX, vous nous chargez de représenter les maux infinis, etc... — Le cours que les affaires ne tardèrent pas à prendre nous a dispensé de suivre cette motion» (*Ed. cit.*, p. 48).

[3] Sur les abus du droit d'usage en Cotentin, en 1789, voir la note sous le cahier du bailliage de Saint-Sauveur-Lendelin, chap. VIII, art. 3 (au tome II, p. 159, n. 1). Le *Compte rendu* note simplement sous cet article : «L'assemblée a fait un code de lois forestières» (*Ed. cit.*, p. 49).

# III.

## CHAMBRE DU TIERS ÉTAT.

---

### 1. Procès-verbal d'assemblée.

(Ms., *Archives du Greffe du tribunal de première instance de Coutances; pièce n° 16*, 28 pages en 11 rôles cotés et paraphés. Original signé de tous les membres de l'assemblée[1]).

*Procès-verbal de l'élection et nomination faite par les députés des bailliages de Coutances, Saint-Lô, Avranches, Cérences, Périers, Mortain, Carentan, Valognes, Saint-Sauveur-le-Vicomte et Tinchebray, de huit députés du tiers état aux États Généraux du royaume, marqués à Versailles le 27 avril 1789, avec les pouvoirs à eux donnés par tous les électeurs.*

1re *séance.* — Du vendredi vingtième jour du mois de mars 1789, 8 heures du matin, en la grande salle de l'auditoire du bailliage de Coutances [2], devant nous Thomas-Louis-Antoine Desmarets, chevalier, seigneur de Montchaton, Bavent, Faux, la

---

[1] Autres manuscrits : 2° Arch. nat., C 18, l., 62, n° 4 : *Procès-verbal de l'assemblée du tiers état du bailliage de Cotentin à Coutances, contenant entre autres choses la nomination de 8 députés aux États Généraux et les pouvoirs à eux donnés par les électeurs, etc...* (Copie collationnée à la minute et délivrée par le greffier de Coutances, à la date du 3 avril 1789, 12 folios. Elle porte en première page la mention d'enregistrement au secrétariat de l'Assemblée nationale : «Reg. A, fol. XII, n° 62, quatrième et dernière», et comprend le cahier de doléances); 3° Arch. nat,, B a 35, l. 70 (Copie collationnée, 8 folios, délivrée par le greffier à la date du 3 avril); 4° Arch. nat., B 111/53, p. 522 à 565 (transcription de la copie précédente).

Ed. : 1° *Procès-verbal de l'élection et nomination faite par les députés des bailliages de Coutances, Saint-Lô, Avranches, Cérences, Périers, Mortain, Carentan,* Valognes, Saint-Sauveur-le-Vicomte et Tinchebray, de huit députés aux États généraux du royaume, marqués à Versailles le 27 avril 1789, avec les pouvoirs donnés à eux par les électeurs, s. l., 1789, 17 pages in-8°; 2° dans le *Procès-verbal de l'assemblée des trois États,* précité, imprimé chez Joubert, Coutances, 1789, in-8° (pagination spéciale 1 à 16).

[2] Pour la fixation du local de l'assemblée, voir le *Procès-verbal de l'assemblée générale des trois ordres,* séance du 19 mars 1789 (*supra*, p. 421). Le local de l'auditoire du bailliage était, d'après les historiens locaux, situé rue du Siège, «sur l'emplacement où est le théâtre actuellement». Voir Lefavrais, *Mémoire sur Tinchebray,* p. 30; Desdevizes du Dézert, *Le Cotentin en 1789,* p. 33 et surtout une communication de M. E. Sanot sur l'emplacement des locaux des différentes assemblées, reproduite dans ce dernier ouvrage, p. 54.

Motte, le Chastel, la Giffardière et autres lieux, conseiller du roi, lieutenant général civil au bailliage et siège présidial du Cotentin audit Coutances, et président de l'ordre du tiers état, présence de M. Le Brun, procureur du roi esdits sièges, assisté de Me Pierre-Thomas Blondel, notre greffier,

Nous étant rendus à la grande salle de notre auditoire, lieu par nous assigné au tiers état pour son assemblée, nous y avons trouvé MM. les députés de l'ordre du tiers état, en nombre conforme à la réduction qui en aurait été faite dans notre bailliage principal et dans les bailliages secondaires de notre arrondissement.

(Allocution du lieutenant général : il expose l'importance des objets qui vont être délibérés, et représente à l'assemblée « que dans cette grande circonstance il était de leur devoir de soumettre les intérêts personnels à l'intérêt de la chose publique, qu'ils doivent être dégagés de toutes préventions, de tout esprit de parti, et n'écouter que la voix de leur conscience dans toutes les élections graduelles auxquelles ils allaient procéder, et surtout dans le choix des députés aux États généraux, etc [1]. »

Représentation par les députés de leurs pouvoirs, et dépôt sur le bureau des cahiers de plaintes et doléances des différentes assemblées préliminaires, lesquels sont trouvés réguliers.)

L'assemblée, après avoir mûrement délibéré, a arrêté d'une voix unanime et par acclamation qu'il était à propos et même avantageux de se réunir aux deux autres ordres du clergé et de la noblesse, pour ne former tous ensemble qu'un seul et même cahier de plaintes et doléances, pour être présenté par les députés de chaque ordre réunis aux États généraux [2], mais que cette réunion ne pouvant avoir lieu que du consentement desdits deux ordres du clergé et de la noblesse, ils attendraient la communication de leurs arrêtés sur cet objet important, et qu'à tout événement il était nécessaire de s'occuper de la réduction en un seul de tous les

---

[1] Le discours de M. de Montchaton n'a pas été reproduit dans le *Procès-verbal de l'ordre du tiers état*, imprimé en 1789.

[2] Le *Règlement royal* du 24 janvier invitait, comme on sait, les trois ordres à s'unir dans chaque bailliage pour présenter aux États Généraux un cahier unique. Art. 43 : «Chaque ordre rédigera ses cahiers et nommera ses députés séparément, à moins qu'il ne préfère d'y procéder en commun, auquel cas le consentement des trois

ordres pris séparément sera nécessaire» (A. Brette, *Documents*, I, n° XXXVIII, p. 84). Cette invitation n'a d'ailleurs été suivie nulle part en Normandie.

On pourra consulter, dans l'ouvrage souvent cité de M. Lecacheux, une tentative assez curieuse de l'auteur pour faire la réduction en un seul des trois cahiers des ordres de Cotentin, par le rapprochement des articles relatifs aux mêmes objets. Voir Lecacheux, *Documents pour servir à l'histoire de Montebourg*, tome Ier, chap. X, p. 341 à 368.

cahiers des différents bailliages; pourquoi les ayant requis de délibérer entre eux pour fixer le nombre de commissaires qu'ils jugeraient convenable de nommer pour opérer cette réduction, et ayant pris les voix par bailliage, il a été arrêté à la pluralité d'icelles que le nombre serait fixé à 19, et qu'il en serait nommé deux dans chaque bailliage, excepté cependant celui de Cérences, démembré de Saint-Sauveur-Lendelin, séant à Périers[1], qui à raison de sa très petite étendue n'en fournirait qu'un seul.

(Nomination des commissaires : Chaque bailliage s'étant retiré séparément «dans les chambres particulières de l'auditoire et dans celles de l'élection y attenant», pour y délibérer à cet effet, les commissaires rédacteurs suivants sont élus pour chaque bureau :

*Bailliage de Coutances* : MM. Louis-Marie Duhamel, lieutenant général de police de Coutances; Roger-André-David Le Tullier, avocat et procureur du Roi en l'élection de Coutances.

*Bailliage de Saint-Lô* : MM. Pierre Le Menuet de la Jugannière, avocat à Saint-Lô; Pierre-Jacques Vieillard fils, avocat à Saint-Lô.

*Bailliage d'Avranches* : MM. Jean-Victor Tesnière de Brémesnil, lieutenant général; François Morin.

*Bailliage de Carentan* : MM. Jean-Thomas Desplanques du Mesnil, maire de Carentan; Charles-François-Louis Caillemer, avocat.

*Bailliage de Cérences* : M. François Brohon, lieutenant général dudit siège.

*Bailliage de Mortain* : MM. Denis-Gabriel Le Sachet de La Pallière; Jacques-Anne Lerebours de La Pigeonnière, avocat.

*Bailliage de Périers* : MM. Louis Pouret-Roquerie, procureur du roi au siège; Jacques Évremer, avocat.

*Bailliage de Valognes* : MM. Guillaume Besnard, s' Duchesne, lieutenant particulier criminel au siège; Guillaume-Adrien Courtaut des Fontaines, avocat.

*Bailliage de Saint-Sauveur-le-Vicomte* : MM. Louis-Hector-Amédée Ango, bailli de longue robe; Jean-Baptiste Glatigny des Perrelles, avocat.

*Bailliage de Tinchebray* : MM. Antoine-François le Lièvre de la Prévôtière; Charles-Jean Laîné Deshayes, avocat.

---

[1] Le bailliage de Cérences avait été effectivement séparé de celui de Saint-Sauveur-Lendelin, et constitué en siège indépendant, par *Arrêt du Conseil du 8 avril 1785* seulement (voir *suprà*, p. 128, note 2). Jusqu'à cette date, les officiers du siège avaient reçu des provisions pour «le bailliage de Saint-Sauveur-Lendelin, séant à Périers et à Cérences». Voir les provisions de Les-caudey de Manneval, bailli de Périers, citées *suprà*, p. 128, note 1.

Le bailliage de Cérences n'avait, comme on se rappelle, compris pour la convocation que onze paroisses seulement, qui toutes comparurent à l'assemblée préliminaire, bien que certaines, comme celle de Cérences, aient été *mixtes* avec le siège voisin de Coutances (au tome 1er, p. 786).

Pouvoirs donnés aux commissaires pour la rédaction du cahier général; invitation à eux adressée d'y procéder incontinent et sans interruption «aux fins de rapporter dans le plus bref délai que faire se pourra le cahier qu'ils auront rédigé...., lequel sera définitivement arrêté après les observations, changements ou augmentations que l'assemblée croira convenable d'y faire».

Les sieurs commissaires ayant représenté «qu'ils croient ne pouvoir terminer l'examen des cahiers et la confection de cet important ouvrage avant mardi prochain», l'assemblée est, d'un consentement unanime, renvoyée «à mardi prochain, 8 heures du matin».

Et avons à l'instant remis entre les mains de M. Dumesnil des Planques, procureur du Roi au bailliage de Carentan[1], l'un des commissaires rédacteurs et par eux choisi comme le plus ancien pour présider leur assemblée, tous les cahiers des différents bailliages, aux fins par lesdits sieurs commissaires d'opérer leur travail. Et avant que l'assemblée se séparât, elle nous a demandé qu'en cas que les deux premiers ordres ou l'un d'eux désirât d'ici à mardi prochain lui communiquer leurs cahiers, ou lui envoyer une députation pour lui faire quelque proposition, il nous plût faire battre la caisse afin de rassembler les députés du tiers état pour délibérer sur les propositions et demandes qui leur pourraient être faites, ce que nous aurions accordé. Et avons clos et arrêté la présente séance, lesdits jour et an, 11 heures et demie du matin, et avons signé avec le procureur du roi et notre greffier.

LEBRUN, DESMARETS DE MONTCHATON, BLONDEL, *greffier.*

[*2ᵉ séance*]. — Du mardi 24 mars 1789, 9 heures du matin, en la grande salle de l'auditoire du bailliage de Coutances, devant Nous lieutenant général susdit, présence et assisté comme dit est,

(Comparution en l'assemblée des sieurs commissaires rédacteurs, qui font représentation et dépôt sur le bureau du cahier de la rédaction duquel ils avaient été chargés, dont acte leur est donné.)

Et avons ordonné que lecture en sera donnée à haute et intelligible voix, aux fins par tous les députés de faire à chaque article telles observations qu'ils aviseront bon être[2]. Et à l'instant nous

---

[1] Sur DUMESNIL DES PLANQUES (Jean-Thomas), maire et procureur du roi au bailliage de Carentan, voir la note au tome Iᵉʳ, p. 709. Nous avons retrouvé depuis ses *Provisions* pour l'office de procureur du roi, en date du 26 mars

1772, et relatant un extrait baptistaire en date du 12 mai 1734 (Arch. nat., V¹. 462).

[2] Nous n'avons aucuns renseignements précis sur la première forme de rédaction du cahier du tiers, ainsi arrê-

avons fait commencer la lecture dudit cahier, laquelle a été continuée jusqu'à 3 heures de relevée; et avons renvoyé la continuation à demain, 8 heures du matin, et signé la présente séance avec le procureur du roi et notre greffier.

> LEBRUN, DESMARETS DE MONTCHATON, *lieutenant général*, BLON-
> DEL, *greffier.*

[*3e séance*]. — Du mercredi vingt-cinquième jour du mois de mars 1789, en ladite salle de l'auditoire du bailliage, devant Nous lieutenant général susdit, et assisté comme dit est,

(Continuation de la lecture du cahier, qui est poursuivie «jusqu'à deux heures après midi»; renvoi de l'assemblée, pour la continuation, «à 4 heures de relevée».)

Et avons signé la présente séance, avec le procureur du Roi et notre greffier.

> LEBRUN, DESMARETS DE MONTCHATON, *lieutenant général;* BLON-
> DEL, *greffier.*

[*4e séance*]. — Dudit jour 25 mars audit an, 4 heures de l'après-midi, devant Nous lieutenant général susdit, présence et assisté comme dit est,

(Continuation de la lecture du cahier, qui est poursuivie «jusqu'à neuf heures du soir»; renvoi de l'assemblée à demain 9 heures «pour y délibérer sur quelques articles laissés en surséance».)

Et avons signé la présente séance, avec le procureur du roi et notre greffier.

> LEBRUN, DESMARETS DE MONTCHATON, *lieutenant général;* BLON-
> DEL, *greffier.*

[*5e séance*]. — Du jeudi vingt-sixième jour du mois de mars 1789, 9 heures du matin, en la grande salle du bailliage de Coutances, devant Nous lieutenant général susdit, présence et assisté comme dit est,

---

tée par les commissaires. La correspondance du lieutenant général avec l'intendant de Caen et avec la Chancellerie, pas plus que celle des subdélégués de Coutances et d'Avranches, n'en parlent point.

En exécution de notre renvoi du jour d'hier, transportés en ladite salle, il y a été procédé à l'examen des articles qui n'avaient pu être définitivement arrêtés dans les séances précédentes, et après mûre réflexion ils ont été ainsi que tous les articles en général dudit cahier approuvés et ratifiés à la pluralité des suffrages, après les changements, modifications et augmentations que l'assemblée a jugé à propos de faire à différents articles dudit cahier[1]; et a arrêté qu'il sera transcrit, mis au net, et signé par MM. les commissaires, par Nous et notre greffier, pour ensuite être par Nous délivré, aux termes de l'article 14 de notre ordonnance du 13 février dernier[2], aux députés qui seront élus.

(Procédure pour l'élection des députés aux États généraux : nomination préalable de trois scrutateurs. Conformément au règlement[3], les trois plus âgés de l'assemblée sont adjoints au bureau pour procéder à ce premier scrutin. Ce sont les sieurs : du Breuil, de la paroisse de Heugueville, âgé de 72 ans, Delafosse, âgé de 67 ans, et Le Barbanchon, âgé de 70 ans[4]. Un

[1] Nous n'avons non plus aucun renseignement précis sur les changements et modifications que l'assemblée fit subir aux articles du cahier des commissaires. Le manuscrit original du cahier, au Greffe de Coutances, porte toutefois quelques ratures et remaniements significatifs. Les articles 18, 26 et 83 ont été modifiés sur l'original, l'article 57 a été biffé dans sa rédaction primitive, enfin après l'article 57 un blanc avait été laissé, pour un article commencé, qui n'a pas été achevé. Voir le texte du cahier, infrà, p. 556, note 5.

La correspondance du subdélégué d'Avranches, généralement si intéressante, dit seulement à ce sujet : «Il y a eu dans ce dernier ordre beaucoup de cabale; et pour calmer les troubles qui auraient pu s'élever par les opposants, il a été verbalement convenu qu'il ne serait choisi aucun représentant dans la classe des privilégiés. Vu la pluralité des opinions, ces derniers, malgré l'injustice de cette réclamation, ont été obligés de garder le silence.» (Lettre de M. de Montitier à l'intendant de Caen, du 16 mars 1789, Arch. Calvados, C 6353.)

[2] Ordonnance de M. le Grand Bailli de Cotentin, art. XIV (texte rapporté en note sous le procès-verbal de l'assemblée de l'ordre de la noblesse, suprà, p. 488 note 3). L'article est conforme au Modèle d'ordonnance pour les baillis et sénéchaux de la première classe (A. BRETTE, Documents, I, p. 332, n° XI, 10°, et Archives parlementaires, I, p. 619-622.)

L'exemplaire du cahier, collationné et délivré aux députés par le lieutenant-général, contresigné du greffier à la date du 3 avril, est celui même qui est conservé aujourd'hui aux Archives nationales, sous la cote C 18, liasse 62, pièce 4°. Il porte en marge la mention d'enregistrement au secrétariat de l'Assemblée nationale : «Reg. A, f° xii, n° 62, quatrième et dernière.»

[3] Règlement royal du 24 janvier 1789, art. XLVII (cité suprà, sous le Procès-verbal de l'assemblée du clergé, p. 435, note 2. Voir le texte complet dans A. BRETTE, Documents, tome Ier, p. 85.

[4] DU BREUIL (Vincent-Jacques), qualifié laboureur, appartenait au bailliage de Coutances, où il était député pour la paroisse de Heugueville (au tome Ier, p. 381); DELAFOSSE (Pierre-Joseph) appartenait de même au bailliage de Carentan, pour la paroisse de Saint-Cosme-du-Mont (tome Ier, p. 753 et 761 n. 1); LE BARBANCHON appartenait au bailliage secondaire de Valognes et était député de la ville de Valognes (tome II, p. 6 et n. 3), à moins qu'il ne s'agisse de LEBARBANCHON (Jean-

«vase» ayant été apporté, et placé sur une table au devant du secrétaire de l'assemblée, les députés, au nombre de 361 [1], y déposent successivement leurs billets. Vérification faite des bulletins, «la pluralité des voix s'est réunie en faveur de MM. Morin l'aîné, avocat à Avranches, Grisel, avocat à Valognes, et Lesacher des Palières, avocat à Mortain» [2], qui sont déclarés scrutateurs pour la nomination des députés.)

Et vu qu'il est 9 heures du soir, nous avons renvoyé l'assemblée à demain, 8 heures du matin, pour procéder au scrutin desdits députés, et avons signé la présente séance avec le procureur du roi et notre greffier.

LEBRUN, DESMARETS DE MONTCHATON, *lieutenant général;* BLONDEL, *greffier.*

[*6ᵉ séance*]. — Du vendredi vingt-septième jour du mois de mars 1789, 8 heures du matin, en ladite salle de l'auditoire du bailliage de Coutances, devant Nous lieutenant général susdit, présence et assisté comme dit est,

(Envoi d'une députation aux ordres du clergé et de la noblesse «pour leur faire part du désir qu'avait l'ordre du tiers état de s'unir à eux pour ne former tous ensemble qu'un seul et même cahier». L'ordre du tiers a cependant pensé «que cette réduction des cahiers des trois ordres en un seul pourrait emporter un temps considérable pour en examiner chaque article, et concilier les intérêts des trois ordres, ce qui nécessiterait à tous les membres de chaque ordre une prolongation de séjour en cette ville qui leur deviendrait trop onéreuse; il a cru devoir proposer à l'ordre du clergé et à celui de la noblesse de charger leurs députés, comme il est dans l'intention de charger les siens, de se communiquer aux États généraux réciproquement leurs cahiers, aux fins de s'unir et de conférer ensemble pour leurs intérêts communs et la conservation de leurs droits réciproques.»

Armand), *laboureur,* de la paroisse d'Azeville, au bailliage de Saint-Sauveur-le-Vicomte (t. III, p. 168 et 182).

[1] Le nombre des membres de l'assemblée aurait dû être de 408, comme le montre l'appel de l'assemblée générale; mais nous avons vu déjà qu'il y avait sur ce nombre, dès le premier jour, 47 absents (séance du 19 mars, *supra*, p. 418).

[2] Sur Morin l'aîné, avocat à Avranches et syndic de l'ordre des avocats de cette ville, voir le procès-verbal de la ville d'Avranches (au tome Iᵉʳ, p. 682), et la note sous le procès-verbal de l'assemblée du bailliage d'Avranches (*Ibid.*, p. 688, n. 1). Sur GRISEL, avocat à Valognes et commissaire-rédacteur du cahier de cette ville, voir le procès-verbal de la ville de Valognes (au t. II, p. 8). Enfin, pour LESACHER DE LA PALLIÈRE (Denis-Gabriel), avocat à Mortain, voir ce que nous avons noté sous le procès-verbal de l'assemblée préliminaire du bailliage de Mortain (au t. III, p. 251, note 3).

Nomination de la députation : il est arrêté de nommer un député de chaque bailliage. La députation comprend ainsi :

*Bailliage de Coutances* : M. Duprey, lieutenant particulier[1].

*Bailliage de Saint-Lô* : M. Le Menuet de la Jugannière, avocat.

*Bailliage d'Avranches* : M. Tesnière de Brémesnil, lieutenant général.

*Bailliage de Carentan* : M. Hervieu de Pontlouis, lieutenant particulier.

*Bailliage de Cérences* : M. Héot, avocat.

*Bailliage de Mortain* : M. Lerebours de la Pigeonnière, avocat.

*Bailliage de Périers* : M. Lescaudey de Manneval, bailli.

*Bailliage de Valognes* : M. Besnard-Duchesne, lieutenant particulier.

*Bailliage de Saint-Sauveur-le-Vicomte* : M. Ango, bailli.

*Bailliage de Tinchebray* : M. Lelièvre, avocat.

Retour des députés, qui annoncent que les ordres du clergé et de la noblesse «ont reçu avec satisfaction la proposition du tiers et qu'ils allaient envoyer chacun une députation pour communiquer leurs intentions»[2].

Réception de la députation du clergé. Les députés font part à l'assemblée «du regret de leur ordre de ne pouvoir en ce moment se réunir à celui de la noblesse et du tiers pour ne faire de leurs cahiers qu'un seul et même; mais qu'ils agréent au nom de leur corps avec bien de la satisfaction la proposition qui leur a été faite de la part de cette assemblée de se communiquer leurs cahiers aux États généraux, aux fins de se concerter entre eux pour le bien, l'avantage et l'intérêt commun des trois ordres». Les députés du clergé sont reconduits en cérémonie[3].

Réception de la députation de la noblesse. Les députés font part à l'assemblée «du désir qu'aurait toujours celui de la noblesse que les trois ordres puissent concourir au bonheur commun, à la félicité publique, et à la prospérité de la nation, par leur union et leur concorde, l'assurant qu'il ne négligerait aucuns des moyens qui, en conciliant leurs intérêts réciproques;

[1] Duprey (Pierre), conseiller du roi, avocat au Parlement, seigneur de Chantelou, était en 1789 «lieutenant ancien particulier civil et criminel du bailliage et siège présidial de Coutances». Ses provisions sont en date du 2 juillet 1766 et mentionnent un extrait baptistaire en date du 1er février 1724 (Arch. nat., V¹.432). Domicilié à Coutances, il payait en 1789 dans cette ville une capitation privilégiée de 154 livres (Arch. Calvados, C 4651). Dans la suite de la convocation, il avait été successivement député de la paroisse de Chantelou et membre du quart réduit de l'assemblée du bailliage de Coutances. Voir au tome Ier, p. 265, et note 3.

La plupart des autres membres de la députation ci-dessus nommés ont joué un rôle dans la convocation et ont pu être identifiés. On voudra bien se reporter à la table des noms de personnes, à la fin du présent volume.

[2] Pour la réception de la députation du tiers état dans les assemblées des privilégiés, on comparera utilement : le *Procès-verbal de l'ordre du clergé*, séance du 27 mars au matin (*suprà*, p. 439) et le *Procès-verbal de l'ordre de la noblesse*, séance du 27 mars au matin (*suprà*, p. 489).

[3] Pour la nomination et la réception de la députation envoyée par l'ordre du clergé, on comparera utilement le *Procès-verbal de l'ordre du clergé*, séance du 27 mars au matin (*suprà*, p. 440).

pourront établir et cimenter entre eux une harmonie fixe et durable aux États généraux ». Les députés de la noblesse sont reconduits avec la même cérémonie [1].

A l'instant est comparu un membre de l'ordre du clergé, lequel nous a annoncé que MM. les députés de la minorité du clergé l'avaient chargé de demander à l'assemblée de vouloir bien les recevoir. Ce qui leur ayant été accordé, sont entrés quatre ecclésiastiques, lesquels nous ont dit qu'ils étoient députés de la minorité de l'ordre du clergé aux fins de venir communiquer son vœu à l'ordre du tiers état, *que le clergé fût imposé comme les autres ordres, payât en proportion de ses revenus et dans les mêmes formes qu'eux et sur un seul et même rôle,* faisant le sacrifice général de tous les privilèges pécuniaires, déclarant au surplus approuver tout ce que les États généraux décideront et arrêteront pour le bien général; qu'en conséquence ils ont cru devoir faire leurs protestations contre un des articles du cahier intitulé : *Doléances et instructions du clergé de Cotentin,* lequel article paraît admettre dans le clergé le prétendu privilège de s'imposer lui-même [2]; et que pour manifester publiquement ses intentions, ladite minorité a déposé ladite protestation devant les notaires de ce lieu, le 25 de ce mois [3], et l'ont aussitôt fait imprimer, nous priant de vouloir bien la recevoir et en faire donner lecture à la présente assemblée, pour ensuite rester déposée à notre Greffe, annexée à notre procès-verbal [4], nous demandant acte du dépôt qu'ils font à l'instant sur notre bureau de deux copies imprimées de ladite protestation, lequel acte nous leur avons accordé sur la demande qui nous en a aussi été faite par l'assemblée, et ordonné qu'une desdites copies déposée sur notre bureau sera jointe à notre procès-verbal, Et après en avoir fait donner lecture à l'assemblée, elle a remercié MM. les députés de ladite minorité des sentiments qu'ils venaient de lui manifester, et ensuite ils se sont retirés reconduits par quatre membres de l'assemblée qui avaient été les recevoir.

(Reprise de la procédure pour l'élection de 8 députés aux États généraux.

[1] Pour la nomination et la réception de la députation envoyée par l'ordre de la noblesse, on comparera le *Procès-verbal de l'ordre de la noblesse,* séance du 27 mars au matin (*suprà,* p. 489).

[2] Le texte vise l'art. 1er du chapitre *Clergé* du cahier de l'ordre du clergé. Voir le texte de ce cahier, *suprà,* p. 473.

[3] Le texte de la *Protestation* en question est reproduit ci-dessus, p. 443, avec la lettre d'envoi des principaux signataires de la minorité du clergé.

[4] La copie en question, qui eût dû demeurer annexée au Procès-verbal, ne s'est pas retrouvée dans la liasse des pièces de l'assemblée générale, conservées au Greffe de Coutances.

Appel des membres présents de l'assemblée, qui se trouvent au nombre de 367 [1], et qui déposent successivement et ostensiblement « leurs « billets » dans le « vase » placé à cet effet sur la table devant le bureau. Les billets comptés et vérifiés *à voix basse*, les scrutateurs ont déclaré « que M. Denis-Gabriel Lesacher de la Pallière, avocat, avait acquis la pluralité des suffrages, et qu'il était élu aux États généraux » [2].)

Et les billets de ce scrutin soigneusement brûlés [3], vu qu'il est une heure après midi, nous avons renvoyé la continuation à 3 heures, et avons signé la présente séance, avec le procureur du roi et notre greffier.

LEBRUN, DESMARETS DE MONTCHATON, *lieutenant général;* BLON-DEL, *greffier.*

[7ᵉ *séance*]. — Dudit jour 27 mars audit an, 3 heures après midi, en ladite salle, devant Nous lieutenant général susdit, présence et assisté comme dit est,

(Continuation de l'élection pour un second député de l'ordre du tiers. — Les billets comptés, ouverts et vérifiés, les scrutateurs déclarent « qu'aucun des membres de l'assemblée n'a réuni le nombre de voix prescrit par le règlement pour être déclaré élu » [4]. Les bulletins du scrutin sont brûlés, etc.)

Et vu qu'il est 7 heures du soir, avons renvoyé à demain, 8 heures du matin, pour être procédé à un nouveau scrutin pour l'élection d'un second député, et avons signé la présente séance, avec le procureur du roi et notre greffier.

LEBRUN, DESMARETS DE MONTCHATON, *lieutenant général;* BLON-DEL, *greffier.*

---

[1] A la réunion précédente de l'assemblée, le 26 mars, le procès-verbal mentionnait que les députés du tiers état présents étaient au nombre de 361 (*suprà*, p. 534); le procès-verbal n'indique pas ceux qui s'étaient représentés dans l'intervalle.

[2] Sur LESACHER DE LA PALLIÈRE, on voudra bien se reporter à la note sous le procès-verbal de l'assemblée préliminaire du bailliage de Mortain (*suprà*, p. 251, note 3).

[3] Le *Règlement royal* avait effectivement ordonné de brûler les bulletins de vote après chaque scrutin. Art. 47 *in fine* : « Tous les bulletins, ainsi que les notes des scrutateurs, seront soigneusement brûlés, après chaque tour de scrutin » (A. BRETTE, *Documents*, I, p. 86).

[4] *Règlement royal du 24 janvier*, art. 47 : « Le nombre des billets étant constaté, ils seront ouverts, et les voix seront vérifiées par les scrutateurs *à voix basse.* La pluralité sera censée acquise par une seule voix au-dessus de la moitié des suffrages de l'assemblée. Tous ceux qui auront obtenu cette pluralité seront déclarés élus. Au défaut de ladite pluralité, on ira une seconde fois au scrutin » (A. BRETTE, *op. cit.*, I, p. 86).

[8ᵉ *séance*]. — Du samedi 28 mars audit an, 8 heures du matin, en ladite salle, devant Nous lieutenant général susdit et assisté comme dit est,

(Reprise du scrutin pour l'élection du second député. Les billets comptés, ouverts et vérifiés, les scrutateurs déclarent « que M. Louis Burdelot avait réuni le nombre de voix prescrit par le règlement et qu'il est élu pour député aux États généraux » [1]. Les billets du scrutin sont brûlés, etc.

Continuation de l'élection, pour un troisième député de l'ordre du tiers. Au premier scrutin, les billets comptés, ouverts et vérifiés, les scrutateurs déclarent « que le nombre de voix prescrit par le règlement s'est réuni en faveur du sieur Pierre-Jacques Vieillard fils, et qu'il est élu député aux États généraux » [2]. Les billets du scrutin sont brûlés, etc.

Continuation de l'élection, pour un quatrième député de l'ordre du tiers. Au premier scrutin, les billets comptés, ouverts et vérifiés, les scrutateurs déclarent « que les voix se sont réunies en faveur de M. Besnard-Duchesne, et qu'il est élu pour député aux États généraux » [3]. Les billets du scrutin sont brûlés, etc.)

Et vu qu'il est une heure après midi, avons renvoyé la continuation du scrutin à 4 heures, et avons signé la présente séance avec le procureur du roi et le greffier.

LEBRUN, DESMARETS DE MONTCHATON, *lieutenant général;* BLONDEL, *greffier.*

[9ᵉ *séance*]. — Dudit jour 28 mars audit an, 4 heures d'après midi, devant Nous lieutenant général susdit, présence et assisté comme dit est,

(Continuation de l'élection, pour le choix d'un cinquième député de l'ordre du tiers. Au premier scrutin, les billets comptés, les scrutateurs ont déclaré « qu'il s'en trouvait un de plus que le nombre des électeurs présents ». Les billets sont brûlés, et il est passé à un nouveau scrutin.

Au deuxième scrutin, les billets de nouveau comptés, ouverts et vérifiés, les scrutateurs déclarent « que M. Jean Perrée-Duhamel, négociant, avait acquis la pluralité des suffrages, et était élu député aux États généraux » [4]. Les billets du scrutin sont brûlés, etc.)

[1] BURDELOT (Louis), maire et vicomte de Pontorson, était député du bailliage secondaire d'Avranches. Voir sur ce personnage la note sous le procès-verbal de l'assemblée préliminaire de ce bailliage (au tome Iᵉʳ, p. 688, note 2).

[2] Jean-Pierre-Jacques VIEILLARD, dit Vieillard fils, était député du bailliage secondaire de Saint-Lô. Voir la note sous le procès-verbal de l'assemblée préliminaire de Saint-Lô (*supra*,

p. 15, note 1). Cf. en outre A. BRETTE, *Documents*, II, p. 326, n° 1291.

[3] BESNARD-DUCHESNE (Guillaume) était député du bailliage secondaire de Valognes. Voir la note sous le procès-verbal de la ville de Valognes (au t. II, p. 8, n. 1). Cf. en outre A. BRETTE, *op. cit.*, II, p. 61, n° 114.

[4] PERRÉE-DUHAMEL (Jean-Pierre-Nicolas) était député du bailliage principal de Coutances. Voir la note sous le

Et vu qu'il est 9 heures du soir, nous avons renvoyé la continuation à demain, 4 heures de relevée, et avons signé la présente séance avec le procureur du roi et notre greffier.

LEBRUN, DESMARETS DE MONTCHATON, *lieutenant général;* BLONDEL, *greffier.*

[10ᵉ *séance*]. — Du dimanche vingt-neuvième jour du mois de mars audit an, en ladite salle de l'auditoire du bailliage de Coutances, 4 heures de relevée, devant Nous lieutenant général susdit, présence et assisté comme dit est,

(Continuation de l'élection, pour le choix d'un sixième député de l'ordre du tiers. La procédure est interrompue par un incident :)

Et comme on y procédait, est arrivé en cette salle un ecclésiastique, lequel nous a annoncé une députation de l'ordre du clergé, s'il plaisait à celui du tiers état la recevoir. L'assemblée ayant répondu qu'elle la recevrait avec plaisir, sont arrivés un instant après MM. lesdits députés du clergé, lesquels s'étant avancés jusqu'à notre bureau, nous ont dit qu'ayant appris avec la plus vive douleur qu'une très petite partie des membres de cet ordre est venue présenter à celui du tiers état des protestations contre quelques articles du cahier intitulé : *Doléances et instructions du clergé de Cotentin,* dans l'intention sans doute de l'induire en erreur sur les vrais sentiments de l'ordre du clergé, ils viennent les lui manifester et lui communiquer au nom de leur ordre, arrêté qu'il a fait le jour d'hier en conséquence desdites protestations[1], assurant l'ordre du

procès-verbal de la ville de Granville (au tome Iᵉʳ, p. 118, note 1). Cf. en outre A. BRETTE, *Documents*, II, p. 269, n° 1087; et notice dans Mˡˡᵉ OURSEL, *Nouvelle biographie normande*, 1ᵉʳ supplément, p. 344.

Perrée-Duhamel paraît avoir été le candidat de la loge l'*Interprète Maçonne*, qui avait été fondée à Granville, le 9 avril 1786, et qui comptait un assez grand nombre de membres parmi les gens de robe, les armateurs et les négociants. Quinette de Cloisel, un des fondateurs de la loge, personnage assez remuant dont la correspondance, intéressante pour toute la période de la convocation, a été retrouvée et publiée par M. R. du Coudrey, écrivait le

29 mars, de Coutances : «Le tiers est bien composé. J'ai fait nommer Jean Perrée député aux États Généraux, malgré vents et marée, et en dépit de la cabale granvillaise.... J'ai fait Burdelot, vicomte de Pontorson, un des députés; ainsi il y en a deux de ma façon» (*Lettre à M. de Cloisel, du 29 mars,* Arch. nat., T 655, reproduite dans R. DU COUDREY, *Le pays de Granville*, n° 1, p. 22).

[1] Il s'agit de l'*Arrêté de Protestation*, pris dans la séance du 28 mars, par la majorité de l'assemblée de l'ordre du clergé (*Procès-verbal du clergé*, suprà, p. 441). Nous en avons donné le texte à la suite du procès-verbal de cet ordre (suprà, p. 448). On pourra remarquer

tiers état que celui du clergé sera toujours porté à faire le sacrifice
entier de ses privilèges pécuniaires et à lui donner des preuves de
son désir le plus sincère de maintenir entre les différents ordres
l'union et la concorde si nécessaires pour le bonheur de tous et la
prospérité de l'État; qu'afin que l'ordre du tiers ne doute point de
la pureté des intentions du clergé à cet égard, ils le prient d'agréer
une copie dudit arrêté qu'ils ont à l'instant déposée sur notre bureau, nous requérant de leur en donner acte, et d'en faire donner
lecture à l'assemblée, pour être ensuite jointe à notre procès-verbal
et déposée en notre greffe. Lecture faite dudit arrêté par notre
huissier de service, nous en avons accordé acte à MM. les députés
de l'ordre du clergé, et ordonné qu'il sera joint à notre procès-
verbal, pour être avec iceluy déposé en notre greffe [1].

(La députation retirée, reprise du scrutin pour l'élection du sixième député. Les billets comptés, ouverts et vérifiés, les scrutateurs déclarent «que la
pluralité des voix était acquise en faveur de M. Jean-Thomas Desplanques du
Mesnil, qu'ils ont déclaré élu aux États généraux» [2]. Les billets du scrutin sont
brûlés, etc. …)

Et vu qu'il est 7 heures du soir, nous avons renvoyé la continuation à demain, 8 heures du matin, et avons signé la présente
séance avec le procureur du roi et notre greffier.

LEBRUN, DESMARETS DE MONTCHATON, *lieutenant général*; BLON-
DEL, *greffier*.

[11ᵉ séance]. — Du lundi trentième jour du mois de mars audit
an, en ladite salle, devant Nous lieutenant général susdit, présence
et assisté comme dit est,

(Continuation de l'élection, pour le choix d'un septième député de l'ordre
du tiers. Au premier scrutin, les billets comptés, ouverts et vérifiés, les scrutateurs déclarent «que la pluralité des voix s'est réunie en faveur de M. Louis
Pouret, lequel est élu député aux États généraux» [3]. Les bulletins du scrutin
sont brûlés, etc.

que les déclarations mises dans la bou-
che des députés du clergé sont la
reproduction presque textuelle des termes de l'*Arrêté*.

[1] La pièce en question, qui aurait
dû être annexée au *Procès-verbal*, ne
s'est pas retrouvée dans les liasses conservées au Greffe de Coutances.

[2] Jean-Thomas DESPLANQUES DU MES-

NIL était député du bailliage secondaire
de Carentan. Voir la note sous le procès-
verbal de la ville de Carentan (au
tome Iᵉʳ, p. 709, note a). Cf. en outre
A. BRETTE, *Documents*, II, p. 126,
n° 409.

[3] Louis POURET, sieur DE ROQUERIE,
était député du bailliage secondaire de
Saint-Sauveur-Lendelin, séant à Pé-

Continuation de l'élection, pour le choix d'un huitième et dernier député de l'ordre du tiers état. Au premier scrutin, les billets comptés, ouverts et vérifiés, les scrutateurs ont déclaré « qu'aucun des membres n'avait acquis le nombre compétent de suffrages pour être élu député ». Les billets du scrutin sont brûlés.

Au deuxième scrutin, les billets de même comptés, etc., les scrutateurs ont déclaré « qu'aucun de l'assemblée n'avait encore obtenu la pluralité des voix, mais que Mᵉ Drogy, avocat au bailliage de ce lieu[1], et M. Ango, bailli de Saint-Sauveur-le-Vicomte, ont réuni le plus de voix; et qu'eux seuls peuvent concourir à l'élection qui sera déterminée par le troisième tour de scrutin ». Les billets sont brûlés, etc.)

Et vu qu'il est 2 heures de relevée, nous avons renvoyé la continuation à 4 heures, et avons signé la présente séance avec le procureur du roi et notre greffier.

LEBRUN, DESMARETS DE MONTCHATON, *lieutenant général* [2];

[*12ᵉ séance*]. — Du lundi 30 mars 1789, à 4 heures de relevée, en la grande salle de l'auditoire du bailliage de Coutances, devant Nous Thomas-Louis-Antoine Desmarets de Montchaton, etc., présence de M. Lebrun, procureur du roi esdits sièges, assisté de Mᵉ Pierre-Thomas Blondel, notre greffier.

(Continuation de l'élection pour le choix d'un huitième et dernier député, troisième scrutin : le nombre des électeurs est de 301. Les billets comptés, ouverts et vérifiés, les scrutateurs font tout d'abord une déclaration préliminaire, qui a été biffée plus tard sur le manuscrit :)

Ils ont déclaré * que étant trouvés trois billets blancs et sur lesquels étaient inscrits d'autres noms que celui des deux compétiteurs, le nombre des électeurs dont les voix doivent être comptées se trouve réduit à 284[3]; et ensuite ayant procédé à l'ouverture et l'examen desdits billets, compte par eux fait des voix, ils ont dé-

---

riers. Voir la note sous l'appel des paroisses de ce bailliage (au tome III, p. 122, note 2). Cf. en outre A. BRETTE, *Documents*, II, p. 278, n° 1085.

[1] DROGY (Pierre-Louis-Alexandre), avocat, était député du bailliage principal de Coutances. Voir la note placée sous le procès-verbal d'assemblée de la ville de Coutances (au tome Iᵉʳ, p. 89, note 2).

[2] La signature du greffier BLONDEL n'existe pas à cet endroit sur le manuscrit original de Coutances. Elle a été

introduite dans les copies collationnées, conservées aux Archives nationales.

[3] L'article 47 du *Règlement royal* avait décidé que l'on ne compterait point pour le scrutin les bulletins blancs; et qu'au cas où un second tour n'aurait pas donné de résultat, les scrutateurs ayant déclaré les deux sujets qui auraient recueilli le plus de voix, « ce seront ceux-là seuls qui pourront concourir à l'élection, qui sera déterminée par le troisième tour de scrutin » (A. BRETTE, *Documents*, I, p. 86).

claré[1] *que M. Louis-Hector-Amédée Ango, né à Versailles, bailli de Saint-Sauveur-le-Vicomte[2],* en ayant réuni 183 en sa faveur[3]*, a acquis la pluralité des voix en sa faveur; pourquoi il est élu pour député.

(Proclamation des 8 députés élus dans les divers scrutins précédents, qui sont, avec leurs noms et qualités :

1. Denis-Gabriel Le Sacher, né à Paris, avocat au bailliage de Mortain et demeurant en la ville de Mortain;

2. Louis Burdelot, né en la ville d'Avranches, vicomte et maire de la ville de Pontorson et y demeurant;

3. Jean-Jacques Vieillard fils, avocat à Saint-Lô, originaire de cette ville et y demeurant;

4. Guillaume Besnard-Duchesne, originaire de Montebourg, lieutenant particulier au bailliage de Valognes et y demeurant;

5. Jean-Perrée Duhamel, négociant, originaire de Granville et y demeurant;

6. Jean-Thomas Desplanques du Mesnil, originaire de la ville de Carentan, maire de ladite ville et y demeurant;

7. Louis Pouret-Roquerie, originaire de la paroisse de Geffosses-sur-mer, procureur du roi du bailliage de Saint-Sauveur-Lendelin, séant à Périers et y demeurant;

8. Louis-Hector-Amédée Ango, né à Versailles, bailli de Saint-Sauveur-le-Vicomte[4].

---

[1] Le passage entre les signes * * est raturé dans le manuscrit original de Coutances (ms. cit., f° 7 r°) et ne se retrouve dans aucune des copies postérieurement délivrées. La rature a été d'ailleurs régulièrement approuvée in fine : «Environ 6 lignes et demie ci-dessus nulles. — DESMARETS DE MONT-CHATON.»

[2] Louis-Hector-Amédée ANGO, bailli de robe longue, était député du bailliage secondaire de Saint-Sauveur-le-Vicomte. Voir la note sous le procès-verbal de l'assemblée préliminaire de ce bailliage (supra, p. 177, note 1). Cf. en outre, A. BRETTE, Documents, II, p. 40, n° 211. M. A. Brette a relevé justement l'erreur grossière de ROBERT et CAGNY, qui font de Ango un lieutenant-général du bailliage de Coutances (Dictionnaire de la Révolution, I, p. 71).

[3] Les mots entre les signes * * sont à nouveau biffés dans le manuscrit original de Coutances, et ne se retrouvent dans aucune des copies collationnées du procès-verbal.

[4] La députation du tiers état avait été choisie, comme on s'en rendra facilement compte, de façon à ce que tous les ressorts secondaires à peu près fussent représentés. Les sièges de Cérences et de Tinchebray seuls n'avaient pas reçu de député. C'est à peu près le résultat que, dès les premiers jours de l'assemblée, le subdélégué d'Avranches avait fait prévoir à l'intendant : «Il paraît, écrivait-il, que chaque élection enverra un député du tiers, et que, pour les élections de Valognes et de Coutances, il y aura deux représentants. Le député d'Avranches sera probablement M. Morin, avocat, homme sage, et d'un mérite reconnu. Il paraît que cette classe fournirait la majeure partie des députés du tiers. C'est, je crois, l'intention de toutes les élections» (Lettre

Acceptation des députés, qui déclarent « que sensibles aux marques de confiance dont l'assemblée veut bien les honorer, ils acceptent la députation et feront tout ce qui sera en eux pour répondre à l'attente de leurs concitoyens, s'estimant heureux s'ils peuvent contribuer à leur bonheur et à la félicité publique, ainsi qu'à la gloire et à la prospérité de la nation ». )

Et les billets de ce dernier scrutin ayant été brûlés, l'assemblée après avoir applaudi au choix desdits députés susnommés, a déclaré leur donner tous pouvoirs de proposer, remontrer, aviser et consentir tout ce qui peut concerner les besoins de l'État, la réforme des abus, l'établissement d'un ordre fixe et durable dans toutes les parties de l'administration, la prospérité générale du royaume et le bien de tous et chacun les sujets de Sa Majesté[1]; et cependant avec mandat spécial de ne consentir aucun octroi d'impôt que les principes de la constitution générale du royaume n'aient été reconnus, assurés et sanctionnés, et que les États particuliers à la Province ne lui soient rendus; de demander en outre que les impôts soient répartis également entre tous les ordres et supportés individuellement par les membres de chacun, sur des rôles communs, sans par MM. les députés pouvoir se départir du présent mandat, sous quelque prétexte que ce soit[2]. Lesquels pouvoirs tant généraux que particuliers ont été accordés à la pluralité presque unanime de l'assemblée, et ont été signés par les députés présents, lecture faite, cesdits jour et an que dessus.

[3] Le Sacher de la Pallière, Lelièvre de la Prévôtière, Lainé, Pierre-Jacques Lempérière, Colleville, *négociant à*

de M. de Montitier à l'intendant de Caen, du 16 mars 1789, Arch. Calvados, C 6353).

[1] La formule de pouvoirs insérée au texte est l'exacte reproduction de celle prévue par les *Lettres royales pour la convocation des États Généraux, du 24 janvier 1789* (texte dans A. Brette, *Documents*, I, p. 65, n° XXXVIII[1]). Mais la suite du texte y apporte deux graves restrictions.

[2] La double restriction imposée par le texte aux pouvoirs des députés avait été réclamée par la presque unanimité des cahiers des assemblées préliminaires. La première est empruntée textuellement au cahier du bailliage de Saint-Lô, art. 3, 1° (*suprà*, p. 26); la seconde, relative à l'égalité devant l'impôt, établi sur les mêmes rôles pour tous les citoyens,

est empruntée aux cahiers du bailliage d'Avranches, art. 7 (au tome Ier, p. 694) et du bailliage de Carentan, art. 8 (*ibid.*, p. 707).

Les mêmes restrictions sont reproduites dans le texte du cahier de l'ordre du tiers état du bailliage de Cotentin, art. 2 et art. 27 (*infrà*, p. 546 et 552). En somme, les députés du tiers état n'avaient qu'un *mandat restreint et impératif*. L'exemplaire du procès-verbal conservé aux Archives Nationales, C 18, l. 62, porte d'ailleurs en marge, d'une autre écriture que le texte, les mots : *«mandat impératif»* (au f° 11 r°).

[3] Les signatures du procès-verbal de l'ordre du tiers état occupent, dans le manuscrit original du Greffe de Coutances, les folios 7 r° à 11 r° et dernier,

*Saint-Lô*, Lemenuet, *avocat au Parlement*, Jullien Hamel, Bienvenu, Roulleaux, *avocat*, Garnier du Mont, *avocat*, Gallet La Croix, Dupont-Morlière, Chevalier, *notaire*, Gautier, Le Goupil, Du Brisey, Lamort, Le Roux de Launay, Moulin le Bourdonné, de la Roche, *docteur-médecin*, de la Gérardière, Roussel, Cahours, Postel du Hautval, Certain, Juhel-Deslandes, Houstin de Monthalé, Séelles, Jammes, Guesdon de Beaumont, Gaudin, Roussel, Regnault, Juhé de Launay, Poirier, *docteur-médecin*, Blanchet de l'Aumosne, J. Poisson, Lamy, Brohier, *notaire*, Esnéu, Lemonnier de Gouville, *avocat à Saint-Lô*, Jean-Hüe Gatinière, Boursin, Marie, Fortin, Gesbert, Busnel, Banet, Vaultier, Coquoin, Guéret le jeune, Bitouzé d'Aumesnil, A.-F. Le Brun, Groualle, Fontaine, Lecarlier de la Haye, Deux, Gallien de Fleurival, Guillaume Blanchemain, Patin, Clamorgan, *avocat*, Le Chevalier, Poitou, Morel, Touraine, Osmond, *lieutenant particulier au bailliage*, Mignot, Ernouf, Rouxel, du Brisey, Sorel, Rocquier, Picard, Haye de la Divère, Hotot, Ansot, Mabire, Bricquebec, Léonord Hallot, Hirard, *avocat*, Paris, Herbert, Auvray, Pivert, Picquot, Dumont, Le Mazurier, Le Fillastre, Dennery, Hellet, Coudrey, Maurouard, Le Roux, Pontis, Coüey du Longprey, Lemaître, Le Carpentier, Trotrel, Le Bastard, Lenormand, Pépin, Prevel, Boutry, de Brecey, Le Boullenger, Cambernon, Marion, Bouffaré, Coupard, Aizet, *avocat*, Maurouard, Dufour de la Hervère, Fournel, Mériel, Sarot, Levionnois, Dorée, Dubail, Hubert Le Comte, Butot, Lédieu, Durandière, Legard, Deméauties, Tison, Fortin, des Marais, Valavoine, de Caux, Le Scellier, Hubert, Jallais, Gilbert, Bignais, Brohier, Baudry, Lamy, Neslet, Violette, des Longchamps Huet, du Dézert du Longprey, Caillet, Bouillon, des Champs, Dupont, Duchemin, Jolly, Boivin-Lefevre, Guernier, Bucaille, Turgot, le Regulley, Lecarlier de Saint-Maur, J. Le Barbanchon, Le Caux, Lecouvey Charles, Le Guelinet, J. Mauger, P. Mauger, Le Maître, Gohel, Signard, Houssin, Papillon des Coutures, Abraham du Bois Gobey, Le Mazurier de Montabot, Pimparey, *avocat*, Ernouf, *bailli de Cérences*, Tetrel, Dorange, Vitrel, Avoine, Prodhomme, Dufour, Le Breton, Gislot, Viel de Hautmesnil,

DE MONS DE GARANTOT, BÉCHEREL, SAUVÉ, DE GLATIGNY, THION, GRISEL, Gervaise REGNAULT, DE LONGRAYE SAUNERIE, GALOPIN DU TERTRE, GILBERT, MORIN l'aîné, CARDIN, LE BEL, SONNARD DUHAMEL, HAMELIN, GONFREY, LE BRUN, FERREY, HASTEY, OSMOND, VASTEL, AUBERT, LE SAGE, BONTÉ, LEREBOURS DE LA PIGEONNIÈRE, CAILLET DE LA POTERIE, GEOFFROY, POISSON DE COUDREVILLE, DUFOUG, CAILLEMER, LE SAGE, COURTEAUX DES FONTAINES, LENEVEU DES LANDES, LE CLERG, DUVAL, BERNARD, CARIOT, REGNAULT DE BRETEL, LE BASTARD DE L'ISLE, LESCAUDEY, LAVALLEY DE LA HOGUE, HERVIEU DE PONTLOUIS, Bernard LARCHER, COURTIN, HUBERT, DUBOURG, QUESNEL, VIEILLARD fils, COURTIN DE LA BRÉAUDIÈRE, LELIÈVRE, EUVREMER DU MANOIR, COQUEREL, *avocat*, LE TULLIER, ANGO, CLOUARD, PERRÉE-DUHAMEL, BONNESŒUR-BOURGINIÈRE, DU MESNIL DES PLANQUES, SAVARY, LESUEUR, LÉCUYER, DUPREY, FILLIASTRE, LAFOSSE, CABART DANNEVILLE, GIROULT DE BREMESNIL, BURDELOT, JOURDAN, HÉOT DU COUDRAY, HAVIN, FAUVEL DE LA RAIZINIÈRE, LE CROSNIER, DUBREUIL, BROHON, LEMUET, PROVOST, PINEL DE LA MILLERIE, EUVREMER, PEZERIL DE LA LANDE, VAULTIER DURAND, REGNAULT DE PRÉMARES, POURET, SIMON, ALMIDE LA FONTAINE, *DESMARETS DE MONTCHATON, BLONDEL*.

*Une expédition du présent procès-verbal et de celui de prestation de serment de Messieurs les députés des trois ordres, du 1er de ce mois, ont été mises aux mains de M. Duhamel-Perrée, un des députés du tiers état aux États généraux. Ce qu'il a signé pour sa reconnaissance, en séance, à Coutances, ce 19 avril 1789.*

J. PERRÉE[1].

---

[1] L'exemplaire remis au secrétariat de l'Assemblée Nationale, et conservé aujourd'hui aux Archives Nationales, porte *in fine*, au lieu de cette formule : « La présente copie, collationnée et certifiée véritable à la minute étant au greffe du bailliage de Coutances, a été délivrée par moi, greffier audit siège, soussigné, le 3 avril 1789. — BLONDEL » (*Ms. cit.,* f° 12 v°).

IMPRIMERIE NATIONALE.

## 2. CAHIER DE DOLÉANCES.

( Ms. *Archives du Greffe du Tribunal de première instance de Coutances*, pièce n° 69, 18 pages, in-folio. *Original signé des commissaires-rédacteurs, du président et du secrétaire de l'assemblée*, avec quelques ratures et additions[1].)

### Cahier des demandes, remontrances, plaintes et doléances de l'assemblée du tiers état du bailliage du Cotentin, tenue en la ville de Coutances, au mois de mars 1789 [2].

Le vœu de l'assemblée est :

[1°] Que les délibérations de l'assemblée des États généraux soient formées par les trois ordres réunis, et que les suffrages y soient comptés par tête, sans aucune prépondérance;

[2°] Que le premier objet de ces délibérations soit d'assurer inva-

---

[1] Autres manuscrits : 2° *Greffe du tribunal de Coutances*, même liasse, pièce n° 68, 18 pages, in-folio. *Double minute du précédent*; 3° Arch. nat., Ba 35, l. 70, 17 folios, *Original signé des commissaires-rédacteurs, daté du 30 mars 1789*; 4° Arch. nat., B III/53, p. 565-586 (*transcription*); 5° Arch. nat., C 18, l. 62 (à la suite du procès-verbal de l'assemblée particulière du tiers état).

Éd. : 1° dans le *Procès-verbal de l'assemblée des trois États*, imprimé chez Joubert, précité; 2° *Cahier des demandes, remontrances, plaintes et doléances de l'assemblée du tiers état du bailliage de Cotentin, tenue en la ville de Coutances au mois de mars 1789*, s. l. n. d., 16 pages, in-8°. (Exemplaire à la Bibl. de Cherbourg, n° 6850); 3° dans *Archives parlementaires*, III, p. 54-57 (d'après la transcription de B III); 4° dans HIPPEAU, *Cahiers*, II, p. 13-22 (d'après la même source). — M. LECACHEUX a, sans donner le texte intégral, rapproché de façon intéressante les demandes des cahiers des trois ordres, dans un chapitre spécial de ses *Documents pour servir à l'histoire de Montebourg* (t. I, p. 341-368).

[2] La rédaction du cahier du tiers état a été très fortement influencée, comme l'a déjà observé M. l'abbé Pigeon (*op. cit.*, p. 525), par le texte du cahier de l'assemblée préliminaire du bailliage de Mortain (*suprà*, p. 271 à 293). Toute la première partie (articles 1 à 19) est la reproduction, le plus souvent textuelle, des chapitres I (Constitution), II (Dette de la Nation) et III (États provinciaux) de ce cahier. Les articles 26 à 36 reproduisent de même presque textuellement les chapitres IV et V (Impositions), les articles 41 à 51 le chapitre VI (Justice), et les articles 58 à 68 le chapitre VII (Matières ecclésiastiques). Cependant un certain nombre d'articles, dans la première moitié du cahier, ont été empruntés à d'autres cahiers de bailliages secondaires, principalement au cahier du bailliage de Tinchebray (art. 4, 27, 28, 37, 49, 51, 58, 68, 69, 70, 81 et 84). On peut relever des traces d'influence des vœux du bailliage secondaire d'Avranches dans l'art. 33, de ceux du bailliage de Saint-Sauveur-le-Vicomte dans l'art. 62, et de ceux du bailliage de Carentan, dans les articles 63 et 64. Dans la seconde partie, les articles 71 à 74 ont été détachés en bloc du cahier du bailliage principal de Coutances.

On rapprochera utilement les *Moïens pour aquiter le roi, délibérés en la convention des trois États du bailliage de Cotentin*, pour les États généraux de 1614 (analyse de DUBOSC, dans Ann. Manche, 1873, p. 78).

riablement la Constitution de l'État par des règles fondamentales, qui concilient les libertés et franchises de la Nation avec le respect dû à l'autorité du Roi, et qu'il ne puisse être voté pour l'impôt avant que cette Constitution soit réglée et assurée[1];

[3°] Que, dans cette Constitution, la composition, l'organisation, la convocation des États généraux soient fixées;

Que, dans la composition des assemblées nationales, le tiers état ait un nombre de représentants au moins égal à celui des deux autres ordres réunis, et que ses représentants soient pris dans son ordre[2];

[4°] Que la manière de présenter le cahier et de haranguer aux États généraux soit uniforme pour les trois ordres[3];

[5°] Que l'organisation des assemblées nationales soit simplifiée;

Que le nombre des représentants de chaque territoire soit proportionné à sa population et à ses contributions, de manière à établir sur cette double base l'égalité de représentation entre les provinces en général et entre leurs districts en particulier;

Qu'il soit pourvu aux moyens de faire jouir toute la Nation de l'avantage de députer directement aux États généraux, à l'effet de quoi chaque district serait formé de manière à avoir une députation[4];

[6°] Que le retour périodique des États soit nécessairement établi et fixé;

Que chaque assemblée nationale soit libre d'avancer le terme de la suivante, sans pouvoir le retarder;

---

[1] Les articles 1 et 2 sont empruntés textuellement au cahier du bailliage de Mortain, préambule et chap. Ier, § 1 (*Constitution*); les mots *sans aucune préparation* toutefois, à l'art. 1er, et la phrase *et qu'il ne puisse être voté, etc.*,... sont une addition, empruntée aux cahiers des bailliages de Valognes, chap. Ier, art. 9 (au tome II, p. 762) et de Saint-Lô, art. III, 1° (au tome III, p. 84).

[2] L'article 3 reproduit textuellement les § 2 et 4 de l'article Ier du cahier du bailliage de Mortain (au t. III, p. 271).

[3] L'article 4 reproduit, en les fondant ensemble, l'art. Ier, 2° du cahier du bailliage principal de Coutances, (au tome Ier, p. 665), l'art. 19 du cahier du bailliage secondaire de Valognes (au tome II, p. 767, et note 3), et l'art. 7 de celui du bailliage secondaire

de Tinchebray (au tome III, p. 344). Sur l'origine de ce vœu, dans les cahiers, voir le cahier de la ville de Coutances, art. Ier (tome Ier, p. 90), celui de la ville de Cherbourg, art. 3 (au tome II, p. 50) et la note sous le premier de ces textes.

[4] L'article 5 est la reproduction textuelle des § 6 et 7 du chapitre Ier du cahier du bailliage de Mortain (au tome III, p. 272); la phrase finale : *à l'effet de quoi chaque district, etc....,* est seule ajoutée. L'idée de donner à chaque ressort une députation particulière était d'ailleurs exprimée dans les cahiers de plusieurs bailliages secondaires. Voir les cahiers des bailliages d'Avranches, art. Ier (au tome Ier, p. 692) et de Valognes, chap. V, art. 17 (au tome II, p. 767).

35.

Que l'époque de la tenue des États généraux qui suivra les prochains y soit déterminée à plus bref délai que la période ordinaire ;

Que le moyen d'assurer à la Nation le retour de chaque assemblée soit prévu et réglé ;

[7°] Que le droit des États généraux sur toutes matières relatives à la quotité et à la perception des subsides, ainsi qu'à la législation et à l'administration générale du royaume, soit reconnu, et qu'il soit statué sur l'attribution du droit de vérifier les lois qui seront proposées dans l'intervalle d'une assemblée nationale à l'autre, et de leur donner l'exécution provisoire [1] ;

[8°] Que la Nation assemblée puisse seule déférer et régler la régence du royaume [2] ;

[9°] Que la dette nationale soit vérifiée et consolidée par les États généraux ;

Que les États généraux s'assurent du montant des dépenses nécessaires à chaque département, et proportionnent les impôts aux besoins réels de l'État ;

Que dans l'examen de vérification de ces dépenses, il soit remédié à l'abus des pensions, et avisé à la suppression des charges onéreuses à l'État et inutiles dans l'administration du gouvernement civil et militaire ;

[10°] Que l'ordre à observer dans l'administration des finances soit réglé par les États généraux ;

Qu'aucun impôt ne puisse être levé sans le consentement des États généraux, et sans leur octroi formel ;

[11°] Qu'il ne puisse également être fait aucun emprunt sans le consentement des États généraux, faute de quoi il ne serait pas obligatoire pour la Nation ;

Que les moyens à employer pour le remboursement de l'emprunt soient prévus, discutés et réglés par l'assemblée, avant même que le consentement puisse être accordé [3] ;

---

[1] Les articles 6 et 7 sont copiés textuellement sur le cahier du bailliage de Mortain, chap. I<sup>er</sup>, § 8 à 12 ; seule, la finale du dernier paragraphe, depuis : *et qu'il soit statué*, a été ajoutée. L'idée qui est exprimée, dans cette addition, d'un enregistrement provisoire des lois pendant l'absence des États Généraux, est empruntée d'ailleurs aux cahiers des bailliages de Saint-Lô, art. II, 6° (au tome III, p. 85) et de Tinchebray, art. 17 (*ibid.*, p. 342).

[2] Le vœu relatif à la *régence du royaume* n'était pas dans le cahier du bailliage secondaire de Mortain. Il paraît emprunté aux cahiers des bailliages de Saint-Sauveur-Lendelin, chap. I<sup>er</sup>, art. 3 (III, p. 136) et de Saint-Lô, chap. I<sup>er</sup>, art. 2 (III, p. 82). Sur la source originaire de ce vœu, voir la note au tome III, p. 21, note 1.

[3] Les articles 9, 10, et 11 reproduisent à peu près textuellement les § 1 à 8 du chapitre II du cahier du

[12°] Qu'aucun impôt n'ait lieu qu'à temps et pour l'intervalle seulement d'une assemblée à l'autre, de sorte qu'il cesse de droit à l'expiration du terme fixé;

Qu'il soit néanmoins prévu aux besoins d'une guerre ou autre cas de dépenses extraordinaires, qui pourraient arriver dans l'intervalle d'une assemblée à l'autre;

Que, dans ce cas, l'augmentation de la quotité de l'impôt établi soit préférée à l'établissement d'un nouvel impôt[1];

[13°] Que le tableau de la recette et de la dépense nationale soit publié chaque année, et que le compte en soit vérifié à chaque tenue d'États généraux[2];

[14°] Que la responsabilité des ministres envers la Nation soit établie[3];

[15°] Que l'ensemble de la Constitution nationale soit complété par l'établissement d'États provinciaux dans toutes les provinces du royaume*, et que lesdits États et leurs commissions soient placés au centre de chaque province*[4];

[16°] Que dans les États provinciaux et leurs commissions intermédiaires, les délibérations soient aussi formées par les trois ordres réunis et les suffrages comptés par tête, sans aucune prépondérance;

Que le tiers état y ait, comme dans les États généraux, un nombre de représentants au moins égal à celui des deux autres ordres réunis, et pris dans son ordre;

Que le tiers état ait ses syndics particuliers;

---

bailliage secondaire de Mortain (III, p. 273). Le S 4 de ce même chapitre, relatif à la responsabilité des ministres, a été transporté dans le présent cahier, un peu plus loin, à l'article 14. Cf. aussi le cahier du bailliage secondaire de Tinchebray, art. I<sup>er</sup> à 8 (III, p. 342). L'origine première paraît être dans l'*Instruction donnée par S. A. Mgr. le duc d'Orléans, suivie de délibérations à prendre dans les bailliages*, 1789, art. 5, p. 4 de la 3<sup>e</sup> édition. (Ex. Bibl. nat., Lb 39, 1380.)

[1] L'art. 12 est la reproduction textuelle de plusieurs paragraphes (S 9, 10 et 12) du chapitre II du cahier du bailliage de Mortain (III, p. 273). Le vœu relatif à une *crûe de guerre* se trouvait d'ailleurs déjà dans plusieurs cahiers de bailliages secondaires ou de villes importantes. Voir les cahiers de la ville de Valognes, chap. III, art. 4 (II, p. 20); du bailliage de Saint-Lô, art. 4,

2° (III, 85); du bailliage de Saint-Sauveur-Lendelin, chap. II, art. 9 (III, 140).

[2] L'article 13 est encore emprunté au texte du cahier du bailliage de Mortain, chap. II, S 13 (III, 274); mais le présent cahier a laissé de côté le dernier paragraphe, relatif à l'établissement de commissions intermédiaires des États Généraux.

[3] L'article 14 est la reproduction textuelle d'un paragraphe précédemment omis du cahier du bailliage de Mortain, chap. II, 4° (au tome III, p. 273).

[4] L'article 15 reproduit le paragraphe 3 du chapitre I<sup>er</sup> du cahier du bailliage de Mortain (III, 272). Le passage final entre astérisques, relatif au lieu du siège des États, est interligné et emprunté à l'art. 12 du cahier du bailliage secondaire de Tinchebray (III, 344).

Que le nombre des représentants de chaque territoire y soit également proportionné à la population et aux contributions[1];

[17°] Qu'il soit avisé et pourvu aux moyens de faire jouir chaque canton d'une province de l'avantage d'être représenté immédiatement auxdits États provinciaux par des personnes instruites de ses besoins locaux et de ses griefs particuliers;

Que le retour périodique des États provinciaux soit également établi et fixé[2];

[18°] Que les États provinciaux et leurs commissions intermédiaires soient chargés de faire exécuter les délibérations et arrêtés des assemblées générales de la Nation* et que lesdits États et commissions soient établis au centre de la province[3]*;

Que chacun desdits États particuliers fasse percevoir les impôts de la province par qui il jugera à propos, d'après le régime déterminé par les États généraux;

Que les États particuliers puissent lever, par forme d'additions aux impositions de la province, la somme nécessaire pour subvenir tant à leurs dépenses qu'à l'exécution des projets et travaux utiles qu'ils auront arrêtés[4];

[19°] Que si, contre toute attente, les États provinciaux n'avaient pas universellement lieu dans tout le royaume, ils soient rendus à la province de Normandie et la charte normande renouvelée et confirmée[5];

[20°] Que l'édit de 1771, concernant l'administration des villes, soit supprimé et qu'il soit fait un règlement général pour ladite libre formation de leurs municipalités[6];

---

[1] Les différents paragraphes de l'article 16 sont empruntés textuellement au chapitre III du cahier du bailliage de Mortain, S 1 à 4 (III, p. 274). Les mots : *sans aucune prépondérance* ont seuls été ajoutés.

[2] L'article 17 reproduit, avec une addition insignifiante (les mots : *et pourvu*) les §5 et 6 du chapitre III du cahier du bailliage de Mortain (III, 274).

[3] Le passage entre les signes * * a été biffé dans le manuscrit original du Greffe de Coutances et ne se retrouve ni dans les copies manuscrites, ni dans les imprimés.

[4] Les deux paragraphes de l'article 18 reproduisent, avec un remaniement tendant à la suppression des Commissions intermédiaires, déjà noté

sous l'article 13, les S 7 et 8 du chapitre III du cahier du bailliage de Mortain (III, p. 275). Le dernier paragraphe est une addition, empruntée textuellement au cahier du bailliage de Saint-Sauveur-Lendelin, chap. III, art. 5 (III, p. 141).

[5] L'article 19 reproduit à peu près textuellement, sauf l'addition relative à la charte normande, le paragraphe 9 du chapitre III du cahier du bailliage de Mortain (III, 275). Le même vœu était d'ailleurs exprimé dans les cahiers des bailliages secondaires de Valognes, chap. II, art. 7 (II, 761), de Saint-Lô, art. IX, 6° (III, 98) et surtout de Saint-Sauveur-Lendelin, chap. III, art. 7 (III, 141), etc...

[6] L'article 20 est inspiré du cahier du bailliage de Valognes, chap. IX,

[21°] Qu'il soit établi dans l'armée française une discipline plus analogue au caractère national et surtout que la punition du coup de plat de sabre en soit à jamais bannie[1];

[22°] Que les États généraux s'occupent du règlement promis par l'édit de 1787 au sujet des biens des non-catholiques fugitifs qui sont actuellement en régie[2];

[23°] Que les domaines de la couronne soient aliénés pour servir à la libération des dettes de l'Etat, à l'exception toutefois des forêts, à la conservation et à l'amélioration desquelles il sera pourvu;

[24°] Que les États généraux prennent en considération les

art. 35 (III, 774). Un vœu analogue était aussi exprimé dans le cahier du bailliage principal de Coutances, art. 3, 1° (I, 669).

[1] Même vœu dans le second cahier de la noblesse, dit *Instructions*, art. 24 (*suprà*, p. 525). L'origine, pour le cahier du tiers état, est dans les cahiers des bailliages secondaires de Saint-Sauveur-Lendelin, chap. VI, 8° (III, 154) et de Saint-Sauveur-le-Vicomte, art. 16 (III, 197).

[2] Cf. le cahier du bailliage principal de Coutances, chap. Iᵉʳ, art. 13 (I, 666). Il s'agit de l'*Édit concernant ceux qui ne font pas profession de la religion catholique*, Versailles, novembre 1787 (ISAMBERT, XXVIII, p. 472, n° 2415). Le préambule de cet édit fait, en effet, très vaguement allusion à des mesures à prendre, pour donner une forme légale à la jurisprudence récente des Parlements, qui s'étaient efforcés «d'écarter les collatéraux avides qui disputaient aux enfants l'héritage de leurs pères».

Quelques mots d'explication à ce sujet ne sont peut-être pas inutiles. À la suite de la révocation de l'Édit de Nantes et de l'exode d'un grand nombre de religionnaires, diverses *Déclarations* étaient intervenues, en date des 11 janvier 1688, 29 décembre 1688, 27 décembre 1725, qui avaient frappé les fugitifs de mort civile et déclaré leur succession ouverte. Le droit de la revendiquer était accordé aux plus proches héritiers, «demeurés dans le royaume, et faisant profession de la religion catholique» (*Édit de décembre 1689, ibid.*, XX, p. 96, n° 1338). Les biens non rendus aux familles, soit

parce que les héritiers ne les avaient pas réclamés, soit parce qu'ils avaient eux-mêmes discontinué l'exercice de la religion catholique, avaient été au contraire réunis au domaine de la couronne et mis *en régie*, sous l'administration de l'intendant de la province. Grâce à la règle de l'inaliénabilité du domaine, ces biens en régie se retrouvaient encore en général, en 1789, affermés simplement, et l'Édit de 1787 avait pu laisser entrevoir un règlement qui les ferait rentrer, dans certaines conditions, aux mains des héritiers légitimes.

Les biens des religionnaires qui se trouvaient en régie dans la généralité de Caen paraissent avoir été très peu importants. C'étaient surtout les anciens biens des consistoires, dont le revenu affermé était chaque année appliqué aux hôpitaux ou à des usages pieux, «pour l'accroissement de la véritable religion». Le revenu moyen, d'après les pièces de comptabilité de la régie, ne dépasse point, depuis 1707, une somme de 6000 à 8000 livres (Arch. Calvados, G 1522 à 1531). Le dernier état détaillé, en date de 1780, ne s'élève même qu'à 3,988 l. 19 s. 8 d., pour la généralité, dont environ 2,000 livres pour les six élections du Cotentin. Les biens séquestrés n'atteignent un chiffre un peu important que dans l'élection de Vire : 216 l. 7 s. à Athis, 390 l. à Caligny, 515 l. 5 s. à Fresne, 201 l. 10 s. à Condé et 393 l. 1 s. 8 d. à Tinchebray. Voir *État concernant les biens des religionnaires fugitifs situés dans la généralité de Caen* (Arch. Calvados, G 1521).

contrats d'échanges et autres concessions des domaines, pour les ratifier ou révoquer [1];

[25°] Que le payement des rentes dues par l'État soit fait dans les provinces aux bureaux de recette du domicile des créanciers [2];

[26°] Qu'il ne subsiste aucune exclusion du tiers état aux dignités, charges et emplois civils, militaires et ecclésiastiques [3];

[27°] Que tous les impôts et leurs frais de perception soient communs aux trois ordres du royaume dans toutes les provinces sans distinction, avec abolition de tous privilèges pécuniaires et de tous abonnements;

[28°] Que la taille, taillon et capitation noble et roturière, et toutes autres impositions tant personnelles que réelles, soient supprimées et remplacées par des impositions réparties entre les trois ordres, à proportion de leurs biens et par des rôles communs aux trois ordres [4];

[29°] Qu'il soit avisé aux moyens de faire contribuer les capitalistes, négociants et marchands [5];

[30°] Que le logement des gens de guerre, casernement des troupes, convois militaires et toutes autres charges publiques soient également supportés par les trois ordres [6];

[31°] Que les droits de franc-fief soient supprimés [7];

[1] Les articles 23 et 24 n'existaient pas dans le cahier du bailliage secondaire de Mortain. Ils paraissent avoir été empruntés aux cahiers des bailliages secondaires de Valognes, art. 37 et 38 (II, 774, 775) et de Carentan, art. 18 (I, 770).

[2] L'article 25 paraît original dans le cahier; tout au moins nous n'en avons trouvé la source dans aucun des cahiers des ressorts secondaires.

[3] L'article 26 est, dans le manuscrit original, d'une autre encre et d'une autre écriture que le reste du cahier. Le texte est d'ailleurs la reproduction, un peu remaniée, du § 3 du chapitre IV du cahier du bailliage de Mortain (III, 277).

[4] Les articles 27 et 28 reproduisent, avec quelques additions, le paragraphe 1er du chapitre IV et le paragraphe 3 du chapitre V du cahier du bailliage de Mortain (III, 276 et 280). L'addition relative à la suppression de tous abonnements est empruntée au cahier du bailliage secondaire de Tinchebray, art. 16 (III, 345).

[5] L'article 29 reproduit textuellement la finale du § 3 du chapitre V du cahier du bailliage de Mortain (III, 280). Le vœu était également dans le cahier du bailliage secondaire de Valognes, art. 46 in fine (II, 779).
Le vœu du cahier vise vraisemblablement l'établissement du droit de timbre sur les actes commerciaux, que le gouvernement royal avait tenté d'établir par la Déclaration concernant le timbre du 4 août 1787 (ISAMBERT, XXVIII, n° 2364, p. 1400) et qui avait dû être retiré devant l'opposition des Parlements, en même temps que l'impôt territorial (Ibid. XXVIII, p. 432). Voir dans le même sens, mais avec certaines restrictions, le cahier de Coutances, art. 10 (au tome Ier, p. 91).

[6] Cf. le cahier du bailliage de Mortain, chap. IV, § 2 (III, 276). Sur les privilèges en matière de logement des gens de guerre, voir la note sous le cahier de Carantilly, chap. I, art. 3 (I, p. 251).

[7] Cf. le même cahier, chap. IV, § 6 (III, 277).

[32°] Que les droits d'échange soient supprimés, sauf à pourvoir à l'indemnité des acquéreurs desdits droits[1];

[33°] Que la gabelle, les aides, droits sur les cuirs et autres de pareille nature soient supprimés le plus tôt possible et remplacés par des impôts moins onéreux, sauf au pays de quart bouillon, en général, et aux propriétaires de salines en particulier, à s'adresser aux États généraux pour y obtenir une juste indemnité[2];

[34°] Que les traites à l'intérieur soient supprimées, et qu'en attendant, on soit provisoirement dispensé d'acquits-à-caution pour l'enlèvement des denrées du cru du pays, comme cidre, etc..., dans les quatre lieues limitrophes de la Bretagne et autres provinces réputées étrangères[3];

[35°] Que le taux des droits de contrôle soit modéré et leur tarif réformé, de manière à faire cesser l'arbitraire dans leur perception, et qu'il soit pourvu à éviter l'inquisition fiscale qu'occasionnent les recherches des préposés au recouvrement tant desdits droits que de ceux de centième denier, insinuation, etc., de tous lesquels droits la connaissance du litige soit attribuée aux juges ordinaires[4];

[36°] Que les droits de sceau, dans les chancelleries de la province, ainsi que les droits de greffe, soient réduits[5];

[37°] Que le Code civil et criminel soit réformé[6];

[38°] Que le même genre de peines soit appliqué aux mêmes crimes sans distinction des personnes[7];

[1] L'article 32 reproduit, en l'abrégeant, le § 16 du chapitre VIII du cahier du bailliage de Mortain (III, 285).

[2] Cf. le cahier du bailliage de Mortain, chap. V, § 2 (III, 280), très largement augmenté. L'addition relative aux droits sur les cuirs est empruntée au cahier du bailliage secondaire de Valognes, art. 34 (II, 773), et celle relative aux propriétaires de salines, aux cahiers des bailliages secondaires d'Avranches, art. 9 (I, 675) et de Carentan, art. 14 (I, 717).

[3] L'article 34 est la reproduction textuelle du § 1er du chapitre V du cahier du bailliage de Mortain (III, 280).

[4] L'article 35 réunit et fusionne, en les copiant textuellement, les §§ 5 et 6 du chapitre V du cahier du bailliage de Mortain (III, 280).

[5] L'article 36 est emprunté au cahier du bailliage principal de Coutances, chap. II, 10° (I, 668). Cf. aussi

le cahier du bailliage secondaire de Saint-Sauveur-le-Vicomte, chap. Justice, art. 17 (III, 198). Les droits de sceau, dans les chancelleries de Normandie, appartenaient en 1789 aux secrétaires du roi près le Parlement et la Cour des Comptes de Normandie. Quant aux droits de greffe, voir la note sous le cahier de Bricqueville-la-Blouette, articles 37 et 38 (I, 205). Les uns et les autres étaient régis par le *Tarif* annexé au *Règlement pour l'administration de la justice dans la province de Normandie, 18 juin 1769* (dans Recueil des Edits, IX, p. 1157).

[6] Le vœu provient du cahier du bailliage secondaire de Tinchebray, art. 39 (II, 350). Sur ce qu'il faut entendre par *code civil* dans les cahiers, voir la note sous le cahier du clergé, chap. Ier, art. 8 (*supra*, p. 470, note 1).

[7] L'article 39 reproduit textuellement l'article 38 du cahier du bailliage

[39°] Que les lois concernant la chasse et la pêche soient revues et modifiées[1];

[40°] Que les ordonnances sur les faillites et banqueroutes soient remises en vigueur, et qu'il soit pourvu à l'abus des lettres de répit et des arrêts de surséance[2];

[41°] Que les privilèges de committimus et autres privilèges attributifs de juridiction soient supprimés en toutes matières[3];

[42°] Que tous tribunaux d'exception soient supprimés* en toutes matières;

Que tous tribunaux d'exception soient supprimés*, en remboursant les officiers de la manière la plus juste qui sera avisée par les États généraux;

[43°] Que la compétence desdits tribunaux d'exception, ainsi que celle attribuée aux intendants subdélégués et autres commissaires, soient rendues aux juges ordinaires[4];

[44°] Qu'il y ait nécessairement deux degrés de juridiction en matière criminelle et qu'on n'en puisse éprouver que deux en matière civile[5];

[45°] Que les hautes justices soient supprimées, sauf l'indemnité des seigneurs hauts justiciers, s'il y a lieu, et sans toucher autrement à leurs autres droits utiles ou honorifiques[6];

[46°] Que l'arrondissement des tribunaux soit perfectionné et formé par paroisses entières;

[47°] Que la compétence en dernier ressort des tribunaux de première instance soit augmentée, et le nombre des juges réglé en raison et considération de ladite compétence[7];

---

secondaire de Carentan (I, 774). Cf. aussi le cahier du bailliage secondaire de Saint-Sauveur-Lendelin, art. VI, 6° (III, 151).

[1] Cf. le cahier du bailliage secondaire de Mortain, chap. IV, §7 (III, 178).

[2] Pour les *surséances* et *lettres de répit*, voir les cahiers du bailliage principal de Coutances, chap. IV, art. 17 (I, 673) et du bailliage secondaire de Saint-Sauveur-le-Vicomte, art. 47 (III, 218). Le vœu visant les banqueroutiers et faillis, qui se trouvait dans les cahiers de la ville de Coutances, art. 25 (I, 22) et de Bricqueville-la-Blouette, art. 76 (I, 249) n'avait point été accueilli par les cahiers des bailliages secondaires, et paraît avoir par suite passé directement des cahiers primaires dans celui de l'ordre du tiers.

[3] L'article 41 est copié textuellement sur le cahier du bailliage de Mortain, chap. VI, § 9 (III, 282). Cf. aussi le cahier du bailliage principal de Coutances, chap. IV, 14° (I, 673).

[4] Les articles 42 et 43 reproduisent presque textuellement le cahier du bailliage de Mortain, chap. VI, § 5 et 6 (III, 288); le passage visant le remboursement des offices est seul ajouté.

[5] L'article 44 est la reproduction textuelle du cahier du bailliage de Mortain, chap. VI, art. 4 (III, 288).

[6] Cf. le cahier du bailliage de Tinchebray, art. 33 (III, 348); le passage visant l'indemnité pour les *hauts justiciers* est une addition.

[7] Les articles 46 et 47 reproduisent, en les remaniant fortement, deux passages du cahier du bailliage de Mor-

[48°] Que la vénalité des offices de judicature cesse d'avoir lieu, pour y être pourvu par élection aussitôt que l'état des finances le permettra, en remboursant les titulaires de la manière indiquée pour les tribunaux d'exception;

[49°] Que l'on ne puisse être admis ou élu auxdits offices sans avoir exercé la profession d'avocat pendant quatre ans[1];

[50°] Que l'on ne puisse être reçu à l'état de notaire sans avoir travaillé pendant quatre ans chez un avocat ou notaire[2];

[51°] Que les offices de priseurs-vendeurs et leurs droits soient supprimés moyennant une juste indemnité;

Que les offices de procureurs soient supprimés moyennant remboursement, de la manière la plus juste qui sera avisée par les États généraux[3];

[52°] Que la durée de l'opposition au sceau des lettres de ratification établies par l'édit de 1771 soit prorogée à trente ans, et que les deniers à distribuer entre les opposants ne soient pas sujets à consignation[4];

[53°] Que l'on s'occupe de concilier avec la police générale de l'État concernant le port et usage des armes, les moyens de

---

tain. aux chapitres III, S 6, et VI, S 8 (III, 281 et 282).

[1] L'article 48 dérive du cahier du bailliage de Mortain, chap. IV, S 7 (III, 282); la finale, à partir des mots *aussitôt que l'état*, est une addition. L'article 49 est un remaniement du cahier du bailliage de Tinchebray, art. 41 (III, 350). Cf. le cahier du bailliage de Valognes, art. 21, 4° (II, 769).

[2] L'article 50 reproduit textuellement le S 11 du chapitre VI du cahier du bailliage de Mortain (III, 282).

[3] L'article 51 est une fusion du cahier du bailliage de Mortain, art. VI, S 10 (III, 282) et de celui du bailliage de Tinchebray, art. 39 (*ibid.*, 350). La mention d'une indemnité aux titulaires d'office est, ici encore, une addition. Les *Moiens pour aquiter le roi*, qui paraissent avoir été une sorte de cahier des trois ordres de Cotentin en 1614, demandaient déjà expressément le retour au roi de tous les greffes et offices de justice (analyse de Dunosc, *loc. cit.*, p. 79).

[4] Cf. le cahier du bailliage de Coutances, art. IV, 24° (I, 674). Il s'agit de l'*Édit portant création de conservateurs des hypothèques sur les immeubles réels et fictifs, et abrogation des décrets*

*volontaires*, Versailles, juin 1771 (ISAMBERT, XXII, 530, n° 1014). L'innovation capitale de la réforme opérée par cet édit était l'institution de *lettres de ratification*, délivrées en chaque bailliage pour tous les actes translatifs de propriété, et dont l'obtention devait avoir pour effet de purger définitivement l'immeuble de toutes hypothèques et privilèges. À cet effet, l'acquéreur devait déposer au greffe l'exemplaire de son contrat, lequel ayant été affiché dans l'auditoire, tous créanciers hypothécaires et privilégiés avaient un délai de deux mois seulement pour faire opposition, et surenchérir, s'ils le jugeaient à propos. Le délai passé, les lettres étaient scellées purement et simplement et aucune opposition n'étant plus dès lors recevable, les acquéreurs devenaient propriétaires incommutables, déchargés de toutes dettes hypothécaires et privilégiées. Cette législation nouvelle, qui restreignait considérablement les garanties des créances hypothécaires, était fort critiquée dans la province. Voir HOUARD, *Dict. analyt.*, v° Conservateurs (I, 337); et v° Hypothèques (II, 718).

pourvoir à la sûreté particulière des citoyens de toutes les classes, tant au dedans qu'au dehors de leurs habitations[1];

[54°] Que la liberté des citoyens soit assurée et mise à l'abri des atteintes qui y ont été portées par l'abus des lettres de cachet et des prisons d'État et qu'il ne puisse jamais être fait d'emprisonnement par l'ordre des gouverneurs[2];

[55°] Que la presse jouisse d'une juste liberté[3];

[56°] Que les députés de l'assemblée manifestent aux États généraux qu'elle les a chargés par acclamation de leur demander de s'occuper de l'examen des moyens de détruire la traite des noirs et de préparer la destruction de l'esclavage[4];

[57°] Que la servitude des mainmortables soit totalement abolie en France[5];

[58°] Que les annates soient supprimées, et que chaque évêque, dans son diocèse, puisse accorder toutes dispenses, provisions et grâces qui s'obtiennent en cour de Rome, de sorte qu'il ne subsiste aucune communication avec la chancellerie romaine, et que l'obtention de ces dispenses, provisions et grâces, soit gratuite, à l'exception des simples frais d'expédition, dont le taux serait modérément fixé[6];

---

[1] L'article 53 est interligné dans le manuscrit original du Greffe de Coutances, et d'une autre encre que le reste du cahier. Il reproduit d'ailleurs presque textuellement le cahier du bailliage de Mortain, chap. IV, § 8 (III, 278).

[2] L'article 54 provient, presque sans changement, du cahier du bailliage secondaire de Saint-Lô, art. IX, 1° (III, 96). Cf. aussi les cahiers des bailliages secondaires d'Avranches, art. 3 (I, 693), de Carentan, art. 42 (I, 774), de Valognes, art. 16 (II, 765), de Saint-Sauveur-le-Vicomte, art. 5 (III, 188) et de Tinchebray, art. 3 et 4 (III, 343).

Cf. les *Instructions du duc d'Orléans*, art. 1er, § 2 et § 3 (*éd. cit.*, p. 2).

[3] Le vœu provient aussi, fortement réduit d'ailleurs, du cahier du bailliage secondaire de Saint-Lô, art. IX, 2° (III, 96).

Cf. encore les *Instructions du duc d'Orléans*, art. 2 (*ibid.*, p. 4).

[4] Le tiers état a, comme on voit, adopté le vœu en faveur des nègres, proposé aux assemblées de bailliages par le marquis de Condorcet, et dont il est question à la fin du procès-verbal de l'ordre du clergé (*suprà*, p. 437).

[5] Le ms. original du Greffe de Coutances portait tout d'abord : *des gens de morte-main*; ces mots ont été biffés et surchargés. — Le vœu est emprunté à peu près textuellement au cahier du bailliage secondaire de Carentan, art. 45 (I, 775); il est d'ailleurs sans application en Cotentin, puisqu'il n'y avait point de mainmortables sous la coutume de Normandie.

Le ms. de Coutances présente après cet article 57 plusieurs lignes restées en blanc, dans lesquelles on avait vraisemblablement projeté d'écrire un vœu, qui a été abandonné; tout au moins une demande nouvelle paraît-elle avoir été introduite, par le mot *Que*, qui a été ensuite raturé.

[6] Cf. le cahier du bailliage de Mortain, chap. IV, 1° (III, 288). L'article a été très largement développé, grâce à des emprunts faits au cahier du bailliage de Saint-Sauveur-le-Vicomte, art. 33 (III, 209) et du bailliage de Tinchebray, art. 50 (III, 352).

[59°] Que les déports des bénéfices soient supprimés;

[60°] Que la pluralité des bénéfices au-dessus de quinze cents livres ne puisse avoir lieu;

[61°] Que les lois concernant la résidence des bénéficiers à charge d'âmes soient strictement observées, et leur exécution en général désormais confiée aux juges des lieux[1];

[62°] Que les bénéfices des abbés et prieurs commendataires demeurent supprimés au décès des titulaires actuels, ainsi que les monastères où il ne se trouverait pas le nombre de religieux prescrit par l'édit de 1768, afin de convertir les maisons desdits bénéfices et monastères en hospices de charité, et d'en appliquer les revenus tant à l'entretien desdits hospices, qu'à tous autres objets d'utilité publique, principalement dans le lieu de la situation[2];

[63°] Que l'émission des vœux de religion ne puisse avoir lieu avant trente ans pour les hommes et vingt-cinq ans pour les femmes[3];

[64°] Qu'il soit pris des mesures efficaces pour assurer aux pauvres une portion des biens ecclésiastiques en général, suivant leur destination primitive[4];

[65°] Qu'il soit fait un règlement général sur les dîmes[5];

[66°] Que les paroisses soient déchargées des réparations et reconstructions des presbytères et bâtiments en dépendant[6];

[67°] Que les portions congrues des curés soient augmentées en raison du nombre de feux et de l'étendue des paroisses, sans pouvoir être au-dessous de douze cents livres, et les pensions des

---

[1] Les articles 59 à 61 reproduisent, à peu près textuellement, les 8.1, 7 et 8 du chapitre VII du cahier du bailliage de Mortain (III, 282 à 284); la limite de 1,500 livres pour la pluralité des bénéfices est toutefois une addition.

[2] L'article 62 est inspiré, assez largement, de l'art. VIII, 4° du cahier du bailliage secondaire de Saint-Lô (III, 93). Cf. d'ailleurs aussi le cahier du bailliage secondaire de Saint-Sauveur-Lendelin, chap. VII, 6° (III, 157). Nous avons relevé un vœu diamétralement opposé, *contre la suppression des monastères*, dans le cahier du bailliage secondaire de Saint-Sauveur-le-Vicomte, art. 7 (III, 189).

Les *Moiens pour aquiter le roi* préconisaient déjà en 1614 la saisie du temporel des abbayes et prieurés (*loc. cit.*, p. 78).

[3] L'article 63 est emprunté, avec quelques légères modifications, au cahier du bailliage secondaire de Carentan, art. 55 (I, 777). Cf. aussi le second cahier de la noblesse, art. 17, et la note (*suprà*, p. 522).

[4] Ce vœu, qui tend à la généralisation de l'*aumône forcée* des décimateurs, provient sans doute du cahier du bailliage secondaire de Saint-Lô, art. VIII, 3° (III, 93). Cf. d'ailleurs le cahier du clergé, chap. IV, art. 11 (*suprà*, p. 476).

[5] Ce vœu incolore, qui résume fort mal les très intéressantes propositions faites par de nombreux cahiers sur la question des dîmes, est abrégé maladroitement du cahier du bailliage de Mortain, chap. VII, art. 3 et 4 (III, 283).

[6] Cf. le cahier du bailliage de Mortain, chap. VII, art. 5 (III, 283); les mots *et bâtiments* sont une addition.

vicaires, à proportion, si mieux n'aiment les décimateurs abandonner leurs dîmes; au moyen de laquelle augmentation il ne
pourrait être perçu aucuns droits pour les baptêmes, mariages et
sépultures[1];

[68°] Qu'il soit libre aux gens de mainmorte, aux fabriques et
trésors, de reconstituer les deniers provenus du remboursement de
leurs rentes[2];

[69°] Que les maîtrises et jurandes d'arts et métiers soient
supprimées, sauf le remboursement[3];

[70°] Que les poids, mesures et aunages soient rendus uni-
formes dans tout le royaume[4];

[71°] Qu'il soit pourvu aux désavantages résultant du traité de
commerce fait avec l'Angleterre, et de l'arrêt du Conseil de 1784
relatif au commerce des colonies[5];

[1] L'article 67 reproduit en le développant le cahier du bailliage de Mortain, chap. VII, art. 9 (III, 284);
l'addition relative aux *vicaires* vient du
cahier du bailliage de Tinchebray,
art. 44 (III, 351). Le vœu relatif à la
suppression du *casuel forcé* est une
addition, et se retrouve d'ailleurs dans
le cahier de l'ordre du clergé, chap.
*Clergé*, art. 7 (*suprà*, p. 475).
Pour l'appréciation des droits de
casuel en 1789, on se reportera utilement à ce que nous avons noté sous le
cahier de Gatteville, art. 12 (au tome II,
p. 224, note 2).

[2] Le vœu de l'article 68 paraît emprunté au cahier du bailliage secondaire
de Tinchebray, art. 28 (III, 387). Sur
ce qu'il faut entendre par ce terme de
«reconstituer», voir la note sous le
cahier du clergé, chap. *Clergé*, art 28
(*suprà*, p. 480). Cf. aussi le cahier de
Fresville, art. 22 (II, 252 et n. 1).
A la suite de l'article 68, le manuscrit original du Greffe de Coutances
présente encore un blanc de quelques
lignes; un vœu devait y être transcrit,
qui commençait par le mot *Que*; il n'a
pas été continué.

[3] Cf. encore le cahier du bailliage
secondaire de Tinchebray, art. 24 (III,
247.); il n'y est point question toutefois de remboursement.
Le vœu était exprimé dans plusieurs
cahiers des assemblées préliminaires.
Voir cahier du bailliage principal de
Coutances, chap. IV, art. 25 (I, 674);

cahiers des bailliages secondaires de
Carentan, art. 41 (I, 774) et de Valognes, art. 32 (II, 772). Le cahier
ajoute une réserve intéressante, quant
au remboursement des maîtrises supprimées.

[4] Le vœu de l'article 70 était formulé par deux cahiers de bailliages
secondaires seulement, celui de Carentan, art. 48 (I, 775) et celui de Tinchebray, art. 23 (III, 346). Sur la diversité des mesures en 1789 en Cotentin,
voir les tableaux en Appendice au tome Ier
p. 779, et au tome II, p. 799.
On devra ajouter, aux travaux indiqués sur la question, une monographie
de M. Louis DESCHAMPS, *Le traité de
1786 et la chambre de commerce de
Rouen*, Rouen 1889, in-8°, et les observations sur le commerce de Granville en
1789, présentées par M. R. DU GOUDRAY
dans son étude sur : *L'État d'esprit
à Granville en 1789* (dans la revue *Le
pays de Granville*, n° 1 [1911] p. 1 et
suivantes).

[5] Le vœu de l'article 71 était exprimé dans plusieurs cahiers de bailliages secondaires. Voir cahier du bailliage principal de Coutances, chap. VI,
1° (I, 673); cahiers des bailliages
secondaires de Saint-Lô, chap. VI, 2°
(III, 59); de Valognes, art. 16, 4°
(II, 766) et de Saint-Sauveur-Lendelin,
chap. VIII, 4° (III, 159). Le vœu est
au contraire très rare dans les cahiers
primaires, et s'y trouve presque exclusivement dans les villes commerçantes :

[72°] Que les lettres patentes accordées à la ville de Bayonne, concernant l'admission des morues et des huiles de pêches étrangères, soient révoquées[1];

[73°] Que les droits perçus, en Normandie, sur le poisson frais, sec et salé, soient supprimés[2];

[74°] Que les manufactures d'ouvrages en cuivre soient encouragées et mises en état de soutenir la concurrence, en modérant les droits perçus sur les cuivres bruts, et en faisant supporter partie de ces droits aux cuivres travaillés venant de l'étranger[3];

[75°] Que les droits de coutumes et péages soient supprimés comme onéreux et donnant des entraves au commerce, sauf néanmoins à pourvoir à l'entière indemnité de ceux qui justifieraient d'une propriété légitime desdits droits[4];

[76°] Qu'il soit fait un règlement pour autoriser le prêt d'argent à intérêt et réformer les abus des constitutions à rentes viagères[5];

[77°] Que, pour le bien de l'agriculture, les communes, landes, bruyères, marais et grèves dont les paroisses ont titre ou possession, soient partagés, et que les concessions illégi-

---

ville de Granville, art. 20 (I, 125), et art. 15 (I, 122); ville de Saint-Lô, art. 6, 2° (III, 57).

[1] Vœu exclusivement local, qui provient du cahier du bailliage principal de Coutances, chap. VI, 2° (I, 676). L'origine première est dans le seul cahier de la ville de Granville, art. 16 (I, 123 et note 1).

[2] Vœu également local. La source est de même le cahier du bailliage principal de Coutances, chap. VI, 3° (I, 676), et l'origine première est dans le seul cahier de la ville de Granville, art. 17 (I, 123 et note 2).

[3] Autre vœu exclusivement local, inspiré du cahier du bailliage principal de Coutances, chap. VI, 5° (I, 677). L'origine du vœu est dans le seul cahier de Villedieu-les-Poêles, art. 1 à 5 (I, 638 et notes 1 et 3). Cf. encore cependant le cahier de la Bloutière, art. 4 (I, 175).

[4] Le vœu était exprimé dans un certain nombre de cahiers des bailliages secondaires. Voir cahiers des bailliages de Carentan, art. 12 (I, 767), de Cérences, art. 8 (I, 790), de Va-

lognes, art. 33 (II, 772) et de Mortain, chap. IV (III, 279). Le cahier du bailliage de Tinchebray ne demande point la suppression des coutumes, mais seulement leur uniformité dans les marchés de la province» (art. 54, au tome III, p. 353). Les autres cahiers du ressort de Cotentin sont muets sur la question.

[5] Le vœu relatif au prêt à intérêt était commun à presque toutes les assemblées préliminaires. Voir cahier du bailliage principal de Coutances, chap. IV, 28° (I, 674), et cahiers des bailliages secondaires de Carentan, art. 47 (I, 775), de Valognes, art. 33 (II, 773), de Saint-Sauveur-Lendelin, chap. VIII, 2° (III, 158) et de Tinchebray, art. 28 (III, 347).

Pour la réglementation des rentes viagères et la limitation de leur taux, l'unanimité existe aussi entre les cahiers des bailliages secondaires. Voir, outre les précédents, les cahiers des bailliages de Saint-Lô, art. II, 7° (III, 92), de Saint-Sauveur-Lendelin, chap. VIII, 1° (III, 157) et de Saint-Sauveur-le-Vicomte, art. 42 (III, 215).

times qui pourraient en avoir été faites à leur préjudice soient révoquées[1];

[78°] Que la liberté de profiter des tangues, varechs et autres engrais de mer ne puisse être limitée sous prétexte de droit de propriété ou de préférence, sauf telle indemnité qui pourrait être due pour ceux desdits droits dont la légitimité serait reconnue, parce que, toutefois, à l'égard du varech de rocher, il en sera usé comme par le passé[2];

[79°] Que tous les moyens possibles d'obtenir, dans la prochaine tenue des États généraux, la suppression des banalités, des corvées, des colombiers et garennes, soient mis en usage avec offre de toute indemnité juste et raisonnable[3];

[80°] Qu'il soit avisé aux moyens de garantir les campagnes voisines des forêts de la dévastation de leurs moissons, par les dégâts que causent les bêtes fauves[4];

[81°] Que les chemins vicinaux soient réparés et entretenus par les paroisses[5];

[82°] Que, pour faciliter les moyens de mettre en valeur les fonds dépendants des bénéfices, les baux qui en auraient été consentis légitimement et sans fraude ne puissent être résiliés

---

[1] Le vœu était déjà dans la plupart des cahiers des ressorts secondaires. Voir cahiers du bailliage principal de Coutances, chap. III, 4° (I, 670) et des bailliages secondaires de Carentan, art. 31 (I, 770), de Saint-Lô, chap. VI, 5° (III, 90), de Valognes, art. 39 (II, 775) et de Saint-Sauveur-Lendelin, chap. VIII, 3° (III, 158). On remarquera toutefois que le présent cahier ne prend point parti sur le mode de partage, ni sur la question de la «part des pauvres». Voir la note sous le cahier de Fierville, art. 39 (II, 255).

[2] Le vœu relatif aux tangues provient exclusivement du cahier du bailliage principal de Coutances, chap. V, 3° (I, 675). Pour le varech et le privilège des *paroisses bordantes*, la source doit être le cahier du bailliage secondaire de Saint-Sauveur-le-Vicomte, art. 44 (III, 216). Quelques paroisses des bailliages de Carentan, Coutances et Valognes avaient émis le même vœu, mais sans réussir à le faire entrer dans le cahier de leur bailliage. Voir tout particulièrement le cahier de la Haye-du-Puits, art. 8 (I, 741).

[3] L'article 79 reproduit, avec remaniements, le cahier du bailliage de Mortain, chap. IV, 13° et 14° (III, 279). Le vœu était rare dans les cahiers des bailliages secondaires; on peut rapprocher seulement les cahiers du bailliage de Valognes, art. 42 et 43 (II, 777) et de Saint-Lô, chap. IX, 4° (III, 97). Le cahier du bailliage de Tinchebray, art. 34, demandait la conversion des corvées et banalités en «une prestation en argent» (III, 343).

[4] L'article 80 reproduit, en l'abrégeant sensiblement, le paragraphe 9 du chapitre IV du cahier du bailliage de Mortain (III, 278).

[5] Le vœu est emprunté, vraisemblablement, au cahier du bailliage principal de Coutances, chap. III, 8° (I, 670). Cf. aussi les cahiers des bailliages secondaires de Carentan, art. 52 (I, 775), de Saint-Lô, art. VI, 6° (III, 91) et de Tinchebray, art. 52 (III, 352). Le même vœu se retrouve d'ailleurs dans le second cahier de l'ordre de la noblesse, qualifié *Instructions aux députés*. Voir l'art. 13 de ce cahier (*supra*, p. 523).

par aucune mutation de titulaire; à l'effet de quoi tous pots-de-vin seront prohibés et les baux passés par bannissement judiciaire [1] ;

[83°] Que les levées de milice, tant de terre que de mer, cessent d'avoir lieu, autant que faire se pourra, et que, dans le cas où elles seraient nécessaires* pour le besoin d'hommes* [2], il en soit usé pour la milice de mer de même que pour celle de terre, avec les mêmes exemptions; et permission toutefois aux communautés des paroisses de fournir sans tirage le nombre d'hommes qu'elles devraient, parce qu'alors le prix de l'engagement serait réparti entre tous les contribuables en général au marc la livre des impositions communes à tous les ordres [3];

[84°] Que les États généraux prennent en considération le besoin d'une réforme dans les mœurs, et s'occupent des moyens d'y parvenir;

[85°] Que la loterie royale soit supprimée, comme une des causes de la ruine du peuple et de la dépravation de ses mœurs;

[86°] Que l'éducation publique soit perfectionnée, et qu'il soit remédié aux abus qui ont lieu dans les universités [4];

[87°] Que, pour favoriser les établissements d'écoles de charité, les actes de dotation desdites écoles, jusqu'à concurrence de trois cents livres de revenu dans les campagnes et de six cents livres dans les villes, soient exempts des droits royaux et dis-

---

[1] Le vœu de l'art. 82 est rare dans les cahiers; il a été emprunté au cahier du bailliage secondaire de Saint-Lô, art. VIII, 7° (III, 95). Pour les *pots-de-vin* dans les baux ecclésiastiques, voir la note sous le cahier de Saint-Jean-des-Champs, art. IV (I, 586).

[2] L'art. 83 reproduit, en le remaniant et en ajoutant le vœu relatif à la milice de mer, le cahier du bailliage de Mortain, ch. IV, 10° (II, 278); le vœu se retrouve d'ailleurs dans tous les cahiers secondaires, soit pour la milice de terre, soit pour celle du mer.

Les 6 élections du Cotentin, correspondant à peu près au ressort du bailliage, avaient fourni en 1788 : à la milice de terre, 188 hommes, pour un chiffre de 10,949 inscrits; et à la milice de mer, pour les 15 divisions que comprenait la côte du Cotentin, 487 gardes côtes et canonniers-auxiliaires, sur 42,360 inscrits (Arch. Calvados, C 1847, C 1860 et C 1916). La levée

ne paraît point si lourde, pour une population qu'on estimait alors à 374,586 habitants. Voir *Aperçu de la population de Normandie* (*infrà*, p. 596).

[3] Cf. le cahier du bailliage secondaire de Tinchebray, art. 30 (III, 348). Le vœu relatif à l'abolition de la loterie est rare dans les cahiers; nous l'avons relevé seulement, en outre du cahier de Tinchebray, dans celui du bailliage secondaire de Carentan, art. 51 (I, 775).

[4] La réforme des Universités, tout particulièrement celle des Facultés de droit, était demandée dans la majorité des cahiers des bailliages secondaires du Cotentin. Voir les cahiers des bailliages secondaires de Valognes, chap. VI, art. 21, 3° (II, 768), de Saint-Lô, art. 7 (III, 91), de Saint-Sauveur-le-Vicomte, art. 24 et 25 (III, 203) et de Tinchebray, art. 42 (III, 350). Cf. aussi le cahier de l'ordre du clergé, chap. *Législation*, art. 22 (*suprà*, p. 471).

pensés des formalités prescrites par l'édit de 1749 et autres sub-
séquents [1].

Le présent, rédigé par nous, commissaires soussignés, après
que les articles y contenus ont été discutés, examinés et consentis
définitivement à la pluralité des voix de l'assemblée générale dudit
bailliage, ce 30 mars 1789.

> DUHAMEL, LE MENUET, TESNIÈRE DE BRÉMESNIL, *lieutenant-*
> *général et maire;* VIEILLARD, MORIN l'aîné, *syndic des*
> *avocats du bailliage d'Avranches;* DESPLANQUES DU MESNIL,
> CAILLEMER, A. BROHON, *lieutenant-général de Gérences;*
> LE SACHER DE LA PALLIÈRE, LE REBOURS DE LA PIGEON-
> NIÈRE, BESNARD, DE GLATIGNY, EUVREMER, COURTEAUX
> DES FONTAINES, ANGO, LELIÈVRE DE LA PRÉVÔTIÈRE,
> LE TULLIER, POURET, *procureur du roi de Périers;*
> DESMARETS DE MONTCHATON, BLONDEL [2].

*Le double du présent a été mis aux mains de M. du Hamel-Perrée,*
*un des députés du tiers état, aux termes de notre procès-verbal du*
*1ᵉʳ avril dernier, à Coutances, ce 19 avril 1789, ce qu'il a signé :*

J. PERRÉE [3].

[1] Le vœu de l'article 87 est inspiré du cahier du bailliage secondaire de Saint-Sauveur-le-Vicomte, art. 44 (III, 217); on le retrouvera d'ailleurs dans le cahier de l'ordre du clergé, chap. *Clergé*, art. 13 (*suprà*, p. 477).

Pour l'explication des formalités prescrites par l'*Édit de 1749*, on voudra bien se reporter à la note sous le cahier de la paroisse de Fierville, art. 22 (II, 252 et note 1).

Les trois ordres de Cotentin demandaient déjà en 1614 «qu'il y ait dans chaque ville un collège et des escoles, pour l'instruction de la jeunesse» (*Moiens pour aquiter le roi*, analysés par DUBOSC

dans *Annuaire de la Manche*, 1873, p. 79).

[2] Les signatures de DESMARETS DE MONTCHATON et de BLONDEL ne se trouvent point dans le manuscrit n° 68 du Greffe de Coutances, qui semble, par suite, être l'exemplaire même du travail des commissaires; elles sont au contraire dans le manuscrit n° 69 du même dépôt, que nous avons considéré comme l'exemplaire original du cahier de l'assemblée, et dont nous avons de préférence reproduit le texte.

[3] Le dernier alinéa du texte ne se trouve que dans l'exemplaire manuscrit n° 69, reproduit au texte.

LISTE DES DÉPUTÉS DU BAILLIAGE DE COTENTIN.

(Ms., Arch. nat., Ba 35, l. 70, cote *Assemblée définitive du tiers état*. Pièce originale. Inédite. — En transcription, dans B III, 53, p. 587 à 589)[1].

*État de la Convocation des États Généraux de 1789. Gouvernement de Normandie, Bailliage de Coutances*[2].

*Grand Bailly d'Épée.* — M. le marquis DE BLANGY, lieutenant-général des armées du roi, demeurant à Caen[3];

*Lieutenant-Général*, qui a présidé l'assemblée des trois ordres pour l'absence de M. le Grand Bailly[4] : M. DESMARETZ, chevalier, seigneur DE MONTCHATON, le Châtel, Faulx, la Motte, la Giffardière et autres lieux[5].

LISTE DE MM. LES DÉPUTÉS DE CE BAILLIAGE AUX ÉTATS GÉNÉRAUX.

## Clergé.

M. Ange-François DE TALARU DE CHALMAZEL, conseiller du roi en ses Conseils, évêque de Coutances[6];

[1] Cette pièce est écrite de la main du lieutenant-général de Montchaton. Elle est accompagnée dans la liasse d'une lettre d'envoi, en date du 1er avril, ainsi conçue : «Mgr., la clôture de l'assemblée générale des trois ordres n'a pu se faire qu'hier, les députés de la noblesse n'ayant été élus que mardy après-midi, et ceux du tiers lundi au soir. Je m'empresse de vous envoyer *la liste de tous les députés*. J'espère que je serai bientôt en état de vous faire passer les procès-verbaux, à la copie desquels on travaille avec activité, etc....» (Arch. nat., Ba 35, l. 70 = B III 53, p. 417).

[2] On comparera utilement, avec cette pièce officielle, la restitution faite sur les procès-verbaux par A. BRETTE, *Recueil de documents relatifs à la convocation*, au tome II (1896), p. 509.

M. BRETTE a observé avec justesse que, sur les seize députés accordés par le Règlement au bailliage de Cotentin, tous ont régulièrement siégé (*ibid.*).

[3] On consultera, sur ce personnage, la note sous le *Procès-verbal de l'assemblée de l'ordre de la noblesse, suprà*, p. 485, note 1. Cf. aussi HIPPEAU, *Élections*, Introd., p. LXII.

[4] Sur le rôle des lieutenants-généraux dans la convocation, en l'absence des grands baillis d'épée, voir A. BRETTE, *Documents*, t. 1er, Introduction, chap. IV, p. XXXV et suiv.

[5] Sur DESMARETS DE MONTCHATON, voir la note sous le *Procès-verbal de l'assemblée générale des trois ordres*, séance du 16 mars au matin (*suprà*, p. 358).

[6] *Procès-verbal de l'ordre du clergé*, s. du 27 mars au soir (*suprà*, p. 440).

36.

M. Jacques-François-Louis Le Lubois, curé de la paroisse de Fontenay, du diocèse de Coutances[1];

M. François Bécherel, curé de la paroisse de Saint-Loup, du diocèse d'Avranches[2];

M. François Le Rouvillois, curé de la paroisse de Carantilly, diocèse de Coutances[3];

*Ordre de la Noblesse.*

M. Luc-René-Charles Achard de Perthus de Bonvouloir, chevalier, seigneur de Bonvouloir-Loyauté, du Perthus-Achard, seigneur patron du Désert et Condé-sur-Sarthe, du Féron, de Vervaines et Dancinne, ancien capitaine de cavalerie, chevalier de l'ordre royal et militaire de Saint-Louis, demeurant en son château du Désert, élection de Saint-Lô[4];

M. Pierre-François de Beaudrap de Sotteville, [seigneur de] le Buisson, Mesnil-Durand, Hébécrévon et autres lieux, ancien officier du corps royal d'artillerie, demeurant en son château de Sotteville, élection de Valognes[5];

M. Jacques-René-Jean-Baptiste Artur de la Villarmois, [seigneur de] Launay-Champagne et autres lieux, demeurant à Avranches[6];

M. Léon-Marguerite Le Clerc, baron de Juigné, comte de Courtomer, seigneur de Sainte-Mère-Église et maréchal des camps et armées du roy, demeurant à Paris, à l'Archevêché[7];

Cf. A. Brette, *Documents*, I, p. 511, n° 110 et II, p. 310, n° 1224.

[1] *Procès-verbal de l'ordre du clergé*, s. du 26 mars au matin (*suprà*, p. 438). Cf. A. Brette, *Documents*, II, p. 213, n° 790.

[2] *Procès-verbal de l'ordre du clergé*, s. du 26 mars au soir (*suprà*, p. 438). Cf. A. Brette, *Documents*, II, p. 57, n° 93.

[3] *Procès-verbal de l'ordre du clergé*, s. du 27 mars au matin (*suprà*, p. 439). Cf. A. Brette, *Documents*, II, p. 216, n° 805.

[4] *Procès-verbal de l'ordre de la no-*blesse, s. du 28 mars au soir (*suprà*, p. 491). Cf. A. Brette, *Documents*, II, p. 35, n° 1.

[5] *Procès-verbal de l'ordre de la no-*blesse, s. du 29 mars au soir (*suprà*, p. 492). Cf. A. Brette, *Documents*, II, p. 54, n° 85.

[6] *Procès-verbal de l'ordre de la no-*blesse, s. du 30 mars au soir (*suprà*, p. 492). Cf. A. Brette, *Documents*, II, p. 44, n° 39.

[7] *Procès-verbal de l'ordre de la no-*blesse, s. du 31 mars au soir (*suprà*, p. 494). Cf. A. Brette, *Documents*, II, p. 179, n° 646.

*Députés du tiers état.*

M. Denis-Gabriel Le Sacher la Pallière, avocat au bailliage de Mortain, demeurant en la ville de Mortain[1];

M. Louis Burdelot, vicomte et maire de la ville de Pontorson, et y demeurant[2];

M. Pierre-Jacques Vieillard fils, avocat à Saint-Lô, y demeurant[3];

M. Guillaume Besnard-Duchesne, lieutenant particulier du bailliage de Valognes, et y demeurant[4];

M. Jean Perrée-Duhamel, négociant, domicilié en la ville de Granville[5];

M. Jean-Thomas Desplanques du Mesnil, maire de la ville de Carentan, y demeurant[6];

M. Louis Pouret-Roquerie, procureur du roi du bailliage de Saint-Sauveur-Lendelin, séant au bourg de Périers, y demeurant[7];

[1] Sur Le Sacher de la Pallière, voir le *Procès-verbal de l'assemblée du tiers état*, s. du 27 mars au matin (*suprà*, p. 537) et la note sous le procès-verbal de l'assemblée préliminaire du bailliage de Mortain (III, p. 251, note 3). Cf. A. Brette, *Documents*, II, p. 216, n° 807.

[2] Sur Burdelot, voir de même le *Procès-verbal de l'ordre du tiers-état*, s. du 28 mars au matin (*suprà*, p. 538) et la note sous le procès-verbal de l'assemblée préliminaire du bailliage d'Avranches (I, 688, note 2). Cf. A. Brette, *Documents*, II, p. 80, n° 213.

[3] Sur P. J. Vieillard fils, voir de même le *Procès-verbal de l'ordre du tiers état*, s. du 28 mars au matin (*suprà*, p. 538) et la note sous le procès-verbal de l'assemblée préliminaire du bailliage de Saint-Lô (III, p. 15, note 1). Cf. A. Brette, *Documents*, II, p. 326, n° 1291.

[4] Sur G. Besnard-Duchesne, voir de même le *Procès-verbal de l'ordre du tiers état*, s. du 28 mars au matin (*suprà*, p. 538) et la note sous le pro-

cès-verbal de l'assemblée de la ville de Valognes (II, p. 8, note 1). Cf. également ment A. Brette, *Documents*, II, p. 61, n° 114.

[5] Sur J. Perrée-Duhamel, voir de même le *Procès-verbal de l'ordre du tiers état*, s. du 28 mars au soir (*suprà*, p. 538) et la note sous le procès-verbal de la ville de Granville (I, p. 113, note 1). Cf. A. Brette, *Documents*, II, p. 269, n° 1037.

[6] Sur Desplanques du Mesnil, voir de même le *Procès-verbal de l'ordre du tiers état*, s. du 29 mars au soir (*suprà*, p. 540) et la note sous le procès-verbal de l'assemblée préliminaire du bailliage de Carentan (I, p. 709, note 2). Cf. A. Brette, *Documents*, II, p. 126, n° 409.

[7] Sur Pouret-Roquerie, voir de même le *Procès-verbal de l'ordre du tiers état*, s. du 30 mars au matin (*suprà*, p. 540) et la note sous l'appel des paroisses du bailliage de Saint-Sauveur-Lendelin (III, p. 122, note 2). Cf. A. Brette, *Documents*, II, p. 278, n° 1085.

M. Louis-Hector-Amédée Ango, bailli de Saint-Sauveur-le-Vicomte, y demeurant[1].

[1] Sur Ango, voir de même le *Procès-verbal de l'ordre du tiers état*, s. du 30 mars au soir (*suprà*, p. 541) et la note sous le procès-verbal de l'assemblée préliminaire du bailliage de Saint-Sauveur-le-Vicomte (III, p. 177, note 1). Cf. A. Baette, *Documents*, II, p. 40, n° 24.

L'assemblée du bailliage de Cotentin n'avait, comme on l'aura certainement observé, pas nommé de *députés suppléants*, dans aucun des trois ordres. Une lettre du lieutenant-général de Montchaton au Garde des Sceaux, à la date du 19 mai, le confirme d'ailleurs expressément : «Mgr. — J'ai reçu les exemplaires que vous m'avez adressés du Règlement que le roi a rendu, concernant les suppléans des députés aux États Généraux; mais je n'ai pu en faire aucun usage, vu que tous les ordres de mon bailliage ont refusé d'en nommer, ne s'y croyant pas autorisés par le Règlement du 24 janvier, aux dispositions duquel ils ont voulu se conformer exactement. Je suis avec le plus entier respect, Mgr., etc...» (Arch. nat., B III, 53, p. 605).

# APPENDICES.

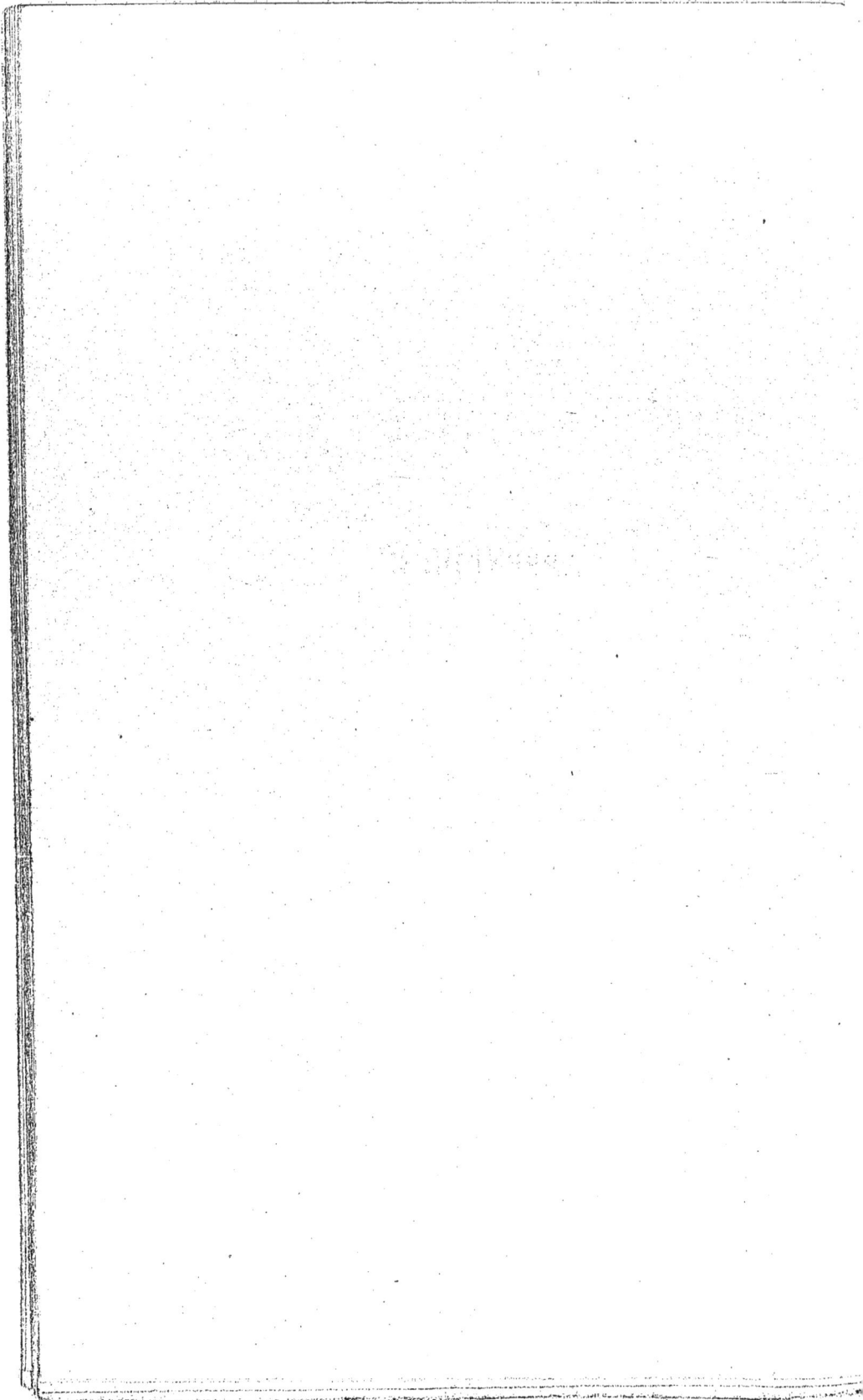

# APPENDICES.

## PREMIÈRE PARTIE.

### PIÈCES RELATIVES AUX ASSEMBLÉES DU TIERS ÉTAT DES BAILLIAGES SECONDAIRES.

#### I. BAILLIAGE SECONDAIRE DE VALOGNES.

##### 1. CAHIER DE DOLÉANCES DE LA PAROISSE DE BAUBIGNY [1].

(Ms., Arch. Manche, série B., n. cl., 8 pages in-f°, dont 6 seulement sont remplies. Original signé. *Inédit.*)

NOTA. Le cahier de la paroisse de Baubigny n'avait pu être retrouvé dans la liasse des cahiers primaires du bailliage de Valognes, et lors de l'impression de notre second volume, nous avions dû le porter (au tome II, p. 103) comme disparu. Le manuscrit original a été retrouvé récemment (en 1913) par M. Lecacheux, archiviste de la Manche, qui a bien voulu nous en adresser une copie, accompagnée de très utiles observations. Il conviendra de rapprocher ce texte du *Procès-verbal d'assemblée* de la paroisse de Baubigny, dont nous avons donné précédemment l'analyse (au tome II, p. 103).

*Cahier de doléances, plaintes et remontrances des habitants du tiers état de la paroisse et communauté de Beaubigny (sic), fait, rédigé et signé après lecture dans l'assemblée générale par lesdits habitants, ce 6 mars 1789 [2].*

Les habitants de cette paroisse remontrent très humblement à

[1] Arrondissement de Valognes, canton de Barneville. La paroisse avait 42 feux en 1722, 46 en 1726, et 315 habitants, croyait-on, en 1762 (RENAULT, *Annuaire de la Manche*, 1868, p. 24). En 1793, le premier recensement régulier lui donne une population de 254 habitants (Arch. nat., D IV *bis*, 51). La commune actuelle, qui a englobé l'ancienne paroisse de Saint-Paul-des-Sablons (62 habitants en 1793), ne compte plus, au dernier recensement, que 246 habitants.

[2] Le procès-verbal d'assemblée est

Sa Majesté, que le sol des terrains de leur paroisse est en général très mauvais, qu'il est d'ailleurs situé autour d'une mièle (*sic*), dont les sables mouvants couvrent dans certaines années une partie du sol de ces terrains et prive[nt] les cultivateurs de leur récolte[1], qu'ils sont surchargés d'impositions, qu'ils supportent seul[s] pour la plupart, le seigneur possédant au moins les deux tiers des terrains qui composent cette paroisse[2]; pourquoi ces malheureux habitants supplient Sa Majesté de soulager leur misère, et en les faisant participer aux règlements généraux que le peuple français attend de sa bienfaisance, et qui doivent régénérer toutes les parties de l'administration, elle leur accorde spécialement :

1° Que dans le cas où la loi de la propriété ne permettrait l'entière suppression des colombiers et volières, si nuisibles aux laboureurs, les propriétaires de ces droits très onéreux soient assujettis à tenir

---

également daté du 6 mars, sous la présidence de m° Vincent Mariage, avocat en Parlement, et bailli de la haute-justice de Bricquebec.

Le cahier de Baubigny est étroitement apparenté aux cahiers d'un certain nombre de paroisses du ressort de la haute-justice de Bricquebec, qui forment un groupe très reconnaissable, auquel nous avons précédemment donné la dénomination de *type de Bricquebec* (au tome II, p. 144, note 2). On observera toutefois que les paroissiens de Baubigny ont laissé de côté la plupart des vœux d'ordre politique ou général, auxquels leur modèle donnait la première place (art. 1 à 14), et n'ont guère conservé que les vœux d'un caractère plus spécialement local et économique. Les cahiers qu'il convient de rapprocher sont plus particulièrement ceux de Sénoville (II, p. 505), de Saint-Paul-des-Sablons (II, p. 623), de Magneville (II, p. 358), de Surtainville (II, p. 533), du Rozel, 2° partie (II, p. 495) et du Vrétot (II, p. 722).

[1] Pour les dégâts causés dans toute cette partie de la côte par le *volage* des sables, on voudra bien se reporter à ce que nous avons noté sous les cahiers voisins de Carteret, art 1° (II, p. 188), de Saint-Pierre-d'Allonne, art. 1° (II, p. 628) et de N.-D. d'Allonne, art. 1° (II, p. 408). Le *Mémoire statistique de 1731* expliquait de même : «Baubigny, seigneur M. de Flamanville, 228 acres

1/2 de terre en labour, peu de plant, et 44 vergées de pré. Fonds médiocre à cause des sables.» (F° 12.)

Produit commun en grains (en 1793) : 2,377 boisseaux, mesure de 24 pots (Arch. nat., D iv *bis* 51).

[2] La seigneurie de Baubigny était en 1789 rattachée au marquisat de Flamanville; le seigneur convoqué pour les États généraux est «M. de Brück au droit de M^lle de Flamanville». Il y avait eu outre dans la paroisse des extensions de fief de la baronnie de Bricquebec, à M° de Matignon, et des seigneuries de Sortosville, à M° Bignon; de Mandenoville à M. de La Haye; de Sénoville, à la dame de ce nom; du Breuil, à M° Griselaine; et de Toville, à M° de Blainville, dame de Saint-Pierre-d'Allonne. Les tenanciers de la paroisse déclarent, en 1790, un total de 51 rentes, presque toutes en grains, dont 12 pour la seule seigneurie de Baubigny montent seules à 4 boisseaux, 16 cabots et 30 pots de froment, 1 cabot d'avoine, 6 poules, 2 chapons, 60 œufs et 220 l. 14 s. en argent, mais quelques-unes de ces redevances sont, semble-t-il, purement foncières et n'ont rien de féodal (*État des rentes*, Arch. Manche, Q^et 20). On consultera encore, sur la seigneurie de Baubigny, Renault, *Notes historiques et archéologiques sur l'arrondissement de Valognes*, dans Ann. de la Manche, tome XLVI (1868), p. 24.

leurs pigeons enfermés dans le temps des semences et celui des récoltes;

2° Que tous les possesseurs de ces droits soient tenus de justifier de leur titre devant l'assemblée municipale du lieu, qui sera autorisée à poursuivre les usurpateurs en justice réglée[1].

3° Qu'on supprime la milice de mer, si funeste à l'agriculture et à l'espèce humaine, et qu'on y substitue une contribution pécuniaire qui sera supportée par tous les citoyens de tous les ordres, étant tous intéressés à la cause commune[2];

4° Que toutes corvées ou service personnel soient rachetés par une redevance en argent, dont le taux devienne invariable[3];

5° Que cette paroisse et plusieurs autres n'ayant pour l'agriculture d'autres engrais que le varech, il soit défendu de le brûler sur cette côte pour le réduire en soude, les besoins de l'agriculture devant être satisfaits, et les brûlis ne devant avoir lieu que sur les côtes où son abondance excède ce qu'il en faut pour l'engrais des terres[4];

6° Qu'il soit permis à tous et un chacun de détruire les lapins étant dans les garennes ouvertes, lapins qui dévorent les deux tiers des productions des champs qui environne[nt] ces garennes;

[1] Les articles 1 et 2 sont la reproduction presque textuelle des art. 8 et 9 du cahier de Sénoville (au tome II, p. 510), 11 et 12 du cahier de Saint-Paul-des-Sablons (II, p. 626), et de l'article 15 du cahier de Surtainville (II, p. 545). Pour les usurpations du droit de colombier en Basse-Normandie à la fin de l'ancien régime, et la jurisprudence du Parlement de Rouen, voir la note sous le cahier de la Baleine, art. 11 (au tome Ier, p. 142, note 2).

Nous n'avons point de renseignements sur le nombre des colombiers existant dans la paroisse de Baubigny en 1789. Les fiefs de haubert, ayant droit de colombier, étaient ceux du marquisat de Flamanville et de la baronnie de Bricquebec. Voir État et mémoire des fiefs de la vicomté de Valognes, tirée à la Chambre des comptes de Rouen. (Arch. Calvados, C, Bureau des finances, registre n. cl., f° 57 et suiv.)

[2] L'article 3 est la reproduction de l'article 1er du cahier de Sénoville (II, p. 508). La paroisse de Baubigny appartenait, pour la garde-côte, à la division de Barneville, cie de Surtainville. En

1787, lors de la dernière levée dont nous possédions les rôles, elle avait présenté au tirage 8 garçons, dont aucun n'avait été pris. (Arch. Calvados, C 1860.)

[3] Cf. les cahiers du Rozel, art. 12 (II, p. 496), du Vrétot, art. 23 (II, p. 726). Nous possédons un État des rentes levées dans la paroisse de Baubigny, dressé en 1790 pour la déduction des vingtièmes. (Arch. Manche, Qst-I 20.) Aucune corvée n'y est expressément portée; mais d'assez nombreux «services de fourche à foin» et autres corvées figurent dans les États dressés dans les paroisses limitrophes, pour la seigneurie de Baubigny et pour celle de Mandenoville. Voir par exemple l'État de la paroisse de Sénoville en date du 27 novembre 1790, analysé sous le cahier de cette paroisse (au t. II, p. 505, n. 3).

[4] Cf. les cahiers de Sénoville, art. 12 (II, 510), de Gatteville, art. 9 (II, 284), de Pierreville, art. 3 (II, 451). Pour l'explication de ce vœu, voir la note sous le cahier de Surtainville, art. 6 (II, 538, note 2).

7° Qu'il soit étroitement défendu de couper le *milgreux* qui préserve des volages que des coups de vent porte[nt] sur les terrains voisins ; et que par suite les seigneurs ne puissent exiger en essence les rentes en milgreux contenues dans leurs titres [1] ;

8° Qu'en attendant l'heureuse suppression des gabelles, on permette au moins aux malheureux de prendre de l'eau de mer pour saler leur soupe et aux laboureurs pour laver leur blé [2] ;

9° Que chaque citoyen, de quelque ordre qu'il soit, supporte en proportion de ses facultés le fardeau commun de tout impôt quelconque [3] ;

[1] Les articles 6 et 7 sont la reproduction libre du cahier de Sénoville, art. 9 et 13 (II, 511). Nous avons expliqué sous cet article ce que l'on entend par *milgreux* sur la côte ouest du Cotentin.

L'*État des rentes* dressé en 1790 pour la paroisse de Baubigny ne mentionne point de rentes en *milgreux* dans la paroisse (*loc. cit.*).

Nous n'en ayons point trouvé non plus dans les *États* des paroisses voisines de Sénoville, Saint-Paul-des-Sablons, etc. Toutefois, comme L. Delisle a relevé un grand nombre d'aveux mentionnant des cens et redevances en *milgreux* dans les seigneuries de Sortosville, du Breuil et d'Allonne, qui avaient des extensions à Baubigny (21 cens de *milgreux* en 1453 dans un seul aveu d'Allonne), il est fort possible que ces redevances aient été encore dues en 1789, bien que les tenanciers aient évité de les déclarer l'année suivante. Voir L. DELISLE, *Condition de la classe agricole*, Évreux, 1851, p. 289 et note 78.

[2] L'article 8 se retrouve presque textuellement dans les cahiers de Saint-Paul-des-Sablons, art. 13 (II, 627); de Sénoville, art. 10 (II, 510); de Surtainville, art. 24 *in fine* (II, 546); du Rozel, *Addition*, 1° (II, 495). Cf. aussi celui de Pierreville, art. 4 (II, 451), et pour l'explication de cette doléance la note sous les cahiers de Saint-Germain-de-Tournebut, art. 3 (II, 572, note 2) et de Crasville, art. 5 (II, 219, note 1).

Un vœu si fréquent dans les cahiers dérive évidemment d'une source commune. Nous n'avons malheureusement pu l'identifier ; nous ferons seulement observer que le vœu n'est point particulier à la région du Cotentin, car on le retrouve par exemple dans le cahier de la paroisse de Saint-Vaast, au bailliage de Pont-l'Évêque, art. 7 (HIPPEAU, *Cahiers*, I, 361), ou dans celui du curé du Manoir, au bailliage de Bayeux, art. 3 (*Ibid.*, I, 189). Ce dernier développe plus nettement l'idée :

« Les habitants des côtes sont dans la nécessité d'aller furtivement à la mer y puiser un pot d'eau pour saler leur chétive soupe ; si on les rencontre, on leur casse impitoyablement la bouteille ; si on la trouve chez eux, on fait tout l'impossible pour leur faire payer l'amende. Ainsi, on peut voir que c'est une vraie tyrannie. »

Il est piquant de remarquer que l'interdiction de puiser l'eau de mer a survécu à la suppression de la gabelle. C'est seulement une circulaire récente du Ministre des finances, en date du 20 août 1913, qui a levé, dans les cas les plus simples, et avec beaucoup de restrictions encore, la vieille prohibition féodale.

[3] L'article 9 reproduit textuellement l'art. 9 du cahier de Sénoville (II, 508). Impositions de Baubigny pour 1789 : taille, 370 livres; acc., 243 livres; corvée, 122 l. 17 s. 2 d.; vingtièmes, 549 l. 17 s. 10 d.; terr., 47 livres; bât., 15 l. 10 s. Au total, 1,587 l. 5 s. Le *Tableau des impositions directes du département de la Manche, année 1790*, donne presque exactement les mêmes chiffres.

*Lignes* : 48, dont 45 propriétaires exploitants, payant 490 livres, et 3 fermiers, payant 64 l. 16 s. (Arch. Calvados, C 4384.) *Privilégiés* : le curé,

10° Qu'on supprime les abus relatifs aux tribunaux et à l'administration de la justice, et qu'il n'y ait plus que deux degrés de juridiction ;

11° Que tous les tribunaux soient rapprochés des justiciables, et qu'on fasse des arrondissements de bailliages [1] ;

12° Qu'on supprime le droit de déport, que nulle loi n'autorise et qui n'existe que dans cette province, droit funeste surtout aux pauvres habitants [2] ;

13° Que les habitants soient déchargés des réparations et reconstructions des presbytères, qu'elles soient désormais à la charge seule des décimateurs des paroisses [3] ;

14° Que l'on fasse cesser ce mystère que gardent les juges en opinant sur les procès ; que chacun d'eux, sans quitter sa place, dise à haute voix son avis sur la cause qui vient d'être plaidée, et apprenne au public et aux parties les raisons qui détermine[nt] son

---

M⁰ Michel Lelaidier (décimes, 20 livres), et pour le tiers état une brigade des traites et gabelles, comprenant brigadier, sous-brigadier et 4 gardes. *Supplément des privilégiés* non retrouvé.

[1] Les articles 10 et 11 reproduisent, avec quelques modifications de forme, l'article 14 du cahier de Sénoville (II, 511). Le vœu est d'ailleurs sans application dans la paroisse de Baubigny. Cette paroisse appartenait à la haute-justice de Bricquebec, et par appel au bailliage de Valognes, sans qu'il y eût aucune extension de juridictions étrangères. La *Carte des ressorts de Saint-Sauveur-le-Vicomte et de Valognes*, dressée en 1784, n'y fait en effet apparaître « aucune dépendance confuse » (Arch. Calvados, C 1245), et d'autre part, en 1787, les officiers de la haute-justice de Bricquebec la rangent au nombre des communautés qui « dépendent entièrement de leur juridiction ». Voir *Mémoire des officiers de la haute-justice de Bricquebec* (Arch. Calvados, C 6198).

[2] Cf. le cahier de Surtainville, art. 21 presque textuel (II, 545). Il n'y avait de biens ecclésiastiques dans la paroisse de Baubigny que ceux de la cure, consistant en : presbytère et bâtiments d'exploitation, jardin légumier de 10 perches, et 2 pièces de terre dont l'une en labour nommée *l'Aumône*, contenant 1 verg. 1/4, l'autre nommée *le clos de Sénoville*, contenant 2 verg. 1/2 ; enfin en une rente de 8 cordes de bois

dans la forêt de Bricquebec. La cure était de patronage laïc, et le curé était en 1790 seul décimateur. (*État des biens nationaux*, Arch. Manche, Q¹·¹ 17.)

Les contrôleurs des vingtièmes estimaient en 1787 à 940 livres le revenu ecclésiastique non imposé de la paroisse, alors que le revenu paroissial imposé était de 3,400 livres (Arch. Calvados, C 6519).

[3] L'article 13 reproduit l'art. 11 du cahier de Sénoville (II, 510). Nous n'avons point trouvé trace, dans les papiers de l'intendance de Caen (Arch. Calvados, C 1321 à 1354), de réparations presbytérales d'une date récente, ayant entraîné une charge spéciale pour les paroissiens de Baubigny.

L'*État des biens nationaux*, dressé le 20 novembre 1790, explique que : « le presbytère consiste en une salle, une cuisine, un cellier, chambres et grenier au-dessus, une laverie, *le tout en bonne réparation*, une grange et une écurie, une étable, une chartrerie *aussi en bon état*, cour fermée, etc. Le sieur curé *avait reçu des héritiers de son prédécesseur 750 livres, pour les décharges des réparations à faire au presbytère, mais il en a fait l'emploi et au-delà...* L'église est petite, proportionnellement à la paroisse, qui n'est composée que de 32 feux. Elle est en *assez bonne réparation*, elle est à l'extrémité de la paroisse, au bord des mielles. » (Arch. Manche, Q¹·¹ 17.)

opinion, formalité qui influerait beaucoup sur la bonne justice, en rendant les juges plus instruits et plus attentifs, et qui empêcherait beaucoup d'appels, en éclairant les parties sur les motifs de leur jugement[1];

15° On devrait aussi admettre les parties et leurs avocats aux jugements qui se rendent à la Chambre, ce qui empêcherait bien des méprises et des erreurs funestes au bon droit[2].

*Trois mots rayés nuls, six feuillets.*

F. Berger; B. Le Chevallier; J. Bonnissent; P. Larquemin; J. Sybran; Pierre Giot; J. Surcouf; M. Gaigneur; Louis Le Pigeon; G. Bellet; F. Belhomme[3].

---

## 2. Cahier de doléances de la paroisse de Pierreville[4].

(Ms., Arch. municipales de Pierreville, 4 pages in-f°. Original signé.)

Le cahier de doléances de cette communauté (bailliage de Valognes), que nous avions porté (au tome II, page 447) comme paraissant perdu, et que nous avions dû reproduire d'après l'édition donnée par Hippeau (*Cahiers*, II, p. 452), a été retrouvé, après l'impression, en 1909, de notre second volume, dans les archives de cette commune, par M. Trohel, instituteur à Pierreville, qui nous en a fait parvenir une copie. L'original, qui faisait partie de la liasse des cahiers de doléances du bailliage de Valognes conservée aux Archives de la Manche, série B. n. cl., et qui figure aux anciens récolements,

---

[1] L'article 14 reproduit presque textuellement l'art. 15 du cahier de Sénoville (II, 511) et se retrouve également dans les cahiers de Bricquebec, art. 10 (II, 145); de Magneville, art. 8 (II, 359); de Surtainville, art. 14 (II, 544), et du Vrétot, art. 17 (II, 725). L'idée de faire délibérer les juges à haute voix n'est pas particulière aux cahiers de Cotentin, et se rencontre fréquemment dans les cahiers normands; elle doit être empruntée à quelque brochure locale, que nous n'avons pu identifier.

[2] Cf. de même, pour cet article, le cahier de Sénoville, art. 15 *in fine* (II, 511), et les cahiers de Magneville, art. 8 *in fine* (II, 359), de Surtainville, art. 14, § 2 (II, 544), et du Vrétot, art. 18 (II, 725). Pour l'appréciation du vœu, on consultera surtout la note sous

le cahier de Magneville, art. 8 (II, 360, note 1).

[3] Le procès-verbal est signé également de onze signatures, les mêmes qui figurent au cahier (II, 103). On observera seulement que le président de l'assemblée, le juge Vincent Mariage, et le greffier de la haute-justice, G.-J.-Fr. Denis, ont signé le procès-verbal et non le cahier, ce qui est d'ailleurs la règle générale.

En 1790, à l'*Inventaire des biens nationaux*, dressé le 21 novembre, les mêmes signataires, F. Berger, P. Larquemin, J. Sybran et B. Lechevallier, réapparaissent avec la qualité d'officiers municipaux de la commune de Baubigny (Arch. Manche, Q¹·¹ 17).

[4] Arrondissement de Cherbourg, canton de Les Pieux. La paroisse appartenait en 1789 au ressort du bailliage secondaire de Valognes.

avait été communiqué, par décision préfectorale, à la municipalité de Pierreville, à l'occasion du centenaire de la Révolution, en mai 1889, et il y était
depuis demeuré par oubli.

La découverte du manuscrit original ainsi réapparu nous a fait reconnaître
que le texte publié dans notre second volume, d'après l'édition de Hippeau,
est extrêmement incorrect. Nous ne croyons pas devoir — par raison de briè-
veté — reproduire à nouveau le texte complet, mais nous devons prévenir
le lecteur qu'il est nécessaire de tenir compte des observations et des cor-
rections suivantes :

I. D'une part, le texte publié par Hippeau, et reproduit par nous dans
notre second volume, contient, avec le cahier proprement dit, une pièce qui
lui est étrangère. La première partie de ce texte (p. 447 à 449) est en
effet une *Requête des habitants de Pierreville*, en date d'octobre 1788, et qui
porte dans le manuscrit original l'adresse formelle : « A Monseigneur Mgr de
Villedeuille (*sic*), conseiller d'État, ministre du roy en cour[1]. » Elle est
suivie de considérations des paroissiens sur le résultat négatif de leur
requête, et de réclamations nouvelles, relatives à la tenue d'une première
assemblée paroissiale, présidée par le bailli de la haute-justice de Bricquebec,
m° Vincent MARIAGE, à la date du jeudi 5 mars 1789 (p. 450). Le cahier
proprement dit, rédigé dans une nouvelle assemblée de la paroisse, tenue le
8 mars 1789, commence seulement aux dernières lignes de la page 450,
par le titre suivant, qu'Hippeau a très maladroitement supprimé :

*Du 8 mars 1789. — Cahier de doléances des habitants du
tiers état de la paroisse et communauté de Pierreville, arrêté
par lesdits habitants, qui sera remis aux députés par eux
nommés, pour le porter à l'assemblée qui se tiendra au bailliage de Valognes, le 9 mars 1789.*

II. D'autre part, à la fin du cahier, tandis que le texte édité par Hippeau
ne contient ni formule finale, ni signatures, ce qui en rendait — ainsi que
nous l'avons observé (II, p. 453) — l'identification difficile et l'authenticité même douteuse, le texte original retrouvé porte à la fois une formule
finale et une série de signatures, qui sont celles mêmes des comparants et
signataires du procès-verbal d'assemblée, analysé par nous au tome II,
p. 447.

---

[1] Le fonds de l'Intendance, aux
Archives du Calvados, contient une liasse
compacte de requêtes, tant de particuliers que du «général» de la paroisse
de Pierreville, contre «l'excès énorme
des abus» commis dans la vérification des
vingtièmes, datées depuis 1782 jusqu'à
1788. Les pièces, qui sont accompagnées
de mémoires justificatifs de la direction
des vingtièmes et de rapports du contrôleur général qui avait fait la vérification, seraient très intéressantes à consulter pour une monographie de la paroisse
(Arch. Calvados, C 5910).

Nous pouvons citer à titre d'exemple,
la ligne du sieur Jacques HÉROUT, qui,
réglée en 1781 sur le pied de 88 l.
10 s. de revenus, se trouve réglée, en
1782, pour les mêmes biens, sur le
chiffre de 207 livres.

« C'est ce que nous avons signé après lecture faite, et paraphe mise au bas de chaque page par le sieur Hamon, greffier de notre municipalité, à Pierreville, le dimanche 8 mars 1789.

> J.-L. Hamon; J. Grisel; J. Marion; J.-Bte Frimot; N. Hérout;
> P. Lefilliastre; L. Lerouvillois; Ch. Grisel; J. Simon;
> L. Marguerie; J.-B. Simon; Jacques Simon; F. Simon;
> J. Hérout; G. Dauvergne; J. Simon; Jean Gosselin;
> J. Lefilliastre; J.-Ch. Hesland; J. Hérout; Salley;
> G. Hérout; J.-F. Martin; P. Houël; J. Lemarié;
> P. Grisel. »

III. Enfin, dans l'intérieur même du texte, la leçon donnée par Hippeau est fort imparfaite, pleine de lectures défectueuses, de suppressions et de remaniements intempestifs.

On voudra bien corriger, ainsi qu'il suit, le texte que nous avons donné au second volume :

| Au lieu de : | Lisez : |
|---|---|
| P. 447. 1,473 livres. | 1,471 livres. |
| paroisses voisines. | paroisses *circonvoisines*. |
| P. 448. à Pierreville. | à Pierreville, *en 1774*. |
| les malheureux habitants. | *ces* malheureux habitants. |
| P. 449. ceux qui n'y possèdent rien l'injustice, et les surchargés la rigueur. | ceux qui n'y possèdent rien *s'y plaignent de* l'injustice et les surchargés *de* la rigueur. |
| leur pauvre et malheureux héritage, imposé. | leurs *faibles* et malheureux héritages, imposés. |
| ces justes moyens et ces réclamations. | *ses* justes moyens et *ses* réclamations. |
| qui perpétue la contribution. | qui *perpétuera* la contribution. |
| de Launay, intendant à Caen. | de Launay, intendant *de* Caen. |
| P. 450. ont été dupes. | ont été *duppés* (*sic*). |
| Ils espèrent du soulagement. | Ils espèrent *tout* soulagement. |

| | |
|---|---|
| se réuniront aujourd'hui dimanche et en communauté. | se *réunissent*, aujourd'hui dimanche *8*, en communauté. |
| pour faire nommer. | *par* faire nommer. |
| à la pluralité des suffrages, les sieurs (*le nom resté en blanc*). | à la pluralité des suffrages, les sieurs *Jacques MARION et J.-B. FRIMOT* [1]. |
| fit lecture des plaintes, par ledit sieur le bailli. | fit lecture *ensuite* des plaintes par *mondit* sieur le bailli. |
| aucune observation, quelque judicieuse qu'elle fût, et quoique faite.., | *aucunes observations*, quelque *judicieuses* qu'elles *fussent* et quoique *faites*... |
| C'est pourquoi ladite communauté. | *Pourquoi* ladite communauté. |
| procéder à la juste rédaction des doléances. | procéder à la rédaction des *justes* doléances. |
| P. 451. aucun transport de leurs denrées. | *aucuns transports* de leurs denrées. |
| se procurer aucun engrais. | se procurer aucun engrais *pour compoter les terres*. |
| sur sa côte. | *dans* sa côte. |
| nécessaire, et cet impôt. | nécessaire ; cet impôt. |
| ne peuvent chasser ni épouvanter. | ne peuvent *ni* chasser ni épouvanter. |
| pendant cinq ou six jours. | pendant cinq *à* six jours. |
| P. 452. les tirages de la milice. | les tirages *des* milices. |
| exempts de tirage. | exempts *du* tirage. |
| de tout service dû au roi. | de *tous services dus* au roi. |
| manque de travailleurs et de bras. | *manquent* de *travaillants* (*sic*) et de bras. |
| pour soulager les pauvres. | pour *solliciter* les pauvres. |
| leurs intérêts particuliers. | *leur intérêt particulier*. |

[1] Cf. le procès-verbal d'assemblée (au tome II, p. 451); une faute d'impression nous a fait écrire FRÉMONT au lieu de FRIMOT.

## II. Bailliage secondaire de Saint-Lô.

---

1. Extraits de la correspondance du lieutenant général de Saint-Lô,
sur les opérations électorales de son bailliage.
( affaire Vieillard de Boismartin. )

---

a. *Lettre du lieutenant général de Robillard au Garde des Sceaux,
du 18 février 1789.*

(Ms., Arch. nat., Ba 35, l. 70, dossier 10°, pièce non cotée, 8 pages in-4°.
Transcription dans Arch. nat., Biii/54, p. 253. Original signé. *Inédit.*)

« ..... Je prévois, Monseigneur, que dans l'assemblée élémentaire du tiers état de la ville de Saint-Lô, que j'ai fixée au 27 de
ce mois, il s'élevera une contestation sur laquelle je serai obligé
de prononcer, et je désire avoir votre décision, pour déterminer la
mienne. Voici le fait :

Un sieur Vieillard de Boismartin[1], avocat au Parlement de
Rouen, y ayant toujours exercé sa fonction, a pris femme à Saint-
Lô il y a environ dix ans. Et cette femme possède dans mon ressort
des revenus assez considérables, indivisément avec sa sœur. Il y a
des biens situés dans la ville de Saint-Lô, et il y en a de situés en
campagne. Ces revenus se montent à environ 6,000 livres, et cela
fait un objet important en province. Le sieur Vieillard de Boismartin, domicilié à Rouen, est imposé au rôle de la capitation des
avocats du Parlement de Rouen[2]. Il est seulement vrai que les
biens de sa femme sont compris au rôle des vingtièmes de l'élection de Saint-Lô[3].

Le sieur Vieillard de Boismartin, depuis la publication des lois
du 8 de mai dernier, s'est absenté de Rouen; sa femme et ses enfants
sont venus chez sa sœur, qui habite toujours la ville de Saint-Lô,
et le mari est allé à Paris pendant environ huit mois, et depuis

[1] Vieillard de Boismartin (Antoine),
ainsi nommé pour le distinguer de deux
homonymes appartenant aussi à la ville
de Saint-Lô, Vieillard père et Vieillard
fils, était originaire de Saint-Lô, où il
était né en 1767. On consultera, pour
sa biographie, ce que nous avons noté
*suprà*, p. 73, note 3, et aussi Lebreton,
*Biographie normande*, t. III (1861),
q. 556.

[2] Aucune mention du nom de Vieillard de Boismartin n'a pu être retrouvée
sur le *Rôle de capitation privilégiée de
1789* de la ville de Rouen. (*Communication de M. l'archiviste de la Seine-Infé-
rieure.*)

[3] Le *Rôle des vingtièmes* de la ville
de Saint-Lô n'a pu être retrouvé, ni aux
Archives de la Manche, ni à celles du
Calvados.

deux à trois mois il est dans cette ville. Il n'y est pas à perpétuelle demeure; il a conservé sa maison meublée à Rouen.

Le sieur Vieillard se propose de se présenter à l'assemblée du tiers état de la ville de Saint-Lô; il annonce même qu'il serait flatté d'être député à l'assemblée générale du bailliage principal, et on le soupçonne de faire des démarches pour être ensuite député aux États généraux.

Quelques membres du tiers état, qui pensent que le sieur Vieillard de Boismartin ne convient pas pour une pareille fonction, mais qui craignent que par l'effet d'alliances et de relations d'état il obtienne ce qu'il paraît désirer, se proposent de réclamer contre sa présence à l'assemblée du tiers état de mon bailliage, et d'y soutenir que le sieur Vieillard de Boismartin, n'étant ni domicilié à Saint-Lô, ni compris au rôle de capitation, ne doit point être admis à l'assemblée qui se tiendra devant moi, sauf au sieur Vieillard de Boismartin à se présenter à celle du tiers état de la ville de Rouen...

... J'ai du penchant à croire que l'article 25 du Règlement[1] exclut le sieur Vieillard de Boismartin de l'assemblée du tiers état de la ville de Saint-Lô, parce qu'il n'y est pas *domicilié*.

La résidence qu'il y fait actuellement n'est qu'une résidence *momentanée*. C'est là la seule raison qui me paraisse décisive; car, pour le *rôle des impositions*, j'ignore de quel *rôle* le roi a voulu parler; j'ignore si c'est de celui des vingtièmes ou de celui de la capitation. Dans le premier cas, le sieur Vieillard de Boismartin ne serait pas exclu, si d'ailleurs il avait le domicile. Et dans le second cas, ce serait un motif d'exclusion à ajouter au premier.

Je ne dois pas vous dissimuler, Monseigneur, que ce qui fait craindre à quelques personnes que le choix ne tombe sur le sieur Vieillard de Boismartin n'est pas pour obtenir par préférence à lui la députation. Il m'a paru que la pétulance et le caractère ardent du sieur Vieillard de Boismartin suggèrent cette crainte plus que tout autre motif. Je serais flatté d'avoir votre décision. Elle peut me parvenir le 26, si vos occupations vous permettent de vous occuper de cet objet. Votre décision, Mgr, terminera toute discussion bien plus promptement que l'ordonnance que je rendrais. Les

---

[1] Le *Règlement du 24 janvier 1789*, art. 25, disposait : «Les paroisses et communautés, les bourgs ainsi que les villes non comprises dans l'état annexé au présent règlement s'assembleront dans le lieu ordinaire... A laquelle assemblée auront droit d'assister tous les habitants composant le tiers état, nés français ou naturalisés, *domiciliés ou compris au rôle des impositions*, etc...» (texte dans A. Brette, *Documents*, I, n° XXVIII^A, p. 76).

parties acquiesceront aussitôt que je leur aurai donné lecture de votre réponse. Je suis, etc.. . .

ROBILLARD.

b. *Minute de réponse du Directeur général des Finances à la lettre précédente, en date du 9 mars.*

(Arch. net., Ba 35, l. 70, dossier 10°, et par transcription dans B111/54, p. 268. Minute non signée. *Inédit.*)

Nota. La lettre précédente du lieutenant général est accompagnée, dans la liasse des Archives nationales, d'une note non signée et non datée, par laquelle le Garde des Sceaux transmet à la Direction générale des Finances le point litigieux exposé par M. de Robillard. A la suite, vient un brouillon également non signé, mais daté du 9 mars, qui paraît être la minute de la réponse de Necker, ainsi conçue :

«Saint-Lô, Coutances. — Lieutenant-général de Saint-Lô. — Necker.

«M., j'ai reçu la lettre que vous m'avez adressée et j'ai donné une attention particulière aux détails dans lesquels vous entrez relativement au sieur Vieillard de Boismartin. Quels que soient les motifs qui ont déterminé cet avocat à quitter le siège ordinaire de ses affaires et de son état pour se rendre à Saint-Lô, quelques raisons que l'on pût avoir de ne pas désirer qu'il réunisse les suffrages pour la députation au bailliage principal, ces considérations personnelles et particulières doivent céder à l'autorité du principe général; il veut que le sieur Vieillard, n'étant pas domicilié à Saint-Lô, ne puisse être convoqué ni assister à cette assemblée, mais qu'il puisse être élu député; la liberté des suffrages ne souffre pas d'exceptions. Je suis, etc..... [1]».

(*Non signé.*)

[1] La décision du D. G. d. F. fait très régulièrement application du principe de la *liberté des suffrages* que le gouvernement royal avait à toute occasion proclamée. Une Commission spéciale avait d'ailleurs été instituée par arrêt du Conseil du 4 janvier 1789, pour trancher les difficultés naissant de la convocation, et c'est à elle régulièrement que devait être portée la question posée par M. de Robillard. Voir A. BRETTE, *Documents*, I, n° XIV, p. 38, et *Lettre de Barentin*, du 27 avril, citée Ibid., p. LX.

Les craintes du lieutenant général de Saint-Lô furent d'ailleurs vaines. Le sieur Vieillard de Boismartin fut bien, quoique non domicilié, élu député par la ville de Saint-Lô (*Procès-verbal de la ville de Saint-Lô, supra*, p. 15). Mais à l'assemblée du bailliage secondaire, il ne réussit même point à faire partie de la députation réduite au quart, qui devait rédiger le cahier et se rendre à l'assemblée générale de Coutances (*Procès-verbal de l'assemblée préliminaire de Saint-Lô, supra*, p. 77). Ce fut son homonyme, Vieillard fils, qui fut choisi comme

c. *Extrait d'une lettre du lieutenant général de Robillard*
*au Garde des Sceaux, du 27 février 1789.*

(Ms. Arch. nat., B a 35, i. 70 = B 111/54, p. 259. Original signé. *Inédit*.)

Mgr, ... le tiers état de cette ville s'est assemblé aujourd'hui
devant moi, et m'a demandé d'être autorisé à nommer six commissaires pour la rédaction du projet des cahiers de doléances,
demandes et remontrances. J'ai accordé ce préalable, etc. ...

L'assemblée m'a chargé, Mgr, de vous transmettre une
observation qui m'a paru digne de fixer l'attention de S. M., puisqu'elle ne tend qu'à remplir plus parfaitement les vues que le roi
se propose.

Le désir de S. M. est que les assemblées choisissent pour députés
aux États généraux les personnes les plus dignes de leur confiance.
Si avant de procéder à ce choix, l'assemblée générale des trois
États n'est pas autorisée de fixer leurs traitements[1], il en résultera
que ce choix pouvant tomber sur des personnes qui, soit à raison
de la médiocrité de leur fortune, soit à raison du tort qu'elles
éprouveraient dans leurs états, refuseraient d'accepter la députation, on sera obligé de se reployer sur des personnes fortunées[2],
mais qui pourraient être moins propres à correspondre aux vues de
S. M., comme à la confiance des électeurs.

D'un autre côté, en offrant un traitement après coup aux
députés élus, on craindra d'offenser leur amour-propre, tandis
que si leur traitement est déterminé avant l'élection, personne
n'aura droit de se plaindre.

L'assemblée du tiers état de ce bailliage désirerait donc que, pour
éviter ce double inconvénient, celle des trois États, qui se tiendra
à Coutances le 16 du mois prochain, fût autorisée par le roi de
fixer le traitement de ses députés, soit par les trois ordres en

---

membre du quart réduit et qui parvint
plus tard à la députation aux États
généraux. Voir *suprà*, p. 15, note 1;
p. 73, note 3; p. 538, note 2 et p. 565,
note 3.

[1] La question de l'indemnité à
accorder aux députés envoyés aux États
généraux est assez souvent posée dans
les cahiers. Voir cahier du bailliage
secondaire de Valognes, art. 46 (au
tome II, p. 779); cahier du bailliage
secondaire de Mortain, chap. IX (*suprà*,
p. 290). A Mortain, l'assemblée pré-

liminaire avait même demandé la levée
«sur le général de l'élection» d'une
somme suffisante pour indemniser tous
les députés nommés des frais et dépenses de leur séjour et voyage. Voir
*Procès-verbal de l'assemblée préliminaire*
*du bailliage secondaire de Mortain* (*suprà*, p. 268 et la *note*).

[2] Le lieutenant général fait probablement allusion encore au sieur Vieillard de Boismartin, qui passait pour
riche, et contre lequel il paraît avoir eu
une animosité personnelle.

commun, s'ils se réunissent pour les nommer en commun, soit par chaque ordre en particulier, si l'élection se fait de cette manière, pour être ce traitement payé de la manière qui sera jugée convenable[1]. Je suis avec respect, etc... .

ROBILLARD.

---

### 2. Particularités de rédaction des cahiers de la ville et du bailliage de Saint-Lô.

*a.* Extrait d'un *Discours prononcé, à l'assemblée du 6 mars,* par M. Le Menuet[2], *l'un des commissaires du tiers état de la ville de Saint-Lô, avant la lecture du projet de cahier.*

(Impr., dans *Procès-verbal de l'assemblée du tiers état du bailliage de Saint-Lô,* s. l. 1789, in 16, p. 32 à 37.
Exemplaire consulté, Arch. nat., C 18, l. 62. Transcription dans : Arch. nat., Bııı/54, p. 300.
Éd. HIPPEAU, *Cahiers,* II, p. 75.)[3]

MM., Les commissaires que vous avez nommés par votre délibération du 27 février dernier, pour rédiger le projet de vos cahiers de remontrances, plaintes et doléances, se sont empressés de répondre à la confiance dont vous les avez honorés; il va vous être donné lecture de ce projet, pour que vous indiquiez les retranchements ou les modifications que vous croirez nécessaires, ou les omissions que vous pourrez remarquer.

Outre la connaissance que quelques-uns d'entre vous peuvent avoir déjà prise de ce projet, vos commissaires estiment qu'il doit en être d'abord fait *une lecture entière,* pour vous mettre plus à

[1] Une note manuscrite, non datée ni signée, qui est jointe à la lettre ci-dessus, indique le sens de la réponse qui dut être faite par le Garde des Sceaux, à la lettre de M. de Robillard, «Ce seront les États généraux, y est-il écrit, qui statueront dans leur assemblée sur le traitement des députés des provinces.» (Arch. nat., Bıı 35, l. 70.)

[2] Sur LEMENUET DE LA JUGANNIÈRE, voir la note sous le *Procès-verbal de l'assemblée préliminaire de Saint-Lô* (*suprà*, p. 73, note 2).

[3] Le discours de M. Lemenuet, qui ne se trouvait vraisemblablement pas dans le procès-verbal original de la ville de Saint-Lô, a été inséré dans le texte du procès-verbal imprimé, en suite d'une décision expresse de l'assemblée préliminaire du bailliage, dans sa séance du 10 mars 1789, de même que celui qui fut prononcé par le lieutenant général à la clôture de l'assemblée (texte *suprà,* p. 78). Nous avons cru pouvoir nous dispenser de le reproduire dans le texte du *Procès-verbal;* toutefois, il contient certaines indications pouvant servir à comprendre le procédé de rédaction assez singulier des rédacteurs du cahier de Saint-Lô. C'est pour cela que nous en avons extrait les passages les plus essentiels.

portée d'en saisir l'ensemble, après quoi chaque article en sera repris séparément, pour recevoir vos observations.

Mais, avant tout, permettez-nous de vous exposer le point de vue sous lequel nous avons considéré le travail dont vous nous avez chargés.

(L'orateur rappelle que, — après que depuis bientôt deux siècles la Nation «eût été privée du précieux avantage de concourir avec son roi à l'administration du royaume», un Roi «qui a daigné se qualifier lui-même du titre d'ami du peuple» a voulu «restituer à la Nation la plénitude de ses privilèges et de ses droits». Il rappelle l'émotion qui a pénétré tous les cœurs, lorsque lecture fut donnée, dans la première assemblée, des Lettres de convocation et du Règlement qui les accompagne, etc... Dans une circonstance aussi importante, les commissaires chargés de la rédaction des vœux du bailliage ont pensé que «on ne devait pas s'attacher à de minutieux objets de détail». Ils se sont par suite préoccupés de «jeter les fondements d'une bonne et solide constitution», en dissipant toutefois les préventions que «de malheureux ferments de discorde» ont pu semer entre les ordres. — Relativement à la rédaction matérielle du cahier, il ajoute :)

Cette tâche pénible eût été difficilement remplie par vos commissaires, s'ils n'avaient pas trouvé une grande ressource dans un essai de ce genre publié par la principale cité de la province[1]; ils n'ont pour ainsi dire eu que la peine de s'y conformer, en y ajoutant les articles qui leur ont paru d'une importance à peu près pareille. Heureux vos commissaires, MM., si vous jugez leur travail digne de votre approbation, etc....

---

## III. Bailliage secondaire de Tinchebray.

### I. Extraits des *Mémoires remis en 1788 à l'Assemblée provinciale de Basse-Normandie par les communautés de paroisses du ressort de Tinchebray.*

Nota. La disparition presque complète des cahiers du ressort de Tinchebray, comme d'autres ressorts voisins, donne un intérêt tout particulier aux *Mémoires* qui furent dressés en 1788, dans les paroisses des généralités de Caen et d'Alençon, pour répondre à un questionnaire détaillé

[1] Il s'agit, comme nous l'avons déjà observé, de la *Suite de l'Avis aux Bons Normands*, ou plutôt de l'*Essai d'un cahier de pouvoirs et instructions*, qui a été imprimé quelquefois en même temps que la *Suite de l'Avis*. Voir la note sous le cahier de la ville de Saint-Lô, au préambule (*suprà*, p. 18, note a).

qui leur avait été adressé par les Commissions intermédiaires de Basse et de Moyenne-Normandie. Ces pièces, dressées en vue de la réforme des impositions, donnent pour chaque paroisse d'abord, et de la façon la plus précise, le chiffre des différents impôts directs, le nombre des taillables, celui des exploitants et des simples fermiers, la liste enfin des privilégiés. Mais en outre, dans la plupart des cas, les rédacteurs ont ajouté, sous la rubrique *Observations*, de véritables doléances, différentes naturellement, dans la forme, des cahiers de 1789, mais peut-être plus précieuses encore par les renseignements d'ordre économique qu'elles contiennent. Elles apparaissent tout particulièrement intéressantes lorsque, — comme c'est le cas pour certaines paroisses du ressort de Tinchebray, — nous possédons à la fois le *Mémoire* de 1788 et le *Cahier* de 1789. Il ne nous paraît pas douteux que les *Mémoires* n'aient souvent guidé, inspiré même dans la forme, les rédacteurs des *Cahiers* de l'année suivante.

Les Archives du Calvados ont conservé dix *Mémoires* de 1788 pour les paroisses du bailliage de Tinchebray qui appartenaient à la généralité de Caen. Huit appartiennent à l'élection ou département de Vire, savoir, ceux de : Aunay, Beauquay, Bernières-le-Patry, Coulvain, Maisoncelles-la-Jourdan, Proucy, Rully et Truttemer. Deux autres, ceux d'Espins et de Moutiers, sont du ressort du département de Caen. Les pièces sont cotées, aux Archives du Calvados, C 7817 à C 8087, et elles ont été en partie analysées par M. A. BÉNET, archiviste honoraire, dans un inventaire autographié du fonds de la *Commission intermédiaire de Basse-Normandie*, rédigé en 1894, Caen, 63 pages, in-4°. Un nombre plus considérable de mémoires intéressant le bailliage de Tinchebray devait se trouver dans une liasse de 23 *États*, remis à la date du 9 septembre 1790, par le bureau intermédiaire du département de Vire, au district de Domfront. Ces pièces, relatives aux paroisses du département de Vire passées au département de l'Orne, n'ont malheureusement pu être retrouvées aux Archives de ce département. Voir A. BÉNET, *loc. cit.*, p. 63.

A titre d'exemple, nous donnons le texte du *Mémoire* de la paroisse d'Aunay, dont le cahier est perdu, et celui de la paroisse d'Espins, dont nous avons publié d'autre part le cahier.

a. MÉMOIRE DU BOURG ET PAROISSE D'AUNAY-SUR-ODON.[1]

(Ms., Arch. Calvados, C 8046, une pièce de 16 pages in-folio. Original signé. *Inédit*.)

---

*État de la paroisse d'Aunay en 1788, département de Vire,*
*arrondissement d'Aunay, pays de quart-bouillon*[2].

IMPOSITIONS. — Principal de la taille, 4,835 l. 3 s.; accessoires, 2,925 l.

---

[1] Orthographié généralement, en 1789, *Aulnay*, département du Calvados, arrondissement de Vire, canton d'Aunay. La paroisse appartenait alors au bailliage secondaire de Tinchebray, généralité de Caen, élection de Vire et diocèse de Bayeux (*suprà*, p. 327 et 339). Le procès-verbal d'assemblée et le cahier de doléances n'ont pu être retrouvés.

[2] Le titre de la pièce est imprimé; on a rempli les blancs laissés pour le nom de la paroisse, du département et de

9 s. 6 d.; capitation, 2,338 livres; vingtièmes, 2,657 l. 11 s. 9 d.; impôt territorial, 243 l. 8 s. 6 d.; prestation en argent représentative de la de la corvée, ; bâtiments de justice, 81 l. 8 s. 6 d. Total [1].

TAILLABLES. — [Suit la liste des taillables de la paroisse, dans un ordre, semble-t-il, arbitraire, avec l'indication de leur cote de taille, en principal. Ils sont répartis en 5 colonnes, sous les rubriques : noms des taillables, taille de propriété sans exploitation, taille de propriété avec exploitation, taille d'exploitation seulement, et taille d'industrie. Dans cette dernière colonne, on a indiqué en général les professions : laboureur, coutumier, meunier, artisan, fileur, etc... — Il y a en tout 330 cotes, dont la plus forte est celle de «Pierre Mathan et ses fils», qualifiés *laboureurs*, qui paient pour la taille de propriété, 38 l. 10 s., et pour la taille d'exploitation, 419 l. 9 s. 3 d.]

PRIVILÉGIÉS. — Monseigneur le duc de Faulx, demeurant à Paris. Les sieurs abbé, prieur et religieux, le sieur abbé demeurant à Vienne en Dauphiné [2].

TAXÉS D'OFFICE. — Les sieurs héritiers de Jacques BUET, cavalier de maréchaussée et directeur de la poste, taxé d'office, 5 livres; le sieur Charles LEPLAY, cavalier de maréchaussée, 10 livres [3].

l'arrondissement, et on a dû biffer en même temps sur l'imprimé les mots : pays de *grande gabelle*, pour les remplacer par *quart-bouillon*.

Le type uniforme des *États* paroissiaux avait été arrêté par la Commission intermédiaire de Basse-Normandie, dans son *Instruction du 19 avril 1788* (anal. par A. BÉNET, *loc. cit.*, p. 61).

[1] Le chiffre de la corvée et le total des impositions sont restés en blanc dans le manuscrit. La paroisse payait en 1788, avec Beauquay, un chiffre de corvée de 1,449 l. 17 s. 2 d., ce qui fait pour le total des impositions une somme de 14,530 l. 8 s. 5 d. (Arch. Calvados, C 8272.)

Les rôles conservés aux Archives du Calvados pour 1789 donnent des chiffres assez sensiblement divergents de ceux portés au texte. Taille 4,390 livres; accessoires, 2,881 livres; capitation, 2,794 livres; corvée, 1,449 l. 17 s. 2 d.; vingtièmes 2,976 l. 14 s. 2 d.; territorial, 294 livres; bâtiments, 95 livres (Arch. Calvados, C 4511, 5964, 8272, etc.).

[2] Sur l'abbaye d'Aunay et sa situa-

tion en 1789, voir *suprà*, p. 296, texte et notes 2 et 5. L'abbé commendataire en 1789, M. Aimé-François de Corbeau de Saint-Albin, doyen du chapitre métropolitain et vicaire général du diocèse de Vienne, qui était titulaire depuis 1781, résidait effectivement à Vienne, et fut élu député du clergé pour la province de Dauphiné. Voir A. BRETTE, *Les Constituants*, p. 182, n° 4. Dans une lettre en date du 21 septembre 1790, adressée aux administrateurs du district de Vire, il déclare que ses biens d'Aunay sont affermés au sieur Th.-Fr. Le Pelletier, par acte notarié, au prix de 23,500 livres, avec la charge des impositions et portions congrues (Arch. Calvados, Lv, n. cl.). On voudra bien rectifier en ce sens le chiffre trop faible que nous avions donné pour ses revenus, d'après l'*Almanach royal*.

[3] Le *Rôle des taxes d'office de l'élection de Vire pour 1789* donne des chiffres légèrement différents : 6 livres pour les héritiers de J.-J. BUET, directeur de la poste aux lettres; 6 livres aussi pour LE PLAY, cavalier de la maréchaussée (Arch. Calvados, C 4511).

*Observations générales* [1].

Auxquelles ont prié la semblée (*sic*) égard :

1° Il n'y a pas d'année que le colecteur de chacun [2] ne soit en perte de 300 livres; la majeure partie des habitant est d'une classe de pauvres;

2° La partie de comerce qu'il s'y fait est sujet autant de perte que de gain, que c'est à faire subsister la moitié des individus qui conpose la paroisse;

[3°] Le sol de la grande partie n'est pas de bonne qualité; elle est exposé aux inondation, étant dans un valon où les eaux descendant de toutes part, et le peu de déboucher que l'endroit en exige tant considérables pour l'exploitation des grains qu'on y aporte de toutte part avec difficulté [3].

Ce que nous [testons] [4] véritables, en tout son contenu. Aunay, ce 18 juillet 1788.

J.-F. Hue, sindic; Martin; R. Martin; L. Jean; P. Grelley; A. Postel; G. Grelley; P. Lapersonne; L. Lambert; F. Rivière; Andes, greffier; F. Got.

---

[1] La Commission intermédiaire avait demandé, dans l'*Instruction* précitée, de joindre aux *États* toutes *Observations* utiles.

Nous avons cru utile de respecter l'orthographe et le style de cette courte pièce, qui peut être considérée comme un bon spécimen des *Mémoires de 1788*.

[2] Il faut vraisemblablement ici suppléer le mot *impôt*.

[3] Le *Mémoire statistique* de l'élection de Vire, dressé en 1727 par les soins de l'intendant, porte, dans sa rédaction extrêmement concise : « Aunay et Beauqué, 4,834 l., *Médiocre* » (Arch. Calvados, C 290). Il n'y a aucun renseignement particulier dans les mémoires de 1731 et de 1764 (*Ibid.*, C 291-292).

Biens ecclésiastiques. — Nous n'avons point l'*État des biens nationaux de première origine*, dressé en 1790 pour la paroisse de Saint-Samson-d'Aunay. À la date du 11 germinal an 11, un *État* des biens appartenant à la fabrique ne relève, avec le presbytère, que la cour et l'enclos et deux petites pièces de terre, le tout tenant un peu plus de 5 vergées (Arch. Calvados, Q⁵ n. cl.).

La *Déclaration de 1790* n'est pas non plus retrouvée, mais un *Résumé des déclarations ecclésiastiques pour le district de Caen*, dressé à la même date, accuse pour la cure un revenu brut de 3,643 livres, charges à déduire d'un vicaire, les décimes, les réparations et l'exploitation (*Ibid.*, Lv., n. cl.).

En 1787, les contrôleurs des vingtièmes évaluaient à 17,457 livres le revenu des biens du clergé dans la paroisse. Ceux de la communauté de Beauquay montaient de leur côté à 1,980 livres (Arch. Calvados, C 6519).

[4] Le mot est à peu près illisible dans le manuscrit.

## b. Mémoire de la paroisse d'Espins [1].

(Ms., Arch. Calvados, C 7887, une pièce de 4 pages in-f°. Original signé. *Inédit*.)

*État de la paroisse d'Espins en 1788, département de Caen, arrondissement de      , pays de gabelle [2].*

Impositions. — Principal de la taille, 278 l. 15 s.; impositions accessoires de la taille, 181 livres; capitation, 177 livres; vingtième, 383 l. 4 s. 3 d.; impôt territorial, 52 livres; prestation en argent représentative de la corvée, 108 l. 10 s.; bâtiments de justice, 17 livres. Total ; 1,197 l. 9 s. 3 d. [3].

Taillables. — [Suit la liste des taillables, avec l'indication de leur cote de taille, répartis en 5 colonnes, comme dans le tableau précédent. Ils sont au nombre de 72 pour la paroisse, dont le plus grand nombre est porté à la colonne des «propriétaires avec exploitation.» La plus forte cote est celle de Pierre du Vitray, qui paie, pour la taille d'exploitation seulement, 78 livres; ensuite, celle de François Donnet, qui paie 40 l. 2 s. de taille de «propriété avec exploitation».

Privilégiés. — Bernard-Antoine de Beaudouin, seigneur d'Espins; Jacques Le Marchand, curé de la paroisse d'Espins; Pierre-Guillaume-César de Beaudouin; Pierre-Charles-Antoine Beaudouin. Tous sont portés «demeurant paroisse des Pins» [4].

Noms des taxés d'office. — Néant.

### Observation générale [5].

'Que la paroisse d'Espins est d'un terrin aquatique, placée en plusieurs coteaux très difficille à cultiver [6], et qui est sujette à être

[1] Département du Calvados, arrondissement de Falaise, canton de Thury-Harcourt. En 1789, la paroisse appartenait à la généralité de Caen, élection de Caen; elle était de grande gabelle et relevait de l'évêché de Bayeux. Pour la justice et pour la convocation des États généraux, elle était *mixte* entre les bailliages secondaires de Tinchebray et de Falaise.

[2] La pièce est une formule imprimée, dont les blancs ont été remplis, sauf pour le nom de l'*arrondissement*. L'arrondissement dont la paroisse dépendait est celui de Caen.

[3] Les rôles originaux d'imposition fournissent des chiffres très sensiblement différents, pour la taille et ses accessoires. Voir *suprà*, p. 319, note 2.

[4] Pour l'appréciation de la valeur des biens des privilégiés, voir ce que nous avons noté sous le cahier de doléances, art. 2 (*suprà*, p. 319, n. 2) et art. 9 (*suprà*, p. 321, n. 1).

[5] Nous avons cru utile de conserver à cette courte pièce son orthographe. On comparera utilement le cahier de doléances, reproduit *suprà*, p. 318.

[6] Le *Mémoire statistique* dressé en 1727 pour l'élection de Caen dit de même : «les Pins, 70 contribuables; seigneurs M. d'Espins Baudouin, les

entraînée par les orages, qui entraîne générallement la plus grande
parties le sol du terrin, et qu'on est obligé de remplacer à grands
fraix les dégradations qui ont été faite, et même que les habitans
de laditte paroisse sont submergé et obligé de déloger et de tirer
le peu de meuble qu'ils ont dans leurs maisons. Qu'au surplus la
plus grande partie du terrin de la paroisse est exposé à être
ravagés par les bêtes fauves qui sont dans la forest de Cinglais,
comme cerf, biches, cengliers et lapins [1], qui font un tort si considérables qu'ils sont obligés de passer leurs nuits à garder le peut
de grains et de fruit qu'ils peuvent récolter, ce qui leurs causent
une perte considérables.

 *Fait et arrêté le 20 juillet 1788, en présence de l'assemblée muni-
cipale.*

   BAUDOUIN DESPINS, seigneur de la paroisse; J. LE MAR-
   CHAND, curé d'Espins; le chevalier BAUDOUIN; Pierre
   DUVELLEREY; F. DONNEY; F. DONNET, syndic; P. DONNET,
   greffier.

    II. Extraits de *Déclarations de biens ecclésiastiques*
     *passées en 1790 et 1791*
  *dans les paroisses du ressort du bailliage de Tinchebray.*

 NOTA. Les *Déclarations* remises en 1790 et 1791, conformément aux
décrets de l'Assemblée nationale, par les titulaires des bénéfices ecclésiastiques, constituent un élément d'information des plus importants pour
apprécier la véracité de certaines doléances des cahiers, en matière de dîmes
par exemple, de réparations presbytérales ou de biens ecclésiastiques. Ces
Déclarations ont été très inégalement conservées pour les paroisses qui composaient le ressort du bailliage de Cotentin. Nous avons pu utiliser, assez
irrégulièrement d'ailleurs, pour l'annotation des cahiers des bailliages de
Coutances et de Valognes, les déclarations remises aux districts de Coutances
et de Cherbourg. Pour les autres districts, les déclarations manquent le
plus souvent; toutefois, pour le ressort de Tinchebray, des séries incomplètes
ont été conservées aux Archives du Calvados ( paroisses des districts de Caen
et de Vire) et aux Archives de l'Orne (paroisses du district de Domfront).

 A titre d'exemple, nous avons cru intéressant de donner les déclarations
du bénéfice-cure d'Espins, dont nous publions par ailleurs le cahier et

---

représentants de M. d'Espins au Poix,
M. du Moncel, les religieux du Val-
richer.. — Terrain médiocre en labour,
bien planté d'arbres à fruits, partie en
bois taillis et prés. » (Arch. Calvados,
C 277, f° 22.)

[1] On rapprochera utilement de ces
*Observations* l'article 10 du cahier de
doléances d'Espins. Le texte du cahier
de 89 paraît visiblement calqué, pour
cet article, sur les Observations de 1788
(*suprà*, p. 321 et note 2).

le *Mémoire de 1788*. On observera que les deux déclarations que nous possédons pour cette paroisse sont, comme il arrive le plus souvent, divergentes. La première, passée dans les premiers mois de 1790, et remise à la municipalité de la ville la plus proche, avait pour objet la détermination des biens ecclésiastiques, que l'Assemblée nationale venait de mettre à la disposition de la Nation; la seconde, qui est du milieu de 1791, et adressée à l'administration du district, avait pour but de servir à l'établissement de la pension ecclésiastique de l'ancien bénéficier. Le rapprochement de ces deux pièces inspirées par des préoccupations différentes ne manque point d'être instructif.

a. PREMIÈRE DÉCLARATION DE LE MARCHAND, CURÉ D'ESPINS [1],

AU MOIS DE MARS-AVRIL 1790.

(Arch. municipales de la ville de Caen, registre coté P2, fol. 113 r° et v°.
Registre imprimé in-folio, composé de formules dont les blancs ont été remplis [2].
Pièces non signées. *Inédit.*)

| | |
|---|---|
| PROVINCE DE *Normandie*. | DIOCÈSE DE *Bayeux*. |
| GÉNÉRALITÉ DE *Caen*. | PAROISSE *Despeins* [3]. |

DÉCLARATION que fournit *J. Le Marchand, curé*, comme titulaire du Bénéfice-Cure de la paroisse d'*Espeins*,

    âgé de        (4).

    dont est présentateur *M. l'abbé du Valricher* [5].

    collateur *M. l'évêque de Bayeux*.

    ledit bénéfice situé dans le diocèse de *Bayeux*,

    province de *Normandie*,

    gouvernement de *Normandie*,

    parlement de      (6),

    bailliage de *Caen*.

[1] On rapprochera de cette *Déclaration* le texte du cahier d'Espins (*supra*, p. 318 à 322) et le *Mémoire de 1788* ci-dessus (p. 587).

[2] Nous avons transcrit en italique toute la partie manuscrite de la pièce ci-dessus.

[3] *Sic*. Dans l'appel du *Procès-verbal de Tinchebray*, on a noté de même l'orthographe *les Pins* (*supra*, p. 339).

[4] Le blanc de l'imprimé n'a pas été rempli.

[5] L'abbaye du Valricher (*Vallis-Richeria*), de l'ordre de Cîteaux, était située dans la paroisse de Saint-Ouen-le-Pin (Calvados), près de Lisieux, mais relevait comme exemption du diocèse de Bayeux (A. DU MOUSTIER, *Neus-*

*tria pia*, p. 825). L'abbaye, en commende depuis 1693, avait, en 1789, pour abbé M. de Jaucourt, nommé en 1781. L'*Almanach royal* lui donne 3,500 livres seulement de revenus, mais la *Déclaration* passée le 13 octobre 1790 par le prieur J. Châtelain élève ce chiffre, pour les religieux, à 13,440 livres; dont 11,319 livres en fermages (Arch. Calvados, Q, n. cl.). Il y avait à ce moment à l'abbaye 6 religieux seulement. Voir G. DUPONT, *L'Abbaye du Val-Richer, étude historique*, Caen, 1866, in-8°, p. 265, 271.

[6] Le blanc de l'imprimé n'a pas été rempli. La paroisse relevait naturellement, comme toute la région, du Parlement de Rouen.

### Détail des biens et revenus dudit bénéfice,

Savoir :

Bâtimens, *un presbitère contenant* 100 *pieds de couverture en mauvaise réparation, sans aucunes chambres, estimé de revenu* 44 *livres* [1].

Clos (ou parc), *d'une demi-acre, estimé* 10 *livres.*

Jardins, *contenant* 12 *perches, est. à* 10 *livres.*

Terres labourables, 2 *acres et* 1/2 *vergée, en* 4 *pièces, est. à* 51 *livres.*

Pré, *une vergée* 1/2, *est. à* 40 *livres.*

Grosses et menues dîmes *anciennes, un tiers de la grosse et les menues est. à* 1150 *livres. M. l'abbé du Valricher jouit des deux autres tiers des grosses dîmes* [2].

Dîmes novales. *Elles sont estimées à* 80 *livres.*

Rentes actives, *une rente foncière de* 5 *livres et une poule, estimée* 15 *sols.*

Total du revenu annuel est de [1392 *l.* 15 *s.*] [3].

### Mesure locale, territoriale
#### pour les terres portées en la présente déclaration [4].

L'acre est de                    [5].

---

[1] Nous n'avons trouvé aucune trace de réparations, presbytérales ou autres, dans la paroisse d'Espins, depuis un *Arrêt du Conseil, du 3 juillet 1759,* autorisant la communauté d'Espins à s'imposer d'une somme de 1,100 livres, «pour réédification de la nef de l'église, refonte des cloches, et clôture du mur du cimetière» (Arch. Calvados, C 1392).

[2] Cf. la note sous le cahier de la paroisse d'Espins, art. 9, (*suprà*, p. 321, note 1). La *Déclaration* de l'abbé du Valricher, pour sa part de dîmes, n'a pas été retrouvée.

[3] L'addition des différents chapitres de l'actif est faite dans la marge de l'original.

[4] Cette seconde partie de la déclaration occupe, dans l'original le *verso* de la formule imprimée.

[5] Les blancs n'ont pas été remplis dans l'original. Les mesures locales de la paroisse d'Espins étaient les mêmes que dans le reste du bailliage, mais celles-ci étaient de valeur fort variable suivant les localités.

L'unité agraire en 1789, dans la région, était partout la *vergée*, qui correspondait, en mesure actuelle, à $0^{ha}$,20428; l'acre comprenait 4 vergées, correspondant par suite à $0^{ha}$8171; enfin la vergée se divisait en 40 perches de 24 *pieds* carrés, et le pied en général comprenait 12 *pouces* du pied de roi. Par exception, dans certains cantons du Cotentin, la perche usitée pour la mesure de la terre ne comprenait que la valeur de 11 pouces du pied de roi. Il s'ensuivait que la valeur de la vergée et de l'acre variait suivant les localités; dans le rapport de 144 à 131. «Si une terre de 600 vergées, dit un document officiel de l'an x,

La perche est de

Le pouce est de

Les charges et services spirituels sont *d'acquitter et recommander
aux prônes des messes paroissiales, pendant chaque mois de l'année,
70 messes qui sont pour obits et un libera, chanté à la fin de chaque et
un service de 6 prêtres le lendemain de la Saint-Pierre, avec nocturne, le
tout à la charge des terres, et faire 20 livres rente foncière.*

*Le curé est chargé de l'entretien des maisons attachées au bénéfice.*

Le nombre des paroissiens de ladite cure est de            [1].

L'étendue de la cure est de              [2].

### OBSERVATIONS ET CHARGES TEMPORELLES DUDIT BÉNÉFICE.

*Ladite paroisse d'Espins est une des plus pauvres du diocèse de
Bayeux. Le susdit abbé du Valricher possède dans ladite paroisse une
ferme considérable qui n'est pas dîmée* [3].

(*Non signé.*)

est à vendre dans un canton où le pied
de la perche n'est que de 11 pouces, il
en résulte que l'acquéreur étranger, qui
ne connaît pas cette mesure, qui a
compté acheter 600 vergées, selon celle
qui est généralement adoptée, n'en aura
acheté réellement que 504 un sixième. »
Voir *Tables de comparaison entre les
mesures anciennes du département de la
Manche et celles qui les remplacent dans
le nouveau système métrique, avec leur
explication et leur usage, publiées par
ordre du préfet du département en l'an x*
(dans *Annuaire de la Manche*, année
1835, p. 24 à 72).

La complexité et la variété des mesures locales apparaît très nettement
dans les *Déclarations* des curés du district de Caen, semblables à celles d'Espins et contenues dans le même registre.
Nous y voyons qu'à Creully par exemple
(f° 195), l'acre est de 160 perches, la
perche de 24 pieds et le pied de 12 pouces; à Émiéville au contraire (f° 111),
l'acre étant toujours de 160 perches ou
4 vergées à l'acre, et la perche de

24 pieds, le pied n'est plus que de
11 pouces. Enfin à Notre-Dame-de-
Feuguerolles (f° 115), le curé déclare
que l'acre est remplacée par l'arpent,
qui est de 7 perches, la perche étant
comptée pour 24 pieds et le pied pour
12 pouces (Arch. mun., Caen, reg. P2).

[1] En blanc dans l'original. Le *Procès-
verbal de l'assemblée préliminaire du bailliage de Falaise* donne à la paroisse 69
feux (Arch. Calvados, B, n. cl.), et le
*Dénombrement des habitants de l'élection
de Caen* accuse, en 1766, 223 habitants
(*ibid.*, C 177).

[2] En blanc encore dans l'original.
Les *Mémoires statistiques* de 1776 ne
donnent point l'étendue en vergées de la
paroisse (Arch. Calvados, C277). L'*Annuaire du Calvados* donne actuellement
à la commune une superficie de 449[ha]
42[a] 10[ca].

[3] Sur les biens ecclésiastiques de la
paroisse et leur importance, on consultera les notes sous le cahier de la paroisse d'Espins, art. 10 (*suprà*, p. 320
et 321, note 1).

b. Seconde déclaration du curé d'Espins,
en date du 13 juillet 1791.

(Ms., Arch. Calvados, L v, n. cl., double page in-folio. Original signé. *Inédit.*)

*Compte que rend le sieur Mallet, curé de la paroisse des Pins, à MM. les administrateurs du district de Falaise, du produit de son bénéfice pour l'année 1790.*

Recette. — Observe ledit sieur curé que le sieur Le Marchand, son prédécesseur, décéda le 4 avril 1790, et qu'il a pris possession de son bénéfice le 27 du même mois; que le 4 juillet suivant, les héritiers du feu sr curé se disposant à passer l'année par adjudication[1], il se présenta pour la réclamer en vertu des décrets de l'Assemblée nationale[2]. Et que, pour pour obvier aux difficultés, il fut arrêté que l'adjudication serait faite en commun, sauf les droits respectifs d'un chacun.

Ces difficultés ont été levées par MM. les administrateurs, qui ont décidé que l'année appartenait audit comptable, et que les héritiers du feu sieur curé lui rendraient compte, ce qui a été exécuté.

Il résulte de ce compte rendu et de l'acte d'adjudication qui est ci-joint que le produit du bénéfice, y compris la valeur de

[1] Suivant l'usage de la province ecclésiastique de Normandie, les fruits d'un bénéfice-cure, et tout particulièrement les dîmes, étaient acquis aux héritiers du curé décédé, lorsque celui-ci était vivant, dans le diocèse d'Evreux le dimanche de *Lætare*, et dans les autres diocèses de la province, le dimanche de *Pâques*. En 1790, le jour de Pâques était tombé le 4 avril; le curé Le Marchand était décédé précisément le 4 avril, ayant survécu par suite la bénédiction de l'eau, du feu et du cierge pascal, qui se faisait le samedi saint et commençait l'année liturgique. Les fruits du bénéfice devaient donc régulièrement revenir à ses héritiers, et le nouveau pourvu, le sieur Mallet, n'y avait point de droit. Les héritiers du curé décédé devaient d'ailleurs faire desservir à leurs frais le bénéfice, jusqu'à la fin de l'année courante. Voir Routier, *Pratique bénéficiale*, p. 183, et 186 à 188.

[2] Les dîmes ecclésiastiques avaient été, comme on sait, abolies en totalité par l'article 15 du *Décret du 4 août 1789;* mais, par mesure transitoire et jusqu'à la liquidation des pensions ecclésiastiques, l'Assemblée nationale avait décidé que les dîmes de toute espèce et les redevances en tenant lieu continueraient d'être perçues pendant l'année 1790 et pour les fruits excrus cette année. En conséquence de cette décision, des poursuites avaient été engagées de divers côtés contre les paroissiens récalcitrants qui, s'appuyant sur le décret du 4 août, refusaient de payer leurs dîmes. Voir *Décret concernant l'administration des biens ecclésiastiques à la disposition de la nation*, 14 et 20 avril-22 avril 1790, art. 3 et 4 (Duvergier, I, 151); *Décret concernant les dîmes*, 18-23 juin 1790 (*Ibid.*, I, 217), et *Décret contre les infracteurs du décret du 18 juin concernant les dîmes*, 13 et 15-18 juillet 1790 (*Ibid.*, I, 249).

cent *gluis*, a été porté à *890 livres*, laquelle somme jointe à celle de 5 livres pour la valeur de 13 fagots perçus du vivant dudit sieur curé, compose un total de 895 livres, qui est le produit entier de ladite année 1790, ci.................    895 livres.

DÉPENSE. — Le sieur curé demande qu'il lui soit alloué :.

1° La somme de 30 livres pour les fourni- tures de vin, luminaire et blanchissage du linge de l'église, ci......................    30 l.

2° [Impositions de l']année 1790, suivant la quittance ........................    183 l. 4 s. 3 d.

3° Acquit des fondations (6 pièces de terre et une rente de 115 sols et 1 poule), à déduire.    119 l. 10 s.

4° La ferme de *Foupendant*, dépendante de l'abbé du Valricher, doit pour assensement (*sic*) de dîme une rente de 50 l. en argent, 11 bois- seaux de froment, mesure du Bois-Halbout, est 55 livres, en tout 105 l., — dont le paiement a été refusé par le fermier..............    [105 l.]

TOTAL de la dépense.................    437 l. 14 s. 3 d.

Recette..............    895 l.
Dépense............    437 l. 14 s. 3 d.
Restent aux mains du comptable.    457 l. 5 s. 9 d.

Ledit sieur comptable supplie MM. les administrateurs de lui accorder pour le complément de ce traitement, ainsi que le second quartier de son traitement pour l'année 1791, entièrement échu le 1er juillet 1791.

Présenté à Falaise, ce 13 juillet 1791.

MALLET, curé des Pins.

A la suite, on lit :

*Nous, officiers municipaux, certifions le présent compte véritable en tout son contenu. Espins, ce 13 juillet 1791.*

BAUDOUIN; J. BONNET, *syndic*; J. LE ROY; RUAULT, *officiers*.

## IV. Principales mesures de capacité en usage en 1789, dans le bailliage de Cotentin[1].

### Tables du rapport des mesures dans les principaux marchés de chaque subdélégation, au setier de 12 boisseaux de Paris.

(Extrait d'un *Tableau des mesures de la Généralité de Caen*, coté Arch. Calvados, C 2767, pièce nᵉ 70. Pièce non datée ni signée, mais sûrement de la fin du xviiiᵉ siècle. *Inédit*[2].)

| PRINCIPAUX MARCHÉS. | MESURE PRINCI-PALE. | NATURE des GRAINS dont LE VOLUME est différent. | USAGE de MESU-RAGE. | CONTENANCE DE LA MESURE DU LIEU | | CONTENANCE DU SETIER de 12 BOISSEAUX de Paris en mesure du lieu. | RAPPORT de la MESURE DU LIEU aux 12 boisseaux de Paris. |
|---|---|---|---|---|---|---|---|
| | | | | en boisseaux de Paris et parties d'iceluy. | en setiers de Paris. | | |
| SAINT-LÔ..... { | Boisseau.. | Blé et autres grains. | " | 3 2/23 | 6/23 | 8 5/6 | 6/23 |
| | | Sarrazin... | " | 3 3/4 | 5/16 | 3 1/5 | 5/16 |
| | Razière... | Avoine.... | " | 5 5/7 | 10/21 | 2 1/10 | 10/21 |
| CARENTAN..... | Boisseau. | Froment... | Rase. | 2 42/75 | 16/75 | 4 11/16 | 16/75 |
| | | Orge et sar-razin. | Rase. | 2 58/67 | 16/67 | 4 3/16 | 16/67 |
| VALOGNES...... | Boisseau. | Avoine.... | Rase. | 2 2/5 | 1/5 | 5 | 1/5 |
| | | Tous les grains. | Rase. | 2 4/7 | 3/14 | 4 2/8 | 3/14 |
| COUTANCES.... { | Boisseau.. { | Blé et autres grains. | Rase. | 2 4/7 | 3/14 | 4 2/8 | 3/14 |
| | | Avoine.... | Comble. | 3 3/7 | 2/7 | 3 1/2 | 2/7 |
| VIRE......... { | Boisseau.. | Blé et autres grains. | " | 3 | 1/4 | 4 | 1/4 |
| | Razière .. | Avoine.... | " | 4 | 1/3 | 3 | 1/3 |
| AVRANCHES..... | Rateau.. | Tous les grains. | Rase. | 1 13/18 | 29/144 | 4 28/29 | 29/144 |
| MORTAIN...... { | Boisseau.. | Blé et autres grains. | Rase. | 2 1/2 | 5/24 | 4 3/4 | 5/24 |
| | Razière .. | Avoine.... | Rase. | 3 1/5 | 4/15 | 3 3/4 | 4/15 |

[1] Nous avons donné dans les deux précédents volumes le tableau des mesures usitées dans les ressorts du bailliage principal de Coutances (au tome Iᵉʳ, p. 799) et du bailliage secondaire de Valognes (au tome II, p. 799). Le présent tableau, quoique incomplet, permettra de compléter les notions les plus nécessaires pour les mesures des autres ressorts secondaires du Cotentin.

[2] Une note manuscrite, jointe à l'original ci-dessus, indique qu'il fut dressé en conséquence d'une *Déclaration du roi du 16 mai 1766*.

# DEUXIÈME PARTIE.

## PIÈCES RELATIVES À L'ASSEMBLÉE GÉNÉRALE DES TROIS ORDRES, TENUE À COUTANCES.

---

### I. Population du bailliage de Cotentin en 1789.

---

*a.* Extrait d'un *État* manuscrit, sans titre, conservé aux Arch. nat.,
B à 58, l. 144, dossier 6°, pièce cotée 60°.
Une pièce de deux pages in-fol., non signée, ni datée.
Éd. : Hippeau, *Élections*, p. 36 [1].

Au folio 1, recto, on lit :

### Pour Normandie.

*Bailliage de Cotentin.*

| | |
|---|---:|
| Coutances...................... | 87,308 [2] |
| Avranches................... | 60,398 |
| A reporter....... | 147,706 |

[1] L'*État* en question fut vraisemblablement dressé en 1788, pour servir à la détermination du nombre de députations à attribuer à chacune des circonscriptions de bailliage ou de sénéchaussée dans la convocation des prochains États généraux. Voir A. Brette, *Documents*, t. I^er, Introduction, p. XIV et p. XVII.

La valeur documentaire des chiffres contenus dans l'*État* est fort variable, et dépend naturellement de celle même des sources utilisées par l'administration royale. En Normandie, et plus spécialement en Cotentin, les chiffres de l'*État* paraissent avoir été déterminés d'une façon factice, en partant des *États du mouvement de la population*, dressés depuis 1784 chaque année par paroisses et par bailliages, et dont les originaux pour 1787 sont conservés aux Arch. nat., D iv *bis* 44. Suivant un procédé qui, ainsi que l'a observé A. Brette, avait été indiqué par Buffon, on multipliait simplement par 26 le chiffre des naissances, pour fixer la population. La formation factice du tableau ci-dessus serait au besoin dénoncée par ce fait que tous les nombres qui y figurent se terminent uniformément par 4, 6 ou 8.

On rapprochera utilement les *États de feux* dressés par les lieutenants généraux dans les assemblées préliminaires, et que nous avons mentionnés dans les notices placées en tête de chacun des différents ressorts. Voir par exemple, pour le bailliage principal de Coutances, au tome I^er, p. 83 et la note.

[2] L'édition d'Hippeau donne à tort le chiffre de 37,308 au lieu de 87,308 habitants. — Les mêmes chiffres que ceux du tableau ci-dessus se retrouvent dans un autre État intitulé *Population des*

| | |
|---|---|
| A reporter................. | 147,706 |
| Carentan.................. | 23,378 |
| Cérence.................. | 4,888 |
| Mortain..:............... | 55,224 |
| Saint-Lô................. | 20,904 |
| Saint-Sauveur-Lendelin......... | 24,674 |
| Saint-Sauveur-le-Vicomte........ | 24,076 |
| Valognes................. | 73,736 |
| | 374,586 |

b. Extrait de l'*État de population divisé par villes du royaume de France*[1].

(Ms., Arch. nat., D IV *bis* 47, dossier 2°. État sur trois colonnes,
30 pages in-folio, dont 27 seulement sont remplies, non signé ni daté. *Inédit.*)

NOTA. L'*État* est dressé par ordre alphabétique (approximatif) de localités, avec, dans une deuxième colonne, l'indication de la généralité à laquelle chacune d'elles appartient. Un premier état, incomplet, conservé dans la même liasse, s'arrête à la fin de la lettre N, avec la ville de *Nuits*. Il y a en outre deux suppléments, le premier de huit pages, le second de quatre, où des localités d'abord omises ont été portées. — En réunissant ces différentes pièces, nous avons relevé seulement, pour le bailliage de Cotentin, les villes et bourgs que voici :

*douze anciens gouvernements divisés par juridictions* (même liasse, pièce cotée n° 4, 30 pages in-fol.). A la page 5, se trouve l'État pour la Normandie et le bailliage de Cotentin. On observera seulement que Cérences y est réuni à Saint-Sauveur-Lendelin, et que les deux ressorts sont portés ensemble pour 29,562 habitants.

[1] Ce second *État* semble avoir été dressé pour servir à déterminer les localités qui, conformément à la règle posée dans les art. 26 et 27 du *Règlement du 24 janvier 1789*, devaient envoyer plus de quatre députés aux assemblées préliminaires des bailliages principal et secondaires.

La valeur des chiffres ainsi produits est très discutable le plus souvent. La source commune est ici encore vraisemblablement dans les *États de mouvement de la population*, dressés par paroisses et bailliages, et par paroisses et élections, depuis 1783 (Arch. Calvados, C 152 à 174). Mais les rédacteurs ont dû aussi, pour un certain nombre de localités, utiliser des recensements directs faits par les soins de l'intendance, soit dans certaines villes importantes, soit même dans l'ensemble des élections. Nous avons conservé ainsi des *Dénombrements*, généralement un peu anciens (vers 1774-1776) pour les villes de Barfleur, Bricquebec, Cherbourg, Coutances et Valognes ; et même des ébauches d'*États de dénombrement* par paroisses, mais très incomplets, pour les élections de Carentan, Coutances, Saint-Lô, Mortain, Valognes et Vire (Arch. Calvados, C 175 à 190). — Sur la valeur documentaire de ces dénombrements en général, on consultera A. BRETTE, *La population de la France en 1789* (dans *Révolution française*, t. XLVI, p. 481 et suiv.) et F. MOURLOT, *La fin de l'ancien régime dans la généralité de Caen*, p. 3 et suiv.

| VILLES. | GÉNÉRALITÉS. | POPULATION. |
|---|---|---|
| Avranches................................ | Caen. | 3,536 |
| Carentan................................. | Idem. | 2,866 |
| Cherbourg................................ | Idem. | 10,790 |
| Coutances............................... | Idem. | 5,834 |
| Granville................................ | Idem. | 8,632 |
| Mortain.................................. | Idem. | 884 |
| Pontorson............................... | Idem. | 1,560 |
| Saint-Lô................................. | Idem. | 3,774 |
| Valognes................................ | Idem. | 4,732 |
| Villedieu-les-Poêles [1]................. | Idem. | 2,730 |

[1] La ville de Villedieu figure seulement dans le premier supplément; le second supplément ne contient aucune localité appartenant au ressort du bailliage de Cotentin. On observera que quatre seulement, parmi les villes du tableau ci-dessus, ont été portées à l'*État* annexe au règlement du 24 janvier, comme devant avoir plus de quatre députés, et tenir en conséquence des réunions préparatoires de corporations. Voir notre *Introduction*, t. I^er, p. 4, texte et note 2.

Le total de la population *urbaine* du bailliage de Cotentin monterait ainsi à 44,888 habitants seulement, sur une population totale (d'après l'*État* précédent) de 374,586 [1].

## II. Correspondance relative à l'assemblée des trois ordres tenue à Coutances (février-avril 1789) [2].

### A. L'affluence des députés dans la ville de Coutances et la question des logements.

#### a. Lettre du lieutenant de police de Coutances Duhamel au Garde des Sceaux, du 17 février.

(Ms., Arch. nat., B a 35, 1. 70, dossier 1^er, pièce cotée 5°. Original signé, reproduit en transcription B III, 53, p. 12. *Inédit.*)

Mgr, la réunion dans cette ville des ecclésiastiques et des nobles du grand bailliage de Cotentin et des députés des neuf bailliages

[1] L'État de population auquel sont empruntés les renseignements ci-dessus donne pour l'ensemble de la population urbaine du royaume le chiffre certainement trop fort de 5,239,625 habitants (f° 27).

[2] L'histoire intérieure de l'assemblée de Coutances, assez imparfaitement exposée dans les procès-verbaux officiels, s'éclaire d'un jour tout nouveau à la lecture des correspondances locales. Les documents sont assez nombreux, mais

secondaires présente de grandes difficultés, relativement à l'approvisionnement de la ville pendant la tenue de l'assemblée, et surtout pour le logement de tous les membres qui la composent[1].

L'approvisionnement pourra se faire, en prenant d'avance des précautions, mais il sera très difficile d'effectuer le logement. Coutances est très peuplé, et n'étant point une ville de passage, les ressources que l'on pourra trouver, de concert avec M. l'Évêque et les propriétaires, dans le séminaire, les maisons religieuses et quelques autres endroits, paraissent bien insuffisantes[2]. J'en ai conféré avec M. le lieutenant-général et M. le procureur du roi, et nous avons cru qu'étant par mon office chargé de la police de la ville, je devais vous prévenir des difficultés qui se rencontrent à cet égard, et vous demander si, à mesure que les différents membres de l'assemblée arriveraient, et lorsque tous les logements de gré à gré seront pris, je serais autorisé à faire loger les ecclésiastiques chez ceux du clergé, les nobles chez les nobles, et ceux du tiers chez le tiers, chacun relativement à son logement[3].

---

dispersés. D'une part, le lieutenant général de Montchaton a entretenu durant toute l'assemblée une correspondance suivie avec la Chancellerie, dans laquelle il rend compte au jour le jour des détails des opérations. D'autre part, plusieurs subdélégués de l'intendant (celui de Coutances, de Mombrière, celui d'Avranches, de Montitier, celui de Granville, Couraye du Parc) ont tenu l'intendant de Caen au courant des incidents soulevés dans les différents ordres. Enfin des correspondants occasionnels, comme le lieutenant de police Duhamel, ou même certains membres de l'assemblée, ont envoyé, soit à la Chancellerie, soit à la Direction générale des Finances, des renseignements intéressants. De ces pièces nombreuses, nous n'avons extrait naturellement que ce qui nous paraissait le plus nécessaire pour donner de la vie au récit terne et un peu sec des procès-verbaux officiels.

On nous permettra de renvoyer sur ce sujet à l'étude que nous avons fait paraître sur *L'assemblée des trois ordres à Coutances*, dans la *Revue de Cherbourg et de Basse-Normandie*, année 1907, p. 92 à 105 et 122 à 136. Des détails nouveaux, très intéressants, ont été extraits depuis de la correspondance d'un gentilhomme, membre de l'assemblée,

Quinette de Cloisel, par M. R. du Coudrey. Voir son étude sur l'*État d'esprit à Granville pendant la Révolution*, dans le Bulletin périodique *Le pays de Granville*, n° 1 (mars 1911), p. 16 à 22.

Enfin plusieurs chapitres sont consacrés à la même assemblée dans le travail récent et très documenté de M. F. Mourlot, *La fin de l'ancien régime et les débuts de la Révolution dans la généralité de Caen*, Paris, 1913, in 8°, chap. IX, X et XI, p. 170 à 299.

[1] Pour la détermination du chiffre exact des membres de l'assemblée de Coutances, on voudra bien se reporter à ce que nous avons noté à la suite de l'appel des différents ordres : *clergé*, p. 393 à 398; *noblesse*, p. 413 à 415; et *tiers état*, p. 418 à 420.

[2] L'assemblée du bailliage de Mortain avait, elle aussi, appréhendé que la ville de Coutances ne pût facilement «sans une rançon ruineuse», contenir un aussi grand nombre de députés. Voir *Protestation des trois ordres de Mortain*, *suprà*, p. 243 et note 2. Cf. aussi le cahier de l'assemblée préliminaire du tiers état du bailliage d'Avranches, art. 1er (au tome Ier, p. 692).

[3] Les derniers mots de la phrase manquent dans la transcription, B III/53, p. 13.

J'espère, Mgr, que vous voudrez bien m'adresser vos ordres et me tracer la marche à tenir dans cette circonstance. Je suis, etc.

DUHAMEL [1].

b. *Minute de réponse du Garde des Sceaux à la lettre de M. Duhamel, en date du 5 mars 1789.*

(Ms., Arch. nat., B a 35, l. 70, même dossier, pièce non cotée = B III/53, p. 53. *Inédit.*)

M., je ne puis vous autoriser à exiger des habitants de votre ville de loger dans leur ordre respectif les députés qui doivent s'y rendre; les logements doivent être pris de gré à gré, c'est le seul moyen d'assurer la convenance de tous et d'éviter les difficultés que tout autre arrangement ferait naître. Si vous prévoyez quelque embarras pour loger la totalité des députés, il convient d'en conférer d'avance avec les officiers municipaux, et d'employer toutes les ressources que la localité de votre ville peut vous offrir, etc.

*(Non signé [2].)*

[1] DUHAMEL (Louis-Marie), avocat au Parlement de Rouen, était en 1789 revêtu de l'office de «nostre conseiller lieutenant-général de police de la ville de Coutances», en remplacement du sieur Antoine-Cézar Dehenault. Ses provisions, en date du 20 décembre 1786, mentionnent un extrait baptistaire du 16 avril 1760 (Arch. nat., V¹ 526).

Le lieutenant Duhamel a joué dans la convocation un rôle important. Successivement député de la paroisse de Saint-Pierre de Coutances (t. I⁰⁰, p. 103) et du bailliage particulier de Coutances (*Ibid.*, I, 646, 658), il fut choisi à l'assemblée générale comme commissaire-rédacteur du cahier du tiers état (*suprà*, p. 530). Il représentait dans la commission, avec le Tullier, le bailliage de Coutances, et M. F. Mourlot lui attribue une part prépondérante pour l'adoption de certains articles (*op. cit.*, p. 285).

Durant la Révolution, il fut successivement officier municipal de Coutances en 1790, membre et président du Conseil général du district de Coutances en 1790 et 1791, puis juge au tribunal du district aux élections de 1792. Destitué par Lecarpentier en septembre 1793, il revint comme agent national du district le 16 nivôse an III, fut enfin maire de Coutances le 20 avril 1800 et baron de l'Empire en 1810. Il mourut à Coutances le 22 janvier 1819. On consultera : LEBRETON, *Biographie normande*, t. I (1851), p. 493; Mˡˡᵉ OURSEL, *Nouvelle biographie normande*, t. I, p. 303; SAROT, *Organisation administrative de la Manche sous la Révolution*, p. 172, 175, 176, 181, 202, 203, 238; et une *Notice* [par LE TERTRE], dans *Annuaire de la Manche*, 1835, p. 223.

L. Duhamel est l'auteur d'un intéressant *Mémoire sur le sol de l'arrondissement de Coutances et ses principales productions*, paru dans les Mém. Soc. Agriculture de Paris, t. VI. Voir PLUQUET, *Bibliographie de la Manche*, p. 115.

[2] La minute de réponse reproduite ci-dessus, bien que non signée, émane certainement de la Chancellerie, à laquelle était adressée la lettre de M. Duhamel. La transcription porte nettement : *Signé : Barentin* (B III/53, p. 14).

c. *Lettre de M. Lelubois, curé de Fontenay*[1], *au Garde des Sceaux,*
*du 20 février 1789.*

(Ms., Arch. nat., B III/53, p. 21-22.
L'original ne se retrouve point dans B a 35, l. 70. *Inédit.*)

Mgr, j'ose vous représenter au nom de mes confrères, — aux quels
des arrêts défendent de s'assembler en corps[2] sans quoi ils auraient
pris la liberté de vous adresser leur supplique, — qu'il est de la plus
grande importance, pour répondre à vos vues, que le clergé du
second ordre, qui peut s'assimiler au tiers-état comme le peuple
relativement à la noblesse, se trouve en grand nombre à l'assemblée qui nommera les députés pour les Etats généraux. Mais où
loger tant de monde dans une petite ville? Les séminaires sont les
hospices naturels des ecclésiastiques, et les plus décents; mais
ils sont occupés par les ordinants, dont il serait facile de surseoir
les exercices pendant l'assemblée, afin que les logements soient
libres. Un ordre de S. M. est à cet égard l'expédient le plus sûr et
le plus court. Voilà ce que j'ose offrir à votre sagesse; il peut en
résulter un grand bien, un plus grand concours et un plus grand
faisceau de lumières. L'ami des hommes et spécialement des Français pardonnera cette remarque à un citoyen qui a l'honneur de
lui offrir les hommages du respect et de la vénération que méritent
tant de vertus et de talents.

**Mgr, votre très humble, etc.**

LELUBOIS, *curé de Fontenay*[3].

[1] LELUBOIS, curé de Fontenay, fut
élu député de l'ordre du clergé, dans
la séance du 26 mars au matin. Voir sur
ce personnage la note p. 438, note 1.

M. F. Mourlot observe avec raison
que «cette démarche du futur député
du clergé, faite au nom des curés, directement auprès du Ministère et par
dessus la tête de l'évêque», est «l'indice
d'une ligue occulte du bas clergé dont
Lelubois était un des meneurs». (*Op.
cit.*, p. 192; n. 2.)

[2] Sur la défense de s'assembler en
corps adressée aux ecclésiastiques, voir
la note sous le cahier du clergé, chap. IV,
art. 16 (*supra*, p. 478, note 1).

On doit observer qu'à Caen, malgré
la défense de l'arrêt du 25 février 1789,
les curés du bailliage se rassemblèrent
en corps, irrégulièrement, dans l'église
Saint-Nicolas, pour préparer les candi-
datures aux élections de leur ordre.
(*Lettre de M. de Cheylus, évêque de
Bayeux, au G. d. S., du 27 mars*, Arch.
nat., B a 27, l. 45). Voir d'ailleurs sur
tout ceci, F. MOURLOT, *loc. cit.*, p. 227
et suiv.)

[3] La lettre du curé Lelubois a-t-elle
reçu une réponse? Une note conservée
dans la liasse B a 35, l. 70, résume assez
succinctement l'objet de sa demande;
mais aucune minute de réponse n'y est
jointe. Il n'y en a pas non plus dans la
transcription B III/53.

**d.** *Affiche apposée par ordre du lieutenant de police, du 9 mars 1789.*

(Arch. nat., Ba 35, 1. 70. Placard imprimé, format 38×32 centimètres, non timbré. Transcription dans Arch. nat., B III/53, p. 18 à 20. *Inédit*[1].)

## AVIS.

De par M. le lieutenant-général de police,

Tous les habitants de cette ville et des environs, qui ont des maisons, chambres, lits, places à mettre des chevaux, des voitures, etc., sont avertis de mettre à leurs maisons et emplacemens des écriteaux indicatifs de ce qu'ils pourront louer, afin que les étrangers puissent s'y adresser et faire marché avec eux de gré à gré.

Ceux qui ont des remises, hangars, écuries et logements aux environs de la ville sont invités de prendre des chevaux et des voitures, et on invite ceux qui n'ont ni remises ni hangars, mais qui ont un terrain commode, d'en faire avec des tentures et des toiles et de se munir et précautionner de fourrages, les avertissant d'en donner connaissance aux officiers de police, pour qu'ils puissent les indiquer, promettant à tous les habitants, tant de cette ville que des environs, qu'ils retireront librement[2] le fruit de leurs dépenses et de leurs peines.

*Donné à Coutances, à notre hôtel, ce 9 mars 1789.*

Signé : Duhamel.

Permis d'imprimer et d'afficher, Duhamel.

A Coutances, chez G. Joubert, 1789.

---

[1] Voir, pour les frais d'impression de ce placard, l'Extrait de l'*État des dépenses* (*infrà*, p. 636).

[2] Le lieutenant de police fait allusion vraisemblablement à la proposition qui lui avait été faite par plusieurs membres de l'assemblée, et qu'il avait dû repousser, de taxer les logements et les vivres. Voir sa lettre au Garde des Sceaux, en date du 19 mars (*infrà*, p. 604).

e. *Lettre circulaire de l'intendant de Caen à ses subdélégués de Caen et de Coutances.*

(Ms., Arch. Calvados, C 6345. Minute non signée, mais portant le «Bon à expédier». *Inédit*[1].)

Caen, 10 mars 1789.

La convocation, M., qui va avoir lieu dans la ville de [2] exige que l'on prenne des précautions et des mesures pour que le logement des individus des trois ordres qui se réuniront ne procurent (*sic*) pas de difficultés. Je compte dans cette circonstance sur votre attention et votre zèle. J'en écris à MM. les officiers municipaux[3], et je vous prie de vous concerter avec eux pour tout ce qui peut être relatif à cet objet de service intéressant. Je m'en rapporte aux mesures que votre sagesse et votre prévoyance vous dicteront pour prévenir les obstacles et les contestations qui pourraient survenir, et je vous prie de ne rien négliger pour déterminer les propriétaires des maisons à se prêter, dans un moment si important, à fin que les individus des trois ordres qui se rendront dans votre ville puissent trouver au moment de leur arrivée un logement tel que les ressources du local, l'affluence et le concours, peuvent le permettre. J'ai l'honneur d'être, etc...

(*Non signé.*)

f. *Lettre circulaire de l'intendant de Caen aux officiers municipaux des villes de Caen et de Coutances.*

(Ms., Arch. Calvados, C 6345. Minute non signée, deux pages in-folio, portant le «Bon à expédier». *Inédit*[4].)

Caen, 10 mars 1789.

Le logement, MM., nécessaire aux individus des trois ordres qui vont se réunir dans votre ville, mérite de la part de l'admi-

---

[1] Cette circulaire, ainsi que la suivante, paraît avoir été inspirée par une lettre du ministre de la maison du roi, M. de Villedeuil, à l'intendant, en date du 5 mars, dans laquelle il appelait l'attention de son subordonné sur les difficultés qui pouvaient naître de l'affluence des députés à l'assemblée des trois ordres, et lui demandait de «prendres les dispositions convenables pour que les membres de tous les ordres trouvent à leur arrivée toutes les facilités pour s'établir, autant que les circonstances le permettent». (Arch. Calvados, C. 6345.)

[2] Le nom de la ville est resté en blanc dans le texte. Il n'y eut évidemment que deux lettres, l'une pour Caen, l'autre pour Coutances.

[3] Cf. la *Lettre circulaire aux officiers municipaux*, reproduite ci-dessus lettre f.

[4] Sur l'origine de cette seconde circulaire, voir la note précédente (p. 602, n. 1).

nistration une attention particulière. Le roi attend de votre zèle que vous [fixiez] à l'avance toutes les dispositions convenables, et de conserve avec mon subdélégué, pour que les membres de tous les ordres trouvent à leur arrivée toutes les facilités pour s'établir et se procurer un logement tel que les circonstances, les ressources du local, le concours et l'affluence peuvent le permettre. — M. de . . . . . [1] se fera un plaisir de conférer avec vous sur tout ce qui peut être relatif à cet objet de service. Je compte sur votre vigilance pour prévenir les obstacles et les contestations qui pourraient survenir à ce sujet, en engageant les propriétaires des maisons à se *prêter de bonne grâce*[2], dans un moment si important, pour que chacun des membres de l'assemblée puisse, pendant sa durée, obtenir un logement convenable. J'ai l'honneur d'être, etc. . .

*( Non signé.)*

g. *Lettre des maire et échevins de la ville de Coutances à l'intendant de Caen, du 16 mars 1789.*

(Ms., Arch. Calvados, C 6353. Une page in-folio. Original signé. *Inédit*[3].)

Coutances, 16 mars 1789.

Monseigneur,

L'assemblée des trois États du bailliage de Coutances a commencé ses séances aujourd'huy. Tous les habitants se sont empressés de fournir des logements aux membres de cette assemblée.

Nous vous apprenons avec bien de la satisfaction qu'il ne s'est point rencontré d'obstacles et qu'il n'y a eu aucune réclamation [4]. Nous sommes avec respect, etc. . .

Les maire et échevins de la ville de Coutances,

FREMIN DE BEAUMONT, *maire*, DE LA LANDE MESNILDREY, BOITOT, HAUDUC[5].

[1] Le nom est resté en blanc dans l'original; il s'agissait évidemment des subdélégués de Caen et de Coutances; ce dernier était M. de Mombrière, dont nous avons précisément des lettres à l'intendant sur la tenue de l'assemblée de Coutances (*infrà*, p. 612 et 615).

[2] Les mots entre les signes ** ont été interlignés dans l'original.

[3] Cette lettre est manifestement une réponse à la *Lettre circulaire* de l'intendant aux officiers municipaux, du 10 mars, dans laquelle il demandait à ceux-ci de prendre les mesures nécessaires pour assurer le logement des membres de l'assemblée (*suprà*, p. 602).

[4] Cf. en sens contraire la lettre du lieutenant général Desmarets de Montchaton, du même jour 16 mars (*infrà*, p. 606).

[5] Le corps de ville de Coutances se composait au commencement de 1789 du maire, de trois échevins et d'un procureur syndic; il y avait en outre, dans

### h. *Lettre du lieutenant général de Coutances au Garde des Sceaux, du 16 mars 1789.*

(Ms., Arch. nat., B a 35, l. 70, et par transcription B iii/53, p. 30-32.
Original signé. *Inédit.*)

Mgr, j'ai l'honneur de vous envoyer le procès-verbal de l'assemblée préliminaire, etc... L'assemblée générale des trois ordres est commencée d'aujourd'hui; l'esprit de paix et de tranquillité qu'il paraît que tous les membres qui la composent y apportent semble annoncer d'avance la sagesse de leurs délibérations.

Mais je ne puis vous cacher, Mgr, que la cherté des logements et des vivres dans notre ville fait murmurer prodigieusement, surtout les députés du tiers état, et qu'il est bien à craindre qu'un grand nombre d'entre eux ne prennent le parti de retourner chez eux, se trouvant hors d'état de faire une dépense qui frappe sur eux personnellement, sans espoir de récompense[1], et que leur occasionnera nécessairement un séjour de douze à quinze jours et peut-être plus, suivant la longueur de leurs délibérations, la rédaction de leurs cahiers et la nomination de leurs députés. C'est un inconvénient que nous n'avons pu prévenir, n'ayant aucune voie coactive[2] pour forcer les bourgeois à loger, ni aucune autorité pour fixer le prix des logements, qui sont portés à un prix excessif. Je suis avec un profond respect, Mgr, etc...

DESMARETS DE MONTCHATON,

*lieutenant-général du bailliage de Coutances.*

### i. *Lettre de M. Duhamel, lieutenant de police de Coutances, au Garde des Sceaux, du 19 mars 1789[3].*

(Ms., Arch. nat., B a 35, l. 70, et par transcription B iii/53, p. 15.
Original signé, deux pages grand in-folio. — Éd. : HIPPEAU, *Élections*, p. 100-101;
le texte y est mutilé.)

Mgr, d'après les ordres que vous m'aviez donné (*sic*) par votre lettre du 7 de ce mois, afin d'établir la confiance et de faciliter

---

les assemblées générales, cinq conseillers de ville et quatorze notables. Voir *Extrait du registre des délibérations de l'hôtel de ville de Coutances, du 7 novembre 1788* (Arch. Calvados, C 6358).

[1] Une indemnité pour frais de voyage, séjour et retour des députés du tiers état, fut accordée postérieurement par le *Réglement du 30 mai 1789.* (Voir *infrà*, p. 620, n° 1).

[2] La transcription porte maladroitement «aucune *voix* coactive» (p. 32).

[3] Hippeau a daté à tort cette lettre du *19 février* (*loc. cit.*, p. 100). Elle est d'ailleurs portée sous cette date fautive dans la transcription B iii/53, p. 15.

ainsi le logement des membres de l'assemblée, je crus devoir faire
publier l'*Avis* que je joins ici[1]; il a produit les meilleurs effets.
Plusieurs personnes sont allées à leurs campagnes, pour laisser
leurs maisons libres, beaucoup se sont délogés, se sont découchés,
et il s'est trouvé une très grande quantité de chambres et de lits,
qui d'abord ont été proposés à un prix très haut. Ceux qui, dans la
crainte de ne pas en trouver à meilleur compte, ont accepté, se sont
trouvés chèrement logés, relativement à l'endroit. Ceux qui se sont
moins pressés ont été logés à infiniment meilleur marché, et
aujourd'hui même il est demeuré plus de 100 chambres et plus de
150 lits, qu'on aurait à raison de 10 et 15 sols par jour.

L'approvisionnement a été des plus abondants. Toutes les villes,
bourgs et paroisses voisines, où j'avais fait passer des annonces, ont
considérablement fourni. Il y avait du blé en quantité; les œufs ne
valaient que 3 et 4 sols la douzaine; la volaille de toute espèce
était à très grand marché, il y avait beaucoup de poisson; enfin
toute espèce de denrées diminua de prix de moitié, et l'abondance
et la vilité du prix des vivres a forcé d'en resserrer la moitié pour
les marchés suivants.

Il m'a cependant été porté des plaintes par un grand nombre de
députés du tiers état, au sujet de la cherté des denrées et des logements dans les auberges et chez les bourgeois[2], et il m'a été fait
de vives réclamations pour les taxer. J'ai répondu qu'à l'égard des
auberges et chambres garnies, louées ordinairement en cet état,
si le prix n'en avait pas été convenu de gré à gré, je me porterais
à les taxer; que je me porterais aussi à fixer le prix des repas pris
chez les traiteurs et aubergistes et des vivres par eux fournis, ainsi
que la nourriture des chevaux, à mesure qu'il me serait porté des
plaintes sur cet objet.

Qu'à l'égard des logements pris chez le bourgeois, je ne pouvais
en fixer le prix, que la privation de son lit était une chose inap-
préciable, que, de plus, vous m'aviez adressé des ordres en conséquence.

Quelques-uns de ces Messieurs n'ont pas paru trouver cette
décision équitable, ils m'ont menacé de s'en retourner et de vous
porter des plaintes. Je leur ai promis, Mgr, de vous faire part de
leurs réclamations. Je m'en acquitte et vous rends compte de la
conduite que j'ai tenue, pour vous mettre à portée de m'adresser

---

[1] Nous avons reproduit le texte de cet *Avis*, ci-dessus (p. 601).

[2] Voir à cet égard la *Lettre du lieu-* *tenant général de Montchaton au Garde des Sceaux*, du 16 mars 1789 (*suprà*, p. 604).

vos ordres. Je les attends pour les exécuter avec la plus grande soumission et la plus scrupuleuse exactitude. Je suis avec un profond
respect, etc…

DUHAMEL, *lieutenant-général de police.*

k. *Réponse du Directeur général des finances à M. Duhamel,
lieutenant de police de Coutances, du 26 mars.*

(Ms., Arch. nat., Ba 35 l. 70, dossier 1. Minute non signée, mais portant la mention :
*Expédié le 26 mars.* — Transcription dans Arch. nat., Bɪɪɪ/53, p. 20-21[1].)

M., j'ai reçu votre lettre du 19 de ce mois, et je ne puis qu'approuver ce que vous avez arrêté relativement au prix des logements
et des repas dans les auberges et chambres garnies et chez les traiteurs. Il n'était guère possible de fixer le prix des logements fournis
de gré à gré par les bourgeois; cependant s'il arrivait que quelqu'un
mît un trop grand prix à ce genre d'hospitalité, que tout citoyen
aisé devrait regarder comme un devoir dans la circonstance actuelle, il serait nécessaire que vous fissiez intervenir votre autorité
pour fixer convenablement le loyer du lit ainsi que de l'appartement. Je suis, etc…

(*Non signé*[2].)

B. AFFAIRE DU MARQUIS D'HARCOURT (mars 1789).

———

a. *Lettre du marquis d'Harcourt*[3] *à l'intendant de Caen, du 2 mars 1789.*

(Ms., Arch. Calvados, C 6353, deux pages in-4°. Original signé. *Inédit.*)

Mon projet, M., étant de me rendre à Coutance le 15 pour
l'assemblée de ce bailliage, et d'aller payer à ma patrie le tribut de

[1] La pièce originale est chargée de
très nombreuses ratures, témoignant de
l'hésitation dans la rédaction.

[2] La transcription porte ici « *Signé
Barentin* » (p. 28). Nous pensons que
c'est une erreur, car en haut de l'original on lit expressément : *Necker à
lieutenant général de police de Coutances.*

[3] Le signataire de la lettre ci-dessus
est Charles-Léon-Hector, marquis d'Harcourt, baron d'Olonde, maréchal des
camps et armées du roi, «commandant
dans la province de Normandie». Il était
en 1789 le chef de la branche de la
famille d'Harcourt, dite d'*Olonde*, par

opposition à la branche dite de *Beuvron*,
qui était représentée alors par Fr.
Henri, duc d'Harcourt, gouverneur de
Normandie et grand bailli de Rouen, et
son frère Anne-François, duc de Beuvron, lieutenant général des armées du
roi, commandant en second dans la
province de Normandie.

Le marquis d'Harcourt avait été convoqué, pour son fief d'Olonde, dans la
paroisse d'Aumeville-Lestre, sous le ressort du bailliage de Valognes (*appel de
la noblesse, suprà*, p. 411). Il est porté
à cet endroit comme *représenté* seulement; mais c'est parce qu'il figure déjà

mon zèle, je me trouve embarrassé de trouver un logement, pour
lequel, dans cette circontance, je n'ai pas plus de droit que tout
autre gentilhomme de ce bailliage. En conséquence, j'ai recours à
vos bons offices et à vos bontés, pour engager votre subdélégué
à me loger chez lui, ou à son défaut chez toute autre personne qui
pourrait me rendre ce service. M. le duc de Beuvron part incessamment avec des ordres et des instructions, ce qui me donne la
liberté d'aller de mon côté me réunir à mes compatriotes.

J'aurai l'honneur de vous voir vers le 12 ou le 13, à mon passage
à Caen, et de vous renouveller l'assurance de mes remerciements et
du très sincère attachement avec lequel j'ai l'honneur d'être, etc...

Le marquis DE HARCOURT.

b. *Lettre de l'intendant de Caen à M. de Mombrière, subdélégué de Coutances*[1],
*du 4 mars 1789.*

(Ms., Arch. Calvados, C 6345. Minute non signée, portant la mention d'expédition. *Inédit.*)

Caen, le 4 mars 1789.

M. le marquis de Harcourt, M., me marque que son projet est
de se rendre à Coutance le 15 de ce mois, pour y séjourner pendant la tenue de l'assemblée. Il désirerait que vous voulussiez bien
lui procurer un logement chez vous, ou chez quelqu'un de vos amis.
Je vous prie de me mander si la chose est possible, afin que je
puisse en informer M. le mⁱˢ de Harcourt à son passage ici. Je serai
flatté d'avoir une réponse satisfaisante à lui faire. Vous savez que
cet officier général commande à Caen; mais ce n'est point en

plus haut comme comparant, représentant, sous le même ressort *Monsieur,
frère du roi*, duc d'Alençon (Arch. nat.,
B III 53, p. 322). Il est porté d'ailleurs
sur les rôles de la capitation noble de
l'élection de Valognes, pour un chiffre de
608 livres en 1789, et dut payer pour
les six derniers mois un *Supplément* de
276 l. 10 s. (Arch. Manche, C 1145).
Il était décédé avant le mois de germinal an II, date où sa veuve, Fr. Char-
lotte Maillard, fut arrêtée comme
suspecte. Voir SANOT, *Tribunal révolutionnaire*, p. 309.
    On consultera : DE MAGNY, *Nobiliaire
de Normandie*, t. Iᵉʳ, 1ʳᵉ partie, p. 170,
et 2ᵉ partie, p. 156, 163; Mˡˡᵉ OURSEL,
*Nouvelle biographie normande*, t, Iᵉʳ,
p. 452 ; et A. BRETTE, *Documents*, t. Iᵉʳ,
p. 394 et 437.

[1] DE MOMBRIÈRE, avocat au bailliage
et siège présidial de Coutances, était
subdélégué de l'intendant pour Coutances depuis une date vraisemblablement éloignée. Nous l'avons rencontré sur
les états des gratifications annuelles que
l'intendant faisait au 1ᵉʳ janvier à ses
subdélégués «pour leurs frais de bureau», depuis l'année 1768 environ. A
la date du 3 octobre 1737, un subdélégué de Coutances, du même nom, re-
mercie l'intendant de l'avoir choisi pour
son représentant; mais il est difficile de
croire, vu la date, que ce puisse être le
même qui était encore en fonctions en
1789 (Arch. Calvados, C 231). Voir cependant, en sens contraire, F. MOUR-
LOT, *La fin de l'ancien régime et les
débuts de la Révolution dans la généralité de Caen*, p. 17, note 2.

cette qualité qu'il se rend à Coutances, c'est pour payer à sa patrie le tribut de son zèle. J'attends votre réponse incessamment, et je compte sur vos bons offices pour ce petit arrangement. J'ai l'honneur d'être, etc...

(Non signé.)

c. *Lettre de l'intendant de Caen au marquis d'Harcourt, du 4 mars 1789.*

(Ms., Arch. Calvados, C 6353. Minute non signée, deux pages in-folio, portant la mention «Bon à expédier. Fait». *Inédit.*)

Caen, le 4 mars 1789.

Je reçois dans le moment, M., la lettre que vous m'avez fait l'honneur d'écrire le 2 de ce mois, pour m'annoncer votre arrivée le 15 à Coutances et le désir d'y trouver un logement convenable pendant la tenue de l'assemblée. Cette ville, quoique assez spacieuse, offre peu de ressources dans ce genre; et le concours qu'y attirera la convocation occasionnera nécessairement de l'embarras pour ceux qui s'y rendront et de la surcharge pour l'habitant. Je sais qu'à l'avance plusieurs personnes ont demandé l'hospitalité à mon subdélégué, et je suis fâché de n'avoir pas été à portée de le prévenir plutôt (*sic*) que vous vous proposiez de vous rendre dans cette ville. Je lui écris dans l'instant même, pour l'engager à vous donner un logement chez lui, ou pour vous en procurer un chez quelquesuns de ses amis. Je recevrai sa réponse incessamment, et j'espère que cette petite affaire sera arrangée aussi bien que les circonstances peuvent le permettre. Au moment de votre passage ici, je serai bien flatté, M. le marquis, de vous y voir et d'être à portée de vous y renouveler les assurances du très sincère attachement avec lequel, etc...

(Non signé.)

P. S. Il me vient dans l'idée que M. l'évêque de Coutances pourrait avoir des logements de reste. Il est à Paris, et ignorant si vous avez quelque liaison avec lui, je me contenterai, M. le marquis, de vous donner cette ouverture dont vous êtes à portée de faire usage.

d. *Lettre de M. de Mombrière, subdélégué de Coutances,*
*à l'intendant de Caen, du 9 mars 1789.*

(Ms., Arch. Calvados, C 6353, deux pages in-folio. Original signé. *Inédit.*)

M., j'aurais été infiniment flatté de pouvoir donner un appartement à M. le marquis d'Harcourt; mais cela m'est absolument impossible; je n'ai pas de place pour mes enfants. Toutes les personnes de ma connaissance logent leurs parents et leurs amis, et dans les circonstances présentes un appartement est aussi rare qu'une maison. Ce qui augmente mes regrets, M., c'est que vous me marquez avoir désiré que les choses pussent s'arranger différemment.

M. de Folligny[1], chargé depuis longtemps de procurer un logement à M. le marquis d'Harcourt, s'est assuré en conséquence de deux appartements; M. le marquis d'Harcourt descendant chez M. de Folligny pourra choisir celui des deux qu'il jugera le plus commode.

M. l'Évêque peut disposer encore de quelques appartements. M. le marquis d'Harcourt ne pourra être ni mieux ni plus convenablement logé qu'au palais épiscopal. Je suis avec respect, etc...

MOMBRIÈRE.

C. INCIDENTS DIVERS DE L'ASSEMBLÉE DES TROIS ORDRES.

a. *Lettre de M. de Montitier, subdélégué d'Avranches[2], à l'intendant de Caen, du 16 mars 1789.*

(Ms., Arch. Calvados, C 6353. Original signé. *Inédit.*)

Monsieur,

On ouvrit hier l'assemblée des électeurs des trois ordres, et la cérémonie commença par un bruyant *Veni creator*, que j'entendis

[1] Il doit s'agir ici de Vercingétorix-René-Charles de Bordes, seigneur de Foligny, chanoine en l'église cathédrale de Coutances, plutôt que de son frère, Charles-Hervé-Valentin-François de Bordes de Foligny, capitaine des vaisseaux du roi. Tous deux figurent à l'appel de la noblesse, sous le ressort du bailliage secondaire de Gérences (analyse *suprà*, p. 407).

[2] FEREY DE MONTITIER était lieutenant en l'élection d'Avranches et lieutenant particulier du bailliage (Arch. Calvados, C 3378). Ses provisions pour l'élection avaient été enregistrées à la date du 20 janvier 1778 (Arch. Calvados, C, *Bureau des Finances*, n. cl., reg. 1er des *Provisions d'offices*). Il était en outre, en 1789, subdélégué de l'in-

tendant à Avranches, mais depuis fort peu de temps certainement. Les derniers états de gratifications annuelles aux subdélégués que nous possédons, qui sont de l'année 1786, signalent la présence à Avranches du sieur MESLÉ, subdélégué et à la date du 28 janvier 1787, celui-ci accuse encore réception d'une gratification «pour indemnité de frais de bureau» de 300 livres (Arch. Calvados, C 231).

De Montitier avait été élu député par l'assemblée préliminaire du bailliage d'Avranches, le 5 mars 1789 (au tome Ier, p. 689). A cette occasion, il avait cru devoir écrire à l'intendant, le 7 mars, pour lui demander s'il croyait sa présence utile à l'assemblée de Coutances. «Depuis plus de deux mois, expliquait-il,

III. 39

fort bien, et un discours du président, M. de Montchaton, que personne n'entendit. S'il ne se détermine à le faire imprimer, ce sera une pièce oratoire perdue pour la société [1].

L'assemblée s'est tenue dans la cathédrale. Elle était si nombreuse par la multiplicité des individus des deux premiers ordres, qu'à peine les députés du tiers ont pu être placés. On commença les appels, et la vérification des procurations. Cette opération sera très longue [2], et n'étant point au courant des petites intrigues et des cabales du pays, j'ai profité du moment où on ne s'occupe pas du tiers.

L'ordre ecclésiastique, composée (sic) pour la plupart de curés, malgré la politesse et les prévenances affectueuses des deux prélats, paraît décidée à ne pas leur accorder son suffrage. Les curés se sont assemblés dimanche soir dans l'église du Séminaire, pour aviser à leur choix. Les altercations ont été vives entre les épiscopaux et le parti opposé, beaucoup plus nombreux. Celui-ci demande l'abolition des déports, l'augmentation des portions congrues, et l'exécution des aumônes dues par les gros décimateurs aux pauvres des communautés. Ils veulent que les prélats les traitent avec égard, et soient enfin [convaincus?] que les curés et les autres ecclésiastiques forment la portion la plus essentielle du clergé; ils réclament le droit d'envoyer à la Chambre Syndicale des députés choisis par leur corps, et nullement par les évêques, pour sister à l'opération

je souffre d'un rhume violent; la nécessité de ne pas désemparer, rapport à la subdélégation, l'embarras des logements dans une ville aussi circonscrite eu égard à une aussi grande affluence, tout me fait appréhender un déplacement. » (Arch. Calvados, C 6348.) L'intendant, qui vraisemblablement n'était pas fâché d'avoir à Coutances un correspondant actif et perspicace, lui avait laissé entendre, sans lui donner précisément d'ordre, qu'il souhaitait qu'il se rendît à l'assemblée : «Je ne vois pas d'inconvénient à ce que vous vous conformiez au vœu de ceux dont vous avez fixé le choix. Vous êtes fort libre à cet égard, et je ne veux influer en rien dans votre détermination. Si vous vous rendez à Coutances, j'espère que pendant la durée de l'assemblée, vous me donnerez des nouvelles de votre santé, et de ce qui peut être relatif à l'objet de votre séjour dans cette ville.» (Minute de lettre, en date du 10 mars 1789, Arch. Calvados, C 6348.)

On consultera, sur l'élection de M. de Montitier et sur ses rapports avec l'intendant à cette occasion, F. Mourlot, La fin de l'ancien régime, p. 185, M. Mourlot observe que, des onze subdélégués que comptait la généralité de Caen, Montitier seul, grâce aux sympathies qu'il inspirait personnellement, put parvenir à la députation dans les assemblées du tiers état (p. 15 et p. 59, note 2).

[1] Le discours de M. de Montchaton a été inséré dans le Procès-verbal de l'assemblée des trois ordres (fol. 3 r° et 6 v° du manuscrit de Coutances) et reproduit ensuite dans le texte imprimé chez Joubert à Coutances, en mai 1789 (p. 9 à 15). On le trouvera aussi dans Lecacheux, Documents pour servir à l'histoire de Montebourg, t. I<sup>er</sup>, p. 301 à 315.

[2] La vérification des pouvoirs occupa effectivement sept séances de l'assemblée, depuis le 16 mars au matin jusqu'au 19 mars au matin inclus (analyse supra, p. 368 à 420).

de la répartition des décimes, etc., etc... Ils consentent payer les impôts comme les autres sujets, et adhèrent aux doléances du tiers. Il est probable que les députés pour Versailles seront élus dans la classe des curés[1].

La noblesse n'a encore rien statué; elle doit s'assembler aux Capucins, pour la rédaction de ses doléances et fixer son choix sur ses députés.

Il paraît que chaque élection enverra un député du tiers, et que pour les élections de Valognes et Coutances il y aura deux représentants[2]. Il y a eu dans ce dernier ordre beaucoup de cabale, et pour calmer les troubles qui auraient pu s'élever par les opposants, il a été verbalement convenu qu'il ne serait choisi aucun représentant dans la classe des privilégiés. Vu la pluralité des opinions, ces derniers, malgré l'injustice de cette réclamation, ont été obligés de garder le silence. Le député d'Avranches sera probablement M. Morin, avocat, homme sage et d'un mérite reconnu[3]. Il paraît que cette classe fournira la majeure partie des députés du tiers[4]. C'est, je crois, l'intention de toutes les élections.

Je suis avec respect, M., votre très humble et très obéissant serviteur.

DE MONTITIER.

[1] La même appréciation perspicace se retrouve dans la correspondance du gentilhomme Quinette de Cloisel. Voir *Lettre à M. de Cloisel, du 29 mars* (dans R. DU COUDRAY, *L'état d'esprit à Granville*, loc. cit., p. 22). — L'attitude du clergé de Coutances à l'égard de ses chefs hiérarchiques est loin d'ailleurs d'avoir été isolée en Normandie; à Caen, à Évreux, à Rouen, les mêmes difficultés se produisirent. Voir *Lettre de M. l'abbé d'Osmond au duc d'Harcourt, du 2 avril 1789* (dans HIPPEAU, *Élections*, p. 63), et pour Évreux particulièrement, une *Protestation de l'évêque adressée au Garde des Sceaux, le 20 mars* (ibid., p. 48). Cf. aussi A. BRETTE, *Les élections du clergé de Caen en 1789, Bulletins de l'abbé Soulavie (6-25 mars 1789)*, dans *Révol. française*, t. XXVII, p. 162 à 169 (année 1894).

[2] Une façon de procéder analogue avait été déjà préconisée, à la date du 24 janvier 1789, par les officiers municipaux de la ville d'Avranches. Voir *Lettre au Garde des Sceaux*, citée au t. I<sup>er</sup>, p. 693, note 1.

[3] Sur MORIN l'aîné, voir la note au tome I<sup>er</sup>, p. 688, note 1. Le député d'Avranches ne fut d'ailleurs point l'avocat Morin l'aîné, mais bien BURDELOT, vicomte de Pontorson, élu dans la séance du 28 mars au matin (*supra*, p. 538). Il paraît vraisemblable que l'influence des loges ne fut point étrangère à ce choix. Voir *Lettre de Quinette de Cloisel*, citée *supra*, p. 538, note 4.

[4] La députation du tiers état compte effectivement, sur 8 députés, 2 *avocats* (Lesacher de la Pallière et Vieillard fils), et 4 *officiers de justice* (Burdelot, vicomte de Pontorson, Bernard Duchesne, lieutenant particulier de Valognes, Pouret-Roquerie, procureur du roi de Périers, et Ango, bailli de Saint-Sauveur. On ne trouve en face d'eux qu'un *seul négociant* (Perrée Duhamel) et un *bourgeois propriétaire* (Desplanques-Dumesnil). La prépondérance des gens de loi était écrasante, comme l'avait bien prévu le subdélégué. Voir à cet égard les très curieuses statistiques qui ont été patiemment dressées par M. F. MOURLOT, *op. cit.*, p. 236, 237.

39.

b. *Lettre de M. de Mombrière, subdélégué de Coutances,
à l'intendant de Caen, du 17 mars 1789.*

[(Ms., Arch. Calvados, C 6353. Original signé. *Inédit.*)

Monsieur,

Les trois États du bailliage de Coutances sont assemblés dans la nef de l'église cathédralle (*sic*), devant M. Desmarets de Montchaton, préside (*sic*) pour l'indisposition de M. le marquis de Blangy, grand Bailly[1]. MM. les députés ont tous trouvé des logements.

Les séances du 16 et du 17 sont occupées à l'appel du clergé; on continue cet après-dîner, pour procéder ensuite à l'appel de la noblesse et des députés du tiers état. Je suis avec respect, etc...

MOMBRIÈRE.

c. *Lettre de M. de Frestel, curé de Saint-Floxel[2],
au Directeur général des Finances, du 8 mars 1789.*

(Ms., Arch. nat., B a 35 l. 70, et par transcription B III/53, p. 590.
Original signé. *Inédit.*)

Mgr, votre temps est précieux. J'ose toutefois vous en dérober un instant.

Art. 47 du *Règlement* : « Le nombre dés billets constaté, les voix seront vérifiées par les scrutateurs, à voix basse, au-dessus de la moitié. Au défaut de ladite pluralité, on ira une seconde fois au

[1] Sur l'absence du grand bailli de Cotentin et ses causes véritables, voir le *Procès-verbal de l'assemblée générale*, séance du 16 mars au matin (*suprà*, p. 359) et la note sous le *Procès-verbal de l'ordre de la noblesse*, séance du 20 mars au matin (*suprà*, p. 485, note 1). Nous devons corriger à certains égards cette note, en précisant que le marquis de Blangy était en 1789 septuagénaire et déjà très gravement malade. Il mourut à Fontaine-Étoupefour, près Caen, et y fut inhumé le 15 août 1789. Voir F. MOURLOT, *op. cit.*, p. xc et p. 186, 222, 231, qui cite précisément une *Lettre au duc d'Harcourt, du 25 mars 1789* (Arch. du château d'Harcourt, liasse 339).

[2] DE FRESTEL (René-Jacques-Claude), curé de Saint-Floxel, appartenait pour la convocation au ressort du bailliage secondaire de Valognes. Il fut l'un des trente-six commissaires de l'assemblée du clergé élus dans la séance du 20 mars, et représentait parmi eux le doyenné de Valognes (*suprà*, p. 432); il a signé l'*Arrêté de protestation de la majorité*, en date du 28 mars (*suprà*, p. 455). Il n'était point gros décimateur de sa paroisse, et nous n'avions pu déterminer, sous le cahier de Saint-Floxel, ni son revenu ecclésiastique, ni l'importance de ses dîmes; nous connaissions seulement le chiffre auquel il était imposé pour le *territorial* (au tome II, p. 558, note 3). Nous avons appris depuis qu'il payait 48 livres de décimes ecclésiastiques et 281 l. 4 s. 3 d. de taille et accessoires pour sa propriété et exploitation (Arch. Calvados, C 1145).

scrutin, dans la même forme; et si le choix de l'assemblée n'est pas encore déterminé, les scrutateurs déclareront les deux sujets qui auront réuni le plus de voix; et ce seront là les seuls qui pourront concourir à l'élection qui sera déterminée par le troisième tour de scrutin[1]. »

Mgr, l'intention du roi est que l'élection par scrutin soit libre, exclue toute intrigue ou influence de crédit, et exprime le vœu général[2].

Mais (ici surtout où aucun des ordres ne s'est jamais trouvé rassemblé, où même le clergé depuis longtemps n'a point vu de synode[3]), les votants arriveront sans s'être connus précédemment, et le mérite relatif de chacun ne peut avoir frappé les yeux que dans son petit canton. Le seul qui aura un nombre de voix assurées à lui, voix qui le suivront aux deux scrutins, sera l'intrigant ou le grand seigneur, par ses créatures ou gens espérant de lui. Il n'atteindrait jamais la pluralité, parce que le vœu de l'assemblée sera contre lui; mais elle sera forcée de le nommer, parce qu'il aura au second scrutin la même majorité partielle ou relative qu'au premier, relatives à d'autres moins intrigans ou moins élevés en crédit ou autorité.

Je m'explique peut-être mal, Mgr, mais un ministre intelligent et ami du bien public supplée à mes expressions et m'entend.

Le moyen d'y remédier paraîtrait qu'au premier scrutin les voix fussent vérifiées tout haut; la liberté n'y perdrait rien, parce que les votants ne seraient pas nommés; même la délicatesse des scrutateurs doit le souhaiter.

Ensuite, seraient lus et annoncés les noms de ceux qui auront eu des voix, *tant de voix pour tel ou tel.*

Alors serait éclairée l'assemblée sur les sujets proposés, sur la possibilité de les élire, en s'unissant en faveur de ceux qui lui

---

[1] Voir le *Règlement, fait par le roi pour la convocation des États généraux*, art. 47, dans A. BRETTE, *Documents*, I, n° XXVIII, p. 86.

[2] L'auteur de la lettre reproduit presque textuellement les termes de la circulaire dans laquelle M. de Villedeuil annonçait aux gouverneurs des provinces l'envoi des pièces nécessaires à la convocation : «Je n'ai pas besoin, disait le ministre, de vous faire observer que... il est indispensable d'en user avec toute la prudence dont vous serez capable... Vous sentirez la nécessité d'éviter soigneusement *tout ce qui peut avoir l'apparence de la contrainte, et faire craindre l'influence de l'autorité.*» (Lettre au duc de Beuvron, du 12 février 1789, dans HIPPEAU, *Élections*, p. 27.) Cf. aussi une *Lettre de Launay, intendant de Caen, au Garde des Sceaux, du 15 février 1789* (Arch. nat., BIII/40, p. 54).

[3] Sur la désuétude dans laquelle étaient tombés les synodes diocésains dans les évêchés du Cotentin, voir ce que nous avons noté sous le *Cahier du clergé*, chap. Religion, art. 1ᵉʳ (*supra*, p. 467, note 3).

paraîtraient les plus dignes de sa confiance, pour exclure les autres. Alors l'élu du second et troisième scrutin pourrait être regardé comme véritablement le député de son ordre [1].

Ces réflexions, Mgr, ne sont pas les miennes, mais celles de nombre de citoyens de ce pays; ils les soumettent à votre sagesse, et vous supplient d'envoyer votre décision. Je suis avec un profond respect, Mgr, etc...

DE FRESTEL, *curé.*

° *P.-S.* Si Mgr daignait faire réponse ou à l'assemblée tenante ou à moi, poste restante à Coutances.

Ce 8 mars 1789 [2].

d. *Réponse du Directeur général des Finances à M. le curé de Saint-Floxel, du 17 mars 1789.*

(Ms., Arch. nat., B à 35, l. 70, et par transcription B III/53, p. 593. Minute signée. *Inédit.*)

J'ai communiqué, M., la lettre que vous m'avez écrite le 8 mars à MM. les commissaires du Conseil chargés par le roi de traiter les affaires relatives à la convocation des États généraux, et sur leur avis, il a été décidé qu'il n'y a lieu de faire aucun changement aux dispositions de l'article 47 du *Règlement* fait par S. M. le 24 janvier dernier. Je suis avec un parfait attachement, etc...

NECKER.

---

[1] Les inconvénients redoutés par le signataire de la lettre ne paraissent point s'être produits dans l'assemblée de Coutances. Dans l'ordre du clergé, tous les députés furent élus dès le premier tour de scrutin. Dans les chambres de la noblesse et du tiers état, la plupart des députés sortirent également au premier ou au second tour. La disposition spéciale de l'article 47 n'eut lieu d'être appliquée que deux fois : pour l'élection du quatrième et dernier député de l'ordre de la noblesse, où la lutte fut circonscrite entre Leclerc de Juigné et Fremin de Beaumont; et pour l'élection du huitième et dernier député de l'ordre du tiers état, où se trouvèrent de même en présence Drogy, avocat à Coutances et le bailli de Saint-Sauveur-le-Vicomte, Ango. Voir *Procès-verbal de l'ordre de la noblesse*, séances du 31 mars, au matin et au soir (*suprà*, p. 494-495) et *Procès-verbal de l'ordre du tiers état*, séances du 30 mars, au matin et au soir (*suprà*, p. 541).

On consultera utilement, sur les difficultés soulevées par la procédure assez sommaire adoptée par le *Règlement du 24 janvier* pour les élections des trois ordres, le chapitre x de M. F. MOURLOT, *La fin de l'ancien régime et les débuts de la Révolution dans la généralité de Caen*, p. 220 et suiv.

[2] Le *post-scriptum* de la lettre n'a pas été reproduit dans la transcription, B III/53, p. 593.

e. *Ordonnance du lieutenant général de Coutances,*
*pour fixer la date de la dernière réunion de l'assemblée générale des trois ordres,*
*du 30 mars 1789.*

(Ms., Arch. Greffe de Coutances, pièce non cotée. Une page in-4°. *Inédit.* )

*Ordonnance.*

Nous, Thomas-Louis-Antoine DESMARETS, chevalier, seigneur de Montchaton, Bavent, Faux, La Motte, le Chastel, la Giffardière et autres lieux, conseiller du roi, lieutenant-général civil au bailliage et siège présidial du Costentin à Coutances.

En exécution de l'article XV de notre ordonnance du 13 février dernier [1], avons marqué l'assemblée générale à mercredy 1er avril prochain, 10 heures du matin, en la nef de l'église cathédrale de ce lieu [2], à laquelle assemblée les trois ordres seront tenus de se rendre pour y assister à la prestation de serment en la manière accoutumée des députés aux États Généraux, à laquelle nous sera remis coppies (*sic*) en forme des trois procès-verbaux de l'ellection (*sic*) desdits députés. Et sera la présente notifiée aux trois ordres, par notre premier huissier ou autre sur ce requis. Lu, publié à tous les carrefours et places publiques de cette ville, et affiché à la porte de la salle d'assemblée de chaque ordre.

Donné à Coutances en notre hostel, ce 30 mars 1789.

DESMARETS DE MONTCHATON.

f. *Lettre de M. de Mombrière, subdélégué de Coutances,*
*à l'intendant de Caen, du 1er avril 1789.*

(Ms., Arch. Calvados, C 6353. Une page in-4°. Original signé. *Inédit.*)

Coutances, 1er avril 1789.

M., l'assemblée des trois ordres du bailliage de Cotentin vient d'être terminée; les seize députés sont nommés. M. l'évêque d'Avranches n'a point assisté aux dernières séances. Je suis avec respect, etc...

MOMBRIÈRE.

[1] *Ordonnance de M. le Grand Bailli de Coutances, du 13 février 1789* (Impr., Greffe de Coutances, pièce n° 3. L'article XV visé ci-dessus a été reproduit *suprà*, p. 422, note 3).

[2] Voir effectivement le *Procès-verbal de clôture et prestation de serment des députés des trois ordres, en date du 1er avril 1789* (reproduit *suprà*, p. 422 à 427).

g. *Lettre de M. de Montchaton, lieutenant général du bailliage de Coutances,
au Garde des Sceaux, du 2 avril 1789.*

(Ms., Arch. nat., B a 35, l. 70, dossier 4ᵉ, et par transcription B ɪɪɪ/53, p. 417.
Original signé. *Inédit.*)

Mgr, l'assemblée générale des trois ordres n'ayant été terminée
qu'hier et l'ordre de la noblesse n'ayant achevé la nomination de
ses députés aux États Généraux que mardi l'après-midy, je n'ay pu
vous envoyer plutôt (*sic*) la liste que vous m'avez demandée des
députés des trois ordres. Je m'empresse, Mgr, de vous la faire
passer telle que vous me l'avez enjoint[1].

Les séances de tous les ordres ont été très tranquilles; chacun
s'y est empressé de donner des marques de son amour et de son
respectueux attachement pour S. M., ainsi que de son zèle pour le
bien général et la prospérité de l'État. Je suis avec un profond respect, etc...

DE MONTCHATON.

h. *Lettre de Couraye-Duparc, subdélégué de Granville*[2],
*à l'intendant de Caen.*

(Ms., Arch. Calvados, C 6354, une page in-folio. Original signé. *Inédit.*)

Granville, 3 avril 1789.

M. l'Intendant,

A mon retour de nos États de Cotentin, dont la dernière opération a eu lieu le 1ᵉʳ de ce mois, par la prestation du serment des

---

[1] Cette pièce, écrite de la main de
M. de Montchaton, est conservée aux
Arch. nat., B a 35, l. 70, et reproduite
par transcription dans B ɪɪɪ/53, p. 587
à 589. Nous en avons donné le texte
*suprà*, p. 563 sq.

[2] COURAYE DU PARC (François-Léo-
nord) était à la fois vicomte et maire de
Granville, et subdélégué de l'intendant
pour cette ville. Ses provisions de «notre
conseiller vicomte en la vicomté de Granville», en date du 19 juillet 1775, relatent un extrait baptistaire du 1ᵉʳ juillet
1746 (Arch. nat., Vⁱ 477). Il avait été
anobli par lettres du 22 mai 1748, et pour
cela n'a point figuré, comme représentant du siège de la vicomté et police, à
l'assemblée de la ville de Granville
(*Procès-verbal*, au tome Iᵉʳ, p. 116). A

la veille de la convocation des États
généraux, une lettre assez maladroite
de l'intendant, qui lui demandait de
«surveiller de la part du ministre les
élections des députés», avait failli entraîner sa démission. Voir *Lettre à l'intendant de Caen, du 18 février 1789* (Arch.
Calvados, C 6354). A l'assemblée de la
noblesse, son rôle paraît avoir été très
effacé et il donna sa démission de subdélégué dès le 10 août 1789, à la suite
d'un mouvement insurrectionnel qui
s'était produit à Granville.

On consultera, sur ce personnage et
sur son administration dans les premiers
temps de la Révolution, R. DU COUDREY,
*L'état d'esprit à Granville*, loc. cit.,
p. 11 et suivantes; et F. MOURLOT, *La
fin de l'ancien régime*, p. 16 et p. 239.

députés, à onze heures du matin, j'ai l'honneur de vous en envoyer l'état nominatif[1].

Vous aurez sans doute appris la mort de M. de Montitier, votre subdélégué d'Avranches, arrivée le même jour 1er de ce mois à Coutances, dont on attribue la cause à un abcès, occasionné par la chute d'une trappe sur sa tête, étant au Mont-Saint-Michel[2]. J'ose vous assurer qu'il a obtenu les regrets de ses concitoyens. Je suis avec respect, M. l'Intendant, etc. . .

COURAYE-DUPARC.

i. *Lettre de l'intendant de Caen au Garde des Sceaux, du 8 avril 1789.*

(Arch. Calvados, C 6345. Minute non signée, 2 pages in-folio. Analysée par A. BÉNET, *Inventaire de la Commission intermédiaire* (autographié), Caen, 1894, p. 20, col. I.[3])

Caen, 8 avril 1789.

M., les assemblées particulières et générales de mon département ont eu lieu dans le délai et dans la forme prescrite par le Réglement de S. M. Toutes les opérations relatives à la convocation des bailliages de *Caen* et de *Coutances* paraissent s'être terminées d'une manière assez conforme aux intentions de S. M., et malgré le conflit des opinions et des intérêts divers, les séances se sont tenues et les différents ordres se sont séparés, sans que la tranquillité publique ait reçu d'atteinte sensible. Comme je me suis abstenu, M., d'avoir ni directement ni indirectement la moindre influence sur les délibérations qui ont été prises[4], et que je n'en ai de connaissance que par des informations particulières et par la voix publique,

[1] Un *État des députés aux États généraux du grand bailliage de Cotentin*, en date du 3 avril, est effectivement joint dans la liasse à la lettre de Couraye-Duparc (Arch. Calvados, C 6353). On observera qu'il donne les noms des députés dans l'ordre même de leur nomination, tandis que la liste envoyée par M. de Montchaton au Garde des Sceaux rétablit un ordre hiérarchique, plaçant par exemple en première ligne l'évêque de Coutances, élu le dernier (*supra*, p. 563).

[2] La cause véritable de la mort de M. de Montitier paraît avoir été moins tragique; il était malade depuis plusieurs mois, et le 7 mars, avant la réunion de l'assemblée, il demandait à l'intendant de le dispenser de ce voyage, souffrant

«depuis plus de deux mois d'un rhume violent». Voir la lettre citée *supra*, p. 609, note 2.

[3] La pièce ci-dessus a dû être envoyée simultanément à la Chancellerie et au ministre de la maison du roi; elle porte la double indication, en tête : «M. le Garde des Sceaux, — M. de Villedeuil», et au-dessous les mentions ordinaires : «*Bon, Fait.*»

[4] L'intendant fait allusion manifestement aux *Instructions* adressées par M. de Villedeuil, dans lesquelles le ministre avait demandé à ses subordonnés «d'éviter tout ce qui pourrait avoir l'apparence de la gêne et de la contrainte, et faire craindre l'influence de l'autorité». (Texte cité *supra*, p. 613, note 2).

je ne tenterai pas de vous en offrir ni l'analyse ni le résultat, et je me borne à mettre sous vos yeux la liste des personnes qui dans chaque bailliage ont réuni pour la députation la pluralité des suffrages de leur ordre[1]. Je suis, etc...

(*Non signé.*)

k. *Lettre du lieutenant général de Coutances au Garde des Sceaux, du 11 avril 1789.*

(Ms., Arch. nat., B a 35, l. 70, et par transcription B III/53, p. 91. Original signé. *Inédit.*)

Mgr, j'ai l'honneur de vous adresser les procès-verbaux tant des assemblées générales des trois ordres, que ceux du tiers état que j'ai présidés. Les copies n'en ayant été achevées qu'hier, il n'a pas été possible de vous les envoyer plus tôt[2]. Vous n'y trouverez point ceux du clergé ni de la noblesse, les ayant remis aux députés de ces ordres, avec leurs cahiers, pour être portés aux Etats Généraux et déposés au Greffe de leur Ordre.

Il n'a point été arrêté dans les différentes assemblées que les cahiers et les procès-verbaux seraient imprimés, et il n'y a donc aucune apparence qu'ils le soient[3]. Mais les originaux étant déposés au Greffe de mon bailliage, j'aurai, Mgr, l'honneur de vous en envoyer des copies sur les ordres que vous voudrez bien me donner à cet effet, si elles vous sont nécessaires, etc...

DE MONTCHATON.

---

[1] La liste en question est probablement celle qui se trouve aujourd'hui dans la liasse Arch. Calvados, C 6353, et qui est datée du 8 avril. Les députés des trois ordres y sont classés dans un ordre en quelque sorte hiérarchique, l'évêque venant en tête du clergé, quoique élu le dernier. Voir *suprà*, p. 563, note 2.

[2] Les procès-verbaux mentionnés au texte sont tous deux aujourd'hui conservés aux Archives nationales, sous la cote Ba 35, l. 70; le premier, de 126 pages in-folio, a été délivré le 1 avril;

le second, de 8 folios, délivré le 3 avril. Tous deux portent la signature du lieutenant général de Montchaton et du greffier Blondel.

[3] Sur la question de l'impression des procès-verbaux et des cahiers de l'assemblée générale, voir ce que nous avons noté *suprà*, p. 357, note 2. A la date du 19 mai, le lieutenant général écrivait, contrairement à la lettre ci-dessus, qu'il pouvait envoyer un exemplaire des procès-verbaux et des cahiers, qui venaient d'être imprimés. Voir la lettre citée, *suprà*, p. 427, note 4.

### III. Frais et dépenses de la convocation
#### dans le bailliage de Cotentin.

A. Extraits de la correspondance relative aux frais des assemblées.

*a.* Lettre du lieutenant général de Montchaton au Garde des Sceaux,
du 11 avril 1789.

(Ms., Arch. nat., B a 35, l. 70, et par transcription B iii/53, p. 92.
Original signé. *Inédit.*)

Vous m'avez chargé, Mgr, de faire préparer les salles destinées
pour l'assemblée de chaque ordre ; les fournisseurs et les ouvriers
qui y ont travaillé par mes ordres[1], ainsi que l'imprimeur qui a
imprimé les différents actes dont vous m'avez envoyé les modèles[2],
et les écrivains que le greffe a été obligé d'employer, réclament
aujourd'hui leur paiement. Je n'ai point voulu, Mgr, leur délivrer
d'exécutoire avant de vous avoir demandé si ces frais seront payés
sur le domaine non engagé de S. M., ou par la province. J'ai écrit
pour cet effet, à M. l'Intendant de notre généralité[3], et il m'a
répondu qu'il ne peut rien statuer sur cet objet, n'ayant reçu aucunes instructions à cet égard, et que c'est au Conseil à y pourvoir.
Je vous serai infiniment obligé, Mgr, de me faire parvenir vos

[1]. Voir, pour le détail de ces travaux, l'*État des frais dressé par le lieutenant-général*, dont nous reproduisons
quelques extraits (*infrà*, p. 637).

[2] L'impression des différents actes
nécessaires pour la convocation ( ordonnance du lieutenant général, affiches en
placard du Règlement royal, exploits
d'assignation et de notification, modèles
de procès-verbaux d'assemblée, etc.)
avait été confiée, à Coutances, au s^r G.
Joubert, seul imprimeur du roi. Toutefois, dans les ressorts des bailliages
secondaires, les lieutenants généraux
eurent souvent recours à d'autres édi-
teurs. A Cherbourg, les pièces de la
convocation sortent des presses de «P.

Clamorgan, imprimeur-libraire»; à
Saint-Lô, le lieutenant général écrit, le
1 2 février, que «n'y ayant point d'imprimeur à Saint-Lô, il a dû s'adresser à
Caen pour faire imprimer les pièces
dont il avait besoin». (*Lettre de M. de
Robillard au Garde des Sceaux, du
22 février 1789*, Arch. nat., B a 35,
l. 70 = B iii/53, p. 246.)

[3] La lettre à laquelle fait allusion
M. de Montchaton n'a pas été retrouvée,
pas plus que la minute de réponse de
l'intendant, dans les liasses relatives à la
convocation conservées aux Archives du
Calvados. Quant aux plumitifs de l'intendance où la minute devrait se retrouver, ils n'existent point pour 1789.

ordres le plus tôt possible sur cet objet, afin que je puisse satisfaire les ouvriers que j'ai employés. Je suis, etc...

DESMARETS DE MONTCHATON.

b. *Lettre du lieutenant général de Montchaton au Garde des Sceaux, du 7 juillet 1789.*

(Ms., Arch. nat., B a 87, dossier 3°. Original signé. *Inédit.*)

Mgr, j'ai reçu le Règlement fait par le roi pour le paiement des dépenses des assemblées des bailliages et sénéchaussées, relatives à la convocation des États Généraux[1], et celui concernant les mandats des députés à l'assemblée nationale[2]. Je me ferai un devoir de me conformer exactement à ce qu'ils prescrivent, etc...

Mais je vous prie, Mgr, de me permettre de vous faire observer que, suivant celui qui concerne le paiement des dépenses des assemblées des bailliages, le remboursement des frais occasionnés pour les préparatifs des salles souffriront nécessairement un retardement considérable[3]. Les ouvriers que j'ai été obligé d'employer pour ces préparatifs s'attendaient à recevoir leur paiement aussitôt après la clôture de l'assemblée; depuis ce moment, ils n'ont cessé de m'obséder pour leur faire obtenir au moins la récompense des avances et débours qu'ils ont faits pour achapts (*sic*) de bois, fournitures de clous, pattefiches et salaires d'ouvriers en sous-ordre, qu'ils ont été obligés de payer pour leur aider. M. l'Intendant de notre généralité, auquel j'ai écrit plusieurs fois relativement à cet

[1] *Règlement fait par le roi pour le paiement des dépenses des assemblées des bailliages et sénéchaussées, relatives à la convocation des États généraux, du 30 mai 1789.* A Versailles, de l'impr. royale, 1789, 8 pages in-4° (Arch. Calvados, C 6346). Texte reproduit dans A. BRETTE, *Documents*, I, n° XXXI, p. 54.

[2] *Règlement fait par le roi, concernant les mandats des députés aux États généraux, du 27 juin 1789.* A Versailles, de l'impr. royale, 1789, 3 p. in-4° (Arch. Calvados, C 6347). Texte reproduit dans A. BRETTE, *Documents*, I, n° XXXII, p. 56. La lettre d'envoi « pour le bailliage de Coutances » est conservée aux Archives du Greffe de Coutances, liasse *États généraux*, dossier I°, pièce n° 17.

[3] Aux termes de l'art. 16 du *Règlement*, des extraits de la taxe devaient être envoyés par les lieutenants généraux aux syndics de chaque paroisse, puis après avoir été émargés par chaque député, être retournés dans la huitaine aux lieutenants généraux. Ceux-ci devaient adresser, dans les deux mois au plus tard, l'état général de leur bailliage au Garde des Sceaux; pour les frais de séjour des députés, un relevé devait en outre en être adressé aux intendants et aux commissaires, « afin qu'il soit pourvu au remboursement, au marc la livre des impositions roturières ». Toutes ces formalités supposaient de longs retards, et de fait, en Cotentin, les bénéficiaires de la taxe n'étaient point encore réglés pour la plupart aux mois d'octobre et novembre 1790, lorsqu'on levait la *contribution patriotique*. Plusieurs ont précisément fait à cette occasion l'abandon de leur taxe.

objet, m'avait marqué en dernier lieu que S. M. avait décidé que les municipalités devaient effectuer ces sortes de paiements[1]. Sur la demande verbale que j'en ai faite à MM. les officiers municipaux de notre ville, ils m'ont répondu que non seulement ils n'avaient point reçu d'ordres pour cet effet, mais que le règlement ne pouvait les regarder, la ville de Coutances ne possédant aucuns biens patrimoniaux. Il est cependant juste, Mgr, que ces malheureux ouvriers, qui n'ont que leurs bras pour se procurer leur subsistance et celle de leur famille, soient remboursés le plus tôt possible, au moins des avances qu'ils ont faites pour les préparatifs. Je sais que plusieurs en ont un besoin pressant, surtout dans ce moment où le blé et les autres denrées à proportion sont montées à un prix considérable. Ils sont encore venus hier me faire de nouvelles représentations sur leurs besoins; je leur ai répondu que j'aurais l'honneur de vous en faire part. S'il était donc possible, Mgr, d'avancer le paiement des ouvriers, je vous en aurais en mon particulier la plus sincère reconnaissance. Le total pour cet objet est d'environ 600 livres, y compris leurs salaires personnels.

Je suis avec respect, etc. . . .

De Montchaton.

c. *Lettre du lieutenant général de Montchaton au Directeur général des Finances, du 26 août 1790.*

(Ms., Arch. nat., B a 88, dossier n° 1, une page in-folio. Original signé. *Inédit.*)

M., j'ai été chargé par le Règlement du 30 mai 1789, concernant le payement des dépenses des assemblées de Bailliages et Sénéchaussées relatives à la convocation des États Généraux, de former un *État* des dépenses occasionnées par l'assemblée générale du bailliage du Cotentin, et de fixer le prix des frais de voyage et séjour de chaque député à ladite assemblée.

Je me suis conformé exactement à tout ce qui est prescrit par ce Règlement; mais les syndics de chaque paroisse ayant mis une très grande négligence à me renvoyer les *Extraits* que je leur avais adressés pour y faire inscrire l'acceptation ou le refus des députés de leur communauté, il ne m'a pas été possible de compléter mon *État général* [2].

---

[1] La lettre de l'intendant de Caen, visée au texte, adressée à chacun des bailliages de la généralité, est en date du 12 juin 1789 (Arch. Calvados, C. 6346).

[2] La liasse des *États paroissiaux*, pour le ressort du bailliage principal de Coutances, qui est conservée aux Archives du Greffe de Coutances, ne comprend que 101 pièces, pour les 127

Cependant, M., un très grand nombre de députés se plaignent de n'être point remboursés des frais que leur a occasionnés leur séjour à cette assemblée générale. Je suis donc obligé de vous adresser cet *État*, quoique incomplet, puisqu'il comprend un bailliage entier dont je n'ai pas encore reçu les *Extraits de taxes* des députés [1].

J'aurais désiré remplir avec plus d'exactitude l'article XV du *Règlement*, mais je me suis trouvé dans l'impossibilité de l'exécuter, vu la non-réception des matériaux qui m'étaient nécessaires pour former mon *État*.

Je suis avec respect, etc.

DE MONTCHATON.

d. *Lettre de M. de Lescaudey de Manneval, bailli de robe longue de Saint-Sauveur-Lendelin, à M. de Villedeuil, du 4 juillet 1789.*

(Ms., Arch. nat., B a 88, dossier 5°. Original signé. *Inédit.*)

Périers, ce 4 juillet 1789.

M., j'ai reçu le 30 juin dernier la Lettre et le Règlement que vous m'avez fait l'honneur de m'envoyer; j'exécuterai ponctuellement ce qui m'y est prescrit, cependant j'aurai l'honneur de vous observer, M., que je ne l'ai point fait enregistrer, parce qu'il y a un Arrêt du 8 mars 1756 du Parlement de cette province [2], qui nous défend impérieusement de rien enregistrer qu'auparavant il ne le soit par lui et qu'il ne nous l'ait fait passer. Je vous prie donc, M., de m'en faire donner ordre.

Je suis, etc.

LESCAUDEY.

communautés de paroisses dont se composait le ressort, et les 121 communautés comparantes. L'*État général des dépenses* dressé par le lieutenant général, et dont il est question au texte, paraît avoir été dressé dès le milieu de 1790, sans attendre le retour de tous les « extraits » envoyés pour émargement aux syndics paroissiaux.

[1] L'*État* annoncé par le lieutenant général ne se retrouve pas dans le carton des Archives nationales. Une note manuscrite, placée en tête de la lettre reproduite ci-dessus, mentionne d'ailleurs : « le 15 octobre 1790, envoyé au département de la Manche l'État des dépenses joint à cette lettre. » (*Ibidem.*)

[2] *Arrêt du Parlement de Normandie*, qui casse et annule l'enregistrement fait au bailliage de Coutances de la *Déclaration du roi du 10 octobre 1755*, envoyée par le Grand Conseil, Rouen, 8 mars 1756 (dans *Recueil des édits*, tome des années 1754 à 1765, p. 94).

*e. Lettre de M. le comte de Saint-Priest, ministre de la maison du roi,
à M. le Garde des Sceaux, du 8 août 1789.*

(Ms., Arch. nat., B a 88, dossier 5e, et par transcription B III/54, p. 406.
Original signé. *Inédit.*)

Mgr, j'ai l'honneur de vous envoyer une lettre du lieutenant-général du bailliage de Saint-Sauveur-Lendelin, secondaire de celui de Coutances [1]. Vous y verrez que cet officier a refusé d'enregistrer le Règlement fait par le roi le 30 mai dernier, pour le payement des dépenses occasionnées par les diverses assemblées qui ont eu lieu dans les bailliages et sénéchaussées du royaume, relativement à la convocation des États Généraux, — par la raison, dit-il, qu'il y a un Arrêt du Parlement de Rouen du 8 mars 1756, qui défend aux sièges inférieurs de son ressort de rien enregistrer qu'auparavant il ne l'ait été par cette cour. C'est à vous, Mgr, qu'il appartient de faire connaître à cet officier les intentions du roi sur cette difficulté. J'ai l'honneur, etc.

Le comte DE SAINT-PRIEST [2].

**f.** *Minute de lettre de M. Champion de Cicé, Garde des Sceaux, à M. le comte
de Saint-Priest, ministre d'État, du 26 août 1789.*

(Arch. nat., B a 35, l. 70, dossier 11e, pièce cotée n° 4, et par transcription
B III/54, p. 407. Minute non signée. *Inédit.*)

Versailles, 26 août 1789.

Je joins ici, M., la copie de la réponse que j'ai faite à la lettre qu'avait adressée le lieutenant-général du bailliage de Saint-Sauveur-Lendelin à M. de Villedeuil, le 4 juillet dernier, et que vous-même m'avez fait passer pour y répondre [3]. Je vous prie d'être persuadé, M., de la vérité des sentiments qui m'attachent parfaitement à vous.

(*Non signé*) [4].

[1] La transcription porte en marge : « Cette note n'est pas jointe à celle ci-dessus, comme l'annonce M. de Saint-Priest. » Mais, en réalité, la lettre est aujourd'hui encore dans le carton B a 88.

[2] Pour l'explication du changement de titulaire du ministère de la Maison du Roi, voyez *infrà*, p. 624, note 1.

[3] Voir la pièce suivante, lettre g.

[4] La transcription a restitué ici la signature « † M., archevêque de Bordeaux » (p. 407). Le Garde des Sceaux en fonctions au moment de la convocation, BARENTIN, démissionnaire après le 14 juillet, avait été remplacé à la date du 4 août par Champion de Cicé, archevêque de Bordeaux. (*Les ministères français*, public. de la Soc. d'Hist. moderne, 1911, in-8°, p. 21.)

*g.* *Lettre du Garde des Sceaux à M. de Manneval, bailli de robe longue*
*de Saint-Sauveur-Lendelin, du 26 août 1789.*

(Ms., Arch. nat., B a 88, dossier 5°, et par transcription B III/54, p. 408.
Copie signée. *Inédit.*)

M., M. le comte de Saint-Priest vient de me faire passer une
lettre que vous avez écrite, en date du 4 juillet, à M. de Villedeuil[1]. Je me suis chargé d'y répondre et de vous annoncer les
intentions du roi, à l'occasion du refus que vous avez cru devoir
faire d'enregistrer le Règlement du 30 mai dernier, etc... Ce
refus, — motivé sur un Arrêt du Parlement de Rouen du
8 mars 1756, qui défend aux sièges inférieurs de rien enregistrer
qu'il ne l'ait été par cette cour, — n'a été fait jusqu'à présent
que par vous seul, et on n'a pensé, dans aucun siège du ressort
du Parlement de Rouen, que cet arrêt pût être un motif suffisant
pour empêcher d'enregistrer le Règlement du 30 mai dernier,
surtout dans une circonstance où le roi ayant interdit aux parlements et à toutes les autres cours, par le Règlement du 24 janvier dernier, la connaissance de tout ce qui était relatif à la
convocation des États Généraux, cet arrêt n'était par conséquent pas
applicable aux opérations qui étaient la suite de celles ordonnées
par le Règlement du 24 janvier dernier, que vous avez enregistré,
sans vous croire lié par cet arrêt que vous citez aujourd'hui
pour la première fois. Le roi m'a chargé, en conséquence, M.,
de vous ordonner de faire cet enregistrement aussitôt que vous
aurez reçu ma lettre, et de m'instruire de l'exécution des ordres
de S. M. à cet égard, afin que je puisse lui en rendre compte.
Je suis, etc.

Signé : M., *Arch. de Bord.* [2].

*h.* *Lettre du comte de Saint-Priest à M. Lescaudey de Manneville*
*bailli de Saint-Sauveur-Lendelin, du 5 septembre 1789.*

(Ms., Arch. nat., B a 88, dossier 5°, Non transcrit dans B III/54. Minute
non signée. *Inédit.*)

M., j'ai communiqué à M. le G. d. S. les motifs qui vous

---

[1] M. de Villedeuil avait, au moment
de la convocation, le ministère de la
Maison du Roi, avec la Normandie dans
son département (*Almanach royal*, 1789,
p. 230, et A. Brette, *Documents*, I,
p. 353). Il resta en fonctions jusqu'au
12 juillet 1789, et, après l'éphémère

ministère des Cent heures, fut remplacé
à la Maison du Roi par le comte de
Saint-Priest, à la date du 19 juillet.
(*Les ministères français*, p. 21.)

[2] La transcription rétablit la signature : « † M., archevêque de Bordeaux »
(p. 409).

avaient porté à ne point enregistrer le règlement du 30 mai courant. Ce ministre ayant bien voulu se charger de vous faire connaître les intentions du roi, je m'en rapporte entièrement à la lettre qu'il a dû vous écrire. Je suis, etc.

(*Non signé.*)

i. *Lettre de M. le comte de Saint-Priest, ministre d'État,*
*à M. le Garde des Sceaux, du 6 septembre 1789.*

(Arch. nat., B a 88, dossier 5°, et par transcription dans B III/54, p. 141.
Minute non signée. *Inédit* [1].)

Mgr, j'ai reçu avec votre lettre du 26 août la copie de celle que vous avez écrite au lieutenant-général du bailliage de Saint-Sauveur-Lendelin, au sujet du refus de cet officier d'enregistrer le règlement du 30 may dernier, concernant les dépenses de la convocation des États Généraux. Je vous suis infiniment obligé de me l'avoir fait connaître. Je suis avec respect, Mgr, etc....

(*Non signé* [2].)

B. Dépenses des assemblées préliminaires
des bailliages secondaires.

1. Taxe particulière des députés de la ville de Cherbourg.

a. *Délibération du corps de ville de Cherbourg,*
*relativement à l'indemnité des députés de cette ville, du 12 mars 1789.*

(Arch. municipales de Cherbourg, *Registre des délibérations des Conseils de ville, 1766-1791,*
coté B B 5, f° 150 recto. Original signé. *Inédit* [3].)

L'an 1789, le 12 mars, en l'hôtel de ville de Cherbourg, devant MM. les maire et échevins,

---

[1] La pièce est chargée de nombreuses ratures.

[2] Le transcription rétablit ici la signature : *Signé : le comte de Saint-Priest.*

[3] Une copie par extrait de cette délibération, signée des officiers municipaux, est également conservée aux Archives municipales de Cherbourg, liasse CC 104, pièce non cotée. La rédaction de cet extrait paraît d'ailleurs avoir été provoquée par une *Adresse des citoyens électeurs de 1789 aux maire et éche-*

La communauté assemblée après convocation faite par billets, suivant la forme et l'usage ordinaire, pour délibérer sur la nécessité de régler la somme qui sera passée à MM. les députés de cette ville qui se sont rendus et vont se rendre aux assemblées tenues au bailliage de Valognes concernant les États Généraux prochains, ainsi que celle qui sera allouée à ceux de ces MM. qui pourront être députés à l'Assemblée qui sera tenue la semaine prochaine au bailliage de Coutances,

Il a été décidé que ces MM. seront remboursés de leur dépense par l'hôtel de ville, à raison de 12 livres par jour, y compris ceux d'aller et retour, sauf à la ville à recevoir, pour se rembourser, le prix qui selon l'apparence sera réglé par les États Généraux.

Ce qui a été signé après lecture faite.

> Couey Dulongprey, Picot, *prêtre*, Marion de la Martinière, Groult, Desfontaines le jeune, De Mons de Garantot, De Fontenelle-Postel, De Chantereyne, Cabart, *commissaire-greffier*[1].

b. *État de taxes des députés de la ville de Cherbourg, établi par la municipalité.*

(Ms., Arch. municipales de Cherbourg, CG 103, *pièce non cotée, 2 pages f°. Original signé. Inédit.*)

*État du remboursement fait par l'hôtel de ville de Cherbourg à MM. les députés qui ont assisté aux assemblées de Valognes et à celles de Coutances, relatives aux États Généraux, en conséquence d'une délibération de la ville du 12 mars 1789.*

Savoir : [2]

M. de Garantot, pour 24 jours à 12 livres par jour :

| | |
|---|---|
| du 8 au 10 mars inclusivement, à Valognes. | 3 |
| du 12 au 14 mars inclusivement, à Valognes. | 3 |
| A reporter............ | 6 |

vins *municipaux, pour demander de faire expédier copie de la délibération de mars 1789, relativement aux indemnités des électeurs.* Cette pièce, en date du 5 janvier 1793, se retrouve aujourd'hui encore dans la même liasse.

[1] Les signataires de la délibération ci-dessus représentent presque la totalité des membres du corps municipal de Cherbourg en février-mars 1789; on y trouve le maire et les échevins, et parmi les notables il manque seulement le chevalier de Gassé, notable, et Dorange, procureur-syndic.

[2] On comparera la liste des députés de la ville de Cherbourg, élus dans la séance du 7 mars 1789 (*Procès-verbal*, au tome II, p. 48).

Report................ 6

du 15 mars au 1ᵉʳ avril, à Coutances....... 18

24    288 liv.[1]

*M. de Fontenelle*, pour 6 jours à 12 livres par jour :

du 8 au 10 et du 12 au 14 mars, inclusivement,
à Valognes............................    72

*M. de Chantereyne*, pour 6 jours à 12 livres par jour :

du 8 au 10 et du 12 au 14 mars inclusivement,
à Valognes............................    72

*M. de Hautmarest*, pour 5 jours à 12 livres par jour :

du 8 au 10, du 13 au 14 mars inclusivement, à
Valognes............................    60

*M. de la Croix*, pour 5 jours à 12 livres par jour :

du 8 au 10 et du 13 au 14 mars inclusivement, à
Valognes............................    60

*M. Dorange*, pour 23 jours à 12 livres par jour :

du 8 au 10 et du 13 au 14 mars inclusivement, à Valognes.................    5

du 15 mars au 1ᵉʳ avril, à Coutances......    18

23    276

*M. Groult*, pour 23 jours à 12 livres par jour :

du 8 au 10 et du 12 au 14 mars inclusivement, à Valognes.................    6

du 15 mars au 31, à Coutances.........    17

23    276

*M. Avoine*, pour 24 jours à 12 livres l'un :

du 8 mars [au 10] et du 12 au 14 mars, à
Valognes............................    6

du 15 mars au 1ᵉʳ avril, à Coutances.......    18

24    288

A reporter................    1,392

---

[1] Chacune des taxes allouées est accompagnée en marge, dans l'original, d'une mention « pour acquit », avec la signature du député visé. Pour le député de Hautmarest, l'acquit est signé BEL-HOMME.

40.

Report................................ 1,392

M. *de Hautmesnil*, pour 24 jours à 12 livres l'un :

du 8 au 10 et du 13 au 14 mars, à Valognes.    5

du 15 mars au 1er avril, à Coutances......    18

23    276

M. *Vitrel*, pour 24 jours à 12 livres l'un :

du 8 au 10 et du 13 au 14 mars, à Valognes.    6

du 15 mars au 1er avril, à Coutances......    18

24    288

TOTAL, 1,956 livres payées dans le mois d'avril 1789

par le secrétaire greffier, ci................... 1,956 liv.[1]

*Vu bon* : GARANTOT, DE FONTENELLE POSTEL, DE CHANTEREYNE.

[1] La taxe allouée aux députés de la ville de Cherbourg en mars 1789 souleva par la suite d'assez graves difficultés. La délibération du 12 mars avait été prise par les membres du corps municipal, qui se trouvaient en même temps, comme on peut s'en assurer, en qualité de députés, bénéficiaires de la taxe. Des protestations durent s'élever contre ce procédé un peu cavalier, qui grevait durement les finances de la ville. Toujours est-il qu'au mois de décembre 1789, lorsque la suppression du privilège du sel accordé à la ville eut amené de graves perturbations dans le budget municipal, les commissaires élus pour examiner la situation financière relevèrent immédiatement, parmi les dépenses sujettes à discussion, « les vacations que le corps municipal s'est accordé à lui-même et aux autres députés de cette ville tant à Valognes qu'à Coutances ». (*Observations des commissaires nommés pour l'examen des comptes de l'hôtel de ville*, 5 décembre 1789, Arch. mun. Cherbourg, CC, 104, pièce non cotée, 4 pages in-f°.) Les commissaires proposaient de faire rembourser les sommes touchées par les députés. Nous ne savons au juste ce qu'il en advint, nous avons seulement relevé une lettre de Garantot, du 26 novembre 1792, dans laquelle il offre de rendre les 288 livres qu'il a reçues comme électeur à Coutances (*même liasse*). Pour les autres, il semble que la plupart firent entrer l'abandon de leur taxe dans leur *contribution patriotique*.

c. *Second État de taxes des députés de la ville de Cherbourg, établi par le lieutenant-général du bailliage de Coutances.*

(Arch. Greffe de Coutances, liasse d'États dressés par paroisses, dossier du bailliage de Valognes, pièce cotée n° 335. Imprimé à colonnes dont les blancs ont été remplis et signés par les députés. *Inédit* [1].)

*État général de la taxe des frais de voyage, séjour et retour des députés qui ont composé l'assemblée du tiers état du bailliage du Cotentin, pour la nomination des députés aux États Généraux.*

BAILLIAGE DE VALOGNES.

| NOMS | | TAXE pour le VOYAGE, séjour et retour. | ACCEPTATION OU REFUS [1]. |
|---|---|---|---|
| DES PAROISSES. | DES DÉPUTÉS. | | |
| Paroisse et ville DE CHERBOURG, (N° 335.) | M. Garantot, *lieutenant de police.* | 80 l. | A été payé et en (sic) absent. Payé par la ville de Cherbourg, vertu de la procuration. Accepté. — MONEY. |
| | M. Avoine, *syndic des avocats.* | 80 l. | La communauté ayant misé de remplir le déboursé, j'accepte que cette somme soit remise à la caisse de la ville. — AVOINE. |
| | M. Groud (sic), *procureur du roi en l'amirauté.* | 80 l. | Accepté pour être remis au coffre de la ville. — P. GROULT. |
| | M. Dorange, *bailli de la haute justice de la Haye (sic).* | 80 l. | Accepté pour remettre au coffre de la ville. — DORANGE. |
| | M. Viel Hautmesnil, *négociant.* | 80 l. | Accepté pour remettre au coffre de la ville. — VIEL DE HAUTMESNIL. |
| | M. Vitrel, *négociant.* | 80 l. | Accepté pour remettre au cofre (sic) de la ville. — VITREL. |

[1] Nous réunissons, pour raison de simplification, dans une même colonne les refus et les acceptations, qui constituent dans l'*État* deux colonnes séparées; on fait d'ailleurs, aucun nom ne figure, pour la ville de Cherbourg, dans la colonne des *refus.*

Au *verso* de la pièce on lit :

La municipalité de Cherbourg, qui a pris communication de

[1] Ce nouvel État fut dressé à la fin de 1789, en exécution des dispositions générales du *Règlement royal du 30 mai 1789.* La comparaison avec le précédent est intéressante. On observera d'abord qu'il ne comprend plus que six noms, ceux des députés à l'assemblée générale de Coutances; et de fait, il n'y est pas fait mention de la taxe afférente à l'assemblée préliminaire du bailliage de Valognes, qui a dû être portée sur une autre pièce. On remarquera aussi nécessairement la différence considérable existant entre les taxes déterminées par le *Règlement* et celles que les officiers municipaux, membres de la députation de Cherbourg, s'étaient eux-mêmes généreusement accordées.

l'*État* en l'autre part, observe que c'est à elle à qui doit revenir toutes les différentes taxes y mentionnées, attendu qu'elle a été autorisée, par délibération du 12 mars dernier, à rembourser MM. les électeurs qui iraient à Coutances de leurs frais et débours; observant que cette taxe est beaucoup inférieure à la somme que ces MM. ont déclaré avoir dépensé et à celle qui leur a été réellement payée; tous lesquels électeurs sont restés à Coutances sans désemparer, depuis le premier jour de l'assemblée jusqu'à celui de la clôture.

Ce qui a été signé par les membres de la municipalité et par les électeurs présents.

> VITTHEL, *électeur*; P.-T. GROULT, *électeur*; DORANGE, *électeur*;
> AVOINE, *électeur*; VIEL DE HAUTMESNIL; DEFONTENELLE POSTEL,
> *échevin*; vertu de procuration de M. de Garantot, MOREY.

### 2. TAXES GÉNÉRALES ÉTABLIES EN EXÉCUTION DU RÈGLEMENT ROYAL DU 30 MAI 1789.

a. Extrait de l'*Aperçu des dépenses occasionnées dans les bailliages et sénéchaussées pour l'élection de MM. les députés à l'assemblée nationale.*

(Ms., Arch. nat., B a 87, liasse 1°, pièce non cotée, 7 pages in-f°, Tableau à colonnes non daté ni signé. *Inédit* [1].)

| BAILLIAGE PRINCIPAL. | BAILLIAGES SECONDAIRES. | QUOTITÉ de LA TAXE PAR JOUR. | MONTANT DES TAXES ACCORDÉES. | FRAIS à LA CHARGE DU DOMAINE [1]. | FRAIS pour LE LOCAL des ASSEMBLÉES. |
|---|---|---|---|---|---|
| Coutances ........ | ................... | [8 l.] | ............ | [888 l.] | [601 l. 14 s.] |
| | Saint-Lô ......... | 5 l. | 184 l. | 24 l. | " |
| | Cérences ........ | " | " | 64 l. 5 s. | " |
| | Saint – Sauveur – le Vicomte. | 6 l. | 1,251 l. | 79 l. | " |

[1] Le *Règlement du 30 mai 1789* avait mis à la charge du domaine les frais d'impression et de publication des documents de la convocation, tandis que les dépenses relatives aux locaux des assemblées devaient être acquittées sur les deniers communs des villes. (Art. 4 et 16, dans A, BRETTE, *op. cit.*, p. 54.)

[1] Ce tableau, très incomplet, — le seul que nous ayons trouvé dans les cartons des Archives nationales pour les ressorts du bailliage de Cotentin, — ne renseigne que sur les dépenses de quatre bailliages sur dix; encore les chiffres afférents au ressort du bailliage de Coutances ont-ils été restitués par nous, d'après l'*État de dépenses* analysé plus loin.

Les États particuliers des différents bailliages secondaires, au moyen des-

b. *Lettre de Michel de Bonnefond, procureur du roi au bailliage de Saint-Sauveur-le-Vicomte, du 2 octobre 1789* [1].

(Ms., Arch. nat., B a 87, liasse 3e, Original signé. *Inédit.*)

Mgr, conformément aux ordres que M. de Villedeuil m'avait prescrits, j'ai l'honneur de vous informer que j'adresse aujourd'hui à Mgr le G. d. S. l'*État des dépenses* auxquelles ont donné lieu les assemblées tenues dans le bailliage de Saint-Sauveur-le-Vicomte pour la convocation des États Généraux.

Les dépenses pour l'impression se montent à la somme de . . . . . . . . . . . . . . . . . . . . . . . . . . . . . . . . . . . . . . 79 liv.

Les taxes que j'ai arrêtées pour les députés à celle de . . . . . 1,698

Ce qui forme une somme totale de . . . . . . . . . . . . . . . . . . . . . 1,777 liv.

Dont déduire la somme de 447 livres pour le montant des taxes auxquelles ont renoncé une partie des députés, ci . . . . . . 447 liv.

Il reste donc . . . . . . . . . . . . . . . . . . . . . . . . . 1,330

J'espère, Mgr, que vous voudrez bien donner les ordres nécessaires.

MICHEL DE BONNEFOND.

quels cet *État général* a dû être dressé, ont également disparu; pour le seul ressort de Saint-Sauveur-le-Vicomte, nous avons la lettre du procureur du roi reproduite ci-dessus.

[1] Nous manquons de renseignements précis sur les dépenses des autres ressorts secondaires du bailliage de Cotentin. Le carton des Archives nationales contient bien une série de lettres des lieutenants généraux de la plupart des ressorts (Coutances, Gérences, Carentan, Mortain, Saint-Lô, Saint-Sauveur-le-Vicomte, Tinchebray), qui annoncent l'envoi des *États de frais* de leur siège; mais, ainsi que l'a déjà observé A. BRETTE, ces pièces ont disparu des cartons, ayant été retournées aux départements au mois d'octobre 1790. Voir A. BRETTE, *Les* dépenses des assemblées électorales en 1789, dans *Révol. franç.*, tome XXXIII (1897), p. 102.

A titre d'exemple, voici la lettre du lieutenant général de Saint-Lô, en date du 17 novembre 1789 : «Mgr., je présume que la retraite de M. de Barentin n'a point apporté de changement aux ordres que ce magistrat m'avait donnés; et dans cette persuasion, j'ai l'honneur de vous adresser, en exécution de ces mêmes ordres, l'*État* des dépenses que la convocation des États Généraux a occasionnées dans mon ressort. Je suis, etc. — DE ROBILLARD.» Une note manuscrite en tête de cette lettre porte : « envoyé le 15 octobre 1790 au département de la Manche l'état de dépense joint à cette lettre.»

c. Extrait de l'*État général de la taxe des frais de voyage, séjour et retour,
des députés du tiers état du bailliage de Coutances qui ont assisté aux
assemblées préliminaire et générale dudit bailliage.*

(Arch. Greffe de Coutances, liasse des *États de frais*, pièces cotées nᵒˢ 78 à 178.
Tableaux imprimés à colonnes dont les blancs ont été remplis. Originaux signés. *Inédits* [1].)

| NOMS | | TAXE pour le VOYAGE, séjour et retour. | REFUS OU ACCEPTATION [1]. |
|---|---|---|---|
| DES PAROISSES. | DES DÉPUTÉS. | | |
| BRICQUEVILLE-LA-BLOUETTE. (Nᵒ 84.) | M. *Lescaudey*, conseiller substitut. Pour l'assemblée préliminaire.... 9ˡ Pour l'assemblée générale..... 68ˡ | 77 l. | Refusé, LESCAUDEY. |
| | M. *Philippe Herpin*, avocat, pour l'assemblée préliminaire. | 9 l. | Refus, P. HERPIN. |
| BRICQUEVILLE-PRÈS-LA-MER. (Nᵒ 85.) | M. *Pierre Doulot*, laboureur, pour l'assemblée préliminaire *trois jour pasée* (sic). | 12 l. | Accepté, P. DOUTOT. |
| | M. *Jean Baptiste Hastey*, chirurgien : Pour l'assemblée préliminaire.... 18ˡ Pour l'assemblée générale, 23 jours........ 74ˡ | 92 l. | Accepté, J.-B. HASTEY, *chirurgien*. |
| | M. *Julien Alaterre*, laboureur : Pour l'assemblée préliminaire. | 12 l. | Accepté, J. ALAT (sic). |
| GAVRAY, bourg. (Nᵒ 101.) | M. *Guischard*, vicomte : Pour l'assemblée préliminaire.... 12ˡ Pour l'assemblée générale..... 74ˡ | 86 l. | Accepté pour 23 jours la somme ci-contre. — GUISCHARD. |
| | M. *Le Tanneur*, avocat : Pour l'assemblée préliminaire.... 18ˡ Pour l'assemblée générale .... 74ˡ | 92 l. | Accepté pour la somme ci-contre, 23 jours. — LE TANNEUR. |

(1) Pour la même raison de simplification déjà exposée, nous avons réuni en une seule les deux
colonnes d'acceptation et de refus, distinctes dans les originaux.

(1) Les tableaux paroissiaux ainsi conservés au greffe de Coutances sont au nombre de 101, pour 127 paroisses convoquées et 121 comparantes; ceux des villes de Coutances et de Granville, et des communautés de Saint-Pierre et Saint-Nicolas de Coutances sont parmi les manquants. Une lettre du Comité national de Granville, en date du 27 novembre 1789, explique que la municipalité a égaré l'imprimé qui lui avait été envoyé. (*Ibidem.*)

| NOMS | | TAXE pour le VOYAGE, séjour et retour. | REFUS OU ACCEPTATION. |
|---|---|---|---|
| DES PAROISSES. | DES DÉPUTÉS. | | |
| SAULTCHE-VREUIL, (N° 169.) | M. *Le Cervoisier*, avocat : Pour l'assemblée préliminaire.... 18ˡ Pour l'assemblée générale .. i. 74ˡ | 92 l. | Le Cervoisier accepte, pour 23 jours, la somme ci-contre. — LE CERVOISIER. |
| | M. *Lemaître de la Morlière*, avocat : Pour l'assemblée préliminaire, | 12 l. | Lemaître reffuse (sic) et en fait don patriotique. — LEMAISTRE. |
| | M. *Gilbert*, avocat : Pour l'assemblée préliminaire.... 18ˡ Pour l'assemblée générale.... 74ˡ | 92 l. | S'il est vrai que des Français puissent regarder comme des créances les sommes proposées, nous en faisons le don à la patrie, nous y joignons le désir que l'on imprime une liste contenant les noms des acceptans et la rétribution proposée; de l'impression de laquelle nous offrons supporter personnellement la dépense; nous croyons que ce parti contribuera à éteindre les restes de cet égoïsme honteux qui flétrit encore bien des cœurs. — ENGERRAN DES LANDES, avocat; GILBERT, avocat. |
| | M. *Engerrand des Landes*, avocat : Pour l'assemblée préliminaire.... 18ˡ Pour l'assemblée générale ... 74ˡ | 92 l. | |

d. Extrait d'une *Lettre de M. Leterrier, curé de Mesnilrogues,*
*à M. Desmarets de Montchaton, lieutenant général, du 18 décembre 1789.*

(Ms., Arch. Greffe de Coutances, liasse d'*États de frais* du bailliage de Coutances, pièce cotée n° 130. Original signé. *Inédit* [1].)

Dans cette lettre, le curé de Mesnilrogues explique qu'il retourne, à la place du syndic Rochais, récemment décédé, l'*Extrait de taxe* pour la paroisse, que le lieutenant général avait adressé. Les deux députés de la paroisse, Gabriel-Olivier Cauvry, avocat, et Henri-Marin Vibert, laboureur, ont accepté la somme proposée, qui est de 12 livres, pour trois jours passés à l'assemblée préliminaire. Mais le curé ajoute ensuite :

En même temps j'ai l'honneur de vous observer, de la part des membres de l'assemblée municipale et autres principaux paroissiens, qu'ils se cotisèrent et fournirent auxdits députés, pour leurs frais, une somme de 15 à 18 livres. Pourquoi ils vous prient, M., si le roy paye ces mêmes frais, pour prévenir toute difficulté

[1] Cette pièce a paru intéressante à reproduire, pour montrer que, dès avant le *Règlement du 3o mai*, dans un certain nombre de paroisses, les députés s'étaient fait allouer une rémunération. On comparera également le premier *État de taxes* des députés de Cherbourg (*suprà*, p. 626).

entre eux, d'ordonner à qui desdits députés ou des paroissiens qui ont payé, l'argent à venir sera remis. J'ai l'honneur d'être, etc...

LETERRIER. *curé.*

C. DÉPENSES DE L'ASSEMBLÉE GÉNÉRALE DES TROIS ORDRES, À COUTANCES.

a. Extrait de l'*État de frais* dressé par le lieutenant général de Montchaton.

(Ms., Arch. Greffe de Coutances, liasse *États généraux*, pièce n° 339, 54 pages entièrement remplies, grand in-f°. Original signé. *Inédit* [1].)

GÉNÉRALITÉ DE CAEN. BAILLIAGE DU COSTENTIN.

*État général des dépenses faites pour l'assemblée des trois ordres du bailliage de Costentin, réunis en la ville de Coutances, en exécution des Lettres de convocation de S. M. pour les États Généraux, dressé par Nous, Thomas-Louis-Antoine Desmarets, chevalier, seigneur de Montchaton, lieutenant général du bailliage et siège présidial dudit lieu, aux termes du Règlement du 3o may dernier* [2].

Cet état sera composé de trois chapitres; le premier contiendra les frais d'impression, publication, port des exemplaires en forme de lettres de convocation et règlement y attaché du 24 janvier dernier, d'écritures de procès-verbaux et de différentes expéditions; le second contiendra les frais que les préparatifs du local des assemblées ont nécessités; et le troisième contiendra la taxe des frais de voyage, séjour et retour des députés [3].

PREMIER CHAPITRE [4].

[1°] Il est dû au sieur *Blondel*, greffier du bailliage et secrétaire de l'assemblée du tiers état, pour 8 journées par lui employées à aller porter aux lieutenants-généraux des neuf bailliages secondaires

(1) Une note en marge indique que « un double collationné de cette pièce a été remis, le 26 juillet 1790, à M. Desmarets, lieutenant général ».

(2) *Règlement fait par le roi pour le payement des dépenses des assemblées des bailliages et sénéchaussées relatives à la convocation des États Généraux, du 3o mai 1789* (texte dans A. BRETTE, *Documents*, t. I<sup>er</sup>, p. 54, n° XXXI).

(3) *Règlement* précité, art. 2, 3, 4 et 5 (*loc. cit.*), p. 54.

(4) Aux termes de l'article 8 du règlement, le premier chapitre de l'*État de frais* devait contenir : « ceux d'impression et publication faits en exécution des lettres de convocation », et ces frais devaient être acquittés « sur les fonds provenant des revenus du domaine du roi » (*Ibidem*).

dudit bailliage de Cotentin des exemplaires en forme des Lettres de convocation et Règlement du 24 janvier dernier [1], aux termes de l'Instruction faite au Conseil d'État du roi, dudit jour 24 janvier dernier, 60 livres, ci.................................. 60 l.

[2°] Pour les écrivains par lui employés à faire les copples des procès-verbaux des trois ordres et les différentes expéditions, ainsi que pour la formation du présent état, 84 livres, ci..... 84 l.

Pour différentes fournitures, comme plume, encre, écritoire et chandelles................................................ 3 l. 15 s.

Nota. On ne parle point ici du temps considérable employé par le greffier aux différentes assemblées et autres opérations y relatives. On observe cependant qu'il a souffert un préjudice notable sur l'exercice de son greffe, qu'il tient à ferme, et qu'il paraîtrait utile de l'indemniser des pertes qu'il a faites pendant les assemblées tant primaires que générale.

[3ª] *Frais d'impression.*

Il est dû à l'imprimeur [2], suivant son mémoire, pour l'impression des différentes ordonnances de M. le lieutenant général, des exploits donnés aux nobles, ecclésiastiques, syndics et autres, et des modèles de délibérations et procurations distribués à toutes les communautés aux termes du Règlement du 24 janvier dernier, pour papier fourni au Greffe pour les assemblées, plumes, pour l'impression des lettres, règlement et placard,

Savoir :

Pour 200 ordonnances de M. le Lieutenant-général, in-4°, en gros romain, sur grand papier..................... 30 l.

Pour 200 ordonnances en placard [3]................. 30

A reporter...................... 60

---

[1] Sur cette remise des pièces de la convocation aux différents sièges secondaires, on rapprochera utilement le *Procès-verbal d'assemblée des trois ordres*, séance du 16 mars (*supra*, p. 361). Nous avons conservé les accusés de réception des officiers royaux, qui s'échelonnent effectivement du 15 au 20 février (voir *supra*, p. 361, note 2.).

[2] Les pièces de la convocation furent imprimées à Coutances par G. Joubert, « seul imprimeur du roi »,

[3] Il ne s'agit manifestement que des placards destinés au ressort du bailliage principal de Coutances, comprenant 127 paroisses. Les affiches nécessaires à la convocation dans les ressorts secondaires furent imprimées aux frais et par les soins des lieutenants généraux de ces sièges.

Report...................... 60

Pour assignations aux ecclésiastiques, modèles de pro cura-
tion pour les bénéficiers, notifications à faire aux maires, etc.,
procès-verbal d'assemblée des villes, bourgs et villages, délibération des curés des villes, délibération pour l'élection d'un
chanoine et délibération pour les corporations, tirés ensemble
2,400 [1], ce qui fait................................. 120

Pour impression de 60 placards d'invitation à MM. les
membres composant les trois ordres du bailliage de Costentin.  10

Pour 20 mains de papier de compte, fournies au Greffe en
plusieurs fois pour les assemblées.................... 16

Pour papier de ministre à lettres, et plumes.......... 4 l.  4 s.

Pour impression de la Lettre de M. le Chancelier, in fol.,
afin de convoquer une seconde assemblée de la noblesse [2]...  9

Pour impression de 350 Lettres de M. le Lieutenant aux
membres de la noblesse, pour la seconde assemblée........  24

Pour impression du Règlement pour le payement des
députés aux assemblées du bailliage de Coutances [3], sur deux
feuilles de grand papier............................ 30

Pour impression d'un grand placard qui invitait les habitants des paroisses à apporter des provisions à la ville pendant
le temps de l'assemblée [4]........................... 10

Pour 2 procès-verbaux de l'assemblée 18 8° B........  6

Pour 130 Lettres pour le payement des dépenses.......  7  10

Pour 130 Lettres en exécution de l'article XI pour idem.  14

Pour 230 Extraits de l'État général de la taxe, frais de
voyage, séjour des députés........................... 6  10

Pour 230 Extraits de l'État du Bailliage de Coutances....  15  10

TOTAL........................ 338 l. 14 s.

NOTA. *Cette somme a été payée par le domaine, en vertu d'exécutoire visé
le 22 avril 1790.*

---

[1] Les assignations et notifications
paraissent, vu le nombre indiqué, avoir
été imprimées pour le ressort entier du
bailliage principal et de ses secondaires.

[2] Il s'agit de la *Lettre* accompa-
gnant le *Règlement fait par le roi, concernant les mandats des députés aux
États Généraux, du 27 juin 1789.* Un
exemplaire imprimé de cette lettre, en
date du 3 juillet 1789, est conservé
aux Archives du Greffe de Coutances.

[3] *Règlement fait par le roi pour le
paiement des dépenses des assemblées,
du 30 mai 1789* (A. BRETTE, *Documents,*
I, n° XXXI, p. 54).

[4] Il s'agit peut-être de l'*Avis, de
par M. le lieutenant de police, du 9 mars
1789* (texte *suprà,* p. 601).

### Deuxième chapitre.

*Frais faits pour les préparatifs des salles des trois ordres, et fournitures faites par les ouvriers qui y ont travaillé* [1].

[1°] Le nommé *Daireaux*, menuisier à Coutances, a été chargé de la préparation desdites salles. Lui est dû, savoir :

Pour 240 pieds de bois chêne, pour faire des tréteaux pour soutenir les bancs de la salle de l'ordre du tiers état, à 4 sols le pied, ce qui fait 48 livres, ci............................. 48 l.

Pour 150 planches pour faire les bancs, à 6 sols de loyer, 45 livres, ci................................. 45

Pour clous et patefiches nécessaires auxdits ouvrages, 9 livres, ci.................................. 9

Pour 35 journées d'ouvriers employés à la préparation de la salle, à 30 sols par jour, 52 liv. 10 sols, ci.......... 52 l. 10 s.

Il est pareillement dû audit *Daireaux*, pour 436 pieds de bois chêne par lui fournis pour faire les tréteaux pour la construction des bancs placés dans la nef de la cathédrale pour l'assemblée générale des trois ordres, à 4 sols le pied, ce qui fait 81 liv. 4 sols, ci.......................... 81    4

Pour 200 planches pour faire lesdits bancs et une estrade, à 6 sols chaque de loyer, ce qui fait 60 livres, ci......... 60

Pour les clous et patefiches pour lesdits ouvrages, 16 livres, ci...................................... 16

Pour 60 journées d'ouvrier, pour établir lesdits bancs, à 30 sols, ce qui fait 90 livres, ci..................... 90

| | |
|---|---|
| Total de ce qui est dû audit *Daireaux*, suivant son mémoire | 401 l. 14 s. |

Nota. *Cette somme a été payée par la ville de Coutances, et son trésorier sollicite le remboursement* [2].

[2°] En outre les bancs ci-dessus, il a été fourni par les nommés *Guitton*, *Lelièvre* et *Bouillon*, ayant à ferme les chaises de la cathédrale, 600 chaises pour les salles de la noblesse et du clergé, pendant 17 jours, temps qu'a duré l'assemblée du bailliage du Cotentin, le loyer desquelles, y compris le dommage occasionné auxdites chaises pendant l'assemblée, a été fixé à 200 livres, ci................................. 200 l.

Nota. *Cette somme a été payée par la ville de Coutances, et le trésorier en sollicite le remboursement* [3].

[1] *Règlement fait par le roi pour le paiement des dépenses des assemblées, du 30 mai 1789*, art. 2 : « Le deuxième chapitre comprendra les frais qu'ont pu nécessiter les préparatifs et loyers du local des assemblées, et le roi pourvoira à ce que ces dépenses soient acquittées sur les deniers communs des villes, si elles ne l'ont déjà été. » (*Loc. cit.*, p. 54.)

[2] Cf. la *Lettre du lieutenant général de Montchaton au G. d. S.*, du 7 juillet (*suprà*, p. 620).

[3] Même remarque qu'à la note précédente.

RÉCAPITULATION.

Au sieur *Blondel*, greffier-secrétaire.................... 147 l. 15 s.

Au sieur *Joubert*, imprimeur à Coutances............. 338   14

Au sieur *Daireaux*, menuisier à Coutances.......... 401   14

Aux loueurs de chaises............................... 200

TOTAL des deux chapitres de dépenses faites pour les assemblées particulières et générale des trois ordres du bailliage de Coutances, pour la convocation d'icelles et préparation des salles, 1,088 l. 3 s., ci.............. 1,088 l. 3 s.

## TROISIÈME CHAPITRE [1].

### PREMIÈRE SECTION [2].

*Taxe des frais de voyage, séjour et retour de chacun des députés des villes, bourgs et communautés qui ont composé l'assemblée préliminaire du tiers état du bailliage principal de Coutances, ladite taxe faite eu égard au séjour pendant ladite assemblée et à la distance des lieux, à raison de 3 livres par jour [3].*

| NOMS | | JOURS de VOYAGE, séjour et retour. | TAXES des DÉPUTÉS. | ACCEPTATION ou REFUS. |
|---|---|---|---|---|
| des VILLES ET PAROISSES. | de MM. LES DÉPUTÉS. | | | |
| Ville de Coutances. | Pierre-Joseph-Marie Bonté, médecin, commissaire-rédacteur, député du quart. [N° 1 C. R.] [1]. | 13 | 39 l. | Trop flaté (sic) d'avoir été utile à la nation. — A refusé. |

[1] Une note portée en marge de l'État indique que «les numéros portés en marge du présent, à l'article de chaque député qui par l'effet de la réduction sont demeurés à l'assemblée générale, sont aussi portés à leur article dans le 5e chapitre de la 2e section, pour faciliter les ordonnances de payements. Les lettres C. R., placées de même en marge devant certains noms, désignent évidemment les commissaires-rédacteurs du cahier de l'assemblée préliminaire de Coutances.

[1] *Ms. cit.*, f° 2, v° à f° 11 r°.

[2] *Règlement du 30 mai*, art 5 : « Le troisième chapitre contiendra la taxe des frais de voyage, séjour et retour de chacun des députés des villes et communautés, qui avaient composé l'assemblée du tiers état du bailliage ou de la sénéchaussée. »

Art. 10 : «Dans les bailliages ou sénéchaussées principales, qui ont reçu des députés de bailliages ou sénéchaus-sées secondaires, le chapitre de la taxe sera pareillement divisé en deux sections : la première comprendra la taxe des députés des villes et communautés du ressort immédiat du bailliage ou sénéchaussée principale qui, par l'effet de la réduction au quart, ne seront pas demeurés à l'assemblée générale dudit bailliage ou sénéchaussée principale. » (*Loc. cit.*, p. 55.)

[3] Le montant de la taxe allouée par

| NOMS | | JOURS de VOYAGE, séjour et retour. | TAXES des dé- putés. | ACCEPTATION ou REFUS. |
|---|---|---|---|---|
| des VILLES ET PAROISSES. | de MM. LES DÉPUTÉS. | | | |
| | Pierre-Louis-Alexandre Drogy, avocat, commissaire-rédacteur, député du quart. [N° 2 C. R.]. | 13 | 89 l. | Refusé. |
| | Jacques Delalande Mesnildrey, avocat.... | 2 | 6 l. | Refusé. |
| | Denis Tesson, avocat ................ | 2 | 6 l. | Refusé. |
| | Jacques-Philippe Charette, orphèvre.... | 2 | 6 l. | Refusé. |
| | Jean-François Le Pigeon, président en l'élection. | 2 | 6 l. | Refusé. |
| Saint-Nico- las de Cou- tances. | Pierre Quesnel, conseiller, député du quart, présent à la lecture du cahier le 14 mars. [N° 3.] | 3 | 9 l. | Refusé. |
| | François Bonnet Desroques, laboureur. | 3 | 6 l. | Refusé. |
| | Jacques Guillaume Le Foullon, labou- reur. | 2 | 6 l. | Refusé. |
| | Michel Leloup la Mondière, laboureur... | 2 | 6 l. | Refusé. |
| Saint-Nico- las — de — Granville. | Jean-François-Louis-René Picquelin de Gréenville, député du quart et non présent à la lecture du cahier, le 14 mars. [N° 7.] | 4 | 12 l. | A refusé. |
| | Maurice Boisnard ................. | 3 | 9 l. | Refusé. |
| | Louis Bagourd............... | 3 | 9 l. | Accepté. |
| | Jacques Épron................ | 3 | 9 l. | Accepté. |
| | Pierre Épron-Lesvallées.......... | 3 | 9 l. | Accepté. |
| | Jean Bulot, député du quart, et non présent à la lecture du cahier, le 14 mars. | 3 | 9 l. | Accepté. |
| | Nicolas Jouvin................. | 3 | 9 l. | Accepté. |
| | François Herpin, laboureur.......... | 3 | 9 l. | Accepté. |

Le tableau continue en dix-huit pages (f° 2 v° à f° 11 v°) pour les paroisses rurales du ressort de Coutances. Le nombre des députés portés est au total de 319, sur lesquels on compte 59 *refusants*, 206 qualifiés expressément *acceptants*, et 54 dont le nom n'est accompagné d'aucune mention expresse d'acceptation ni de refus. Certaines signatures sont accompagnées de commentaires intéressants, parmi lesquels nous relevons : des refus de la taxe, qui est déclarée offerte comme «don patriotique» (Duhamel, Lelong, à Saint-Pierre-de-Coutances; Lemaître, à Gavray; Gilbert, Deslandes, à Saulte-chevreuil; Laurence, Havard, Lemonnier Dugage, à Villedieu; etc...); des acceptations au contraire « sous la condition expresse que la taxe soit versée à la caisse patriotique » (Polinière, député de Villedieu); un refus « au profit des pauvres » (Duprey, député de Chantelou); des acceptations par l'héritier du député (Benastre, député de Saint-Denis-le-Gast); enfin des refus entou-

jour aux députés paraît avoir été fort variable, suivant les ressorts. Si elle était de 3 livres seulement à Coutances, elle était de 5 livres à Saint-Lô, de 6 livres à Saint-Sauveur-le-Vicomte, et même de 12 livres à Cherbourg. Voir l'*Aperçu des dépenses occasionnées dans les bailliages* (*supra*, p. 630, lettre a.)

rés de développements assez déclamatoires : « celui qui a mérité la confiance de ses concitoyens ne devant point prétendre aucune récompense » (Duprey, de Chantelou), « désirant être utile à l'État, en toutes choses, il le fera *gratis*, comme il l'a fait *gratis* » (Bonté de la Martinière, à Hauteville-sur-mer), etc....

DEUXIÈME SECTION [1].

*Taxe des frais de voyage, séjour et retour des députés des bailliages secondaires réunis à l'assemblée du bailliage principal de Coutances, commencée le 18 mars et finie le 1er avril 1789, et de ceux du même bailliage principal qui par l'effet de la réduction sont demeurés à ladite assemblée générale, et ce à raison de 3 livres par chaque jour de voyage et de 4 livres par chaque jour de séjour [2].*

ARTICLE PREMIER. BAILLIAGE DE COUTANCES. (*EXTRAITS*.)

| NOMS DES VILLES, BOURGS et communautés des députés. | NOMS de MM. LES DÉPUTÉS. | JOURS de VOYAGE, SÉJOUR et retour. | TAXES des DÉPUTÉS. | ACCEPTATION ou REFUS. |
|---|---|---|---|---|
| VILLE DE COUTANCES. | 1. Pierre-Jacques-Marie Bonté, médecin. | 17 | 68 l. | Refusé. |
| | 2. Pierre-Louis-Alexandre Drogy, avocat. | 17 | 68 l. | Refusé. |
| | 4. Louis-Marie Duhamel, lieutenant-général de police. | 17 | 68 l. | Refusé et remis comme don patriotique. |
| | 3. Pierre Quesnel, conseiller d'honneur. | 17 | 68 l. | Refusé. |
| | 24. Jean-Léonor Varin de Franqueville, conseiller. | 17 | 68 l. | Accepté. |
| COURCY | 30. Charles Le Crosnier, laboureur | 17 | 68 l. | Accepté. |
| PIROU | 59. Jean-Alexandre Joly, avocat | 19 | 74 l. | Accepté. |
| GOUVILLE | 32. Antoine Boivin, notaire | 19 | 74 l. | Accepté. |
| VILLE DE COUTANCES. | 78. Jean-Baptiste Alexandre, conseiller d'honneur, député de Tourville. | 17 | 68 l. | Refusé. |
| | 22. Charles Lescaudey, conseiller substitut, député de Bricqueville-la-Blouette. | 17 | 68 l. | Refusé. |

[1] *Ms. cit.*, f° 12 r° à f° 27 v°.

[2] *Règlement fait par le roi pour le paiement des dépenses..., du 30 mai 1789*, art. 10, *in fine* : « ... La 2e section, divisée en autant d'articles qu'il aura été réuni de bailliages ou sénéchaussées secondaires à l'assemblée du bailliage principal ou sénéchaussée principale, contiendra la taxe des députés de chaque bailliage ou sénéchaussée qui auront formé l'assemblée générale, depuis leur départ du bailliage ou sénéchaussée secondaire, ou depuis la fin de l'assemblée préliminaire du bailliage ou sénéchaussée principale, jusqu'au jour où ils auront pu être rendus chacun dans leur ville ou communauté après la fin de l'assemblée des trois états. » (A. BRETTE, *Documents relatifs à la convocation des États généraux*, tome Ier, n° XXXI, p. 54 et 55).

ART. 4. BAILLIAGE DE CÉRENCES [1].

| NOMS DES VILLES, BOURGS et communautés des députés. | NOMS de MM. LES DÉPUTÉS. | JOURS de VOYAGE, séjour et retour. | TAXES des DÉPUTÉS. | ACCEPTATION ou REFUS. |
|---|---|---|---|---|
| CÉRENCES-Bourg. | Auguste-François Brohon, lieutenant général civil et criminel au bailliage. | 18 | 70 l. | Accepté. |
| | Lefébure, procureur du roi audit siège. | 18 | 70 l. | Accepté. |
| | Héot, avocat......................... | 18 | 70 l. | Accepté. |
| FOLLIGNY.... | Jean-François Soulastre, laboureur..... | 19 | 74 l. | Refusé en faveur du don patriotique. |
| LA HAYE-PESNEL.. | Thomas Neslet, laboureur............ | 19 | 74 l. | [1]. |
| SARTILLY.... | Jullien-Charles Le Breton, laboureur.... | 19 | 74 l. | Accepté. |
| YQUELON .... | Nicolas Caignon, laboureur........... | 19 | 74 l. | Accepté. |

[1] Aucune indication d'acceptation ni de refus n'est portée dans l'État.

b. Lettre de N. Lemaistre, laboureur, syndic et député de la paroisse de Clitourp, à M. Desmarets de Montchaton, lieutenant-général du bailliage de Coutances, du 25 novembre 1789.

(Ms., Arch. Greffe de Coutances, liasse des États de frais du bailliage de Valognes, pièce cotée n° 325 bis. Original signé. Inédit) [2].

M., je me trouve malheureusement forcé, par l'exemple d'un grand nombre de députés de mon païs, beaucoup plus fortunés que moi, d'accepter la taxe à nous accordée pour nos frais de voyage et séjour à Coutances. Cette acceptation ne nous fait pas vraiment d'honneur, et ne prouve pas que nous sommes animés de l'esprit du patriotisme; mais ce qui m'étonne encore plus, M., permettez-moi de vous le dire, c'est que le gouvernement s'occupe du remboursement de nos frais de voyage dans le temps où les finances de l'État sont absolument épuisées et qu'en conséquence vous nous citiez un règlement du roi sans date et dont personne n'a entendu parler. Pardon, M., si je vous fais cette observation; je n'ai jamais rien vu en vous ni entendu de vous qu'il n'ait excité mon admiration et mon profond respect. C'est dans ces sentiments que je vous prie de me croire encore, M., etc.

N. LEMAISTRE, syndic municipal.

[1] Ms. cit., f° 19 r°. Nous reproduisons intégralement l'État pour le petit ressort de Cérences.

[2] L'auteur de cette lettre est porté à l'État général, comme député du quart réduit du bailliage de Valognes à l'assemblée de Coutances, pour une somme de 76 livres. Mention : accepté.

III.

44

c. Extrait de l'*État général de la taxe des frais de voyage, séjour et retour des députés du tiers état du bailliage de Coutances, qui ont composé l'assemblée du tiers état pour la nomination des députés aux États Généraux.*

(Arch. Greffe de Coutances, dossier *États généraux*, liasse 7°, pièces cotées 2 à 23. Tableaux imprimés dont les blancs ont été remplis. *Inédits*) [1].

A titre d'exemple, nous donnons la feuille relative à l'un des bailliages les plus petits, celui de Tinchebray.

BAILLIAGE DE TINCHEBRAY.

| NOMS | | TAXE pour le VOYAGE, séjour et retour. | REFUS OU ACCEPTATION. |
|---|---|---|---|
| DE LA PAROISSE. | DES DÉPUTÉS. | | |
| Paroisse et bourg de TIN-CHEBRAY. (N° 296.) | M. Antoine-François Le Lièvre de la Prévôtière, *avocat.* | 80 l. | J'atteste avoir passé 20 jours et je *refuse* ma taxe ; chargé de 8 [enfants], en ferai déduction sur ma contribution patriotique. — LELIÈVRE. |
| | M. François Lasne de Beaulieu, *médecin.* | 80 l. | J'atteste avoir passé 20 jours, *j'accepte* ma taxe, et la laisse en déduction de partie de ma contribution patriotique. — LASNE, D. M. |
| | M. Jean-Baptiste Le-sueur, *avocat.* | 80 l. | J'atteste avoir passé tout le temps, je *refuse* ma taxe. — LESUEUR, *avocat.* |
| | M. Charles-Michel Gignard, *labou-reur.* | 80 l. | *J'accepte* ma taxe et atteste avoir passé tout le temps. — Charles-M. GIGNARD. |
| | M. Julien Le Hamel. | 80 l. | *J'accepte* ma taxe et atteste avoir passé tout le temps. — Julien HAMEL. |
| AULNAY....... (N° 291.) | M. Louis-Charles Andes. | 80 l. | J'ay été cinq jours, 44 livres., 36 livres. — ANDES. |
| SAINTE-HONO-RINE-LA-CHAR-DONNE....... (N° 292.) | M. Jean de la Ferté-Prépont, *négo-ciant.* | 88 l. | Nous soussignés, Marie Taillebot, veuve de feu Jean de la Ferté, s[r] de Prépont et tutrice de ses deux enfants, *acceptons* la susdite taxe pour 15 jours entiers et révolus du voiage (*sic*) dudit feu mon mari, du jour du départ à celui de l'arrivée, ce que nous avons signé, le 1er décembre 1789. — V[e] DE LA FERTÉ-PRÉPONT. |

[1] Les archives du Greffe de Coutances contiennent une série d'*États* de ce genre pour les ressorts des différents bailliages, principal et secondaires, de la circonscription de Cotentin.

Elles ont conservé en outre une grosse liasse de tableaux, dressés par paroisse, qui sont très visiblement les pièces originales dont on s'est servi pour confectionner les tableaux généraux de chaque bailliage. Ces tableaux paroissiaux, au nombre de 161 en tout, actuellement cotés du n° 179 au n° 336 avec des n[os] *bis*, appartiennent à tous les ressorts secondaires, à l'exception de ceux de Coutances et de Mortain, et paraissent en général incomplets. On compte 28 pièces pour le ressort d'Avranches, 16 pour celui de Carentan, 4 pour celui de Cérences, 13 pour celui de Saint-Lô, 20 pour celui de Saint-Sauveur-Lendelin, 23 pour celui de Saint-Sauveur-le-Vicomte, 13 pour celui de Tinchebray et 43 pour celui de Valognes. Il n'y a aucune pièce pour le bailliage de Mortain, ainsi que le lieutenant général l'annonçait lui-même, dans sa lettre du 26 août 1790 (*suprà*, p. 621).

| NOMS | | TAXE pour le VOYAGE, SÉJOUR et retour. | REFUS OU ACCEPTATION. |
|---|---|---|---|
| DE LA PAROISSE. | DES DÉPUTÉS. | | |
| Berjou....... (N° 293.) | M. Louis Le Fevre. | 80 l. | *Accepté.* — Lefevre Louis. Bon pour 12 jours. — Madeline. |
| Beauchesne ... (N° 294.) | M. Jean-Baptiste-Marie Routteaux, *avocat.* | 80 l. | *J'accepte* ma taxe et j'atteste avoir passé tout le temps de l'assemblée, le procès-verbal de laquelle j'ai signé. Fait ce 30 novembre 1789. — Routteaux. |
| | M. Pierre Garnier, *propriétaire.* | 80 l. | *J'accepte* la taxe et j'ateste (*sic*) avoir passé tout le temps de l'assemblée, le procès-verbal de laquelle j'ai signé. Fait ce 30 novembre 1789. — Garnier. |
| Condé-sur-Noireau. (N° 295.) | M. Charles-Jean-Deshayes, l'aîné, *avocat.* | 80 l. | *J'accepte* et j'observe que j'ai passé 21 jours dans mon voyage de Coutances, ce 21 novembre 1789. — Laisné. |
| | M. Jacques-Sébastien Lenormant, *négociant.* | 80 l. | *J'accepte* et je certifie que j'ai passé 21 jours dans le voyage de Coutances. A Condé, ce 21 novembre 1789. — J. Le Normand. |
| | M. Michel-Étienne Le Bastard Les Longchamps, *propriétaire.* | 80 l. | *J'accepte* et j'observe que j'ai passé 21 jours dans mon voyage de Coutances. Ce 21 novembre 1789. — Le Bastard. |
| Mesnil-Ciboult. (N° 284.) | M. Julien Lepetit, *propriétaire.* | 80 l. | *J'accepte* ma taxe et j'atteste avoir (*sic*) passé 11 jours, y compris l'aller et le retour. — Julien Le Petit. |
| Saint-Jean-du-Bois. (N° 285.) | M. Noël Le Magnen. | 80 l. | *Accepté.* — Signé N! Magnen. — Jé passé (*sic*) 10 jours, y compris l'alé (*sic*) et le retour. |
| Saint-Cornier. (N° 286.) | M. François Le Cailletel Dutronchet, *négociant.* | 80 l. | *J'accepte* ma taxe et j'atteste avoir passé 10 jours. — Le Cailletel Dutronchet. |
| Petit-Truttemer. (N° 287.) | M. François Dupont de la Morlière, *arpenteur.* | 77 l. | *J'accepte* ma taxe et j'atteste (*sic*) avoir été à l'assemblée depuis le commencement jusqu'à la fin. Et dont jé signé (*sic*) le procès-verbal. — Dupont-Morlières. |
| Fresne....... (N° 288.) | M. Louis Gallet La Croix, *propriétaire.* | 80 l. | Ledit Gallet, député, qui a *accepté* la taxe, nous a déclarer (*sic*) avoir passé le nombre de 18 jours entiers. Ce 22 novembre 1789. — Gallet La Croix, F. V. Barbot, Ch. Le Comte. |
| Athis........ (N° 289.) | M. Mathieu Brisset. | 83 l. | *Accepté* (*sic*) pour 17 jours efective (*sic*), Athis, le 3 de décembre 1789. — Brisset Descotis. |
| | M. Louis Mousset.. | 83 l. | *Accepté* pour 17 jours éfective (*sic*). Athis, le 3 décembre 1789. — L. Mousset. |
| Bernière-le-Patry. (N° 290.) | M. Jean-Baptiste Dumont, *avocat.* | 77 l. | *Accepté*, 10 jours. — Dumont [1]. |

[1] Le tableau ci-dessus est légèrement incomplet. Il y manque les taxes des députés originaires des paroisses de N.-D. de Moutiers et de Croisilles, qui sont régulièrement portées dans l'*État général des frais*, dressé par le lieutenant général de Coutances (3° chap., 2° sect.; fol. 27 recto et verso). Le nombre des députés taxés dans le ressort de Tinchebray s'élève dans cet État à vingt-quatre, sur lesquels dix-sept sont portés acceptants, deux refusants, quatre sans indication et un a laissé sa taxe, quoique acceptée. En réalité, on peut dire que tous ont accepté; le refus de ceux qui sont déclarés refusants, comme le s' Lelièvre de la Prévôtière (dans la ville de Tinchebray), constitue une véritable acceptation, malgré la forme, puisqu'ils déclarent qu'ils en feront déduction sur leur *Contribution patriotique* (*supra*).

Le chiffre total des taxes, acceptées ou refusées, s'élève à une somme de 1,597 livres, pour le seul ressort du bailliage secondaire de Tinchebray.

# TABLE DES MATIÈRES.

---

# DEUXIÈME PARTIE.

## A. ASSEMBLÉE GÉNÉRALE DES TROIS ORDRES, TENUE DANS LA VILLE DE COUTANCES.

## B. ASSEMBLÉES PARTICULIÈRES DES TROIS ORDRES SÉPARÉS.

## I. Chambre du clergé.

## III. Chambre du tiers état.

# APPENDICES.

## PREMIÈRE PARTIE.

PIÈCES RELATIVES AUX ASSEMBLÉES DU TIERS ÉTAT
DANS LES BAILLIAGES SECONDAIRES.

## I. Bailliage secondaire de Valognes.

## II. Bailliage secondaire de Saint-Lô.

## III. Bailliage secondaire de Tinchebray.

## III. Frais et dépenses de la convocation dans le bailliage de Cotentin.

# COLLECTION DE DOCUMENTS INÉDITS

## SUR L'HISTOIRE ÉCONOMIQUE DE LA RÉVOLUTION FRANÇAISE

---

### Derniers volumes parus :

DÉPARTEMENT DES BOUCHES-DU-RHÔNE. — *Documents relatifs à la vente des biens nationaux*, publiés par P. MOULIN. — Tome IV et dernier. Un vol. in-8 . . 7 fr. 50

DÉPARTEMENT DE LA HAUTE-GARONNE. — *Le Comité des subsistances de Toulouse, 1793-1795*, correspondances et délibérations, publiées par J. ADHER. — Un vol. in-8 . . . . . . . . . . . . . . . . . . . . . . . . . . . . . . . . . . . . . . . . . . . . . . 7 fr. 50

DÉPARTEMENT DE LA HAUTE-MARNE. — *Les subsistances en céréales dans le district de Chaumont de 1788 à l'an v*, documents publiés par Ch. LORAIN. — Tome II. Un vol. in-8 . . . . . . . . . . . . . . . . . . . . . . . . . . . . . . . . . . . . . . . . . . . 7 fr. 50

DÉPARTEMENT D'ILLE-ET-VILAINE. — *Cahiers de doléances de la sénéchaussée de Rennes*, publiés par H. SÉE et A. LESORT. — Tome IV et dernier. Un vol. in-8. 7 fr. 50

DÉPARTEMENT D'ILLE-ET-VILAINE. — *Documents relatifs à la vente des biens nationaux*, publiés par A. GUILLON et REBILLON, districts de Rennes et de Bain. — Un vol. in-8 . . . . . . . . . . . . . . . . . . . . . . . . . . . . . . . . . . . . . . . . . . . . 7 fr. 50

DÉPARTEMENT D'ILLE-ET-VILAINE. — *La situation économique du clergé à la veille de la Révolution dans les districts de Rennes, de Fougères et de Vitré*, par Armand REBILLON. — Un vol. in-8 . . . . . . . . . . . . . . . . . . . . . . . . . . . 7 fr. 50

DÉPARTEMENT DE LA MARNE. — Première série : *Cahiers de doléances pour les États généraux de 1789*, publiés par M. G. LAURENT. Tome III : *Bailliages de Sézanne et Châtillon-sur-Marne réunis* (deuxième partie) : *Sézanne*. Un vol. in-8 . . . . . . . . . . . . . . . . . . . . . . . . . . . . . . . . . . . . . . . . . . . . . 7 fr. 50

DÉPARTEMENT DU NORD. — *Documents relatifs à l'histoire des subsistances dans le district de Bergues pendant la Révolution*, publiés par Georges LEFEBVRE. — Tome I.er. Un vol. in-8 . . . . . . . . . . . . . . . . . . . . . . . . . . . . . . . . 7 fr. 50

DÉPARTEMENT DES VOSGES. — *Documents relatifs à la vente des biens nationaux*, publiés par Léon SCHWAB. — *District de Remiremont*. — Un vol. in-8 . . . . . 7 fr. 50

DÉPARTEMENT DE l'YONNE. — *Documents relatifs à la vente des biens nationaux*, publiés par Ch. PORÉE. — Tome II et dernier. Un vol. in-8 . . . . . . . . . . . 7 fr. 50

---

## EN VENTE À LA LIBRAIRIE ERNEST LEROUX

### 28, RUE BONAPARTE, PARIS